U0922476

中国老龄工作年鉴

（2010）

全国老龄工作委员会办公室
中　国　老　龄　协　会　编

华龄出版社

责任编辑 吴 婧 闫 丽
封面设计 刘苗苗
责任印刷 刘苗苗

图书在版编目（CIP）数据

中国老龄工作年鉴.2010/全国老龄工作委员会办公室，中国老龄协会编.—北京：华龄出版社，2010.11
ISBN 978-7-80178-766-8

Ⅰ.①中… Ⅱ.①全…②中… Ⅲ.①老年人—工作—中国—2010—年鉴 Ⅳ.①D669.6—54

中国版本图书馆CIP数据核字（2010）第177676号

书　　名： 中国老龄工作年鉴（2010）
作　　者： 全国老龄工作委员会办公室　中国老龄协会　编
出版发行： 华龄出版社（北京西城区鼓楼西大街41号，邮编：100009）
印　　刷： 三河科达彩色印装有限公司
版　　次： 2010年11月第1版　　2010年11月第1次印刷
开　　本： 787×1092　1/16　　**印　张：** 35
定　　价： 220元　　**印　数：** 1～1000册

协办单位： 中爱爱心老年公寓投资有限公司　广东省福利彩票发行中心　广西福利彩票发行中心　黑龙江省福利彩票发行中心　新疆维吾尔自治区福利彩票发行中心　山东省老年经济发展研究中心

中国老龄工作年鉴（2010）

编委会

主　任：陈传书

副主任：曹炳良　阎青春　吴玉韶　袁新立　曾　琪　肖才伟

主　编：吴玉韶

副主编：杨东法　常振国

编　委：（按姓氏笔划排序）

于清莉　马正其　王　庆　王　伟　王　珣　王平君　王进龙　王建新
牛　飚　尹志远　艾向东　左建一　由明春　史丽荣　刘　刚　刘长斗
江建中　许永建　孙　勇　孙艳华　杨东法　杨铁生　苏长聪　李　伟
李守康　李治国　李建国　李雪华　吴玉韶　吴汉圣　吴秋风　何保全
宋海渭　张　立　张世峰　张玉忠　张恺悌　张雪雁　陈庆华　陈传书
陈瑞峰　陈毅华　陆　颖　肖才伟　林守钦　金　钊　金振吉　单增卓扎
侯世标　袁新立　姜文汇　徐伟浩　唐映祥　阎青春　曹　健　曹炳良
常东河　常振国　崔淑惠　渠　琦　梁丽玲　韩　鹏　程怀金　曾　琪
腾雪梅

特约编辑：（按姓氏笔划排序）

万晓霞　王　平　王　辉　吕小平　朱彧江　任晓红　刘爱国　刘晓军
闫　鹏　杜香坤　杨　奇　杨　涛　杨传秀　杨韶云　李丽阳　李俊芳
李珍雅　李淑梅　李端莹　严方才　吴弘晖　沈瑞琤　张晋川　陈　昆
邵求良　林　刚　岳秀霞　胡福金　郝　勇　赵成胜　茹永涛　费　佳
徐　飞　陶仁田　黄志强　曾广水　楼喻刚　腾雪梅　廉桂志　谭家歆
魏　婕　魏金鲜

撰稿人：（按姓氏笔划排序）

刁洪涛　于连军　王　鸡　田　莹　田小平　成德宁　朱彧江　任　旭
刘长斗　孙　杰　杨惠茹　李　霞　李端莹　邹世林　沈昭才　宋晓磊
胡金福　侯伟晶　段玉冰　聂　奎　夏晓红　陶　诚　曹映红　韩　晶
谭家歆　潘思兴

2009 年 10 月 23 日，中共中央政治局委员、国务院副总理、全国老龄工作委员会主任回良玉参加国家应对人口老龄化战略研究部署会议并讲话。

2009 年 8 月 8 日，第一届全国老年人体育健身大会在郑州隆重开幕。全国人大常委会副委员长、全国妇联主席陈至立，国家体育总局局长刘鹏，全国老龄办常务副主任陈传书，以及河南省有关领导出席了开幕式。

2009 年 10 月 28 日，中国老年大学协会在人民大会堂隆重召开“全国先进老年大学、先进老年教育工作者”表彰大会。全国人大常委会原副委员长顾秀莲与参加“全国先进老年大学、先进老年教育工作者”表彰大会的代表亲切握手。

2009年1月22日，民政部部长、全国老龄委副主任兼办公室主任李学举在春节前夕到全国老龄办慰问干部职工，充分肯定了全国老龄办一年来的工作成绩。

2009 年 10 月 16 日，全国老龄办常务副主任陈传书会见联合国人口基金执行主任欧拜德。

2009 年 2 月 6 日，全国老龄办主任会议在京召开。

2009 年 7 月 10 日，全国老龄办 2009 年年中工作分析会议在京召开。

老龄事业入选“辉煌六十年——中华人民共和国成立六十周年成就展”

目　录

第一部分　特　载

第二部分　重要讲话、报告

第三部分 法规、文件选编

第四部分　全国老龄工作

第五部分　地方老龄工作

第六部分　科研成果和调研报告

第七部分　出访（含港、澳、台）报告

第八部分　大事记

第一部分

特　　　载

回良玉副总理在全国老龄工作委员会第十一次全体会议上的讲话

中共中央政治局委员　国务院副总理
全国老龄工作委员会主任　回良玉

（2009 年 2 月 5 日）

同志们：

刚才，李学举同志代表全国老龄委对 2008 年全国老龄工作进行了总结，就 2009 年重点工作进行了部署，讲得很全面，我都赞成。4 个部门和 3 个省市的负责同志分别介绍了各自开展老龄工作的情况，讲得都很好。

2008 年，是我国经济社会发展极不平凡的一年，全国老龄委各成员单位和各地老龄委，按照第十次全委会的部署安排，围绕党和国家的中心工作，积极推进老年社会保障制度建设、为老服务体系建设和老龄工作机制创新，着力解决涉及老年人切身利益的难点热点问题，各项涉老政策措施得到很好落实，全社会“敬老、爱老、助老”的氛围日益浓厚，老年人精神文化生活日益丰富，老年人生活水平和生命质量不断提高。这些成绩的取得，是各级党委政府高度重视的结果，是各涉老部门和广大老龄工作者共同努力的结果。2009 年，是实施“十一五”规划、全面推进改革发展的关键一年，也是落实党的十七大、十七届三中全会和中央经济工作会议精神，加快发展城乡老龄事业的重要一年。全国老龄委各成员单位和各地老龄委一定要站在国家经济社会发展全局的高度，认真谋划当前重点工作，着力推进老龄事业又好又快发展。

下面，我讲几点意见：

一、准确把握老龄工作的形势和任务

当前，我国正处于改革发展的关键时期，人口老龄化的各种矛盾和问题与社会转型、经济转轨的变化相互交织，使老龄工作面临着新的机遇与挑战。

一要密切关注人口老龄化的新趋势、新特点。截至 2008 年底，我国 60 岁以上老年人口达到 1.6 亿，约占总人口的 12%，比上一年增加了 649 万，约 0.4 个百分点。2009 年是建国 60 周年，随着建国后出生人口进入老年，我国将出现第一次老年人口增长高峰，人口老龄化发展呈现出新的特点：一是老年人口增速加快。1999 年我国进入老龄化以来，老年人口年均增加 311 万，今后将以年均 800 万的规模递增。二是高龄老人和失能老人大幅增加。目前，80 岁以上高龄老人已达到 1805 万，并开始以年均 100 万以上的速度增长。城市老年人失能和半失能的达到 14.6%，农村已超过 20%。三是空巢化趋势日益突出。城市老年空巢家庭已达到 49.7%，农村空巢和类空巢家庭已达到 48.9%。我们必须对人口老龄化快速发展的挑战性有充分的认识，积极主动地做好各项应对工作。

二要密切关注老龄工作出现的新矛盾、新问题。我国老年人口第一次增长高峰的到来以及人口高龄化、家庭空巢化的进一步加剧，使得老龄问题呈现逐步放大的态势，我国老龄工作出现许多新矛盾、新问题。主要是：老年社会保障制度还不完善，保障水平比较低，难以纾解社会保障面临的巨大压力，制度建设任务还很艰巨；老龄服务发展缺乏有力的政策和资金扶持，老龄产业市场发育滞后，不能满足高龄、失能、空巢老人的服务需求；老龄工作的体制机制性障碍依然存在，基层老龄工作仍很薄弱，不能适应新形势下老龄事业发展的需要。我们必须充分认识加强老龄工作、发展老龄事业的重要性，增强责任感和紧迫感，切实把老龄工作和老龄事业列入改革发展的重要议程，加大推进力度。

三要密切关注老龄事业发展的新目标、新任务。我国老龄事业发展面临着严峻挑战，但同时又迎来了难得的机遇。党的十七大把“全体人民学有所教、劳有所得、病有所医、老有所养、住有所居”，确定为全面建设小康社会的奋斗目标和社会主义新农村建设的重要任务；十七届三中全会把农村社会事业发展放到更加突出的位置，做出了一系列加快农村改革发展和社会保障体系建设的重大战略部署；中央经济工作会议，把改善民生作为应对国际金融危机、促进经济平稳较快发展的出发点和落脚点。党中央的一系列战略决策，为老龄工作和老龄事业的发展指明了方向。在当前我国经济体制深刻变革、社会结构深刻变动、利益格局深刻调整、思想观念深刻变化的关键时期，我们必须认清形势，把思想统一到中央的决策部署上来，从保发展、保民生、保稳定的大局出发，高度重视解决老龄问题，积极推动老龄事业全面、协调、可持续发展。

二、着力完善老年社会保障制度

实现全体人民老有所养、病有所医，是党和政府向人民做出的郑重承诺，建立覆盖全民的社会保障制度是实现全体人民老有所养、病有所医的基础条件，是经济社会协调发展的必然要求，是社会和谐稳定和国家长治久安的重要保证。改革开放以来，我国老年社会保障制度建设取得了重要进展，但还需要不断健全和完善。要进一步完善基本养老保险制度，促进城镇职工基本养老保险制度规范化，积极探索实施新型农村养老保险制度，努力扩大覆盖面；要进一步完善基本医疗保险制度，全面推进城镇职工基本医疗保险、城镇居民基本医疗保险、新型农村合作医疗制度，把基本医疗保险制度覆盖城乡全体居民；要进一步完善最低生活保障制度，做到应保尽保，切实解决贫困人口特别是贫困老年人的基本生活问题；要加强社会救助和慈善事业，发展商业保险。老年社会保障制度建设，要坚持广覆盖、保基本、多层次、可持续的原则，充分考虑到老年人的实际和特殊性，向基层倾斜、向农村倾斜、向老年人倾斜。

在老年社会保障体系建设过程中，各有关部门要充分发挥职能作用，站在落实科学发展观、构建社会主义和谐社会的高度，从保障所有老年人生命生活质量的角度出发，科学安排，统筹协调，加强沟通，注意各项制度之间的衔接与延续，避免交叉重叠、缺失遗漏，尽快形成适度集中、有序组合、相互衔接的老年社会保障体系，真正体现公平、正义、共享的价值理念。

老年社会保障制度建设应当立足当前，着眼长远，重视解决老年人最直接、最关心、最现实的问题。老年社会保障体系建设需要一个过程，在健全完善现有制度、加强制度衔接的同时，要重视制度创新，多途径探索城乡居民养老保障的有效实现形式，统筹解决目前尚未纳入社会养老、医疗保障制度老年人的基本生活和病有所医问题。近年来，一些地方紧密结合当地实际，创造性地开展工作，在解决老年人生活问题上进行了许多有益尝试，如建立无社会保障老年人生活补贴、高龄老年人生活补贴、老年人长期照料补贴、减免高龄和困难老年人参加新型农村合作医疗个人缴费等制度，收到了很好的效果。各地和各有关部门要注意总结经验，加强引导，在实践中不断丰富完善。

三、大力发展为老服务和老龄产业

发展为老服务和老龄产业，是积极应对人口老龄化挑战的重要举措，是扩大内需、改善民生、增加就业的有效途径。各地和各相关部门要加大工作力度，加快推进以居家养老为基础、社区服务为依托、机构养老为补充的为老服务体系建设步伐。

一是要大力发展居家养老服务。随着人口老龄化、高龄化、空巢化和家庭小型化快速发展，传统的家庭养老模式受到严重挑战，许多家庭已经很难承载老年人尤其是高龄、失能、病残和空巢老年人的养老和照料服务需求。要切实采取积极有效的政策措施，在支持和鼓励家庭成员照料老年人的同时，大力发展为老服务，强化社区为老服务功能。要把发展居家养老服务作为重要民生工程，纳入社区建设规划，加大资金投入力度，改善社区为老服务设施条件，推动居家养老服务工作开展。要加强社区老年服务中心、站点等居家养老服务设施建设，完善为老服务网络，有效整合社区为老服务资源，探索合作养老、时间储蓄、志愿者服务、社会互助等居家养老的有效途径。要充分发挥基层党、政、群、团组织在为老服务中的作用，积极扶持和培育社会力量从事居家养老服务项目。

二是要积极推进老龄产业发展。人口结构的变化必然引起消费结构、经济发展模式的变化，巨大的老年消费需求，无疑是我国经济转型期的又一个重要的增长点。加快发展老龄产业，对于落实中央“保发展、保民生、保稳定”的战略决策，具有非常重要的现实意义。各地、各部门要高度重视，加强老龄产业战略研究，采取有效措施，推动老龄产业发展。要认真研究社会福利事业与老龄产业分类管理办法，积极探索政府购买服务、公建民营、民办公助等有效方式，推进社会福利机构转换运营机制。要积极培育老龄产业市场，加强政府信息服务、政策引导、金融支持和市场监管，鼓励引导社会民间资本进入老龄产业，增加社会为老服务的有效供给，推动老龄产业健康发展。要高度关注高龄老人和失能老年人的长期照料服务需求，重点支持“爱心护理工程”。“爱心护理工程”是列入国家“十一五”规划的项目，有关部门要抓紧制定实施方案，切实把这项利国利民的民心工程抓好，使之尽快见到实效。

三是加强为老服务队伍建设。目前，我国为老服务队伍的数量和素质都远远不能满足老年人的服务需求，制约了为老服务业的发展。要积极研究制定促进为老服务的就业政策，加快专业养老护理人员从业资格制度建设，加强专业人才培养和从业人员培训工作，不断优化为老服务队伍结构，提高服务人员专业素质和职业道德。要健全社会工作者制度，鼓励和吸引社会工作者从事为老服务工作。要积极发展志愿者队伍，广泛动员社会力量，开展多种形式的为老服务。

四、大力加强农村老龄工作

农业、农村、农民问题是全党工作的重中之重，也是我国老龄工作的重点所在。农村老龄事业是农村改革发展的重要组成部分，农村老龄工作关系着社会主义新农村的建设进程。我国大多数老年人生活在农村，没有农村老年人的参与，就不可能真正建成和谐的社会主义新农村，没有农村老年人的共享，就不可能全面实现小康社会的建设目标。党的十七届三中全会对农村改革发展作出了全面部署，也为农村老龄工作明确了任务。各级领导要认真贯彻落实全会精神，充分认识农村老龄工作的重要性和必要性，把重点放在农村，加强领导，加大投入，加快推进农村老龄事业发展。

首先，要着力解决农村养老保障制度缺失问题。目前，我国以社会保险、社会福利、社会救助为基础，以基本养老、基本医疗、最低生活保障制度为重点，以慈善事业和商业保险为补充的新型社会保障体系基本框架初步形成，但仍存在社会保障投入偏低、制度覆盖面偏窄等问题，大多数农村老年人仍游离于社会化和共济性的社会保障体系之外。建立和完善农村养老保障制度，已经成为全面建设小康社会和建设和谐社会亟待破解的难题。各级政府要把建立健全农村养老保障制度作为农村改革发展的重要课题，摆上更加突出的位置。要在统筹城乡发展、不断完善现有制度的基础上，加大公共财政投入，加快推进农村养老保障制度建设，重点支持农村老年人基本养老、基本医疗、最低生活保障、“五保”制度建设，逐步增加老年人的受益程度。要重视解决农村老年社会保障制度覆盖不到的老年人的生活困难问题。

其次，要着力解决农村为老服务基础设施落后问题。经过30年的改革发展，我国农业、农村、农民面貌发生了巨大变化。但是，由于城乡二元结构的影响，我国农村经济发展水平、社会事业水平仍然较低，为老服务基础设施建设比较落后，绝大多数村（自然村）没有老年人活动场所和为老服务设施。各地在制定新农村公共事业建设总体规划时，要统筹安排，科学布局，加大财政投入力度，加快农村为老服务基础设施建设，彩票公益金的使用也要更多地向农村为老服务项目倾斜。要有效整合农村为老服务资源，闲置的公共土地、校舍、房屋等，要优先用于为老服务设施建设。

第三，要着力解决涉及农村老年人切身利益的突出问题。我国农村老年人尤其是高龄、失能、贫困、空巢老年人，面临的最直接、最迫切、最现实的问题就是养老保障和照料服务。各级政府要在建立和完善农村养老保障制度的基础上，采取各种有效措施，切实保障老年人生活。继续发挥家庭养老基础性作用，落实家庭成员对老年人的赡养责任，研究制定支持家庭养老的措施，确保农村老年人的基本生活和基本照料服务。同时，要大力发展农村为老服务，按照城乡一体化和基本公共服务均等化的思路，积极发展农村居家养老服务，探索适合农村特点的为老服务方式，拓展服务项目和内容，满足老年人特别是生活不能自理老年人的照料服务需求。要加强老年法律服务和法律援助，切实维护好农村老年人的合法权益。

五、努力推进基层老龄工作

广大老年人生活在基层，老年人养老、医疗、生活保障等各项政策制度必须通过基层去落实，老年人生活照料、文化、教育等各种服务活动必须通过基层来完成。基层老龄工作，直接关系到亿万老年人的切身利益，直接关系到党的老龄政策的贯彻落实，直接关系到老龄事业的健康快速发展。各级老龄委和各成员单位要从党和国家事业发展的全局出发，充分认识加强基层老龄工作的重要性，以更大的力度、更实的举措加强基层老龄工作。

——要加强组织建设，完善老龄工作推进机制。老龄工作涉及党、政、军、群诸多方面，必须坚持齐抓共管，合力推进，构建“大老龄”工作格局的体制和机制。各地党和政府要高度重视老龄工作，切实加强老龄工作机构建设，努力形成党政领导高度重视、老龄委协调有力、成员单位尽职尽责、社会力量积极参与的老龄工作推进机制。各地老龄委要强化议事协调职能，积极协调解决老龄工作中的矛盾和问题，推进基层老龄工作全面开展。各级老龄委办公室，要强化自身建设，提高组织协调能力和调研督查水平，为老龄委决策搞好服务，为成员单位协作搞好服务，为基层工作搞好服务。本年度要启动应对人口老龄化中长期战略对策研究。

——要加强基层老龄工作指导，总结推广先进经验。我国老龄工作仍处于探索发展阶段，各地涌现出许多好经验、好做法，但也存在发展不平衡问题。各级老龄委和成员单位要工作重心下移，注重基层老龄工作调查研究，抓好政策落实和业务指导。要充分汲取基层先进的工作经验和工作思路，组织好“全国老龄工作先进单位和先进个人”评选表彰工作，发挥先进典型示范作用，不断提升基层老龄工作整体水平，推动老龄事业又好又快发展。

——要加强基层老年群众工作，丰富老年精神文化生活。积极探索建立与老龄事业发展相适应的基层老龄工作体系，建立一支专兼结合的老龄工作队伍，做到基层老龄工作有人抓、有人管。按照巩固、发展、规范、提高的原则，积极培育和发展基层老年群众组织，加强领导、管理和业务指导，充分发挥他们密切联系广大老年人的桥梁作用和基层老龄工作的助手作用，使之成为一支推动基层老龄工作、发展为老服务、维护老年人合法权益、活跃老年人精神文化生活、维护社会和谐稳定的重要力量。切实加强老年教育工作，办好老年大学，做好老年思想政治工作，广泛组织开展有益于老年人身心健康的文体活动，丰富老年人的精神文化生活。

——要加强老龄宣传和普法教育工作，营造全民关怀老龄事业的良好氛围。2009年，要结合庆祝建国六十周年、国际老年人年十周年组织开展老年系列文化活动，加大宣传力度，强化人口老龄化国情意识，大力弘扬中华民族传统美德。要继续抓紧修订老年人权益保障法，搞好普法教育，增强老年人依法维护自身权益的意识，使“敬老、爱老、助老”成为全社会的自觉行动。

同志们，老龄问题是关系国计民生和国家长治久安的一个重大社会问题，老龄工作任务艰巨，使命光荣。在新的一年里，我们要认真贯彻党的十七大、十七届三中全会和中央经济工作会议精神，以科学发展观为统领，锐意进取，扎实工作，大力推进老龄事业发展，以优异的工作成绩，向建国六十周年献礼！

首届全国老年文化高峰论坛《青岛宣言》

2009年11月11日至13日，“创造与共享——首届全国老年文化高峰论坛”在青岛举行。来自全国各地300多名老年文化专家、学者和老龄工作者欢聚青岛，围绕“创造、共享、关爱、和谐”主题，就老年文化的理论与实践、老年文化的传承与创新、老年文化的创造与共享等方面进行了深入广泛的研讨。

会议一致认为：我国是世界上老年人口最多的国家，预计到2040年，老年人口将达到4亿。人口老龄化是人类社会的文明进步，但庞大的老年人口的供给与需求，将是我国未来发展道路上突出的社会问题。如何应对这一挑战，确保社会的持续稳定和快速发展，是对中华民族又一新的重大考验。

为此，出席首届全国老年文化高峰论坛的全体代表向全国郑重宣言：

一、重视老年文化发展是解决中国老龄问题的战略举措

会议认为：解决中国特色的老龄问题，应当未雨绸缪，主动应对，加快建设城乡一体化的养老、医疗、生活照料、精神慰藉等社会保障体系，“建立不分年龄，人人共享”的和谐老龄社会。在这一过程中，内涵丰富的老年文化必将以其特有的社会功能和价值，在提高个体生命质量、促进家庭稳定和谐、推动社会文明进步等方面发挥重要作用。

精神关爱与物质供养是养老不可缺少的两大主要保障支柱，具有同样重要的法律地位和作用，“文化养老”的深远意义，将会在未来的发展过程中显现出来。这既是现实的民生问题，也是国际竞争的战略问题，考验刚刚开始！

二、“创造、共享、关爱、和谐”是本次高峰论坛的主题

文化共享是法律赋予老年人的合法权益。文化，是人类文明成果的总和，也是社会进步的标尺。老年文化是人类文化不可分割的一部分，是一种不容忽视的精神力量。在历史悠久、内涵丰富的中华灿烂文化中，凝聚着一代又一代老年人的智慧和心血，他们为建立不分种族、不分地域、不分年龄的平等和谐文化，作出了不懈努力和积极贡献。“创造”有老年人的奉献；“共享”是老年人的权益；“关爱”给年轻人以更多的责任；“和谐”是全社会共同的目标。

今天，越来越多步入老年阶段而衣食无忧的老年人，他们对精神文化的需求，比以往任何时候都更为迫切。一个充满人文关爱的和谐社会文化建设，必将迎来大发展的崭新局面，老年人将会受益其中。

三、老年文化是老年人生命健康赖以存在的精神

支柱，也是社会文明和谐不可缺少的坚实基础

今天的老年人，无论是年龄还是身体、心理，都普遍出现了年轻化的特征。特色鲜明的当代老年文化，在传统的养老敬老孝道文化基础上，呈现出主动化、多元化、休闲化、时尚化的明显特点，广大老年人在参与老年文化活动和共享创造成果中，享受着人生的快乐和幸福。

四、“人生百岁不是梦，六十华龄正当年”

老年人的心理健康需要全社会的呵护。积极健康的心理暗示和行为导向，有助于老年人的身心健康和长寿。对老年人潜在的创造能力和自理能力的重视，就是对他们生命价值的尊重。老年人不是累赘包袱，也不是日薄西山，他们是宝贵的社会财富，是亟待开发的人才富矿。

各地在开展老年文化活动，推动老龄事业发展方面创造积累了丰富经验。青岛市老龄工作部门多年培育的“七彩华龄”公益品牌，着力于转变全社会的老龄观念，将精神关爱上升为“主动维权”的重要内容，让广大老年人的晚年生活充满了活力，也使老龄化城市充满了生机，正引领着越来越多的老年人逐渐走向“健康向上、阳光时尚、快乐奉献、和谐幸福”的美好人生。

五、精神文化需求是未来民生问题的重要关注点

发展老年文化事业，满足老年人日益增长的精神文化需求，是各级政府社会保障体系建设的重要内容，应逐渐加大投入，不断改善现状。

老年文化在一些地方的贫瘠和发展缓慢，不单纯是由于经济的原因，还源于旧传统观念的影响。年龄歧视现象依然存在：无视老年人的思维和创造力，忽略老年人的精神文化需求，侵害老年人的合法权益等问题不容忽视。要认真研究分析老年人深层次的精神文化需求特点，加快老年文化保障体系建设，扩大老年文化覆盖面，提高老年文化总体水平。要更多地关注农村老年人精神文化需求，缩小城乡文化差距，最大范围地实现和保障老年人的文化权益，使广大老年人普遍享受到改革开放和现代化建设的成果，享受到社会文化发展的成果。

加强老年文化建设，需要认真贯彻“党政主导，社会参与，全民关怀”的老龄工作方针，这是中国持续发展的长远战略问题。

大会号召，各级老年学学会要充分发挥专家、学者集中、NGO组织覆盖面广等优势，协助各级政府为更好地实施“健康老龄化、积极老龄化”战略作出贡献。

第二部分

重要讲话、报告

关于2008年全国老龄工作情况和2009年工作安排意见的报告

民政部部长　全国老龄工作委员会副主任兼办公室主任　李学举

（2009年2月5日）

尊敬的良玉副总理、各位副主任、各位委员：

按照会议议程，我向全体会议报告2008年全国老龄工作情况和2009年工作安排意见。

一、2008年全国老龄工作的基本情况

2008年，是我们党和国家历史上很不平凡的一年，也是老龄工作不平凡的一年。各级老龄委以邓小平理论和“三个代表”重要思想为指导，全面落实科学发展观，深入贯彻党的十七大和十七届三中全会精神，按照全国老龄委第十次全体会议的部署，以保障和改善民生为重点，采取有效措施，加大工作力度，各项工作稳步推进，老龄事业呈现出良好的发展势头。

（一）老年社会保障制度不断健全

人力资源和社会保障部、财政部进一步加强城镇企业职工基本养老保险工作和机关事业单位离退休待遇工作。2008年底，全国城镇基本养老保险参保人数达到2.19亿人，比2007年底增加1753万人，其中离退休人员5293万人。全年共支付离退休人员基本养老金7760亿元，确保了基本养老金按时足额发放，企业退休人员基本养老金水平稳步提高。同时，逐步建立养老保险长效发展机制，13个省份开展做实个人账户试点，17个省份实现省级统筹。会同有关部门对部分省市机关事业单位离退休待遇政策落实情况进行检查。新型农村养老保险试点工作积极开展，有25个省份的464个县市开展试点，1168万农民参保。27个省份的1201个县市建立了被征地农民社会保障制度，1324万被征地农民纳入基本生活保障和养老保障体系。城镇基本医疗保险覆盖面不断扩大，2008年底参保人数达到3.17亿人，比2007年底增长9387万人。其中参保退休人员达到5000万人，比2007年底增长400万人。中央财政安排补助资金80亿元，帮助地方政策性关闭破产国有企业退休人员参加基本医疗保险。卫生部全面推进新型农村合作医疗制度，开展新农合的县（市、区）达到2729个，参合人数8.14亿，参合率91.5%，实现了在全国的基本覆盖。民政部不断完善救助制度，城乡最低生活保障覆盖面不断扩大，救助标准不断提高。去年底，全国低保对象6618.9万人，其中老年人1514.5万人，占到22.9%，城市低保对象人均增加补助38元，农村人均增加10.2元。以医疗救助制度为主的配套制度开始建立和实施，中央安排补助资金50多亿元，包括老年人在内的城乡困难群体得到实惠。为孤老等特殊群体服务的供养制度有效贯彻，2008年底，五保供养对象达到543.3万人，比2007年底增加12.1万人，集中供养率为29.2%，比2007年底提高3.2%，集中供养水平为每人每年2176元，比2007年底提高223元。人口计生委、财政部积极推进农村计划生育家庭奖励扶助制度，截止到2008年11月底，扶助对象158万人，中央财政安排奖励补助6.6亿元。中组部会同有关部委研究制定有关离休干部生活待遇的多项政策，进一步解决好离休干部生活保障问题。提出关于中央企业离休干部医药费保障的意见及配套政策，加大对离休干部离休费、医药费落实情况的督促检查力度，在完善和落实离休干部“三个机制”方面取得较大突破。民政部、解放军总政治部积极推动军队离退休干部向政府移交工作，不断完善安置管理政策，确保落实军队离退休干部“两个待遇”。各地在认真贯彻落实国家老龄法规政策，大力扩大现有社会保障制度覆盖面的同时，结合当地实际，积极探索，进一步完善养老保障制度的具体办法和措施，取得不少经验。北京、天津、上海以及不少省市的地（市、县）建立了与社会养老保险、社会福利、社会救助制度相配套的无固定社会保障的老年人养老生活补贴制度，初步实现养老保障制度全覆盖。江苏、浙江、山东、辽宁、山西、河北、云南、宁夏等地的部分市、县积极探索完善农村养老保障制度的新途径，大大加快了城乡养老保障制度全覆盖进程。

（二）为老服务工作稳步推进

全国老龄办、民政部等10部委联合出台全面推进居家养老服务工作的政策文件，各地也积极制定具体贯彻落实措施，推动居家为老服务发展。民政部积极开展养老服务社会化示范区创建活动，实施“霞光计划”，社会福利服务基础设施建设成效显著，社会福利的孤老保障向社会为老服务延伸。2008年，福彩公益金安排2亿元支持五保供养服务设施建设。同时，大力推动社区公共服务建设，着力构建居家为老服务体系，加快为老服务队伍建设。去年底召开的全国民政工作会议把发展为老服务作为重要内容进行部署。发改委重视加强地方社区服务体系建设，安排2亿元资金用于发展社区为老服务。财政部安排10.8亿元社区公共卫生服务补助资金，支持社区公共卫生服务和人员培训。人力资源和社会保障部进一步加强企业退休人员社会化管理服务工作，全国纳入社区管理的企业退休人员达到3461万人，比2007年底增加325万人，占企业退休总人数的73.2%。卫生部积极推进县、乡、村三级医疗预防保健网的建立和完善，努力改善老年人医疗卫生条件。住房和城乡建设部会同有关部门继续推动无障碍设施建设工作，将老年护理院建设标准纳入编制项目计划。团中央、全国老龄办联合开展的“志愿者为老服务金晖行动”，为老年人提供了超过7亿小时的志愿服务。各地为老服务工作深入开展。北京大力推进“山区星光计划”，为1000个山区农村解决为老服务设施不足的矛盾，出台特殊老年人养老服务补贴政策，着力解决无保障、高龄老年人的服务费用问题。山东、上海、辽宁等许多地方出台扶持政策，对养老机构给予补贴。吉林重视农村老年福利事业，大力构建为老服务网络，实现了农村福利服务中心全覆盖。浙江加大投入，创新机制，初步搭建了城乡一体化的老年照料服务体系。广东等省市进行了多元化为老服务模式创新，为完善为老服务体系积累了有益经验。江苏加强为老服务设施建设，规范行业服务标准，积极探索开展养老服务责任保险。宁波在推进城市居家养老服务规范化、标准化的基础上，积极探索开展城乡一体化居家养老服务试点。

（三）老龄法制建设逐步加强

全国老龄办、民政部联合有关部门组成《老年法》修法领导小组，开展系列专题调研，多次召开专题会议，广泛听取各方面意见，按计划完成了《老年法》修订送审稿。司法部专门下发文件，对司法行政工作服务老龄事业进行规划和部署，积极推进老年人法律服务、法律援助和法制宣传活动，维护老年人的合法权益。公安部加强调处涉老矛盾纠纷工作，严厉打击侵害老年人合法权益的违法犯罪活动。全国妇联会同中宣部、最高人民检察院、公安部、民政部、司法部、卫生部制定预防和制止家庭暴力方面的文件，为维护包括老年妇女在内的弱势群体权益提供制度保障。湖北、辽宁、新疆等地在落实国家老龄法规的同时，积极出台具体措施，使法规落到实处。山东、福建、云南、重庆等许多地方开展了《老龄事业发展“十一五”规划》中期评估。全国老龄办联合全国人大内司委、全国政协社发委及13个部委，对11个省、自治区、直辖市老年优待工作进行专项检查调研，有力地推动了地方老年优待工作的落实。

（四）老年文化体育教育工作深入开展

各地、各有关部门采取措施，努力丰富老年人精神文化生活。中组部加大形势政策宣讲力度，组织引导离退休干部深入学习党的十七大、十七届三中全会精神和科学发展观，开展丰富多彩的改革开放30周年纪念活动，召开全国离退休干部党支部建设暨思想政治建设经验交流会，积极宣传离退休干部先进典型，会同解放军总政治部成功举办首都老干部“高举旗帜，唱响奥运”大型演唱会，有力地促进了离退休干部队伍思想政治建设。全国老龄办、文化部、广电总局联合组织举办了“首届中国老年文化艺术节”。体育总局安排体育彩票公益金，支持农村老年体育事业发展。新闻出版总署对老龄读物出版加强指导和支持。国家民委有针对性地开展有益于少数民族老年人身心健康的各项活动。教育部、广电总局、团中央、全国妇联、全国老龄办联合举办的全国敬老、爱老、助老主题教育活动，收到了良好的社会效果。各省、自治区、直辖市充分利用“九九”重阳节等重大节假日，广泛组织开展老年系列活动，切实加强对老年群众性文化活动的引导，极大地丰富了老年人的精神文化生活。

（五）老龄问题和老龄工作得到广泛关注

全国和地方人大、政协密切关注人口老龄化发展形势，围绕涉老重点、难点问题，组织开展专项执法检查调研活动，加强对涉老重点议案、提案的督办工作。人大代表和政协委员关于老龄问题的议案和提案逐步增多。民主党派针对老龄问题积极开展专题调研，社会各界对老年民生问题越来越关注。中央和地方新闻媒体多视角地加强了老龄问题的宣传报道，提升了社会各界对老龄问题和老龄工作的普遍关注。

中宣部、外交部、税务总局、统计局、旅游局、全国总工会等单位根据各自承担的老龄工作职责，积极开展工作。四川汶川特大地震发生后，各地、各有关部门在积极支援抗震救灾和灾后重建工作中，认真组织开展了受灾地区老年人的生活救助和安置工作。

2008年，全国老龄工作取得了新的进展，老龄事业的基础性建设得到加强，工作领域不断扩大。在充分肯定成绩的同时，我们还要清醒地看到，老龄工作中仍然存在一些问题，主要是：农村养老保障制度建设尚未全面展开，各地试点做法差异很大，需要加强统一政策指导；城乡为老服务体系建设滞后，老年人看病难、照料难、托养难等问题比较突出；基层老龄工作总体比较薄弱，基层老龄组织的规范建设和管理工作需要进一步加强。对此，我们要高度重视，认真研究解决。

二、关于2009年全国老龄工作的安排意见

2009年，是建国六十周年、“国际老年人年”十周年、全国老龄工作委员会成立十周年，也是落实《中国老龄事业发展“十一五”规划》的关键一年。老龄工作的总体要求是：以邓小平理论和“三个代表”重要思想为指导，以科学发展观为统领，深入贯彻落实党的十七大、十七届三中全会和中央经济工作会议精神，从保发展、保民生、保稳定的大局出发，按照全国老龄工作委员会第十一次全体会议的要求，继续健全完善老年社会保障制度，大力发展为老服务，着力加强农村老龄工作，积极营造老龄事业发展的良好社会氛围，锐意进取，扎实工作，努力开创老龄工作新局面。

（一）继续推进养老保障制度建设

加强督促检查，确保机关事业单位退休费和企业退休人员基本养老金按时足额发放。继续做好企业退休人员基本养老金调整工作。进一步扩大企业职工基本养老保险覆盖范围，加快推进省级统筹。按照国务院统一部署开展事业单位养老保险制度改革试点工作。统筹研究机关事业单位退休费和企业基本养老金正常增长机制。积极开展新型农村社会养老保险制度试点。继续推进被征地农民社会保障工作。制定实施农民工参加基本养老保险办法和城镇企业职工基本养老保险关系转移接续办法。全面落实农村计划生育家庭奖励扶助制度和计划生育家庭特别扶助制度。完善城乡低保制度，切实关注包括老年人在内的城乡低收入群体生活保障问题。坚持与经济社会发展相适应，与现行养老、低保、福利制度相衔接的原则，积极探索无社会保障老年人生活补助制度或办法，努力解决其基本生活保障问题。

（二）进一步加强老年医疗卫生工作

扩大城镇职工基本医疗保险覆盖面，全面推进城镇居民基本医疗保险制度建设，完善新型农村合作医疗制度。进一步加大投入，支持城乡医疗救助制度建设，对贫困、农村五保老人给予倾斜，为符合标准的城乡老年人缴纳参加医疗保险（合作医疗）资金，增加老年人受益程度。在帮助解决地方政策性关闭破产国有企业退休人员参保问题的基础上，中央财政进一步安排资金，帮助解决中央和中央下放地方政策性关闭破产和依法破产国有企业退休人员参保问题。在医疗卫生体制改革中，体现公共卫生服务的公平性，加强老年保健工作，开展多种形式的老年医疗保健服务。坚持预防为主，防治结合的方针，研究制定老年卫生防治目标和措施。加强基层卫生服务网络建设，优化卫生资源，将一些有条件的医疗机构转变为老年医疗康复机构。制定相关标准和服务项目，完善城乡卫生服务功能，积极倡导全民健康生活方式，加强老年精神卫生工作。

（三）大力推动为老社会服务发展

要把为老社会服务场所和设施建设作为重点工作，加快推进整合社会闲置资源，用于为老服务场所，发挥其最大效益。继续组织实施全国县（市、区）社会福利中心建设项目。抓紧推进实施“爱心护理工程”，积极支持社会力量兴办老年护理院。加大社会福利彩票、体育彩票公益金对老龄事业的投入。深化为老服务社会化示范活动，研究建立符合国情的为老服务体系。按照政府主导、社会化运作的原则，推动建立形式多样、覆盖广泛的社区居家为老服务网络。探索健全居家为老服务运行机制。鼓励各地探索适应本地特点的居家为老服务模式。适时调整五保供养标准，加强五保供养机构建设，提高集中供养率。抓紧出台《养老服务机构基本规范》。开展全国失能老年人状况抽样调查，研究制定《老年人失能等级划分标准》。开展整合社会闲置资源建设老年护理院、发展老龄产业等专题调研，为制定发展规划奠定基础。研究制定扶持政策，加大对老龄产业在财政、税收、金融、土地使用方面的支持力度。积极培育和开发老年产品市场和为老服务市场，鼓励和引导社会力量参与老龄产业发展。加强为老服务机构岗位设置管理和服务队伍建设。

（四）切实加强农村老龄工作

推进新型农村社会养老保险、农村最低生活保障、新型农村合作医疗等基础制度建设，探索贫困老年人缴费减免或补助办法。重视解决失能、特困、留守、空巢、低收入等老年群体的特殊需求问题。大力发展农村为老服务事业，推动建立农村为老服务体系，促进城乡为老服务均等化。加快农村老年活动设施建设，支持有条件的地方利用闲置土地、校舍、房屋等公共资源改扩建成为老服务设施。推进农村敬老院向综合为老服务机构转变，逐步覆盖有需求的农村老年人。继续做好农村家庭赡养协议书签订工作和老年优待工作。联合有关部门开展城乡老年人低保状况调查。加强基层和农村老年人协会规范化建设。

（五）推进战略研究和法制建设工作

在全国老龄委领导下，协调组织成员单位、高等院校、科研院所等科研力量，启动应对人口老龄化中长期发展战略研究。联合检查老龄事业发展“十一五”规划贯彻落实情况，推动规划任务的全面落实。继续抓紧《老年法》的修订，推动老龄工作的法制化进程。积极拓展老年法律服务工作领域和内容，充分发挥法律服务工作在老年人权益保障方面的职能作用。不断扩大老年法律援助覆盖面，降低援助门槛，健全工作网络，努力为老年人提供便捷高效的法律援助。大力开展老年人权益保障法制宣传工作，积极营造保障老年人权益的良好法制氛围。严厉打击侵害老年人合法权益的违法犯罪活动。

（六）加强基层老年文化体育教育工作

把老年文化纳入基层公共文化服务体系建设，以建国六十周年、“国际老年人年”十周年、全国老龄工作委员会成立十周年为契机，积极组织开展系列宣传文化活动。广泛开展人口老龄化国情宣传、老龄工作方针和老龄工作先进典型宣传，加强公民道德宣传教育，浓厚全社会敬老、爱老、助老氛围。举办“歌唱祖国”全国老年人大型歌会和“老年合唱节”。组织“重阳节”系列宣传文化活动。继续开展敬老、爱老、助老主题教育和关爱慰问贫困老年人活动。扩大老龄对外宣传工作。认真组织开展好“全国老龄工作先进单位、先进个人”评选活动，深入推动基层老龄工作。做好老年人思想政治工作，继续加强老年教育工作，办好老年大学（学校）。加强为老年人服务的医疗卫生、文化艺术等方面的出版工作。贯彻《全民健身条例》，在老年群体中积极倡导科学健身意识。推动公共文化设施向老年群体免费开放。大力组织开展老年文化活动，丰富老年人精神文化生活。

在2009年全国老龄办主任会议上的讲话

全国老龄办常务副主任　陈传书

（2009年2月6日）

同志们：

昨天下午大家列席了全国老龄工作委员会第十一次全体会议，听取了回良玉副总理的讲话和李学举部长的报告，对当前老龄工作的形势有了更加深刻的认识，对今年的老龄工作任务有了比较具体的了解。今天我们接着召开省级老龄办主任会议，主要任务是学习贯彻全国老龄委第十一次全会精神，回顾和总结去年工作，研究和部署今年工作。下面，我讲几点意见。

一、关于2008年老龄工作

2008年是不平凡的一年。在党中央、国务院和全国老龄委的正确领导下，全国老龄工作取得了新的成绩。主要表现在五个方面：

（一）养老保障制度不断健全，覆盖面进一步扩大

各地认真贯彻落实党的十七大和十七届三中全会精神，把努力使全体人民老有所养、病有所医作为全面建设小康社会的重要任务，加快城乡养老保障体系建设。机关事业单位离退休人员基本养老金做到按时足额发放，企业退休人员养老金稳步提高。全国已有5293万城镇离退休人员参加基本养老保险，2729个县（市）建立了新型农村合作医疗制度；25个省的464个县（市）开展新型农村养老保险试点工作；27个省的1201个县（市）建立了被征地农民生活保障制度。社会福利和社会救助制度进一步覆盖老年群体，1514.5万老年人纳入最低生活保障范围；368.9万老年人纳入五保供养范围。上海、北京、天津以及江苏、浙江、山东、辽宁、云南、山西等省（市）的部分地方积极探索“城乡无社会保障老年居民养老保障办法”或“农村社会基本养老保障办法”，率先实现社会养老保障制度对老年群众的全覆盖。

（二）居家养老服务持续推开，逐步向农村延伸

去年初，全国老龄办联合9个部委出台《关于全面推进居家养老服务工作的意见》，明确了全国居家养老服务的指导方针和工作目标。各地认真贯彻落实文件精神，采取切实措施，加强社区养老服务设施、服务队伍和信息网络建设，居家养老服务模式不断创新，涌现出许多先进典型。其中，北京、天津、上海、浙江、江苏、广东、山东、吉林等地出台居家养老扶持政策，加大财政投入，完善公共服务，动员社会力量，创新体制机制，致力于构建城乡全覆盖的为老服务体系。

（三）老年优待工作取得重大突破，惠民措施日显成效

各地积极贯彻21部委出台的《关于加强老年人优待工作的意见》，有力推动了老年人合法权益的实现，大力弘扬了“敬老、爱老、助老”精神，实实在在地提高了老年人生活质量。到目前为止，31个省（区、市）相继出台了老年人优待政策措施，优待范围遍及就医、乘车、通讯、商业等诸多与老年人生活息息相关的领域，广大老年人得到更多实惠。去年，全国老龄办联合全国人大、全国政协及13个部委对老年优待政策落实情况进行了检查，进一步推动了老年权益和优待政策的落实。

（四）基层工作逐步加强，老龄机构自身建设取得进步

各地认真贯彻落实全国老龄委《关于加强基层老龄工作的意见》，强化基层老龄机构组织建设、能力建设和制度建设，基层老龄工作更加活跃，各项老龄政策得到更好落实。全国已有2303个县（市、区）建立了专门的老龄工作机构，配备专职老龄工作干部8000多人。甘肃、广东等省（市）出台了“关于加强基层老龄工作的意见”，浙江、黑龙江等省颁布实施了基层老年人协会管理办法，推动了基层老年人协会规范化建设。

（五）特色文化活动日益丰富，老年精神生活更加多彩

全国老龄办、教育部等5部委深入开展敬老爱老主题教育活动。全国老龄办、文化部、广电总局联合举办了首届中国老年文化艺术节，各地普遍开展广场老年文化活动，吉林、江苏、湖北等地组织了大型老年文艺汇演，老龄文化体育活动已经成为基层老龄工作不可缺少的重要组成部分。2008年的工作中，特别需要提到的是，在年初南方地区遭受的严重冰冻雨雪灾害、5月份汶川特大地震、8月份北京奥运等重大事件中，全国老龄系统从大局出发，反应迅速，行动坚决，显示了很强的战斗力和凝聚力，展现了老龄干部的时代风采。另外，《中华人民共和国老年人权益保障法》的修订工作已完成征求意见稿，于去年10月提交上级部门；老龄科研工作进步明显，取得多项科研成果；国际交流不断拓展，国际合作成效明显；“银龄行动”普遍开展，取得较好的社会影响；老龄信息工作得到加强，老龄统计指标体系正在修订。

老龄战线取得的这些成绩，是党中央、国务院和全国老龄委正确领导的结果，是各地区、各部门和社会各方面共同努力的结果，也是老龄工作者励精图治、艰苦奋斗、忠诚奉献的结果。20多年来，一代又一代老龄工作者以锐意开拓的进取精神和情系老龄的创新实践，为我国老龄事业发展奠定了坚实基础，作出了重要贡献。借此机会，我代表全国老龄办向全国老龄工作者和所有关心、支持老龄工作，为老龄事业作出贡献的同志们表示崇高敬意和衷心感谢！

在充分肯定成绩的同时，我们必须清醒地认识到，我国人口老龄化问题日益突出，老龄工作还存在不少差距和问题。特别是养老保障制度建设相对滞后，仍有相当多的老年人未纳入社会保障制度覆盖范围；为老服务体系建设相对落后，面向老年人的社会服务供需矛盾更加突出；基层和农村的老龄工作相对薄弱，许多地方老龄工作机构组织不健全，影响了老龄工作的有效开展。我们要高度重视这些问题，深入研究这些问题，致力于推动解决这些问题。推动解决老龄方面的问题，是老龄工作使命之所在、挑战之所在、任务之所在，也是全国老龄工作者的责任之所在、价值之所在、光荣之所在。

二、关于2009年主要工作

全国老龄委十一次全会已对2009年的全国老龄工作作了部署，具体体现在回良玉副总理的重要讲话和李学举部长的工作报告中，各地要认真贯彻落实。各级老龄办要紧密围绕老龄委决策创造性地开展工作，把老龄委确定的各项工作任务落到实处。

第一，认真贯彻全国老龄委会议精神，做好今年工作计划安排。全国老龄委第十一次全体会议，是本届政府召开的第一次老龄工作会议，也是在全国上下深入学习实践科学发展观，全面贯彻落实党的十七大、十七届三中全会和中央经济工作会议精神的新形势下召开的一次重要会议。回良玉副总理亲自主持会议并作重要讲话。回良玉副总理的讲话言简意赅，内涵丰富，深刻分析了当前老龄工作面临的新形势、新机遇、新挑战，明确提出了老龄工作的新任务、新思

路、新要求，对于当前和今后一个时期的老龄工作具有重要指导意义。李学举部长代表全国老龄委所作工作报告，全面总结了去年的工作情况，具体部署了今年的重点工作任务；中央组织部、国家发改委、财政部、人力资源和社会保障部负责同志的重要发言，使大家进一步明确了老龄工作形势和任务。各省（区、市）老龄办要认真做好会议精神的汇报、传达和贯彻，结合当地实际，安排部署好今年的工作。贯彻落实全国老龄委第十一次会议精神，要切实抓好四个重点：一是加快养老保障制度建设，重点抓好体系完善和制度衔接，高度重视解决无社会保障老年人特别是高龄老年人的生活困难问题，着力扩大养老保障制度的覆盖面。二是大力发展为老服务和老龄事业，结合当前扩大内需，重点抓好面向老年人的公共服务、社会福利、文体活动设施和为老服务机构建设。三是加强农村老龄工作，重点扩大公共财政覆盖农村老龄事业的范围，切实保障农村独居老人、空巢老人、贫困老人、残疾老人和高龄老人的基本生活。四是加强基层老龄工作，重点抓好基层老龄工作机构建设和基层老年群众组织建设，着力做好保民生、保发展、保稳定、保中央政策落实的各项工作。

第二，狠抓“十一五”规划落实，加快为老服务设施建设。针对国际金融危机的不利影响，党中央、国务院审时度势，果断提出灵活审慎的宏观经济政策，迅速推出扩大内需、促进经济平稳较快增长的若干措施，确立了保发展、保民生、保稳定的战略目标。各地要充分认识当前国家发展的大背景，把握机遇，顺势而为，结合《中国老龄事业发展“十一五”规划》落实情况的检查评估，主动协调相关部门把老龄事业发展纳入当地扩大内需、促进经济增长的具体措施之中，力争在老龄事业发展资金投入上有所突破，在发展老龄产业政策上有所突破，在基层老年活动设施建设上有所突破，在老龄服务体系建立和完善上有所突破，在推进“爱心护理工程”方面有所突破，在解决老年人迫切需要解决的“养”和“医”等现实问题上有所突破。

第三，深入开展调查研究，着力推动解决重点、热点、难点问题。调查研究是我们党的优良传统和作风，是议事协调机构开展工作的基本手段。本年度，我们要根据全国老龄委第十一次会议精神，针对老龄工作的重点、热点和难点问题，认真抓好调查研究。

一是全面启动国家应对人口老龄化战略研究。老龄问题涉及到经济、政治、文化、社会等诸多领域，是一个关系国计民生和国家长治久安的重大社会问题。目前，我国已经进入了人口老龄化快速发展期。预测到21世纪中期，我国60岁以上老年人口将超过30%，届时有可能成为人口老龄化程度最重的国家之一。面对如此严峻的老龄化趋势，究竟怎样准确分析人口老龄化的现象、原因和本质，怎样科学评估其对我国经济社会发展影响的广度、深度和久度，是关系我国老龄事业发展基本定位和发展方向的重要问题。我们必须未雨绸缪，根据全国老龄委第十一次会议精神，尽快启动应对人口老龄化战略研究，积极研拟《国家中长期老龄事业发展规划纲要》，力争2011年召开第三次全国老龄工作会议，从全局高度作出应对人口老龄化的科学规划和战略部署。这是一项重大而复杂的系统调研工程，各地老龄办要积极参与配合。有条件的地方要积极组织本地应对人口老龄化中长期战略研究。

二是认真开展农村老年人养老保障方式调查研究。党的十七届三中全会提出的努力使广大农民老有所养、病有所医的奋斗目标，为农村养老保障工作明确了方向和任务。我国农村特别是西部地区农业商品化程度依然很低，全面实施缴费型养老保险制度需要一个长期过程，随着家庭养老功能弱化和土地保障功能弱化，农村无社会保障老年人的养老保障问题是一个必须破解的难题。近些年来，京津沪以及其他省份的部分市县，相继采取非缴费型养老补贴等办法解决无社会保障老年人的养老保障问题，对于提高无社会保障老年人生活水平和生命质量起到了雪中送炭的作用。但是，各地制度设计的思路不尽相同，具体做法差别很大。为了防止养老保障制度碎片化引发新的矛盾，我们要重视对这一方面问题的调查研究，给政府科学决策提供依据。

三是认真开展居家养老服务长效机制调查研究。居家养老服务既需要政府推动，也需要社会参与，更需要建立相对稳定的组织机构、专业队伍和长效机制。各地老龄办要把居家养老服务组织模式和长效机制作为一个发展居家养老服务的研究课题，推动居家养老服务体制机制创新，提高政府公共服务投入效能，增加市场特色服务供给，把居家养老服务体系建设引向深入。

四是认真开展老龄产业政策调查研究。发展老龄服务，一方面必须扩大政府投入的老年福利服务，另一方面必须大力发展与市场接轨的老龄服务经济，用科学发展观指引老年福利服务和老龄服务产业的全面、协调、可持续发展。目前，为老服务项目缺乏分类，福利性、公益性与经营性的界限不够明晰，这是制约为老服务市场健康发育和老龄产业政策有效实施的重要因素之一。我们要将为老服务机构的分类管理，规范运营作为一个重要的研究课题，分门别类地研究制定扶持政策和管理规则，为社会力量参与发展老龄事业铺平道路，为不同需求的老年人提供各具特色的服务供给。

五是深入开展老年人权益保障调查研究。老年人是相对特殊的群体，除了在政治、经济、文化、社会等方面享有平等权利外，还应当在社会福利、财产继承、家庭婚姻、子女赡养、社会优待等方面享有更广泛的权利。我们要把建立与经济社会发展相适应、代际关系相和谐、老年生活需求相吻合的老年人权益保障体系作为老龄工作的一项重要任务，加强对老年参与社会，老年社会优待、老年健康保护及老年监护制度问题的调查研究，配合有关部门加快修订《老年人权益保障法》工作进程，力争把各地实践证明行之有效的老龄政策上升为法律。

第四，总结推广先进经验，抓点带面促进基层老龄工作。树立典型、推广经验是马克思主义思想路线和群众路线的具体体现，“胸中有思路、手里有典型”是指导基层老龄工作的有效方法。去年8月，全国老龄委下发了《关于开展评选表彰老龄工作先进单位和先进个人活动的通知》。各级老龄办要以开展“双先”评选活动为契机，树立一批改革发展的先进典型，发挥示范作用，达到以评促建、以典型引路推动工作的目的。一是抓老年人宜居社区示范典型。老年人的大部分时间在自己的住所和周围环境中度过，对居住条件、社区环境、物业管理、家政服务以及散步、健身、就医、购物、娱乐、交通等有着特殊的需求。打造适宜居家养老的新型社区，是应对人口老龄化必须采取的重要战略举措，也是现代城市文明进步的重要标志。各地老龄办要会同有关部门研究老年宜居社区指标体系，开展老年宜居社区创建活动，改善老年居住环境和社区生活便利条件，为大多数老年人居家养老提供支持。二是抓好居家养老服务示范典型。树立一批服务网络完善、体制机制科学、运营模式规范、人员队伍稳定、人民群众满意的先进典型，引导居家养老服务越快越好发展。三是抓农村为老服务示范典型。发展农村老龄服务是党的十七届三中全会的明确要求。农村老年人生活方式与城市有很多不同，发展农村老龄服务是一个新的课题，各地要积极探索有效实施方式，总结推广先进经验。这次会议印发了《关于发展农村老龄服务的意见》（征求意见稿），希望大家认真讨论。四是抓好为老服务机构示范典型。各级老龄机构要积极协助有关部门推动为老服务机构优化运营机制，树立一批改革发展的先进典型，引导社会福利机构、涉老公益事业和老龄产业遵循各自规律健康发展。五是抓好基层老年人协会先进示范典型。据初步统计，全国基层老年人协会已有48万个，加强基层老龄协会规范化建设是各级老龄工作机构必须重视的工作。对基层老龄协会既不能采取行政化管理，也不可放手不管。要寓规范管理于扶持服务之中，加强宣传指导，培养一批先进典型，引导基层老龄协会更好地发挥老年人自我管理、自我教育、自我服务的积极作用，使之成为推动老龄工作、维护和谐稳定的一支力量。

第五，广泛开展宣传教育活动，营造良好社会氛围。老龄事业的发展需要全社会的关注和努力，和谐社会的建设需要尊老敬老的社会氛围。今年我们要重点组织好四项活动：一是围绕建国六十周年、“国际老年人年”十周年组织系列活动。全国老龄办将联合有关部门举办老年人“歌唱祖国”大型歌会等重要活动。二是联合有关部门深入开展“敬老、爱老、助老”主题教育活动。采取各种方式加强道德宣传，营造社会氛围，积极支持共青团、妇联、学校和社会各界开展“敬老、爱老、助老”实践活动，把主题教育活动扎扎实实地开展下去。三是积极支持各种与老年人有关的志愿者活动。继续与团中央联合开展“金晖行动”，组织青年志愿者为老服务；进一步搞好“银龄行动”，组织老年志愿者参与社会服务工作、慈善事业和老年人互助帮扶活动。四是积极支持社会各界开展老年文化、老年体育、老年教育、老年学术交流、老年用品博览等各种有益活动。以具有重要影响的活动为载体，引导全社会关心、支持老龄事业，丰富老年人精神文化生活，使广大老年人充实、健康、有保障地生活。

三、加强老龄工作机构能力建设

全国老龄委成立10年来，各级老龄工作机构逐步建立，老龄工作力量不断加强。但是，老龄工作体制机制问题仍是一个比较突出的问题。各地要结合深入学习实践科学发展观活动，着力理顺老龄工作的体制机制，把增强机关履职能力作为重要任务抓好。

第一，要认清老龄工作性质，着力构建大老龄工作格局。老龄问题不仅仅是老年人的问题，它涉及到国家政治建设、经济建设、社会建设和文化建设的诸多方面，是党的工作的一部分、政府工作的一部分、社会工作的一部分和群众工作的一部分，必须坚持党政主导、社会参与、全民关怀的方针，构建党政军群齐抓共管的大老龄工作格局，着力于完善党政领导、老龄委协调、各部门尽责、社会参与的体制与机制。加强老龄工作，必须从更好地发挥各级老龄委议事协调职能做起。老龄委的职能更好发挥了，老龄办的作用也就相应突出了，其余问题就更加容易解决了。各地老龄办作为老龄委的办事机构，要深刻把握议事协调机构的工作规律和特点，以更宽的视野审视老龄问题，以更高的站位谋划老龄工作，积极主动地当好参谋助手，把老龄委日常工作做实做强，为老龄委会议多准备高质量的议题，为老龄委充分发挥议事协调职能搞好服务，把大老龄工作格局搞好搞活。

第二，要创新工作方式方法，积极主动地找准位置开展工作。各级老龄办要树立服务观念，立足于为老龄委议事决策服务、为成员单位推进工作服务、为社会力量参与服务和为基层老龄工作服务。要强化全局意识，善于拾遗补缺，积极抓好综合调研与政策研究、为老服务与老龄产业、老龄宣传与老年群众工作、国际交流与国际项目合作等方面的工作。要克服单纯行政化的思想倾向，善于抓调查研究、宣传引导、典型示范和社会工作。要密切联系基层老年群众，做好群众工作。在关注老年人基本生活保障的同时，抓好老年人的“教、学、为、乐”，引导老年群众自治组织健康发展，为构建和谐社会贡献力量。

第三，要抓好干部队伍建设，增强老龄工作机构履职能力。老龄办应当成为党和政府老龄工作的“智囊团”，对机关干部队伍的能力水平和工作作风具有特殊要求。要努力创建学习型、研究型、创新型、服务型机关，培养一支强有力的干部队伍，把各级老龄工作的履职能力提高到一个新的水平。随着全球人口老龄化日益发展，老龄问题已经成为世界各国和社会各界共同关心的课题。针对我国老龄理论研究相对滞后的现实，各地老龄办要注意跟踪国内外老龄问题研究的最新成果，努力占领老龄问题研究的制高点。理论研究要紧密结合工作实际，立足于把理论研究成果转化为可行性政策。各地老龄办特别是省级以上老龄办机关，要着力营造尊重知识、尊重人才的环境氛围，形成有利于优秀人才脱颖而出的良好机制，引导机关干部向研究型转变，努力培养一批老龄工作专家型人才，提高我国老龄工作的整体水平。

同志们，老龄工作虽然面临的困难很多，但我们从事的是一项越来越凸显其重要性的伟大事业。让我们坚定信心，振奋精神，增强使命感和责任感，为全面贯彻落实党的十七大、十七届三中全会精神，为出色完成全国老龄委第十一次全会确定的工作任务而努力奋斗，以优异的成绩向祖国六十周年华诞献礼！

在“天津市纪念和平区社区志愿服务活动二十周年大会”上的致辞

民政部党组成员　全国老龄办常务副主任　陈传书

（2009 年 3 月 18 日）

尊敬的只升华副市长，同志们、朋友们：

大家好！

今天，很荣幸参加“天津市纪念和平区社区志愿服务活动二十周年大会”，这不仅是天津市志愿者的大喜事，也是全国社区志愿者的大喜事。借此机会，我代表民政部向天津市和平区新兴街朝阳里社区志愿服务的组织者和参与者表示崇高的敬意！向精心培育并大力扶植社区志愿服务的天津市各级领导、向关心支持社区志愿服务事业的社会各界表示衷心的感谢！向全国服务社会、默默奉献的社区志愿者致以亲切的问候！

天津市和平区新兴街是全国社区志愿服务的发祥地。1989 年 3 月 18 日，也就是 20 年前的今天，天津市和平区新兴街在全国率先成立社区志愿者组织——新兴街社区服务志愿者协会，从此拉开了我国社区志愿服务活动的序幕。20 年来，在天津市委、市政府的积极倡导下，全市广大社区志愿者发扬无私奉献精神，为社区居民，特别是为老、弱、病、残及贫困家庭解决了大量的生活难题，在社会急、难、险、重等事件中作出了突出贡献，谱写了一曲曲生动感人的志愿者之歌，用爱心奏响了平凡而又伟大的动人乐章，用奉献诠释着人类崇高而又朴素的精神理念，用行动感染着越来越多的人加入到志愿服务的行列中来，在弘扬文明风尚、推进社区建设、促进社会和谐等方面发挥了显著作用，成为全国精神文明建设和和谐社会建设的一朵奇葩。特别在抗震救灾、服务奥运等重大事件和活动中，天津广大社区志愿者以自己无私奉献的高尚品德和脚踏实地的实际行动，为国家和人民作出了积极贡献，为志愿服务精神增添了新的光辉！

社区志愿者所体现和倡导的“奉献、友爱、互助、进步”精神，是中华民族助人为乐、扶贫济困传统美德和雷锋精神的继承、创新和发展。改革开放越深入、经济社会越发展，越需要通过加强各种志愿服务，大力营造“我为人人、人人为我”的和谐社会氛围。在各种社会志愿服务中，社区志愿服务有着独特的优势和作用，更应当得到大力倡导和发展。当前，我国改革发展稳定的任务十分繁重，特别是今年可能是进入新世纪以来我国经济发展最为困难的一年。受国际金融危机影响，我国部分企业经营困难，就业形势十分严峻，社会保障、教育医疗、收入分配、社会治安等方面还有不少问题亟待解决，大量社会矛盾汇集在社区，体现在社区，也需要解决在社区。大力开展社区志愿服务，有利于解决群众生产生活中的实际问题，有利于化解社会矛盾、促进社会和谐，有利于凝聚人心和力量，克服困难，战胜挑战。

天津市和平区社区志愿服务已经走过了20年的光辉历程。希望各级社区志愿者组织继续发扬“敢于走在前列，敢于争创一流”的精神，把社区志愿服务作为加强社会主义精神文明建设和促进和谐社会建设的有效载体，不断壮大志愿者队伍，吸引更多的社会有识之士加入到志愿者行列，服务大局，服务人民，真正做到哪里有困难和需要，哪里就有志愿者的身影，哪里有急难险重任务，哪里就飘扬着志愿服务的旗帜，为维护社会安定团结和政治稳定，为深化改革、扩大开放、加快社会全面发展创造良好的社会环境。

祝天津市志愿服务事业蒸蒸日上，不断取得丰硕成果，为天津市的经济社会和谐发展作出新的贡献，为全国的志愿服务事业继续发挥表率作用！

谢谢大家！

在2009年全国老年人体育工作会议上的讲话

全国老龄办常务副主任　陈传书

（2009年3月27日）

尊敬的刘鹏局长、张发强主席，各位领导、同志们：

大家好！

欣悉2009年全国老年人体育工作会议在美丽的海南省府海口市召开，国家体育总局刘鹏局长亲临会议并作重要讲话，这是全国老年人体育文化生活方面的一件大喜事。我特地前来代表全国老龄工作委员会办公室向高度重视、关心支持老年体育事业的国家体育总局领导、中国老年体协领导、海南省领导和全体与会同志致以崇高的敬意！向受到会议表彰的老年体育先进单位和先进个人表示热烈的祝贺！老年体育工作关系到千家万户，是我国社会主义体育事业和精神文明建设的重要组成部分。多年来，在国家体育总局正确领导和大力支持下，各级体育行政部门和老年体育组织以满足广大人民群众日益增长的体育文化需求为出发点，把增强人民体质、提高全民族整体素质作为根本目标，不断开创老年体育工作的新局面。令人印象深刻的是，全国体育系统累计投入30多亿元，建成3万多条“全民健身路径”初步形成遍布全国城乡的全民健身活动网点，极大地方便了城乡居民健身的需要，被广大老年人誉为“最实在、最直接、最受欢迎的民心工程”。2000年至今，国家体育总局和中国老年体协连续举办了九届亿万老年人健身展示大会，极大地丰富了老年人的体育文化生活，为广大老年人共享社会文明进步成果创造了条件，为推动我国老龄事业健康、快速发展作出了突出的贡献。特别是2007年开始的“全民健身与奥运同行·全国亿万老年人健步走向北京奥运会”活动影响巨大，充分激发了广大老年人迎奥运、庆奥运的政治热情和健身情趣，把老年体育工作提高到了一个新的水平。

今天，国家体育总局和中国老年体育协会又在此召开全国老年体育工作会议，体育总局领导亲自部署老年体育工作，共商举办第一届全国老年人体育健身大会之大计。这次会议对于加强新时期老年体育工作，推动老龄事业全面、协调、可持续发展具有重要意义。全国老龄系统热切期盼举办第一届全国老年人体育健身大会，这将是我国老年体育工作的一个新的里程碑，由此揭开我国老年体育事业发展历史的新篇章。各级老龄工作机构要积极响应国家体育总局的号召，高度重视老年群众体育活动，积极配合并大力支持第一届全国老年人体育健身大会筹备工作，为成功举办一次有特色、有规模、高水平的老年体育大会贡献力量。

当前，我国人口老龄化进入了快速发展阶段。截至2008年底，我国老年人总数已经达到1.5989亿，并以每年800万人的速度继续增长。人口老龄化问题是一个关系国计民生和国家长治久安的重大社会问题，实施“健康老龄化”战略是应对人口老龄化挑战的必须选择。实现“健康老龄化”，提高老年人的生活、生命质量，不仅是老年人自身的要求，也是经济社会和谐发展的必然要求。开展全民健身和老年体育活动，是一条实现“健康老龄化”的重要途径，是一项利国利民的伟大事业，衷心希望各地政府和社会各界对老年体育事业一如既往地给予大力支持，衷心希望全国各地老龄工作机构积极配合体育部门搞好老年体育健身工作，衷心希望老年体育工作战线同志们为我国实现“健康老龄化”的战略目标作出更大贡献。

谢谢大家!

在“促进老年人参与农村发展”项目启动仪式上的致辞

全国老龄办常务副主任　陈传书

（2009年4月7日）

尊敬的欧盟驻华代表团吴荔女士，
尊敬的国际助老会亚太地区代表威素姆博士，
尊敬的姚引良副省长，
各位与会代表：

上午好!

“花明夹城道，柳暗曲江头”。在这春满枝头的时节，“促进老年人参与农村发展项目”在古都西安正式启动了。这是欧盟新一期老龄领域的重点援华项目，也是国内继引进老年人扶贫国际模式后的首个推广项目，这对于引进国际老龄工作先进理念、增进贫困老年人福祉、实现区域全面协调发展，有着重要而深远的意义。在此，我谨代表全国老龄委办公室向支持中国老年人扶贫事业的国际组织，表示衷心的感谢！向陕西省政府、省有关部门及项目实施的市、县、村的各级领导和各界与会代表，表示热烈的欢迎！

2003年至2006年，在国际助老会的支持下，欧盟援华的“中国中西部老年人扶贫项目”，在陕西、湖南和四川三省成功实施，这是国内第一个专门针对贫困老年人开展的参与式扶贫国际项目。项目通过建立和加强村老年人协会，资助老年人从事力所能及的种养殖业，普及老年健康保健知识，使贫困老年人的生产生活得到明显改善，产生了较好的社会效益和国际影响。其中，陕西省的项目成果得到了省政府的高度重视和充分肯定，并在全省推广项目运作模式，充分显现了国际合作项目的示范效果和真正意义。去年，国际助老会、全国老龄委办公室、陕西省老龄委办公室共同向欧盟申请了新一周期项目，旨在加强国际援助、深化合作效果、拓展项目经验，使贫困老年人及其家庭在参与农村经济社会发展中实现自身脱贫自立，其影响远大于项目本身。在此，我们特别感谢欧盟对中国农村贫困老年人和中国老龄事业的关注和支持，感谢国际助老会为我国老龄工作所作的贡献和努力！

大家知道，人口老龄化是目前国际社会普遍关注和亟待解决的重大社会问题。中国是世界人口第一大国，同时也是人口老龄化发展最快的大国。截至2008年底，我国60岁以上老年人口达到1.5989亿人，其中60%生活在农村。随着中国第一次老年人口增长高峰出现，一个不可否认的事实是，在“未富先老”的国情下，中国的社会保障体系短时间内还不可能覆盖所有人群。在社会保障体系之外，还存在大量的贫困老年人，农村老年人的贫困问题则是更加突出的问题，仍有高龄、失能、失地、空巢、无保障的老年人生活十分困难。如何解决农村困难老年人的养老问题，实现联合国2015年“终结贫困”的千年发展目标，是各级政府必须高度重视解决的一大课题。

中国政府历来非常重视老龄工作，提出必须在经济发展的基础上，更加注重社会建设，着力保障和改善民生，到2012年努力完成基本养老保险制度和基本医疗保险制度建设，努力使全体人民学有所教、劳有所得、病有所医、老有所养、住有所居。这是中国政府从全面建设小康社会和构建社会主义和谐社会高度，从解决人民最关心、最直接、最现实的利益问题出发，提出的目标和作出的承诺。提高和改善老年人的生命生活质量，让广大老年人共享改革发展成果，是中国坚持“以人为本”、推动经济社会全面、协调、可持续发展的目标所系、任务所在。值得指出的是，促进农村老龄问题的解决，一方面要发挥政府的主导作用，充分利用各种资源关爱老年人、扶助老年人，想民之所想，急民之所急，切实解决他们生产生活中的困难和问题，另一方面也要充分发挥老年人参与发展的主动性，把老年群体视为农村建设的积极力量，形成老年人与家庭、社会、政府的良性互动，在参与中获得收益、得到慰藉、实现人生价值，使广大农村老年人充实、健康、有尊严地生活。

这次“促进老年人参与农村发展项目”继续在陕西执行，充分说明了陕西的工作扎实、成效显著。近年来，在“延安精神”的感召下，陕西省委、省政府带领全省人民艰苦创业，开拓进取，取得有目共睹的成就，陕西老龄事业也呈现蓬勃发展态势，老年文化生活日益丰富、老年权益保障扎实推进、爱心护理工程扎实推进、老年福利服务设施逐步健全、基层老龄工作开展卓有成效。在探索农村老龄问题解决途径中，先后两期的欧盟国际合作项目，都得到了认真执行，千余农村老年人及其家庭在参与式扶贫项目的帮扶下，得到了实惠，实现了尊严，项目实现了预期的目的。这给农村老龄工作带来了新思路、积累了新经验。我相信，新一期项目在陕西省委、省政府的正确领导下，在欧盟驻华代表团、国际助老会的帮助指导下，在相关部门的大力支持下，在全体工作人员的精诚努力下，一定会取得更加丰硕的成果，陕西省的国际老龄合作项目将在全国起到更加突出的典型示范作用。

最后，预祝“促进老年人参与发展农村发展”项目圆满成功！祝各位代表工作顺利、身体健康！

谢谢！

在灾后重建中的中国社会工作论坛暨《中国社会工作发展报告》发行仪式上的讲话

民政部党组成员　全国老龄办公常务副主任　陈传书

（2009年5月19日）

尊敬的第九届全国人大副委员长彭佩云女士

各位专家、各位来宾、女士们、先生们：

大家下午好！

很高兴参加灾后重建中的中国社会工作论坛暨《中国社会工作发展报告》发行仪式。我代表民政部对这次活动的举办表示热烈的祝贺，并向第九届全国人大副委员长彭佩云女士、北京大学党委副书记杨河和各位嘉宾表示热烈的欢迎。

社会工作是现代社会为解决社会问题、化解社会矛盾、协调社会关系、维护社会稳定、促进公平正义而普遍采取的一项重要的制度安排，是市场化、工业化、城市化发展到一定阶段的必然产物，是社会发展和人类文明进步的重要标志。党的十六届六中全会从构建社会主义和谐社会全局出发，作出了建设一支规模宏大、结构合理、素质优良的社会工作人才队伍的重大战略决策。胡锦涛总书记在党的十七大报告中提出："加快推进以改善民生为重点的社会建设。重视社会组织建设和管理。"这给社会工作赋予了新内涵，提出了新要求。总之，当代中国是进行社会工作实务、教育和理论研究最肥沃的土壤。这对我们广大社会工作者、社会工作教育者、社会工作研究者来说都是难得的机遇。因此，我们要一同响应时代的召唤，发奋努力，使社会工作在加强社会建设、构建和谐社会、巩固党的执政基础和应对灾害风险等方面作出新的更大的贡献。

民政部是负责社会管理和公共服务的重要职能部门，民政领域是我国社会工作的重要领域。全国人大常委会原副委员长雷洁琼曾精辟地指出："民政工作就是中国特色的社会工作。"改革开放以来，民政部在发展社会工作方面做了大量基础性的工作：大力发展社会救助、社会福利、社区建设、减灾救灾、婚姻家庭服务、社会组织管理、优抚安置、儿童收养、慈善事业等社会服务，为我国社会工作发展提供了广阔的空间。党的十六届六中全会召开后，民政部按照中央要求，积极推进社会工作人才队伍建设，并在全国范围内开展了调查研究工作，为中央制定政策、建立制度奠定了坚实的基础，社会工作者职业水平考试、社会工作人才建设试点、教育培训等方面也取得了明显的效果。今后，民政部门仍然要继续努力为全国社会工作的健康发展做好服务工作。

中国社会工作协会和中国社会工作教育协会是我国社会工作领域的全国性行业组织，长期以来在我国社会工作发展及其人才队伍建设方面发挥了极其重要的作用。今天举行的灾后重建中的中国社会工作论坛和《中国社会工作发展报告》发行仪式，就是在社会工作领域获得的新进展、新成果。希望中国社会工作协会和中国社会工作教育协会在今后的工作中，继续开拓创新，扎实工作，不断加强协会自身建设，提高专业工作水平，在传播社会工作观点、普及社会工作知识、推动专业建设、加强队伍建设、强化行业自律、发展社会工作教育、促进社会工作交流与合作等方面发挥更大的作用，为我国发展社会工作、建设宏大的社会工作人才队伍作出新的贡献！

最后，祝贺会议获得圆满成功！

谢谢大家！

在全国老龄办2009年年中工作分析会上的讲话

全国老龄办常务副主任 陈传书

同志们：

这次会议的主题是总结回顾上半年工作，研究部署下半年工作，重点是围绕着"摆矛盾、理思路、促发展"进行研讨。通过大家的相互交流，我感到，我们机关干部的角色意识进一步增强，工作任务进一步明确，工作作风进一步扎实，工作方式进一步创新，这对于推动下半年的工作，将产生非常重要的意义。应该说，这次会议达到了预期的目的，实现了预期的目标，开得很成功。

五个事业单位负责同志的发言，我听后感到非常振奋。概括来讲，各单位的工作思路清晰，工作目标明确，工作完成情况比较出色。一个单位的建设和发展，是衡量一个单位领导班子的综合指标。如果一个单位历史地比较是在前进的、发展的，那么这个单位的领导班子必然是坚强的、有力的、称职的。在当前经济大环境不够好的情况下，各个单位都能保持良好势头，足以说明五个事业单位的工作都是在前进的、在发展的，足以说明五个事业单位的领导班子工作都是出色的、值得肯定的。希望机关各部门的同志，要体谅事业单位工作的艰巨性，体谅他们的工作特殊性，体谅他们工作中面临的各种矛盾和问题，要积极通过各种方式予以支持、帮助，也希望事业单位的同志们再接再厉，再创佳绩。

机关各部门的发言各有所长，虽然大家的观点不尽相同，但是目标是一致的，都是为了推进工作，都是为了老龄事业发展。这次会议有言在先，就是要求大家畅所欲言，即使讲的观点不对，也不批评、不指责，更不存在秋后算账问题。大家有什么想法就说什么，敞开思想摆矛盾、提问题、理思路、谈发展，只有把各种矛盾都摆到桌面上来，才能找到解决矛盾的方法和办法。经过一天半的热烈讨论，大家分析了不少矛盾和问题，各位同志谈得都很好。有些问题，大家达成了共识，有些问题，还需要进一步研究。受到大家启发，我就全国老龄办的工作谈几点意见和看法。

一、要进一步增强角色意识

转变观念也好，转变职能也好，核心是个角色意识，也就是说在整个老龄工作大格局中，每个部门、每个同志应该明白自己扮演一个什么角色。如果说老龄工作是一个大舞台，那么我们老龄办应该扮演什么样的角色，这必须从党中央、国务院对老龄工作的总体布局和赋予全国老龄委的职能中找答案。目前，各级老龄办工作在体制机制方面存在的矛盾，有客观方面的因素，也有主观方面的因素，依我看内因是关键因素，就是说在我们许多同志思想上和工作中，也存在角色模糊、角色错位和角色意识淡薄问题。大凡感觉老龄办没有地位、缺乏权力、得不到尊重的同志，都应当首先想一想我们的角色使命和角色特点，想一想我们的工作定位与角色要求和社会期待是否吻合。我以为，在大老龄工作格局中，全国老龄委是一个自上而下指导、协调、推动全国老龄工作组织系统，全国老龄办是全国老龄委的办事机构，应当围绕全国老龄委的中心任务开展工作。办事机构的特点是当好参谋和助手，而不在于自身的权力、地位和影响，更不能有追求行政部门化的思想倾向，这就是个角色意识问题。

在此，我们有必要重温一下中央对全国老龄委职能的规定：第一，研究、制定老龄事业发展战略及重大政策，协调和推动有关部门实施老龄事业发展规划；第二，协调和推动有关部门做好维护老年人权益的保障工作；第三，协调和推动有关部门加强对老龄工作的宏观指导和综合管理，推动开展有利于老年人身心健康的各种活动；第四，指导、督促和检查各省、自治区、直辖市的老龄工作；第五，组织、协调联合国及其他国际组织有关老龄事务在国内的重大活动。这五项职能，充分体现了党中央、国务院对老龄工作的高度重视，充分说明了老龄工作机构的使命、定位和责任。要讲老龄工作体制建设问题，首先应当加强老龄委的议事协调职能，有的地方老龄委因缺少议题致使协调功能不断萎缩，甚至有的省级老龄委6年未作调整，组织机构已经不健全。在这一问题上，我们不能责怪地方领导不重视，而应当更多地在老龄办工作方面找原因。大家必须明白一个道理，没有老龄委就没有老龄办，只有提高老龄办为老龄委发挥职能服务的工作水平，老龄工作的系统力量才能充分发挥出来；只有加强老龄委的工作力度，提升老龄委的影响力，老龄办的工作才能有成效、有地位、有影响。

对于全国老龄办工作来说，有些同志讲需要做实，有些同志讲要虚实结合，这些话都没有错，但是，要讲工作层次。在全国老龄办工作层次上，扎扎实实地调查研究问题，认认真真地为老龄委议事协调提供素材和服务，就是做实老龄办工作的重要体现。老龄问题是关系国计民生和国家长治久安的一个重大社会问题，老龄工作分布在各个职能部门，养老保障工作、养老服务工作、老年群众工作都必须由党的系统、政府系统、群团系统齐抓共管，老龄委的工作超脱于部门之上，老龄办不能够去跟职能部门分职能、争项目。比如说，开展居家养老服务、爱心护理工程和发展养老服务业是全国老龄办联合有关职能部门发起的，但是，全国老龄办的主要任务是推动，既然现在有职能部门来管了，我们的工作目的就达到了，没有必要去争具体项目管理职能。在机关内部也有同样问题。今年上半年，为了更好地履行“三个服务”的基本职能，机关内设机构进行了调整，按日常工作分成几大块。为了实现平稳过渡，人员基本上没作大的调整，各个部门没有核定编制，也没有核定经费，之所以这样做，就是要从体制改革上加强机关统一管理。因为我们的机关不算大，且各个阶段的工作任务具有不确定性，因此，不宜分工过细，更不能各自为政，要强化统一协调和相互配合。财权与事权要分开，各业务部门要积极地按计划推进业务工作，综合管理部门要围绕业务工作开展搞好服务保障。

当前，全国老龄办最需要的是向“学习型、研究型、创新性、服务型”机关的转变。实现这个转变对于全国老龄办机关来说，具有重要而深远的意义。老龄办的作用、地位和影响的主要体现在哪里？简而言之一句话，就是“占领老龄问题研究的制高点，取得老龄工作的话语权”。为此，我们必须搞好“四型”机关建设。只有完成向“四型”机关转变，老龄办机关工作才能走上稳定发展的轨道，才能排解体制机制方面的矛盾和困惑，才能提高老龄委办事机构的履职能力，也才真正能够实现有作为、有影响、有地位。向“四型”机关转变，客观上存在人员结构问题，但这不是主要矛盾，老龄工作既需要专业知识和专业人才，也需要大众学问和服务人才，每个同志都有条件成为老龄工作行家里手，关键在找准位置、勤奋努力。要转变思想观念、转变角色定位、转变工作作风、转变工作方式。昨天，综合部、政研部、事业部和国际部等有关部门都谈到了本部门职能如何转变的问题，谈得非常好，还有一些同志也谈到了，而且谈得都很深刻。所以，这次会议的第一大收获就是进一步增强了角色意识。

二、要进一步明确工作任务

会议中各位副主任、各个部门对各自分管负责的工作都谈了思路，进行了部署，概括起来讲，全国老龄办今后一个时期的重点工作有四个方面：

一是加强应对人口老龄化战略研究。在战略研究的基础上，研拟国家老龄事业中长期发展规划，为拟于2011年召开第三次全国老龄工作会议作实质性的准备工作。我国是世界第一老年人口大国，也是少子化与老龄化叠加、老龄化发展速度最快的国家。到21世纪中叶，我国老龄化程度将超越美、英、德、法、澳等发达国家，成为世界老龄化最严重的国家之一。当前，许多国家的专家学者密切关注并重视研究中国老龄问题。2004年以来，美国国家战略与国际问题研究中心连续发布两个关于中国老龄化的研究报告。英国、日本、澳大利亚国家的研究机构也在研究中国老龄问题。他们认为，中国潜伏着一次历史繁荣与动乱交替周期性的危机，但中国似乎还没有做好准备。尽管西方舆论的观点不完全符合中国国情，但他们观察老龄问题的角度和方法值得我们借鉴。然而，从现实情况看，我们国内对老龄问题的研究还主要集中在解决当前较为突出的民生问题上，应当更加注重战略思考，加强战略研究和战略安排，掌握应对人口老龄化的主动权。近年来，回良玉副总理在讲话中多次都强调老龄问题的战略研究问题，全国老龄委第十一次全体会议已将启动国家应对人口老龄化战略研究列为今年重点工作之一。我们要将此作为当前工作的重中之重，抓紧抓好，确保下半年全面启动。

二是加强养老保障体系建设研究。我国养老保障体系建设工作分布在几个部门，需要加强统筹规划、协调推进，在这一方面全国老龄办应当充分发挥“研究提出政策建议”的职能作用。我国养老保障制度体系的基本框架已经建立，总体发展态势较好，但依然存在不少矛盾。最近一个时期，国内外研究机构和社会舆论对我国现行养老保障制度结构提出的质疑越来越多，普遍认为我国养老保障所面临的最主要问题不是扩大制度覆盖面和提高标准，而是结构性失调。即在豪华的养老保险制度和苛刻的低保制度之间缺乏一个老年人最低收入的“安全网”，以致造成国家养老资源投入不少，但只有部分人受益的现象。许多人建议我国养老保障体系分为三个层次：一是为少数弱势成员提供有条件的救助；二是为众多老年人提供最低限度的非缴费型养老金；三是按照社会公正和再分配原则实施养老保险。这些意见和建议值得认真研究。

在研究推介国外经验问题上，既要研究国外成功经验，也要研究国外失败的教训，更要注重进行国情对比研究。全国老龄办一项重要职能是负责国际老龄工作对口交流，近几年来，联合国、世界银行、国际劳工组织和国际助老会等，在老年人社会救助和养老保障方面提出不少新的主张，我们应当及时向国内有关部门传达信息。全国老龄办的国际部，应当成为国际老龄问题研究部，加强中外老龄工作对比研究。现在，社会上许多学者推介国外老龄工作经验，但由于条件所限，往往存在片面性。比如，许多人写文章推介西方发达国家的农村养老保险模式，但是，往往忽略了一个基本的问题，就是制度背景和国情差别。第一，要注意国民经济发展阶段不同。欧盟中11个发达国家的农业人口比重均不到5%，日本2007年从事农业生产的劳动力只有312万人，另外雇用了1400万外国劳工，而我国农业人口仍占60%多。第二，要注意所有制和养老保障对象不同。发达国家的耕地集中在少数农场主手里，绝大多数农民为农场工人，他们的农村养老保险主要针对农业工人，其中德国规定农场主只有交出农场才能参加社会养老保险，而我们国家大部分农村仍实行“家庭联产承包责任制”的农业生产方式，大部分农民没有工资收入。第三，要注意推行养老保险制度的背景不同。20世纪下半叶以来，多数西方国家出现了养老金支付危机，在世界银行推动下推进社会养老保障制度改革，改革的目的是向企业和个人转移一部分负担，而我国建立农村养老保险的目的是改善民生。第四，要注意国外农村养老保障制度改革失败的教训。2005年，世界银行总结参与80多个国家养老保障制度改革的经验，得出的结论是推行单一的缴费型养老保险制度不能达到改革目的，因此提出以非缴费型养老金为“零支柱”的“五支柱”养老保障模式，而这一新的国际养老保障制度改革趋势在我们国内还没有引起足够的高度重视。第五，随着老龄化的发展和人的预期寿命延长，许多国家把老年人的界限划定在65岁以上，而我们国家仍保持与城镇职工退休年龄相一致，如果在农村也套用城镇养老保险模式，国家将为此增加1/3的养老金支出。诸如此类问题，我们要充分发挥全国老龄办的优势，加强养老保障体系的综合研究，为国务院、全国老龄委和各有关部门制定政策提供信息服务和建议。

三是加强老龄服务体系建设研究。健全老龄服务体系，发展为老服务事业和老龄产业是应对人口老龄化的重要战略措施。我国目前处于人口老龄化快速发展阶段，单从老年人口比例来讲排世界第 63 位（2006 年，联合国），人口老龄化的真正矛盾还没有完全显现出来。大家可以想一想，我国的城市家庭很快就要进入独生子女父母老龄化时代，社会养老服务需求将急剧增加，国家老龄服务体系面临古今中外前所未有的严峻挑战。近些年来，各地社区为老服务和民办养老机构发展很快，但很大程度上是依靠行政力量推动，有“人民战争”特色，缺乏规范的行业管理和应有的市场推动力。今年以来，连续发生民办养老机构虐待老年人事件和养老院重大火灾伤亡事故，正如中共中央政策研究室《简报》指出，“养老悲剧”迭出成社会关注焦点。经调查，媒体曝光的所有问题，都是发生在没有“三证”的民办养老院。有一个省会城市 155 家养老机构，居然有 95 家属于无证经营的“黑养老院”，其他城市也存在同样问题。由此看来，民办养老机构的监管体制和运行机制存在严重缺陷，必须着手从制度层面解决问题。首先完善准入制度。改变目前多口注册和缺乏统一监管的被动局面。其次明确将养老院纳入卫生防疫和消防安全许可制度管理范围，加强专业监管。第三，要发挥行业协会作用，制定行业服务等级标准，强化行业自律机制。为此，我办要积极联合各有关部门争取尽快出台一个文件，建立和完善类似于酒店、招待所那样的“三证”管理和监管联动机制，促进民办养老机构规范、健康、有序发展。另外，要尽快推进老年友好城市、老年宜居社区和老年温馨家庭行动指南起草工作，下半年选择部分地方进行试点，作为明年的一项重点工作在第十二次老龄委全体会议上予以部署，从城市、社区、家庭三个层面上全面推进老龄工作。

四是加强老龄工作体系建设和老年群众工作。认真研究老龄工作理论和老年群体工作实践，统筹协调全国老龄办和所属单位、代管社团的各项文体工作，形成上下联动的“一盘棋”。具体到各部门，都要按照全国老龄委的职能去认真地思考和设计一下自己的重点工作，抓大放小，抓几件能够出成果的大事。我认为，全国老龄办的工作成果不在于自己操作到底的有多少，而在于能协调推动工作的力度有多大。职能部门可以干的事情，尽量由职能部门去做，市场可以解决的问题，我们尽量不要介入，通过中介组织可以解决的问题，最好由中介去操作。只有市场和社会中介组织都解决不了的，全国老龄委各成员单位也不能独立完成的，全国老龄办才应当有所作为。所以，各部门确定的几项工作重点，我都赞成。政研部重点抓好战略研究、修订老年法和老年人生活补贴、社会监护、护理补贴等问题的研究。事业部重点抓好“三创优”工作和养老服务市场规范管理的有关工作。宣传部重点抓好建国六十周年系列活动和宣传工作会议筹备工作。国际部重点抓好中外养老保障制度比较研究工作，今年完成出书上半卷。综合部重点抓好政务信息工作，人事部要抓好业务培训和机关作风建设工作。总之，全国老龄办的各项工作都要体现思想转变、职能转变。

三、要进一步转变工作作风

从大家介绍的情况和所谈的下一步工作中，我能体会到各部门的工作作风更加扎实了。大家都强调要重视做好调查研究，这是很大的一个进步。对全国老龄办来说，调查研究是极其重要的。什么是工作？工作就是解决问题。如果没有发现问题，就会感到工作无从下手。目前，我们之所以找不到位置，之所以跟各有关部门经常发生工作冲突，在很大程度上是我们调查研究不够，没有发现问题，没有掌握问题，而且也不大注重去研究问题。比如说新农保工作，好多同志说这不是老龄办的事情，咱们不用去管，听起来似乎有道理。是不是这样？我到几个农村调查以后发现，在新农保的推动过程中，许多地方把现有老年人领取养老金与其子女加入新农保缴费挂钩实行“捆绑缴费”，如果其直系亲属中有一个人没有按时缴费，或者没有足额缴费，那么这个老年人的养老金就要停发。这种捆绑缴费的做法在许多地方作为一条经验在推广。江苏省 7 个地级市都在实行，宝鸡市全市发了文件，安徽马鞍山市也是这样做。大家试想，养老保险的原则是谁入保谁受益，为什么要捆绑缴费？这样做何以保障老年人的正当权益？全国老龄办作为全国老龄委的办事机构，要善于通过调查研究发现问题、研究问题，从而提出政策性建议，这是我们应尽的职责。调查研究一定要深入基层，掌握第一手材料。政府机关形成调研报告，与一般的学者写文章不同，所反映的问题必须有根有据，不能道听途说，更不能凭空推理，一定要言之有物、言之有据、言之有理，这样的调查报告才有意义，只有在充分调研基础上提出的政策建议才有参考价值。这是调查研究方法问题，更是机关工作作风问题。

四、要进一步创新工作方式

谈到工作方式的时候，先给大家传达一下李学举部长最近的一个批示。在全国老龄办工作汇报上，李学举部长批示：“全国老龄办是我国专司老龄工作的部门，要在发展我国老龄事业上，有作为、有地位、有影响。汇报稿中提出和研究的几个问题，思路、方向对头，望加大工作力度，力求有成果。研究老龄问题，要看到未来的趋势，这是老龄工作的特点。因此，研究当前老龄工作，必须与发展战略相结合，使当前的工作为今后的工作奠定基础。如现在研究不够，走势把握不准，措施工作跟不上，将造成未来问题成堆，出现更多更大的社会问题。对老龄问题的研究，已引起国内外的关注，包括老龄办在内的相关部门和社会各界，都做了大量的研究工作，取得了一些工作成果。在此基础上，老龄办要牵好头，主动凝聚各方力量，作为当前和今后工作责任，加强老龄问题的战略研究和战略部署。”可以看出，李学举部长批示包括三层含义：一是工作重点，二是工作要求，三是工作方式。现在国内外、各部门和社会各界都在研究老龄问题，全国老龄办在其中要凝聚各方力量，牵好头，这实际上是一个工作方法问题。“大老龄”工作格局本身是一个开放的系统，老龄工作系统不是传统的封闭型组织，而应当成为能够凝聚各方力量、善于影响带动各方面工作的协调系统。中国老龄科研中心能不能把国内科研机构的科研力量凝聚起来，机关各部门采取什么样的方式能把社会各界的研究成果为我所用、转化为政策，这些问题都很关键。在老龄科研方面，全国老龄办要发挥“孵化器”的作用，也就是说，要善于收集社会各界研究的理论成果，通过全国老龄办这样一个平台，形成政策性的建议，转化为物质成果。我们机关不少同志善于研究问题，经常在媒体上发表文章，今年上半年机关各部门出了近70期简报，但大多是在机关内部电子信箱传阅，只是机关内部的“自娱自乐”。大家一定要树立为全国老龄委决策服务的观念，立足于把每一项研究工作转化为国家政策。另外，全国老龄办作为中央国家机关，适当组织一些有影响活动是必要的，但是，绝对不能搞得太多。今年，全国老龄办作为主办单位、支持单位总共向地方老龄部门布置了十几项活动，大家想一想地方老龄工作部门怎么办？所以一定要转变工作方式，把工作重点转移到收集情况、总结经验、分析问题、研究政策，为老龄委议事决策、为成员单位工作协调和为基层开展工作服务方面上来。在这两天的讨论中，我觉得在工作方式上大家有所认识、有所创新。

总的来说，这次会议主题明确、重点突出、安排圆满，大家各抒己见、畅所欲言、收获很大，是一次很好的相互学习、相互促进的机会。对全国老龄办下半年的重点工作，各部门、各单位要同心合力，以争分夺秒的精神，积极推进，有所作为，争取尽快做出高质量的成果。

在第一届全国老年人体育健身大会开幕式上的讲话

全国老龄办常务副主任 陈传书

（2009年8月8日）

尊敬的各位领导，各位来宾，同志们、朋友们：

今天，在国家设立的“全民健身日”启动之际，首届全国老年人体育健身大会隆重开幕，我国老年人体育健身运动将由此掀开新的历史一页。在此，我谨代表全国老龄工作委员会办公室向来自全国各地参加大会的老年朋友们，致以热烈的欢迎和亲切的问候！向出席大会的各位领导、各位来宾，向所有关心、支持全国老年人体育健身大会的单位和朋友们表示衷心的感谢！

发展老年人体育健身运动，是增强老年人体质、丰富老年人精神文化生活、提高老年人生命质量的重要途径，也是实施“健康老龄化、积极老龄化”战略、有效应对人口老龄化挑战的重要举措。多年来，党和政府十分重视老年人体育健身工作，大力推进全民健身工程，全国老年人体育健身活动呈现蓬勃发展的新局面。

这次大会的隆重举行，是对全国老年人体育健身活动的一次大检阅，也是对奥运精神创造性的传承和弘扬。衷心希望老年运动员朋友们，本着安全第一、淡化锦标、重在参与、追求健康、讲究快乐、扩大交流、增进友谊的精神参加大会，并将大会精神坚持下去，发扬光大，进一步推动全民健身活动掀起新的热潮。

我们衷心期盼2009年（郑州）第一届全国老年

体育健身大会，能够成为展示中国当代老年人精神风貌的重要舞台，能够成为展示中华人民共和国建国60周年发展成就的重要窗口，能够成为开创老年人体育健身活动历史的盛会。

最后，预祝大会圆满成功！

谢谢大家！

在学习宣传贯彻《全民健身条例》座谈会上的发言

民政部党组成员　全国老龄办常务副主任　陈传书

（2009年9月11日）

《全民健身条例》的颁布实施，是我国社会事业发展进步的一个重要标志，也是广大人民群众社会文化生活中的一件大事、好事。对于推动全民健身运动的深入开展、提高全体公民的身体素质、积极应对人口老龄化都将起到重要的促进作用。民政部和全国老龄办将高度重视《全民健身条例》的贯彻实施工作，按照《条例》的要求和这次座谈会的精神，认真做好有关工作，积极推动全民健身运动的深入开展。

一是大力推进社区体育健身设施建设，为基层居民群众健身创造必要的条件。积极配合体育部门，推动各级政府加大投入，并努力动员社会力量积极参与和兴办，力争用三到五年的时间，使全民健身的基础性体育设施在城市街居两级基层社区达到全覆盖，在农村乡镇和村委会两级社区达到2/3（或半数）以上的覆盖面。把城乡社区居民健身基础设施建设，纳入社区基础服务设施建设规划、老龄事业发展规划和社区建设标准，作为“和谐社区建设”“农村社区建设实验全覆盖示范单位”“老年宜居社区建设”等项创建活动的重要考核指标，积极推动全民健身事业的发展，为全民健身打造必备的基础平台。

二是加强文化体育类社会组织特别是基层体育类社会组织的培育和发展。对于符合群众健身愿望和需求的文化体育类社会团体和社会组织，予以积极扶植和培育，对于符合社会组织登记条件的，优先予以登记审批；对暂不具备登记条件的基层草根组织，积极探索备案制、集体会员制等方式，为其提供生存发展与发挥作用的空间。在资金、场所和人员福利待遇等方面积极协调有关部门采取支持政策，鼓励各级文化体育类社会团体、民办非企业单位组织开展全民健身活动，相关信息在社会组织年检和评估中予以采纳，在社会组织的检查评比中适当倾斜。积极探索和建立健全政府向文化体育类社会组织购买服务的机制，充分发挥文化体育类社会组织在贯彻《全民健身条例》中的积极作用。

三是加强社会福利设施建设，为特殊群体参与健身活动、提高身体素质提供物质保障。作为主管老年人、残疾人、孤残儿童等弱势人群的部门，我们要努力贯彻落实《全民健身条例》要求，加强社会福利设施和健身康复设施建设，把这些弱势人群的健身康复工作做好。有计划地安排福利彩票公益金，资助实施“儿童福利机构建设蓝天计划”和孤残儿童医疗康复的“明天计划”，在全国大中城市建设和完善集养护、救治、教育、康复、特教于一体的儿童福利机构，为孤残儿童提供完善的福利服务场所和康复健身设施，为所有能够通过治疗康复的孤残儿童提供救治和康复服务。进一步加强基层社区残疾人健身锻炼和康复的机构、设施建设，把残疾人的社区康复提高到新的水平。指导各级各类社会福利机构不断扩大服务范围，向附近社区辐射，为社区居家的老年人、残疾人和儿童提供专业化的康复健身服务。积极支持和协助有关部门进一步做好残疾人体育和特殊奥林匹克运动的推广和普及工作。努力组织全国老龄工作系统和老年群众组织，深入开展老年人体育健身活动，丰富老年人的精神文化生活，在全社会积极倡导“积极老龄化、健康老龄化”的理念，提高基层老年人群的科学健身意识，积极加入到全民健身的行列，使之成为全民体育健身活动的主力军。让全民健身的要求在民政和老龄工作领域达到全面贯彻落实，让我国体育健身事业发展的文明成果为广大群众所分享。

中国推进居家养老的政策及措施

中国老龄协会会长　陈传书

（2009 年 10 月 10 日）

尊敬的主席先生，各位同事，女士们、先生们：

下午好！

日本的秋天很美！非常高兴参加这次在日本秋田举行的“居家养老及老年友好型城市”国际研讨会，也非常感谢国际老龄联合会及日方承办单位的邀请。这次会议为来自世界不同国家的老龄问题专家、老龄组织代表，提供了一个难得的相互学习和交流的机会。在此，我受参会的中国代表团委托，向会议介绍中国为应对人口老龄化挑战、推进居家养老方面所做的工作，更盼望能学习到其他国家和地区在这个领域的成功经验。

人口老龄化是当今各国普遍面临的重大问题，也是当代中国必须直面的重要课题。中国是一个人口众多的发展中国家。与其他国家相比，中国的老年人口比较多，老龄化发展速度也比较快。截至 2008 年，中国 60 岁以上老人人口达到 1.6 亿，占总人口的 12%。目前，全国老年人口继续以每年新增 800 万左右的速度增长，预计 2014 年，中国 60 岁以上的老年人口将达到 2 亿人。到 21 世纪中叶，中国将出现人口老龄化的高峰，届时中国 60 岁以上的老年人口将超过 4 亿人。

中国人口老龄化的发展，主要受三个因素影响：一是随着经济发展和科技进步，中国人平均寿命大大延长。1997 年，中国人均寿命为 61 岁，2008 年为 73 岁，11 年增加 12 岁。二是 20 世纪 50 年代初至 70 年代末，中国曾经出现人口增长的高峰，这一时期出生的人已经开始进入老年，因此导致现在老年人口的快速增长。三是近30年来中国实行有效的计划生育政策，人口发展实现了向“低生育、低死亡、低增长”的战略转变，总和生育率下降到了1.8左右，比世界上同等经济发展水平的国家低1.2左右。这一变化使中国少生了3亿人，为中国经济社会的可持续发展作出了贡献，但是，不可避免地加重了阶段性的人口老龄化程度。

中国政府清醒地认识到应对人口老龄化挑战的极端重要性，高度重视发展中国老龄事业，并致力于实现《马德里国际老龄行动计划》提出的目标和措施。中国政府专门成立了由国务院副总理担任全国老龄工作委员会主任，来统筹协调推动全国老龄事业的发展。中国老龄协会承担全国老龄工作委员会的日常事务工作，负责检查、协调、督促全国老龄工作委员会决策在各地的落实。当前，中国政府坚持以人为本、全面协调、可持续的科学发展观，坚持政府主导、社会参与、全民关怀的方针，正在大力推进养老保障体系、为老服务体系和老年参与社会体系建设。其中，发展居家服务与创建老年友好型城市也是中国正在推进的重要工作。

本次会议确定以“居家养老与老年友好型城市”为研讨主题，这是一个非常重要的课题。家庭养老方式在中国有数千年的历史，是中国养老文化的一个优良传统。从经济基础方面讲，中国的家庭养老根植于以家庭为单位的社会生活方式，比如，中国广大农村目前实行家庭联产承包责任制，家庭是一个经济共同体。老年人是家庭的缔造者，家庭积累是居家养老的重要保障。从社会基础上讲，中国家庭养老根植于深厚的儒家孝道文化。中国有句壮美动人的古话：“羊有跪乳之恩，鸦有反哺之义。”说的是，小羊当自己的父母年老不能行动时，就跪下来用自己的乳汁喂养父母；小乌鸦当父母年老不能捕食时，就捕获食物来口对口地喂养父母。动物尚能如此，人更应该懂得回报养育之恩，自觉履行赡养父母的义务。因此，中国把家庭养老方式称之为反哺式养老。从养老需求方面讲，居家养老根植于老年人对家庭的特殊感情。老年人不仅有养老物质保障需求、生活照料需求，还有强烈的精神慰藉需求。居家养老能够使老年人得到更多的亲情照顾，更有利于能够满足老年人与家人团聚的心理需求和精神慰藉需求，也有利于祖孙之间相互照顾和交流。从养老经济学的角度来讲，居家养老是家庭生活的自然延续，交易成本比较低，对社会养老资源的耗费也比较少，是一种效益最佳的养老方式。

经过数千年的历史传承，中国的家庭养老方式已经形成一个比较完整的养老保障体系。这个体系以血缘亲情为纽带、以家庭积累为基础、以社会支持为辅助，以尊老爱幼的传统道德为规范、以社会舆论和国家法律为约束。但是，随着工业化、城镇化的发展，随着人口老龄化和家庭小型化矛盾的日益突出，中国独居老人和空巢老年人数量不断增加，不少家庭出现养老困难，迫切需要得到来自社会的更多支持和帮助。为此，中国政府确定了“居家养老为基础、社区服务为依托、养老机构为补充”的方针，大力推进居家养老服务。全国各地采取的主要政策和措施如下：

第一，弘扬中国孝亲敬老的优良传统，巩固和发展家庭赡养功能。中国正处于经济体制深刻变革、社会结构深刻变动、利益格局深刻调整、思想观念深刻变化的特殊时期，年轻一代居住方式、就业方式、生活方式和文化观念都发生了一些变化，中国传统的家庭养老保障体系为此受到一定冲击，个别家庭成员不赡养老年人的问题时有发生。为了改善家庭关系，强化家庭养老功能，中国采取道德教育与法制约束相结合的办法，进一步完善家庭养老保障体系。另一方面，加快完善社会保障制度，采取建立家庭最低生活保障制度、给高龄老年人和无退休金的老年人发放非缴费型养老补贴等措施，保障老年人的居家养老生活。此外，我们还在思考如何通过国家住房政策，创造条件，使更多的老年人与子女就近居住问题。中国已经通过颁布《老年人权益保障法》，进一步明确家庭成员应当履行赡养老年人的义务，在老年人同意的情况下，组织赡养人签订《家庭赡养责任协议书》，由社区居民自治组织监督履行，确保老年人得到必要的生活保障和照料。中国还在全社会大力开展“孝亲敬老”教育活动，对于敬老先进家庭和个人给予宣传表彰。

第二，把老龄事业纳入城乡建设发展规划，不断改善居家养老的环境和条件。中国政府专门制定了老龄事业发展规划，并且要求各地政府把为老服务设施建设纳入城乡建设发展的总体规划，加大财政投入力度，完善城乡公共服务体系。中国政府积极实施“基础养老工程”，在大部分社区兴建了医疗卫生站、老年活动中心、托老所等居家养老服务基础设施，并计划于2012年以前，实现所有城市社区和80％的农村乡镇拥有集住养照料与居家养老服务功能于一体的综合性老年福利服务中心。中国还通过发行福利彩票和体育彩票筹集资金，实施“社区老年之家”和“全民健身路径”建设计划，为城乡社区兴建了老年人文化活动和健身活动设施。中国正在推行老年人宜居社区创建活动，在新建社区和旧社区改造过程中，充分考虑老年人对居住条件和居住环境的特殊需求，实施无障碍化建设设计等措施，方便老年人居家养老生活。

第三，大力发展社区老龄服务项目，为居家养老提供便利和帮助。中国根据城市化进程和人口老龄化发展趋势，研究、制定并出台了一系列居家养老服务的政策措施，把居家养老服务列为城乡社区居民委员会的重点工作，大部分社区设立了养老服务中心、托老所，配备专职人员负责居家养老服务工作。许多社区建立了居家养老服务热线、信息系统和紧急呼救系统信息平台，由专业人员组成专门的居家养老服务的组织体系，把高龄、病残、低收入老人作为居家养老服务的重点对象，提供日间照料、送餐等服务。政府要求各地卫生医疗机构，根据老年人居家养老的特殊需求，提供家庭出诊、家庭护理、日间观察、临终关怀等服务。目前，全国城乡社区已经建成面向全体居民的服务设施15万个、老年活动中心（站、室）67万个，开设家庭病床31万张。

第四，充分动员社会力量，大力发展养老服务业。在养老服务业发展方式上，中国正在进行以国家投资兴办为主向以政府购买服务为主的转变。过去，政府财政投入兴办的养老服务项目大多属于福利性质，从发展的角度来看，应当逐步提高市场化程度。当然，养老服务产业化的发展还有赖于养老保险、医疗保险、护理保险等社会保障制度的健全与完善。中国将在这些领域深化改革，提高养老保障水平，增强老年人的经济支付能力，推动养老服务市场化发展。中国政府注重培育居家养老服务市场主体，对社会力量兴办的居家养老服务机构，以及个人兴办的托老所、老年照料中心等，政府将给予适当的补贴；对投资兴办的各类非营利性的居家养老服务机构给予税收优惠政策，力求通过市场更加合理地配置资源，保证居家养老服务工作的可持续、健康发展。

第五，积极支持老年参与社会，丰富居家养老的老年人精神文化生活。中国高度重视老年群体在构建和谐社会中的积极作用，积极支持老年人参与社会。中国政府在提出使全体人民“老有所养、老有所医”奋斗目标的基础上，还致力于促进“老有所教、老有所学、老有所为、老有所乐”。目前，中国各地已经建立了42万个老年人群众自治组织，组织老年人广泛开展关心下一代、帮扶老年人、维护交通、治安等自愿服务活动。全国各地兴办老年大学5万多个，在校学习书法、绘画、音乐、舞蹈、计算机、手工艺等课程的老年人有400多万人。全国各地自发组成老年文艺团体达到6万多个，经常进行排练和文艺演出。中国70％的城镇社区和50％的农村建立了老人体育协会，最近，中国成功举办了全国第一届老年体育健身大会，各地选拔推荐了数万名老年运动员分别参加全国7个赛区的比赛。

中国是一个发展中国家，有着特殊的国情，在应对人口老龄化挑战过程中面临许多新的矛盾和问题。中国社会养老保障和老龄事业发展相对滞后，我们开展老龄工作的水平也存在很大差距，我们十分重视汲取各国老龄工作的先进经验。对于世界卫生组织提出《老年友好城市建设指南》，中国政府十分重视，我们多次组织专家进行研讨，结合中国实际，起草了《中国老年友好城市建设指南》和《中国老年人宜居社区建设指南》，正在部分城市和社区进行试点，我们将自明年起在全国推广，以全面推动中国老龄事业的发展。

最后，我诚恳地表示，欢迎主席先生和各位代表为中国老龄事业的发展提出宝贵的建议，欢迎你们在方便的时候访问中国。

谢谢大家！

在全国“爱心护理工程”第四次工作会议暨2009年老年基金会工作座谈会上的讲话

全国老龄办常务副主任 陈传书

（2009年10月19日）

各位领导、各位来宾：

全国“爱心护理工程”第四次工作会议的召开，对于推动我国老年护理事业的发展具有非常重要意义。我谨代表全国老龄工作委员会办公室对这次会议的成功召开表示热烈的祝贺，并借此机会，向为老年护理事业作出贡献的领导和同志们致以崇高的敬意和衷心的感谢！

（一）老年人长期照料问题是一个涉及千家万户和亿万老年人的最现实、最突出的重大民生问题

家家有老人，人人都会老。从人道主义讲，步入需要护理阶段的老年人，是一个最需要同情关爱的特殊困难群体。让年迈体衰的老年人有照料、有尊严地度过人生的最后阶段，是人类社会文明进步的一个重要标志，是全社会义不容辞的责任。从经济社会可持续发展方面讲，发展老年护理服务，不仅是对人的生命和尊严的维护，也是减轻家庭负担，改善民生、解放生产力的内容。正如全国老龄委主任回良玉副总理所讲：“照护一个人，幸福一家人”，生动说明老年护理事业是一个功在当代、利在千秋，惠及千家万户的民心工程。

近几年来，在党和政府的高度重视和全社会共同参与下，我国老年护理事业得到长足发展，中国老龄事业发展基金会组织实施的“爱心护理工程”，更是带动社会力量发展老年护理服务事业的一面旗帜。自2005年开展试点以来，全国各地已经发展了200多个“爱心护理”机构，惠及6万名老年人，而且继续保持着持续发展的良好势头。“爱心护理工程”的实施，得到了党中央、国务院的大力支持，受到了社会各界和广大人民群众交口称赞，为全国老龄服务事业的发展树立了榜样。在这里值得一提的是，各地爱心护理院的院长们，为了“爱心护理工程”的实施，发扬了锐意进取、艰苦奋斗的创业精神，付出了辛勤的劳动和汗水，以实际行动履行了“帮天下儿女尽孝、替世上父母解难、为党和政府分忧”的光荣职责。在此，请允许我再一次向你们表示深深的敬意和真诚的感谢！

（二）我国已经进入人口老龄化的快速发展阶段，老年护理是老龄事业的重要组成部分

我国人口老龄化有其必然性，也有其特殊性。必然性表现在随着经济发展、社会进步和科技创新，国民生活条件和健康状况大为改善，人的平均寿命大大延长。截至2008年，我国人均寿命已经达到73岁，接近中等发达国家水平。因此，高龄老年人显著增多，正在以每年100万人的速度递增。我国老龄化的特殊性表现在两个方面，一是建国后曾经出现长达多年的人口猛烈增长高峰，与此相对应我国逐步进入了老年人口急剧增长的高峰期。自今年起每年平均增长800多万60岁以上的老年人。二是为了抑制人口规模过度膨胀，近30年来，我国实行有效的计划生育政策，把综合生育率降低到了1.8左右，比世界同等发展水平的国家低1.2左右，为此，少生了3亿多人。我国老龄化的特殊性，与工业化、城镇化、经济改革和社会转型中变化交织一起，向我们提出了应对

人口老龄化严峻挑战，加快完善养老保障体系、老龄服务体系和老年群众工作体系的艰巨任务。

毋庸讳言，我国是在经济仍欠发达的条件下进入老龄化社会，现阶段的养老保障和老龄服务体系尚未完善，尤其是老年护理服务业的发展严重滞后，随着人口老龄化、高龄化和家庭小型化发展，空巢、病残老年人的长期照料问题已经成为许多家庭难以解决的严重困难。这一问题应当引起各级政府和全社会的高度关注，作为保障老年民生的重中之重，放在老龄事业发展的优先位置，组织动员各方面力量，大力推动发展。

（三）“爱心护理工程”是一个发展老年护理服务的良好平台，我们要高度重视它、爱护它，努力发展它、壮大它，使之成为引领我国老年护理服务的一支中间力量

第一，要充分认识“爱心护理工程”重要意义，坚定办好这项事业的信心和决心。“爱心护理工程”在我国刚刚起步，各种扶持政策和配套措施尚未完善，不少民办老年护理机构承受着不少的压力和困难。各级老龄工作机构要高度重视这些问题，积极协调有关方面，加大对“爱心护理工程”试点单位的扶持力度，认真探索养老服务业管理体制的改革与发展，大力推进政府购买服务和老年护理保障制度建设，为民办老年护理机构的可持续发展创造有利条件。基层的同志要从实际出发，坚持改革创新，积极争取党政领导、政府相关部门的支持和帮助，努力推进事业发展。

第二，要重视规范管理，加强技术培训，将“爱心护理工程”的工作纳入科学发展轨道。近一年多来，各地民办护理机构发展比较快，但是，个别养老机构虐待老年人和安全事故等问题时有发生，这必须引起我们的高度重视。全国爱心护理工程试点单位，要在养老机构规范运营和安全管理方面开个好头。《全国爱心护理工程建设工作规程》，在试点单位实行以来，大家反映良好，最近进行了修改和完善，是比较适合当前护理院工作的一个好《规程》。希望大家认真执行，有计划地对医护人员进行专业培训，提高服务本领，使“爱心护理工程”的建设跃上一个新的台阶。

第三，要注意总结经验，树立典型，扩大交流，共同促进养老服务业快速发展。如今，在我们这支队伍中涌现了一批好的护理院长、护士长、护士和先进单位。希望大家学习先进，扩大交流，共同探索养老服务业发展壮大的成功之路。

第四，要着力树立慈善品牌形象，扩大社会宣传，充分动员社会慈善捐赠力量，支持“爱心护理工程”的开展。在这方面，各级老龄事业发展基金会具有独特的优势，各级老龄工作机构，要把老龄事业发展基金会作为政府老龄工作的重要助手给予大力支持，充分发挥各级老龄事业发展基金会能动性，共同推动“爱心护理工程”蓬勃开展。

目前，党和国家的事业发展正站在一个新的历史起点上。面对未来，老龄工作任重而道远。我们要坚持党政主导、社会参与、全面关怀的方针，形成合力，从新的历史起点出发，脚踏实地，开拓进取，为中国老龄事业的发展而努力奋斗！

中国应对人口老龄化挑战的战略选择

——在第五届中国老年学家前沿论坛上的演讲提纲

全国老龄办常务副主任　陈传书

（2009 年 10 月 21 日）

尊敬的各位专家、学者：

在九九重阳佳节到来之际，很高兴参加今年的老年学家前沿论坛，这次论坛，国内许多有造诣的老龄学家云集一堂，是一次高水平的学术研究盛会，对于我来说，这是一次很好的学习机会。借此机会，我向大家介绍一下“国家应对人口老龄化战略研究”有关情况。最近，国务院领导同志将亲自主持召开全国老龄委扩大会议，专门部署国家应对人口老龄化战略研究工作。开展应对人口老龄化战略研究与研究制定老龄事业中长期发展规划同步进行，这是一个需要动员全国各方面专家聚智聚力共同完成的大型研究工程，恳请在座的各位专家关心这项工作，为此而贡献力量。

这次战略研究立足于摸清我国老龄问题的底数，找准老龄事业的发展方向，明确应对的任务和思路。在研究课题的设计上坚持四条原则，一是继承与创新相结合，重视整体研判；二是当前与长远相结合，重视总体规划；三是全面与重点相结合，重视政策把握；四是理论与实践相结合，重视成果转化。初步确定了20来个研究课题，涵盖了人口发展、经济发展、社会发展、城乡发展、老年社会保障体系、老龄服务体系、老年社会管理体系等方面。当然，目前这些还是框架性的，还有待进一步细化、深化，涉及的一些专题问题研究还有待于进一步论证。下面，我列举几个社会各界比较关注的问题，供大家来研究和思考。

一、关于人口老龄化与人口发展战略问题

人口老龄化首先表现为人口结构变化，即老年人口比重的不断增加。我国自1999年进入老龄化社会以来，老年人口比重不断增加，截至2008年底，全国老年人口1.5989亿，占总人口的12%。从现在起，我国将进入人口老龄化快速发展阶段。目前，全国老年人口继续以每年新增800万左右的速度增长，预计到2014年，我国60岁以上的老年人口将达到2亿人。到21世纪中叶，我国将出现人口老龄化的高峰，届时我国60岁以上的老年人口将超过4亿人。

总的来看，人口老龄化是21世纪全人类共同面临的课题。与其他国家相比，我国人口老龄化有其必然性，也有其特殊性，必须从我国国情出发科学制定人口发展战略。首先要摸清底数。总的来看，我国人口老龄化主要受三个因素影响：一是随着经济发展和科技进步，中国人平均寿命大大延长。1982年，我国人均寿命为61.5岁，2008年已经增长到73岁。如果达到日本和香港的平均年龄，还有近10岁的上升空间。二是20世纪50年代初至70年代末，我国曾经出现人口增长的高峰期，这一时期出生的人已经开始进入老年，因此导致现在老年人口的快速增长。三是近30年来我国实行有效的计划生育政策，人口发展实现了向“低生育、低死亡、低增长”的战略转变。总和生育率下降到了1.8左右，比世界上同等经济发展水平的国家低1.2左右，预计30年以后中国人口有可能出现负增长。老龄化和少子化叠加，不可避免地加重了阶段性的人口老龄化程度。从人口发展战略上讲，我们必须确定一个科学的人口规模控制目标，必须考虑未来人口老龄化的可承受程度。前些年，国内专家完成的人口发展战略研究报告预测，到50年前后，我国人口老龄化程度与日本等国家目前的水平大体相当，对于老龄化的影响尚且能够承受。但是，近几年的统计数据表明，如果现有条件不变，老龄化的发展速度和发展程度可能比预期的严重。比如，按照总和生育率1.8预测，到2020年，全国总人口可达到14.5亿，但是，2008年总人口基数13.28亿，2007年增长681万人，2008年增长673万人，如果按此推算，我国总和生育率实际低于1.8，到2020年人口总量比预测少4.2亿。类似的问题，是不是统计误差，需要搞清楚。其次，要妥善处理老龄化高峰、就业高峰和人口增长高峰的关系。从发展观点看，三四十年后我国生产力发展水平肯定有相当提高，老龄化问题并不可怕。但是，人口老化毕竟对经济发展是一个负面影响，需要设定警戒线。2016年以前，我国处于就业高峰，之后劳动力总量将逐步减少，需要研究适当延长退休时间必要性和可行性。如果维持现在生育水平，2030年我国人口规模达到顶峰，之后开始递减，人口发展有一定的惯性，政策调整需要一定的周期，如果人口发展战略出现偏差，对经济社会发展的影响将是巨大而深远的，必须科学预测，正确把握。

二、关于城乡建设发展战略问题

随着工业化、城镇化和家庭小型化的发展，我国传统的家庭养老功能出现弱化，空巢老年人的数量不断增加，构建有中国特色的老年人的居住方式和养老方式是一个不容忽视的战略问题。目前，我国城乡空巢老年人的比重，已经接近日本等老龄化最严重的国家水平，甚至独居老年人的比例超过了日本、韩国、新加坡等周边老龄化程度比我们严重的国家，这是不是与我国户口管理制度、城市住房政策和社会保障关系迁移制度等社会政策有关系？在日本，我们问为什么东京不建人行过街天桥，司机回答：“那老年人和残疾人怎么办?”在道路建设问题，是让人上桥还是让车上桥，说到底是一个以什么为本的问题。在这一方面，日本等发达国家应对人口老龄化的理念值得我们学习。因此，我们准备响应世界卫生组织的号召，在全国推行老年友好型城市和老年人宜居社区创建活动。

三、关于养老保障体系建设问题

目前，我国养老保障体系大框架原则已经初步确定，但是，在具体制度建设和实施环节上，仍处于摸着石头过河的状态，需要研究的问题很多。(1)迫切需要搞好养老保障制度总体设计。实现养老保险、社会福利、社会救助、老年优待、计划生育奖励等各制度合理地配套衔接，防止制度碎片化。比如农村计划生育奖励扶助政策，1933年以后出生，1973年以后没有违反计划生育的现存一个子女或两个女孩或子女死亡现无子女的老年人按月给予生活补助，其余不能享受补助；再比如，社会养老保障家庭养老的关系，低保、捆绑缴费等；再比如，对于非正规就业人员是否适用于养老保险办法，都是需要认真研究的问题。(2) 迫切需要扩大养老保障制度覆盖面，做到不重不漏，体现公共服务均等化。比如，农村养老保险试点时间不宜过长。(3) 迫切需要整合社会保障管理体制，降低管理成本。比如低保、新农保等农民收入调查理论上比较合理，实际上要搞准确是很困难的事。另外，各职能部门各搞各的管理系统，综合管理成本过大。有的地方每个行政村配备一个新农保专管员，如果全国普遍推行的话需要配备 70 万人，一年人员费用就需要近百亿。(4) 迫切需要加快养老保障法制建设，防止随意性。我国养老保险制度建设与经济转轨和社会转型的矛盾交织在一起，养老保障制度建设往往被具体矛盾所左右，领导重视的推进力度就大一些。从某种程度上讲，社会保障制度建设实行行政领导负责制，有时一个领导批示就是一项制度。另外，应当考虑养老保障制度的刚性特点和可持续问题。目前，许多国家遇到养老金支付危机，我国将来会不会发生同样的问题。

四、关于老龄服务体系建设问题

我国社区为老服务产业发展严重滞后，一方面需要加大财政投入力度，另一方面，需要广泛动员社会参与。当前，制约养老服务业发展的核心问题是体制机制问题，我们不能期望所有老龄服务都按照社会福利运作，也不能靠群众运动推进发展，应当立足于建立党政主导、社会参与、市场运作的老龄服务体系。(1) 需要研究养老服务分类管理问题，对于救助性、公益性和经营性的服务机构应当明确划分标准，分门别类地实施政策管理。(2) 应当高度重视解决空巢家庭病残老年人的长期照料困难，优先发展失能老年人护理服务。我国已有近 3000 万病残老年人，这是一个最需要关爱特殊困难群体。发展老年护理服务，不仅是对人的生命和尊严的维护，而且，照护一个人，幸福一家人，也是改善民生、解放生产力的内容。(3) 应当大力推进政府购买服务的社会福利制度改革，借鉴国外社会养老护理保险等成功经验，为社会福利服务社会化、运行机制市场化创造条件。(4) 应当重视加强养老服务市场规范管理，养老服务特别是老年护理业务，直接关系老年人的安全和健康，应当纳入政府监管范围，健全老年人社会保护制度，维护老年人的合法权益。

五、关于老年参与社会体系建设问题

我国的老年群体越来越庞大，不能抽象地把整个老年群体视为被照顾的对象，更不能简单地把所有老年人都视为保守势力，排斥老年人参与社会。(1) 应当重视老年群体中所蕴藏的推动经济社会发展的力量。我国退休年龄平均不到 60 岁，应当重视老年人力资源的开发利用。许多国家的经验表明，老年人在许多方面的就业是青年人不便于替代的，应当鼓励老年人老有所为。参与社区活动的多数是老年人，他们是和谐社区建设的重要力量。(2) 老年人权益保障问题。老年人法定执法主体、社会保护都是需要解决的问题。(3) 老年社会管理问题。目前，我国老龄工作注意力大多集中在为老服务上，老年群体的教育管理工作需要进一步加强。全国基层老年人自发组成老年协会等草根组织已经有 42 万个，迫切需要加强统一组织引导，使之在构建社会主义和谐社会中发挥更大作用。

总而言之，老龄问题是一个关系国计民生和国家长治久安的重大社会问题，人口老龄化的快速发展，将对我国经济社会发展产生深刻影响，带来前所未有的挑战。衷心希望在座的各位专家学者，一如既往地关心我国老龄事业，为国家应对人口老龄化献计献策，多作贡献。

以上发言，意在抛砖引玉，如有不妥，请批评指正。

谢谢大家！

在全国妇联老龄工作研讨会上的讲话

全国老龄办常务副主任　陈传书

（2009 年 10 月 26 日）

尊敬的黄晴宜副主席，各位专家、同志们：

大家好！值九九重阳敬老节之际，全国妇联老龄工作研讨会，很有意义。我谨代表全国老龄委办公室向这次研讨会的成功召开表示祝贺，向始终关心支持老龄工作的全国妇联系统的各位领导和同志们表示崇高的敬意和衷心的感谢！

老龄妇女工作，即是妇女工作的重要组成部分，也是老龄工作的重点所在。多年来，全国妇联高度重视老龄工作。自2000年初就开始着手在各级妇联成立“老龄工作协调委员会”，通过完善机制、明确任务，在依法维护老年妇女合法权益和特殊利益，参与和促进老年妇女权益的政策制定和落实，营造良好社会氛围以及发挥老年妇女作用等方面开展了大量工作，取得了显著成绩，为我国老龄事业发展作出重要贡献。

老龄问题是21世纪全人类共同关注的问题，更是我国21世纪上半叶面临的严重挑战。截至2008年底，全国60岁以上老年人口已达1.5989亿人，今后几十年内，将按每年增长800万人的速度持续递增。到2014年，全国老年人口总数将达到2亿人，到2050年前后，全国老年人口将超过4.37亿人。届时，我国老年人口将占全国总人口的1/3左右，成为老龄化程度最严重的国家之一。

人口老龄化直接关系到社会主体结构的变化，对经济社会可持续发展将产生全面而深刻的影响。随着我国人口老龄化进程的不断深入，一些结构性矛盾逐渐显露并引发关注，老龄妇女问题就是其中之一。首先是性别比失调问题。近几年来，我国新生婴儿性别比失调问题日益严重，2008年，达到了120.56，如果按此测算，今后我国将有3000多万婚龄男子找不到配偶。这些人少无可婚，则老无所依，最终造成孤独老年人大批增加的社会问题。因此，消除性别歧视，是与解决老龄问题的根本措施之一。其次是妇女参与社会的平等权利问题。我国现在仍处于就业高峰时期，老年人特别是妇女就业年限相对较短。随着人口老龄化的发展，到2016年前后，我国的劳动力数量将达到顶峰，随后劳动力将逐渐减少，社会抚养比将逐渐提高。适时地调整劳动就业政策，积极支持老年人参与社会，是应对人口老龄化必然采取的战略选择。第三是老年妇女的养老保障问题。我国妇女平均寿命高于男人3岁左右，80岁以上的老年人中，女性占60%以上。妇女老龄化、高龄化的程度远远高于全国平均水平，独居老年人和失能的老年人也是女性居多。2006年，中国老龄科研中心组织的“中国城乡老年人口状况抽样调查”各方面数据都足以证明，老年妇女在经济收入状况、享有社会保障水平及社会活动参与度等方面都处在相对弱势地位，进一步印证了老年妇女是一个特殊的弱势群体，进一步说明了老年妇女的养老保障问题是社会保障的重中之重，老龄妇女工作的任务十分艰巨。

另外，还有一组数据值得我们深思。据中国老龄科研中心统计，1979年—2008年10月18日，中国核心学术期刊收录的非理工和医药卫生类文章中，以女性为主题的论文24248篇，以老年为主体的研究论文5969篇，而以女性老年人为主体的论文分别为27篇和9篇，分别占0.11%和0.15%，由此可见，我国女性老年人的研究工作是非常薄弱的，同时说明，女性老年人问题应当引起社会各界高度重视。全国妇联老龄工作研讨会是一个深入研究老龄妇女工作的重要平台，我们殷切希望在全国妇联等领导下，本次研讨会能够收到更多的丰硕成果，引领我国老龄妇女问题研究工作全面深入开展。各级妇联是各级老龄委的组成部门，在老年妇女工作方面具有不可替代的作用。各级老龄办是各级老龄委的办事机构，重视老龄妇女工作是各级老龄工作机构的应尽职责。最近，全国老龄委正式启动了《国家应对人口老龄化战略研究》，意在摸清我国老龄问题的底数，找准老龄事业的发展方向，明确应对的任务和思路，研究制订国家老龄事业发展规划。2009年10月23日，回良玉副总理亲自主持召开全国老龄委扩大会议，正式部署启动了战略研究工作。这次战略研究，初步确定了20个课题，涵盖了人口发展、经济发展、社会发展、城乡发展、老年社会保障体系、老龄服务体系、老年社会管理体系等方面，其中许多课题涉及到妇女问题，希望与会的全体同志关心、支持并积极参与老龄问题研究工作，使老龄妇女工作发展规划能够在国家总体发展战略中得到全面而充分的体现。

老龄问题是一个关系国计民生和国家长治久安的重大社会问题，人口老龄化的快速发展，将对我国经济社会发展产生深刻影响，带来空前巨大的挑战。积极应对，妥善解决，需要社会各界方方面面力量的共同参与，全国妇联在老龄妇女工作方面作用特殊，使命光荣。希望全国妇女战线的同志们，一如既往地关心支持全国老龄工作，让我们站在国家经济社会发展全局和战略高度，相互配合，共同努力推进老龄问题研究工作，为加快我国老龄事业发展贡献更多智慧和力量。

谢谢大家！

在第七届中国人口问题高级资讯会上的讲话

全国老龄办常务副主任　陈传书

（2009 年 11 月 6 日）

各位专家、同志们、朋友们：

大家上午好！在我国进入老龄化社会十周年之际，第七届中国人口问题高级资讯会在此举行，很有意义。首先，请允许我代表全国老龄办对大会的召开表示热烈地祝贺！

众所周知，我国是人口大国，也是老年人口大国。在 21 世纪上半叶，我国将先后出现就业高峰、人口高峰和老龄化高峰，以科学发展观为指导，积极应对三个高峰带来的挑战，是关系国计民生和国家长治久安的重大问题，也是统筹城乡经济社会科学的重要内容。在此，我从老龄工作角度，谈以下几点个人看法。

1. 我国人口老龄化发展速度之快，可能超过我们先前预测。我国自 1999 年我国进入老龄化社会以来，老龄化速度不断加快，截至到 2008 年底，我国 60 岁以上老年人口已达 1.5989 亿人，占人口总量的 12%，与 1999 年相比增长了 2 个百分点。比 2006 年完成的国家人口发展战略报告的预测高出 0.7 个百分点。预计今后几十年内，全国老年人口将按每年 800 万人的速度持续递增，平均每年增长 0.4 个百分点。到 2014 年，全国老年人口将达到 2 亿人，到 2016 年，我国劳动人口将达到峰值，2030 前后全国总人口将达到峰值，之后将进入人口总量缓慢下降，老年人口继续增长的少子老龄化阶段。如果按照综合生育率 1.8 测算，到 21 世纪 40 年代后期，全国老年人口将达到 4.37 亿人，占全国人口比重 1/3 左右，成为老龄化程度最严重的国家之一。对于我国人口老龄化发展速度及其影响的广度和深度，我们应当有足够的思想认识和估计。鉴于人口结构变化具有较长时间的惯性，对于 2030 年人口高峰过后的人口发展问题，需要作出更加明晰的战略安排。当前，我国老龄事业面临着日益复杂的新形势、新情况、新问题。一方面，人口老龄化、高龄化和老年家庭空巢化的势头猛，对社会管理和公共服务提出了新要求。另一方面，我们应对人口老龄化还存在理论、政策准备不足、养老保障体系、老龄服务体系和老年社会工作体系不完善、区域发展不平衡等许多薄弱环节，我们应当增强应对人口老龄化挑战的紧迫感。

2. 人口老龄化所固有的矛盾和问题，可能在局部地区提前爆发。长期以来，我们许多同志认为中国的老龄化农村快于城市，对此应当具体分析。按照一般规律分析，在工业化、城市化的进程中，人口老龄化伴随农村劳动力向城市流动，农村老龄化势必快于城市。比如，天津市近几年来，每年吸收不少外地常住人口，其中，2008 年吸收了 53 万人，比北京多 9.6 万人，比上海多 34.77 万人，占本市新增人口 86%。因此，国内新闻媒体经常讲天津市老龄化进程减缓，但尽管如此，天津市的人口老龄化发展速度依然超过全国平均水平，紧跟上海、北京，名列第三位。据有关调查资料表明，我国部分大中城市的核心区，已经率先跨过了 60 岁以上老年人口比重 20%的门槛。其中，上海市老年人口比重已经达到 21.6%，北京市原有的“城 8 区”除海淀区外，其他 7 个区老年人口平均比重也达到了 20.1%，而且，还在继续快速发展。我国已经实行计划生育 30 多年，城市居民中建国后出生的人，大多数是独生子女家庭，随着这一代越来越多的人进入老年，人们所关注的“4—2—1”家庭时代逐步来临，少子老龄家庭的老年人照料问题将成为一个日益突出的重大民生问题，应当引起全社会的高度关注，并列入各级党政领导的重要议事日程。

3. 农村老年人的核心问题是缺乏相对独立的经济地位，现阶段农村生活质量最差的是社会养老保障制度没有覆盖到的老年人。据全国老龄办抽样调查，截至到 2006 底，我国农村空巢老年人和类空巢老年人比重已经达到 43.9%，其中，山东、河北、江苏超过 60%。相对城市社区来讲，农村老年人的养老服务问题还算不上突出矛盾，主要问题是许多农村老年人既没有家庭经济地位，也没有社会养老保障。在农村，住的最差的、穿的最差的、吃的最差的、有病不治疗的，总而言之，生活质量最差的是社会养老保障制度没有覆盖到的老年人。因此，扩大农村社会养老保障覆盖面，应当是农村老龄事业发展的首要问题。

4. 应对人口老龄化既要加大社会保障的力度，也要注重支持家庭养老功能。我国空巢老年人的比重已经接近老龄化最严重的国家水平。据世界卫生组织发布的数据，我国独居老年人与日本同为百分之8点多，比新加坡高3点多。据北京市调查，全市纯老年家庭人口数已经达到38.2万人，占老年人口的17.5%。我们空巢老年人急剧增多的问题，有其不可避免的正常因素，也有社会政策调控欠缺的非正常因素。我们在大力发展社会养老服务的同时，还应当思考如何尽可能避免或减少老年人与子女分居，使更多的老年人能够更好地实现居家养老。通过必要的社会政策的支持，让更多的老年人采取家庭养老，让更多家庭的子女就近照顾自己的老人，不仅有利于提高老年人的生活质量，也有利于降低社会养老成本。在这一方面，日本推行的“一碗汤距离计划”、新加坡实行的“三代同堂花红”制度以及韩国采取的老年家庭购房、调房优惠政策等经验，都非常值得借鉴。再比如，对于独生子女就业照顾、独生子女异地工作父母可以随迁等，也是值得研究的问题。

因时间关系，我仅谈以上几点不成熟的看法，如有不妥，请大家批评指正。

谢谢大家！

在首届全国老年文化高峰论坛上的讲话

全国老龄办常务副主任　陈传书

（2009年11月11日）

同志们：

大家好！

老年文化是社会主义先进文化的重要组成部分，是党和政府老龄工作的重要内容。首届全国老年文化高峰论坛在美丽的青岛市隆重开幕，具有十分重要的意义，我谨代表全国老龄工作委员会办公室致以热烈的祝贺！并向高度重视老龄工作的青岛市委、市政府的领导表示崇高敬意，向参加此次论坛的各位来宾和同志们表示亲切的问候和衷心的感谢！

今年，是我国进入老龄化社会十周年，是全国老龄工作委员会成立十周年。10年来，随着我国改革开放的不断深入，经济社会各项事业得到长足发展，老龄事业实现大幅跨越，老年文化建设也取得举了世瞩目的成绩。目前，全国各类老年文艺组织已达6万多个，各类老年报刊有70多家，老年大学和学校达5万多所，城乡基层老年人协会已有42万多个，老年人精神文化生活丰富多彩，“尊老、敬老、爱老、助老”的社会氛围日益浓厚，促进以全体人民老有所养、老有所医、老有所教、老有所学、老有所为、老有所乐为目标的老龄事业取得辉煌成就，得到全面发展。

当前，我国已经进入人口老龄化快速发展阶段。截至到2008年底，全国老年人口已经达到1.6亿人，今后每年平均将以800万人速度递增，到2014年，全国老年人口将达到2亿人。积极做好应对人口老龄化的准备，加快完善养老保障体系、老龄服务体系和老年工作体系，大力发展老年文化、体育等各项老龄事业，满足广大老年人日益增长的物质需求、服务需求和精神文化需求，是摆在我们目前的一项重要而迫切的任务。

党中央、国务院十分重视老龄工作。2009年10月23日，回良玉副总理亲自主持应对人口老龄化战略研究部署会，并将发展老年文化事业列为发展战略的一个重点课题。我们要充分认识老年文化在全面建设小康社会、实现中华民族伟大复兴中的重要意义，充分认识老年文化建设在社会主义精神文明建设中的地位和作用，深刻认识老年文化活动对于丰富老年人精神文化生活、提高老年人生活质量、实现健康老龄化和积极老龄化战略目标的极端重要性，从理论研究、舆论宣传、文艺创作、产业发展、基层活动各个方面，大力推进社会主义老年文化建设。

首先，要高度重视老年文化理论研究。以邓小平理论、“三个代表”重要思想和科学发展观为指导，解放思想，创新思维，深刻思考社会主义老年文化与民族文化、传统文化和世界文化的关系，认真研究并努力实践当代老年先进文化的核心理念、基本原则和行为规范，努力形成中国特色社会主义的老年文化体系，大力营造尊老敬老、代际和谐、老骥伏枥、积极向上的老年文化氛围。

其次，要广泛开展丰富多彩的老年文化活动。以适合老龄特点的活动为载体，积极引导老年人树立先进的思想价值观念，不断创新老有所教、老有所学、老有所为、老有所乐的实践方式，为国家经济发展、社会进步贡献更大力量。

第三，要积极发展老年文化事业和文化产业。加强老年大学、老年活动中心、老年文化团体等老年活动阵地和老年文化组织的建设和管理，支持老年报刊、出版、广播、影视、互联网站等老年文化传媒事业发展，繁荣老年文化市场，为广大老年人的精神文化生活创造更好的环境和条件，提供更多的精品和服务。

第四、要努力完善老年文化事业发展的体制机制。加强党和政府对老年文化工作的领导，将老年文化事业纳入各地经济社会发展总体规划和党政领导的重要议事日程，加大对老年文化事业的支持力度和投入力度，广泛动员社会力量和市场力量，注重发挥社会组织和老年群众组织的作用，协力推进社会主义老年文化事业蓬勃发展。

最后，预祝此次高峰论坛取得圆满成功！

谢谢大家！

在2009年中国老龄国情与养老服务业发展论坛上的致辞

全国老龄办常务副主任　陈传书

（2009年12月14日）

各位领导、各位来宾，女士们、先生们：

大家好！由全国老龄委办公室主办、中国老年杂志社承办的“中国老龄国情与养老服务业发展论坛”今天开幕了。在此，我谨代表全国老龄委办公室对参加本次论坛的领导、专家表示热烈的欢迎！对大家多年来对老龄事业的大力支持和帮助表示衷心的感谢！

人口老龄化是一种世界性人口发展趋势，我国是世界上人口老龄化发展速度较快的国家之一。自1999年步入人口老龄化阶段开始，10年间我国60岁以上老年人口达到1.5989亿，净增长2300万人，而且年均增长速度在不断加快。到21世纪40年代后期，全国老年人口将超过4.3亿人，届时，老年人口将占总人口的1/3，我国将成为老龄化程度最严重的国家之一。而与此相应的却是人口老龄化所固有的矛盾和问题日益突出，理论政策准备不足，养老保障体系、老龄服务体系和老年社会工作体系不完善，区域发展不平衡等许多薄弱环节仍在困扰着老龄事业的发展。

最近刚刚结束的中央经济工作会议提出，保持宏观经济政策的连续性和稳定性，要以扩大内需特别是增加居民消费需求为重点，以稳步推进城镇化为依托，优化产业结构，努力使经济结构调整取得明显进展，同时指出，明年经济工作重点要在促进发展方式转变上下功夫，在发展中促转变，在转变中谋发展。当前，在做好保增长、调结构、促改革、惠民生的各项工作中，应充分考虑到我国人口老龄化对社会主体结构改变的全面性、特殊性、持久性，充分认识到其对经济社会可持续发展所带来影响的全局性、深刻性、复杂性，进一步提升老龄事业在国家发展中的战略地位。因此，我们要高度重视人口老龄化战略规划研究，着力完善养老保障体系，加快发展为老服务体系，重视打造助老环境体系，注重建设老年社会管理体系，不断健全老龄工作体系，充分利用社会抚养比较低的有利时期，努力构建党政主导、社会参与、全民关怀的大老龄工作格局，加快发展老龄事业，为应对即将到来的人口老龄化严峻挑战做好准备、奠定基础。

“第二届中国老龄国情与养老服务业发展论坛”将从经济、社会、产业等多角度研讨分析我国人口老龄化的新情况和形势，特别是把“中国养老服务业中的政府角色与作用”“中国特色的人口老龄化国情与基本养老服务体系的建立”等作为重点，这对于新形势下推动民生经济的崛起，推动我国养老服务业的新发展都具有重要的现实意义！也衷心希望与会的各位专家学者，能够畅所欲言，为推动老龄工作和老龄事业的科学发展建言献计、共谋良策。

最后，预祝此次论坛取得圆满成功！

在联合国人口基金与中国政府合作三十周年暨国际人口与发展大会十五周年纪念活动上的讲话

全国老龄办常务副主任 中国老龄协会会长 陈传书

（2009 年 12 月 18 日）

尊敬的商务部部长助理仇鸿女士，尊敬的联合国人口基金驻华代表伯纳德先生，女士们，先生们：

大家上午好！

今年是中国政府与联合国人口基金建立合作关系三十周年，也是国际人口与发展大会召开十五周年。在此，我谨代表全国老龄工作委员会办公室，对 30 年来中国政府和联合国人口基金卓有成效的合作，对 15 年来国际人口与发展大会行动纲领成功实施所取得的积极成果表示祝贺，对长期以来联合国人口基金对我国老龄事业提供的支持和援助表示由衷的感谢。

当今世界，人口老龄化已成为国际社会共同面临的人口发展课题，走人口与经济、社会、资源、环境相互协调的可持续发展道路，得到世界各国的共同关注。

今日中国，正经历着人口结构的快速转变，老年人口总量增长和老龄化的发展速度令世人瞩目。1999 年，中国 60 岁以上人口达到 1.2 亿，在总人口中的比例超过 10%，人口年龄结构开始进入老年型。截至 2008 年底，老年人口总量已经达到 1.5989 亿。到 2014 年，中国 60 岁以上老年人口将超过 2 亿人，到 21 世纪 40 年代，中国老年人口将达到 4.33 亿人，约占总人口的 1/3，成为世界上人口老龄化程度严重的国家之一。

中国政府高度重视老年人口增长及其带来的一系列需求，加快建立健全社会保障制度和养老服务体系，出台了保障老年人权益的专项法律和优待老年人的政策，采取综合措施保障老年人生活，发挥老年人作用，致力于保障老年人合法权益，提高老年人的生活质量。

同时，我国政府认识到，人口老龄化必然带来消费结构、产业结构、劳动力结构的变化，影响到宏观经济的增长；必然带来社会分配格局的转变和社会利益格局的调整，影响到不同代际间的关系和社会的和谐与可持续发展；必然给社会管理、公共服务和公共财政带来一系列新要求和新挑战；也必然给包括伦理道德、社会心理和生活方式等在内的社会文化带来一系列新变化和新问题。老龄问题是一个关系到人口与经济社会可持续发展的战略性问题。因此，我国把解决老龄问题纳入了国民经济和社会发展的全局，综合考虑，统筹安排。从 20 世纪 90 年代开始，先后制定了老龄事业发展的七年发展纲要，以及“十五规划”和“十一五规划”。今年，全国老龄工作委员会组织实施了国家应对人口老龄化战略研究，调动政府有关部门、科研机构和专家学者等科研力量，联合攻关，致力于分析理清我国的老龄问题，把握人口老龄化与经济社会发展的关系及其规律，综合分析人口老龄化各个阶段、不同领域的主要问题和主要矛盾，明确发展方向，理清发展思路，在此基础上，制定国家应对人口老龄化的战略规划。

人口与发展是国际社会广泛关注的重大课题，应对人口老龄化带来的一系列挑战是世界各国的共同行动。开展国际交流与合作，分享国际社会在解决老龄问题方面的理念和经验做法，对于推动我国老龄工作和老龄事业发展非常重要。在这方面，联合国人口基金给我们提供了很好的帮助。全国老龄办与联合国人口基金从 1985 年开始合作，在联合国人口基金援华项目的六个周期中，有四期包括了老龄领域的合作项目。项目内容涉及到老年人口状况的调查和统计分析、老龄化的国别比较等学术研究和老年人供养体系、老年法修订等政策研究以及面向地方老龄工作干部、基层老年人组织和老年人的培训工作，还有关于健康老龄化、积极老龄化的宣传教育等多个方面。通过这些合作项目的实施，有效提高了项目实施地区的社会老龄意识，加强了基层老龄干部的能力建设，增强了老年人的自我保健意识、社会参与意识和能力，推动了老龄领域的科学研究，取得了一批有价值的成果。最重要的是，通过项目实施，我们分享了国际老龄领域的最新理念和好的经验做法。

目前，联合国人口基金第六周期老龄项目的各项工作已经进入最后一年，第七周期的合作方案正在加紧设计中。我们希望，人口老龄化及其对策措施作为人口与发展领域的一个重要课题，将成为下一周期联合国人口基金援华项目的一个重点内容。我们也相信，在双方真诚、务实的合作下，新一周期的合作一定会取得更大的成果。

谢谢大家！

在全国公安机关离退休干部工作座谈会上的讲话

公安部党委委员　政治部主任　蔡安季

（2009 年 7 月 11 日）

这次全国公安机关离退休干部工作座谈会，是继三年前在郑州召开的全国公安厅（局）离退休干部处长会议后，又一次全国范围的公安机关离退休干部工作会议。刚才，部离退休干部局王建增同志作了工作报告，总结了近年来公安机关离退休干部工作的情况和经验，并对下一步工作作了具体部署，希望各地结合实际，认真抓好落实工作。

中央和地方各有关部门对公安系统的离退休干部工作高度重视，全国老龄委办公室、中组部老干部局、国务院机关事务管理局财务司、上海市委组织部、市委老干部局、市级机关工委老干部工作部、市公安局均派出领导同志出席今天的会议。刚才，全国老龄委办公室副主任吴玉韶、中组部老干部局副局长赵宝江、上海市委组织部副部长兼老干部局局长于明黎、上海市公安局副局长程九龙分别作了重要讲话。特别是吴玉韶同志和赵宝江同志的讲话非常重要，传达了全国老龄委和中组部关于全国老龄工作和老干部工作的情况以及有关要求、部署，对我们做好当前和今后一个时期公安系统的离退休干部工作具有重要的指导意义。于明黎同志和程九龙同志分别介绍了上海的经济社会发展、市委的老干部工作以及市公安机关的老干部工作情况，使我们很受启发和教育。对以上各位领导同志的讲话，特别是全国老龄委、中组部的有关要求部署，我们要认真学习领会，结合实际抓好贯彻落实的工作。

长期以来，全国各级公安机关和广大离退休干部工作者深入贯彻执行党的离退休干部工作方针政策，认真按照“政治上尊重、思想上关心、生活上照顾”的要求，全心全意为老同志服务，推动离退休干部工作在实践中不断发展，在创新中不断加强，取得了显著成绩，涌现出了荣立集体一等功的河南省公安厅政治部离退休干部工作处、荣获“全国公安系统二级英雄模范”称号的韩林邦等一批先进集体和先进个人，许多省（自治区、直辖市）公安厅（局）离退休干部工作部门多次受到当地党委、政府表彰，得到了各级公安机关党委和广大离退休干部的充分肯定。在此，我代表孟建柱部长和公安部党委，向全国公安机关的离退休干部工作者致以崇高的敬意！向多年来关心和支持公安机关离退休干部工作的各级党委、政府和有关部门表示衷心的感谢！

下面，我就做好新时期的公安机关离退休干部工作讲三点意见，供大家参考。

一、深刻认识新时期加强离退休干部工作的重要意义，切实增强工作责任感和使命感

离退休干部工作是党的干部工作的重要组成部分，也是公安机关的一项重要工作。在新的历史时期，进一步加强公安机关的离退休干部工作，是贯彻落实党的方针政策的需要，是充分发挥老同志重要作用的需要，也是科学应对当前各种新情况、新问题的需要，具有特殊重要的意义。

1. 加强离退休干部工作，是贯彻落实党的老干部工作方针政策的必然要求。我们党历来高度重视离退休干部工作。早在 1979 年 11 月，邓小平同志就指出：建立退休制度，是关系到我们党和国家兴旺发达、朝气蓬勃的一个大问题。1982 年，党中央颁布《关于建立老干部退休制度的决定》，明确提出：“老干部离休退休以后，一定要很好地安排照顾，基本政治待遇不变，生活待遇还要略为从优，并注意很好地发挥他们的作用。这应当成为我们党和国家的坚定不移的政策原则之一。”标志着党的离退休干部制度正式建立。党的十六大以来，以胡锦涛同志为总书记的党中央把离退休干部工作置于更加突出的位置予以加强。党的十七大报告进一步明确提出，要“全面做好离退休干部工作”。2008年12月27日，针对形势任务的新变化，全国组织部长会议要求“继续做好离退休干部工作，落实好老干部的政治、生活待遇，教育引导广大老干部与党和国家同心同德、共克时艰”。随后召开的全国老干部局长会议，回顾总结了改革开放30年来老干部工作的基本经验，对做好当前和今后一个时期的老干部工作作出了具体部署。2009年2月5日，中共中央政治局委员、国务院副总理、全国老龄工作委员会主任回良玉在全国老龄委第十一次全体会议上强调，要把握形势，提高认识，进一步增强做好老龄工作的责任感和使命感；要立足全局，重点突出，着力抓好事关老龄事业长远发展的大事，不断加快老年社会保障制度建设，大力发展为老服务和老龄产业，大力加强农村老龄工作；要加强领导，狠抓落实，努力开创老龄工作新局面。公安部党委历来高度重视老干部工作，相继出台了一系列政策规定。孟建柱部长多次过问离退休干部工作事项，并作出重要指示和批示。2008年7月24日，公安部党委又专门印发《关于加强部机关离退休干部工作的意见》，对进一步做好老干部工作提出了明确要求。以上这些，为我们做好新时期的离退休干部工作指明了方向，我们必须深入学习领会，结合各自实际，认真抓好贯彻落实工作。

2. 加强离退休干部工作，是充分发挥老干部重要作用的内在需要。老干部是我国革命、建设和改革事业的先行者，无论是从历史贡献还是现实作用上看，都是党和国家的宝贵财富。老干部具有特殊的政治优势、经验优势和智慧优势等，是推动新时期经济社会发展的重要政治力量。老干部人才荟萃，有的曾经担任各级领导职务，有的是富有造诣的专家学者，有的是具有丰富实践经验的管理专家和实干家，在落实科学发展观、促进公安事业科学发展方面能够发挥积极的推动作用。老干部工作经验丰富、群众基础深厚、社会影响广泛，特别是离退休后直接接触社会和基层人民群众，在疏通社情民意、化解矛盾纠纷、构建社会主义和谐社会中能够发挥积极的参谋作用。老干部在长期的革命生涯中铸就了坚定的立场信念，形成了优良的传统作风，在弘扬党的优良传统、树立和实践社会主义荣辱观中能够发挥积极的示范作用。老干部大都经历过长期党内政治生活的锻炼和艰苦斗争的磨练，政治经验丰富，自身要求严格，在加强党的执政能力建设和先进性建设中能够发挥积极的促进作用。这就要求我们充分尊重老干部为党、为国家、为人民、为公安事业发挥余热的真诚愿望和内在要求，积极鼓励、支持和组织他们在自觉自愿、量力而行的基础上，以实际行动为推动经济社会发展、公安事业进步作出力所能及的新贡献。

3. 加强离退休干部工作，是有效应对当前新情况新问题的迫切要求。自1999年以来，我国已经提前步入老龄化社会，是世界上老年人口最多的国家，也是老龄化超前于现代化的、未富先老的发展中国家。截2008年底，全国60岁以上老年人口已近1.6亿，占总人口的12%，并呈现出增速加快、高龄及失能老人大幅增加、空巢化趋势日益突出等特点。与之相应，公安机关的离退休干部工作也出现了一些新的情况和问题。一是数量规模增大，加大了养老保障难度。2008年底，全国公安机关已有离退休干部27.8人，约占现有警力的13.9%。二是结构成分发生变化，加大了服务协调难度。2008年底，全国公安机关离休干部1.7万人，退休干部26.1万人，退休干部成为老干部队伍的主体。三是普遍进入“双高期”，加大了护理服务难度。老干部已经整体进入“高年龄、高发病”时期，普遍存在生活需要照料、生病需要护理、精神需要抚慰等现实问题。这些都需要我们以与时俱进的观念和改革创新的精神，认真研究新情况、解决新问题，下功夫探索总结新时期离退休干部工作的特点、规律，积极推出行之有效的政策措施，推动离退休干部工作不断迈上新的台阶。

二、抓住关键环节，突出工作重点，努力开创离退休干部工作新局面

当前和今后一个时期，公安工作和公安队伍建设的任务繁重艰巨，公安机关的离退休干部工作任务同样繁重艰巨。各级公安机关要深入学习实践科学发展观，认真贯彻党中央和部党委的有关部署要求，以“让党放心、让老同志满意”为目标，以抓好政治、生活待遇落实为重点，围绕中心、服务大局，统筹规划、整体推进，推动离退休干部工作不断创新发展。根据这个总体要求，我们要在抓好日常工作的同时，重点加强以下几个方面的工作。

1. 抓好思想政治工作，进一步落实离退休干部的政治待遇。老同志们功成身退，但思想不能退，党性不能退，理想信念和组织纪律不能退。坚持不懈地抓好思想政治建设，确保老干部思想常新、理想永存、永葆先进性，对于公安机关具有特殊重要的意义。当前，要加强政治理论学习尤其是对科学发展观的学习，引导离退休干部深刻理解和把握科学发展观的时代背景、重大意义、科学内涵、精神实质和根本要求，用科学理论武装头脑，把力量和智慧凝聚到推动公安工作科学发展上来。要加大形势政策宣传教育力度，及时向离退休干部传达重要会议精神，定期通报公安工作和公安队伍建设情况，使他们了解党的方针政策，正确认识和判断形势，增强同心同德、攻坚克难的信心和决心。要加强党支部建设，按照“五好支部”的要求，从离退休党员干部队伍的实际出发，合理设置党支部，选好配强党支部书记，深入开展思想政治工作，切实做到组织覆盖、班子健全、制度完善、活动经常。要大力表彰离退休党员干部的先进事迹，宣传他们永葆革命本色、续写人生辉煌的崇高风范，勉励他们继续发扬艰苦奋斗的优良传统，在改革开放的新形势下珍惜荣誉、保持晚节。

2. 完善保障服务机制，进一步落实离退休干部的生活待遇。生活待遇是老同志最直接、最现实的利益。要按照以人为本的要求，以落实经费保障、提高服务质量为重点，抓好离退休干部各项生活待遇的落实，把党委、政府和公安机关的关怀与温暖落到实处，使他们共享经济社会发展和改革开放的成果。要突出抓好离休费保障机制、医药费保障机制和财政支持机制等机制建设，确保离退休干部的离退休费、津补贴等按时足额发放，医疗费按制度规定及时报销，保证老同志的生活质量。要针对“双高期”老干部的实际情况和迫切需要，积极探索改进服务模式，拓宽服务渠道，努力以同志之爱、儿女之情为他们提供更加深入细致的服务。要加强离退休干部的生活帮扶工作，特别是对长年患病、生活困难的老同志，要加大帮扶力度，给予他们必要的照顾和救济。要高度重视、认真做好离退休干部来信来访工作，对合理的诉求，按照政策积极解决；对特殊的困难和问题，给予力所能及的照顾；对不符合政策规定的要求，要耐心细致地做好思想工作。

3. 加强精神文化建设，进一步丰富离退休干部的精神文化生活。随着经济社会的发展，广大离退休干部的需求正在由物质保障型向精神愉悦型转变，由一般的知识性需要向提高综合素质转变，这就要求我们切实加强精神文化建设，保证离退休干部“老有所乐”，不断提高其生活幸福指数。要深入落实全国老干部活动中心、老年大学工作座谈会精神，积极争取有关部门的支持，加大经费投入，加强公安机关离退休干部活动、学习场所建设，确保老干部能够就近、就便、经常性地参加学习和活动。要在抓硬件建设水平的同时提升软件质量，针对老同志的生理、心理特点，组织他们开展形式多样、积极向上的精神文化活动，不断丰富活动内容，改进活动方式，提高服务水平，努力为老同志愉悦身心、陶冶情操、增进健康提供高质量的服务。要加大资源整合力度，把各种活动、学习场所统筹起来，实现资源共享，减少建设和管理成本，提高使用效益。

4. 推动“老有所养”与“老有所为”紧密结合，进一步发挥离退休干部的重要作用。把“老有所养”与“老有所为”有机结合起来，充分发挥离退休干部的作用，是广大老同志的积极呼声，也是推动公安事业发展的客观需要。各级公安机关要从实际出发，认真研究离退休干部的优势和特长，开发利用好这支队伍中的人才资源，为广大离退休干部奉献余热、再立新功创造条件，使他们真正成为“保发展、保民生、保稳定、保中央方针政策落实”的一支重要力量。要动员离退休干部积极参与公安工作和队伍建设重大问题的调查研究活动，为推动“三项建设”、促进公安事业科学发展建言献策。要引导离退休干部发挥业务精通、经验丰富等特长，通过多种方式发挥好对在职民警的传、帮、带作用。要引导离退休干部利用人熟地熟、接近基层群众等优势，开展群众工作，协调化解矛盾，密切党群关系和警民关系，促进社会和谐稳定。要组织离退休干部在新警以及青少年中进行革命传统教育，当好党的优良传统的宣传员、社会主义思想道德教育的辅导员和良好社会风气建设的监督员。

三、强化组织领导，狠抓队伍建设，为加强离退休干部工作提供有力保障

离退休干部工作事关全局、涉及全警，具有广泛性、社会性和服务性等突出特点，为此，必须加强组织领导和统筹协调，狠抓离退休干部工作队伍自身建设，为全面推动离退休干部工作提供有力的组织保证和人才支持。

1. 加强组织领导，着力形成工作合力。离退休干部工作任务越重、难度越大，越需要各级公安机关党委高度重视，越要求各有关部门密切配合和全警共同努力。一要明确职责任务。各级公安机关“一把手”要切实担负起第一责任人的职责，真正把离退休干部工作摆到重要位置、作为大事来抓实抓好；分管领导要经常深入离退休干部工作部门了解情况、指导工作；离退休干部工作部门要加强指导、组织和协调，充分发挥职能作用；政工、装财等部门要积极参与，帮助解决工作中的重点难点问题，努力形成党委统一领导、多方齐抓共管、全警广泛参与的工作格局。二要关爱离退休干部工作队伍。广大离退休干部工作者的工作对象多是年高体弱的老同志，常去的地方是医院病房，所做的工作多是繁琐细微的具体事务，非常辛苦、也非常不容易；很多同志长期坚守工作岗位，有的自己也快成为老同志，仍然无怨无悔地奋战在第一线。对他们既要高标准、严要求，也要从思想、工作和生活等各个方面真正重视、真情关怀、真心爱护，千方百计帮助解决实际困难，满腔热情为其成长发展创造条件，积极营造栓心留人的良好环境，增强广大离退休干部工作者的集体荣誉感和职业认同感。

2. 加强制度建设，着力提高工作效能。制度具有长期性和稳定性，做好离退休干部工作，既要靠各级干部的自身素质，更要靠建立科学的制度来保证。一是健全信息沟通制度。要积极采取季度通气会、建立联系点和聘请离退休干部信息员等多种形式，加强与离退休干部的沟通交流。要抓住“金盾工程”二期建设的有利时机，加强离退休干部工作信息系统建设，提高应用水平和动态管理能力，不断增强业务工作的科技含量。二是健全领导干部与离退休干部的联系制度。特别是要把领导干部定期召开离退休干部工作座谈会制度化，推动各级领导虚心求教于老干部、问计于老干部，做到科学决策、民主决策，同时，准确把握老干部的所思、所想、所忧、所盼，切实维护他们的合法权益。三是健全日常工作制度。要将定期通报情况、举办形势报告会、走访慰问等通过制度形式固定下来，对于离退休干部的政治生活待遇、医疗保健、文体活动等工作，也要研究制定相关的制度规定，使各项工作有章可循、规范运行。

3. 加强自身建设，着力提高业务能力和服务水平。经过多年来坚持不懈的努力，全国公安机关已经形成了一支政治素质好、工作能力强、作风过得硬、离退休老干部们信得过的工作队伍。对此，党组织是放心的，老同志是满意的。但是，面对新形势、新任务提出的新要求、新挑战，必须进一步加强离退休干部工作队伍自身建设，着力提高政治业务能力和服务水平，推动离退休干部工作不断实现新突破、获得新进步。一是提高思想政治素质。要结合开展“讲党性、重品行、作表率”活动，切实强化政治理论学习，增强党性修养，努力成为理想信念坚定、全心全意为老同志服务的模范，成为熟悉政策、精通业务的模范，成为发扬党的优良传统作风、弘扬中华民族传统美德的模范，把离退休干部工作部门建设成为各级党委放心、广大老同志满意的离退休干部之家。要在认真开展向全国老干部工作先进集体和先进个人学习活动的同时，积极选树、表彰本地区本单位的先进典型，用身边人、身边事激励广大离退休干部工作者争先创优、建功立业。二是提高工作能力。要把实践锻炼作为提高素质、增长才干的重要途径，引导离退休干部工作者立足本职岗位，通过参与中心工作、完成重点任务等方式提高业务水平。要引导他们学会在研究的状态下工作，在研究问题中解决问题，增强工作的前瞻性和预见性。要有针对性地加强教育培训，健全培训工作机制，不断提高他们的政策运用能力、服务管理能力和开拓创新能力。三是提高服务水平。要强化服务意识，始终怀着对老同志的强烈责任和深厚感情去做工作，发自内心地尊重老干部、热爱本职工作，真心诚意地为老干部办实事、做好事、解难事。要把“四心”（专心、热心、细心、耐心）作为服务宗旨，想老同志之所想，急老同志之所急，深入细致地开展人性化、亲情化、个性化的服务。要改进服务作风，对老同志提出的意见和要求，只要不违反政策规定，都要本着“能快的不慢，能早的不迟，能多的不少，能高的不低”的原则，迅速予以解决落实。

老同志是我们的过去，是我们的现在，也是我们的将来。尊老爱幼是中华民族乃至全人类几千年的传统美德，更是最基本的社会公德。各级公安机关要按照中央的要求，进一步加强公安机关离退休干部工作，切实把老同志的政治待遇、生活待遇落到实处，尤其是对患病的、生活困难的、空巢的老同志，要倾注更多的心血予以亲情化的关心和照顾。同时，要认真履行职责，依法严厉打击侵犯老年人权益的各种违法犯罪活动，切实维护好老年人的合法权益，使他们平安幸福地安度晚年。

离退休干部工作使命光荣、大有可为；抓好新时期的离退休干部工作，我们义不容辞、责无旁贷。让我们在以胡锦涛同志为总书记的党中央的坚强领导下，认真贯彻落实党中央、国务院的决策部署和部党委的工作要求，以更加饱满的热情，更加务实的精神，更加有力的措施，努力开创公安机关离退休干部工作新局面，为构建设社会主义和谐社会作出应有贡献！

在教育部离退休干部局第四次党代会暨优秀党员、先进党务工作者和先进党支部表彰大会上的讲话

教育部党组书记　部长　袁贵仁

（2009 年 6 月 26 日）

各位代表、同志们：

今天，离退休干部局在这里召开第四次党代会暨优秀党员、先进党务工作者和先进党支部表彰大会。我首先代表部党组、代表机关党委对本次大会的召开表示祝贺，预祝大会取得圆满成功！对受到表彰的先进个人和先进集体表示敬意，并祝老同志们身体健康，生活愉快！

史丽荣同志在报告中认真总结和充分肯定了本届局党委五年来的主要工作，并明确提出了今后一个时期局党委的主要任务。我个人觉得这个报告非常好，非常实事求是。近年来，我们认真贯彻落实中央《关于进一步加强和改进离退休干部党支部建设的意见》，不断加大工作力度，离退休干部党员思想政治建设成效明显，优势作用得到充分发挥，涌现出了一大批先进离退休干部党支部和离退休干部先进个人。刚刚受到表彰的先进个人和集体，就是我们老同志队伍中的杰出代表，是我们学习的榜样。五年来，离退休干部局党委的工作成绩也是十分明显的，无论是组织建设、思想建设还是作风建设都取得了很好的成绩。其中一个突出的印象就是，每年坚持不懈地组织召开老同志党建工作会。通过这种形式把广大老同志有效地组织起来，凝聚起来，一起交流支部工作的经验、做法和体会，进一步研究探索新的途径和方法。年年开党建会，年年有新意，一年一个主题，而且把“坐下来学”与“走出去看”有机结合起来，非常适合老同志的特点和习惯，是一条很好的经验；还有联络员制度和支部学习提示制度。在职党员干部担任老同志支部联络员，是一项很好的创新、一个很有效的制度。对在职同志来说，这是一种深入学习了解和服务老同志的渠道和机会；对老同志来说，增加了一种相互联系沟通的途径和方式，无论是对老同志支部建设还是在职干部队伍建设都有积极意义和作用。另外就是坚持支部学习提示制度，每月将学习重点和要求提前印发各支部，帮助各支部组织开展好学习活动。总之，五年来，离退休干部局党委在加强老同志党的建设方面做了大量的工作，积累了很多好的经验和做法，取得了很好的成绩。老同志总体上是认可的，部党组也是满意的。

当前，我部各直属高等学校正在开展深入学习实践科学发展观活动，部机关的学习实践活动已告一段落，并进入整改落实“回头看”阶段，据我所知，离退休干部局党委按照部党组的统一部署，认真组织开展了深入学习实践科学发展观活动，许多老同志党员克服各种困难坚持学习，努力实践，出现许多感人事迹和感人场面。有的老同志行动不便，就让家人或保姆搀扶或坐轮椅前来参加学习和听报告；有的老同志患眼疾不能读书看报，就通过子女朗读学习资料，然后做成录音带自己再反复听读。前一段集中学习的时候，在机关礼堂召开党员大会，往下一看，前面几排白花花的一片，一看就知道，我们的老同志党员代表都整齐地坐在前面，认真听报告，认真做记录，那种刻苦学习的精神令人敬佩。局党委领导班子也能以身作则，带头学习调研，带头分析检查，认真整改落实，以民主生活会为契机，大力加强思想作风建设和党风廉政建设，努力促进离退休干部党的建设工作和各项服务管理工作上水平，做到真学、真信、真用。取得了很好的效果。

下面我讲三点意见：

第一，要进一步组织好老同志的政治理论学习，帮助老同志进一步加深对马克思主义中国化最新成果的理解，加深对党的基本理论、基本路线、基本方针、基本政策的理解。老同志从工作岗位退下来以后，相对来说时间要更加充足一些，对理论问题的学习研究的兴趣更加浓厚。许多老同志退休以后对理论学习抓得更紧了，理论研究成果比在职的时候还多。要认真组织好老同志的政治理论学习，把老同志的学习兴趣和学习积极性进一步调动起来，这对支部建设和思想政治建设是一个促进，对老同志自身是一个提高。要坚持用马克思主义中国化最新成果武装广大党员干部头脑，组织党员干部深入学习中国特色社会主

义理论体系，牢固树立和认真落实科学发展观。学习实践科学发展观是一项长期的任务，不可能一蹴而就，其丰富的科学内涵和突出的实践特质还有待我们进一步深入钻研和努力实践;要从实际出发,加强分类指导,根据老同志的习惯特点,组织开展生动活泼的学习实践活动，使老同志的学习实践活动更有针对性。

第二，要充分发挥老同志的政治优势和经验优势，依靠老同志搞好党支部建设和思想政治建设。老同志是我们党和国家的宝贵财富，也是我们做好离退休干部党建工作的重要资源和依靠力量。在长期的革命、建设和教育改革发展实践中，老同志们确立了坚定的理想信念，积累了丰富的经验，值得我们很好学习。因此，我在离退休干部局多次谈到，要学习老同志，依靠老同志，服务老同志，这是做好老干部工作的方法和要求，实际上，也是我们做好离退休干部党建工作的方法和要求。老同志在党支部建设和思想政治建设方面，有许多明显的优势，他们更加熟悉和了解老同志党员的情况，更加容易获得老同志的心理认同，因此工作起来更加方便和适应。实际上这也是老同志自我教育、自我管理、自我服务的一种表现形式，对全面落实“六个老有”的工作目标,真正实现健康老龄化和积极老龄化,都具有十分重要的现实意义。

目前，离退休干部局党委组成人员中老同志 7 人，在职干部 4 人，老同志占大多数，这种人员结构模式有利于充分发挥老同志的优势和作用，同时便于党政配合，共同做好离退休干部党的工作。

第三，要进一步探索新形势下离退休干部党建工作，不断创新载体，开拓局面。李源潮同志说：“我国社会进入老龄化加快发展的时期，老干部队伍也发生了很大变化，离休干部越来越少，退休干部越来越多，老干部工作遇到许多新问题、新矛盾。一方面对离休干部的照顾不能有一丝一毫松懈，另一方面对退休干部的服务管理问题要突出地进行研究。”

目前，教育部机关有 600 多位老同志，其中党员 577 人，占 91.7%，党员人数占绝大多数。离休干部整体进入“双高”期，平均年龄达到 82 岁，人数在逐年减少；而退休干部队伍在不断壮大。老同志之间年龄相差也很大，既有 60 来岁的，也有 100 多岁的，老干部工作面临许多新难题。要认真研究这些新的情况和特点，主动适应离退休干部党员队伍的新变化，进一步加强离退休干部党支部的组织建设。要从有利于教育管理、有利于参加组织活动、有利于发挥党员作用出发，不断优化离退休干部党支部的组织设置；要创新载体，积极探索新的途径和方法，使我们的工作更好地适应新形势和新要求，从老同志队伍的实际出发，组织开展形式多样、丰富多彩的活动，以改革创新精神，进一步推进离退休干部党的建设工作。

最近，中央印发了《关于在中华人民共和国成立六十周年之际开展走访慰问老干部、老工人、老党员活动的通知》。离退休干部局要按照中央要求，以庆祝新中国成立六十周年为契机，对新中国成立前参加革命工作的老干部、老工人、老党员普遍进行一次走访慰问，向老同志们转达部党组对他们的关怀。

同志们，再过几天就是中国共产党成立八十八周年，而且很快就要迎来中华人民共和国成立六十周年庆典。盛世华诞，举国同庆。我们许多老同志都是新中国的建设者和见证人，我们有理由为此而骄傲和自豪，我们要以更加优异的成绩和良好的精神状态迎接这一辉煌时刻的到来。

谢谢大家。

在全国老龄委第十一次全体会议上的讲话

财政部副部长　丁学东

（2009 年 2 月 5 日）

尊敬的回副总理、各位领导：

根据会议安排，我简要汇报一下财政部 2008 年支持和配合老龄委所做的相关工作，以及今后工作的初步打算。

一、2008 年财政支持老龄事业发展情况

（一）采取措施，确保老年人老有所养

一是继续提高企业退休人员、优抚对象、移交政府安置的军休人员等相关人群的待遇水平，并适当提高部分离休干部护理费标准。同时，为缓解物价上涨对低收入群体基本生活的影响，两次提高城乡低保对

象补助水平，并对低温雨雪冰冻灾害严重省份的城乡低保对象发放临时生活补贴，对“5·12”地震灾区“三无”“三孤”人员建立临时生活救助和后续生活救助制度。二是配合有关部门推进省级统筹，研究建立基本养老保险关系转移接续办法，出台事业单位养老保险改革试点方案，为确保老年人基本生活提供有效的制度保障。三是继续安排农村税费改革专项补助资金，支持地方农村五保供养工作。四是继续实行农村部分计划生育家庭奖励扶助制度。五是继续对建国前入党的农村老党员和未享受离退休待遇的城镇老党员以及老艺术家发放生活补贴。六是加大投入，确保老年人各项生活待遇的落实。2008 年中央财政安排基本养老保险基金补助 1127.5 亿元、城乡低保补助 362.65 亿元、计划生育奖励补助 6.6 亿元，有力地保证了包括老年人在内的低收入群众各项待遇的按时足额发放。

（二）深化改革，保障老年人病有所医

一是将新农合总体筹资标准提高到 100 元，其中中央和地方财政补助标准分别提高到 40 元。为此，中央财政安排补助资金 247 亿元，较上年番一番。二是中央财政安排 31.66 亿元，大力推进城镇居民基本医疗保险试点，并通过医疗救助资金对低收入家庭 60 周岁以上老年人参保所需家庭缴费部分给予补助。三是继续完善城乡医疗救助制度，减轻包括老年人在内的城乡困难群众的医疗负担。为此，中央财政安排补助资金 50.46 亿元。四是积极应对“5·12”地震灾区严峻的医疗卫生防疫形势，妥善解决包括老年人在内的受灾群众就医问题，并明确由城乡医疗救助资金帮助解决灾区困难群众今后两年参加城镇居民医保和新农合所需个人缴费。五是安排 80 亿元专项资金帮助解决 139 万未参保的地方政策性关闭破产国有企业退休人员医疗保障问题。六是会同有关部门进一步落实中央企业离休干部医药费保障机制，中央财政对中央困难企业的离休干部医药费按一定标准给予专项补助。七是进一步加大公共卫生投入力度，中央财政安排 126 亿元，重点支持重大疾病预防控制、食品药品监管及中医药事业等的发展。同时，继续安排中西部地区城市社区卫生服务财政补助资金，并对中西部地区城市社区卫生人员培训以及基层医疗卫生机构设备购置予以补助，使包括老年人在内的全体居民少得病、方便就近看病。

（三）尽力支持，使广大老年人老有所为、老有所乐

一是通过实施“老科技专家志愿者科普工程”，支持老科技工作者的学术交流；二是通过实施“晚霞工程”，宣传老艺术家的艺术成就；三是通过支持“群众歌咏和老年活动”“霞光计划”“夕阳红图书室”“爱心护理”县区社会福利中心建设等项目，丰富老年人业余文化生活。四是多渠道筹集资金，逐步增加老龄工作经费。2008 年中央财政安排 1778 万元，用于全国老龄工作委员会办公室、中国老龄科学研究中心日常工作和项目经费，比 2007 年增长 3.2%。

二、2009 年支持做好老龄工作的初步安排

财政部将认真贯彻落实党的十七届三中全会精神，不断提高对老龄工作重要性的认识，积极配合有关部门继续做好老龄工作。

（一）完善制度，解决困难老年群众生活问题

一是进一步扩大企业职工基本养老保险覆盖范围，加快推进省级统筹。安排补助资金确保 2009 年调整企业退休人员基本养老金政策落实到位。对事业单位养老保险制度改革试点工作进行支持。按照个人缴费、集体补助、政府补贴相结合的要求，研究新型农村社会养老保险制度。二是进一步完善城乡低保制度等社会救助制度，继续做好优抚安置工作。三是继续实行农村部分计划生育家庭奖励扶助制度。奖励标准将由600 元/人年提高到了 720 元/人年。中央财政将继续给予适当补助。四是积极参与老年人社会福利政策研究，支持老年福利事业，改善老年人的生活质量。

（二）做好工作，妥善解决老年人医疗问题

一是进一步完善新农合制度，加强基金管理。二是在全国推行城镇居民基本医疗保险制度。三是认真研究解决未参保的其他关闭破产国有企业退休人员等的医疗保障问题。四是深化医药卫生体制改革，加大投入，努力缓解包括老年人在内的广大人民群众“看病难、看病贵”问题。

（三）加大投入，继续支持老年科技文化事业发展

2009 年，中央财政安排老龄事业经费 2076 万元，同比增长 16.8%。同时，拟不断完善资金管理办法，提高资金使用效率，并要求各地财政部门进一步重视老龄工作，为全国老龄事业发展提供有力保障。另外，将大力支持老科技专家学术交流和科普活动，进一步推动老年人文化事业发展。

做好老龄工作、保障老年人权益，是改善民生的重大举措。财政部将认真落实这次会议精神特别是回副总理讲话要求，以科学发展观为统领，积极配合全国老龄委和有关部门进一步做好老龄工作。

谢谢！

在2009年全国老年人体育工作会议上的讲话

国家体育总局局长　刘鹏

（2009年3月27日）

同志们：

在全国“两会”刚刚胜利闭幕、祖国大地到处春意盎然、万物复苏的美好季节，我很高兴与大家相聚在海口这个美丽的海滨城市，共同商讨如何深入贯彻落实党的十七大精神、深入学习实践科学发展观，以胡锦涛总书记“9.29重要讲话”为指引，继承发扬北京奥运会的经验和遗产，使老年体育在后奥运时期更有作为，不断开创老年体育工作的新局面，推动老年体育事业的新发展。首先，我代表国家体育总局，向各位老领导、老同志，问好！向出席会议的同志们致以诚挚的问候和热烈的欢迎，向大家为推动老年人体育工作所付出的辛勤努力表示由衷的敬意和感谢，向对本次会议给予高度重视、全力支持的海南省委、省政府及各有关单位表示衷心的感谢！

2008年是极不平凡的一年，我们国家战胜了各种艰难险阻，改革开放和社会主义现代化建设取得新的重大成就。2008年对中国体育也是具有重大、特殊历史意义的一年。我国成功举办了北京奥运会，实现了中华民族的百年梦想，中国体育铸就了历史辉煌。2008年是改革开放30周年，更是全面贯彻落实党的十七大精神和学习实践科学发展观的重要一年。在这一年里，全国老年体育工作秉承传统、与时俱进、求实创新，锐意进取，取得了新的可喜成绩。在“全民健身与奥运同行”的热潮中，全国老年人体育健身活动开展得更加多姿多彩，充满生机与活力。自2007年开始的“全民健身与奥运同行·全国亿万老年人健步走向北京奥运会”活动，很有声势，很有影响，很成功，对全社会形成全民健身的良好风尚发挥了积极作用，为成功举办一届“有特色、高水平”的奥运会作出了贡献。全国各级老年人体协在工作中紧密围绕“建好群众身边健身场地，健全群众身边体育组织，举办群众身边经常性体育活动”这三个主要环节，在积极构建老年体育健身服务体系方面做了大量卓有成效的工作，取得了可喜成绩，老年体育活动开展得更加活跃，使更多的老年人享受到了体育健身带来的健康、快乐与和谐。据统计，在“全民健身与奥运同行”迎奥运、庆奥运的各类群体活动中，80%的参与者是老年人。

党和国家历来高度重视体育工作和老龄工作。党的十七大报告强调“加强老龄工作”“广泛开展全民健身运动”“提高全民健康水平”。去年9月29日，胡锦涛总书记在北京奥运会、残奥会总结表彰大会上发表了重要讲话，他指出：“体育是社会发展和人类文明进步的重要标志，是综合国力和社会文明程度的重要体现。我们要坚持以增强人民体质、提高全民族身体素质和生活质量为目标，高度重视并充分发挥体育在促进人的全面发展、促进经济社会发展中的重要作用。”总书记从坚持社会主义先进文化前进方向，加强社会主义核心价值体系建设的高度，深刻阐述了体育发展的重要价值，充分肯定了体育在提高全社会文明素质、激发全民族文化创造力，提高国家文化软实力，丰富社会文化生活，改善群众精神风貌方面的重要作用。总书记对中国体育的优异成绩给予了充分肯定和高度评价，对中国体育的未来发展提出了殷切期望和要求，发出了从体育大国向体育强国迈进的号召。总书记的重要讲话是做好体育工作的精神动力和行动指南。我们广大体育工作者和老年体协的同志们要认真学习和贯彻落实胡锦涛总书记的重要讲话精神，继续努力，实实在在地进一步做好老年体育工作。

2009年是深入学习实践科学发展观、认真贯彻胡锦涛总书记重要讲话精神，在新的更高的起点上实现体育的新发展、新跨越的重要一年。各级老年人体协以及广大老年体育工作者，要紧密联系老年体育工作实际，按照科学发展观的要求，以改革创新的精神深入研究和着力解决老年体育工作中存在的突出问题。乘北京奥运会成功举办的东风，创新思路，继续精心组织丰富多彩的体育活动，积极探索和建立有利于推动老年人体育科学发展的长效化体制机制，让体育成为老年人健康幸福生活的重要内容，促进老年体育工作的全面、协调、可持续发展。要更加重视农村老年体育的发展，按照统筹发展的原则，拓展思路，采取措施，以点带面，破解农村老年体育的工作难点。要加强农村老年体育组织建设，确保老年体育工作横向到边，纵向到底。要切实为基层、为农村老年人提供锻炼场所和健身指导等相关支持。要以庆祝建国六十周年为契机，以国务院批准的全国“全民健身日”为重要节点，以筹备举办第一届全国老年人体育健身大会为主线，通过开展丰富多彩的健身、参与活动，进一步掀起老年人体育健身活动的新热潮，充分展示老年人体育事业发展的成果和当代老年人乐观向上的精神风貌，激发老年人重视健康、参与健身的热情，让广大老年人更快乐、更强健、更幸福。希望各级老年人体协的同志们继续保持奋发有为、昂扬向上的精神和斗志，多为老年人做好事、解难事、办实事，在新的一年里努力开创老年体育工作的新局面。

同志们！让我们认真贯彻落实党的十七大精神和胡锦涛总书记重要讲话精神，高举中国特色社会主义伟大旗帜，坚持以邓小平理论和“三个代表”重要思想为指导，深入贯彻落实科学发展观，不断解放思想、开拓创新、同心同德、扎实工作，为实现我国老年体育事业的新发展，为夺取全面建设小康社会新胜利，为推进我国由体育大国向体育强国迈进作出新的更大的贡献！

在全国妇联老龄妇女工作研讨会上的讲话

全国妇联党组书记　副主席　书记处第一书记　黄晴宜

（2009 年 10 月 26 日）

尊敬的各位老领导、同志们：

今天，我们在这里召开全国妇联老龄妇女工作研讨会，共同研究在新形势下以科学发展观为指导，进一步加强全国妇联系统的老龄妇女工作。下面，我代表全国妇联党组、书记处就当前和今后一个时期的老龄妇女工作，谈几点意见。

一、进一步认清形势，提高认识，增强做好老龄妇女工作的责任感和使命感

20 世纪中期以来，人口老龄化问题逐步成为全球性的趋势和问题，联合国曾经提醒各成员国，要进一步铭记，21 世纪老龄化是前所未有的，对任何国家、任何社会都是一项重大的挑战。党和国家历来高度重视老龄工作，包括老龄妇女工作，早在 1987 年党的十三大就明确提出“要注意人口迅速老龄化的倾向，及时采取正确的对策”，之后历次党代会和政府工作报告都对老龄问题提出过明确要求，多次召开专题会议进行研究部署，采取多种措施努力解决老龄化问题。2009年10月23日，回良玉副总理亲自主持召开了国家应对人口老龄化战略研究部署会议并作重要讲话。

在党和政府的重视下，老龄工作取得了显著的成绩。但是我国是发展中国家，是 13 亿人口大国。老龄工作包括老龄妇女工作还存在着不少不容忽视的困难和问题。全国妇联和各级妇联组织要深刻认识和准确把握老龄工作面临的新形势、新要求，自觉服从服务于党和国家的工作大局，认清老龄妇女面临的新形势，应对新挑战，抢抓新机遇，求真务实，扎实推进，不断开创老龄妇女工作的新局面。

第一，充分认识人口老龄化出现的新情况和新问题。

据统计，目前我国 60 岁以上老龄人口已达到 1.6 亿，占总人口的 12%。到 2020 年，老龄人口将达到 2.5 亿，占总人口的 17.17%，更为严峻的是，2050 年达到 4.37 亿，约占总人口的 1/3。这将对我国社会经济发展带来广泛、深刻的影响，特别是新中国同龄人步入老年阶段后，在物质生活、医疗卫生、文化教育等方面的要求更高，养老金和老年人口医疗费用压力越来越大，为老服务的需求越来越大，工作面临的课题也越来越多。在人口老龄化中，女性老龄化的程度更深。目前我国老龄人口中女性比男性多出 500 万人，而多出的女性老龄人口中 50%～70%都是 80 岁及以上年龄段的高龄孤寡失能老人。由于历史、文化等多方面的原因，老龄妇女在整体上处于社会弱势地位，她们有着自己的特殊处境和需要，是一个需要家庭和社会予以特别关注的群体。做好老龄妇女工作关系到经济发展和社会的和谐稳定，协助党和政府做好老龄妇女工作是妇联组织义不容辞的重要责任。

我们必须从改革发展稳定的大局出发，增强做好老龄妇女工作的紧迫感、责任感，推进老龄妇女工作，发展老龄妇女事业。

第二，准确把握妇联组织开展老龄工作的规律。

老龄问题是关系国计民生和国家发展的重大社会问题。老龄妇女工作是全国妇联和妇联系统工作的重要组成部分，多年来，妇联组织面对日趋严峻的人口老龄化形势，不断探索妇联组织开展老龄妇女工作的规律，坚持“党政主导、社会参与、全民关怀”的老龄工作方针，落实六个“老有”的工作目标，遵循了以下工作原则：一是充分发挥妇联组织协助党和政府做好老龄工作的作用，推动形成社会各方面齐抓共管、合力共建的工作局面。老龄妇女工作既是政府工作的重要内容，也是一项重要的社会事业。政府的作用在于制定规划、出台政策、投入资金、培育市场。妇联作为群众团体，应从我们的优势和特点出发，在维护权益、营造氛围、提供服务、调查研究、反映意见建议等方面发挥作用。实践证明，妇联组织有这方面好的工作基础，也有这方面的优势。二是实事求是，因地制宜，从妇联的实际情况出发，从“党政所急、老年妇女所需、妇联所能”的角度明确工作定位，找准工作的切入点和结合点。在我们的各项工作和活动中，包含了许多老龄工作的内容。比如“五好文明家庭”评选条件第一条就是尊老爱幼，每年全国妇联组织的“三下乡”活动和“送温暖”活动，受益的主要是老龄妇女，妇联组织创办的一些为老服务的产业，帮助老年人解决了不少实际困难和问题。三是充分调动老龄妇女的主动性和积极性，重视发挥她们的作用。老龄妇女在参与社会发展，参与社会生活，参与社会和谐构建，参与新农村建设等方面具有积极的作用。多年来，妇联组织利用学会、协会、联谊会等组织形式，引导、鼓励老年妇女参与有益于社会、有益于家庭、有益于老年人身心健康的各项活动，搭建老年人实现自我教育、自我发展的平台。实践证明，调动发挥老龄妇女的作用不仅是开展老龄妇女工作的重要内容，也是妇联工作的重要方面。这些都是我们在工作中积累的宝贵经验。

第三，认真研究妇联组织开展老龄工作的新举措。

随着去年以来国际金融危机的扩散和蔓延，人口老龄化的各种矛盾和问题与复杂严峻的国内外经济形势相互交织，对老龄工作带来了新的挑战。在这种情况下，妇联组织应该认真调查、研究老龄妇女面临的新问题和老龄妇女工作面对的新挑战、新机遇。一是要努力把握老龄妇女工作的新机遇。党的十七大以来，党和政府改善民生、加强老龄工作的大政方针更加明确；以人为本的科学发展观深入贯彻落实，促进社会和谐、改善民生的步伐进一步加快；各级党委和政府更加重视老龄工作，全社会的老龄意识进一步增强。这些都为我们开展老龄妇女工作提供了良好的环境。二是要认真研究围绕“保增长、保民生、保稳定”大局服务老龄妇女的问题。重视和解决老龄妇女问题，满足老龄妇女需求，是改善民生、实现“三保”的重要内容。妇联组织要把让老龄妇女“得实惠、普受惠、长受惠”作为老龄妇女工作的出发点和落脚点，最大限度地协助党和政府，努力解决好老龄妇女最关心、最直接、最现实的利益问题，让老龄妇女持续共享改革发展的成果。三是要认真思考在推进工作中进一步开拓创新的问题。在新的历史时期，老龄妇女群众有更多、更高的新期盼、新需求，新的形势要求我们认真审视现有的工作，创新工作理念、内容和载体，注意把握处理好开展妇女工作与做好老龄妇女工作的关系；服务妇女群众与满足老龄妇女需求的关系、促进妇女发展与发挥老龄妇女作用的关系，探索适应社会主义市场经济体制、符合老龄妇女实际、富有特色的工作模式，使亿万老龄妇女过上更加幸福的生活，也为小康社会作出新的贡献。

二、进一步加强领导、狠抓落实，不断开创老龄妇女新局面

当前，我们要从党和国家事业发展的全局出发，切实加强领导，狠抓工作落实，以更大的力度、更实的举措做好工作，不断开创老龄妇女工作新局面。

一要加强对老龄妇女工作的领导。做好老龄妇女工作，领导是关键，一是需要更加主动地把老龄妇女工作和本部门本单位工作有机地结合起来，统筹考虑、统筹安排；二是需要各成员单位之间的密切配合，同时对妇联系统老龄妇女工作要给予指导，形成上下贯通、部门联动、齐抓共管的格局；三是要善于依靠政府有关部门和社会力量，主动联系、主动沟通、主动协调、主动服务，形成合力，共同推进老龄妇女工作。全国妇联老龄工作协调委员会办公室一定会切实起到参谋助手的作用，做好统筹规划、调查研究、综合协调、信息交流和督促检查等各项工作。各部门各单位要将老龄工作列入工作计划，年底总结时要将老龄工作列入工作考评，切实加强指导。

二要做好老龄妇女的权益维护工作。从一定意义上说，老龄妇女工作是我国老龄工作的重点和难点，老龄妇女在经济上处于弱势，在养老、医疗、生活照顾、精神慰藉等方面存在着不少困难，更容易引发权益受侵害的情况。妇联组织有责任倾听她们的诉求，反映她们的呼声，维护她们的合法权益。要坚持源头维权，推动和监督现有老龄法规政策落实；开展法制教育和普法宣传，增强全社会维护老年人合法权益和为老年人服务的意识；加强老龄妇女法律援助和服务工作，充分利用妇女维权咨询站、投诉站、维权岗、救济站等基层维权服务机构和妇女维权热线等渠道，使老龄妇女就地、就近、及时得到优质高效的法律援助和法律服务；要积极配合有关部门开展执法检查，严厉打击侵犯老龄妇女权益的违法行为，努力使老龄妇女困有所诉，难有所帮。

三要重视老龄妇女的思想政治工作和精神文化生活。老龄妇女普遍存在精神文化生活不够丰富，生活比较单调的问题，很容易向封建迷信和愚昧落后思想寻求慰藉。满足老龄妇女日益增长的精神文化需求，是家庭和谐、社会和谐的需要，是老龄妇女工作的重要内容。通过开展积极向上、健康有益、丰富多彩、形式多样的文体活动，寓教于乐，鼓励和引导老龄妇女参与和谐家庭、和谐社区、和谐文化创建活动是妇联组织多年来坚持的行之有效的工作方法。我们还要进一步加大力度，不断创新活动内容和形式，扩大影响力和吸引力，增加凝聚力和感召力，更好地把老龄妇女团结动员起来，使老龄妇女成为构建和谐家庭、和谐社会，维护社会稳定的一支重要力量。

四要积极营造敬老养老助老的社会氛围。弘扬中华民族敬老养老助老的传统美德是建设和谐文化的重要组成部分，对提高全体公民的道德素质，调节家庭关系，提升社会和谐与文明程度都具有重要意义。我们要把敬老养老助老的传统美德教育融入各项工作和活动中，特别是在文明家庭创建、家庭教育宣传等实践活动中，宣传表彰敬老养老助老先进典型，在家庭和广大青少年中开展宣传教育，推动敬老养老助老的观念深入人心，推动形成良好的社会风尚。

五要推动和参与为老服务体系建设。发展为老服务和老龄产业，是积极应对人口老龄化的重要举措，也是扩大内需、改善民生、增加就业的有效途径。养老服务业具有广泛的社会需求和广阔的发展前景，我们在发展为老服务业与实施“巾帼社区服务工程”，推动城市下岗失业妇女、农村进城务工妇女就业再就业相结合方面已经有了很好的尝试，在提供家政服务方面，也有基础、有经验、有阵地。老年群体庞大的服务需求对妇联组织做好促进妇女创业就业工作提供了广泛的市场，妇联组织要认真研究，抓住机遇，主动与政府有关部门协调和沟通，大力发展“妇”字号社区家政服务，使老年服务需求与妇女就业需求实现良性循环、互动双赢。

六要加强调查研究工作。深入开展老龄妇女问题调查研究是做好新形势下老龄妇女工作的重要前提。调查研究有三方面的任务，一是政策研究，分析研究老龄妇女面临的情况和问题，提出政策建议，为党和政府科学决策、科学规划服务；二是理论研究，深入研究市场经济条件下老龄妇女问题的特点和规律，准确把握人口老龄化进程中老龄妇女的发展趋势，为做好老龄妇女工作提供科学的理论支持；三是工作研究，不断创新工作思路、工作载体、工作方式、工作机制，把老龄妇女工作与妇女工作更好地结合起来，进一步探索实践广大老龄妇女六个“老有”的途径和方式，使之真正受益。

同志们，今年是建国六十周年，60年来，各位老大姐、老同志为社会主义建设事业、为妇女儿童事业的发展作出了巨大的贡献，是党和国家的宝贵财富，我们还要进一步做好机关离退休干部工作和老龄妇女工作，让我们的老同志和老龄妇女共享改革开放成果。我也借此机会，向老大姐、老领导、老同志表示真挚的慰问和崇高的敬意！

同志们，我们的工作已经取得了一定成绩，今后更要齐心协力，锐意进取，扎实工作，努力开创老龄妇女工作新局面！

在重庆市老龄工作委员会2009年度全体会议上的讲话

重庆市政府副秘书长　市老龄委副主任　丁先军

（2009年4月30日）

同志们：

为认真贯彻落实科学发展观，学习传达全国老龄委第十一次全会精神，总结交流我市老龄事业发展情况和工作经验，研究部署全市老龄工作，市老龄委决定召开今天的全体会议。我首先代表市委常委、市政府副市长、市老龄委主任马正其、代表市老龄委对大家一年来的辛勤工作表示感谢。刚才兴元同志向大会传达了全国老龄委第十一次全体会议和回良玉副总理讲话精神；刘涛同志代表市老龄委对2008年工作进行了总结，对2009年工作进行了安排；市人力资源和社会保障局、市财政局、市卫生局负责同志分别介绍了本部门开展老龄工作的有关情况；与会同志对做好老龄工作提出了很好的修改意见，以上这些内容我都完全赞同。2008年，全市老龄工作得益于市委市政府的高度重视、各成员单位的共同努力，取得了一定成绩，度过了不寻常的一年，但我们也看到了一些问题，受正其同志的委托，在此强调两点意见。

一、统一思想，积极应对人口老龄化的挑战

随着生活条件和医疗条件的逐步改善，人的平均寿命不断提高，老龄化问题日渐严重，迫切要求我们在思想上高度重视、在工作上添加措施。

（一）重庆老龄现象日渐突出，老龄问题日益严重

据统计，截止2008年底，我市60岁以上老年人口已达490万人，约占全市总人口的16%，人口老龄化程度排全国第六位。而我市人均GDP才2000多美元，排在全国约第24位。今年，随着新中国的同龄人步入老年阶段，我市将出现老年人口增长高峰，今后每年将以近25万人的规模递增，重庆已进入人口老龄化的快速增长时期。与此同时，“高龄化”（80岁以上的老人68万）、“空巢化”（空巢老人180万）现象日益突出，老年抚养比重越来越高，养老金和老年医疗费用压力越来越大。

（二）养老保障制度尚不健全，老龄事业基础依然薄弱

全市农村养老保障制度尚未全面建立，还有20多万老年人生活处于贫困状态，他们的养老、就医问题比城市更为突出。全市的老年社会服务体系建设和服务水平尚有差距。目前，全市社会养老床位只有7万多张，每千名老人平均只拥有14张床位。按老年人总数3%的结构需求测算，床位数缺口达8万张。社区居家养老服务体系建设仍有差距，目前只有主城区60%的社区开展了居家养老服务工作。

（三）社会转型和经济转轨时期，老龄工作压力增大

社会转型和经济转轨时期，社会各界尤其是老龄人对老龄事业的发展更加关注，对老龄工作的要求更加迫切。如今年市里的人代会和政协会，有关老龄问题的提案建议就多达26件。因此，我们要对老龄工作面临的新形势有一个清醒的认识，进一步把思想统一到全国老龄委第十一次全会精神上来，把思想统一到市委、市政府对老龄工作的要求部署上来，切实增强使命感和责任感，脚踏实地把老年人最关心、最直接、最现实的利益问题解决好，为构建和谐重庆作出努力。

二、抓住机遇，各尽其职做好老龄工作

市老龄委各成员单位要认真按照国务院《关于推进重庆市统筹城乡改革和发展的若干意见》（国发〔2009〕3号）和市政府“贯彻意见”的通知要求，充分运用国务院支持重庆发展的政策优势，结合各自职责，紧紧围绕几项基础性、制度性的工作，来推动重庆老龄事业快速发展。

（一）加快建立城乡老年社会保障制度建设

各成员单位要紧紧围绕城乡统筹这个主线，加大框架性制度建设步伐。一是企业职工基本养老保险工作要加大覆盖面，壮大基金规模。二是按照国务院3号文件提出的“支持重庆率先探索建立农村养老保险制度”的要求，相关职能部门要纳入工作日程，作为重中之重的问题展开调研，出台政策，积极推进。目前我市已经出台了初步方案。三是对尚未纳入社会保障制度框架内的老年人养老保障问题，各地要将已探索的如生活补贴等政策，形成制度，加以落实。四是在城镇居民基本医疗保险和新型农村合作医疗制度中，研究制定加大老年人医疗的倾斜政策以及农村医疗救助政策。五是继续完善对困难老年人的“低保”制度和扶贫救助制度。

（二）加快城乡养老服务机构建设

养老服务业属于第三产业、是朝阳产业，在全球金融危机冲击我国的关键时刻，抓好这个产业既是积极应对人口老龄化挑战的重要举措，也是扩大内需、改善民生、增加就业的有效途径。国务院3号文件提出了“加强城市养老服务机构建设，继续实施农村五保供养服务设施建设霞光计划，对农村敬老院建设予以倾斜支持”的要求。这次全国老龄委会议上，回良玉副总理提出了加快帮扶失能老人的“爱心护理工程”项目建设步伐。前不久我市召开的全市“民政暨残疾人工作会议”，也提出了今年要在全市支持打造10个社会养老服务示范点，启动全国社会化养老示范基地建设，用3年时间实现全市乡镇敬老院全覆盖的工作目标。各级各部门要利用已经启动实施的“宜居重庆”建设的契机，加快城乡社区居家养老服务体

系建设，着力打造“老年宜居社区”。一是建设一批城乡社区老年公共服务设施，今年市民政局启动建设100个社区托老所，要抓紧实施，确保完成。二是探索建设老年人“小饭桌”，为老年人提供生活照料服务。三是充分发挥已建成的“星光老年人之家”的作用，为老年人提供学习、娱乐、体育等方面的活动服务。四是组建社区为老年人服务的各类志愿者队伍，为老年人提供精神慰藉、结对帮扶、紧急救助等服务。五是搭建“爱心通”信息平台，整合社区社会资源，为老年人特别是“空巢”老人提供需求信息、生活照料、家政服务等各类服务。

同志们，今天的会议议程已进行完毕。希望各单位回去后认真贯彻落实全国、全市的会议精神，结合本单位工作职责，做好今年的老龄工作。我们坚信，在市委、市政府的坚强领导下，在各成员单位的共同努力下，全市的老龄工作一定会探索出更多更好的经验，全市的老龄事业一定得到更好更快的发展！

在山西省老龄工作会议上的讲话

山西省委常委　常务副省长　省老龄委主任　申联彬

（2009年3月5日）

同志们：

今天省老龄办召开全省老龄工作会议，主要任务是传达全国老龄工作会议精神，总结去年的全省老龄工作，研究安排今年的工作任务。

过去的一年，省老龄委团结带领全省各级老龄组织和广大老龄工作干部，紧紧围绕省委省政府的中心工作，以改善民生为重点，积极推进养老保障制度建设，大力开展丰富多彩的老年文化体育活动，认真落实优待老年人政策，切实维护老年人合法权益，各项工作都取得了新的成绩，为推进山西和谐发展作出了积极的贡献。在此，我代表省委、省政府，向关心支持老龄工作的各部门、各单位表示衷心的感谢！

现在，我省正处于人口老龄化快速发展的阶段。与发达国家相比，我们是在经济还不发达，尤其是社会保障体系还不健全的情况下提前进入老龄化社会的。随着老龄化程度的持续加深，庞大的老年群体对养老、医疗、为老服务等方面的需求压力日益凸显，并进一步影响到经济、社会、政治和文化生活等各个方面，人口老龄化已经成为事关经济社会发展的重大战略问题。各级政府和各级老龄工作机构以及老龄委各组成部门，要对此有一个清醒的把握和认识，深入贯彻落实省委、省政府的决策部署，按照“六个老有”的目标要求，认真谋划，扎实工作，努力开创全省老龄事业发展的新局面。

刚才，会议传达了全国老龄工作会议精神，进龙同志总结了去年全省老龄工作，提出了今年全省老龄工作的目标和任务，我都同意。各部门要按照这次会议议定的事项，根据各自的职责分工，认真抓好贯彻落实。下面，我就做好当前的老龄工作再提几点要求。

第一，要加快健全老年社会保障制度。养老、医疗是广大老年人最关心、最直接、最现实的利益问题。我们强调改善民生，从老龄工作的角度来讲，就要首先解决好老年人“老有所养”“病有所医”的问题。目前，我省社会保障体系框架已经基本形成，下一步重点是扩大覆盖面、提高保障标准。政府工作报告提出：完善城镇企业职工基本养老保险省级统筹制度，不断提高企业退休人员基本养老金水平；稳步推进事业单位养老保险制度改革试点工作；开展新型农村社会养老保险试点；制定农民工参加养老保险的相关配套措施。继续扩大城镇居民基本医疗保险试点范围，逐步提高农村合作医疗财政补助标准和筹资水平。继续扩大工伤保险覆盖面。按照“先保后征”的原则，建立被征地农民社会保障资金预存款制度，做到应保尽保。提高城乡最低生活保障标准、扩大覆盖面，进一步完善农村“五保”人员的供养及灾害救助制度。这为我们健全老年社会保障制度指明了方向。有关部门要按照上述要求，认真抓好落实，把符合条件的群众纳入保障范围，让广大老年人共享经济社会发展成果。特别是新型农村社会养老保险试点工作，劳动保障部门要立即着手开展试点的调研、测算、论证工作，财政部门要抓紧筹措落实政府补贴资金，宣传部门要搞好对农民的宣传发动工作，确保试点工作顺利推进。

第二，要大力推进养老服务体系建设。现在，随着计划生育政策的推行，再加上农村青壮年劳动力大量外出务工，老年空巢家庭比例已经占到近一半，传统的家庭养老功能正在趋于弱化。大力推进养老服务体系建设，既是应对人口老龄化、保障老年人不断增长的社会服务需求的重要举措，又是扩大内需、改善民生、增加就业的有效途径。我们要抓住机遇，加大力度，加快推进养老服务体系建设，努力构建以居家养老为基础，社区服务为依托，机构养老为补充的养老服务体系。要加强社区养老服务设施、服务队伍和信息网络建设，为居家的老年人及时提供日间照料、精神慰藉、卫生保健、文化教育、体育健身和权益维护等服务，有效解决传统家庭养老功能弱化所带来的问题。要按照政府引导、政策扶持、社会兴办、市场推动的原则，采取公建民营、民办公助、政府补贴、购买服务等多元化资金投入和经营运作方式兴办养老服务业，鼓励社会力量以独资、合资、合作、联营、参股等多种方式兴办养老服务业。要加快培育养老服务队伍，壮大老年服务组织，实施养老服务规范，提高养老服务水平。

第三，要不断丰富老年人的精神文化生活。我们在关心老年人物质生活的同时，还要关心老年人的精神生活。各级老龄组织和有关部门，要积极发展老年文化体育事业，建立适合老年人特点和需要的老年文化体育活动组织，经常性地开展形式多样、内容丰富、健康有益的老年文体活动，充分展示广大老年人与时俱进、乐观向上的精神风貌。要建立老年文化体育活动场所，改善老年文体活动设施，支持各类公共文化设施向老年人免费或优惠开放。要积极发展老年教育，组织老年人加强对党的方针政策、有关法律法规以及疾病预防、养生保健等方面知识的学习，进一步提高办学质量和水平。总之，要通过兴办老年文化体育活动，进一步丰富老年人的精神文化生活，倡导老年人科学、文明、健康的生活方式。

第四，要依法维护老年人的合法权益。老年人自我保护意识和能力相对较弱，合法权益比较容易受到侵害。各级各部门要认真贯彻落实有关法律法规和政策措施，依法保护老年人在家庭赡养、社会保障、参与社会发展等方面的合法权益；要加强老年法规政策宣传教育，在全社会树立起敬老维权的法制观念，增强维护老年人合法权益的社会意识，提高老年人依法维护自身合法权益的能力；要做好对老年人的司法救助和法律援助工作，使老年人能够就地、就近、及时得到优先、优惠、优质的法律服务；要加强涉老纠纷的调解工作，及时化解矛盾，对典型的虐老侵权行为，要依法严厉打击；要重视做好老年人来信来访工作，及时解决老年人反映的困难问题，尽可能地为老年人排忧解难；要认真执行各项优待老年人的政策措施，并随着经济社会发展水平的提高，不断充实完善优待政策内容。

最后，我再强调一下农村老龄工作。在当前及今后相当长一个时期，农村的人口老龄化速度和程度都要超过城市。而农村又是当前我们老龄工作最为薄弱的领域，不论基础设施、社会保障，还是政府投入、社会资源，都比城市要差很多。应该说，老龄工作的重点在农村，难点也在农村。各级、各有关部门，要按照城乡一体化和基本公共服务均等化的思路，积极支持发展农村老龄事业。各地要结合社会主义新农村建设，统筹规划，科学布局，加大财政投入力度，加快农村为老服务基础设施建设。要支持利用闲置土地、校舍等公共资源，改扩建成为老服务设施。鼓励有条件的地方，采取发放养老补助金、集体供养、村民互助等有效途径，切实解决农村高龄、失能、贫困、空巢老人的实际困难。总之，要通过我们的积极努力，尽快改变农村老龄事业发展滞后的状况。

同志们，做好老龄工作，发展老龄事业，责任重大，任务艰巨。我们一定要深入贯彻落实科学发展观，紧紧围绕省委省政府的中心工作，积极进取，开拓创新，扎实工作，推动全省老龄事业再上新台阶，为实现山西转型发展、安全发展、和谐发展作出新的更大的贡献！

在第二届中国老年心理关爱研讨会开幕式的致辞

内蒙古自治区政府副主席　刘卓志

（2009 年 8 月 5 日）

尊敬的顾秀莲副委员长、各位领导、各位专家、同志们：

大家好！今天，全国第二届老年心理关爱研讨会在我区召开，这对于动员全社会共同关爱老年人的身心健康，促进老年人共建和谐共享社会，必将起到积极的推动作用。为此，我谨代表自治区党委和政府对会议的召开表示热烈的祝贺，向出席会议的各位领导和来宾表示诚挚的欢迎！

人口老龄化是社会经济发展的必然结果，也是人类社会进步的标志，老龄问题是关乎国计民生、国家长治久安的重大社会问题。内蒙古属于中西部地区，又是经济欠发达地区，目前，全区总人口为 2413.73 万人，老年人口已达到 256 万，占到总人口的 7.32%，已经成为老龄化的省区。内蒙古党委和政府历来十分重视老龄工作，按照贯彻科学观和构建社会主义和谐社会的总体要求，坚持“党政主导、社会参与、全民关怀”的老龄工作方针，围绕“老有所养、老有所医、老有所教、老有所为、老有所乐”的工作目标，制定实施老龄事业发展规划，建立老年人优待办法，贯彻内蒙古自治区实施《中华人民共和国老年人权益保障法》办法，组织开展老龄问题研究，积极推动老龄事业的稳步发展。

今年，自治区党委和政府把老龄问题作为关注民生、改善民生的突出问题进行研究和部署，把老龄问题提到战略高度来认识，老年人的养老保障水平和医疗服务水平不断提高，老年人的社会服务体系在逐步地建立和完善，老年人的精神和文化生活日益丰富，老年人参与社会生活更加积极、广泛，全社会对老龄化的认识逐步提高，尊老、爱老的社会氛围日益形成，老龄工作取得了可喜的成绩。

尊老敬老是我们中华民族的传统美德，人口老龄化提出的各种挑战已大大超过上个世纪，对老龄问题的预期，成为我区改善民生、坚持科学发展、促进社会和谐不可忽视的问题。我国已进入全面建设小康社会新的发展阶段，人口老龄化也进入快速发展时期，老龄工作面临着新的机遇和挑战，特别是随着经济的快速发展，社会保障体系的不断完善，物质养老问题逐步得到解决后，老年人精神生活和生理健康，二者是相互联系，相互作用的。退休后的老年人随着年龄的增长，社会角色、社会地位以及社会关系发生变化，在心理和生理上会产生对现实的不适应，精神文化生活以及健康状况不容乐观，随着我国社会经济的高速发展，传统家庭模式已经发生了改变，延续了上千年的反哺式家庭养老模式受到了极大冲击，特别是实行独生子女政策以来出现的 4—2—1 家庭格局，导致一对夫妇要面对供养双方父母和抚养一个未成年子女的沉重负担。这种负担不仅限于经济上，还包括用于照料和护理老年人时间的支出上，对子女来说压力很大，如果老年人能很好地处理好社会、家庭的人际关系，增强对社会的责任感，对老年人的心理健康会有很大好处，加强老年人的心里健康教育，从心理上和思想上让老年人能够接受，这是非常重要的。

随着现代化进程加快，我国的空巢老人和家庭将进一步增加，对空巢老人更要重视情感的沟通，这是老年人生理、心理的需要，也是老年人进行自我心理调节和自我保健，以达到提高老年人的生活质量和身心健康水平的需要。这些问题如果解决不好，就必然会影响到整个社会的和谐与稳定，影响到社会的发展和全面建设小康社会目标的实现。

这就要求我们党和政府及社会、家庭都要高度关注精神养老问题，采取切实有效措施，对老年人给予更多的行为上的尊重，感情上的沟通，精神上的抚慰，文化上的丰富，使他们身心和谐，愉快地安度晚年。还要根据老年群体的特点和优势，组织他们科技扶贫，著书立说、社区管理、科普宣传、关心教育下一代等，用积极的生活发挥余热、老有所为、延缓衰老，做到参与社会的发展，从消遣性、健身性的学习向社会性、知识性的学习需要发展，更新知识，跟上时代步伐，扩宽继续为人民服务的渠道，真正实现健康老龄化。

加强老年心理关爱工作是落实以人为本、科学发展的重大举措，也是解决老龄化的重要课题。自治区党委和政府高度重视老年精神关爱和人口老龄化问题的研究，这次中国第二届老年心理关爱研讨会在我区召开，对内蒙古的老龄工作是一个很好的促进和鞭策，为我们提供了一次难得的学习机会。我们将认真听取各位领导和专家的宝贵意见，积极借鉴兄弟省市的经验做法，统筹兼顾物质养老和精神养老工作，促进我区老龄事业与经济社会的协调发展，为建设一个富强、繁荣、稳定、和谐的内蒙古而作出新的贡献。

最后，预祝会议圆满成功！祝大家在内蒙古期间工作顺利，身体健康，心情愉快！

谢谢大家！

在黑龙江省老龄委第八次全体会议上的讲话

黑龙江省副省长　省老龄工作委员会主任　孙永波

（2009年3月6日）

同志们：

这次会议的主要任务是传达贯彻全国老龄委第十一次全体会议精神，总结回顾省老龄委第七次全会以来工作情况，安排部署2009年工作任务。刚才，喜军同志传达了回良玉副总理在全国老龄委第十一次全体会议上的讲话精神，铁生同志代表省老龄办作了一个很好的工作报告，我完全同意。省财政厅、卫生厅、民政厅分别作了典型发言，讲得都很好，值得学习和借鉴。希望各地各有关部门认真学习贯彻全国老龄委第十一次全体会议精神，认真落实今年老龄工作的安排部署，积极推进为老服务行动计划落实，大家共同努力把我省老龄工作推上一个新的高度，上一个新水平。下面，我讲几点意见：

一、认清形势，把握机遇，切实增强做好老龄工作的责任感和紧迫感

省老龄委第七次全体会议召开以来，全省老龄工作取得了明显成效，老龄事业得到了全面发展，多项工作跨入全国先进行列。主要体现在：老年人的养老和医疗保障水平显著提高，养老服务体系建设稳步推进；老年人优待政策进一步落实，合法权益得到有效保障；老年人的精神文化生活更加丰富，社会活动参与更加广泛，重视、关爱老年人的社会氛围更加浓厚。这些成绩的取得，离不开各级党委、政府的重视与支持，也离不开各有关部门、社会各界和广大老龄工作者的共同努力。在此，我代表省政府向为老龄事业付出辛勤汗水、作出贡献的同志们表示衷心的感谢！

在看到成绩的同时，我们务必保持清醒的头脑，深刻认识老龄工作面临的严峻形势，把可能遇到的困难估计得更充分一些，把应对的措施考虑得更周全一些，以更加强烈的责任感和紧迫感，更加昂扬的状态和更加务实的作风投入到老龄工作当中去。

第一，要充分认识我省人口老龄化日益加剧的严峻形势。目前，我省60岁以上老年人口已达491.8万，占总人口的12.86%，老龄化日益加剧，并且呈现出一些新的特点：一是老年人口增长速度加快。2000年以来，我省老年人口年均增加23.6万人，据测算，今后更将以年均6.2%的速度猛增，明显高于全国老龄化3.2%的增长速度。二是高龄和失能老年人数量增多，空巢化趋势不断加剧。目前，全省80岁以上老年人口38万，比上年增加了1.1个百分点；另据省老龄办抽样调查，城市失能和半失能老年人达老年人口数18.3%，农村达23.3%，均高于全国平均水平。与此同时，老年人空巢化趋势不断加剧。城市老年空巢家庭已达到55.9%，农村达52.5%，分别比全国平均水平高出6.2和3.6个百分点。三是为老服务供需矛盾日益突出。当前，随着时代的发展，老年人知识层次不断提高，消费需求也发生了新的变化，对生活照料、医疗保健、康复护理、家政服务等方面提出了更高的要求，而现行老年社会保障体系已不能很好地满足老年人日益增长的需求，面临着更大的压力和挑战。从上述分析来看，我省老龄化形势越来越严峻，很多指标均高于全国平均水平，如果现在还不努力，老龄化就会越来越严重，进而影响经济社会发展的进程，我们一定要认识到这一问题的严峻性和紧迫性。

第二，要充分认识到我省老龄工作基础还比较薄弱。我省属于边疆省份，近年来经济社会发展虽然取得了显著成绩，但与发达地区相比，用广大人民群众新期盼的标准来衡量，老年人社会保障水平仍然较低，为老服务设施建设还较为滞后，老年产业发展不足。特别是人口老龄化所产生的各种问题与社会转型、经济转轨相互交织，给老龄工作提出了更为复杂的课题。如：社会化养老服务机构缺乏。据调查，我省每千名老年人拥有的养老机构床位数只有11.3张，无论是城市还是农村，都有近5%的老年人想入住养老机构但没有床位。再如：失能老年人的护理依然发展缓慢。虽然我省在2007年底被确定为全国爱心护理工程试点省份，但由于基础十分薄弱，工作进展不快。

第三，要充分认识新时期老龄事业所拥有的良好发展环境。在正视困难和挑战的同时，我们还要充分认识到新时期做好老龄工作具备的有利条件。一方面，随着政府社会管理和公共服务职能不断加强，全社会对老龄工作的关注度和参与度日益提高，为老龄事业创造了良好的发展环境。另一方面，省委、省政府将持续加大对民生的投入力度，今年的政府工作报告明确提出：对民生的投入只能增加不能减少，困难群众的生活水平只能提高，不能降低，民生工程的覆盖面只能扩大不能缩小。目前，我省已经出台或正在制定多项惠及广大老年人的民生政策，必将为老龄事业发展提供强有力的保证。此外，近年来我省老龄工作取得的成果、形成的机制，都为老龄事业持续健康发展奠定了良好基础，提供了有力支撑。这些有利条件都将为老龄事业加速发展提供难得的机遇。

二、突出重点，全面推进，积极推动我省老龄事业发展

今年是落实我省《老龄事业发展“十一五”规划》的关键一年，各地、各有关部门要认真贯彻全国老龄委第十一次全会精神，突出重点，全面推进，确保各项任务抓紧抓实抓出成效。

（一）进一步推进老年社会保障制度建设

在农村，要建立完善与当地经济社会发展水平相适应的农村养老保障制度，更好地发挥农村家庭养老的基础作用。要认真研究解决农民工和失地农民的养老问题，切实落实五保老人供养和贫困老人救助制度，并积极探索建立农村养老保险制度，全面推进新型农村合作医疗，着力解决老有所养、老有所医等现实问题。在城市，要进一步落实城镇职工基本养老保险制度和城镇居民最低生活保障制度，确保基本养老金按时足额发放，并综合运用经济、法律和行政手段，坚持抓好养老金社会统筹工作。与此同时，要积极建立社会化养老和居家养老帮扶制度，探索试行居家养老地方政府财政扶持补贴，对养老服务提供必要的人财物支持，鼓励和吸引社会资金兴办养老服务实体，提高养老社会化服务水平。

（二）进一步推进为老服务基础设施建设

一是要加强政策扶持。要结合实际抓紧研究制定相关政策措施，探索建立对养老服务机构的财政补偿机制，逐步建立起布局合理、设施齐备、功能齐全、服务周到、管理规范的养老服务机构体系，促进养老服务的健康发展。二是要坚持市场引导。要以市场需求为导向，大力扶持社会力量以独资、合资等多种方式兴办养老服务业和服务机构，努力形成规范有序、积极竞争的养老服务体系。三是要满足不同需求。要根据不同类型老年人的实际需求，制定养老基础设施建设规划，建立和完善老年福利服务体系，健全社区老年福利服务网络。要加快“爱心护理工程”建设，为失能、高龄老人提供优质的养老服务。

（三）进一步推进农村老龄工作

长期以来，由于城乡体制二元分割，农村经济社会发展滞后，农村老龄工作基础薄弱，农村留守老人、贫困老人绝对数普遍高于城市，而生活质量却普遍低于城市老人，这已成为老龄工作亟待解决的问题。因此，要把解决农村老龄问题，加强农村老龄工作纳入新农村建设的总体布局，认真谋划，科学安排，积极推进。在领导体制上，要做到“三个落实”。各级政府要加强对农村老龄工作的领导，将其纳入各级经济社会发展规划，纳入政府工作考核目标管理，使老龄工作在组织、责任和具体任务等三个方面得到有效的落实。在激励机制上，要发挥典型作用。通过深入开展创建敬老模范乡、村活动，评选敬老模范家庭、敬老好儿女等活动，树立和推广先进典型，充分调动老龄工作者的积极性和社会各界参与老龄工作的热情，使广大农村地区的老龄工作更具生机活力。在工作方法上，要依托公共服务。通过深入开展农村低保、优待抚恤、医疗保障活动，使老年人在生产生活就医等方面得到保障；通过加强卫生机构建设，为农村老人提供医疗预防、康复服务；通过开展农村合作医疗，提高老年人参合水平；通过开展远程信息教育、农民书屋建设活动，丰富老年人文化生活。在组织建设上，要重点有所突破。县（市、区）老龄工作机构要重点解决理顺工作关系、健全工作制度、配强工作人员、改善工作条件、保障工作经费等问题；乡镇老龄工作机构要重点解决专兼职工作人员切实到位的问题，确保老龄机构的力量配备。

（四）进一步整合为老服务的社会资源

要积极争取有关部门的支持，积极创造条件让各地老干部活动中心向社会老年人开放。我们各地包括一些企业建立了很多老干部活动中心，有些利用率不是很高。我有个建议，请有关部门积极协调，让这些闲置的场所就近向老年人开放，避免闲置和浪费。我们各部门在考虑工作的时候，都要考虑到老年人的需求，要有这种意识。例如，在社区建设中，就要充分考虑到老年人活动的实际需要，把社区打造成为为老年人服务的平台。要积极协调各社会单位，使内部服务场所为服务社会老年人提供便利。各部门要解放思想，挖掘潜力，打破部门利益，创造一种体制机制来为老年人服务。为老服务不是一句口号，要落实到行动中，要从小事、具体事做起。把每一件小事都做好了，就是一件大事，就会推动老龄事业的不断发展。

（五）进一步推进老龄政策调查研究

调查研究是我们做好各项工作的基础和前提。今年，应积极开展全省应对人口老龄化战略研究，科学评估人口老龄化对我省经济社会发展的影响。要围绕老龄工作的重点、热点和难点问题，在老年人养老保障方式、居家养老服务长效机制、发展老龄产业政策、老年人权益保障等方面进行深入的调查研究，为省委、省政府决策提供依据。同时，要组织对我省《老龄事业发展“十一五”规划》实施进行中期评估，检验工作,修正不足,确保《规划》各项目标如期完成。

三、强化领导，加大投入，为老龄事业全面发展提供强有力的保障

老龄工作是一项复杂的社会系统工程，影响深远，责任重大。各级政府和有关部门要切实强化组织领导，不断加大投入力度，创造性地开展工作，努力推动我省老龄事业不断发展进步。

一要加强对老龄工作的领导。各地要切实把老龄工作摆上重要议事日程，纳入经济社会发展总体规划。主管领导要经常过问、定期听取老龄工作汇报，及时研究解决老龄工作中存在的问题。要不断加强基层老龄工作组织建设，健全各级老龄工作机构，保障必要的工作条件，改善工作环境。省老龄委办公室要发挥好“综合协调、督促检查、参谋助手”作用，切实把各方面的力量调动起来，共同推动老龄工作开展。省老龄委各成员单位要从自身职能出发，积极主动地支持老龄工作，支持老龄办的工作，切实帮助解决一些实际问题。

二要加大对老龄事业的投入。各级政府要坚持公共财政方向，根据经济社会发展水平和老年人口逐年增加的实际，不断加大对老龄事业的投入，加大对为老服务设施建设、老年文化教育、老年娱乐活动等方面的财力支持。在老龄工作财力方面，全国有很多地方通过创新工作思路，已经得到了有效解决。如部分外省、市和我省哈尔滨、齐齐哈尔、牡丹江、黑河等市按每位老年人每年提取1～2元老龄事业专项经费的做法，很值得其他市地借鉴。

三要加强对老龄工作的宣传。要积极开展多种形式的宣传教育活动，大力宣传人口老龄化的严峻形势和中华民族孝亲敬老的优秀传统文化；宣传各级党委政府对老龄工作的重要决策部署和推动老龄事业发展的有力举措。不断提高全社会对老龄工作重要性的认识，进一步营造全社会重视老龄工作，支持关心老龄事业的良好氛围。要认真组织好各项评选活动，大力选树先进典型，使敬老爱老助老的风尚得到发扬光大。

同志们，做好老龄工作，发展老龄事业，任务艰巨，责任重大，使命光荣。让我们认真践行科学发展观，全面贯彻省委经济工作会议和省“两会”精神，抢抓机遇，锐意进取，真抓实干，再创佳绩，再立新功，努力开创我省老龄事业的新局面，为构建和谐龙江，促进全省经济社会又好又快、更好更快发展作出我们应有的贡献，以优异的工作成绩向新中国成立六十周年献礼！

在吉林省老龄工作委员会第五次全体会议上的讲话

吉林省副省长　金振吉

（2009年2月24日）

今天省政府召开省老龄工作委员会第五次全体会议，主要任务是贯彻落实全国老龄委第十一次全体会议精神，总结2008年我省老龄工作，安排部署2009年工作任务。刚才，陈双喜同志代表全省老龄委总结了去年工作，提出今年工作安排意见，我完全同意。希望大家结合本地、本部门实际，认真抓好落实。

过去的一年，在省委、省政府领导下，全省老龄工作坚持“党政主导、社会参与、全民关怀”的老龄工作方针，围绕“六个老有”的老龄工作目标，扎实开展各项工作，使我省老龄事业得到较快发展。一是老龄工作政策法规建设有了新突破。各地、各部门加强对老龄工作政策法规建设和贯彻落实力度，使老年人的医疗保健、生活服务、文体休闲、维护权益等方面有了制度性的保证。二是老年人的保障水平有了新突破。养老保险和医疗保险覆盖面进一步扩大，城乡低保制度不断完善，使93%的农村老年人参加了新农合。农村新型养老保险试点进展顺利，贫困老年人救助制度日益完善，集中和分散供养老年人的生活得到改善。三是以居家养老为重点的为老服务体系建设有了新突破。老年服务设施不断完善，各类养老服务机构发展较快，城市社区为老服务范围进一步扩大，农村居家养老试点工作扎实开展。四是在发挥老龄委各成员单位职能作用、构建齐抓共管的工作格局方面有新突破。省老龄委各成员单位从战略高度，高度重视老龄工作，从自身部门职能出发，认真落实优待老年人的各项政策规定，营造全社会都要关心、关爱老年人的社会氛围。这些成绩的取得，是各级党委政府高度重视的结果，也是各有关部门、社会各界和广大老龄工作者共同努力的结果。

下面，就如何加强老龄工作讲五个问题。

一、随着进入老龄化社会，老龄问题已成为重大的社会问题，应该引起各级政府和社会的高度关注

老龄问题是公认的21世纪重大社会问题之一。衡量一个国家是否进入老龄社会，国际上有两个重要指标：一是60岁以上人群占总人口的10%以上；二是65岁以上人群占总人口的7%以上。按照这两个标准，我国在1999年已正式进入老龄化社会，并以年均311万人的速度增加。今后将以年均800万人的规模不断剧增。从世界范围来看，日本、欧洲和拉美等国家也都面临人口结构老化的重大社会问题。日本经过100多年才出现老龄化问题，而中国只用了几十年。其原因一是由于中国实行计划生育政策，造成人口出生率下降；二是由于随着科技进步，医疗条件改善，使人的寿命延长，出生死亡率、自然死亡率大幅下降。

迅速发展的老龄化社会给我们带来以下几个重大课题：

（一）老龄危机可能造成社会转型时期重大的不稳定因素

由于经济发展和社会保障体系建设未能同步，老龄化和社会发展不同步，老年人的老有所养、病有所医等问题未能得到很好的保障，未能适应老龄化迅速发展的新形势。特别是农村老龄社会服务严重滞后，城乡发展的二元模式使大量的青壮年进城务工，农村传统养老风俗在无奈中被改变，部分留守老人孤苦伶仃，生活得不到有效保障。这些问题虽然表现的是老龄问题，但是由于它带有很强的社会属性，和政府的工作紧密相连，可能构成社会的一种不稳定因素。如果这些问题得不到有效解决，将会影响社会的和谐稳定。

（二）老龄问题给加快建立覆盖城乡的社会保障体系提出了新要求

老龄化问题的核心是老有所养。在未富先老的情况下，老年人在物质生活、医疗卫生、文化教育等方面的需求越来越多，老年扶养比越来越高，养老金压力越来越大，这对加快健全社会保障体系提出了更为紧迫的任务。农村新农合、城市职工养老保险、居民医疗保险的保障水平还仅停留在较低层面，无法从根本上解决贫困老年人特别是农村老年人的生活难题。因此，无论是从社会稳定性的角度、促进消费拉动经济的角度、保障民生的角度，还是从老龄化问题严重性的角度来看，加快建立覆盖城乡的社会保障体系刻不容缓，政府应加大这方面投入。今年我们要大力推行新型农村养老保险试点、农村计划生育独女户夫妇养老保险试点，研究解决被征地农民、进城农民工的养老保险问题。

（三）老龄问题是社会公德、家庭美德的重要体现

一个家庭能不能和睦，一个重要方面是体现在老人问题上。孝敬老人、赡养老人是家庭美德，包括社会尊老爱幼风尚的形成等，是社会文明进步的标志。

（四）老龄化问题关系到社会每个人的切身利益问题

我们每个人都会老，如果老龄问题没有得到重视，社会保障问题没有得到解决，等年老以后面临的问题就会很多，这是每个人都将会遇到的现实问题，是不可能回避的，应该引起高度重视。

二、以老有所养为目标，加快推进老年社会保障体系建设

老年人面临的一个重要问题是老年之后怎样保障基本生活。现在的问题，一是老年的养老问题，特别是农村老年人的基本生活问题还没有摆上更加突出的位置。二是为老年人服务的基础设施比较落后。三是农村高龄、失能、贫困、空巢老年人的实际问题较多，特别是他们的大多数都程度不同地存在着生活风险高、经济保障差、照料服务难、生活压力大等实际困难。因此，加快建立老年社会保障体系是当务之急。各级政府和各部门要针对城乡老年人在养老、医疗、社会服务等方面日益突出的问题，加强涉老配套政策的研究，加快建立统筹城乡的养老保险制度，探索建立以农村独女户、被征地农民和进城农民工为重点的新型农村养老保险制度。推进城镇居民基本医疗保险制度和新型农村合作医疗制度建设，健全和完善最低生活保障制度、社会医疗救助制度和农村计划生育家庭奖励扶助制度，完善农村高龄老人生活补贴制度，真正使高龄老人得到生活上的照顾。探索贫困老年人缴费减免或补助办法。重视解决失能、特困、留守、空巢、低收入老年群体的需求问题，特别是城乡最低保障一定要更多地向老年人倾斜。在推进和完善各项制度时，认真研究老年人的基本权益，使其共享经济社会发展的成果。

三、以养老服务为根本，积极推进为老服务和老龄产业化发展

在国际金融危机和国内经济形势变化的情况下，老龄问题越来越成为社会问题，大力发展为老服务和老龄产业，既是积极应对人口老龄化挑战的重要举措，也是扩大内需、改善民生、增加就业的有效途径。

一是积极推进老龄产业发展。老龄问题既是社会问题，也是一个重要的产业。要认真研究社会福利事业和老龄产业分类管理办法，积极探索政府购买服务、公建民营、民办公助的有效方式，推进社会服务机构转换经营机制，积极鼓励民间资本进入老龄产业，使之成为一个为老服务、扩大就业、拉动经济的新产业。就目前来讲，老龄产业化很重要的一条，就是通过社会资本，让更多的人兴办老年公寓，把老年公寓建成既为老人服务，又能增收的重要的经济增长点。二是大力发展居家养老服务。要在支持和鼓励家庭成员照料老年人的同时，不断强化社区为老服务的功能，积极扶持和培育社会力量投入居家养老服务项目。在政府购买的公益性岗位中，应该适当增加为老服务的公益性岗位，围绕为老服务展开一系列有偿、无偿服务。三是大力开展志愿者为老年人志愿服务活动。积极动员各方面力量为老年人献爱心。

四、以尊老为老服务为宗旨，努力营造全社会关心、关爱、尊重老人的社会氛围，形成多元化的为老服务体系

一是围绕老年人问题，加强全社会的社会公德、家庭美德教育，把尊重老人、关爱老人、关心老人作为一个重要的社会价值尺度。省老龄委要协调有关部门重点加强对老龄问题的认识、尊重老年人、服务老年人的宣传活动。通过新闻媒体宣传、青年志愿者活动以及大型募捐和文艺演出等活动，树立老年人的形象，提高老年人的社会地位。二是动员社会各种力量加强城市社区和农村的综合性服务基础设施建设，作为老年人就地提供生活照料、文体娱乐、法律服务和宣传教育的重要依托。三是积极创造服务条件。地方政府要积极出资购买公益性服务岗位，同时积极倡导邻里互助、老年人互助和社会的帮扶，以独居户、隔代户、两代老人户，特别是高龄、贫困、患病、生活不能自理老年人为重点，建立联系和帮扶制度。制定紧急事件的有效应对办法，以形成助养、定点与上门服务相结合的养老服务体系。

要多研究为老年人服务的方式方法，真正从老年人生理需要出发，入心、入脑、入耳地把老龄工作做到心坎上。特别是做老龄工作的同志们，都应该成为老龄问题的专家，研究老年人的心态、心理，以及他们的动机、感觉、行为等，为老年人提供优质高效的服务。

五、以形成老龄工作合力为着力点，进一步强化老龄工作的体制、机制

老龄工作涉及到党、政、军、群诸多方面，需要齐抓共管，合力推进。一是强化省老龄委的协调组织作用，充分发挥各成员单位的职能作用。二是围绕老龄服务和老龄产业化，各部门每年要干一两件实事。三是要加强对老龄工作的指导，加强老龄机构的建设。要按照巩固、发展、规范、提高的原则，积极培育发展老年群众组织。要建立正常的老龄事业经费投入机制，保证老龄事业发展经费和必要的工作经费，并列入各级财政预算。

做好老龄工作、发展老龄事业，任务艰巨，责任重大，使命光荣。让我们在省委、省政府的领导下，全面贯彻落实科学发展观，以改善民生为己任，求真务实，开拓创新，扎实进取，为开创我省老龄事业的新局面作出新的更大的贡献。

关于人口老龄化及老龄工作情况的汇报

辽宁省人民政府

（2009年7月11日）

尊敬的全国政协人口资源环境委各位领导：

受省政府委托，我向调研组简要汇报一下我省人口老龄化情况和全省老龄工作情况。

一、辽宁人口老龄化情况

截至2008年底，在全国26个人口老年型省（区、市），辽宁是其中之一，并早于全国5年进入老龄化社会。我省人口老龄化的主要特征：一是老年人口规模大。我省60岁以上的老年人口643.8万，占全省总人口的15%。65岁以上的老年人口470万，占10.9%，双超国际老龄化10%和7%的标准。我省总人口在全国排第12位，而老龄人口排在第5位，辽宁不是人口大省，却是老年人口大省，每6个人中就有一位老年人。二是老龄化发展速度快。从今年开始，我省迎来了第一次老龄人口增长高峰。从1990年到2000年的10年间，我省65岁以上老人年均增长3.3%，而总人口年均仅增长0.6%，老年人口增长远远超过总人口增长。据预测，2042年是辽宁60岁以上人口峰值年，将达到1506万人，占总人口的比例将达到39%。65岁以上人口的峰值年是2039年，将达到1226.3万人，占总人口的比例将达到31.5%。到2025年，我省老年人口比例将超过25%。三是城乡地区差异大。全国城市老年人口占30%，农村占70%。我省城镇老年人口占57.5%，农村占42.5%。我省80岁以上高龄老人近90万人，占老年人口总数的14%。我省空巢家庭占32%，空巢老人占43%。随着青壮年外出打工，农村老年人口独居留守状况不容忽视。四是老龄化超前于现代化。发达国家人口老龄化是伴随工业化、城市化进程，在经济发展和人民普遍富裕的情况下自然渐变增长，大多数发达国家人均GDP达到1万美元之后，才逐步进入老龄化阶段。我省在1995年进入人口老龄化时，全省人均GDP仅为835美元，是在“超低经济水平”条件下步入人口老龄化。

当前，我省老龄化面临着诸多矛盾和压力。一是养老保障负担日益沉重。随着人口老龄化的不断加剧，老年人越来越依赖于社会养老保障制度的建立与完善。全省城乡老年人状况调查显示，城市中有92%的离退休人员能够按时足额领取养老金，但养老金总体水平还比较低，目前月人均养老金为1106元。而在农村，社会养老保障制度尚属于起步阶段，依靠子女养老的比例达到了30.7%。建立健全覆盖城乡的养老保险制度，对提高辽宁老年人口的生活质量，消除老年人未来养老后顾之忧，显得非常重要。2008年，全省基本养老保险基金收入642亿元，支出493亿元，全省375万名企业退休人员月人均提高养老金100元。我省政府、企业、社会养老保障方面的压力正在显著加大。二是老年人医疗卫生消费支出不断增大。在医疗保障方面，我省老年人除了看病以外，医疗支出年均2630元。其中，约1/3的费用由公费医疗支付，其余2/3由本人或其子女、亲属负担，老年人因病致贫、因病返贫现象突出。据测算，老年人消费的医疗卫生资源是其他人群的3～5倍。三是为老社会服务需求强烈。目前，我省各类养老机构总数达到794家，床位总数7.6万张，每千名老人占有床位21.6张。与发达国家平均每千名老人占有养老床位数50至70张的水平相差较远。2006年的一项调查显示，全省约有40%的“空巢”家庭；25%的高龄和失能老年人有服务需求；城市8.1%、农村12.6%的老年人日常生活需要别人照料，老年人需要照料的比例随着年龄的增加而上升。随着人口老龄化加快和老年人口规模增加，社会对人口老龄化的承受力较弱，老龄化进程与经济发展不同步的矛盾将长期存在。

二、辽宁老龄工作情况

省委、省政府始终把老龄工作摆上重要议事日程，主要领导高度重视。2006年，时任省委书记李克强、省长张文岳做出指示，要求紧密结合实际，迅速传达贯彻全国老龄工作会议精神，把老龄工作抓实、抓好。现任省委书记张文岳、省长陈政高要求，要进一步加大老龄工作力度，在老龄工作机构、经费支持、政策措施等方面为老龄工作提供保障。省政府多次召开会议协调解决老龄工作机构、编制、经费、办公用房等具体问题，组织推进老龄事业法规政策的出台和落实。2005年和2007年，省政府两次召开全省老龄工作总结表彰大会。省政府将老龄工作列入政府工作目标进行考核。省老龄委员会成员经过调整，7名曾担任过省级领导职务的老领导被聘为顾问，他们积极参加省老龄委全委会和老龄委活动，亲自到地方检查指导老龄工作，多方协调解决老龄工作中遇到的困难和问题。全省14个市普遍加强了对老龄工作的领导，相继召开老龄委会议和老龄工作会议，主动解决老龄工作中的难题。省人大加强了《辽宁省老年人权益保障条例》的论证出台，省政协进行了老龄事业发展调研。目前，全省已经形成了党委、人大、政府、政协合力推动老龄工作的良好局面。

第一，法规建设取得重大进展。省政府制定出台了《辽宁省老龄事业发展“十一五”规划》，现正在着手编制老龄事业“十二五”规划。修订了《辽宁省老年人权益保障条例》（以下简称《条例》）。从2004年开始，我省历时4年时间重新修订《条例》，2008年省人大立项，全委会三次审议表决通过，同年10月1日起正式实施，这是一部新的保障老年人权益、惠及老年人利益、依法发展老龄事业的地方性法规。2009年1月，省政府出台了《关于贯彻落实〈条例〉的通知》。截至目前，已有12个市召开了贯彻落实《条例》的会议，5个市出台了落实《条例》的具体规定，9个市制定了贯彻落实《条例》的具体办法。省财政厅安排资金322万元，统一印制老年证和老年优待证460万本，向老年人免费发放。经过半年时间，《条例》涉及的18项优待政策得到了逐步落实。一是高龄补贴。14市全部落实了为百岁老人发放长寿补贴政策，有6个市落实了为90至99岁老年人发放高龄补贴的政策。二是医疗优惠。有11个市落实了70岁上老年人就医免收普通门诊挂号费的待遇。还有9个市对老年人就医时的床位费、仪器使用费给予了优惠。三是出游优惠。有13个市落实了70岁以上老年人免费乘车，6个市落实了60至69岁老年人半价乘车优惠政策。有13个市落实了文化、体育、旅游景点等公共设施、场所为60至69岁老年人优惠，70岁以上免费的政策。四是诉讼优惠。14个市全部对老年人的诉讼费给予减免缓，有8个市对老年人诉讼案件优先立案、优先审理、优先执行。

第二，基础建设实现实质性突破。一是建立了老龄工作网络。省老龄办由处级提格为副厅级建制，内设三个处，由事业编转为行政编。14个市老龄办机构全部得到理顺和加强，90%的县（市、区）成立了老龄办，配齐配强了工作人员。市县两级老龄办已分别有100和228名专职老龄干部。二是建立了老龄事业经费投入机制。《条例》第七条明确规定：“各级政府将老龄事业经费纳入财政预算，并随老年人口数量的增长和经济社会的发展逐步增加对老年事业的投入。”目前，省及14市的老龄事业经费已得到全面落实，省财政按老年人口人均0.5元、各市按1至2元的标准从福彩基金中提取。三是完善了基层老龄工作组织。共有老年协会11800个，普遍制定了《基层老年协会章程》，定期换届选举，规范了基层老年协会建设。现有老年志愿者50万名，老年服务队伍2万个。农村家庭赡养协议书应签率达到96%。

第三，养老服务社会化体系日趋完善。一是城乡老年人生活全部实现最低保障。目前，全省城市老年人月平均低保金226元，农村老年人年平均低保金1234元。全省14.3万名农村“五保”老人纳入公共财政供养体系。农村“五保”集中供养标准达到年均2840元，分散供养标准达到年均1610元。对城乡低保老年人实行了医疗救助政策，试行了农村部分计划生育家庭奖励扶助制度和特别扶助制度。二是养老服务社会化体系建设深入推进。全省共有94个县（市、区）、503个街道、2853个社区开展居家养老服务，共有5.5万老年人享受到居家养老服务。全省社区托老服务场所发展到4890个，日服务量52万人；养老服务中介组织108个，年服务量100万人次。三是构建了为老服务社会平台。全省社区活动广场近2000个，老年图书阅览室1045个。部分市设立了养老服务超市、老年服务中心、养老110信息中心等为老服务系统。

第四，敬老助老系列活动扎实开展。一是坚持走访慰问“三老”。两节前，省领导和省老龄委顾问走访慰问省内14市的贫困、百岁、养老机构的老年人。市、县领导也都开展了不同形式的走访慰问活动。全省各级领导走访慰问“三老”已形成制度，在全社会引起了良好反响。二是开展“银龄行动”。全省有老科技工作者10万人。我省已连续4年组织百余名老专家、老教授，到40余个贫困县进行医疗、林业、种植业、养殖业等项目援助。我省被国家老龄办评为“银龄行动”先进单位。三是解决了老年人保险难问题。与辽宁人寿保险公司合作，开展了关爱老年人健康行动，为全省60至80岁老年人办理了意外伤害保险。四是开展创建先进单位活动。2006年我省4个市、6个县区被评为全国先进单位。2007年全省老龄工作大会表彰了106个先进单位、109名先进个人。五是开展敬老典型宣传。总结敬老十佳楷模和33个先进典型的经验，连续两年组织6市敬老典型巡回演讲，在全社会营造了敬老养老氛围。六是开展了“敬老”主题教育活动。先后举办了全省老年人书法绘画大赛，纪念《中华人民共和国老年人权益保障法》颁布十周年文艺晚会等大型活动，丰富了老年人精神文化生活。

三、全省老龄工作安排

年初，我们安排部署了以下几方面重点工作：

第一，重视老龄工作。一是不断加大政府推动力度。按照“党政主导、社会参与、全民关怀”的工作方针，积极构建党政群齐抓共管的“大老龄”工作格局，完善党政领导、老龄委协调、各部门尽责、社会参与的体制与机制，推进老龄事业的全面发展。二是加大老龄事业投入。加强应对人口老龄化的宏观指导，利用规划、财政、投资、项目、法规等调控手段，列入政府投资年度计划，加大投入力度，将涉老项目纳入重点项目管理。三是加强老年服务设施建设。优化资源配置，协调资源整合，改变服务设施不足及布局不合理等问题，大力加强老年服务设施建设。

第二，贯彻落实《条例》。将落实《条例》作为各级政府老龄工作的首要任务，省政府要求各市完善和细化相关的配套政策和具体办法，建立贯彻《条例》的督促检查机制，协调推动政府及职能部门落实优待政策。我省将对各市及省老龄委成员单位落实《条例》情况进行专项检查。拟于4季度召开省老龄委全委会，听取各市《条例》落实情况汇报。

第三，加快完善社会养老保险体系。一是完善机关、企事业单位职工基本养老保险、医疗保险制度，确保基本养老金的按时足额发放。二是加快农村养老医疗保险制度建设。在对农村新型养老保险试点方案进行详细研究的基础上，加快农村新型合作医疗的发展，争取在两年内实现农村居民普遍享有基本医疗卫生服务的目标。三是建立以社区为基础的老年人医疗保健服务体系，为老年人提供预防、医疗、护理和康复等多种服务。四是建立贫困老年人社会救助体系。不断提高城乡贫困老年人的生活水平，将符合条件的城乡贫困老人全部纳入低保范围，做到应保尽保。五是落实农村“五保户”供养政策。建立一批有规模、上档次的农村中心敬老院，提高供养标准。在统筹解决老年人的养老、医疗和精神文化等方面问题的同时，还将重点关注“五保”、特困、残疾、高龄、独居单身等特殊老年群体。

第四，推动基层老龄工作，开展各项老年活动。召开老龄基础工作“六落实”现场会和农村基层老龄工作经验交流会。完成省老龄事业统计工作，统计调查报告将于7月公布。为庆祝建国六十周年和国际老人节十周年，全省将开展敬老助老系列活动。继续开展老年文体活动、科技扶贫“银龄行动”、慰问“三老”活动。

最后，我代表省政府，对全国政协一直以来对辽宁工作的关怀和支持，表示衷心地感谢！祝大家在辽宁调研期间，身体健康，工作愉快。

在山东省老龄委第十九次全体（扩大）会议上的讲话（摘要）

山东省副省长　省老龄委主任　郭兆信

（2009年11月9日）

同志们：

这次省老龄委全体会议，主要任务是认真学习省委、省政府主要领导批示精神，分析形势，研究措施，明确任务，进一步推进老龄事业发展。刚才，张雪燕主任向大家通报了“山东省2008—2020年人口老龄化状况与对策研究”专项课题研究情况和主要成果，各成员单位的负责同志发了言，提出了许多很好的意见和建议。下面，我讲几点意见。

一、认清形势，进一步增强做好老龄工作的责任感紧迫感

党的十七大明确提出，要着力保障和改善民生，推进和谐社会建设，并将“老有所养”作为一个基本目标摆在了突出位置。胡锦涛总书记指出：“尊重老年人、关爱老年人、照顾老年人，是中华民族的优良传统，也是一个国家文明进步的标志。”今年，胡锦涛总书记、温家宝总理来我省视察时，都对我省的民生保障工作寄予厚望，强调要着力抓好民心工程，把事关群众切身利益的事情办好。重阳节前，国家应对人口老龄化战略研究部署会议在北京召开，回良玉副总理出席会议并强调，老龄问题是关系国计民生和国家长治久安的重大问题，必须本着对国家和民族负责的态度，扎扎实实推动老龄事业持续健康发展。省委、省政府高度重视老龄问题。去年省政府常务会议专题研究老龄工作，并部署开展“山东省2008—2020年人口老龄化状况与对策研究”。近期，省老龄委将课题研究成果整理后，向姜异康书记、姜大明省长报送了《关于我省人口老龄化状况及对策建议的报告》。姜异康书记作了圈阅、姜大明省长作了重要批示。同时，大明省长还签批了3份有关老龄工作的信息。所有这些，都充分体现了党中央、国务院和省委、省政府对老龄工作的高度重视，为我们做好老龄工作指明了方向。

当前，我省人口老龄化进入了快速增长期，对经济社会发展提出了重大挑战，已经成为一个我们必须认真对待的重大战略问题。一是人口老龄化快速发展。截至2008年底，我省老年人口总量1337.28万，老年人口数居全国第一位，并以每年4.27%速度增加，递增率是总人口增长率的8.4倍。据预测，2020年我省的老年人口数将达2208万，仅80岁以上高龄老人将达362万人，老龄人口占全省人口比重将由14.20%上升到22.33%，老龄工作形势十分严峻。二是人口红利期将提前结束。据预测，到2020年，我省16—59岁的劳动适龄人口，将由2008年的6539.1万人下降到6079.5万人。2027年，社会总抚养比将比全国提前5年达到50%，我省将由“人口红利期”转入“人口负债期”，劳动力供给由富足转为稀缺，劳动力成本将逐步升高。三是家庭养老功能不断弱化。大部分家庭将呈现4—2—1结构，即一对夫妇在抚养一个孩子的同时要照顾四位老人，有些家庭供养的老人可能还要更多。家庭养老的经济负担和生活照料负担加重，将越来越多地依赖社会养老。四是社会机构养老需求急剧增大。据预测，2013年前入住养老机构的老年人约74.11万人，是2008年我省总养老床位29万张的2.56倍。五是医疗服务压力大增。据统计，全省目前患有老年病的老年人1085万人左右，有33万老年人基本生活不能完全自理，并有85万老年人因病欠债。老年人口比重每增长1%，医院床位数需要增加2.15万张，医生数量需要增加1.18万人，卫生费用需要增加2.24亿元。六是对就业及社会保障、公共服务设施和文化建设提出了更高的要求。预计到2020年仅老年服务护理人员就需要644.58万人，在创造大量就业岗位的同时，对社会保障体系和公共服务设施建设及精神文化产品的需求进一步加大。所有这些都说明，人口老龄化已经成为重要的国情、省情，给老龄工作带来了新的课题、新的挑战。

家家有老人，人人都会老。做好老龄工作是坚持以人为本、贯彻落实科学发展观的具体体现，是构建和谐社会的重要内容，是各级必须高度重视、亟待研究解决的重大现实问题。各级各有关部门必须从全局和战略高度，深刻认识老龄工作的重要意义，充分认识人口老龄化带来的严峻形势，切实增强责任感、紧迫感，努力把老龄工作做得更好。

二、突出重点，着力解决老龄事业发展的突出矛盾和问题

当前和今后一个时期，全省老龄工作的主要任务是，按照省委、省政府建设经济文化强省的总体部署，着眼长远，立足当前，充分运用现有研究成果，抓紧制定《关于加快老龄事业发展的意见》（以下简称《意见》）和老龄工作《“十二五”规划》（以下简称《规划》），着力解决影响老龄事业发展的突出矛盾，着力解决老年人最直接的现实利益问题，狠抓工作落实，推动老龄事业健康发展。

（一）抓紧研究制定加快老龄事业发展的《意见》和老龄工作《规划》

姜大明省长要求省老龄委代省委、省政府起草《关于加快老龄事业发展的意见》，这将是今后我省老龄事业发展的纲领性文件。要从我省老龄工作实际出发，紧紧围绕经济社会发展大局，认真总结经验，借鉴先进做法，对全省老龄事业发展的指导思想、主要任务、政策措施和工作要求做出全面部署和安排。起草工作以老龄办为主，各成员单位要积极配合。同时，要围绕全省经济社会“十二五”发展规划的制定，充分运用当前的研究成果，着手制定“十二五”老龄事业发展规划。“规划”要按照省委、省政府建设经济文化强省的战略部署，从全省经济社会发展水平、人口老龄化发展趋势和老年人的物质文化需求出发，对老龄事业发展的重点、实施的措施，特别是每年将为老年人做哪些实事、怎样去做，做出科学的统筹安排。这项工作，省发展改革委要统筹计划，省老龄办要搞好牵头协调，各成员单位要主动配合。

（二）进一步完善老年社会保障体系和优待制度

按照党的十七大要求，在建设社会保障体系过程中，要把广大老年人的养老保障问题摆到更为重要的位置，着力解决老年人最迫切、最需要解决的“老有所养”“老有所医”等问题。要抓住中央新农保试点、国家基本养老保障体系建设试点的机遇，加快推进和完善社会养老保险、医疗保险、社会救助制度建设，同时，要积极探索建立全省统一的面向无养老保障老年人的生活补贴制度，积极构建普惠型的社会保障安全网。要针对全省老年人社会保障水平偏低的状况，进一步制定和完善向老年人倾斜的优待政策，在提高享受城乡低保老年人的低保金，提高老年人合作医疗医疗费报销比例，减免高龄和贫困老年人的“参合费”，逐步建立对80岁以上高龄老年人补贴制度等方面有所突破，不断扩大优待范围、增加优待内容、提高优待标准，确保老年人共享经济社会发展成果。省老龄办根据省老龄委第十八次会议的安排，在广泛调查研究的基础上，起草了《山东省优待老年人规定修改草案》，并征求了各地的意见，各有关部门要抓紧进行会签，争取尽快出台。

（三）进一步加快发展养老服务业

养老服务是当前亟需关注和亟待加强的一项工作。各级各部门要认真贯彻落实中发［2009］8号文件精神，将养老服务业作为促就业、扩内需、保增长的重要措施和新的经济增长点纳入服务业，特别是家庭服务业发展的重点，加大财政扶持力度。要把握养老服务体系建设的关键环节，不断完善和创新养老服务政策措施，尽快建立政府为贫困老年人购买养老服务的制度，制定城乡养老服务设施建设规划，加强城乡居家养老服务网络建设，促进城乡养老服务设施与公共服务设施建设协调发展。要创新运营机制，完善税费优惠和土地使用政策，大力扶持民办养老机构发展，鼓励民间资本参与养老服务业，吸引更多社会力量参与进来，促进养老服务业加快发展。要积极培育和开发老龄产业市场，增加社会为老服务的有效供给，使之逐步形成一个扩大就业、吸引资金、促进经济平稳较快增长的新产业。要突出加强养老护理职业教育和养老服务从业人员培训，高度重视老年人的精神需求，重点做好病残、空巢、高龄、临终老年人的心理关爱工作，进一步提高养老服务工作水平。

（四）突出抓好老年文化体育事业

要着眼不同层次老年人精神文化需要，加快发展老年文化事业。要积极整合老年文化、教育、体育事业资源，不断加大投入，引导社会力量为老年人创造更多的优秀文化服务产品。要大力发展老年活动中心、老年活动室等老年活动设施，广场、健身路径、居民小区公共设施规划建设和活动设施器材配置中，要充分考虑老年人的特殊需求。要加强各类老年组织的建设和管理，积极发展适合老年人特点和需求的老年文化体育活动组织，组织老年人开展形式多样、内容丰富、健康有益的老年文化体育教育活动。要鼓励各级建立和发展老年志愿者队伍，广泛开展老有所为活动，积极倡导科学、健康、文明的生活方式，促进健康老龄化。

（五）深入开展老龄科学研究工作

要在前段工作的基础上，进一步加大工作力度，深入开展老龄科学研究，积极应对老龄工作和老龄事业面临的复杂形势。各级各有关部门要深入研究我省人口老龄化的规律，针对人口老龄化和老龄工作中的重大问题，提出切实可行的对策措施。要把老年保障体系、老龄服务体系和老龄社会管理体系建设作为重中之重，确保在重点问题研究上有所突破。要立足当前，着眼长远，突出研究解决老年人最关心、最直接、最现实的利益问题。要充分利用研究成果，为党委、政府老龄工作决策服务，加快推进老龄事业发展。

三、加强领导，齐心协力推动老龄事业加快发展

老龄工作涉及面广，政策性、社会性强，事关经济社会发展全局。各级各有关部门要真正把人口老龄化作为本世纪的一个重要省情对待，齐心协力共同承担起历史赋予的重任，相互配合，形成合力，推动全省老龄事业加快发展。

各地各有关部门要切实加强对老龄工作的组织领导。各级政府要把老龄工作作为大事摆上重要议事日程，把老龄事业纳入当地国民经济和社会发展总体规划。要坚持“党政主导、社会参与、全民关怀”的方针，领导同志要经常听取老龄工作汇报，及时协调解决工作中的实际困难和问题。各级老龄委要充分发挥议事协调职能，各成员单位要把做好老龄工作作为份内的事情，纳入本部门、本单位的工作计划，切实履行好职责。发展改革部门要抓好老龄事业发展规划的拟定和实施。人力资源社会保障部门要重点抓好中央新农保试点、国家基本养老保障体系建设试点。民政部门要重点抓好困难老年人救助工作和社区老年服务网络建设，加强和改进老年福利服务机构的管理。住房城乡建设部门要重点在老年设施规划建设上给予保障，落实好有关优待政策。教育、文化、体育部门要重点围绕加强敬老教育、老年文化、老年体育工作，积极推进基层老年活动设施建设。财政部门要进一步加大资金支持力度。卫生部门要着力改善老年人的医疗条件。老干部、农业、人口计生、民委等部门要做好所负责老年人的工作。经信、工商部门要在丰富老年产品、启动老年消费上加大措施。税务部门要抓好对养老服务业和老年产业优惠政策的落实。各级人民法院和公安、司法部门要切实维护好老年人的合法权益。省法制办要积极配合省人大内司委做好修订省老年人权益保障条例的有关工作。宣传舆论部门要继续加大老龄宣传。工会、共青团、妇联部门要积极组织开展尊老敬老活动。社科院要主动加强老龄问题研究。各级老龄办要充分发挥办事机构的职能，不断创新工作方式方法，积极为老龄委决策搞好服务，为成员单位推进工作搞好服务，推动全省老龄事业统筹、协调、健康发展。

同志们，老龄工作任重道远。各级老龄委及其成员单位一定要在省委、省政府的领导下，振奋精神，开拓进取，扎扎实实做好老龄事业各项工作，为推进经济文化强省建设作出新的贡献。

在江苏省老龄工作委员会第六次全体扩大会议上的讲话（摘要）

江苏省副省长　李小敏

（2009 年 10 月 26 日）

对江苏的老龄工作和老龄事业，我想讲三句话。第一，江苏老龄工作面临的任务尤为繁重。江苏比全国提前 13 年进入了老龄化社会，现在全国 60 岁以上的老年人口占总人口的比例为 12%，江苏去年的比例是 16.5%，今年将达到 16.8%左右，比全国高出四到五个百分点。第二，江苏做好老龄工作意义尤为重大。实现“两个率先”，是以胡锦涛为总书记的党中央对江苏发展总的定位。“两个率先”不仅是经济发展要率先，社会发展要率先，民生工作包括老龄工作都要率先；“推动科学发展、建设美好江苏”，是省委在学习实践科学发展观活动中提出的总体要求，如果老龄工作、老龄事业发展没有满足广大老年人的需求，那么“美好江苏”也不可能真正实现。第三，江苏加快老龄事业发展尤为紧迫。近年来随着经济社会发展，老龄工作不断向前推进。但实事求是讲，老龄工作相对于其他民生工作的进展还有一定差距。我们今天召开会议，就是一个主题，研究如何认认真真、扎扎实实地贯彻好省委、省政府 5 号文件精神。

省老龄委第五次全体会议以来，老龄事业取得了新的进展。一是社会养老保障水平明显提高。城镇企业职工基本养老保险覆盖率达到 97%左右，离退休人员基本养老金按时足额发放，标准逐年提高。积极探索建立新型农村社会养老保险制度，参保人数已达 361 万人。23 万多城市“三无”老人和农村“五保”老人基本生活得到有效保障，37 万城乡困难老年人被纳入低保范围，并建立了低保标准动态调整和价格补贴机制。二是医疗保障制度不断完善。建立了以城镇职工基本医疗保险、城镇居民基本医疗保险、新型农村合作医疗和医疗救助为内容的医疗保障体系，实现了医疗保障制度全覆盖。社区卫生服务机构得到快速发展，进一步改善了老年人的医疗服务。三是养老服务业加快发展。城镇各类养老机构 606 所、床位 5.98 万张，农村敬老院 1609 所、床位 15.4 万张。以老年人为主要服务对象的社区服务中心、服务站和各种家政服务机构建设得到加强，为老服务网络基本建立。四是老年人精神文化生活日益丰富。初步形成了省、市、县（区）、街道（乡镇）和社区（村）多层次的老年教育文化体育服务体系，每年全省参与老年教育和群众性文艺体育活动的人数不断增加。五是关爱老年人的社会氛围逐步形成。各地积极开展形式多样的尊老爱老活动，并将敬老养老同开展和谐社区、和谐家庭创建活动结合起来，认真落实老年人优待规定和办法，敬老、养老和助老的良好社会风尚得到进一步发扬。在肯定成绩的同时，我们也要清醒地看到，我省老龄事业的发展与人口老龄化趋势、与“两个率先”进程、与人民群众的期盼还不完全相适应，需要我们付出更多、不懈的努力。

下面，我讲几点意见。

一、统一思想认识，深刻理解文件精神实质

省委、省政府 5 号文件，以科学发展观为指导，深刻阐述了新形势下加快老龄事业发展的重大意义，明确提出了推进老龄事业发展的目标任务和政策措施。各地、各有关部门要深入学习领会、认真贯彻落实，切实把思想和行动统一到省委、省政府加快老龄事业发展的决策部署上来，进一步增强做好老龄工作责任感和自觉性。我感到，省委、省政府 5 号文件有三个特点：一是立意好。文件立足于江苏的老龄工作与“两个率先”相同步，让老龄事业发展在建设美好江苏中发挥重要作用。贯穿文件的一个重要指导思想，就是老龄事业发展的主要目标要在全国保持领先。江苏南北差异比较大，每个指标都要争全国第一不现实。但在老年人最需要保障、最需要服务的方面，我们要走在全国前列。二是质量高。文件既很好总结、规范了行之有效的做法、经验，又适应新情况、新要求，优化和创新了相关政策、制度和方法。三是指导性和操作性相结合。既注重务实，有较强的针对性和操作性，又注重发挥引领作用，给基层创新发展留下空间。全面理解和贯彻文件精神，我认为，要正确把握好以下五个关系：

一是正确把握发展经济与发展老龄事业的关系。一谈起老龄事业，有的同志首先想到这是花钱的事，总想着等经济发展了、财力充足了再来做。这种把发展经济与发展老龄事业割裂开来的认识，不符合科学发展观以人为本、全面协调可持续发展的要求，正是一些地方民生工作包括老龄工作相对滞后的思想根源。我们要认识到，经济发展的目的是改善人民群众的生活质量，经济发展的动力来自人民群众对幸福生活的追求，只有在经济发展的同时不断改善民生，不断满足人民群众日益增长的物质文化需求，社会才可能和谐，经济发展才可能持续。同时，我们要看到，老年人是一个庞大的消费群体，老年产业是一个具有广阔发展前景的产业，老年人社会保障状况直接影响中青年人的消费、储蓄、投资等行为，加快发展老龄事业对于扩大国内需求、增加就业岗位、推动服务业发展、调整经济结构等具有重要促进作用。各级政府及其部门要全面把握省委、省政府5号文件精神，切实做到思想上重视、行动上自觉、工作上扎实，推动老龄事业发展与经济发展相协调，让广大老年人共享改革发展成果。

二是正确把握城市老龄工作与农村老龄工作的关系。由于大多数农村地区还在延续着传统的依靠子女养老的模式，相对城市而言，农村社会养老保障的矛盾少一些、政府的压力小一些。这就带来了一些地方老龄工作在指导思想上重城市轻农村，在资源配置上厚城市薄农村，在工作安排上先城市后农村，使得城乡老龄事业发展差距不断拉大。我们应该清醒地看到，与城市老年人相比，农村老年人生活相对困难，医疗保障水平比较低，精神文化生活也比较匮乏，是一个更需要关爱和帮助的群体。所以，省委、省政府5号文件在指导思想、目标任务、工作措施上，都突出强调统筹城乡老龄事业发展，要求加大对农村老龄事业发展的支持力度。我们要认真加以贯彻落实，无论在老龄事业发展规划制定，还是在资源配置、制度建设、工作指导上，都要向农村倾斜，促进农村老龄事业快速发展，逐步实现城乡社会养老保障一体化。

三是正确把握社会养老保障与家庭养老保障的关系。对养老责任，一直存在着两种偏颇的看法。一种认为主要是家庭的责任，子女供养父母天经地义；一种认为主要是政府的责任，应该全部由政府来保障。我们要认识到，我国还处在社会主义初级阶段，养老保障问题只能多层次、多方面、多渠道加以解决。既要强化政府公共服务职能，完善城乡社会养老保障体系，保障老年人的基本生活，也要大力弘扬子女养老、夫妻扶持养老的传统美德，提高老年人生活质量，满足老年人情感生活需求；既要充分调动社会力量，解决老年人多层次、多元化的养老服务需求，也要提高老年人自养能力，共担养老责任。要按照省委、省政府5号文件要求，坚持政府主导、社会主体、全民参与的方针，充分发挥政府、社会、家庭、个人积极性，各负其责、各尽所能，共同推动老龄事业发展。

四是正确把握物质养老与精神关爱的关系。目前，无论是在老龄工作中，还是在家庭生活中，都存在“重物质保障，轻精神关爱”的现象。有的同志认为只要解决老年人的生活问题，什么问题都解决了。一些养老院办成了食堂，一天只管几顿饭，很少顾及老年人精神文化生活。有的子女觉得只要让老人有钱用，就尽到孝心了，很少关注老人的情感世界。殊不知，随着经济社会发展，老年人在物质养老方面逐步得到改善和提高后，精神养老方面的问题日益突出。对老年人来说，精神上的失落比物质上的匮乏更可怕。现在老年人衡量生活质量和幸福指数的天平愈来愈偏向精神文化生活，特别是社会价值的体现。因此，省委、省政府5号文件把老年人精神关爱作为发展老龄事业的重要内容来强调，要求采取扎实措施，更好地改善老年人的精神生活，使他们身心愉悦地安度晚年，我们一定要把这个要求落到实处。

五是正确把握老年法制建设与敬老道德建设的关系。道德和法律是两种行为规范，法律以其权威性和强制性手段规范社会成员的行为，道德通过说服教育、内在信念、社会舆论等方式提高社会成员的道德觉悟，两者相辅相成、不可或缺。老年法律法规是建立在道德基础上的社会共识，是维护老年人权益的有力武器，但现在存在不健全、不完善、不适应的问题。敬老道德所涉及的范围要比法律法规宽泛得多，并且比法律法规具有先行性，对于促进代际和谐、提升社会文明程度具有重要作用，但现在也面临传统美德受到冲击、时代风尚未能很好弘扬的问题。因此，在老龄事业发展过程中，我们要统筹老年法制和敬老道德建设，一方面，要建立健全老年法规制度，加强普法宣传教育，严格执法监督，切实维护老年人合法权益；另一方面，要大力弘扬中华民族传统美德，弘扬时代风尚，营造敬老、养老、爱老、助老的社会氛围。

二、突出工作重点，全面完成文件提出的目标任务

老龄工作千头万绪，要通过抓重点工作，抓薄弱环节，抓关键措施，推动各项工作任务的完成，促进整体水平的提高。

一要加快推进新型农村社会养老保险制度建设。目前，我省城市绝大多数老年人被纳入了社会养老保障范围，农村只有少部分老年人享有一定的社会养老保障，农村始终是建立和完善社会养老保障制度的难点和重点所在。加快推进新型农村社会养老保险制度，为农村居民提供老年基本生活保障，是省委、省政府又一项重大惠农政策，是促进社会公平正义、破除城乡二元结构、逐步实现基本公共服务均等化的重大步骤。省委、省政府5号文件既立足全国领先，又考虑南北差异，提出到2012年以县为单位，苏南、苏中、苏北地区新型农村社会养老保险参保率分别达到90%、80%、60%以上。前不久，省政府常务会议专题研究我省的新型农村社会养老保险工作，近期省政府将召开会议作出具体部署，并出台《实施办法》。各地各有关部门要认真贯彻落实省委、省政府的部署要求，按照“保基本、广覆盖、有弹性、可持续”的原则，采取个人缴费、集体补助、政府补贴相结合的筹资办法，实行基础养老金与个人账户养老金相结合的养老待遇，加快建立新型农村社会养老保险制度，让更多的农村居民实现老有所养。

二要加快构建社会化养老服务体系。建立以居家养老为基础、社区服务为依托、机构养老为补充的社会化养老服务体系，是解决当前养老服务供求矛盾的有效途径。居家和社区养老，是实现“人人享有基本养老服务”的基本保证。省委、省政府5号文件明确，在2012年前，全省城市社区要基本建立起多形式、全覆盖的居家养老服务网络。农村社区（村）建立综合性老年服务中心（站），苏南、苏中、苏北农村建成比例分别达到40%、35%、30%以上。为实现这一目标，省财政将进一步加大支持力度，通过补助或以奖代补的方式，推动全省在3年内新建6000个以上社区（村）居家养老服务中心（站）。各级政府也要积极采取购买服务、资金补助、提供场所等扶持措施，引导和鼓励社会中介组织、家政服务企业参与居家养老服务。机构养老在养老服务方面发挥着重要的补充和示范作用。目前全省的机构养老床位仅有23万张，占老年人口的1.9%，远不能满足广大老年人的服务需求。省委、省政府5号文件提出到2012年全省养老机构床位数要达到老年人总数的3%左右，要完成这个艰巨任务，除加大财政投入，加快公办养老服务机构建设外，还要认真落实各项扶持政策，积极鼓励支持社会力量兴办养老服务机构，来努力满足广大老年人的多样化养老服务需求。

三要认真落实老年优待政策。优待老年人是尊老、爱老、敬老的具体体现。省委、省政府5号文件提出了一系列优待老年人的政策措施。在经济待遇方面，主要包括对城乡低保对象中的70岁以上老年人增发保障金，对百岁以上老年人发放长寿补贴。在医疗保健方面，主要包括提高城镇老年人医保范围内报销比例和新农合参保老年人住院、门诊费用补偿率；建立老年人健康档案，每两年为老年人做一次健康检查，实行不间断健康管理。在日常生活方面，主要包括70岁以上老年人免费乘坐城市公共汽车和地铁电车，60—69岁老年人享受半价优惠；老年人凭“优待证”免费进入政府投资主办的公园、公益性文化设施；70岁以上老年人免费进入政府投资主办的旅游景点和公共体育健身场所。各地、各有关部门一定要认真抓好这些政策兑现落实工作，所有对老年人的优待措施都应当从方便老年人出发，主动服务，简便易行，切实把好事办好，让广大老年人满意。

四要高度重视老年人精神关爱。不断满足老年精神文化生活需求，是加快老龄事业发展不可或缺的重要方面。各地、各有关部门要从老年教育、文体生活、心理疏导、社会参与等方面，加大对老年人精神关爱力度。省老龄办要会同有关部门抓紧编制“快乐晚年精神关爱行动”指导意见，研究制定老年精神关爱工作指标体系并纳入老龄工作考核范围，有计划、有步骤地开展老年精神关爱工作。各地各有关部门要加大老年大学、老年活动中心、社区老年活动室和老年健身活动场所等基础设施建设的投入，保证老年文化教育体育活动经费，定期开展形式多样、适合老年人特点的文体活动。积极利用省《老年周报》这一平台，宣传老龄工作政策，丰富老年人精神文化生活。要扩大老年人社会参与，充分调动他们共同建设美好江苏的积极性。从明年起每两年省老龄工作委员会要开展一次“老有所为人物奖”的评比和表彰。要按照发展、巩固、规范、提高的原则，积极培育和发展老年人基层群众组织，发挥老年人自我管理、自我服务、自我教育和服务社会的作用。

三、采取有效措施，确保文件各项要求落到实处

发展老龄事业是一项系统工程，涉及千家万户和社会各个方面。确保省委、省政府部署要求落到实处，必须加强领导、明确责任，强化督查、狠抓落实，进一步形成加快推进老龄事业发展的强大合力。

一是加强组织领导，明确工作职责。各级党委和政府要根据省委、省政府要求，高度重视老龄工作，将老龄事业摆上重要议事日程，纳入本地区经济社会发展总体规划和年度计划，列入政府为民办实事项目，不断加大推进力度。要进一步完善党委、政府主导、老龄工作机构组织协调、相关部门各司其职、社会广泛参与的领导体制和运行机制，为老龄事业发展提供坚强有力的保障。要进一步明确老龄委成员单位的工作职责，各级政府及民政、财政、人力资源和社会保障等部门要切实做好老年人的生活、医疗、救助等方面的保障工作；卫生部门要建立健全社区老年医疗保健服务网络，为老年人提供方便的医疗保健服务；教育、文化、广电等部门要办好各种形式的“老年学校”，积极组织开展丰富多彩、健康有益的老年文化活动；体育等部门要做好群众性体育工作，广泛开展老年体育健身活动；司法等部门要做好维护老年人合法权益工作，健全对老年人的法律援助制度；工、青、妇等其他各部门要从自身实际出发，千方百计为老龄人办实事、办好事。各级老龄办要充分发挥组织协调、调查研究、检查指导职能，做好各项日常老龄工作。各地要加强老龄工作机构建设，按规定落实机构性质、级别、编制和人员，并为他们开展工作创造必要条件。

二是细化分解任务，强化督查考核。各级政府要根据省委、省政府5号文件精神，结合各地实际，在今年底前研究出台具体实施办法，制定各项配套政策。省老龄办要抓紧细化分解文件提出的各项任务，按照职能分工，确定牵头部门、配合部门和责任领导，明确目标任务、工作内容和完成时限。各地各有关部门也要逐一分解任务，切实将责任细化到具体岗位、具体人头，形成层层抓落实的工作格局。要按照激励和约束相结合的原则，建立督查考核制度，创新督查考核机制，加大督查考核力度。要将老龄事业发展的目标任务列入政府和部门工作目标考核，制定具体考核标准和办法，定期进行量化考核，并及时通报考核结果。要加强跟踪督查，对重点任务实行月汇报、季督查、年考核，对工作抓得好的要予以表彰奖励，对措施不得力、工作不落实的要督促整改。老龄办要认真做好督查考核的组织协调工作，及时向政府汇报和向有关部门通报督查考核情况。各地各有关部门负责同志要定期听取进展情况汇报，及时研究解决难点问题，切实保证各项任务如期顺利完成。

三是加大宣传力度，营造良好氛围。发展老龄事业是全社会的责任，需要依靠全社会的共同努力。各地各有关部门要围绕建设社会主义核心价值体系，深入开展爱老、敬老、养老、助老宣传教育。要大力宣传“家家有老人，人人都要老”“为今天的老年人造福，就是为自己明天铺路”的理念，弘扬爱老、敬老、养老、助老的传统美德。要切实加强老年法律法规宣传教育，进一步增强全社会尊老养老的法制观念和责任意识。要及时总结推广发展老龄事业的好经验、好做法，树立和表彰为老服务的先进典型。要把敬老教育作为干部职工思想道德建设的重要方面，作为中小学德育教育的重要内容，作为各类文明创建的重要标准，形成人人尊重、关心、帮助老年人的良好社会风尚。

做好老龄工作、发展老龄事业，责任重大，使命光荣。我们要带着责任、带着感情、带着对江苏美好明天的向往做好老龄工作，推动我省老龄事业又好又快发展，努力为全省广大老年人创造更加幸福快乐的生活。

在浙江省老龄工作委员会第八次全体会议上的讲话

浙江省副省长　省老龄委主任　陈加元

（2009年2月27日）

过去一年，是很不平凡的一年，也是我省老龄工作不断推进、成绩显著的一年。省老龄委各成员单位和各地老龄委，按照第七次全委会的部署，紧紧围绕省委、省政府中心任务，积极开展工作，取得了新的成效。一是老年社会保障制度不断健全，保障体系更加完善；二是养老服务体系建设稳步推进，服务水平进一步提高；三是老年法制建设逐步加强，老年人合法权益得到了更好的保障；四是老年文化体育教育工作深入开展，老年人精神文化生活更加充实；五是“大老龄”工作格局基本形成，老龄事业发展合力进一步增强。这些成绩的取得，是省委、省政府高度重视、正确领导的结果，是社会各界大力支持的结果，也是在座各成员单位共同努力、密切配合的结果。

今年，是新世纪以来我省经济发展最为困难的一年，同时也是蕴含重大机遇的一年。老龄工作也同样，既有挑战，又有机遇。为了认真贯彻落实全国老龄委第十一次全体会议精神，切实做好我省今年的老龄工作，下面，我讲三点意见。

一、认清形势，提高认识，进一步增强做好老龄工作的责任感和紧迫感

人口老龄化是经济社会发展的必然趋势，由此带来的国民收入分配的调整、政府职能的转变、社会道德的升华、经济社会的转型等将对经济社会发展产生深刻影响。西方发达国家已经经历了很长一段应对人口老龄化的历程，取得了一些成功的经验，但不少国家仍处于困境当中，财政不堪重负、社会缺乏活力、发展没有后劲。我省作为全国老龄化发展最快的省份之一，具有老龄化所面临的共性问题，同时也有自身的一些特点。可以说，人口老龄化是浙江经济社会发展面临的最突出、最紧迫、最重大的挑战之一。

一是我省老年人口基数大、发展快、高龄化明显，社会和家庭扶养负担加重。截至2008年底，全省60岁以上老年人口达729.38万人，占总人口的15.56%，比上年增长4.42%。其中，80岁以上的高龄老人有110.06万人，占老年人口的15.09%，比上年增长8.9%。截至2008年底，全国60岁以上老年人口有1.5989亿人，约占总人口的12%。而浙江1998年底全省老年人口占总人口的比例就已经超过12%，达12.45%，比全国快10年左右。我省提早20年进入老龄化社会。

二是未富先老，对我省经济社会发展提出了更高的要求。我省进入人口老龄化是在1987年，当时人均生产总值才1478元，约400美元。而发达国家在进入人口老龄化社会时，人均生产总值基本上在5000至10000美元。浙江去年人均生产总值是6078美元，与同样水平的老龄化国家相比，浙江还是处在初级阶段。我省当前经济社会发展水平与较高的老龄化程度之间的矛盾比较突出。

三是我省老龄工作基础相对薄弱。当前，我省人口老龄化的各种矛盾和问题与社会转型、经济转轨相互交织，社会特别是老年人对老龄工作的期望和要求越来越高。而我省存在着城乡老龄事业发展不平衡，缺乏老龄事业的长效投入机制，养老服务业发展滞后等问题，这说明我省老龄工作基础还相对薄弱，应对人口老龄化的准备仍然不足。

四是国际金融危机和国内经济形势变化对老龄事业发展带来新的压力和挑战。国际金融危机加速蔓延，对我国经济社会发展的影响不断加深，以出口型、加工型为特征的浙江经济更是首当其冲。我省面临着经济增长下行加快，财政收支平衡压力加大等突出问题，这将对今年的老龄工作带来新的压力和挑战，有些方面困难会更加突出。

对上述问题，我们一定要有清醒的认识和足够的估计，并予以高度重视。各地各有关部门必须从贯彻落实科学发展观、全面建设小康社会、打造人民满意政府的高度，牢固树立忧患意识和责任意识，进一步增强做好老龄工作的责任感和紧迫感。

二、坚定信心，抢抓机遇，进一步推进老龄事业新发展

在我省老龄工作面临的严峻形势面前，我们也要充分看到当前做好我省老龄工作的有利条件。党的十七大提出了“老有所养”的明确目标，十七届三中全会和中央农村工作会议做出了加快农村改革发展和社会保障体系建设的重大战略部署，中央经济工作会议提出把改善民生作为应对国际金融危机、促进经济平稳较快发展的出发点和落脚点。我省根据中央的一系列战略部署，结合我省实际，也出台了相应的政策措施，并提出了“保增长、抓转型、重民生、促稳定”的工作主线，这些都为我省老龄事业进一步发展带来了新的机遇，同时，也为我省老龄工作指明了方向。我们一定要坚定信心、振奋精神，抢抓机遇、扎实工作，进一步推进老龄事业新的发展。今年，要重点抓好以下几项工作：

一是加快建立覆盖城乡的社会保障体系。一要加快建立新型农村社会养老保险制度。省级各有关部门要高度重视新型农村养老保险试点工作，及时总结经验，加强指导和帮助，并督促具备条件的地方尽快开展工作，及早出台全省性的指导意见。二要稳步提高新型农村合作医疗制度保障水平。今年，要按照“提高筹资水平、完善制度建设、增强保障能力”的总体要求，进一步增加投入。“省级财政继续提高对新型农村合作医疗的补助标准，所有市县新农合人均筹资达到140元以上”，这是省政府今年为民办的十件实事之一，要不折不扣地完成好。要进一步完善老年人参加新农合制度，提高老年人参保率。要进一步完善新农合的补偿方案，提高补偿率，即：住院补偿率达到35%以上，门诊补偿率达到15%～30%，经济发达地区争取住院补偿率达到40%以上。三要继续做好基本养老保险和基本医疗保险扩面工作。通过这几年的努力，我们在基本养老保险制度和基本医疗保险制度人员覆盖面上有了较大的提高，目前已经超额完成了“十一五”规划预定的目标，但是离真正意义上的“全覆盖”还有一定的距离。去年省政府出台的为老年人办实事意见中，已经把“覆盖面”指标提高了，要努力完成好，只能做加法不能做减法。

二是加快推进社会化养老服务体系建设。一要进一步完善居家养老服务体系。继续深化“3587工程”，以社区“星光老年之家”为抓手，统筹规划，整合资源，建立多形式、广覆盖的居家养老服务网点，逐步实现城乡居家养老服务基本覆盖。进一步完善政府购买服务和政府补贴机制，让高龄老人、孤寡老人、失能老人、特殊困难老人等都能够享受到居家养老服务。二要进一步加强养老机构建设。公办养老机构在确保农村“五保”和城镇“三无”人员集中供养的基础上，重点向最低生活保障老人、生活困难老人、高龄老人及重度残疾老人提供养老和护理服务。通过财政补贴、公建民营、税费优惠等扶持措施，促进非营利性民办养老服务机构的发展。鼓励扶持社会兴办养老服务企业，满足不同层次、不同类型的养老服务需求。三要进一步加强养老服务行业的规范管理。依托现有公办养老机构建立养老服务平台，建立具有组织、指导、服务、培训等功能的社会养老服务指导中心，强化对居家养老和机构养老的行业管理和指导。组织制定“养老机构服务规范”、“居家养老服务规则”等行业管理制度。研究制定养老服务机构评估评审制度、养老服务专业社会工作者职业水平评价和资格鉴定制度。加强教育培训，进一步提高养老服务队伍的专业技能水平。

三是加快发展农村老龄事业。目前，全省约有七成老年人居住在农村，据调查，我省农村老年人家庭空巢率达55.49%。因此，推动老龄事业发展的重点在农村，难点也在农村。一要把保障农村老年人的基本生活摆到更加突出的位置，加快完善以养老、医疗、低保和“五保”等保障制度。要特别重视农村无基本养老保障老年人的生活问题，探索建立有关生活补助制度。二要进一步加强县、乡两级老龄工作机构和队伍建设，充分发挥农村老年人协会的作用，逐步形成组织有力、网络健全、职责明确的老龄组织建设格局。三要不断探索发展农村老龄服务的路子，把发展农村老龄服务作为当前推进农村改革发展、加强社区建设的一项重要内容，纳入经济社会发展和社会主义新农村建设、社区建设总体规划，认真部署，同步实施。

三、加强领导，狠抓落实，为老龄工作提供有力保障

今年我省的老龄工作任务已经明确。各地各部门要切实加强领导，狠抓工作落实，以满腔的热情，良好的作风，有力的举措，认真做好各项工作，为老龄工作提供有力保障。

一是进一步完善老龄工作体制机制。老龄工作涉及方方面面，是一项系统工程。第一，各地各部门一定要切实加强老龄工作机构建设，努力形成党政领导高度重视、老龄委协调有力、成员单位尽职尽责、社会力量积极参与的老龄工作推进机制。第二，各成员单位要加强协调配合，研究制定综合性涉老政策，进一步增强老龄事业发展的整体合力和效益，积极应对人口老龄化带来的各种问题。第三，各级老龄办要强化服务意识，加强能力建设，切实履行综合协调、督促检查、参谋助手的职能为做好老龄工作提供有力保障。

二是加强对基层老龄工作的指导。老龄工作重点在基层。第一，各级老龄委和成员单位，要深入基层调查研究，切实抓好基层老龄工作的检查和指导，及时帮助解决工作中出现的重点和难点问题，确保省委、省政府有关老龄工作的政策措施的落实。第二，要结合第二轮省老龄工作先进县（市、区）创建工作，及时总结推广先进单位的好做法、好经验，充分发挥先进典型示范引领作用，不断提升基层老龄工作的整体水平。第三，要进一步加强对基层老年人协会的领导、管理和业务指导，继续加强基层老年人协会骨干培训工作，充分发挥基层老年人协会自我服务、自我教育、自我管理、自我监督的作用。

三是加强老龄宣传、老龄法制建设和老龄科学研究工作。第一，加强老龄宣传。要结合庆祝新中国成立六十周年、国际老年人年十周年，大力宣传、充分展示我省老龄事业发展取得的巨大成就，营造浓厚的敬老、爱老、助老、尊老的社会氛围。第二，加强老龄法制建设。要围绕老年人切身利益的难点热点问题，不断完善相关政策措施，积极开展涉老法律法规的普法教育和宣传工作，为老龄事业长远发展和维护老年人权益提供法律保障。要积极拓展老年法律服务工作领域和内容，不断扩大老年法律援助覆盖面。第三，加强老龄科学研究。要汇集全社会力量，充分发挥专家学者、老年专业学术智囊团体的作用，研究分析我省人口老龄化趋势和老龄化进程中出现的新情况、新问题，积极探索未来老龄事业的发展方向，为我省老龄事业提供理论支撑和实践指导。

在江西省老龄委第六次全体会议上的讲话

江西省副省长　省老龄委主任　熊盛文

（2009 年 5 月 12 日）

这次全体会议是省老龄委成员调整后召开的第一次会议。根据全国老龄委成员单位的调整，省老龄委增加了省外事侨务办、省统计局、省地税局为成员单位。为便于开展工作，今天请各设区市老龄办主任也列席这次会议。会议传达了全国老龄委第十一次全体会议和回良玉副总理在会上的重要讲话精神，审议并原则通过了徐毅同志代表省老龄委所作的《关于2008 年全省老龄工作情况和 2009 年工作安排意见的报告》，省发改委、省司法厅、省人口计生委、省广电局、团省委的负责同志分别介绍了本部门、本系统开展老龄工作的有关情况，并就做好今年的老龄工作谈了初步打算。请各地、各有关部门切实抓好贯彻落实。

2008 年是我国经济社会发展很不寻常、极不平凡的一年。省老龄委各成员单位和各地老龄委，紧紧围绕省委、省政府的中心任务，开拓进取，迎难而上，全省老龄工作取得新的成效。老龄事业发展纳入了各地、各部门的工作规划，社会养老保障制度进一步落实，老年人生活质量逐步提高；为老服务工作引起了各级党委、政府和有关部门的高度重视，养老服务体系建设不断推进；老年人权益保护和老年优待工作得到加强，老年文化、体育、教育事业有了新的发展，老年人的精神文化生活日益丰富；老龄宣传工作力度不断加大，社会敬老养老助老风气日趋浓厚，全省涌现出了一大批敬老典型。万载县建立的“社工＋老协＋义工＋志愿者联动”为老服务模式得到民政部的肯定。这些成绩的取得，是全省各级党委、政府高度重视的结果，也是各有关部门、社会各界和广大老龄工作者共同努力的结果。借此机会，我代表省政府和省老龄委向各成员单位和市、县老龄委的同志们表示衷心的感谢！下面，我就进一步做好全省老龄工作再强调几点意见：

一、认清形势，克服困难，充分把握老龄事业的发展机遇

今年 2 月，全国老龄委召开了第十一次全体会议，回良玉副总理作了重要讲话，分析了老龄工作面临的形势，明确了今年三方面的工作重点，我们一定要深刻领会，结合江西实际抓好贯彻落实。回良玉副总理在全国老龄委第十一次全体会议上指出，目前我国 60 岁以上老年人口已达到 15989 万，约占总人口的 12%，随着新中国的同龄人步入老年，今年我国将出现进入人口老龄化社会以来第一次老年人口增长高峰。从我省的情况来看，人口老龄化形势主要有以下几个特征：一是老年人口增长速度明显加快。2005 年我省进入人口老龄化，比预计提前了四年。2000 年，我省 60 岁以上老年人口为 388.72 万，占总人口数 9.37%；2005 年为 472.08 万人，占总人口数 10.95%；2006 年为 499.87 万人，占总人口数 11.52%；2007 年为 527.27 万人，占总人口数 12.07%；2008 年为 549.57 万，占总人口数 12.49%。换句话说，2000 年我省老年人是总人口的 1/11，2005 年是 1/9，2009 年将达到 1/8。2005 年我省进入老龄化社会以来，老年人口年均增加 26 万人，今后还将以年均 60 万人的规模递增。预计 2014 年至 2015 年占比将达到 1/6，2048 年达到 1/4。二是高龄老人逐年增多。全省 80 岁以上高龄老人，2000 年为 33.36 万人，2005 年为 54.32 万人，2008 年为 57.20 万人，年均增加 2.98 万人。目前，80 岁以上高龄老人占全省总人口数 1.30%，占老年人总数 10.4%，这个比重还会逐年提高。三是空巢化趋势日趋突出。2005 年全省共有家庭户 1257 万户、家庭户规模为 3.28 人，比 2000 年减少了 0.48 人；2008 年全省共有家庭户 1245 万户、家庭户规模为 3.38 人，比 2000 年减少了 0.38 人。随着家庭结构小型化，城市老年空巢家庭近43%，农村空巢和类空巢家庭近40%。四是老龄化发展水平不平衡。随着城市化进程的加快和劳动力的转移，农村老龄化水平高于城镇1.24个百分点。我省11个设区市均进入了人口老龄化阶段。人口密度较高、生育率较低的地区，人口老龄化程度相对较高。面对老年人越来越多、养老需求越来越大、社会和家庭养老负担越来越重的新情况，我们一定要增强老龄工作的责任感，充分认识做好老年人工作对提高全民生活水平和生活质量的重要意义，充分认识做好老年人工作对扩大社会消费的重要作用，充分认识做好老年人工作对社会主义精神文明建设的促进作用，充分认识做好老年人工作对构建和谐社会的支撑作用，积极做好老年人的生活保障、生活服务，大力开拓老年消费市场，努力弘扬尊老爱老敬老助老的优秀文化传统，为构建全面小康社会、和谐社会作出应有的贡献。

二、突出重点，狠抓落实，不断推动我省老龄事业快速发展

关于今年全省老龄工作，徐毅同志在工作报告中已作了具体部署。各级老龄委和有关部门要按照工作要求，结合自身职能，把老龄工作纳入本地区、本部门重要工作内容，作出具体安排，积极为老年人多办实事好事。今年要着力抓好以下几项工作：

（一）继续落实和完善养老保障制度

应对人口老龄化，实现“老有所养、老有所医、老有所教、老有所学、老有所为、老有所乐”的工作目标，其中“老有所养”是“六老”之首，也是当前最重要、最紧迫的任务。过去十多年来，我省在这方面做了大量工作，但养老保障覆盖面不广、保障水平不高、保障待遇悬殊的问题仍然突出。为此，要进一步健全和完善城镇职工、灵活就业人员、农民工的基本养老保险制度。根据中央和省里的安排，积极开展新型农村养老保险制度试点工作，重视解决失地农民的养老保险问题。同时，认真做好社会救助工作，特别是做好城乡最低生活保障与养老保障制度的衔接工作，通过城乡低保和各种救助等一系列保障制度，切实解决老年人的基本生活问题。各地可根据经济发展水平，适当提高百岁老人长寿补贴标准，有条件的地方可探索建立无社会保障老年人生活补贴、高龄老年人长寿补贴、困难老年人照料补贴等制度，让老年人充分享受晚年生活。要切实落实中央关于医疗卫生体制改革的文件精神，进一步完善城镇职工基本医疗保险、城镇居民基本医疗保险、新型农村合作医疗、城乡大病医疗救助等基本医疗保障的四张网，力争能把老年人口都纳入到保障网中来，使老年人首先做到“病有所医”。

（二）加快发展养老服务业

就加快推进养老服务业的发展问题，民政部门做了大量工作。近期，省民政厅联合省老龄办、省委政研室开展了一次养老服务方面的调研，写出了调研报告，提出了许多很好的意见和建议。各县（市、区）也都在加紧推进试点工作。近些年来，南昌市东湖区政府在推进居家养老服务方面进行了有益探索，取得了较大成效。区政府投入270多万元，建起了一个面积500多平方米的区社会化养老服务中心，每年财政拨款20万元用于开展居家养老服务工作经费，并出台系列政策措施扶持民办养老服务机构建设，对30张床位以下的民办养老服务机构补助1万元，30～50张床位的补助1.5万元，50张床位以上的补助2万元，工作力度很大，值得各地学习借鉴。请各设区市老龄工作部门加大这方面工作力度，省老龄办将在调研的基础上，出台有关文件，进一步推进这项工作。关于发展养老服务业，我想主要是做好三个方面工作：一是在前几年工作的基础上，继续加强养老院、敬老院、光荣院建设，推动“三院”体制机制创新，将“三院”供养由公益型逐步转向公益型和社会服务型相结合，为民营企业参与养老服务业的发展起示范作用。二是鼓励社会力量兴办养老服务业。三是发展社区居家养老服务，希望每个设区市今年都能搞3～5个不同特点的试点，试点要突出三项内容：一是老年人就医服务问题，二是老年人就餐服务问题，三是老年人居所清洁服务问题。明年总结经验，逐步推广，再用2～3年时间，使居家养老服务在全省城市推开。

（三）切实加强农村老龄工作

我省是个农业比重较大的省份，有70%的老年人生活在农村，农村老龄工作始终是我省老龄工作的重点。近年来，党中央、国务院高度重视农业农村工作，出台了一系列支农惠农政策，为农村老龄事业发展提供了广阔空间。各级老龄委和有关部门要充分认识做好农村老龄工作的重要性和紧迫性，把保障和改善农村老年人的生活水平和生活质量作为加强农村老龄工作的重中之重。首先，确保农村老年人、特别是困难老年人的基本生活，重视解决农村高龄、失能、贫困、空巢老人的实际问题。其次，充分发挥家庭养老的基础性作用。目前，农村还是以家庭养老为主，在当前大量青壮年农民外出务工的情况下，农村留守老人较多，给养老带来了一些新情况。要切实抓好家庭成员赡养责任的落实，重视解决各类赡养矛盾和纠纷。第三，加强农村为老服务基础设施建设。2006

年，省老龄委根据农村老年服务设施相对落后的情况，在农村开展了老年人协会规范化建设试点工作，由省财政下拨一定扶助资金，帮助农村老年人协会配备活动器材。这项工作已经抓了3年，效果很好，很受农村老年人的欢迎，今后还要继续抓下去，把好事办好。当前，要结合制订新农村公共事业建设总体规划，按照城乡一体化和基本公共服务均等化的要求，加大养老服务设施建设，帮助农村改善为老服务基础条件。

（四）重视老龄法制建设和宣传教育

国家将修订老年人权益保障法，《江西省实施〈老年人权益保障法〉办法》执行了8年，随着改革开放和社会主义市场经济的深入发展，老龄工作和养老保障工作出现了一些新情况、新问题，根据这些新情况、新问题，要做好修订和完善《江西省实施〈老年人权益保障法〉办法》的准备工作。同时，要加强有关法律法规的宣传教育，大力弘扬中华民族传统美德，不断增强人们法律意识和敬老意识。加强执法检查，对《老年人权益保障法》和我省实施办法有关规定落实不好的，有关市、县老龄办要及时向政府分管领导报告，认真予以协调解决。今年是新中国成立六十周年、国际老年人年十周年，要通过组织系列活动，进一步丰富老年人的精神文化生活，营造敬老爱老助老良好社会氛围。

三、加强领导，形成合力，把我省老龄工作提高到一个新水平

任务已明确，关键在落实。各级老龄委和有关部门要站在贯彻落实科学发展观、全面建设小康社会和构建和谐社会的高度，充分认识做好老龄工作的重要意义，进一步加强领导，强化责任，狠抓各项工作落实。

（一）进一步完善老龄工作体制机制，重视解决突出问题

老龄工作涉及到方方面面，是党、政、军工作一部分，群众工作一部分、社会工作一部分，必须齐抓共管，形成整体合力，构建“大老龄”工作格局。各地要按照回良玉副总理在全国老龄委第十一次全体会议上的讲话要求，切实加强老龄工作机构建设，努力形成党政领导高度重视、老龄委协调有力、成员单位尽职尽责、社会力量积极参与的老龄工作推进机制。老龄委是个议事协调机构，在这次省政府机构改革中，仍然保留省老龄委，充分说明省委、省政府对老龄工作高度重视。各级老龄委要切实发挥协调指导作用，认真解决本地老龄工作中存在的突出问题和矛盾。从目前的情况来看，基层老龄工作机构人员编制少、经费紧缺的问题比较突出。有的县（市、区）老龄办没有明确人员编制和固定工作经费，工作由民政部门的同志兼做，搞活动临时打报告要钱。这种情况，与我省人口老龄化的形势和任务的需要很不适应，各地要重视解决这个问题，保证基层老龄工作有人管、有人抓，有钱做事。各级老龄委办公室要加强自身建设，牢固树立为基层服务、为老年人服务的思想，不断提高组织协调能力和调研督查水平。各老龄委成员单位要对本级老龄委负责，积极支持老龄办的工作，密切配合，主动反映情况，多提出一些好的对策建议，努力完成老龄委交给的任务。政府机构改革后，各地要根据人事变动情况，及时调整补充老龄委成员，确保老龄工作领导力量。

（二）深入开展调查研究，不断完善相关政策措施

我国人口老龄化的挑战是史无前例的，没有一个发展中国家像中国这样，面对老年人日益增多、情况日趋复杂的老龄社会挑战。因此，加强应对人口老龄化发展战略研究十分重要。老龄问题是一个关系国计民生的重大社会问题，要结合贯彻落实《江西省老龄事业发展“十一五”规划》情况的检查评估，做好我省应对人口老龄化中长期发展战略研究。要加强老龄工作实践性和运用性研究，如民办养老服务机构的发展和管理问题、居家养老服务长效机制的建立问题、农村养老保障制度的完善问题等。通过调查研究，进一步推动我省老龄工作和老龄事业的发展。

（三）加强对基层老龄工作的指导，注意培养和树立先进典型

老龄工作的重点在基层，难点也在基层。近几年来，我省有不少地方在做好基层老龄工作上，摸索出了一些好的经验、好的做法，但从总体情况来看，基层老龄工作基础仍然比较薄弱。各级老龄委和成员单位要转变作风，深入基层，调查研究，加强工作指导，认真总结推广经验，帮助基层解决实际问题。要以开展“全省老龄工作先进单位和先进个人”评选活动为契机，做好固强补弱工作，不断推动基层老龄工作整体水平的提高。要重视培养和树立老年人宜居社区、居家养老服务、农村为老服务、基层老年人协会建设等方面的先进典型。继续加强基层老龄组织建设，充分发挥社区和农村老年人协会在为老服务、维护社会稳定、关心教育下一代等方面的积极作用。

同志们，老龄工作任务艰巨，责任重大，使命光荣。我们一定要在省委、省政府的正确领导下，坚持以邓小平理论和“三个代表”重要思想为指导，深入贯彻落实科学发展观，大力弘扬井冈山精神，求真务实、开拓进取，以老龄工作的优异成绩迎接新中国成立六十周年！

在福建省老龄工作委员会第九次全体会议上的讲话

福建省委常委　副省长　省老龄委主任　陈　桦

（2009 年 4 月 15 日）

今天，我们召开省老龄委第九次全体会议，学习贯彻全国老龄委第十一次全体会议精神，总结 2008 年全省老龄工作，部署 2009 年老龄工作。刚才，周扬基同志传达了全国老龄委会议主要精神，回顾了去年全省老龄工作情况，提出了今年工作意见，并就居家养老服务工作实施意见和试点工作方案作了说明。省委组织部、省劳动保障厅、发展改革委、财政厅有关负责人分别作了发言。大家还就相关问题发表了意见，都讲得很好。现在，我强调四点意见。

一、充分肯定去年全省老龄工作取得的新成效

省委、省政府高度重视老龄工作，卢展工书记、黄小晶省长多次对做好我省老龄工作作出重要指示和批示。去年以来，各级、各有关部门认真贯彻落实卢书记、黄省长指示精神，按照省老龄委第八次全体会议和全省老龄工作电视电话会议的部署安排，扎实工作，开拓进取，老龄工作取得了新进展。

一是老年社会保障水平稳步提高。全省 72.8 万名企业退休人员的基本养老金按时足额发放，15.8 万农村老年人纳入农村低保，年满 60 周岁的被征地农民纳入老年养老补助范围；全省 989 位百岁老人的长寿营养补贴标准从每月 100 元提高到 200 元；推进城镇居民基本医疗保险，对低收入家庭 60 周岁以上的老年人给予补助；新型农村合作医疗深入开展，280 万老年人参加新型农村合作医疗，人均资助额从 50 元提高到 80 元；城乡医疗救助工作力度加大，重点优抚对象和“三无”老人纳入救助范围。医改前关闭破产的国有、集体企业 19.35 万名退休人员医保问题得到妥善解决。

二是老年服务设施建设持续加强。省级安排 2500 万元支持城市社会福利中心建设，安排 4300 万元补助百所农村敬老院建设，安排 100 万元对民办养老服务机构给予一次性开办补助。全省各类养老服务机构达 934 家，共有床位 4.2 万张，老年人床位拥有率增至 9.6‰；老年体育、文化设施进一步完善。

三是为老服务工作取得新进展。一些地方积极探索为老服务的新途径，福州、厦门的部分社区认真开展居家养老服务工作，为老年人提供日间照料、用餐等服务，为全省推进居家养老服务工作积累经验。社区医生联系家庭责任制试点进一步扩大，社区卫生服务有新的拓展。认真做好老年人法律援助和法律服务工作，受援老年人 1500 多人。《福建省老年人保护条例》修订已列入省人大常委会立法规划。广泛开展送温暖等活动，走访慰问高龄、病残和贫困老年人。老年优待政策进一步落实，全省累计发放《老年人优待证》94.6 万本。第三届敬老爱老助老主题教育活动有效开展，一批孝亲敬老的先进典型受到表彰。

四是老有所为不断拓展。全省各级各类老年大学（学校）达 7818 所，在校学员 54.5 万人；各级关心下一代组织 1.7 万个，参加人员 42 万人；基层老年协会 1.4 万个，村（居）老体协组织 1.5 万个；注册的老年文艺团队 60 多个。广泛开展老年人健身活动，全省经常参加体育锻炼的老年人达到 236 万人，占老年人口的 51.4%。

过去一年，各级党委、政府更加重视老龄工作，有关部门充分发挥职能作用，主动把老龄工作融入本部门工作内容，社会各界更加关注老龄事业，尊老敬老氛围更加浓厚。各级老龄办积极发挥参谋助手作用，认真做好综合协调、沟通联系工作，老龄工作合力进一步增强，老龄工作氛围进一步浓厚，党政主导、社会参与、全民关怀的老龄工作大格局进一步形成。

二、持续做好新形势下老龄工作

今年是新中国成立六十周年，也是深入贯彻落实科学发展观，积极应对国际金融危机，全面推进海西两个先行区建设的关键一年。当前，要围绕“保增长、保民生、保稳定”的中心任务，准确把握新形势下老龄工作的新特点、新要求、新规律，增强工作的主动性，为推动我省老龄事业发展多作谋划、多出举措、多做工作、多尽责任。

一要加强老龄工作的统筹规划。近年来，省委、省政府坚持集中新增财力用于改善民生，出台了多项惠及广大老年人的政策，推动了老龄事业发展。与此同时，人口老龄化的趋势在不断发展。截至去年底，我省60周岁以上老年人口达到439万人，约占全省总人口的12.17%。人口老龄化呈现新的特点：一是老年人口增速加快。自1996年我省成为全国第10个进入人口老龄化省份以来，老年人口年均增加10.7万人。二是高龄老年人增幅明显。2006年至2008年，65周岁以上老年人口分别为317万人、326万人和332万人，年均增加7.5万人，80岁以上老年人口增速也趋加快。三是空巢老人日趋增加。我省空巢老人约占老年人口总数的1/3。四是老年人口结构发生变化。老年人文化层次越来越高，需求越来越广泛，老龄工作面临的课题越来越多。各级、各部门在研究制定老龄政策措施时，要充分考虑人口老龄化的特点和老年人的需求，增强政策的前瞻性和针对性。要把老龄工作融入海西两个先行区建设大局，服从和服务于党和政府的工作中心，服务先行谋发展，着眼先行求突破。统筹研究本届政府任期内的老龄工作，对2009年至2012年的老龄重点工作作出安排，财政等部门要根据老龄重点工作对老龄事业发展所需经费及时作出安排。要着力破解老龄工作难题。针对养老保障、医疗保障、为老服务、社会管理体制还不能适应人口老龄化的要求，老龄政策法规体系不尽完善，以及基层老龄工作总体比较薄弱，老龄工作力量有待进一步加强和整合，老龄事业投入有待进一步加大等问题，以科学发展观为指导，立足现有的基础和条件，不断创新体制机制，认真研究有效的解决办法。要突出重点，突破难点，积极探索，以点带面，扎实推进老龄工作不断取得新的成效。

二要加快老年社会保障制度建设。老有所养、老有所医是保障民生的重要内容，也是老年人最为关注的核心问题。要把提高老年社会保障水平作为核心任务，结合医药卫生体制改革，不断完善城镇职工基本养老和基本医疗保险制度，推动农村养老保险试点，不断提高养老保险参保率；认真实施新型农村合作医疗制度和城镇居民基本医疗保险制度，进一步扩大医疗保险覆盖面，切实解决好老有所养、老有所医的问题。今年城镇职工和居民参保率要达到90%，新型农村合作医疗参合率要达到95%。我省养老保险的覆盖面还比较低，高校、剧团、医院等一批事业单位还没有参加养老保险，这项工作要先调研。切实落实最低生活保障、医疗救助和农村计划生育家庭奖励扶助制度。同时，要做好各项保障制度的衔接，防止出现政策空白点。

三要大力推进居家养老服务工作。目前，我省居家养老服务供需矛盾比较突出，要把开展居家养老服务工作作为重要的民生工程，作为今年的一项重要工作来推进，抓紧出台《关于推进居家养老服务工作的实施意见》，着力解决当前居家养老存在的突出问题，争取到2012年形成比较完整的居家养老服务体系。要把政府购买服务与市场化服务结合起来，鼓励更多的社会力量参与到居家养老服务中来。要明确政府购买服务的对象、项目、标准，政府提供的服务主要针对老年人中的特殊群体，大部分老年人的服务需求主要通过市场化运作来得到满足。加强居家养老服务队伍建设，开展岗位技能培训，实行专业化服务人员与志愿者相结合，优化为老服务队伍结构，提升为老服务水平。认真做好居家养老服务试点工作，在全省选择100个城乡社区村居开展试点，探索适合城乡不同特点的居家养老服务模式。鼓励各地根据本地实际开展试点。适时召开全省居家养老服务工作座谈会。

四要推动养老服务设施建设。要加大协调力度，有效整合城乡基层各类为老服务资源，加大资金投入，大力推进养老服务网络和设施建设，研究制定2009年至2012年养老服务设施建设的规划，把促进养老服务机构的发展作为“保增长、保民生、保稳定”的一个重要措施。组织好省政府《关于加快发展养老服务机构的意见》（闽政〔2006〕8号）实施情况的检查，切实把规定的优惠扶持政策落实到位。积极推进民间养老服务机构发展。在当前应对国际金融危机的形势下，要进一步鼓励社会力量兴办民办养老服务机构。各地可有计划推出一批养老设施建设项目，通过政策激励，吸收社会资金参与建设。要在社区服务中增加公益性岗位，吸纳更多的大中专毕业生加入到为老服务队伍中来，不断优化为老服务队伍结构，提升为老服务水平。要大力发展长期照料服务，继续做好“爱心护理工程”工作，逐步解决失能老年人长期照料难题。

五要加强基层老年教育、文化、体育工作。要按照构建终身教育体系和省委、省政府办公厅《关于进一步加强老年教育工作的意见》（闽委办〔2004〕79号）要求，重点抓好城市街道、农村乡（镇）和村（居）的老年学校或老年大学分校的建校、管理等工作，开展基层老年教育工作的督查，进一步抓好基层老年教育工作，到2010年，力争村（居）建校率达100%，全社会老年人入学率达13%以上。要组织老年人广泛开展科学、文明、健康的文化娱乐和体育健身活动，促进老年人身心健康。要建立健全适合老年人特点和需求的老年文化体育活动组织，加快老年文化体育场所和设施建设，为开展经常性的基层老年文体活动创造条件、搭建平台，展示广大老年人与时俱进、乐观向上的精神风貌。

六要高度重视农村老龄工作。大多数老年人生活在农村，老龄工作的重点、难点也在农村。充分认识农村老龄工作的重要性，在新农村建设中大力推进农村老龄工作。要找准农村基层老龄工作的切入点，把保障农村老年人的基本生活摆到突出位置，认真开展农村老年人养老保障方式调查研究，积极推动各项保障措施向农村延伸。特别要重视解决特困、留守、高龄、空巢、因病致贫等老年群体的实际困难和问题。积极探索发展农村为老服务事业，认真总结基层开展“劳务时间储蓄”的经验，推广连城县农村建立低龄健康老年志愿者队伍、引导老年人开展互助服务的做法，推动建立农村为老服务体系。

三、加强老龄工作的组织领导

各级老龄委和老龄委成员单位要按照“忠诚履责、尽心尽责、勇于负责、敢于问责”的“四责”要求，不断强化责任，加强能力建设，努力构建保障老龄事业持续提升的体制机制，形成老龄工作的合力。

一要充分发挥老龄工作大格局的优势。坚持“党政主导、社会参与、全民关怀”的老龄工作方针，形成党政领导高度重视、老龄委协调有力、成员单位尽职尽责、社会力量积极参与的老龄工作机制。近年来，各级老龄委及其成员单位为做好老龄工作和发展老龄事业发挥了积极作用，但有的成员单位对如何更好把老龄工作与本部门工作结合起来，让老年人得到更多实在利益，研究不深、落实不够。各级老龄委要切实发挥协调指导作用，积极协调解决老龄工作中的困难和问题，推进老龄工作有效开展。各级老龄委成员单位要把老龄工作当作份内事，纳入本部门的工作安排。各级老龄委办公室要不断加强自身建设，提高组织协调能力和调研督查水平，树立服务观念，立足于为老龄委议事决策服务，为成员单位推进工作服务，为社会力量参与服务和为基层老龄工作服务，成为老龄事业发展的有力推动者。

二要夯实老龄工作基础。加强基层基础工作是老龄事业发展的长期任务。要强化基层老龄工作，探索建立社区（村）基层老龄工作机制，把老龄工作作为社区（村）建设的重要内容。积极巩固和发展基层老年协会等群众组织，加强对基层老年协会的指导和规范化建设，积极引导和发挥基层老年群众组织的作用，使其成为推动基层老龄事业发展、构建和谐社会的一支重要力量。要组织开展好“全国老龄工作先进单位和先进个人”评选推荐工作，通过评选表彰，发挥先进典型示范作用，营造浓厚的敬老养老助老氛围，不断提升老龄工作整体水平。

三要营造老龄工作良好氛围。加强老年理论和相关课题研究，为做好老龄工作提供科学的理论支持，更好地指导实际工作，促进老龄事业发展。要不断完善老龄政策法规，为老龄事业长远发展提供法制保障。积极开展敬老系列活动，大力弘扬中华民族敬老养老助老的传统美德。广泛开展宣传教育活动，大力宣传老年法规政策和尊老敬老的先进典型事例，提高全社会的老龄意识和法律意识，营造关注老龄问题、支持老龄工作、参与老龄事业的良好社会氛围。

同志们，在新形势下，老龄工作任务更艰巨，责任更重大。我们要坚定信心，振奋精神，开拓创新，扎实工作，推动我省老龄工作再上新台阶，为海西两个先行区建设作出新贡献，以优异成绩迎接新中国成立六十周年！

在陕西省老龄委全体委员会议上的讲话

陕西省副省长 姚引良

（2009 年 2 月 23 日）

同志们：

新年伊始，省老龄委在这里召开全体会议，会议非常重要。刚才，向东同志传达了全国老龄委第 11 次全体会议及全国老龄办主任会议精神。曹莉莉同志代表省老龄委作了工作报告，部署安排了今年工作任务。良玉副总理亲自主持全国老龄委会议并作重要讲话，说明了党和国家对老龄工作的重视。良玉副总理在讲话中精辟分析了当前老龄工作的新形势、新挑战，明确提出了老龄工作的新任务、新要求，对于当前和今后一个时期的老龄工作具有重要的指导意义，我们要认真领会精神，坚决贯彻执行。

借此机会，我谈两点意见。

一、积极应对老龄工作面临的新挑战

中国已是老龄化最快的国家之一，今年将出现进入老龄化社会以来的第一次老年人口增长高峰。陕西经济欠发达，人均经济收入在全国总体排名靠后，未富先老特征更加明显。我省农民年人均纯收入去年增长18.6%，达到3136元，但是因为底子差、基数小，和全国的差距由1495扩大到1625元。城镇居民和农村居民的收入比是4：1，高出全国的平均值3.47，城乡差距大、绝对收入低。统计数字表明，去年底我省60岁以上老年人口为451万，占全省人口总数约12%。高龄老人和失能老人大幅增加，空巢化趋势日益突出。

老年人是党和国家的宝贵财富，为党的事业和国家的富强作出了积极的贡献。现在他们老了，不再参加社会劳动，从生产的角度来讲，老年人就是纯消费群体，对社会经济就会有压力。随着经济社会的发展，越来越多的老龄问题需要我们来解决，老年扶养比将越来越高，养老金和老年人口医疗费用压力将越来越大。随着社会文明进步，现代老年人已经不仅仅停留在吃饱穿暖的基本生活需求中，他们在物质生活、医疗卫生、文化教育等方面将有更多的需求。我到过商山敬老院，有个老人家112岁了，和我拉家常时思想意识非常清楚、身体状况也比较健康。生活水平提高了，高龄老年人日益增多，我省百岁以上老年人现已达511名，这也是我们要关注的重点。还有没有自理能力的失能老人，需要特别照料。而对这些老人照料的好坏，决定城乡老年人生活质量和晚年幸福。在有些农村失能老人得不到应有照料，经济文化落后、思想封建甚至愚昧无知，有时一点小病就可能因为治疗不及时而让老年人失去生命。这种事情在有些农村是有发生的。如果农村有医疗保险的话，那这些问题都会解决。空巢老人也是一个比较突出的问题，这些老人在精神上空虚、寂寞。这些普遍存在的问题和矛盾，我们必须面对他。不断增加四二一家庭结构必然造成子女赡养老人的负担加重，这就需要大力发展社会养老。所以我说，做老龄工作者，一定要有责任感，有孝心、有爱心，全社会都要有同情心，孝敬老人，要尊老、敬老、助老，使老年人能够老有所养、老有所医、老有所为、老有所乐。我们要多创造更多适合老年人生活的好环境，让老年人生活的更舒心，各级政府都应该做好这一项工作。家家有老人，人人都要老，最近有些老同志给我说，他们在岗位上的时候没有重视老龄工作，该做的事情没有做，现在退下来了，面临养老问题，才发现老年人群特别需要高度重视，切身的感觉到他们这个人群需要关爱，需要社会的扶助。最近有老同志给赵书记和袁省长写信，作为政协提案，提出了加强老龄工作的十条建议，反映的是我省老龄工作存在的问题及表现，提出发展老龄事业的措施与对策建议，要求省委政府要高度重视老龄工作，发展老龄事业。要求姚引良同志能牵头落实。这个提案大部分我赞成。和老同志换位思考一下，就会感到发展养老事业非常紧迫，所以我们要有一种更强烈的紧迫感、责任感。做好老龄工作是我们各级老龄委和老龄工作者的崇高使命，大家要增强做好老龄工作的责任感和使命感，坚定信心，振奋精神，扎扎实实做好各项工作的深入落实。

二、要着力解决好老龄事业发展中的一些突出问题

一是要解决好老有所养、老有所医的问题，要让老年人活得有尊严。宝鸡市2007年初在全省率先出台了《关于加快发展养老事业的意见》，并成立了加快发展养老事业领导小组，出台了一些发展老龄事业的措施以及养老保险制度，在农村，给60岁以上的老年人每月发放60元钱，这60元钱对农村老年人来讲很重要，老人拿到钱以后最大的感受就是有了尊严，在家庭中受到儿孙的孝敬和尊重。他们觉得活的有尊严。人力资源和社会保障部以及财政部的有关领导在宝鸡调研后，给予了充分的肯定。陕西省要把农村养老覆盖到全社会，所以我们要加大工作力度，真正让老年人老有所养、老有所医。政府有能力在农村合作医疗和社会养老保障体系方面做得更好。

二是要加快养老服务设施基础建设。虽然现在已经有很大的改善，但还不够。每年春节前我们到一些敬老院慰问，一些有规模、条件好的敬老院，老人们生活的很幸福。规模很小、基础设施和医疗卫生条件比较差的，老人们的生活就不行。赵乐际书记到宝鸡凤县调研工作回来后，第二天就把我叫去了，给我讲凤县的敬老院办得好，那里供养的老人多，医疗有保证，还开垦了一片地种些菜、养些猪，老人吃的都是绿色食品。所以加快养老服务设施建设非常重要，我们老了以后也可以住，这是很多人的愿望，是很现实的事情，我们不要退下来以后再后悔没有办好老年人的事情。全省107个县区，争取每一个县都有一个集中敬老院，再加上民办养老机构，老年人的养老问题就得到了很好的解决。

三是要尽快出台我省加快养老服务业的实施意见，不断完善陕西养老保障的政策体系。中央2000

年就发布了《关于加强老龄工作的决定》和国务院、办公厅《关于加快实现社会福利社会化的意见》。国务院2006年下发了《关于加快发展养老服务业的意见》，我省落实老龄工作和发展养老服务业法律、法规和政策措施还远远不够。今年我们要抓紧时间做这项工作，不在于文字多少，能有切实管用的几条就行，要从政策上明确政府、社会、家庭的责任。要通过政策来调动社会力量服务养老事业，同时让以家庭养老为主的家庭能够得到适当的补贴，政府、社会、家庭怎么形成合力来推动养老服务业的发展。做好老龄工作是党和政府义不容辞的责任。我们必须从战略高度重视严峻的老龄化趋势，以科学发展的态度积极应对老龄化对经济社会发展的广度、深度和久度的影响，制定老龄政策措施时，必须充分考虑人口老龄化的新情况，增强政策的前瞻性和针对性。对高龄的、失能的、贫困的、空巢老人等这些老年人中的弱势群体要更加关注。老龄工作涉及千家万户和社会的方方面面，我们要认清老龄工作性质，树立大老龄工作意识。各级老龄委要加强自身建设，着力理顺老龄工作的体制机制，特别要处理解决好县级老龄机构的编制待遇问题。各成员单位要认真履行职责，紧密配合，围绕改善民生，大力加强涉老政策措施的完善和落实，扎实有效地开展工作。有关部门要加强沟通，统筹协调，确保各项保障制度之间的衔接与延续，避免交叉重叠、缺失遗漏，尽快形成适度集中、有序组合、相互衔接的老年社会保障制度。

四是要做好老年人的权益保障和优待。孝传统是中国人伦道德的基石，孝文是中华文化的瑰宝。家庭养老的前提，就是儿女要有孝心，要负起赡养老人的责任。然而，社会上不孝敬父母、不赡养父母，甚至虐待老人的子女确实存在。侵害老年人利益的事件也时有发生。要研究从法律的角度来保障老年人的权益。去年，司法部发出了《关于进一步做好服务老龄工作的通知》，无疑为老年人的维权工作提供了有力的保障和支持，各地市要借助这一时机，加强《老年法》的宣传，加大执法协调力度，努力维护好老年人的合法权益。要建立健全老年法律服务和援助体系，积极推进法律服务和援助“进社区、进乡村”活动。要用科学发展的思路，做好老年优待工作，根据经济社会发展情况，扩大优待范围。法律规定60岁以上既为老年人，兄弟省市也把老年人的优待范围扩大到了60岁，其他省市做到了，我想我们也同样能做到。要做好调研工作，和相关部门搞好协调，把老年人的优待年龄降下来，不要等到70岁才享受优待，有的老年人辛苦一辈子，60多岁身体就已经不行了，有些优待政策已经没有机会享受了，我们要认真落实老年人的优待政策，逐步提高优待标准，拓宽优待范围，使老年人得到更多实惠。

发展老龄事业，满足老年人需求，是改善民生的重要内容，也是扩大内需的一个有效着力点。党的十七大提出了“老有所养”的明确目标，十七届三中全会和中央农村工作会议作出了加快农村改革发展和社会保障体系建设的重大战略部署，中央经济工作会议提出把改善民生作为应对国际金融危机、促进经济平稳较快发展的出发点和落脚点。这一系列战略部署，为老龄事业的发展指明了方向，我们必须在工作中不折不扣地落实。

老龄事业的发展需要全社会的关注和努力，和谐社会的建设需要尊老敬老的社会氛围。我们要积极开展宣传教育活动，提高人们的人口老龄化国情意识。要认真组织好“全国老龄工作先进单位和先进个人”评选表彰工作，继续牵头举办好“陕西十大孝子”评选活动，营造尊老敬老的社会环境，要抓好典型，组织好评选表彰工作，发挥先进典型示范作用。要结合庆祝国庆六十周年、国际老年人年十周年这一有利形势，组织开展一系列老年人文化活动及评选表彰活动，在社会上为老龄事业造势。要在全省大力弘扬中华民族传统美德，使敬老、爱老、助老成为全社会的自觉行动。

在甘肃省老龄委第八次全体会议上的讲话

甘肃省委常委 省委组织部长 省老龄委主任 侯长安

（2009年6月1日）

同志们：

这次省老龄委第八次全体会议，是经省委同意召开的。主要任务是，贯彻落实全国老龄委第十一次全体会议精神，分析研究我省老龄工作形势，安排部署今年的任务。

2008年，是我省改革发展进程中极不平凡的一年。面对艰巨的改革发展任务和非同寻常的重大挑战，省委沉着应对、果断决策，团结带领全省人民和衷共济、攻克时艰，经济和社会各项事业取得了新的发展。全省老龄工作主动适应形势任务的变化，积极探索，稳步推进，养老保障制度逐步健全，社会化养老服务进一步拓展，救助灾区和特困老人工作力度不断加大，老年优待工作扎实开展，老龄机构自身建设得到新的加强，各项工作取得了明显成效。这些成绩的取得，是各级老龄工作部门积极进取、扎实工作的结果，也是各成员单位密切配合、共同努力的结果。对此，省委、省政府是满意的。

关于今年全省老龄工作的任务，沙仲才同志将作具体安排，希望各地各单位认真抓好贯彻落实。

下面，围绕做好今年全省老龄工作，我讲三点意见。

一、准确把握形势，进一步增强做好老龄工作的责任感和紧迫感

2009年，是我省经济社会发展面临严峻挑战、也面临重大机遇的一年，保增长、保民生、保稳定的任务十分艰巨。在这样的大背景下，老龄工作面临许多前所未有的新情况、新问题。这就要求我们必须准确把握形势、主动应对挑战，以高度负责的态度扎实推进全省老龄工作。

一是人口老龄化趋势加快对老龄工作提出了新要求。做好老龄工作，首先必须准确把握人口老龄化的规律和阶段性特征。从目前我省的人口结构看，老龄化呈逐步加快的态势，截至2008年底，全省老年人口达303万人，占常住人口的11.5%，特别是65岁以上老年人，与2000年相比净增71.4万人，达到199万多人，占常住人口的7.6%。这些情况表明，我省已进入人口老龄化社会，这个阶段的显著特点是，老年人口增速逐步加快，高龄老人和失能老人大幅增加，老年人的文化知识层次不断提高，对物质生活、医疗卫生、文化教育、社会服务等方面的需求越来越多。从我省老龄工作的现状看，尽管这些年有了长足发展，但由于受自然条件、经济基础等因素的制约，老龄工作的整体水平与经济社会发展还有许多不相适应的地方，在做好老年人生活照料、医疗保健、康复护理、家政服务等方面，面临的困难更多，老年社会保障体系承受的压力更大。

二是经济形势的发展变化对老龄工作带来了新挑战。今年是新世纪以来我省经济发展最为困难的一年，受国际金融危机的影响，经济增长的下行压力加大，给扩大就业、增加收入、社会保障带来了一系列新的困难和问题，特别是在金融危机尚未见底的情况下，影响经济发展的不确定因素仍然很多，社会事业发展的困难因素增多，人口老龄化的各种矛盾与经济社会发展的各种矛盾相互交织，做好老龄工作的难度增大。同时，由于受经济形势发展变化的影响，在一定程度上造成用于老龄事业发展和贫困老年人救助的资金筹措困难比较大，一些老年福利企业生产经营成本上升，影响服务作用的发挥等，这些都对老龄工作提出了新的挑战。

三是扩内需保民生的政策对老龄工作提供了新机遇。为有效应对金融危机，今年中央和省委围绕保发展、保民生、保稳定出台了一系列扩大内需的政策措施，应该说，在事关发展的基础设施建设和改善民生问题上，财政投入和扶持的力度是很大的。老龄工作是社会事业的重要组成部分，也是改善民生的重要内容。金融危机对老龄工作来说，既带来了困难和挑战，而扩内需、保民生政策措施的逐步实施，也为老龄事业提供了前所未有的发展机遇。各级老龄工作部门一定要树立强烈的发展意识，抓住扩大内需的机遇，进一步增强工作的责任感和紧迫感，立足改善老年事业基础设施建设，主动争取党委、政府的支持，创造性地开展工作，切实把老龄事业向前推进一步。

二、细化完善措施，确保老龄工作各项任务的落实

2009年，全省老龄工作任务繁重而艰巨，各级党委、政府和老龄工作部门要以科学发展观为指导，坚持围绕中心、服务大局，注重研究老龄工作的新情况新问题，把握规律，突出重点，完善措施，狠抓落实。

第一，要切实抓好老年社会保障制度建设。保障制度建设是老龄工作的一项根本性建设，事关老龄工作的协调发展、长远发展。近年来，我们围绕保障老年人基本生活和促进社会和谐，逐步建立健全以养老保障和基本医疗保险为重点的社会保障制度，为推进老龄工作发挥了重要作用。但也要看到，随着经济社会的发展，老年社会保障制度建设还存在着许多不够健全、不够完善、不够均衡的问题。今年抓这项工作，重点要在三个方面下功夫：一是在健全完善上下功夫。从目前已经建立的保障制度来看，有的与经济社会发展的要求不相适应，有些制度相互之间不够配套，这些问题在一定程度上影响了老年社会保障工作的推进。今年在工作中要注意解决这一问题，对各项保障制度进行一次修订完善，使保障的目标要求和具体措施与经济社会发展的水平相适应，与老年人的实际需要相适应。在修订完善过程中，还要高度重视制度之间的相互配套和衔接，防止相互重叠，逐步建立起体系完整、覆盖广泛、实在管用的老年社会保障制度。二是在推进落实上下功夫。一个好的制度能不能真正发挥作用，关键是看能不能落到实处。今年要把推进制度落实作为一项重要任务来抓，在城镇重点是抓好基本养老保险制度、医疗保险制度的落实，不断提高保障水平；在农村重点是进一步扩大养老保险制度试点的范围和层次，推动最低生活保障制度的实施，解决好贫困老人的基本生活问题。通过抓制度落实，真正让老年人感受到党和政府关怀，共享改革发展的成果。三是在探索创新上下功夫。近年来，各地在保障老年人物质文化生活方面进行了一些有益的探索，尤其在解决特困老人基本生活、服务照料高龄老人方面，采取了一些符合实际、群众满意的措施，取得了比较好的效果。各级老龄工作部门要注意挖掘总结基层的实践创新，善于把好的经验和做法上升到理性的层面，用制度的形式固定下来、坚持下去，通过制度创新使老龄工作始终充满生机和活力，与经济社会发展的形势相合拍，与老年人不断增长的物质和精神需求相适应。

第二，要下大力抓好老年福利设施建设。福利设施是服务老年人的重要物质基础，抓好福利设施建设是老龄工作的一项重要任务。目前，我省老年福利设施总体上来说，数量较少、规模较小、社会化程度较低，而且城乡之间不平衡的问题非常突出。各地各单位要把老年福利设施建设作为今年的一项重要工作来抓，结合开展“双五、双十、双百”示范化工程建设活动，大力推进老年福利设施建设。一是加快城市综合性老年福利服务中心建设。要在继续加强社区老年活动阵地建设、增强服务功能的同时，坚持以政府投入为主导，多渠道筹措资金，在市州和县市区逐步兴建城市综合性老年福利服务中心。在建设过程中，一定要注意设计规模、服务功能的定位，既要坚持从实际出发，又要适度超前考虑，充分发挥服务中心的示范带动作用，逐步建立起覆盖面广、功能齐全的城市老年福利服务设施。二是加强农村敬老院和“五保家园”建设。目前，农村老年福利服务设施与城市相比差距比较大，建设任务还很艰巨。要坚持从农村实际出发，加强对以农村敬老院为主的现有福利服务设施的开发利用和功能完善，特别是要加强沟通协调，充分利用农村中小学调整出现的一些闲置房产，兴建扩建农村敬老院和“五保家园”，增强服务能力，提高服务水平。三是积极扶持民办养老福利机构。引导社会力量有序参与养老福利服务，是市场经济条件下做好养老服务工作的有益补充。各地各部门要紧密结合实际，广泛开展调研，制定扶持民办养老机构的政策措施，从信贷税收、管理服务等方面给予支持，鼓励社会力量积极参与养老服务。四是大力发展居家养老服务。随着老年家庭空巢率和失能老人的增加，对居家养老服务提出了新要求。各地各部门和老龄工作机构要把居家养老作为重要的民生工程，纳入社区建设的规划，加大政策和资金扶持力度，力争在较短时期内，建立多种形式的居家养老服务网络，充实完善社区居家养老内容和形式，努力为居家老年人提供高质量的生活照料、家政服务、康复护理和精神慰藉等服务。要通过扎扎实实的工作，逐步建立完善以政府养老机构为示范、社会养老机构为骨干、社区服务为依托、居家养老为基础的社会养老服务体系。

需要强调的是，随着人口老龄化步伐的日益加快，中央已经明确将机构养老作为今后发展的主要方向。最近，国家发改委和民政部启动了基本养老服务体系建设试点，我省作为全国5个试点省份之一，中央将安排5000万元专项资金。各级党委、政府和老龄工作部门要抓住这一有利契机，扎实开展好试点工作，积极争取中央对我省长期支持，推动老龄工作的持续发展。

第三，要全力抓好农村老龄工作。我省是一个农业人口比重较大的省份，农村老年人占全省老年人七成以上，农村老龄工作既是全省老龄工作的重点，也是工作的一个难点。各级党委、政府要站在推动农村经济社会发展、维护农村和谐稳定的高度，精心谋划和扎实推进农村老龄工作，把这项工作纳入新农村建设的总体布局，科学规划，合理安排，统筹推进。当前，要重点解决好两个方面的问题：一个是解决好留守老人的问题。我省是一个劳动力输出大省，每年有大量青壮年农民外出打工，家里只剩下老人和孩子，留守老人既要劳动、照看孩子，又没有固定收入，身体患病也没有人照顾，生活十分艰难。解决好这些老人的实际问题，关系到农村的发展稳定。各级党委、政府特别是乡村党组织要高度重视这一问题，摸清底子，建立台账，采取党员干部一对一帮扶、基层党组织定期走访看望等措施，想方设法解决留守老人生产生活中遇到的实际困难和问题。一个是解决好农村老年人协会建设问题。老年人协会作为农村老年人的自治组织，是老年人参与社会事务和实现老有所为的重要渠道与载体。

农村基层党组织要加强对老年人协会的指导和管理，注意把一些热心老年工作、群众威信高、富有影响力的老人，选配为协会带头人，结合农村生产生活实际，合理设置活动小组，广泛开展健康有益的活动，充分调动和发挥老年协会在抵制不良风气、反映老年人诉求、协助村委会工作、维护老年人权益、开展文体活动等方面的积极作用。

第四，要认真抓好老年优待和特困老年人救助。重视老年优待和特困老年人救助工作，是各级党委、政府义不容辞的责任。从目前情况来看，近年来各级老龄工作部门在老年优待、老年维权、特困老年人救助等方面，做了大量工作，取得了明显成效，但也存在政策措施落实不够到位，工作进展不够平衡等问题，今年要认真加以解决。要以贯彻落实即将下发的《关于加强新时期老年人优待服务工作的意见》为抓手，完善配套措施，细化靠实责任，进一步提高老年人优待层次，扩大优待范围，把优老惠老的这一好事办实办好。要切实维护老年人的各项权益，认真研究解决工作中出现的新情况、新问题，建立和完善相关制度和政策措施，进一步增强维权工作的预见性和前瞻性，真正维护好老年人的民主权利、财产权利和诉讼权利。要坚持把特困老人的救助工作摆在突出位置，采取有效措施，保障他们的衣食住用等基本生活需要，继续推进城乡最低生活保障制度的实施，对有老年人的困难家庭，简化手续、优先办理、应保尽保；要通过资金补助、实物配发、年节慰问等方式，加大对特困老年人的临时救助力度；要以城市“三无”老人、下岗失业家庭老人、零就业家庭老人和农村五保老人、特困老人为重点，积极推行定点定人定时探视救助制度；要鼓励个人和社会向特困老年人捐款捐物，动员社会各界为特困老年人送温暖献爱心。

三、加强组织领导，进一步提高老龄工作整体水平

老龄事业是一项庞大的系统工程，涉及方方面面，需要各级各部门分工协作、共同努力。各级党委、政府和老龄工作部门一定要站在推动科学发展、维护和谐稳定的高度，切实把老龄工作摆上位、抓上手，加强组织领导，扎实有效推进，不断提升全省老龄工作整体水平。

一要健全完善工作机制。各级党委、政府要坚持“党政主导、社会参与、全民关怀”的工作方针，把老龄工作列入当地经济社会发展总体规划，进一步理顺和完善老龄工作体制，不断加强机构建设，形成领导高度重视、老龄委协调有力、社会力量积极参与的工作机制。要靠实工作责任，充分发挥老龄委成员单位的作用，加强资源整合，注重相互配合，形成共同推进老龄工作的协调机制。要认真落实省委、省政府加大老龄工作经费投入的政策措施，足额落实各级财政列支老龄事业经费的规定标准，逐步建立与经济社会发展相适应的经费投入机制。

二要抓好老龄部门队伍建设。一支高素质的老龄工作队伍是做好老龄工作的重要保证。各级党委、政府要高度重视老龄工作部门队伍建设，进一步加强基层老龄工作机构领导班子建设，尤其要选好配强“一把手”，配齐领导班子，增强整体功能。要切实加强老龄工作干部队伍建设，注意关心他们的成长进步，积极为基层老龄工作者创造工作条件，改善工作环境，帮助解决工作中遇到的实际问题，使之安心工作、发挥作用。

三要深入开展调查研究。各级老龄工作部门要结合开展学习实践科学发展观活动，认真调查研究，掌握当前老龄事业发展的现状和薄弱环节，把握本地区、本部门老龄工作中需要解决的重要问题，了解广大老年人群体最关心的热点难点问题，总结推广基层在实践中创造的好经验好做法，使各项政策和工作部署更加符合实际，更能体现老年人的意愿。

四要加大老龄工作宣传力度。要加强与新闻媒体的沟通协调，大力宣传中央、省委对老龄工作的决策部署和指示精神，宣传我省老龄工作取得的成效，宣传中华民族尊老敬老的优良传统。要充分借助报刊、电视、广播等新闻媒体，设立老龄专题、栏目或论坛，丰富宣传内容，提高宣传质量，增强老龄工作的社会影响力，营造关心、支持老龄工作的浓厚氛围。

同志们，做好老龄工作任务繁重，责任重大。我们要在省委、省政府的领导下，深入学习实践科学发展观，以更加饱满的精神状态和求真务实的工作作风，积极进取，扎实工作，不断把全省老龄工作提高到一个新的水平。

我就讲这些，谢谢大家！

在青海省老龄委第八次全体会议上的讲话

青海省委常委 省委组织部长 省老龄委主任 齐 玉

（2009 年 6 月 25 日）

同志们：

老龄事业是我们社会主义事业的重要组成部分，老龄工作在全面建设小康社会进程中地位重要，是党和政府的一项重要工作。长期以来，省委、省政府对老龄工作十分关注，各级党委和政府也一直在积极开展这项工作，而且取得了一定的成绩。同时我们也要看到，我省老龄工作仍然存在许多问题和矛盾，主要表现在：各地老龄工作发展还不平衡，绝大多数农村人口仍处在养老保险制度之外，老年服务体系建设还不能满足老年人对服务日益增长的需求等。截止去年底，我省老龄人口已达 56.32 万人，约，占全省总人口的 9.85%，老龄人口年均增长 2.55%。其中高龄老人 21.33 万人，农牧区老龄人口 34.21 万人，分别占全省老龄人口的 37.90%和 60.74%。随着上世纪五六十年代大批支援青海建设的青年群体整体步入老年，今后五年将是我省老年人口增长的高峰期。根据测算，明年我省将进入人口老龄化社会，当“未富先老”的现实在我省出现时，老年人在物质生活、医疗卫生、文化教育、日常生活照料等方面的需求将日益迫切，无社会保障老年人和农村留守老年人养老风险增加，老年扶养比例将越来越高，社会养老保障的压力将不断加大，这必将对我省经济建设和社会事业发展带来深刻影响。同时国际经济危机迅速蔓延，今年可能是新世纪以来我国经济发展面临困难最大、应对挑战最严峻的一年。这种形势在影响我省经济社会发展的同时，也必然会给我省老龄事业的发展带来新的压力和挑战，老龄工作将会面临更多的困难和矛盾。对此，我们必须要有清醒的认识和充分的准备，正视这些困难和问题，积极采取有效措施，及早应对。各级党委、政府，各级老龄委和从事老龄工作的同志们一定要进一步统一思想，充分认识做好新形势下老龄工作的紧迫性、艰巨性和长期性，自觉站在建设富裕文明和谐新青海的战略高度，切实增强做好老龄工作的责任感、使命感，真抓实干，开拓创新，推动老龄事业加快发展。

下面，我就做好今年的重点工作讲四点意见。

一、进一步加快覆盖城乡的老年社会保障制度建设步伐

健全的社会保障制度，是保障老年人的基本生活、保持社会稳定和促进社会和谐的重要条件，也是改革发展的“减震器”、社会公平的“调节器”和社会安定的“稳定器”。社会保障体系主要包括养老保障、医疗保障、社会救助等，其中绝大部分内容都涉及到老年人。近年来，通过不懈努力，我省养老社会保障制度基本建立，为保障老年人基本生活发挥了积极的作用。但是从全省老龄工作大局和维护社会稳定、促进社会和谐的要求看，我省养老保险制度还不够健全、不够完善。因此，我们要抓住当前中央扩大内需和支持老龄事业发展的机遇，采取积极有效的措施，抓紧健全和完善覆盖城乡的基本养老保险制度体系。一要继续完善城镇基本养老保险制度，确保企业离退休人员基本养老金按时足额发放。2009 年底，国有企业离退休人员社会化管理要达到 100%。二要健全乡镇卫生服务体系，建立健全以社区卫生服务为基础的老年医疗服务体系，进一步提高农村合作医疗覆盖水平。不断完善各级医疗预防保健网，建立老年人健康档案，开展健康教育。三要加大对贫困老年人的救助力度，为长期贫困无支付能力的老年人提供生活和医疗救助，进一步加大农村“五保”老人和城镇“三无”老人集中供养工作力度，积极探索无社会保障老年人生活补助制度或办法。四要继续完善城乡低保制度、农民工养老保险制度、城乡医疗保险和农村新型合作医疗等制度，推进新型农牧区社会养老保险试点工作和被征地老年农牧民社会保障工作。省老龄委要加强与各成员单位之间的沟通协调，在健全和完善基本养老保险制度的过程中，充分考虑老年群体的特殊情况和需求；在督促各有关部门做好各项养老保障制度的衔接落实中，切实保障好老年人的利益，让老年人分享改革发展的成果。

二、不断推进社会化为老服务业发展

发展为老服务和老龄产业，是积极应对人口老龄化挑战的重要举措，也是扩大内需、改善民生、增加就业的有效途径。由于我省城市功能建设起步晚，发育不成熟，社区养老服务的发展还处在初级阶段，运行机制不健全，老年社会福利机构投入不足，历史欠账多，对老年人日常生活照顾方面所提供的服务远远不能满足老年人的需求。2008年末，全省养老机构的床位不足2000张，在基础设施方面排在全国末位。全省农村牧区收养性老年福利机构也只有93所可以运行，城市社区基本没有开展社会化养老服务的功能。虽然国家和我省都出台了加快养老服务业发展的政策，但相关政策落实还不理想。尤其是民办养老服务机构的优惠政策未能得到落实，严重影响了社会力量参与养老服务业的积极性。因此，加大老龄事业投入，加快养老基础设施建设，加速发展社会化为老服务业，是今后一段时期我省老龄工作的重要任务。做好这项工作，首先，要发挥各级党委和政府的主导作用。有关部门要尽快修订完善对民办养老机构的管理规定，在政策上给予更多的优惠，增加资金投入，积极扶持发展各类社会养老服务机构，吸引社会力量建设养老设施，参与养老服务，力争使民办养老服务机构每年有所增加。其次，要加快养老机构和服务机构的基础设施建设。在大力推进居家养老，强调养老服务多样化、多层次的同时，积极发展有护理服务功能的各种养老机构，争取在“十一五”期间，逐步在中心城市（如西宁市）和人口密集城镇（如各州府所在地）的中心社区建设一批集养老、日常生活照料、医疗保健、康复护理、文化娱乐、体育健身等多种功能为一体的社区老年服务中心（站），并实现全省养老机构每年至少新增300张养老床位的目标。第三，要加强社会工作者和社区服务人员队伍建设。开展以老年护理业务为主的社区老年护理服务员和社区社工的培训工作，提高服务人员队伍的整体素质和服务水平。调动社区居民自愿组建志愿者助老服务队伍，积极组织和引导志愿者到农村、城市社区开展为老服务活动，使老年人得到社会各界更多的帮助和服务。第四，要整合社区资源。按照社区规划和老年人实际需要，整合现有社会保障、医疗服务、社区信息平台等社区资源，改进服务方式，增加服务内容，及时为老年人提供就近、方便、快捷的服务。

三、努力提高农牧区老龄工作水平

老龄工作是建设社会主义新农村新牧区的重要课题。我省高达60.74%的老年人生活在农村牧区，保障和改善农牧区广大老年人的基本生活既是我省老龄工作的难点，也是我省老龄工作的重点。由于历史原因和城乡二元结构的制约，我省农村牧区老年人的生活水平相对较低，特别是从农村到城市的人口迁移加剧了农村人口结构的老龄化。因此，我们要把加强农牧区老龄工作摆上议事日程，努力解决农牧区老年人的养老、医疗等问题。一是推进和完善新型农村合作医疗制度。在推进新型农村医疗合作制度建设中，各地要加大投入，进一步提高老年医疗待遇水平，增强老年人健康和自我保健意识，降低患病和失能发生率。二是提高农村五保供养工作水平。做好农村五保供养工作，投入在政府、服务在民政、关键在队伍。要通过改建、扩建、新建等措施，继续加强敬老院建设，同时不断提高管理服务水平，确保全省五保集中供养率逐年提高。三是加强养老服务基础设施建设。建设农牧区社会化养老服务基础设施，政府要发挥主导作用，发改委、财政、民政、文化、卫生等部门要从科学发展的角度，统筹规划，合理安排，并建立敬老院等老年福利服务基础设施建设、正常运转经费以及安排公益性岗位服务人员等长效投入机制。在“十一五”期间，努力实现80%左右的乡镇拥有一处集住养、医疗保健、社区照料等多种服务功能于一体的综合性老年福利服务中心；1/3左右的村拥有一所老年人文化活动和服务站点的目标。四是加快农牧区老年人社会保障制度建设。在现有农村牧区低保工作的基础上，制定适合特殊情况并能有效解决老年人生活困难的办法，保障老年人的基本生活和医疗。积极开展农村养老保险工作，探索建立新型农牧区社会养老保险制度。五是重视家庭养老功能的恢复。在农村社会化养老机制尚未形成之前，传统式家庭养老仍是农村养老最主要的形式。这几年西宁市和海东地区开展的签订家庭赡养协议书的做法，可以强化子女的赡养义务，较好地维护老年人的合法权益，解除老年人的后顾之忧，是个好的尝试，各地区可以借鉴。

四、积极为老年人营造安定舒适的生活环境

安定舒适的生活环境是老年人健康长寿的重要保证，也是衡量老龄工作的重要标尺。老年人退出岗位后，往往会不同程度地存在失落感、孤独感，他们空闲时间较多，但组织比较松散，这就决定了他们既需要物质方面的照顾，更需要精神方面的关怀。各有关部门和各级老龄委要通过积极的努力，为老年人营造安定、舒适的生活环境。一是切实维护老年人合法权益。老年人的自我保护能力相对较弱，维护合法权益

的问题更为突出。各成员单位要加强对老龄问题的调查研究，不断完善老龄工作法规和政策体系，努力适应老龄化形势和经济社会发展的需要。要严格执行有关法律规定，依法保护老年人在家庭赡养和扶养、社会保障、参与社会发展等方面的合法权益。要加大执法检查力度，依法处理勒索、诈骗、侮辱、虐待、伤害、遗弃老年人的违法案件，坚决打击侵害老年人合法权益的不法分子。要健全和完善法律援助制度，逐步在各县（市、区）建立老年人法律援助中心（站），使老年人就地、就近、及时地得到良好的法律服务。二是做好老年人优待工作。支持公共文化设施向老年人免费或优惠开放，确保旅游景点、公交线路等有关公共设施对老年人给予免费优待。社会服务窗口和设施都应为老年人提供优先服务，机关、企事业单位的文艺、体育活动场所，凡能对外开放的，都应积极向老年人开放。三是丰富老年人精神文化生活。要积极发展老年教育，在广大老年人中提倡活到老、学到老，不断提高政治思想觉悟，跟上时代的步伐。要建立适合老年人特点的老年文化体育活动组织，开展形式多样、内容丰富、健康有益的基层老年文体活动，积极倡导科学、健康、文明的生活方式。要积极发挥老年人作用，把老年人才资源开发纳入全社会人才开发规划，逐步建立老年人才信息库，开发老年人才市场，进一步拓宽老年人参与经济社会发展的渠道，引导、鼓励老年人继续为经济社会发展作贡献。

各级党委、政府和各有关部门要切实把老龄工作摆上重要议事日程，将老龄事业纳入经济和社会发展的总体规划。各有关部门在制定专门规划时，要把老龄事业作为一项重要内容。各级政府要按照公共财政的要求，加快建立正常的老龄事业经费投入机制，保障老龄事业和老龄工作经费需要。要建立健全老龄工作责任制，形成一级抓一级、层层抓落实的机制，确保老龄工作的各项任务落到实处；各级老龄办和各成员单位要根据老龄委确定的工作目标和任务，结合本部门实际，研究制定具体的政策措施，形成协调配合、分工合作、齐抓共管的工作格局。各级老龄委办公室要充分发挥沟通协调、督促检查和参谋助手的作用，进一步调动社会各界力量，关心、支持和参与老龄事业发展；宣传部门和新闻媒体要大力宣传党和政府有关老龄工作的方针、政策，人口老龄化的现状和发展趋势，使广大干部群众懂得“家家有老人，人人都会老”、尊敬老人就是尊重自己的道理。宣传尊老敬老的先进典型和好经验，同时也曝光一些反面的典型和案例，在全社会大力弘扬尊老敬老的传统美德，营造关心老年人、支持老龄工作的良好氛围，推动老龄事业更好更快发展。

同志们，老龄事业任重道远，老龄工作光荣艰巨。我们一定要深入学习贯彻党的十七大精神，按照省委、省政府的部署要求，开拓创新，扎实工作，全力推动老龄事业与经济社会协调发展，不断开创我省老龄工作的新局面！

在河南省老龄委第七次全体会议上的讲话

河南省副省长　公安厅厅长　秦玉海

（2009 年 5 月 8 日）

同志们：

今天我们在这里召开河南省老龄工作委员会第七次全会，也是调整后的新一届老龄委第一次会议，认真回顾总结我省六次全会以来的老龄工作，深入分析研究我省人口老龄化形势和老龄工作所面临的新情况新问题，全面安排部署 2009 年全省老龄工作，杨云同志代表老龄委所作的工作报告对六次全会以来全省老龄工作做了全面回顾和总结，对今年全省的老龄工作作了具体安排部署。报告中对取得的成绩和存在的不足及今后的努力方向都作了明确的阐述，我完全同意。省委组织部、省人力资源和社会保障厅、省公安厅的负责同志还分别介绍了本部门、本系统老龄工作开展的有关情况。这次会议没有发言的单位，下次会议还要作出专门安排。会议还对杨云同志所作的报告和即将出台的《河南省政府关于推进居家养老服务工作的意见》进行了审议，提出了宝贵的意见。可以看出在上一年里，各成员单位高度重视老龄工作，采取了扎实有效的措施，开展了富有成效的工作。各省辖市及扩权市县的老龄办主任也列席了今天的会议。工作在基层的同志非常辛苦，政策、措施的落实全靠你们。我代表省老龄委对你们表示衷心的感谢和亲切的问候！下面，就抓好我省的老龄工作再讲几点意见：

一、认清形势，面对挑战，抢抓机遇做好老龄工作

今年是我们应对国际国内环境重大挑战、推动党和国家事业实现新发展的关键一年，也是在新形势下加快发展城乡老龄事业的重要一年。各级老龄委和有关部门要从战略全局出发，深刻认识和准确把握老龄工作面临的新情况、新要求，紧紧围绕党和国家的中心任务，进一步增强做好老龄工作的紧迫感、使命感，认清形势，面对挑战，抢抓机遇做好我省的老龄工作。

（一）我省进入老龄化社会以来的第一次老年人口增长高峰将在今年开始出现，这是我们必须高度重视的新情况

截至2008年底。我省60岁以上老年人口达到1172.02万人，约占常住人口的12.43%。今年，随着新中国的同龄人步入老年，我省将出现第一次老年人口增长高峰。人口老龄化呈现新的特点：一是老年人口增速加快。1998年我省进入老龄化社会以来，老年人口年均增加52.05万人，今后将以年均4%的增长率的规模递增。二是高龄老人和失能老人大幅增加。目前，80岁以上高龄老人已达到136.4万，并开始以年均7.37万人以上的速度增长。三是空巢化趋势日益突出。四是老年人口结构正在发生变化，文化层次越来越高，老年人的要求越来越广泛，老龄工作面临的课题也越来越多。在未富先老的情况下，正在到来的老年人口增长高峰将对我省经济社会发展带来深刻影响，老年人在物质生活、医疗卫生、文化教育等方面的需求将越来越多，老年扶养比将越来越高，养老金和老年人口医疗费用压力将越来越大。我们在研究制定老龄政策措施时，必须充分考虑人口老龄化的新特点，增强政策的前瞻性和针对性。

（二）国际金融危机和国内经济形势变化对老龄工作的影响将在今年逐步加深，这是我们必须全力应对的新挑战

国际金融危机的快速蔓延，给实体经济带来很大冲击。今年很可能是新世纪以来我国经济发展面临困难最大、挑战最严峻的一年，我省也将如此。当前，我们正处于经济体制深刻变革、社会结构深刻变动、利益格局深刻调整、思想观念深刻变化的关键时期，人口老龄化的各种矛盾和问题与社会转型、经济转轨相互交织，人民群众特别是老年人对老龄工作的期望和要求越来越高，而老龄工作的基础依然薄弱。复杂严峻的国内外经济形势，势必对今年的老龄工作带来新的压力和挑战，有些方面的困难可能会更加突出，比如老年人社会保障水平较低、老龄服务缺乏资金支持、老龄产业发育滞后、基层老龄工作薄弱等。我们必须正视挑战，妥善应对。

（三）国家扩大内需保持经济平稳较快发展的举措和省委、省政府对发展老龄事业的高度重视是我们必须抢抓的机遇

发展老龄事业，满足老年人需求，是改善民生的重要内容，也是扩大内需的一个有效着力点。省委、省政府领导也多次强调要加快发展我省的老年福利事业。希望省、市各有关部门充分把握扩大内需的机遇，千方百计加大老龄事业投人，促进老龄事业发展。党的十七大提出了“老有所养”的明确目标，十七届三中全会和中央农村工作会议做出了加快农村改革发展和社会保障体系建设的重大战略部署，中央经济工作会议提出把改善民生作为应对国际金融危机、促进经济平稳较快发展的出发点和落脚点。这一系列战略部署，为老龄工作和老龄事业的发展指明了方向，我们必须在工作中不折不扣地贯彻落实。

二、明确思路，突出重点，推动老龄事业全面发展

今年保发展保民生保稳定的任务十分繁重。老龄工作要按照省委省政府的要求，明确思路，突出重点，着力抓好事关老龄事业长远发展的几项重点工作：

（一）加快老年社会保障制度建设

健全的社会养老保障制度，是促进经济发展、保持社会稳定、保障老年人基本生活和维系社会和谐的重要条件。改革开放以来特别是近年来，我省老年社会保障体系建设取得了重要进展，但还不健全、不完善、发展不够均衡。为此，一要加快健全完善和落实好各项保障制度。继续完善基本养老保险制度，促进城镇职工基本养老保险制度规范化；探索实施新型农村养老保险制度，努力扩大覆盖面；进一步完善基本医疗保险制度，全面推进城镇职工基本医疗保险、城镇居民基本医疗保险、新型农村合作医疗制度；切实完善最低生活保障制度，做到应保尽保，切实解决贫困人口特别是贫困老年人的基本生活问题。二要确保各项保障制度的协调衔接。有关部门要加强沟通，统筹协调，确保各项保障制度之间的衔接与延续，避免交叉重叠、缺失遗漏；尽快形成适度集中、有序组

合、相互衔接的老年社会保障制度。三要重视制度创新。近年来，一些地方紧密结合当地实际，创造性地开展工作，在解决老年人生活问题上进行了许多有益尝试，如建立无社会保障老年人生活补贴、高龄老年人生活补贴、老年人长期照料补贴、减免高龄和困难老年人参加新农合个人缴费等制度，收到了很好的效果。各地和各有关部门要注意总结经验，加强引导，在实践中不断丰富完善。

（二）大力发展为老服务业和老龄产业

发展为老服务和老龄产业，是积极应对人口老龄化挑战的重要举措，也是扩大内需、改善民生、增加就业的有效途径。要紧紧抓住机遇，加大工作力度，加快推进为老服务和老龄产业发展。一要大力发展居家养老服务。适时出台《河南省人民政府关于推进居家养老服务工作的意见》。要在支持和鼓励家庭成员照料老年人的同时，强化社区为老服务功能。把发展居家养老服务作为重要民生工程，纳入社区建设规划，改善社区为老服务设施条件，加大资金投入力度。要加快社区为老服务中心（站、点）的组织建设和服务设施建设，完善为老服务网络，有效整合社区为老服务资源，探索合作养老、志愿者服务、社会互助等居家养老的有效途径。积极扶持和培育社会力量从事居家养老服务项目。二要积极推进老龄产业发展。要认真研究社会福利事业与老龄产业分类管理办法，积极探索政府购买服务、公建民营、民办公助等有效方式，推进社会福利机构转换运营机制。要认真学习兄弟省市好的经验和做法，积极研究探索并出台我省对民办养老机构的扶持政策，争取在部分地市有所突破。大力培育和开发老龄产业市场，加强政府信息服务、政策引导、金融支持和市场监管，鼓励引导社会民间资本进入老龄产业，增加社会为老服务的有效供给，使之逐步形成一个扩大就业、吸引资金、促进经济平稳较快增长的新行业。要加快推进以照料失能老人为主要对象的“爱心护理工程”建设步伐，有关部门要根据国家安排制定我省实施方案，切实把这项利国利民的民心工程抓好，使之尽快见到实效。三要加强为老服务队伍建设。目前，我国为老服务队伍的数量和素质都远远不能满足老年人的服务需求。要积极研究制定促进为老服务的就业政策，加快专业养老护理人员从业资格制度建设，加强专业人才培养和从业人员培训工作，不断优化为老服务队伍结构，提高服务人员专业素质和职业道德。要健全社会工作者制度，鼓励和吸引社会工作者从事为老服务工作。要积极发展志愿者队伍，广泛动员社会力量，开展多种形式的为老服务。

（三）大力加强农村老龄工作

我省大多数老年人生活在农村，保障和改善农村老年人的民生问题是老龄工作的重中之重。要认真贯彻落实十七届三中全会精神，充分认识农村老龄工作的重要性和必要性，大力推进农村老龄事业发展。一要把保障农村老年人的基本生活摆到更加突出的位置，以养老、医疗、低保和“五保”等保障制度建设为重点，加快制度建设步伐。二要加大农村为老服务基础设施建设力度。目前，农村为老服务基础设施建设比较落后，绝大多数村（自然村）没有老年人活动场所和为老服务设施。各地在制定新农村公共事业建设总体规划时，要统筹安排，科学布局，加大财政投入力度，加快农村为老服务基础设施建设。彩票公益金的使用也要更多地向农村为老服务项目倾斜。三要重视解决农村高龄、失能、贫困、空巢老年人的实际问题。这些特殊困难老年人，大多数面临着程度不同的生活风险高、经济保障差、照料服务难、生活压力大等实际困难。要在发挥家庭养老基础性作用，落实家庭成员对老年人赡养责任的同时，采取有效措施，切实保障他们的生活和照料服务。要按照城乡一体化和基本公共服务均等化的思路，积极发展农村居家养老服务，探索适合农村特点的为老服务方式，拓展服务项目和内容。

（四）继续抓好“社会化养老服务示范市（区）”创建，搞好“河南省老龄工作先进单位和先进个人”的评选工作

从前年开始，在我省广泛开展了“养老服务社会化示范市（区）和示范单位”的创建活动，涌现了一批省级示范市（区）和示范单位，并进行了大张旗鼓的表彰。这对全省的养老服务社会化工作起到了巨大的示范和带动效应。今年省老龄办一定要继续抓好这项工作，搞好组织指导和督促检查，通过这项活动的持续开展，督促引导各地加快老年服务基础设施建设，规范养老机构服务，建立健全老龄工作机构，加大对老龄事业的投入，确保我省老龄工作步入良性发展轨道。各地各部门还要高度重视和严密组织好“河南省老龄工作先进单位和先进个人”的评选活动，并在此基础上推荐出全国老龄工作先进单位和先进个人。要以这项评选活动为契机，大力弘扬老龄工作的先进典型，推动我省老龄工作的全面发展。

三、加强领导，密切协作，努力开创老龄工作新局面

省老龄委是省政府负责全省老龄工作的议事协

调机构。老龄委的各项工作任务，主要是由各成员单位分工协作完成的。我们要按照建立“大老龄”格局的整体思路，积极建立老龄委成员单位协调互动机制，形成密切配合、分工合作、齐抓共管的工作局面。

一是各成员单位要按照《河南省老龄工作委员会成员单位职责》的要求，明确各自责任，认真履行好自己的职责。在座的26个省直厅局都是省老龄委的成员单位。老龄工作尽管归口民政厅，只是将老龄委的办事机构设在民政厅，他们将为此做更多的工作，起到综合协调的作用。但老龄工作的具体任务，是由各成员单位共同完成的。因此说，老龄工作能否搞好，不是民政厅一家的事，在座的各位都有责任。今年，我们要认真落实成员单位职责，做到年初有分工，年中有检查，年底有考核，建立一套科学完善的成员单位工作目标责任制。一些成员单位认为老龄工作就是老干部工作，把协调落实老龄工作职责的事情交给本单位老干部处去做，这种认识和做法有些偏颇。各单位回去后，要认真对照《河南省老龄工作委员会成员单位职责》及《河南省老龄工作委员会成员单位联络员职责》，查找工作中的问题和不足，真正承担起成员单位的责任，心往一处想，劲往一处使，把各自的涉老工作做得更加具体、深入，从而为全省老龄工作水平的提高奠定基础。

二是要实实在在研究和解决当前困扰老龄工作发展的新老问题。各成员单位要结合自身工作职能和实际，实实在在地研究和解决当前困扰我省老龄工作发展的新老问题。比如说老龄工作机构问题，时至今日，仍有个别市没有这方面的专门工作机构，甚至有些地方还未理顺管理体制，这就需要组织人事部门多出面协调和督促检查。还比如，加强老龄事业投入，强调的多，落实得很不够。1996年确定的省老龄办每年核定20万元的专项事业经费标准，十余年都没有增加，无论是绝对数还是相对数，目前在全国都排在十分靠后的位次。当然，市以下财政的投入也相应少得可怜。这种情况值得认真研究，提出可行的解决办法，更需要各级财政部门支持和配合。再比如，现在养老护理员特别难招，年轻人宁愿去饭店端盘子，也不愿意到养老院去伺候老人，就是正在从事此项工作的人，回到老家也不愿说。这说明养老护理员的地位和工资待遇确实太低。这就需要我们劳动保障部门要考虑能否将养老护理员纳入社会公益岗位，安排更多的“4050”失业下岗人员和返乡农民工到养老护理员岗位就业，政府统一组织培训合格后，持证上岗，从事养老护理服务工作，这样既解决了就业问题，也减轻了养老机构的负担。凡此种种，希望有关厅局结合我省实际，发挥部门的职能作用，积极促进相关问题的妥善解决。

三是各成员单位都要着眼于全省老龄工作的大局，把老龄工作真正摆上重要议事日程。各地各部门要结合工作职责，发挥部门优势，强化责任意识，更加积极主动地做好老龄工作。省老龄办也要更好地履行“参谋助手、综合协调、督促检查”的职责，加强调查研究，转变工作作风，创新工作思路，不断提高政策理论水平和业务能力，当好省委、省政府的参谋助手，把老龄工作抓紧抓好，促进我省老龄事业的发展。

同志们，做好老龄工作，发展老龄事业，是时代赋予我们的光荣使命，也是各级政府和各有关部门义不容辞的责任。去年年初，胡锦涛总书记在天津视察时对做好老龄工作提出了明确要求。他指出，尊重老年人、关爱老年人、照顾老年人是中华民族的优良传统，也是一个国家文明进步的标志。我们要弘扬中华民族尊老敬老的传统美德，大力发展老龄事业，给予老年人更多生活上的帮助和精神上的安慰，让所有老年人都能安享幸福的晚年。对此，我们必须认真地学习领会并贯彻落实。去年根据形势需要并参照全国老龄委的做法，专门新增了四个部门为省老龄成员单位，其目的就是要增强省老龄委的议事协调力量，把我省的老龄工作做好、做扎实。有这样一句话：“家家有老人，人人都会老，关爱今天的老人，就是善待明天的自己。”这句富有哲理的话提醒我们每个领导同志和每个部门要充分认识我国、我省老龄化的大趋势，从我做起、从现在做起，尤其是从我们在位的时候做起，认认真真对待老龄工作。这样，对社会、对个人，对公、对私都是做好事、做善事。让我们认清形势，把握机遇，以邓小平理论和“三个代表”重要思想为指导，全面贯彻落实科学发展观，以十七大精神为指针，在省委、省政府的领导下，求真务实，开拓进取，为促进我省老龄事业与经济社会的协调发展，开创我省老龄工作的新局面作出更新更大的贡献。

在湖北省老龄工作委员会第七次全体会议上的讲话

湖北省委常委　常务副省长　李宪生

（2009 年 5 月 8 日）

同志们：

省老龄委第七次全体会议主要是传达全国老龄委第十一次全体会议和全国老龄办主任会议精神，总结和部署我省的老龄工作。刚才，松保同志代表省老龄委作了工作报告，有关部门领导就老龄工作发了言，既总结了成绩，明确了下步工作的重点，同时，对开创我省老龄工作新局面也提出了很好的意见和建议。等一下，岱梨省长还要对工作提要求。请大家认真学习、领会，一并抓好落实。应该说，老龄工作是一项艰苦细致的工作，也是光荣神圣的工作。借此机会，我谨代表省委、省政府向所有关心支持老龄事业发展的社会各界表示衷心的感谢！向长期辛勤工作在老龄战线上的同志们表示亲切慰问！下面，我就做好新形势下老龄工作强调三点意见。

一、认清形势，提高认识，进一步增强做好老龄工作的责任感和紧迫感

老龄工作是党和政府的一项重要工作，是社会主义事业的重要组成部分。过去一年，在省委、省政府的领导下，省老龄委各成员单位和各级老龄委，认真贯彻落实全省老龄委第六次全体会议精神，紧紧围绕党和政府的中心工作，紧密结合各自工作实际，积极开展老龄工作，全省老龄工作又取得了新的可喜成绩和进步。对此，应该充分肯定。所有这些为我们进一步做好老龄工作奠定了良好的基础。与此同时，我们也要清醒地看到老龄工作面临的新形势、新要求，进一步增强做好老龄工作的责任感和紧迫感。

（一）充分认清我省人口老龄化形势

从统计情况来看，目前全省 60 岁以上老年人口 734.97 万，占全省总人口的 11.89%；65 岁以上老年人口为 487.36 万，占全省总人口的 7.89%。随着经济社会的发展，人民生活水平的提高，以及人口出生水平的逐步降低和人口平均预期寿命的延长，我省人口老龄化问题将日益突出。据研究分析，从 2001 年到 2050 年，湖北省人口老龄化发展趋势分为三个阶段：第一阶段，从 2001 年到 2015 年是加速老龄化阶段。60 岁以上人口将达到 994.22 万，占总人口的 15.47%，其中 80 岁以上人口将达到 107.85 万，占老年人口的 10.85%；第二阶段，从 2015 年到 2035 年是持续快速老龄化阶段。伴随着 20 世纪 50 年代到 70 年代中期人口增长高峰出生队列进入老年，人口老龄化将持续快速增长；60 岁以上老年人口达到 1930.39 万，占总人口的 30.80%；第三阶段，从 2035 年到 2050 年是加速的重度老龄化阶段。60 岁以上老年人口规模将达到峰值 2149.18 万，占总人口的 37.66%。而且在人口老龄化的同时，高龄、“空巢”、贫困现象将更加突出。据统计，我省 60 岁以上的贫困老年人口近 60 万，空巢老年人 130 多万，80 岁及以上高龄老人增长迅速，将从 2005 年的 67.43 万人迅速增长到 2050 年的峰值 458.98 万人，年均增长率达 4.26%。未来 50 年我省将会面临严峻的重度老龄化和高龄化并举的形势。老龄化带来的各种问题将深刻影响社会、经济发展，也给老龄工作带来新课题、新任务。

（二）高度关注经济形势变化给老龄工作带来的影响

当前，国际金融危机持续蔓延，给我省实体经济带来冲击。严峻复杂的国内外经济形势，势必对老龄工作带来新的压力和挑战。一方面，人民群众特别是老年人对老龄工作的要求和期望越来越高；另一方面，我们的老龄工作基础薄弱，老龄工作存在的问题可能会更加突出。从我省情况看，主要存在这样一些问题，老年人社会保障水平较低、老龄服务缺乏资金扶持、老龄产业发育滞后、老年服务基础设施不足、农村老龄工作薄弱等。面对当前复杂的形势，我们必须保持清醒头脑，进一步增强工作的针对性和主动性，要善于应对各种困难和挑战。

（三）正确把握老龄事业发展的新机遇

党中央、国务院高度重视老龄事业。党的十七大提出了“老有所养”的明确目标，温家宝总理在十一届人大会议上的政府工作报告也提出了继续加强老龄工作的要求，十七届三中全会作出了加快农村社会保障体系建设的重大战略部署。在应对国际金融危机的新形势下，中央明确提出把改善民生作为促进经济平稳较快发展的出发点和落脚点。这些重大战略决策，都给我省老龄事业发展带来了难得的机遇。大家要充分认识到，发展老龄事业，满足老年人需求，是改善民生的重要内容，也是扩大内需的一个有效着力点。各级政府和各有关部门要把握当前扩大内需的机遇，把发展适合老年人迫切需要的产业作为一个新的经济增长点来培育，千方百计加大老龄事业投人，不断促进老龄事业发展。

二、把握全局，突出重点，努力推动我省老龄事业持续健康发展

努力做好新形势下老龄工作，推动老龄事业持续健康发展，必须把握全局，突出重点，扎实工作。当前要着力在四个方面下功夫。

（一）加快建立和完善社会养老保障制度，努力保障老年人的基本生活

完善老年社会保障体系，是促进发展、保持社会稳定和维系社会和谐的重要保证。目前，社会保障体系框架基本形成，关键是要狠抓落实。这些工作主要有进一步扩大社会养老保险覆盖面；推进城镇居民基本医疗保险制度和新型农村合作医疗制度；启动事业单位养老制度改革；加快推进城乡居民最低生活保障制度；完善新型农村社会养老保险制度；研究农民工养老保险办法；落实好农村计划生育家庭奖励抚助制度；进一步规范农村“五保”供养等。在这些工作中，一方面要加大力度，切实把工作做好、做到位；另一方面要特别注重提高孤寡老人、失能老人、病残老人生活保障水平，切实保障老年人的利益，使老年人共享经济社会发展成果。

（二）大力推进为老服务体系建设，加快养老服务业发展

随着人口老龄化趋势的日益增强，当前解决“空巢”家庭、高龄老人和生活完全不能自理的老年人的养老服务问题十分迫切，供需矛盾突出，必须采取有力措施，加快养老服务体系建设步伐，积极探索并创新养老服务业的体制机制。要通过政府扶持和社会兴办等多渠道、多方式促进养老服务业发展。2006 年初，国务院办公厅批转了全国 10 部委联合制定出台的《关于加快发展养老服务业的意见》，2008 年，全国老龄办等 10 部委又下发了《关于全面推进居家养老服务工作的意见》。根据中央文件精神，2007 年省政府办公厅批转了省老龄办等 13 部门《关于加快发展养老服务业的意见》，各地各部门要切实贯彻好这些文件精神，进一步强化措施，狠抓落实。要做到长计划、短安排，每年做好一两件实事，不断促进我省养老服务业的快速健康发展。

（三）切实关注农村老年人，认真做好农村老龄工作

我省是一个农业大省，农村老年人口达 400 多万，占全省老年人口的 70%。当前农村老龄工作的问题更为突出。一是农村社会保障制度不健全。农村养老保险、合作医疗、最低生活保障等均存在覆盖面小、资金来源少，保障水平低、制度不完善、管理不规范等问题。相当一部分符合条件的农村老年人没有纳人社会养老保险、合作医疗、低保和社会救济的范围。农村老年人养老和缺医少药问题十分突出。二是农村老龄事业经费投入严重不足。国家财政、集体和社会对农村老龄事业投入少，老年服务设施和活动场所严重不足，绝大多数农村老年人的精神文化生活匮乏。三是一些农村地区代际关系不和谐，歧视老年人，不履行赡养义务，虐待、遗弃老年人的现象时有发生，尊老敬老助老的社会氛围还有待加强。解决这些问题，要求我们更加重视和关心农村老年人生活，解决好农村老年人的养老、医疗等问题。要特别关注农村贫困老人、空巢老人的生活状况，把加强农村老龄工作作为老龄事业发展的重中之重。

（四）积极推进老年文教体育事业发展，不断丰富老年人精神文化生活

老年文体教育事业是老龄事业的重要组成部分。各级政府和有关部门要高度重视老年文教体育事业发展，注意组织开展健康向上的老年文体活动，支持各类老年群众文体组织健康发展，引导和鼓励基层老年文体教育活动创新，积极倡导科学、健康、文明的生活方式。要把老年文化、教育、体育事业纳入各级及相关部门发展规划，创造更多适合老年人的优秀作品，让先进文化占领老年人的思想文化阵地。要因地制宜办好老年教育，重视和支持老年人参与社会发展，使老年人共享丰富多彩的社会精神文化生活。

三、加强领导，狠抓落实，努力营造老龄工作良好社会氛围

做好老龄工作，既是全面建设小康社会的重要内容，也是社会主义和谐社会建设的必然要求，各级政府和相关部门一定要加强领导，努力营造老龄工作良好社会氛围，引导全社会关心和支持老龄事业发展。

（一）要进一步研究和完善老龄工作体制机制

我省老龄工作部门成立以来，作了大量工作，取

得了一定成绩。但随着形势发展，也存在一些亟待研究解决的问题。据调查，我省县以下老龄机构职责不清，关系不顺，经费不足，队伍不强，条件不好。一些地方甚至没有工作机构，致使这些地方的老龄工作无人过问，上级布置的任务临时从民政系统抽人对付。对此，各地务必引起高度重视，采取措施，切实加强老龄工作机构建设，努力形成党政领导高度重视、老龄委协调有力、成员单位尽职尽责、社会力量积极参与的老龄工作推进机制。各级老龄委要积极争取当地党委、政府的重视和支持，充分发挥协调指导作用。各级老龄委办公室要注重加强自身建设，努力提高服务质量和水平。要积极探索建立与老龄事业发展相适应的基层老龄工作体系，建立一支更强、更完备的老龄工作队伍，做到基层老龄工作有人抓、有人管。

（二）要重视加强对基层老龄工作的指导

我省目前老龄工作仍处于探索发展阶段，发展还不平衡。各级老龄委和成员单位要注重深入基层调查研究，抓好政策宣传和业务指导。要认真总结推广基层老龄工作创造的新经验、新做法，发挥先进典型示范作用，不断提升基层老龄工作整体水平。要按照巩固、发展、规范、提高的原则，积极培育和发展基层老年群众组织，加强领导、管理和业务指导，充分发挥其密切联系广大老年人的桥梁作用和基层老龄工作的助手作用，使之成为推动基层老龄工作的重要力量。

（三）要认真做好老龄调研和宣传工作

当今社会是一个多元化社会。社会结构发生深刻变化，老龄事业所面临新情况、新课题也日渐增多。这就要求我们要加强老龄问题的调查研究，不断推进老龄事业的发展和创新。要围绕关系老年人切身利益的难点热点问题，以及老龄工作中不断出现的新情况、新问题，着眼于问题的解决，加强调查研究，进一步完善相关政策措施。要积极开展涉老法律法规的普法教育和宣传工作，为老龄事业长远发展和维护老年人权益提供法律保障。新闻媒体要注重老龄事业的宣传报道，结合庆祝新中国成立六十周年、国际老年人年十周年，组织开展一系列老年文化活动，强化人口老龄化国情意识，大力弘扬中华民族传统美德，使敬老爱老助老成为全社会的自觉行动。

同志们！老龄工作关系到全面建设小康社会的宏伟目标，也关系到改革发展稳定大局。希望各地及相关部门认真贯彻落实中央、省委、省政府有关加强老龄工作的政策法规和工作部署，锐意进取，开拓创新，努力把我省的老龄事业继续推向前进！

在广东省老龄委第十次全体会议上的讲话

广东省副省长　省老龄委主任　李容根

（2009 年 2 月 24 日）

同志们：

今天，我们在这里召开省老龄工作委员会第九次全体会议。这次会议主要任务是：回顾总结 2008 年的老龄工作，深入分析研究全省人口老龄化形势和老龄工作面临的新情况、新问题，安排 2009 的工作任务。刚才，党生同志传达了全国老龄委第十一次全体会议精神，刘洪同志代表省老龄委作了一个很全面的工作报告并提出了今年的工作意见，劳动和社会保障厅、司法厅、广播电影电视局的负责同志分别介绍了本系统开展老龄工作的经验，讲得都很好。同时，会议还表彰了 2008 年度省老龄委先进成员单位和优秀联络员，希望获奖的集体和个人再接再厉、再立新功，其他成员单位要努力向他们学习，为做好全省老龄工作多努力、多费心、多贡献。今年的省老龄委全委会把各市的老龄委领导和老龄办主任都请来列席会议，目的是共同研究搞好全省老龄工作，为做好 2009 年的工作共同努力。

去年的全省老龄工作在省委、省政府的正确领导下，解放思想，团结协作，开拓进取，狠抓落实，各项工作都取得了新的成绩。社会保障制度不断完善，覆盖面进一步扩大；为老服务事业加快发展，服务水平进一步提升；老年人权益得到有效保障，全社会自觉维护老年人合法权益的意识进一步增强；老年特色文化教育体育活动广泛开展，老年人的精神文化生活日益丰富；成功举办了首届人口老龄化与当代社会发展高端论坛，全社会共同应对人口老龄化的意识正在增强；开展了老龄工作目标责任考核，促进了老龄工作各项指标的落实；圆满完成了第五期“银龄行动”任务，扩大了老龄工作的影响。

这些成绩的取得，是省委、省政府及各级党委、政府正确领导的结果，是各涉老部门和社会各方面密切配合、共同努力的结果，也是全省各级老龄工作者不懈努力、艰苦奋斗、忠诚奉献的结果。在此，我代表省政府、省老龄委向全省各级老龄工作者和所有关心、支持老龄工作，为老龄事业作出贡献的同志们表示崇高的敬意和衷心的感谢!

展望新的一年，今年我国经济发展可能是新世纪以来最为困难的一年，但也是蕴含重大机遇的一年。我们必须要把保持经济平稳较快发展作为今年经济工作的首要任务，把改善民生作为保增长的出发点和落脚点。老龄事业是改善民生、推进民生的重要组成部分，在当前金融危机新形势下，我们要勇敢迎接挑战，坚决抢抓机遇，努力做好今年老龄工作。下面，我讲几点意见。

一、进一步提高认识，切实增强做好老龄工作的紧迫感、责任感

当前，我省已经进入人口老龄化的快速发展阶段，人口老龄化形势严峻。老年人口以每年 3.5%的速度递增，绝对数较大，目前已超过 984 万人，逼近千万老年人口大关；高龄老人和失能老人不断增多，80 岁以上老人超过 200 万。随着家庭的小型化及人口的频繁迁徙流动，空巢老人、独居老人大幅度增加。据我省老年研究机构一项调查显示，当前我省城镇空巢老人达 51.9%。这些高龄、失能和空巢老人的大量增加，对我省形成了巨大的压力。在农村地区，老年人的供养和照料的资源短缺问题更加严重。人口老龄化带来的社会问题已经成为 21 世纪我们重要的国情、省情。人口老龄化提出的各种挑战已大大超过了 20 世纪对老龄问题的预期，成为我省改善民生、坚持科学发展、建设小康社会、促进社会和谐不可忽视的问题。积极应对人口老龄化，是全面建设小康社会的内在要求。做好老龄工作，是关系到进一步强化社会管理和公共服务的重大问题，是关系到加快建立覆盖城乡居民的社会保障体系的重大问题，是关系到建设和谐文化、树立文明风尚的重大问题。

改革开放以来，特别是近几年来我省老龄工作取得了显著成绩，但同时也必须看到当前老龄工作还存在一些新的矛盾和问题：一是老年人口迅猛增长和养老保障制度覆盖面小的矛盾。目前我省养老保障制度只覆盖到城乡产业工人（职工）和部分失地农民，农村养老保障制度还没有建立起来，为老服务设施建设，特别是农村为老服务事业发展比较滞后。农村老年人为农村的发展建设辛苦了一辈子，老了却享受不到养老保障，这是一个制度上的缺失。我们要认真考虑如何通过健全保障制度解决他们的问题。二是老年人日益增长的照料需求与居家养老服务发育滞后的矛盾。居家养老服务虽然在政府的积极参与和强力推动下有较快发展，但却存在服务内涵窄化、市场运行机制发育滞后、养老服务机构及设施不完善，服务队伍建设不能满足广大老年人的现实需求的问题。鼓励和支持社会力量积极发展养老服务业、实现市场化运作的政策不足。三是老龄工作任务重与人员少、老龄组织不健全的矛盾。目前，我省一些市的老龄办只有一两个人，机构设置不顺，规格偏低，难以完成老龄办的职能任务，在一定程度上影响了老龄工作的开展。我把问题归纳为五个“不”：一是重视不够。部分政府还没有把老龄工作摆上议事日程。老龄工作作为社会和谐建设的一个重要方面，我们所做的工作还不够。二是投入不足。三是机构不全，有部分县（区、市）机构设置还没有理顺。四是福利保障不力。由于制度的缺失，像农民养老保险等问题还有待我们进一步解决。五是服务不周。虽说我们在“六个”老有方面取得了很大的进步，但是还有不足的地方。

这些矛盾和问题的存在，若不认真加以解决，必将影响到社会的和谐、民生的改善。因此，我们必须切实加强对老龄工作的组织领导，坚持“党政主导、社会参与、全民关怀”的工作方针，构建党政军群齐抓共管的大老龄工作格局，把我省老龄工作提高到一个新的水平。

二、突出重点，着力做好关系老龄事业长远发展的大事

今年的具体工作，刚才刘洪同志已经作了部署。我在这里主要讲一讲关系老龄事业长远发展的几件大事。

（一）要抓紧做好老龄事业“十一五”规划实施的检查评估，增强规划的针对性和前瞻性、有效性

首先，各地要抓紧做好老龄事业“十一五”规划完成情况的中期评估工作，检查了解规划实施进展情况、主要指标完成情况、重点任务和重大项目实施进展情况等方面内容，对老龄事业规划进行全面、系统的评价和分析。现在是老龄事业“十一五”规划实施的中期阶段，中期评估十分重要。要把规划拿出来看看，对比一下有哪些事情做好了，还有哪一些做的不够、需要改善的。各市的老龄委领导

及老龄办领导回去以后要主动抓好落实，发现问题要及时向老龄委汇报，老龄委解决不了的事情，要向党委政府汇报。其次，要根据全省经济社会发展战略的调整，对规划进行充实调整。各地要抢抓扩大内需保民生的机遇，千方百计地加大对老龄事业的投入，特别是对农村老龄事业基础设施的投入，促进老龄事业的发展。第三，要针对规划实施中的薄弱环节、存在的问题和出现的新情况、新要求，进一步加大工作力度，采取新的举措，扎实推进老龄工作不断取得新的成效。良玉副总理在月初召开的全国老龄委第十一次全体会议中特别指出，我国进入人口老龄化社会以来的第一次老年人口增长高峰将在今年开始出现。我们对这一形势必须高度重视。因为进入老龄化社会我们比全国早，递增的比例高。理所当然地我们应对这项工作的力度要比全国的大。在研究制定老龄政策、实施老龄事业规划时，必须充分考虑人口老龄化的新形势、新特点，增强政策措施的针对性和前瞻性。

（二）要以贯彻落实《珠江三角洲地区改革发展规划纲要》为契机，积极推进全省老龄事业快速发展

《珠江三角洲地区改革发展规划纲要》是指导珠三角地区当前和今后一个时期改革发展的行动纲领。我们必须以贯彻落实珠三角规划纲要为重大契机，进一步加大工作力度和财政投入，促进老龄事业发展。一是大力推进养老保障制度一体化发展。要打破养老保障体制的“条块分割”现象，把重点放在实行社会养老保险全省统筹、健全全覆盖的社会养老保障体系上，缩小不同老年群体的保障性收入差距，增强社会养老保障的均衡性、公平性。城市化发展快的地区在这方面都进行了积极的探索。像深圳达到退休年龄的农村人口已经享受养老保险；又如东莞、广州、中山、佛山这些地区，目前也正在探索这方面的政策措施。所以这是一个千载难逢的机遇。我们必须在这个方面要积极地参与，把工作做好。省劳动保障厅已经提出要探索农村社会保障制度的问题，在未来两年内这项工作应该会有一个很大的突破。所以说，我们从事老龄工作的同志要把这方面的基础性工作做好，如老年人口数以及老年人的基本生活情况等，要弄得很清楚，需要我们提供这些数据的时候，开口就可以说得出，不要到时候才去调查研究。二是着力构建城乡一体的医疗保障和服务体系。继续改革和完善现有的医保制度，建立起将所有人群纳入医保范围的全民医保制度。各级政府要加大投入，扶持基层社区医疗机构的发展，大力建设老人医院和社区老人门诊等医疗卫生机构。目前农村医疗发展很快，新农合参保率已达到90%多，各级财政对每个村的卫生站都给予补助。城镇居民医疗发展也很快，已逐步向社区延伸。如何搞好医疗保障确实是我们工作的一个重点，要让老年人的生活质量有所提高，让他们安度晚年。三是加快推动以居家养老为基础、社区服务为依托、机构养老为补充的养老服务体系建设。加大为老服务的人力、物力、财力投入力度，加强老年服务设施建设，鼓励和扶持社会力量兴办托老所、老年公寓等养老助老服务实体，逐步建立起亲属、邻里、社区和社会组成的为老服务网络。四是高度重视农村（基层）老龄工作。保障和改善农村老年人的民生问题是老龄工作的重中之重。要注意把保障农村老年人的基本生活摆在更加突出的位置，重视解决农村高龄、失能、贫困、空巢老人的实际问题。各级财政和彩票公益金的使用要更多地向农村为老服务项目倾斜。要通过贯彻落实珠三角规划纲要，使养老、医疗保障制度以及各项公共服务由城市向农村、由发达地区向欠发达地区逐步覆盖和推进，力争早日实现老有所养、老有所医的目标。

（三）要以人为本发展老龄产业，重点做好养老服务社会化的工作

大力发展老龄产业，是满足老年人口在物质和精神产品上的需求，提高老年人口生活质量的有效途径。各地老龄委要以动员社会资源为着力点，大力发展老龄产业。各成员单位要坚持以广大的老年人需求为导向，从有利于老龄产业的发展角度出发，按照政策引导、政府扶持、社会兴办、市场推动的原则，加大财政、税收、金融、土地使用等方面的政策支持力度，积极鼓励和引导社会力量兴办老龄产业，使之成为保障民生、推动国民经济持续发展的增长点。要重点做好养老服务社会化、医疗护理、特需用品等老龄产业中优先领域的工作。老龄委要充分发挥议事和协调的职能作用，把养老服务事业列入政府为民办实事的“民生工程”，争取养老服务社会化工作取得较大突破。有关部门要针对当前为老服务项目与老龄产业缺乏分类，福利性、公益性与经营性的界限不明晰等存在问题，组织开展老龄产业政策调查研究；针对居家养老服务长效机制开展调查研究。要鼓励和引导社会各方面力量积极参与、共同发展老龄产业，积极引导非公有制资本进入老龄消费市场，为社会力量和个体兴办的老龄产业排忧解难，逐步形成政府宏观管理、社会力量兴办、企业或机构按市场化要求自主管理的体制和运行机制。

三、加强组织领导，确保各项任务取得实效

今年的各项工作任务目标已经明确，各地老龄委

和各成员单位要认真贯彻落实汪洋书记在省委十届四次全会上提出的狠抓工作落实的要求，努力推动老龄工作上新台阶。

（一）进一步完善老龄工作体制机制

老龄工作涉及党、政、军、群诸多方面，必须坚持齐抓共管，合力推进。良玉副总理在讲话中指出："党和政府历来高度重视老龄事业的发展。在2008年机构改革中，中央决定继续设立并强化全国老龄工作委员会，这充分体现了新形势下做好老龄工作的重要性和紧迫性。"全省各地要高度重视老龄工作，切实加强老龄工作机构建设，努力形成党政领导高度重视、老龄委协调有力、成员单位尽职尽责、社会力量积极参与的老龄工作推进机制。各级老龄委要切实发挥协调指导作用，积极协调解决老龄工作中的矛盾和问题，推进老龄工作有效开展。各成员单位要履职尽责，充分发挥作用，做好本部门的涉老工作，并坚持每半年按要求向老龄委汇报一次涉老工作情况。各成员单位尤其是民政部门要关心支持老龄办的工作，帮助他们解决一些自身难以解决的问题。要切实加强老龄工作机构能力建设。着力理顺老龄工作的体制机制，落实人员编制和办公经费，增强机关履职能力，建立起顺畅高效的省、市、县三级老龄工作运行机制。各级老龄委办公室要注意加强自身建设，提高自主创新能力、谋划指导能力、调查研究能力、综合协调能力、公文写作能力和语言表达能力，增强服务意识，为老龄委决策搞好服务，为成员单位协作搞好服务，为基层工作搞好服务，促进全省老龄工作和老龄事业的进一步发展。此外，要积极探索建立与老龄事业发展相适应的基层老龄工作体系，建立一支专兼结合的老龄工作队伍，做到基层老龄工作有人抓、有人管、能管好。

（二）加强对基层老龄工作的指导

各级老龄委和成员单位工作重心要下移，深入基层调查研究，抓好政策落实和业务指导。特别是我省老龄工作发展很不平衡，各地要认真总结推广基层老龄工作创造的新经验、新做法，组织好全省老龄工作先进单位和先进个人的评选表彰工作，发挥先进典型的示范作用，不断提升基层老龄工作整体水平。要按照巩固、发展、规范、提高的原则，积极培育和发展基层老年群众组织，加强领导、管理和业务指导，充分发挥他们密切联系广大老年人的桥梁作用和基层老龄工作的助手作用，使之成为基层老龄工作的重要力量。要多组织有利于老年人的身心健康的基层老年活动。珠三角规划纲要实施后，老年人优待范围更广了，活动会更加活跃，这都需要老龄工作者多动脑子，为老年人提供服务。

（三）进一步加大老龄宣传力度

良好的社会风气是促进老龄事业不断发展的基础。在人口老龄化日趋严重的形势下，要更加广泛深入地开展老龄宣传工作。要利用庆祝建国六十周年、国际老年人年十周年、全国和全省老龄工作先进单位和先进个人评选、敬老月活动等时机，组织开展一系列老年文化体育活动，借助主流媒体加大宣传力度，强化人口老龄化的国情意识，大力弘扬中华民族的传统美德，引导全社会重视、关心、支持老龄事业，使敬老爱老助老成为全社会的自觉行动，形成良好的风气。

同志们，做好老龄工作，发展老龄事业，责任重大，使命光荣。让我们在省委、省政府和省老龄委的领导下，全面贯彻落实科学发展观，以改善民生为己任，求真务实，开拓创新，积极进取，为开创我省老龄事业的新局面作出新的贡献。

在云南省老龄工作暨第二轮创建活动表彰会议上的讲话

云南省副省长　省老龄委主任　曹建方

（2009年1月10日）

同志们：

省政府决定召开全省老龄工作暨第二轮创建活动表彰会议，主要任务是回顾总结近年来我省老龄工作取得的成绩，部署安排当前和今后一个时期的老龄工作。刚才，会议表彰第二轮创建活动先进集体和先进个人；有关部门的负责同志作了经验交流发言；全国老龄办副主任吴玉韶同志作了重要讲话，对做好老龄工作提出了明确要求，希望大家认真学习领会，切实抓好贯彻落实。借此机会，我代表省政府，向长期以来关心支持我省老龄工作的全国老龄办表示衷心感谢！向受到表彰的先进集体和先进个人表示热烈祝贺！向辛勤耕耘在老龄工作岗位上的同志们致以崇高的敬意！下面，我讲三点意见。

一、全省老龄工作取得显著成效

近年来，在省委、省政府的正确领导下，在全国老龄办的指导帮助下，各地、各部门始终坚持“以人为本、为老服务”的宗旨，全面落实科学发展观，团结协作，锐意进取，老龄工作取得了显著成效。

（一）老龄政策法规体系逐步完善

我省先后制定出台了《云南省老年人权益保障条例》、《云南省老龄事业发展“十一五”规划》、《进一步加强老龄工作的意见》、《加快发展养老服务业的实施意见》等一系列老龄政策法规，各地也结合实际制定了配套的规范性文件，构建了涵盖养老、医疗、生活和照料服务、权益保障、精神文化生活等多方面内容的老龄政策法规体系，用政策和法规保证老年人合法权益的老龄工作格局初步形成，让老年人获得了实实在在的利益。

（二）老龄社会保障制度基本建立

在城镇，以基本养老、基本医疗、最低生活保障制度为主要内容的社会养老保障制度基本建立，全省参加基本养老保险的企业职工达293万人，企业退休人员养老金月人均达1030元，数量众多的老年人享受到社会基本医疗保险。在农村，实行家庭赡养、土地保障、养老保险、最低生活保障、社会救助相结合，受益的老年人数量不断增多，尤其是将22.1万“五保”供养对象全部纳入了新型农村合作医疗范围，同时不断提高他们的生活补助标准，进一步改善了“五保”供养对象的生活和医疗保障水平。

（三）为老服务体系建设全面展开

以居家养老为基础、社区服务为依托、机构养老为补充的养老服务体系建设稳步推进，为老服务的设施和网络、老年服务组织、志愿者队伍等养老服务业建设明显加快，服务领域和项目不断扩展。目前全省已建成城市养老社会福利院43所、农村敬老院684所、老年公寓69所，老年医院39所，老年人养老和医疗机构紧张的状况进一步缓解。有的地方开展了形式多样的为老服务专项行动，通过增开老年维权热线、开展司法援助和法律服务等，妥善处理涉老问题，为老年人提供了方便快捷的维权服务。

（四）老年文化教育体育事业蓬勃开展

积极为老年人开辟教育和活动场所，因地制宜地开展形式多样、健康有益的文体活动，不断满足老年人日益增长的精神文化需求。全省已建成203个老干部活动中心，全省约70%的行政村、大部分乡镇和县级以上机关事业单位、大中型企业修建了老年活动中心，省和部分州县成立了老年艺术团。大力发展全民健身路径，星罗棋布的社区健身设施为老年人提供了方便，老年广场文化、社区文化活动越来越活跃。广大老年人依托老年活动场所开展健康向上的文体活动，展示了当代老年人的良好精神风貌，促进了我省社会主义精神文明建设。

（五）老龄工作机构进一步加强

按照省委、省政府的要求，各地及时调整加强老龄工作机构，充实干部队伍，理顺工作关系，构建了省、市、县、乡四级老龄工作体系，形成了横向到边、纵向到底的老龄工作网络。同时，大力加强老龄干部队伍的培训教育，先后培训老龄工作者和老年协会负责人15600人次，提高了老龄干部队伍的业务水平和履职能力。

通过多年的发展，我省老龄工作取得了长足进步，积累了一些宝贵的经验，归纳起来讲主要有五点：一是必须得到各级党委、政府的高度重视，全面加强组织领导，才能为老龄事业的发展提供坚强保障；二是必须把老龄工作纳入经济社会发展全局统筹规划，找准落脚点和切入点，才能确保老龄事业与经济社会发展相协调；三是必须兼顾老年人的物质和精神等两方面的需求，着力提高老年人的生活水平和质量，才能确保老龄事业正确的发展方向；四是必须发挥党委、政府的主导作用，充分调动社会各方面的积极性，夯实发展基础，才能确保老龄事业得到快速发展；五是必须立足当前、着眼长远，不断完善老年人社会保障体系和养老服务体系，才能确保老龄事业不断取得新进步。

二、切实推动老龄工作全面开展

近年来，我省人口老龄化速度明显加快。到2008年底，60岁以上老年人已达509.72万，占总人口的11.22%，年均增长3.4%，尤其是高龄老人、纯老年人家庭、独居老人增多，属于“未富先老”的典型省份，人口老龄化形势日趋严峻。人口老龄化社会的到来和长寿人口的增多，一方面反映了我省经济社会各项事业快速发展和人民生活水平显著提高，另一方面，使家庭结构、老年群体状况、代际利益关系等发生新的变化，直接导致劳动年龄人口比例下降，社会供养系数上升，家庭功能弱化，社会负担加重，给经济社会发展带来了广泛而深远的影响，对政府的社会服务和公共管理职能提出了新的更高的要求。可以说，老龄问题是带有全局性的重要问题，涉及到政治、经济、社会、文化等各个方面，解决得如何，对社会稳定和经济发展至关重要，各地、各部门对此要有清醒的认识。

老年人是一个光荣的群体，他们为国家的建立、富强和人民幸福奉献了自己的青春和力量，建立了光辉的业绩，今天的经济社会建设成果凝结了他们的劳动和智慧，理应受到全社会的关心和尊重。老年人是一个重要的群体，他们在传承中华民族传统美德、促进家庭和睦及代际关系和顺、关心下一代教育、调解民事纠纷、维护社会和谐稳定等方面，发挥着不可替代的重要作用。老年人是一个特殊的群体，他们大多生活水平和生活质量不高，经济和生活依赖性较强，很容易受到社会变革和利益调整带来的冲击和影响，需要特别的关心和帮助。

当前，随着全面建设小康社会和社会主义现代化各项事业的加快推进，党和政府更加关注民生、更加关心老年群体，更加注重履行社会服务和公共管理职能，公共财政不断加大对民生领域和老龄事业的投入，为老龄工作的顺利开展创造了极为有利的条件。各地、各部门必须充分认识我省人口老龄化的严峻形势和老龄工作的特殊地位，牢牢把握历史机遇，高度重视和大力支持老龄事业的发展，正确反映和全面兼顾老年群体的利益，满腔热情为老年群体服务，真正做到深怀爱老之心、恪守助老之责、善谋养老之策、多办利老之事，使老年群体获得切实的政治、经济和文化利益，让老年人安度晚年。这既是各级政府义不容辞的重要职责，也是落实科学发展观、坚持以人为本、促进社会文明进步的必然要求和客观需要。

当前和今后一个时期，我省老龄工作的总体要求是：以邓小平理论和“三个代表”为指导，深入贯彻落实党的十七大、十七届三中全会和省委八届六次全会精神，以科学发展观为统领，以构建和谐社会为主线，以改善老年人民生为主题，坚持“党政主导、社会参与、全民关怀”的方针，紧紧围绕“老有所养、老有所医、老有所教、老有所学、老有所为、老有所乐”的目标，统筹加强城乡老龄工作，加快构建老龄社会保障和为老服务体系，着力维护老年人的合法权益，全面推进我省老龄事业又好又快发展。围绕上述总体要求，重点抓好五项工作：

（一）加强老龄社会保障制度建设

老龄社会保障制度的核心是养老和医疗。各地、各部门要从保障广大老年人的根本利益出发，兼顾经济社会发展的客观实际，进一步完善城镇职工基本养老保险和基本医疗保险制度、城乡最低生活保障制度、农村养老保险制度、新型农村合作医疗制度等，尤其是要解决好残疾老人、高龄老人、贫困老人、“五保”供养对象的养老和疾病负担问题，确保基本养老待遇、基本生活待遇和基本医疗待遇落实。为进一步改善老年人的基本生活，省政府决定出台三项政策：从今年起，对80岁以上的长寿老人发放生活补贴；进一步提高企业退休人员养老金发放标准；将“五保”供养对象的年补助标准由720元提高到960元。各地要按照省政府的要求，及时安排和足额发放补助资金，切实将这个惠及老年人的民生工程落到实处。在完善老龄社会保障制度的同时，要倡导人民群众树立自我养老意识，走社会养老与自我养老相结合的道路。

（二）建立健全养老服务体系

养老服务是社会服务的重要方面。随着人口老龄化发展特别是进入高龄化之后，老年人对社会化、专业化服务的需求大量增加，必须大力推进老年服务社会化。要在以居家养老为主要方式的基础上，加大宣传力度，落实税费减免、土地征用等优惠政策，合理调整布局，引导和扶持企业、社会团体、个人和外资建设老年服务设施和服务网络，依靠社会力量兴办不同形式、不同档次的养老服务机构和提供老年人特殊用品，扩大养老服务设施的社会覆盖面，为老年人提供生活照料、精神慰藉、爱心护理、卫生保健、文化教育、体育健身和权益维护等全方位服务，实现投资主体多元化和服务对象公众化。政府部门直接管理的老年福利服务机构，要继续深化改革，引入市场机制，具备条件的，可向非公有制经济转让产权或经营权，加快推进老年福利机构自主经营、自我发展。要大力发展老年服务队伍和中介组织，制定完善老年服务队伍岗位标准和操作规范，加强专业教育、在职教育和岗位技能培训，推动建立社会互助制度，努力提高老年服务队伍的专业化水平。

（三）突出抓好基层和农村老龄工作

老龄工作的重点在基层。基层老龄工作的好坏，直接关系到党和政府老龄工作各项方针政策的落实。要把基层老龄工作纳入社区、行政村日常工作范围，紧紧抓住社会主义新农村建设和中央关于推进农村改革发展重大战略决策的有利时机，加大资金投入和政策支持力度，对基层老龄工作给予重点扶持，切实改善基层老龄工作薄弱、老龄事业发展不足的局面，让老年人获得实实在在的利益。要加强分类指导，深入持久地开展老龄工作文明村寨、文明家庭、敬老先进村创建活动，建立长效机制，推动基层老龄工作全面开展。要重视基层老年群众组织建设，坚持培育发展和监督管理并重，规范基层老年群众组织的活动，充分发挥基层老年群众组织在活跃老年人精神文化生活、促进基层民主政治建设、保障社会和谐稳定等方面的积极作用。

（四）丰富老年人的精神文化生活

思想充实、精神愉悦，是保证老年人身心健康，提高老年人生活质量的重要因素。随着老年人物质生活条件的不断改善和民主意识的不断提高，他们对精神文化生活的需求也与日俱增。各地要把发展老年文化、教育、体育事业纳入规划，整合现有资源，引导和带动社会力量创造思想性、艺术性、实用性和老年人喜闻乐见的优秀文化作品，强化老年人的思想文化阵地建设。要积极发展老年教育，创造条件兴办老年大学和网络教育学校，深入开展形势政策、民主法制、科学文化知识和实用知识教育，丰富办学内容，提高教学质量，构建覆盖面广、形式多样的老年教育网络。要支持各地建立适合老年人特点的文化体育活动组织，开展内容丰富、健康有益的老年文体活动，倡导科学、健康、文明的生活方式，充分展示老年人与时俱进、乐观向上的精神风貌。

（五）着力营造敬老助老的良好社会风尚

敬老助老是中华民族的传统美德，也是推动老龄事业发展的思想基础和内在要求。要创新宣传方式，丰富宣传内容，拓宽宣传渠道，充分利用各类传播媒体和宣传载体，采取经常性宣传与集中宣传相结合、面上宣传与重点宣传相结合、固定栏目宣传和适时报道相结合的方式，大力宣传党的老龄工作方针政策和法律法规，宣传敬老助老的先进典型，在全社会树立尊重、关心、帮助老年人的新风正气。要把开展敬老助老教育作为宣传时代精神和引导价值取向的重要内容，强化家庭美德、伦理道德和社会公德教育，增强广大人民群众尤其是青少年的仁爱之心和责任意识，在全社会牢固树立为老服务理念，为发展老龄事业创造良好的社会环境。要认真落实和进一步完善维护老年人权益的法律法规和政策措施，广泛开展法律服务和法律援助活动，依法打击诈骗、虐待、遗弃老年人的违法行为，尤其是要严厉打击宣扬歪理邪说、损害老年人身心健康的邪教组织和愚昧迷信活动，切实保护老年人的政治、经济、文化和生活等基本权益。

三、全面抓好老龄工作落实

老龄事业是社会主义现代化建设事业的重要组成部分，老龄工作是党和政府的一项重要工作。各级政府和有关部门要深刻认识和正确处理老龄事业与经济社会发展的关系，强化措施，以崭新的精神风貌和昂扬的工作斗志，全面抓好工作落实。

一是要加强组织领导。各级政府从改革发展稳定的大局出发，切实加强对老龄工作的领导，把老龄事业纳入当地经济社会发展规划，列入重要议事日程，在政策引导、制度规范、市场培育和营造环境等方面发挥主导作用，为老龄事业的发展创造更加有利的条件和更加协调的环境。政府主要领导和分管领导要主动研究、经常过问老龄工作，及时研究解决工作中的重点、难点和突出问题，推进老龄工作深入开展。要建立健全老龄工作责任制，做到任务分工到人、责任明确到人，一级抓一级、层层抓落实，确保老龄工作各项任务落到实处、取得实效。

二是要健全工作机制。老龄工作涉及面广，必须齐抓共管，形成合力。各级老龄委要充分发挥综合协调作用，建立健全联系顺畅、沟通有效、协调有力、科学高效的工作机制，确保老龄委在协调解决重大问题、推动出台政策、督促检查工作落实等方面发挥更大作用。各级老龄委办公室要加强调查研究，转变工作作风，创新工作思路，为党委、政府当好参谋助手。老龄委各成员单位要着眼老龄工作大局，牢固树立老龄工作“一盘棋”思想，强化责任意识，发挥部门优势，加强联系和沟通，相互支持，密切配合，合力推进老龄工作。

三是要加大经费投入。各地要按照调整财政支出结构、健全公共财政体制的要求，充分发挥政府投入的主渠道作用，按照需要与可能，把更多财政资金投向老龄服务领域，积极建立与经济发展水平同步增长的财政投入机制，确保老龄工作顺利开展。要鼓励和引导民间资金投入社会福利事业和老龄公益事业，调动社会各界共同参与老龄工作，优化外部环境，打牢老龄事业发展的社会基础。有关部门要加强对老龄事业经费使用的管理监督，严格实行专款专用，严禁挤占和挪用，确保资金的使用方向和使用效益。

四是要加强老龄工作队伍建设。各地要加大对老龄工作者的培养、使用和交流力度，从政治、工作和生活上关心爱护。要采取多种措施，加强教育培训，加强实践锻炼，不断优化年龄结构和知识结构，全面提高老龄工作队伍的政治、理论、业务素质，进一步增强老龄工作队伍正确把握形势、服从服务大局的本领，协调利益关系、实现共同发展的本领，坚持以人为本、热心为老服务的本领，着力造就一支政治强、业务精、作风正、工作实、讲奉献的老龄工作队伍，全面增强为老服务的能力和水平。

同志们，做好老龄工作，发展老龄事业，责任重大，使命光荣。我们要在省委、省政府的领导下，求真务实，扎实工作，努力开创老龄工作新局面，为促进老龄事业与经济社会协调发展，建设富裕民主文明开放和谐云南作出新的贡献。

在贵州省老龄工作委员会第九次全体会议上的讲话

贵州省委副书记　省老龄委主任　王富玉

（2009 年 3 月 3 日）

同志们：

这次省老龄工作委员会第九次全体会议，主要任务是传达贯彻全国老龄委第十一次全体会议精神和全国老龄办主任会议精神，总结 2008 年的老龄工作，安排部署 2009 年的工作。刚才，辛维光副省长通报了 2008 年度省老龄委成员单位目标考核情况，丁治学同志代表省老龄委总结了 2008 年的工作，对 2009 年工作进行了安排，唐映祥同志汇报了全国老龄工作委员会第十一次全体会议和全国老龄办主任会议精神。会议原则上通过了丁治学同志的工作报告。

2008 年是我省经济社会发展极不平凡的一年，也是老龄工作不断推进的一年。在省委、省政府的领导下，省老龄委各成员单位和各市（州、地）老龄委，按照省老龄委第八次全体会议安排部署，紧紧围绕党和政府的中心任务，积极开展工作，取得了显著的成绩。老年社会保障制度不断健全；为老服务机构建设稳步发展；老龄法制建设进一步加强；老年文化体育活动深入开展；居家养老服务试点工作稳步推进；老年问题调查研究和理论研究取得新进展；老龄问题和老龄工作得到广泛关注。对此，省委、省政府是满意的。

今年是新中国成立六十周年，也是我省老龄事业发展“十一五”规划实施的关键一年。我省老龄工作要以邓小平理论和“三个代表”重要思想为指导，深入贯彻落实科学发展观，贯彻落实党的十七大和十七届三中全会及省第十次党代会精神，围绕省委、省政府的中心工作，坚持“党政主导、社会参与、全民关怀”的工作方针，重点抓好以下几项工作：

第一，加快老年社会保障制度建设。一是要继续完善城镇居民基本养老保险制度、城乡居民最低生活保障制度，努力提高规范化管理水平。贵州属于欠发达、欠开发省份，但财政支出的水平不算低，因此，我们的城镇居民养老保险应该百分之百覆盖。在农村居民最低生活保障制度方面，除了低收入的绝对贫困人口，请省民政厅研究一下，能否把 60 岁以上的老人也应保尽保，两项合一，实行农村最低生活保障制度。要努力提高规范化管理水平，制定实施操作性强的政策，使这些制度落实到户、落实到人，做到一户不漏、一人不漏。二是扩大新型农村养老保险制度试点范围，着力解决被征地农民、水库移民养老保障和医疗保险问题。新型农村合作医疗中，贫困户自缴的每人 20 元钱，请省民政厅、省老龄委与有关部门共同研究，提出意见。能否由省里帮助解决，或者由省、地、县按比例分摊解决。三是努力探索建立农村高龄老人生活补助、医疗补助制度等。各成员单位都要结合工作职责，切实做好老年社会保障各项工作。我省高龄老人的人数并不多，百岁以上的全省现在才 700 多人，怎么照顾他们都不过分，要想方设法落实好。

第二，加快为老服务体系建设。一是大力推进居家养老服务工作，认真贯彻落实全国老龄办、民政部等 10 部委《关于全面推进居家养老服务工作的意见》精神，在认真总结试点经验的基础上，扩大居家养老服务范围。要根据社区老年人服务需求，鼓励和支持社会力量参与兴办居家养老服务业，为社区老年人提供生活照料、休闲娱乐、康复护理和精神慰藉服务。二是要加大投入，加快养老服务机构建设。我省养老机构数量少、设施落后、管理水平差、床位利用率低，每千名老年人拥有床位只有4张，低于全国12张的平均数，养老服务机构发展远远不能满足老年人养老需求。我在江口县作了个调查，那些老年人就愿意呆在家里，不愿意到敬老院去，基层的同志们要想办法做好工作，让他们过集体生活，享受看病、文化娱乐等方面的便利。要结合实际制定发展养老服务业优惠政策，鼓励民营资本修建养老服务机构，促进养老服务业发展。这一点，美国迈阿密建立太阳城的做法可以借鉴，引导一些房地产商搞中国式的太阳城，突出贵州地方特点和民族特色，为老年人养老度假服务，这样不仅可以吸引全国各地的老年人来贵州，也可以为我们解决部分就业。要抢抓扩大内需的机遇，将为老服务机构纳入民生项目，加快养老机构发展。要结合农村危房改造项目，推行“五保户”集中建房模式，有效地改善“五保户”的居住条件，提高“五保”集中供养率。三是要大力发展养老服务业。我省旅游资源丰富、气候宜人，随着交通事业的发展，贵阳至广州，贵阳至成都、重庆、长沙、昆明等快速铁路、高速公路相继开通或开工建设，必将为我省旅游业带来广阔的前景，到我省旅游度假的老年人将越来越多，要采取公益性与社会性相结合，市场型与政府型相结合的方式，借鉴美国建立太阳城的做法，发展老年避暑度假产业。旅游局可以组织夕阳红旅游度假专列、专机，团省委可以发挥共青团员和志愿者的作用，研究夕阳红服务机制。省妇联可以评“十佳敬老爱老媳妇”。总之，要超前谋划，促进老年旅游的发展。

第三，大力加强农村老龄工作。一是要把保障农村老年人的基本生活摆到更加突出的位置，建立完善农村养老、医疗、低保和“五保”供养等保障制度，并根据经济发展，逐步提高补助标准。二是要加快农村为老服务基础设施建设。要结合新农村建设、村委会建设、卫生所建设、农家书屋建设、农村文化服务中心建设和农村危房改造项目，统一规划、科学布局、整合资源，加快农村为老服务基础设施建设，体育彩票和福利彩票公益金使用要更多向农村为老服务项目倾斜。三是要重视解决农村高龄、失能、贫困、空巢老年人的实际问题，发挥家庭养老基础性作用，落实家庭成员对老年人赡养责任，采取有效措施，切实保障他们的生活和照料服务。老龄办要抓几个坏典型，起到警示作用，在全社会形成一种尊老、敬老、爱老、助老的风尚。四是要每年开展1～2次在全国有影响的老年文化、体育活动。比如，贵州的少数民族文化丰富，可以搞老年苗歌大赛、侗歌大赛；老年万人太极拳大赛；老年书画大赛；十佳敬老院评比活动；百名百岁老人登山活动；为老服务先进事迹报告会等。另外，省教育厅要研究“老龄知识进课堂”，从娃娃抓起。要加强基层和农村老年协会规范化管理，充分发挥他们密切联系广大老年人的桥梁作用和基层老龄工作的助手作用。

第四，进一步完善老龄工作机制。一是进一步完善和发挥党政主导机制。要积极争取党委、政府对老龄工作的重视支持，把老龄工作列入重要议事日程，协调解决工作中的实际困难和问题。要充分发挥各级老龄委及成员单位的作用，建立健全老龄工作制度，发挥老龄委议事协调职能，整合老龄委成员单位资源和力量，完善成员单位目标管理责任和考评制度，确保工作目标实现。二是进一步完善和发挥社会参与机制。调动企事业单位、社团组织和社会各界关心老年人、支持老龄工作、参加老龄事业的积极性，形成全民推动老龄事业发展的互动机制，不断拓宽老龄事业投入渠道。要鼓励民营企业、民间资本参与老龄事业，加快老龄事业社会化、市场化、产业化进程。三是保证老龄工作经费。要认真贯彻落实第二次全省老龄工作会议精神，“建立正常的老龄事业经费投入机制，按当地老年人口数每年每人不少于1元提取老龄事业发展经费，并根据财力的增长，逐步增加经费投入”。确保老龄事业的发展和老龄办事机构工作正常运转。四是加大老龄工作的宣传力度。要广泛宣传新时期敬老助老先进典型，大力弘扬中华民族传统美德，使敬老、爱老、助老成为全社会的自觉行动。

同志们，尊老敬老是中华民族的美德，老龄问题是一个带有全局性、战略性的重大问题，做好老龄工作是贯彻党的十七大精神，落实科学发展观、坚持以人为本的具体体现，是全面建设小康社会、构建社会主义和谐社会的重要内容，对更好地抓好计划生育工作，推动城乡精神文明建设具有重要作用。我们一定要按照中央和省委的要求，带着感情、带着责任，为老年人办实事、解难事、谋福祉，努力推动老龄工作和老龄事业又好又快地发展。

在四川省老龄工作委员会第六次全体会议上的讲话

四川省副省长　省老龄委副主任　张作哈

（2009 年 4 月 1 日）

同志们：

今天会议的主要任务是传达贯彻全国老龄委第十一次全体会议精神，总结 2008 年的老龄工作，分析研究全省人口老龄化的形势和老龄工作面临的新情况新问题，部署 2009 年的工作任务。

会上，传达了回良玉副总理在全国老龄委第十一次全体会议上的讲话，各成员单位要认真学习领会回良玉副总理的重要讲话精神，抓好贯彻落实。黄明全同志代表省老龄委作了工作报告，对今年的工作作了安排，讲得很全面，我完全同意。省发展和改革委员会、省人口和计划生育委员会、省财政厅、省劳动和社会保障厅、省卫生厅的负责同志分别介绍了本部门、本系统开展老龄工作的情况，其他各成员单位也在职责范围内，采取了扎实有力的措施，开展了富有成效的工作，取得了好的经验，请大家相互学习借鉴。会议审议了成员单位职责和第三轮创建敬老模范县的实施意见，提出了很好的修改意见，请省老龄办综合大家的意见进一步修改完善。

2008 年是我省发展进程中极不寻常、极不平凡的一年，也是我们解决群众生活困难最多、难度最大的一年。面对严重的低温雨雪冰冻灾害、“512”汶川特大地震和国际金融危机的多重压力，在省委、省政府领导下，我们一手抓抗震救灾，一手抓经济社会发展，抗震救灾取得了重大胜利，经济保持了平稳较快增长。在全省各项事业取得全面进步，人民生活得到改善的同时，我省的老龄工作也取得了可喜的成绩，老龄工作的多项内容连续三年列人省委、省政府“民生工程”项目，有力地推动了老龄事业的发展。全省老年社会保障体系建设不断健全，老年人的保障水平不断提高。为老社会服务设施不断完善，老年人的生活、医疗更加便捷。老年文化体育教育工作扎实开展，老年人精神文化生活日益丰富。涉老法制建设不断加强，老龄宣传工作成效明显，全社会共同应对人口老龄化的意识正在增强，全社会敬老爱老助老的氛围更加浓厚。这些成绩的取得，是省委、省政府加强领导，各成员单位通力协作、社会各界广泛参与的结果，是全省老龄工作者和广大老年人共同努力的结果。为此，我代表省政府和省老龄工作委员会，向所有为老龄事业发展作出贡献的同志们表示衷心的感谢！

关于 2009 年老龄工作，明全同志已作了安排部署，下面我再强调几点意见。

一、清醒认识人口老龄化对我省经济社会发展带来的深刻影响，进一步增强做好老龄工作的责任感和紧迫感

21 世纪是人口老龄化的时代。我省 1997 年进入老年型省份。到 2008 年底，全省 60 岁以上老年人口达到 1242 万，占总人口的 14.1%。据预测，从今年开始，全省 60 岁以上老年人将以年均 3%以上的速度递增，到 2020 年，全省老年人口将达到 1637 万。2036 年左右达到峰值 2500 万，约占总人口的 28%。2008 年全省 80 岁以上的高龄老人已达 159.3 万，占老年人口的 12.8%，百岁以上老年人达 3931 人，“空巢”老年人达 189 万人，“空巢”老年人家庭约占老年人家庭的 40%。

人口老龄化的严峻形势对我省经济社会发展的影响广泛而深远。人口老龄化使劳动力年龄结构、人口抚养比结构、代际利益关系发生重大变化，对养老、医疗保障体系的完善，对政府社会管理和公共服务职能的加强，对老年文化、教育、卫生、体育事业的发展，都提出了新的更高的要求。因此，我们必须对人口老龄化的现实状况和未来发展有清醒的认识和足够的估计。

首先，人口老龄化将给社会保障制度带来沉重的支付压力。1980 年全国在职人员与离退休人员之比为 12.8 ∶ 1，2004 年为 3 ∶ 1，2007 年为 2.48 ∶ 1。四川的抚养比与全国大体相当。城镇职工基本养老保险制度建立时间短，积累少，随着领取养老金人数逐年增加和企业退休职工养老金连年提高，养老金的缺口越来越大。1998 年国家财政补贴养老金为 24 亿元，2008 年增至 500 亿元，2009 年已预拨 700 亿元。随着人口平均预期寿命的延长，领取养老金的年限也相应增加，养老金支付压力正逐年加大。“未富先老”和养老需求猛增的矛盾开始显现，发展的压力与人口老龄化的压力并存，失业、剩余劳动力与农村家庭养老的困难同在。这些都对我们的社会保障制度带来严峻的挑战。

其次，现行医疗保障体制还不适应老年群体医疗需求。老年人是医疗卫生资源的消费主体，有关资料显示，60岁以上老年人余寿中约有2/3时间为带病期，60岁以上老年人慢性病患病率是全部人口患病率的3.2倍，伤残率是全部人口伤残率的3.6倍，老年人消费的卫生资源是全部人口平均消费卫生资源的1.9倍。我省医疗资源总量不足、分布不均衡，医疗保障制度尚未全覆盖，现有保障制度报销的比例偏低，个人负担医疗费用较多的问题长期未得到解决。老年人总量的迅速增长，对医疗资源的需求和占用越来越大，特别是庞大的农村贫困老年群体的养和医的压力、寿命延长与“寿而不康”造成的医疗卫生和护理的压力更加突出，将给我国医疗保障体系带来巨大压力。

第三，老年人要求提供社会照料服务需求的压力日益加大。全省约有200多万老年人需要不同形式的长期护理，而全省各类养老机构的床位总数仅有18万张。高龄、病残、空巢老人在生活照料、日常保健和疾病护理等方面的某些特定需求还不能很好地满足。今年开始，1949年后出生的人口将陆续进入老年阶段，这一代人的需求与上一代人相比将发生新的变化，他们在物质生活、医疗卫生、文化教育等方面的要求会更高。居家养老是绝大多数老人的选择，但社会化为老服务体系的建设严重滞后，特别是社区养老服务机构、老年活动场所、老年教育等服务设施严重不足，加快建设养老服务体系已刻不容缓。

随着人口老龄化的快速发展，“空巢”老年人家庭将不断增加，农村老龄化将快于城镇，女性老年人数将多于男性，老龄化将超前于现代化，重度人口老龄化和高龄化将日益突出，人口老龄化是经济社会发展的必然结果，与经济社会发展中产生的诸多矛盾密切联系，越来越成为一个我们必须认真对待的重大战略问题，也是我们将要面临的新的重要国情、省情。今年是我们应对国际国内环境重大挑战、推进“两个加快”的关键一年，也是在新形势下加快发展城乡老龄事业的重要一年，进一步做好老龄工作意义重大、责任重大。

二、认真贯彻党的十七大精神，继续解放思想，做好今年各项老龄工作

党中央、国务院历来高度重视老龄工作。党的十七大报告紧密围绕“关注民生、改善民生”的主题，提出“在社会公平正义的基础上，努力使全体人民学有所教、劳有所得、病有所医、老有所养、住有所居”，首次把“老有所养”列为改善民生、加强社会建设的主要内容之一，充分表明了随着人口老龄化的日益加剧，广大老年人的养老问题已经引起了党和国家的高度重视，老龄事业将随着社会建设的加强而进入更加快速发展的轨道。同时，十七大报告明确了“以社会保险、社会救助、社会福利为基础，以基本养老、基本医疗、最低生活保障制度为重点，以慈善事业、商业保险为补充，加快完善社会保障体系”的任务，这对解决好当前人口老龄化快速发展带来的“养”和“医”两大难题作出了制度安排。我们要认真落实十七大提出的老龄工作任务，抓住国家扩大内需拉动经济增长这一有利时机，创造性地做好今年的老龄工作。

第一，要全面查检应对人口老龄化的准备工作。人口老龄化已成为21世纪各国面临的重大社会问题。2002年联合国第二届世界老龄大会敦促各国特别是发展中国家政府，必须从现在开始，采取强有力的应对战略和对策，否则，将会丧失战略机遇，付出巨大代价。从时间表上看，四川人口最大规模和进入“超老年型”社会（即65岁以上老年人口占总人口的比例达到14%以上，2008年为9.16%），预计在2022年前后到来，留给我们的准备时间只有短短的13年，时间紧迫，压力巨大。

应对人口老龄化的准备工作大体可分为四个方面，内容涵盖了各个成员单位的工作。一是立法和制度准备，包括养老保障、医疗保障、服务保障、文化保障、权益保障立法，党政机关事业单位人员养老政策、老龄事业投入政策、老龄产业发展政策、优待老年人政策，老年人参与社会发展政策、老年人自律教育政策等。二是物质准备，包括养老服务设施建设，老年活动场所建设，老年学校建设，老年病专科医院、爱心护理院建设，社保基金、医保基金、救助基金的筹措等。三是人才准备，包括建立一支适应人口老龄化发展需要的工作队伍，培养一批老龄事业管理和社区助老服务人才，老年病防治和保健护理人才，老年教育人才。四是思想教育准备，包括法制教育、尊老敬老教育，家庭美德（孝道）教育，老年人心理教育、老年人适应社会发展教育等。我们已经进行了十多年的准备，但至今仍有空白。各成员单位都要自查一次准备工作情况。希望大家要按照刚通过的工作职责，主动从“大老龄”工作格局着眼，创新思维，用超前的眼光做好老龄工作。

2007年，省政府制订印发了《四川省老龄事业发展“十一五”规划》，出台了《关于进一步加强老龄工作的意见》，对老龄事业发展作出了详细规划，对老龄工作提出了明确的要求。今年，省老龄委要牵头组织各成员单位对各级政府和有关部门应对人口老龄化的准备工作和《四川省老龄事业发展“十一五”规划》落实情况进行检查评估，向省政府写出报告。

第二，要加快推进养老医疗保障制度建设。老龄问题的核心是保障问题，重点是老有所养和老有所医，关键是建立制度。改革开放以来特别是近年来，我省的老年社会保障体系建设取得了重大进展，社会养老保障、医疗保障、最低生活保障、医疗救助、“五保”老人供养等制度不断完善，优待老年人的范围不断扩大，老年人得到的实惠比以往任何时候都多。但养老保障政策措施相互衔接不紧，保障水平差异大，不均衡的现象已经显现。为此，我们必须加快健全和理顺各项保障制度，要确保各项保障制度的协调衔接。相关部门要加强沟通，统筹协调，确保各项保障制度之间的衔接与延续，避免交叉重叠、缺失遗漏，尽快形成适度集中、有序组合、相互衔接的老年社会保障制度。要重视制度创新。近年来，我省一些地方在解决老年人生活问题上进行了许多有益尝试，如建立无社会保障老年人生活补贴、高龄老年人生活补贴、老年人长期照料补贴、减免高龄和困难老年人参加城镇居民医疗保险和新农合个人缴费等制度，收到了很好的效果。

从人口老龄化日益加重这一基本省情出发，今年工作的重点集中在三个方面，一是养老保障。要进一步完善基本养老保险制度，大力推进新型农村养老保险制度试点，力争年末覆盖100万人，扩大社会保障覆盖范围，动员更多的非公有经济从业人员、农民工、被征地农民、灵活就业人员和自由职业者参保，完成养老金省级统筹工作，进一步提高城乡低保、“五保”老人的保障水平。二是医疗保障。要深化医疗卫生体制改革，努力促进城乡医疗卫生事业均衡发展，重点完成重灾区25个县级、605个乡级医疗机构重建任务，实现全省城镇居民基本医疗保险制度全覆盖，参保人数达到850万人，全省城乡低保、“五保”老人医疗救助年均人达到95元以上，要继续做好资助城乡贫困老年人参加城镇居民医保和新农合。三是服务保障。要提高养老服务设施在城乡规划中的比重，发展社区老年活动场所和服务设施，年内完成新（改扩）建敬老院400所，新增床位4万张，国办福利院新增床位2000张，地震重灾区已纳入国家规划的613个老龄服务设施项目，年内必须启动。

第三，整体联动，积极做好居家养老试点工作。目前乃至今后，居家养老是绝大多数老人的选择。从长远和全局利益出发，加快以居家养老为基础、社区服务为依托、机构养老为补充、政府扶持为后盾的养老服务体系建设，是应对人口老龄化的重要举措。制定优惠政策，鼓励社会力量开办各种类型的养老服务机构。建立健全街道、社区居家养老服务组织，鼓励下岗失业人员创办家庭养老院、托老所。加快专业养老护理员培训，积极发展志愿者服务队伍，从而形成多层次、多功能、多形式的养老服务格局，努力为老年人创造一个舒适的养老环境。

去年，省老龄办联合10个成员单位下发了《关于全面推进居家养老服务工作的意见》。目前，农村留守老人越来越多，高龄、残疾、贫困老人、失能老人生存环境较差，应重点关注。成都市居家养老试点工作已经取得成效，各市（州）要借鉴省内外经验，选择基础较好的社区抓紧试点，取得经验后尽快在面上推进。

第四，以创建敬老模范县为抓手，全面推进基层老龄工作。我省创建敬老模范县活动从2002年启动，已开展了两轮。去年5月省政府表彰了27个敬老模范县（市、区）和39个创建敬老模范县（市、区）工作先进单位。创模活动构建了老龄工作服务全局的重要平台，在创建活动中，各级党委、政府高度重视，加大了财力、物力、人力投入，老年社会保障体系建设不断健全，老年人的社会保障水平逐步提高，为老服务设施建设进一步加快，各项惠老政策得到有效落实，尊老、敬老、助老的社会氛围日益浓厚，有力推动了各地老龄工作和老龄事业的全面健康发展。今天又审议了第三轮创建敬老模范县工作实施意见，待批准后下发各地执行。创模所包含的内容主要是各成员单位的涉老工作，各成员单位要共同做好督促、检查、验收和评估工作，通过开展第三轮创建活动，继续推动基层老龄工作全面发展。

第五，加强老龄宣传工作，营造良好的舆论氛围。要广泛宣传人口老龄化国情和省情、老龄工作的方针政策，营造一个与老龄社会相适应的思想舆论环境，促使全社会树立老龄意识，关心、重视、支持老龄事业的发展。同时促进每一个人树立“终身准备”的意识，从年轻时就为年老后的生活做好经济上、身体上、心理上等方面的准备。要在全省继续开展敬老爱老助老主题教育，培育和树立敬老先进典型，使人们认识到老年人对社会和家庭的贡献，懂得感恩，促进全社会树立敬老和养老的意识，继承和发扬中华民族敬老的传统，树立良好的道德伦理观念，促进代际间的理解和关系的和谐。要广泛持久地宣传《老年法》，使全社会充分了解老年人依法享有的权利以及家庭、社会和单位对老年人应尽的义务，增强维护老年人合法权益和为老年人服务的意识。要通过多种形式宣传报道，形成生活上关心老年人、精神上慰藉老年人、权益上维护老年人的良好氛围。

今年是建国六十周年、国际老年人年十周年，要积极组织老年人参加全国组织的"歌唱祖国"大型歌会，积极组团参加全国第一届老年人健身体育大会。同时，组织好全省老年人庆国庆、庆重阳的系列宣传文化活动，继续做好慰问贫困老年人的工作。

同志们，今年老龄工作的任务很多、很艰巨，希望大家共同努力，继续发扬开拓创新的精神，把涉及到老年人的事一桩桩、一件件地做扎实，以优异的业绩回报老年人，迎接新中国成立六十周年！

在海南省老龄工作会议上的讲话（摘要）

海南省政府副省长　省老龄委常务副主任　符跃兰

（2009 年 10 月 23 日）

同志们：

这次全省老龄工作会议，主要任务是贯彻落实党的十七大精神、省委省政府重大部署和全国老龄委第十一次全体会议精神，及省委省政府《关于加弜老龄工作意见》和《海南省实施＜中华人民共和国老年人权益保障法＞若干规定》。认真总结交流我省老龄工作的成绩经验，分析人口老龄化形势和老龄工作面临的新情况新问题，部署下一阶段老龄工作任务。刚才建中厅长代表省老龄委作工作报告，总结了前阶段我省老龄工作情况，对今后一个时期老龄工作进行具体部署，讲的很全面，我完全赞同。希望各市县、各单位要认真贯彻落实。省人力资源社会保障厅等 5 个单位做了很好的经验交流发言，他们的经验和做法各有特点，非常丰富。其共同点：领导重视，责任到位，完善制度，加大投入，成效显著，值得学习和借鉴。下面，我再讲三点意见。

一、提高认识，进一步增强做好老龄工作的使命感和紧迫感

我国是世界上人口老龄化发展最快的国家之一。2000 年我国 60 岁以上老年人达到了 1.3 亿，占总人口的 10.4%，截至 2008 年底，达到了 1.5989 亿，约占总人口的 12%，比上年提高 0.44 个百分点，1999 年以来老年人口年均增加 311 万人，今年将出现第一次老年人口增长高峰。从这个趋势看，今后将以年均 800 万人的规模递增。人口老龄化呈现出老年人口增速加快，高龄老人和失能老人大幅增加，空巢化趋势日益突出和老年人口结构迅速变化等显著特征。人口结构的转变与经济转轨、社会转型、思想转变叠加而至，养老、医疗、服务等问题在"未富先老"和城乡二元结构的背景下出现，产生了整体的放大效应，人口老龄化问题已经成为一个重大的社会问题，受到全社会的普遍关注和重视。我省 2001 年底进入人口老龄化社会，比全国平均值进程晚一年，但发展较快。到 2008 年底，全省老年人口已达 104.8 万，占总人口的 12.12%，老龄化程度比超过全国平均值 12%高出 0.12 个百分点。省委、省政府高度重视老龄工作和老龄事业发展，早在 2001 年下发了《关于加强老龄工作意见》，2006 年出台了《海南省＜省中华人民共和国老年人权益保障法＞若干规定》，确定了老龄工作的指导思想、原则和目标，确定了各级政府、行政主管部门、社会团体、基层组织的职责，确定了老龄工作机构的职能。2008 年修订了省老龄委成员单位的老龄工作职责，增强了社会各方面尊敬保护老年人权益的责任。2008 年机构改革中，按照中央的决定继续设立并强化老龄工作委员会，这充分体现了新形势下做好老龄工作的重要性和紧迫性。几年来，各成员单位、各市县紧紧围绕推进社会主义新农村建设，大力改善推进基本公共服务均等化，加大投入力度，使老年人的社会养老和医疗保障体系建设不断健全，老年养老、老年医疗、老年服务、老年维权、老年精神文化生活不断发展、丰富。逐步建立健全各级老龄机构，以及老龄工作体制和运行机制，各项老龄工作全面推进，重点工作取得突破，扎扎实实地为老年人做了大量好事实事，有力地推动了全省老龄事业的较快发展。这些成绩的取得是党中央、国务院和省委省政府以及全国老龄委正确领导的结果，是各市县、各有关部门共同努力的结果，也是老龄工作者艰苦奋斗、积极奉献的结果。

但是我们在充分肯定成绩的同时，也要清醒地看到，我省和全国其他省市一样，人口老龄化问题日益突出，老龄工作还存在不少差距和问题，特别是老龄工作基础仍然薄弱，还不能适应人口老龄化的要求，养老保障制度建设滞后，农村80%以上的老年人尚未纳入社会养老保障覆盖范围；老年社会保障水平较低；老年人服务体系建设滞后，老年人基本公共服务项目缺乏。基层老龄工作机构不健全，有的地方老龄工作没有人管事、没有人办事的问题。影响了老龄工作的有效开展，因此，必须引起我们高度重视，深入研究，致力于推进解决老龄工作中存在的热点、难点、重点问题。

老龄工作是党和政府积极应对人口老龄化挑战，着力构建社会主义和谐社会的一项重要工作。党的十七大明确提出了“努力使全体人民学有所教、劳有所得、病有所医、老有所养、住有所居”的社会主义社会建设目标。十七届三中全会和中央农村工作会议作出了加快农村改革和社会保障体系建设的重大战略部署，党中央、国务院作出了《关于加强老龄工作的决定》，确定了加强老龄工作、发展老龄事业的指导思想、原则和目标，要求全党全社会必须从改革、发展、稳定的大局出发，高度重视和切实加强老龄工作。这一系列重大部署，为进一步做好老龄工作，使之更好地适应全面建设小康社会的大局奠定了坚实基础。今年是我们应对国际国内环境重大挑战，推进党和国家事业实现新发展的关键一年，也是在新形势下加快发展城乡老龄事业的重要一年。各市县、各有关部门要从战略全局出发，深刻认识和准确把握老龄工作面临的新形势和新任务，把做好老龄工作作为贯彻落实科学发展观、坚持以人为本和构建社会主义和谐社会的重要内容，切实增强做好老龄工作的使命感和紧迫感，开拓进取，真抓实干，切实维护好老年人的基本权益，让老年人共享改革发展的成果。

二、加大力度，推动事关老龄事业长远发展的重点工作

今年是国际老年人年十周年，全国老龄工作委员会成立十周年，也是落实《中国老龄事业发展“十一五”规划》的关键一年。按照《中国老龄事业发展“十一五”规划》和全国老龄工作委员会第十一次全体会议要求，我们必须重点抓好以下三方面工作：

第一，继续建立健全老年社会保障体系。老龄问题的核心是保障问题，重点是要努力实现老有所养和老有所医，关键是建立养老保障制度。基本养老保障制度主要包括：基本养老保险制度、基本医疗保险制度、长期生活照料保险制度、社会救助制度和优待制度。建立健全和完善养老保障制度是一个长期、复杂的过程，我省这些制度大部分正在建立，但还不完善，标准不高，覆盖面有限。因此，一要继续完善城镇职工基本养老保险制度，合理确定保障标准和方式，做实养老保险个人账户，扩大覆盖面；二要积极开展新型农村养老保险制度试点，完善社会救济和“五保”供养制度；三要加快推进城镇医疗保险制度改革，完善社区医疗保健服务网络，实施医疗救助制度；四要继续完善新型农村合作医疗制度和农村计划生育奖励扶助制度建设；五要倡导社会慈善、社会捐赠、群众互助等方式，解决贫困老人的生活困难。着力实现各项保障制度对老年群众的全覆盖。

第二，大力发展老年服务业和老龄产业。发展老年服务业和老龄产业，是应对人口老龄化挑战的重要举措，对改善民生、满足社会养老需求，扩大内需和就业有着积极的推动作用。要根据形势的变化和老年人的需求，大力发展老年服务业和老龄产业，一是积极推进社区居家养老服务，支持和鼓励家庭成员赡养照料老人。要继续贯彻落实省委省政府《关于加强老龄工作意见》（琼发〔2001〕17号）确定的老龄工作“六个坚持”的原则，把发展居家养老服务作为重要民生工程，纳入社区建设规划，加快社区老年服务中心（站、点）的组织建设和服务设施建设。充分调动社区组织的积极性，有效整合社区老年服务资源，积极扶持和培育社会力量从事居家养老服务业，发展社区照顾护理服务。二是积极转换社会福利院、敬老院职能的运营机制。把敬老院管理运营经费纳入基本公共服务项目，把服务人员纳入公益性岗位，充分发挥社会福利事业机构的指导、示范作用。三是积极推进老龄产业发展。要围绕国际旅游岛建设，积极推进老年人休闲、养生、健康、文化服务业。认真研究社会福利事业与老龄产业分类管理办法，积极探索政府购买服务、公建民营、民办公助等有效办法，加强政府信息服务、政策引导和市场监管，支持社会资金进入老龄产业，培育和开发老年人消费市场。四是加快老年服务队伍建设。加强专业人才培养和从业人员培训工作，鼓励志愿者和社会工作者参与老年服务。

第三，做好农村老龄服务工作。着力解决当前农村老年人有所养、有所医、有所居的问题，推进农村社会养老保障制度建设，是社会主义新农村建设的重要内容。要进一步强化公共财政补贴功能，推进基本公共服务向基层、向农村延伸，切实尊重和保护广大农村老年人的权利。一是要把农村老年人基本生活保障摆到更加突出的位置，加快农村养老、医疗、“五保”、低保等保障制度建设，建立农村社会养老保险衔接机制。二是要重视解决农村高龄、失能、贫困老年人的实际困难和突出问题，要按照推进城乡基本公共服务均等化的思路，深入研究、积极探索发展农村养老事业的新办法。三是要加大农村老年服务基础设施建设力度。完善现有农村老年服务设施的功能，把农村敬老院建设成具有照顾服务、医疗保健、文化娱乐、康复健身、法律服务、管理指导等多种功能的社区老年服务中心。要加快制定新农村公共事业建设总体规划，统筹安排、科学布局，加大财政投入。要重视社区老年人协会建设，加强指导工作，支持和引导社区老年人协会发挥文明社区建设、合作养老、志愿服务的积极作用。

三、加强领导，为老龄工作提供组织保障

胡锦涛总书记强调指出：“尊重老年人、关爱老年人、照顾老年人，是中华民族的优良传统，也是一个国家文明进步的标志。我们要弘扬中华民族尊老敬老的传统美德，大力发展老龄事业，给予老年人更多生活上的帮助和精神上的安慰，让所有老年人都能安享幸福的晚年。”我们要认真贯彻总书记的批示精神，把老龄工作纳入经济社会发展规划切实加强组织领导。把老龄工作作为一项重要任务抓紧抓好抓实，推动全省老龄事业的健康发展。

（一）进一步加强老龄工作体制机制建设

老龄工作涉及社会各个方面，是一项系统的社会工作，需要全社会的共同努力。要健全完善“党政领导高度重视、老龄委协调有力、成员单位尽职尽责、社会力量积极参与”的老龄工作机制，县级以上人民政府老龄工作机构负责联系、协调和组织各部门、各社会团体企事业单位，按照各自的职责，依法做好老年人权益保障工作。这里特别对各级老龄委及老龄办公室提几点要求：一是要搞好调查研究，创新工作方式方法。贯彻我省老龄工作法律法规文件精神，按已确定的法律法规要求抓落实。要学习好、领会好、把握好、贯彻好《中华人民共和国关于保障老年人权益法》《海南省实施〈中华人民共和国老年人权益保障法〉若干规定》和《中国老龄事业发展“十一五”规划》精神。二是要增加服务意识和能力，积极为党委、政府决策服务；做好联系协调工作，为成员单位协作服务；做好检查指导工作，为基层老龄工作服务。三是要增强履行职责的意识和能力，认真做好为老服务工作，进一步推进老年人优待工作，积极组织社区居家养老服务试点工作。四是做好老龄信息和人口数据汇集工作，为政策制定和社会咨询服务。五是要增强动员组织社会力量参与老龄事业发展的能力，加强对老年人群众组织的联系指导工作，推进老龄有效开展。

（二）进一步加强基层老龄工作

要切实加强市、县（区）一级老龄工作机构的建设。市、县（区）一级老龄工作机构不仅承担着实施落实政策法规的任务，而且直接面对广大老年人，承担着老年人优待、长寿补助等老年服务工作，现有队伍状况与工作任务极不适应。要加强基层老龄工作机构建设，切实落实市、县（区）一级老龄委办公室的设置，落实人员编制，配有专职负责人，提供必需的办公条件和工作经费。要培育和发展基层老年群众组织，加强管理和业务指导工作，发挥他们密切联系广大老年人的桥梁作用和基层老龄工作的助手作用，真正加强老龄工作，特别是基层老龄工作有人抓、有人管。

（三）大力开展尊老敬老的宣传教育工作

要针对老年人与社会沟通交流能力弱等特点，对老年人做好耐心细致的宣传解释工作，让老年人知法懂法，懂得通过老龄法律法规维护自己的合法权益。要大力开展老龄工作的宣传教育活动，特别要充分发挥新闻媒体的舆论导向和监督的作用。弘扬中华民族传统美德，强化老年人权益保障意识，在全社会树立敬老、养老、助老的社会风尚和氛围，使改革开放的成果、养老保障政策惠及到老年人。

（四）各成员单位，要切实履行职责，齐抓共管，共同推动我省老龄事业全面发展

老龄问题不仅仅是老年人问题，它涉及到国家政治建设、经济建设、社会建设和文化建设的诸多方面，是党工作的一部分、政府工作的一部分、社会工作的一部分和群众工作的一部分，必须坚持党政主导、社会参与、全民关怀的方针，构建大老龄工作格局。各成员单位要根据老龄工作涉及领域多、部门多、任务繁杂的特点，紧密结合本部门实际，创新工作思路，把老龄问题纳入到部门的政策法规中去，纳入到各部门的具体工作部署中去；对我省及相关部门出台的老龄政策法规落实情况和实效的进行督察、评估和反馈。仔细研究分析涉及的老龄领域政策，设计好重点工作主题，既着眼现实，又兼顾长远，既突出重点，又顾全大局，齐抓共管，形成合力，积极稳妥推动我省城乡老龄工作的协调发展，努力实现“老有所养、老有所医、老有所教、老有所学、老有所为、

老有所乐”的目标，为构建“和谐·平安海南”作出新贡献。

澄迈县近年来高度重视并踏踏实实做好老龄工作。县委、县政府根据人民生活质量不断提高，人口预期寿命不断延长，百岁老人不断增加的实际，于今年6月开展“中国长寿之乡”创建活动，把老龄事业发展与促进经济和社会发展紧密结合起来，整体推动全县的社会保障、生态文明建设、房地产、旅游和高效热作农特产等的发展。目前我省有1163名百岁及以上长寿老人，已成为全国百岁老人密度最大的省份之一。省民政厅和省老龄办要牵头协调有关部门，主动争取国家民政部、全国老龄工作委员会办公室支持开展海南“长寿之岛”的论证，为建设“海南国际旅游岛”服务，促进我省老龄事业与经济社会的协调发展。

谢谢大家！

在宁夏回族自治区老龄委第五次全体（扩大）会议上的讲话

宁夏回族自治区党委常委　副主席　刘　慧

（2009年6月9日）

这次会议的主要任务是分析我区人口老龄化形势和研究老龄工作面临的新情况新问题，安排部署2009年及今后一个阶段的老龄工作。刚才，李广庆同志传达了全国老龄工作委员会第十一次全体会议精神，马廷礼同志代表自治区老龄委作了工作报告，表彰了银川市兴庆区通贵乡通南村等50个敬老模范村和兴庆区富宁街道自强社区等26个敬老模范社区，自治区发展改革委、人力资源社会保障厅、卫生厅通报了工作情况，青铜峡市和银川市金凤区作了交流发言。在此，我代表自治区党委、政府向受表彰的先进单位表示热烈的祝贺！向全区从事老龄工作的同志们、向关心支持老龄工作的有关部门表示亲切的问候和衷心的感谢！下面，我讲三点意见。

一、新形势新情况下，要求我们增强做好老龄工作的责任感

今年是我们应对国际金融危机、推进我区经济平稳较快发展的关键一年，也是在新形势下加快老龄事业发展的重要一年。老龄工作面临的新形势、新要求需要我们深刻认识，以便更好地围绕自治区党委、政府的中心工作，增强做好老龄工作的使命感和责任感。

第一，深刻认识我区人口老龄化面临的新形势。截止2008年底，我区60岁以上的老年人口已达60.5万，占全区总人口的9.8%，今年将进入人口老龄化省区行列。其特点：一是发展速度加快。预计到2010年60岁以上的老年人口将达到67.9万，占总人口的10.7%，并以每年3.2%的速度递增。二是高龄、失能老人增多。到2010年高龄老人将从目前的4.5万人增加到5.7万人以上。城市失能和部分失能老年人约有15.8%，农村将达到30.2%。三是空巢比例增大。随着人员的流动以及农村务工者的外出，大量的老年人独居在家，也就是现在我们所说的“空巢”老人。我区城市空巢老人比例已经达到46.5%，农村达到21%。四是供养系数上升，社会压力增大。在独生子女家庭中，每对年轻夫妇承担4个老人甚至更多的赡养问题，家庭养老压力加大，社会负担加重。在“未富先老”的情况下，人口老龄化对政治、经济、文化等影响越来越大，需求也越来越呈现多元化倾向。

第二，高度重视老龄事业发展面临的新问题。近年来，各地各部门认真贯彻落实自治区党委、政府关于老龄工作的安排部署，按照第二次全区老龄工作会议要求，拓宽工作思路，创新工作方法，在社会保障制度建设上，健身文体活动开展上，维护老年人合法权益上，敬老爱老助老氛围的形成上，多层次地开展了工作，老龄问题和老龄工作得到了广泛关注。同时，我们也要看到，我区应对人口老龄化高峰期的时间很紧，任务艰巨。当前，我区老龄事业滞后于人口老龄化的发展，老年社会保障机制还不健全，老龄事业投入不足，为老服务的基础设施薄弱，还不能适应老年人在物质、医疗、文化等方面的需求。面对人口老龄化迅猛到来，必须切实提高认识，增强做好老龄工作的科学性和预见性，认真研究解决老龄工作面临的新情况新问题，积极应对人口老龄化高峰期带来的重大挑战。

第三，牢牢把握老龄事业发展的新机遇。国际金融危机对我国的冲击和对我区的影响，虽然给老龄事业的发展带来了压力和挑战，但也带来了新机遇。一是中央一系列扩大内需保持经济平稳较快发展的重大举措和支持老龄事业发展的战略部署将在今年实施，发展老龄事业，满足老年人需求，是改善民生的重要内容，也是扩大内需的一个有效着力点。二是党的十七大明确提出了“老有所养”的目标，十七届三中全会做出了加快社会保障体系建设的重大战略部署。最近，自治区党委、政府出台了《关于保障和改善民生若干问题的决定》（以下简称《决定》），随着《决定》的贯彻实施，必将为老龄工作打下坚实的基础。三是社会保障体系框架基本形成，老龄工作政策法规不断完善，为老龄事业的发展提供了制度和法律保障。因此，我们一定要抢抓机遇，乘势而上，着力开创老龄工作的新局面。

二、强化措施，推进老龄事业可持续发展

老龄问题是关系国计民生的重大社会问题，涉及千家万户。要按照自治区党委、政府的工作部署，突出重点，强化措施，从解决老年人最直接、最现实、最迫切的利益问题入手，着力抓好四项工作。

一是着力完善老年社会保障制度。老有所养、病有所医是老年人最为关注的核心问题，也是社会保障制度建设的一个重点。各地各有关部门要结合落实宁夏老龄事业发展“十一五”规划，继续完善基本养老保险制度、最低生活保障制度，探索建立新型农村养老保险制度，全面推进城镇职工基本医疗保险、城镇居民基本医疗保险、新型农村合作医疗制度和农村计划生育家庭奖励扶助制度，研究制定针对高龄老人、丧失能力及空巢老人的社会福利制度，切实解决他们的基本生活问题。各有关部门要加强沟通，统筹协调，确保各项制度之间的衔接与延续，避免交叉重叠。在推进和完善各项制度时，一定要认真研究老年人的基本权益，使其共享经济社会发展的成果。

二是着力推动养老服务体系建设。经过多年的努力，我区养老服务事业有了长足发展，但仍难以适应形势和任务的需求。目前我区各类养老服务机构 72 个、床位 8185 张，平均每千名老人拥有床位 14 张，供需矛盾十分突出。要按照“政府扶持、依托社区、社会参与、市场运作”的总体思路，加强养老服务基础设施建设，加快养老机构建设步伐，大力发展社区居家养老服务，建立健全服务网络，优化服务队伍结构，研究制定养老服务政策措施，加快建立以居家养老为基础、社区服务为依托、机构养老为补充、群众互助为途径的养老服务体系，走出一条符合市场经济规律、具有宁夏特点的养老服务发展的新路子。今年自治区政府将居家养老服务工作列入政府民生计划，提出要建立 50～100 个城市社区居家养老服务站。各地各部门要把居家养老服务作为推进养老服务体系建设的重点，总结试点经验，加大资金投入，整合社区资源，加快社区居家养老服务中心建设，向老年人提供不同层次、满足不同需求的服务。

三是着力维护老年人合法权益。敬老优待是老年社会福利的重要内容，目前我区已制定出台了一些涉老优待政策，各地也有一些具体的敬老优待措施，要将这些优待优惠政策落到实处，确保全区广大老年人真正与其他社会成员一道，分享经济社会发展成果，推进社会文明进步。继续推进《家庭赡养协议书》签订工作并促其兑现，巩固家庭养老功能。要广泛深入开展老年法规和老年人优待政策的宣传教育工作，增强全社会自觉维护老年人合法权益的法制意识和责任意识，拓宽法律服务内容，强化司法保护，完善法律援助体系，重视处理信访，加大涉老案件的执法力度，为老年人提供方便、快捷的法律服务和法律援助。

四是着力加强农村老龄工作。我区农村老年人口基数大，目前约有 37.7 万人，占全区老年人总数的 65%。农村老龄工作是我们工作的重头戏，也是难点所在。各地各有关部门对农村老龄工作中的问题要投入更多的精力和力量，切实加强老龄工作，下气力夯实农村老龄事业发展基础。要加大资金投入，完善农村老年服务设施和服务网络，在农村社区建设中统筹考虑老年服务设施，不断改善农村老年人生活条件。要积极培育和发展农村老年协会等群众组织，充分发挥群众组织在反映老年人诉求、维护老年人合法权益、协助村（居）委会做好老龄工作。要加强农村老年群众组织自身建设，并为他们提供必要的支持，让老年人自我管理、自我服务、自我教育，成为推动老龄事业发展、构建和谐社会的力量。

三、加强领导，通力合作，提升老龄工作水平

任何工作，各级领导的重视程度，制定的政策和措施都与取得的成效成正比。老龄工作更是如此。在发展我区老龄事业上，更需要各级党委、政府加强领导，把老龄工作摆上议事日程，从总体部署和具体问题的解决上，体现出重视、关心和支持，把发展老龄事业放在体现社会主义制度优越性的高度来对待，体现以人为本的理念来安排，希望各级党政领导为老龄事业多操心，多办实事、好事。

各级老龄委要充分发挥职能作用，协调各方面力量，形成推动工作的整体合力。各级老龄委成员单位要积极履行职责，要把老龄问题纳入本部门工作规划，纳入所制定的政策法规中去，纳入到具体工作部署中去，明确目标任务，狠抓工作落实。各级老龄委办公室要更好地充分发挥情况综合、督促检查的作用，加强调查研究，及时向各级党委、政府汇报老龄事业发展的新情况、新进展，对基层老龄工作给予指导，帮助协商解决一些实际问题和困难。

这里还要强调讲的一点是，老龄工作是一项社会性强的工作，需要各方面的配合，老龄委办公室与各有关方面协商解决一些问题时，请鼎力相助，也请各新闻媒体单位，大力宣传老龄工作的法规政策，各地好的做法，对老年人的侵权实例等，弘扬中华民族敬老养老助老的传统美德，营造良好的社会氛围，推动老龄事业的发展。

同志们，我就讲这些，总之老龄工作是一项崇高的事业，也是一项德政工作。让我们在自治区党委、政府的正确领导下，以党的十七大和全国“两会”精神为指导，贯彻落实科学发展观，为生活上关心老年人、精神上慰藉老年人、权益上维护老年人，为开创我区老龄工作新局面，辛勤工作，取得硕果而努力！

在新疆维吾尔自治区老龄办主任会议上的讲话

新疆维吾尔自治区党委常委　肖开提·依明

（2009 年 2 月 27 日）

同志们：

今天，我们召开自治区老龄办主任会议，主要任务是：深入贯彻党的十七大、十七届三中全会、全国老龄委第十一次全体会议、全国老龄办主任会议和自治区党委七届七次全委扩大会议、自治区党委工作会议及自治区老龄委第八次全体会议精神，认真回顾总结 2008 年自治区老龄工作，进一步安排部署 2009 年的工作任务。稍后，会议还要宣布全国和自治区十大寿星，表彰“中华孝亲敬老楷模提名奖”“孝亲敬老之星”和“优秀组织者奖”。在此，我代表自治区党委、自治区人民政府，向入选“十大寿星”的百岁老人和受表彰的单位和个人表示热烈的祝贺！向全区广大老龄工作干部职工、向所有支持和关心老龄工作的同志们表示衷心的感谢和亲切的慰问！

2008 年，是我们党和国家发展进程中很不平凡的一年，也是自治区老龄事业不断发展、老龄工作深入推进的一年。各地坚持以科学发展观为指导，坚持“党政主导、社会参与、全民关怀”的老龄工作方针，紧紧围绕“六个老有”的工作目标，以老年人的社会保障、养老服务、老年维权、老年精神文化生活等工作为突破口，求真务实，开拓创新，取得了显著的成绩。各级党委、政府把老龄工作摆上重要议事日程，一些地州市把老龄工作纳入了党政目标管理考核，有力地促进了基层老龄事业的发展。各级老龄委成员单位与老龄办积极配合，充分发挥职能作用，在为老年人办好事、办实事方面做了大量工作，极大地推动了老龄事业的发展。各地积极完善扶持养老服务业的政策措施，大力推进养老服务工作，积极开发各类为老服务项目，促进了我区养老服务业的发展。一些地方对老年福利服务设施统一规划，纳入城乡公共设施布局，高起点、高标准投资兴建养老服务设施，构建社区老年服务网络，深入开展养老服务社会化示范活动等，使更多老年人得到了便捷的服务。自治区不断完善养老、医疗、社会救助等各项社会保障制度，各地在推进城镇居民医疗保险、城乡低保、城镇无收入困难老年群体补助、城乡医疗救助等方面取得了突破性进展，被各项社会保障制度覆盖的老年人越来越多。各地还结合实际，建立农村集体养老补贴制度、开展签订《农村家庭赡养协议书》等工作，进一步保障老年人的生活，取得了显著成效。老年维权工作深入推进，各地继续完善维权组织，构建老年维权网络，开展老年法规政策宣传教育，加强执法监督检查，做好老年人信访工作，保障老年人合法权益。各项老年优待政策全面落实，一些地方出台了更为优惠的政策措施，降低了享受高龄生活补贴的老年人年龄，提高了补贴标准，扩大了优待范围。各地不断加大老龄工作宣传力度，提高全社会的老龄意识，营造各级党委、政府高度重视发展老龄事业、全社会积极参与老龄工作、全民热情关怀老年人的良好社会氛围。可以说，2008是我区老龄工作取得显著成绩的一年，自治区党委、人民政府对你们的工作是满意的。

在多年的老龄工作实践中，我们积累了一些宝贵的工作经验，必须在今后的工作中继续坚持和完善。一是必须坚持围绕中心，服务大局，在经济社会发展中科学定位老龄工作，充分发挥老龄工作在促进经济发展和社会和谐中的作用。二是必须将老龄事业纳入经济和社会发展的总体规划，纳入党政领导的议事日程，纳入党政综合目标管理考核，确保老龄事业和其他各项社会事业协调发展。三是必须坚持“党政主导、社会参与、全民关怀”的方针，动员社会力量广泛参与，各成员单位和社会力量齐抓共管，使老龄事业得到又好又快的发展。四是必须坚持为老年人多办实事和好事，满足老年人的物质和精神文化需要，确保老年人共享改革开放30年来的发展成果，更好地促进经济发展、社会和谐。

在充分肯定成绩的同时，我们也要清醒地看到，我区的老龄工作还存在着一些地方对人口老龄化的严峻形势认识不足，老龄事业经费投入保障机制没有形成，为老服务基础设施和为老服务工作不能满足老年人的需求；一些地方老龄组织机构不符合老龄工作的要求，影响老龄工作的正常开展，农村老龄工作的基础比较薄弱等问题，必须引起高度重视，认真加以解决。

下面，就做好今年的老龄工作，我讲几点意见。

一、认清形势，进一步增强做好老龄工作的责任感和使命感

今年是新中国成立六十周年，是我们积极应对国际金融危机、保持全区经济平稳较快发展的重要一年，也是深入贯彻落实科学发展观、落实老龄事业发展“十一五”规划的关键一年。面对日趋严峻复杂的国内外经济环境，我区的发展既面临前所未有的挑战，又面临前所未有的机遇。面对严峻的经济形势和改革发展繁重任务的同时，我们还面临着日趋严重的人口老龄化形势。人口老龄化涉及政治、经济、文化的各个领域，是一个重大的社会问题，也是一个重要的民生问题，我们要更加自觉地以科学发展观为指导，围绕国家和自治区经济社会发展的中心任务，不断开创老龄工作新局面。

（一）正确认识我区人口老龄化的发展趋势，增强做好老龄工作的紧迫感

当前和今后一个时期，是我区经济和社会发展的重要战略机遇期，也是应对老龄化问题的关键时期。目前，全区60岁以上的老年人203.73万人，占总人口的9.59%，预计明年就会进入老龄化社会。在未来的二三十年内，我区人口老龄化将会快速发展，老龄化形势也会越来越严峻。根据预测，到2040年，全区60岁以上老年人口占总人口的比例将超过1/4，2050年达1/3。21世纪中叶，我区将会成为一个重度老龄化地区，人口老龄化比例将会较长时间的保持在33%左右。老龄化社会的到来和长寿人口的增多，一方面，反映了我区经济、社会和各项事业的蓬勃发展和人民生活水平的显著提高，另一方面，人口迅速老龄化和高龄化，会给经济和社会发展带来重大影响。由于我区的经济还不够发达，老年法律法规体系、老年社会保障制度还不够完善，快速增长的老年人口数量也给正在健全完善中的社会保障体系带来巨大的压力。人口老龄化快速发展的同时，还伴随着高龄化和空巢化，老年人不仅在物质文化、医疗卫生、精神文化方面的需求越来越高，对社会服务的需求量也越来越大。目前，人口老龄化对经济社会产生的影响已经开始逐步显现，今后还将日益突出。

（二）客观把握国内外经济形势，正视困难，抢抓机遇，促进老龄事业发展

由于国际金融危机对我区的影响有一定的滞后效应，今明两年可能是我区经济发展面临困难最多的时期，对老龄工作的负面影响也会在这两年逐步显现。人口老龄化带来的问题和困难会与其他社会问题相互交织，给老龄工作发展带来一定的困难。但是，我们也要看到，老龄问题已经引起了各级党委、政府的高度重视和社会各界的广泛关注，对老龄事业的投入和支持力度也越来越大。中央扩大内需的一系列措施、保持经济平稳较快发展的重大举措，党的十七大提出的“老有所养”的目标，以及中央和自治区作出的加快农村改革发展、加快社会保障体系建设、改善民生以应对国际金融危机等一系列重大战略部署，都为老龄事业的发展提供了历史机遇。

（三）以科学发展观为指导，高度关注老年人的民生问题，构建和谐社会

科学发展观的本质和核心是坚持以人为本，发展的根本目的是为了满足人民群众不断增长的物质文化需要。尊重和关心老年人，保障老年人的基本权益，使老年人获得切实的政治、经济和文化利益，共享改革开放和经济社会发展的成果，是学习和实践科学发展观的要求。坚持以人为本、全心全意为老年人服务，是当前和今后老龄工作必须坚持的方向。党和政府高度重视与人民群众生活密切相关的社会问题，采

取切实措施保障民生、改善民生，逐步建立完善了以老年人为主要受益群体的基本养老、基本医疗、城乡社会救助等制度。2009 年，自治区党委和人民政府把改善民生、促进社会和谐作为国民经济和社会发展的一项重要任务，作为一切工作的出发点和落脚点。关注民生问题不仅是学习实践科学发展观的要求，也是我们党执政为民的直接体现。在当前国际金融危机的严重影响下，老年人生活中面临的困难和问题也会进一步增加，老年人的民生问题不仅关系到他们的切身利益，还会影响改革发展稳定的大局。

二、把握全局，突出重点，扎实做好我区老龄工作

当前和今后一个时期，要紧紧围绕贯彻党的十七大、十七届三中全会精神，深入贯彻落实科学发展观，围绕自治区中心工作，把主要精力放在解决社会最为关注、老年人需求最为迫切的热点、难点上，放在最能体现老年群体根本利益的事务上，全面提升老龄工作整体水平，推动老龄事业与我区经济社会各项事业全面协调可持续发展。

（一）继续建立健全老龄政策法规体系，深入落实老龄事业发展规划

老龄政策是老龄事业发展和老龄工作深入开展的先导。“十一五”期间，国家和自治区相继在发展养老服务业、加强基层老龄工作、老年人优待政策以及老龄事业发展规划等方面出台了一系列政策措施，对各地开展工作起到了积极的指导作用。但是，现有的老龄政策与日趋严重的老龄化趋势还不协调。各地要充分认识研究制定老龄政策的重要性，在调查研究的基础上，制定相关政策，逐步建立健全相对完善的老龄政策法规体系，推动老龄工作的开展，促进老龄事业的发展。《自治区老龄事业发展第十一个五年规划》是指导老龄工作的阶段性纲领文件，今年是贯彻落实规划的关键一年，各地要认真检查评估老龄事业发展状况，查找差距。要结合实际，采取有力措施，认真抓好落实规划任务的组织实施工作，把老龄事业发展纳入当地扩大内需、促进经济增长的具体措施中，加大老龄事业经费投入，努力协调和推动有关部门加强为老服务设施建设，确保规划各项任务落在实处。

（二）继续健全和完善社会保障制度，确保老年人的基本生活和基本医疗

健全的社会保障制度，是保障老年人基本生活、解决人口老龄化问题的重要条件。党的十七大正式确定了要逐步完善各项社会保障制度，以保持社会稳定、社会和谐。近年来，自治区党委、人民政府高度重视与老年人生活密切相关的社会保障问题，采取有效措施，完善养老、医疗等社会保障制度，其中最大的受益者就是老年人，特别是农村老年人。尽管如此，我们目前的社会保障体系还不够健全，城乡之间的社会保障程度还有很大的差异。今后我们要不断完善老年人社会保障体系，着力解决老年人最迫切、最需要解决的养老和医疗问题，逐步建立应对人口老龄化的全覆盖的社会保障体系。要结合实际，重点关注空巢老人、高龄老人、贫困老人等特殊老年群体，保障他们的基本生活和基本医疗需求。

（三）重视和支持基层老龄工作，夯实老龄工作基础

老龄工作的重点在基层，做好基层老龄工作至关重要。基层老龄工作开展得如何，直接关系到党和政府老龄工作方针政策的落实。要经常深入基层，了解老年人的生活和需求，切实解决老年人的实际困难。要把基层老龄工作作为重点来抓，强化措施，加强指导，推动基层老龄工作深入开展。继续依托社区发展老年服务事业，完善社区老年服务体系，不断提升社区为老服务功能。积极整合各种服务资源，充分利用社区资源，就地就近开展为老服务。进一步加强基层老年学校建设，满足老年人求知的需求，大力推进基层老年文化活动，组织开展适合老年人特点的学习教育、文化娱乐和体育健身活动，丰富老年人的精神文化生活，倡导健康、科学、文明的生活方式。加强基层老龄机构建设，配齐配强工作人员，落实工作经费，提高为老年人服务的水平和质量。加强基层老年群众组织的规范化建设，指导他们组织开展适合老年人的各类活动，引导基层老年群众组织更好地发挥自我管理、自我教育、自我服务的积极作用。

（四）切实加强农村老龄工作，解决好农村养老问题

我区老年人大部分生活在农村，保障和改善农村老年人的民生问题是老龄工作的重中之重。目前，农村老龄工作基础相对薄弱，养老保障制度不完善，为老服务基础设施建设滞后，老龄组织机构网络还不够健全。要认真落实党的十七届三中全会提出的“加强农村老龄服务”的要求，下大力气推进农村老龄事业的发展。完善与农村老年人生活密切相关的养老保险、合作医疗、最低生活保障和五保供养等各项制度时，要对老年人给予制度性的倾斜，确保农村老年人的基本养老和基本医疗。要采取有效措施，保障失能、特困、空巢等特殊困难的农村老年群体的基本生活。要加大农村为老服务基础设施建设力度，充分利用现有资源，开辟为老服务阵地，逐步将老年活动场所和为老服务设施建设纳入新农村公共事业建设的总

体规划中，加快建设，改变农村老年服务设施和活动场所严重不足、农村老年人精神文化生活匮乏的局面。要继续在全区农村推广签订《家庭赡养协议》工作，落实家庭成员对老年人的赡养义务，发挥家庭养老的基础性作用，保障老年人的基本生活。各级老龄工作干部要及时掌握农村老年人的情况，听取他们的呼声，切实帮助老年人解决生活中的实际困难。

（五）加快发展养老服务业，努力提升居家养老服务水平

以居家养老为基础、社区服务为依托、机构养老为补充的养老服务体系是基于我国基本国情，也是目前应对人口老龄化严峻形势、解决养老问题的最佳模式。养老服务业是社会服务事业的一个重要方面，加快发展养老服务业，是应对人口老龄化的重要举措，也是扩大内需、改善民生、扩大就业的有效途径，是推动我区经济发展的一个新的增长点。加快养老服务业的发展，要做到居家养老、机构养老“两手抓”。社区是老年人生活的地方，是与老年人生活最为密切的社会单元，建立以社区服务为依托的居家养老服务体系，为居家的老年人提供生活照料、家政服务、康复护理和精神慰藉等方面的服务，不仅符合我国传统的生活方式，也是用最低的社会成本解决养老难题的有效途径。我们要不断探索和实践，逐步形成适合我区实际的居家养老服务模式。在重视居家养老服务的同时，各地还要着力推动各类养老机构，特别是带有长期照料、护理功能的养老机构的发展。要采取公建民营、民办公助、政府补贴、购买服务等多种投入和运营方式，鼓励社会力量以多种方式兴办养老服务业，鼓励下岗失业人员等创办家庭养老院、托老所，开展老年护理服务，以多种形式满足老年人的养老服务需求。

（六）切实维护老年人的合法权益

贯彻落实有关老年人权益保障方面的法规政策，营造维护老年人合法权益的良好氛围，是做好老龄工作的重要前提。老年人是社会中的弱势群体，自我保护的意识和能力相对较弱，合法权益容易受到侵害，保障老年人合法权益是全社会的共同责任，是一项长期而艰巨的任务。保护老年人合法权益，有赖于全民法律意识的增强和全社会道德水准的提高。各地要加大宣传力度，增强全社会的老龄意识、养老意识和依法保护老年人合法权益的法律意识。要进一步健全和完善老年法规政策保障体系，落实各项老年法规政策，综合运用法律手段、行政手段和道德手段，维护老年人政治权利与基本生活权利，保障老年人的基本权益。要加大《中华人民共和国老年人权益保障法》和《条例》的宣传力度，开展执法检查，促进各项老龄法规政策的落实。要根据经济社会发展状况，进一步完善和充实优待老年人规定的内容，推动敬老养老助老传统美德的进一步发扬光大。

三、加强领导，狠抓落实，进一步提高做好老龄工作的能力和水平

加强老龄工作，发展老龄事业，是各级党委、政府和全社会的共同责任。各地要从全局出发，切实加强领导，本着对党和人民高度负责的精神，精心部署，狠抓落实，以更大的力度、更实的举措做好各项工作，不断推进老龄工作向前发展，努力开创老龄工作新局面。

（一）深入学习实践科学发展观，提高应对挑战、领导科学发展的能力

各级老龄干部要把学习实践科学发展观与发展老龄事业紧密结合起来，自觉加强学习，加强战略思维，不断完善知识结构、提高综合素质，努力提高领导和推动科学发展的能力和水平。要着眼于推进科学发展的新要求，更加紧迫地学习新知识、增长新本领，努力把学习成果转化为继续解放思想、推进科学发展、促进社会和谐的实际本领，把学习的成效体现在谋划老龄事业发展、完善思路、推进工作上。要把老龄工作放在国际国内大背景和全区工作大局中去把握、去谋划，在服务全局中找准切入点，因地制宜，创造性地开展工作，推动老龄事业的发展。

（二）继续完善老龄工作领导责任机制，进一步健全老龄事业投入机制

老龄工作是各级党委、政府的一项重要工作，老龄工作开展得好坏，与各级党政领导的重视程度是密切相关的。各级党委、政府要牢固树立科学发展观和正确的政绩观，切实加强老龄工作。要把老龄事业摆在重要位置，列入议事日程，切实抓紧、抓好，抓出成效。要切实加强对老龄工作的组织领导，全力支持老龄工作，确保认识到位、责任到位、措施到位、投入到位。各级党委、政府的主要领导同志要树立责任意识，投入更多的时间和精力，及时研究解决事关老龄事业发展的重点工作和突出问题。要将老龄工作列入各级党委、政府年度工作目标考核及基层党政领导班子、领导干部年度目标考核体系。老龄委成员单位要强化责任意识，认真履行职责，发挥部门优势。各部门要密切配合，形成分工合作、上下配合、齐抓共管的老龄工作格局。要进一步整合资源、挖掘潜力，动员全社会力量，共同做好老龄工作，真正形成推动老龄事业发展的强大合力，为老龄事业的发展提供必要的支撑。要切实加强老龄组织机构建设，进一步健

全各级老龄工作机构，保证老龄工作有人抓、有人管。要高度重视地州、县市老龄机构建设，配强老龄工作领导班子，针对基层老龄工作任务日益繁重的实际，切实增强基层老龄工作力量。目前，我区老龄工作中存在的最大问题是对老龄事业的投入不足、基础设施滞后，这也是当前迫切需要解决的问题。各级党委、政府要进一步加大对老龄事业的投入，落实老龄事业发展经费，并随着当地经济社会的发展按比例增长。在发挥政府投入主渠道作用的基础上，加大福利彩票资金对老龄事业的投入，努力拓宽筹资渠道，吸引更多民间资金进入老龄事业发展领域。

（三）加强调查研究，为科学决策提供依据

实践证明，科学的决策是建立在尊重实际、深入调查基础之上的。在新的历史时期，老龄工作面临的新情况、新问题层出不穷，需要我们不断加大调查研究的深度和力度。各级老龄部门要通过深入系统的调查研究，把本地区、本部门的现状搞清楚，把影响制约老龄工作的重点、难点问题搞清楚。要真正把科学决策建立在深入调查、掌握实际情况的基础上。调查研究必须深入基层、深入群众、深入实际，了解老年人所想，掌握老年人所盼，真正解决老年人最关心、最直接、最现实的利益问题。调查研究还必须紧紧围绕老龄工作大局来开展，深入研究和探索影响老龄工作的具有宏观性、战略性、前瞻性的重大问题，力求形成一批高质量的研究成果，努力在推进理论创新、服务决策等方面发挥积极作用。

（四）加强队伍建设，提高适应新形势、新任务的能力

要进一步加强党风廉政建设，时刻牢记“两个务必”。坚持立党为公、执政为民，弘扬求真务实精神，大兴求真务实之风，大力倡导八个方面的良好风气，培养和造就一支政治强、业务精、作风正的老龄工作队伍，始终保持老龄干部队伍的良好形象。要牢固树立宗旨意识，坚持以人为本，做到权为民所用、情为民所系、利为民所谋，把解决老年人最关心、最直接、最现实的利益问题放在工作首位。要牢固树立群众观点和公仆意识，多做顺民意、解民忧、增民利的实事，在办实事、办好事中加深与群众的感情。要认真解决好干部队伍中还存在的宗旨意识不强，政策理论学习不系统，对客观规律认识不深，有些同志工作责任心不强，作风飘浮的问题，坚持不懈地加强老龄工作部门各级领导干部的党性修养。要切实转变工作作风，提高工作效率，认真解决与老年人相关的民生问题，做到有布置、有督促、有检查，把各项工作任务落在实处。同志们，做好新时期的老龄工作责任重大，任务艰巨。让我们紧密团结在以胡锦涛同志为总书记的党中央周围，坚持以邓小平理论和“三个代表”重要思想为指导，深入贯彻落实科学发展观，在自治区党委、自治区人民政府的正确领导下，振奋精神，锐意进取，努力开创我区老龄工作新局面，为全面建设小康社会作出新的更大的贡献，以优异的成绩向国庆六十周年献礼！

在宁波市老龄工作委员会全体会议上的讲话（摘要）

宁波市委常委　常务副市长　市老龄委主任　王　勇

（2009年3月11日）

一、认清形势，切实增强做好老龄工作的紧迫性和责任感

（一）要充分认识我市所面临的老龄化严峻形势

我市自1987年就已进入老龄化社会，近年来的老年人口更是以年均3%以上的速度递增。今后，随着新中国同龄人步入老年，我市和全国一样进入老年人口加速增长的高峰期。据年报户籍人口统计，截至2008年底，全市60岁以上老年人口93.47万人，占户籍总人口的16.26%。全市老年人口增长率高达6.19%；其中80周岁及以上老年人口13.78万人，占老年人口总数的14.82%，比上年同期增加1.36万人，增长10.98%。据初步分析，今后全市老年人口将加速增长，2010年全市老年人口将突破100万，2015年将超过130万；今后全市老年人口的比重也将迅速扩大，2005年全市老年人口占总人口的1/7，2009年将达到1/6，2013年将达到1/5。人口老龄

化、高龄化趋势的加剧，必将带来一系列社会新问题、新情况。可以预见，今后我市老龄化形势将更加严峻，全市老龄工作将面临更大的压力。

（二）要深刻认识我市老龄工作所面临的机遇

我认为当前老龄工作和老龄事业的发展面临着前所未有的重要机遇。党的十七大提出了"老有所养"的明确目标，党的十七届三中全会又提出"加快社会养老保障体系建设"，"发展农村老龄服务"。当前，发展老龄事业，作为改善民生和构建和谐的重要内容，受到了各级党委、政府前所未有的重视和关注，政策和资金支持力度大幅度提高，为老龄工作和老龄事业发展带来了契机。我市提出新增财力70%要用于民生，这其中很大一块就是用于老龄工作和老龄事业的发展。老年人自身素质有很大的提高。我市老年人文化水平、健康状况、养老方式与以往相比有很大的提高。近年来我市在全国率先开展的一些成功探索和做法，都为我们做好今后的老龄工作打下坚实的基础。

（三）要切实增强做好老龄工作的责任感和紧迫感

老龄工作关系到每一个人，是一项牵涉面广、工作量大、影响深远的社会系统工程，需要各地各部门各有关方面的通力协作。我们一定要从深入贯彻落实科学发展观、构建社会主义和谐社会的高度，充分认识老龄工作的重要性，切实增强做好老龄工作的责任感和紧迫感，紧紧围绕经济社会发展的大局，创新工作思路，采取有效措施，积极应对老年人口高峰的到来，推进我市老龄事业又好又快的发展。

二、突出重点，扎实做好今年工作

2009年，是新中国成立六十周年，也是在新世纪以来我国经济发展最为困难的一年。经济发展的困难，很有可能出现城乡困难群众尤其是老年困难群众增多的现象，从而影响社会的和谐和稳定。可以预见，今年全市的老龄工作在维护老年群众合法权益、做好为老服务和维护社会和谐稳定等各方面，面临的任务更加繁重。因此，做好今年的全市老龄工作一定要以科学发展观为统领，认真贯彻落实全国老龄委第十一次全体会议精神，按照"保民生、保和谐、保稳定"的要求，以完善城乡一体化的老年社会保障体系和加快发展为老服务事业为重点，着力解决涉及广大老年群体合法利益的突出问题，深入推进社区基层老龄工作，切实加强农村老龄工作，全面推进我市老龄事业又好又快发展。刚才，大家已经审议讨论了2009年的工作要点，我原则同意，希望会后修改完善后下发执行。就今年几项重要工作，我再强调一下：

（一）要全面完善城乡一体化的老年社会保障体系，确保老年人安享晚年

老有所养、老有所医是老年人最为关心的问题，也是社会保障体系建设的重点。目前，我市已经基本形成了覆盖城乡各类群体的社会保障框架体系，并已开始着力于制度的完善和各项险种之间的衔接转换。各地要结合落实《宁波市老龄事业"十一五"发展规划》，在完善各项保障机制的同时，抓紧研究制定完善城乡居民（包括农民工）养老保障制度和各项养老保险（障）制度转接衔接的办法，继续大力推进城镇居民基本医疗保险制度和新型农村合作医疗保险制度，进一步扩大养老医疗保障实际覆盖面，及时做好养老金待遇的调整和落实工作。要继续完善和落实城乡一体化的最低生活保障制度、社会医疗救助制度和农村计划生育家庭养老奖励扶助制度。进一步探索和推进无基本社会保障的老年人生活补助制度建设，让老年人共享经济社会发展成果。

（二）大力推进为老服务体系建设，加快老龄产业的发展

为老服务是社会公共服务的一个重要内容。大力发展为老服务产业，满足老年人的各种服务需求，是积极应对人口老龄化的重要举措。目前，我市为老服务业发展相对滞后，供需矛盾非常突出。各地、各有关部门要认真贯彻落实全国老龄办、民政部等十部委《关于全面推进居家养老服务工作的意见》和省政府《关于加快推进养老服务体系建设的意见》等政策文件，加快构建以居家为基础、社区为依托、机构为补充的为老社会服务体系。这几年，我市的居家养老服务工作成绩显著，在全国有相当高的知名度，受到了全国老龄委的充分肯定。但这项工作目前仍处于起步阶段，所提供的服务与广大老年人的实际需求仍有较大的差距，一些服务管理和运作机制有待进一步规范。因此，必须进一步加大工作力度，增加财政投入，创新服务内容，提高服务水平。要做好城市社区居家养老服务工作绩效评估工作，积极探索并完善居家养老服务的长效机制。农村要争取年底全市10%的行政村开展居家养老服务。要加快老年福利设施建设，确保今年各类养老服务机构新增床位率达到10%以上。同时，要贯彻落实浙江省政府《关于加快推进养老服务体系建设的意见》，鼓励、扶持社会兴办为老服务机构，推进民营为老服务产业发展，要通过建设资金补贴、公建民营、税费优惠、政府购买服务等优惠措施，促进民办为老服务机构的发展，培育多种服务方式和不同收费水平的服务行业供给主体，

满足不同层次不同类型的养老服务需求。

(三)加强农村老龄工作，努力实现城乡老龄事业协调发展

由于各方面的原因，农村社会事业发展起步晚，公共服务水平较低，社会保障能力较弱，从而造成老龄工作基础薄弱，老龄事业发展相当滞后。农村老年人的公共服务需求与社会供给之间的矛盾非常突出，这些必须引起高度重视。下步，要按照统筹城乡发展的要求，坚定不移地加强农村老龄工作，实现城乡基本公共服务均等化，推进城乡老龄事业和经济社会协调发展，让农村老年人共享经济社会发展成果。当前，要抓紧探索和完善适应不同层次、不同保障水平的农村养老保障和基本医疗保障制度，确保符合条件的老年人都能得到保障。要继续加快农村老年基础设施建设，加大经费投入力度，把农村养老服务机构和服务设施、老年文体活动设施建设纳入新农村建设的总体规划。农村闲置的校舍、集体办公用房等公共设施的再利用，要优先考虑老年服务设施和场所的需要，力争到“十一五”末，每个行政村都有适合老年人休闲娱乐和健身活动的场地，确保农村敬老院、老年活动中心覆盖80%以上的乡镇，80%的乡镇拥有一处集院舍住养、社区照料、居家养老等多种服务功能于一体的综合性老年服务中心，并尽快实现全覆盖。要加强对农村老年人协会的规范化管理，引导农村老年人协会在新农村建设和为老服务中发挥积极作用。

(四)进一步加强老年文化教育体育工作，切实保障老年人合法权益

各地、各有关部门要把发展老年文化教育体育事业纳入经济社会发展规划，不断丰富老年人的精神文化生活。要重视老年教育工作。认真办好市、县两级老年大学、老年电大，扩大办学规模，提高办学质量；要积极整合各类教育资源，努力发展基层老年学校；要充分利用广播、电视、网络等远程教育手段，开展多种形式、多种内容的老年教育。要重视老年人的思想政治工作，正确引导，积极为老年人参与社会活动、贡献余热创造环境和机会。要大力培养老年文体组织和骨干，广泛组织开展群众性老年文体活动。要提倡“老有所为”，鼓励、支持老年人继续参与经济社会发展和社会公益活动。要加强全社会敬老养老助老的宣传教育工作，努力营造敬老爱老助老的良好社会风尚。要高度重视老年维权工作，认真贯彻落实保护老年人合法权益的各项法律法规和政策措施，完善老年维权制度和机制，切实维护老年人的合法权益。要完善老年优待政策，加大老年人优待规定的执法检查力度，推动老年优待工作城乡一体化发展。对于老年人优待政策落实过程中的薄弱环节，希望有关部门认真研究，完善政策措施，确保优待老年人政策真正落到实处。

(五)加强工作协调协作，确保各项工作顺利开展

今年是《宁波市老龄事业“十一五”发展规划》实施的关键年。各级党委、政府要加强对老龄工作的重视和领导，真正把老龄工作纳入到经济社会发展的总体规划、纳入到政府工作的重要议事日程、纳入到公共服务和公共财政统筹范围，通盘考虑、统筹安排，大力推进。切实做好对规划实施的中期评估工作，确保规划如期完成。要进一步加强老龄工作委员会及其办公室的组织机构建设，配备得力干部，充实工作力量，确保老龄工作顺利开展。各级老龄工作委员会和各成员单位要切实履行职责，加强配合，形成合力，推进老龄事业迅速发展。各级老龄办作为老龄工作委员会的日常工作管理协调机构，要把握职能定位，加强联系沟通，充分发挥综合协调督导作用，努力提高工作水平和为老服务能力，为党委和政府科学决策当好参谋助手。

在广西壮族自治区老龄工作会议上的讲话

广西壮族自治区副主席　自治区老龄委主任　陈章良

(2009年12月29日)

同志们：

刚才，全国老龄委办公室副主任吴玉韶同志对当前人口老龄化形势作了深入的分析，并对新形势下如何做好老龄工作提出了要求，他的讲话对做好广西老

龄工作具有很强的指导意义，各级和各有关部门要认真学习领会，切实贯彻落实。自治区民政厅厅长、自治区老龄委副主任陈利丹同志传达了全国老龄委第十一次全体会议精神，总结回顾了9年来全区老龄工作情况，并就贯彻落实全国、全区有关老龄工作会议精神提出了意见，我完全同意。

9年来，全区各级政府和各级老龄工作机构，坚决贯彻落实自治区党委、自治区人民政府的工作部署，积极开展老龄工作，取得了良好的成效：老年社会保障体系建设不断健全，老年人的社会保障水平有新的提高；为老服务体系建设稳步推进，服务水平逐年提升；各项涉老政策措施逐步落实；老年文化体育教育活动深入开展，老年人精神文化生活日益丰富；老龄法制建设逐步加强，全社会敬老爱老助老的氛围日益浓厚。这些成绩的取得，是各级党委、政府高度重视的结果，是全国老龄办大力支持的结果，也是全区各有关部门、社会各界和广大老龄工作者共同努力的结果。借此机会，我代表自治区人民政府和自治区老龄委，向全区辛勤工作在老龄工作战线上的同志们致以亲切的问候！向全国老龄委办公室、向关心支持我区老龄事业的各界人士表示衷心的感谢！

下面，我就做好当前我区老龄工作，讲几点意见。

一、认清形势，把握机遇，进一步增强做好老龄工作的责任感和紧迫感

（一）要充分认识人口老龄化日益加剧的严峻形势

自1999年我区进入人口老龄化社会以来，随着经济社会的发展以及人民群众的生活水平和医疗卫生水平的提高，人口老龄化趋势进一步加快。目前，我区60岁以上老年人口达到633万人，占全区总人口的13.59％，比全国高出1.6个百分点，且以每年3.5％的速度递增。其中，65岁以上的老年人口达到455万人，80岁以上老年人有89万人。目前，我区与全国一样将出现了第一次老年人口增长高峰，高龄老人和失能老人大幅增加，空巢化趋势日益突出，老年人口结构正在发生变化，文化层次越来越高，老年人的需求越来越广泛，“未富先老”“四二一”结构家庭（由祖父、祖母、外祖父、外祖母4人，父亲、母亲2人和1个独生子女所构成的金字塔形家庭）对养老功能的弱化等问题越来越明显。各级和各有部门对这种形势要有一个正确的判断，只有这样，才能积极应对。

（二）要充分认识我区老龄工作面临的困难和问题

随着人口老龄化趋势的加快，我区的社会养老、社会医疗、社会消费、劳动力结构等正面临前所未有的挑战，老龄工作面临的困难和问题越来越突出：一是老年人社会保障资金投入不足，社会保障水平偏低。二是为老服务设施建设落后，老龄产业市场发展滞后。2006年，民政部在重庆市召开全国老龄产业博览会时，我区由于老龄产业落后，居然无产业代表可派。目前，全区也仅有乡镇敬老院978个，老年活动中心（室）7023个，远远不能满足老年人的需求。三是个别地方对老龄工作重要性认识不足、重视不够，老龄协调议事机制没有充分发挥作用，老龄工作机构不健全。目前，全区尚有3个县（区）未设立老龄工作机构。四是老龄工作经费缺乏，县乡老龄工作人员少，基层基础工作薄弱。对此，必须引起高度重视，切实加以解决。

（三）要充分把握老龄事业发展的新机遇

党和国家确立了“老有所养、老有所医、老有所教、老有所学、老有所为、老有所乐”的老龄工作目标，并将老有所养作为改善民生、构建和谐社会的一项重要内容。党的十七大报告提出：“必须在经济发展的基础上，更加注重社会建设，着力保障和改善民生，推进社会体制改革，扩大公共服务，完善社会管理，促进社会公平正义，努力使全体人民学有所教、劳有所得、病有所医、老有所养、住有所居，推动建设和谐社会”。党的十七届三中全会和2009年中央农村工作会议作出了加快农村改革发展和社会保障体系建设的重大战略部署。中央的重大决策部署为我们指明了发展老龄事业的方向。

2009年以来，为应对国际金融危机和国内经济形势变化，中央采取了扩大内需、保持经济平稳较快发展的一系列政策，其中就包括提高低收入群体等社保对象待遇水平，增加城市和农村低保补助，继续提高企业退休人员基本养老金水平和优抚对象生活补助标准等多项支持老龄事业发展的措施。2009年中央还实施了以建立新型农村养老保险制度为标志的一系列重大涉老工程，包括：开展新型农村养老保险试点，探索建立个人缴费、集体补助、政府补贴相结合的新农保制度，逐步解决农村居民老有所养问题，保障农村居民老年基本生活；开展国家基本养老保障体系建设试点工作；启动了应对人口老龄化战略研究。这些重大涉老工程的实施，意义重大，影响深远，将推动老龄事业实现跨越式发展。

自治区党委、自治区人民政府历来高度重视老龄工作。2009年6月，重新调整充实了自治区老龄工作委员会成员单位及其成员，进一步完善了老龄工作机制，为下一步做好老龄工作、推进老龄事业的发展提供了坚强的保证。经自治区人民政府常务会议审议通过，2009 年 12 月 12 日自治区人民政府印发了《广西壮族自治区老年人优待规定》，这对促进我区老年法制政策体系建设、保障老年人合法权益、加快老龄事业发展将产生积极和重大的影响。

此外，随着社会的发展，全社会的敬老意识明显增强，尊老、爱老、助老的社会风气更加浓厚，也为我们抓好老龄工作创造更好的环境。总之，目前是我区老龄事业发展的难得机遇。各级各有关部门要从战略和全局的高度，进一步增强做好老龄工作的使命感和责任感，深刻认识老龄工作面临的新形势，充分把握扩大内需的机遇，千方百计加大老龄事业投入，促进我区老龄事业加快发展。

二、明确思路，突出重点，全面推进我区老龄事业新发展

（一）全面落实全国老龄委第十一次全体会议精神

全国老龄委第十一次全体会议是一次十分重要的会议，中央政治局委员、国务院副总理、全国老龄委主任回良玉主持会议并作重要讲话。回良玉副总理在讲话中深刻分析了当前我国老龄化快速发展的趋势，要求各级政府高度重视、深刻认识和准确把握老龄工作面临的新形势、新要求，立足全局、突出重点，加快老年社会保障制度建设，大力发展为老服务和老龄产业，大力加强农村老龄工作，进一步完善老龄工作的体制和机制，加强对基层工作的指导，加快老龄法制建设和宣传。各级政府和各级老龄委要认真领会会议精神，深刻把握回良玉副总理重要讲话的精神实质，结合我区实际，全面贯彻落实。

（二）进一步健全完善覆盖城乡的老年社会保障体系

建立完善的覆盖城乡的老年社会保障体系，是党中央、国务院提出的重要任务。各地、各有关部门要切实按照国家的有关规定和《广西壮族自治区老龄事业发展“十一五”规划》要求，加快健全和完善各项保障制度。

一是要继续推进养老保障制度建设。重点是完善基本养老保险制度，促进城镇职工基本养老保险制度规范化，确保机关事业单位退休费和企业退休人员基本养老金按时足额发放；继续做好企业退休人员基本养老金调整工作。进一步扩大企业职工基本养老保险覆盖范围；积极开展新型农村社会养老保险试点，努力扩大覆盖面；实施农民工养老保险办法，探索建立城镇无职业、无收入老人的养老保险制度；认真实施农村计划生育家庭奖励政策，继续推进被征地农村老年人社会保障工作；继续做好城乡贫困老年人的社会救助工作，切实解决贫困人口特别是贫困老年人的基本生活问题。

二是进一步加强老年医疗卫生工作。进一步加大资金投入，不断完善城乡医疗救助制度，全面推进城镇居民基本医疗保险制度建设，完善新型农村合作医疗制度。对贫困老年人给予倾斜扶助，为符合标准的城乡老年人缴纳参加医疗保险（合作医疗）资金。加强老年保健工作，开展多种形式的老年医疗保健服务。加强基层卫生服务网络建设，优化卫生资源，将一些有条件的医疗机构转变为老年医疗康复机构。制定相关标准和服务项目，完善城乡卫生服务功能，积极倡导全民健康生活方式，加强老年精神卫生工作。

三是采取措施确保各项保障制度的协调衔接。有关部门要加强沟通，统筹协调，确保各项保障制度之间的衔接与延续，避免交叉重叠、缺失遗漏，尽快形成适度集中、有序组合、相互衔接的老年社会保障制度。

（三）大力发展养老服务业，加快为老服务设施建设

各级各有关部门要认真贯彻落实《国务院办公厅转发全国老龄委办公室和发展改革委等部门关于加强养老服务业工作的意见》（国办发〔2006〕6 号）以及《自治区人民政府办公厅转发自治区老龄委办公室和发展改革委等部门关于加快发展我区养老服务业实施意见》（桂政办发〔2007〕57 号），按照“政策引导、政府扶持、社会兴办、市场推动”的原则，逐步建立和完善以居家养老为基础、社区服务为依托、机构养老为补充的服务体系。要重点抓好居家养老服务试点工作，总结推广典型经验，扩大试点范围，着力建立完善的老年生活照料体系、养老服务设施体系、老年医疗保健服务体系、老年维权体系、老年教育体系、老年文化服务体系、帮困助老慈善体系的建设。

“十一五”期间，自治区要筹建 1 个上规模能容纳近千人的广西民族老年人活动中心，各市、县（区）要结合实际筹建有一定规模、设施完备、功能齐全、能起示范作用的老年活动中心。同时，每个县（市、区）至少有 1 所设施比较齐全、功能比较完备、服务比较到位的老年公寓；每个乡（镇）至少有 1 所条件较好的敬老院。社区和街道建立内容丰富、服务规范，集咨询和服务于一体的老年服务中心（站）；要逐步在每个行政村建有功能齐全、服务到位、制度上墙、管理上档次的“五保”村，努力提升全区农村“五保”供养水平。

在管理经营上，各地要组织和发动社会力量共同参与老年产业的开发，采取政府投一点，调动民资融一点，整合资源增一点的办法筹措资金，满足老年人日益增长的物质和生活需求，逐步形成政府宏观管理、社会力量兴办、老年服务机构按市场化要求自主经营的管理体制和运行体制。积极研制开发适合老年人特点的产品和服务项目，满足老年人不同层次、不同类型的消费需求，不断提高全区社会养老服务水平。

（四）加强农村老龄工作，加快农村老龄事业的发展

目前，我区农村人口老龄化、贫困化、空巢化问题十分严重，农村社会保障制度还不够健全，农村老年人的养老、医疗问题还比较突出，农村老龄工作面临的压力远远超过城镇。我们要按照党的十七届三中全会精神要求，紧紧抓住社会主义新农村建设和推动农村改革发展的有利时机，从推进农村改革、统筹城乡发展的高度，深入研究解决农村人口老龄化问题。一要以养老、医疗、低保和五保等保障制度建设为重点，加快制度建设步伐。要积极探索建立农村新型养老保险制度，让广大农民享受普惠式养老保障。二要统筹安排，科学布局，加大财政投入力度，加快农村为老服务基础设施建设。三要在发挥家庭养老基础性作用，落实家庭成员对老年人赡养责任的同时，采取有效措施，按照城乡一体化和基本公共服务均等化的思路，积极发展农村居家养老服务，努力解决农村高龄、失能、贫困、空巢老年人的实际问题。

（五）积极组织开展丰富多彩的老年人精神文体活动

组织开展老年文体活动是社会精神文明建设的重要组成部分，是丰富老年人晚年文化生活，构建和谐社会的重要内容。各地要进一步加大老年体育活动文化教育设施建设，充分整合和利用社区、乡村文化活动场所和文化资源，组织开展经常性、大众化的老年文体娱乐活动。要重视发展老年教育，创造条件继续兴办老年大学，积极实施老年教育培训工程。要积极创作老年人喜闻乐见的优秀作品，出版适合老年人特点的图书、音像制品和电子出版物，满足老年人的精神文化需求。要继续抓好“银龄行动”工作，并根据新形势、新情况，进一步研究和探索发挥老年人才作用的有效途径和方式。

三、加强领导，狠抓落实，努力开创我区老龄事业新局面

（一）进一步完善老龄工作机制

老龄工作是一项复杂的社会系统工程，涉及党、政、军、群诸多方面。国务院副总理、全国老龄委主任回良玉在全国老龄委第十一次全体会议上要求：各级政府要高度重视老龄工作，切实加强老龄工作机构建设，努力形成党政领导高度重视、老龄委协调有力、成员单位尽职尽责、社会力量积极参与的老龄工作推进机制。2009 年 6 月，自治区人民政府调整充实了自治区老龄委成员单位及成员，各成员单位要着眼大局，积极履行职责，密切联系配合，共同做好老龄工作。

各市、县（市、区）人民政府要经常过问、定期听取老龄工作汇报；各级老龄委要建立协调议事制度，定期召开老龄委全体会议和老龄工作会议，及时研究解决老龄工作中存在的问题，推动老龄工作的科学开展。少数没有成立老龄委的县（市、区）要高度重视，抓紧成立老龄委，并落实政府分管领导亲自担任老龄委主任，切实加强对老龄工作的领导。同时要加强老龄工作机构建设。要认真贯彻执行《中共中央、国务院关于加强老龄工作的决定》精神，参照中央、自治区的模式，设立老龄委办公室，并进一步落实将老龄工作机构纳入行政机关或参照公务员管理的事业单位，配备相应的编制、人员和经费。各级老龄委办公室要强化自身建设，提高组织协调能力和调研督查水平，增强服务意识，为老龄委决策搞好服务，为成员单位协作搞好服务，为基层工作搞好服务。

（二）进一步落实老年优待政策

老年人是国家和社会的宝贵财富，党和政府历来十分关爱老年人，高度重视老龄工作。优待老年人，积极为老年人提供各种形式的经济补贴、照顾和优先、优惠服务，促进老年人共享经济社会发展成果，是贯彻落实“三个代表”重要思想和科学发展观的具体体现，是全面建设小康社会和社会主义和谐社会的重要内容。2005 年，全国老龄委办公室、中央宣传部、国家发展改革委等 21 个部委联合下发了《关于加强老年人优待工作的意见》，明确了老年人优待工作的指导原则和基本要求。我区刚出台的《广西壮族自治区老年人优待规定》，对老年人的物质生活、精神文化生活、医疗保健以及维护权益等多方面给予优待照顾，是我区老龄法规政策的一个重大突破。各级政府和各级老龄工作机构要加强协调，全面落实国家和我区出台的各项老年人优待政策。特别是《广西壮族自治区老年人优待规定》涉及的财政、文化、卫生、体育、建设、司法、旅游、交通、铁路、邮政、电信、银行等部门以及相关的服务单位要密切配合、大力支持，积极履行为老年人提供优待的责任和义

务，把这一项惠及我区633万老年人的优待政策落实到位。还没有出台老年人优待政策的市、县（区），要抓紧调研，及时出台；已经制定优待规定的要根据经济社会的发展及时调整相关条款，积极探索建立与当地经济社会发展相适应的无社会保障老年人生活补贴、高龄老年人生活补贴、老年人长期照料补贴、减免高龄和困难老年人参加新农合个人缴费等优待制度，不断提高老年人优待水平，确保广大老年人与全国人民一道共享社会经济发展的成果。

（三）进一步加强老年法制宣传工作

各地要继续把敬老爱老助老的道德教育纳入我区普法教育中，深入开展敬老爱老助老主题教育活动，增强维护老年人合法权益的社会意识。继续抓好老年教育工作，提高老年人依法维护自身合法权益的能力。加强和改进老年思想政治工作，认真研究解决老年群体中的各种思想问题。要组织开展一系列老年文化活动，加大宣传力度，强化人口老龄化国情意识，大力弘扬中华民族传统美德，使敬老爱老助老成为全社会的自觉行动，进一步营造全社会关注老龄事业、重视老龄工作的良好氛围。

（四）进一步加大老龄事业经费及老龄工作专项业务经费投入

老龄事业的资金投入，主要用于老年社会保障、老年福利与服务设施建设以及老年教育、人才培训、科学研究等，是推动老龄事业发展的根本保障。老龄工作专项业务经费是确保各级老龄工作机构正常运转的基本保障。各级政府要切实将老龄事业经费和老龄工作专项业务经费纳入当地财政预算，并逐步建立老龄事业经费和老龄工作专项经费随着经济社会发展而自然增长的机制。只有建立起老龄事业和老龄工作经费保障机制和自然增长机制，全区社会为老服务等各项老龄工作才能得以健康快速的发展，才能符合科学发展观的要求。

同志们，老龄工作任务艰巨，使命崇高。我们要坚持以科学发展观为指导，全面贯彻落实全国老龄委第十一次全体会议精神，抢抓机遇，锐意创新，开拓进取，扎实工作，努力开创我区老龄事业新局面，为构建富裕文明和谐新广西作出新的更大贡献！

第三部分

法规、文件选编

关于印发《全国老龄工作委员会办公室二〇〇九年工作要点》的通知

全国老龄办发［2009］5号

各省、自治区、直辖市及计划单列市老龄工作委员会办公室，新疆生产建设兵团老龄工作委员会办公室：

现将《全国老龄工作委员会办公室二〇〇九年工作要点》印发你们，请结合实际，参照执行。

二〇〇九年二月十一日

附件

全国老龄工作委员会办公室二〇〇九年工作要点

2009年，全国老龄工作委员会办公室工作的总体思路是：全面贯彻党的十七大、十七届三中全会和中央经济工作会议精神，以邓小平理论和“三个代表”重要思想为指导，深入贯彻落实科学发展观，按照全国老龄工作委员会第十一次全体会议部署，以推进农村老龄服务体系建设和社区居家养老服务工作为重点，着力解决涉及广大老年群众利益的难点热点问题，完善政策措施，加强调查研究，深化督促检查，解放思想、审时度势、科学决策、扎实工作，进一步推动老龄工作的发展。

一、组织开展“国家应对人口老龄化战略研究”

根据全国老龄委第十一次全体会议精神的要求，为应对人口老龄化的严峻形势，从全局高度作出科学规划和战略部署，启动“国家应对人口老龄化战略研究”。在全国老龄委统一领导下，成立课题研究组织机构，提出课题研究实施方案。协调组织成员单位、老龄系统、高等院校、科研院所等社会力量开展协作研究，积极研拟《国家中长期老龄事业发展规划纲要》。

二、着力推进农村老龄工作

研究制定《关于发展农村老龄服务的意见》，推动建立农村老龄服务体系，促进城乡老龄服务均等化。开展农村老年社会保障方式调查研究，推进新型农村社会养老保险、农村最低生活保障、新型农村合作医疗等基础制度建设，鼓励有条件的地区积极稳妥地探索建立农村无社会保障老年人生活补贴制度。采取多种措施，关注解决失能、特困、留守、空巢、低收入等老年群体的特殊需求，开展农村空巢家庭老年人帮扶服务试点。推动农村老年活动中心（室）建设，支持有条件的地方利用闲置土地、校舍、房屋等资源改（扩）建成老龄服务设施。继续推进农村家庭赡养协议书签订工作。进一步推动农村老年优待工作。加强农村老年人协会规范化建设，充分发挥其为老服务和维护农村社会稳定中的积极作用。联合有关部门开展城乡老年人低保状况调查。

三、推动社区居家养老服务工作

按照政府主导、社会化运作的原则，推动建立形式多样、覆盖广泛的社区居家养老服务网络。开展居家养老服务长效机制调查研究，推动居家养老服务体制机制创新，提高政府公共服务投入效能，增加市场特色服务供给，把居家养老服务体系建设引向深入。总结推广成功经验，鼓励各地探索形成适应本地特点的居家养老服务模式。联合有关部门开展《关于全面推进居家养老服务工作的意见》贯彻落实情况的专题调研。

四、扎实开展全国老龄工作先进单位和先进个人评选活动

以“双先”评选为契机，创新工作思路，注重创先过程，抓紧检查、评估、宣传等重点环节相关工作的落实，树立先进典型，推广先进经验，进一步提升基层老龄工作整体水平。按照《中国老龄事业发展“十一五”规划》要求，联合有关部门检查评估基层老龄事业发展状况，推动规划任务的全面落实。探索建立全国性老年人宜居社区、居家养老服务、农村为老服务和为老服务机构等专项老龄工作示范区（点），总结推广示范经验。

五、强化老龄宣传文化工作

以建国六十周年、联合国国际老年人年十周年、全国老龄工作委员会成立十周年为主题开展系列宣传文化活动，大力宣传人口老龄化严峻形势、老龄工作方针和老龄工作先进典型等。加强全民道德宣传教育，营造浓厚的“敬老、爱老、助老”社会氛围。举办纪念建国六十周年“歌唱祖国”全国老年人大型歌会，组织重阳节系列宣传文化活动。积极支持社会各界开展老年文化、老年体育、老年教育、老年读物、老年学术交流、老年用品博览和关爱慰问贫困老年人等各种有益活动。扩大老龄对外宣传工作。

六、启动实施“爱心护理工程”

论证制定“爱心护理工程”建设方案，制定“老年护理院建设标准”，推进工程尽早实施。开展全国失能老年人状况抽样调查，制定“老年人失能等级划分标准”。完成全国民办养老服务机构发展基本状况调查。举办全国养老护理院院长论坛。开展整合社会闲置资源建设养老护理院课题研究。

七、推进老龄产业发展

开展老龄产业政策调查研究。联合有关部门制定老龄产业发展规划，确定优先发展领域。研究制定扶持政策，加大对老龄产业在财政、税收、金融、土地使用方面的支持力度。培育发展老龄产品、服务市场，鼓励和引导社会力量参与老龄产业。筹建中国老龄产业协会。

八、积极开展国际交流与合作

认真履行国际义务，推动《国际老龄行动计划》实施。开展国际老龄工作研究，了解掌握国外老龄工作先进经验和老龄事业发展趋势。做好联合国人口基金援华老龄项目和欧盟助老扶贫项目的各项工作，总结推广项目工作经验。联合有关国际组织继续支持地震受灾老年人救助工作。

九、切实加强自身建设

深入开展学习实践科学发展观活动，加强自身思想建设、组织建设、作风建设、制度建设和廉政建设。以能力建设为核心，着力提高干部队伍的综合协调能力、学习研究能力和组织指导能力，推进“学习型、研究型、创新型、服务型”机关建设。

此外，深入开展老年人权益保障调查研究，继续做好《中华人民共和国老年人权益保障法》修订工作。加强老龄科学研究。继续推动“银龄行动”深入开展。修订完善老龄统计指标体系。加强老龄信息化建设。

关于广泛开展庆祝建国六十周年爱国主义教育和老年文化体育系列活动的通知

全国老龄办发［2009］19号

各省、自治区、直辖市及计划单列市老龄工作委员会办公室，新疆生产建设兵团老龄工作委员会办公室：

今年是中华人民共和国成立六十周年。在庆祝新中国成立六十周年之际，认真组织老年人群广泛开展多种形式的爱国主义教育和文化体育活动，进一步激发他们的爱国热情，提升全社会对老龄问题的重视和关注，营造“尊老、敬老、助老”的良好社会氛围，对于推动老龄事业健康快速发展，促进社会主义和谐社会建设，具有十分重要的意义。现将有关事项通知如下：

一、指导思想

广泛开展庆祝建国六十周年爱国主义教育和老年文化体育活动，要以邓小平理论和“三个代表”重要思想为指导，深入贯彻科学发展观，紧紧围绕党和国家工作大局，紧密联系新中国成立六十年来的光辉历程，从历史和现实、理论和实践、成就和经验相结合的高度，对广大老年人进行爱国主义教育，大力唱响共产党好、社会主义好、改革开发好、伟大祖国好、各族人民好的时代主旋律，激励全国各族老年人更加紧密地团结在以胡锦涛同志为总书记的党中央周围，继续解放思想，坚持改革开放，推动科学发展，促进社会和谐，为夺取全面建设小康社会新胜利努力奋斗。

二、活动内容

（一）广泛开展爱国主义教育活动

各级老龄工作部门要组织老干部、老战士、老专家、老教授、老模范等“五老”人员，到群众特别是青少年中去，用自己的亲身经历宣讲革命历史和光荣传统，宣讲新中国建设的伟大成就，特别是改革开放的伟大成果。通过组织报告会、编发宣传提纲、制作宣传图片等形式，对老年人面对面地进行深入浅出、通俗易懂的宣传阐释。宣传教育的主要内容：一是深入开展热爱中国共产党的宣传教育，引导老年人坚信党的领导，坚定不移地跟党走；二是深入开展建立社会主义新中国重大历史意义的宣传教育，坚定广大老年人对祖国美好未来的信心；三是深入开展新中国成立六十年特别是改革开放30年辉煌成就的宣传教育，引导老年人坚持十一届三中全会以来的路线方针政策，坚持改革开放，坚持走科学发展之路；四是深入开展中国特色社会主义的宣传教育，引导老年人高举中国特色社会主义旗帜，坚持中国特色社会主义理论体系，坚定不移地走中国特色的社会主义道路；五是深入开展民族精神和时代精神的宣传教育，引导老年人始终保持昂扬向上、奋发进取的精神，积极参与和谐社会建设，坚决维护国家统一和民族团结；六是深入开展基本国情和形势政策的宣传教育，引导老年人正确把握国际国内形势，正确把握中央政策，增强应对国际国内经济危机和困难的信心和勇气；七是在全社会深入开展“敬老、爱老、助老”主题教育，在青少年和广大人民群众中广泛普及“读敬老书、唱敬老歌、做敬老事”活动。

（二）大力组织开展有特色的群众性老年文化活动

要围绕庆祝新中国成立六十周年，利用重要纪念日和“九九”重阳节等传统节日，广泛开展知识竞赛、诗歌朗诵、书画摄影、文艺演出、体育比赛等老年人喜闻乐见、热心参与的老年文化体育活动，让老年人放声歌唱伟大祖国，歌颂新中国成立六十年的辉煌成就和改革开放的幸福生活；让老年人讲述身边的生动事例，谈变化、谈感受、谈发展、谈未来，共话祖国新貌；让老年人舞起来、跳起来，唱起来，充分展现当代老年人的精神风貌，共享国庆喜悦，为国庆六十周年营造欢乐祥和的社会气氛。

全国老龄办计划举办和参与举办下列文化活动：

1. 认真组织做好中华人民共和国成立六十周年成就展中老龄工作和老龄事业成就展览。

2. 与中宣部、中央文明办、民政部、教育部、共青团中央、全国总工会、全国妇联、中国红十字总会共同开展“迎国庆讲文明树新风”志愿服务活动，把“银龄行动”进一步引向深入。

3. 与文化部、广电总局、全国妇联、中国文化艺术界联合会共同举办庆祝建国六十周年全国中老年“歌唱祖国”大型主题歌会。

4. 与国家体育总局、中国老年人体育协会共同举办首届全国老年人体育健身大会。

5. 与民政部、教育部、广电总局、共青团中央、全国妇联、关工委继续开展全国“敬老、爱老、助老主题教育活动”。

6. 与全国记协共同组织开展主流媒体老龄新闻联合报道活动。

7. 组织召开纪念国际老年人年十周年座谈会。

三、活动要求

1. 加强组织领导。围绕庆祝建国六十周年开展爱国主义教育和老年文化体育系列活动，既是一项政治任务又是老龄工作的重要组成部分。各地要充分认识活动的重要意义，切实加强组织领导，把组织开展爱国主义教育、老年文化体育活动同深入学习实践科学发展观结合起来，列入工作计划，周密安排，精心组织。要指定专人负责，认真实施，注重实效。

2. 注重实际效果。开展爱国主义教育和老年文化体育活动要时刻坚持理想信念，牢牢把握正确导向，围绕社会主义核心价值体系，结合本地老年人思想实际深化和拓展思想教育的内容。要以改革创新精神开展老年人的爱国主义教育和文化体育活动，努力增强吸引力、感染力、说服力。要紧密联系当前改革稳定发展的大局，联系老年人思想实际，用事实说话，用典型说话，用行动说话，用生动活泼的文艺形式感染教育老年人。要在出实招、求实效上下功夫，防止形式主义。

3. 扩大群众参与。庆祝建国六十周年爱国主义教育和老年文化体育活动的重心要放在基层、放在社区，面向社会，面向老年群众。要多运用老年人喜闻乐见的方式，多搭建老年人便于参与的平台，多开辟老年人乐于接受的渠道，广泛吸引老年人积极参与到爱国主义教育和老年文化体育活动中来，让活动成为老年人自觉参与、自我教育、自我提高的过程。

全国老龄办和有关部门共同举办的大型活动将分头下发文件或通知，要根据每项活动的具体要求，精心组织，密切配合，确保活动顺利开展。

二〇〇九年四月二十八日

关于组织开展“迎国庆、讲文明、树新风”老年志愿活动的通知

全国老龄办发［2009］22号

各省、自治区、直辖市及计划单列市老龄工作委员会办公室，新疆生产建设兵团老龄工作委员会办公室：

今年是新中国成立六十周年。为贯彻落实中共中央、国务院《关于中华人民共和国成立六十周年庆祝活动的安排意见》的文件精神，营造热烈喜庆、文明和谐的社会环境，中央文明办、教育部、民政部、全国总工会、共青团中央、全国妇联、中国红十字总会、全国老龄办在北京召开了“迎国庆、讲文明、树新风”志愿服务活动视频电话会议，全面部署了“迎国庆、讲文明、树新风”志愿服务活动。根据会议精神，现就“迎国庆、讲文明、树新风”老年志愿活动通知如下：

一、活动主题

弘扬志愿精神、构建和谐社会

二、主要内容

1. 围绕保稳定、保发展、保民生，组织老年志愿者积极支援中西部和参与当地经济与社会建设。通过“银龄行动”等活动，组织老专家、老教授、老科技工作者、老技术工人、老农业技术员，大力开展科技援农、科教支边、医疗服务、信息服务、科技文化下基层等志愿活动，推动欠发达地区经济社会的发展。因地制宜，因时制宜地开展一些投入小、见效快、易组织、能坚持的项目，推动地方经济的发展。

2. 围绕构建和谐社会，组织老年志愿者积极参与文明城市和文明社区、村镇建设。利用社区老年人活动集中这一有利条件，组织发动老年志愿者开展文明礼仪宣讲志愿服务活动，让人们讲文明知礼仪。组织老年志愿者积极参与社区治安管理、市场管理、秩序维护、卫生清洁、文化宣传、环境督导、民事调解、青少年帮教等项工作，为文明社区（村镇）、敬老模范村居（社区）的创建尽其所能。可聘请“五老”人员担任社会文化环境义务监督员，就近就便参与互联网、网吧、荧屏声频和校园周边环境的监督。同时要教育老年人自觉抵制邪教和社会不良风气的侵蚀，促进代际和谐。

3. 围绕居家养老，组织老年志愿者积极参与和推动为老服务体系建设。建立具有中国特色“以居家养老为基础，以社区照顾为依托，以机构供养为补充”的养老服务体系，需要广大老年群体的积极参与。各地可以组织低龄老人担当自我服务、自我教育、自我管理的志愿者，开展便民利民志愿服务，或走进高龄老人家庭及附近的养老机构提供家政、照料、护理、信息咨询、心理疏导、法律维权等方面的服务；或举办志愿服务中介，为有需要的老年人介绍所需的服务项目和人员等；还可以通过信息网络（如养老“110”紧急救助）提供志愿服务。现在有些地方建立和实行老年人志愿服务时间储蓄的办法值得推广。

4. 围绕困难老人，组织老年志愿者为他们提供生活救助和照料服务。组织老年志愿者为孤寡老人、空巢老人和其他困难老人提供生活救助和照料服务。可以采取结对帮扶的办法，也可以组织老年志愿者发挥职业技能优势，为困难老人提供形式多样的及时帮助和延伸服务。

三、活动时间

2009年8月20日至2009年10月20日，为期两个月。

四、活动要求

1. “迎国庆、讲文明、树新风”老年志愿服务活动时间紧、任务重、要求高。各地老龄办要加强组织领导，摆上突出位置，纳入重要日程，加大工作力度，采取有力措施，广泛发动群众参与，迅速兴起活动热潮。

2. “迎国庆、讲文明、树新风”老年志愿服务活动要坚持贴近实际、贴近生活、贴近老年人，从办得到、老年人又迫切需要的事情做起，求真务实、真抓实干，把老年志愿服务活动一项一项地抓好落实，使老年志愿服务成为人们的自觉行动和生活方式。

3. 各地要以“迎国庆、讲文明、树新风”老年志愿服务活动为契机，大力开展宣传教育活动，要借助新闻媒体的力量，努力营造热烈喜庆、文明和谐的国庆气氛。努力增强全社会“敬老、养老、爱老、助老”意识，促进代际和谐，推动社会主义和谐社会

建设。

4. 今年年底，中央文明办将会同有关部门，依托中国文明网评选表彰“迎国庆、讲文明、树新风”志愿服务先进个人和先进集体。各地老龄办要注意培养、树立典型，并将开展活动的情况及时报全国老龄办宣传部。

二〇〇九年五月十一日

关于深入开展全国老龄工作先进单位和先进个人评选表彰活动的补充通知

全国老龄办发［2009］20号

各省、自治区、直辖市老龄工作委员会办公室，新疆生产建设兵团老龄工作委员会办公室，全国老龄工作委员会各成员单位：

2008年8月，全国老龄工作委员会下发了《关于开展评选表彰全国老龄工作先进单位和先进个人活动的通知》。该《通知》下发以后，各地高度重视，认真贯彻通知要求，并结合实际，广泛开展了“双先”的创建活动。但是，这项活动在全国范围内的开展也呈现出了一定的不平衡性，部分省市对这项工作缺乏足够的重视和有力的组织，因此该项工作尚未取得实质性进展。

争创老龄工作“双先”，在全国范围内开展评比表彰活动，目的是为了建立和完善老龄工作激励机制，促进老龄工作和老龄事业全面、健康、可持续发展。因此，开展“双先”评比活动，要注重整个争先创优过程，形成工作与事业发展的激励机制。为了在把争创“双先”活动更加广泛深入地开展起来，健康持久地坚持下去，营造更浓厚的社会氛围，取得更好的社会效果，全国老龄办决定将各地申报的截止时间延至2010年6月30日。

希望各地一定要高度重视，精心组织，要把评选表彰活动作为今明两年的工作重点，确定专人负责本地区“双先”活动争创和评选表彰的申报、审核等项工作；要深入动员，严格把关，注重创建过程，注重推动工作，在广泛深入发动的基础上，层层推荐，严格选拔，确保质量；要加强宣传，营造氛围，注意发现和树立具有典型性、代表性，具有强烈影响力和感染力的“双先”典型，广泛宣传展示，努力营造全社会“敬老、助老”的良好氛围。请各地各单位于今年底或明年初完成本地的“双先”评比表彰，在此基础上遴选上报全国的“双先”候选名单。

特此通知

二〇〇九年四月二十九日

关于启动农村空巢老年人帮扶服务试点工作的通知

全国老龄办发［2009］43号

河北省、吉林省、浙江省、河南省、重庆市、甘肃省老龄办：

按照全国老龄办2009年度工作安排，拟在你省（市）进行农村空巢老年人帮扶服务试点。现将《农村空巢老年人帮扶服务试点项目实施方案》印发你们，请按照方案要求，结合本地实际，制定本省的具体项目实施方案。

为掌握试点所在地老年人基本情况，评估试点工作效果，全国老龄办拟定了统一的社区问卷和个人问卷。现发你们，请各省（市）自行印制并按照问卷要求组织实施调查。个人问卷合格数量不得低于200份。

各试点省老龄办要切实重视试点工作，认真研究制定项目实施方案，做好项目部署，跟踪项目实施过程，加强调研、指导和检查评估，妥善协调解决项目实施中的困难，及时发现和总结经验，保质保量完成试点工作任务，并撰写出项目总结报告。

各有关材料报送的时间要求：(1) 各省的项目实施方案——9月上旬；(2) 所有个人问卷调查及首次社区问卷调查——10月上旬；(3) 项目总报告——2010年3月底前（含电子版）；(4) 其他有关调研报告、试点经验材料等随时报送。

报送地址：全国老龄办政策研究部（北京市东城区安定门外大街甲57号，100011）

联系人：李志宏

电　话：010－58122056/13671376265

Email：lzhh@cncaprc. gov. cn

附件：

1.《农村空巢老年人帮扶服务试点项目实施方案》；

2.《问卷调查工作说明》略；

3.《社区问卷》略；

4.《个人问卷》略。

二〇〇九年八月二十一日

附件

“农村空巢老年人帮扶服务试点项目”实施方案

一、项目背景和意义

全国老龄办2007年组织实施的农村空巢老年人状况调查显示，从2000年到2006年，农村老年空巢家庭占农村全部老年人家庭的比例从44.9%上升到48.9%，老年空巢家庭达到3288万户。未来一段时期，农村老年人家庭空巢化持续发展，将成为我国农村老年人的一种重要居住形态。农村空巢老年人除面临着“养老”“医疗”等农村老年人的共性问题外，在“照料服务”“精神慰藉”等方面的问题更加突出。有相当比例的“空巢”老年人年老多病，生活不能自理，缺少照料服务，孤独感强烈，他们是老年人中困难较多，最需要帮助的群体。探索帮扶服务空巢家庭老年人的政策措施，提高其生命生活质量，是贯彻党的十七大“着力保障和改善民生”精神的重要举措，是推动城乡基本公共服务均等化的重要内容，也是建设社会主义新农村，促进城乡协调发展的必然要求。对于解除中青年的后顾之忧，减轻家庭养老负担，促进家庭和睦，增进代际和谐，弘扬“敬老、养老、助老”的传统美德，建设全面小康社会和社会主义和谐社会，都具有重要意义。

二、项目目的

通过试点工作，探索农村空巢老年人的有效帮扶服务措施，为后续制定相关政策措施，总结、交流和推广典型经验提供实践基础。

三、项目实施

1. 制定工作方案。各试点省依据《农村空巢老年人帮扶服务试点项目实施方案》，结合实际，制定本省的项目实施方案。

2. 确定试点村。由各项目省（市）自行选择不同经济发展水平、具有代表性的三种类型的村进行试点：(1) 城镇化发展较快的地区，可考虑城乡结合部；(2) 年青人外出较普遍的农村；(3) 经济发展相对滞后，人口流动性较小的农村。每项目省（市）试点村的数量不少于8个。

3. 帮扶服务内容及预期目标。空巢老年人帮扶应当包括以下六方面内容，并通过努力实现各项内所列的目标要求：

(1) 领导重视支持。村两委高度重视空巢老年人问题，空巢老年人帮扶服务工作有人抓，有计划安排，有检查落实。各项工作制度健全，空巢老年人台帐底数清、情况明。

(2) 帮扶服务队伍。专业服务队伍、志愿者队伍和管理人员队伍齐全，职责清、任务明。

村老年人协会有组织、有人员、有场所、有经费、有制度、有活动，充分参与空巢老年人帮扶。

机关、企事业、部队、学校等单位和广大青年、学生、党团员及低龄健康老人，积极为空巢老年人提供志愿服务。志愿者与服务对象之间形成较为稳定的服务关系。

（3）医疗服务。空巢老年人的健康档案健全，对“空巢”老年人健康信息能够实施动态管理、及时掌握。

与需重点关注的“空巢”老年人建立联系、医疗服务制度，“空巢”老年人的疾病得到及时的救治和护理。

巡诊、送医、送药上门服务经常开展，“空巢”老年人得到提供及时的医疗服务。

健康体检定期开展、健康保健知识教育得到普及，面向“空巢”老年人的疾病预防服务工作扎实有效。

（4）生活服务。村居服务资源得到整合，服务设施健全，服务网络建立，能够为“空巢”家庭老年人提供各种日常生活服务。

村居有专职人员负责了解、及时反馈老年人的服务需求，并提供服务。

村居志愿者、低龄健康老人、青少年等经常性地开展面向困难空巢老年人的志愿服务，邻里守望互助、结对帮扶活动广泛推行。

有安全联系制度，应急救助措施健全，居家安全检查定期进行，空巢老年人的应急救助需求和居家生活安全得到保障。

（5）温情服务。各种“亲情陪伴”、走访慰问、过生日、祝寿等活动得到广泛开展，“空巢”老年人的孤独感得到缓解。

“空巢”老年人积极参与村居文体活动和公益活动，老年人的精神文化需求得到较好满足。

（6）维权服务。家庭赡养协议书应签尽签，空巢老年人子女的赡养义务得以切实履行。

空巢老年人反映问题和建议的渠道畅通，涉老纠纷依法、及时调处。法律咨询和法律援助服务及时、便捷。

空巢老年人应享有的优待政策得到落实。

道德教育和法制宣传常抓不懈，尊老敬老氛围浓，无侵害空巢老年人合法权益的现象。

4. 项目检查评估。全国老龄办根据项目实施进度，组织检查评估，各试点省老龄办要检查了解项目实施情况，及时发现解决问题，总结推广试点经验。

全国老龄办制定统一的调查问卷，由各试点省老龄办负责对试点村及老年人进行问卷调查，为评估帮扶效果提供调查基础。

四、试点要求

1. 做好试点工作。各试点省（市）老龄办要切实重视试点工作，确定专人负责，认真研究制定项目实施方案。要做好项目部署，跟踪项目实施过程，加强调研和指导，实施检查评估，妥善解决项目实施中的困难，注意发现典型和总结经验。

2. 使用好项目经费。全国老龄办拟补助各试点省（市）10万元项目经费，并负责为项目省（市）提供老年人安全防护知识类书籍，向试点村老年人免费发放。

项目经费主要用于项目村开展与“空巢”老年人帮扶服务密切相关的设施（场地）建设补贴、服务用品（器材）购置、各种帮扶活动经费、人员培训、设立为老公益服务岗位的服务报酬以及相关工作经费（如调研食宿费、交通费、会议费、问卷印制及调查劳务费等），工作经费不得超过项目经费总额的20%。不得用于项目以外的其他用途，确保项目资金使用不发生违规现象。试点工作结束后，各项目省（市）老龄办应提供项目补助经费具体使用情况明细。同时，试点省（市）老龄办要积极争取项目配套资金，扩大试点规模，提高补助水平。

3. 撰写好项目总结报告。各试点省（市）老龄办在试点过程中，在做好项目执行各个环节工作的基础上，要对项目执行情况进行自查和总结，撰写项目总结报告。报告应包括项目执行过程，执行前后农村空巢老年人的生活变化，主要经验成果，存在的问题以及进一步加强工作的政策措施建议。

关于做好2010年中国城乡老年人口状况追踪调查准备工作的通知

全国老龄办发［2009］49号

各相关省、自治区、直辖市老龄工作委员会办公室：

由中国老龄科学研究中心承担的中国城乡老年人口状况抽样调查工作，在各地老龄办的大力支持下，2000年一次性调查和2006年追踪调查取得了重要成果，为党和国家制定老龄工作相关方针政策、法律法规和规划提供了科学依据。

为与第六次全国人口普查时点（2010 年 11 月 1 日）相适应，确保追踪调查数据的总体代表性，我们已将本次调查列入 2010 年工作计划，拟于 2010 年上半年作相关准备，2010 年 12 月 1 日为调查时点，开始实施入户调查。

本次全国抽样追踪调查所涉及的省、自治区、直辖市是：（华北地区）北京、河北、山西；（东北地区）辽宁、黑龙江；（华东地区）上海、江苏、浙江、安徽、福建、山东；（中南地区）河南、湖北、湖南、广东、广西；（西南地区）四川、云南；（西北地区）陕西、新疆；共计 20 个。

该项调查不仅对摸清近五年全国老年人口和老龄工作状况有巨大作用，同时，对各地贯彻落实“十二五”规划，掌握基本情况和有针对性的开展老龄工作具有重要意义。请各有关省、自治区、直辖市老龄工作委员会办公室安排协助开展原样本摸底和前期抽样工作，确保本次调查工作的顺利进行。

二〇〇九年九月三十日

关于举办建国六十周年全国中老年歌唱祖国大型主题活动的通知

全国老龄办发［2009］51 号

各省、自治区、直辖市老龄工作委员会办公室、民政厅（局）、总工会、妇联、慈善会、文联，新疆生产建设兵团老龄工作委员会办公室、民政厅（局）、总工会、妇联、慈善会、文联：

为落实全国老龄工作委员会第十一次全体会议精神，丰富广大老年人的精神文化生活，营造健康和谐的社会氛围，全国老龄办、民政部、全国总工会、全国妇联、中华慈善总会、中国文联定于今年 6 月～11 月举办“建国六十周年全国中老年歌唱祖国”大型主题活动，现将有关事宜通知如下：

一、活动目的

以文化艺术为交流沟通的纽带，为广大中老年团体组织提供情感交流的平台和艺术展示的舞台，倡导科学、健康、文明的生活方式，展现当代老年人热爱生活、蓬勃旺盛的精神风貌，弘扬中华民族“敬老、爱老、助老”传统美德，营造积极向上、欢乐祥和、健康文明的社会文化氛围。

二、主办单位

全国老龄工作委员会办公室

民政部

中华全国总工会

中华全国妇女联合会

中华慈善总会

中国文学艺术界联合会

三、承办单位

中央电视台文艺中心

四、活动内容

建国六十周年全国中老年歌唱祖国大型主题活动由“歌咏活动”“演艺联欢”“学习交流会”和“歌唱祖国大型电视主题歌会”四个部分构成。

（一）歌咏活动

合唱作为中老年人喜闻乐见的一种艺术形式，具有很好的群众基础。本次歌咏活动是在新中国成立六十周年的大背景下，号召全国各地的中老年人共同开展的一次合唱盛会。

（二）演艺联欢

演艺联欢作为本次活动的重要组成部分，是中老年人展示才艺的舞台，旨在通过互动表演和才艺切磋拉近参演中老年人之间的距离。

（三）学习交流会

各地可以结合中老年人生活相关的主题，邀请养生保健、兴趣爱好、政策知识等不同领域的专家，开办特色学习交流会，以丰富中老年人的休闲生活。

（四）歌唱祖国大型电视主题歌会

这是整个建国六十周年全国中老年歌唱祖国大型主题活动的高潮部分。大型电视主题歌会将以文艺表演、歌咏互动为主要内容。

五、总体要求

1. 各地要高度重视，积极发动基层社区老年团体组织参与到主题活动中来，展现当代老年人的精神风貌。

2. 各地老龄办要精心组织，加强对主题活动的组织领导，结合实际情况，会同其他部门成立专门机构，专人负责各项工作。

3. 努力做好宣传工作，组织动员新闻媒体，通过多种方式，对活动开展情况进行广泛宣传报道，形成较强的宣传声势，扩大社会影响。

全国老龄办　民政部
全国总工会　全国妇联
中华慈善总会　中国文联
二○○九年十月十日

关于开展老年宜居社区和老年友好城市（城区）试点工作的通知

全国老龄办发［2009］60号

上海市、辽宁省、黑龙江省、山东省、江苏省和浙江省老龄办：

为整体推进老龄工作和老龄事业的全面发展，不断提高老年人生活质量，根据全国省级老龄办主任会议精神，经研究，全国老龄办决定在下列城区进行老年宜居社区试点：上海市黄浦区、江苏省南京市玄武区和黑龙江省齐齐哈尔市建华区；在下列城市（城区）进行老年友好城市（城区）试点：山东省青岛市、上海市杨浦区、上海市长宁区、黑龙江省齐齐哈尔市、浙江省湖州市和辽宁省营口市鲅鱼圈区。

各试点地区要按照全国老龄办试点工作会议精神的要求，充分认识试点工作的重要意义，加强领导，精心部署，认真实施，务求实效，为开展全国老年宜居社区和老年友好城市（城区）创建工作积累经验，树立典型。

二○○九年十一月十八日

（司法部）关于进一步做好司法行政服务老龄工作的通知

各省、自治区、直辖市司法厅（局），新疆生产建设兵团司法局：

为认真贯彻落实中央关于加强老龄工作的决策部署和全国老龄工作委员会第十一次全体会议精神，进一步加强司法行政服务老龄工作，现通知如下。

一、进一步提高对司法行政服务老龄工作重要性的认识

今年是新中国成立六十周年，是我国应对国际国内环境重大挑战、推动党和国家事业发展的关键一年，也是在新形势下加快发展城乡老龄事业的重要一年。截至2008年底，我国60岁以上老年人口已达到约1.6亿人，占全国总人口的12%，今年还将出现第一次老年人口增长高峰。老年人口增速加快，高龄老人和失能老人大幅增力口，空巢化趋势进一步明显的问题日益突出。尤其是受国际金融危机影响，国内经济形势变化对老龄工作的影响逐步加深，人口老龄化的各种矛盾和问题与社会转型、经济转轨相互交织，老龄问题已经成为影响我国经济社会发展的重要问题。适应我国老龄事业发展形势，大力发展老龄事业，是保障和改善民生、维护社会公平正义、保持社会和谐稳定的必然要求。充分发挥司法行政职能作用，大力加强老年人法律服务、法律援助和法制宣传工作，是司法行政机关肩负的重要责任。各级司法行政机关一定要充分认识当前服务老龄工作的重要性、紧迫性，切实增强做好司法行政服务老龄工作的责任感和使命感，认真贯彻落实中央关于加强老龄工作的决策部署，把服务老龄工作作为贯彻落实中央提出的“保增长、保民生、保稳定”政策措施的重要内容，坚持着眼大局、积极推进、竭诚服务，采取有效措施，推动司法行政服务老龄工作更加深入、扎实、有效开展。

二、进一步发挥司法行政服务老龄工作职能作用

各级司法行政机关要适应老龄工作需要，充分发挥法律服务、法律援助和法制宣传在服务老龄工作中的职能作用，努力扩大服务工作覆盖面，丰富服务内容，健全服务机制，创新服务方式，不断提高司法行政服务老龄工作的能力和水平。

（一）努力扩大工作覆盖面

积极拓展司法行政服务老龄工作领域和服务内容，引导和推动律师、公证、基层法律服务机构及人员参与涉及老年人合法权益的诉讼、调解、仲裁和法律咨询等法律服务活动。继续放宽法律援助经济困难标准，扩充法律援助事项范围，鼓励各地将老年人权益损害赔偿等涉及老年人切身利益事项纳入法律援助范围。着力抓好基层、农村司法行政服务老龄工作，充分利用县（区）域法律服务机构，引导和推动老龄法律服务、法律援助和法制宣传工作重心向基层、社区和农村发展，让更多的老年人获得及时有效的法律服务和法律援助。

（二）突出工作重点

结合当前经济社会发展形势对老年人合法权益保障的影响，着力在老年人最关心、最直接、最现实的利益问题，诸如医疗、保险、救助、赡养、住房等领域开展法律服务、法律援助和法制宣传。针对老龄人口实际状况，重点关注和努力满足80岁以上高龄、失能半失能、贫困以及空巢老人的法律服务和法律援助需求。加强与老年人密切相关的婚姻、继承、赡养、社会保障等方面法律政策的宣传工作，提高老年人的自我防范意识和依法维护自身合法权益的能力，维护老年人的合法权益。

（三）创新方式方法

继续深入开展“老年人维权示范岗”活动，倡导律师事务所与当地老龄委签订法律服务协议，在老龄委派专职律师免费为老年人提供相关法律服务。积极探索为老年人提供及时便利服务的途径，鼓励各地依托当地老龄委设立法律援助工作站，拓展老年人申请和获得法律援助的渠道，方便老年人就近申请和获得法律援助。倡导通过发放“法律援助联系卡”、公示法律咨询电话以及对行动不便、患病残疾的老年人主动提供上门服务等形式，增强法律服务和法律援助工作的便捷性、主动性。创新老年人法制宣传工作的方式方法，充分利用电视、广播、报刊、网络等现代传媒，充分利用在法制宣传日、节假日，特别是“九九”重阳节开展专项法制宣传活动，通过以案说法、文艺演出等群众喜闻乐见的形式，加大法制宣传力度，增强法制宣传效果。

三、进一步加强司法行政服务老龄工作的组织领导

各级司法行政机关要把服务老龄工作摆上重要议事日程，纳入工作规划，经常深入基层调查，及时了解和掌握服务老龄工作面临的新情况、新特点、新需求，提出有针对性的指导措施。今年，各级司法行政机关在法律服务、法律援助和法制宣传服务老龄工作中，都要重点围绕建立一个机制、总结一个经验、树立一个典型的目标要求，力口强工作指导和任务落实，确保司法行政服务老龄工作取得实效。建立一个机制，就是要建立高效、便捷、完善的老年人维权工作机制，实现司法行政服务老龄工作的常态化、制度化。总结一个经验，就是要及时发现、认真总结、深入推广司法行政服务老龄工作的新经验、新做法，不断提升司法行政服务老龄工作的整体水平。树立一个典型，就是树立为老年人提供法律服务、法律援助和法制宣传先进典型。结合全国老龄委开展的全国老龄工作先进单位和先进个人评选表彰活动，加强对为老年人提供服务的先进人物、事迹的评选、表彰和宣传工作，鼓励和引导广大法律服务、法律援助和法制宣传工作者积极为老龄事业发展服务。

各地司法行政服务老龄工作有关情况要及时报司法部。

二〇〇九年五月十一日

（司法部）关于开展“夕阳幸福工程·法律援助在行动”活动的通知

各省、自治区、直辖市司法厅（局）、老龄工作办公室，新疆生产建设兵团司法局、老龄工作办公室：

为深入贯彻落实《中华人民共和国老年人权益保障法》和中共中央、国务院《关于加强老龄工作的决定》与全国老龄工作委员会第十一次全体会议的精神，让全社会进一步了解、关注、支持老年人权益保障事业，为老年人提供高效的法律援助服务。司法部、全国老龄委办公室决定在全国范围内共同组织开展“夕阳幸福工程·法律援助在行动”活动。现就有关事项通知如下：

一、活动宗旨

“夕阳幸福工程·法律援助在行动”活动，旨在大力宣传、积极推动老年人法律援助和老年人权益保障事业，搭建奉献爱心的平台，筹建“老年人法律援助专项基金”，服务于老年人法律援助工作，促进老年人老有所养、老有所医、老有所乐、老有所为。

二、主办单位

中华人民共和国司法部

全国老龄工作委员会办公室

三、承办单位

中国法律援助基金会

全国老龄办老年人才信息中心

四、活动时间

2010 年 1 月——2011 年 1 月

五、组织机构

由司法部、全国老龄办共同成立组委会，具体工作由中国法律援助基金会、全国老龄办老年人才信息中心负责承办。

组委会顾问：

姜春云　全国人大原副委员长
　　　　中国法律援助基金会名誉会长

顾秀莲　全国人大原副委员长
　　　　中国法律援助基金会名誉会长

张思卿　全国政协原副主席
　　　　中国法律援助基金会名誉会长

组委会主任：

赵大程　司法部副部长

陈传书　全国老龄委力、公室常务副王任

张秀夫　中国法律援助基金会会长
　　　　司法部原常务副部长
　　　　武警总部原政委

组委会副主任：

岳宣义　中国法律援助基金会副会长
　　　　司法部原纪检组组长

吴玉韶　全国老龄委办公室副主任

组委会委员：

孙剑英　司法部法律援助工作司司长

贾午光　司法部法律援助中心主任

邓甲明　中华全国律师协会秘书长

周院生　中国法律援助基金会秘书长

王　庆　全国老龄办老年人才信息中心主任

六、活动的主要内容

1. 由主、承办单位在人民大会堂举力、“夕阳幸福工程·法律援助在行动”启动仪式暨新闻发布会。

2. 组织开展“夕阳幸福工程·法律援助在行动”系列志愿者活动。

3. 组织老年人法制宣传活动，向广大老年人发放宣传老年人权益保障的资料，使更多老年人知法懂法用法。

4. 组织开展网络宣传活动，利用信息宣传、信息交流与网络论坛的平台，广泛宣传活动内容。同时，在全国老龄办网站开辟专题栏目，以专题报道形式向广大网民介绍和宣传该项活动。

5. 广泛募集社会资金，支持老年人法律援助工作，所募资金将设立“夕阳幸福工程·法律援助在行动”专项基金。该专项基金主要用于：

（1）办理老年人法律援助案件；

（2）“夕阳幸福工程·法律援助在行动”的宣传工作；

（3）农村贫困老年人法律援助；

（4）城市空巢老年人法律援助；

（5）老年人普法宣传教育讲座活动；

（6）表彰支持老年人法律援助事业的单位和个人。

七、工作要求

各单位要把组织开展这项活动作为进一步推动法律援助和老龄事业的发展、为老年人办好事、办实事的一项重要任务抓紧抓好，积极配合组委会做好活动的有关宣传和组织工作，为活动的顺利开展提供必要的保障。对热心关注老年人法律援助事业、大力支持活动开展的有关单位和个人，要予以鼓励和表彰。

二〇〇九年十二月二十一日

北京市人民政府办公厅转发市民政局、市残联关于北京市市民居家养老（助残）服务（“九养”）办法的通知

京政办发［2009］104号

各区、县人民政府，市政府各委、办、局，各市属机构：

经市政府同意，现将市民政局、市残联制订的《北京市市民居家养老（助残）服务（“九养”）办法》转发给你们，请认真贯彻执行。

北京市人民政府办公厅

二○○九年十一月十二日

北京市市民居家养老（助残）服务（“九养”）办法

（市民政局　市残联　二○○九年十一月）

为切实解决我市养老与助残问题，构建北京市城乡一体化的社会化养老助残服务体系，完善本市“9064”（90%的老年人居家养老、6%的老年人在社区养老、4%的老年人集中养老）养老服务模式，促进老年人、残疾人共享经济社会发展的成果，根据《中华人民共和国老年人权益保障法》《中华人民共和国残疾人保障法》《北京市老年人权益保障条例》《中共北京市委北京市人民政府关于促进残疾人事业发展的实施意见》和全国老龄办等10部委办关于全面推进居家养老服务工作的要求，按照“政府主导、部门协作、社会参与、个人自愿”的原则，制定本办法（简称“九养政策”）。

第一条　建立万名“孝星”评选表彰制度。政府倡导并鼓励子女承担奉养父母的责任与义务，孝敬老人并关注老年人精神和物质需求。以城乡社区（村）为基础，广泛开展尊老、敬老、爱老、助老、孝老活动，以促进“和谐家庭”“和谐社会”建设。从2010年开始，每年重阳节期间，在城乡社区（村）开展推荐评选“孝星”活动，全市命名表彰10000名“孝星”，并给予物质奖励。

第二条　建立居家养老（助残）券服务制度和百岁老人补助医疗制度。向符合条件的老年人（残疾人）发放养老（助残）券，以政府购买服务的方式，为老年人（残疾人）提供多种方式的养老（助残）服务，以满足老年人和残疾人在生活照料、家政服务、康复护理等方面的基本生活服务需求。老年人（残疾人）可通过养老（助残）券购买社区和社会各项养老（助残）服务。具体标准是为60至79周岁的重度残疾人每人每月发放100元养老（助残）券（16至59周岁无工作的重度残疾人参照本办法每人每月发放100元养老助残券），为80周岁及以上的老年人每人每月发放100元养老（助残）券。对100周岁及以上老年人，在本市定点医疗机构门诊及住院发生的，且符合本市有关医疗报销规定的医疗费用中的个人按比例负担部分给以补助。

第三条　建立城乡社区（村）养老（助残）餐桌。利用城乡社区公益性用房、单位内部设施、居民空闲房屋等社会资源建立养老（助残）餐桌。采取政府适度补助租金、项目补贴等方式引导社会力量参与，由各级居家养老（助残）服务工作主管部门，选择有资质且具有一定规模的品牌餐饮企业提供社区餐饮服务。用3年左右时间在全市具备条件的城乡社区（村）建立养老（助残）餐桌，为老年人（残疾人）提供安全的配餐、就餐服务，并为行动不便的老年人（残疾人）提供家庭送餐服务。

第四条　建立城乡社区（村）托老（残）所。充分利用现有的社区服务中心、社区“星光老年之家”、社区“残疾人温馨家园”、职业康复中心等服务场所

为老年人（残疾人）建立社区托老（残）所。不足部分可利用社区居民空闲房屋及家庭空间开办。社区托老（残）所的维护运营采取政府适度补贴和个人承担部分费用相结合的方式解决。争取用3年左右时间将托老（残）所基本覆盖至全市城乡社区（村）。

第五条　招聘居家服务养老（助残）员。在全市各街道（乡镇、地区办事处）和城乡社区（村），根据实际需求聘用居家服务养老（助残）员。通过对高龄独居老人和重度残疾人开展居家养老（助残）服务，巡视探访、了解需求，反馈信息，组织、监督社会组织提供养老服务等形式，为老年人和残疾人的居家养老（助残）做好协调、监督服务工作。居家服务养老（助残）员优先从“4050”人员和取得社会工作者资质且符合本市就业特困认定标准的人员中招聘，纳入公益性岗位。

第六条　配备养老(助残)无障碍服务车。由市政府统一为每个街道(乡镇、地区办事处)配发一辆具有无障碍功能、带有全市统一标识的养老(助残)无障碍服务车,用于组织老年人、残疾人参加社会活动等。

第七条　开展养老（助残）精神关怀服务。充分发挥社会各类心理咨询专业组织作用。依托“96156”社区服务热线，为老年人（残疾人）提供电话咨询、上门服务。动员和组织城乡社区（村）志愿者等社会力量，通过多种方式为老年人（残疾人）居家开展精神关怀服务。

第八条　实施家庭无障碍设施改造。按照自愿的原则为有需求的老年残疾人家庭实施无障碍设施改造，给居家生活的老年残疾人提供洗澡、如厕、做饭、户内活动等方面的便利。

第九条　为老年人（残疾人）配备“小帮手”电子服务器。向有使用需求并具备使用能力的65周岁以上老年人和16至64周岁重度残疾人提供生活、就医、交通、购物、社交等电子服务。为有需求的老年人（残疾人）有计划地提供便携式“小帮手”电子服务器，由个人自愿申请购买，政府按前端价格给予适度补贴。

本办法由各区县政府负责组织实施，所需资金由福利彩票公益金、残疾人就业保障金、失业保险金承担，不足部分由财政予以补足。鼓励社会力量积极参与居家养老（助残）事业。

本办法自2010年1月1日起施行，由市民政局、市残联负责解释。

关于贯彻落实《北京市市民居家养老（助残）服务（“九养”）办法》的意见

京民老龄发［2009］504号

各区县民政局、残联、老龄办、发展改革委、财政局、人力社保局、规划分局、住房城乡建设委、卫生局、社会办、地税局、精神文明办、团委：

为落实《北京市人民政府办公厅转发市民政局、市残联关于北京市市民居家养老（助残）服务（“九养”）办法的通知》（京政办发［2009］104号），做好本市市民居家养老(助残)服务工作，提出如下意见：

一、指导思想

以邓小平理论和“三个代表”重要思想为指导，深入贯彻落实科学发展观，围绕“人文北京、科技北京、绿色北京”的要求，坚持“政府主导、部门协作、社会参与、个人自愿”的原则，构建以家庭为基础、社区为依托、政策保障为主导、社会化运作为方向的居家养老（助残）服务体系，完善本市“9064”(90%的老年人居家养老、6%的老年人在社区养老、4%的老年人集中养老)养老服务模式,提升老年人、残疾人的社会福利水平和生活质量,促进和谐社会建设。

二、工作原则

坚持以人为本的原则。从老年人、残疾人最关心的现实问题和最迫切的服务需求出发，为老年人和残疾人提供方便、快捷、多样化、人性化的服务，帮助老年人、残疾人解决居家生活困难。

坚持城乡一体的原则。充分考虑城乡老年人和残疾人的特点及需求，把适度普惠和困难帮扶有机结合起来，使城乡居民均能享受改革开放的成果。逐步形成城乡一体、覆盖全体老年人和残疾人的居家养老（助残）服务体系。

坚持统筹兼顾的原则。将居家养老（助残）服务工作纳入经济社会发展规划中统筹安排，促进养老（助残）服务事业全面、协调、可持续发展；统筹养老工作与助残工作，兼顾实施“再就业工程”，促进社会和谐。

坚持属地管理的原则。充分利用辖区内的公共资源，发挥城乡社区（村）的自治优势，做好老年人和残疾人的各项管理、服务工作，实现政府依法行政与社区（村）依法自治的有效衔接，共同将辖区内的居家养老（助残）服务工作落实到位。

三、工作任务

（一）建立万名“孝星”评选表彰制度

为弘扬孝敬父母、关爱老人的传统美德，促进公民思想道德建设和社会主义精神文明建设，在全市开展万名“孝星”评选表彰活动。活动采取基层初选、逐级上报和两级表彰的方式，在全市范围内，推选出10000名尊老、敬老、爱老、助老、孝老的“孝星”，对既能弘扬孝亲敬老的传统美德，又能体现关爱老人、共建和谐时代精神的先进人物和典型事迹，组织新闻媒体进行广泛深入地宣传推广，积极营造良好的社会风尚。凡北京市辖区内，孝敬赡养家中老人、帮扶照顾孤寡老人、在为老服务工作岗位上有突出贡献、关心老年人精神生活、积极维护老年人合法权益、热心老年公益事业等方面事迹突出的社会各界人员，均可参加“孝星”评选。每年一、二季度进行城乡社区（村）推荐和街道（乡镇、地区办事处）初选，三季度完成区县评选、表彰、上报，四季度完成市级审定，并于重阳节期间进行全市表彰和奖励。

（二）建立居家养老（助残）券服务制度和百岁老人补助医疗制度

为满足老年人和残疾人在生活照料、家政服务、康复护理、心理慰藉等方面的基本生活需求，向符合条件的老年人、残疾人发放养老（助残）券。具有本市户籍的80周岁及以上老年人、60至79周岁重度残疾人（持第二代《中华人民共和国残疾人证》，残疾程度为一级、二级的视力残疾人和肢体残疾人以及残疾程度为一级、二级、三级的智力残疾人和精神残疾人，下同）、16至59周岁无工作重度残疾人（由居委会、村委会提供未就业证明）均可在居住地申请每月100元的居家养老（助残）券，人户分离人员须提交未在户籍所在地享受居家养老（助残）服务补贴的证明。领取养老（助残）券后，居住地变更时，凭原居住地证明和养老（助残）券到现居住地街道（乡镇、地区办事处）主管部门进行变更登记。试点区已按《北京市民政局北京市财政局关于印发〈北京市特殊老年人养老服务补贴办法（试行）〉的通知》（京民福发［2008］335号）享受补贴的人员继续按原标准执行，补贴标准低于本办法的按本办法执行。居家养老（助残）券由市老龄办统一印制；由区县主管部门组织发放、回收，确定申请程序、使用范围和使用期限，并制定保管、存放的安保措施。80周岁及以上老年人的补贴经费由福利彩票公益金、区县财政按照1：1的比例分担；16至79周岁残疾人的补贴经费由区县残疾人就业保障金承担。区县相关主管部门每季度分别向市老龄办、市残联申报和备案。

为进一步提高百岁老人的医疗福利待遇，由区县老龄办向具有本市户籍的100周岁及以上人员发放市老龄办统一印制的《北京市百岁老人津贴和医疗补助领取证》，老年人凭证享受百岁老人补助医疗待遇。凡享受本市基本医疗保险、公费医疗、城镇无医疗保障老年人大病医疗保险、新型农村合作医疗、征地超转人员医疗等报销待遇的百岁老人，在上述各项制度规定的定点医疗机构门诊及住院发生的符合医疗报销规定的医疗费用中的个人按比例负担部分，由政府给予补助。按相关医疗制度规定报销后，由负责报销的有关部门出具医药费分割单（结算单），个人持分割单到户籍所在地区县老龄办报销个人按比例负担的费用（不含起付线以下费用）。市老龄办每季度审核拨付补助经费，所需资金由市福利彩票公益金支出。

（三）建立城乡社区（村）养老（助残）餐桌

为解决老年人、残疾人的用餐困难，利用城乡社区公益性用房、单位内部设施、居民空闲房屋等社会资源建立养老（助残）餐桌。由各级主管部门通过公开招标方式，选择餐饮企业承担服务，为老年人和残疾人提供安全的配餐、就餐服务，并为行动不便的老年人和残疾人提供家庭送餐服务。用3年左右时间将养老（助残）餐桌基本覆盖至全市具备条件的城乡社区（村）。市民政局和市残联将有计划地对街道（乡镇、地区办事处）和城乡社区（村）中的部分养老（助残）餐桌给予补贴。街道（乡镇、地区办事处）向区县主管部门提出补贴申请，区县审核合格后报市老龄办，市老龄办会同市残联每半年审批一次，补贴资金由福利彩票公益金与市残疾人就业保障金按2：1的比例分担。区县根据本地实际，制定养老（助残）餐桌运营补贴政策，对运营较好的餐饮企业给予必要的奖励。

（四）建立城乡社区（村）托老（残）所

为解决老年人、残疾人日间生活照料困难，利用现有的社区服务中心、社区“星光老年之家”（老年活动站）、社区“残疾人温馨家园”、职业康复中心等服务场所和社会空闲房屋及家庭空间建立社区托老（残）所（使用面积不低于40平方米，总床位在5至29张之间，人均使用面积5平方米以上），利用社区居民家庭空间开办以生活互助、文体娱乐等为主要内容的互助点（参加人数在5人以上），提供老年人、残疾人的日间托管服务。争取用3年左右时间将托老（残）所基本覆盖至全市城乡社区（村）。对运营满半年的托老（残）所和互助点给予补贴：对月服务18天以上、服务满意率达到90%以上的托老所床位每月补贴100元；对月活动时间18天以上的互助点每月补贴100元。区县主管部门和区县残联分别受理补贴申请。已享受运行经费补贴的残疾人职业康复机构，不再重复享受社区托老（残）所床位补贴。市老龄办和区县残联每半年审批、拨付补贴经费。补贴资金由福利彩票公益金和区县残疾人就业保障金承担。

（五）招聘居家服务养老（助残）员

为推进居家养老（助残）服务工作，区县根据实际需要，在全市各街道（乡镇、地区办事处）聘用5至7名养老（助残）员；每个城乡社区（村）至少聘用1名，高龄独居老年人和重度残疾人较多的城乡社区（村）可按30∶1的比例增聘。养老（助残）员优先从“4050”人员和取得社会工作者资质且符合本市就业特困认定标准的人员中招聘，纳入公益性岗位。养老（助残）员负责宣传居家养老（助残）政策；对老年人、残疾人进行巡视探访，了解服务需求，收集、汇总、整理、反馈老年人和残疾人的需求信息及对服务质量的评价信息；组织、监督服务工作；负责养老（助残）券的发放、回收、结算，以及老年人优待卡、高龄津贴的发放。区县老龄办负责养老（助残）员的业务指导、培训、考核和日常管理、调度，社区公益性就业组织在街道（乡镇、地区办事处）的领导下负责劳动人事管理和经费保障。

（六）配备养老（助残）无障碍服务车

为方便组织老年人和残疾人参加社会活动，统一为街道（乡镇、地区办事处）配发一辆具有无障碍功能、带有全市统一标识的养老（助残）无障碍服务车。区县制定管理和使用办法，做好与已配发车辆使用办法的衔接，主要用于社区托老（残）所、社区“星光老年之家”（老年活动站）、社区“残疾人温馨家园”、职业康复机构和扶贫助残基地开展活动。街道（乡镇、地区办事处）负责日常运营和管理。

（七）开展养老（助残）精神关怀服务

为满足老年人、残疾人的精神慰藉需求，开展精神关怀服务。各级老龄工作部门负责整合和开发辖区心理咨询服务资源，依托“96156”社区服务热线，充分发挥各类心理咨询专业组织和社区市民学校、老年学校的作用，组织专业人员为老年人、残疾人及其家庭成员提供心理咨询服务和相关知识培训。动员和组织城乡社区（村）志愿者、特别是社会工作者，为老年人和残疾人提供聊天、读书（报）等志愿服务。

（八）实施家庭无障碍设施改造

为给居家生活的老年残疾人提供在洗澡、如厕、做饭、户内活动等方面的便利，逐步对有需求的老年残疾人家庭实施无障碍设施改造。市残联和市老龄办负责设备、器具的招标采购。区县残联和区县老龄办负责组织施工和检查验收，一季度进行调查摸底，二、三季度完成施工，四季度组织检查验收。该项工作纳入市残疾人家庭无障碍改造实施工程，所需经费由市残疾人就业保障金承担。

（九）为老年人（残疾人）配备“小帮手”电子服务器

为使老年人和残疾人享受生活、就医、交通、购物、社交等电子信息服务，在个人自愿申请、购买的基础上，采取政府前端价格适度补贴方式，由市老龄办负责统一招标采购，有计划地向具有北京市户籍、有使用需求并具备使用能力的65周岁以上老年人和16至64周岁重度残疾人提供便携式“小帮手”电子服务器。个人在户籍所在地社区（村）提出申请，并交纳自付费用。街道（乡镇、地区办事处）审核，区县老龄办、区县残联核准后分别报市老龄办、市残联审定，区县老龄办、区县残联组织发放。65周岁以上老年人由福利彩票公益金给予补贴，16至64周岁重度残疾人由市残疾人就业保障金给予补贴。

四、工作要求

（一）加强组织领导，健全工作机构

各区县要在市委、市政府统一领导下，形成政府统筹协调、业务部门主管、有关部门密切配合、社会各界广泛参与的工作格局。区县政府负责居家养老（助残）服务工作的组织实施，要将此项工作纳入区县经济社会发展总体规划，研究制定落实“九养政策”专项规划和实施方案；成立领导工作机构，确定业务主管部门，完善相应的工作机制和制度；按照试点先行、分步实施的要求，抓好贯彻落实。有关部门要把居家养老（助残）工作纳入部门职能，加强调查研究，加大支持力度。街道（乡镇、地区办事处）要建立居家养老（助残）服务工作机构和服务队伍，指定专人负责日常管理和服务组织工作。城乡社区（村）要充分发挥自治优势和社会成员的主体作用，将老年人和残疾人的各项管理、服务工作落实到人。所需资金由福利彩票公益金、残疾人就业保障金（区县残疾人就业保障金不足的，由市残疾人就业保障金转移支付）、失业保险金承担，不足部分由财政予以补足，工作经费分别列入市、区县财政部门预算。鼓励社会力量积极参与居家养老（助残）事业。

（二）整合服务资源，拓展服务项目

充分利用现有资源，依托社区服务中心（站）、社区“星光老年之家”（老年活动站）、社区“残疾人温馨家园”、职业康复机构、基层医疗卫生机构、“96156”社区服务热线等公共服务资源（挪作它用的一律收回），实现全方位服务、精细化管理；开发利用企事业单位、商业服务网点、各类社团组织和福利机构等社会资源，不断丰富服务内容、拓展服务领域、提高服务质量。加强制度建设，提高社区居家养老（助残）服务的规范化、专业化水平；建立多渠道、多形式的投资机制，不断推进居家养老（助残）服务向社会化、产业化方向发展。

（三）强化队伍建设，提高专业化水平

要充分发挥各种专业组织的作用，对管理和服务人员进行系统化、专业化培训；加大对老年人、残疾人家庭成员的培训力度，不断提高其专业化照料技能，以适应居家养老（助残）服务工作的需要。要选派综合素质较高的人员从事有关管理工作，根据实际需要配齐、配强专业服务人员；引进具有专业资质的社会工作者投身于居家养老（助残）服务工作；动员社会各界的志愿者积极参与居家养老（助残）服务。

（四）加强舆论宣传，营造良好氛围

要运用广播、电视、报纸、网络等多种形式，充分发挥舆论宣传对居家养老（助残）服务工作的导向激励功能。大力宣传居家养老（助残）服务工作中的先进经验和典型事迹，提高全社会对居家养老（助残）服务事业重要意义的认识，增强从事居家养老（助残）服务工作人员的社会责任感，弘扬尊老敬老、养老助残的传统美德，形成有利于居家养老（助残）服务事业发展的良好社会环境。

北京市民政局　北京市残疾人联合会

北京市老龄工作委员会办公室　北京市发展和改革委员会

北京市财政局　北京市住房和城乡建设委员会

北京市规划委员会　北京市人力资源和社会保障局

北京市卫生局　北京市社会建设工作办公室

北京市地方税务局　首都精神文明建设委员会办公室

中国共产主义青年团北京市委员会

二〇〇九年十一月二十四日

天津市民政局
天津市财政局
天津市劳动和社会保障局
关于建设老年日间照料服务中心（站）的实施意见

津民发［2009］32号

津财社发联［2009］41号

各区县民政局、财政局、劳动和社会保障局：

根据市委、市政府确定的2008年20项民心工程和市人民政府《关于加快我市养老服务业发展的意见》（津政发［2008］27号）文件精神，为加快建立和完善社区老年人福利服务体系，推进我市老年日间照料服务中心（站）建设，提出以下意见：

一、基本原则

加快推进以改善民生为重点的社会建设，建立和完善以生活照料、老人就餐送餐、医疗康复、精神慰藉为主要功能、以生活困难、行动不便、空巢老人为主要服务对象的社区老年人日间照料服务体系，坚持“政府搭建服务平台、专业化管理、社会化经营、志愿者参与”的建设经营模式，坚持探索以“服务今天、享受明天”为口号的义工服务队伍建设，解决老年人最紧迫、最直接、最现实的服务需求。

二、建设目标和任务

从2009年起，利用3年时间，在全市107个街道和137个乡镇建设老年日间照料服务中心，在社区和自然村建设300个老年日间照料服务站。

三、建设规模和服务功能

新建老年日间照料服务中心的规模，建筑面积一般不低于300平米（包括与社区服务设施共用部分）。

设有“五室一校”：(1) 休息室。配有10张左右床位供老年人休息；(2) 配（就）餐室（含阅览室)。配有就餐设施、报刊和图书，中午或晚上可供老年人就餐，平常可供老年人读书看报；(3) 文体活动室。配有相应文体活动设备；(4) 健身康复室。配有老年人健身康复器材；(5) 医疗保健室。配有基本的医疗设备和常用药品；(6) 老年人学校。配有基本的教学设备和用具。其他附属设施。

新建老年日间照料服务站的规模，建筑面积一般不低于150平米（包括与社区服务设施共用部分)。设有“四室一课”：(1) 休息室。配有5张左右床位供老年人休息；(2) 配（就）餐室（含阅览室)。配有就餐、送餐设施、报刊和图书，中午或晚上可供老年人就餐，平常可供老年人读书看报；(3) 文体活动室。配有相应文体活动设备；(4) 医疗保健室。配有基本的医疗设备和常用药品；(5) 老年课堂。配有基本的教学设备和用具。其他附属设施。

社区老年日间照料服务中心（站）的服务项目，应根据本社区（村）的需求进行设计，重点完善四项基本服务功能：(1) 生活照料。对日间家里无人照料能够“走出来”的老年人，提供所需服务，包括看护、休息等。同时，设立社区（村）为老服务热线，对不能“走出来”的老年人，实施“走进去”服务，联系服务人员或志愿者到家服务，实现设施服务和上门服务相结合。应配有不少于2名专职养老服务人员；(2) 配餐、就餐服务，根据老年人需求和身体状况，提供就近、上门餐饮服务；(3) 健康保健。探索“一键通”服务呼叫系统，为老年人提供健身锻炼、康复保健和应急救助等服务。应联系1～2名专业医生定期为老年人的健康保健提供服务和指导；(4) 精神慰藉。为老年人提供学习、娱乐、聊天和文体活动等服务。

四、运营管理

社区（村）老年人日间照料服务中心（站）的运营，坚持政策引导、政府扶持、社会参与、市场推动的方式。可以采取多种运营方式：(1) 与社区服务相结合，直接由居（村）委会管理，派社区服务工作者或社会工作者承担日常服务工作；(2) 与居家养老服务相结合，选择承担居家养老服务的公益性公司签定协议，承包经营管理；(3) 利用养老机构的服务优势，与有一定实力、信誉良好的养老机构签定协议，承包经营管理；(4) 与有一定实力、信誉良好的社会组织合作（如民办非企业单位)，签定协议，承担运营管理等等。

社区老年日间照料服务中心（站）实行无偿、低偿、有偿服务相结合。对辖区内享受政府居家养老服务补贴的老年人，按照有关政策，提供无偿服务；对低收入老年人，按照低于市场价格，提供低偿服务；对其他老年人，按照市场价格，提供有偿服务。充分发挥志愿者的积极性，为老年人提供志愿服务，实现志愿者服务、政府购买服务和市场化有偿服务的相结合。

社区老年日间照料服务中心（站）的养老服务人员要具有初级以上职业资格证书，做到持证上岗。

五、扶持政策

（一）一次性建设补贴

1. 市财政对新建或改扩建老年日间照料服务中心，经验收符合《实施意见》建设要求和项目实施标准的，给予不同标准的建设补贴，即建筑面积达到300m^{2}以上的，按投资额的50%给予补贴，最高补贴金额30万元；建筑面积达到400m^{2}以上的，按投资额的50%给予补贴，最高补贴金额40万元；建筑面积达到500m^{2}以上的，按投资额的50%给予补贴，最高补贴金额50万元。

市财政对未开展就餐、送餐服务的，不给予资金补贴；对服务功能、服务项目达到要求，但因客观条件造成不符合建设面积标准的老年日间照料服务中心，酌情给予补贴。

2. 老年日间照料服务站，经验收符合实施意见建设要求，结合具体服务项目开展情况，由福利彩票公益金将给予资助。

（二）日常运营补贴

社区（村）老年日间照料服务中心（站）是具有公益性、福利性的机构，自我发展能力较弱，为保证其长久运营和生存，对其日常运营中所需的水、电、煤气、取暖等费用支出，由区县财政结合街道乡镇财力，予以补贴资助，对服务项目开展较好且区县财力较困难的老年日间照料中心的运营经费，由市福利彩票公益金给予适当补贴。

（三）服务人员补贴

社区（村）老年日间照料服务中心（站）的服务人员，凡符合津政发［2008］27号和市财政局、市劳动和社会保障局、市民政局（津财社［2007］50号）文件政策规定的，可享受城镇企业职工社会保险补贴、工资补贴、一次性招用补贴和培训补贴。

六、审批程序

建设资金审批程序：工程完工后，由区县提出补贴资金申报报告，编制《社区（村）老年日间照料服务中心（站）建设项目申报表》、《社区（村）老年日间照料服务中心（站）建设项目验收表》、《工程审计报告》，报市民政局审核汇总后，送市财政局复核后拨付建设补贴资金。

服务人员补贴审批办法：按照市民政局、市劳动和社会保障局、市财政局联合下发的《天津市关于资助社会办养老机构管理办法（试行）》（津民发［2008］119号）和《关于支持我市养老服务业发展促进下岗失业人员再就业有关问题的通知》（津财社［2007］50号）文件执行。

七、组织领导

1. 加强领导，真抓实干。各区县要按照市委、市政府要求，将社区老年日间照料服务中心（站）建设纳入本地区经济和社会发展规划，制定有力措施，认真抓好落实，坚决完成分配的任务指标。

2. 因地制宜，扎实推进。要结合本地区实际，结合新建居民区和改造旧居民区，结合社区建设，结合"星光老年之家"的改扩建，结合撤乡并镇闲置办公楼，结合小规模养老机构改扩建等契机，建设社区老年日间照料服务中心（站），落实好从事老年日间照料服务人员的各项优惠政策。同时，积极探索老年日间照料服务中心（站）长效运营机制，保证为老年人提供良好的、可持续的服务。

3. 监督检查，保证质量。各区县要加强在老年日间照料服务中心（站）建设过程中的监督检查工作，保证建设质量。市民政、市财政、市劳动和社会保障等相关部门要建立科学的量化的绩效评价体系。通过专业组织和第三方实施对居家养老、社区服务的量化评价，兑现政府购买服务的各项补助政策。

4. 请各区县民政局、财政局、劳动和社会保障局结合本区县实际情况，按照《意见》有关精神，制定具体实施细则，报市级三部门备案。

本意见从下发之日起执行。

附件：

1. 天津市老年日间照料服务中心（站）建设项目申请表。

2. 天津市老年日间照料服务中心（站）建设项目验收表。

3. 市财政对老年日间照料服务中心补贴资金测算表（不发区县）

二〇〇九年三月二十六日

（内蒙古自治区）关于2009年调整企业退休人员基本养老金的通知

内劳社字［2009］1号

各盟行政公署、市人民政府，自治区各委、办、厅、局，各大企业：

根据人力资源社会保障部、财政部《关于2009年调整企业退休人员基本养老金的通知》（人社部发〔2008〕102号）精神，经自治区人民政府同意，现就2009年调整企业退休人员基本养老金有关问题通知如下：

一、调整范围

2008年12月31日前按规定办理退休的人员。

二、执行时间

调整增加的基本养老金从2009年1月1日起执行。

三、城镇企业退休人员养老金月调整标准

（一）普遍调整

1. 企业退休人员每人每月增加60元。

2. 按缴费年限调整，缴费年限（包括按规定实行个人缴纳基本养老保险费以前的连续工龄）每满1年增加2元（不满1年的按1年计算）。

3. 根据国务院国发［1978］104号文件规定，因工致残完全丧失劳动能力办理退休手续的人员，按上述两项调整的养老金低于90元的按90元调整。

（二）特殊群体倾斜调整

1. 按参加工作时间倾斜调整。按原劳动人事部劳人险19833号文件规定领取100%退休费的退休老工人，每人每月另加85元；1953年12月31日前参加工作的退休人员，每人每月另加30元。

2. 按年龄倾斜调整。2008年12月31日前年龄达到70周岁的退休人员，每人每月另加20元；2008年12月31日前年龄达到80周岁的退休人员，每人每月另加30元。

3. 对具有高级职称的企业退休科技人员倾斜调整。享受政府特殊津贴的高级专业技术人员，每人每月另加 100 元；具有正高级专业技术职称的人员，每人每月另加 70 元；具有副高级专业技术职称的人员（含具有高级技师职业资格），每人每月另加 50 元；原工商业者，每人每月另加 40 元。具有高级专业技术职称的原工商业者，按高级技术职称人员调整标准增加基本养老金。上述人员中，同时具备 1、2、3 款条件的，可以累加调整。

4. 退休人员调整后的基本养老金低于 600 元的，每人每月可再增加 30 元，但调整后的养老金不得高于 600 元。

四、城镇企业退职人员按照每人每月 80 元的保准调整退职生活费

五、军队转业干部按上述标准调整养老金后，低于当地企业退休人员平均养老金水平的，补齐到当地企业退休人员平均养老金水平

六、调整基本养老基金所需资金

参加企业基本养老保险统筹的，由企业职工基本养老保险统筹基金承担。对困难地区，中央财政和自治区财政将给与适当的补助。各地区要通过扩大基本养老保险覆盖面，加强基金征缴，提高统筹层次，调整财政支出结构增加对养老保险的补助等措施，提高企业职工养老保险基金的支付能力，确保基本养老金按时足额发放，不得发生新的拖欠。

七、调整企业退休人员基本养老金水平，体现了党中央、国务院对广大退休人员的亲切关怀

各地区要高度重视，切实加强领导，落实责任，认真组织实施，务必于 2009 年春节前将增加的基本养老金发到退休人员手中。

（黑龙江省）关于印发《关于加强基层老龄工作的意见》的通知

黑老龄委发［2009］5 号

各市地老龄委，省森工总局、省农垦总局老龄委，省老龄委各成员单位：

现将经省老龄委第八次全体会议审议通过的《关于加强基层老龄工作的意见》印发给你们，望各地、各成员单位结合实际，认真贯彻落实。

二〇〇九年三月十三日

关于加强基层老龄工作的意见

为了认真贯彻《中共中央国务院关于加强老龄工作的决定》和全国老龄委《关于加强基层老龄工作的意见》、《关于发展农村老龄服务的意见》文件精神，切实加强县（区）、街道、乡镇、社区、村的基层老龄工作，提高市、县（区）党政部门和老龄委（办）对基层老龄工作的重要性的认识，充分发挥县（区）级老龄委（办）的重要作用，增强工作的责任感和紧迫感，整体推动黑龙江省的基层老龄工作，现提出如下意见：

一、充分认识加强基层老龄工作的重要意义

（1）近年来，各级老龄委把工作重点放在基层，切实加强领导，采取了许多措施，老龄工作取得了积极进展。但是，基层老龄工作整体上还比较薄弱，目前，我省还有 20 多万老年人处在贫困之中，他们的养老、医疗还存在着许多困难，街道（乡镇）、社区（村）的老龄工作体制尚不完善，县以下具有规模的福利设施还很少，老龄政策法规在基层得不到有效落实，侵犯老年人合法权益的现象时有发生，加强基层老龄工作，夯实老龄工作基础，已成为提高老龄工作整体水平，促进老龄工作全面发展的关键。

（2）老年人生活在基层社区、村，老年人的养老、医疗、优待等政策需要通过基层得到落实，老年人的生活照料、文化、教育等各种服务需要基层来提供。面向基层，加强基层老龄工作，不断提高老年人的生活质量，是老龄工作的出发点和落脚点。抓好基层老龄工作就抓住了老龄工作的龙头，就为做实、做细老龄工作奠定了基础。

（3）加强基层社区、农村老龄工作，更好地服务于老年人，是各级党政部门执政为民的要求；是实践“三个代表”重要思想、贯彻落实科学发展观、坚持以人为本的具体体现；是弘扬中华民族“敬老、爱老、助老”传统美德，提高为老服务水平，实现社会和谐发展的客观需要；是强化政府社会管理和公共服务职能，积极应对人口老龄化的必然要求。各地、各部门要从全局的高度，重视基层老龄工作，进一步增强责任感和紧迫感，采取有效措施，立足当前，着眼于长远，切实把基层老龄工作抓紧抓好，推动我省老龄事业健康发展。

二、基层老龄工作的指导原则和目标

（1）基层老龄工作的原则是：必须服从基层党组织和政府的领导；必须坚持以人为本，把解决老年人的突出问题放在首位；必须坚持广泛参与，调动社会各方面的积极性；必须发挥老年人的作用；必须从实际出发，因地制宜，分类指导，突出地方特色。

（2）加强基层老龄工作要遵循党政主导、社会参与、全民关怀的方针，调动社会各方面积极性，把保障老年人基本生活、提高老年人生活质量作为根本任务。基层老龄工作在3～5年时间内要做到做到组织机构健全，干部队伍稳定，活动设施完备，服务项目丰富，开展活动经常，考评机制科学，为实现“老有所养、老有所医、老有所教、老有所学、老有所为、老有所乐”的目标提供有力保障，努力开创我省基层老龄工作新局面。

三、基层老龄工作的主要任务

（1）认真落实老龄政策法规。在城市，要认真落实基本养老保险、基本医疗保险和最低生活保障制度各项政策，努力解决老年人的养老、医疗问题。建立以家庭养老为基础、社区服务为依托、社会养老为补充的养老机制。逐步建立以全科医生诊所为主体，社区照料中心、社区康复中心、老年护理院和社区诊断检验中心为补充的社区老年卫生服务网络。在农村，建立健全农村社会养老保障制度，积极推进新型农村社会养老保险制度建设，全面落实农村最低生活保障制度，积极发展社会养老保险事业。要继续坚持家庭养老为主体的养老机制，推行签订家庭赡养协议，明确家庭成员的责任和义务。积极推动新型农村合作医疗制度、农村计划生育家庭奖励扶助制度的实施。抓好镇卫生院和村卫生室的建设。认真落实《农村五保供养条例》，积极推进敬老院建设和改造，提高“五保”保障水平。同时要采取政府投入、集体补贴、社会资助的办法，加大对城乡贫困老年人社会救助和医疗救助力度，切实保障贫困老年人的基本生活。积极探索改善高龄、空巢老人等特殊群众生活环境的途径和办法，切实解决他们的实际问题。鼓励和支持有条件的村建立养老补贴制度，定期为老年人发放养老补助。

（2）加强为老服务设施建设。把为老服务设施建设纳入社区建设和社会主义新农村建设的整体规划，统筹规划为老服务设施的数量、布局、规模，按照国家和地方老龄事业发展规划，通过新建、改建、扩建和重组等途径，有计划、有步骤地兴建一批养老服务机构（敬老院、老年公寓等）、老年活动中心（站、室）、老年大学（学校），形成县（市、区）、乡镇（街道）、村（居）三级为老服务设施网络，努力改善为老服务环境。各地要采取有效措施，多形式、多渠道地解决老年人活动场所不足的问题。制定优惠政策，鼓励社会力量、个体私营、外资兴办为老服务设施。有条件的企事业单位应将内部福利服务设施向社会老人开放。鼓励将闲置的校舍、厂房、农民集体办公用房等改造为老年人活动场所。“十一五”期末，农村乡镇敬老院、老年活动中心覆盖75％以上的乡镇，80％的乡镇拥有一处集院舍住养和社区照料、居家养老等多种服务功能于一体的综合性老年福利服务中心，尽快实现全面覆盖。

（3）强化为老服务功能。要立足老年人的各项需求，倡导居家养老的理念，整合社会服务资源，建立完善为老服务体系，拓展为老服务项目，改进服务方式，强化服务队伍建设，提高服务质量，为老年人提供各种便捷、周到的服务。服务内容要围绕老年人的衣食住等、健康护理、日常照料、文化娱乐、老年教育、体育健身、维权服务等方面进行，满足不同类别、不同层次老年人的需求。服务方式要由简单的、一般的、粗放的向综合的、精细的方向发展，由传统的等候式被动服务向上门服务与定点服务相结合的主动性服务转变。服务质量由随意化、低档化向规范化、标准化发展，努力提高为老服务的水平和质量。加强为老服务队伍和志愿者队伍建设，努力培养一支具有较高素质的为老服务专业工作者和志愿者服务队伍，加大培训力度，加强规范化管理，不断提高为老服务水平。加快发展以高龄、失能、独居、特困等老年人为重点的生活照料服务，建立需要照料老年人的联系帮扶制度，鼓励倡导有能力的单位和个人认养高龄、孤寡、特困老人。

（4）维护老年人合法权益。充分利用各种有效途径和手段，广泛开展宣传教育活动，落实老龄政策法规，强化全社会“敬老、爱老、助老”的道德意识，增强自觉维护老年人合法权益的法制意识。推行司法保护制度和法律援助制度，街道（乡镇）建立“老年人法律维权工作岗”，社区、村确定法律援助员，为老年人提供法律和司法援助，保障老年人享有各种合法权益。充分发挥基层老年群众组织作用，加强涉老纠纷调解和监督工作。依照《信访条例》，认真扎实地做好老年人来信来访工作，建立老年人来信来访接待、登记、处理、回复制度，把矛盾解决在基层。要完善和落实城乡老年人优待政策，及时解决老年人优待政策落实过程中的突出问题。司法部门和基层维权组织要积极为老年人提供法律咨询和法律援助服务，开展老年人法制意识教育活动，增强老年人依法维护自身权益的能力。公安机关要加大对侵害老年人合法权益案件的查处力度。要加强对老年人用品市场的监督，保障老年消费者的合法权益。

（5）不断丰富老年人精神文化生活。要本着寓教于乐的原则，在切实加强老年人思想政治工作的同时，积极引导广大老年人选择科学、文明、健康的生活方式。要加强对老年文化体育活动的指导和管理，依托县（市、区）老年活动中心和文化馆培育一批老年文化、体育骨干队伍，创作一批有地方特色的人民群众喜闻乐见的文化作品，开发适合老年人的体育健身项目，带动基层老年文化体育活动的开展。定期培训乡镇(街道)、村(居)委会老年文化、体育活动骨干，提高他们的文化修养和专业技能，广泛开展经常性的、健康有益的文体活动，不断丰富老年人精神文化生活。要定期组织大型老年文化体育活动，活跃广场文化和群众文化。要办好老年教育，加强教材和师资队伍建设，不断提高教学质量。有条件的地方，要充分利用网络、电视、广播等，发展远程老年教育。组织老年人参加老年学校学习，利用各种宣传教育形式，丰富老年人的学习，活动内容，做好老年人政治思想工作。

四、加强基层老龄工作组织机构和队伍建设

（1）各级党委、政府，要认真贯彻落实《中共中央关于加强老龄工作的决定》精神，推动建立健全县（市、区）、乡镇（街道）和村（居）委三级老龄工作组织机构体系，保证相应的工作条件。要加快村（居）老年人协会组织建设，已经建立的地方要按照整顿、提高、完善的原则，促其开展活动，未建立老年人协会组织的尽快建立，力争达到每个居委会和行政村都成立老年协会。

（2）加强县（市、区）级老龄工作机构建设。县级老龄委是县域老龄工作的综合协调机构，在党委、政府领导下开展工作。主任由党委、政府主要领导担任，委员由涉老职能部门的领导组成。主要职责是：研究制定本地老龄事业发展规划，协调和推动有关部门实施规划，落实和制定有关老龄政策，保障老年人合法权益，组织开展老年社会活动，指导乡镇（街道）村（居）老龄工作开展。县级老龄办是老龄委的办事机构，承担老龄委的日常工作，履行参谋助手，综合协调、督促检查职能，具体组织协调老龄委职责任务的落实。各地党委政府要根据当地老龄工作的实际需要，切实解决好老龄委办公室的规格、编制问题，提供必要的办公条件和工作经费，配好配强老龄工作干部。根据我省实际，县（市、区）级老龄办按人口比例应配备3～7人。

（3）加强乡镇（街道）老龄委建设。乡镇（街道）级老龄委是当地老龄工作的综合协调机构，在党委政府领导下开展工作。主任由乡镇（街道）党委或政府主要领导担任。委员可由民政、司法、财政、公安、妇联等相关人员组成。其主要职责是：组织落实老龄事业发展规划和老龄政策，保障老年人合法权益，组织、协调开展老龄文化体育活动，指导村（居）委会老龄工作开展。乡镇（街道）设专职人员或者聘请退居二线、热心老龄事业的乡镇（街道）干部，可配备专（兼）职工作人员1～2名，承担老龄委日常工作。

（4）加强社区（村）老龄工作领导小组建设。社区（村）老龄工作领导小组是社区（村）老龄工作的实施机构，在社区（村）党组织和居（村）委会领导下，实施对老龄工作的领导、规划、协调，研究解决老龄工作中的重要问题和事项。组长由社区、村领导担任，并有专（兼）职人员负责日常具体工作，协助街道（镇）老龄委做好辖区内的老龄工作。

（5）加强村（居）委会老年协会建设。老年人协会是在村（居）党支部和村（居）委会的领导下，自我组织、自我教育、自我管理、自我服务的老年群众组织。村（居）两委应明确一位主要领导分管老龄工作或担任老年人协会会长，要关心、支持老年人协会的活动，为老年人协会提供活动场所和必要的活动经费。社区（村）老年人协会应建立健全各项规章制度，使基层老年人协会真正做到“班子建设优、整章建制优、工作经费优、各项工作开展优、活动开展优”的“五优”目标，促进老龄事业健康发展。

（6）要抓好老龄工作干部和老年人协会主要负责人的培训工作。各地要积极组织参加上级举办的培训学习，同时按分级培训的原则，制定计划，统筹安排，对老龄工作干部和老年人协会主要负责人进行培训，提高其业务能力和工作水平，以推进基层老龄事业更快更好地发展。同时，加强和充实社区老龄工作者队伍。要按照创新、实用、可操作性的原则，加强制度建设，逐步建立和完善社区（村）老龄工作目标管理和相应的表彰激励机制。

五、加强对基层老龄工作的领导

（1）基层各级党委和政府要高度重视基层老龄工作，充分发挥主导作用，切实加强对基层老龄工作的领导。要把老龄工作摆上重要位置，列入议事日程，及时协调解决老龄工作中出现的各种问题，为老龄工作部门开展工作创造必要的条件。要把老龄工作纳入政府目标管理体系，做到有布置、有检查、有总结，把基层老龄工作真正落到实处。各成员单位要从各自职能出发，采取积极措施，出台必要的优惠政策，支持基层老龄工作。老龄委办公室要定期对成员单位的老龄工作进行专项督察。

（2）要加强老龄事业规划、计划的制定和实施。县（市、区）一级，要按照上级老龄事业发展规划要求，制定当地老龄事业规划和年度计划，并纳入当地经济社会发展总体规划。基层各级老龄工作机构和老年人协会，都要制定老龄工作年度计划和重点工作实施计划，明确工作目标，细化工作任务，落实经费来源，抓好计划的实施。

（3）加大对老龄事业的投入。要根据经济社会发展水平和老年人口规模，推动政府公共财政向老龄事业特别是向经济欠发达地区和农村老龄事业加大投入，要采取积极措施鼓励和引导社会力量参与老龄事业发展，逐步形成多元化的老龄事业投入机制。要把县、乡两级老龄工作经费纳入财政预算，确保及时足额到位。各地要努力解决老年人的文化、体育活动经费。大力推行养老基地做法，为老年人划出养老地、养老林等，收入用于贫困老年人救助和村老年人协会开支。有条件的地方要建立老龄事业发展专项基金。

（4）加强合作，形成基层老龄工作的整体合力。各涉老部门要从全局出发，发挥优势，加强配合，主动关心基层老龄工作，积极解决基层老年人的实际问题。省、地（市）老龄办要加强对基层老龄工作的指导。要加强调查研究，及时解决基层老龄工作中出现的新情况、新问题。大力培育、树立、推广基层老龄工作先进典型。各地区要结合当地实际情况，不断完善基层老龄工作激励机制。各级老龄工作部门要充分发挥综合协调、参谋助手和督促检查作用，争取有关部门的支持，共同做好基层老龄工作，推进老龄事业健康发展。

（5）建立激励机制。继续开展老龄工作先进单位、个人和敬老模范村（社区）等评优创先活动，表彰先进，树立典型，强化激励机制，营造有利于老龄事业发展的良好氛围。推行老龄工作目标责任制，建立促进老龄工作发展的良好机制。

辽宁省人民政府办公厅关于贯彻实施《辽宁省老年人权益保障条例》的通知

辽政办发［2009］8号

各市人民政府，省政府各厅委、各直属机构：

为更好地贯彻落实《辽宁省老年人权益保障条例》，切实保障老年人权益，经省政府同意，现就有关问题通知如下：

1．各级政府要加强对老年人权益保障工作的领导，积极组织、督促全社会贯彻实施《辽宁省老年人权益保障条例》，做好老年人权益保障工作。要将老年事业纳入当地国民经济和社会发展总体规划，逐步加大对老年事业经费的投入。建立健全城乡社会化养老保障体系，使老年人的基本生活、基本医疗切实得到保障。

2．加大执法力度，维护老年人合法权益。各级老年工作机构要加强《辽宁省老年人权益保障条例》实施工作的指导协调和监督检查工作。积极开展维护老年人合法权益的法制教育，强化行政执法，严肃查处侵犯老年人合法权益的案件。各有关部门和单位要认真履行职责，主动做好老年人权益保障工作。

3．国家机关、社会团体、居（村）民委员会、企事业单位和其他组织及各类为老年人服务的机构应当依法做好老年人权益保障工作。县级以上政府和有关部门要切实履行《辽宁省老年人权益保障条例》中规定的责任和义务。要建立和完善老年工作机制，建立督查和奖惩制度。要规范服务，加强管理，依法处理好涉及老年人权益的举报和投诉，着力解决老年人反映强烈的突出问题。

4. 要广泛开展《辽宁省老年人权益保障条例》的宣传工作，营造有利于贯彻实施条例的社会环境。结合开展尊老敬老道德宣传和思想教育，充分利用广播、电视、报纸等新闻媒体，大张旗鼓、多种形式地宣传贯彻《辽宁省老年人权益保障条例》。要在全社会树立尊老爱老的社会风尚，弘扬敬老养老的传统美德，增强社会成员依法维护老年人权益的自觉性，提高老年人依法维权的意识和能力。

5. 收费的公共文化、科技、体育设施和公园、园林、旅游景点等单位，要认真落实《辽宁省老年人权益保障条例》的规定，为未满70周岁的老年人优惠开放，为70周岁以上的老年人免费开放。对未满70周岁的老年人乘坐城市公交车享受半价优惠，70周岁以上的老年人享受免费优待。公交等公益性事业单位由此所减收的费用，由各市财政予以负担。

6.《辽宁省老年优待证》《辽宁省老年证》由省老龄工作委员会办公室统一制作，免费发放，所需经费由省财政负担。

7. 各市、县（市、区）政府要依据《辽宁省老年人权益保障条例》规定，结合本地实际，制定实施细则并向社会公布。

辽宁省人民政府办公厅
二〇〇九年二月二日

山东省农村五保供养办法

山东省政府令第216号

《山东省农村五保供养办法》已经2009年10月27日省政府第55次常务会议通过，现予发布，自2010年1月1日起施行。

省长：姜大明
二〇〇九年十一月五日

山东省农村五保供养办法

第一章　总则

第一条　为了规范农村五保供养工作，保障农村五保供养对象的合法权益，根据国务院《农村五保供养工作条例》，结合本省实际，制定本办法。

第二条　本办法所称农村五保供养，是指在吃、穿、住、医、葬方面给予村民的生活照顾和物质帮助。

第三条　农村五保供养工作应当遵循以下原则：1. 保障农村五保供养对象的正常生活；2. 保障水平与经济社会发展水平相适应；3. 以政府保障为主，多渠道改善农村五保供养对象的生活；4. 公开、公平、公正。

第四条　县级以上人民政府应当加强对本行政区域内农村五保供养工作的领导和监督管理，将农村五保供养事业纳入国民经济和社会发展规划，统筹安排，协调发展。

第五条　县级以上人民政府民政部门主管本行政区域内的农村五保供养工作。

乡镇人民政府管理本行政区域内的农村五保供养工作。

村民委员会协助乡镇人民政府开展农村五保供养工作。

第六条　县级以上人民政府发展改革、教育、财政、人力资源社会保障、农业、卫生、统计等有关部门，应当按照各自职责做好农村五保供养相关工作。

第七条　鼓励机关、企事业单位、社会团体和个人为农村五保供养工作提供捐助和志愿服务。

第八条　对在农村五保供养工作中作出显著成绩的单位和个人，按照有关规定给予表彰和奖励。

第二章　供养对象

第九条　农村五保供养对象是指同时具备下列条

件的老年、残疾或者未满16周岁的村民：1. 无劳动能力；2. 无生活来源；3. 无法定赡养、抚养、扶养义务人，或者其法定赡养、抚养、扶养义务人无赡养、抚养、扶养能力。

第十条 确认农村五保供养对象按照下列程序办理：1. 由本人向村民委员会提出申请，因年幼或者智力、精神残疾无法表达意愿的，由村民小组或者其他村民代为提出申请；2. 村民委员会应当自收到申请书之日起15日内进行民主评议，并在本村范围内公告7日后，由村民委员会将评议意见和有关材料报乡镇人民政府审核；3. 乡镇人民政府应当自收到评议意见之日起20日内，对申请人的家庭状况和经济条件进行调查核实后提出审核意见，并将审核意见和有关材料报送县（市、区）人民政府民政部门审批。申请人、有关组织或者个人应当予以配合、接受调查，如实提供有关情况；4. 县（市、区）人民政府民政部门应当自收到审核意见和有关材料之日起20日内，对上报材料进行复核并作出审批决定。对批准给予五保供养待遇的，免费发给由省人民政府民政部门印制的《农村五保供养证书》；对不符合农村五保供养条件不予批准的，应当书面说明理由，并通知本人。

第十一条 申请人认为本人符合农村五保供养条件，在民主评议、公示程序阶段未能通过的，可以申请乡镇人民政府进行复查；乡镇人民政府应当自接到复查申请之日起30日内作出复查决定，并可以在复查期间，监督村民委员会重新实施评议、公示程序。

申请人未能通过五保供养待遇复查、审核、审批的，可以依法申请行政复议。

第十二条 农村五保供养对象不再符合本办法第九条规定条件，或者五保供养对象死亡、丧葬事宜办理完毕的，村民委员会或者五保供养服务机构应当向乡镇人民政府报告，由乡镇人民政府审核并报县（市、区）人民政府民政部门核准后，核销其《农村五保供养证书》。

第三章　供养内容和形式

第十三条 农村五保供养包括下列供养内容：1. 供给粮油、副食品和生活用燃料；2. 供给服装、被褥等生活用品和零用钱；3. 提供符合基本居住条件的住房；4. 提供疾病治疗，对生活不能自理的给予照料；5. 办理丧葬事宜。农村五保供养对象未满16周岁或者已满16周岁仍在接受义务教育的，应当保障其依法接受义务教育的所需费用。

第十四条 农村五保供养对象的疾病治疗，应当与当地新型农村合作医疗和农村医疗救助制度相衔接。

农村五保供养对象参加新型农村合作医疗，其个人缴费部分通过农村医疗救助基金资助解决。对患大病的农村五保供养对象，农村医疗救助资金给予优先救助。

第十五条 农村五保供养对象死亡后的丧葬事宜，集中供养的，由农村五保供养服务机构办理；分散供养的，由村民委员会负责办理。属于国家规定收费项目标准以内的丧葬费用，从农村五保供养资金中一次性支付。

第十六条 农村五保供养对象私有财产按照《中华人民共和国民法通则》、《中华人民共和国继承法》等有关法律规定处理。

农村五保供养对象拥有占有、使用、收益和处分个人全部财产的权利。农村五保供养对象的动产及房屋，属于农村五保供养对象所有。

未成年农村五保供养对象的个人合法财产，任何组织和个人不得侵占或者擅自变卖，乡镇人民政府可以委托农村五保供养服务机构或者村民委员会代管，并在其停止享受五保供养待遇后及时返还本人。

第十七条 村民委员会应当保障农村五保供养对象依法承包土地的权利。农村五保供养对象可以将承包土地交由他人代耕代种或者以其他形式依法流转，其收益归该农村五保供养对象所有。

农村五保供养对象享受的抚恤金、优待金和获得的各种奖励资金归五保对象个人所有。

第十八条 设区的市或者县（市、区）人民政府可以结合实际，制定本行政区域的农村五保供养标准，报省人民政府备案后公布执行。

农村五保供养标准应当随着当地村民平均生活水平的提高适时调整。

第十九条 农村五保供养实行集中供养、分散供养相结合的形式。

集中供养的，由农村五保供养服务机构照料和管理；分散供养的，可以由村民委员会提供照料，也可以由农村五保供养服务机构提供有关供养服务。农村五保供养对象可以自行选择供养形式。但患有精神病、严重传染病的五保对象应当分散供养。

第二十条 乡镇人民政府应当与农村五保供养服务机构或者村民委员会签订供养服务协议，并报县（市、区）人民政府民政部门备案。

农村五保供养服务协议应当包括以下主要内容：1. 农村五保供养对象的人数和供养标准；2. 农村五保供养内容；3. 农村五保供养服务规范；4. 当事人的权利义务；5. 协议解除的条件以及法律后果；6. 其他事项。

第二十一条 农村五保供养服务机构和村民委员

会应当为农村五保供养对象建立个人档案，并如实记录供养情况。县（市、区）人民政府民政部门应当建立健全农村五保供养对象档案和信息管理制度。

第四章 供养服务机构

第二十二条 农村五保供养服务机构作为服务农村五保供养对象的公益性非营利组织，具有法人资格，依法独立承担法律责任。

政府利用国有资产举办的五保供养服务机构，应当根据我国事业单位登记管理的有关规定，办理事业单位法人登记。

其他社会组织和个人利用非国有资产举办的五保供养服务机构，应当根据我国民办非企业单位登记管理的有关规定，办理民办非企业单位法人登记。

第二十三条 农村五保供养服务机构的撤销应当经县（市、区）人民政府民政部门同意后，由原登记管理机关批准。

第二十四条 县（市、区）人民政府和乡镇人民政府应当为其举办的农村五保供养服务机构提供必要的设备、资金，配备必要的工作人员。农村五保供养服务机构服务人员实行聘用制，一般按照与农村五保供养对象1∶10的比例聘用。

县（市、区）人民政府和乡镇人民政府应当落实并不断提高农村五保供养服务机构工作人员的待遇，维护其劳动保障权益。

第二十五条 农村五保供养服务机构应当成立管理委员会。负责审议农村五保供养服务机构重要事项，协助做好供养工作。管理委员会成员在农村五保供养服务机构工作人员和全体供养对象中民主选举产生；管理委员会成员中，供养对象所占比例不得少于1/2。

第二十六条 农村五保供养服务机构应当建立健全治安、消防、卫生、财务会计等制度，接受当地人民政府及其有关部门的指导和监督管理。

第二十七条 鼓励和扶持农村五保供养服务机构组织开展以改善供养对象生活为目的的农副业生产。县级以上人民政府及其有关部门应当对农村五保供养服务机构开展农副业生产给予必要的扶持。农村五保供养服务机构的建设用地中，可以预留一定比例的土地开展农副业生产。

政府主办和特许经营的供水、供电、供气、通信、有线电视等经营单位，应当按照国家和省有关规定为农村五保供养服务机构减免有关费用。

第二十八条 农村五保供养服务机构在满足农村五保供养对象集中供养的前提下，可以向社会提供自费寄养、代养服务。

第五章 资金保障与监督管理

第二十九条 农村五保供养资金由省、设区的市、县（市、区）、乡镇四级财政负担，列入县（市、区）、乡镇人民政府财政预算。

有农村集体经营等收入的地方，可以从农村集体经营等收入中安排资金，用于补助和改善农村五保供养对象的生活。

第三十条 农村五保供养资金实行县级统筹。政府财政预算安排的五保对象基本生活供养资金的支付，可实行国库集中支付和社会化发放方式。属于集中供养人员的，由农村五保供养服务机构提出支付申请，并提供相关证明材料，经县（市、区）人民政府民政、财政部门审核后，通过国库集中支付系统支付到农村五保供养服务机构；属于分散供养人员的，由代发银行直接发放到其个人账户。

对于取款不便的农村五保供养对象，其存折可由基层有关单位指定两人负责代管、代领，并确保将供养资金及时足额发到农村五保供养对象本人手中。

第三十一条 符合本办法第二十二条规定，政府利用国有资产举办的农村五保供养服务机构的管理经费，列入县（市、区）、乡镇人民政府财政预算。

第三十二条 县级以上人民政府应当依法加强对农村五保供养工作的监督管理。县级以上人民政府民政部门和乡镇人民政府应当制定农村五保供养工作的管理制度，并负责督促实施。财政部门应当按时足额拨付农村五保供养资金，确保资金到位，并加强对资金使用情况的监督管理。审计机关应当依法加强对农村五保供养资金使用情况的审计。

第三十三条 农村五保供养待遇的申请条件、程序、民主评议情况以及农村五保供养的标准和资金使用情况等，应当向社会公告，接受社会监督。

第六章 法律责任

第三十四条 违反本办法规定，有关行政机关及其工作人员有下列行为之一的，由上级行政机关或者监察机关责令改正，对直接负责的主管人员以及其他直接责任人员依法给予处分；构成犯罪的，依法追究刑事责任：1. 对符合农村五保供养条件的村民不予批准享受农村五保供养待遇的，或者对不符合农村五保供养条件的村民批准其享受农村五保供养待遇的；2. 贪污、挪用、截留、私分农村五保供养款物的；3. 歧视、侮辱、虐待或者遗弃供养对象的；4. 有其他滥用职权、玩忽职守、徇私舞弊行为的。

第三十五条 违反本办法规定，村民委员会组成人员贪污、挪用、截留农村五保供养款物的，依法予以罢免；构成犯罪的，依法追究刑事责任。违反本办法规定，农村五保供养服务机构工作人员私分、挪用、截留农村五保供养款物的，予以辞退；构成犯罪的，依法追究刑事责任。

第三十六条 违反本办法规定，村民委员会或者农村五保供养服务机构对农村五保供养对象提供的供养服务不符合要求的，由乡镇人民政府责令限期改正；逾期不改正的，乡镇人民政府有权终止供养服务协议；造成损失的，依法承担赔偿责任。

第七章 附则

第三十七条 本办法自2010年1月1日起施行。1986年8月5日山东省人民政府颁布的《山东省农村五保工作暂行规定》同时废止。

关于印发《山东省百岁老人长寿补贴省级补助资金使用管理办法》的通知

鲁财社［2009］36号

各市财政局、老龄办（不含青岛）：

现将《山东省百岁老人长寿补贴省级补助资金使用管理办法》，印发给你们，请遵照执行。

山东省财政厅　山东省老龄办

二〇〇九年八月二十四日

山东省百岁老人长寿补贴省级补助资金使用管理办法

第一条 为加强和规范百岁老人长寿补贴省级补助资金使用管理，确保资金发挥使用效益，根据国家和省有关规定，结合我省实际，制定本办法。

第二条 岁老人长寿补贴省级补助资金，是指由省级财政预算安排，专项用于补助百岁老人改善生活条件的资金（以下简称“补贴资金”）。

第三条 补贴资金发放对象为年满100周岁，具有山东省常住户口的老年人。

各县（市、区）老龄部门要对百岁老人进行实名制登记建档。

第四条 凡符合本办法第三条规定的老年人均可申请百岁老人长寿补贴。原则上从获审批下月起享受长寿补贴待遇，补贴发放标准为每人每月100元，并将视情况适时调整。

第五条 补贴资金申请、审核、审批程序。

1. 符合条件的百岁老人，经村（居）委会审核后，报乡（镇）人民政府（街道办事处）复核。乡（镇）人民政府（街道办事处）核实后报县（市、区）老龄办审批。审批结果、补贴数额等要在所居住村（居）委会进行张榜公示，时间不少于5日。

2. 每年2月底前，各市将补贴资金申请报告和截止上年底的《山东省百岁老人实名统计表》经同级老龄、财政部门审核盖章后，报省老龄办、省财政厅。济南铁路局、胜利石油管理局、齐鲁石化公司、莱芜钢铁集团公司百岁老人，由所在单位统一上报所在市老龄办。

3. 省老龄办、省财政厅对各市上报情况进行复核，并采取随机抽查的方式进行实地核查，根据复核、核查情况研究确定省级补助方案，并将补贴资金下达至各市。

第六条 补贴资金按月或季由县（市、区）老龄办会同同级财政部门发放到百岁老人手中，具备条件的由县级财政通过金融机构直接发放。省级补贴资金按上年底实有百岁老人数核拨，各县（市、区）出现漏报的，省财政原则上不予补发，由其自行解决。当年新增的百岁老人，首先用结余资金发放；结余资金不足的，由县级财政先垫付，省财政在下年度予以补齐。各地不得用省级补贴资金冲减《山东省优待老年人规定》规定的由当地财政负担的长寿补贴资金。

第七条 享受补贴资金的老年人去世或迁出本省的，从去世日或迁出日起下月停止发放补贴。因此形成的结余资金，用于当年新增百岁老人所需资金，或结转下年继续用于补贴资金发放。

第八条 补贴资金发放要坚持公开、公平、公正，做到专款专用。

第九条 各级财政、老龄部门要切实加强补贴资金的监督管理。补贴资金的使用、发放情况，以及补贴对象、补助标准、补助金额等情况要定期公布，接受群众监督。省财政厅、省老龄办将不定期对补贴资金的发放使用情况进行监督检查。

第十条 各市县老龄办要加强专项资金日常管理工作，建立规章制度，健全档案资料；要对补贴对象实行动态管理，每年对享受补贴资金的人员情况进行核查，及时办理停发或增发手续。

第十一条 对虚报冒领、挤占挪用、截留克扣补助资金等违法违纪行为，将按照《财政违法行为处罚处分条例》等有关规定严肃处理。

第十二条 本办法由省财政厅、省老龄办负责解释。

第十三条 本办法自发布之日起施行。

关于印发《实施“彩霞”工程 推进居家养老服务省级财政专项彩票公益金管理使用（暂行）办法》的通知

鲁财综［2009］61号

各市财政局、老龄办：

现将《实施“彩霞”工程 推进居家养老服务省级财政专项彩票公益金管理使用（暂行）办法》印发给你们，请遵照执行。执行中发现的问题，请及时报告省财政厅、省老龄办。

山东省财政厅 山东省老龄办

二〇〇九年七月十三日

实施“彩霞”工程 推进居家养老服务省级财政专项彩票公益金管理使用（暂行）办法

为贯彻落实省政府办公厅《关于加快发展养老服务业的意见》（鲁政办发［2008］25号）和省老龄办等11部门《关于大力发展居家养老服务的意见》（鲁老办发［2008］42号）精神，加强对实施“彩霞”工程、推进居家养老服务省级财政专项彩票公益金的使用管理，促进我省城乡居家养老服务业发展，特制定本办法。

一、资助原则

1. 坚持政府主导、社会参与和市场推动的原则。在政府主导下，采取以奖代补等多种形式，鼓励和引导社会和个人参与，积极推行民办公助、公办民营等多样化发展模式，运用市场运作机制，促进居家养老服务业的发展。

2. 坚持整合资源、协调配合和统筹推进的原则。以城乡社区为依托，以居家养老服务机构为基本单位，按照就近、方便、经济的原则，支持依托区域服务设施，整合基层各类公共服务资源，努力构建政府主导、涉老部门协同，以家庭为基础、社区为依托、社会参与的工作格局。

3. 坚持公开、公正和公平竞争的原则。明确资助条件，严格评审标准，建立优胜劣汰、公平竞争、以点带面的良性发展机制。

二、目标要求

着眼老年人居家养老服务需求，按照建立“需求主导，家院互融”的全方位居家养老模式的要求，发挥以点带面、示范引导作用，发动社会各界力量，整合各类社会资源，搭建居家养老服务平台和支持系统，培育壮大一批具有日间托管、医疗保健、文化娱乐等功能的居家养老服务机构，为老年人提供多种专业化居家养老服务，发挥其示范、服务、辐射功能，扩大我省居家养老服务的范围，提高专业化服务水平，逐步形成覆盖城乡、满足不同需求的居家养老照护服务网络。

三、资助范围和条件

（一）资助范围

经主管部门批准设立的下列机构可纳入补贴范围：居家养老服务机构；提供居家养老服务的老年公寓；提供居家养老服务的家政服务机构；居家养老服务信息化平台建设。

（二）基本条件

1. 属于补贴范围的居家养老服务机构应具备下列基本条件：

（1）正式开业1年以上，常年服务对象（指居家老年人，下同）400户或600人以上；

（2）为服务对象提供送餐、卫生清洁、料理家务、康复护理、疾病陪护、紧急救援、精神慰藉、文化生活等规范化的服务；

（3）各项规章制度健全，管理、运营状况良好；

（4）管理和服务人员持证上岗（指持有老年护理、家政服务等相关职业的学历证书或职业资格证书）；

（5）自开业起没有与服务对象及其亲属发生纠纷、没有发生与服务有关的事故。

2. 属于补贴范围的居家养老服务信息化平台基础设施建设项目应具备下列条件：

（1）经主管部门批准设立并正常运营5年以上，固定用户500户以上，基础设施需要更新的；

（2）经主管部门批准设立并正常运营2年以上，固定用户500户以上，需扩大规模且配套资金确有保障的；

（3）经主管部门批准筹建，设计容量1000户以上，配套资金确有保障的。

四、项目申报和评审

各市拟申报的养老服务机构和居家养老服务信息化平台基础设施项目，须经市财政投资评审机构评审。每年确定扶持的居家养老机构和居家养老服务信息化平台基础设施项目数量，由省老龄办和省财政厅根据当年安排资金数和各市老年人口数计算确定。

具体程序：凡符合本办法规定条件的居家养老服务机构，可填写《山东省居家养老服务项目申报表》（见附件），由市老龄办、市财政局根据省分配名额及市财政投资评审机构评审意见确定，报省老龄办、省财政厅。省里根据各市上报情况，经省财政投资评审机构评审复核后，确定扶持对象，并一次性拨付补贴资金。各市在省财政扶持的基础上，可制定相应政策措施，进一步加大扶持力度。

五、资金使用范围

省级财政专项彩票公益金扶持的补贴资金，主要用于降低被补贴单位的运营成本和服务价格、改善工作条件、归还贷款利息、适当提高一线服务人员的待遇等；居家养老服务信息化平台基础设施项目，专项用于购买居家养老服务信息化平台建设所需的服务器、计算机等相关设备，不得挪作它用。

各级财政部门要加强补贴资金的监管，确保专款专用，提高使用效益，充分发挥其对居家养老服务发展的促进作用。

六、其他事项

1. 年度补贴项目完成后，省财政厅、省老龄办联合发文公布补贴单位，并在相关媒体上公布。

2. 各市评审办法由市财政局、市老龄办协商制定。

3. 同一单位享受补贴政策最多连续两年，第二年享受补贴时占本年度名额，且需经过与上年同样的评审程序。

中共江苏省委　江苏省人民政府
关于加快我省老龄事业发展的意见

（2009年7月17日）

老龄工作是党和政府的重要工作，老龄事业是中国特色社会主义事业的重要组成部分。为深入贯彻落实科学发展观，加快推进我省老龄事业发展，现提出如下意见。

一、切实增强加快老龄事业发展的责任感和紧迫感

（一）充分认识老龄事业发展面临的形势

我省1986年进入人口老龄化社会，比全国早13年。2008年底，全省60岁以上老年人口1218万，占户籍人口总数的16.5%，高于全国比例4.5个百分点。目前我省已进入人口老龄化加速发展阶段，预计到2020年，全省老年人口将超过1648万，老年人口比例将达到21%。近年来，全省各地各部门认真贯彻中央和省委、省政府部署要求，大力推进老龄事业发展，老龄工作取得了显著成绩。但必须清醒地看到，我省老龄事业发展与社会老龄化趋势、与全面建设小康社会的进程、与人民群众的期盼还不相适应。主要表现在：社会化养老服务体系尚不健全，对老龄事业投入不足，城乡、地区之间养老保障水平差距较大，老龄产业发展相对滞后，对老年人精神关爱重视不够。加快老龄事业发展，已成为一项重大而紧迫的战略任务。

（二）深刻理解加快老龄事业发展的重大意义

加快老龄事业发展，实现好、维护好、发展好老年人的根本利益，不断满足广大老年人日益增长的物质文化生活需要，让老年人共享改革发展成果，是贯彻落实科学发展观、坚持以人为本的重要体现，是推进“两个率先”、建设美好江苏的重要内容，是促进社会公平正义、维护社会和谐稳定的重要保证，也是着力保障改善民生、有效解决老年人切身利益问题的重要举措。加快老龄事业发展，对于扩大国内需求、增加就业岗位、推动服务业发展、调整经济结构等也具有重要促进作用。各级党委政府要从全局和战略的高度，充分认识加快老龄事业发展的重要性和紧迫性，进一步增强责任感和使命感，拓宽思路，大胆创新，积极探索建立具有江苏特色的养老制度，推动老龄事业在新的起点上加快发展。

（三）进一步明确加快老龄事业发展的总体要求

加快老龄事业发展，要以邓小平理论和“三个代表”重要思想为指导，全面贯彻落实科学发展观，按照构建社会主义和谐社会的要求，坚持党政主导、社会主体、全民参与，统筹推进城乡、区域之间老龄事业发展，围绕提高老年人生活水平和生活质量，加快建立覆盖城乡老年人的社会养老和医疗保障制度，进一步健全社会化养老服务体系，大力发展老年服务产业，积极营造敬老、爱老、助老的社会氛围，推动老龄事业发展与经济社会发展相协调，与“两个率先”进程相同步，与人口老龄化水平相适应，在更高层次上实现“老有所养、老有所医、老有所教、老有所学、老有所为、老有所乐”的目标。

二、不断提高老年人社会保障水平

（一）提高老年人社会保险待遇

按照“保基本、广覆盖、有弹性、可持续”的原则，采取个人缴费、集体补助、政府补贴相结合的筹资方式，加快推进新型农村社会养老保险制度建设，到2012年，以县为单位，苏南、苏中、苏北地区新型农村社会养老保险参保率分别达到90%、80%、60%以上，省财政对经济薄弱地区给予适当支持。继续完善企业职工养老保险制度，做好企业退休人员基本养老金正常调整工作。探索事业单位养老保险制度改革，稳步开展社会化发放试点工作。加快建立养老补贴制度，为没有纳入基本养老保险范围、无固定收入的城乡老年人发放生活补助金，具体办法和标准由各地制定。进一步完善医疗保险制度，将所有老年人纳入城镇职工基本医疗保险、城镇居民基本医疗保险和新型农村合作医疗等保障制度。逐步提高老年人医疗保障待遇，到2010年参加城镇职工基本医疗保险和城镇居民基本医疗保险的老年人医保范围内报销比例分别达到80%和60%，新农合参保老年人住院费用补偿率达到50%，门诊补偿率达到30%。加快推进医疗保险省内异地就医联网结算，方便老年人看病。探索建立老年人长期护理保险，推广老年人意外伤害保险。

（二）提升老年人社会福利水平

各级政府设立“尊老金”，从今年起对百岁以上老人按每人每月不低于300元标准发放长寿补贴。各地可根据财力情况，扩大发放年龄范围，提高发放标准。完善农村部分计划生育家庭奖励扶助和特别扶助制度，落实企业持独生子女光荣证的职工退休一次性奖励政策，并建立长效发放机制。凭“优待证”老年人免费进入政府投资主办的公园、公益性文化设施；70岁以上老年人免费进入政府投资主办的旅游景点和公共体育健身场所、免费乘坐城市公共汽车和地铁电车，60—69岁老年人可享受半价优惠。长途客运、铁路、水路和航空客运要为老年人提供优先优待服务。外省来苏的老年人享受本省老年人同等优惠待遇。

（三）重视老年人医疗保健服务

加强老年多发病、常见病的防治，各市可指定1所二级以上综合医院作为老年病的防治中心。针对老年病共性致病因素，实施宣传、教育、咨询、普查、主动介入服务等综合干预措施。建立健全以社区卫生服务为基础的老年医疗保健服务体系，加强社区卫生服务与医疗保险制度的衔接，推行首诊负责制和双向转诊制，为老年人提供便捷优质的医疗服务。在全省普遍建立老年人健康档案，每两年为老年人做一次健康检查，实行不间断健康管理。综合性医院要设立老年病科，扶持老年康复医院建设。养老机构要设立配套的医疗服务点。各地惠民医院优先为符合条件的老年人提供服务。

（四）加强对困难老年人的社会救助

各地要认真落实农村“五保”供养政策，苏南、苏中、苏北原则上分别按不低于所在县（市、区）上年度农民人均纯收入的40%、45%、50%确定供养标准，并随经济社会发展逐步提高保障水平。同时，根据本地城市居民人均可支配收入水平，建立城市“三无”老人供养标准增长机制。对城乡低保对象中的70岁及以上老年人，本人每月可增发保障标准金额的10%～20%保障金。把困难老年人作为临时生活救助、医疗救助、司法救助的重点对象，加大救助力度。将城镇户籍居民低收入住房困难家庭的纯老年人户优先纳入廉租住房保障范围。

三、加快推进社会化养老服务

（一）完善养老服务体系

加快建立以居家养老为基础、社区服务为依托、机构养老为补充，城乡一体化、投资多元化、管理规范化、队伍专业化的养老服务体系。今后3年机构养老床位数保持年均增长10%以上，到2012年养老机构床位数达到老年人总数的3%左右。认真搞好国家基本养老服务体系建设工程试点工作。

（二）大力发展居家养老服务

依托社区，为居家老年人提供生活照料、家政、康复护理和精神慰籍等服务，让老年人既不脱离家庭，又能获得专业化的社会服务。2012年前，全省城市社区基本建立起多形式、全覆盖的居家养老服务网络；农村社区（村）依托敬老院、村级组织活动场所等现有设施资源，建立综合性老年服务中心（站），苏南、苏中、苏北农村建成比例分别达到40%、35%、30%以上。制定居家养老服务标准，丰富服务内容，在提供短期托养、日间照料以及助餐、助洁、助浴、助医、助行、助购等生活服务的同时，兼顾老年人多种需求，提供文化娱乐、学习教育、心理关爱等服务。加大财政支持力度，今后3年全省新建6000个以上社区（村）居家养老服务中心（站），省财政安排专项资金给予补助或采取以奖代补的方式予以奖励，各地财政也应给予相应的补助。各级政府要积极采取购买服务、资金补助、提供场所等扶持措施，引导和鼓励社会中介组织、家政服务企业参与居家养老服务。创建全国老年人宜居社区，为老年人营造良好的生活服务和生态人文环境。

（三）积极支持社会力量兴办养老服务机构

根据国家和我省有关规定，各地可采取土地划拨、规费减免、贷款贴息、床位建设补贴、床位运营补贴、以奖代补、购买服务等方式，吸引和鼓励社会资本投资兴办福利性、非营利性的老年公寓、老年康复中心、托老所、老年护理院等养老服务设施，并在土地使用上优先安排。认真落实老年服务机构税收减免政策，对福利性、非营利性的老年服务机构免征营业税，符合条件的免征企业所得税，对老年服务机构使用土地和自用房免征城镇土地使用税、房产税。养老服务机构用水、用电、用气按民用收费标准执行，安装电话、网络、有线电视实行价格优惠。对新建老年服务设施的市政公用设施配套费酌情给予减免。今后3年，省财政每年安排专项资金，扶持经济困难地区民办养老机构建设、加大对“爱心护理院”支持力度，各级财政也要安排相应的扶持资金。

（四）加快公办养老服务机构建设

积极推动全国示范性养老基地建设，办好省老年公寓，充分发挥其示范引导作用。到2012年底，各市、县（市）都要建成1所政府主办的老年公寓或福利院，床位数分别达到300张、150张以上。积极探索公办民营、合作经营、委托管理、服务外包等运行模式，完善管理机制，降低运行成本，提高服务水平。省财政安排专项资金对经济困难地区公办养老机构建设给予补助。继续实施农村敬老院基础设施和配套设备建设，全省“五保”集中供养率稳定在70%以上。

（五）推进养老服务规范化

制定完善各类养老服务机构建设标准，明确服务项目和服务方式，做到服务功能标准化；制定护理、康复、医疗、教育、娱乐、心理关爱等各项具体服务项目的内容和标准，做到服务行为规范化；制定服务人员岗位职责，加强技能培训，实行持证上岗，做到服务队伍专业化；积极搭建为老服务信息平台，充分利用各类声讯、网络资源，为老年人提供及时有效的救助关怀等方面的服务，做到服务载体信息化。制定社会养老服务效果评估办法，全面提高社会养老服务质量和水平。

四、积极推动老年服务产业发展

（一）搞好老年服务产业规划

针对老年人不断增长的服务需求，加快发展老年服务产业。将老年服务产业纳入现代服务业统一规划、统一部署，着力培育一批大型老年服务龙头企业，打造一批老年服务产业知名品牌。将发展养老服务产业与拉动消费、增加就业岗位结合起来，推进全省养老服务业产值明显增长，使之成为江苏服务业发展新亮点。各级政府要建立专项资金，扶持老年服务产业发展。

（二）培育老年消费市场

鼓励和扶持开发老年产品，引导企业生产满足老年人各种需求、门类齐全、品种多样、经济适用的老年用品。优先发展养老护理、康复保健、社区服务和老年特殊用品等产业。大力发展老年旅游业，推出适宜老年人的旅游线路和服务项目。积极开发符合老年人特点的金融、理财、保险等其他产品。培育老年消费市场，鼓励商家设立老年用品专柜，举办老年产品展示会，促进流通、扩大销售。引导老年人更新消费观念和行为，促进老年消费市场的繁荣与发展。

五、高度重视老年人精神关爱

（一）实施“快乐晚年精神关爱行动”

省老龄办要会同有关部门抓紧编制“快乐晚年精神关爱行动”指导意见，研究制定老年精神关爱工作指标体系并纳入老龄工作考核范围，有计划、有步骤地开展老年精神关爱工作。积极创建老年精神关爱示范基地和示范点。省福利彩票公益金留成中每年安排一定经费用于“快乐晚年精神关爱行动”。工会、共青团、妇联、科协等群众组织要广泛开展结对帮扶、和谐家庭和孝亲敬老评比等活动。教育部门要把养老机构作为学生德育教育基地，将助老服务纳入大中学生社会实践内容。建立义工服务时间储备制，积极探索“义工银行”等自助、互助服务途径。

（二）发展老年教育

把老年教育纳入终身教育体系。继续办好省、市、县（市、区）老年大学，改善教学设施，提高教学质量。到2012年，街道（乡镇）都要利用现有资源，建好老年学校。有效利用广播、电视、互联网等现代传媒开展老年教育，形成覆盖城乡多层次、多形式的老年教育网络体系。离退休人员管理部门、老年社会团体要积极组织老年人开展学习活动。到2012年，全省老年人参加各级各类老年学校学习的人数达到老年人总数的10%，条件好的地区力争达到15%以上。继续开展老年大学示范校创建活动，充分发挥示范指导作用。

（三）丰富老年人文化体育生活

各市、县都要建立老年活动中心，街道（乡镇）和有条件的社区（村）要建有老年文化活动室，所有的社区（村）要建有老年健身活动场所。宣传、文化、出版等部门要组织力量，多出面向老年人的优秀精神文化产品。广播、电视、报纸等媒体要开设老年专栏，支持办好省《老年周报》。文化部门要积极开展形式多样、丰富多彩的老年文化艺术活动。体育部门要广泛开展适合老年人特点的体育健身活动，办好老年体育节，健全老年体协组织网络。到2012年，经常参加体育健身活动的老年人达到50%以上。各级在体育彩票公益金留成中每年安排一定经费用于支持开展老年人体育活动。

（四）加强老年人心理疏导服务

各级政府要扶持建立老年心理服务组织和服务网络，购买心理关爱服务，培训心理服务专业人员，为老年人提供专业的心理疏导服务。乡镇、街道及有条件的社区要设立聊天、心理咨询等服务场所，开展心理健康和生命观等方面教育。重点做好病残、空巢、高龄、临终等老年人心理关爱工作。各市要确定1～2所、有条件的县（市）要确定1所“爱心护理院”，开展长期护理和关怀服务。

（五）扩大老年人社会参与

鼓励专业技术型老年人才参与科学文化知识传播，从事科学研究，开展咨询服务。支持老年人参与公民道德建设、公益事业、社会治安、移风易俗、民事调解、社区文化活动等社会事务和社区工作，发挥老年人在教育下一代中的作用。各类人才市场、人才中介机构要把老年人力资源纳入服务范围，搭建老年人才与社会需求对接的服务平台。省老龄工作委员会设立“老有所为人物奖”，定期进行评比和表彰。

六、建立健全老龄事业发展体制机制

（一）切实加强组织领导

各级党委政府要高度重视老龄工作，将老龄事业列入重要议事日程，纳入本地区经济社会发展总体规划和年度计划，定期召开会议，认真听取汇报，及时研究部署，明确发展目标，抓好责任落实。进一步建立健全党政主导、老龄工作机构组织协调、相关部门各司其职、社会广泛参与的领导体制和运行机制。各地各有关部门要定期对老龄事业发展政策措施落实情况进行督查，对老龄事业发展规划执行情况进行评估，并将评估结果作为老龄工作先进单位和先进个人评选表彰的主要依据。

（二）强化老龄工作机构职能

各级老龄委要充分发挥组织协调、调查研究、检查指导职能，及时研究部署老龄工作任务，定期通报老龄事业发展状况，督促落实相关法规政策，认真解决有关重要问题。老龄委成员单位要切实履行工作职责，加强沟通、密切协作，努力形成推进老龄事业发展的整体合力。加大对基层老龄工作的督查指导，建立工作报告、经验交流、督办反馈等项制度。进一步理顺老龄工作管理体制，明确各级老龄委办公室职责与任务。省老龄委办公室主任按副厅级配备。各市、县(市、区)要加强老龄委办公室建设，根据老龄工作任务，落实人员编制，选派政治和业务素质高的人员从事老龄工作。推进老龄工作信息平台建设，提高老龄工作信息化水平。

(三) 加大老龄事业投入

各级政府要加大投入，统筹安排老龄事业发展经费，切实保障老龄工作经费。根据老龄事业发展需要，增加福利彩票公益金、体育彩票公益金对老龄事业的投入。积极鼓励社会资金、慈善捐赠支持老龄事业发展，建立多元化的投入机制。

(四) 营造老龄事业发展环境

围绕建设社会主义核心价值体系，大力弘扬中华民族传统美德，在全社会深入开展“敬老、爱老、助老”教育。“敬老日”期间，要开展形式多样的宣传、文体和慰问活动。机关、企事业单位和社会团体要把“敬老、爱老、助老”宣传教育作为干部职工思想道德建设的重要方面。教育部门要把“敬老、爱老、助老”作为中小学德育教育的重要内容。宣传、文化等部门要加大宣传力度，及时报道各地各部门发展老龄事业的好经验、好做法。各地要结合文明社区、文明村镇、文明家庭等创建活动，开展各种形式的敬老活动，树立和表彰先进典型，形成人人尊重、关心、帮助老年人的良好社会风尚。

(五) 重视老龄事业人才队伍建设

省、市、县(市、区)都要制定与老龄事业发展相适应的人才培训规划。加强老年服务从业人员的职业技能培训，提高他们的职业道德和服务水平。支持创办培养老年服务专业人才的职业技术学院与学校，鼓励大学开设老年管理专业学科，培养老龄工作管理人才。加强基层老龄工作者队伍建设，切实提高他们的生活待遇水平。积极发展志愿者队伍，为老年人提供优质的志愿服务。

(六) 加强老龄科学研究和法规政策体系建设

鼓励各有关部门和单位、大专院校和研究机构，针对人口老龄化趋势，深入开展调查研究，为政府决策和完善为老服务提供理论、信息和技术支持。充分发挥老年学学会作用。积极创造条件，建立省市老龄科学研究基地。结合人口老龄化实际，适时修订《江苏省实施〈老年人权益保障法〉办法》，建立健全有关老年人的政策法规体系，为维护老年人的合法权益提供法律保障。

(七) 加强老龄社团组织建设和管理

加强和扶持各类老年社团组织建设，建立省、市、县(市、区)、街道(乡镇)、社区(村)五级老年人协会网络，发挥老年人自我管理、自我教育、自我保护、自我服务和服务社会的作用。规范老年社团组织管理，促进老年社团组织健康发展。

各地各有关部门要根据本意见精神，制定具体实施办法。

浙江省人民政府关于建立城乡居民社会养老保险制度的实施意见

为进一步完善我省社会养老保险体系，根据《国务院关于开展新型农村社会养老保险试点的指导意见》(国发〔2009〕32号)和省委、省政府关于建立健全覆盖城乡居民养老保障制度的总体安排，现就建立我省城乡居民社会养老保险制度提出如下实施意见：

一、指导思想和总体要求

(一) 指导思想

高举中国特色社会主义伟大旗帜，以邓小平理论和“三个代表”重要思想为指导，深入贯彻落实科学发展观，紧紧围绕全面建设惠及全省人民小康社会的总体目标，着眼于建立健全覆盖城乡居民的养老保障体系，按照“保基本、广覆盖、有弹性、可持续”的基本原则，加快建立与我省经济社会发展水平相适应、与相关养老保障制度相衔接的城乡居民社会养老保险制度，确保城乡居民老有所养。

(二) 总体要求

建立城乡居民社会养老保险制度，要坚持覆盖城乡、惠及全民，逐步实现人人享有基本养老保障，让全省人民共享改革发展成果；要坚持政府主导和城乡居民自愿参保相结合，社会统筹与个人账户相结合，引导城乡居民普遍参保；要坚持低水平起步、积极稳妥推进，筹资标准和待遇标准要与经济社会发展水平及各方面承受能力相适应；要坚持权利与义务相对应，个人（家庭）、集体、政府合理分担责任，鼓励长缴多得、多缴多得，逐步形成城乡居民社会养老保险与企业职工基本养老保险等保障制度相衔接的制度体系。

二、目标任务

今年，城乡居民社会养老保险工作要全面启动，各市都要确定1个县（市、区）列入国家或省试点；已经先行开展城乡居民社会养老保险工作的市、县（市、区），要根据本实施意见调整和完善相关政策；其他市、县（市、区）要抓紧按照本实施意见制订实施办法，做好组织实施准备。2010年1月1日起，凡符合条件、年满60周岁的本省户籍城乡居民按规定享受政府提供的基础养老金，并加快推进参保缴费工作，扩大覆盖面。2012年，全省实现制度全覆盖。

三、主要政策

（一）参保范围

具有本省户籍，年满16周岁（全日制学校在校学生除外），非国家机关、事业单位、社会团体工作人员，未参加职工基本养老保险的城乡居民，均可在户籍地参加城乡居民社会养老保险。

（二）基金筹集

城乡居民社会养老保险基金主要由个人缴费、集体补助和政府补贴构成。

1. 个人缴费。参加城乡居民社会养老保险的人员应当按规定缴纳养老保险费。缴费标准目前设为每年100元、200元、300元、400元、500元五个档次，各地可按不低于当地上年农村居民人均纯收入或城镇居民人均可支配收入5%的额度，增设和调整若干绝对额缴费档次。参保人自主选择档次缴费，多缴多得。

2. 集体补助。有条件的村集体经济组织应当对参保人缴费给予补助，补助标准由村民委员会召开村民会议民主确定。鼓励其他经济组织、社会公益组织、个人为参保人缴费提供资助。

3. 政府补贴。社会统筹基金由财政提供，主要用于支付基础养老金、参保人个人缴费补贴、缴费年限养老金和丧葬补助费等。省财政按照省里确定的基础养老金最低标准，对两类一至六档地区分别给予80%、72%、64%、48%、20%和10%的补助。对五至六档地区，如纳入国家或省试点，省财政按国家实际补助标准和城乡居民享受基础养老金的人数给予补助。

参保人所在市、县（市、区）财政对参保人缴费给予补贴，补贴标准不低于每人每年30元；对选择较高档次标准缴费的，可给予适当鼓励；对重度残疾人、低保对象等困难群体缴费，按当地最低档次缴费标准给予部分或全部补贴。缴费补贴的具体标准和办法由市、县（市、区）政府制订。

（三）个人账户

国家为每个城乡居民社会养老保险参保人建立终身记录的养老保险个人账户。个人缴费、集体补助及其他经济组织、社会公益组织、个人对参保人缴费的资助，市、县（市、区）政府对参保人的缴费补贴，全部记入个人账户。个人账户储存额目前每年参考中国人民银行公布的金融机构人民币一年期同期存款利率计息。

（四）待遇享受

城乡居民养老金待遇标准、领取条件等按下列规定执行：

1. 养老金待遇标准。城乡居民养老金待遇由基础养老金、个人账户养老金和缴费年限养老金三部分组成，支付终身。

基础养老金标准每人每月不低于60元。市、县（市、区）政府可适当提高当地基础养老金标准，城镇居民的基础养老金水平可适当高于农村居民。

个人账户养老金月标准为个人账户全部储存额除以139（与现行企业职工基本养老保险个人账户养老金计发系数相同）。参保人死亡后，其个人账户中的资金余额，除政府补贴外，可以依法继承。政府补贴余额用于继续支付其他参保人的养老金。

缴费年限养老金月标准根据长缴多得的原则，按缴费年限分段计发。目前暂定为：缴费5年（含5年）以下的参保人，其月缴费年限养老金按1元/年计发；缴费6年以上、10年（含10年）以下的参保人，其月缴费年限养老金从第6年起按2元/年计发；缴费年限11年（含11年）以上的参保人，其月缴费年限养老金从第11年起按3元/年计发。

按本实施意见规定已领取养老金待遇的参保人员，死亡时可享受一次性丧葬补助费。一次性丧葬补助费标准为参保人死亡当月享受的基础养老金的20个月金额。

对参保的复员退伍军人（含制度实施时60周岁以上的人员），军龄视同缴费，并加发优待养老金。具体办法附后。

2. 养老金待遇领取条件。年满60周岁、未享受国家机关、事业单位、社会团体离休、退休、退职待遇和职工基本养老金待遇的城乡有户籍的老年人，可以按月领取养老金。

城乡居民社会养老保险制度实施时，已年满60周岁、未享受国家机关、事业单位、社会团体离休、退休、退职待遇和职工基本养老金待遇的本省户籍城乡居民，不用缴费，可以按月领取基础养老金，但其符合参保条件的子女应当参保缴费；距领取年龄不足15年的，应按年缴费，也允许补缴，年补缴额不得低于当地当年的最低缴费标准，累计缴费年限不超过15年；距领取年龄超过15年（含15年）的，应按年缴费，累计缴费年限不少于15年。

要引导中青年城乡居民积极参保、长期缴费，长缴多得。

3. 养老金调整机制。省政府根据国家政策并结合我省实际，适时调整全省基础养老金最低标准和缴费年限养老金标准。各市、县（市、区）政府可结合本地实际，适时调整当地基础养老金标准。

四、制度衔接

（一）与原农村社会养老保险制度的衔接

城乡居民社会养老保险制度实施时，凡已参加了原农村社会养老保险（以下简称老农保）、年满60周岁且已领取老农保养老金的参保人，在继续领取老农保养老金的同时，享受城乡居民社会养老保险基础养老金；对已参加老农保、未满60周岁且没有领取养老金的参保人，应将老农保个人账户储存额按城乡居民社会养老保险制度实施当年当地的平均缴费额折算缴费年限（折算的缴费年限最长不超过15年，下同）并继续缴费，老农保个人账户全部储存额并入城乡居民社会养老保险个人账户。

（二）与职工基本养老保险制度的衔接

城乡居民社会养老保险制度实施后，已参加职工基本养老保险的城乡居民，期间因就业状况发生变化而中断缴费的，如职工基本养老保险缴费年限累计不满15年的，可将职工基本养老保险关系转入户籍地参加城乡居民社会养老保险，职工基本养老保险个人账户资金转入城乡居民社会养老保险个人账户，并按转入当年当地的平均缴费额折算缴费年限，按规定享受城乡居民社会养老保险待遇。

城乡居民社会养老保险制度实施后，参加了城乡居民社会养老保险、后因就业又参加了职工基本养老保险的城乡居民，在养老保险关系转移时，可将城乡居民社会养老保险个人账户储存额，按职工基本养老保险的规定折算缴费年限并继续缴费。到达退休年龄时，如符合按月领取职工基本养老保险待遇条件的，按职工基本养老保险享受养老金待遇；如不符合按月领取职工基本养老保险待遇条件的，可将其职工基本养老保险个人账户转换为城乡居民社会养老保险个人账户，按当年当地城乡居民社会养老保险平均缴费额折算缴费年限，按规定享受城乡居民社会养老保险待遇。

（三）与被征地农民基本生活保障制度的衔接

城乡居民社会养老保险制度实施后，参加了城乡居民社会养老保险的农村居民，如被征地且符合参加被征地农民基本生活保障条件的，可以同时参加被征地农民基本生活保障。

城乡居民社会养老保险制度实施后，已经参加被征地农民基本生活保障的居民，要求转为参加城乡居民社会养老保险的，可将其被征地农民基本生活保障个人账户资金及其个人享有的社会统筹部分权益合并抵缴城乡居民社会养老保险的个人缴费，按当年当地城乡居民社会养老保险平均缴费额折算缴费年限，按城乡居民社会养老保险规定享受相应待遇。

（四）与其他保障待遇的衔接

符合享受城乡居民社会养老保险待遇条件的人员，如符合享受被征地农民基本生活保障、水库移民后期扶持政策、最低生活保障、计划生育家庭奖励扶助、社会优抚、农村“五保”和城镇“三无”人员供养、精减职工和遗属生活补助等待遇条件，可同时叠加享受。

（五）跨地区转移

城乡居民社会养老保险的参保人跨地区转移，可将其城乡居民社会养老保险关系及个人账户储存额转入新参保地，按新参保地规定继续参保缴费并享受相应待遇。

上述规定，今后国家有规定的，从其规定。

五、管理服务

（一）经办机构建设

各地要认真记录城乡居民参保缴费和领取待遇情况，建立档案，长期妥善保存。要建立城乡居民社会养老保险信息管理系统，纳入社会保障信息管理系统（“金保工程”）建设，并与其他公民信息管理系统实现信息资源共享。要大力推行社会保障卡，方便参保人持卡缴费、领取待遇和查询本人参保信息。各地要根据实际，依靠现有的社会保险经办机构，在增加必要人员力量、给予必要经费保障的基础上，承担起城乡居民社会养老保险有关经办业务。乡镇、街道劳动保障所（站）要配备专职人员，村、社区要落实代办员。要整合城乡现有社会服务资源，运用现代管理方式和政府购买服务方式，降低行政成本，提高工作效率。城乡居民社会养老保险工作经费纳入同级财政预算，不得从城乡居民社会养老保险基金中开支。

（二）基金管理和监督

城乡居民社会养老保险费由当地社会保险经办机构负责征收，也可由当地政府委托有关机构征收。城乡居民社会养老保险待遇发放，由当地社会保险经办机构负责。建立健全城乡居民社会养老保险基金财务会计制度。城乡居民社会养老保险统筹基金纳入同级财政预算。城乡居民社会养老保险基金以市、县（市、区）为单位，纳入同级社会保障基金财政专户，实行收支两条线管理，单独记账、核算，专款专用，并按有关规定实现保值增值。

各级人力资源社会保障行政部门要切实履行基金的监管职责，制订完善各项业务管理规章制度，规范业务程序，建立健全内控制度和基金稽核制度，对基金的筹集、上解、划拨、发放进行监控和定期检查，并定期披露基金筹集和支付信息，做到公开透明，加强社会监督。财政、监察、审计部门按各自职责实施监督，严禁挤占挪用，确保基金安全。社会保险经办机构和村民委员会、城镇社区居民委员会每年在行政村和社区范围内对参保人缴费和待遇领取资格进行公示，接受群众监督。

六、组织领导

（一）切实加强领导

建立城乡居民社会养老保险制度是深入贯彻落实科学发展观、加快建设覆盖城乡居民社会保障体系的重大决策，是应对国际金融危机、扩大内需、促进经济持续发展的重大举措，是逐步缩小城乡差距、改变城乡二元结构、推进基本公共服务均等化、促进城乡一体化发展的重要基础性工程，是实现广大城乡居民老有所养、增加收入、促进社会和谐的重大惠民政策。各级政府要充分认识做好这项工作的重大意义，将其纳入当地经济社会发展规划和年度计划，作为政府目标责任考核的重要内容，切实加强组织领导。省政府成立省城乡居民社会养老保险工作领导小组，负责这项工作的组织协调。各地也要抓紧成立相应的组织协调机构。各级人力资源社会保障行政部门要切实履行城乡居民社会养老保险工作行政主管部门的职责，会同有关部门做好城乡居民社会养老保险的统筹规划、政策制订、统一管理、综合协调等工作。各有关部门要密切配合，形成合力，共同积极有序地推进这项工作。

列入国家和省试点的县（市、区），要精心制订试点实施方案，报省政府批准后组织实施，确保试点工作取得成功。

（二）切实加强舆论宣传

各市、县（市、区）政府和有关部门要准确把握国家和省的文件精神，坚持正确的舆论导向，充分运用各种通俗易懂的宣传方式，向广大城乡居民和各级干部深入宣传建立城乡居民社会养老保险制度的重大意义、基本原则和具体政策，不断增强城乡居民的参保意识，使这项惠民政策家喻户晓、深入人心，形成推进城乡居民社会养老保险工作的良好氛围。各市、县（市、区）政府及有关部门要及时掌握和研究工作推进过程中出现的新情况、新问题，妥善处理改革、发展和稳定的关系，把这件惠及城乡居民的好事真正办好。重要情况要及时向省城乡居民社会养老保险工作领导小组报告。

二〇〇九年九月二十二日

附件

退伍军人养老金计发办法

为体现对复员退伍军人参加城乡居民社会养老保险的优待政策，参保的复员退伍军人（含制度实施时60周岁以上的人员）按以下办法计发养老金待遇：

1. 基础养老金。按复员退伍军人领取养老金当年当地的统一标准发给。

2..个人账户养老金。复员退伍军人军龄可按一定的标准账户化。具体为：以复员退伍军人领取养老金待遇当年当地平均缴费额加上政府缴费补贴为基数，乘以其军龄（不满1年按1年算，下同）计算账户化额度，该额度计入个人账户储存额。个人账户养老金的计发办法与其他参保人相同。

3. 缴费年限养老金。复员退伍军人的缴费年限为军龄与其个人实际缴费年限之和。其缴费年限养老金的计发办法与其他参保人相同。

4. 优待养老金。复员退伍军人在享受上述三部分养老金待遇的同时，每人每月再加发40元优待养老金。今后，该标准由省里适时统一调整。

（江西省）关于认真贯彻落实省老龄委会议精神提高百岁老人长寿补贴标准的通知

赣老龄办发〔2009〕7号

各设区市老龄办、财政局：

2009年5月12日，省老龄委召开了第六次全体会议，副省长、省老龄委主任熊盛文同志出席会议并作了重要讲话。为使老年人充分享受我省改革开放和经济发展成果，会议提出并经省政府同意，从2009年10月（重阳节期间）起，将全省百岁老人长寿补贴标准由每人每月不低于100元提高到每人每月不低于200元，所需经费由所在县（市、区）列支。具体实施办法由县（市、区）人民政府制定。望各地按照省老龄委的要求，认真抓好贯彻落实。

二〇〇九年六月二十六日

福建省人民政府关于推进居家养老服务工作的实施意见

闽政文［2009］150号

各市、县（区）人民政府，省人民政府各部门、各直属机构，各大企业，各高等院校：

居家养老服务是政府和社会力量依托社区，为居住在家中的老年人提供生活照料、家政服务、康复护理、精神慰藉、文化娱乐等服务的一种新型社会养老服务模式。目前，我省60岁以上老年人口达439万人，各类养老服务机构拥有床位4.2万张，仅占老年人口数的9.6‰，绝大部分老年人在家中养老，居家养老服务需求很大。全面推进居家养老服务是贯彻落实《国务院关于支持福建省加快建设海峡西岸经济区的若干意见》（国发〔2009〕24号），推动老龄事业又好又快发展的重要措施，是破解日益尖锐的养老服务难题，切实提高老年人生命生活质量的重要出路，是促进社会主义和谐社会建设的重要举措，是加快发展服务业，扩大就业渠道和促进经济增长的重要途径。根据全国老龄办、国家发展改革委、教育部、民政部、劳动保障部、财政厅、建设部、卫生部、人口计生委、税务总局等十部委《关于全面推进居家养老服务工作的意见》（全国老龄办发〔2008〕4号），现就推进我省居家养老服务工作提出如下实施意见：

一、推进居家养老服务的总体目标和基本原则

（一）总体目标

到2012年，城市社区居家养老服务工作网络基本建立，居家养老服务设施有所改善，专业化服务队伍初步建立，志愿者服务队伍逐步壮大，老年人的基本养老服务需求得到初步满足；农村社区依托乡镇敬老院、老年公寓、老年活动中心（室）、老年学校等现有场所，通过完善服务设施、增加服务功能，力争80%左右的乡镇拥有一处集院舍住养和社区照料、居家养老等多种服务功能于一体的综合性老年福利服务中心，35%左右的行政村通过村民自治组织、老年群众组织，开展以村民互助为主要内容的居家养老服务，服务内容和形式不断丰富。至“十二五”末，建立起覆盖全省城乡社区的居家养老服务网络，市场化运行机制更加完善，政府购买居家养老服务数量不断增加，不同层次的居家养老服务需求得到满足。

（二）基本原则

开展居家养老服务，要以科学发展观为统领，以构建社会主义和谐社会为目标，坚持“党政主导、社会参与、全民关怀”的老龄工作方针，因地制宜，分

类指导，从老年人最关心的现实问题和最迫切的服务需求入手，紧密结合当地的经济社会发展水平、传统观念和人文环境，区分经济较发达与经济欠发达地区、城市社区与农村社区的不同情况，照顾不同层次老年人的需求，积极探索符合各地实际的居家养老服务模式，形成各具特色、整体推进的局面。坚持依托社区，面向社会，以社区为居家养老服务工作基本单位，充分发挥社区组织在居家养老服务中的作用，整合社区各类为老服务资源，建立健全社区居家养老服务机构、设施和队伍；充分调动社会各方面积极性，引导和鼓励社会力量参与居家养老服务，不断提高养老服务社会化水平。

二、推进居家养老服务工作的主要任务

居家养老服务的主要内容是以老年人的生活需求为重点，提供助餐、助洁、助浴、助医、助行、助急等服务；同时，兼顾老年人的多种需求，提供文化娱乐、学习教育、聊天、心理咨询、代购代办等服务。对生活不能自理的老年人可采取专人上门包户的方式提供服务。居家养老服务的组织方式：子女应为居家老年人提供更多的生活照料和精神慰藉；对子女因故无力照顾的老年人，政府鼓励和帮助采取机构服务、专业组织服务、志愿者服务、义工服务、邻里互助等多种方式实施居家养老服务。

（一）建立和完善居家养老服务网络

在社区搭建“一站式”服务平台，建立上下联动、部门配合、各类为老服务机构协调运作的居家养老服务网络，有条件的城市社区要积极构建居家养老的“十分钟”服务圈。农村要创造条件，为居家老年人提供便捷服务。大力推进专业化的老年医疗卫生、康复护理、文化娱乐、老年教育、信息咨询等服务项目展开，构建社区、村居为老服务网络，为老年人提供就近就便的多种服务。

1. 鼓励和支持社会养老服务、家政服务、餐饮服务等机构参与居家养老服务工作，通过选拔、招标签订协议等方式，把服务质量高、信誉好、实力强的社会服务机构确定为居家养老服务和政府购买服务的重点单位，有条件的社区可通过开设老年人餐厅，为老年人提供方便、卫生、优惠的配餐、送餐等服务。

2. 各级各类医疗卫生服务机构应主动承担为老服务的职责，为老年人提供安全、有效、方便、价廉的医疗卫生保健服务。以建立“社区医生进家庭”制度为重点，健全社区老年人健康档案，提供上门随访、送医、送药、体检等优惠服务。到2012年，老年人健康档案建档率城市达到95%以上，农村达到60%以上。将符合医疗保险条件的社区卫生服务机构纳入医疗保险定点机构，增加社区定点药店网点，方便就医购药。逐步扩大医疗保险支付范围，将符合条件的家庭病床纳入医保范围，引导老年参保人员到社区医疗保险定点机构就医。

3. 提供文化娱乐、教育学习、体育健身、精神慰藉等服务。组织开展社区文化、教育、体育活动，鼓励适合老年人的文学、影视作品的创作，丰富老年人精神文化生活；鼓励健康老年人走出家门参加活动；促进老年人身心健康。重视老年人心理健康，开展心理咨询、心理辅导、行为矫治等服务，帮助老年人协调家庭、社会关系，预防和解决老年群体的社会问题。到2012年，乡镇（街道）、村（居）全面建立老年学校，全社会老年人入学率达15%以上；有适合老年人锻炼的健身场所，经常参加体育锻炼的老年人达到60%以上。

4. 对高龄、空巢、病残老人等特殊老年群体，采取上门服务、定期巡察等方式，并组织志愿者或义工结对帮扶。对确有需要的老年人，组织家政服务机构或专业服务人员上门进行生活照料；对生活不能自理的老年人，可采取专人上门包户的方式提供服务。有条件的社区可开设老年人日间照料室，及时为老年人提供照料。

5. 依托城市社区信息平台，在社区普遍建立为老服务热线、紧急救援系统、数字网络系统等多种救助和服务方式，有条件的社区提供应急救助服务。逐步建立与老年人沟通便捷、服务及时的信息化服务网络。

（二）改善居家养老服务设施

各级政府和有关部门要根据老年人口日益增多的实际，把居家养老服务设施建设作为社会事业发展的重要内容，统筹考虑居家养老服务设施建设，合理配置资源，探索适应当地特点的居家养老服务模式。

1. 将居家养老服务设施建设纳入城乡建设规划，增加用于居家养老服务设施与兴建养老服务机构的财政投入，不断完善居家养老服务设施。在新建居民小区、旧城旧村改造时，将居家养老服务设施作为公共服务配套设施统一规划、统一建设。根据当地实际，通过新建、购买、租赁，或者改扩建现有的老年服务（活动）中心、福利院、敬老院、“星光老年之家”、老年活动中心（室）、老年公寓、老年学校等相关公共服务设施，解决居家养老服务设施缺乏问题。

2. 有效整合现有各类为老服务资源，避免重复建设。各部门设立在社区（行政村）的卫生服务机构、文化站（点）、劳动保障工作站等为老服务机构，在社区（行政村）统一安排下开展居家养老服务。政府兴办的公共服务设施应优先为老年人提供服务。社区内教育、科技、文化、体育等资源要优惠向老年人开放，满足老年人就地、就近学习、活动的需要。

3. 加快建设一批综合性老年福利服务中心。省里继续支持县（市）社会福利中心和乡镇敬老院建设，2010年至2012年，新建300所乡镇敬老院，依托院舍住养、集中照料开展居家养老服务。

4. 探索建设老年社区。城市应根据需要，引导建设集居家养老、机构养老、医疗保健、文化娱乐、体育健身、学习教育、休闲购物于一体的适合老年人特点的老年社区，满足消费能力较高的老年人的需求。

（三）加强居家养老服务队伍建设

建立以专业队伍为骨干、志愿者队伍为主体、义工队伍为补充的社区居家养老服务队伍。

1. 推进社会工作人才工作队伍建设，按照《福建省社会工作人才队伍建设中长期规划纲要（2009—2020年）》要求，以建立健全社会工作人才培养、评价、使用、激励机制为重点，统筹规划，造就一支规模适度、结构合理、素质优良的社会工作人才队伍，为居家养老服务提供高素质人才。社区设立一定数量的公益岗位招收居家养老服务专业人员，按有关规定与其签订劳动合同并给予办理社会保险，保证其工资待遇，切实维护居家养老服务人员的合法权益。

2. 加强专业服务人员培养，对居家养老服务从业人员实行全员培训，考试合格的发给职业资格证书或培训合格证书。参加培训人员符合条件的，按规定给予职业培训补贴。依照有关规定，采取灵活多样的从业方式，保证居家养老服务用工需求。

3. 大力发展居家养老服务志愿者队伍。鼓励和支持社区单位、居民、大中专院校学生以及社会各界人士为居家老年人提供多种形式的养老服务。本着自愿量力的原则，探索采取时间储蓄的方式，组织低龄健康老人为高龄、病残老人服务，对其服务时间和内容予以记录，转换为相应时间的免费居家养老服务。倡导国家机关工作人员、企事业单位职工为老年人提供义务服务，并形成制度，多渠道、多形式壮大为老服务队伍。

（四）积极培育居家养老服务组织

1. 各级政府和有关部门要进一步转变职能，将居家养老服务中能够与政府剥离的服务职能，交由社会组织、非营利机构、企业办理。充分利用社会服务资源，鼓励和支持社会养老服务、餐饮服务、家政服务、教育、文化等机构参与居家养老服务工作。

2. 对新设立的以居家养老服务为主要内容的社会服务机构，降低准入门槛，简化登记程序，实行备案制度，创造宽松发展环境。各地要结合本地实际，制定完善鼓励和支持社会力量参与兴办居家养老服务业的政策措施，提高居家养老服务的社会化程度，推进居家养老服务加快发展。

3. 引导、培育各类居家养老服务机构健康发展，形成连片辐射、连锁经营、统一管理的服务模式。鼓励社会捐赠资助居家养老服务项目。

（五）规范居家养老服务管理

1. 完善居家养老服务准入制度。根据国家和我省的有关政策、法规，制定各类养老服务机构以及其他相关服务机构开展居家养老服务的准入制度。

2. 加强居家养老服务规范化建设。有关部门要加快制定各类服务标准，规范服务、收费等行为，加强对居家养老服务机构、从业人员的监管，做到公开、透明，引导广大老年人放心接受服务。通过签订协议、合同等办法，明确各方的权利和义务，确保服务质量和安全，维护老年人的合法权益。

三、推进居家养老服务工作的保障措施

（一）制订服务规划，持续有序推进

各级政府要根据本地实际，科学制定本地居家养老服务发展规划，明确发展居家养老服务的目标任务、政策措施和工作要求，并纳入当地经济社会发展总体规划和社区建设总体规划，统筹安排，有力推进。

（二）开展试点，摸索总结经验

2009年，在全省选择100个城乡社区开展试点，探索适合城乡不同特点的居家养老服务模式。各级、各有关部门要加强组织领导，按照试点工作方案的要求，做好试点单位选择、试点经费保障等工作，研究解决试点中的困难和问题，确保试点工作顺利开展，为全面推进居家养老服务工作积累经验，做好准备。省财政将根据试点工作情况以奖代补形式予以支持。

（三）落实优惠政策，加大扶持力度

从事居家养老服务的机构，可按照省政府《关于印发加快实现社会福利社会化实施意见的通知》（闽政〔2000〕18号）和《关于加快发展养老服务机构的意见》（闽政〔2006〕8号）规定，享受有关用地、用水、用电、用气以及税费方面的优惠政策；就业困难人员从事居家养老服务工作的，可按照省政府《关于进一步做好促进就业工作的通知》（闽政〔2008〕18号）规定，享受社会保险补贴、职业技能培训补贴等就业扶持政策；就业困难人员自谋职业，自主创业兴办居家养老服务经济实体的，可享受小额担保贷款贴息优惠政策。要做好与已经出台的有关社区建设、社会保障、公共服务、医疗卫生等政策措施的衔接，让老年人受益。

（四）建立工作机制，加强统筹协调

在区、街道（乡镇）和社区（村）建立居家养老服务中心、站（点），受政府委托负责本辖区居家养老服务的实施和管理，其主要职责是：建立老年人信息库，对享受政府购买服务的老年人进行资格评估；全面掌握并及时发布居家养老服务需求信息，引导为老服务机构和组织适时调整服务内容；对居家养老服务人员相关资格进行审查，接受服务对象的服务信息反馈，检查监督服务质量；指导居家养老服务中心和服务站开展工作，定期对居家养老服务工作进行检查。县（市、区）政府可委托有关部门或组织对本地开展居家养老服务工作情况进行评估，根据评估情况，有针对性改进提升。

（五）有偿优惠为主，政府购买为辅

居家养老服务以有偿、低偿、优惠服务为主，政府购买服务为辅。各级政府本着量力而行、适当普惠的原则，逐步建立政府购买居家养老服务制度。政府购买服务的对象主要是70周岁以上的城镇“三无”（无劳动能力、无收入来源、无法定抚养人）人员、农村“五保”对象、重点优抚对象等城乡困难老年人。政府购买服务的项目、标准及结算办法由各地自行确定。

（六）深入宣传教育，营造发展环境

大力推进居家养老服务工作，有利于更好地发挥家庭养老主渠道作用，促进家庭和谐、代际和谐，巩固社会和谐基础；有利于改善老年人的生活条件，提高老年人生活、生命质量，尊重老年人情感和心理需求，进一步弘扬中华民族尊老敬老的传统美德；有利于发展服务业，扩大内需，拓宽就业渠道，促进经济持续较快发展。运用多种形式，积极宣传开展居家养老服务工作的重要意义，引导老年人树立养老服务消费观念。通过宣传教育，强化公民“尊老、养老、助老”的社会意识，使全社会自觉关心、重视、支持、参与居家养老服务工作，形成有利于居家养老服务发展的社会环境。

（七）加强组织领导，形成工作合力

各级各部门要切实加强领导，把居家养老服务工作纳入本地区、本部门全局工作统筹安排。各地要根据本实施意见的精神，抓紧制定符合本地实际的发展居家养老服务的具体政策，促进居家养老服务健康发展。深入实际调查研究，不断创新体制机制，积极探索适合本地的居家养老服务有效途径。各级发展改革、教育、民政、财政、劳动保障、规划、文化、卫生、人口计生、税务等部门要明确责任，从自身职能出发，抓紧制定细化方案和具体措施。各级老龄办要充分发挥参谋助手、综合协调作用，及时与有关部门沟通交流、共享信息，通报情况、推动工作，确保各项任务落到实处，共同推进居家养老服务和老龄事业又好又快发展，更好地服务和保障海峡西岸经济区建设。

福建省人民政府
二〇〇九年五月三十一日

陕西省人民政府办公厅转发省老龄办等部门关于加快发展养老服务业意见的通知

（陕政办发［2009］110号）

各市、县、区人民政府，省人民政府各工作部门、各直属机构：

省老龄办、省发展改革委、省教育厅、省民政厅、省财政厅、省人力资源和社会保障厅、省国土资源厅、省住房和城乡建设厅、省卫生厅、省人口计生委、省国税局、省地税局《关于加快发展养老服务业的意见》已经省政府同意，现转发给你们，请认真贯彻落实。

二〇〇九年七月二十一日

关于加快发展养老服务业的意见

省老龄委办公室　省发展改革委　省教育厅　省民政厅　省财政厅
省人力资源和社会保障厅　省国土资源厅　省住房和城乡建设厅
省卫生厅　省人口计生委　省国税局　省地税局

为认真贯彻落实《国务院办公厅转发全国老龄委办公室和发展改革委等部门关于加快发展养老服务业的意见》（国办发〔2006〕6号）精神，加快我省社会化养老服务的发展，现结合我省实际，提出以下意见：

一、充分认识加快发展社会化养老服务的重要意义

老年人最值得尊敬和爱戴，也最需要关心和帮助。近年来，随着经济社会的发展，人民生活水平不断提高，医疗卫生条件不断改善，人口平均寿命不断增加，人口老龄化已经成为当前和今后一个时期经济社会面临的重要国情之一。老年群体在生活照料、精神慰藉、心理健康、康复护理、临终关怀、紧急救助等方面的服务需求日益增长。据统计，截至目前，我省60岁以上老年人口有450多万，占全省总人口的12%以上，老龄化社会的特征日趋明显，高度关注和妥善处理人口老龄化问题，加快发展养老服务业，不断满足老年人多元化的需求，不仅是贯彻落实科学发展观、坚持以人为本的具体体现，也是促进社会和谐、维护社会稳定的具体行动。各地、各部门要进一步增强责任感和使命感，采取得力有效措施，推动社会化养老服务业加快发展，造福广大老年朋友，促进全省经济社会又好又快发展。

二、明确加快发展社会化养老服务的指导思想和发展目标

（一）指导思想

坚持以科学发展观为统领，以提高老年人生活水平和质量为出发点，按照“政策引导、政府扶持、社会兴办、市场推动”的原则，建立公开、平等、规范的社会化养老服务准入制度，采取公建民营、民办公助、政府补贴、购买服务等多种途径，支持和鼓励社会力量以独资、合资、合作、联营、参股等形式兴办养老服务业，不断满足老年人日益增长的社会化养老服务需求。

（二）发展目标

力争通过5年努力，全省基本形成以居家养老为基础、社区服务为依托、机构养老为补充、投资主体多元化、服务内容多样化、资金管理规范化的养老服务体系，使种类养老服务机构床位数达到每万名老年人200张以上。

三、突出重点，加快养老服务业发展

（一）进一步发展老年社会福利事业

各地要不断加大投入，建立健全老年福利服务体系，为城乡无劳动能力、无生活来源、无赡养人的老年人和生活困难的老年人提供无偿或低收费的养老服务，切实保障他们的基本生活。要采取多种形式，鼓励和支持社会力量多途径、多渠道地参与老年社会福利事业，不断增加老年福利服务设施数量，提高服务水平，让广大老年朋友共享改革发展成果。

（二）大力发展各种形式的社会化养老服务

各地、各有关部门要采取公建民营、民办公助、政府补贴、购买服务等多种方式，引导和支持社会力量兴建适宜老年人集中居住、生活、学习、娱乐、健身的老年公寓、养老院、敬老院，鼓励下岗、失业人员创办家庭养老院、托老所，加快社会养老机构建设，推进社会化养老服务业发展。要通过政策引导，鼓励发展以居家老年人为服务对象的老年生活照顾、家政服务、心理咨询、康复服务、紧急救助等业务，向居住在社区（村镇）的老年人提供养老服务。支持养老服务专业化连锁经营，提高养老服务质量和水平。

（三）积极发展老年护理、临终关怀服务业务

支持兴办老年护理、临终关怀性质的医疗机构，鼓励医疗机构开展老年护理、临终关怀等服务。养老服务机构具备开展老年护理、康复、医疗条件的，可依据管辖权限，向所在地卫生行政部门申请执业资格，开展相关服务。对符合城镇职工基本医疗保险定点医疗机构条件的，可按程序审批后纳入定点范围。根据实际情况，对开展老年护理、临终关怀的服务机构可给予政策扶持。

（四）加大对社会化养老服务机构建设的政策支持力度

各地要统筹规划养老服务业发展，科学安排养老服务机构建设用地。各级财政要安排专项资金，加大对新建、改建和扩建社会养老服务设施的资金投入，逐步建立养老服务补贴制度，支持社会化养老服务业发展。各级福利彩票公益金要安排一定比例资金用于发养老服务业。金融部门要增加对养老服务机构建设项目的信贷投入，适当放宽贷款条件，提供利率优惠。

（五）减免社会化养老服务项目税费及公益性收费

建设公益性养老服务项目，按照有关规定减免城市基础设施配套费和其他行政事业性收费。养老服务机构申请安装水、电、天然气、数字电视等设施，有关单位予以优惠或减免相关费用，用水、用电、用气人格按民用标准执行。对政府部门、企事业单位、社会团体以及个人等社会力量举办的公益性老年服务机构提供的育养服务，免征营业税。老年服务机构购买自用房产、土地和车辆，免征房产税、城镇土地使用税和车船税。企事业单位及个人通过非营利性社会团体或政府部门向福利性、非营利性老年服务机构提供的捐赠，在缴纳企业所得税和个人所得税前予以扣除。

（六）加强养老服务机构管理

各级民政、工商等部门要根据养老服务机构的不同性质，进行分类登记管理。经民政、工商部门审批登记的社会福利院、老年公寓、养老院、爱心护理院、托老所、敬老院、老年服务中心、老年康复指导中心等养老服务机构，享受同等优惠政策。加强对养老服务机构从业人员养老护理等职业技能培训，逐步实行持证上岗制度。鼓励支持有条件的养老服务机构开展职业技能培训。各级政府投资兴建的养老服务机构，按照保本经营的原则，由物价部门核定收费标准。其他社会力量兴办的养老服务机构，走市场化运营模式，按保本微利的原则，由当地物价部门根据其设施条件、服务项目、服务标准等核定收费标准。

四、加强对社会化养老服务的组织领导

各级、各有关部门要加强组织领导，把加快发展养老服务业列入重要议事日程，纳入经济社会发展规划，明确目标任务，落实工作责任，促进养老服务业和经济社会各项事业持续协调发展。省上将成立由省老龄办牵头，省发展改革委、省财政厅等部门组成的联席会议，各地也要成立相应的工作机构，负责协调解决养老服务业发展中各类问题。各级老龄办要充分发挥牵头部门的任用，负责做好综合协调和监督检查工作，积极开展养老服务机构创先评优活动。各级民政部门要依法做好养老服务机构的审核、年检工作，加强监督管理，搞好服务保障。各有关部门要加强协作，密切配合，形成加快养老服务业发展的合力。

各养老服务机构要严格按照批准的项目开展养老服务业务，严禁将养老服务机构用地改作其他商业用途及进行商业开发。要完善服务对象的合同管理，明确责任和义务。要建立健全内部管理制度，自觉接受有关部门的指导和监督，对达不到要求的责令限期整改；对不执行整改或整改后仍达不到要求的，停止其享受的各种扶持政策。要促进养老服务业向规范化、标准化发展。

各地要根据本意见精神，结合当地实际，制定并组织实施促进养老服务业发展的具体措施，确保养老服务业健康发展。

（甘肃省）关于加强新时期老年人优待服务工作的意见

（2009 年 12 月 23 日）

为认真贯彻落实科学发展观，努力构建和谐社会，结合我省老年人优待服务工作实际，现就进一步加强老年人优待服务工作提出如下意见：

一、充分认识加强新时期老年人优待服务工作的重要意义

1. 随着人口老龄化进程的加快，发展老龄事业，搞好老年人优待服务工作在新时期显得尤为紧迫和重要。如何以“积极老龄化”的新理念新视角关注老年人的健康和照料，使老年人尽可能长时间积极地为社会做贡献；鼓励老年人保持身心健康，有充分的经济来源提高“健康、参与、保障”水平；根据老年人需要获得各种支持性服务，确保在安全的环境中无忧而愉快地生活，是当前发展老龄事业必须解决的重要问题。

2. 随着经济社会的快速发展，老年人的生活方式也在发生新的变化，对政府公共服务内容和水平提出了新的、更高的要求。积极针对老年人需求，采取措施进一步加强老年人优待服务工作，是实践“三个代表”重要思想，贯彻落实科学发展观的具体体现，也是促进社会主义精神文明建设、构建社会主义和谐社会的客观要求。

3. 我省已进入老龄化社会，人口老龄化给全省经济、社会和各项事业的发展带来深刻影响。同时，经济社会的不断发展进步对发展老龄事业，做好新时期老年人优待服务工作提供了良好机遇和广阔平台。在全省改革发展的过程中，切实保障老年人权益，增加财政投入，加大扶持力度，改善基础设施建设，努力提高老年人生活质量是摆在我们面前一项重大而紧迫的任务。

二、老年人优待服务工作的指导思想、基本原则和阶段性目标

1. 指导思想：以邓小平理论和“三个代表”重要思想为指导，按照科学发展观的要求，从构建社会主义和谐社会和老年人的实际需求出发，制定和完善老年人优待政策措施，全面提升优待服务水平，让老年人充分享受改革发展的成果。

2. 基本原则：坚持以人为本、为老服务，不断满足老年人的需要，提高其生活质量，努力构建和谐社会；坚持党政主导、社会参与，在发挥好政府作用的同时，吸收和鼓励民间力量参与老年优待服务；坚持强化宣传、注重教育，在落实优待政策的同时，积极营造尊重、关心和照顾老年人的良好社会氛围；坚持因地制宜、分类指导，根据经济社会发展水平，考虑不同老年人群的特点，尽力而为，量力而行。

3. 阶段性目标：通过坚持不懈的努力，用一年左右的时间，解决老年人投诉较多的个别行业和部门优待规定不落实或打折扣的问题。再用2～3年时间，在现有政策基础上增加优待服务内容，通过不断完善制度，量化优待服务标准，扩大优待服务范围，全面提高我省老年人优待服务工作整体水平。力争在5年时间内，使我省老年人优待服务工作制度健全，措施落实，管理完善，监督到位。

三、提供养老保障，改善养老条件

1. 建立城乡生活无保障老年人救助的长效机制，将城乡符合低保条件的老年人全部纳入最低生活保障范围。对城市无子女、无劳动能力、无生活来源的“三无”老人和农村“五保”老人，提倡城市集中供养、农村分散供养为主的方式，保障“三无”和“五保”老人的基本生活。对入住社会办养老服务机构的贫困老人，由县级以上人民政府根据不同情况给予生活补贴。有条件的市（州）、县（市、区）可建立困难老人、高龄老人补贴制度。

2. 对因家庭遭受不可抗拒突发事故造成生活特别困难的老年人，各级政府应当及时给予临时救助，并积极探索社会保障救助机制。城乡低保、五保、特困老年人去世后，经县（市、区）民政部门核准，殡葬服务机构减收或免收火化费。

3. 提高高龄老年人的生活补贴标准。从2010年起，按照政府分级负责、财政分级负担的原则，省、市（州）和县（市、区）分别对高龄老年人发放高龄生活补贴。省政府对百岁及其以上的老年人，每人每年发放1200元的高龄生活补贴，并颁发百岁老人寿星证；市（州）政府对95—99岁的老年人，每人每年发放不低于700元的生活补贴；县（市、区）政府对90—94岁的老年人，每人每年发放不低于500元的生活补贴。财政状况较好的市（州）和县（市、区）可考虑对80岁以上老年人提供高龄生活补贴，经济基础好的乡镇、行政村也可发放高龄补贴或为老年人提供集体福利，扩大高龄补贴发放范围。

4. 各市（州）在安排农业科技开发项目和确定示范项目户时，应优先考虑老年人家庭，对贫困老年人家庭给予必要的扶持。老年人不承担各种社会集资，农村老年人不承担“一事一议”的筹资筹劳等任务。

四、提供医疗保障，减轻老年人医疗负担

1. “三无”老人、“五保”老人、低保老人纳入城乡医疗救助范围，实施医疗救助。对农村低保老年人通过救助的办法，全部参加新型农村合作医疗。

2. 国有医疗机构对持有《老年人优待证》或《离休证》的老年人实行一免一半三优先（普通门诊挂号免费，专家门诊半价，优先就诊、取药、住院）优待。支持各级医疗机构建立65岁以上老年人健康档案。定期组织医护人员为本地高龄老年人开展巡诊、送医、送药上门服务。

3. 卫生部门要加强老年人医疗保健工作，开办老年病医院或老年人医疗康复中心，高校和科研院所可逐步建立老年病防治研究机构或开设相关专业。

五、提供生活服务，方便老年人日常生活

1. 搞好居家养老服务。依托社区，创新服务方式，丰富服务内容。通过由政府、中介组织无偿或低偿服务方式，组织志愿者队伍、低龄老年人服务高龄老年人。为居家老人特别是“空巢”、失能老人提供生活照料、家政服务、康复护理、精神慰藉、临终关怀等服务。城市社区要建立健全辖区老年人明细档案，为辖区老人提供应急救助。

2. 商业饮食服务网点、日常生活用品经销单位，以及水电、燃气、电信、通讯、邮政等服务行业和社区服务单位，根据行业特点和单位情况，为老年人提供优惠、优先、优质服务和照顾，对行动不便的高龄、残疾、孤寡、“空巢”老人提供送货上门服务。

3. 严格执行《城市道路和建筑物无障碍设计规范》和《老年人建筑设计规范》，重点做好城市道路、车站、机场、商场、公交站点、居民住宅区和其它公共建筑的无障碍设施建设，为老年人居住和出行创造无障碍环境。新建或改造住宅小区时，建设单位要合理规划，建设适合老年人活动的场所或设施。

4. 老年人凭《老年人优待证》或《离休证》在汽车站、火车站、机场优先购票、乘车、登机。特别对无陪护老年人，机场服务人员要给予全面协助，保证老人安全顺利离开机场。逐步实现 70 岁以上老年人凭《老年人优待证》或《离休证》免费乘坐市内公交车。

5. 老年人凭《老年人优待证》或《离休证》免费使用收费厕所，并挂牌明示，承包经营者不得以承包为由拒绝执行。

6. 老年人完全贫困户享受优先纳入廉租住房保障范围的待遇。

六、提供文化休闲服务，丰富老年人精神文化生活

1. 国家财政支持的各级各类博物馆（院）、纪念馆、展览馆、科技馆、公共图书馆、美术馆、文化馆（站）、对外开放的文物保护单位等公益性文化设施，免费向持《老年人优待证》或《离休证》的老年人开放。提倡非财政支持的公益性文化设施为老年人提供优惠服务。

2. 国有体育场（馆）、游泳池、影剧院，周一至周五，老年人购半票入场。影剧院在淡季可为老年文艺团体演出和活动优惠或免费提供场地。

3. 注重开发老年人才资源。贫困老年人参加老年大学（学校）学习，享受学费减免，到各级老年活动中心参加活动免费。出版、发行单位对老年人订阅省内各种报纸、刊物实行价格优惠。

4. 省内各旅游区（点）、公园、森林景点应在售票窗口等显要位置明示老年人门票免费优待规定。兄弟省（区、市）老年人凭《老年人优待证》或《离休证》，在我省享受同等旅游门票免费优待。

5. 在搞好农历九月九日“老人节”庆祝活动的同时，将农历九月作为全省敬老宣传月。报刊、广播、电影、电视和网络等应当积极开展“敬老、爱老、助老”宣传，开办老年专题节目或者专栏。

七、提供维权服务，切实保障老年人合法权益

1. 各级法律援助机构要进一步畅通法律援助渠道，简化法律援助申请、受理和审批程序，优先受理和审批涉及老年人合法权益的法律援助案件，满足老年群众多层次法律服务需求。

2. 老年人因赡养费、养老金、退休金、抚恤金、医疗费等纠纷提起的诉讼案件，符合条件的，要优先立案、优先审判、优先执行。交纳诉讼费确有困难的，可以申请司法援助，缓交、减交或者免交有关收费。

3. 律师事务所、公证处、基层法律服务所和其他法律援助机构，应积极为老年人提供减免费用、法律咨询及有关服务，不断提高法律服务机构为老年人服务的质量和水平。

八、建立监督机制，强化老年人优待服务保障措施

1. 各级党委、政府应将老年人优待服务工作作为老龄工作的重要内容，统筹安排，合理布局。同级人大代表和政协委员视察、监督工作时，将老年人优待服务工作落实情况列为重要内容，进行定期和专项检查。

2. 各级政府要逐步建立老年人优待服务的财政支持机制，加大投入力度，并通过福彩公益金资助、社会捐助等多种形式，为老年优待服务工作提供必要的资金保障，以适应新时期老年人优待服务工作的需要。

3. 各级老龄工作委员会要牵头建立有关涉老优待服务职能部门参加的联席会议制度，各级老龄办具体负责联席会议制度的组织、指导和协调。督促落实联席会议研究确定的事项。对成员单位和有关部门执行老年优待服务工作情况，组织年度评议通报。

4. 涉老优待职能部门要规范服务，加强管理，督促优待服务场所、设施和窗口落实优待服务内容。建立健全信息反馈和监督机制，设立服务和监督热线，及时受理，依法解决好举报和投诉问题。

5. 加强尊老敬老和维护老年人合法权益的宣传和法制教育，共同推动优待服务工作的落实。将老年人优待服务工作作为社会公德、职业道德、家庭美德和个人品德建设的重要内容，作为文明单位、文明村镇创建的重要内容，在全社会营造关心、支持和参与老年人优待服务工作的社会氛围。大力倡导党员干部带头关爱老人，支持老龄事业，将党政干部的“敬老、爱老、助老”表现作为选拔任用的重要考核内容。充分发挥各级妇联、工会和共青团组织作用，引导青少年牢固树立“敬老、爱老、助老”观念，在日常生活中尊重、关爱和帮助老年人。

6. 认真贯彻执行《甘肃省实施〈中华人民共和国老年人权益保障法〉办法》《甘肃省关于进一步对老年人实行优待的规定》和省老龄办等21部门下发的《贯彻国家21部门〈关于加强老年人优待工作的意见〉的实施意见》等法规政策。对执行过程中出现的新情况、新问题要认真进行调查研究，及时总结经验教训，从实际出发，提出合理建议和科学对策，有针对性的改进和加强新时期老年人优待服务工作，促进全省老龄事业健康发展。

（湖北省）省老龄办关于印发老龄工作机构积分制考评管理实施办法（试行）的通知

鄂老办字［2009］9号

各市、州、直管市、神农架林区老龄办：

为进一步推动职能转变，建立健全工作落实机制、激励机制，提高工作效能，科学评价各地、各单位老龄工作机构的实绩，促进工作任务和工作目标的完成，切实解决老年人切身利益问题，为老年群众服好务，为构建和谐湖北、全面建设小康社会作贡献，根据《省政府部门目标责任制管理考评工作实施办法》，结合我省老龄工作实际，省老龄办制订了《老龄工作机构积分制考评管理实施办法》（试行）。现将《办法》印发你们，望遵照执行。

二OO九年二月二十四日

附件

老龄工作机构积分制考评管理实施办法（试行）

为进一步推动职能转变，建立健全工作落实机制、激励机制，提高工作效能，科学评价各市、州、直管市、神农架林区老龄工作机构的实绩，促进工作任务和工作目标的完成，根据《省政府部门目标责任制管理考评工作实施办法》，结合我省老龄工作实际，制定本办法。

一、指导思想

深入学习贯彻党的十七大、省九次党代会和省“两会”精神，以科学发展观统领全局，大力推进改革创新和管理创新，探索建立科学合理的老龄工作评估体系和评价机制，提高老龄工作队伍素质，规范老龄机构内部管理，激发老龄工作人员创新争先的工作热情，调动全省老龄工作部门之间比、学、赶、帮、超的积极性，努力创造一流的工作业绩，为全省老年群众服好务，为构建和谐湖北、全面建设小康社会作贡献。

二、考评原则

1. 突出重点，注重发展。以科学发展观为指导，以基层老龄工作和老年优待工作为抓手，以促进老龄工作全面落实、老龄事业全面发展为目标。

2. 实事求是，客观公正。考评工作做到实事求是、客观公正，鼓励各地优质高效、超额完成年度工作任务。

3. 定量与定性相结合。考评以定量为主，兼顾定性，做到定量与定性相结合。

4. 日常考评与年度考评相结合。建立日常考评管理档案，跟踪了解各地工作完成情况和积分累计情况，结合年底考核评优评先。

三、考评内容

1. 机构建设情况。机构设置、职能配置和人员编制配备是否完整，符合要求。

2. 完成工作情况。（1）上级交办的工作任务完成情况。（2）自选工作完成情况。（3）全年工作总体完成情况。

3. 信息反馈情况。（1）向省老龄办报送文件情况。（2）在《湖北老龄工作》上刊稿情况。（3）在

《宏根·老人坊》网站上刊稿情况。

4. 受上级表彰情况。受全国、省和当地党委、政府或主管部门表彰情况。

四、考评方法

积分制考评实行动态管理，在省老龄办目标责任制工作领导小组的领导下，由省老龄办目标责任制工作办公室负责收集、汇总相关数据信息，半年通报一次考评情况，年底向省老龄办目标责任制工作领导小组提交考评报告并下发通报。

1. 机构建设情况。机构设置、职能配置和人员编制配备完整到位、符合要求的加100分。

2. 完成工作情况。（1）按时完成上级交办的工作任务并及时上报的每项加30分。（2）出色完成自选工作并及时上报的每项加40分。（3）圆满完成全年工作任务并按时上报的加50分。

3. 信息反馈情况。（1）向省老龄办每报送一次正式文件加20分。（2）在《湖北老龄工作》上每刊稿一篇加10分。（3）在《宏根·老人坊》网站上每登稿一篇加10分。

4. 受上级表彰情况。受党中央、国务院表彰的加50分，受国家部委或省委、省政府表彰的加40分，受当地党委、政府或省厅、局表彰的加30分。受多级表彰的，以最高级别表彰为准。

年度考评按积分排名确定评优评先对象，先进单位比例由省老龄办目标责任制工作领导小组确定。

五、奖励办法

经考评确定的先进单位，由省老龄办予以通报表扬；对先进个人，由省老龄办授予“年度先进工作者”称号。各地可根据《公务员法》有关规定，对先进单位和先进个人给予一次性奖金奖励，考评结果可在当地目标责任制管理考核达标中加以运用。

六、附则

1. 大专院校、大型企事业单位和省老龄委成员单位参照本《办法》执行，单独积分排名评优评先。

2. 各地可据此研究对县（市、区）老龄工作机构的具体管理办法。

3. 本《办法》自下发之日起执行，由省老龄办目标责任制工作领导小组负责解释。

云南省民政厅　云南省财政厅
关于认真做好80周岁以上老年人保健补助
和百岁老年人长寿补助发放工作的通知

云民办〔2009〕12号

各州市民政局、财政局：

为认真贯彻落实《云南省老年人权益保障条例》有关规定和省人民政府第十四次常务会议关于对全省80周岁以上的长寿老人发放生活补助的决定精神，切实做好长寿老年人生活补助的发放和管理工作，现将有关事项通知如下：

一、高龄老年生活补贴发放的范围

按照《云南省老年人权益保障条例》有关规定，根据省政府2008年第十四次常务会议决定，从2009年1月起，全省对100周岁以上老年人发放长寿补助，对80周岁以上不满100周岁的老年人发放保健补助，对于补助的标准，省级不做统一规定，由各地根据相关政策结合当地财力自行确定。省级根据州（市）财政困难程度给予适当补助。

二、高龄老年人保健补助和百岁以上老年人长寿补助发放对象的确定

80周岁以上老年人保健补助和百岁以上老年人长寿补助对象，由各地老龄工作委员会办公室按照省里确定的年龄界限，每年6月30日前将当年实际人数进行统计核实，并逐级造册上报。

三、高龄老年人保健补助和百岁老年人长寿补助的发放方式

老年人长寿补助由县级老龄工作部门按月或按季度发放；保健补助可按年或季度发放。具体发放方式由各地自行确定。

四、老年人申领补助的办法

1. 凡符合享受领取保健或长寿补助条件的老年人，持本人《居民身份证》和《居民户口本》，向当地村（居）民小组提出申请，经户口所在地村（居）民小组审查核实，张榜公示7天，确认无异议后，填写《保健、长寿补助审批表》，报村民委员会或社区居民委员会审查，乡（镇、街道）老龄办审核，并逐级报县（市、区）老龄工作部门审批后发放。

2. 批准享受保健或长寿补助的老年人名单，由所在村民委员会、社区居委会予以张榜公示，接受群众监督，凡不符合法定条件的，知情人有权向各级老龄部门举报，经老龄部门核查情况属实的，及时予以纠正。

3. 老年人去世或户口迁出本地行政区域范围的老年人，老年人的子女或其他亲属应及时报告村（居）民小组，由村（居）民小组盖章注销，同时，从次月起停发保健或长寿补助。

4. 老年人保健、长寿补助可以采取银行代发方式发放。村（社区）老年协会应派人协助做好本村、社区的保健、长寿补助的发放工作。

5. 为确保保健、长寿补助金按时足额发放到老年人手中，保证此项工作公开、公正、透明的运行，县（市、区）乡（镇、街道）老龄工作部门应定期对发放情况进行检查，发现问题及时纠正。同时，接受纪检检查机关、审计、财政等部门和社会各界的监督检查。对弄虚作假、虚假冒领或截留挪用资金的单位和个人，轻者给予批评教育，造成严重后果的，将依法追究有关人员的责任，并由责任人追回所损失的资金。

五、补助资金的管理

各级老龄工作部门要对保健、长寿补助资金实行“专账管理、专款专用”，自觉接受审计部门的审计监督。

六、有关要求

1. 加强领导，落实责任。对80周岁以上老年人发放“保健补助”和100周岁以上的老年人发放“长寿补助”，是省委、省政府贯彻落实科学发展观，解决民生、落实民利、维护民权的重要举措。各级人民政府要高度重视，加强领导，明确各部门的责任，切实把惠及高龄老年人的这一民心工程办实办好。同时，要安排必要的工作经费，确保此项工作的顺利开展。

2. 各县（市、区）老龄委办公室要安排专人负责发放工作，严格按照准确、公正、高效、快捷的要求，认真做好80周岁以上和100周岁以上老年人的身份登记、年龄等核实工作，切实做到不漏不重。

3. 享受保健、长寿补助金的高龄老年人，各地不得取消或降低其应享受的城乡低保及农村“五保”供养等待遇。

贵州省人民政府办公厅转发省老龄办等部门关于积极推进居家养老服务工作意见的通知

黔府办发［2009］96号

各自治州、市人民政府，各地区行署，各县（自治县、市、市辖区、特区）人民政府，省政府各部门、各直属机构：

省老龄办、省发展改革委、省教育厅等部门《关于积极推进居家养老服务工作的意见》已经省人民政府同意，现转发给你们，请认真贯彻执行。

贵州省人民政府办公厅

2009年9月29日

关于积极推进居家养老服务工作意见

省老龄办　省发展改革委　省教育厅　省民政厅

省财政厅　省人力资源社会保障厅　省住房城乡建设厅

省卫生厅　省人口计生委　省地税局　省国税局

为积极应对我省人口老龄化的严峻挑战，不断满足老年人日益增长的养老服务需求，提高老年人生命生活质量，根据全国老龄办、国家发展和改革委员会等十部门下发的《关于全面推进居家养老服务工作的意见》（全国老龄办发〔2008〕4号）精神，结合我省实际，现就积极推进我省居家养老服务工作提出如下意见：

一、推进居家养老服务工作的重要意义

居家养老是政府和社会力量依托社区，为居家的老年人提供生活照料、家政服务、康复护理和精神慰藉等方面服务的一种社会化养老服务形式。开展居家养老服务是对传统家庭养老模式的补充更新，是建立社会化养老服务体系的一项十分重要的基础性内容，对于积极应对人口老龄化严峻挑战，破解我省养老服务难题，提高老年人生命生活质量，弘扬中华民族"尊老、敬老、养老"优良传统，促进家庭和谐、社区和谐和代际和谐，构建社会主义和谐社会具有重要意义。同时，开展居家养老服务也是加快发展服务业，增加就业，促进经济发展的重要途径。

二、推进居家养老服务工作的目标任务

各地各有关部门要按照构建社会主义和谐社会的要求，坚持政府主导，社会参与，市场运作，建立健全与经济发展、社会需求相适应的居家养老服务体系，为居家老年人提供各种专业化服务，满足不同层次老年人的养老服务需求，使他们共享改革发展的成果，愉快安度晚年。

发展居家养老服务，应坚持以下原则：

——坚持以人为本。从老年人实际需求出发，为老年人提供方便、快捷、高质量、人性化的服务。

——坚持政府主导与社会力量兴办相结合。要编制规划，制定扶持政策，加大公共投入，鼓励和引导社会力量参与居家养老服务。

——坚持依托社区，因地制宜。在社区普遍建立居家养老服务机构、场所和服务队伍，整合社会资源，调动各方面的积极性，共同营造老年人居家养老服务的社会环境，紧密结合当地实际，循序渐进，稳步推进。

——坚持区别对待，重点保障。以无偿、低偿和有偿相结合的服务形式满足不同层次老年人居家养老需求。

到2012年，全省城市社区基本建立起各种形式广泛覆盖的居家养老服务网络，社区居家养老服务设施不断改善，服务内容和形式不断丰富，专业化和志愿者相结合的居家养老服务队伍不断壮大，居家养老服务的组织管理体制和监督评估机制逐步建立。农村社区要依托乡镇敬老院、村级组织活动场所等设施，开展以高龄、失能、独居、特困老年人为重点的生活照料服务，并逐步扩展到有需求的农村老年人。

三、推进居家养老服务工作的保障措施

（一）制定居家养老服务发展规划

各地要紧密结合实际，科学研究制定本地城乡社区发展居家养老服务规划，并把它纳入当地经济社会发展总体规划和社区建设总体规划中，统筹安排，推动居家养老服务快速健康发展。

（二）建立健全居家养老服务管理体制

各地各有关部门要加强对居家养老服务工作的管理和监督，建立相应工作机制。县（市、区）要建立居家养老服务工作指导机构，负责制定居家养老实施方案、政策措施、经费筹措以及服务机构评估年审等工作。街道办事处要成立居家养老服务管理中心，负责辖区内居家养老服务日常管理和服务，要整合辖区居家养老服务资源，对由政府出资购买服务的特殊老人，进行资格审定。社区要成立居家养老服务工作站（点），负责落实居家养老服务的具体工作，开展调查统计，建立老年人信息库，发布老年人服务需求信息和社会服务供给信息，对居家养老服务人员相关资格进行审查，接受服务对象的服务信息反馈，检查监督服务质量。

（三）加大政府对居家养老服务投入力度

进一步明确各地政府在社会养老服务体系中的责任，安排一定资金用于开展居家养老服务工作，并随着经济的发展和居家养老服务的需要，逐步加大投人。各地要根据居家养老服务的需要，安排专项资金，用于对特殊老年人居家养老服务的补贴和社区居家养老服务机构的资助，并列入当地财政预算。要统筹考虑居家养老服务设施建设、队伍建设和运营管理等问题，合理配置资源。建立福利彩票公益金支持老龄事业的长效机制。从2009年起，从省本级福利彩票公益金中安排一定数量的资金，支持开展居家养老服务。各市（州、地）、县（市、区）要比照省的做法，从本级掌握的福利彩票公益金中安排资金用于居家养老服务。

（四）进一步落实居家养老服务的优惠政策

各地要按照全国老龄办发〔2008〕4号和省政府办公厅《关于加快发展养老服务机构的意见》（黔府办发〔2008〕29号）精神，认真落实国家有关养老服务机构税收优惠政策和省有关养老服务机构的各项扶持政策，对养老院类的养老服务机构提供的养老服务免征营业税，对各类非营利性养老服务机构免征自用房产、土地的房产税、城镇土地使用税等。鼓励和支持不同所有制性质单位和个人投资兴办老年服务实体，并在规划、建设、税费减免、用水、用电、用气及资金扶持等方面享受同等优惠政策。

（五）整合资源，建立和完善社区居家养老服务网络

各地要充分整合社区现有养老机构、医疗机构、星光老年之家、家政服务机构、老年大学文化活动中心（站、室）等公共资源，开展老年生活照料、医疗卫生、康复护理、文体娱乐、信息咨询、老年教育等服务项目。鼓励倡导生活自理的老年人走出家门到社区为老服务机构接受服务和参加活动；对生活不能自理的老年人要采取派专人上门护理，满足老年人服务需求。要依托城市社区信息平台，在社区逐步建立为老服务热线、紧急救援系统、数字网络系统等多种求助和服务形式，建设便捷有效的为老服务信息系统。

（六）加强专业化与志愿者相结合的居家养老服务队伍建设

采取多种形式，加强居家养老服务人员的职业道德教育和岗位技能培训，不断提高他们的职业道德、专业技能和服务水平。要结合完成就业再就业目标任务，把开展居家养老服务作为增加就业岗位渠道。大力开发居家养老服务公益性岗位，对符合条件的要按规定享受就业再就业扶持政策，签订劳动合同，并纳入社会保险覆盖范围。大力发展社区居家养老服务志愿者组织，鼓励和支持企事业单位、社会团体、慈善组织和社区居民为居家的老年人提供各种公益性服务。

（七）积极培育和发展居家养老服务组织

要采取民办公助的市场运作模式，充分发挥城乡基层老年人协会的作用，建立需要照料老年人的联系和帮扶制度，积极探索由乡（镇）政府或村委会出资兴建村级养老服务机构的路子。要采取购买服务、服务补充、项目委托、政策扶持、以奖代补等多种形式，鼓励和引导社会中介组织、市场服务主体，积极参与居家养老服务，不断扩大服务的覆盖面。

（八）切实加强对居家养老服务工作的领导

各地政府要充分认识新形势下开展居家养老服务工作的重要性和紧迫性，切实加强领导，认真处理好居家养老与机构养老的关系，把它列入政府工作议程，并根据本意见精神，结合当地实际，制定推进居家养老服务的具体实施办法，认真组织实施。各有关部门要认真履行职责，加强配合，积极推进居家养老服务的发展。发展和改革部门要配合有关部门制定本地居家养老服务发展规划。教育部门要积极引导普通高等学校增设与老年服务相适应的专业学科教学内容，培养养老服务方面的专门人才，鼓励和组织院校学生为居家养老提供志愿服务。民政部门要做好推进居家养老服务工作的组织、管理和指导，制定政府购买居家养老服务办法，审批居家养老服务机构，加强社区建设，为推进居家养老服务创造有利条件。人力资源社会保障部门要引导和支持职业培训机构开展居家养老服务人员培训，养老服务岗位招收符合条件人员可享受公益性岗位相关扶持政策，指导养老服务人员培训、就业和生活保障等权益维护工作。财政部门要根据政府对居家养老服务工作的总体部署，积极筹措资金，努力为当地的居家养老服务工作提供资金保障，并加强对资金使用的监督管理，确保资金使用效率。住房城乡建设部门要将居家养老服务设施列入相关的建设规划编制内容，对管理的城乡公共服务设施应积极提供居家养老服务。卫生部门要依托社区卫生服务中心，制定有关居家养老服务的疾病预防、保健、医疗、护理、康复等措施制度。人口计生部门要认真落实计划生育家庭奖励扶持政策，对独生子女及二女绝育户家庭的老年人养老问题进行调查研究，并提出对策建议。税务部门要确保养老服务业有关税收扶持优惠政策的落实。老龄工作部门要搞好调查研究，为制定居家养老服务规划提供依据，充分发挥综合协调作用，加强督促检查工作，推动居家养老服务工作健康发展。

（宁夏回族自治区）自治区人民政府办公厅关于建立80岁以上低收入老年人基本生活津贴制度的通知

宁政办发［2009］135号

各市、县（市、区）人民政府、自治区有关部门：

为进一步贯彻落实自治区党委、政府《关于保障

和改善民生若干问题的决定》，加快推进覆盖城乡老年人社会保障体系建设，积极探索建立低收入高龄老年人基本生活保障的长效机制，努力实现“老有所养”的目标。自治区人民政府决定，在全区建立80岁以上农村老年人和城市低收入家庭中无固定收入老年人基本生活津贴制度（以下简称“高龄老人津贴制度”）。现就有关事项通知如下：

一、充分认识建立高龄老人津贴制度的重要意义

人口老龄化是人类社会发展的必然趋势，也是各级人民政府必须面对的重大社会问题。今年，我区已进入人口老龄化社会，老年人口增长快，高龄老人比例高，家庭养老功能弱，老年人社会保障体系不健全，是当前我区老龄工作面临的形势。党的十七大提出了“老有所养”的战略目标，为进一步推动我区老年人社会保障体系建设指明了方向。高龄老人津贴制度的建立，对于解决高龄老人基本生活问题，提高高龄老人的生活质量，将会起到重要作用。各地、各有关部门要从构建和谐宁夏的高度，把对老年人的社会保障体系建设纳入当地经济社会发展规划，研究制定鼓励和扶持社会力量参与养老事业的优惠政策，加大资金投入，完善配套措施，强化工作力度，把这件惠及我区高龄低收入老年人的实事办好，使党的老有所养惠民政策落到实处。

二、建立高龄老人津贴制度的指导思想和基本原则

建立高龄老人津贴制度必须以党的十七大和十七届三中全会精神为指导，按照“低标准、广覆盖、保基本、多层次、可持续”的总体要求，创新高龄老人福利制度模式，健全养老保障服务体系，建立保障高龄老人基本生活需求的长效机制，推进补缺型老年福利向适度普惠型社会福利发展，使广大高龄老人的基本生活得到保障，不断提高高龄老人的生活质量，切实推进和谐宁夏建设。

建立高龄老人津贴制度，是一种兼有社会救助和社会福利性质的社会保障措施，必须遵循以下原则：（1）坚持因地制宜的原则，充分考虑我区区情和高龄老人的基本生活需求，建立与我区经济社会发展水平相适应的高龄老人津贴制度；（2）坚持“保障对象属地管理、保障经费分级负担”的原则，明确各级政府的责任和义务，形成“党政主导、民政牵头、部门配合、社会参与”的工作格局；（3）坚持公开、公平、公正的原则，严格按照条件界定对象、确定标准，实行“三级审批、三榜公示”，增强工作透明度；（4）坚持尽力而为与量力而行的原则，既要实事求是地将符合条件的高龄低收入老年人纳入保障范围，又不搞盲目攀比、加重各级财政负担。

三、高龄老人津贴的发放范围和发放标准

凡具有本自治区户口、且年龄在80周岁以上（含80周岁，即1929年12月31日以前出生的）的农村老年人和城市低收入家庭中无固定收入的老年人，从2009年5月份起，可享受“高龄老人津贴”待遇。本通知所说的城市低收入家庭是指家庭共同生活成员人均月收入低于当地最低生活保障线150%的家庭。对于五保供养对象、已享受城乡低保待遇、领取离退休金的老年人，不再享受“高龄老人津贴”。家庭收入计算范围和方法，参照低保家庭收入计算办法执行。

高龄老人津贴发放标准，原则上按照各地低保标准、补助水平和发放对象的年龄实行分类分档发放，并随当地经济社会发展、群众生活水平的提高和低保标准变动情况适时进行调整。具体的发放标准由民政厅、财政厅按上述原则协商确定。各地要严格按照本通知的有关规定，科学、合理、准确地核定保障对象，既不能因财政困难将符合条件的低收入老年人排斥在外，也不能降低条件随意扩大范围，加重财政负担。

四、高龄老人津贴的发放程序

高龄老人津贴发放实行属地化管理，参照《宁夏回族自治区城市居民最低生活保障实施办法》和《宁夏回族自治区农村村民最低生活保障办法》的有关规定，严格按照个人申请、居（村）委会调查核实、街道办事处（乡镇）审核、县（市、区）民政局审批的程序，实行三级审批、三榜公示，接受群众监督，做到公开、公正、透明。

高龄老人津贴一律采用银行卡形式发放。各地要根据老年人口和收入变动情况，实行动态管理，按照程序及时办理审批、增发、停发手续，确保按时足额发放。

五、高龄老人津贴的资金筹集和管理

高龄老人津贴所需资金由自治区、市、县（市、区）政府财政预算资金和其他资金解决，专户管理，专款专用。自治区财政参照低保资金的分配比例对市、县（市、区）予以补助，差额部分由市、县（市、区）财政自筹。要切实加强资金的监管，各级民政部门要认真做好发放对象的审定和发放工作；财政部门要确保所需资金按时拨付；监察、审计等部门要定期检查、审计，确保资金发放安全到位。对套取、截留、挤占、挪用和不按规定发放的，要按有关规定依法查处。

六、加强对建立高龄老人津贴制度的领导

1. 加强领导，精心组织。各地、各有关部门要切实加强领导，结合本地实际及时制定建立高龄老人津贴制度的具体工作方案和实施细则，精心谋划，周密部署，认真抓好落实。各级民政部门要切实负起责任，发挥好综合协调职能，积极争取各相关部门的配合与支持，确保此项工作顺利实施。

2. 健全档案，规范管理。各地要在对 80 岁以上的农村老年人和城市低收入家庭中无固定收入的老年人调查摸底的基础上，对拟发放对象进行核实，登记造册，建立台账，健全档案。要坚持动态管理、定期核查，切实做到有进有出、分类发放。要建立定期抽查、核查制度和统计报告制度，广泛接受社会监督和有关部门的检查。

3. 广泛宣传，搞好衔接。充分发挥新闻媒体的作用，加大相关政策的宣传力度，向社会公布高龄老人津贴的发放范围、发放标准和发放程序，增强工作的透明度。要通过设立举报电话和信访接待平台，接受群众监督和舆论监督。严格执行高龄老人津贴制度的适用范围，准确把握高龄老人津贴制度与最低生活保障制度以及其他专项救助制度、福利制度的关系，加强各项救助制度、福利制度的衔接配套，形成高龄老人津贴与社会救助、社会福利和慈善事业各有侧重、相互衔接、良性互动的运行机制，确保高龄老人津贴发放工作健康有序地进行。

二〇〇九年五月七日

（新疆维吾尔自治区）关于进一步加强我区老年人体育工作的意见

新政办发〔2009〕45 号

伊犁哈萨克自治州，各州、市、县（市）人民政府，各行政公署，自治区人民政府各部门，各直属机构：

自治区老年人体育协会自 1984 年成立以来，在自治区党委、人民政府的亲切关怀下，在各级主管部门及社会各界的大力支持下，为发展我区老年人体育事业作出了突出的贡献。为认真贯彻党的十七大报告关于推动社会主义文化大发展、大繁荣以及关注民生的精神和党中央、国务院关于新时期老龄工作的战略思想及重要工作部署，根据《中华人民共和国老年人权益保障法》《中华人民共和国体育法》《全民健身计划纲要》的规定和要求，就进一步加强我区老年人体育工作提出以下意见：

一、进一步认清形势，充分认识老年人体育工作的重要意义

老年人是党和国家的宝贵财富，他们为新中国的建立和社会主义经济社会事业建设作出了重要贡献，必须尊重、保护他们享受改革开放以来现代化建设及先进文化、体育事业成果的权力。我国已进入老龄化社会，每年以 3.28%的速度增长，老年人口已达到 1.55 亿人，占全国总人口的 11%。我区老年人口每年以 4.36%的速度增长，已达到 203.73 万人，占全疆总人口的 9.56%，将于 2010 年进入老龄化社会。人口老龄化问题对社会的政治、经济、文化等方面都会产生深刻的影响。党中央、国务院十分重视老龄工作，把它作为全党工作的重要组成部分，制定了实现“积极老龄化”的战略规划。老年人体育工作正是实施“积极老龄化”的一项重要举措。发展老年人体育事业是老龄工作的重要内容，也是群众体育工作的重要组成部分。实施《全民健身计划纲要》、《农牧民体育健身工程》，老年人是不可缺少的重要力量，他们的广泛参与对群众体育工作的发展具有重要的推动作用。竭尽全力为老年人做好服务，不断满足他们日益增长的物质文化生活的需求，努力实现老年人健身快乐、安度晚年的迫切愿望，是发扬中华民族“尊老、敬老、助老”的传统美德的具体体现，是衡量老年体育工作的重要标准。

做好老年体育工作是各级党委、政府的重要职责，是全社会的共同责任，是时代赋予各级体育行政部门、涉老部门、老年人体育协会的光荣使命。各地要切实加强领导，认真贯彻“党政主导、社会参与、全民关怀”的老龄工作方针和“促进城市、发展农村、重在基层、面向全体”的老年人体育工作方针，坚持以科学发展观为统领，以健康长寿为目标，把老年人体育工作列入重要议事日程，进一步推动全区老年人体育事业的发展，努力做好服务老年人，利在全社会的民心工程，为构建社会主义和谐社会作出积极贡献。

二、进一步健全机构，加大投入，为开展老年人体育工作创造条件

发展老年人体育事业，必须要有基本的工作条件，一要加强组织建设，建立各级老年人体育协会。“抓身边的组织，建身边的场地，开展身边的活动”是老年人体育协会的三大基本任务，组织建设是其中最紧迫、最重要的任务。各地尚未建立各级老年人体育协会的要尽快建立，同时把领导班子配备好，要把在群众中有威望，又热心老年体育工作的同志，吸收到班子里来。抓组织建设，要从当地实际出发，不要采取一种模式，不要攀比，力求探索出组织创新的新路子。二要通过新增或调剂等方式为各级老年人体育协会核定必要的人员编制。各级老年人体育协会要设定专门的工作机构和人员编制，做到“有人管事、有人办事”。乡（镇）级老年人体育协会要指定专人负责管理，行政村的老年人体育活动由村党支部书记或村委会主任亲自抓。三要通过多渠道、多途径解决必要的工作经费。各地要把老年人体育活动经费列入本级财政预算予以保证，并在可能的情况下，还应划拨一定经费，用于改善各级老年人体育协会办公条件和建设必要的活动场地以及购置体育器材。各级体育行政部门应从体育彩票收入的留成中，每年对老年人开展体育活动给予一定数额的经费补助。各级老年人体育协会经过批准，在自愿的原则下，还可向社会筹集资金。四要努力建设好老年人活动场地。老年人健身活动的群体化、规范化、科学化和普及化的发展趋势，对活动场地建设需求更为迫切。有条件的地区应争取新建或扩建集学习、开会、培训、办公和开展文体活动为一体的活动场地，把它作为为民办实事，办好事的大事来抓。没有条件新建活动场地的地区要采取整合社会资源的办法，充分利用现有的公共活动场所和条件好的机关单位的活动场所为老年人无偿开放或提供优惠服务。

三、进一步加大骨干的培训力度，开展形式多样的老年人体育健身活动

要广泛开展老年人健身活动，骨干的作用非常重要。应通过举办老年人体育协会领导班子成员和工作人员学习班以及教练员、裁判员、社会体育指导员培训班，建立起业务能力强、人数较为稳定、素质较高的老年体育活动骨干队伍，同时要组织有创编能力的老年人和文体工作者，从当地的实际出发，创编本地老年人乐于参与的活动项目，特别是农村老年人喜欢的项目，以丰富老年人的文化体育生活。老年人体育事业的生命力在于活动，凝聚力在于服务。要积极开展适合老年人特点，采取传统与时尚相结合、文体相结合、大小型相结合的方式，开展各种丰富多彩的文体活动。开展老年人文体活动必须坚持因地制宜、小型多样、突出特色、积极创新的原则，要注重科学健身、安全健身。各级老年人体育协会应本着“以老年人为本”的精神，积极组织各族老年人开展各项体育健身活动，要把城市社区，特别是农牧区作为重点来抓。要结合城市建设和社会主义新农村建设，积极探索开展城市社区、农牧区老年体育工作的新思路、新途径、新办法。要继续做好体育“三下乡”工作，加速农牧区体育健身工程的实施，促进城市、农牧区体育联谊活动，使农牧区老年人体育工作有新突破。

（新疆维吾尔自治区）关于支持社会力量兴办老年人社会福利机构的意见

新民发［2009］52号

伊犁哈萨克自治州民政局、发改委、财政局、劳动和社会保障局、国土资源局、建设局（建委）、卫生局、工商行政管理局、地税局、国税局、老龄办，各地州（市）民政局、发改委、财政局、劳动和社会保障局、国土资源局、建设局（建委）、卫生局、工商行政管理局、地税局、国税局、老龄办，人民银行新疆各地州（市）中心支行：

为了适应我区老龄化社会即将来临的新形势，推动老年人社会福利事业加快发展，调动社会力量兴办老年人社会福利事业的积极性，维护社会办老年人福利服务机构的合法权益，根据国务院办公厅转发民政部等11部委《关于加快实现社会福利社会化的意见》(国办发〔2000〕19号)、《国务院办公厅转发全国老龄委办公室和发展改革委员会等部门关于加快发展老年人服务业意见的通知》(国办发〔2006〕6号)、民政部《关于支持社会力量兴办社会福利机构的意见》(民发〔2005〕170号)等文件精神，结合自治区实际，现就支持社会力量兴办老年人福利服务机构提出如下意见：

一、支持社会力量兴办老年人福利机构的重要意义

我区60岁以上的老年人口已占人口总数的9.59%，预计到2010年我区将进入人口老龄化社会。今后一个时期，伴随着人口老龄化的快速发展，老年人社会化服务需求将持续增长。目前，我区高龄老人和空巢老人数量迅速增加，但全区老年人福利服务体系尚不健全，传统的家庭养老功能正在逐步弱化，老年人机构的床位数量严重不足，居家老年人服务处在起步阶段。鼓励和支持社会力量兴办老年人福利机构是我区在新形势下发展老年人社会福利事业的必经之路，必须广泛动员社会力量参与老年人福利事业、兴办老年人福利机构，开展形式多样的系列化服务。鼓励和支持社会力量兴办老年人福利机构，有利于较快地增加老年人福利服务设施数量，扩大老年人福利事业的覆盖面，对于缓解人口老龄化、家庭小型化和城市化发展进程所带来的日益突出的老年人社会福利服务供需之间的矛盾具有重要作用。

二、支持社会力量兴办老年人福利机构的基本原则

1. 坚持非营利的原则。社会办老年人福利机构应当坚持非营利的性质和发展方向。

2. 坚持统筹规划的原则。各地要按照建立以政府办老年人福利机构为示范、以其他多种所有制形式的老年人福利机构为骨干、以社区老年人服务为依托、以居家供养为基础的老年人社会福利服务体系的总体要求，制定当地老年人社会福利事业发展规划和区域老年人社会福利机构设置规划。加快城市老年福利服务机构建设，扩展服务对象和服务范围，不断提高老年福利机构的覆盖面和服务水平。

3. 坚持因地制宜、量力而行的原则。各地应当从实际出发，根据当地的社会经济和福利事业的发展水平及政府的财力状况，结合人民群众的实际需求，研究制定本地区支持社会办老年人福利机构的具体办法、条件和程序。鼓励和支持各地在自治区规定的优惠项目内容和标准方面增加和上浮。

4. 坚持政策支持与资金扶持相结合的原则。各地要大胆探索，勇于实践，采取多种形式，从政策和资金等方面鼓励和支持社会力量兴办老年人福利机构，促进社会办老年人福利机构的健康、有序、规范和可持续发展。

三、享受支持政策的老年人社会福利服务机构范围

老年人社会福利服务机构，是指专门为老年人提供生活照料、康复、护理、文化等多方面服务的福利性、非营利性的机构，主要包括：老年社会福利院、敬老院(养老院)、老年福利服务中心、老年公寓(含老年护理院、康复中心、托老所)等。以上老年人社会福利机构，经县级以上民政部门审批，凭民政部统一制发的《社会福利机构设置批准证书》，可享受有关政策和资金支持。其中，老年护理院、康复中心等属医疗机构范畴的老年服务机构，须经卫生行政部门按照《医疗机构管理条例》及其实施细则、《新疆维吾尔自治区医疗机构管理办法》等法律法规进行审批及执业登记，并取得《医疗机构执业许可证》后，再按照本意见的有关规定申请《社会福利机构设置批准书》。

四、享受的支持优惠项目

1. 财政补助。经地级以上民政部门批准设置的老年人社会福利机构享受政府补贴。主要有两项：

(1) 财政贴息补助。新建老年人社会福利机构基础设施建设项目贷款，财政给予当期贷款利息50%的贴息补助。财政贴息资金分别由自治区财政和新建的老年人社会福利机构所在地同级财政各负担一半。当地财政应将财政贴息资金纳入当年年度预算予以保证。

申请贴息的老年人社会福利机构，须将项目可行性材料、银行贷款合同、银行贷款利息率(复印件)、贷款银行开据的利息支付清单及申请报告报自治区民政厅审核后报自治区财政厅，自治区财政厅据此办理有关贴息事宜。

贴息期限：原则上按项目建设期限贴息，超过还款期限部分不予贴息。

(2) 运营经费补助。根据老年人社会福利机构在院老年人实际人数、实际在院天数，财政给予运营经费补助。补助标准按照自治区财政厅、民政厅《关于调整社会福利事业单位供养人员和城镇社会救济对象救济标准的通知》([新财社2002] 2号)伙食补助标准的20%给予补助，即每人每天补助1.4元。补助经费由自治区财政和新建的老年人社会福利机构所在地同级财政各负担一半，当地财政应将运营补助资金纳入当年年度预算予以保证。

老年人社会福利机构建成竣工后，改变服务（经营）性质的，由当地财政部门负责收回自治区财政和当地财政给予的各项补助资金，收回的财政补助资金由当地继续用于社会福利事业的发展。

以上两项补助具体实施办法将由自治区民政厅和财政厅联合制订下发。

2. 信贷。金融机构要落实国家和自治区支持经济社会发展薄弱环节的相关政策，给予老年人社会福利机构贷款支持。

3. 注册立项。经民政部门批准设置的老年人社会福利机构，须持有关批准文件到工商部门依法办理注册登记，或者到民政部门依法办理民办非企业单位注册登记；对符合当地规划的老年人社会福利机构项目，发展改革部门按管理权限和基本建设程序审批。

4. 土地划拨使用。国土资源部门优先安排老年人社会福利机构建设用地。对于非营利性老年人社会福利机构用地，可以依法采用划拨方式供地。

5. 建设费用。老年人社会福利机构新建用于为老服务房屋、活动设施，免交城市市政公用基础设施配套费。

6. 生活费用。老年人社会福利机构的用电按当地居民电价收取，用水费用按当地居民生活类标准收取；安装、使用电话等电信业务给予适当优惠。

7. 税收减免和优惠。对老年人社会福利机构自用的房产和土地，暂免征收房产税和城镇土地使用税。对向老年人提供育养服务取得的收入免征营业税。老年人社会福利机构符合《中华人民共和国企业所得税法实施条例》第八十四条规定的，其从事非营利性活动取得的收入，免征企业所得税。企事业单位、社会团体和个人等社会力量通过公益性社会团体或者县级以上人民政府及其部门向福利性、非营利性老年服务机构的捐赠，在缴纳企业所得税和个人所得税前按照《税法》规定予以扣除。对持《再就业优惠证》的下岗失业人员从事个体经营老年人社会福利机构的或老年人社会福利机构新招用持《再就业优惠证》下岗失业人员，经税务机关批准，可享受《财政部、国家税务总局关于延长下岗失业人员再就业有关税收政策的通知》（［财税 2009］23 号）规定的税收优惠政策。

8. 取暖补贴。对自行采暖的老年人社会福利机构，各级政府应采取措施给予适当的燃料补贴。

9. 行政事业性收费。下岗失业人员兴办老年人社会福利机构，免收有关登记类、证照类和管理类各项行政事业性收费。

10. 接受捐赠。社会办老年人福利机构可以接受社会捐赠，对受赠款物的使用，应当尊重捐赠人的意愿；捐赠人没有明确使用意愿的，应当用于改善设施设备和服务对象的生活，捐赠资金的使用情况应当接受有关部门的审计和监督。

11. 物业费。对立足社区和面向社区的老年人服务设施收取的物业管理费，在同等条件基础上可予以适当优惠。

12. 医疗服务。对社会办老年人福利机构所办医疗机构已取得执业许可证并申请城镇基本医疗保险定点医疗机构的，可以根据劳动和社会保障部的有关规定，经审查合格后纳入城镇职工基本医疗保险定点范围。老年人社会福利机构收养人员中的基本医疗保险参保人员，在定点的老年人社会办福利机构所办医疗机构就医所发生的医疗费用，按照基本医疗保险的规定支付。

13. 收养“三无”老人费用。各级民政部门对社会办老年人社会福利机构收住的“三无”对象进行严格审核后，与政府办老年人社会福利机构收住“三无对象”合并编报，在部门预算中申请专项经费补助，按有关标准支付其生活、照料服务等费用。

14. 从业人员培训。各级民政、医疗等部门要适当减免对老年人社会福利机构从业人员专业教育和职业培训的费用；劳动保障部门要对持《再就业优惠证》人员或持《求职登记证》的城镇登记失业人员以及进城务工农村劳动者，参加自治区规定的符合补贴范围的职业（工种）培训的，按《新疆维吾尔自治区职业培训补贴办法（试行）》给予职业培训补贴。

五、加强组织领导，认真落实责任

各级政府要加强对老年人服务业的领导，把发展老年人社会福利事业列入重要议事日程抓紧抓好；要合理制定老年人社会福利服务事业发展规划，切实将老年人社会福利机构的数量、布局、规模、用地、资金投入等作为社会发展指标纳入当地国民经济和社会发展规划；各相关部门要相互协调，各负其责，切实抓好各项优惠政策的落实。各级民政部门要加强对社会办老年人福利服务机构的管理，逐步完善适应形势发展的管理运行机制，建立完善老年人社会福利机构年检制度。要加大宣传力度，促进全社会的思想解放和观念的更新，调动广大各族群众支持和参与发展老年人社会福利事业的积极性，推动老年人社会福利事业的健康发展。

广西壮族自治区人民政府关于印发广西壮族自治区老年人优待规定的通知

桂政发〔2009〕76号

各市、县人民政府，自治区农垦局，自治区人民政府各组成部门、各直属机构：

《广西壮族自治区老年人优待规定》已经自治区十一届人民政府第四十四次常务会议审议通过，现印发给你们，请遵照执行。

二〇〇九年十二月十二日

广西壮族自治区老年人优待规定

第一条 为了提高老年人优待水平，进一步形成全社会敬老助老的良好风尚，根据《中华人民共和国老年人权益保障法》和《广西壮族自治区保护老年人合法权益的规定》等有关法律法规规定，结合本自治区实际，制定本规定。

第二条 本规定所称老年人，是指60周岁以上（含60周岁）的公民。

第三条 符合以下条件的老年人可申请办理《广西壮族自治区老年人优待证》（以下简称《老年人优待证》），在全区范围内享受相应的优待服务：户籍在广西壮族自治区行政区域内的老年人；户籍不在本自治区行政区域内，但长期跟随户籍在本自治区行政区域内的配偶或子女生活的外地老年人。

军队离退休人员凭军队颁发的离休证、退休证享受地方同等待遇。

第四条 《老年人优待证》分红、绿两种颜色，其中红色证发放对象为70周岁以上（含70周岁）老年人，绿色证发放对象为60周岁以上（含60周岁）、70周岁以下（不含70周岁）的老年人。

《老年人优待证》由自治区老龄工作委员会办公室统一监制，由各县（市、区）老龄工作委员会办公室负责制作，免费向老年人发放，制作经费由当地财政承担。《老年人优待证》发放以后，各地不再另行发放其他老年人优待证。

第五条 各级人民政府应加强对为老年人提供优待服务工作的领导；各有关部门应在职责范围内做好为老年人提供优待服务的工作；各有关单位和个人应依照本规定为老年人提供优待服务。

第六条 本自治区行政区域内由自治区各级财政支持的各类公园、博物馆、纪念馆、纪念性陵园和已开放的文物点对老年人实行门票全免，各类旅游景点、风景名胜区和自然保护区对老年人实行半价优惠。

第七条 老年人到各级各类医疗机构就医，应当享受优先就诊、化验、检查、交费、取药的优待；县级以上（含县级）政府设立的非营利性医疗机构对70周岁以上（含70周岁）老年人免收普通门诊挂号费。有条件的医院和社区卫生服务机构应当设立家庭病床，为老年人提供家庭医疗服务。

第八条 老年人凭红色《老年人优待证》免费乘坐城市市内公共汽车（含在市区内运行的民营公交车辆），司乘人员应对老年人上下车给予特别的关注和照顾；在实行公交城乡一体化的地区，老年人乘坐农村公共汽车的车费，由当地政府根据实际情况予以优惠或者减免；老年人乘坐长途客运汽车，可以优先购票、优先上下车，县级以上（含县级）汽车客运站候车室（厅）内应设老年人专座。

第九条 铁路车站应当让老年人和行动不便的老年人及其陪同人员进入为老年人专设的候车室候车；没有为老年人专设候车室的车站，应在一般候车室内设老年人专座。

第十条 老年人不承担各种社会集资、义务工和劳动积累工。

第十一条　对百岁以上（含百岁）的高龄老年人，各地应根据经济发展状况给予一定生活补贴，并随着社会经济发展适时提高高龄补贴标准。有条件的地方可适当放宽高龄老年人补贴发放年龄。

第十二条　邮政、电信部门和银行网点应当为老年人提供优先办理汇款、取款、取包裹、订报刊等服务。

第十三条　人民法院应当优先受理、优先审理老年人因合法权益受侵害而提起诉讼的案件，当事人交纳诉讼费确有困难的，可以依照有关规定缓交或者减免。

公证处、律师事务所和其他法律咨询服务机构应当为老年人维护合法权益方面提供帮助。老年人的合法权益受到侵害，因经济困难确实无力支付律师费用的，可以依照有关规定申请法律援助。

第十四条　依照本规定应当为老年人提供优待服务的各有关场所，应挂牌明示，文明服务，兑现承诺。

第十五条　各级老龄工作机构应当会同有关部门对《中华人民共和国老年人权益保障法》《广西壮族自治区保护老年人合法权益的规定》及本规定的执行情况进行监督检查。

第十六条　本规定发布实施后，各市、县（市、区）人民政府已制定实施的老年人优待政策继续执行，执行时采取“就高不就低”的原则。

第十七条　本规定自发布之日起施行。

青岛市人民政府办公厅关于加快养老服务业发展的意见

青政办发〔2009〕24号

各区、市人民政府，市政府各部门，市直各单位：

为适应我市老年人口快速增长的形势，加快养老服务事业发展，提高老年人生活质量，根据国务院办公厅《转发全国老龄委办公室等部门关于加快发展养老服务业意见的通知》（国办发〔2006〕6号）和省政府办公厅《关于加快发展养老服务业的意见》（鲁政办发〔2008〕25号）精神，结合我市实际，现就加快发展养老服务业提出如下意见：

一、目标任务和工作要求

按照构建社会主义和谐社会要求，通过加大政府公共财政投入和鼓励扶持社会力量参与，不断改善养老服务设施和条件，确保最困难、最需要帮助的老年人优先得益，并由助困型向普惠型转变，建立与我市人口老龄化进程、与经济社会发展相适应的养老服务社会化发展机制，逐步完善以居家养老为基础、社区服务为依托、机构养老为补充的养老服务体系，不断提高养老服务整体水平。

到2012年，全市城乡新增机构养老床位1.2万张，床位总数达到3.3万张，千名老人拥有养老床位23张；享受政府购买居家养老服务的困难老年人达到1万人；市内四区社区普遍建有“社区日间照料中心”或“社区老年人娱乐室”，在自愿的独居老年人家中设立“社区养老互助点”4000个；三区五市镇（街道）普遍建有老年人服务中心，90%农村社区拥有老年人活动场所。

二、保障措施和扶持政策

（一）重点保障困难老年人基本养老服务

1. 对市内四区居家养老的困难老年人给予购买养老服务。由市、区财政出资对市内四区60岁及以上城镇“三无”（无经济来源、无劳动能力、无依靠）老人、低保和低保边缘家庭中的老年人及城镇“三老”（老烈属、老伤残军人、老复员军人）优抚对象（以下简称困难老年人）给予政府购买服务。其标准是：为生活半自理的困难老年人购买服务每人每月不少于45个小时；为生活不能自理的困难老年人购买服务每人每月不少于60个小时。市财政按每人每小时6元的标准给予补助，其余资金由各区财政负担。

2. 对市内四区入住养老机构的困难老年人给予补助。由市、区财政出资对市内四区入住养老机构的困难老年人给予养老补助。其标准是：对生活半自理的困难老年人每人每月补助不低于500元，对生活不能自理的困难老年人每人每月补助不低于700元。其中，市财政对生活半自理的困难老年人每人每月补助350元，对生活不能自理的困难老年人每人每月补助

450元，其余资金由各区财政负担。

（二）大力发展社区养老服务

1. 积极推进社区养老服务设施建设。加快社区养老服务用房和配套设施建设，对市内四区新改扩建的“社区日间照料中心”和“社区老年人娱乐室”，经验收达标，市财政给予一次性建设补助。其标准是：三级规模（50平方米至150平方米以下）、二级规模（150平方米至1000平方米以下）、一级规模（1000平方米及以上）的补助分别为3万元、7万元、20万元。

2. 对社区养老服务场所给予运营补助。对市内四区中的社区养老服务场所，年正常开放260天以上的，市财政给予运营补助。其标准是：三级、二级、一级规模的“社区日间照料中心”和“社区老年人娱乐室”，年补助分别为1万元、2万元和3万元；在社区独居老年人家中设立“社区养老互助点”，每处每月补助100元。市内四区应根据实际情况，适当增加社区养老服务场所的运营补助。

（三）加快推进机构养老服务

1. 对政府投资建设养老服务机构给予开办补助。2012年前，由各区市政府通过投资新建或利用现有资源改建等方式，建设500张床位的养老服务机构，每处规模不低于200张床位，用于保障本辖区内低收入及困难老年人的养老服务需求。市财政按照以奖代补方式给予适当补助。其标准是：2010年前、2011年前、2012年前建成并投入使用的，市财政分别按每张床位12000元、8000元、5000元给予一次性补助。对政府投资新建的养老服务机构，可采取公建民营的方式，提高服务质量，降低经营成本，确保收支平衡。

2. 对社会力量投资建设养老服务机构给予开办补助。2012年前，市财政重点资助各区市由社会力量投资新建500张床位的养老服务机构，每处规模不低于200张床位，用于推进养老服务社会化。市财政按照以奖代补方式给予适当补助。其标准是：2010年前、2011年前、2012年前建成并投入使用的，市财政分别按每张床位8000元、6000元、5000元给予一次性补助。其建设用地，经依法批准，可采用划拨方式供地。

3. 对经民政部门审批成立的养老服务机构给予运营补助。市民政、财政等部门每年对各类养老服务机构实行等级达标评定（镇和街道中心敬老院除外），对经审核评定服务质量高、收费价位低、服务设施好的中低档养老服务机构，每接收一位青岛户籍老年人，市财政按照每月100元的标准给予运营补助。

4. 对经民政部门审批成立的社会养老服务机构给予税费优惠待遇。养老院提供育养服务，免征营业税；免征城市维护建设税、教育费附加；对各类非营利性养老服务机构免征自用房产、土地的房产税、城镇土地使用税；对符合条件的非营利性组织的收入按企业所得税法及实施条例等相关规定给予企业所得税优惠；城市基础设施配套费减半征收，实施城市集中供热的，由供热企业负责配套至规划红线；免征新建房屋产权登记费；使用自来水、管道燃气、集中供热暖气按民用价格标准收费；安装有线电视的初装费减半收取，日常使用执行居民收费标准；对通过公益性社会团体或者县级以上人民政府及其部门，用于《中华人民共和国公益事业捐赠法》规定的公益事业的捐赠，不超过年度利润总额12%以内的部分，准予扣除。对企事业单位、社会团体和个人等社会力量，通过公益慈善组织和政府部门向在民政部门登记成立的福利性、非营利性的老年服务机构的捐赠，在缴纳个人所得税前准予全额扣除。

（四）加强养老机构的管理

1. 加强对养老服务机构运营的监督管理。坚持培育发展与监督管理并举，建立对养老服务机构的监督评估机制。各级民政部门要强化对本级养老服务机构的服务范围、服务质量及服务费用收支情况的日常监督和年度检查。严禁以办养老机构为名搞房地产开发；严禁改变机构的养老服务性质；严禁改变养老机构的服务设施的用途；严禁出售出借养老服务设施；严禁在养老服务场所开展与养老服务无关的其他业务。如有违反上述规定的情形，市财政将收回补助资金，由有关部门视情予以警告、罚款、撤销养老服务机构登记证书，并在媒体曝光。

2. 强化养老服务机构的规范化服务建设。成立青岛市养老服务协会，制定行业标准，进行资质评估，组织行业自律管理的各项活动，对全市养老服务机构实施行业管理。市财政以项目委托、服务外包等方式，向市养老服务协会购买服务。积极推行养老服务ISO质量体系认证，切实提高养老服务质量，保障老年人的合法权利。

3. 加强养老服务从业人员技能培训。养老服务机构中服务、护理人员应持有国家初级以上职业资格证书上岗，市有关部门和机构组织相关技能培训。对经培训通过职业鉴定考试取得国家职业资格证书的，以及各类养老服务机构招用我市就业困难群体的人员从事养老服务的，可按规定享受各种促进就业的优惠政策。

以上政策的实施细则由市民政、市财政等有关部门另行制定。

三、加强组织领导

各级政府要建立由相关部门组成的养老服务工作联席会议制度，加强对养老服务工作的宏观管理。建立区市、镇（街道）、社区（村）三级养老服务组织网络和工作体系，加强社区养老服务工作的组织管理。建立养老服务工作财政资金使用管理和监督检查机制，保障社区和机构养老服务建设资金及扶持资金按时足额到位。将社区和机构养老服务建设资金及扶持资金纳入各级财政预算，市级养老服务业发展扶持资金由市财政、福彩公益金各负担50%。将养老服务业列入国民经济和社会发展统计范围。对在发展养老服务事业中作出突出贡献的单位、团体和个人，将按照有关规定予以表彰。

青岛市人民政府办公厅

二〇〇九年四月三日

第四部分

全国老龄工作

中央组织部2009年老干部工作情况

2009年，中央组织部坚持以邓小平理论和“三个代表”重要思想为指导，深入贯彻落实科学发展观，全面贯彻落实党的十七大和十七届三中、四中全会精神，充分发挥职能作用，突出重点，狠抓落实，老干部工作稳步推进，取得了新的成效。

1. 隆重召开全国先进离退休干部党支部和离退休干部先进个人表彰大会。中共中央政治局常委、中央书记处书记、国家副主席习近平出席大会并发表重要讲话，高度评价了广大离退休干部建立的历史功勋，指出要大力宣传和弘扬离退休干部的先进事迹，激励广大离退休干部为党和国家事业的发展作出力所能及的贡献，强调要进一步加强对老干部工作的领导，以改革创新精神开创新形势下老干部工作的新局面。中共中央政治局委员、中央书记处书记、中央组织部部长李源潮主持大会。全国150个先进党支部和450名先进个人受到表彰。

2. 经中央批准，印发了《关于提高部分离休干部医疗待遇的通知》（组通字［2009］43号），大规模地提高部分红军时期、抗日战争时期参加革命工作的离休干部的医疗待遇。截至12月底，全国共有10万多名符合条件的离休干部提高了医疗待遇。认真抓好关于企事业单位离休干部生活补贴、健全中央企业离休干部医药费保障机制、提高离休干部护理费标准及扩大护理费发入范围等有关政策的落实，推动了离休干部“三个机制”的有效运转。

3. 会同人力资源和社会保障部印发了《关于在中华人民共和国成立60周年之际开展走访慰问老干部、老工人、老党员活动的通知》（组通字［2009］34号）。中央领导同志带头走访慰问老同志，各地各部门党政领导及组织部门、老干部工作部门普遍开展了走访慰问老干部活动。会同解放军总政治部、北京市委举办了“首都老干部庆祝中华人民共和国成立60周年书画摄影展”。组织部分在京老同志参加了庆祝新中国成立60周年大会、联欢晚会和国庆系列活动。

4. 指导各地各部门通过形势报告、座谈研讨、专题培训、支部学习等多种形式加强离退休干部的学习教育。发挥老干部活动中心、老干部（老年）大学在离退休干部思想政治建设中的阵地作用，积极探索加强和改进新形势下离退休干部党支部建设的途径和方法。举办了3场中央和国家机关司局级以上老干部报告会。

5. 继续抓好《关于进一步加强新形势下离退休干部工作的意见》（中组发［2008］10号）的贯彻落实。召开了全国利用社区资源做好离退休干部服务管理工作经验交流会。指导各地各部门从实际出发，从解决老同志普遍关注的重点难点问题入手，积极探索老干部服务管理工作，推进了工作创新。

中央国家机关工委2009年老龄工作

综　　述

2009年，中央国家机关工委老龄工作办公室坚持以邓小平理论和“三个代表”重要思想为指导，深入贯彻落实科学发展观，围绕中心、服务大局，统筹谋划、整体推进，各项工作取得了新进展，为“保增长、保民生、保稳定”作出了积极贡献。

一、积极开展庆祝新中国成立六十周年活动

在新中国成立六十周年之际，策划和组织了系列活动，运用多种形式为服务和谐社会营造了良好的氛围。编辑下发中央国家机关老干部征文集《我们共同走过》；举办中央国家机关老干部“颂改革伟业、绘和谐之春”书画作品展；承担中央国家机关庆祝新中国成立六十周年大型歌会老干部方阵的组织工作；举办第四届中央国家机关离退休干部“怡寿杯”中国象棋比赛和京剧欣赏专场演出；协调有关部门举办了“红飘带”等老干部文艺演出。广大老同志通过丰富多彩的形式，讴歌对党、对祖国、对社会主义、对改革开放的热爱，抒发为推动科学发展、促进社会和谐再立新功的真挚感情。

二、交流推广创建“五好”离退休干部党支部经验

按照“支部班子好、党员队伍好、组织设置好、活动开展好、群众反映好”的要求，积极推进“五好”离退休干部党支部建设，召开了中央国家机关离退休干部“五好支部”创建活动经验交流会。会议共收到51个部门56篇稿件，约25万字。中组部、全国老龄委办公室和工委领导出席会议并讲话。国务院办公厅等部门9个离退休干部党支部，从不同角度交流了党支部思想、组织、制度和作风建设，以及党员的管理和教育等诸多方面的经验。交流材料生动地反映了中央国家机关创建“五好”离退休干部党支部活动的整体面貌和实践成果，对推动中央国家机关离退休干部党支部建设具有重要的指导意义。

三、加强对中央国家机关老龄工作的调查研究

为应对老龄社会带来的影响，更好地把握新形势下老龄工作、老干部工作的新特点、新规律，围绕离退休干部“就近学习、就近活动”展开调研工作。召开中央国家机关部分离退休干部局有关负责同志座谈会；向中央国家机关91个部门的离退休干部部门发放调查问卷；考察了北京、江苏等地的老干部局、老干部活动中心、老年大学以及老龄公寓；走访了公安部、中科院、国资委、供销合作总社等10部委老干部局，为实现中央国家机关老干部活动场所的资源共享，进行了有益的探索。

四、积极办好特色老年大学

老年大学坚持“名人授课、特色教学、自我教育、自我管理”的办学方针，努力打造老年大学的品牌项目，开设7个专业23个班次，共有近950人次、340多名老干部参加了学习。在继续做好“健康大讲堂”和“艺术大讲堂”品牌课程的基础上，根据老干部的要求，适时推出“法律大讲堂”，讲授老年朋友的财产权益保护问题，提高了老同志的法律意识、维权意识。老年大学在促进老干部终身学习、身心健康方面发挥着越来越重要的作用。

五、切实加强队伍建设，提高团队的凝聚力

按照学习型组织建设的要求，大力加强思想政治建设，把学习当成提高干部职工政治思想素质和业务工作能力的重要途径。坚持以领导班子的学习带动干部职工的学习，努力做到学以致用、用以促学、学用相长。围绕“让老同志满意，让工委领导放心”的目标，深入开展“讲党性、重品行、作表率”活动。进一步提高康铭大厦的管理和服务水平，实现了社会效益和经济效益双促进、双丰收。

重要会议和活动

【中央国家机关各部门围绕“三保”加强离退休干部工作】 中央国家机关各离退休干部工作部门紧紧围绕党中央、国务院的中心工作，采取切实有效措施，加强离退休干部工作，引导广大离退休干部努力为保增长、保民生、保稳定作贡献，为喜迎新中国成立六十周年营造良好氛围。

加强对离退休干部的形势政策教育。针对全球金融危机对我国经济社会带来的影响，住房和城乡建设部离退休干部局邀请中国社科院欧洲研究所的专家为离退休老同志和工作人员作了当前经济形势对我国的影响与对策的讲座，使大家进一步认识了当前国际国内经济形势，增强抵御金融危机的信心，把老同志的思想统一到中央的决策部署上来。该局还召开老龄思想政治工作研讨会，研讨交流新形势下离退休干部思想政治工作经验，拓宽工作思路，创新工作方法；交通部离退休干部局指导基层离退休干部支部召开读书恳谈会、党员和部分党外人士座谈会、新老支委和党小组长座谈会等，认真学习近期有关中央会议精神，围绕胡锦涛总书记提出的“不动摇、不懈怠、不折腾”，大家展开热烈讨论，结合工作实际，提出改进工作的意见和建议，努力为保增长、保民生、保稳定做出贡献。

加强对离退休干部工作的组织领导。农业部、国家国防科技工业局分别成立了由部局领导担任组长的离退休干部工作领导小组，认真研究离退休干部工作，构建协调解决离退休干部工作问题的机制和平台，为进一步做好新形势下离退休干部工作奠定了坚实的基础；国家发改委离退休干部局紧密结合老干部“两高期”实际，加强对新形势下离退休干部思想政治建设和党支部建设的研究，积极探索服务保障工作的新思路、新途径和新方式，制定了《关于进一步加强“两项建设”工作的意见》和《邮寄学习教育材料实施办法》，受到老同志的欢迎；国资委离退休干部管理局、中国地震局离退休干部办公室，认真研究新形势下离退休干部工作的特点和规律，撰写的调研报告分别获中组部老干部局2008年度全国老干部工作优秀调研成果一等奖和二等奖。

积极为离退休干部提供多元化服务。国资委建材离退休干部局工作人员深入到141位老同志家中进行调研，了解老同志对家政服务的需求，采取扩大家政服务补贴范围等办法，为69户老同志建立了工作台账，帮助老同志雇用保姆、请小时工入户服务，引导老同志转变消费观念，解决了老同志吃饭难、家务难、陪护看病难等问题，解除了子女的后顾之忧。该局对“双高期”老人倍加关爱，对出院病人进行随访，帮助报销药费单据，专门为工作人员配备了电动自行车，方便了工作，增强了效率。

【中央国家机关老年大学喜迎建国六十周年书画作品展成功举办】　4月9日至12日，“颂改革伟业绘和谐之春”——中央国家机关老年大学喜迎建国六十周年书画作品展在国务院机关老干部活动中心康铭大厦举办。中央国家机关工委副书记邵旭军、全国老龄办巡视员袁新立、中组部老干部局副巡视员王惠存等领导出席开幕式，中央国家机关工委老龄办常务副主任、国务院机关老干部活动中心主任王平致辞，国务院机关老干部活动中心副主任魏黎耕主持。中央国家机关有关部门离退休干部局领导和1000多名离退休干部兴致勃勃地参观了展览。这次展览共有来自中央国家机关27个部门的老年大学（教学班）、178名书画爱好者、239幅书画作品参展。

【中央国家机关各部门老同志欢庆新中国六十华诞】

在举国欢庆新中国成立六十周年之际，中央国家机关各部门广泛开展走访慰问老干部、老工人、老党员活动，为老同志送去党的温暖，各部门分别举办丰富多彩的活动，与老同志共同欢庆祖国六十华诞。

各部门分别召开老同志座谈会，畅谈60年难忘岁月，感悟祖国沧桑巨变。国务院机关党组召开的国办机关离退休老同志座谈会，6位老同志先后发言，在认真听取老同志的发言后，国务委员、国务院秘书长、国务院机关党组书记马凯说，老同志的发言充满了对党、对人民、对祖国的浓厚感情，听后很受教育和启发。在今后的工作中，我们要更加注重发挥老同志党性强、作风硬的优势，促进国办机关的各项建设；更加注重在生活上关心老同志，努力帮助老同志解决实际问题；更加注重老同志的身心健康，积极组织适合老同志特点的健身娱乐等活动，让国办机关离退休老同志老有所学，老有所为，生活幸福，安度晚年。全国人大常委会机关召开离退休干部党员大会，传达党的十七届四中全会精神，常委会副秘书长、机关党组书记王万宾代表李建国副委员长兼秘书长，向老同志致以节日的问候和崇高的敬意。国家发改委党组举行部级老同志迎国庆茶话会，委党组书记、主任张平向老同志传达党的十七届四中全会精神，介绍我国当前经济形势和下一步经济工作安排。老同志畅谈新中国成立60年来所取得的辉煌成就，同时对当前经济形势和今后一个时期发展改革工作提出建议。水利部、住房和城乡建设部、中国地震局、中国气象局等部门也分别召开离退休干部座谈会，老同志们深情回顾新中国成立60年来的辉煌成就，抒发对伟大祖国的无比热爱。

各部门高度重视走访慰问老同志活动，把党的温暖送到老同志的心坎上。中科院在建院60周年之际，全国人大常委会副委员长、中科院院长、院党组书记路甬祥亲切看望60年来为我国科技事业和中科院的发展作出重要贡献的全国人大常委会原副委员长、中科院院长、党组书记周光召，中科院原党组书记、副院长张劲夫，原党组书记、主席团执行主席、副院长李昌，中央纪委驻院纪检组原组长老红军钟炳昌和原副院长叶笃正、胡启恒院士，高度评价了他们为新中国的科技事业、为中科院的发展作出的不可磨灭的贡献，号召青年科研人员学习老一辈科学家艰苦奋斗的精神，传承他们良好的学术风气和严谨的治学态度，将“唯实、求真、协力、创新”的院风发扬光大。院党组副书记、常务副院长白春礼先后看望中科院原副院长李振声院士、原党组副书记余志华和中央纪委驻院纪检组原组长王德顺等。今年8月至9月以来，中科院各院、所领导分别带队走访慰问老领导、老干部、老专家、老工人、老党员共计4900余人。财政部、国家安全部、交通运输部、文化部、国家林业局、全国供销合作总社、中国民航局等部门按照中组部《关于在中华人民共和国成立六十周年之际开展走访慰问老干部、老工人、老党员活动的通知》精神，周密部署，精心组织，广泛开展走访慰问活动，把党中央的温暖送到每一名老同志的心里。

各部门举办丰富多彩的系列活动，为庆祝新中国成立六十周年营造浓厚氛围。广大离退休干部是新中国成立60年的见证人，他们为新中国的建设、改革和发展作出了重要贡献。在迎接新中国成立六十周年庆典的前夕，中央国家机关各离退休干部部门分别举行表彰、征文、参观、文艺演出、书画展览等，营造了喜庆祥和的浓厚氛围。一是举行“双先”表彰活动。农业部、国家安全部、中科院、国家知识产权局等部门召开先进离退休干部党支部和离退休干部先进个人表彰大会。国资委机械离退休干部局为114名离退休干部授予“老有所为突出贡献奖”荣誉称号，激发了老同志为构建和谐社会作贡献的热情。二是开展征文活动。各离退休干部部门组织老同志撰写回忆文章，畅谈新中国历史的历史巨变。国务院办公厅、国管局将离退休干部的征文汇编成册，出版“庆祝新中国成立六十周年老干部园地专刊”；外交部、国土资源部、国家统计局、国家质检总局离退休干部局在所属刊物上开辟专栏，刊登老同志的回忆文章，畅谈祖国的光辉成就，憧憬祖国美好未来。三是组织参观和联欢活动。各离退休干部局组织老同志参观“辉煌六十年成就展”，民政部离退休干部局组织老同志参观北京航天城，国资委冶金离退休干部局组织老党员参观北京现代汽车有限公司。由中央国家机关工委老龄办主办，中科院离退休干部局等单位承办的第六届“红飘带”文艺演出，吸引了中科院、铁道部、商务部、国防科工局等17个部门的老年大学学员参加，所有节目全部由老同志出演。高法院、高检院、公安部、司法部、安全部五部门离退休干部局联合举办老同志迎国庆文艺演出、象棋比赛、书画摄影展系列活动。工业和信息化部、国家体育总局等部门为离退休干部职工举办了丰富多彩的文艺演出。

广大离退休干部在新中国成立六十周年的喜庆时刻，或载歌载舞，或挥毫泼墨，或填诗赋词，畅谈感受，展望未来，沉浸在一片幸福、欢乐和喜悦的氛围中。老同志们纷纷表示，60年的成就充分证明，只有坚持中国共产党的领导，坚持改革开放，坚持科学发展观，坚定不移地走中国特色社会主义道路，才能发展中国，发展社会主义，实现中华民族的伟大复兴。

【第四届中央国家机关离退休干部“怡寿杯”中国象棋赛成功举办】 6月16日至18日，第四届中央国家机关离退休干部“怡寿杯”中国象棋赛在康铭大厦成功举办，共有中央国家机关34个代表队的100多名选手参加比赛。中央国家机关工委副书记邵旭军出席闭幕式并讲话。经过3天、11轮循环比赛，国土资源部获得团体冠军，农业部获得亚军，安监总局获得季军，高检院、中科院、社科院、供销总社、工业和信息化部等单位获得团体成绩前8名；社科院张树新获得个人冠军，中科院贾建顺获得亚军，国土资源部吴长青获得季军，马俊昆、金兆民、马善绪、赵涛、贾仁和、朱世祺、王学知、笪沪增、邵新国等同志获得个人成绩前12名；外交部、教育部、安全部、司法部、住房和城乡建设部、人民银行、质检总局、国管局、贸促会、国防科工局、中医药管理局、中央国家机关工委等单位获得体育道德风尚奖；国办、发改委、科技部、公安部、交通运输部、水利部、商务部、国资委有色金属、国家旅游局、国务院参事室、宋庆龄基金会、中国银行、中国进出口银行等单位获得优秀组织奖。

【中央国家机关召开创建五好离退休干部党支部经验交流会】 中央国家机关创建“五好”离退休干部党支部经验交流会于2009年12月23日至24日召开。中央国家机关工委副书记俞贵麟出席会议并讲话，全国老龄委办公室副主任吴玉韶、中组部老干部局副巡视员赵庆出席会议并讲话，中央国家机关工委委员、组织部部长、工委老龄办主任吴汉圣主持会议，中央国家机关工委老龄办常务副主任王平对会议进行了小结。

会上，国务院办公厅、司法部、国土资源部、交通运输部、铁道部、农业部、国资委、中科院和国防科工局等部门的9个离退休干部党支部，从不同角度交流了党支部思想、组织、制度和作风建设，以及党员的管理和教育等诸多方面的经验，生动地反映了中央国家机关创建“五好”离退休干部党支部活动的整体面貌和实践成果，对推动中央国家机关离退休干部党支部建设具有很强的指导意义。此次会议收到51个部门56篇经验材料，中央国家机关各部门机关党委组织部（处）长、各离退休干部局（办、处）有关领导和100多个离退休干部党支部书记代表共300多人参加会议。

公安部2009年老龄工作规划

2009年全国公安机关将按照职责任务，进一步发挥职能作用，积极配合相关部门，切实做好公安机关老龄工作。根据公安部党委对公安工作的部署和全国老龄委对老龄工作的要求，2009年全国公安机关老龄工作的总体思路是：深入贯彻党的十七大精神，高举中国特色社会主义伟大旗帜，以邓小平理论和“三个代表”重要思想为指导，深入学习实践科学发展观，认真贯彻落实全国老龄工作委员会第十一次全会精神，充分发挥职能作用，加强社区和农村警务战略，密切警民关系，继续严厉打击侵害老年人合法权益的违法犯罪活动，做好法制宣传和老年维权工作，积极开展矛盾纠纷排查调处工作，进一步为老年人提供优质服务。

一要继续严厉打击侵害老年人合法权益的违法

犯罪活动。各级公安机关特别是基层公安派出所要依法、及时受理涉及侵害老年人合法权益的申诉、控告和检举，认真对待老年人的报警和求助，依法严厉打击侵害老年人人身、财产安全的违法犯罪行为。公安刑侦部门将部署进一步采取有效措施，加大对老年人等弱势群体实施诈骗的违法犯罪活动的打击力度，尤其要狠狠打击不法分子针对老年人等弱势群体实施诈骗的犯罪活动，切实保障广大人民群众的切身利益。一是组织开展全国性或区域性的专项打击活动，确定一批影响恶劣的案件、案件高发地、犯罪输出地等治安乱点进行挂牌督办，落实专人负责，以查破案件为切入点，整合信息资源和跨区警力资源，顺线追击，摧毁犯罪团伙网络，固定犯罪证据，依法惩治腐败犯罪分子。二是根据发破案情况，深入分析研判，对案件高发地段、时段、不法分子作案手段、易侵害人群等及时发布警情通报，以便各地公安机关严密防范、严厉打击，同时，建立此类违法犯罪高危地区人员资料库，最大效能为实战服务。三是加大宣传力度，通过发放宣传材料、制作公益广告、典型案例剖析等形式，揭露犯罪伎俩，增强人民群众自我防范意识和能力，防止上当受骗。四是促请信息产业部门、银行金融机构等有关部门落实手机用户实名制、银行账户实名制等措施，切实加强对发布诈骗短信息、印刷虚假中奖“刮刮卡”等行为的监管力度。切断不法分子利用社会管理漏洞实施不法行为的途径。

二要进一步做好法制宣传和老年维权工作，积极开展矛盾纠纷排查调处工作。各级公安机关治安部门特别是基层公安派出所要组织民警积极开展家庭矛盾纠纷排查调处工作，切实保障老年人在家中的合法权益。同时，进一步加强同老龄、民政等部门的沟通和联系，全面了解有关老年人权益保障工作的情况，主动获取有关侵害老年人合法权益的信息和线索，不断提高治安防控能力，及时妥善处理涉老纠纷，切实维护老年人合法权益，促进家庭和社会的稳定。

三要努力为老年人提供更加优质高效的服务。要进一步强化各级公安机关、各个警种的为老服务意识，不断拓宽为老年人服务的工作范围。充分发挥治安、户籍、交通、法制等窗口单位的职能作用，进一步强化措施，拓宽思路，提高服务质量，最大限度为老年人生活提供便利条件。

四要以科学发展观为统领，全面做好离退休干部工作。离退休干部工作是老龄工作的重要方面。2009年要继续按照党的十七大报告中“全面做好离退休干部工作”的要求，认真落实离退休干部的政治、生活待遇，积极探索离退休干部进入“两高期”和退休干部比例增大的情况下的服务和管理工作，提高服务水平，增强离退休干部满意度，确保离退休干部队伍稳定。

公安部2009年老龄工作规划落实情况综述

2009年，全国公安机关认真贯彻中央关于保护老年人合法权益的部署要求，紧密结合公安机关的职责任务，深入开展以公安信息化建设、执法规范化建设、构建和谐警民关系为主要内容的“三项建设”，着力提高维护国家安全和社会稳定的能力和水平，在为老年人提供服务、维护老年人合法权益等方面做了大量工作，老龄工作取得了新的进展。

（一）深入开展法制宣传，细化法律服务措施

针对我国已提前进入老龄社会的基本国情，各级公安机关以宣传贯彻《中华人民共和国老年人权益保障法》，增强全社会尊老、敬老、助老意识为己任，不断加大宣传力度。为切实提高老年人自身安全防范意识，各地公安机关针对老年人的身体和心理特征，借助报刊、广播、电视、网络等媒体，采取发放宣传品、制作宣传栏、设摊咨询、召开警情通报会等方式进行防范宣传，将社会上违法犯罪活动新动向、新手法告知老年人，努力提高老年人的自我防范意识，避免受到不法侵害。上海市公安局组织老年人集中观看防范宣传片，动员治安积极分子与社区孤老“结对子”，进行面对面的宣传。河南省公安机关在全省深入开展了法律进社区、进农村、进万家、进学校、进机关、进企业的法律“六进”活动。特别是在举办普法培训班时，要求吸收60岁以上的老年人参加。与此同时，各级公安机关以治安管理、户政审批、出入境管理等窗口单位为重点，把服务重点向老年人倾斜，积极为老年人的户籍审批、办理身份证、出入境通关提供更优质、高效、便捷的服务。各地普遍在制证中心、外事窗口设立了老年人绿色通道，优先为老

年人服务。各口岸边防检查现场普遍设置了“特别通道”，缩短老年人候检时间。各地公安机关对行动不便的老人，还主动提供了上门服务措施。上海市公安局组织民警，直接到行动不便的老人家中及养老机构办理换发第二代身份证；在办理涉及老年人的住房户口迁移手续时，规定必须当面征得老年人同意并查验有关材料，防止老年人居住权、人身权受侵犯。各地还普遍设立了“老年维权示范岗”，由派出所分管所领导直接负责处理侵犯老年人合法权益的案件，并通过建章立制和检查监督，不断推动“老年维权示范岗”工作规范化、制度化。

（二）加强执法规范化建设，依法保障老年人合法权益

各级公安机关从基层民警日常执法活动最容易发生问题的环节入手，进一步健全执法制度，细化执法标准，改进执法方式，提高执法水平，严格按照法律规定的制度和程序开展工作，以切实保障群众特别是老年人的合法权益。一方面，规范不法侵害老年人的法律法规。比如，在《治安管理处罚法》中明确规定，对殴打、伤害六十周岁以上人的治安案件，视为严重违反治安管理行为，适用较重处罚幅度。根据《公安机关执行〈中华人民共和国治安管理处罚法〉有关问题的解释》，不要求行为人主观上必须明知殴打、伤害的对象为六十周岁以上的人，以切实保护老年人人身安全。对违反治安管理行为人决定处罚时，各地公安机关灵活运用法律赋予的自由裁量权，将以老年人为对象的盗窃、抢夺、敲诈勒索等行为视为危害性较大的违反治安管理行为，酌情给予从重处罚，以达到震慑违法分子，保护老年人合法权益的目的。另一方面，规范老年人违法犯罪的处罚措施。对一些涉嫌违法犯罪的老年人，公安机关结合老年人的特点，限制采取强制措施或限制行政处罚力度，保护其身体健康。如《公安机关适用继续盘问规定》规定，对于实施违法行为的老年人，需要继续盘问的，通知其亲友予以照顾，或者采取其他适当办法妥善安排，并将安排情况及时告知被盘问人，以避免出现老年家属无人照顾的情况；盘问已满七十周岁老年人的，在带至公安机关之时起的四小时以内盘问完毕，且不送入候问室。如果是在晚上九点至次日早上七点之间释放的，公安机关将通知其家属或者监护人领回，对身份不明或者没有家属和监护人而无法通知的，公安机关将护送至其住地，以避免老年人独自在外出现意外情况。在行政处罚的执行上，对于七十周岁以上的违反治安管理行为人，公安机关依法作出行政拘留处罚决定的，根据《中华人民共和国治安管理处罚法》、《公安机关办理行政案件程序规定》的有关规定，不执行行政拘留处罚，且根据《公安机关执行〈中华人民共和国治安管理处罚法〉有关问题的解释》，老年人在实施违反治安管理行为或者正要执行行政拘留时达到七十周岁的，均不再投送拘留所执行行政拘留。在强制性教育措施的适用上，对年满七十周岁又有疾病等丧失劳动能力的，根据《公安机关办理劳动教养案件规定》第十一条的规定，劳动教养管理委员会一般不决定劳动教养；确有必要劳动教养的，可以同时决定劳动教养所外执行。

（三）依法打击侵法犯罪活动，确保老年人生命财产安全

老年人自身安全防范意识薄弱，命案、电信诈骗是严重危及老年人生命财产安全的突出犯罪。为切实维护老年人的人身安全，各级公安机关深入组织开展了侦破命案、打击电信诈骗犯罪专项行动。今年1月至10月，全国公安机关共侦破老年人被害命案1348起，破案率达86.65%。今年4月，北京警方仅用了58小时就成功破获了某高档住宅小区一位78岁老妇被勒颈致死案。从今年6月开始，公安部部署全国公安机关开展了为期4个月的打击电信诈骗犯罪专项行动，先后破获南京大学退休教授沈某某被骗电话费100万元等一大批针对老年人的电信诈骗案件，有效地遏制了电信诈骗犯罪活动高发的势头。同时，各地公安机关与银行部门联手，在银行ATM机上安装语音提示系统，并加强防范宣传教育，有效预防了此类案件的发生。

（四）加大工作力度，认真做好公安部机关离退休干部工作

2009年，我们围绕新中国成立六十周年，举办了一系列活动，为离退休干部解决了一些老干部关心的现实问题和实际困难，受到了广大老干部的好评。今年7月，公安部召开了全国公安机关离退休干部工作座谈会，认真学习全国老龄委、中央组织部关于做好新时期全国老龄工作和离退休干部工作的有关文件精神，对近年来全国公安机关离退休干部工作情况进行了总结交流，研究部署了今后一个时期加强离退休干部工作制度化、规范化建设的系列措施。在国庆六十周年之际，公安部组织广泛开展了走访慰问老干部、老工人、老党员活动，使老同志们深深体会到了党中央和部党委对老同志的关心、爱护和尊重。围绕迎接新中国六十周年大庆，公安部机关还组织开展了一系列以庆祝建国六十周年为主题的文体活动，老干部踊跃参加，进一步增强了老同志的凝聚力。同时，公安部认真贯彻落实中央组织部《关于提高部分离休

干部医疗待遇的通知》（组通字［2009］43 号）要求，为部分离休干部提高了医疗待遇。

教育部 2009 年老龄工作情况

综　　述

2009 年是新中国成立六十周年，也是我国进入老龄化社会十周年。一年来，在中央有关精神的指引下，在全国老龄工作委员会的指导下，我部认真落实全国老龄委第十一次全体会议精神，切实履行全国老龄委成员单位职责，积极参加全国老龄委组织开展的有关活动，扎实推进教育系统老龄工作，较好地完成了 2009 年度老龄工作计划和领导交办的任务。

1. 认真学习党的十七大、十七届三中、四中全会精神，以科学发展观为指导，深入研究和积极探索新形势下的老干部工作和老龄工作，按照中央有关精神和教育部党组的要求，认真开展学习实践科学发展观活动整改落实“回头看”工作。

2. 积极参加全国老龄委组织召开的有关会议。1 月份我部袁贵仁部长、史丽荣局长参加全国老龄委第十一次全体会议，会后认真贯彻落实有关精神，并在我部老龄工作简讯上全文转发回良玉副总理的讲话。同月，全国老龄办、教育部等六部委在人民大会堂召开第三届全国敬老爱老助老主题教育活动表彰大会，回良玉副总理出席会议并颁奖，我部党组成员、部长助理杨周复、离退休干部局局长史丽荣等出席，杨周复同志代表组委会讲话。

3. 认真学习贯彻全国离退休干部“双先”表彰大会精神。国庆前夕，中央组织部在北京召开了全国老干部“双先”表彰大会，我部推荐的湖南大学机械与运载工程学院退休教工党支部被授予“全国先进离退休干部党支部”荣誉称号，厦门大学离休干部陈孔立、东南大学离休干部汪乃钰、兰州大学退休干部胡之德被授予“全国离退休干部先进个人”荣誉称号。兰州大学胡之德作为受表彰的代表在大会上发言，国家副主席习近平在会上专门表扬了我们高校的离退休老同志。他说：“今天发言的兰州大学退休干部胡之德同志，团结和组织老教授开展‘银龄援农’活动，为贫困地区新农村建设做了大量实实在在、富有成效的工作。他们以自己的实际行动，证明离退休干部是我们党执政兴国的宝贵资源，是推动科学发展的一支重要力量。”这段讲话既是对兰州大学胡之德同志的肯定和表扬，也是对我们教育系统广大离退休老同志的鞭策和鼓励。会后我们及时组织学习传达，并落实表彰后续事宜。

4. 组织召开机关老同志表彰会暨离退休干部局第四次党代会。会上对 51 个先进个人和集体进行了表彰，袁贵仁部长出席会议并逐一为受表彰的同志颁奖。表彰会后还召开了离退休干部局第四次党代会，对局党委五年来的工作进行了认真回顾总结，明确提出了今后一个时期离退休干部局党委的主要任务。袁贵仁同志出席会议并作重要讲话。会议选举产生了离退休干部局新一届党委会。

5. 围绕迎接和庆祝新中国成立六十周年，组织开展了一系列活动。包括组织参观建国六十周年成就展览和观看国庆阅兵典礼、举办老同志书画展、主办在京直属高校、直属单位老同志文艺汇演，组织参加部机关文艺演出，编辑出版《激情岁月—献给新中国六十华诞》一书。国庆前夕，周济、袁贵仁、陈希、鲁昕、陈小娅、王立英、李卫红、郝平、吴德刚、林蕙青等部党组领导分别看望了 20 余位老部长、老红军、老专家，印发了《教育部党组致离退休干部的慰问信》；离退休干部局走访了 180 多位老干部和特困老同志家庭，为他们送去组织的关怀和节日的问候；离退休干部局会同办公厅、人事司、机关党委向机关各司局、各直属单位发出《关于开展关心慰问离退休老同志活动的倡议书》，向各部属高校转发了《关于在中华人民共和国成立六十周年之际开展走访慰问老干部、老工人、老党员活动的通知》，组织和动员全体在职党员干部积极关心离退休老同志，共同做好离退休干部工作。

6. 着力加强高校老同志活动中心建设。11 月 18 日—20 日，在湖南长沙召开直属高校老年活动中心建设经验交流会，抓住高校新一轮建设发展时机，着力推进高校老年活动中心建设。会上，史丽荣局长作了题为《深入贯彻落实科学发展观　进一步加强高校老年活动中心建设》的报告，中南大学等七所直属高校作大会交流发言。会议还邀请中国人民大学教授、国家应对人口老龄化战略研究专家委员会成员翟振武、教育部语用司司长、心理学专家王登峰作专题辅导报告；向大会提交了《关于加强部属高校老年活动中心建设的意见（讨论稿）》，提请与会代表讨论。

7. 配合全国老龄办宣传、实施《关于全面推进居家养老服务工作的意见》和《关于发展农村老龄服务的意见》。积极探索建立学校、社区和家庭联动机制，促进高校在现有家属区服务点的基础上完善为老年人服务的功能，开展看护照料、精神慰藉、家务帮助等多种形式的服务。上海华东师范大学、华东理工大学与本校老同志较为集中的50多个社区联合举办研讨会、协作会，共同探讨和实施居家养老工作。

8. 认真履行全国老龄委成员单位职责，积极参加老龄办组织的各项活动。年初，会同全国老龄办等六部委研究下发第四届全国敬老爱老助老主题教育活动的通知，拟于2010年组织评选表彰活动。7月史丽荣局长及信息员参加了全国老龄事业战略研究课题研讨会。9月9日—11日派员参加了全国老龄委成员单位研讨班。

9. 进一步促进老年教育和老龄学科专业建设。各高校以老年活动中心为依托，加强老年教育和老年大学工作，组织开展丰富多彩的活动，促进校园和谐。同时，我部继续推动有条件的高等院校开设老年学专业和社区服务类专业，培养更多从事老龄工作和社区工作的专门人才。目前已有人大、清华、北大、华中师大等高校正式开设老年学及相关专业。

10. 进一步做好老龄信息宣传工作。《教育部老龄工作简讯》是教育系统研究交流老龄工作的重要平台，也是我部对直属高校老龄工作进行宏观指导的重要渠道。目前已印发教育部老龄工作简讯4期，并及时报送全国老龄办、中组部、中央国家机关工委等。有效促进了教育部直属高校及省市教育行政部门老龄工作交流。

重要会议和活动

【教育部直属高校老年活动中心建设经验交流会】 为进一步加强新形势下我部直属高校老年活动中心建设，全面做好离退休干部工作，11月18日—20日，我局在中南大学召开了教育部直属高校老年活动中心建设经验交流会。湖南省教育厅陈湘生副厅长、中南大学高文兵书记、湖南大学栾副书记、教育部直属高校离退休工作部门负责人及中南片部分特邀高校90多人参加会议。

会上，史丽荣局长作了题为《深入贯彻落实科学发展观进一步加强直属高校老年活动中心建设》的报告，对近年来直属高校老年活动中心建设的经验和做法进行了认真总结，对新形势下进一步加强活动中心建设进行了深入分析思考并提出要求。中南大学、中国地质大学（武汉）、北京科技大学、东北林业大学、陕西师范大学、四川大学、河海大学等七所高校在大会上作了交流发言；会议邀请中国人民大学教授、国家应对人口老龄化战略研究专家委员会成员翟振武、语用司司长王登峰作题为《中国老龄化形势与战略对策》和《老年心理健康》的专题辅导讲座；会议还进行了分组讨论，对史丽荣局长的报告和我局提供的《关于加强教育部直属高校老年活动中心建设的意见》（讨论稿）进行了认真讨论，对进一步加强活动中心建设提出了很多很多的意见和建议；会议还实地参观了中南大学三个校区的老年活动中心，参观了湖南大学新落成的老年活动中心，并赴韶山瞻仰了伟人故居。会议期间，中南片区高校还利用各种机会和会余时间，插空召开了首次片会。

本次会议期虽短，但内容丰富，安排紧凑，是一次真正高效、务实的会议。代表们对史丽荣局长的报告和研究制订《关于加强教育部直属高校老年活动中心建设的意见》表示高度赞赏和充分肯定，认为这是对高校离退休干部工作进行宏观指导和具体体现，对于帮助大家提高认识、交流经验、协调行动、做好工作大有裨益，建议能尽早下发；代表们对会议日程安排和会务工作非常满意，对中南大学离退休干部工作和活动中心建设也给予了很高的评价。认为这从一个侧面展示了我们高校离退休干部工作，展示了我们工作人员队伍良好的精神面貌、超强的服务意识和出色的素质水平。同样，在湖南大学半天的参观也给大家留下了深刻的印象和美好的回忆。代表们一致呼吁，要进一步加强高校之间离退休干部工作的交流与研讨，希望今后定期组织类似的交流会和培训会，不断提高服务管理工作水平。代表们一致表示，回去以后要及时向学校主管领导汇报，把会议精神落到实处，推动本校活动中心建设和离退休干部工作上台阶上水平。

最后。史丽荣局长对会议进行了认真小结，对近期直属高校老龄工作进行了部署和安排。

人力资源和社会保障部2009年度老龄工作进展情况

2009年，人力资源社会保障部门认真贯彻党中央、国务院关于保增长、保民生、保稳定决策部署，按照全国老龄委第十一次全体会议的要求，不断完善养老、医疗等各项社会保险制度，提高社会保障水平，拓宽服务体系，切实维护老年人权益，各项老龄工作取得了积极进展。

一、养老保险工作

（一）确保了企业离退休人员基本养老金按时足额发放

2009年，为应对国际金融危机带来的影响，各级人力资源和社会保障部门继续以非公有制企业、个体工商户、灵活就业人员和农民工参保为重点，不断加大扩面征缴力度。截止到12月底，全国基本养老保险参保人数为23598万人，较2008年增加1607万人，同比增长7.3%。超额完成“十一五”期间参保人数每年递增1000万人的计划。2009年，全国基本养老保险基金总收入11477亿元，比2008年增加1737亿元，增长17.8%。基金总支出8989亿元，比2008年增加1599亿元，增长21.6%。基金历年累计结余12373亿元。扩面征缴基金继续发挥了资金主渠道作用，确保了企业离退休人员基本养老金按时足额发放，已实现连续6年养老金当期发放无拖欠。

（二）实现全国建立省级统筹制度目标

2009年底前在全国范围建立基本养老保险省级统筹制度是国务院确定的一项硬任务。人力资源和社会保障部会同财政部对未出台省级统筹办法省份进行调研督促，实行按期调度制度，加强分类指导，及时编发工作信息，促进经验交流。截至12月，未出台办法的13个省份均以省级政府名义下发了省级统筹办法，由此在全国范围建立省级统筹制度的目标已实现。经过多年努力，省级统筹工作在今年实现了从量变到质变的重大突破。

（三）实施基本养老保险关系转移接续暂行办法

根据党中央、国务院的部署，在深入调查研究，广泛听取各方面意见基础上，会同财政部起草了《城镇企业职工基本养老保险关系转移接续暂行办法》。12月，经国务院第93次常务会议审议通过，以国务院办公厅名义下发文件（国办发〔2009〕66号）。《暂行办法》的落实，解决了多年存在的养老保险关系转移接续难的问题，切实维护了参保人员特别是农民工的养老保险权益。

（四）进一步提高企业退休人员基本养老金水平

为使企业退休人员分享经济发展成果，国务院决定2009年进一步提高企业退休人员养老金水平。企业退休人员基本养老金调整水平按企业退休人员月人均基本养老金的10%左右确定。调整后，全国企业退休人员月平均基本养老金水平达1200元左右，并继续向企业退休高科技人员、退休早、养老金水平偏低等群体进行适当倾斜，使广大企业退休人员进一步分享了经济发展成果。

二、医疗保险工作

（一）基本医疗保险制度实现了城乡居民的全覆盖

截至2009年底，我国城镇基本医疗保险参保人数突破4亿人，加上新农合8.3亿人，我国基本医疗保险总参保人数已经超过12亿人，总体覆盖率达到90%以上。2009年，主要针对城镇少年儿童，无业老人等非从业人口的城镇居民基本医疗保险制度全面推开，比原计划提前一年从制度上实现了对城镇居民的全面覆盖，标志着我国基本医疗保险从制度上覆盖全民，包括老年人在内的城乡居民从制度上得到了医疗保障。

（二）妥善解决了关闭破产企业退休人员的医疗保障问题

在2008年基本解决地方政策性关闭破产国有企业退休人员医疗保障问题的基础上，2009中央财政又安排429亿元解决关闭破产国有企业退休人员等医疗保障问题，各地认真落实中央精神，积极筹措配套资金，将原未参保的关闭破产国有企业退休人员纳入职工医保，圆满完成了既定目标任务。此外，全国还统筹解决了近200万其他关闭破产企业退休人员和困难企业职工的参保问题。

（三）大幅提高医疗保险待遇水平

目前，结合大额医疗费用补助制度，各地医保封顶线已经逐步达到在职职工平均工资和城镇居民可支配收入的6倍左右；医疗费用报销比例进一步提高，2009年职工医保和居民医保政策范围内住院医疗费用报销比例分别达到75%和55%左右；同时，30%以上的统筹地区探索开展了居民医保门诊统筹，逐步将医疗保险支付范围从住院和门诊大病扩展到门诊常见病、多发病，对缓解慢性病发病率较高的老年人的门诊医疗负担发挥了重要作用。同时，各地在政策具体实施时，都对老年人给了一些倾斜政策，保障了老年人的基本医疗待遇。

（四）以异地安置退休人员为重点研究解决参保人员异地就医问题

按照国务院医改领导小组的工作部署，人力资源社会保障部会同财政部、卫生部等印发了《关于基本医疗保险异地就医结算服务工作的意见》（人社部发〔2009〕190号），对改进异地就医结算服务提出了要求。各地以解决异地安置退休人员的就医问题为重点，采取了许多措施。如提高医疗保险统筹层次，大大减少了异地就医数量；湖南、云南、福建、江苏等省实现省内联网结算，方便了省内异地就医结算；江苏、上海、浙江、安徽等长三角省市签署协议，对区域内的医疗保险关系转移接续和异地就医进行全面合作，方便了相关地区参保人员跨省异地就医报销，减轻了个人垫付医疗费负担。

三、农村社会保险工作

（一）新型农村社会养老保险试点工作开始启动

根据十七届三中全会决定，2009年，新型农村社会养老保险（以下简称新农保）试点工作取得重大进展。2009年9月1日，国务院印发了《关于开展新型农村社会养老保险试点的指导意见》（国发[2009]32号，以下简称《指导意见》），确定了新农保试点的基本原则、制度模式、筹资方式、参保范围、计发办法、管理体制等原则和主要政策，试点工作在全国部分地区正式启动。2009年底，共批复了全国27个省（自治区）320个新农保试点县（市、区、旗）和4个直辖市的试点方案。

（二）被征地农民社会保障工作扎实推进

2009年，全国31个省、自治区、直辖市中，除青海、西藏外，其余省区市均出台或转发关于做好被征地农民社会保障工作的政策文件，被征地农民社会保障覆盖面不断扩大。同时，不断完善被征地农民社会保障工作相关配套政策措施。指导各地制定了符合实际的实施办法，部分地区还建立了预存征地补偿款制度，制定了被征地农民社会保障工作流程和管理规范、被征地农民社会保障资金管理办法、被征地农民社会保障资金会计制度等政策文件，增强了政策的有效性、制度的可操作性。

四、社会化管理服务工作

社会化管理服务工作总体情况

2009年，按照完善社会保障体系的总体要求，继续推进企业退休人员社会化管理服务工作，大力夯实管理服务基础，规范提高服务质量，创新拓展服务内容。同时，进一步健全、规范、拓展街道（乡镇）、社区社会保险管理服务工作，不断强化社会保险政策咨询和查询服务、领取社会保险待遇资格认证、提供养老保险和医疗保险等相关服务。全国纳入社区管理的企业退休人员共计3879万人，占全部企业退休人员的75.2%。较2008年增加了418万人。2009年，共有485万名企业退休人员开展了免费体检，占纳入社区管理企业退休人员的12.5%。另外，社会保险经办机构直接接收或委托专业档案管理结构接收企业退休人员人事档案1420万份，占纳入社区管理企业退休人员的36.6%。

司法部2009年司法行政服务老龄工作情况综述

2009年，司法部认真贯彻落实全国老龄工作委员会第十一次全体会议精神和回良玉副总理重要讲话精神，加强对司法行政工作服务老龄事业的规划和指导，积极开展老年人法律服务、法律援助和法制宣传活动，取得积极成效。

一、认真规划和部署司法行政服务老龄工作

全国老龄工作委员会第十一次全体会议召开后，司法部高度重视，迅速组织传达学习回良玉副总理的重要讲话和会议精神，研究贯彻落实意见和措施。针对老龄工作的新形势、新任务以及党和国家对司法行政服务老龄工作提出的新目标、新要求，制定下发了《关于进一步做好司法行政服务老龄工作的通知》，对司法行政服务老龄工作做出部署和安排，要求各级司法行政机关重点围绕“建立一个机制”，即建立高效、便捷、完善的老年人维权工作机制，实现司法行政服务老龄工作的常态化、制度化；“总结一个经验”，即及时发现、认真总结、深入推广司法行政服务老龄工作的新经验、新做法，不断提升司法行政服务老龄工作的整体水平；“树立一个典型”，即树立为老年人提供法律服务、法律援助和法制宣传先进典型，积极采取措施，努力推进法律服务、法律援助和法制宣传服务老龄事业的各项工作，不断加大维护老年人合法权益的工作力度。

二、积极为老年人提供便捷优质的法律服务

各地司法行政机关结合在律师行业开展的“中国特色社会主义法律工作者”主题实践活动，组织引导律师、公证、基层法律服务机构及人员为老年人提供法律服务。积极参与涉及老年人合法权益的诉讼、调解、仲裁等法律服务活动，依法维护老年人的合法权益；深入开展“老年人维权示范岗”活动，组织指导律师事务所、公证处、基层法律服务机构相对集中地为老年人提供法律服务，为患病和残疾的老年人主动上门服务。一些地方律师事务所与当地老龄委签订了长期法律服务协议，有的地方选派专职律师在老龄委办公，协助老龄机构开展工作；一些地方推动法律服务机构加强与街道、社区居委会的联系，主动进入社区开展老年人法律服务工作，使老年人能够就近、及时获得法律帮助。

三、大力加强老年人法律援助工作

在开展“法律援助便民服务”主题实践活动中，各地法律援助机构将老年人列为重点对象，积极为他们提供方便快捷的法律援助。进一步扩大了老年人法律援助事项范围，放宽了受援标准和条件，将老年人追索侵权赔偿案件、遭受遗弃案件以及变更或者解除收养关系案件等纳入法律援助的受案范围；简化工作程序，对老年人提出的法律援助申请，优先受理，优先审查，优先指定；创新法律援助方式，各地法律援助机构依托司法所以及老龄委等设立法律援助工作站，普遍建立法律援助便民服务窗口，完善无障碍配套服务设施，方便老年人就近申请法律援助。不少地方还通过开设老年人维权咨询热线、颁发“法律援助卡”等方式，为老年人提供法律援助。司法部还与全国老龄委联合组织开展了“夕阳幸福工程·法律援助在行动”活动，积极筹建“老年人法律援助专项基金”，搭建老年人法律援助和老年人权益保障服务平台。2009年，全国各地法律援助机构共依托老龄委设立法律援助工作站1567个，为76027人次老年人办理了法律援助案件，为640731人次老年人提供了法律咨询，有效维护了老年人的合法权益。

四、积极开展老年人权益保障法制宣传活动

各级司法行政机关认真贯彻落实“五五”普法规划要求，把维护老年人合法权益的法律法规列入法制宣传的重要内容。结合开展“提供农民法律素质促进农村改革发展主题宣传”“防控甲型H1Nl流感法制宣传教育”等活动，通过义务法律咨询、开办法制宣传专栏、举办法制讲座，开展法律进乡村、进社区、送法进家活动等形式，广泛、深入地宣传了与老年人权益保障相关的法律法规，组织老年人开展学法用法活动，提高了全社会保护老年人合法权益的意识和老年人维护自身合法权益的能力。同时，结合开展法制宣传活动，大力推广司法行政服务老龄工作的新经验、新做法，积极宣传服务老龄工作的先进典型，促进全社会更好地为发展老龄事业服务。

财政部2009年老龄工作综述

2009年，财政部以党的十七届四中全会精神为指导，继续实施积极的财政政策，加快推进以改善民生为重点的社会建设，按照《中共中央、国务院关于加强老龄工作的决定》和《中国老龄事业发展“十一五”计划纲要》等文件要求，认真配合老龄委做好各项老龄工作。

一、2009年老龄工作总结

（一）继续做好老年人基本生活保障的相关工作

1. 重点推进农村老年人基本生活保障工作

（1）开展新型农村社会养老保险试点。根据党的十七届三中全会提出的“按照个人缴费、集体补助、政府补贴相结合的要求，建立新型农村社会养老保险制度”精神，财政部会同人力资源社会保障部起草了新型农村社会养老保险试点指导意见，报国务院审定。2009年9月，国务院正式印发了《关于开展新型农村社会养老保险试点的指导意见》(国发［2009］32号）（以下简称《指导意见》)，决定2009年在全国选择10%的县（市、区、旗）开展新型农村社会养老保险（以下简称新农保）试点，以后逐步扩大试点，在全国普遍实施，2020年之前基本实现对农村适龄居民的全覆盖。

按照《指导意见》规定，政府对符合领取条件的参保人全额支付新农保基础养老金，中央财政对中西部地区按中央确定的基础养老金标准给予全额补助，对东部地区给予50%的补助。目前，中央确定的基础养老金标准为每人每月55元。地方政府可以根据实际情况提高基础养老金标准，对于长期缴费的农村居民，可适当加发基础养老金，提高和加发部分的资金由地方政府支出。今后国家将根据经济发展和物价变动等情况，适时调整全国新农保基础养老金的最低标准。同时，地方政府对参保人缴费给予补贴，补贴标准每人每年不低于30元；对选择较高档次标准缴费的，可给予适当鼓励。对农村重度残疾人等缴费困难群体，地方政府为其代缴部分或全部最低标准的养老保险费。

为做好中央财政新农保试点专项补助资金拨付管理工作，财政部会同人力资源社会保障部制定了《关于中央财政新型农村社会养老保险试点专项补助资金管理有关问题的通知》（财社［2009］211号），中央财政将按照当年预拨、次年据实结算的办法拨付补助资金。2009年，中央财政下达新农保试点专项补助资金10.8亿元。

（2）做好农村低保工作。党中央、国务院高度重视城乡困难群众的基本生活问题。按照《国务院关于在全国建立农村最低生活保障制度的通知》规定，对家庭人均收入低于当地农村居民最低生活保障标准的家庭，可按规定纳入农村低保范围，享受农村低保待遇。2009年中央财政拨付农村低保补助资金255.57亿元（含年初一次性生活补贴），用于保障包括老年人在内的农村低保对象基本生活。

（3）继续在农村部分计划生育家庭实行奖励扶助制度。2009年继续由中央和地方安排专项资金，按年人均600元的标准对农村计划生育家庭进行奖励。所需资金，西部地区由中央和地方按8：2分担；中部地区由中央和地方按5：5分担；东部地区由地方负担，中央财政适当奖励。2009年，中央财政安排奖励扶助专项资金9.25亿元。

（4）支持农村“五保”供养工作。中央财政通过安排农村税费改革专项转移支付补助资金，对地方开展农村“五保”供养工作给予支持。据统计，截至2009年底，全国纳入供养范围的“五保”对象有554.3万人，集中和分散供养平均水平分别为189元/人月、117元/人月。

2. 继续做好城镇老年人基本生活保障工作

（1）确保企业离退休人员基本养老金按时足额发放。2009年各级财政部门积极配合人力资源社会保障部门，通过扩大养老保险覆盖面、核实缴费基数、清理欠费、加强对离退休人员动态管理等措施，努力增收节支，推动建立基本养老保险自求平衡机制和省级政府负责制。同时，中央财政进一步调整支出结构，加大对养老保险基金的投入，2009年中央财政安排对企业职工基本养老保险基金的补助支出1286亿元。另外，按照党中央、国务院统一部署，财政部继续会同人力资源社会保障部做好调整企业退休人员基本养老金水平工作，自2009年1月1日起按2008年企业退休人员基本养老金的10%调整基本养老金，在此基础上，对于具有高级职称的企业退休科技人员、建国前老工人、原工商业者和1953年底以前参加工作的人员等四类人员，按月人均40元的标准予以特殊调整。中央财政对中西部地区、老工业基地和新疆生产建设兵团调标所需资金予以适当补助。

（2）加快推进省级统筹。按照国务院统一要求，2009年底以前应在全国范围内基本实现省级统筹。财政部会同人力资源社会保障部继续指导各地开展省级统筹工作，重点是指导尚未实现省级统筹的地区加快工作进度。截至2009年底，全国31个省份和新疆生产建设兵团均已出台省级统筹办法，在全国范围内建立省级统筹制度的目标已基本实现。

（3）研究制定养老保险关系转移接续办法。为解决养老保险转移接续难的问题，按照国务院统一部署，财政部会同人力资源社会保障部起草了《城镇企业职工基本养老保险关系转移接续办法》，另外，根据国务院领导的指示精神，将农民工参加基本养老保险跨省转移接续的有关内容写入《暂行办法》。2009年12月22日，国务院第93次常委会议原则通过了《暂行办法》，并印发了《国务院办公厅关于转发人力资源社会保障部财政部城镇企业职工基本养老保险关系转移接续暂行办法的通知》（国办发［2009］66号）。

（4）做好城市低保工作。按照《城市居民最低生活保障条例》规定，对家庭人均收入低于当地城市居民最低生活保障标准的家庭，可按规定纳入城市低保范围，享受城市低保待遇。2009年中央财政拨付城市低保补助资金359.08亿元（含年初一次性生活补贴），用于保障包括老年人在内的城市低保对象基本生活。

3. 积极落实其他老年群体的生活保障政策

（1）落实国家优抚安置政策。为贯彻落实《军人抚恤优待条例》，保障优抚对象生活待遇，财政部会同民政部下发《关于调整部分优抚对象等人员抚恤和生活补助标准的通知》（民发［2009］135号），从2009年10月1日起，提高残疾军人、“三红”“三属”、在乡老复员军人、带病回乡退伍军人、参战参试退役人员、老党员的抚恤和生活补助标准。另外，为迎接新中国成立六十周年，进一步体现党中央、国务院对残疾军人的关怀，中央财政下拨补助资金1.99亿元，为建国前入伍的4万多名残疾军人配发假肢、助听器等康复辅助器具。

（2）积极落实老艺术家生活补贴政策，解决老艺术家实际困难。2000年财政部与中组部、原人事部联合下发了《关于给予部分老艺术家生活补贴的通知》，对工改前1—4级的老艺术家给予每人每月1000元补贴。2002年财政部又对文化部工改前5—10级老艺术家的补贴政策予以明确。这一系列政策的制定，为祖国文化事业发展作出贡献的老同志安度晚年提供了保障。为此，2009年中央财政安排专项资金800万元。

（二）继续做好老年人医疗保障工作

1. 大力推进医疗保障制度建设。

（1）不断完善新型农村合作医疗制度。2009年，各级财政按每人每年80元的标准对参合农民给予补助，中央财政对中西部地区每人每年补助40元，对东部地区按一定比例给予补助。为此，中央财政拨付补助资金274.56亿元。

（2）全面推进城镇居民基本医疗保险制度建设。2009年4月，人力资源社会保障部、我部联合下发《关于全面开展城镇居民基本医疗保险工作的通知》（人社部发［2009］35号），在全国范围内全面开展城镇居民基本医疗保险工作。2009年各级财政按每人每年80元的标准对参保居民给予补助，中央财政对中西部地区每人每年补助40元，对东部地区按一定比例给予补助。为此中央财政拨付城镇居民基本医疗保险补助资金47.54亿元。

2. 重点解决困难城乡居民的医疗保障问题。

（1）安排专项资金解决关闭破产国有企业退休人员医疗保障问题。2009年5月，经国务院批准，财政部会同人力资源社会保障部、国资委、监察部下发了《关于妥善解决关闭破产国有企业退休人员等医疗保障有关问题的通知》（人社部发［2009］52号），要求各地采取切实有效措施，在2009年年底前将未参保的关闭破产国有企业退休人员纳入当地城镇职工医疗保险；同时，统筹解决包括关闭破产集体企业退休人员和困难企业职工等在内的其他各类城镇人员医疗保障问题。为此，中央财政安排专项补助资金429亿元。

（2）研究制定出台政策帮助中央困难企业解决离休干部医疗保障问题。根据中组部、财政部等《关于进一步落实中央企业离休干部医药费保障机制的意见》（组通字［2008］46号），中央财政对纳入国有资本经营预算试行范围的困难中央企业截至2007年底拖欠的离休干部医药费给予补助。据此，2009年，中央财政为194家中央企业安排离休干部医药费专项补助资金2.88亿元。

（3）大力推进城乡医疗救助制度建设。2009年，各级财政继续加大对城乡医疗救助制度的投入，积极稳妥地推进制度建设，其中中央财政安排城乡医疗救助补助资金80.53亿元。

3. 着力加强重大疾病防控提升和基层医疗卫生机构医疗服务能力工作。

（1）加大公共卫生投入力度，使老年人少得病。2009年，中央财政安排公共卫生专项资金246亿元，比2008年的126.14亿元增加119.86亿元，增长95%，重点用于支持重大疾病预防控制、食品药品监管及中医药事业发展等，使包括老年人在内的广大人民群众少得病。

（2）安排社区卫生服务财政补助资金，方便老年人等就近看病。根据《国务院关于发展城市社区卫生服务的指导意见》（国发［2006］土0号）和《关于城市社区卫生服务补助政策的意见》（财社［2006］61号），中央财政从2007年起对中西部地区按照每人每年3元、4元的标准分别给予补助。根据《国务院关于印发医药卫生体制改革近期重点实施方案（2009—2011年）》（国发［2009］12号）的要求，2009年人均基本公共卫生服务经费标准不低于15元，中央财政继续安排补助资金104亿元，同时继续对基层医疗卫生机构设备购置以及中西部地区城市社区卫生人员培训予以补助，支持基层医疗卫生机构提高医疗服务能力，方便包括老年人在内的社区居民就近看病。

（三）逐步增加老龄事业投入，支持老龄事业发展

1. 合理安排老龄事业经费。

为发展老龄事业，保障老年人权益，各级政府通过财政预算安排、彩票公益金资助和社会捐助等多种渠道筹集资金，逐步增加老龄事业投入，使其与经济社会发展水平和老年人口增长相适应。其中，为保障各级老龄机构开展正常工作和拓展业务的需要，同级财政都将老龄机构工作经费纳入年度预算。2009年，中央财政安排1997万元，用于全国老龄工作委员会办公室和中国老龄科学研究中心开展日常工作，以及组织开展“银铃行动”、实施“爱心护理工程”和老龄政策研究等所需经费。

2. 积极支持老科技工作者学术交流和老年人文

化事业发展。

一是安排项目经费支持老科技工作者的学术交流活动和科普工作。老科技工作者是科教兴国中的一支不可忽视的力量。近年来，中央财政通过项目支出的方式，对老科技工作者的学术交流活动和科普工作给予大力支持。2009年，中央财政安排项目经费250万元，用于支持老科技专家开展科普讲座、实施“老科技专家志愿者科普工程”等。二是积极支持中国文学艺术界联合会实施“晚霞工程”。2009年，中央财政安排专项资金50万元，用于宣传一批德高望重的老艺术家及其艺术成就，为老艺术家出版图书、摄制电视专题片，并组织一线创作人员深入生活，该项目自20世纪90年代实施以来，得到文学艺术界老艺术家的一致称道。三是积极支持“群众歌咏和老年活动”，丰富老同志业余文化生活。2009年，中央财政安排专项资金300万元，支持“群众歌咏和老年活动”，以满足老年同志日益增长的精神产品需求。

二、2010年工作计划

2010年，财政部将继续以科学发展观为指导，坚持以人为本、执政为民，配合有关部门做好老龄工作。

（一）继续完善各项社会保障制度，切实保障老年人基本生活需要

1. 大力推进农村老年人基本生活保障。

一是按照《指导意见》要求，会同有关部门继续做新农保试点有关工作。加强对新农保试点工作跟踪指导，及时了解各地新农保试点进展情况，研究解决试点过程中出现的问题，制定相关配套政策办法，研究制定2010年扩大新农保试点的相关政策。二是建立健全农村社会救助体系，帮助农村困难老年群众解决生活困难问题。继续会同有关部门深入研究完善农村低保以及五保供养等生活救助制度。三是继续实行农村部分计划生育家庭奖励扶助制度。

2. 继续做好城镇老年人基本生活保障。

一是继续提高企业退休人员基本养老金水平。按照国务院统一部署，财政部将会同有关部门继续做好2010年调整企业退休人员基本养老金工作。二是按照《国务院关于完善企业职工基本养老保险制度的决定》（国发［2005］38号）精神，进一步扩大企业职工基本养老保险覆盖范围，并对新出台省级统筹办法的地区进行调研评估。三是配合事业单位分类改革，会同有关部门对部分地区开展事业单位养老保险制度改革试点工作予以指导。四是密切关注物价变化等情况，指导各地切实保障包括老年人在内的城市低保对象的基本生活。五是积极参与研究老年人社会福利等有关政策，继续研究以政府购买服务形式支持民办养老机构发展，进一步支持老年福利事业发展，改善老年人生活质量。

3. 其他老年群体的生活保障。

一是继续做好优抚安置等工作，切实保障包括老年人在内的优抚安置对象的基本生活。二是继续支持老科技工作者学术交流和老年人文化事业。2010年，财政部将继续配合有关部门，支持老科技专家的学术交流和科普活动，推动老年人文化事业发展，丰富老年人业务文化生活。

（二）推进医疗卫生体制改革，做好老年人医疗保障工作

1. 进一步完善医疗保障制度，提高包括老年人在内的广大城乡居民的医疗保障水平。

一是在新农合和城镇居民医保制度实现全面覆盖的基础上，进一步提高筹资水平和财政补助标准。各级财政补助标准由2009年的每人每年80元提高到120元，其中中央财政对中西部地区的补助标准由每人每年40元提高到60元，并对东部地区按一定比例给予补助。同时进一步完善制度、加强基金管理，并按照要求逐步提高两项制度的保障水平。二是进一步加大对城乡医疗救助的投入，完善制度，扩大覆盖范围，逐步将其他经济困难人员纳入救助范围，并做好与其他医疗保障制度的衔接工作。三是督促各地切实解决好关闭破产国有企业退休人员等医疗保障问题。四是继续做好中央困难企业离休干部医药费补助资金的安排和分配管理工作。

2. 继续推进医药卫生体制改革，努力缓解包括老年人在内的广大城乡居民“看病难、看病贵。问题。

财政部将按照国务院的要求，会同有关部门继续推进“加快推进基本医疗保障制度建设”“建立国家基本药物制度”“健全基层医疗卫生服务体系”“促进基本公共卫生服务均等化”和“推进公立医院改革试点，等5个方面的医疗卫生体制改革工作。同时，进一步加大投入，努力缓解包括老年人在内的广大人民群众“看病难、看病贵”问题。

（三）加大资金投入，支持老龄事业发展

财政部将根据老龄事业发展的需要和财力可能，合理安排老龄事业经费，支持老龄事业发展，使其与经济社会发展水平和老年人口的增长相适应。同时，积极会同有关部门完善资金管理办法，提高资金使用效率，并要求各地财政部门进一步重视老龄工作，为老龄事业发展提供有力保障。

（文化部）积极推进老年文化事业发展，不断丰富老年人精神文化生活

全国老龄委第十一次全体会议以后，文化部积极贯彻会议精神，按照会议安排的任务以及回良玉副总理在第二次全国老龄工作会议上提出的“积极推进老年文教体育事业发展，不断丰富老年人精神文化生活”的要求，结合文化事业发展的实际情况，积极开展老年文化工作。

一、统一思想认识，进一步加强对老年文化工作的领导

第二次全国老龄工作会议以后，老年文化事业有了很大发展。各地文化行政部门按照文化部对会议精神的部署，加强了对老年文化工作的领导，因地制宜地组织开展科学、文明、健康、有益的老年文化活动，使老年文化活动在全国基层蓬勃开展。老年广场文化活动、老年社区文化活动越来越活跃，老年人已经成为基层群众文化活动的主力军。在老龄委的指导及各地文化行政部门共同努力下，老年教育事业也在迅速发展，全国各类老年大学（学校）达3万多所。文化部门利用公共文化服务设施开办的老年大学数量不断增加，许多地方为老年人开办了电视和网络学校，老年远程教育开始起步。

当前，我国正在快速进入老龄化社会，人口老龄化的迅速发展，对老年文化事业提出更高的要求。它标志着一个社会的文明水平，也是构建社会主义和谐社会、建设社会主义新农村的重要内容。老年文化事业尽管已经取得很大成绩，但无论在体制上还是在机制上都还不适应形势发展的要求，事业发展相对滞后，一些地方和部门不同程度地存在对老年文化工作重视不够的现象等。因此，文化部在贯彻全国老龄委第十一次全体会议精神及部署老年文化工作的同时，进一步要求各级文化行政部门把思想认识统一到科学发展观的高度，加强对老年文化工作的领导，采取切实措施，积极应对老年文化工作中的各种突出问题，实事求是、创造性地做好老年文化工作。

二、加大公共文化设施向老年人等特殊社会群体开放力度，积极为老年人提供优质文化服务

利用现有的公共文化设施为老年人提供优质文化服务，是各级文化部门的重要职责。为了提高政府为全社会提供公共文化服务的水平，文化部、国家文物局发文要求，全国文化系统的各级博物馆、纪念馆、美术馆对持有相关证件的老年人、残疾人等特殊社会群体参观实行门票减免或优惠。几年来，各级文化行政部门和文化单位按照文件要求，积极落实保障措施，受到老年人等特殊群体的欢迎。在全国老龄办等21个部委联合下发了《关于加强老年人优待工作的意见》后，文化部在起草的《公共图书馆法》中增加了“有条件的图书馆要增设老年图书阅览室”的内容。全国各级文化单位为贯彻落实《意见》精神，在有条件的图书馆、文化馆（站）等均开办和增设老年图书阅览室、活动室。群艺馆、文化馆（站）经常性的举办面向老年人的知识讲座和展览，组织适合老年人参加的文化活动。此外，各地的公共文化设施普遍建立了公共文化服务向社会公示制度。按照《公共文化体育设施管理条例》的要求，将服务的对象、内容，开放时间、监督方式等向群众公示，方便了群众使用、监督，同时为老年人享受文化服务提供了便利。

三、积极组织开展老年文化活动，丰富老年人精神文化生活

根据文化部的部署，各省、市文化厅（局）积极组织开展本地区老年文化活动，其中有些文化活动已经成为当地非常有影响的品牌活动，如：湖北省、甘肃省、西藏自治区文化厅每两年举办一届老年文化艺术节；合肥市委宣传部、文化局每年举办一届“美在金秋”中老年文化周等，这些活动每次都有上万人参与。各级文化单位也为老年人群体的特殊需要，充分利用现有文化阵地（文化馆、站，文化广场等），积极组织小型、灵活、分散、多样的文化活动。这些活动的开展，活跃和丰富了广大老年群众的精神文化生活。在各地开展文化活动的基础上，文化部定期组织开展大型示范性、导向性的全国老年文化活动。2009年主要有以下几项活动：

1. 举办“永远的辉煌”—第十一届中国老年合唱节。群众歌咏活动是深受广大老年人喜爱的文化活动形式，具有广泛的群众基础和经久不衰的艺术魅力。中国老年合唱节自1999年举办以来，已经成为在全国具有广泛影响力的示范性群众文化活动。2009年正值新中国成立六十周年，文化部于9月在重庆市

举办中国老年合唱节，以传唱红色歌曲为特点，以弘扬革命传统、歌颂伟大祖国为宗旨，展示了老年人意气风发、昂扬向上的精神风貌。来自全国各地60个老年合唱团、3000多位老同志参加了合唱节。在合唱节期间，除了正式演唱比赛，组委会还精心组织安排了各合唱队进广场、进社区、进校园的“三进”活动。通过与当地群众的交流演出，扩大红歌传唱在全国的影响。组委会还举办“红色经典歌曲与时代精神”讲座，扩大了群众参与度和社会影响面。

2.2009年9月，在中央文明办、文化部、北京市政府等单位共同举办的庆祝建国六十周年“爱国歌曲大家唱”大型活动中，安排设立了老年合唱方阵。老艺术家们的深情演绎，昂扬向上的精神风貌，赢得很好的社会影响。

3.2009年11月，文化部与广东省文化厅等单位在广东中山市联合举办“农民合唱大会”。合唱队员里有很多中老年农民。广大农民群众的参与，使群众歌咏不仅在城市得到普及，也带动和促进了农村群众文化活动的发展。

4.积极支持、配合老龄委的工作。如参与了老龄委关于“国家应对人口老龄化重大课题”项目的论证及制定工作；参与中国老年大学协会主办的“全国老年教育评选表彰”活动；参加中国老年学学会关于《创造与共享—全国老年文化高峰论坛》等。

卫生部2009年老龄工作综述

2009年，我部按照党的十七大精神，结合中共中央、国务院深化医药卫生体制改革的时机，全面贯彻落实全国老龄委第十一次会议精神，加大对老龄卫生工作的宣传、教育力度，为建立健全覆盖城乡的基本医疗卫生制度，提供安全、有效、方便、价廉的医疗卫生服务体系，推动老龄卫生事业的发展，开展了大量工作。

一、深化医药卫生体制改革，完善社区老龄卫生服务功能

为贯彻落实《中共中央、国务院关于深化医药卫生体制改革的意见》（中发〔2009〕6号），我部与财政部、国家人口计生委联合印发了《关于促进公共卫生服务逐步均等化的意见》（卫妇社发〔2009〕70号），明确将老年保健纳入9类国家基本公共卫生服务项目，由基层医疗卫生机构（包括乡镇卫生院和社区卫生服务机构）免费向老年人提供。服务内容包括对辖区65岁及以上老年人进行登记管理、健康危险因素调查和一般体格检查，提供疾病预防、自我保健及伤害预防、自救等健康指导。制定并下发了《国家基本公共卫生服务规范》，从技术层面对老年人保健等国家基本公共卫生服务项目进行了统一要求。

二、加强策略研究，迎接人口老龄化挑战

为研究我国老龄人口增长可能对卫生筹资体制、疾病模式转变、卫生资源配置和服务体系产生的重大影响，我部委托有关机构开展了《人口老龄化对卫生体系带来的挑战与对策研究》，以系统地分析和预测人口老龄化对我国卫生体系带来的挑战，并提出应对挑战的策略。

三、新型农村合作医疗制度覆盖全国老年人

截至2009年底，全国开展新型农村合作医疗（以下简称“新农合”）的县（市、区）数达到2716个，参加新农合人口8.33亿。新农合制度已经覆盖全部农村地区，所有农村老龄人口都可以自愿参加新农合制度，享受基本医疗保障待遇，参合人员（包括老年人）患病都可按照新农合制度规定获得报销补偿。

四、加大防盲治盲工作力度

2009年6月，我部与财政部、中国残联联合印发了《关于实施“百万贫困白内障患者复明工程”项目的通知》（卫医政发［2009］58号）以及项目实施方案，计划从2009年开始实施“百万贫困白内障患者复明工程”，将利用3年时间为29个省（自治区、直辖市）（北京、上海未承担任务）包括贫困老年人在内的100万例贫困白内障患者实施复明手术。为全面掌握开展白内障复明手术情况，加强管理，我部还在全国各级各类医疗机构统一推广使用“白内障复明手术信息报告系统”。

2009年计划完成20万例手术，中央财政补助每例手术费用800元，各地还结合当地实际情况，采取多种措施提供地方配套资金支持。截至2009年底，29个省（自治区、直辖市）已完成21万余例手术，超额完成任务，受到患者及家属的广泛好评。

五、重视老年人常见疾病的科学研究工作

“十一五”国家科技支撑计划“老年相关疾病的干预控制研究”项目中的四个课题：“骨关节炎的干预控

制研究”“老年人骨质疏松性骨折预防干预的研究”“听觉退行性疾病的防治研究”和“Ⅱ型糖尿病及其并发症的干预控制研究”于2009年底结题。实施的课题通过建立骨关节炎临床分期标准与阶梯式治疗方案，建立骨质疏松骨折的综合干预方案与实施措施，防治听觉退行性疾病，建立Ⅱ型糖尿病及其主要并发症的干预控制措施和管理控制模式等，为老年人保存重要器官功能、提高生活质量、降低医疗费用提供科技支持。

全国继续医学教育委员会2009年评审并公布的国家级继续医学教育项目中与老年科技相关的项目有80多项，培训了大批在职卫生技术人员。培训项目涉及内科、外科、急诊、公共卫生与预防医学、神经运动康复、心血管疾病康复、脑卒中康复、老年康复、心理康复、社区康复等。

六、广泛开展国际合作，大力推进老龄卫生工作

2009年，我部利用全球基金、中美、中英、中澳、中盖、中克、中默艾滋病合作项目，全球基金结核病、疟疾项目、达米恩基金会结核病麻风病防治项目等国际合作项目，在传统、新发与再发传染病控制方面涵盖了对老年人的健康保护。此外，瑞声达听力集团的畅听未来——中国耳聋防治五年计划项目、拜尔公司的中国社区卫生促进项目、香港健康快车基金的健康快车免费白内障复明手术项目、香港嘉道理基金会农村健康促进项目、香港亮睛工程慈善基金会的亮睛工程项目、国际扶轮社等项目，都从不同层面上推动了我国老年卫生工作。

2009年6月，由卫生部批准，中国老年保健医学研究会和中国医药卫生事业发展基金会主办、美国GE医疗集团协办的“脑中风筛查及防控工程”正式启动。该项目借鉴先进国家成功经验，结合中美脑中风协作组多年实践成果，旨在推动中国脑中风防控体系的建立和发展，有效遏制脑中风的发病和死亡。

2009年11月，在中国/世界卫生组织双年度合作项目征集活动中，纳入老年健康公平性、社会决定因素与干预策略研究。

七、认真贯彻执行党的老干部政策，切实保障离退休干部的医疗待遇

新中国成立六十周年前夕，为体现党中央、国务院对离休干部的关怀和照顾，中组部决定提高部分离休干部的医疗待遇。为做好此项工作，我部制定了《落实中组部关于提高部分离休干部医疗待遇政策工作方案》并召开主要承担干部医疗保健任务的医院主管领导工作座谈会，要求各单位讲政治、顾大局，克服困难，尽全力做好工作。同时，向老干部赠送《保健手册》《保健医苑》《健康年鉴》上万册，不断提高老干部自身医疗保健意识和能力。

我部还承担了中组部组织的在京老干部茶话会、外国专家局组织的外国老专家座谈会和外国老专家赴北戴河休假活动以及由将军后代合唱团组织的“唱响中国活动”等多次老干部、老专家活动的医疗保障工作，保证了活动的顺利进行。

八、认真做好老年慢性疾病综合防治工作

为科学指导基层开展高血压规范化防治工作，我部组织专家制定了针对基层医疗卫生人员的《高血压防治指南（2009年基层版）》。在全国31个省（自治区、直辖市）和新疆生产建设兵团的50个社区，开展包括老年人在内的慢性病综合干预控制工作，以控制人群超重、肥胖和血压水平为目标，推广“维持健康体重”和“控制血压”的核心技术，并对慢性病患者和高危人群进行随访管理，截止目前，已经累计纳入管理人数近5万人，覆盖社区人口达100万，患者的血压和体重控制得到了规范化的管理，同时有效地改善了社区人群的健康生活方式。

为提高包括老年人在内的全民健康意识和健康生活方式行为能力，有效控制主要慢性病及其危险因素水平，各省陆续启动了以“和谐我生活，健康中国人”的全民健康生活方式行动。截至目前，全国已有30个省（自治区、直辖市，含新疆生产建设兵团）启动全民健康生活方式行动，各地根据自身实际情况，开发适宜本地、形式多样的活动方式，宣传“合理膳食、适量运动”的“健康一二一”核心理念，有效推动了当地居民健康水平的改善。

我部还组织编写了《中国人群骨质疏松防治手册》《中国居民口腔健康指南》《伤害干预系列指南》，以做好老年骨质疏松防治工作、老年口腔卫生保健和老年伤害预防工作。

国家体育总局2009年老龄工作综述

2009年是深入学习科学发展观、认真落实胡锦涛总书记2008年“929”讲话中作出的建设体育强国指示，在新的起点上实现体育的新发展、新跨越的重要一年。2009年的全国老年人体育工作，以宣传学习《全民健身条例》为主题，以开展首个“全民健身日”活动为契机，求真务实，锐意进取，取得了新的可喜的成绩。

一、召开2009年全国老年人体育工作会议

2009年3月27日至29日我们在海口市召开了全国老年人体育工作会议。国家体育总局局长刘鹏、全国老龄工作委员会办公室常务副主任陈传书、海南省副省长林方略、总局局长助理晓敏、中国老年人体协名誉主席张彩珍、主席张发强、总局群体司司长盛志国、社体中心主任胡建国、副主任邹积军、宣传司副司长温文等出席了会议。来自全国各省（区、市）、计划单列市、新疆生产建设兵团及各行业老年人体育协会的主席、秘书长近100人出席了会议。一些地区老年人体协的负责人200多人列席了会议。

刘鹏局长、全国老龄办常务副主任陈传书出席会议并讲话。会上，刘鹏局长对2009年及今后的老年人体育工作提出了明确的要求：“要以庆祝建国六十周年为契机，以国务院批准的全国‘全民健身日’为重要节点，以筹备举办第一届全国老年人体育健身大会为主线，通过开展丰富多彩的健身活动，进一步掀起老年人体育健身活动的新热潮，让广大老年人更快乐、更高寿、更强健、更幸福。”

陈传书常务副主任在讲话中指出，全国老年人数量的增加和机构的变动，对老年体育工作提出了新的现实课题。他号召，抓住机遇，传承奥运精神，积极开展丰富多彩的健身和娱乐活动，为构建社会和谐、共享社会文明而努力。

会议期间与会者围绕如何深入贯彻胡锦涛总书记929讲话精神在后奥运时期进一步做好老年人体育工作，进行了深入研讨。大家一致认为，过去两年各级老年人体育组织工作始终围绕广大老年人体育健身需求，服从和服务于中心工作，以“全民健身与奥运同行”为主题开展了丰富多彩的活动，老年人体育组织网络化建设不断完善，老年体育活动场地设施建设得到重视，老年体育宣传、科研活动不断加强，党政主导、采取了多种措施推动农村老年体育工作开展。

本次会议，有30个省（区、市）、5个计划单列市、新疆生产建设兵团和4个行业老年人体协共40个地区、单位撰写了交流材料，畅谈学习贯彻科学发展观的收获体会，交流了工作经验。

会议期间还进行了两项表彰活动。刘鹏局长等领导为“全民健身与奥运同行·全国亿万老年人健步走向北京奥运会”活动获奖的831个先进地区、59个先进单位、1802名先进个人的代表以及1367名“全国健康老人”代表颁发了奖章和牌匾。

二、举办了第一届全国老年人体育健身大会

由国家体育总局、全国老龄工作委员会办公室、中国老年人体育协会主办，国家体育总局社体中心、河南省体育局、郑州市人民政府等单位承办的第一届全国老年人体育健身大会，所设10个项目及开闭幕式活动，于2009年7月20日至10月26日分别在云南昆明、河南郑州等9个地区举行。本届健身大会是新中国成立60周年来最大规模的综合性老年人体育活动，是具有里程碑意义的老年体育盛会，为落实胡锦涛总书记建设体育强国的指示和《全民健身条例》、构建社会主义和谐社会作出了积极贡献。

本届健身大会共设置10个交流项目，既有在中老年人群中广泛开展的柔力球、气排球、健身球操等新兴健身项目，又有健身秧歌（腰鼓）、健身气功、象棋、门球、太极拳（剑）等适合中老年人的传统健身项目，还有网球、乒乓球等中老年人的现代体育项目。在设项上充分考虑了农村和城市老年人在体育健身方面不同的需求，兼顾了不同阶层老年人体育健身项目的特点。来自全国各省（区、市）、计划单列市、新疆生产建设兵团、解放军和行业老年人体协，以及香港、澳门的两个体育社团，共47个代表团、375个单项代表队、7000余名老年人参加了本届大会。大会按项目参与代表队和人数数量的30%、30%、40%，设置金奖、银奖、铜奖，百分之百的获奖面充分体现了淡化锦标、重在参与的宗旨。为鼓励各代表队组织参加交流活动，更好地贯彻大会宗旨，营造良好的氛围，每个单项活动均按照参加代表队总数，设置30%的“最佳组织奖”和30%“体育道德风尚奖”。

为做好本届健身大会的宣传工作，国家体育总局专门印发了《第一届全国老年人体育健身大会宣传报道方案》。开闭幕式和各单项活动期间，中央电视台、《人民日报》、新华社、中央人民广播电台、《光明日报》《中国体育报》《中国电视报》、中国网、新浪网、搜狐网、网易网、华奥星空网等多家中央媒体及数十家地方媒体，百余名记者，对健身大会进行了全方位，多角度，深层次的宣传报道。中央电视台《新闻联播》栏目两次报道了大会活动。本届健身大会的宣传报道，无论是在媒体的层次，还是在参会记者人数、采访报道的数量，都是在各类老年人体育活动中最高、最多的一次。大量的宣传报道，使本届健身大会在全国产生了较好的影响。

为了本届健身大会的安全，组委会专门发出了

《关于做好第一届全国老年人体育健身大会防伤病和加强安全工作的通知》，要求各有关单位加强防控甲型H1N1流感的措施，做好会风会纪的宣传工作，调整好交流心态，避免一切不利于健康的行为发生。同时，还要求各赛区在食品上严把卫生防疫关，加强安保工作，确保大会期间不会出现安全问题。我们在大会总规程里明确规定了参加交流人员年龄及身体健康要求，必须经常参加体育健身锻炼、得到亲属支持和医院的健康证明，必须上保险。同时，为防患意外的发生，组委会又为每个参加的队员进行了保险。

本届健身大会办得热烈、浓重、多彩，圆满成功，检阅了新中国建国六十年来，尤其是改革开放30年来老年体育事业取得的重要成就，展示了当代老年人的体育风采，实现了举办全国老年人体育健身大会的愿望，促进了全国各省市、行业老年体协之间的交流，宣传推广了全民健身理念，创新了全国综合性体育赛事的组织模式，加强了内地与港澳地区老年人体育的交流，推动了老年人体育健身活动的广泛开展，开创了老年人体育事业的新局面，为构建社会主义和谐社会作出了积极贡献。

本届健身大会得到了党和国家的亲切关怀。全国人大常委会副委员长、全国妇联主席陈至立在百忙之中莅临开幕式并宣布大会开幕。在全运会紧锣密鼓的筹备和比赛期间，刘鹏局长百忙中出席了大会开幕式和闭幕式，并亲切接见了各代表团领导。

本届健身大会的各代表团中有近30位省部级领导报名参加期间活动，体现了各地对本次活动的重视。各代表团分别采取不同形式向参加活动代表队进行大会宗旨和大会纪律要求的宣传，要求各领队严格管理自己的队伍，认真贯彻大会的宗旨，从大局出发，为健身大会安全顺利进行做贡献。此外，各代表团还积极建言献策，对办好健身大会提出了不少宝贵的意见和建议。

三、加强了老年体育项目规则的研究与裁判员队伍的规范化管理工作以及老年人体育科研工作，保障老年人体育工作协调发展

为促进老年人体育事业的全面、协调、可持续发展，深入实践科学发展观，认真落实海口老年人体育工作会议精神，我们于2009年5月上旬召集了各地老年人体育专家对重点开展的老年人体育项目规则进行了研讨，充分听取专家们对项目发展的意见，根据老年人的特点修改整理了柔力球项目规则。

为规范协会的工作，加强裁判员队伍的管理，根据老年人体育项目的特点，中国老年人体育协会设计制作了老年体育项目等级裁判员证书。

此外，我们与清华大学、北京体育大学、康普生国际（香港）有限公司向国家体育总局科教司联合申报了《中老年健身的科学性对促进健康效果的研究》课题，与河北师范大学、首都体育学院向国家体育总局科教司联合申报了《高龄健康老人体育生活特征与老年健康操的实验研究》课题立项已获得批准，正按计划进行中。

（新闻出版总署）离退休干部工作办公室 2009年工作总结和2010年工作要点

2009年，在总署党组的正确领导下，在分管署领导和总署机关党委的指导下，在机关各司局的大力支持下，总署离退休干部办公室以科学发展观为指导，全面贯彻落实中组发［2008］10号文件精神和全国老干部局长会议、全国新闻出版局长精神，围绕总署中心工作，服务于新闻出版大发展大繁荣，以“谋稳、谋新、谋发展”为总体思路，认真落实“老有所养”“老有所医”“老有所教”“老有所学”“老有所为”“老有所乐”，做了以下几个方面的工作：

一、以学习实践科学发展观活动为契机，推动总署离退休干部工作发展

2009年，我们通过学习实践科学发展观活动和对中央有关精神的传达贯彻学习，完善和执行党总支扩大会、离退休干部党员组织活动等，查找总署离退休干部工作目前面临的问题和不足，并积极研究应对措施，不断推动总署离退休干部工作的发展。

1. 按照总署党组关于学习实践科学发展观活动的统一部署，深入做好整改方案的落实工作。2月份，我们以“适应发展要求，围绕两个服务”为载体，以“谋稳、谋新、谋发展”为思路，查找工作中的不足，撰写了分析检查报告，提出了五个方面的问题和三方面的解决思路。

2. 我们及时传达中央及总署党组有关精神，积极引导离退休干部参与各项政治活动，先后组织离退休干部学习了全国人大、政协会议、全国老干部局长会议、全国新闻出版局长会议精神、十七届四中全会精神以及李东东副署长听取离退办工作汇报时的讲话精神，引导广大老同志在思想上紧跟形势，始终与党中央保持一致。

3. 我们还认真组织了离退休干部的“双先”评选工作，经基层推荐并报总署党组批准，推荐了人民出版社离休干部邵长明同志为总署“全国离退休干部先进个人”。

4. 以纪念新中国成立六十周年为契机，通过征文、书画展等一系列活动，提高离退休干部在甲流防控形势日益严峻的形势下，我们积极以电话通知和整理发放相关防控甲流宣传材料等形式，提醒广大离退休干部预防甲流传播，起到了较好的效果，截至目前，总署离退休干部中没有发现甲流病例。

5. 根据机关党委的要求，我们组织了总署离退休干部合唱队参加了总署“合唱比赛”，广大署直系统离退休干部不畏酷暑，认真训练，获得了二等奖的好成绩，很好地展示了离退休干部的风采。

6. 圆满完成新中国成立六十周年慰问和其他节日慰问工作。今年是中华人民共和国成立六十周年。为贯彻落实中共中央组织部、人力资源和社会保障部《关于在中华人民共和国成立六十周年之际开展走访慰问老干部、老工人、老党员活动的通知》（组通字〔2009〕34号）精神，充分体现总署党组和总署系统干部职工对老干部、老工人、老党员的关心关怀，8月—9月上旬，我们组织、协调总署党组成员、总署各有关部门及署直系统相关单位，分别对总署系统新中国成立前参加革命工作的93名老干部、老工人、老党员进行了一次走访慰问，送去了组织的关怀和温暖。此外，我们组织了“新闻出版总署老干部迎春团拜会”，合理安排了春节前和中秋、十一“双节”前的慰问工作，通过上门看望、电话问候等不同形式对离退休干部进行了慰问，得到了广大老同志的肯定。

二、扎实做好离退休干部的各项服务工作，认真落实好离退休干部的各项生活待遇

目前，总署离退休干部数量不断增多，整体高年龄期和高发病期特征明显，根据这些现实情况，我们不断探索创新服务工作的方式、方法，认真落实好离退休干部的各项生活待遇。

1. 认真做好离退休干部医药费报销、困难补助、生日祝贺、医疗体检和离退休干部统计等工作。今年，离退办在工作人员调整的情况下，克服人手紧的困难，继续认真细致地做好离退休干部的医药费代报工作，今年，共为老同志代报医药费20余万元。根据实际情况，积极为老干部争取行政经费、工会、党费等渠道的困难补助，共为19人发放了3.2万元困难补助。我们还为12位离退休干部祝贺了生日，及时对生病住院的同志进行了看望，为去世的王益、蔡金鹏2名老同志做好后事处理工作。积极配合有关部门做好离退休干部的医疗、保健、体检工作，全年共编印《老年生活与健康》12期。还组织老干部到麋鹿苑、青龙峡、红螺寺和雁栖湖进行春、秋游，参观北京华联印刷有限公司，愉悦老同志的身心。

2. 我办的离退休干部统计工作长期以来一直受到中组部老干部局的表扬和肯定。今年，我办报送的《2008年新闻出版总署离退休干部报表》连续第12年被中组部评为全优报表，并在全国通报表扬。

3. 完成总署新办公大楼老干部活动中心的功能配置工作，修改完善规章制度。总署搬入新办公大楼后，为了给广大老同志创造更好的活动条件，我们根据新办公大楼的实际情况，结合老干部的特点，认真筹划老干部活动中心的各项功能，现已完成设计、装修、器材配套等工作，为离退休干部提供了一个集学习、娱乐、健身等功能于一体的综合性活动和服务场所。

4. 修订完善了《新闻出版总署离退休干部丧事办理办法》，重新制定了《新闻出版总署关于原署领导班子成员生病住院探望及后事处理暂行办法》。

5. 老年书画联谊会工作持续发展。老年书画联谊会已经成为总署离退休干部工作的一个品牌。今年，在继续组织好老干部书法班、绘画班、诗词班教学工作的基础上，除9月在总署老干部活动中心组织庆祝新中国成立六十周年书画展外，还选送优秀作品参加了中组部举办的“首都老干部庆祝中华人民共和国成立六十周年书画摄影展”“颂改革伟业绘和谐之春——中央国家机关部分老年大学喜迎建国六十周年书画作品展”“西城区中央国家机关庆祝建国六十周年书法作品展”等活动，11月还将组织学员参加总署庆祝建国六十周年书画摄影展，充分抒发老同志的爱党爱国情怀。

6. 老年书画联谊会工作持续发展。老年书画联谊会已经成为总署离退休干部工作的一个品牌。今年，在继续组织好老干部书法班、绘画班、诗词班授课活动的基础上，编辑出版了《新闻出版总署书画联谊会10周年纪念作品集》。联谊会还结合北京奥运、汶川地震等重大事件，举办和参加了多次主题书画展，被《中国老年报》等多家媒体广泛报道，得到了良好的社会反响。8月，离退办还组织召开了老年书画联谊会教学工作研讨会，搜集了联谊会师生对今后工作的意见建议，为联谊会的持续发展奠定了基础。

7. 启动了“总署离退休干部分类管理服务问题研究”的课题调研工作。这一课题是根据中组部老干部局有关通知精神，按照立英同志有关工作要求，申报并经总署立项的。目前这一课题已经启动，正在进行过程中。

2008年，离退办加强了对署直系统离退休干部工作的指导。组织召开了署直系统离退休干部工作会议。还加大了总署老干部工作的信息宣传力度，截至12月初，共编发简报17期，编印《老干部园地》4期，并在《中国新闻出版报》《中国老年报》等媒体上刊发有关总署老干部工作消息多篇。离退办在职支部还通过开展“党员讲堂”等活动，加强了干部政治理论和业务知识的学习，提高了工作队伍的理论素养、政策水平和工作能力。今后，我们将在总结经验的基础上，再接再厉，进一步做好总署的离退休干部工作，让党组放心，让老同志满意。

三、2010年工作要点

2010年，总署离退休干部工作将结合2009年相关调研成果，在坚持对口联系制度的基础上，采取普遍性和个性化相结合的方式，特别注意那些年事已高，没有生活自理能力和“空巢”家庭的老干部，尤其是要重点关注和走访看望离休干部，还要通过社区、亲属加强联系，有针对性地做好不同群体老同志的工作。

1. 组织召开离退休干部春节茶话会。2月，组织召开署直单位离退休干部迎春茶话会，并组织安排好有关节前慰问工作，让离退休干部度过一个欢乐、祥和的春节。

2. 举办国际国内形势报告会。通过调研发现，离退休干部对形势报告类的活动比较感兴趣，2010年，我们将以邀请有关专家学者为署直系统离退休干部做形势报告或收看相关专题片等形式，满足离退休干部及时了解国际、国内形势的需要。

3. 举办“行业大发展大繁荣”系列讲座。继续邀请总署领导、有关司局领导或业内专家，围绕新闻出版各项工作，为离退休干部做关于新闻出版业大发展大繁荣的讲座。并结合讲座，发放部分介绍行业发展的图书资料，增进离退休干部对新闻出版行业最新发展形势的了解。

4. 继续做好医药费代报、节日慰问、生日祝贺、体检、统计报表等工作。老干部的生活待遇的保障是一项首要的工作，2010年，我们将及时落实党中央、总署党组对老干部的相关政策待遇，继续做好医药费代报、节日慰问、生日祝贺、体检、统计报表等工作，给广大老同志带去党中央和总署党组的温暖，稳定老干部队伍。

5. 继续办好各类兴趣学习班。我们将在新的一年继续办好老年书法班、绘画班、诗词班，并根据老同志需求，适时开办电脑班，引导离退休干部发现、培养自己的兴趣和爱好，在学习、娱乐和为社会奉献中享受生活。

6. 开展适合离退休干部特点的文体活动。利用总署新办公大楼老干部活动中心的优良条件，积极组织开展台球、沙弧球、棋牌等适合老干部年龄和身体特点的文体活动，并适时组织有关比赛，引导老同志积极参与有益于身心健康的文体活动，加强身体锻炼和保健，享受晚年幸福生活。

7. 修订完善规章制度。在继续做好日常工作的基础上，建立健全离退休干部管理服务的规章制度，在总署党组的高度重视和有关部门的支持下，尽力为离退休干部解决一些生活中的难题，办些具体的实事、好事。

8. 加强对署直系统离退休干部工作的指导。3月，召开署直系统离退休干部工作会，总结2009年的工作，交流探讨2010年工作的新思路。组织署直系统的离退休干部参加离退休干部新春茶话会和形势报告会、行业大发展大繁荣讲座等活动，加强机关离退休干部与署直单位离退休干部的交流。

第五部分

地方老龄工作

北京市

综　　述

2009年，北京市老龄工作在市委、市政府的正确领导下，以邓小平理论和“三个代表”重要思想为指导，全面落实科学发展观，深入贯彻党的十七大和十七届三中全会精神，从保民生、保增长、保稳定的大局出发，按照“大民政”理念对老龄工作的要求，把解决老年人最关心、最直接、最现实的利益问题放在首位，突出政策创新，全面履行“指导、协调和监督检查”的职能作用，居家养老服务工作取得突破性进展，各项老龄工作稳步推进，为满足首都老年人的多元化需求、提升老年人的生活质量发挥了重要作用。

一、社会养老保障体系更加完善

（一）统筹城乡养老保险制度建设取得新进展

初步形成了以城镇职工基本养老保险和居民养老保险制度为主，老年保障制度为辅，先保险后福利、相互衔接的养老保障制度体系。

建立城乡一体化的职工基本养老保险制度。制定出台了《关于本市转移就业的农村劳动力参加养老保险有关问题的通知》，本市转移就业的农村劳动力，也可以参加职工基本养老保险，退休后享受与城镇职工同等的基本养老保险待遇。

建立了城乡居民养老保险制度，整合了农民、农转非、城镇大龄无业居民、残疾人等保障制度，在全国率先实现了城乡居民社会养老保险制度城乡一体化。在新农保制度的基础上，制定实施了《北京市城乡居民养老保险办法》，办法规定，不论城乡，只要是劳动年龄内不具备参加职工基本养老保险能力的居民都可以参加居民养老保险。截止到2009年9月底，城乡居民参保人数达到147万人，其中，农村居民参保人数141万人，适龄的农村居民参保率达到90%。

完善福利性养老保障政策。将55周岁以上无社会保险的城乡女性居民一次性纳入福利性老年保障制度范围，实现了养老保障制度城乡全覆盖和保障人员的无缝对接。截至2009年底，为64.19万56岁及以上城乡居民发放了福利养老金15.78亿元，城乡居民养老保险的基础养老金共计支出5.72亿元。

（二）继续大幅度提高退休职工基本养老保险待遇

在连续几年较大幅度为退休人员增加养老金的基础上，2009年再次按照人均200元的标准提高了退休人员基本养老金，调整后的月平均养老金水平达到1865元，居全国前列。

二、医疗保险制度改革实现新突破

建立了城镇老年人门诊医疗费用报销制度。出台了《关于已参加大病医疗保险的城镇居民老年人门诊医疗费用报销暂行办法》。在不增加参保人员缴费的情况下，城镇老年人门诊在定点社区卫生服务机构首诊后，门诊医疗费用可以在参保地社保所报销，报销起付标准为200元，起付标准以上部分按50%的比例报销，在一个医疗保险年度内累计支付的最高数额为500元。

解决了困难企业退休人员不能及时报销医疗费的问题。出台了《关于退休人员医疗保险待遇有关问题的通知》，将退休人员医疗保障待遇与企业缴费情况“脱钩”，解决了退休人员因企业欠费不能及时报销医疗费的问题，确保了近4万名退休人员及时享受医疗保险待遇。

对医疗保险结算方式进行重大改革，在石景山、西城、东城、崇文、宣武等区进行了“持社保卡就医”试点。

三、为老服务工作进一步加强

（一）居家养老服务政策取得重大突破，为实现“9064”养老服务工作目标打下了坚实的基础

为实现我市“9064”（即到2020年，90%的老年人在社会化服务的协助下居家养老、6%的老年人通过政府购买服务在社区养老、4%的老年人在养老机构集中养老）的阶段性养老服务目标，在认真总结试点经验的基础上，相继下发了《北京市市民居家养老（助残）服务（“九养”）办法》和《关于贯彻落实＜北京市市民居家养老（助残）服务（“九养”）办法＞的意见》。

（二）《北京市老年人优待办法》正式实施，11项优待政策执行良好

全年共办理老年人优待卡224725张，办理老年人优待证84679张。老年人持卡免费乘坐市区内969条市属公交线路和378条郊区县公交线路地面公交车，每辆公交车上均有不少于座位总数10%的老幼

病残孕专座。老年人持卡免费游览151家市、区（县）级政府投资主办或控股的公园、风景名胜等旅游景区。60至64周岁的老年人以每张50元的优惠价格购买北京市游览年票。29家公共体育馆、各级社区服务中心和老年活动中心对老年人提供优惠服务。各级文化活动中心、美术科技和纪念场馆、烈士纪念建筑物、名人故居、公共图书馆等公益性文化设施，41家市、区（县）级财政支持的各类博物馆（院）以及14个国家级和45个市级社区体育健身俱乐部部分项目向持卡老年人免费开放。

全年为19652名90至99岁老年人发放高龄津贴2317.23万元，为424名百岁老年人发放高龄津贴92.4万元。为试点区8.2万名有特殊困难的老年人发放50至250元的居家养老服务补贴，2008年10月试点开始至2009年底，累计发放补贴3560万元。

全市社区卫生服务机构为老年人优先就诊923万人次，免收挂号费519万人次，优先出诊17万人次，优先建立家庭病床3591人次，为老年人免费体检14万人次。

各级法律服务机构优先为老年人提供减免费法律咨询和有关服务。"96156"市老年心理咨询热线为老年人提供免费心理咨询服务，通过志愿者服务、专家咨询、开办老年心理专栏等多种形式开展老年心理关怀服务。

（三）继续为老年人办实事，不断满足老年人的新期待、新要求

为80岁以上空巢老年人安装紧急医疗救援呼叫器（一按灵）4115个，投入资金452650元。启动了具有生活服务、紧急救助、信息咨询等功能的"小帮手"电子服务器的研制开发工作。向500位高龄特困老人发放救助金共计30万元。市卫生局会同"牙防机构"为低保全口无牙老年人免费镶牙1077人；为23091名65周岁以上老年人进行了眼科疾病筛查。自2009年1月1日起，本市市民不分职务级别，丧葬补助费由原来的800元调整为5000元。全年举办12场科普活动，组织老年学专家宣讲惠老新政策，普及老年学知识，提高老年人维权意识和能力，受益人群达3000多人。组织老年学专家编写《北京老年人生活实用手册》丛书，完成第二册《北京老年人维权指南》定稿。

（四）退休人员社会化管理工作稳步推进

2009年1至9月，接收了62户国有破产、注（吊）销企业的4015名企业退休人员实行社区管理，纳入社区管理的企业退休人员达到了29.88万人。在3188个社区（村）建立退休人员自管组织13039个，参加人数36.86万人；为7969名退休人员发放清洁能源自采暖补贴670.58万元；对47454名重点服务对象开展了上门收取医疗报销单据、送养老金等服务。选择社会化报销医疗费的退休人员达157.01万人，占居住本市人员总数的88.89%；开展了对15769名居住在外埠和国外的市民实行社区管理退休人员的资格认证工作。

四、加快老年服务设施建设，加强监管工作

积极鼓励多种渠道兴办老年养老服务机构，制定了社会力量兴办社会福利机构运营和基本建设资助办法。认真落实政策、资金、土地等方面的扶持措施，全力推进养老服务设施的建设。目前，本市养老机构近370所，床位总数达到5.5万余张，初步缓解了老年养老机构短缺的矛盾。

在加快老年福利服务设施建设的同时，注重对投资效果的评估和监督，市财政局成立了绩效考评工作组，对市民政局"资助'山区星光计划'老年福利设施建设补助经费"项目进行绩效考评，被评定为"优秀"。

五、老年宣传工作力度不断加强，老年人精神文化生活丰富多彩

围绕北京市老年人优待办法的实施和"九养政策"的出台，充分发挥主流媒体作用，通过召开新闻发布会、开办专题（专栏）等多种形式，对惠老政策进行全方位、立体式的宣传。以解读"九养政策"为主题，在《北京日报》《北京晚报》《北京社区报》共刊登11个专版，与《北京民政》联合制作专刊；与中央电视台《新闻联播》、北京电视台《北京新闻》和《北京议事厅》栏目、首都之窗、北京数字电视、北京人民广播电台等多家媒体，共同策划和播出了相关的报道和访谈节目；拍摄播出《关爱老人，共建和谐》公益广告，宣传老年人优待办法，唤起全社会对老年人的广泛关注。在《北京日报》刊登老龄工作重阳节专版，在《北京社区报》刊登老龄工作国庆节专版；与央视《夕阳红》栏目合作拍摄百岁老人系列专题片。参加全国"敬老、爱老、助老"主题教育活动，北京有2个单位和52名个人获奖。参与新中国成立六十周年成就展，参与承办2009中国国际福祉博览会。组稿参加2009年"尊老助老，和谐中国"新闻联合报道评选工作，共有5件新闻作品获奖。市老龄办获选《中国社会报》"2008年度全国民政宣传工作先进单位"。

为庆祝新中国成立六十周年和纪念"国际老年人年"十周年，在全市开展了"歌颂祖国、关爱老人、共享发展、同创和谐"的主题活动。举办了北京市退休人员2009年春节团拜演出和2009年北京市贺新春敬老慰问演出。联合百度公司举办"搜索老年精彩，

共享价值人生”主题活动。与中国音乐家协会合唱联盟、北京市老年艺术协会联合举办“喜迎建国六十周年——我和我的祖国”北京市第四届老年合唱大赛，全市共有61支队伍参加，3100多人参与该活动。

六、老年维权工作深入开展，老年人权益得到切实保护

市人大常委会深入东城、西城、朝阳、海淀、房山、门头沟、延庆等区县，对我市贯彻实施《中华人民共和国老年人权益保障法》和《北京市老年人权益保障条例》情况进行执法检查。市老龄办向市十三届人大常委会第十二次会议提交了《关于北京市贯彻执行〈中华人民共和国老年人权益保障法〉和〈北京市老年人权益保障条例〉情况的报告》。市老龄委对市人大常委会执法检查报告审议意见书提交了研究处理方案。执法检查迎检工作圆满完成。

开展了老年维权“五个一”民生工程。加大对老年法律法规、政策贯彻执行情况的督促和检查。继续深入开展法律为老服务下基层、进社区活动，营造了全社会维护老年人合法权益的法制环境和尊老敬老的道德建设氛围。一年来，全市各级法律服务机构为老年人免费提供法律咨询万余次，办理涉老案件532件，为老年人提供公证咨询600余次，内容涉及赡养、继承、再婚、分家析产等各类纠纷。各涉老部门认真做好老年人的信访接待工作。市老年维权中心全年办理老年人来电、来信、来访816人次，做到了事事有回音、件件有答复，结办率100%，有效保障了老年人的合法权益。

七、老年人社会参与领域不断拓展

继续深入开展“银龄行动”，发挥我市老年人力资源的优势，由市老龄办组织为主逐步转为市级指导区县独立开展，通过老龄委有关成员单位、有关社团组织及老年人协会的共同努力，使“银龄行动”的工作重心更加贴近基层。全年共拨付经费18万余元，组织文化培训、演出、理疗体检等活动166场，深受广大老年人欢迎，取得了良好的社会效果。

重要会议和活动

【老年人优待办法正式实施】　2009年1月1日，北京市《关于加强老年人优待工作的办法》正式实施。2009年初，市、区县老龄委组成检查组，对公园、公交车站等场所进行了抽查，重点检查老年人是否能免费乘车和游览公园，并享受优先、优质的服务。各有关单位对优待服务的落实情况进行小结，针对优待政策未及时落实的情况，及时进行了处理。总体上，各项优待政策执行情况良好，老年人和社会各界反响较好。

【召开区县老龄办主任会议】　2009年4月23日，市老龄办组织召开区县老龄办主任座谈会，部署2009年工作任务，研究2009年老龄工作思路。会议讨论了高龄老人社会服务工作意见，提出了今年拟办的实事和今年需要完善和出台的制度。

【调整北京市老龄工作机构设置】　2009年4月29日，市机构编制委员会办公室《关于同意调整市老龄工作机构设置的批复》，同意北京市老龄工作委员会办公室与北京市老龄协会实行合署办公，在国内以市老龄委办公室的名义开展工作，在国际上主要以市老龄协会的名义开展老龄事务的国际交流与合作。市老龄委办公室承担北京市老龄工作委员会的日常工作。

【“山区星光计划”补助经费项目接受考评】　2009年5月26日，市财政局绩效考评中心召开专家考评会，对2008年“山区星光计划”工作实施考评，该项目综合考评得分91.36分，绩效级别评定为“优秀”。

【提交“一法一条例”执法情况报告】　2009年7月23日，市老龄委向市十三届人大常委会第十二次会议提交了《关于北京市贯彻执行〈中华人民共和国老年人权益保障法〉和〈北京市老年人权益保障条例〉情况的报告（书面）》。

【开展老年人优待政策满意度调查】　2009年8月21日—22日，市老龄办组织开展“北京市老年人优待政策满意度调查”，到东城、海淀、顺义、平谷区进行调研，各项优待服务工作得到老年人的积极肯定。

【2009年举办北京老年人社会生活展览】　2009年9月份，市老龄办配合我驻西班牙使馆举办了北京老年人社会生活展览，介绍我市老年人的社会生活状况和养老制度保障体系情况，提供近年来我市老年人实现“六个老有”的影像资料、对外宣传图册和全市老龄工作成果展示等各类资料14种。

【举办重阳敬老慰问演出】　2009年10月24日，市老龄办在北京展览馆剧场举办“北京市庆重阳敬老慰问演出”。市老龄委成员单位、各涉老单位、区县老龄工作者、各界老年代表及媒体相关人员2500余人观看了中国东方歌舞团的文艺表演。

【出台“九养政策”】　2009年10月25日，市政府第51次常务会议原则通过了市民政局、市残联《北京市市民居家养老（助残）服务（“九养”）办法》，并于2009年11月12日由市政府办公厅进行转发（京政办发〔2009〕104号）。“九养政策”内容包括：建立万名“孝星”评选表彰制度；建立居家养老（助残）券服务制度和百岁老人补助医疗制度；建立城乡社区（村）养老（助残）餐桌；建立城乡社区（村）

托老（残）所；招聘居家养老（助残）员；配备养老（助残）无障碍服务车；开展养老（助残）精神关怀服务；实施家庭无障碍设施改造；为老年人（残疾人）配备“小帮手”电子服务器。该文于2010年1月1日起正式施行。

【召开“九养政策”新闻发布会】 2009年10月26日，市民政局、市残联召开“九养政策”新闻发布会。市民政局党委副书记、新闻发言人郭旭升，市残联副理事长侯淑芬，市老龄协会常务副会长李建国出席发布会。新华社、中央电视台、《参考消息》、人民网、《北京日报》、北京电视台等16家媒体进行了重点报道。

【发布2008年老年人口信息和老龄事业发展报告】 2009年10月26日，市老龄办发布《北京市2008年老年人口信息和老龄事业发展状况报告》。截至2008年底，全市户籍老年人口218万，占总人口的17.7%。80岁及以上老年人口29.4万；百岁老人396人。181.07万名离退休人员参加基本养老保险；7.25万人享受农村社会养老保险待遇；18.64万名老年人参加城镇居民“一老一小”大病医疗保险；52.23万名老年人参加新型农村合作医疗；40190位老人享受低保待遇。

【向人大提交“一法一条例”审议意见书研究处理方案】 2009年11月20日，市老龄办向市人大常委会提交了《关于报送老年法律法规执法检查报告审议意见书研究处理方案的报告》。

【出台落实“九养政策”的意见】 2009年11月24日，市民政局、市残联、市老龄办、市发展改革委、市财政局、市人力社保局、市规划委、市住房城乡建设委、市卫生局、市社会办、市地税局、首都精神文明办、团市委十三家单位联合下发《关于贯彻落实＜北京市市民居家养老（助残）服务（“九养”）办法＞的意见》（京民老龄发〔2009〕504号）。

【召开落实“九养政策”工作会议】 2009年11月24日，市老龄委召开落实《北京市市民居家养老（助残）服务（“九养”）办法》工作会议。市民政局副局长李新京、市老龄协会常务副会长李建国、市残联副理事长侯淑芬出席会议并讲话。市发展改革委、市财政局、市人力社保局、市规划委、市住房城乡建设委、市卫生局、市社会办、市地税局、首都精神文明办、团市委等部门领导及各区县主管区（县）长、民政局局长、老龄办主任、街道（乡镇、地区办事处）主管领导共400余人参加了会议。

天津市

津、新、蒙、甘四省区市“银龄行动”工作座谈会在天津市召开。全国老龄委副主任阎青春出席座谈会并讲话。

天津市召开助老健康御险工作会议，表彰先进区县，交流做好助老健康御险工作的经验。

综　述

天津市老年人口继续保持快速增长趋势，截止到2009年底，全市户籍总人口为979.84万人，其中60岁及以上老年人口有171.15万人，占总人口比例为17.47%。老年人口数量较2008年底净增8.2万人，占总人口的比例增加 0.65 个百分点。面对严峻的人口老龄化形势，2009 年全市老龄工作者在市委、市政府的正确领导下，在全国老龄委的指导下，全面贯彻落实科学发展观，认真坚持“党政主导、社会参与、全民关怀”的方针，以建立健全老年社会保障制度体系为目标，以维护老年人权益为核心，以养老服务为重点，以提高老年人生活质量为出发点，全力打造与本市人口老龄化相适应、与经济和社会发展相协调的老龄工作新格局。

一、老年人有了新保障

为切实改善和提高民生质量，2009 年天津市继续实施新一轮养老金 3 年连调政策提高企业退休人员养老金。116 万企业退休人员养老金人均月增加 150 元，人均月增资超 10%，养老金月人均总额达 1350 元。

2 月 23 日，天津市政府常务会议原则通过《天津市城乡居民基本养老保障规定》。通过个人缴费加财政补贴的筹资办法，使全市农村居民、没有就业能力的城镇居民获得基本养老保障，从而实现人人老有所养。从 2009 年起，无论是具有天津市农业户籍、从事农林牧渔劳动、年满 18 周岁不满 60 周岁的农村居民，还是丧失城镇企业职工基本养老保险参保条件或者没有就业能力的城镇居民，都可参加城乡统一的居民养老保障。达到退休年龄领取养老金时，政府财政在个人账户基础上，另给予每月一定数额的基础养老金补贴。目前，天津市基础养老金补贴标准为每人每月 150 元。同时，依据《天津市城乡居民基本养老保障规定实施细则》，对我市 50 多万超过 60 岁的农村老人和近 20 万城市中没有养老保障的老年人实施城乡老人基本生活费补助办法。根据 60 岁以上、70 岁以上、80 岁以上的不同年龄段，分别给予每人每月 60 元、70 元、80 元的生活费，城乡补助标准一致。预计，今年市财政安排 4.7 亿元用于此项补贴。

根据市民政局、市财政局联合发出《关于调整城乡困难群众生活救助政策有关问题的通知》。从 2009 年 4 月 1 日起，城市居民最低生活保障标准由现行的每人每月 400 元调整为 430 元，农村居民最低生活保障标准由现行的每人每月 200 元调整为 230 元。全市有 2 万多名老年人受益。市人口计生委、市财政局发布了《关于提高农村部分计划生育家庭奖励扶助标准的通知》，本市自 2009 年 1 月 1 日起提高农村部分计划生育家庭奖励扶助标准，即符合条件的老年人，奖励扶助标准由每人每年 600 元提高到每人每年 720 元。

我市养老保障工作得到了全国老龄委的认可。全国老龄办常务副主任陈传书来津考察社会养老情况称：天津养老政策走在前列。天津市在全国老龄办主任会议上，就建立养老服务保障体系，统筹发展养老事业，推进城乡一体化介绍了经验。

二、老有所医有了新制度

实施城乡一体化医保制度。天津市政府常务会议原则通过《天津市城乡居民基本医疗保险规定》（津政发［2009］21 号），在现行的城镇居民基本医疗保险制度和新农合的基础上，进行制度整合，形成城乡居民统筹管理的制度模式。享受低保待遇人员、城乡特殊困难家庭人员和低收入家庭 60 周岁以上的老年人，不用自己缴费，即可享受城乡居民基本医疗保险保障。天津市城乡居民基本医疗保险制度将于 2010 年 1 月起实施。市政府一年投入补贴款约 7 亿元。

加大新型农村合作医疗财政投入和补助，加快公共财政向农村医疗保障倾斜，提高农民抵御疾病风险的能力。自 2003 年本市启动实施该制度以来，农民参加合作医疗的积极性越来越高。到 2009 年，全市涉农区县参合农民达到 367.9 万人。目前农民人均筹资水平达到 173 元，参合率 99.02%，2010 年将基本覆盖农村居民，有效解决了因病致贫、因病返贫之忧，减轻了就医的负担。全年市财政拨付新农合补助资金 5 亿元，比上年增加 1.2 亿元。2010 年后，参加新型农村合作医疗制度的农村居民将逐步参加城乡居民医疗保险，纳入全市统筹。

基本医保覆盖面扩大。到 2009 年底，全市城镇职工医保参保率达到 95%，全市城镇居民医保参保率达到 85%以上。同时，市卫生局拿出让市民享受更多常用药品的零差率优惠、促进基本公共卫生服务均等化等新举措，深化医疗制度改革。全市联网的社区卫生服务站已达 392 家。参保人员只要在联网结算的定点社区卫生服务站刷卡就医（持本人身份证或户口簿就医），发生的门诊、门诊特殊病医疗费只需交纳个人负担部分的费用，其他费用由社区卫生服务中心与社保中心结算，减轻了参保人员的垫资压力，又省去了先由个人全额垫付再报销的环节。市社保中心对已经联网的社区卫生服务站悬挂统一标牌，使用统一医保票据进行规范管理。

三、为老服务设施有了新规划

整合全市敬老院。发展城乡养老服务事业是市政府确定的 2009 年 20 项民心工程的一项重要内容。从 2009 年开始，用三年时间完成全市敬老院的整合工作，有步骤、有重点地建设一批区域性的敬老院，基本形成布局合理、设施配套、功能完善、管理规范的农村敬老院网络，力争使“五保”对象集中供养率达到70%。全年通过各级政府投资完成10所农村"五保"供养服务机构的新建或改扩建任务，新增养老床位1000张，使居住条件和基础设施得到明显的改善，以保障全市"五保"对象的集中供养。

加快本市养老服务社会化速度。为加快建立和完善社区老年人福利服务体系，推进全市老年日间照料服务中心（站）建设，市民政局、市财政局、市劳动和社会保障局出台《关于建设老年日间照料服务中心（站）的实施意见》。从今年起，利用三年时间，在全市107个街道和137个乡镇建设老年日间照料服务中心，在社区和自然村建设300个老年日间照料服务站。新建老年日间照料服务中心的规模，建筑面积一般不低于300平方米，设有"五室一校"（休息室、配餐室、文体活动室、健身康复室、医疗保健室和老年人学校）。用三年时间实现社区照料服务全覆盖。新建老年日间照料服务站的建筑面积一般不低于150平方米，设有"四室一课"（休息室、配餐室、文体活动室、医疗保健室和老年课堂）。今年社区老年日间照料服务中心将重点完善四项基本服务功能：一是对能够"走出来"的老人，提供看护、休息等服务。对不能"走出来"的老年人，联系服务人员或志愿者上门服务。二是提供就近、上门餐饮服务。三是提供健身锻炼、康复保健和应急救助等服务。四是为老年人提供学习、娱乐、聊天和文体活动等服务。在政策上对符合标准的服务中心，给予一次性建设补贴最高达到50万元。

研究制定《天津市2009—2012年推进养老服务社会化发展规划》，就兴建老年社区、创建集约型社会化养老模式；开辟多种融资渠道，鼓励社会力量兴办养老机构；推进居家养老体系建设等，在土地使用、资金保障、政策措施、人才保障、实体经营等方面，提出了发展规划。目前，《规划》正在同规划、国土资源、城乡建设等部门进行深入的协调论证。《规划》中计划将在本市建13处集居家与机构养老为一体的大型老年社区。老年社区专为老年人设计，居住相对集中，能够给老年人提供所需服务，有科学管理、规范运营、高效服务。这种集中式的居家养老，是社会化养老的创新模式。

四、宣传调研有了新媒介

各级老龄组织广泛开展老龄宣传活动，营造全社会尊老敬老的浓厚氛围，进一步增强全社会的老龄意识、养老意识和敬老爱老意识。市老龄委加大了与各新闻媒体合作的力度。为老年人解决实际问题的《行风坐标》、天津电台《枫叶正红》栏目开设"银色视点"栏目每月播出，在老年人中反响很好。为展示我市高龄风采，探索科学养生，市老龄委与《老年时报》联合主办"天津市百岁寿星排行榜活动"，评选出"2009年天津市十大寿星"，重阳节在《老年时报》进行公布。在全市开展了"首届天津市孝亲敬老模范家庭"评选活动，自下而上评选推荐。孙殿铭等30个家庭获"首届天津市孝亲敬老模范家庭"荣誉称号，徐凤芹等19个家庭获"首届天津市孝亲敬老优秀家庭"荣誉称号。市老龄委为评出的孝亲敬老模范家庭颁发了荣誉牌匾和证书。各区县也利用各种媒体，广泛宣传形成良好的舆论氛围。北辰区依托广播、电视、报纸，宣传敬老典型，弘扬正气，向老年人提供法律服务提高老年人法律意识。西青区开展"夕阳圆梦行动"在全市广为宣传，扩大老龄工作影响，满足了老年人最迫切、最直接的精神需求，提高了老年人的幸福指数。

为了解我市老年群体中存在"看不起病""看病难"问题，探究该群体医疗保障现状及其原因，市老龄办在全市范围内开展就医困难老年群体医疗保障状况调研。随机抽取部分就医困难老年人进行入户调查。调查采取数据统计、问卷调查和召开座谈会相结合的方式。市老龄办深入到河西区、西青区等7个区县、14个街镇的60岁及以上就医困难的老年人家中进行调查。据统计，全市存在各种就医困难老年群体约10万人。此外，市老龄办还进行老年人精神慰藉状况问卷调查并取得了有价值的调研成果。

五、老年人维权有了新途径

2009年初，天津市助老维权法律咨询公益热线开通。热线以本市社会孤老、退休孤老、空巢老人、80岁以上高龄老人、不能自理或半自理、经济困难等六种老人为长期重点帮扶对象，由专业律师为老人义务提供涉老方面的法律咨询。减少了涉老纠纷，更多老年人的合法权益及时得到法律保护。2009年10月16日，由市老龄委、市法律援助中心、市律协主办的"庆重阳全市老年维权大型法律咨询活动"在市老年活动中心举行。来自15家法律服务机构的29名律师和5名法律工作者现场为900余名老年人提供了法律咨询服务。

各区县也加大了老年人维权力度。南开区在全部12个街道设立社区法院，把家庭邻里纠纷解决在社区。河西区、河北区积极建立健全法律援助机构，依托街道司法所增设法律援助工作站、成立由律师组成的法律援助团、发放法律援助联系卡，确保更多的困难老年人及时获得优先、优质的法律服务。红桥区、静海县开展街镇、社区（村）两级老年维权工作者进行法律培训，提高业务水平。全市各级老龄信访部门认真做好来信来访工作。据统计，2009年市、区（县）两级老龄委办公室共接待老年人来信来访投诉案件2358件，其中来人防2323件，来信访35件，主要涉及赡养、房产、再婚、两费案件。接访人员耐心调解，妥善处理，老年人投诉满意率达到100%。很好地维护了老年人的合法权益。

六、"银龄行动"有了新招法

2009年，市老龄委依靠医疗咨询会诊网络平台继续拓展"银龄行动"。率先与中国移动天津分公司合作，搭建"银龄行动"信息化服务平台，以电话、网络等方式提供疾病预防、健康宣教、就医服务、远程会诊等在线服务，扩大了远程医疗会诊平台内容。利用"平安通"网络平台，为独居老人和低收入困难群体实施远程定位救援、救助、家政服务。在援助内蒙古、甘肃地区的基础上，与新疆维吾尔自治区进行合作，扩大远程医疗会诊范围。3月25日，津、甘、蒙、新四省区"银龄行动"座谈会在泰达举行，就下一步的合作达成意向。至2009年底，天津市已有30多名医学专家在网络平台上为内蒙古、甘肃等受援助地区远程医疗咨询400人次，远程会诊17次，为本市提供咨询5000多人次。另外，在本地"银龄行动"方面，我们继续本着惠农的精神，邀请农林专家，完成了对蓟县库区蘑菇、大棚养殖技术传授和指导，近200余个养殖专业户受益。我市"银龄行动"工作得到全国老龄委的充分肯定。

七、老年文化有了新内涵

2009年重阳节，是本市第21个老年节。市老龄委专门下发通知号召各级老龄组织和涉老部门组织发动全市老年人认真搞好新中国六十周年暨天津市2009年老年节庆祝活动。今年的庆祝活动主题是："迎国庆，赞祖国；度重阳，献爱心。"全市各涉老单位大力开展了歌颂党、歌颂祖国、歌颂社会主义宣传教育活动，广泛开展为老年人献爱心、办实事活动，举办丰富多彩的老年文化娱乐活动，营造节日气氛。

天津市"工商银行"杯第四届中老年文化艺术节，于6月5日开始历时4个月。艺术节期间，举行合唱、舞蹈、服饰、京剧以及曲艺、器乐等多个艺术门类的竞技活动。通过社会公开投票方式，评选十佳文化老人和候选人，老年节举行了"枫叶浓情·辉煌祖国"优秀节目大型汇报演出。市老龄委与《老年时报》、市老年健康协会联合举办的首届"中贸杯"中老年广场舞表演在河东区危改广场举行。来自全市110个表演队的5000余人参加了大秧歌、太极拳、腰鼓等几十种广场健身舞的表演。与红桥区人民政府共同主办"红桥杯"首届河北梆子中老年票友大赛，210名中老年票友报名参赛。经过初赛、复赛、决赛的层层角逐，最终评出金奖6名，银奖10名，铜奖14名。与市全民健身促进会等单位联合主办的中国（天津）首届中老年运动会于10月中旬举行。在为期4天的比赛中，近700名老年运动员角逐门球、踢毽、羽毛球等9个项目的优胜。与天津电台新闻广播等单位联合主办"回首相伴岁月印证幸福生活——天津首届老年婚纱摄影展暨重阳节联欢"，为60对金婚、钻石婚的老年夫妻免费补拍了婚纱照。

八、老年教育有了新面貌

随着全市老龄化程度的不断加深，全市老年教育事业也在不断地健康发展。9月间，市老龄委与市教委、市老年教育发展促进会等单位联合主办的《祖国万岁——庆祝新中国成立六十周年歌舞晚会》。晚会以歌唱祖国为主题，演员全部是老年大学的学员和教师。市政协主席邢元敏等领导同志和800多学员观看了演出。在天津博物馆举办了为期7日的教学成果综合展。市委副书记、市长黄兴国致函祝贺。展览展出的千余件（幅）实物，反映了学校办学业绩，展现了老年学员的精神风貌。7000余位中外朋友参观了展览。很多市民看完之后十分感慨，希望自己退休后也能到这所大学来学习。10月24日，以"老少同乐，共筑和谐"为主题的敬老节在华夏未来少儿艺术中心举行。开幕式上，全国人大常委会原副委员长、全国妇联名誉主席、中国关工委主任顾秀莲、市政协主席邢元敏一起为天津东方妇女老年大学揭牌。市委常委、市委教育工委书记苟利军在揭牌仪式上致辞，希望天津东方妇女老年大学创出中老年教育事业"天津模式"。敬老节举办了"老少同乐"等系列活动。

由于我市老年教育稳步健康发展，2009年在全国老年教育"双先"评选表彰会上，天津市6所老年人大学获得"全国先进老年大学"称号；35名教育工作者被评为"全国先进老年教育工作者"；市老年教育发展促进会原会长、市老年人大学原校长鲁学政被追授"全国老年教育杰出贡献奖"。

九、为老年人办实事有了新内容

2009年，全市各区县已全面启动"助老健康御险工程"，全市共有15万老年人投保，保险公司为老年人提供了22.5亿元意外风险保障，已为近1500人意外伤害事故理赔，赔付率约65%，有效地为老年人提供了风险保障。市老龄委还专门召开工作交流会，通报情况，交流经验，进一步推动这项工作。"助老健康御险工程"自开展以来，不仅解决了老年人投保难的问题，同时也大大提高了老年人抵御风险的能力。

根据市老龄委的统一部署，在老年节期间全市各涉老部门对困难老年人进行了慰问。市老龄办组成慰问组到河东区、红桥区、宁河县、蓟县等地慰问贫困老年人。市老龄委与市老年基金会、市财政局举办“爱老助老”活动。其中，“复明”“助听”“镶牙”三项活动共为1500位老年人实施优惠治疗。利用“夕阳红健心网”组织医务人员在各区县开展“关爱老年人生命，保障老年人健康”的义务健康咨询及讲座等活动。有1800多老年人参加活动，深受老年人的欢迎。

各涉老部门和各区县纷纷开展为老年人办事活动。市慈善协会开展“九九重阳，慈善助老”活动，出资10万元向全市1000名社会孤老、“五保”老人发放“爱心购物卡”。全市各级红十字会开展以为“孤老送健康、送服务、送关爱和办实事、办好事”为主题的红十字博爱助老活动，慰问3000位鳏寡孤独老人。市燃气集团投入80万元，入户为全市3万户独居老人免费燃气安检和更换胶管、安装燃气切断阀等服务。市物价部门规定60岁和70岁以上老年人乘坐地铁可分别享有8折和7折优惠。河西区老龄委同有关单位启动“温暖2009助残、助老、助困行动”。由政府出资，向70岁以上独居的空巢老人、有60岁以上患重病或大病卧床不起的老人的家庭免费安装暖气。西青区将提高农村“五保”供养标准列为该区“2009年十项民心工程”之一，其中集中供养和分散供养标准分别提高到8000元、6000元，让“五保户”从社会救助、养老保障等方面享受越来越多的实惠。南开区提高百岁老人补助标准，由每月600元增至800元。

十、老龄机构进行新调整

一是调整充实市老龄委成员。市委、市政府十分重视老龄工作。中央政治局委员、市委书记张高丽对老龄工作专门作出批示，“人口老龄化是经济社会发展中必须认真解决的重大问题，我们要努力创造良好的条件，推动老年事业又好又快发展。”为落实高丽书记的指示，2009年新年伊始，中共天津市委以市委第一号文件的形式下发了《关于调整天津市老龄工作委员会组成人员的通知》，对市老龄委进行调整和充实。增补市统计局、市国税局、市旅游局为市老龄委新的成员单位。调整后的市老龄工作委员会成员单位增加至35个。市老龄委的组成更加完备，工作更加顺畅。

二是加强基层老龄机构的建设。根据全国老龄办的部署，在全市范围内开展了老龄工作先进单位和先进个人评选工作。市老龄办制定了达标条件及评分细则。各区县认真按照开展创建活动要求，积极贯彻落实全国老龄委《关于加强基层老龄工作的意见》和市老龄委《关于加强社区（村）老龄工作规范化建设的意见》，进一步加强了基层老年组织建设，完善基础老龄工作体系。如，宝坻区利用村民换届选举的时机，下发文件调整充实了社区老龄工作领导小组和老年人协会；大港区将市、区加强老龄工作规范化建设文件装订成册发至街镇和社区；武清区扶持了65个老龄工作重点村（居），实现标准化建设。5月间，市老龄委举办了全市第三届老协会长培训班。指导老年人协会组织发挥自我管理、自我教育、自我服务作用，依据群众社团章程开展好活动，打好老龄工作的基础。来自全市各区县的60名基层骨干、老年协会会长参加培训。

上海市

综　　述

截至2009年底，上海市60岁及以上户籍老年人口315.70万人，占户籍总人口的22.5%；65岁及以上人口221.00万人，占总人口的15.8%；70岁及以上人口162.55万人，占总人口的11.6%；80岁及以上人口56.65万人，占总人口的4.0%，占60岁及以上人口的17.9%。百岁老人903位。全市共有“纯老家庭”老年人92.21万人，其中单身独居老人18.87万人。2009年上海市户籍人口预期寿命为81.73岁，其中男性79.42岁，女性84.06岁。

一、养老保障

（一）调整城镇企事业单位退休人员基本养老金

上海市自2009年1月1日起调整城镇企事业单位退休人员基本养老金。根据上海市人力资源和社会保障局2009年1月15日下发的《关于2009年调整本市城镇企事业单位退休人员基本养老金的通知》，上海市2008年底以前已按城镇养老保险规定办理退休（职）手续，并按照企业、事业单位办法计发基本养老金（生活费）的人员，每人每月按照以下办法增加基本养老金（生活费）：

1. 先每人每月增加 90 元；再按照本人工作年限，每满 1 年增加 1 元/月。上述两项合计每人每月增加基本养老金不足 100 元的，补足到 100 元。

2. 2008 年 12 月底前年满 70 周岁，且按照本通知第一条规定增加基本养老金后月基本养老金（生活费）不到 2000 元（含按有关文件规定增加的“补充养老金”，下同）的人员，再按下述办法增加基本养老金（生活费）：年满 70 周岁不满 75 周岁（1934 年 1 月 1 日—1938 年 12 月 31 日期间出生）的人员，每人每月增加 40 元；年满 75 周岁不满 80 周岁（1929 年 1 月 1 日—1933 年 12 月 31 日期间出生）的人员，每人每月增加 60 元；年满 80 周岁及以上（1928 年 12 月 31 日及以前出生）的人员，每人每月增加 80 元。上述人员按照本条规定增加后的月基本养老金最高不超过 2000 元。

3. 按照本通知第一条、第二条规定增加基本养老金（生活费）后，其中按照企业办法计发并增加基本养老金（生活费）的企业退休人员，每人每月再增加 20 元基本养老金（生活费）。

该办法出台后，全市共有 311.9 万名退休（职）人员按规定增加了养老金。对特殊人群实行养老金倾斜政策。

根据《关于 2009 年调整本市城镇企事业单位退休人员基本养老金若干具体问题的通知》，对养老金水平偏低、建国前参加革命工作的老工人、两航起义人员以及精减回乡老职工等，在按照普遍标准增加养老金的基础上再予以适当倾斜。

根据《关于 2009 年对本市企业退休具有高级职称的科技人员等特殊对象“专加”养老金若干问题的通知》，对上海市企业退休具有高级职称的科技人员等特殊对象实行“专加”养老金政策。

根据《关于 2009 年对本市企业退休的市级以上劳动模范“专加”养老金若干问题的通知》，进一步提高特殊群体的养老待遇，对企业退休的市级以上劳动模范实行“专加”养老金的政策。

【完善城镇老年居民养老保障制度】　2009 年，上海市进一步完善了城镇老年居民养老保障制度。截至 2009 年底，上海市共有 5.62 万名高龄无保障老人纳入社会保障体系。

【提高小城镇社会保险的养老金水平】　2009 年是连续第 6 年实施“镇保”养老金增长办法。根据《上海市小城镇社会保险暂行办法》的有关规定，上海市制定了《关于 2009 年本市小城镇社会保险领取养老金人员增加养老金的通知》。从 2009 年 1 月 1 日起，对 2008 年底前按上海市“镇保”相关规定，办理按月领取养老金手续的人员，每人每月增加养老金 65 元。全市有 33.38 万名“镇保”领取养老金人员的养老待遇水平得到了提高。

【提高农村社会养老保险的养老金水平】　根据《上海市人民政府办公厅关于完善本市农村社会养老保险制度的通知》的有关规定，上海市制定了《关于 2009 年本市农村社会养老保险领取养老金人员增加养老金的通知》。从 2009 年 1 月 1 日起，对 2008 年底前按上海市“农保”办法，办理按月领取养老金手续的人员增加养老金。增加养老金的具体标准由各区县政府确定，其中对月养老金低于 236 元的人员，其增加标准应不低于 35 元。

【完成市政府实事项目，全市农村户籍人员养老保障覆盖面达到 99.08%】　上海市农民纳入养老保障体系工作持续推进。截至 2009 年 10 月，全市农村户籍人员养老保障覆盖面已达 99.08%，超额完成 2009 年市政府实事项目制定的 98%的目标。

【完善计划生育利益导向机制建设，加大对执行计划生育的老年家庭帮助扶助力度，提高保障力度】
2009 年，农村部分计划生育家庭奖励扶助标准从原来的 600 元/人/年提高到 800 元/人/年，为符合政策的奖励扶助对象 7.3 万人发放扶助金 5400 余万元。截至 2009 年底，累计 31 余万人次受益，发放扶助金 1.7 亿元。

2009 年，共发放年老退休一次性计划生育奖励费 0.59 亿元（不含社保途径）。2009 年为独生子女伤残或死亡父母发放一次性补助共计 390 万元，惠及 1100 余人。

全面推行计划生育家庭特别扶助制度，扶助标准在国家普通标准基础上提高 50%，对独生子女伤残或死亡的父母在年满 49 岁以后，分别给予每人每月扶助金 120 元、150 元。截止到 2009 年底，约有 1.6 万个独生子女伤残死亡家庭享受到特别扶助，共发放资金近 4900 万元。

二、医疗保障

【为老服务的三级医疗服务网络健全】　上海市于 20 世纪 50 年代开始构建公立医院三级医疗体系。上海市二级医疗机构中有专设的为老年人服务的老年医院 4 所，设有老年病专业的综合性医疗机构 94 家。这些医院都设有特需门诊，为老年市民服务。

截至 2009 年底，上海市已形成了由 232 个区卫生服务中心和 686 个社区卫生服务站、1760 个村卫生室组成的较为完善的社区卫生服务网络。

此外，每个区县均至少还有一所政府举办的老年护理院，主要针对患有绝症需要临终关怀以及脑卒中等需要康复、护理的病人，以保障居民的此类医疗服务需求。

【社区卫生服务模式向“全科团队服务”方式转变】 全市社区卫生服务中心全面推行以“全科团队服务”为主要形式，以“六位一体”综合服务为主要内容的社区卫生服务。上海社区卫生服务功能发生了“四个转变”：一是服务对象从病人个体向社区群体转变；二是服务项目从医疗服务向“六位一体”综合服务转变；三是服务过程从不连贯的医院服务向连续、终生的卫生保健服务转变；四是服务方式从被动等待病人上门向主动走进社区、走进家庭转变。

全市全科服务团队迅速发展到1347个，积极开展了社区传染病预防、慢性病干预、计划免疫、妇幼保健、家庭病床、健康宣教、康复指导、社区护理、热线电话咨询等公共卫生服务。各区社区服务中心还针对老年人群设置了安宁护理、康复、临终关怀等特色服务项目。2009年，各类人群参加保健的总数694.12万人次，其中老年人保健368.02万人次，传染病防治77.88万人次，康复指导152.37万人次。基本实现了社区卫生服务“进社区、进家庭、惠及百姓”的目标。

【建立老年人健康档案，开展老年人健康管理】 依据《关于进一步完善本市社区居民健康档案工作的通知》，“十一五”老龄事业发展规划确定为全市93%的老人建立老年人健康档案的目标。截止到2009年底，全市建立60岁以上老年人健康档案133.69万份，占全市老年人总数的45%，并由全科团队负责动态管理，运用档案信息建立社区诊断，系统地分析威胁老年人健康的危险因素，从而科学制定干预措施，将预防保健工作的关口前移。

【广泛建立家庭病床服务】 全市各区县社区卫生服务中心为有需求家庭建立家庭病床，2009年全市家庭病床诊疗109.14万人次，家庭病床上门服务99.37万人次，全年共建家庭病床4.21万张，其中为60岁以上老年人开设的家庭病床达4.06万张。

【为特殊人群提供就医保健服务】 根据2005年《关于落实70岁以上老人就医便利优惠政策的通知》，社区卫生服务中心与离休干部结对，每月上门服务1次；开展离休干部门诊“一条龙”或“一门式”服务；为80岁及以上老年人提供医疗咨询、上门服务，并将上述工作列为便民服务实事。2009年，社区与离休干部结对率为97.2%，为80岁及以上老人服务近271.83万人次。

针对社区内早期归侨逐渐步入高龄及大多数人已年老体弱的情况，2009年，上海市卫生局和上海市政府侨务办公室联合下发了《关于进一步加强早期归侨社区卫生服务工作的通知》，为早期归侨配备专门的卫生保健人员，通过签订服务协议书，定期为他们提供健康体检、健康教育、康复和常见病、多发病的诊疗服务，为身患重病、需要住院治疗的早期归侨提供优先入院、优先诊治、优先建立家庭病床的“三优”服务。2009年，上海市社区卫生服务中心与3000余名早期归侨签订服务协议，提供保健服务。

【扩大养老机构内部医疗机构的医保结算范围】 根据《关于扩大本市21所养老机构的内部医疗机构医保结算范围的通知》，为进一步方便养老机构住养老人就医，2009年，将21家养老内部医疗机构的医保结算范围在原来的个人账户段和自负段的基础上扩大至附加基金段。

【扩大门诊诊查费减免范围】 2009年，上海市制定《关于本市部分医保定点医疗机构参照试行普通门(急)诊诊查费减免的通知》，进一步扩大上海市门诊诊查费减免的医疗机构范围，提供社区基本医疗服务的46家社会办或民办医疗机构将参照执行社区卫生服务中心门诊诊查费减免政策。

【扩大社区卫生服务站医保联网结算范围】 2009年，上海市制定《关于继续扩大本市社区卫生服务站医保联网结算的通知》。为进一步方便参保老人就近医疗，将社区卫生服务站距医保定点一级医疗机构服务半径的医保联网距离调整为2公里，并据此新增一批医保联网的社区卫生服务站。2009年共增加了46家医保联网的社区卫生服务站，全市总数达到184家。

【增加医保定点零售药店的数量】 2009年，继续增加上海市医保定点零售药店的数量，共增加了58家医保定点零售药店，总数达到333家。

【继续做好退休人员参加住院补充医疗互助保障计划的工作】 2009年，退休人员参加住院互助保障计划的人数有所增加。截止到2009年底，参保人数达286.71万，给付达63万人次，给付金额达3.37亿元。

【开展老年人社区健康干预项目试点工作】 2009年，通过上海社区公益创投大赛委托上海新途社区健康促进社在黄浦区南京东路街道开展了“老年人社区健康干预项目”的试点工作。该项目采取专业健康管理服务和专业社工服务相结合的方式，在理念上将倡导老年人拥有健康生活的方式，推广以“人、社会与环境和谐相处”为核心理念的健康生活方式，强化老年人的社会支持系统，在内容上突出老年人的健康生活行为和生活方式的培养。2009年10月26日，“常青藤生活馆”正式开馆。

【落实涉及老年妇女健康权益的相关政策】 2007年4月修改后的《上海市实施〈中华人民共和国妇女权益保障法〉办法》规定：“市和区县人民政府应当至少每两年安排退休妇女和生活困难的妇女进行一次妇科病、乳腺病的筛查。”各级妇联组织通过摸底调查，宣传发动的方式，组织本区域内退休妇女及生活困难妇女进行筛查。2009年，全市共组织18.5万名退休妇女进行了妇科病、乳腺病的筛查。

【积极开展方便离休干部就医工作】 2009年全市28家二级医院调整、改建离休干部床位1200张，增设离休干部门诊，缓解了1.8万多名解放战争时期参加革命的处及处以下离休干部“看病难、住院难”的矛盾。

【开展上海市老年健康促进行动暨“老年健康生活科普周”活动】 2009年，连续第二年组织开展了上海市老年人健康促进行动暨“老年健康生活科普周”活动。活动内容包括迎世博“光明杯”2009上海市老年健康知识大奖赛、老年人健康促进郊区行以及老年人健康促进网上科普行三部分。活动时间为2009年9月6日至26日。

三、养老服务

【养老服务设施建设】 2009年全年新增养老床位10084张，其中政府办养老机构新增3855张，社会办养老机构新增6229张。截至2009年底，全市共拥有养老床位89859张，占上海市户籍老年人口的2.8%。全市新建老年人日间照料中心54家，新设立社区老年人助餐服务点119个。完成农村地区养老服务设施“上海霞光计划”项目37家，另有5家农村地区养老服务设施列入了国家民政部“霞光计划”项目。

全市新增养老床位建设资金总投入88206万元。其中，上海市建设财力和上海市福利彩票公益金资助5000万元，占总投入的5.6%；区县、街镇投入54622万元，占总投入的61.9%；社会力量投入28584万元，占总投入的32.4%。郊区农村地区养老服务设施“霞光计划”项目，上海市福利彩票公益金资助1448万元，国家民政部资助100万元。

【上海市第三社会福利院失智老人照料中心建成竣工】 上海市第三社会福利院失智老人照料中心由上海市政府于2007年投资兴建，于2009年9月竣工。中心占地面积1603平方米，建筑面积10266平方米，设床位250张，内有家庭式照料区、重症失智护理区、失智老人康复活动区、失智老人记忆恢复训练区、失智老人慢性疾病治疗区、“心身机能康复训练”专属区域等，将以家庭化照料的理念为失智失能老人提供照料服务。

这是上海市民政局与荷兰鹿特丹市社会事务和就业局合作交流的重要项目，建设工程已被评为上海市“白玉兰”奖。

【市政公建配套设施建设将养老项目纳入其中】 2009年8月，上海市政府印发了《关于推进本市大型居住社区市政公建配套设施建设和管理的若干意见》(以下简称《意见》)。《意见》明确了敬老等公建配套设施的土地费用、建设费用等配套办法，为养老设施的建设提供了政策保障。

【继续推行“上海市养老机构意外责任保险”】 2009年，继续统一推行“上海市养老机构意外责任保险”，全市共有498家养老机构的45388张养老床位签约投保。至2009年12月14日投保养老机构向保险公司报案760件，已赔付364件，赔付金额317万元。

【社区居家养老服务稳步发展】 截至2009年底，上海市18个区县共有234家社区助老服务社，3.2万名居家养老工作人员，为21.9万名居家老人提供社区居家养老服务，约占上海市户籍老年人口的6.9%。其中，为20.5万名老人提供上门服务，有12.9万名老人经评估得到服务补贴，补贴人数约占服务总人数的58.9%，服务补贴总金额为2.55亿元；自费购买服务的老人数为9万名，约占服务总人数的41.1%。另有6400名老人的养老服务补贴带入养老机构。

截至2009年底，全市拥有社区老年人日间照料中心283家，为8000名老年人提供日间照料服务；拥有社区老年人助餐服务点339家，受益老人3.4万名。

【社区居家养老服务工作进一步规范】 2009年6月，上海市民政局出台《关于进一步规范本市社区居家养老服务工作的通知》，对上海市社区居家养老的服务对象、具体补贴范围和标准、资金来源和结算办法以及养老服务需求评估等方面进行了具体规定。同时还明确了业务工作流程，对咨询、申请、评估、审批、服务确认和服务提供以及服务的变更、终止等具体操作流程进行了详细规定，对近几年居家养老服务工作进行了梳理、细化和进一步规范。

2009年6月，《上海市养老服务需求评估标准》及评估体系建设荣获国家民政部首届科技成果创新二等奖。

【养老服务的业务培训力度加大】 2009年，上海市社会福利行业协会举办养老护理人员初、中级等级培训班8批，培训学员242名；举办养老机构服务人员上岗培训班43批，培训学员1708名；举办居家养老服务人员上岗培训班15批，培训学员566名；举办居家养老服务评估员培训班2批，培训学员157名；举办养老机构管理人员培训班6批，培训管理人员289名；举办养老机构院长培训班2批，培训院长78名。

举办中外合作养老护理培训班，邀请日本旭川庄、荷兰鹿特丹应用技术学院有关专家，对全市18个区县的民政局分管局长、养老机构负责人以及市级养老机构负责人等80余名学员进行培训和实习。对各区县民政局分管局领导和业务主管部门负责人约50人进行系统培训，进一步明确养老机构设置，执业登记，变更、合并、解散的行政审批规范，明确《养老设施建筑设计标准》和扶持养老机构各项优惠政策。

【养老服务信息化标准化建设步伐加快】 2009年，上海市民政局完成了《社区居家养老服务规范》（以下简称《规范》）的编写，并通过了上海市质量技术监督局审查，将作为地方标准正式发布实施。《规范》明确了居家养老服务机构的工作流程、服务内容、服务管理和上岗资质等，对提升居家养老服务管理水平起到规范与指导作用。在养老服务需求评估体系建设的基础上，《养老服务需求评估标准》通过市质量技术监督局初审，即将作为地方标准立项。《机构养老服务基本规范》、《老年养护院建设标准》及《社区老年日间照料中心建设标准》等已进行专家审查。

2009年，上海市民政局完成了养老服务信息系统软件的开发。养老服务需求评估子系统、居家养老子系统正式上线运行，机构养老子系统已在4个区县试点，基本建成覆盖全市三级民政主管部门及养老服务机构的信息管理网络。

【《上海市养老机构管理条例（草案）》初稿形成】
开展养老机构管理立法调研，形成《上海市养老机构管理条例（草案）》初稿。

【完成新建和改建300个老年活动室的任务】 2009年，继续按照“以郊区农村为重点，适当兼顾城区；以村级项目创建为主，适当考虑居委会的创建需要；适当参考既往年度指标分配和任务完成情况”的原则，确定了300个老年活动室的创建任务。各区县统筹整合涉老资源，加大标准化老年活动室创建工作的力度，全年实际创建338个标准化老年活动室。与此同时，各区县都进一步加强了已建成老年活动室的管理和服务，落实运作经费，完善运作机制。

四、老年教育

截至2009年底，上海市老年教育机构总计278个。其中市级老年大学5所，区县局、企业部队老年大学和市级老年大学分校、系统校57所，街道、乡镇老年学校216所。远程老年大学收视点3976个。全市各级各类老年学校学员数19.39万人；远程老年大学集体收视学员数21.67万人。

【在“全国先进老年大学、先进老年教育工作者”评选活动中获奖】 在中国老年大学协会开展的“全国先进老年大学、先进老年教育工作者”的评选表彰活动中，上海市荣获“全国老年教育杰出贡献奖”2项，上海市老干部大学等6所老年大学（学校）获“全国先进老年大学（学校）”荣誉称号，另有30位同志被评为“全国先进老年教育工作者”。

【开展创建示范性老年大学（学校）评估工作】 根据上海市教委、上海市老龄办《关于在本市开展创建示范性老年大学（学校）评估的通知》的精神，2009年上海市继续开展评估工作，上海老年大学东华大学分校等19所学校被评为“上海市示范性老年大学（学校）”，上海市徐汇区老龄大学等10所学校被评为“上海市特色老年大学（学校）”。

【宣传老年教育成果】 在“2009年第六届上海教育博览会”上，展出以“发展老年教育，共度美好人生”为主题的老年教育成果展板20块，上海老年大学和市退休职工大学的老年学员艺术团表演了节目，上海老年大学东华大学分校和上海市宝山区老年大学的学员进行了丝网花制作和瓷绘工艺的演示。

【进一步发展老年远程教育】 老年远程教育推进电视教学与网络教学相结合，上海远程老年大学在已有22门电视课程放入上海老年人学习网视频课堂的基础上，又发掘“上海终身教育网”和“教育资源库”中的有关资源，2009年上网的课程达到50门和500多课时。上海远程老年大学在老年人学习网上开展的“我与共和国60年”征文活动收到征文1018篇，参加征文活动的老年人中年龄最大的为95岁，浏览征文的人次达260.8万。

以收视点为平台，推进老年远程教育。完善“收视点”数据库，制订样本、刻录光碟200多套，下发到各区县。截至2009年底，全市共有远程老年大学收视点3976个，全年收视学员共计21.67万人。

【继续组织“新世纪老年课堂”教材编写】 “新世纪老年课堂”系列教材之《老年钢琴实用教程（一）》《瓷绘工艺（二）》编写工作已完成，将由上海教育出版社于近期出版。

【编撰《上海老年教育发展史稿》】 2009年完成了《上海老年教育发展史稿》中的“市级老年大学发展史”“老年远程教育发展史”“地区老年教育发展史”“老年教育协会史料”“老年教育重大事件”“老年教育重要人物”等六部分的编纂工作。

【科普社会团体通过讲座形式向老年人传播科学知识】 充分发挥科普社会团体的作用，老科协科普讲师团和各专业委、工作委深入学校、社区、部队、农村并在科协内部开展各类群众性科普活动120余次，年受益面达2万余人次。2009年创办了上海科普大讲坛，以科学家的视角，通俗化的语言，互动交流的方式，向包括老年人在内的普通百姓讲解与社会发展、百姓生活密切相关的前沿科研成果、社会热点焦点问题、重大科技工程等，目前已成功举办了6讲。

五、老年优待

【开展百岁老人慰问活动】 敬老节前夕，为全市百岁老人制作并发放了统一的百岁老人寿星牌，向新增百岁老人赠送了强生乘车卡，并发放了由上海工商界爱国建设特种基金会捐赠的每人200元节日慰问金。

【推进双月为老服务和尊老社会一条龙服务】 2009年全市退管系统全年双月为老服务活动场次151场，服务项目69项，参加志愿者8785人次，被服务人员达到9830人次；本年度共计发放高龄老人优待证4.8万张。

【老年人进入旅游景点享受优待政策】 据上海市旅游局近期对上海市52家景点（景区）的统计，已实施70岁以上老人免票的有18家，已实施各类优惠打折的有24家。免票已基本覆盖公益性、瞻仰性的博物馆、名人故居和大型公园。已实施门票优惠打折的幅度普遍在五到六折以下。目前仍收取门票全票的相关景点大多属非老人热门活动场所。

【环卫系统公厕提高无障碍设施配置率，方便老年人使用】 截至2009年底，上海市环卫系统管理的2800多座公厕已全部免费开放，公厕无障碍设施配置率已达70%。根据《城市公共厕所规划和设计标准》，新建公厕都配建了供老年人使用的带安全抓杆的座便器，对一些无法改建的公厕也设置了方便凳，供老年人使用。

【“旅游护照”推进尊老服务】 近年来，上海市旅游局每年都与相关旅游景点沟通联系，向社会发送一定数量的景点门票打折的“游览护照”，同时适量发送全免门票的“旅游护照”。通过组织开展相关活动，推进“尊老、敬老、爱老、助老”工作。

六、敬老宣传

【敬老日慰问各界老人，营造尊老爱老氛围】 敬老日期间，上海市委、人大、政府、政协四套班子领导走访慰问各界老人，殷一璀副书记到上海市浦东新区塘桥社区老年服务中心、市劳模山守仁老年人家中；上海市人大常委会胡炜副主任到上海市虹口区曲阳社区市民服务驿站、离休干部洪克明老年人家中；胡延照副市长到上海市黄浦区南京东路街道老年健康干预机构“常青藤生活馆”；上海市政协蔡威副主席到上海市普陀区宜川街道社区老年学校和老年人日间服务中心进行了走访慰问，并向老年人送上了慰问金和慰问品。

【组织“九九关爱”全天电视直播活动】 作为上海市敬老爱老的品牌电视大行动，《九九关爱——重阳节全天电视大放送》已连续举办三年。2009年的电视大放送将重阳节关爱老年人这一公益活动与电视传播手段有机结合在一起，鼓励全社会一起参与关爱老年人，反映上海市老年人“老有所为”“老有所乐”的幸福晚年生活，反映以“敬老在家庭”为核心理念的全社会对老年人的关爱，也表现出老年人在迎接中国2010年上海世博会期间所展现出的新面貌与新气象。

【举办“盛世枫叶红－上海市2009重阳节文艺晚会”】 2009年敬老日晚会以“盛世枫叶红”为主题，将“九九关爱·上海市2009年重阳节全天电视大放送”活动推向高潮。上海市委副书记、市老龄委主任殷一璀致辞，祝全市老年人重阳节快乐，并为上海市老年志愿者服务总队成立授旗；上海市人大主任刘云耕为“九九关爱”网站点击开网；上海市政协主席冯国勤等为居家养老“十佳”服务明星、机构养老“十佳”服务明星颁奖；上海市人大副主任、市老年基金会理事长胡炜等为上海市十佳“爱心助老特色基地”颁奖。

【评选表彰“上海市老龄工作先进单位和先进个人”】 2009年，根据全国老龄委《关于开展评选表彰全国老龄工作先进单位和先进个人活动的通知》，上海市于年初开始在全市范围内开展了上海市老龄工作先进单位和先进个人评选表彰活动。上海市老龄工作委员会授予上海市老年基金会等176个单位为“上海市老龄工作先进单位”荣誉称号；授予俞恭庆等203位个人为“上海市老龄工作先进个人”荣誉称号。

【开展“爱心助老特色基地”评估和创建工作】 2009年，开展新一轮“爱心助老特色基地”的评估和创建工作。按照坚持标准，确保质量，有所创新，有所发展的原则，加大了卫生、园林、文化场馆等与老年人生活密切相关的系统和单位的创建工作力度，评选出“爱心助老特色基地”990个，“十佳爱心助老特色基地”10个，在敬老日庆祝晚会上进行了隆重表彰。

【开展第五届养老服务“双十佳”服务明星评选活动】 开展上海市第五届养老服务“双十佳”服务明星评选活动。分别选出上海市第五届养老机构“十佳”服务明星、上海市第五届社区居家养老“十佳”服务明星和上海市第五届养老服务“双十佳”服务明星提名各10名。

【开设广播电台老年维权宣传栏目】 2009年，上海市老年人法律服务中心在上海人民广播电台《金色年代》栏目新开设“老年维权”专题，全年录制、播出老年维权节目36集；在上海东方广播电台《为您服务》栏目直播老年权益和老年心理疏导专题31次。

七、老年文娱

【组织“九九关爱·重阳歌会”】 在2009年敬老日活动中，上海市老年基金会、上海市退管会与《金色年代》杂志社联合发起并组织了“九九关爱·重阳歌会”。本届歌会共有32支队伍参赛，分别来自教育、卫生、电信、电力等全市各条战线、各个领域的中老年合唱团队，经过激烈角逐，共有15支队伍晋级。2009年10月16日，在上海音乐学院贺绿汀音乐厅唱响了中华歌咏总汇演。

【举办“‘迎世博、展风采’上海市中老年书画优秀作品展暨上海市第二届中老年书画大赛”活动】 2009年敬老日前夕，上海市老年基金会、浙江省嘉兴市太阳城房地产开发有限公司、上海市退管会、上海市老干部活动中心、上海市老龄事业发展中心联合举办了“‘迎世博、展风采’上海市中老年书画优秀作品展暨上海市第二届中老年书画大赛”活动。这次活动共征集到书画作品近2000幅，评出350幅优秀书画作品，选出的作品于世博会倒计时200天期间展出。

【举行“颂祖国、迎世博、唱和谐－2009年上海老年教育艺术节合唱展演”】 2009年6月7日，在上海东方艺术中心举行了“颂祖国、迎世博、唱和谐——2009年上海老年教育艺术节合唱展演”。艺术节展演活动期间，全市共举办合唱会演126场，参与活动的学校达240所，占全市老年学校数的87%，参与活动的总人数近12万。

【老年旅游形成专题品牌】 上海市旅游局支持和鼓励上海市相关旅行社设计推进针对老年人的主题游产品，形成涉老旅游服务的专题品牌。目前，上海市约有30余家旅行社经常性地开发设计针对老年人的旅游产品。每逢重阳节，上海市旅行社都会推出部分针对老年人的主题游。

八、老年体育

【参加第一届全国老年人体育健身大会】 共派出12个队179人参加10个项目的交流比赛，获得金奖29个、银奖15个、铜奖7个，优秀组织奖1个、道德风尚奖5个。

【举办和参加各级各类比赛，丰富老年人体育文化生活】 围绕“全民健身日”、迎世博等重大节日庆典，开展丰富多彩的竞赛展示活动，吸引了2.3万多名老年人的参与，丰富了老年人的体育文化生活。活动具体包括：“体彩杯”老年网球单项赛、“春秋国旅杯”全国老年排球赛、第五届“敏之杯”乒乓球邀请赛、“和谐杯”第六届中老年足球比赛、庆60华诞迎世博“长青杯”门球邀请赛、迎世博“城建杯”上海市退休职工第三届钓鱼比赛、“杨浦长白杯”益寿保健操比赛、“全民健身节”在虹口足球场、鲁迅公园开展由5000人参加的市民万步行活动、首届上海市“治拓杯”中老年乒乓球俱乐部赛、迎世博“安亭老街杯”第七届民间体育大赛花棒健身秧歌腰鼓比赛、“塘桥杯”扯铃比赛、青浦“华新杯”腰鼓大赛、“潍坊老年协会杯”踢毽子比赛、“五里桥杯”皮影操比赛、“卢湾杯”海派扁鼓比赛等等。

此外，举办近百次上海市地区性赛事，有2.2万多名老年人参与比赛。组队参加由中国老体协主办的气排球、太极拳（剑）、柔力球、健身球等项目的全国比赛。

【积极组团参加境内外邀请的赛事】 参加在中国台北举办的“2009年沪港澳台壮年网球团体邀请赛”，获得金牌；在第八届亚洲中老年射击比赛中，中国队的上海老队员获得6金、3银、3铜；参加在日本举办的“京都国际老将田径黄金大赛”，获2金、2银、2铜，共6块奖牌；参加中国台北市老年运动会，老年篮球队获得65岁以上年龄组冠军；参加在马来西亚举办的第二十五届全球华人篮球邀请赛荣获两个第一名；上海元老足球队与德国船舶工业界人士足球队举行了“船人爱心”慈善足球义赛，筹得善款40万元，用于支援安徽辛县希望小学工程建设。

【体育旅游推动老年体育健身活动】 2009年，在有关旅行社、区老体协和老龄办的大力支持下，共组织安全出游1079个团队，共计4.82万人次。其中境外游35个团队，1015人次。

【老年人健身环境不断改进】 2009年底，全市社区公共运动场总数已达261处，其中2009年新建的就有41个，各类运动场地近千片。

郊区农民健身工程加速推进，农民体育健身工程数量总数达1033个，其中2009年建成202个。积极推进学校场地向市民开放，目前已有1100多所学校的体育场地以不同形式向社区居民开放。截至2009年底，全市陆续完成44座老公园的改造项目，因地制宜地开辟出一些活动场地，增添活动设施，完善无障碍设施，为老年人休闲娱乐健身提供活动场地。

九、老年维权

2009年，上海市各法律服务援助机构及法院共办理涉老法律援助案件778件，其中涉及赡养权受侵的占25.4%。共减免缓金额达417万余元。

共受理老年人来信、来访、来电总数4.98万人次，其中涉及内容较多的依次为住房权、赡养权、财产权、婚姻权和人身权受侵问题。调解处理4.9万人次。

全市各法律服务援助机构为老年人提供法律咨询服务12488人次。

【命名第五批老年维权示范岗】 根据各区县老龄办推荐申报，经上海市老龄办审核、批准，命名上海市黄浦区南京东路街道司法信访综合窗口等62家单位为上海市第五批“老年维权示范岗”。至此，上海市已经产生市级老年维权示范岗共397家。

【首次命名“上海市老年维权十大标兵律师”】 2009年3月，上海市老龄办、上海市律师协会联合印发了《关于评选上海市“老年维权十大标兵律师”有关工作的通知》，以弘扬上海市律师志愿者长年为老年人提供大量无偿的咨询和法律服务的职业精神。通过各区县推荐的基础、评议，并在“东方律师网”“上海老龄网”公示，产生了上海市首批10位“老年维权十大标兵律师”和10位“老年维权标兵律师提名奖”获得者。

【从制度体系上提高行政执法效能】 修订完善岗位工作职责、公开办事制度、法律援助接待咨询工作制度、案件指派受理制度、质量管理规定、案件归档制度、投诉处理制度等12项规章制度，形成了较为科学并符合上海实际的法律援助行政执法制度体系。

【上海市老年人法律服务中心开展各项维权服务工作】 2009年，上海市老年人法律服务中心全年共接待老年人信访2436人次，其中：来访945人次，来电1402人次，来信89封。涉及人身权的96件、赡养权的99件、房屋权的911件、财产权的565件、婚姻权的138件、其他的627件，调处率达到98%。全年参加接待咨询的大学生志愿者259人次。上海市老年人法律服务中心与“爸妈在线”上海心理咨询中心合作，新开设老年人心理咨询服务项目，全年免费接待咨询79人次。

【退管系统加强老年法律服务】 上海市退管会在全市设立了10个维权示范岗和10个信访定点单位，接待、处理退休人员来自各方的法律咨询、来信、来访，2009年各维权示范岗和信访定点单位，共接待处理来信来访3557人次，对所有信访者做到了事事有落实，件件有回复。

【信访及法律援助服务为老年妇女提供帮助】 2009年，全市妇联系统共接待妇女群众来信、来访、来电、电子邮件4.04万人次，其中60岁及以上老年妇女约1.2万人次；全市各级妇女法律援助点共为7000人次60岁及以上的老年女性提供了服务。

【推进妇联人民调解委员会工作，解决老年妇女的后顾之忧】 2009年，全市各级妇联调解组织共化解各类纠纷243件，其中，口头调解46件，出具书面调解书187件次。这些纠纷中，一半以上是婚姻家庭矛盾，而涉及老人赡养、家庭财产纠纷又占了很大的比例。

【为老干部开展法律维权服务】 根据老干部涉法维权的需求，上海市委老干部局在青松城成立了“上海市老干部法律服务中心”，为老同志提供普法教育、法律咨询、依法维权等方面的法律服务，维护老年人的合法权益。据不完全统计，全市开展的法律服务共接待老干部2570人次，深受老同志的欢迎。

十、老龄科研

【开展“十二五”规划前期研究】 2009年，上海市老龄科研中心会同上海社科院人口与社会发展研究所，通过社会招投标形式承接了上海市发改委组织的《上海人口老龄化趋势分析和应对措施研究》课题。重点是：研究分析上海人口老龄化对经济社会发展的影响，总结相关国家应对老龄化社会的做法，提出可供上海借鉴的经验；研究分析“十二五”期间以及到2020年上海人口老龄化的趋势，预测老年人口可能达到的规模，分析预测上海市老年人在养老、社会保障等方面的需求；总结近年来上海在应对人口老龄化方面的经验和不足，提出符合上海实际的具有一定前瞻性和可操作性的“十二五”期间应对人口老龄化的对策措施。

【组织老龄工作专项调研】 2009年，根据上海市人口老龄化的现状和老龄工作的实际，上海市老龄科研中心开展有关老年长期护理保险、老年人异地养老、老年住房功能等专项调研，完成《关于上海推行长期护理保险的建议报告》《关于利用农场土地及设施资源发展养老服务事业的分析报告》等专题报告。部分区县组织开展深化居家养老服务、独居老人安全支持系统、农村居家养老服务、区域老龄事业“十二五”发展等调研。

【开展养老服务课题调研活动】 为谋划“十二五”养老服务思路，上海市民政局研究提出《“十二五”本市养老设施和儿童福利设施建设项目情况》《构建现代养老福利服务体系的实践与思考》。参与上海市医改“完善医疗服务体系”课题调研，形成《关于“完善医疗服务体系”综合调研课题研究》。参与上海市人保局牵头的“探索建立本市老年护理保障制度专项课题调研”，开展《老年护理评估机制研究》。对上海市农村敬老院特别是“五保”集中供养老人的生活情况开展调研，形成《关于本市农村敬老院和集中供养“五保”老人有关情况的调研汇报》。会同复旦大学欧洲问题研究中心、德国弗里德里希·艾伯特基金会，围绕“老年人长期护理保险”主题开展研讨、交流，学习借鉴德国、日本等国的成功经验和做法。

【建立老龄工作评估机制】 2009 年，上海市出台了《上海市老龄工作委员会委员单位老龄工作评估办法（试行）》，确定了评估目的、评估原则、评估机构、评估程序，并且制定了“上海市老龄工作委员会委员单位老龄工作评估指标”“上海市老龄工作委员会委员单位工作记录册（试行）”和“上海市老龄工作委员会委员单位工作信息工作制度”，正式建立了对老龄委委员单位老龄工作的评估机制。上海市老龄办通过上海市老年学学会组织专家评估小组具体实施评估工作。

【开展“十一五”老龄事业发展规划评估】 根据老龄事业发展“十一五”规划要求，上海市老龄办组织力量对老龄委各成员单位所承担的老龄事业发展“十一五”规划的分解任务进行监测评估。

【组织老年病防治的研究】 2009 年度，上海市科委在老年疾病防治领域布局重大、重点项目 6 个，投入经费 605 万元。项目涉及老年性痴呆和前列腺疾病等。

【开展老年医学骨质疏松专业学术活动】 上海市老年学学会主办、承办或协办各类专业学术活动。包括“第五届中国南方骨质疏松论坛”“2009 年亚洲骨质疏松大会”“骨转换指标物与骨质疏松高级论坛”“第七届中日骨质疏松症和骨矿盐疾病论坛”“骨质疏松中青年专题报告会”“骨质疏松中青年论坛”“骨代谢相关生化指标最新研究进展研讨会”和“骨质疏松新进展研讨会”，编辑“骨质疏松防治白皮书”。

【开展老年教育理论研究】 2009 年 12 月 15 日，中国老年教育协会率领中国老年大学协会、上海、天津、重庆、长春等各省市老年大学的专家教授在上海市静安区南京西路社区老年学校开展调研活动，召开了《发展社区老年教育与建设学习型城市研究》专题会议，目前正在筹建中国老年大学协会老年教育理论研究基地。2009 年，上海市老年教育系统内有 20 个老年教育理论研究课题结题。

【举办老年学“青年学者论坛”系列学术活动】 上海市老年学学会举办第四场“青年学者论坛”——老年社会保障现状和发展方向。首届“青年学者观点”专题沙龙——给予险情中独居老人第一时间救援的理性思考。老年学“青年学者论坛”获得上海市社联颁发的“上海市社会科学学会特色活动奖”。

【完善老年人口和老龄事业发展监测统计制度】 2009 年，上海市老龄办、上海市统计局、上海市民政局依据“上海市老年人口和老龄事业发展监测统计制度”，编印《2008 年上海市老年人口和老龄事业监测统计信息》《2008 年上海市老龄事业发展报告书》和《2008 上海市老年人口和老龄事业数据手册》。

【举办信息统计培训】 积极推进老龄系统信息上报工作，组织老龄系统信息员培训，对老龄信息采集上报等工作制定办法。继续积极推进“上海市纯老家庭信息管理系统”，并根据区县老龄办的要求，深入基层对统计人员进行培训。

【编辑出版老龄科学文集】 编辑出版《应对老龄化挑战的思考——上海老龄科研文集之一》《老年学论坛青年学者专集》。编印出版 4 期《上海老龄科学》，同步编印《国外老龄信息摘编》。正常开通运作“上海老龄”网站和“上海老龄科研中心网站”。

【编印《上海市老年人口状况与意愿跟踪调查数据汇编》】 2009 年，上海市老龄科研中学在“2008 年上海市老年人口状况与意愿跟踪调查”的基础上，进行数据整理分析，编印《上海市老年人口状况与意愿跟踪调查（2005、2008）数据汇编》。

十一、老有所为

【继续开展“银龄行动”】 2009 年，开展了第七期上海—新疆“银龄行动”，23 名老年志愿者在新疆阿克苏、巴州、博州和克拉玛依市的 13 家单位开展了为期 2 个月的志愿服务。“银龄行动”志愿者在服务期间，以医疗卫生援助为主，实施医疗门诊 897 次，接诊病人 9388 人，查房 296 次，会诊 97 次，抢救危重病人 42 人，诊断疑难病例 91 人，带培助手 100 人，开学术讲座 75 期、培训 5332 人次，实施大中型手术项目 7 个 12 例，小型手术 67 台次，填补地县科技空白手术项目、非手术项目 5 个，开展知识宣传 1200 人次，完善各项制度 20 项，义诊 150 人，提供咨询 200 人次。其他还实施了教育援助、文化援助和乳制品工艺援助。

区县“银龄行动”在上一年杨浦区、虹口区、浦东新区三个区试点的基础上，在全市各区县广泛开展了本地区“银龄行动”。2009年“银龄行动”在具体的组织实施和招募工作中，采取了由市统筹协调，各区县与受援地组织实施对口援助的新形式。

【成立上海市老年志愿者总队】 2009年，为进一步做好老年志愿服务活动，扩大老年志愿者队伍，拓展志愿服务和社会公益活动的范围，从机制上保证老年志愿者活动深入持久开展，正式成立上海市老年志愿者总队。在重阳节晚会上，举行了隆重的授旗仪式。

【积极推进关心下一代工作】 上海市委老干部局与上海市文化广播影视管理局等单位联合下发《关于贯彻落实文化部等五部委〈关于进一步净化网吧市场有关工作的通知〉的实施意见》，组织老同志参与加强网吧社会监督工作。在全市关心下一代工作系统开展以“我与共和国共成长”“我与世博有约”为主题的老青结对博客秀活动。深入开展老少结对读书、老少结对关爱、老少结对共建“手拉手、心连心”的活动。

【“科技助老”继续行动】 在实施“科技助老”之“百万老人刷卡无障碍计划”的过程中，老年志愿者积极发挥作用，通过街镇、居村委对34万人次老年人培训和志愿导银服务，在ATM机上取款的老人数量和比例呈明显上升趋势。截至2009年末，养老金客户使用ATM机领取养老金的比例由2008年末的26.5%提高到31.6%。使用上海银行的ATM机领取养老金的比例由2008年末的19.9%升至24.4%。

【开展老年教育为社会服务活动】 上海市老年教育工作小组办公室等单位在人民公园开展了“上海老年教育为民服务”活动，12所市、区老年大学（学校）组织了百余位志愿者进行为民服务，据不完全统计，半天时间内接受中医诊脉、推拿、耳穴手穴按摩等服务的有840多人，接受健康咨询、教育咨询的600多人，发放资料3900多份，展示自编教材24本。

【老年绿化志愿者活跃于全市各大公园】 全市以老年游客为骨干的绿化志愿者队伍达到720支，1.6万余人。

十二、为老专项活动

【“老年友好城市”和“老年宜居社区”试点】 2009年9月，全国老龄办决定在全国6个省市有关市、区开展“老年宜居社区”和“老年友好城市”试点工作。上海市长宁区、杨浦区被确定为参加“老年友好城市”试点；上海市黄浦区被确定为参加“老年宜居社区”试点。“老年友好城市”和“老年宜居社区”试点时间从2009年9月开始，到2010年6月底，为期10个月。主要内容一是研究制定创建方案和评定标准办法，包括老年宜居社区和老年友好城市指南、老年宜居社区和老年友好城市评估细则、老年宜居社区和老年友好城市试点报告；二是出台相关政策措施；三是形成老年宜居社区和老年友好城市的创建工作机制，为以后在全国推开创建工作提供样板和示范。

【“银发无忧”工程持续推进】 2009年，进一步完善了“银发无忧”保障方案，在原有基础上，新增了意外住院护理保险。据统计，2009年约有67万老年人参保，比2008年增加了40%，投保金额比上年增加32%。

【组织“申城万名老人看发展”活动】 2009年，连续三年组织开展了“申城万名老人看发展”活动。全市9827名独居、困难老人分批参观了上海城市规划展示馆、上海博物馆、东方明珠塔、奉贤都市菜园等景点。

【落实“冬季为老助浴”实事项目】 2009年1至3月，“冬季为老助浴”活动共计为3万名家中无洗浴条件的老人提供了18万人次的助浴服务。本次活动通过提高浴资、加大宣传以及继续为每位老人购买意外险等措施，吸引了上海市326家浴室积极参与。

【“上海老人赴黄山短期疗养”活动扩大覆盖面】 自2001年开始，上海市老龄办每年组织独居困难或有特殊贡献的老人赴黄山短期疗养，每位参与的老人均享受政府一定金额的补贴。2009年，受益老人的覆盖面进一步扩大，除上海市纯老家庭、独居老人或有特殊贡献的老劳模、老专家、老归国华侨等可优先参加外，上海市户籍60岁以上老年人均可报名参加。

2009年，共组织上海市3282名老人分批赴黄山疗养院进行了短期疗养，每位老人均享受300元/人的政府补贴。

【开展上海市十大寿星评选活动】 2009年度，经全市18个区县推荐，并经有关专家评定，李素清、王云妹、徐琼玉、龚宝芝、吕玉玲5位女寿星和黄荣财、倪炳兴、陈永坤、赵彰成、葛汉民5位男寿星一起成为“2009年度上海市十大寿星”。

【开展大型为老服务咨询活动】 上海市退管会、上海市老龄委办公室、上海市卢湾区总工会、上海市老年基金会、上海市慈善基金会等单位联合在卢湾区复兴公园开展了“庆祝上海市第22个敬老日大型宣传咨询为老服务活动”。来自公安、法院、司法、民政、社会保障、医疗保险、退管会、房地、卫生、妇联、老年婚介、退休职工大学等单位的资深专家为退休老人提供各项咨询服务，现场还提供保健推拿、家电维修、量血压、理发、裁剪等多项为老便民服务，共为

2000余人次老年人提供了服务。

【积极开展敬老节活动】 敬老日期间，上海市卫生系统广大医务人员利用公园、广场、老年活动室、社区卫生服务中心、老年护理医院和敬老院等场所，开展了形式多样的爱老、敬老、助老活动。各区县卫生局医务人员在公园、广场等场所，组织举办“助老义诊”“家庭自测血压”等大型咨询、宣教活动；大多数社区卫生服务中心为辖区内的独居老人和敬老院老人进行了上门保健服务；各社区卫生服务中心对本单位的退休干部、职工和社区内的贫困老人或进行免费体检，或免费测量血压、血糖、血脂等，或赠送常用药品和生活用品。全市总计开展讲座4035次，提供义诊55996人次，上门送医送药46103人次。

【组织开展“冬送温暖、夏送清凉”活动】 2009年元旦、春节和高温期间，上海市退管会办公室在上海市总工会领导的带领下，走访慰问了老劳模和困难退休人员。据统计，包括各级退管组织的各类走访慰问共计16.8万人次，慰问总金额达1亿余元。

【开展“迎世博”专项活动】 2009年1月，以“健康让人生更快乐，城市让生活更美好”为主题的“上海万名健康老人签名迎世博”活动启动，活动由上海市退管会、上海市退（离）休高级专家协会、上海市老新闻工作者协会、上海市老干部活动中心、上海警备区离职干部休养所等20余家涉老单位共同发起并倡议。启动仪式上，分别组织了“百名老劳模签名迎世博”“百名老科技工作者签名迎世博”“百名老新闻工作者签名迎世博”以及“百老德育讲师团、百老百将签名迎世博”系列活动。活动过程中，沪上将有数万名健康老人参与此次签名活动。活动结束后，所有的签名卡将汇编成册，送入上海世博博物馆永久收藏。

2009年6月，上海市老年基金会和市退管会等单位联合举办了上海市万名老人“迎世博、看发展、作贡献”活动。活动内容包括浦江游览、观看具有代表性的经济发展项目和世博在建工程。活动举行期间，有近万名老年人享受了这一敬老服务。

2009年7月，上海市健康产业发展促进协会发起主办，上海新视界眼科医院承办，并由上海市老龄办、上海市慈善基金会“世代”基金大力支持的“迎世博，申城老人白内障复明”活动启动。活动旨在让更多白内障老人通过手术复明，亲眼见证上海世博会召开的盛况。活动中进行白内障检查的老人达640人次；接受白内障手术的达436例。

2009年8月，组织“迎世博，欢乐送社区；倡文明，温暖送老人——上海市老龄艺术团进社区”的巡回演出活动。上海市老龄艺术团先后赴嘉定区众仁花苑、崇明县巡回演出。

【开展“军徽映夕阳”活动】 “军徽映夕阳”是一项军民共建助老专项活动，由上海警备区、上海市老龄办、上海市双拥办共同牵头，在全市范围开展让驻沪部队官兵和民兵预备役部队帮助社区孤寡困难独居老人，帮助入住养老机构老年人，参与上海老龄事业建设。全市18个区县已纷纷举行了结对共建签约仪式。

【上海市老年基金会出资800万元为老助餐】 2009年，上海市老年基金会出资800万元，首批定制500辆送餐车，发放到上海市长宁区、虹口区、静安区、卢湾区、浦东新区、普陀区、徐汇区、杨浦区和闸北区的200家助餐点。

【上海市老年基金会资助公园老年文体团队】 敬老日期间，上海市老龄办、上海市老年基金会、上海市绿化市容局、上海市虹口区政府在和平公园联合举办了“资助公园老年文体团队音响器材暨‘九九关爱金色广场’揭牌仪式”。上海市老年基金会共出资250万元，为全市18个区县的近60个公园捐赠了600套音响设备。

十三、合作与交流

【与日本社会福利法人旭川庄合作举办“上海市养老护理培训班”】 2009年11月，为提高上海市养老护理工作人员的理论水平和业务技能，上海市民政局与日本旭川庄合作举办了“上海市养老护理培训班”。江草安彦名誉理事长等5名旭川庄的领导和专家来沪为上海市养老机构的80余名学员授课。

【邀请荷兰鹿特丹市社会事务和就业局访沪指导工作】 2009年5月，上海市民政局邀请荷兰鹿特丹社会事务和就业局代表团访沪，就失智老人照料、养老机构的质量控制体系、养老福利工作人员培训等进行合作会谈，对上海市第三社会福利院新建的失智老人照料中心内的“家庭式照料示范区”进行工作指导。年内，达成了上海市第三社会福利院与荷兰2008年度最佳养老院——鹿特丹劳伦斯基金会“邻里养老院”结为友好院的备忘录。2009年10月，劳伦斯基金会“邻里养老院”的4位资深护士来沪，到新建成的市第三社会福利院失智老人照料中心传授荷兰“家庭式照料”的理念和技术。

【参与世界卫生组织的全球“老年友好型城市”项目】 世界卫生组织近年来邀请了包括上海在内的全球30多个城市参与“老年友好型城市”项目。2009年2月，经与世界卫生组织老龄化和生命历程司联系和协商，上海市民政局与世界卫生组织老龄化和生命历程司共同召开了视频会议，双方分别介绍了上海开展为老服务和老龄工作方面的情况和世界其他城市开展老年友好型城市项目的情况，讨论了开展老年友好型城市项目的意义和可行性。同年10月，世界卫生组织老龄化和生命历程司司长约翰·比尔德先生应邀访问上海。

【第三届海峡两岸老龄福祉研讨会在沪召开】 2009年4月13日—15日，第三届海峡两岸老龄福祉研讨会在沪举行。研讨会的主题是：两岸老人生活型态、照顾型态与科技应用。来自中国台湾地区及京沪浙苏等地的专家学者和老龄工作者等80人与会。研讨会在海峡两岸养老保障制度比较及借鉴、养老服务模式与信息化、老年照护服务、社区照料模式等方面开展了研讨和交流，对如何开展远距健康照顾与实务方面进行了培训。

重庆市

2009年“九九”重阳节，重庆市举行了盛大的“唱红歌颂经典庆重阳”老年文艺演出，重庆市市委常委、常务副市长、市老龄委主任马正其同志向全市老年朋友致以节日的问候和祝福！

2009年4月30日，重庆市老龄工作委员会在市政府第一会议室召开第六次全体会议，总结2008年全市老龄工作，研究部署2009年的工作任务，市政府副秘书长、市老龄委副主任丁先军同志主持召开会议。

综　　述

截止到2009年底，重庆市2009年人口总数为3144.23万人，其中60岁及以上老年人口512.99万人，占总人口比重16.32%，比上年增加21.27万人，增长4.3%；65岁以上老年人口339.1万人，占总人口比重10.78%；80周岁及以上高龄老人77.13万人，占全市总人数的2.45%；百岁老人1020人，比上年增加了64人，增长6.6%，其中女性826人，男性194人。据相关统计，我市老龄化程度列全国第六位，人口发展呈现出老龄化不断加深、高龄化快速发展、“空巢”化日趋突出等特点。

（一）养老保障工作取得新的成效

在完善城镇企业职工基本养老保险制度，推进农民工养老保险的同时，通过建立城乡居民社会养老保险制度，我市在全国率先实现了城乡养老保险制度全覆盖。截至2009年底，全市共有48.72万名退休人员移交社区实现社会化管理服务，比上年同期增加了5.2万人，社区管理率达到40.4%。在15个区县启动了城乡居民养老保险试点，涉及农村人口887.2万人，其中老年人口达148万人。目前，参保城乡居民达到300万人，115万老年居民开始享受养老待遇。市财政落实20亿元，将企业退休人员养老金每月人均提高140元，达到1235元，首次超过全国平均水平。此外，不断完善救助制度，市民政局将享受分类救助的老年人由80岁降低到70岁，同时将城乡分类救助标准由每人每月增加25元和10元分别提高到35元和20元。

（二）为老服务事业稳步推进

各部门在贯彻市政府关于《重庆市城乡养老机构服务管理办法》工作中，认真出台政策予以落实。一是市财政积极筹措资金支持养老机构建设，多渠道筹措资金1.5亿元，支持新建和改扩建159所乡镇敬老院。实现新增床位1.12万张，全市农村敬老院床位将达到4.2万张，"五保"对象集中供养能力达到34%。为吸引社会资金投资建设养老服务机构，市财政按每张床位补助4000元的标准，支持建设10所社会办示范养老机构。此外还筹资在20个区县建设了139个社区日间照料所。二是城镇养老服务设施建设投入力度加大。民政部将我市作为全国五个养老服务体系建设试点省市之一，拨给我市5000万元，用于新建和改扩建12个养老服务机构。同时拨给资金1亿元，用于在我市建设1个国家级示范养老机构，并补助资金600万元，支持建设6个区县社会福利中心。三是市卫生局积极推进城乡居民基层医疗卫生服务机构建设。对16个区县人民医院、7个中医院、100个社区卫生服务机构、194个乡镇卫生院、661个村卫生室的业务用房进行了改扩建，新增业务用房达到168万平方米。

（三）老龄法制建设逐步加强

一是组织力量对《中华人民共和国老年人权益保障法》和《重庆市实施办法修订草案》提出了修改意见；二是认真贯彻落实国务院《法律援助条例》和司法部、全国老龄办、全国妇联、共青团中央《关于联合倡议"尊老、敬老、帮助老人——加强老年法律援助"的决定》以及国家21部委《关于加强老年人优待工作的意见》，发挥老年人维权示范岗的引导作用，全方位做好老年人法律援助，司法调解和信访工作；三是进一步推进和落实敬老优待政策，扩大服务内容和范围。

（四）老年文化体育教育工作深入开展

全市共有老年大学和老年学校822所，全年合计学员16.28万人。全市老年群众组织7511个，参加人数145.69万人。仅统计37个区县的数据，经常参加体育活动的老年人就已达257.48万人，占全市老年人的52%，比2008年提高1.06个百分点。

重要会议和活动

（一）全国老龄统计和信息工作座谈会在渝召开

2009年全国老龄统计和信息工作座谈会于3月30日上午在重庆市召开。全国各省市老龄工作部门的领导和工作人员、全国老龄办领导和部分工作人员等共80多人参加会议。会议由全国老龄办综合部部长曾琦主持。综合部副部长、老龄信息中心主任王庆就全国的统计和信息工作作了会议报告、部署了2009年的工作；重庆市老龄办副主任陈兴元介绍了重庆的社会经济及老龄工作的情况；上海市老龄办介绍了老龄统计和信息工作经验；国家统计局和民政部有关部门领导就老龄统计和信息工作进行了授课培训。下午，参会代表分组座谈交流了各地老龄统计和信息工作开展情况，讨论了老龄事业统计指标修订问题。全国老龄办副主任吴玉韶参加了会议并作了总结讲话。

（二）市老龄工作委员会召开全体会议

重庆市老龄工作委员会2009年度全体会议于4月30日上午召开，市老龄工作委员会副主任、委员及成员单位等共40多人参加了会议。市老龄办陈兴元同志向大会传达了全国老龄委第十一次全体会议和回良玉副总理讲话精神；市老龄委副主任、市老龄办主任刘涛向大会作了2008年重庆老龄工作情况和2009年工作安排意见的报告；与会同志认真审议了该报告，肯定了全市老龄工作取得的成绩，并对2009年工作提出了修改意见。市人力资源和社会保障局、市财政局、市卫生局还分别就本单位履行成员单位职责方面的情况作了汇报。会议由市政府副秘书长、市老龄委副主任丁先军主持并作总结讲话。会议还就我市传达贯彻全国老龄委和市老龄委全体会议的精神作出了具体要求和部署。

（三）重庆市举办第八期老龄干部培训会

2009年7月6日至7月8日，重庆市第八期老龄干部培训会在石柱县黄水避暑山庄召开。这次培训会议就如何践行科学发展观、提高创新发展能力和老龄工作业务素质进行了培训。市老龄办专职副主任杨子元同志主持了会议，参加会议的有各区县老龄办领导、市老龄委部分成员单位及企事业单位老龄工作部门、为老服务机构的负责人共计100余人。这种以会代训的方式得到了与会者的一致认可。市老龄办专职副主任杨子元对会议进行了总结。

（四）重庆市2009年"唱红歌读经典庆重阳"老年文艺演出成功举行

2009年10月26日，重庆市2009年"唱红歌读经典庆重阳"老年文艺演出在九龙坡区杨家坪步行商业街文化广场成功举行。市委常委、副市长、市老龄委主任马正其代表市委、市政府作了热情洋溢的讲话，之后马市长会同市老龄委办公室、市委老干部局、市民政局、市人力资源和社会保障局、市总工会的领导以及九龙坡区委、区政府的领导冒雨观看了老年文艺团队的演出。各区县选送的老年群众文化团体分别演出了红色经典歌曲、配乐诗朗诵和故事演讲，市老年艺术团表演了舞蹈等精彩节目，赢得场内外观众阵阵掌声。酉阳县参加演出的老年朋友带领现场的观众跳起了摆手舞。演出在《歌唱祖国》的嘹亮歌声中降下帷幕。

（五）继续开展“助老工程——复明行动”

截止到2009年12月底，已普查了渝中区、九龙坡区、沙坪坝区等14个区县，161个街镇，为19526名老年人免费检查了白内障，共查出白内障患者8247名，为208名特别困难白内障老人患者成功实施了免费手术，发放科普读物近4万册，深受老人们好评。

（六）加强了重庆市“爱心通”呼叫援助信息服务中心的领导工作

市政府划拨100万元福彩资金为高龄、病残、困难、空巢老人免费发放了“爱心通”呼叫手机2000余部。并与市内60多家单位协作，为居家养老的老人们提供突发急病紧急救助、报警救助、生活护理求助、家电维修、家政服务、餐饮购物、心理慰藉、康复治疗等多项服务，这项工作的开展受到社会的广泛关注和老人们的好评，实现了居家养老的信息化服务，提升了重庆市的居家养老服务水平。

（七）开展了农村空巢老人帮扶服务试点工作

2009年8月至2010年3月，市老龄办分别在万州区、北碚区、渝北区、江津区、忠县、垫江县、石柱县等7个区县、11个村开展了试点工作，以村级老年协会为依托，各试点村从组建村级老年协会、建立空巢老人帮扶制度、建立健全老年帮扶服务网络体系、广泛开展生活照料服务、安全服务、医疗保障服务、维权服务、送温情服务、帮扶服务和精神文化娱乐服务等方面作了有益探索，该项工作已取得初步成效，下一步将总结经验在全市进一步推广实施。

老龄业务工作

（一）老龄政策研究

在认真宣传贯彻有关老年法律法规的同时，加强了与各老龄成员单位的工作联系，综合协调有关养老、医疗政策的出台，配合有关部门形成了《重庆市基本养老服务体系建设“十二五”规划》并上报国家发改委和民政部。深入万州、垫江、开县、涪陵等地，对农村基层老龄工作机构的设置和农村老年协会发挥作用的情况进行了调研，为规范加强农村基层老龄工作探索新的途径。

（二）老年维权工作

建立健全了市、区县、乡镇（街道）三级法律援助工作体系。全市办理老年人法律援助案件逐年增长，为老年人提供法律咨询和代书服务7万件次。积极发挥老年维权示范岗的引导作用，全方位做好老年人信访、法律援助、司法调解等工作。全市有老年法律援助中心432个、老年维权协调组织2107个，处理涉老案件数1780个，全市老龄系统接待来信来访次数13618次。

（三）养老服务业发展

截止到2009年底，全市有城乡养老机构1262所，床位68464张。其中：城镇福利院、社会福利中心、老年公寓等216所，床位26356张（国办74所，床位11579张；社会力量办142所，床位14777张）；农村敬老院1046所，床位42108张。平均每千名老人拥有养老机构床位13.5张。另外，全市建成“五保家园”（农村五保对象聚居区）1834个，床位18340张；建成城镇社区星光老年之家584个、社区日间照料中心（托老所）139个，为社区老年人提供了便捷、无偿或低偿的养老服务。

（四）老年医疗保障

全市已初步建成比较完整的市、区县、乡镇、村四级卫生服务网络和医疗、预防、保健、科研、教学等门类比较齐全的卫生服务体系。60岁以上老年人凭《重庆市人民政府敬老优待证》，到全市各医疗机构就医，免交普通挂号费，并优先挂号、就诊、化验、取药等。建成区县级医疗卫生机构207所，乡镇卫生院1116所，村卫生室10502所，保证了每个建制乡镇至少有一所政府举办的卫生院，村卫生室覆盖了全市行政村总数的90%以上。

（五）基层社区老龄工作

2009年4月7日，开县汉丰街道凤凰社区老城老街成立首家私立社区居家养老日间照料所，开启了社区居家养老日间照料的先河，迈出了社区私立老龄照料服务的第一步。2009年8月17日，渝中区南纪门街道响水桥社区开通了有专人值守的“老年爱心心理热线”，并特地制发了一批印有社区电话、网络QQ号、服务内容的“老年爱心心理热线连心卡”，发放到社区空巢、独居老人手中。

（六）老龄新闻宣传

市老龄办主管的阳光助老中心创办了《重庆老年》杂志，组织力量编印了《纪念建国60周年——重庆老龄事业特刊》《现代老年人科学生活指南》《老少和谐共建小康社会论文集》等，进一步扩大老龄工作的社会影响；表彰了2008年度“中华孝亲敬老楷模”“中华孝亲楷模提名奖”“孝亲敬老之星”“优秀组织者奖”“敬老好文章”等获奖单位和个人；与市卫生局联合开展了老年人健康生活方式的“121”行动。该活动在全市40个区县陆续开展，近十万老年人参加了此项活动，为“健康重庆”建设起到了很好的推动作用。

（七）老年文体活动

与市老体协联合在全市开展“百万老人健身行动”，重点开展了“健步活动日日行，广场操舞天天跳，广播体操天天做”。并且组队参加了全国第一届老年人体育健身大会，我市共夺金奖15枚、银奖17枚、铜奖20枚，为重庆老年人赢得了光彩，为健康重庆作出了贡献；继续抓好农村村级老年现代远程教育收视工作，现已覆盖4000多个村、40余万农村老年人，拉近了城乡距离，解决了农村老年人“学、教、乐、为”的问题。

（八）“银龄行动”

组织了50多位专家教授于2009年7月和10月分别到合川区狮滩镇和巴南区的石滩镇开展支援“三农”的援农活动。开展了农技培训5次，医疗卫生培训4次，教育培训1次，开展义诊和农技气象咨询1000多人次，现场发放科普资料1.5万多份。

（九）老年优待

进一步深化和落实了对老年人的优待政策，扩大了服务内容和范围。除市里发放百岁老人慰问金外，各区县每月对百岁老人发放100～300元的营养补贴。有10个区县对80岁以上老年人按年龄段给予了不同数额的高龄津贴。全市为60周岁老人新增发放老年人优待证近10万个，主城九区继续执行了对70岁以上老年人免费乘坐公交车和轻轨的政策，三峡库区的万州、涪陵、巫溪等地也试行了70岁老年人免费乘坐城区公交车的政策，受到老年人的欢迎。

（十）2009年百岁老人基本状况

根据各区县老龄办填报的《重庆市百岁老人登记表》统计，截止到2009年12月31日，全市年满100周岁及以上老人共计1020人，比2008年增加64人，增长6.6%。其基本状况如下：

1. 性别状况：女性826人，男性194人。

2. 户籍状况：农村758人，城镇262人。

3. 民族状况：汉族972人，少数民族48人。

4. 年龄状况：100岁286人，101岁245人，102岁180人，103岁117人，104岁76人，105岁40人，106岁31人，107岁22人，108岁15人，109岁6人，111岁1人，116岁1人。其中年龄最高男寿星是南岸区上新街紫剑武馆的吕紫剑116岁（生于1893年10月15日），年龄最高女寿星是合川区渭沱镇荷叶村三组130号的肖天碧109岁（生于1900年3月5日）。

5. 文化状况：文盲和半文盲780人，小学206人，中学27人，大学7人。

6. 婚姻状况：已婚1018人，未婚2人。

7. 子女状况：多子女（3人以上）639人，两子女190人，独子女160人，无子女31人。

8. 养老生活状况：靠子女（孙子）供养的977人，靠退休金、低保金养老的22人，靠亲戚朋友供养的21人。

9. 养老形式：同子女、孙子或亲友生活在一起的981人，独自生活或住养老院的39人。

10. 身体健康自理状况：身体健康能基本自理的557人，不能自理的463人。

11. 居住区域：在全市40个区县中均有百岁老人，百岁老人最多的是江津区106人，其次是合川区70人、万州区54人、涪陵区52人、巴南区49人、永川区46人，綦江县44人。

12. 各区县人民政府按照《重庆市贯彻〈中华人民共和国老年人权益保障法〉实施办法》的规定，对每一位百岁老人每月按时发放了100～300元的营养补助费。

河北省

综　述

2009年，全省各级老龄工作部门认真贯彻落实省委、省政府和民政厅的有关决策部署，紧紧围绕“六个老有”工作目标，按照年初的工作部署，勤奋工作，真抓实干，用真功，使实劲，全省老龄工作取得了新成绩，老龄事业实现了新发展。

一、不断完善老龄政策法规体系，为老龄事业发展提供政策支持

一是与省民政厅福利处联合赴外省市和我省部分

市县进行广泛调查研究，起草了《关于加快推进养老服务体系建设的意见》，提出了发展我省养老服务体系建设的优惠政策和方法措施。二是组织开展补充、修订《河北省老年人优待办法》的调研活动，起草了新的《河北省老年人优待办法》，进一步扩大优待范围，提高优待标准。修改后的优待办法由现在的12条增加到26条，重点是把“养”和“医”的内容纳入其中。三是针对我省社会办养老服务机构的发展情况，起草了《河北省社会养老服务机构暂行管理办法》，对社会养老服务机构的设立、变更和终止，服务和管理，扶持和优惠以及法律责任给予了明确，目的就是规范全省社会养老服务机构的管理，维护社会养老服务机构及其服务对象的合法权益，促进养老服务事业的发展。

二、大力开展为老服务活动，切实保障老年人的合法权益

一是积极督导落实70岁以上老年人免费乘车优惠待遇，目前这一优待条款在11个设区市和部分县（市、区）得到了有效落实。二是做好《老年人优待证》的免费发放工作。年初在财政资金尚未到位的情况下，采取先印制后付款的方式，先期印制老年优待证20万本，保证老年人急需。而后积极与财政协调，落实了127万元印制经费，并通过政府招标采购进行印制，免费发放到老年人手中。三是积极开展慰问贫困老年人活动。省、市、县三级共筹集经费200余万元，对全省1700名贫困老年人、近1000名百岁老人以及数千名80岁以上高龄老人进行了慰问，把党和政府的关爱之情送到老年人身边。四是积极推进“助老健康御险”活动。组织引导广大老年人投保“老年人人身意外伤害保险”。截止到2009年底，全省投保老年人达33.2万人，投保保费450.7万元。五是省老龄办与省募办联合开展了“爱心献功臣”活动，为200名行动不便的老伤残革命功臣和公安英烈家属每人配置一台轮椅，为100名大小便不能自理的革命功臣和公安英烈家属每人配置一台便携式坐便器。利用“爱心护理工程”专项经费16.5万元，为11个设区市的社会办养老机构配发210台轮椅。与河北岐黄医院、河北省武警医院联合启动贫困中老年人肝硬化患者救助活动，免费检测和手术救助患者700余人，减免费用80余万元。还组织开展了为百岁、高龄低保老人、贫困老年人免费赠送和优惠购买食用油以及为农村老年人优惠照相活动。六是针对各级老龄委成员单位的职能特点，协调督促各成员单位制订2009年为老年人办实事、办好事计划，进一步明确成员单位的职责和工作任务，形成做好老龄工作的合力。七是针对河北省的地理特点和建国六十周年大庆以及举行国庆阅兵等情况，积极做好老年人的来信来访工作，全年各级老龄工作部门共接待老年人来信来访1000余件（次），做到热情接待，及时处理，有力地保证了老年群体的稳定。

三、全面推进农村老龄工作，努力提升农村老龄工作水平

一是根据全国老龄办的工作安排，部署在我省10县（市）开展“农村空巢老年人帮扶服务试点工作”，积极探索帮扶农村空巢老年人的有效服务措施。二是积极配合民政部门做好农村“低保”工作，实现应保尽保。三是积极探索多种形式的农村养老新模式。深入农村调查研究，积极发现和总结各地不同形式的农村养老模式，为下一步的推广落实奠定基础。四是建立健全农村老年人协会，使农村老龄工作有人抓，老年人的事情有人管，老年人的权益能够得到保护。

四、广泛开展老龄宣传和老年文化教育工作，营造良好的社会氛围

办好“一栏”：《金色夕阳》，共播出52期；“一网”：河北老年网，去年点击率达1.1亿次；“一刊”：《河北老年》杂志，共出版38期；“两报”：《老年日报·河北老龄版》，共出版222期，《河北老龄工作简报》，共编发6期，充分发挥了舆论宣传对老龄工作的指导和促进作用。与省老年文化促进会、老年事业促进会联合举办了“涉老部门与涉老社团联手应对社会老龄化问题研讨会”，探讨应对人口老龄化、做好为老服务工作的方法和对策。组织开展调查研究，分期分批到全国兄弟省市调研取经，并在省内开展了广泛的调查研究活动，掌握了做好老龄工作的丰富资料。组织举办了“河北省老龄工作干部第七期培训班”，进一步提高全省广大老龄工作干部的综合素质和履行职责能力。积极组织开展老年文化活动。省老龄办组织举办了“革命人永远是年轻——河北省庆国庆迎重阳老年文艺节目汇演”。以全省集中性的大型活动为牵引，各地老年文化活动十分活跃，极大地丰富了老年人的精神文化生活。

五、建立健全老龄工作机构建设，为老龄事业发展提供组织保证

与省委组织部、省编办等五部门联合下发了加强老龄工作机构建设和经费投入的通知。把机构是否健全作为考评全国先进的硬性指标。利用下基层的各种时机，和当地党政领导沟通，和民政局领导强调，和职能部门介绍老龄工作和老龄干部情况。目前，11个设区市老龄办的规格为副处级6个，科级5个；各县（市、区）有编制有人员的87个，占比例51%。全省老龄工作干部编制246人，实有270人，兼职228人。总体上看，取得了一定的进步，有力地保证了各项工作的落实。

六、着力加强老龄办自身建设，圆满完成各项工作任务

一是组织对“全国及全省老龄工作先进单位和先进个人”推荐对象进行考评，进一步掌握全省老龄工作整体发展水平，总结先进经验，发现树立典型，带动全省老龄工作健康发展。共确定了18个全国老龄工作先进单位、27名全国老龄工作先进个人和16个全省老龄工作先进单位、22名全省老龄工作先进个人。二是深入开展“银龄行动”，与省老科协、老教协等老年社团联合，先后组织老专家30多人次，对经济欠发达的两个村进行智力援助，在帮助调整产业结构，推广实用技术，引进优良品种，增加农民收入的同时，也为实现“老有所为”搭建了广阔平台。三是大力开展“爱心护理工程”，做好试点工作，争取中央、省财政资金120余万元，对全省15家以收养失能、基本失能老年人为主要对象的社会养老服务机构给予补助，提高专业护理水平和服务质量。四是做好老龄统计工作，切实掌握全省人口老龄化和老龄事业发展的基本态势。

重要会议和活动

【省老龄委成员单位联络员会议】 2009年2月10日，河北省老龄工作委员会成员单位联络员会议，在石家庄市省老干部活动中心召开。会上，省委老干部局、省委宣传部、省委组织部、省民政厅、民族宗教事务厅、教育厅、财政厅、建设厅、文化厅、卫生厅、人事厅、公安厅、劳动和社会保障厅、司法厅、省直工委、外事办、计生委、妇联、团省委、总工会、旅游局、地税局、体育局、新闻出版局等28个成员单位的联络员相继发言，汇报了2008年以来各自的涉老工作情况和2009年的工作规划，并就涉老工作经验进行了认真的交流。省民政厅党组成员、省老龄办专职副主任姜文汇，结合我省老龄工作作了重要讲话。希望各成员单位努力适应全省经济社会发展的新形势，为我省老龄事业的健康发展作出新的贡献。

【全省老龄办主任会议】 2009年2月24日，河北省设区市、扩权县（市）老龄办主任会议在省会石家庄召开。会议传达了民政部部长李学举和全国老龄办常务副主任陈传书的重要讲话。总结了全省2008年老龄工作，部署2009年工作任务。会上还为全省老龄工作先进个人代表颁了奖。省民政厅厅长、省老龄办主任古怀濮、老龄办专职副主任姜文汇出席会议并发表重要讲话。全省各设区市民政局主管老龄工作的局领导、老龄办主任和各扩权县（市）的老龄办主任50余人参加了会议。

【涉老部门与涉老社团联手应对社会老龄化问题研讨会】 2009年5月9日，省委老干部局、省老龄办、省老年事业促进会、省老年文化促进会，在石家庄北方大厦联合召开全省涉老部门与涉老社团联手应对社会老龄问题研讨会。省人大原主任郭志，省政协原主席、省老年事业促进会会长吕传赞，省政府原副省长郭洪岐，原陆军参谋学院副院长杨则冉将军，全国老龄办巡视员袁新立等领导出席会议。省委书记张云川和省委常委、组织部长梁滨对这次会议非常重视，特为大会发了贺电、贺信。会上，各市委老干部局局长、老龄办负责人分析了我省社会老龄化和老干部工作面临的新形势、新问题，探讨了涉老部门与涉老社团联手应对社会老龄问题的必要性和可行性，交流了联手应对的经验和做法。全国老龄办巡视员袁新立介绍了全国老龄化发展的趋势和应采取的对策。省政府副秘书长曹汝涛代表副省长宋恩华作了重要讲话。

【评选“全国及全省老龄工作先进单位和先进个人”】 2009年5月，省老龄办组成3个考评小组，历时1个月，对“全国及全省老龄工作先进单位和先进个人”推荐对象进行考评，进一步掌握全省老龄工作整体发展水平，总结先进经验，发现树立典型，带动全省老龄工作健康发展。共确定了18个全国老龄工作先进单位、27名全国老龄工作先进个人。16个全省老龄工作先进单位、22名全省老龄工作先进个人。

【“助老健康御险”活动年中分析会】 2009年8月11日，在承德召开了全省“助老健康御险”活动年中分析会，省、市老龄办主要负责人及省人寿保险分公司、市支公司负责人出席了会议，老龄办专职副主任姜文汇同志和省人寿保险分公司副总经理王朝同分别作了重要讲话，进一步提高认识，统一思想，为此项活动在全省的健康深入开展打下了坚实的基础。

【重阳节期间慰问贫困老年人活动】 2009年9月25日至10月26日，全省开展了慰问贫困老年人活动，省、市、县三级共筹集经费200余万元，对全省1700名贫困老年人、近1000名百岁老人以及数千名80岁以上高龄老人进行了慰问，把党和政府的关爱之情送到老年人身边。

【“革命人永远是年轻——河北省庆国庆迎重阳老年文艺节目汇演”】 2009年10月20日，由河北省民政厅、省老龄办主办，省老年事业促进会和老年文化促进会承办的“革命人永远是年轻——全省老年人迎重阳革命传统节目文艺演出”，在河北电视台演播大厅隆重举行。省人大原主任、省老年事业促进会名誉会长郭志，省政协原主席、省老年事业促进会会长吕传赞，省委常委、组织部长梁滨，省政府原副省长、省老年事业促进会常务顾问郭洪岐，原陆军参谋学院副院长、省老年事业促进会顾问杨则冉少将等领导，与200多名老年人代表一起兴致勃勃地观看了演出。演出由光辉的历程、勤劳的人民、浓浓的乡情和深深的祝福四章组成。省文艺界新老艺术家纷纷登台演出，向全省老年人献上了节日的祝福。

【“爱心献功臣”活动】 2009年12月23日，与省募办联合开展了“爱心献功臣”活动，为200名行动不便的老伤残革命功臣和公安英烈家属每人配置一台轮椅，为100名大小便不能自理的革命功臣和公安英烈家属每人配置一台便携式坐便器。

【爱心护理工程】 争取中央、省财政资金120余万元，对全省15家以收养失能、基本失能老年人为主要对象的社会养老服务机构给予补助，提高专业护理水平和服务质量。同时，利用“爱心护理工程”专项经费16.5万元，为11个设区市的社会办养老机构配发210台轮椅。

各项业务进展

【老年维权工作】 各级司法部门加大老年法律法规宣传力度，加强法律援助机构建设，为老年人提供优质高效的法律服务。公安厅及时发布涉及老年群众安全案件的预警信息，提高广大老年人的防范意识。教育厅、省老龄办组织开展“银龄行动”，帮助农民脱贫致富。针对河北省的地理特点和建国60周年大庆以及举行国庆阅兵等情况，积极做好老年人的来信来访工作，全年各级老龄工作部门共接待老年人来信来访1000余件（次），做到热情接待，及时处理，有力地保证了老年群体的稳定。人口计生委组织实施“幸福工程——救助贫困母亲行动”。民族宗教事务厅筹措经费对民族地区的部分困难村进行帮扶，增进了民族团结。住房和城乡建设厅积极开展无障碍设施建设，为老年人游览、购物、出行提供方便。

【养老保障工作】 2009年，我省出台了《关于开展新型农村社会养老保险试点工作的实施意见》，确定首批18个县（市）进行试点，目前已有77.6万农村老年人受益。全省为184.5万企业退休人员调整提高了基本养老金。全年征收养老保险费323亿元。不断完善城乡低保制度，将贫困老年人纳入低保范围，使他们的基本生活得到切实保障。认真落实《农村五保供养工作条例》，“五保”对象集中供养率达到50%以上。大力推进新型农村合作医疗制度，农村60岁以上老年人成为“新农合”的主要受益者。加快社区卫生服务中心和社区卫生服务站建设，极大地方便了社区老年人看病就医。城乡医疗救助纳入国家基本医疗保障体系，许多患大病、重病的贫困老年人得到救助。认真做好提高部分离休干部医疗待遇工作。对包括市级重点医院、中心乡镇卫生院等在内医疗卫生机构进行了新建或改扩建，有效地改善了老年人的就医条件。

【发展养老服务业】 民政厅大力推进养老服务体系建设和老年福利机构建设，到2009年底，全省投入使用的“五保”供养服务机构977所，新建、改扩建360所，投入使用的“三院合一”型民政事业服务中心76所，新建、改建85所。积极推进社会办养老服务机构建设，到2009年，全省民办养老机构床位增加到1.65万张，增长率达26.9%。发展改革委安排专项补助经费支持14个社会化养老项目建设。各设区市大力加强示范性养老服务机构建设。邯郸市建起了市级老年活动中心，青县探索建立了农村老年人合作养老保险制度，肥乡县建立了农村“空巢”老年人集体养老的“农村幸福院”，有效地改善了农村老年人的养老条件和水平。

【为老服务工作】 《河北省老年人优待证》全部实行免费发放，11个设区市全部落实了70岁以上老年人免费乘坐市内公交车、发放百岁老人长寿补贴等规定。积极开展慰问贫困老年人活动。省、市、县三级共筹集经费200余万元，对全省1700名贫困老年人、近1000名百岁老人以及数千名80岁以上高龄老人进行了慰问，把党和政府的关爱之情送到老年人身边。整个重阳节期间，各级党政领导带头深入基层访贫问苦，各级老龄办积极筹措经费，广大老龄工作干部及时送达慰问金和慰问品。积极推进“助老健康御险”活动。组织引导广大老年人投保“老年人人身意外伤害保险”。2009年8月份在承德召开了“助老健康御险”年中分析暨现场经验交流会，加大推进力度。截止到2009年底，全省投保老年人达33.2万人，投保保费450.7万元。省老龄办与省募办联合开展了“爱心献功臣”活动，为200名行动不便的老伤残革命功臣和公安英烈家属每人配置一台轮椅，为100名大小便不能自理的革命功臣和公安英烈家属每人配置一台便携式坐便器。利用“爱心护理工程”专项经费16.5万元，为11个设区市的社会办养老机构配发210台轮椅。与河北岐黄医院、河北省武警医院联合启动贫困中老年人肝硬化患者救助活动，免费检测和手术救助患者700余人，减免费用80余万元。还组织开展了为百岁、高龄低保老人、贫困老年人免费赠送和优惠购买食用油以及为农村老年人优惠照相活动。

【老龄宣传工作】 为充分发挥舆论宣传对老龄工作的指导和促进作用，与省广播电视局、导视频道联合开办了服务于中老年朋友的“一栏”：《金色夕阳》栏目，节目内容涵盖养老政策、老年故事、老年维权、赡养和心理生理健康等方面，今年共播出52期，均产生良好的社会影响；与河北老年事业促进会联合开办的“一网”：河北老年网，去年点击率达1.1亿次；“一刊”：《河北老年》杂志，共出版38期；“两报”：《老年日报·河北老龄版》，共出版222期，《河北老龄工作简报》，共编发6期，为宣传我省的老龄工作提供了更加广阔的平台。与省老年文化促进会、老年事业促进会联合举办了“涉老部门与涉老社团联手应对社会老龄化问题研讨会”，探讨应对人口老龄化、做好为老服务工作的方法和对策。

【老年文化教育工作】 省委组织部、宣传部、老干部局共同主办了“辉煌六十年”全省老干部书法绘画展览。省体育局精心承办第一届全国老年人体育健身大会。文化厅组织举办了假日文化工程暨彩色周末活动，老年人是其中的主要参与者和观众。广电局及时报道老龄工作新闻和动态。省直工委大力加强退休老干部思想政治工作。省老龄办组织举办了“实行积极老龄化战略专家论坛”和“联手应对社会老龄化问题研讨会”，探讨应对人口老龄化的方法措施。组织举办了“河北省首届老年文化艺术节”“河北省首届亲情敬老歌曲大赛”等一系列老年文化活动。全省各地根据本地区民族、民俗特点，组织开展经常性、群众性的老年文化活动，极大地丰富了老年人的精神生活，促进了老年人的身心健康。

【“银龄行动”】 与省老科协、老教协等老年社团联合，先后组织老专家30多人次，对经济欠发达的元氏张掖四村、丰宁县官梁村进行智力援助，在帮助调整产业结构，推广实用技术，引进优良品种，增加农民收入的同时，也为实现“老有所为”搭建了广阔平台。

山西省

山西省“尊老敬老　和谐中国”新闻联合报道活动启动仪式

山西省农村特困老年救助金发放仪式

综　　述

2009年，在省委、省政府的正确领导下，在25个成员单位和社会各界的大力支持下，全省各级老龄组织和广大老龄工作者紧紧围绕省委、省政府的中心工作，科学谋划和积极开展老龄工作，全面实施老龄事业发展“十一五”规划，不断深化基层老龄工作，全力保障老年人合法权益，积极组织开展老年文化体育活动，充分组织发挥老年人作用，全省老龄工作呈现出的新的发展和变化。

一、全面贯彻实施《山西省老龄事业发展“十一五”规划》

2009年是贯彻实施《山西省老龄事业发展“十一五”规划》的第四年。各级老龄组织和各相关部门齐心协力、多措并举、有力地推动了老龄事业的健康发展。

一是养老、医疗保障体系不断完善。城镇养老保险覆盖范围不断扩大，全省参保人数达564.1万人，离退休人员基本养老金按时足额发放，其待遇水平逐步提高。15个国家首批新型农村社会养老保险试点县（市、区）和12个省级试点县（市、区）试点工作扎实推进，全省参保人数达378.2万人，直接受益的60岁以上农民达60多万人。全面推行城镇居民基本医疗保险制度，全省城镇医疗保险参保人数达344.5万人，超额150%完成全年目标任务。全省115个参合县（市、区）新农合工作进展顺利，参合率达91.4%，超过了国家提出的90%以上的要求。各项社会保障制度的进一步完善和覆盖面的不断扩大，有力解决了广大老年人的养老、医疗等民生问题。

二是农村老年人养老补贴金制度不断扩大。在关注民生、保障民生政策指引下，在各级老龄部门推动下，各地积极建立完善农村老年人养老生活补贴金制度，并不断提高补贴标准，扩大补贴覆盖面。继2008年朔州市之后，2009年阳泉市也实现了全市60岁以上农村居民养老补贴全覆盖。市政府每年拿出2900万元，为全市8万多名60岁以上老年人每人每月发放30元养老补贴金。太原、晋城、长治、晋中、临汾等市半数以上的县（市、区）、乡镇（街道）和村（居）都建立了养老补贴金制度，使越来越多的农村老年人享受到改革发展的成果。

三是老龄事业基础设施建设不断加强。各地把老年福利服务基础设施建设列入当地政府为民办实事的民生工程，纳入新农村建设规划，不断加大投入，老年福利服务基础设施建设有了新的发展。截至2009年底，全省已建成敬老院、养老院等养老服务机构960所，床位46306张，老年医院341所，老年病床6510张，老年活动中心（站、室）19153个，参加活动的老年人81万多人，老年大学（学校）852所，在校老年人99590人，各项建设均比上年有了较大幅度的提高。

四是“爱心护理工程”基地建设不断推进。2009年初，省老龄办下发了《关于规范“爱心护理工程”试点单位申报工作的通知》，对申报条件、申报程序、申报时间和管理等方面进行了规范。同时，省老龄办积极引导、培育符合条件的老年医疗、服务机构积极创造条件开展“爱心护理工程”基地建设。2009年全省又有5家单位被全国老龄事业发展基金会批准为“爱心护理工程”建设基地。目前，全省符合条件的已达10家。

二、突出工作重点，不断深化基层老龄工作

2009年，省老龄办坚持以18个老龄工作示范县（区）为抓手，以召开全省农村老龄工作现场会为载体，大力推广基层老龄工作规范化建设的先进经验，充分发挥其引导作用和示范效应，不断地把基层老龄工作引向深入。

一是培养树立典型，发挥示范效应和引导作用。在2009年初召开的全省老龄工作会议上，对经过检查验收符合标准和条件的18个老龄工作示范县（区）进行了授牌。太原、晋城、运城、晋中、大同、忻州、吕梁等市确定了老龄工作示范县（市、区）、示范乡（镇）、示范村。省老龄办7月下发了《关于全省老龄工作示范县（市、区）创建和管理工作的通知》，建立了申报、检查、验收、评选、表彰、授牌长效机制，对创建工作实行动态、规范、制度化管理。

通过创建活动，示范县（市、区）的整体工作得到了全面提升。组织领导进一步加强，老龄政策法规进一步落实，养老保障水平逐年提高，老年服务设施不断完善，老年人精神文化生活不断丰富，敬老宣传教育不断深入。同时，通过层层树立典型，发挥示范效应和带动作用，促进了老龄工作的开展，夯实了老龄工作基础，提高了老年人的幸福指数。

二是召开现场会，推广农村老龄工作先进经验。2009年9月，省老龄办在晋城召开了全省农村老龄工作现场会。晋城、太原、运城、阳城等8个市、县作了大会经验发言。柳林、河曲、大同南郊区新旺乡、阳城县皇城村等20个单位进行了书面经验交流。先后参观了泽州、阳城2县、4镇、6个村。全国老龄办巡视员袁新立出席会议并作了重要讲话，省委副秘书长王进喜、省政府办公厅副巡视员白卫东出席了会议，晋城市市长王茂设出席会议并致欢迎辞，部分市分管老龄工作的领导、老龄办主任、综合科（处）长、18个老龄工作示范县（区）分管领导、老龄办主任等90多人参加了会议。晋城市从1992年开始，历时19年，始终坚持大力推进农村老龄工作“五项建设”（即老年活动室、尊老敬老制度、养老补助金、养老创收基地、老年福利基金），与时俱进，不断创新，取得了骄人的成绩。2006 年开始在乡镇建立为老服务中心，为老年人提供家政、维权、生活照料等服务。老龄工作得到了各级党政领导的肯定，深受广大老年人的好评。通过交流、参观，大家学到了农村老龄工作的先进经验，明确了农村老龄工作面临的形势和任务，坚定了搞好农村老龄工作的信心和决心。

三是积极引导，大力推进社区居家养老服务工作。省老龄办把居家养老服务作为建立健全养老服务体系的重点工作，列入重要日程，积极引导，大力推进，取得了初步效果。晋城市老龄委与市民政局、财政局等十部门联合下发了《关于推进居家养老服务工作的意见》，在乡镇建立为老服务中心，积极开展为老服务工作。太原市政府办公厅转发了市老龄委《关于推进居家养老社会化服务工作的意见》。市老龄委协调有关部门，整合资源，积极推进居家养老服务工作。杏花岭区确立“政策引导、试点先行、分布推进、全面铺开”的工作思路，采取“有偿+低偿+无偿”的运作方式，建立了全方位、网络化、多层次的服务平台。迎泽区在社区成立居家养老服务站，建立服务队伍，开展“一对一、一帮一”的为老服务。万柏林区成立为老服务组织，建立 9 支为老服务队伍，开展一站式便捷规范的为老服务。太原市老干部局建立了“电子保姆”服务系统，为老年人提供智能化、专业化、信息化服务。长治、阳泉等市也成立了居家养老服务中心，试点工作进展顺利。清徐县针对农村老年人的实际需求，探索试行符合本地实际的服务模式。运城市盐湖区、芮城县根据年轻人外出务工的实际情况，办起了“老年食堂”，老年人每天只需交1～2 元钱，一日三餐即可吃到可口的饭菜。

三、认真落实老年优待政策，全力维护老年人合法权益

2009 年，省老龄办认真贯彻实施《中华人民共和国老年人权益保障法》（简称《老年法》）和《山西省实施〈老年法〉办法》，把《老年法》和《实施办法》贯穿在全年工作的始终，体现在工作的各个方面，取得了新的成绩，为维护社会稳定、构建和谐山西作出了积极努力。

第一，老年优待政策进一步落实。

2009 年 3 月，在全省老龄办主任会议上，交流了全省贯彻落实老年优待政策的先进经验，晋城市老龄办等 6 个单位作了大会经验发言，省老龄办就新形势下做好老年优待工作进行了安排和部署。县级以上老龄组织充分发挥监督、检查职能，老年人免费进入公园、纪念馆，乘坐公共汽车，进入旅游景点等优待条款均得到了落实，车站、机场、医疗单位等场所设立了老年人优待服务窗口，明示优待服务内容。忻州市财政为老年人一次性缴纳 20 万元乘车意外险，比较好地解决了老年人免费乘车问题。阳泉市老龄办协调公交公司，制定办证操作办法，规范办证工作，遏制持假冒优待证乘车的问题。老年优待政策的落实，彰显了党和政府“以人为本、关注民生”政策的亲和力，体现了社会的文明与进步，弘扬了尊老敬老优良传统，优化了社会发展环境。

第二，为老年人办顺民意、解民忧、惠民生的实事。

一是利用老年节、春节等重大节日集中开展为老年人办好事、送温暖活动。各级党政领导带领老龄和有关部门负责同志深入百岁老人、高龄老人和贫困老人家庭进行慰问，为他们送去慰问品、慰问金，带去了党和政府的关怀和温暖。有些市县老龄办组织青年志愿者和学生，深入敬老院、养老院，为老年人表演文艺节目、洗衣做饭、打扫卫生，营造了浓郁的尊老敬老气氛。

二是积极开展救助贫困老年人工作。根据《山西省实施〈老年法〉办法》关于县级以上人民政府老龄工作机构应当设立老年特困救助资金的规定，省老龄办、晋城、长治、晋中、阳泉、泽州、阳城、晋城城区、陵川、沁水、清徐、万柏林等市、县（市、区）已建立了老年特困救助资金，并列入了财政经常性预算，建立了贫困老年人救助制度，形成了长效救助机制。2009 年 7 月，省老龄办还制定了《山西省老年特困救助资金管理和使用办法》，对救助工作实行规范化、制度化管理和运作。为贫困老人雪中送炭、帮助解决生产生活和子女上学中的困难，把党的关注民生，改善民生的政策贯彻落实在老龄工作中，体现在老年人身上。

第三，维护老年人合法权益的力度进一步加大。

一是不断完善老年维权工作机制。全省各级老龄办大都经司法部门批准成立了老年法律援助工作站，对符合法律援助条件的老年人提供法律咨询，代拟法律文书，进行诉讼调解等。大同市所辖 11 个县（区）及大多数乡镇都成立了老年法律援助站（室），开辟了电话受理法律援助通道，实行律师事务所代理法律援助申请机制，使老年人足不出户就可咨询有关法律问题，在居家附近即可寻求法律援助服务。各地法院开辟了老年案件绿色通道，对老年案件实行优先立案、优先审理、优先执行，诉讼费根据老年人不同情况可缓交、减交或免交。各地还针对老年人的特点和案件的性质，开展人性化的法律服务，对思维不清、说话啰嗦的老年人，耐心倾听，认真解答，对 80 岁以上或患病老人，上门服务，简化手续，对家庭侵权案件，选择非讼调解方式，既晓之以理动之以情解决问题，又不因此使彼此反目失去亲情。

二是不断健全老年人来信来访制度。各市、县老龄组织大都建立了老年人来信来访制度。省老龄办、太原、忻州、阳城等市、县老龄办还建立了老年人来信来访首问责任制。大同市老龄办制定了老年人来信来访限时答复办结制。全省各级老龄组织从构建和谐山西的大局出发，带着责任，带着感情，对上访老年人热情接待、耐心解答，对反映问题多方协调、认真解决。村级老龄协会认真解决赡养纠纷和婆媳矛盾等家庭纠纷，把矛盾处理在基层，化解在萌芽状态，促进了家庭和睦、邻里团结和社会和谐。

四、营造氛围，宣传工作广泛深入

一年来，省老龄办广泛深入地开展宣传工作，为搞好全省老龄工作提供思想保证和舆论支持。

第一，建立老龄宣传工作阵地。

省老龄办、太原、晋城、长治、忻州、运城、大同、晋中、阳泉、吕梁、阳城、泽州、高平、清徐、小店等市县都办有老龄工作刊物或简报，及时反映老龄工作的开展情况和动态。省老龄办、太原、晋城、广灵等市县建起了“老龄网站”。晋城、运城、太原、大同、忻州、晋中等市部分农村老龄协会不定期办黑板报、墙报等。各级老龄组织利用宣传工作阵地，采用各种宣传方式，定期或不定期地开展老龄宣传活动，为搞好老龄工作发挥了重要的作用。

同时，各地媒体也开辟了老龄工作专栏和栏目，提高了宣传工作效果。省电视台“老年福”频道，适应老年人特点求新求好，太原广播电台开办了“老年之声”，太原晚报开设了《老年周刊》，《运城日报》设立“老年天地”专栏，电视台设立“法制在线”。《太行日报》《晋中日报》设有“老年专刊”等等。

第二，开展有影响有声势的宣传活动。

省老龄办会同省新闻工作者协会联合举办了山西省“尊老助老、和谐中国”新闻联合报道活动，活动以弘扬尊老敬老文化，构建和谐山西为主题，对老龄问题和老龄工作进行了全方位的宣传和报道，省城 11 家媒体参加了活动，起到了比较好的宣传效果。

第三，寓宣传于活动之中。

各地整合宣传资源，创新宣传方法，寓宣传于各项活动之中，收到了宣传工作、推动工作的综合效果。太原电视台举办有规模、有影响的魅力老爸老妈活动。晋城、长治等市、县举办庆祝老年节敬老月活动等等。通过举办和开展各种形式的活动，扩大老龄工作的宣传面和影响力，营造了重视老龄工作的良好氛围。

五、深入实际，扎实开展调查研究

2009 年，省老龄办深入实际，深入基层，认真开展调查研究，取得了重要调研成果。

一是开展了农村老年人生活状况调研。省老龄办会同省老年学学会、省社科院基金项目课题组联合开展了农村老年人生活状况的调研。通过对 3 个县的 9 个乡镇的 850 位老年人进行问卷调查，和 4 个县（市）的 15 个乡镇、45 个行政村的 175 位老年人的入户调查及面对面的访谈，比较全面地了解了农村老年人的生活状况及存在的问题，写出了《山西省农村老年人现状、问题及解决办法调查研究总报告和 6 个专题报告》（现正在修改）。

二是启动了《应对人口老龄化战略（2010—2050 年）研究》工作。根据全国老龄委的工作安排，省老龄办会同省社会科学院社会学所开展了山西省应对人口老龄化战略研究。战略研究共分方案设计、实地调研（问卷调查、数据收集分析汇总）、分课题（14 个分课题）研究和撰写研究报告四个阶段，计划到今年年底完成。2009 年主要进行了第一、二阶段的工作。从 4 月份开始，进行了战略研究方案和课题的设计、论证，制定了《山西省应对人口老龄化战略（2010—2050 年）研究实施方案及课题框架》。2009 年 8 月 11 日至 9 月 21 日，组成了 3 个调研组，分赴太原、大同、吕梁、忻州、晋城、运城 6 个市、18 个县（市、区）、48 个乡镇（街道）、120 个村（社区）开展大调研，并同时入户进行了 1‰老年人口的抽样调查，完成调查问卷 4080 份，现正在进行调研资料和问卷数据的汇总整理工作。

三是省直机关、忻州等市县老龄办也开展了一定规模的调研活动。省直机关老龄办确定 11 个课题进行了调查研究工作，汇编了《山西老龄问题探索》一书。太原、晋城、长治、清徐等市县老龄办分别开展了老年人生活状况和居家养老服务工作调研，并撰写了调查报告。

六、展现老年人精神风貌，丰富老年人精神文化生活

省老龄办以迎接和庆祝建国六十周年为主题，以繁荣和发展社会主义先进文化为宗旨，以老年文体组织为载体，广泛开展适合老年人特点的文化体育健身活动。

适应老年人精神文化体育健身活动的需要，各种形式的老年文艺体育组织和队伍遍布城乡，各具特色的老年文化体育健身活动方兴未艾。2009年，省老龄办会同省老年体协、省体育局组织全省173名老年选手参加了由国家体育总局、全国老龄办、中国老年体协举办的第一届全国老年体育健身大会。我省老年选手参加了全部10个项目的比赛，共取得了13枚金牌、21枚银牌、17枚铜牌的好成绩。我省获得了优秀组织奖。2009年8月8日，庆祝全国“全民健身日”启动仪式暨省城万人健步走活动在太原市滨河体育中心隆重举行。根据大会组委会的安排，省老龄办组织了200名老年体育爱好者参加了启动仪式和健步走活动，展现了当代老年人的健康体魄和参与精神。

各地隆重举行庆祝建国六十周年活动。举办庆祝建国六十周年老年书画展，唱红歌，颂祖国，诗歌比赛，各种形式的老年趣味运动会，“祖国在我心中”演讲比赛，“钻石婚”“白金婚”夫妇评选表彰等活动。省老龄办组织全体党员赴西柏坡重温入党誓词，进行革命传统教育。太原市老龄办举办“60年60人”先进人物讲述太原60年发展巨变专访活动，回顾发展历程，激发爱国热情，牢记革命传统，坚定发展信心。

全省上下广泛开展庆祝老年节活动。全省从机关到厂矿，从企业到学校，从城市到农村普遍开展了老年节的庆祝活动。省老龄办于2009年10月21日在省广播电视总台大演播厅举办了“福彩杯”“金秋风韵”老年文体展演，荟萃了全省各地11个精彩的文体节目，展示了当代老年人的精神风采。省人大副主任安焕晓、省政协副主席李雁红，李立功、梁国英等10多位省级老领导出席晚会，省城各界老年代表参加了晚会。太原、忻州、晋城、长治、晋中、阳泉等市和多数县（市、区）举办了庆祝老年节文艺汇演。各地还举办老年书画展览、走访慰问等活动，为老年人送上了节日文化大餐和礼品，使老年人感受到了节日的温馨以及党和政府的关爱。

总之，广大老年人以满腔热情，以文体活动方式装点生活、传递快乐、歌颂祖国、歌颂改革开放，已经成为文化强省和宣传先进文化的一支重要力量。

七、积极推进“银龄行动”，充分发挥老年人作用

发挥老年人政治、经验、技术优势，凝聚老年人才智慧力量，引导其为新基地、新山西建设发挥作用、贡献力量是各级老龄组织的一项重要任务。2009年，省老龄办先后两次组织医疗专家开展了两次大规模的“银龄行动”。一是2009年6月10日至17日，组织省人民医院、省妇幼保健院、省眼科医院的专家赴长治襄垣县和吕梁石楼县，开展了为期8天的医疗服务活动，诊治病人1000多人，免费发放药品100余种。二是2009年7月23日至31日，组织省人民医院、山医大二院、省中医学院9名专家赴五台县、和顺县开展医疗服务活动。9天时间共接诊1492名老人，免费发放价值13000元的药品，受到了当地政府和群众的一致好评，分别为省老龄办赠送了锦旗。

太原、晋城、长治、吕梁、大同、和顺、清徐等市县也开展了大规模的“银龄行动”。太原市老龄委组织10家医疗单位的100名专家，由太原市副市长、市老龄委主任授旗，分成10个医疗队分赴10县（市、区）开展义诊活动，累计义诊群众3500多人，免费发放价值3万多元的药品。晋城市以“银龄助农”为主题，组织农、林、畜牧、养殖专家深入农村为老年人提供有关技术咨询和指导，受到了广泛好评。

在“银龄行动”旗帜的指引下，广大老年人在落实“三保”措施、促进“三个发展”中，充分发挥自己的专长和作用，汇集成了建设山西的一支不可或缺的力量。

八、提升素质，不断加强老龄干部队伍建设

2009年以来，省老龄办以提升素质为目标，不断加强干部队伍建设。

1. 以为老年人服务为宗旨，不断加强社会主义核心价值观体系建设。省老龄办从制度建设入手，牢固树立为老年人服务无尚光荣的思想，牢固树立有为才有位的工作理念，积极开展向全国老龄工作先进个人任建林同志学习活动，积极倡导爱岗敬业、无私奉献。一年来，全省各级老龄干部在平凡的工作岗位上默默奉献、顽强拼搏，涌现了一批又一批的老龄工作先进集体和先进个人，这次会议上将要表彰的就是他们其中的先进代表。

2. 以能力建设为重点，不断提高老龄干部的业务素质。2009年5月，省老龄办在运城举办了全省老龄干部法律知识培训班。邀请省社会科学院人口研究中心主任谭克俭、省律师协会专业委员会委员吴华、太原师范学院文学院教授董竟成分别授课，全省120名老龄信访干部参加了培训。2009年7月，省老龄办在大同举办了全省贯彻《老年法》研讨会，各市老龄办主任等40多人参加了会议。太原、省直机关老龄办等也举办了不同类型的老龄干部培训班。各地通过培训，以会代训，在干中学、学中干，各级老龄干部的素质不断提高。

3. 以提高工作效率为目标，不断加强机关信息资料规范化建设。2009年7月，省老龄办召开专门会议，就老龄办机关信息资料规范化建设进行安排和部署。内容包括 3 个方面、29 项内容。各市县老龄办加强了信息资料规范化建设，正在逐步形成收集、整理、建档和上报工作机制。

重要会议和活动

【全省老龄工作会议】　2009 年 3 月 5 日上午，全省老龄工作会议在太原召开。会议传达了 2009 年全国老龄工作会议主要精神，总结了 2008 年全省老龄工作，安排部署了 2009 年全省老龄工作任务，对全省老龄工作示范县（市、区）进行了授牌，对 2008 年市级老龄工作先进单位进行了表彰。山西省委常委、常务副省长、省老龄委主任申联彬同志作了书面讲话。省老龄委副主任、委员，各市及省直老龄办负责人、综合科（处）长，全省老龄工作示范县（市、区）老龄办负责人，各市老龄工作重点县（市、区）代表等 120 余人参加了会议。

【市级老龄办主任会议】　2009 年 3 月 5 日下午，市级老龄办主任会议在太原召开。各市老龄办汇报了 2009 年工作打算；晋城市老龄办、忻州市老龄委、大同市法律援助中心、寿阳县老龄办、阳城县润城镇老龄委、太原市小店区亲贤社区六个单位交流了贯彻落实老年优待政策方面的典型经验；省老龄委专职副主任王进龙作了重要讲话。各市老龄办负责人、综合科（处）长、全省老龄工作示范县（市、区）老龄办负责人、重点县（市、区）代表共 60 多人参加了会议。

【全省老龄干部法律知识培训班】　2009 年 5 月 7 日，山西省老龄干部法律知识培训班在运城市举行，来自全省各市、县（市、区）的 120 多名老龄干部参加了此次培训。在开班仪式上，运城市委常委、常务副市长柴林山同志到会并发表了热情洋溢的欢迎辞。省老龄办副主任续爱峰同志作了重要讲话。省社科院人口研究中心主任谭克俭研究员，省律师协会专业委员会委员吴华律师和太原师范学院董竞成教授分别就《人口老龄化及其应对策略》《老年人权益保护的几点思考》和《实用文体写作》等专题作了精彩的讲授。

【年中老龄办主任会议暨《老年法》研讨会】　2009 年 7 月 9 日，山西省年中老龄办主任会议暨《老年法》研讨会在大同召开。各市汇报总结了上半年工作情况，安排部署了下半年的工作任务。在各市汇报的基础上，会议重点讨论了《山西省农村老年特困救助资金管理和使用办法》，《山西省应对人口老龄化战略（2010—2050 年）》研究课题框架、研究项目方案。会议还安排部署了全省老龄工作示范县创建和动态管理、老龄办机关规范化建设及“九九”老年节庆祝活动。参加会议的有各市及省直老龄办主任、综合部负责人共 40 余人。2009 年 7 月 10 日，会议组织全体与会代表参观了大同市老年维权示范点。

【参加首届全国老年人体育健身大会】　第一届全国老年人体育健身大会，是由国家体育总局、全国老龄工作委员会办公室和中国老年体协共同举办的全国性老年体育赛事，设有网球、乒乓球、太极拳等 10 个比赛项目。山西省派出 200 多人的代表团，参加了全部 10 个项目的比赛，共获得金牌 13 枚、银牌 21 枚、铜牌 17 枚，奖牌总数 51 枚，另外有 6 个单项获得最佳组织奖和道德风尚奖。

【“尊老助老　和谐中国”新闻联合报道活动】　2009 年 8 月 20 日上午，山西省老龄工作委员会办公室和山西省新闻工作者协会联合举办了山西省“尊老助老　和谐中国”新闻联合报道活动启动仪式，标志着全省的“尊老助老　和谐中国”新闻联合报道活动正式启动。这项新闻联合报道活动是由全国老龄工作委员会办公室和中华全国新闻工作者协会共同发起的，旨在使全社会更加关注广大老年人的生活生命质量，营造敬老爱老助老氛围，为构建和谐社会、全面建设小康社会创造良好的社会环境。山西省老龄工作委员会办公室和省新闻工作者协会联合成立了“尊老助老　和谐中国”新闻联合报道活动领导小级及办公室，重阳节期间在全省范围内集中开展“尊老助老　和谐中国”新闻联合报道活动。《山西日报》、山西广播电视总台、山西新闻网、《山西晚报》《老友报》《山西老年杂志》《山西工人报》《山西青年报》《山西妇女报》《三晋都市报》《山西商报》等新闻媒体参加了这项活动。

【全省农村老龄工作晋城现场会】　2009 年 9 月 26 日—27 日，全省农村老龄工作现场会在晋城市召开。会议的主要任务是总结交流农村老龄工作经验，研究分析农村老龄工作面临的新形势、新情况，安排部署今后一个时期全省农村老龄工作的任务。出席会议的领导有全国老龄办巡视员袁新立，综合部主任杨东法，各市分管老龄工作的领导，各市老龄办主任、综合科科长，全省老龄工作示范县、重点县的分管领导和老龄办主任，以及新闻单位的记者共计 90 多人。晋城市市长王茂设出席会议并致欢迎辞，晋城市委常委、常务副市长赵学梅同志作了主旨经验发言，太原、运城等 7 个市、县作了大会经验发言，另有 20 个单位进行了书面经验交流。他们的做法和经验从不同侧面反映了全省农村老龄工作的总体情况和取得的成绩，特别是晋城市的经验具有普遍的借鉴意义和推广价值。其他各市、县的经验也各具特色。会议还参观了泽州县、阳城县共4个乡镇6个村的老龄组织建设、尊老敬老制度、老年活动室、老年创收基地、老年福利基金等5项建设情况。通过交流学习，大家学到了经验，明确了方向，增强了做好农村老龄工作的信心。

【全省农村特困老年救助资金发放仪式】 2009年10月22日上午，2009年山西省农村特困老年救助资金发放仪式在省工会活动中心举行。参加仪式的有各市老龄办负责同志，省城各大新闻媒体的记者等。省老龄委专职副主任王进龙在发放仪式上发表重要讲话，要求各级老龄组织要认真负责，切实做好全省农村特困老年救助资金的发放工作。今年省级财政共确定救助全省生活特别困难的60岁以上农村老年人933人，救助金额46.65万元。原则上每个县确定8个救助名额，以现金形式每人救助500元。省级救助金余额部分，省老龄办选取清徐、平定两县进行了重点救助。

【“福彩杯”老年文体展演】 2009年10月26日，由山西省老龄办主办、山西省福利彩票发行中心、山西省老年学学会协办的“福彩杯”金秋风韵老年文体展演在山西电视台大演播厅举行，并在公共频道进行了播出。这次活动的主题是“欢乐、和谐、共享”。精彩的节目展示了全省老年人健康乐观、积极向上的精神风貌，展示了全省老年文艺体育事业所取得的重大成就，表达了老年人对新中国、新时代、新生活的热爱，讴歌了新中国成立60年来在中国共产党领导下所取得的巨大成就。

各项业务进展

【老年维权工作】 认真贯彻实施《老年法》和《山西省实施〈老年法〉办法》，落实老年优待政策，出台救助老年人政策措施，建立健全慰问老年人制度，全省老年维权优待工作取得了明显成效，为维护社会稳定、构建和谐山西作出了积极努力。

一是积极落实各项老年优待政策。在2009年3月5日召开的全省市级老龄办主任会议上，省老龄办交流学习了全省贯彻落实老年优待政策的经验，晋城市老龄办等6个单位作了大会经验发言，介绍了他们的做法和经验。通过交流学习先进经验，提高了认识，拓展了思路，进一步推进了老年优待政策在全省各地的贯彻落实。同时，省老龄办积极做好《山西省老年优待证》办理工作，2009年全省共办理《山西省老年优待证》26万多本，其中为农村老年人免费办理21万多本，使越来越多的老年人享受到了党和政府的优待优惠政策。目前，全省各旅游景点、医院、车站、图书馆、展览馆、博物馆等服务窗口明示老年人优待优先标志。70岁以上老年人免费乘坐市内公共汽车，免费参观旅游景点，看病免费挂号等优待政策全部得到落实。

二是不断加强贫困老年人救助工作。省老龄办和部分市、县（区）老龄办建立了贫困老年人救助制度，每年普遍进行一次性救助和临时救助。省财政设立了老年特困救助资金，每年50万元列入经常性预算用于救助全省特困老年人。晋城、长治、晋中、阳泉等市老龄办及部分县（区）老龄办也建立了老年特困救助资金，均列人财政预算，形成了救助特困老年人的长效机制。2009年7月，省老龄办制定出台了《山西省老年特困救助资金管理和使用办法》，使救助特困老年人工作实现了规范化、制度化管理。2009年10月22日，省老龄办举行了全省农村老年特困救助资金发放仪式，将2009年度的50万元老年特困救助资金下发各市，在老年节来临之际送到贫困老年人手中。

三是慰问老年人、为老年人做好事已形成制度。省、市、县各级党政领导、老龄部门每逢老年节、春节层层深入老年人家中进行慰问，许多学校、企业组织学生、员工、志愿者到敬老院、养老院为老年人过生日、演节目、做好事，送去了党和政府的关爱，温暖了老年人的心。

【基层老龄工作】 基层老龄工作是我们工作的重点，我们坚持“抓基层、打基础、树品牌、创一流”的指导思想，以老龄工作示范县（区）为抓手，推进社区、农村老龄工作规范化建设，形成了创建、检查、验收、挂牌、表彰等激励机制，使基层农村、社区老龄工作不断深化。

一是扎实推进创建工作。在2009年3月召开的全省老龄工作会议上，省老龄办对全省18个老龄工作示范县（区）进行了授牌。2009年7月，省老龄办下发了《关于全省老龄工作示范县（区）创建和管理工作的通知》，对示范县（区）工作实行动态管理，建立创建、检查、验收、挂牌、表彰的长效机制，使老龄工作示范县（区）创建和管理工作实现了规范化和制度化。同时，太原、晋城、运城、阳城、临猗等市、县（市、区）还确定了老龄工作示范乡（镇）、示范村，并不断完善农村老龄工作规范化建设标准，有力地推动了基层老龄工作的深入开展。

二是积极推广农村老龄工作经验。2009年9月26日，省老龄办组织召开了全省农村老龄工作晋城现场会。会议总结交流了农村老龄工作的先进经验，分析研究了农村老龄工作面临的新形势，安排部署了今后全省农村老龄工作的任务。全国老龄办巡视员袁新立出席会议并作了重要讲话，省委常委、常务副省长、省老龄委主任申联彬作了重要书面讲话，晋城市市长王茂设致欢迎辞。各市分管领导、老龄办主任、综合科（处）长及全省老龄工作示范县（区）分管领导、老龄办主任等90多人参加了会议。晋城、太原、运城等8个市、县（区）作了大会经验发言，另有20个单位进行了书面经验交流，各地的做法和经验从不同侧面反映了我省农村老龄工作的总体情况和取得的成绩。特别是晋城市从1993年开始，积极探索，因地制宜地制定了农村老龄工作规范化建设的“五有”标准和内容：(1) 有老年活动室；(2) 有尊老敬老制度；(3) 有养老补贴金制度；(4) 有老年福利基金；(5) 有老年创收基地。他们以“五有”建设为抓手，建立了创建、验收、挂牌、表彰机制，使农村老龄工作实现了制度化、标准化、规范化。2009年8月，晋城市出台了《关于进一步加强镇村两级老龄工作规范化建设的意见》，在“五有”基础上进一步提出乡镇老龄工作要达到“一中心”（即乡镇为老服务中心）标准，具有普遍的借鉴意义和推广价值，对推动我省农村老龄工作的深入发展起到了积极的作用。

【老龄宣传工作】　省老龄办积极整合宣传资源，创新宣传手段，不断扩大老龄工作宣传面和影响力，取得了很好的社会效果。2009年3月5日，在全省老龄工作会议上，省老龄办表彰了2008年度市级老龄工作先进单位，树立榜样，激励先进，营造了宣传老龄工作的良好氛围。2009年8月20日，省老龄办和省新闻工作者协会联合举办了山西省“尊老助老、和谐中国”新闻联合报道活动启动仪式，旨在使全社会更加关注广大老年人的生活生命质量，为构建和谐社会、全面建设小康社会创造良好的社会环境。同时，省老龄办设立了老龄网站，办有《山西老龄工作》内部刊物，每月一期。省老龄办充分利用电视、报纸、网络等媒体资源，不断加大老龄宣传报道力度，扩大老龄工作覆盖面。2009年全年，省老龄办在山西电视台、中国黄河电视台、《山西日报》、山西新闻网等省级媒体报道老龄工作已达近百次，《中国老年报》《中国社会导刊——中国老龄》《老龄问题研究》等国家级媒体也对我省老龄工作进行了多次报道。

【“银龄行动”】　2009年，省老龄办积极引导，精心组织，不断引深“银龄行动”。全年共组织开展了两次大规模的“银龄行动”。一次是6月10日至17日，组织省人民医院、省妇幼保健院、省眼科医院的专家赴长治市襄垣县和吕梁市石楼县，进行了为期8天的医疗服务活动。活动期间诊治1000多人，发放免费药品100余种，价值2000多元。第二次是7月23日至31日，组织省人民医院、省医科大学第二附属医院、省中医院的9名专家赴忻州市五台县和晋中市和顺县开展医疗援助服务活动。9天时间共接诊1492人，并免费发放价值1.3万元的药品，受到了当地政府和群众的一致好评。

为总结一年来全省“银龄行动”开展情况，交流学习各市“银龄行动”的好做法、好经验，省老龄办于2009年12月3日在太原组织召开了全省“银龄行动”总结会。会议听取了各市今年开展“银龄行动”的情况和取得的主要经验。太原市老龄委与市卫生局共同开展了以“医疗援助”为主题的“银龄行动”，组织市中心医院、人民医院等10家医疗单位的100名专家，分成10个医疗队分赴太原市10县（市、区）开展义诊活动，累计义诊群众3500多人，并免费发放价值3万多元的药品。晋城市以“银龄助农”为主题，结合开发式扶贫助老活动，组织农业、林业、畜牧业、养殖业专家为贫困老年人提供技术服务，帮助他们提高收入，实现自我养老。长治市组织农、林、牧、医等专家赴国家级扶贫开发重点县壶关县开展援助活动，吕梁市组织医疗专家赴柳林县开展医疗援助，大同市大同县开展科技兴农、文化育人、医疗扶贫为主要内容的“银龄行动”，受到了当地群众的热烈欢迎。

【居家养老服务工作】　2009年，省老龄办将居家养老服务工作作为老龄工作的重点，引导各地开展试点，积极探索新的服务形式和服务内容，不断加大工作力度，使居家养老服务工作取得了初步成果。晋城市老龄委与市民政局、财政局等十部门联合出台了《关于推进居家养老服务工作的意见》，并以市政府文件下发，有力推进了晋城市居家养老服务工作。太原市积极探索居家养老服务新路子，已形成一定规模。杏花岭区以“政策引导、试点先行、分布推进、全面铺开”的工作思路，采取“有偿＋低偿＋无偿”的运作方式，建立起了全方位、网络化、多层次的服务平台；迎泽区在社区成立居家养老服务站，以社区干部、低保人员和大中专院校学生为志愿服务队伍，为老年人开展“一对一、一帮一”服务；清徐县针对农村留守老人和县城空巢老人的实际需求，探索符合本地实际的居家养老服务模式。长治市成立居家养老服务中心，为60岁以上困难老年人提供免费服务、补贴服务和低偿服务。阳泉市在社区开展志愿者服务和家政服务两种模式的居家养老服务项目，收到了很好效果。运城市盐湖区和芮城县办起“老年食堂”，每位老年人每天只需交1～2元钱，一日三餐即可享受可口饭菜。随着各级政府的进一步重视和各级老龄部门的不断努力，居家养老服务试点工作正逐步走向深入。

【爱心护理工程】　2009年，全省“爱心护理工程”基地建设不断推进。年初，省老龄办下发了《关于规范爱心护理工程试点单位申报工作的通知》，对申报条件、申报程序、申报时间等方面进行了规范。同时，省老龄办积极引导、培育符合条件的老年医疗、服务机构积极创造条件开展“爱心护理工程”基地建设。2009年我省又有5家单位被全国老龄事业发展基金会批准为“爱心护理工程”建设基地。目前，全省“爱心护理工程”建设基地已达10家。

【人口老龄化战略研究】　山西省老龄办积极响应全国老龄办关于开展人口老龄化战略研究的号召，于2009年4月份启动了我省的战略研究工作。省老龄办与省社会科学院社会学研究所联合开展了山西省应对人口老龄化战略（2010－2050年）研究，研究共分为14个分课题，将预测2010－2050年全省60岁及以上老年人口规模、结构及其影响，针对性地提出解决人口老龄化问题的办法和措施，为省委、省政府制定应对人口老龄化的政策措施提供依据。战略研究主要分为方案设计、实地调研、分课题研究和撰写研究报告四个阶段，计划于2010年底完成。2009年，省老龄办已开展了第一、第二阶段的工作。从2009年4月初开始，省老龄办进行战略研究方案和课题的设计、研究、论证。2009年8月11日至9月21日，省老龄办与省社会科学院社会学研究所组成联合调研组，赴太原、大同、吕梁、忻州、晋城、运城6个市的18个县（市、区）、48个乡镇（街道）、120个村（社区）开展人口老龄化大调研，并同时进行1‰老年人口抽样调查，共发放调查问卷4080份。

内蒙古自治区

综　　述

2009年自治区老龄委办公室，在自治区民政厅的领导下，认真贯彻“科学发展观”，在维护老年人合法权益，保障老年人基本生活和基本医疗保险、丰富和活跃老年人精神文化生活，发挥老有所为作用，敬老、爱老、助老服务等方面发挥办公室职能作为，各项工作有了新的进展。

一、推进了养老保障体系建设

在养老机构建设上加大投入，使养老水平进一步提高，功能不断完善，集中供养范围不断扩大。2009年年初自治区老龄委会同建设厅转发了国家建设部出台的《老年人居住建筑设计标准》和《城市和村镇老龄设施规划设计规范》。2009年5月份配合建设部、全国老龄委检查团，对包头、呼和浩特市地区的老年人居住建筑进行了检查和达标。对不符合老年人居住条件的建筑和设施进行了整顿，提出了合理化建议和加强整改意见。同时，内蒙古自治区劳动和社会保障厅根据劳动保障部、财政部，《关于2009年调整企业退休人员基本养老金的通知》（人社部发［2008］102号）精神，经自治区人民政府研究，颁布《关于2009年调整企业退休人员基本养老金的通知》（内劳社字［2009］1号）文件，明确了调整范围、执行时间、调整标准、以及所需资金的来源。

二、关注民生问题，使老年人优待工作取得了重大突破

各级老龄委积极贯彻21部委出台的《关于加强老年人优待工作的意见》，根据当地实际提高了老年人优待标准，扩大了优待范围。到目前全自治区有9个盟市出台了老年人优待政策，有70%的旗县也不同程度地出台了优待政策。优待范围从细小的如在公共场所开设方便窗口、门票减免等到优房补贴、购买各项保险、廉租房等诸多大的优待项目的发展，使广大老年人能够充分享受社会经济发展成果。

三、大力宣传《老年法》、营造敬老、爱老、助老的社会氛围

2009年，自治区老龄委办公室与内蒙古人民广播电台“常青树”“老年之声”节目共同合作举办了全区首届《和谐夕阳》老年人风采大赛。为更多的宣传老龄工作，今年老龄委办公室在《内蒙日报》《北方新报》《北方家庭报》、内蒙古电视台、电台共发宣传稿件20篇，编印了四期《内蒙古老龄》简报。并且按照全国敬老、爱老、助老主题教育活动委员会的要求，自治区老龄办在全区评出中华孝亲敬老楷模，“孝亲敬老之星”“优秀组织奖”的候选名单，参加了全国的评选。

重要会议和活动

【设立“内蒙古老年人肛肠疾病健康指导中心”】 2009年6月自治区老龄办与解放军253医院和解放军第291医院合作设立了“内蒙古老年人肛肠疾病健康指导中心”，对全区老年人进行免费手术治疗和健康指导讲座。

【第二届全国老年心理关爱研讨会在呼和浩特市召开】 2009年8月5日至8日，由中国老龄事业发展基金会、内蒙古自治区老龄办共同主办的第二届全国老年心理关爱研讨会在内蒙古自治区首府呼和浩特市召开。第十届全国人大常委会副委员长顾秀莲出席会议并讲话。出席会议的领导还有中国老龄事业发展基金会理事长李宝库，内蒙古自治区政府副主席、常务副主任刘卓志，全国老龄办副主任阎青春，中国老年事业发展基金会理事长傅双喜，内蒙古自治区民政厅厅长、老龄委副主任吴金亮以及内蒙老龄办负责人等。出席会议的专家、学者有北师大教授、博士生导师张厚粲，中国老年保健协会会长李深，我国心理学界专家学者和全国各地“爱心护理工程”定点单位负责人260多人参加了会议。

【内蒙古自治区老龄办主任到巴彦淖尔市检查工作】 内蒙古自治区老龄办主任李文亮、副主任哈斯于2009年8月21日至22日对巴彦淖尔市的老龄工作进行检查指导。21日他们参加了巴彦淖尔市举办的全市第二届老年人书画赛开幕式，并且查看了明年将在巴彦淖尔市举办的内蒙古自治区第十二届老年人“松鹤杯”参展场地。22日到市老干活动中心观看了老年艺术团文艺演出，然后参观了五原老年大学、三个老年活动场地和两个敬老院。

【自治区老龄委举办老年书画交流笔会】 2009年9月15日内蒙古自治区老龄委在内蒙古自治区退伍军人培训中心，举办了老年人书画交流笔会，这次笔会得到了内蒙古自治区民政厅领导的高度重视和支持，也得到了内蒙古自治区一些著名书法家、画家的大力支持，这次笔会上有14位书画家前来参加。这次书画笔会是内蒙古自治区老龄委第一次以文化、艺术交流形式举办的重要活动。

【内蒙古自治区老龄委举行全区老年人“红叶风采”文艺演出】 内蒙古自治区老龄委办公室于2009年10月26日重阳节，在自治区政府礼堂举办了全区老年人“红叶风采”文艺演出，这次文艺演出是从全自治区各盟市和各老年文艺团队中精心挑选的节目，有9个盟市、7个自属团队的老年艺术队参加，演员达300多人。演出得到了领导和广大观众的一致好评，这次演出在内蒙古老龄文化历史上是一个里程碑。

各项业务进展

【基层老龄工作】 在各基层老龄委的共同努力下，2009年基层老龄工作在各方面取得了显著的成绩。

养老保障水平不断提高。各盟市老龄委在养老保障工作方面都有了进一步发展。乌海市海勃湾区在贯彻执行全市60岁以上老年人优待服务意见的基础上，该区老龄办已开始为地区70岁以上老年人免费体检，为80岁以上老年人每人每年发放600元长寿保健金，已为1265名老年人免费体检，为656名80岁以上老年人发放了34万元长寿保险金。据不完全统计，目前乌海市城区内由个人兴办的家庭式托老所已达12户，这些托老所规模较小，每户最多容纳十几个人，入住的多是空巢、孤残、高龄、生活不能自理、子女又无暇照顾的老年人。这些托老所具有就地就近、小型分散、灵活多样的特点，他们根据老人的不同情况，采取不同的服务方式，提供不同的服务项目，收取的费用也因人而定。家庭托老所的兴起，解决了一些家庭和老年人的实际问题，促进了社区居家养老事业的发展。乌兰察布市认真落实老年人优待政策，在各级领导重视和关怀下，再次扩大范围和提高补贴标准，补贴范围扩大到90岁以下的老年人。90岁至94岁长寿老人每年给予300元长寿生活补贴；95岁至99岁长寿老人每年给予500元长寿生活补贴；100岁以上长寿老人每年给予1000元长寿生活补贴。从2009年3月1日开始，包头市政府出台的《包头城镇居民基本养老保险暂行办法》《包头市农牧民基本养老保险暂行办法》中规定，包头市城乡居民中75周岁以上的无社保老年人不用缴费就可以领到养老金，城镇居民月基础养老金304元，农牧民月基础养老金129元，此外还可以享受高龄养老补贴，城镇居民150元、农牧民75元，包头市将有80多万名城镇无业居民和农牧民纳入养老金体系。

为老年人办实事。为给老年人健身提供方便，乌海市政府日前决定，向具有本市户籍的60岁以上老年人免费开放各类公共体育设施。根据规定：凡乌海市、区政府投资的各类公共体育设施均向老年人免费开放；各类学校体育设施在节假日免费开放。同时，提倡非政府投资主办的各类体育设施，对具有本市户籍的60岁以上的老年人给予适当优惠。

【自治区农村牧区“123”老年人体育工程取得新进展】 “123”工程从2008年开始实施。2009年5月，内蒙老年体协组织了两个检查组，分东西两片对各盟市的实施情况进行了全面检查。按照“五有五个一”标准衡量，全自治区已实施“123”工程的92个苏木乡镇中，已达标的占96%，其中自治区扶持的20个苏木乡镇全部达标，占达标率100%。为鼓励先进，促进工作，6月在全区老年体育工作会议上对去年达标单位进行了表彰，并对自治区扶持的20个苏木乡镇颁发了达标牌匾。鄂尔多斯市提出“力争五年规划三年完成”，明年全面实施“123”工程，2011检查验收，2012年进行评比奖励。兴安盟围绕“123”工程的实施提出“扩面、提标、超前”的要求：扩面，就是全面覆盖，一个苏木乡镇也不能拉掉；提标，就是要把“四有五个一”提升到“五有七个一”；超前，就是力争在明年至少在后年全部完成任务。2009年全区共落实“123”工程116个，其中自治区扶持的20个，盟市扶持的48个，旗县扶持的48个；共落实扶持资金802万元，其中自治区级100万元，盟市级296万元，旗县级406万元。全区以苏木乡镇带嘎查村101个，落实扶持资金138万元。

【加大老龄宣传工作】 2009年，自治区老龄委办公室与内蒙古人民广播电台“常青树”“老年之声”节目共同合作举办了全区首届《和谐夕阳》老年人风采大赛。5月份自治区老龄委与“常青树”节目，共同走进清水河县北堡乡桦树沟村进行“手牵手”怀暖空巢家庭现场采访直播活动。目地旨在更多地了解生活在农村的空巢老年人，现场感受空巢老年人的生活，聆听农村空巢老年人的心声。为更多的宣传老龄工作，今年老龄委办公室在《内蒙日报》《北方新报》《北方家庭报》、内蒙古电视台、电台共发宣传稿件20篇，编印了四期《内蒙古老龄》简报。并且按照全国敬老、爱老、助老主题教育活动委员会的要求，自治区老龄办在全区评出中华孝亲敬老楷模，“孝亲敬老之星”“优秀组织奖”的候选名单，参加了全国的评选。赤峰市的李国芬被评为全国十大“中华孝亲敬老楷模”；在人民大会堂受到回良玉副总理接见，并得到5000元奖金。鄂尔多斯市的宋万成被评为“孝亲敬老楷模提名奖”；孙桂花等61名被评为“孝亲敬老之星”；乌海市老龄办被评为基层“优秀组织奖”。

【积极组织各项老年文体活动】 为丰富老年人的文体生活，各盟市、各单位以“迎大庆、促和谐”为主题，广泛开展各种形式的老年体育文化活动，各类赛事、展示展演活动接连不断，异彩纷呈。首先，巴彦淖尔市第二届老年人书画联赛于2009年8月21日在临河开幕，此次比赛共有120幅书画作品参赛参展，展期6天，有30幅作品获奖。兴安盟老龄办承办全盟首届老年人“民政杯”书画赛，在乌兰浩特市开赛，本次共收到参赛书画作品百余件。其次，阿拉善盟举办全盟第九届老年人体育运动会在巴彦浩特举办，本届运动会共设门球、网球、乒乓球等8个竞赛项目，有盟直机关、阿左旗、阿右旗、额济纳旗等9支代表队128名老年运动员参加。通辽市除组织各类单项活动外，今年又举办了第二届全市老年人运动会。呼伦贝尔市、阿拉善盟、巴彦淖尔市都举办了首届老年人运动会。赤峰市于2009年6月8日至7月6日举行全市老年人钓鱼、门球、网球、乒乓球、台球五项比赛，有72支代表队、664名运动员、教练员、裁判员参加了活动。呼和浩特市举办了“祖国您好”老年人文体展示活动，以积极健康的文体活动庆祝建国六十周年。乌海市从2009年2月开始，就先后组织了各类健身比赛和展示活动，全年市和区里组织的各项活动接连不断，老年体育健身活动空前活跃。包头、锡盟、鄂尔多斯市、乌兰察布市等今年先后举办了理论研讨会、书画展、全盟性的老年乒乓球、门球、台球等各项赛事。自治区老年体协主办的全区性的乒乓球、门球、台球赛，在鄂尔多斯市、锡盟、二连浩特市的大力支持下，都办得很成功，受到了参赛各代表队的普遍好评。第三，2009年3月28日，五原县老年大学开办，市委、市政府、市老龄委向五原县老龄大学赞助12万元，老年大学共招收学员140余人，开设6个教学班，开设的课程有书法、舞蹈、声乐和电脑四个专业。

【继续开展“银龄行动”】 根据全国老龄工作委员会关于《组织开展老年知识分子援助西部大开发行动试点方案》的要求，2009年，根据天津市老龄办和泰达国际心血管医院的合作意向，以及受援单位具体援助要求，自治区老龄办决定在锡林郭勒盟医院开展以远程医疗服务项目为主的“银龄行动”。经过积极的筹备于2009年6月30日天津与内蒙老龄办在锡盟医院举行了“银龄行动”启动仪式暨座谈会。锡盟医院和天津泰达医院心血管内科远程医疗咨询援助和协助建立心血管外科方面开设医疗服务，泰达医疗还为锡盟医院培训医疗技术人员等方面长期合作达成了协议。自此工作开展以来短短半年间，有132名老年心脏病、心血管病患者接受了内、外科方面的诊断和治疗。此外还为1200多名群众进行诊断和治疗服务。有部分患者通过医院直接联系泰达医院到天津进行心血管病的诊断和治疗。这次“银龄行动”的开展，为内蒙和天津的加强合作，体现“服务基层、安全方便、扎实有效”原则打下了基础，解决了偏远农牧区老年人看病难、看大病困难的问题。

黑龙江省

综　　述

2009年全省老龄工作紧紧围绕省委省政府中心工作，认真贯彻党的十七大和十七届三中全会精神，以邓小平理论和“三个代表”重要思想为指导，坚持“党政主导、社会参与、全民关怀”的老龄工作方针，进一步树立“情系老龄、孝行龙江、构建和谐”的工作理念，继续突出“一手抓发展，一手抓维权”的工作重点，围绕中心，服务大局，进一步扎实、稳步地推进全省老龄事业更好更快发展。

一、突出基层工作重点，推进农村老龄工作

一是依托全省新农村建设工程，借助全省新农村建设“千村试点”示范活动，下发了《关于在全省新农村建设中进一步做好老龄工作的通知》，把老龄工作纳入新农村工作同部署同检查同推进，积极推进农村老龄工作开展，加速老龄工作城乡一体化建设步伐。二是积极推动农村高龄老年人、贫困老年人生活补贴制度。注重在全省各市（地）发掘此类工作典型，总结经验，逐步扩大典型的示范效应，扩大制度覆盖面。三是大力推进农村老年人协会规范化建设，推广农村老年人协会“五星级”规范化管理经验。四是特别关注解决失能、留守、空巢等老年群体的特殊服务要求，推行领导带头帮、老年人互助帮、志愿者援助帮、政府购买服务帮等，开展多种形式的帮扶助老活动，有效地解决了特殊老年群体的困难。五是召开全省农村老龄工作经验交流会议。对全省农村老龄工作进行了总体部署，出台了加强农村老年协会规范化建设的意见，交流了推进农村老龄工作城乡一体化建设、农村互助养老等八个方面的工作经验，进一步明确了农村老龄工作的任务和方向。

二、加快以居家养老服务为主体的为老服务体系建设

一是以全国试点为契机推动养老服务体系建设。在省老龄委有关成员单位的共同努力之下，我省被纳入全国基本养老服务体系试点五个试点省份之一，争取到中央投资4000万元，拉动我省与之匹配资金6829万元，在省内建立了9个国家级试点，以此为带动推动了全省以居家养老为基础、以社区养老为依托、以机构养老为骨干的基本养老服务体系的建设，在国家4000万元的投入中有1770万元投入，经过老龄办争取向“爱心护理工程”倾斜，拉动地方投入“爱心护理工程”资金3230万元，“爱心护理工程”的总投入达到5000万元。二是全面推动居家养老服务工作。进一步落实由省老龄办联合11部门出台的《关于推进居家养老服务工作的意见》，在全省全面推动居家养老服务工作。开展了全省居家养老服务现状调查，形成了调研报告。在全省26个县区建立了居家养老服务试点，每个试点投入资金50万元完善服务功能。全省加大对社区的投入，落实社区建设专项引导资金3600万元，在社区内建设社区照料中心、居家养老服务站等，为做实居家养老服务工作搭建平台。省民政厅和省老龄办分别召开了全省居家养老服务工作哈尔滨、齐齐哈尔现场会，认真分析了我省居家养老服务工作的形势，明确提出了全省居家养老服务工作的目标任务，对确保居家养老服务工作任务落实提出了切实可行的推进措施。三是积极发展老年产业。出台了《黑龙江省加快发展民办社会福利机构的意见》，调动了社会兴办老年服务业的热情，上半年，全省民间投资4500万元，建设为老服务项目183个。为培育老年产业市场，由老龄办牵头举办了哈尔滨老年用品国际博览会、齐齐哈尔老年用品博览会。四是出台了对社会无保障老人养老问题的政策。出台了《黑龙江省“五七工”“家属工”等人员纳入基本养老保险统筹范围》的规范性文件，为全省44.55万名老人解决了养老保障问题，老年人每月能领到413元的养老保障金，并规定了保障金随着经济社会发展逐步增长的内容。解决包括老年人在内的城市152.8万人和农村94.5万人低保问题，为低保老年人每月提高20元的补助标准，实现了社会保障全覆盖，并出台了对社会无保障老年人的实施政府购买服务等有关政策。

三、积极做好老年维权工作

一是积极推进老年维权工作“35146”工作布局。健全老年维权工作三个制度体系、五级工作网络、加强“一法一例”和一个主题教育、健全四项维权机制，实现“六个老有”工作目标。二是做好修订《黑龙江省实施〈中华人民共和国老年人权益保障法〉条例》的调研工作，积极争取老龄机构的执法主体资格。三是加强与公、检、法、司和群团组织的联络工作，形成维护老年人合法权益的合力，并积极发挥老龄办的作用及时做好老年维权案件的调处工作。四是积极落实敬老优待政策。各地在落实省政府出台的敬老优待政策的同时，根据各地经济发展状况出台了更加优惠的敬老政策，大庆市出台了90岁及以上老人的优待政策，并每年拿出1000万元解决全市60岁以上老年人的乘车问题。

四、加大老龄宣传工作力度，在全社会营造敬老助老氛围

一是借助活动平台加强宣传工作。与部门联动开展活动，进行宣传。省老龄办与省委宣传部、省民政厅、省妇联、省总工会、团省委联合在全省范围内开展“爱心助老、孝行龙江”活动。活动共有六项子活动组成：各级党政领导“三个一”慰问活动；“职工孝亲敬老”活动，“爱心扶老、真情奉献”青少年志愿者活动；“五好文明家庭”创建活动；省老龄委成员单位“爱心助老1+1”活动；在全省范围内的窗口单位和窗口行业评选“敬老文明岗”活动。策划精品活动进行宣传。省老龄办在重阳节开展了“双十佳”评选活动并组织了大型颁奖晚会（十佳华龄风采老年人、十佳孝亲敬老楷模评选），通过东北网、《黑龙江日报》有100多万人参与活动，直接收回选票65万张，省内十二家各类主流媒体参与了活动的宣传报道。哈尔滨市举办了百万老人“盛世欢歌”庆共和国六十华诞活动，全市八区十一县上下联动开展活动。齐齐哈尔市打造孝亲敬老之城，建设孝亲敬老主题公园，举办百万职工孝亲敬老活动。牡丹江市举办千名老年人大行广场活动，设立100桌敬老宴。二是借助新闻媒体平台进行宣传。在黑龙江电视台、《黑龙江日报》等主流媒体进行宣传，并设立老年栏、专题节目，一些地市的主流媒体也开设了老年人热线、桑榆唱晚等专题节目和报纸专栏。我省的《老年日报》，已成为全国发行量最大的老年报刊。三是借助老龄系统自办的宣传阵地进行宣传。省老龄办自办了老龄工作简报、老龄工作研究、《老年学习生活》杂志、黑龙江老龄网站等宣传阵地。地市也大多建立了网站、简报，有的还自办发行老年报扩大老龄宣传工作的影响。四是借助各部门宣传阵地平台宣传。利用各部门的网站、期刊、简报进行宣传，今年省委组织部就利用《组工通讯》发了老龄工作专刊，加大了老龄宣传工作力度。五是借助老龄各项业务工作进行宣传。树立大老龄工作宣传意识，要求各涉老部门，老龄干部人人都要当好宣传员，要把老龄宣传工作寓于各项老龄业务工作之中。通过五个平台的宣传，“情系老龄、孝行龙江、构建和谐”的理念正逐步形成。

五、积极开展我省应对人口老龄化战略研究

根据我省人口老龄化发展的严峻形势，落实中央提出的“积极应对人口老龄化”的战略要求，摸清人口老龄化对我省经济和社会发展的影响，为省委省政府制定应对人口老龄化发展战略提供决策依据，提出《黑龙江省应对人口老龄化战略研究》课题，形成了方案，设定了子课题，并将协调组织成员单位、老龄系统、高等院校、科研院所等社会力量开展协作研究，立足当前问题，侧重中期挑战，关注长远矛盾，以东北振兴为背景，以省域经济和社会发展为主线，形成《黑龙江省应对人口老龄化战略研究报告》，为省委省政府根据人口老龄化的省情作出决策提供科学依据，促进和谐龙江的建设进程。

重要会议和活动

【省政府领导春节前慰问老年人】　2009年1月8日上午，副省长、省老龄委主任孙永波，在省政府副秘书长王大为，省民政厅厅长、省老龄委副主任、省老龄办主任杨喜军，省老龄办常务副主任杨铁生、副主任李淑梅，哈尔滨市副市长王莉，哈尔滨市老龄办常务副主任李忠杰等陪同下到道外区慰问百岁老人徐春华、贫困老人张凤兰及省爱心护理院的老人们。

【调整省老龄委组成人员】　2009年2月4日，省编委下发《关于调整黑龙江省老龄工作委员会成员的通知》（黑编［2009］16号），省老龄工作委员会主任由副省长孙永波担任，副主任由省政府副秘书长王大为、省民政厅厅长杨喜军、省劳动和社会保障厅厅长秦玉德、省委组织部副部长孙伟化，秘书长由省老龄办专职副主任杨铁生担任，成员由32个厅局的领导组成。

【省老龄委第八次全体会议和全省老龄办主任会议】2009年3月6日，省老龄委主任、副主任、委员参加省老龄委第八次全体会议，副省长、省老龄委主任孙永波作重要讲话，省政府副秘书长、省老龄委副主任王大为主持会议，省民政厅厅长、省老龄委副主任、省老龄办主任杨喜军传达全国老龄委第十一次会议精神和回良玉副总理的讲话，省老龄委秘书长、省老龄办专职副主任杨铁生作工作报告，审议并通过了《关于加强基层老龄工作的意见》。各市地老龄办主任、省老龄办处级以上干部列席会议。随即全省老龄办主任会议召开。省老龄办专职副主任杨铁生出席并讲话，各市地老龄办主任、副主任，部分县（市、区）老龄办主任参加会议。会议传达了全国老龄办主任会议精神和省老龄委第八次全体会议精神，总结了

2008年全省老龄工作，部署了2009年老龄工作。

【齐齐哈尔市举办打造“孝心敬老”之城启动仪式】 2009年6月10日，齐齐哈尔市举办打造“孝心敬老”之城启动仪式。全国老龄办副主任阎青春参加仪式并致辞，省老龄办专职副主任杨铁生、副主任李淑梅，省老龄委成员单位联络员和省老龄办各处室负责人参加仪式。

【省老龄办主办首期老龄干部培训班开班】 2009年6月22日，省老龄办主办的首期老龄干部培训班开班，省老龄委副主任、省民政厅厅长、省老龄办主任杨喜军同志出席开班仪式并讲话。全国老龄办副主任吴玉韶同志、政研部副主任党俊武同志出席并讲授第一、二课。省老龄办专职副主任杨铁生同志，副主任王刚、李淑梅参加并讲课。本次培训班邀请了省民政厅、发改委、人保厅、哈工程学院的领导或专家、教授讲课。全省老龄干部80余人参加了为期五天的培训。

【全省市（地）农村老龄工作座谈会】 2009年8月12日，全省市（地）农村老龄工作座谈会在鸡西召开。省老龄办副主任王刚出席会议并讲话，各市地老龄办主任和部分县（市、区）老龄办主任出席。座谈中大家一致认为，做好农村老龄工作，不仅关系到老年人的晚年生活和老龄家庭的幸福，也关系到农村的和谐稳定。与会人员分别从加大养老保障力度，确保老年人基本生活；加大医疗保障力度，提高老年人生活生命质量；加大维权力度，确保老年人的合法权益；加大文体活动力度，丰富农村老年人精神文化生活等方面进行了交流。王刚副主任在讲话中对鸡西市及其他地市在“三无”“五保”困难老人实行集中供养等方面所取得的成绩给予充分肯定。同时，就如何做好新形势下农村老龄工作提出要求。会上，鸡西、肇东、宁安、海林等9个市（地）县的老龄委（办）分别作了经验介绍。

【省老龄委召开2009年第一次主任办公（扩大）会议】 2009年9月4日，省老龄委召开2009年第一次主任办公（扩大）会议。省政府副省长、省老龄委主任孙永波出席会议并作了重要讲话。省老龄委副主任王大为、杨喜军、秦玉德，省老龄委副主任、孙伟化，省老龄委秘书长杨铁生出席会议。省老龄委成员单位的委员及相关部门负责同志，省老龄办机关干部列席会议。会议由杨喜军主持，杨铁生同志作了《黑龙江省老龄事业发展“十一五”规划中期实施评估情况》的报告，会上宣读了《关于进一步加强新时期老龄工作的意见（征求意见稿）》并进行了讨论。

【省老龄办获得行政执法主体资格】 2009年11月18日，省政府法制办发文《关于确认省老龄办行政执法主体资格的复函》（黑政法函［2009］241号）。批文明确根据《黑龙江省实施〈中华人民共和国老年人权益保障法〉条例》第五条的规定，你办具备行政执法主体职格。2009年12月17日，省政府法制办为省老龄办工作人员颁发“行政执法证”。

【省老龄委举办“双十佳”表彰晚会】 2009年10月26日，省老龄委举办“双十佳”表彰晚会。省委常委、宣传部部长衣俊卿，省政协副主席王涛志、省政府副秘书长金济斌参加晚会并为获得“孝心敬老楷模”“华龄风采老人”人员颁奖。评选活动旨在庆祝中华人民共和国成立60周年，国际老年人年10周年，通过先进典型的评选表彰，进一步深化“敬老爱老助老主题教育”活动，增强公民的老龄意识和敬老意识，树立“情系老龄、孝行龙江、构建和谐”的理念，在全社会大力弘扬孝亲敬老的中华民族传统美德，推动全省精神文明建设，积极促进和谐龙江建设。活动由省老龄工作委员会主办，省委组织部、省委宣传部、省妇联、省民政厅、省农垦总局、省广播电视局、省司法厅、省统计局、东北网、《黑龙江日报》《老年日报》等单位协办。

【省老龄办专职副主任杨铁生任省民政厅党组成员】 2009年12月5日，省委组织部下发《关于杨铁生同志任职的通知》（黑组任字［2009］220号），杨铁生同志任省民政厅党组成员。这标志着省委对我省老龄工作的重视和加强。

各项业务进展

【社会养老保障】 启动实施新农保试点，农村养老保障制度实现新突破。按照国家的部署和要求，以“保基本、广覆盖、有弹性、可持续”为基本原则，启动实施了新型农村社会养老保险制度试点。14个首批试点县（市、区）的154.4万农村居民进入基本养老保障体系，春节前30.45万60周岁以上的农村老人领到每人每月55元的基础养老金。稳步提高待遇水平，积极解决城镇特殊群体的“老有所养”问题。在全国尚无统一政策的情况下，我省坚持“个人缴费和政府补助相结合、从低水平起步保障其基本生活”的原则，将全省47.5万“五七工”“家属工”纳入养老保险统筹范围。全省已有44.55万名达到退休年龄的“五七工”“家属工”按月领取了每人每月413元的基本养老金。连续五年调整全省企业退休人员基本养老金水平，月人均提高138元，全省企业退休人员基本养老金月人均达到1040元。全省城镇基本养老保险参保人数达到920.4万人，在制度上基本覆盖了城镇各类企业职工及个体劳动者，向养老保障全覆盖迈出了重要一步。

【医疗保险】 加大医疗保险扩面及解决遗留问题力度，城镇医疗保险基本实现了全覆盖。将56万名中央和中央下放地方政策性关闭破产国有企业退休人员纳入职工医疗保险范围，有效解决了这部分困难群体的医疗保障问题。加大城镇居民医保扩面力度，将全省693万城镇居民纳入医疗保险范围。截至2009年底，全省城镇职工和居民医疗保险参保人数达到1544.3万人，参保率达96%，其中退休职工256.5万人。加上“新农合”，城乡百姓基本医疗保险基本实现全覆盖。同时，通过提高封顶线，降低起付线和个人支付比例，扩大门诊慢性病基金支付范围，有效降低了参保患者特别是老年人的就医负担。积极推进城市社区卫生服务机构建设，超前做好老年人的医疗服务工作。全省社区卫生服务机构发展到986所，其中社区卫生服务中心336个、站650个，社区卫生服务技术人员发展到14117人。地级以上城市社区卫生服务覆盖率达到86%，比2008年增加5个百分点；社区卫生服务机构纳入医疗保险定点率达到85%，比2008年增加5个百分点；健康教育覆盖率达到80%，社区居民健康档案建档率达80%。全省促进基本公共卫生服务逐步均等化工作进展顺利，筛查并管理高血压病人42.13万人，糖尿病病人27.9万人；65岁以上老年人体检工作正在有条不紊的进行中，我省共完成77多万人的体检工作，完成率47.38%。

【居家养老服务】 在全省26个区（县、市）开展了居家养老服务试点工作。把养老服务事业作为拉动内需的一项重大举措，发展多层次的社会化养老服务。省民政厅、省财政厅、发改委、建设厅、国土资源厅等12部门联合出台了《黑龙江省加快发展民办社会福利机构的意见》，鼓励和支持社会力量大力兴办福利机构，为居家养老提供辐射服务。全省各地市借鉴哈尔滨市及其南岗区、道里区等先进单位的经验，积极动作，深入调研，出台政策，抓好试点，使居家养老服务这项崭新工作呈现了较好的开局。哈尔滨市已在6个主城区全面开展，其他地市选择部分城区、县市、街道、社区开展了试点。根据国家和省政府的有关文件精神，先后出台了《开展居家养老服务工作的实施意见》《特困老人补助办法》等相关文件，对居家养老服务的指导思想、目标任务、政府购买服务的对象范围和服务标准、申请审批方式、资金拨付与运作方式、服务内容和方式、工作要求、组织领导等方面作出了明确规定。大庆市在养老服务发展规划、政策扶持、资金投入、评估管理、队伍建设等五大方面先后制定出台了14个社会化养老的政策性文件，使养老服务纳入了政策化、规范化的轨道，有力地推进了居家养老服务工作的快速发展。同时，部分区县市注重制度建设，建立健全了《居家养老服务管理制度》《居家养老服务申请程序》《居家养老服务菜单式服务项目》《居家养老服务评估制度》《居家养老服务中心职责》《居家养老服务中心承诺》等项规章制度。示范区（县、市）在推进居家养老服务工作中，注重加强组织体系建设，建立了市、区、街道、社区四级或区、街、社区三级居家养老服务组织，并明确各自相应的职责，配备了专、兼职人员，有效地承担起了沟通老人、提供服务机构、管理服务队伍的任务。我省被纳入首批五个开展国家基本养老服务体系规划试点省（市）之一，获得中央投资4000万元，用于全省9个试点项目建设，试点范围覆盖城市福利院、农村敬老院、失能老人爱心护理院、社区居家养老服务4种养老服务设施，总投资1.9亿元，截至年底已有3个项目投入使用，其余项目明年10月全部交付使用，增加各类养老床位2292张，对各地的养老服务业发展将产生引领和示范作用，为下一步实施全省基本养老服务体系建设规划奠定了基础。

【开展助老活动】 一是实施“银发无忧”工程活动。就是用商业保险解决老年人意外伤害保障问题，是对医保的补充完善，这项工作自2008年9月启动以来，深受老年人欢迎，当年收取保费120万元，保额达12亿，已理赔50余万元，很多老年人已从中受益。二是开展“孝行龙江、爱心助老”活动。2009年9月1日老年节及重阳节期间，各地党政领导带头开展了“三个一”慰问题活动、省老龄委成员单位开展了1+1活动。哈尔滨市启动“春风助老”工程、牡丹江市开展“助老暖心”工程活动，在全省范围内普遍开展起来的“孝行龙江，爱心助老”活动，为全社会的老年人办了大量实事好事，弘扬了敬老、爱老、助老的文明道德风尚。三是实施贫困老年人生活救助行动。积极协调省民政部门，利用低保救助相关政策向贫困老年人倾斜，为5个县各增加了30万元低保金，提高了贫困老年人生活救助水平。

【“银龄行动”】 2009年年初以省老龄委名义下发了《“银龄行动”工作要点》省老龄办联合省老科协共建立了12处蔬菜、瓜果、粮食、牧业银龄行动基地，形成种植、养殖业各具示范效应的基地。争取省财政基地示范引导资金13万元，基地挂牌子、送种子、送化肥，调动基层参与的热情。省级农、牧专家与各地专家配合，常年进行指导，使水稻基地、玉米基地等都喜获丰收。

吉林省

综　　述

2009年，吉林省老龄工作以科学发展观为统领，认真贯彻落实全国老龄委第十一次全体会议和省老龄委第五次全体会议精神，以保障和改善民生为重点，采取有效措施，加大工作力度，各项工作稳步推进，老龄事业呈现出良好的发展势头。

一、老年社会保障制度不断健全

省人力资源和社会保障厅在9个县（市、区）开展新型农村社会养老保险试点，农村老年人“老有所养”开始有了制度性保障；不断扩大城镇企业职工基本养老保险制度覆盖面，提高企业退休人员基本养老金水平，全省养老保险参保人数达到554.25万人，企业退休人员基本养老金人均月增加104元，增幅11.8%，将5.8万未参保集体企业退休人员纳入基本养老保险范围，目前已有4.8万符合条件人员按此政策参保并已享受养老金待遇；全面推进城镇居民基本医疗保险制度建设，向国家争取医疗保险补助资金26.1亿元，解决了35万关闭破产国企退休人员的医疗保障问题。省卫生厅进一步加强新型农村合作医疗保险工作，建立健全以社区卫生服务为基础的老年医疗保健服务体系，对社区60岁以上老年人每年免费进行一次健康体检，逐步提高老年人医疗保障待遇。省民政厅加强社会救助和城乡最低生活保障制度建设，在实现应保尽保和分类施保的基础上，不断提高低保标准，并对老年低保家庭给予多形式救助。省总工会加大对老年困难职工扶贫倾斜力度，全省6180名生活困难的老年职工得到帮扶救助。省人口计生委开展农村独女户夫妇养老保险试点工作，12429位独女户夫妇参加了保险；继续推进农村计划生育家庭奖励扶助制度和救助计划生育特殊家庭制度，全年拨付4928万元扶助金，受益对象5.9万人。省财政厅、省委老干部局落实调整有关政策，妥善解决离休干部补贴待遇平衡有关问题，提高其医疗待遇水平，并对全省有特殊困难的离休干部进行帮扶。各地进一步建立和完善养老保障制度。全省22个县（市、区）建立实施了高龄老人补贴政策，投入补贴资金近500万元。长春市建立特困老人助养制度，延边州出台了《特殊困难城乡低保对象特困救助实施办法》。

二、为老服务工作扎实推进

省发改委认真组织各项涉老规划的实施，支持涉老领域项目建设。省财政厅积极筹措和安排资金，为全省老龄事业的发展提供了有力的保障。省民政厅出台了《关于推进社区居家养老服务工作的实施意见》和《吉林省民办养老机构管理暂行办法》，推进了城市社区养老服务站建设，规范了城乡养老机构管理。省国税局、省地税局认真落实国家促进老龄事业发展的各项税收优惠政策。省建设厅在农村泥草房改造中对60岁以上老年人采取特殊的优惠政策。省旅游局积极探索促进我省老年人旅游市场培育发展的政策机制。省卫生厅定期组织专家医疗小组深入社区开展义诊活动，为老年人提供无偿优质的卫生服务。省委宣传部、省文化厅等部门实施公共文化服务工程，推进农村文化大院建设。省人口计生委、省妇联、团省委组织为老服务志愿者，深入社区、村屯开展助老帮扶活动。省老龄办不断总结农村居家养老服务大院试点工作的成功经验，在延边州召开了居家养老服务大院工作现场会，推广珲春市马川子乡在村屯开展居家养老服务大院试点工作的经验做法，得到了全国老龄办的充分肯定和高度评价，并作为全国农村空巢老人帮扶项目试点省份之一，开展农村空巢老人帮扶服务工作。各地为老服务工作深入开展。吉林市制定出台了《民营养老机构等级评定标准》《民营养老机构规范化管理办法》等政策文件，依托民营养老服务协会加强对民营养老机构的规范管理。四平市建设了全省首家计划生育老年服务中心，并成立老年人健康医疗服务中心，制定了十项优惠政策，有效解决了老年人就医难问题。

三、老年人合法权益得到有效维护

全省各地、各部门认真贯彻落实《吉林省优待老年人规定》，在省里优待规定基础上增加优待项目，提高优待标准。结合各自实际贯彻落实《吉林省实施〈中华人民共和国老年人权益保障法〉若干规定》，通过举办法律知识讲座和法律咨询等方式，大力宣传老年人权益保障法以及相关的法律法规，增强老年人依法维权、依法办事的意识。省司法厅开展“法律援助便民服务”主题实践活动，引导基层法律服务机构和司法人员，为老年人提供更加便捷有效的法律服务。

省公安厅加强调解处理涉老矛盾纠纷工作，在窗口单位设立老年人“绿色通道”，严厉打击侵害老年人合法权益的违法犯罪活动。各地司法部门普遍成立了法律援助中心，设立老年人维权工作站，开通了法律服务热线，有的地方法院设立了老年人合议庭。2009年，全省法律援助机构共办理涉老纠纷案件1579件，有1588名老年人获得了法律援助，有效地防止了涉老矛盾的激化，维护了社会的稳定。延边州率先出台了《延边朝鲜族自治州老年人保障条例》。

四、老年文化、体育、教育活动蓬勃开展，敬老养老助老的社会氛围正在逐步形成

各地、各有关部门围绕建国60周年、全省第11个老人节，组织开展系列文化、体育、教育活动。省委组织部表彰全省先进离退休干部党支部和离退休干部先进个人。省委宣传部、省广电局积极协调新闻媒体，加强老龄工作方针政策的宣传教育。省新闻出版局做好有关老年群体出版物的出版发行。省教育厅通过各种活动加强大中小学生的孝道教育。省民委有针对性地开展有益于少数民族老年人身心健康的各项活动。省体育局组织老年体协开展“体育表演、体育知识、体育器材”三下乡活动，安排体育器材支持农村居家养老服务大院设施建设。省统计局开展老龄人口统计工作，省军区政治部、省直机关离退休干部服务局落实老干部相关待遇，省直机关工委、省外事办组织老干部开展有益于老年人身心健康的文化体育活动。省老龄办组织“夕阳欢歌颂祖国”老年人大型歌会，会同省老年书画研究会举办“全省第二十届老年书画展”，会同省总工会、省妇联开展“十佳孝亲敬老家庭”评选活动，会同省体育局、老年体协组织参加全国老年人健康运动会，并取得了较好的成绩。省暨长春市举办了“吉林省第二届中老年用品及相关产业博览会”。各地广泛开展老年群众性文化教育活动。长春、吉林、四平、白山等地举办了老年艺术节、文艺演出、老年旅游、老年书画赛等活动。白城、通化、延边等地注重发挥老年人才作用，开展形式多样的“银龄行动”，推进了“老有所为”工作深入开展。

重要会议和活动

【吉林省老龄委第五次全体会议召开】 2009年2月24日，省老龄委第五次全体会议在长春召开。会议由省政府副秘书长、省老龄委常务副主任张大松主持。省政府副省长、省老龄委主任金振吉出席会议并作了重要讲话。会上，省老龄委副主任、省老龄办常务副主任陈双喜代表省老龄委作了工作报告，省委组织部、省人力资源和社会保障厅、省发改委、省财政厅进行了工作交流。会议还对省卫生厅、省人口和计划生育委员会等12个省老龄委先进成员单位，长春市老龄办等10个全省老龄系统先进集体，刘晓君等20名全省老龄系统先进工作者进行了表彰。

【吉林省老年学学会第三届理事会第三次年会召开】 2009年3月19日，省老年学学会第三届理事会第三次年会在长春召开。省老年学学会常务副会长邹宗刚作了工作报告。原省级老领导、省老年学学会名誉会长高文，省老龄委副主任、省老龄办常务副主任、省老年学学会会长陈双喜分别发表了讲话。省老年医学专业委员会、老年法学专业委员会、骨质疏松专业委员会、社会学专业委员会以及老年肿瘤专业委员会进行了交流发言。会议增补王晶等六位同志为常务理事、浦义和等三位同志为副会长。原省级老领导、省老年学学会名誉会长刘希林、冯锡铭出席会议。

【吉林省农村居家养老服务大院现场会召开】 2009年6月22日至23日，全省农村居家养老服务大院现场会在延边州珲春市召开。全国老龄办副主任阎青春到会并讲话。延边州政府副秘书长邓昆代表延边州致欢迎辞。省政府副秘书长、省老龄委常务副主任张大松代表省政府提出工作要求。原省级老领导、省老龄委顾问郑龙喆、省民政厅副厅长邹占卿分别讲话。会上，延边州、珲春市、马川子乡介绍了开展农村养老服务工作试点经验，观看了《居家养老乐夕阳》专题片，实地学习考察了马川子乡6个村居家养老服务大院工作。

【吉林省老年人意外伤害保险工作会议召开】 2009年6月23日下午，全省老年人意外伤害保险工作会议在延边州珲春市召开。民政部紧急救援促进中心吉林省分中心主任王柏枫、中国人寿保险吉林省分公司副总经理刘耀富分别出席会议并讲话。省老龄办副主任李安华对此项工作提出具体要求。中国人寿保险公司的工作人员对老年人意外伤害保险内容进行了详细介绍。

【吉林省老年学学会老年肿瘤专业委员会召开成立大会】 2009年6月1日，吉林省老年学学会老年肿瘤专业委员会成立大会在吉林大学第一医院举行。吉林大学第一医院院长王冠军出任省老年肿瘤专业委员会主任委员并讲话。省老年肿瘤专业委员会的成立标志着我省老年肿瘤诊治工作又上了一个新台阶。

【吉林省市州老龄办主任会议召开】 2009年7月2日至3日，全省市州老龄办主任会议在吉林市召开。省老龄委副主任、省老龄办常务副主任陈双喜出席会议并讲话。省老龄办副主任李安华总结了上半年全省老龄工作情况并部署了下半年的主要工作。会议学习讨论了全国老龄办副主任阎青春和省政府副秘书长、省老龄委常务副主任张大松在全省农村居家养老服务大院工作现场会上的讲话精神，讨论修改了《关于加强农村居家养老服务大院建设指导意见(讨论稿)》，吉林市介绍了民营养老服务协会试点工作的开展情况。

【2009中国·长春第二届中老年用品博览会隆重开幕】　2009年4月12日，2009中国长春第二届中老年用品及相关产业博览会在长春隆重开幕。全国老龄办副主任阎青春，全国老龄办事业发展部主任王绍忠，省政府副秘书长、省老龄委常务副主任张大松，省老龄委副主任、省老龄办常务副主任陈双喜，原省级老领导冯锡铭、高文、桑逢文、郑龙喆出席了开幕式。黑龙江省、辽宁省老龄办的领导应邀出席了开幕式。

开幕式上，长春市政府副秘书长姜保忠致开幕词，全国老龄办副主任阎青春发表了热情洋溢的贺词，张大松同志宣布本届老博会正式开幕。出席开幕式的领导共同为老博会剪彩。

本次老博会会期8天，展览面积达1万平方米，参展企业260余家，汇集了国内外上千余种适合中老年人消费需求的休闲、娱乐、学习等方面的参展产品。博览会的举办将标志着我省老龄产业的新一步拓展。

【全国18城市老年大学第10次工作研讨会在长春举行】　2009年8月26至28日，全国18城市老年大学第10次工作研讨会在长春举行。全国老龄办副主任吴玉韶，长春市委常委、组织部长、长春老年大学校长杨子明，中国老年大学协会副会长、吉林省老干部大学专职副校长程晓利等领导应邀参加会议。来自太原、济南、青岛等40所老年（老干部）大学和吉林省各市（州）老年（老干部）大学及长春市各县（市、区）区老年（老干部）大学的119位代表出席会议。

【开展评选表彰活动】　省老龄办会同省总工会、省妇联开展了全省“十佳孝亲敬老家庭”评选活动，经过5个月自下而上的逐级评选推荐，最终王继玺等10个家庭被评为“全省十佳孝亲敬老家庭”，唐愫梅等14个家庭被评为“全省孝亲敬老家庭提名奖”。2009年10月22日下午，吉林省“十佳孝亲敬老家庭”表彰仪式在长春隆重举行。原省级老领导刘希林、冯锡铭、高文、郑龙喆、常万海、孙耀廷，部分省老龄委成员单位的负责同志出席表彰仪式并为获奖家庭颁奖。“全省十佳孝亲敬老家庭”每户奖励一台液晶电视机。

省老龄办开展了老龄系统先进单位和先进个人的评选工作，根据各地推荐，组织考核，授予长春市朝阳区等14个单位和王春荣等17人为2009年度全省老龄系统先进单位、先进个人；根据各地老年人意外伤害保险工作完成情况，评选表彰了延边州老龄办等10个先进单位；评选表彰了2009年度全省老龄系统信息工作先进单位和优秀信息员，长春市老龄办等10个单位、李永等10人获得荣誉。

全省各地也开展了不同形式的评选表彰活动。长春市开展了老龄工作先进集体和先进个人评选表彰活动，评选出若干老龄工作先进单位、敬老先进单位、敬老模范乡（镇、街）、敬老模范村（社区），以及先进老龄工作者、敬老好儿女、老有所为先进典型、孝亲敬老家庭等，并予以表彰，促进了老龄工作整体水平的提高。吉林市开展了十大“孝亲敬老楷模”、十大“老年活动突出贡献奖”、十佳“为老服务标兵”、十佳“老年维权岗”评选活动，促进了敬老社会氛围的形成。松原市老龄办与松原晨讯联合开展“十大寿星”与“十大孝子”的评选活动，并在松原晨讯开辟了专栏刊登先进事迹，引起了社会的广泛关注。

【组织开展走访慰问活动】　春节、省老人节和重阳节期间，各地、各部门、各单位深入部分民办养老机构和百岁老人、特困老人家中，共为125336位特困老年人送去帮扶救助金857万元，捐物折合人民币561万元。

【积极开展老年文化体育活动】　省老龄办组织“吉林省庆祝第十一个老人节‘夕阳欢歌颂祖国’大型歌会”，会同省老年书画研究会举办“庆祝中华人民共和国成立六十周年暨全省第二十届老年书画展”，会同省体育局、老年体协组织参加全国老年人健康运动会，并取得了较好的成绩。各地以不同形式广泛开展老年文化体育活动。长春市举办了首届老年运动会，组织了老年旅游及第8届“千名老人看长春”活动。吉林市举办了第二届老年艺术节。通化市举办了“祖国万岁”和“通化60年巨变”老年人大型晚会。白城市举办了第十五届老年门球赛及“迎国庆60周年大型文艺演唱会”。四平、辽源、松原、白山等市及延边州、长白山管委会也都组织开展了丰富多彩的老年文体活动。

【开展“关爱老年人健康行动”】　省老龄办与中国人寿吉林省分公司、省紧急救援促进中心联合开展了“关爱老年人健康行动”，在珲春市召开了全省老年人意外伤害保险工作会议，对这项工作进行部署。截至2009年末，全省共有8.5万老年人参保，480多位老年人因意外伤害得到保险理赔，理赔金额达40多万元，有效增强了老年人抵御意外伤害的能力。

辽宁省

综　　述

2009年，全省老龄系统深入贯彻落实科学发展观，全面贯彻党的十七大及四中全会精神，围绕老龄工作“六个老有”工作目标，按照全国老龄委第十一次全体会议和省老龄工作会议的部署，以贯彻落实《辽宁省老年人权益保障条例》（以下简称《条例》）为主线，完善政策措施，加强基层工作，突出重点，狠抓落实，圆满完成了老龄工作各项任务。

一、老龄工作受到各级党政部门重视

一是省委、省政府把老龄工作摆上重要议事日程。2009年初，省委书记张文岳、省长陈政高要求，要进一步加大老龄工作力度。在工作机构、经费支持、政策措施等方面为老龄工作提供保障。常务副省长、省老龄委主任许卫国协调解决了省老龄工作机构、经费、办公用房等问题。组织推进老龄事业法规政策的出台和落实。2009年7月，全国政协人口资源环境委员会来我省调研“人口老龄化对经济社会发展的影响”。副省长陈超英作了汇报。深入6个市后，给予评价：辽宁省领导对老龄工作重视，工作扎实。前景展望有实据，具前瞻性。省老龄委顾问、省老领导王光中、孙奇、陈素芝、李国忠、吕炳华、郭燕杰对老龄工作极为关心。参加老龄重大活动，到各市视察老龄工作。走访慰问“三老”。二是人大、政协共同关注。省人大两次对全省贯彻实施《条例》情况进行督查，形成报告报送省政府。省政协组织省直8个厅局、各市进行《养老服务社会化辽宁模式研究》，形成报告，得到省长重视并作批示。三是成员单位发挥作用。省发改委已经开始编制省老龄事业发展“十二五”规划。省民政厅积极推进养老服务体系由补缺型向适度普惠型转变，全省近百万老年人享受到各类养老服务。省委老干局狠抓离休干部政策落实，重点解决企业离休干部生活待遇问题。省财政厅保障了老龄事业经费，安排资金，统一印制老年证和老年优待证。省公安厅、司法厅加大涉老违法犯罪活动的执法力度，为老年人提供法律咨询、援助等服务。省人社厅以优先保障老年人为重点，理顺了市、区、街道、社区四级管理服务保障网络。省建设厅将老年人住房优待列入《辽宁省廉租住房管理办法》。省文化厅有10家博物馆（纪念馆）已向老年人免费开放。省卫生厅下发通知，对《条例》中有关医疗优惠政策贯彻落实情况进行督导检查。省委宣传部加大老龄工作宣传力度，在主流媒体上开设老龄专题专栏。省计生委对农村实行计划生育老年人发放奖励扶助金和养老保险。省体育局在全省开展了百万老人步行健康活动和“健康老人”评选活动，组织300名老年人参加第一届全国老年人体育健身大会，取得好成绩。团省委在青少年中开展了系列“敬老”主题教育活动。省妇联举办“望儿山母亲节”活动，弘扬中华民族“尊老、敬老、养老、爱老”家庭美德。三是各基层领导对老龄工作高度重视。全省14市普遍加强了对老龄工作的领导，召开了老龄委会议和老龄工作会议，主动解决老龄工作中的难题。鞍山、丹东、阜新等11市党政一把手亲自出面或参加老龄重大活动。各市分管市长重视老龄工作，老龄工作有领导分管，具体工作有人抓。目前，全省已经形成了党委、人大、政府、政协合力推动老龄工作的良好局面，有力地促进了全省老龄事业的发展。

2009年初，全国老龄办在中国老龄网上发表了《迎难而上　奋发有为》的调研报告，推广我省机构、经费和法规建设的工作经验。省委、省政府领导作了重要批示。2009年2月，省委书记张文岳批示：“在构建和谐辽宁的进程中，努力做好老龄工作是其中的重要任务之一。要进一步加强领导，加大工作力度，落实各项措施，奋发有为，群策群力，形成合力，把我省老龄工作做得更好。”省长陈政高批示：“我们一定要继续加大对老龄工作的支持力度，这是我们的责任。”常务副省长许卫国批示：“我省老龄系统知难而进，奋发有为，受到全国老龄委的表扬，并总结推广其经验，实属来之不易，应十分珍惜。望继续努力，开拓创新，扎实工作，再有新作为，再创令全省老年人真正满意的佳绩。”2010年1月，省委常委组织部长唐军在上报材料上批示：“我省老龄工作成绩显著。今后我部应加大对老龄工作的支持力度，推动老龄工作向前发展”。

二、老龄维权工作得到落实

《辽宁省老年人权益保障条例》（以下简称《条例》）出台。一是层层学习，广泛宣传。上半年，省办先后在盘锦、丹东等市召开各类人员贯彻《条例》座谈会。2009年6月，在丹东召开了全省市级老龄办主任、省老龄委成员单位联络员，共80余人参加了学习贯彻《条例》专题培训和落实情况汇报会议。省人大、省法制办领导授课辅导。省市共举办学习贯彻《条例》座谈会、培训班182期，参加者1.3万余人。省及各市通过媒体、网络、简报、宣传板报、知识竞赛、文艺活动等多种形式进行深入宣传，宣传报道稿件共350余篇。二是细化政策，督促落实。2009年年初，由省办起草省政府出台辽政办［2009］8号文件《关于贯彻落实〈条例〉的通知》，省办先后3次到各市督查落实《条例》。2009年9月，省人大法制委与我办以代表建议形式，督办省直各厅局落实《条例》办理结果。省人大内司委与我办组成检查组，对沈阳、鞍山、盘锦、铁岭等4个市贯彻实施《条例》情况进行了检查调研。到目前为止，已有13个市召开贯彻落实《条例》的会议。沈阳、营口、阜新、辽阳、盘锦、锦州、葫芦岛等7个市政府下发文件，出台了落实《条例》具体规定。《条例》中涉及的优待政策正逐步落实。省政府投入400万元，由老龄委统一印制560万本老年证和老年优待证，免费发放已达86%；全部落实为百岁老人发放长寿补贴，6个市落实为90—99岁老年人发放高龄补贴的优待；落实70岁以上老年人就医免收普通门诊挂号费的优待。有13个市对老年人就医时的床位费、仪器使用费给予优惠；落实了70岁以上老年人免费乘车，7个市落实了60—69岁老年人半价乘车优待；有13个市落实了文化、体育、旅游景点等公共设施、场所为60—69岁老年人优惠，70岁以上免费的优待；对老年人打官司的诉讼费给予减、免、缓优待，有8个市对老年人诉讼案件优先立案、优先审理、优先执行。

老年维权工作继续加强。以《条例》为依据，建立市区法律援助中心，社区（村）老年人维权站法律援助体系。老年维权岗、维权站发挥了作用。各市开通了法律咨询热线，为老年人提供便捷的法律服务。农村家庭赡养协议书应签率达96%。全省共接待办理老年人法律维权6.2万件，其中老年人法律援助案件2300件。

三、老龄机构机制建设实现突破

一是建立了老龄事业经费投入机制。目前，省及14个市的老龄事业经费已得到全面落实，省财政按老年人口人均0.5元；各市按1至2元的标准从福彩基金中提取，其中丹东、盘锦市按2元提取。2009年，沈阳市、区两级财政民生工程中，在老龄事业上的投入达到15亿元。二是建立了老龄工作网络。在2009年新一轮机构改革中，省老龄办仍为民政厅代管，副厅级建制，内设3个处，公务员管理。2009年初，有2名副处级干部晋升正处级职务。省办已搬到省政府太原街2号，办公条件得到改善。全省14个市老龄办机构得到加强。其中12个市老龄办有内设机构。老龄工作队伍得到充实加强，共有专职工作人员346人。朝阳市老龄办已划为民政局管理，内设2个科室，老龄工作得到加强。三是加强老龄基层工作组织。认真贯彻落实《老龄委工作职责》《成员单位职责》《基层老年协会章程》等制度，规范基层工作。全省基层老龄工作委员会3761个。全省老龄协会12422个。2009年5月，全国老龄办巡视员袁新立一行到我省及3个市就老龄工作体制机制状况进行总结调研。对辽宁省老龄工作给予充分肯定。

四、养老保障、服务体系逐步完善

老年人生活得到保障。民政部门对全省城乡老年人全面实现最低保障，低保政策向城乡老年人倾斜。城市低保月人均标准提高到273元；农村低保金年人均标准提高到1505元。多数市老年人低保金比正常标准上浮10%～20%。“五保”对象集中供养标准年人均3230元，分散供养标准年人均1930元。老年人就医有新突破。城乡低保老年人全部实现医疗救助。推进养老服务社会化。全省居家养老机构4697个，共有68.7万老年人享受到多种形式的居家养老服务。全省国办养老机构118家，拥有床位2万张，民办养老机构717家，床位数达到6.2万张。新建69所区域性中心敬老院，改造80所乡镇敬老院。目前，全省城乡养老床位总数达到了15万张，每千名老年人拥有养老床位达到了23张，高于全国平均每千名老年人拥有15张的水平。沈阳、大连、鞍山、抚顺、辽阳等5个市为部分城市居家老人低偿、无偿安装了“一键通”服务系统，提供各类应急服务。试点推行老年宜居环境体系。2009年9月，全国“老年宜居社区”和“老年友好城市”试点工作会议在营口召开。

五、助老敬老活动蓬勃开展

走访慰问“三老”活动。春节前，省委常委、常务副省长、省老龄委主任许卫国，走访慰问沈阳市“三老”，慰问了全国十大寿星之一、115岁高龄的何文章老人，慰问了贫困老人和铁西区社会福利院。省老龄委顾问陈素芝，省政府副秘书长郭富春、何庆良，分别到鞍山、营口、朝阳、盘锦4个市走访慰问“三老”。多家新闻媒体进行了宣传报道。2009年仅两节期间，省、市、县（区）各级党政领导走访慰问“三老”达万余名。

发挥老年人作用。围绕省委、省政府突破辽西北战略安排，2009年“银龄行动”重点在阜新市开展。

召开了“银龄行动”座谈会。畜牧专家到阜新市阜蒙县十家子镇讲授畜牧业知识；医疗专家对阜新市医务骨干进行新技术新知识讲座，讲学内容涉及40余个病种，培训500余人；在沈阳市法库县四家子乡开展医疗义诊救助活动，义诊人员达到300人。抚顺、阜新、辽阳、盘锦等4个市“银龄行动”扎实开展。2009年，全省开展老年志愿者服务1.3万次，达13万人次；老年人参加科技服务5382次，达3.3万人次。

宣传评选先进典型。参加了第三届全国敬老、爱老、助老主题教育模范人物评选表彰活动，我省98人获全国“孝亲敬老之星”称号；2人获“中华孝亲敬老楷模”奖和提名奖；2个市被评为优秀组织单位。我省推选7位老人获得“中国长寿明星”称号。评选全国老龄工作先进单位和先进个人。各市大力宣传，表彰敬老标兵、“三星”、敬老先进单位和个人等，以各项评优选先活动促进基层工作扎实开展。沈阳、鞍山、营口、阜新等市召开表彰大会。省办在全国、省各大媒体宣传老龄工作24篇，编写印发辽宁老龄工作简报共10期。推荐宣传了何庆良同志《孝心不能等待》一书，社会反响良好。沈阳市形成了老龄事业文化10大理念，“孝行天下”文化标识。本溪、丹东、盘锦等11个市确定10月份为敬老宣传月，开展了各项敬老活动。

开展老年“夕阳红”系列活动。2009年6月，省办下发了《关于开展庆祝建国六十周年敬老爱老助老和老年文化体育系列活动的通知》，从2009年6月至10月，全省开展各项文体活动。2009年7月，在盘锦市举办了辽宁省老年人及老龄工作者乒乓球赛，14个市及省办共15个代表队、190人参加了比赛。与省体育局组织300名老年人参加首届全国老年人健身体育大会。10项比赛，取得金牌总数第一，奖牌总数第二名的好成绩。省老龄办被评为全国优秀组织奖。2009年9月，在沈阳举行了“庆祝建国六十周年、重阳节和《辽宁省老年人权益保障条例》颁布一周年”文艺汇演。省老龄委顾问、省级老领导王光中、陈素芝、李国忠、吕炳华、郭燕杰到会祝贺，并同全省1100多名老年人一起观看文艺演出。省政府副秘书长何庆良到会致辞。全省共有490所老年大学、359所基层老年学校，为老年人传授绘画、外语、音乐、健康等知识。各市开展重阳节游园大会，敬老品粥活动，为百岁老人赠送牌匾，为“钻石婚、金婚”老年人举办庆典等活动。大连、营口、盘锦等市分别举办了国庆六十周年摄影作品展和文艺汇演，4大班子领导参加活动。全省老年人参加各类文化娱乐活动120万人次，参加各项体育活动60余万人次。

六、老龄理论研究、统计工作取得成果

成功召开“战略论坛”。2009年10月在沈阳召开“辽宁省应对老龄化发展战略论坛”。本届论坛共收到103篇论文，省老龄理论研究专家组评审出一等奖5篇、二等奖10篇、三等奖16篇。沈阳、大连、辽阳等3个市老龄办获得了优秀组织奖。省政府副秘书长何庆良到会并讲话。国家、省内知名专家学者、老龄工作者等150余人参加了大会。南开大学老龄发展战略研究中心主任教授原新，作了《中国人口老龄化及其深刻影响》的精彩报告。调研成果突出。全省大兴研究调研之风，省办撰写的4篇论文被省专家组评选为一、二等奖。沈阳、大连、本溪、辽阳、盘锦、葫芦岛等6个市共有19篇论文获奖。大连市老龄办组织的多项老龄事业调研成果，被市政府采用。圆满完成统计工作。经省统计局批准，建立了辽宁省老龄人口信息统计报表制度。对全省老年人口基本状况进行了大规模统计。先后在丹东、朝阳市召开会议布署总结。目前，《2008年辽宁省老年人口信息和老龄事业发展状况报告》已印制下发。统计数据为政府制定各项老龄政策提供科学依据。

七、老龄工作队伍素质不断提高

2009年，召开全省市级老龄办主任年度工作会议和半年培训会。10月召开两个市级老龄办主任片会。年初省办将全省老龄工作细化，分解为三大块，34个方面，101个小项，从主任到工作人员落实责任，全省全年十几项大的任务圆满完成。省及各市老龄办完善机关工作各项制度。鞍山市、营口市编制了《老龄工作资料汇编》《老龄办工作制度》。在干部中进行业务知识学习培训班。10月组织全省老龄办主任到外省考察学习。老龄工作者务实干事、竞争向上，增强了干部队伍的凝聚力和信誉度。

重要会议和活动

【全省市级老龄办主任年度工作会议】 2009年2月23日，召开了全省市级老龄办主任年度工作会议。会上省老龄办主任孙艳华作2008年全省老龄工作总结和部署2009年工作。各市老龄办主任交流工作并作工作汇报。

【慰问“三老”活动】 春节前，省委常委、常务副省长许卫国走访慰问了“全国十大寿星之一”115岁的何文章老人；省老龄委顾问陈素芝，省政府副秘书长郭福春、何庆良分别到鞍山、营口、朝阳、盘锦4个市走访慰问“三老”，并送上了慰问金和慰问品。两节前省、市、县（区）党政领导走访慰问“三老”，达万余人次。

【学习贯彻《辽宁省老年人权益保障条例》专题培训班】 2009 年 6 月，学习贯彻《条例》专题培训和落实情况汇报会议在丹东召开。全省市级老龄办主任、省老龄委成员单位联络员共 80 余人参加培训。省人大、省法制办领导授课辅导。

【老年人文体活动】 省老龄办下发了《关于开展庆祝建国六十周年敬老爱老助老和老年文化体育系列活动的通知》，从 2009 年 6 月至 10 月，全省广泛开展各项文体活动。

2009 年 7 月，辽宁省老年人及老龄工作者乒乓球赛在盘锦市举行。14 个市及省办共 15 个代表队 190 余人参加了比赛。

2009 年 8 月至 10 月组织 300 名老年人参加首届全国老年人健身体育大会。参加 10 项比赛，取得金牌总数第一名，奖牌总数第二名的好成绩。辽宁省老龄办被评为优秀组织奖。

2009 年 9 月，在沈阳市举行了"庆祝建国六十周年、重阳节和《辽宁省老年人权益保障条例》颁布一周年"文艺汇演。省老龄委顾问、省级老领导王光中、陈素芝、李国忠、吕炳华、郭燕杰到会祝贺，并同全省 1100 多名老年人一起观看文艺演出。省政府副秘书长何庆良到会致辞。

【全省老年人口信息和老龄事业统计工作会议】 2009 年 9 月初，全省老年人口信息和老龄事业统计工作会议在朝阳市召开。会议总结了 2008 年的统计工作，公布了《2008 年辽宁省老年人口信息和老龄事业发展状况报告》。

【承办全国"老年宜居社区""老年友好城市"试点工作会议】 2009 年 9 月，全国"老年宜居社区""老年友好城市"试点工作会议在营口市召开。全国老龄办副主任阎青春，事业发展部主任王绍忠、副主任魏强，辽宁、上海、营口等 10 省市老龄办领导近 40 人参加了会议。营口市委书记赵化明会见了全国老龄办和各省市老龄办负责同志。市委副书记、常务副市长刘始杰出席会议并致辞。会议确定"老年友好城市"试点在我省营口市鲅鱼圈区、山东省青岛市和浙江省进行；"老年宜居社区"试点在上海市黄浦区、南京市玄武区和黑龙江省齐齐哈尔市进行。

【应对老龄化发展战略高层论坛】 2009 年 10 月，"辽宁省应对老龄化发展战略论坛"在沈阳召开。本届论坛共收到论文 103 篇，由省老龄理论研究专家组评审出一等奖 5 篇、二等奖 10 篇、三等奖 16 篇。沈阳、大连、辽阳等 3 个市老龄办获得了优秀组织奖。省政府副秘书长何庆良到会并讲话。国家、省内知名专家学者、老龄工作者等 150 余人参加了大会。南开大学老龄发展战略研究中心主任教授原新，作了《中国人口老龄化及其深刻影响》的精彩报告。

【全省市级老龄办主任工作片会】 2009 年 12 月初，全省市级老龄办主任工作片会分别在鞍山、抚顺市召开。省老龄办通报2009年全省老龄工作情况及2010年工作打算。各市汇报了2009年工作及明年工作要点。

各项业务进展

【辽宁省老年人权益保障条例】 2009 年 1 月，省政府正式出台辽政办［2009］8 号文件《关于贯彻落实〈省老年人权益保障条例〉的通知》（以下简称《条例》）。省及各市普遍开展了《条例》的学习、宣传活动，进行贯彻落实《条例》专题调研，协调有关部门拟定贯彻《条例》的规定。省办先后 3 次到各市督查落实《条例》。2009 年 9 月，省人大法制委与省办以代表建议形式，督办省直各厅局落实《条例》办理结果。省人大内司委与我办组成检查组，对沈阳、鞍山、盘锦、铁岭等 4 个市贯彻实施《条例》情况进行了检查调研。到目前为止，已有 13 个市召开了贯彻落实《条例》的会议。7 个市政府下发文件，出台了落实《条例》具体规定。

【老年优待政策】 老年优待政策已相继得到贯彻落实。省政府投入 400 万元，由老龄委统一印制 560 万本老年证和老年优待证，免费发放已达 86%。目前全部落实为百岁老人发放长寿补贴，6 个市落实为 90—99 岁老年人发放高龄补贴的优待；落实 70 岁以上老年人就医免收普通门诊挂号费的优待。有 13 个市对老年人就医时的床位费、仪器使用费给予优惠；落实了 70 岁以上老年人免费乘车，7 个市落实了 60—69 岁老年人半价乘车优待；有 13 个市落实了文化、体育、旅游景点等公共设施、场所为 60—69 岁老年人优惠，70 岁以上免费的优待；对老年人打官司的诉讼费给予减、免、缓优待，有 8 个市对老年人诉讼案件优先立案、优先审理、优先执行。

【老年维权工作】 以《条例》为依据，建立市区法律援助中心，社区（村）老年人维权站法律援助体系。老年维权岗、维权站发挥了作用。各市开通了法律咨询热线，为老年人提供便捷的法律服务。农村家庭赡养协议书应签率达 96%。

【城乡老年人生活保障】 民政部门对全省城乡老年人全面实现最低保障，低保政策向城乡老年人倾斜。城市低保月平均标准由 226 元提高到 273 元；农村低保金年平均标准由 1234 元提高到 1505 元。多数市老年人低保金比正常标准上浮 10%～20%。"五保"对象集中供养标准由年人均 2750 元提高到 3230 元，分散供养标准由年人均1500元提高到1930元。城乡低保老年人全部实现医疗救助。

【养老服务社会化建设】 全省居家养老机构4697个，共有68.7万老年人享受到多种形式的居家养老服务。全省国办养老机构118家，拥有床位2万张，民办养老机构717家，床位数达到6.2万张。2009年，新建69所区域性中心敬老院，改造80所乡镇敬老院。沈阳、大连、鞍山、抚顺、辽阳等5个市为部分城市居家老人低偿、无偿安装了“一键通”服务系统，提供各类应急服务。

【银龄行动】 召开“银龄行动”座谈会。2009年“银龄行动”重点在阜新市开展。畜牧专家到阜新市阜蒙县十家子镇讲授畜牧业知识；医疗专家对阜新市医务骨干进行新技术新知识讲座，讲学内容涉及40余个病种，培训500余人；在沈阳市法库县四家子乡开展医疗义诊救助活动，义诊人员达到300人。

【老龄统计工作】 经省统计局批准，建立了辽宁省老龄人口信息统计报表制度。对全省老年人口基本状况进行了大规模统计。先后在丹东、朝阳市召开会议布署总结。目前，《2008年辽宁省老年人口信息和老龄事业发展状况报告》已印制下发。

【老龄调研工作】 全省大兴调研之风，省办撰写的4篇论文被省老龄理论研究专家组评选为一、二等奖。沈阳、大连、本溪、辽阳、盘锦、葫芦岛等6个市19篇论文获奖。大连市老龄办组织的多项老龄事业调研成果，被市政府采用。

【老龄基础工作】 建立了老龄事业经费投入机制。目前，省及14个市的老龄事业经费已得到全面落实，省财政按老年人口人均0.5元；各市按1至2元的标准从福彩基金中提取，其中丹东、盘锦市按2元提取。建立了老龄工作网络。在2009年新一轮机构改革中，省老龄办仍为民政厅代管，副厅级建制，内设3个处，公务员管理，办主任高配正厅级。2009年初，有2名副处级干部晋升正处级职务。省办已搬到省政府太原街2号，办公条件得到改善。全省14个市老龄办机构得到加强。其中12个市老龄办有内设机构。老龄工作队伍得到充实加强，共有专职工作人员346人。加强老龄基层工作组织。认真贯彻落实《老龄委工作职责》《成员单位职责》《基层老年协会章程》等制度，规范基层工作。全省基层老龄工作委员会3761个。全省老龄协会12422个。2009年5月，全国老龄办巡视员袁新立一行到我省及3个市就老龄工作体制机制状况进行总结调研。对辽宁省老龄工作给予充分肯定。

山东省

2009年1月25日，山东省委书记姜异康来到济南第一老年公寓向各位老人拜年，祝大家新春愉快、健康长寿！

山东省老龄委第十八次全体（扩大）会议

综　述

2009年，全省紧紧围绕省委、省政府建设经济文化强省和省老龄委第十八次、十九次全体（扩大）会议的部署要求，按照全力打造“银龄幸福和谐工程”一个品牌，积极完善党政主导、社会参与两个机制，突出抓好发展养老服务业、农村老龄工作和老龄宣传三项重点工作，大力推动养老保障体系、惠老政策制度、敬老文化、基层老龄组织四项建设，努力实现养老服务业发展、优待老年人政策、老龄宣传、基层老年活动场所建设、老龄工作队伍建设五个新突破的思路，狠抓落实，大办实事，进一步推动了山东老龄工作的创新发展。

一、党委政府对老龄工作更加重视

全省各地普遍把发展老龄事业列为改善民生、发展社会事业的重点积极推动。省和各市都召开了老龄工作会议或老龄委全会、老龄办主任会议，传达贯彻上级会议精神，总结部署老龄工作。新年春节和老人节期间，省和各市的党政主要领导普遍参加了走访慰问老年人活动。春节期间，省委书记姜异康专程走访慰问了老年公寓。2009 年 9 月份，姜大明省长在省老龄委上报的《关于我省人口老龄化状况及对策建议的报告》上批示："这份关于我省老龄工作的调研对策报告很好。应引起党委政府的高度重视。同意你们代省委、省政府起草《关于加快老龄事业发展的意见》，以利于将这项工作摆上各级党政的工作日程。"有 5 个市将老龄工作有关内容列入为民办实事内容；有 6 个市将老龄工作纳入政府工作综合目标管理考核；菏泽市领导先后 6 次对老龄工作进行批示。各级党委政府对老龄工作的重视支持，有力地促进了我省老龄事业的发展。

二、养老服务业推进年活动广泛开展

坚持把发展养老服务业作为全省老龄工作重点进行推动。省老龄委确定 2009 年为养老服务业推进年，专门下发通知，提出强有力的推动措施和明确硬性要求。省老龄办进行了督导检查、会议讲评和下发情况通报。全省实施了"彩霞"工程，下发了《实施"彩霞"工程，推进居家养老服务省级财政专项彩票公益金管理使用（暂行）办法》，对全省居家养老服务机构和居家养老服务信息化平台进行了实名统计，对提供居家养老服务的机构进行了扶持。全省启动了支持居家养老服务信息平台的"银龄通信工程"；举办了以发展养老服务业为主题的培训班；赴外省考察了老年康复保健项目；进行了全省养老服务机构从业人员状况和市场需求调研。17 个市全部出台了发展养老服务业"三个文件"的配套政策，政策措施有了新的突破，在养老服务业发展规划、政府购买养老服务、财政资金补贴养老服务机构、从业人员待遇等方面作了硬性规定，全省养老服务业快速发展。

三、老年文体活动丰富多彩

为进一步促进各地老年文体活动开展，召开了全省老年文体活动骨干座谈会，加强了对老年文化活动的统一组织和引导。省有关部门联合举办了规模空前历时 7 个月的"庆祝新中国成立六十周年全省老年文化艺术节"，成功开展了"银龄风采"大赛、老年人最喜爱的歌曲评选、"与共和国同行"有奖征文、精彩生活摄影大赛暨银龄记忆图片展、省老年艺术团慰问演出等活动，极大带动了基层老年文体活动广泛开展。在"银龄之家"建设方面，继续实施基层老年活动室建设资助项目，资助 50 个项目点，每个项目点资助 8000 元；组织各级行政机关、企事业单位和社会各界开展了闲置物品惠乡村老年活动，为农村老年活动室提供了大量活动器材和办公家具。加强了老年文化国际交流，组团赴韩国考察并与有关方面签署了《中韩老年人手拉手文化交流活动合作协议书》，组织多批次 2600 多老年人赴韩国进行了文化交流活动。启动了"银龄之旅游——千名老人宝岛游"活动，使 1000 多名老年人完成到台湾旅游的愿望。

四、老龄宣传工作进一步加强

按照强势宣传老龄工作的要求，充分利用各种宣传手段，加大老龄工作宣传力度。分管副省长在中国老年报一版发表了答记者问，在《山东老年》杂志上发表《新春贺词》。省老龄办进行了老龄宣传工作专题调研，召开了老龄宣传工作座谈会；召开了 4 次大型新闻发布会，举办了 10 多次活动启动仪式或大型晚会，扩大了老龄工作的社会影响。充分利用庆祝新中国六十周年和召开全运会的机遇，在全省广泛开展了"敬老月"和庆祝老人节活动。举办了全省中老年才艺大赛及颁奖晚会；举行了"新中国六十周年'感动齐鲁敬老楷模'、第五届'山东省十大孝星'评选活动"；向全省 576 万手机用户发了敬老短信；统一组织省和各地广泛开展了慰问和救助老年人活动。全省形成了电视、网站、报纸、杂志、简报、公益短信、彩铃等多种形式的立体化宣传网络。

五、老龄工作调研有了新的进展

山东省人口老龄化状况及对策研究取得了丰硕的研究成果，省老龄委将研究成果分别向省委、省政府两位主要领导进行了专题汇报，专题召开省老龄委第十九次全体会议，学习省委、省政府领导同志的重要批示，分析全省人口老龄化形势，研究部署积极应对的措施。开展了 5 个专题的老龄工作集中调研活动，分别写出了高质量的调研报告，提出许多好的意见建议。加强了长寿现象的研究与评定，开展"山东省长寿之乡"评审命名活动，下发了评审办法，单县、青岛市城阳区被确定为"山东省长寿之乡"并举行了授牌仪式。加强老年人健康教育和研究，启动了“银龄健康教育工程”。各市也都结合实际开展了大量调研活动。全省全年共进行了60多项老龄工作专题调研和科研活动，提交了80多份调研和研究报告。

六、社会力量积极支持老龄事业发展

各级鼓励和支持企业通过各种形式参与老龄事业发展，经过积极协调和努力，仅省老龄办就与10家单位和企业形成了合作关系。实施了“慈善情银屏惠老工程”，专项购买21寸海信牌彩电10011台发放到困难老人家中；实施了以推广“老年人意外伤害组合保险”为内容的“银龄安康工程”，有200多万老年人投保，承保金额200多亿元；启动了为老服务项目—“山东省银龄通信工程”，并且专门为老年人开发了一款“银龄通”手机；举办了中老年才艺大赛，开展了“银龄之旅——千名老人韩国游”活动；举行了“银龄关爱——重阳敬老送健康”保健品赠送老年人活动；开展了“银龄冬日关爱”活动；开展了“关爱银龄消费维权行”活动；企业资助老年活动室项目建设；赞助《银龄金秋》栏目等，形成了支持老龄事业发展的社会氛围。

重要会议和活动

【省老龄委第十八次全体（扩大）会议】 2009年3月4日，省老龄委在济南市召开第十八次全体（扩大）会议。会议传达了全国老龄委第十一次全体会议和全国老龄办主任会议精神及部分省市的经验，总结部署工作。郭兆信副省长出席会议并讲话。省委老干部局、省发展改革委、省民政厅、省财政厅、省劳动保障厅、省卫生厅等六部门在会上作了发言。省老龄委成员单位负责人、联络员参加会议，各市、各大企业老龄办主任列席会议。

【省老龄委第十九次全体会议】 2009年11月9日，省老龄委在济南召开第十九次全体会议。副省长、省老龄委主任郭兆信出席会议并讲话。会议听取了《山东省2008—2020年人口老龄化状况及对策研究》课题情况汇报，部署了新形势下我省进一步完善老龄工作合力推进机制，加快全省老龄事业发展工作任务。省民政厅、省发展改革委、省人力资源社会保障厅、省住房城乡建设厅、省卫生厅等五部门在会上作了发言。省老龄委成员单位负责人、联络员参加会议。

【全省老龄办主任座谈会】 2009年3月5日和11月24日，省老龄办在济南两次召开全省老龄办主任座谈会。2009年3月5日会议围绕贯彻落实全国第十一次老龄委会议、全国老龄办主任会议和省老龄委第十八次全体（扩大）会议精神进行了座谈，对抓好2009年老龄工作提出要求。2009年11月24日会议分析了全省老龄工作形势，研究了2010年全省老龄工作思路，传达了全国老龄工作座谈会、省老龄委第十九次全体会议精神。各市、各大企业老龄办主任，省老龄办正处以上干部参加会议。

【省老龄办理论中心组读书会暨全省“银龄行动”现场观摩会】 2009年7月21日至25日，省老龄办在东营召开理论学习中心组读书会暨全省“银龄行动”现场观摩会，在按照省委统一部署进行专题学习的基础上，以积极作为，科学务实为主题，总结了上半年老龄工作，部署了下半年重点工作，观摩了东营市老年科研基地和老龄工作示范点。省老龄办机关正处以上干部，各市各大企业老龄办主任，新闻媒体记者等共约70人出席会议。

【“银龄幸福和谐工程”全面实施】 以科学发展老龄事业、造福千万齐鲁老人为主题，以让老年人享受幸福、让社会更加和谐为宗旨，以老年人共享经济社会发展成果为目标，以完善惠老政策、创新助老机制、发展敬老文化，为老年人办实事、解难事为内容，以项目化运作和系列化活动为载体的“银龄幸福和谐工程”全面实施，工程共设“银龄保障”“银龄优惠”“银龄扶助”等12个系列、42个具体项目。通过工程的实施，为全省老年人办了大量实事、好事，深受社会各界欢迎和老年人好评。

【2009年山东省老龄工作十件大事评选】 为深入贯彻落实科学发展观，进一步扩大老龄工作的宣传和影响，山东省老龄系统开展了“2009年山东省老龄工作十件大事”评选活动。评出的2009年山东省老龄工作十件大事是：山东省银龄幸福和谐工程全面实施，全省老年人得到更多实惠；山东省新型农村社会养老保障试点正式启动，60岁以上老年人喜领养老金；省级财政投入资助的“银龄公寓扶持”、居家养老“彩霞工程”“银龄救助”“银屏惠老”等项目全面实施，政府关注老年民生情暖万家；“养老服务业推进年”得到社会各界支持，取得明显成效；人口老龄化战略研究取得重大成果；“银龄安康工程”启动实施，为近200万老年人添加“安全网”；评选表彰新中国60周年“感动齐鲁敬老楷模”、第五届“山东省十大孝星”，弘扬中华民族尊老敬老传统美德；评审命名“山东省长寿之乡”，推动经济、社会、人口、资源、环境协调发展；庆祝新中国成立六十周年全省老年文化艺术节成功举办；以“银龄金秋”电视栏目开播、《老年生活报》转企改制、省老龄办网站开通为代表的老龄宣传强势平台成功打造。

【庆祝新中国成立六十周年全省老年文化艺术节】 2009年4至10月，省老龄办、省委宣传部、省文化厅、省广电局联合共同举办了规模空前历时7个月的“庆祝新中国成立六十周年全省老年文化艺术节”。成功开展了“东方神参杯”中老年才艺大赛、“与共和国同行”有奖征文、首届中老年“精彩生活”摄影大赛暨银龄记忆图片展、省老年艺术团慰问子弟兵专场汇报演出等活动。其中，“东方神参杯”中老年才艺大赛，15万余人报名参赛，5万余人参与社区海选及小组赛，4480人参与分赛区决赛，共有1万多个节目参加演出，赞助企业总投入资金200余万元。活动覆盖了全省每个县（市、区），极大调动了全省老年人参与文体活动的积极性。

【“敬老月”活动】 2009年9月26日至10月26日，全省各地广泛开展了以“庆国庆、迎全运，弘扬敬老美德，构建和谐社会”为主题的“敬老月”活动，营造了浓厚的尊老敬老氛围，增强了全社会的老龄意识，促进了家庭、代际、社会和谐。“敬老月”期间，全省县以上领导干部参加敬老活动4847人次，县以上领导干部撰写署名文章、发表电视、广播讲话共计376人次，全省县以上老龄部门组织的老年文体活动达3488次，参加活动的老年人达76万余人次，各级走访慰问老年人达21万余人次，赠送慰问金、慰问品累计7515万余元。

【“感动齐鲁敬老楷模”暨第五届“山东省十大孝星”评选表彰活动】 2009年6月至9月，省老龄办、省总工会、团省委、省妇联联合开展了新中国六十周年“感动齐鲁敬老楷模”、第五届“山东省十大孝星”评选活动。社会各界积极响应，省内外70余万人次参与投票，评选产生了10名“感动齐鲁敬老楷模”、10名“山东省十大孝星”。在山东电视台隆重举行了颁奖典礼，邀请中国曲艺家协会党组书记、副主席、著名相声表演艺术家、首届中国演艺界十大孝子姜昆担任主持，省老领导苗枫林、崔惟林、王克玉、曹学成及省纪委、省老龄办、省总工会、团省委、省妇联等单位领导为获奖者颁奖。

【表彰全省老龄工作先进单位和个人】 2009年10月10日，省人力资源和社会保障厅、省老龄办联合下发《关于表彰全省老龄工作先进单位和个人的通报》，授予济南市老龄办等42个单位“全省老龄工作先进单位”称号，授予于敏等60名同志“全省老龄工作先进个人”称号，给予于敏等20名同志记二等功奖励，给予秦利民等40名同志记三等功奖励。

【表彰山东省敬老模范单位和个人】 2009年10月29日，省老龄委下发《关于表彰山东省敬老模范单位和个人的通报》，授予济南市历下区等106个单位“山东省敬老模范单位”称号；授予张仁君等186名同志“山东省敬老模范个人”称号。

【省老龄事业发展基金会成功参与《老年生活报》转企改制】 2009年12月4日，省老龄事业发展基金会参与《老年生活报》整体转企改制在济南举行了签约仪式。2009年12月10日《老年生活报》传媒有限责任公司在青岛正式揭牌成立。转企改制后的《老年生活报》传媒有限责任公司以老年生活报刊为主营项目，并将涉足老年旅游、老年会展、老年网站以及老年公寓等相关产业，逐渐形成以老龄传媒文化为主打的产业集团。

【省老龄办被评为省级文明单位】 2009年12月9日，山东省精神文明建设委员会下发《关于命名表彰2009年度省级文明单位、文明村镇、文明机关、文明社区的决定》，省老龄办名列其中，被授予“2009年度省级文明单位”称号。

【“山东省长寿之乡”评选活动】 山东省老龄办与省发改委、省统计局联合下发了《山东省长寿之乡评审办法》，确定自2009年起开展评审命名活动。根据评审标准条件，评审委员会先后对申报的单县、青岛市城阳区进行了申报考察，单县、青岛市城阳区通过评审并予以命名。

【“产出性老龄化”独立论坛】 2009年7月28日，省老年学学会与山东大学等单位共同承办“第五届社会政策国际论坛暨系列讲座”“产出性老龄化”独立论坛。省老龄办主任张雪燕出席开幕式并致辞。

【全省老年活动骨干座谈会】 2009年6月25至26日，省老龄办在青岛举办全省老年活动骨干座谈会，座谈交流各地开展老年活动的情况和经验，对当年开展的几项老年活动进行了安排与部署，并就抓好老人节前的各项活动提出了具体意见。省老龄办主任张雪燕、巡视员高慧出席会议并讲话。各市、各大企业老龄办分管领导，负责老年文体工作的处（科）长及新闻媒体记者等约60人参加座谈会。

【全省老龄干部培训班】 2009年8月1日至3日，省老龄办在济南举办全省老龄工作干部培训班。此次培训以推动养老服务业创新发展为主题，针对全省养老服务业发展的客观实际，认真研究养老服务业发展面临的新机遇、新挑战、新对策。全国老龄办副主任阎青春应邀授课。全省十七地市、四大企业、部分县市区老龄办负责人和省老龄办机关工作人员共140余人参加培训。

【长寿之星电视大赛】 2009年9月至2010年1月，省老龄办和山东电视台联合举办了“长寿之星”电视大赛。给30名寿星制作了专题片并在山东电视台农科频道展播，评出“才艺之星”“奉献之星”和“形象之星”各10名，并在山东电视台举行了颁奖典礼。副省长郭兆信，省里老领导赵志浩、陆懋曾、苗枫林、董凤基出席颁奖典礼，并为30名“长寿之星”颁奖。

【省老年学学会老年健康教育分会成立大会】 2009年9月18日，省老年学学会召开山东省老年学学会老年健康教育分会成立大会，省老年学学会会长苗枫林、省老龄办主任张雪燕、省老龄办副主任陈志军出席大会。省老龄办与省卫生厅、省老年学学会下发了《关于实施“银龄健康教育工程”的通知》，在全省启动了“银龄健康教育工程”。

【第三届“齐鲁银行杯‘孝行齐鲁、共建和谐’有奖征文”活动】 2009年8月16日至10月31日，省老龄事业发展基金会、《齐鲁晚报》、齐鲁银行联合主办“齐鲁银行杯”第三届《孝行齐鲁共建和谐》有奖征文活动。共征集稿件1400余篇，经专家评委认真评议，评选出一等奖3名、二等奖8名、三等奖20名、优秀奖80名。

【“交通银行·银龄杯”乒乓球邀请赛】 2009年12月19日，省老龄办主办、交通银行山东省分行承办的“交通银行·银龄杯”乒乓球邀请赛在济南举行。来自省直20个部门代表队共140余位选手参加比赛，其中有厅局级领导36位。山东省副省长郭兆信出席闭幕式并为获奖代表队发奖。

各项业务进展

【老年维权工作】 积极做好修订《山东省老年人权益保障条例》工作，列入了省人大2009年立法计划。积极推动老年法律援助、司法救助、法律服务等工作。办理“两会”会议案、建议7份。认真做好老年人来信来访工作，办理来信51件，来访150多人次，电话来访200多人次。对省老龄办信访规定进行了修改。

【养老保障工作】 全省城镇养老保险覆盖范围不断扩大，保障水平逐步提高，企业养老保险实现了省级统筹。有55个县（市、区）组织开展了新型农保试点，参保农民达300万人。2009年底有19个县（市、区）纳入国家新农保试点，使139万60岁以上的老年人领到了基本养老保险金。全省全部实施了城镇职工基本医疗保险制度改革，城镇居民基本医疗保险工作全面启动，新型农村合作医疗、老年人大病救助进展顺利，进一步缓解了老年人看病难题。继续实施的“银龄救助”活动，带动许多市为“银龄救助”活动提供了配套资金。省老龄办下发了《关于开展2009年度“银龄救助”活动的通知》，全省救助特困老年人200名，每人一次性发给1000元。与中国人寿山东分公司联合实施了“银龄安康工程”，并将其作为养老保障体系建设的重要内容进行大力推动。到2009年11月底，全省已有195万老年人投保，占老年人总数的14.57%，承保金额200多亿元，理赔近3000例，赔付额540万元，有效地提高了老年人抗风险能力，减轻了群众负担，加强了社会保障，中国保监局将“银龄安康工程”批准为2009年创新项目。基层政府、村集体、社会各届资助该项目合计300多万元。省级财政专项彩票公益金拿出100万元，给全省10万老年人购买“意外伤害组合险”，深受老年人的欢迎。

【老年优待工作】 省老龄办与省财政厅组成联合调研考察组，对优待老年人政策进行了专项调研考察，形成了调研考察报告。起草了《山东省老年人优待规定修改草案》。积极推动“新农合”制度建设中对老年人进行优待，已有3个市、76个县（市、区）减免了老年人个人缴纳的“参合”费用。积极推动养老补贴制度建设，已有5个市、76个县（市、区）出台政策，由政府对高龄老年人或农村老年人发放生活补贴。与省财政厅联合制定了《山东省百岁老人长寿补贴省级补助资金使用管理办法》，2009年省财政拨付百岁老人省级长寿补助资金402.5万元。与省慈善总会联合开展了“慈善情银屏惠老工程”，由海信集团出资1亿元在省慈善总会设立“慈善情银屏惠老基金”，每年提取一定资金用于为贫困老年人赠送彩电。2009年向全省没有电视机的贫困老年人赠送彩电100411台，投入资金670多万元。省财政专项彩票公益金预算90万元，支持“银屏惠老工程”。

【发展养老服务业】 下发了《关于开展养老服务业推进年活动的通知》，重点抓了各市对省政府办公厅和省十一部门联合下发的养老服务业政策文件的贯彻落实，结合集中调研活动，组织了对各市贯彻落实情况的督导检查。目前全省17个市全部出台了贯彻省养老服务业的配套政策，13个市出台了扶持养老服务机构政策，各市都采取了一系列推动养老服务业发展的新举措，在养老服务业发展规划、政府购买养老服务、财政资金补贴养老服务机构、从业人员待遇等方面有了新的突破。继续抓好了扶持城镇养老服务机构工作，全省扶持了30个城镇养老服务机构，每个奖励20万元；推动全省实施了“彩霞”工程，出台了对全省居家养老服务机构和居家养老服务信息化平台进行扶持的具体办法。同时，省老龄办还与中国电信山东分公司、山东善者文化传媒有限公司联合启动了“银龄通信工程”；举办了以发展养老服务业为主题的全省老龄干部培训班；积极筹备养老服务机构从业人员培训基地建设；开通了由省财政专项彩票公益金扶持的“银铃助老工程”淄博市居家养老服务信息化平台。全省新建了一大批老年福利服务中心，养老服务机构和养老床位数量大幅度增加，全省养老服务业快速发展。

【老龄宣传工作】　为了更好地宣传老龄工作、服务老年群体，省老龄办与山东电视台联合创办了老年类电视栏目——《银龄金秋》，每期30分钟，周播两次，开播一周年来，共播出65期，为全省老年朋友提供一方充满温馨与祥和的精神家园，也为全省老龄工作构建一个丰富多彩的互动平台。省老龄事业发展基金会积极参与《老年生活报》转企改制，实现了老年传媒与老龄产业的资源整合。省老龄办工作网站开通，全方位打造强势老龄宣传平台。

【老年文体活动】　专门召开全省老年文体活动方面的会议，加强对老年文体活动的指导。积极抓好老年文化场所建设，全省基层老年活动站（中心、室）数达到5万6千多个。开展丰富多彩的、老年人喜爱的老年文体活动，参加活动的老年人达4百多万。全省逐步形成了以老年艺术节活动为主线、老年艺术团体演出为带动、老年活动室经常性活动为基础、广场老年文化活动为基本形式的四位一体老年文化活动格局，初步实现了让老年人走出来、动起来、乐起来的目标，丰富了老年人的精神文化生活，促进了基层群众文化活动的广泛开展。

安徽省

2009年11月20日至22日，安徽省第二届老年人书画艺术展在省博物馆隆重举办。这次展览盛况空前，共收到作品1746幅，老年人参与者之广泛，作品水平之高，是前所未有的。通过反复的鉴别、对比、评价，共评选出优秀作品539幅，其中包括金奖10幅，银奖20幅，铜奖35幅。

2009年12月25日上午，安徽省老龄工作先进单位、先进个人和第二届“十大福星”、第四届“十大孝星”表彰大会在省会合肥举行。省人大常委会副主任张俊、省政协副主席李宏塔、省政府副秘书长程中才、省老龄办主任、民政厅长刘健、省老龄办专职副主任侯世标主席台就座并为获奖者颁奖。

综　　述

2009年，安徽省各级老龄部门认真履行职责，按照年初制定的工作目标任务，坚持用科学的发展观和“以人为本、服务老龄”的工作理念，积极进取，努力工作，坚持“党政主导，社会参与，全民关怀”的老龄工作方针，以纪念省老龄委成立25周年为契机，以落实“三个文件”、培植专项工作典型、开展“双先”“双星”评比评选和老龄课题研究为重点，圆满地完成了全年工作任务，促进了老龄事业的持续进步与发展。

一、评比表彰老龄工作先进单位先进个人

根据《全国老龄工作委员会关于开展评选表彰全国老龄工作先进单位和先进个人活动的通知》（全国老龄委发［2008］4号）精神，省老龄办对评选表彰工作进行了专门部署，经过层层评比推荐，产生老龄工作先进单位44个，老龄工作先进个人72名。2009年12月25日，省老龄办召开了全省老龄工作先进单位、先进个人和第二届“十大福星”、第四届“十大孝星”表彰大会，省有关领导出席并颁奖。

二、大力推进居家养老服务进程

根据全国老龄办的要求，省老龄办会同有关部门共同制定下发了《关于开展居家养老服务工作的意见》。今年以来，全省各地积极引导社会力量参与养老服务业的发展，推动城乡为老服务资源的整合利用，积极向老年人提供不同层次、不同内容、满足不同需求的服务，探索并逐步形成适合我省经济发展状况和人口老龄化特点的居家养老服务模式，提升了基层为老服务质量。

三、不断促进养老服务产业持续发展

各地认真贯彻执行安徽省《关于加快发展养老服务业的通知》，满怀责任感和使命感，创新工作思路，采取有力措施，推动养老服务工作总体水平再跃新台阶。狠抓特困老年人救助、“五保”供养率提高、老年公寓及敬老院建设，尽力为老年群体打造和谐、温馨、愉悦的生活环境。全省各地新建、改扩建敬老院649所，努力改善“五保”老人的居住条件和生活水平，提高“五保”供养率。各地不断加大对养老服务业的政策扶持力度，提高政府补贴，有力推动了养老服务机构健康快速发展，使广大老年人共享社会发展改革成果，深受老年群体和社会赞誉。

四、开展专项老龄工作示范点建设工作

在今年初安排工作时，省老龄办提出了要开展专项老龄工作试点，旨在培植典型，示范引导，提高各项工作水平。近一年以来，各地根据本地工作特点和工作基础，从不同方面物色了一些亮点，在制度建设、规范管理、政策扶持等方面进一步完善，总结其具有推广性、实用性的经验，并以此推动面上工作，取得初步成效。

五、开展纪念省老龄委成立25周年系列活动

2009年适逢安徽省老龄委成立25周年，为配合纪念25周年，省老龄办组织开展了一系列相关活动。

一是总结25年来安徽老龄事业发展成就，以《与时俱进的老龄事业》为题编印成册。

二是收集整理反映25年我省老龄事业发展的图片，编印《岁月流金　厚蕴繁华——安徽省老龄工作委员会成立25周年纪念画册》。

三是于2009年11月20日至22日在安徽省博物馆隆重举办全省第二届老年人书画艺术展。这次展览盛况空前，共收到作品1746幅，从中评选出优秀作品539幅，其中包括金奖10幅，银奖20幅，铜奖35幅。

四是开展了全省第二届“十大福星”、第四届“十大孝星”的评选表彰活动。此项活动的开展，既展示了安徽老龄事业发展成果，又与老年人、与社会形成互动，弘扬了尊老意识，有助于良好工作氛围的形成。我省孝星的事迹得到了全国范围内的认可。滁州市推荐的曾庆梅等7人获“全国孝亲敬老之星”。六安市十大孝星人选刘宝琴已成功入围“2009年度影响力人物”候选人，十大孝星周世友已被评为“全国道德模范”。铜陵市5人上榜“全国孝亲敬老之星”名单。

六、积极推进基层老龄工作

全省各地深入贯彻安徽省《关于加强基层老龄工作的实施意见》，以“六个老有”为目标，从老年人的根本利益出发，为老年人办好事做实事，努力提高老年人的生命生活质量，不断满足老年人物质生活和精神文化生活需求，努力做到基层工作上水平，老年群体得实惠。认真落实涉及老年人的相关政策法规，切实保障老年群体合法权益。“两节”期间，各市以建国六十周年为契机，举办了丰富多彩的老年文体活动。各地老龄办还加强对基层老龄工作的指导，完善老龄工作组织建设，加大事业经费投入，完善工作激励机制。

七、落实各项老年人优待工作

全省按照《关于加强老年人优待工作的实施意见》的精神，扎实努力工作，在全社会营造了尊老、敬老、爱老、助老的良好社会风尚，老年群体得到更多实惠，有效促进了和谐安徽的建设。各市全面落实百岁老人政策，改善老年人生活条件。全省继续为60岁以上老年人免费办理老年人优待证，确保老年优待工作有条不紊地展开。

八、培训基层老龄干部

考虑到近年来我省乡镇干部有较大变动，不少从事老龄工作的人员对老龄工作业务不熟，从而影响基层老龄工作开展。为进一步做好新形势下老龄工作，提高基层老龄工作者的业务知识水平，省老龄办在以往干部培训的基础上，于2009年与10月底在黄山市黄山区举办了全省基层老龄工作干部业务培训班。

九、加强老龄理论研究

一是联合六安市老龄办、安徽省老年医疗保健研究所共同完成了省委宣传部批准的《老龄化进程：问题与对策——中（安徽）美（加州）对比研究》课题。

二是联合省统计局、省人口计生委共同开展《安徽省人口预测及老龄化发展战略研究》课题，该课题研究已基本完成报告初稿。

三是召开老龄工作理论研讨会。2009 年 11 月 20 日，召开了第二次全省老龄工作理论研讨会。此次研讨，吸收了省老龄委成员单位、科研院所、大专院校参加，共收到论文 55 篇，有 12 篇论文进行会议交流，论文的数量和质量都有所提高。理论研究的加强将有力促进我省老龄科研和调研工作。

同时，信息、杂志和老龄宣传工作也有所加强；机关的财务、统计、档案工作正常运转。

重要会议和活动

【安徽省老龄办主任会议】　2009 年 3 月 13 日，全省老龄办主任会议在铜陵市召开。会议传达了全国老龄办主任会议精神，总结 2008 年工作，研究部署 2009 年工作任务。会上铜陵、六安、马鞍山、合肥四市汇报交流了开展老龄工作经验。会议代表还参观考察了铜陵市老年服务设施。省民政厅党组成员、省老龄办专职副主任侯世标同志到会讲话，铜陵市人民政府叶萍副市长出席会议并致辞。会议指出，2008 年是历史上极不平凡的一年，大事、喜事、难事都比较多。全省各地老龄工作紧紧围绕党委、政府的中心任务和重点工作，克服困难，上下共同努力，继续坚持“党政主导，社会参与，全民关怀”的老龄工作方针，以发展社会化养老服务、落实老年人优待、基层老年活动设施建设为重点，不断加强老年法律法规的宣传贯彻力度，依法维护老年人的合法权益，积极开展老年文化活动和老龄调研工作，圆满完成了全年工作任务。会议提出 2009 年全省老龄工作的重点是：①积极开展农村老龄服务体系建设试点，推动社区居家养老服务工作。②扎实开展老龄工作先进典型评选活动，推动老龄工作规范化建设。③结合国家重大庆祝和纪念活动，继续强化老龄宣传文化工作。④启动我省老龄人口预测和战略研究，积极推行老龄科研工作。会议要求全省老龄系统提高认识，理清思路，增强做好老龄工作的自觉性；要练就内功，克服畏难情绪，增强做好老龄工作的主动性；要心系老龄，满怀尊老深情，增强做好老龄工作的责任心。

【省老龄工作年中分析会】　2009 年 7 月 9 日，全省老龄工作年中分析会在合肥召开。来自全省 17 个市的老龄办主任或专职副主任参加了会议。会上各市就上半年老龄工作开展情况进行了交流，省老龄办综合处和业务处就下半年的重点工作与各市交换了意见；大家就如何落实今年下半年几项重点工作，尤其是培育专项工作示范、老龄工作先进单位、先进个人评选、纪念建国六十周年老年书画展、孝星福星评比、老龄产业博览以及理论研讨等工作进行了座谈。最后，省老龄办副主任侯世标在总结上半年工作成绩的同时，就完成下半年工作任务提出了四点要求：①积极支持和配合省老龄办完成年初工作计划。②扎扎实实做好老龄基础性工作，充分把握话语权。③精心谋划，努力培育具有地方特色的专项老龄工作示范亮点。④切实转变工作作风，认真为老年人服务办实事。

【省老龄宣传工作会议】　2009 年 9 月 4 日，全省老龄宣传工作会议在合肥召开。会议表彰了 2009 年度全省老龄宣传工作先进单位和先进个人；通报了去年以来老龄宣传通讯报道以及《中国老年·下半月》的征订发行情况。省民政厅党组成员、省老龄办专职副主任侯世标同志作了重要讲话。会议指出：老龄宣传工作总体扎实有效成绩突出。一是围绕贯彻落实三个文件广泛开展老龄宣传工作，二是围绕维护老年人的合法权益广泛开展老龄宣传工作，三是围绕重阳节老年节等节日活动广泛开展老龄宣传工作，四是围绕营造良好尊老敬老社会环境广泛开展老龄宣传工作，五是围绕老龄宣传阵地建设广泛开展老龄宣传工作。会议要求：老龄宣传工作应当抓住机遇突出重点。一是要加强人口老龄化现状和发展趋势的宣传，二是要加强老年人权益保障和老龄方针政策的宣传，三是要加强尊老、敬老、助老优良传统和美德的宣传，四是要加强老龄工作先进典型和老龄事业发展成果的宣传。会议要求：老龄宣传工作必须高度重视切实抓好。一是要有老龄宣传工作的大视野，二是要有老龄宣传工作的大主题，三是要有老龄宣传工作的大媒体，四是要有老龄宣传工作的大阵地。

【省老龄办举办首期全省基层老龄干部业务知识培训班】　为进一步做好新形势下老龄工作，提高基层老龄工作者的业务知识水平，省老龄办于 2009 年 10 月 29 日—30 日，在黄山市黄山区举办全省基层老龄干部首期业务培训。培训班讲授了人口老龄化趋势及发展战略、农村老年人的收入风险与经济保障、基层老龄工作和老龄统计工作等专题，收到良好效果。

【安徽省第二届老年人书画艺术展举办】　2009 年 11 月 20 日至 22 日在安徽省博物馆隆重举办全省第二届

老年人书画艺术展。这次展览盛况空前，老年人参与者之广泛，作品水平之高，是前所未有的。全省17个市，省直单位、中央驻皖单位，解放军、武警部队等79个单位，积极组织本单位（系统）的老年人参与活动。专家评审组通过评审认为，本届送展作品水平较首届有明显的提高，作品品种多样，作者基本功扎实，技法高超，表现手法独特。通过反复的鉴别、对比、评价，在1746幅作品中共评选出优秀作品539幅，其中包括书法作品321幅（从中评选出金奖6幅、银奖12幅、铜奖18幅），美术作品218幅（从中评选出金奖4幅、银奖8幅、铜奖17幅）。王金山、杨多良等党政领导，欣然为本届展览题词，充分体现了省委省政府领导对老年工作的重视，充分体现了省委省政府对全省老年人的关心和爱护。

【举办全省老龄工作先进单位、先进个人和第二届“十大福星”、第四届“十大孝星”表彰大会】 2009年12月25日上午，全省老龄工作先进单位、先进个人和第二届“十大福星”、第四届“十大孝星”表彰大会在合肥举行。省人大常委会副主任张俊、省政协副主席李宏塔出席并颁奖。由安徽省老龄委举办的安徽省第二届“十大福星”和第四届“十大孝星”评选表彰活动，旨在在全社会营造尊老敬老氛围，维护老年人合法权益，提高老年人物质和精神文化生活水平，努力实现老有所养、老有所乐。而此次受到表彰的全省44个老龄工作先进单位、72名老龄工作先进个人，是通过各地评比推荐并经过社会公示产生的。这些先进单位、先进个人在不同领域、不同岗位上关心和支持老龄事业，关爱和帮助老年人，在老龄工作中成绩显著。

【安徽省专项老龄工作示范（点）汇报会】 为树立典型，以点带面，整体提升老龄工作水平，推动老龄工作规范化建设，安徽省老龄办下发了《关于培育老龄工作专项示范区（点）的意见》[皖老龄办（2009）15号]。各地认真贯彻落实意见精神，培育出了一批特色鲜明、亮点突出的基层老龄工作专项示范区（点）。2009年12月25日下午，在合肥市召开了由各市老龄办主任参加的安徽省专项老龄工作示范（点）汇报会，就如何抓好专项示范点以及如何巩固、提高、推广示范点经验进行了专门研究。

各项业务进展

【老年维权工作】 安徽省各级老龄办以贯彻落实《老年人权益保障法》和安徽省《实施〈老年人权益保障法〉办法》为出发点，以为老年人办实事、解难事为落脚点，扎实开展老年维权工作。一是广泛深入地开展了老年法律法规的宣传教育活动，充分发挥新闻媒体的作用，运用报纸、广播、电视、专栏、标语、横幅、宣传手册等形式，以宣传贯彻“一法一办法”为主线，把宣传贯彻《老年法》和开展敬老教育活动密切结合起来，在全社会营造尊老敬老的良好社会氛围。二是通过执法检查和执法调研，落实各项优待老年人的法律、法规和政策规定。三是在全省推广了签订《家庭赡养协议书》工作，使老年人的被赡养权得到有效保护。四是充分发挥各级法律援助机构的作用，为困难老人提供相关的法律援助。2009年，黄山市老年人法律援助中心正式挂牌，积极开展法律援助工作。蚌埠市于2009年10月16日举办了“庆祝建国60周年《老年法》宣传一条街”活动，广泛宣传了“家家有老人，人人都会老”，今天敬老人就是明天敬自己的道理。合肥、滁州、芜湖、铜陵等市认真办理涉老建议和提案，得到了广泛肯定和好评。铜陵、阜阳、宣城、黄山等市加强老年人信访工作，想方设法为老年人排忧解难，维护其合法权益，基本做到了使广大老年人满意。

全省按照《关于加强老年人优待工作的实施意见》的精神，扎实努力工作，在全社会营造了尊老、敬老、爱老、助老的良好社会风尚，老年群体得到更多实惠，有效促进了和谐安徽的建设。合肥市正式出台80岁以上老人高龄津贴发放实施办法。从2009年起，每年为市区所有80—99周岁老人发放300元高龄津贴。该项政策的实施，在全省尚属首家。池州市为1908位70周岁以上的老年人发放了免费乘车证。六安市老年人全年免费乘车刷卡115万人次，老年人公交乘车投诉减少至5件，各旅游景点和医院就诊优待零投诉。巢湖市老龄办为市直40名老人发放了高龄补助费2万元。无为县济民医院于重阳节当天为全县百岁老人义务检查身体，并承诺长年为百岁老人义务就诊。蚌埠举办“盛世中国·人保同行——百岁老人免费体检活动”。各市全面落实百岁老人政策，改善老年人生活条件。全省继续为60岁以上老年人免费办理老年人优待证，确保老年优待工作有条不紊地展开。

积极开展慰问特困、高龄、失能、空巢老人的活动。各级老龄办在党委、政府的支持和重视下，在元旦、春节、老年节期间深入困难老人家中，送去党和政府的温暖，帮助解决老年人的实际困难，在当地引起很大反响。实践证明，开展走访慰问活动，不仅切实解决了老年人的实际困难，弘扬了尊老敬老的优良传统，也进一步密切了党群、干群关系，体察了民情、了解了民意。

进一步建立健全社会保障制度，不断提高老年人生活保障水平。各有关部门按照中央的部署，继续加大工作力度，进一步健全城镇基本养老保险制度，加快推进城镇医疗保险制度改革，不断完善城市最低生活保障制度，建立健全社会救助制度，稳步提高离退休人员和城镇老年人的生活水平。按照统筹城乡发展的要求，把关心农村老年人的生活提到重要议事日程上来，摆到突出位置。不断提高农村"五保"对象供养标准，全面实行应保尽保。积极探索建立农村养老保障制度，有条件的地区率先建立农村最低生活保障制度和农村特困老年人救助制度，切实解决农民老有所养的问题。积极推进农村新型合作医疗制度和全民医保制度，把农村特困老人纳入农村医疗救助范畴，逐步解决农民老有所医的问题。

【为老服务业发展】　由于"空巢"家庭的大量出现，家庭养老功能逐步弱化，安徽省在这方面积极探索养老保障和养老服务社会化的路子。一是大力推进居家养老服务进程。今年以来，全省各地积极引导社会力量参与养老服务业的发展，推动城乡为老服务资源的整合利用，积极向老年人提供不同层次、不同内容、满足不同需求的服务，探索并逐步形成适合我省经济发展状况和人口老龄化特点的居家养老服务模式，提升了基层为老服务质量。省老龄办还配合省有关单位进行发展民办养老机构调研，提出加快发展我省民办养老机构的对策建议。六安市老龄办联合民政局、财政局起草了居家养老服务政府购买工作《实施细则》和《资金管理办法》。二是不断促进养老服务产业持续发展。今年全省各地新建、改扩建敬老院649所。各地加大了对养老服务业的政策扶持力度。如阜阳市民政局和财政局联合下发了《关于对全市民办养老机构实施补贴的通知》。巢湖市向县、区下发了《关于奖励示范老年活动中心（站、室）建设专项资金的通知》，市民政局分别给予居巢区老年活动中心和县沈巷社区星光老年之家和庐江县庐城镇塔山社区老年活动中心配套奖励金。铜陵市印发了《进一步加快发展社区服务业的若干意见》，对经市民政部门批准申办的社会养老机构，由市、区两级财政在开办时按实际床位数，每张分别给予1万元的补助。马鞍山市民政局起草了《关于鼓励社会力量兴办养老服务机构的若干意见》。天长市民政局、老龄办同供电局和水务公司多次协调，使天寿、延寿老年公寓的水费、电费转为按居民生活标准收取，帮助两家老年公寓节约了运营成本。三是努力解决"空巢老人"问题。今年淮北市"暖巢行动"重点服务空巢独居等困难老人。安庆市大观区菱湖新村社居委、迎江区荷花塘社区委先后为社区空巢老人家庭免费安装"爱心一键通"接收器，建立四位一体的居家养老服务体制。铜陵市区70周岁以上的生活困难独居老人每天会得到政府免费提供的一张10元"铜陵市居家养老服务券"，老年人可凭此券享受到专业人员和铜官区2881890提供的服务。各地还积极建立和完善农村老年人协会，鼓励老年人互帮互助。

【基层老龄工作】　安徽省既是一个人口大省，也是一个农业大省，更是一个老年人口大省，因此，基层老龄工作一直是重中之重的工作。2009年，省老龄办在以往干部培训的基础上，于10月底在黄山市黄山区举办了全省基层老龄工作干部业务培训班。培训班就我省老龄化的状况、发展趋势及应对战略，农村老年人收入风险与经济保障，基层老龄工作和老龄统计等方面进行介绍，收到良好效果。省老龄办下发《关于培育老龄工作专项示范区（点）的意见》[皖老龄办（2009）15号]，旨在树立典型，以点带面，整体提升老龄工作水平，推动老龄工作规范化建设。各地认真贯彻落实意见精神，培育出了一批特色鲜明、亮点突出的基层老龄工作专项示范区（点）。2009年12月25日，在合肥市召开了由各市老龄办主任参加的开展专项老龄工作示范区（点）汇报会，就如何抓好专项示范点以及如何巩固、提高、推广示范点经验进行了专门研究。

各地老龄办也加强对基层老龄工作的指导，完善老龄工作组织建设，加大事业经费投入，完善工作激励机制。合肥、芜湖、铜陵、蚌埠等市老龄事业经费纳入财政预算，按每人一元列支。2009年12月7日至11日，六安市老龄办组织五县三区老龄办主任开展互学互查活动。长丰县委出台的《关于进一步加强老龄工作的意见》，对编制、人员、经费等方面都作了明确规定，有力地推动老龄工作和老龄事业的健康发展。蚌埠市市社区居委会换届结束后，各县区按照国家和省老龄委《关于加强基层老龄工作的实施意见》精神，对照《蚌埠市社区（村）老年协会组建标准》的要求，及时理顺和健全了社区基层老年协会，确保了基层老龄工作的正常开展。目前，全市148个社区调整和充实了老年协会，形成了市、县区、乡镇（街道）、社区（村）老龄工作网络。

【老年文体活动】　积极开展各项老年文体活动，丰富老年人的精神文化生活，已经成为安徽省各级老龄工作的一个重要方面。为推动老年文体活动的积极健康的开展，"国际老人节"和"安徽老年节"期间，除了省本级举办丰富多彩的老年文化体育活动外，各地老龄办均要组织举办各种形式的广场文艺演出、登山、棋类、健身舞等活动。长丰县老年活动中心举办了扑克、象棋、乒乓球、台球等文体比赛，吸引了近400名老年人参加。合肥市新站区在社区设立了老年体育点，提供了健身器材，老年人参与率达到60%。宿州市开展重阳节红叶巾帼书画、敬老漫画摄影展。池州九华山在农历9月9日举办万名老人大型祈福活动，万名幸福老人同赴九华山共度重阳节。淮南市老年艺术协会在“十一”国庆期间举办了一系列庆祝活动，可简称为“一、二、三、四、五”，即一台综合文艺演出，两场分片汇演，三个专场，四项技艺，五个联欢点。黄山市配合省老龄办成功举办了“第十三届中华不老成暨中国黄山全国中老年文化欢乐节”。六安市成功举办市第八届老运会，为各县区轮流承办老运会第一轮画上圆满句号。此外，六安市全年共举办老年文艺演出94场次，组织其他各类老年文体活动534场次，极大地丰富了老年群众的文化生活，推动了我市老年文体事业的发展。

江苏省

2009年7月26日，省政府召开《关于加快我省老龄事业发展的意见》新闻发布会。省老龄委副主任、省政府副秘书长徐国柱，省老龄委副主任、省民政厅厅长吴洪彪，省政府新闻发言人肖泉，省老龄办主任张建平等部门领导出席新闻发布会。

2009年10月26日，省老龄委召开第六次全体扩大会议，重点部署落实省委、省政府5号文件精神。副省长、省老龄委主任李小敏作了重要讲话。省老龄委全体委员、联络员和各省辖市老龄委主任及老龄办主任、副主任参加了会议。

综　述

2009年，虽然是本世纪以来经济最困难的一年，但是，省委、省政府千方百计保障和改善民生，主动适应人口老龄化加快发展的趋势，从政策制定、资金投入、设施建设等方面加大工作力度，提升老年人社会保障和社会福利水平。2009年是江苏省老龄工作多方面取得重大突破的一年，

一是老龄政策建设取得重大成果。省委、省政府出台了《关于加快我省老龄事业发展的意见》（苏发[2009] 5号），从提高老年人社会保障水平，加快推进社会化养老服务、积极推动老年服务产业发展、高度重视老年人精神关爱、建立建全老龄事业发展体制机制等方面提出了具体要求，为全省老龄事业发展提供了强有力的政策支持。各地根据省委、省政府5号文件要求出台了许多地方老龄政策。

二是养老保障取得进展。全省涉农的90个县（市、区）均出台新型农村社会养老保障制度或办法，成为目前在全国唯一实现新农保制度全覆盖的省份。新农保和被征地农民社会保障参保人数和基金积累均居全国首位。老年福利扩大了覆盖面并提高了标准。全省普遍建立了尊老金制度，政府对百岁老人尊老金标准从100元/月调整到300元/月，经济条件好的地区对80—99岁高龄老人，给予长寿补贴。全省有7

个省辖市建立城镇居民养老补贴制度。首次实施普惠性节日慰问，五类弱势群体感受政府关照。元旦、春节期间，为全省227.5万城乡低保对象、农村“五保”对象、重点优抚对象、建国前老党员等困难群众发放一次性生活补贴2.75亿元。农村计划生育家庭奖励扶助标准从50元/月调整到60元/月。

三是基本养老服务体系规划试点有序进行。国家民政部和发改委将江苏省确定为全国基本养老服务体系五个试点省市之一。下达资金2000万元资助全省9个试点项目建设，所有项目正在有序推进，带动地方财政加大对养老事业建设的投入。各地按时按质完成基本养老服务体系建设规划编制工作，进一步明晰了养老服务体系建设思路。

四是各类养老服务设施建设稳步推进。全省新建社区居家养老服务中心（站）2000个，同时出台了《社区居家养老服务中心评估指标体系（试行）》《居家养老服务江苏地方标准》，省财政投入3000万元社区居家养老服务中心项目补助经费。80%的县（市、区）建立了示范性养老机构。农村敬老院新增床位1万张。

五是老龄研究和宣传工作成效显著。一批高质量的调研报告，对促进全社会重视老龄事业发展、深化老龄化问题和老龄工作认识起了积极作用。许多研究成果得到了政府重视，部分建议转化为了政策措施和操作办法。主要研究成果有：《积极应对我省人口老龄化发展趋势，加强老龄工作、服务产业、精神关爱的研究报告》《江苏省应对人口老龄化挑战研究》《我省居家养老服务业发展的思路和重点措施研究》《加快养老服务事业发展研究》。其中对全省民办养老机构现状及发展调研报告在加拿大蒙特利尔主办的国际论坛上进行了交流。

老龄宣传工作得到加强。省政府召开了《关于加快我省老龄事业发展的意见》的新闻发布会，公布了《江苏省老年人口信息和老龄事业发展状况报告》，产生了较大的社会影响。《老年周报》进行了全新改版。《江苏老龄网》于2009年3月16日开通，点击量现已达9万余次。《新华日报》以“走进夕阳调查”为栏目，对江苏养老事业作连续报道。

重要会议和活动

【新闻发布会】 2009年7月26日，省政府召开新闻发布会，对《关于加快我省老龄事业发展的意见》进行解读。省老龄委副主任、省政府副秘书长徐国柱，省老龄委副主任、省民政厅厅长吴洪彪，省政府新闻发言人肖泉，省老龄办主任张建平等部门领导出席新闻发布会。《人民日报》、新华社、《光明日报》等中央媒体，以及《新华日报》、省广电总台、《老年周报》等省内外媒体共25家参加并进行了报道。这是省政府首次召开的老龄工作新闻发布会，被列入“2009年江苏民政十大新闻”之首。

【省老龄委第六次全体扩大会议】 2009年10月26日，省老龄委召开第六次全体扩大会议，重点部署落实省委、省政府5号文件精神。将政策分解细化到各个职能部门。总结省老龄委第五次全体会议以来全省老龄工作，明确下一步全省老龄工作的指导思想、总体思路、工作重点和具体打算。省政府副秘书长、省老龄委副主任徐国柱主持会议。省老龄工作委员会办公室主任张建平作了《关于2008年以来全省老龄工作情况和下一步工作安排意见的报告》，省人力资源和社会保障厅、省卫生厅、南京市老龄委分别作了交流发言。副省长、省老龄委主任李小敏作了重要讲话。省老龄委全体委员、联络员和各省辖市老龄委主任及老龄办主任、副主任参加了会议。

【敬老节活动】 2009年10月26日下午，江苏省老龄工作委员会办公室、江苏省文化厅、江苏省老龄协会共同主办了以“展示风采，与国同庆”为主题的庆祝江苏省第22个敬老日老年文艺汇演活动。全省共有123个节目在本次活动中获奖，13个单位荣获组织奖。全省各地都开展了丰富多彩的敬老活动。南通市组织了“盛世金辉、和谐老龄”为主题的首届南通市老年文化艺术节。常州召开第二届十佳健康老人、魅力老人颁奖大会。泰州市召开“十大孝亲敬老之星”和“十大老有所为模范”命名大会。徐州市向市区2万名手机用户发送敬老公益短信。苏州市举办共和国同龄人大联欢和千名老人骑游活动。

【居家养老服务调研工作】 2009年4月，省老龄办组织三个组，分别到泰州、常州、盐城、南通、宿迁、徐州、连云港、淮安等8个市，对居家养老服务中心进行调研，形成调研报告：《加快养老服务事业发展研究》《我省居家养老服务业发展的思路和重点措施研究》。

【居家养老服务中心的评估验收】 2009年11月，全省开展社区居家养老服务中心评估验收工作。省老龄办组成四个组，对今年新建2000个居家养老服务中心（站），进行建设质量和完成情况的检查验收。

【“虚拟网”项目推广】 2009年7月27日，江苏省老龄办与江苏鸿信系统集成有限公司联合签订《关于虚拟养老服务管理系统项目试点合作协议》。同时在全省13个市各选一个县（区）级单位进行虚拟养老院的服务管理软件运行试点工作，软件免费使用。

"虚拟网"养老服务管理软件是运用信息化手段管理，通过网络信息平台让居家老人享受机构化管理和服务、打造一个没有围墙的养老院。

【文化惠民活动】 2009年4月10日，省老龄办与省老年书画研究会联合举办送书画下乡活动。为昆山市举行的文化建设现场会，送去了388幅书画作品，同时还举行笔会，面向群众创作近百幅书画作品。

2009年7月30日，省老龄办与省双拥办、老年书画研究会联合开展老年志愿者送书画进军营活动，庆祝建军82周年。

2009年9月20日，"庆祝中华人民共和国60周年江苏老年摄影展览"在宁波展出。此次活动由省老龄办、省老龄协会、南京师范大学美术学院、省老年摄影学会联合举办。展出作品557幅。

【中国长寿之乡】 江苏太仓市通过"中国长寿之乡"中国老年学学会专家组评审，成为中国首个"富裕型"长寿之乡。太仓市年满百岁以上老年人数量占总人口数的7.93/10万，超过了7/10万的标准；80岁以上老年人占总人口数的3.59%超过了1.4%的评定标准；区域人均预期寿命达81.07岁，远远超过了全国平均水平71.3岁。

【养老服务体系建设试点工程】 2009年12月，国家发展改革委员会和民政部把江苏省作为全国基本养老服务体系建设的五个试点省市之一。全省有五个地区9个养老设施建设项目被纳入2009年基本养老服务体系建设试点项目，中央投资2000万元，地方配套10461万元。

【老龄工作暨老年学会联席会议】 2009年9月21日，第十五次《华东六省京津沪渝四市老龄工作暨老年学会联席会议》在扬州市召开。会议以促进养老服务业健康发展为主题开展了交流研讨。

【体育健身项目展示大会】 2009年9月27日，全省老年人体育健身项目展示大会在南京五台山体育馆举行，此次活动由省体育局、省老龄办等单位联合主办，以"快乐健身与祖国同行"为主题。800多位老年人展示了丰富多彩的体育健身项目。

各项业务进展

【养老保障】 (1)城镇养老保障。2009年年底，全省企业职工基本养老保险参保的人数1773.23万人，比上年末增加了131.87万人，连续五年实现净参保人数超百万。全省企业离退休人员养老金做到按时足额发放。2009年年末全省纳入社区管理的退休人员351.36万人，社区管理率达94.3%，全年全省企业职工基本养老保险基金总收入838.3亿元，其中基金征缴收入776.8万元，增长14.98%。全省对38个困难市县计划给予养老保险重点补助23.141亿元。无锡、苏州、常州、镇江、南京、扬州已建立无收入来源城镇老年居民生活补贴制度。(2)农村社会养老保障。新型农村社会养老保险制度试点工作取得进展，全省已有13个省辖市和90个涉农县（市、区）出台新农保办法，成为目前在全国唯一实现新农保制度全覆盖的省份。截至2009年末，全省参加新农保人数591.37万人。全省农村社会养老保险累计参保人数达1048.16万人，参保人数和基金积累均居全国首位。(3)被征地农民基本生活保障。全省13个省辖市已全部实施被征地农民基本生活保障办法，被征地农民基本生活保障工作进入了一个较为健康发展的阶段。至2009年末，被征地农民参加农村社会养老保险15.76万人，参加企业职工基本养老保险142.32万人，享受被征地农民基本生活保险208.17万人。被征地农民社会保障参保人数和基金积累均居全国首位。(4)贫困老年人社会救助。截至2009年年底，全省包括贫困老年人在内的46.6万名城市低保对象和138.8万名农村低保对象领取了生活保障金。城市平均保障标准为每人每月307元，人均补差水平为每人每月159元。对70岁以上低保老年人，按当地保障标准发放后再增发10%～20%。全省9.5万名城镇贫困老年人和28.3万名农村特困老年人被纳入低保制度救助范围。(5)城镇"三无"老人供养。2009年末，全省城市"三无"老人近万人得到基本生活保障，其中，近9800名无家可归、无依无靠、无生活来源的老人安置在各地福利机构，供养经费由各地财政根据当地最低生活保障标准上浮10%～20%核算，按人数拨付。近5000名散居社会但有自住房的无劳动能力、无生活来源、无法定抚养人和赡养人的老人，纳入地方低保。(6)农村"五保"老年人供养。2009年末，全省各县（市、区）按当地农民上年度人均纯收入40%～50%的比例确定供养标准以实现同步增长。全省共有农村"五保"对象21.7万人，集中供养率为63.13%，平均集中供养标准为每人每年3594元，分散供养标准每人每年2527元。(7)农村计划生育家庭奖励扶助政策。全面实施农村部分计划生育家庭奖励扶助制度和独生子女死亡伤残家庭特别扶助制度。对农村地区只生育一个子女、年满60周岁的夫妻，按每人每月60元的标准发放奖励扶助金。2009年末，全省享受农村计划生育家庭奖励扶助对象35.84万人，兑现奖励扶助金2.58亿元；特扶对象3.94万人，兑现资金4318万元。省、市、县三级建立以财政拨款为主、社会捐助为辅的人口计生公益金制度，对各类计划生育贫困家庭和独生女户进行经济和情感帮扶。

【医疗保障】　(1) 城镇职工基本医疗保险。2009年末，全省基本医疗保险参保人数1701.1万人，连续8年实现净增参保人数超百万。其中参保职工1282.5万人，参保退休人员418.63万人。全省基本医疗保险基金总收入296.6438亿元，其中基金征缴收入285.9795亿元。全年基金总支出237.8763亿元。(2) 新型农村合作医疗。2009年末，全省开展新型农村合作医疗的县（市、区）90个（含开发区)，参加新农合的人数4396万，人口覆盖率95%以上。全省基金使用率达到90%以上，参合农民住院医药费用实际补偿比提高到41.66%。(3) 老年医疗服务。2009年末，省、市、县各级老年医院160所，床位5345张。老年临终关怀医院44所，2738张床位，在院人数2039人。全省对城镇职工及纳入社区管理的退休职工每两年体检一次；参加新农合当年没有报销医疗费的每年可体检一次。全省已基本形成以城乡基层医疗机构为基础、以惠民医院为中心的全方位多层次的惠民医疗服务网络，为特困老人、农村“五保户”老人就医提供廉价、便利服务。2009年，全省惠民医院97所，开设惠民床位7831张，惠民门诊人次108万，住院人数3.6万，惠民减免医疗费用0.8亿多元。

【居家养老服务】　2009年开始把社区居家老服务中心建设上升为省政府年度50项重点工作任务内容。2009年7月出台的省委、省政府《关于加快我省老龄事业发展的意见》（苏发［2009］5号）把全面推进社会化养老服务作为重点，其中又把“大力发展居家养老服务。依托社区，为居家老年人提供生活照料、家政、康复护理和精神慰藉等服务，让老年人既不脱离家庭，又能获得专业化的社会服务”作为一项重要措施。当年省财政投入3000万元居家养老服务中心建设补贴经费，全省新建成2000个居家养老服务中心（站)。建成的服务中心有专门机构，有专职服务人员，有工作地点。达标的服务中心全省城镇达1050家，占52.5%，农村达950家，占47.5%。同时制定了《社区居家养老服务中心评估指标体系（试行)》及《居家养老服务江苏地方标准》。

较为成功的居家养老服务的运作模式有三种：

南京玄武区建立了以政府购买服务为引导、社区居家养老服务中心为载体、社会服务组织为主体、第三者评估为质量控制的居家养老服务运作模式。

苏州金阊区建立了政府主导的三级居家养老服务机构为网络的居家养老服务运作模式。

苏州沧浪区建立了以信息技术为核心的“虚拟养老院”居家养老服务模式。2009年，这一模式获民政部科技成果创新三等奖。

【老年优待政策落实】　全省普遍提高“尊老金”标准和覆盖面，省委、省政府《关于加快我省老龄事业发展的意见》明确规定：“各级政府设立‘尊老金’，从今年起对百岁以上老人按每人每月不低于300元标准发放长寿补贴”。全省有9个市达标，4个市制定出达标时间表，将在2010年到位。各地普遍对90岁—99岁老人给予长寿补贴。有11个市对70岁及以上老年人乘坐市内公交车实行免费，其中有2个市放宽至65周岁。有8个市对60岁—69岁老年人乘坐市内公交实行半价。有9个市对老年人进入政府主办的公园和景区实行免费。有7个市对外地来的老年人享受本市老年人进入公园同等待遇。

【老年人口信息】　2009年末，江苏省60周岁以上老年人口1258.8万人，占全省户籍总人口的17%，比2008年上升0.5个百分点，比2008年增长了40万人。80岁以上老年人口182.8万人，占全省户籍老年人口总数的14.5%。全省百岁以上老人口4043人，其中女性老人占到80%。各市老年人口占户籍人口的比重前三位的是南通市、泰州市、苏州市，分别为22.4%、20.1%、20.0%。在全省总人口增长的同时，老年人口增长呈现加速态势。

【江苏省老龄网】　2009年3月16日，由江苏省老龄办主办的“江苏省老龄网”正式开通，网址为：http：//www.jsllw.gov.cn。江苏省老龄网辟有新闻中心、领导讲话、老龄动态、老龄研究、权益保障、政策法规、健康生活、视频空间等版块。是各省首家进入政府域名的老龄网站。

【老年教育】　老年教育全省有老年大学和老年学校3687所，在校老年大学（校）学员53万多人，其中省级老年大学6所，市级老年大学（校）11所，县（区）老年大学（校）108所，乡镇（街道）老年学校3301所。

【老年文化】　全省省、市、县种类老年活动中心（站）15852个，200余万老年人常参加活动。2009年全省创作一批优秀老年文艺作品，有123个节目获省级奖励，其中一等奖30个、二等奖44个、三等奖49个，13个市、县级单位获组织奖。

【老年人社会参与】　至2009年，建立省、县（市、区）以及乡镇行政村老年人协会2万个，入会人数达325.6万人。其他老年社团组织0.7万个，参加人数93.1万人。其中科技工作者协会有会员1.84万人，中高级职称占60%。全省1115个老区乡镇有998个乡镇建立老区开发促进会或分会，占老区乡镇的89.5%。

浙江省

综　　述

2009年，在各级党委、政府及民政部门的关心、重视、支持下，经过全省各级老龄办和广大老龄工作者的共同努力，我省老龄工作取得了丰硕的成果。

一、调查研究更加深入

各级老龄办认真贯彻老龄委决策部署，围绕老龄工作的重点、热点和难点问题，开展广泛深入的调查研究，提出了一系列具有针对性和前瞻性的意见和建议，既为党委、政府及有关部门决策提供了有效的服务，又为自身各项工作开展打下了良好的基础。其中不少调研成果已被当地政府采纳，转化成惠及老年人的政策和措施，促进了老龄工作的发展。省老龄办按省老龄委和省民政厅的部署要求，组织开展了农村无养老保障老年人生活补助金制度建设和发展农村老龄服务两个专题调研，为领导有关工作决策提供了一手材料和参考建议。同时，对三年为老年人办实事意见进展情况进行了督查，全面启动了省老龄事业发展战略研究，并根据省政府领导批示精神认真抓好后续各项工作的落实。组织开展了22个老龄规划课题研究工作。各地老龄办除了积极配合省老龄办开展专项调研外，还结合当地老龄工作实际，深入扎实开展内容丰富、形式多样的调查研究，形成了一批高质量的调研成果。各级老龄办形成的调研成果和在此基础上进行的探索试验、出台的政策措施也引起了省政府领导的关注，陈加元副省长去年就有关的问题作了多次批示，给予充分肯定。

二、基层基础建设更加扎实

各级老龄办紧紧围绕加强老年社会保障和养老社会服务这个老龄事业发展的大局，探索创新工作方式和活动载体，切实加强城市社区“3587工程”、基层老年活动设施、农村老年人协会等老龄工作基础建设，取得了明显成效。一是以完善生活照料网络、开展社区照护服务为主要内容的深化“3587工程”建设进入新阶段。2009年年初省老龄委下发了《浙江省居家养老照护体系建设指导意见》，从建立体制、完善制度等方面入手，进一步理清思路、明确措施，推动居家养老生活照料网络建设。省老龄办在省民政厅、省财政厅的关心支持下，加大资金补助力度，对完善生活照料网络建设成效明显的184个社区给予每个社区2万元的专项经费补助，2008年和2009年两年间已累计补助355个社区共710万元。各市、县、区老龄办积极发挥参谋助手作用，组织协调指导“3587工程”达标社区完善生活照料网络，不断丰富为老服务内容。二是以提升能力、自我服务为主要内容的农村老年人协会规范化建设实现新跨越。2009年，全省共培训农村老年人协会骨干14074人，自2007年以来累计培训32529人，农村老年人协会主要骨干基本轮训了一遍，超额完成了三年培训任务。截至2009年底，全省行政村建立老年人协会28113个，占行政村总数的93.43%，其中依法登记和备案管理的老年人协会分别有1901个和7373个，占协会总数的33%，入会总人数401.25万人，占行政村老年人口总数的74.65%。经各级老龄办评定，全省达到规范化标准的行政村老年人协会已有19939个，占已建老年人协会总数的70.92%。在此基础上，各地积极引导农村老年人协会组织老年人开展以老助老、志愿服务，在发展农村老龄服务中发挥了独特的作用。按照全国老龄办的要求和省、市老龄办的安排，余姚、江山、临海市分别选择不同类型的村进行了农村空巢老人帮扶服务试点，积累了初步经验，为下步相关工作的拓展探索了路子。三是以扩大阵地、规范管理为主要内容的基层老年活动设施建设取得新进展。2009年省财政安排专项资金427万元，补助和追加6个市、县老年活动中心项目建设。同时，将扶持项目继续向欠发达乡镇延伸，共补助40个欠发达乡镇以及24个经济较困难乡镇老年活动中心项目建设。自“十五”期间至2009年，省财政专项资金共下拨3600万元，资助44个市、县（市、区）建造县级以上老年活动中心46个，调动地方配套资金投入累计3.37亿元（其中：投入县级以上老年活动中心建设2.83亿元，乡镇老年活动中心建设5399.89万元）。2009年全省新建、改扩建老年活动中心（室）2065个，新增建筑面积52.11万平方米，投资总额44033.14万元，其中政府投入13803.14万元、集体投入25948.4万元、民间及个人投资3426.4万元、其他投资855.2万元。设区市和县级老年活动中心覆盖面进一步扩大，达到77.23%，比上年提高4.95

个百分点。在各地党委、政府的高度重视下，丽水市老年活动中心等一批新设施投入使用，嘉兴市老年活动中心改扩建等一批新项目顺利实施。截至2009年底，全省共有各类老年活动中心（室）34770个，总占地面积621.1万平方米，总建筑面积605.29万平方米。与此同时，老年活动设施管理进一步规范，相关协作交流研讨得到加强，“星级老年活动中心（室）”评定工作继续开展。全省已评出“四星级”“三星级”“二星级”“一星级”老年活动中心（室）各34个、683个、4813个和2277个。

三、老龄宣传工作更加有效

2008年，全省各地上下联动，充分发挥老龄工作先进县市区表彰、老年文化艺术周、老人节庆祝、百岁和困难老人慰问、“银龄行动”等活动的品牌效应，并积极开辟宣传阵地和宣传载体，努力营造良好的老龄宣传氛围。一是老龄品牌宣传力度更大。全省成功举办了省第九届老年文化艺术周活动和老人节庆祝活动，进一步丰富了内容，扩大了影响。浙江日报、浙江在线等省级主流媒体以及不少市县党报都对第二轮全省老龄工作先进县、市、区的事迹和经验作了全面宣传报道。各级党政主要领导在老人节期间，纷纷带队慰问百岁老人和困难老人，形成了全社会关爱老年人的工作和舆论导向。据统计，全省去年对25万多名老年人进行了慰问救助，共发放慰问救助金2亿多元。二是老龄常态宣传渠道拓宽。各级积极争取新闻媒体对老龄宣传工作的支持与配合，利用报刊、广播、电视、出版、网络等大众传媒，开辟老龄宣传的专版、专栏和专题节目，增强老龄宣传工作的覆盖面和影响力，取得了新的成绩。一些地方的党政领导走进媒体，与听众和网友就老龄事业发展问题进行沟通交流。省老龄办分别与钱江晚报、浙江在线等主流媒体合作，新辟栏目，扩大宣传；联合省新闻工作者协会开展第三届老龄新闻奖评选活动，对一批老龄宣传的好新闻、好节目、好栏目给予表彰奖励。三是老龄宣传内容和形式更加丰富。各地采取举办老年体育比赛、组织老年文艺演出、实施主要公共场所和城市主干道公益宣传以及探索孝文化进社区、进学校、进家庭等有效形式，以生动感人、形象直观的手段，不断丰富老龄宣传内容，增强老龄宣传的感染力。同时，老年电大教育事业健康发展，教学内容更加丰富，第二课堂不断拓展，老年教育和老龄宣传相得益彰，更富成效。2009年，省厅继续安排500万元福彩公益金资助250个农村老年电大教学点建设，截止到2009年年底，全省共有老年电大教学点8229个，招生人数超过83万人次。

四、老年人权益保障更加落实

在全省老年人的养老保障、医疗保障、养老服务、社会救助等制度建设不断完善的背景下，各级老龄办主动履行维护老年人合法权益的职责，通过积极争取人大代表、政协委员视察，开展《老年法》和《老年人优待规定》落实情况检查，以及开辟老年维权服务新途径等，协同有关部门进一步促进老年人权益保障落到实处。一是部门联动的合力增强。公安、司法、建设、交通、旅游、财政等有关部门积极发挥职能作用，为落实老年人权益维护和优待服务做了大量工作。尤其是各级司法部门，将法律为老服务纳入司法行政服务保障民生的五年行动计划，省司法厅还专门出台司法行政服务老龄工作的文件，作出具体部署。有关机构为老年人提供了大量法律咨询、援助、调解等服务。去年老人节期间，在司法和通信管理部门的支持下，省老龄办开通了我省首条专门为老年人提供法律服务的热线——“967345老年人法律维权咨询热线”，由专职律师为老年人提供便捷优质的免费服务。二是老年人优待工作稳步发展。截至2009年底，全省共制发老年人优待证628万张，占老年人总数的86%。其中：70周岁以上老年人使用的红卡328万张，占70周岁以上老年人总数的93%；60至69周岁老年人使用的绿卡300万张，占60至69周岁老年人总数的79%。各地认真落实对老年人的各项优待政策，没有发生因工作不落实而引发的不良事件。许多地方还积极扩大长寿补助金发放范围，并逐步提高百岁老人补助标准。省里也发文明确从2010年1月起提高百岁老人补助标准。此外，仅乘车优待一项，去年各级财政安排专项补贴近3亿元，优待老年人乘车3亿多人次。三是老年人来信来访得到妥善处理。全省各级老龄办和基层老年组织共接待涉老来访23134人次，妥善处理涉老来信3939件次。

重要会议和活动

【浙江省老龄工作委员会第八次全体会议】　2009年2月27日，浙江省召开了省老龄委第八次全体会议，传达贯彻全国老龄委第十一次全体会议精神，部署安排2009年的老龄工作。省老龄委副主任、省民政厅厅长吴桂英作关于2008年全省老龄工作情况和2009年工作安排意见的报告，省老龄办主任、省民政厅副厅长苏长聪传达了全国老龄委第十一次全体会议精神，通报第二轮全省老龄工作先进县（市、区）创建工作，并对省老龄委2009年工作要点作了说明。陈加元副省长主持会议并作重要讲话。

**【省老龄工作先进县（市、区）表彰会暨全省老龄办

主任会议】 2009年3月26日全省老龄工作先进县（市、区）表彰暨老龄办主任会议在杭州新侨饭店召开，省民政厅副厅长、省老龄办主任苏长聪作工作报告，省民政厅厅长、省老龄委副主任吴桂英宣读表彰决定，副省长、省老龄委主任陈加元并作重要讲话。

【浙江老年电视大学校务委员会】 2009年4月16日下午，浙江老年电视大学校务委员会在杭州大华饭店召开第三次成员会议，省老龄办主任兼省民政厅副厅长苏长聪主持会议，省民政厅厅长、省老龄委副主任吴桂英作重要讲话。

【浙江省第九届老年文化艺术周】 2009年10月18日下午，省老龄办、省文化厅在浙江电视台举行浙江省第九届老年文化艺术周开幕式暨文艺晚会，副省长、省老龄委主任陈加元参加开幕式并作重要讲话。全省各级上下联动，在老人节前后开展了丰富多彩的老年文化艺术活动。

【老年生活专题研讨会】 2009年11月25日，浙江省老年学学会在杭州浙江紫晶大酒店召开“科学文明健康的老年生活专题研讨会”。

【送光明行动】 2009年11月，以“构建和谐社会，共享人间光明”为主题的2009年为农村送光明行动圆满完成，帮助355名困难老年人重见光明。

【省老年电大建设专题调研】 2009年12月25日，省财政厅、民政厅、老龄办、老年电大联合调研基层老年电大工作。

【老龄事业发展战略研究开题报告会】 2009年12月30日，省老龄委在召开省老龄事业发展战略研究开题报告会，省民政厅厅长、省老龄委副主任吴桂英在报告会上讲话。

各项业务进展

【深化社区“3587工程”】 2009年，按照省政府办公厅浙政办发〔2003〕67号文件精神，对尚未达标社区的“3587工程”创建工作，创建周期由一年申报一次调整为两年申报一次。同时，按照《关于深化“3587工程”完善生活照料网络建设的意见》，在全省“3587工程”达标的2116个社区中继续开展以完善生活照料网络建设为主要内容的深化活动，并下发了《浙江省居家养老照护体系建设指导意见》，从建立体制、完善制度、增加投入、规范服务等方面人手，加强居家养老生活照料网络建设，逐步完善居家养老服务体系。截至2009年底，全省已有83个市、县（市、区）由政府或有关部门发文开展了居家养老服务工作，共建立居家养老服务组织2173个，经培训持证上岗的居家养老专职护理人员2838人，由政府补贴享受居家养老服务的老年人3.49万人。各级投入居家养老经费9855.64万元，其中财政拨款7264.14万元。省老龄办对2009年完善生活照料网络建设成效明显的184个社区给予每个2万元的专项经费补助，2008年和2009年两年间已累计补助355个社区，补助专项资金710万元。目前，全省共有2727个社区建立了老龄工作小组，占社区总数的94.62%；2787个社区建立了老年人协会，占社区总数的96.70%，其中：2414个老年人协会达到规范化建设标准，占已建协会总数的86.62%，入会总人数129.17万人，占社区老年人口总数的67.83%。全省已建立社区助老志愿者组织4651个，登记在册人数24.02万人；建立各类为老服务网络11777个，其中养老保障网络2324个、医疗保障网络2302个、生活照料网络2320个、文化教育网络2336个、权益保护网络2495个。

【农村基层老年人协会建设】 农村基层老年人协会按照《浙江省基层老年人协会组织通则》和《浙江省基层老年人协会规范化建设标准》等文件精神，继续扎实推进规范化建设。2009年，全省农村老年人协会骨干培训印发教材1.2万册，共培训14074人，占年末农村老年人协会总数的49.20%。此项培训自2007年开始以来，3年累计印发培训教材3.7万册，培训老年人协会骨干32529人，占全省农村基层老年人协会总数的109.05%，超额完成了三年培训任务。截至2009年底，全省行政村建立老年人协会28113个，占行政村总数的93.43%，其中依法登记和备案管理的老年人协会分别有1901个和7373个，占协会总数的33%，入会总人数401.25万人，占行政村老年人口总数的74.65%，经各级老龄办评定，全省达到规范化标准的行政村老年人协会已有19939个，占已建老年人协会总数的70.92%。

【老年文教体育工作】 截至2009年底，全省已建立老年电大分校及教学点8229个（所），全年参加学习的老年学员达83万人次，本年止累计毕（结）业学员185.22万人次。全省有老年大学148所，在校学员12.82万人；老年学校2017所，在校学员16.08万人；各类老年文艺团队11400个，参加活动老年人达32.30万人；老年体协15240个，参加人数207.16万人；老年体育团队21086个，参加人数87.90万人。

【老年服务设施建设】 2009年，全省有社会力量兴办的各类老年公寓252所，建筑面积122.15万平方米，床位总数35026张，入住老人26417人；托老所331个，建筑面积31.72万平方米，床位总数16262张，入住老年人10301人；全省已建老年医院16所，床位总数1645张；临终关怀医院3所，床位总数

255张。老年活动设施建设投入加大，2009年省财政安排专项资金427万元，补助和追加6个市、县老年活动中心项目建设，同时，将扶持项目继续向欠发达乡镇延伸，共补助40个欠发达乡镇以及24个经济较困难乡镇老年活动中心项目建设。自“十五”期间至2009年，省财政专项资金共下拨3600万元，资助44个市、县（市、区）建造县级以上老年活动中心46个，调动地方配套资金投入累计3.37亿元（其中：投入县级以上老年活动中心建设2.83亿元，乡镇老年活动中心建设5399.89万元）。2009年全省新建、改扩建老年活动中心（室）2065个，新增建筑面积52.11万平方米，投资总额44033.14万元，其中政府投入13803.14万元、集体投入25948.4万元、民间及个人投资3426.4万元、其他投资855.2万元。截至2009年底，全省共有各类老年活动中心（室）34770个，总占地面积621.1万平方米，总建筑面积605.29万平方米。通过开展“星级老年活动中心（室）”评比活动，全省已评出“四星级”“三星级”“二星级”“一星级”老年活动中心（室）各34个、683个、4813个和2277个。

【老年人权益保障】　2009年，各级人民法院按照涉老案件“三优先”的原则，受理涉老案件1703起，比上年同期减少375起，下降了18.05%，共审结案件1622起，占受理案件总数的95.24%；执行966起，占审结案件总数的59.56%。全省各级已建老年法律援助中心272个，提供咨询、援助涉老案件2197件；已建各类老年维权机构3348个，从事老年人维权工作的专兼职工作人员6295人。各级老龄办和基层老年组织接待涉老来访23134人次，比上年下降24.14%，反映问题得到妥善解决的21768人次，占总数的94.1%；收到涉老群众来信4072件，比上年增加了2.67%，得到妥善处理的有3939件，占总数的96.73%。2009年，全省救助经济困难老年人51万人（含纳入“低保”25.83万人），比上年增加了13.23%，其中城镇7.87万人、农村43.13万人。救助总金额6.44亿元，比上年提高了24.08%。全省由政府或村级集体经济发放养老补助的村(居)总数达14721个，169.41万城乡老年居民享受了养老生活补贴。

江西省

召开省老龄委第六次全体会议

江西省“十大寿星排行榜”揭榜暨“江西老年节”庆祝大会

综　　述

2009年，是我省面对国际金融危机攻坚克难、经济社会发展取得显著成就的一年，也是全省老龄事业锐意进取、迎难而上、各项工作取得明显成效的一年。一年来，在省委、省政府的正确领导下，在全国老龄办的精心指导下，全省老龄工作坚持以党的十七大和十七届三中、四中全会精神为指导，紧紧围绕“三保一弘扬”总要求，加大养老保障工作力度，积极推进养老服务事业的发展，农村和基层老龄工作得到加强，有效地维护了老年人合法权益，为促进我省经济社会发展作出了积极贡献。

一、开展政策调研，积极推动养老服务事业的发展

我省现有60岁以上老年人口559.99万人，占总人口12.63%。全省各地、各有关部门为满足日益增长的社会养老服务需求，加强了养老服务事业发展的政策性研究。省人大内司委开展了我省民营养老服务业情况调研，吴新雄省长、熊盛文副省长分别在调研报告上作了重要批示。省老龄办会同省民政厅、省委政研室先后在省内设区市城区、街道、社区开展了养老服务发展状况调研，并外出考察学习借鉴兄弟省市的经验做法，向省委、省政府呈送了《我省养老服务事业现状及加快发展的若干政策建议》的调研报告，代省政府草拟了《关于加快养老服务事业发展的若干意见》。同时，省老龄办与省民政厅共同下发了《关于在全省开展居家养老服务试点工作的意见》，要求每个设区市城区建2～3个居家养老服务中心（站），每个县（市）城区建1～2个居家养老服务中心（站），有条件的县（市）还要抓好1个乡镇居家养老服务试点。省老龄办在南昌市东湖区、西湖区、青云谱区集中抓了三个城区的试点工作，省民政厅从省福彩公益金中安排100万元支持试点工作。

二、加强农村老龄工作，促进城乡老龄服务均等化

我省是个农业比重较大的省份，有70%的老年人生活在农村。为加强农村老龄工作，我们一是继续开展农村老年人协会规范化建设。按照“设施完善、制度健全、班子得力、经费落实、作用明显”五条规范化建设标准，在全省133个农村老年人协会中开展了规范化建设试点工作。二是重视解决农村失能、留守、“空巢”、低收入等老年群体的养老问题。在推进新型农村社会养老保险、农村最低生活保障、新型农村合作医疗等制度建设中，各地积极探索贫困老年人缴费减免或补助办法，全省将50多万农村贫困老年人纳入了最低生活保障范围。针对市场经济条件下农村养老保障工作中出现的新情况，基层老龄组织积极开展农村家庭赡养协议书的签订工作。三是夯实家庭养老基础。对于有赡养纠纷的家庭，由农村老年人协会或村委会组织赡养人和被赡养人签订赡养协议，明确赡养标准和责任，并不定期地组织检查。上饶市全年共组织签订农村家庭赡养协议书800多份。新余市农村老年人赡养协议书签订率达到80%以上。通过组织签订农村家庭赡养协议书，确保了农村老年人“老有所养”。

三、推进老龄法规建设，维护老年人合法权益

全省各地、各有关部门为推动老年政策法规的落实，一是对《江西省老龄事业发展“十一五”规划》落实情况进行了初步检查评估。经过统计分析，初步形成了我省老龄事业发展状况的基本认识。二是积极推动老年法律法规的落实。法制和宣传部门把《中华人民共和国老年人权益保障法》《江西省实施〈老年人权益保障法〉办法》列入了普法教育计划。组织、老干部部门坚持政治上尊重老干部、思想上关心老干部、生活上照顾老干部，确保老干部的合法权益得到有效保障。各级公安机关严厉打击侵害老年人合法权益的违法犯罪活动。司法部门在老年人权益保障方面坚持法律服务，并拓展了服务领域和内容，扩大了老年法律援助覆盖面。2008年，上饶市有200多名老年人得到法律援助。基层法院对“涉老”案件采取了优先立案、优先审理，加大了赡养纠纷调解力度。各级妇联组织十分重视老年妇女的来信来访，关注老年妇女的身心健康，并重视在社会主义精神文明建设中发挥老年妇女的作用。各设区市和县（市、区）老龄办普遍建立了老年维权中心（站），为落实老年优待政策、做好老年维权工作提供了有力的组织保障。三是进一步调整和扩大高龄老人优待政策。2009年，全省办理老年优待证7万多本。百岁老人长寿补贴由每人每月100元提高到200元。赣州市委、市政府下发了《关于进一步加强老龄工作的意见》，明确了高龄老人长寿补贴标准，对持有本地户口，年满95周岁及以上、90至94周岁、85至89周岁的高龄老人，每人每月分别发给不低于300元、200元、100元的长寿补贴。

四、开展“银龄行动”，充分发挥老年人的作用

各地积极组织开展“银龄行动”，充分发挥老年人在富民兴赣中的作用。一是大力发展涉老组织，构建“老有所为”平台。据不完全统计，全省有各类涉老社团组织230多个，村（居）基层老年人协会1.8万多个。这些组织，为老年人开展活动、实现自己的人生价值提供了用武之地。二是以老科技工作者为骨干，组织开展“三农”服务活动。省老科协与北京双龙阿姆斯科技有限公司合作，对我省部分农民进行了科学种田、优化施肥的学习培训，共授课1033场，培训农民8.7万余人，建立科技示范户3800多户，为发展农村经济、促进农民致富发挥了积极作用。三是建言献策，充分发挥老年人的聪明才智。教育部门利用老教师、老教育工作者在知识和管理上的优势，组织他们积极参与社会建设，在关心教育下一代方面奉献余热。基层组织在民主政治建设、新农村建设、维护社会稳定、落实计划生育政策、发展经济等方面，重视听取老年人的意见，发挥老年人的作用。省老科协老科技工作者就农村经济发展、推进鄱阳湖生态经济区建设等问题，多次向省委、省政府建言献策。省委苏荣书记在省老科协《建言献策》第四期上作出重要批示："老同志心系江西发展，建言献策十分难得，此乃省委之所求。"

五、做好老龄宣传和文体工作，进一步营造社会敬老氛围

以建国六十周年为契机，全省各地、各有关部门加大了老龄宣传和文体工作力度。一是充分利用广播电视等宣传媒体，积极宣传老龄工作方针政策和敬老先进典型。省广播电台全年播发老龄方面的信息、录音报道、通讯和新闻专题等各类稿件100多篇，省电视台对不履行赡养义务的典型事件进行曝光，对社会起到了警示教育作用。全省老龄系统在省部级报刊用稿100多篇。二是坚持把老年文化纳入基层公共文化服务体系建设，积极推动公共文化设施向老年群体免费开放。省、市、县（市、区）普遍成立了老年大学（学校），各类老年文娱队伍活跃在城乡各地，极大地丰富了老年人的精神文化生活。三是组织开展活动，弘扬中华民族敬老传统美德。重阳节期间，全省各地结合国庆六十周年，广泛开展了不同形式的敬老活动。省委老干部局举办了全省离退休干部庆祝新中国成立六十周年大会暨"祖国颂"文艺汇演，苏荣书记亲临大会并发表了重要讲话。省老龄办、省老龄协会、南昌市老龄办、省民生广播在南昌市"八一"广场召开了江西省"十大寿星排行榜"揭榜暨"江西老年节"庆祝大会，副省长、省老龄委主任熊盛文出席大会并讲话。通过开展敬老活动，进一步营造了浓厚的社会敬老氛围。

重要会议和活动

【省老龄办召开省老龄委成员单位联络员会议】 2009年4月17日，省老龄办在南昌市组织召开了省老龄委成员单位联络员会议。传达全国老龄工作会议精神，交流和通报2008年老龄工作情况，研究提出2009年工作任务。29个成员单位的联络员参加了会议。省民政厅副厅长饶剑明到会并讲话。

【省老龄委召开第六次全体会议】 2009年5月12日，省老龄工作委员会召开第六次全体会议。省老龄工作委员会成员单位联络员和各设区市老龄办负责人列席会议。省民政厅长、省老龄委副主任徐毅同志代表省老龄委作了《2008年全省老龄工作情况和2009年工作安排意见》的报告。省发改委、省司法厅、省人口计生委、省广电局、团省委的负责同志在会上分别介绍了本部门、本系统开展老龄工作的有关情况。副省长、省老龄委主任熊盛文主持会议并作了重要讲话。

【省老龄办等6单位联合开展老年精神关爱倡议活动】 2009年为提高老年人生活生命质量，促进我省"积极老龄化"和"健康老龄化"，省老龄办、省文明办、老干局、教育厅、团省委、省妇联联合下发通知，决定在全省开展"老年精神关爱"倡议活动。通过"周末电话问候""假日回家看看""陪父母过生日""季节性生活关爱""传统节日敬老"等形式，使老年人精神得到慰藉，促进了老年人身心健康。

【开展江西省"十大寿星排行榜"活动】 2009年5月，省老龄办、省老龄协会下发通知，决定在全省开展"十大寿星排行榜"活动。经过调查核实，赣州市兴国县李招桂等10名老人，荣登2009年度江西省"十大寿星"排行榜。重阳节，省老龄办、省老龄协会、南昌市老龄办、江西民生广播在南昌市八一广场隆重召开了江西省"十大寿星排行榜"揭榜暨"江西老年节"庆祝大会，向"十大寿星"子女代表颁发了证书和敬老金。

各项业务进展

【养老保障工作】 2009年，全省新增参加基本养老保险31.6万人，达到581.93万人，全年发放养老金156.3亿元，保障了136万企业离退休人员的基本生活。按照月人均143元的标准，及时调整基本养老金，调整幅度高出全国平均水平33元，月人均达到1023元。出台了全省新农保试点指导意见，43万年满60周岁农村老年人在春节前领到了基础养老金。被征地农民参加养老保险人数达到25.12万人，全省新增参加城镇职工基本医疗保险人数12万人，达到515.12万人。参加城镇居民基本医疗保险785.25万人，覆盖率达到动态100%。全省新型农村合作医疗参合农民3068.90万人，参合率95.19%。社区老年人健康管理网络服务覆盖率达到98%以上，全省为99.67万名60岁以上老年人建立了健康档案。在实施"光明·微笑"工程中，为13万名白内障患者实施了免费手术治疗，其中90%是老年人。大多数医疗机构对70岁以上老年人在挂号、就诊、取药等方面，实行了优惠政策。组织老干部等部门认真落实“三个保障机制”，全省连续4年没有发生“两费”拖欠现象。农村“五保”供养标准每人每年提高60元，集中供养标准和分散供养标准，每人每年分别达到1860元和1260元，集中供养率为81.4%。适当提高了20世纪60年代精简退职老职工月救济标准。认真落实农村计划生育家庭奖励扶助制度和补充养老保险制度，全年计划生育家庭奖励受益群众39369人，比上年增长4.7%，为15410人办理了计划生育补充养老保险。

【居家养老服务】 2009年8月，省民政厅、省老龄办下发了《关于在全省开展居家养老服务试点工作的意见》，至2009年年底，全省设区市、县（市）城区和部分乡镇共启动了148个不同层次的居家养老服务站点建设。省老龄办重点抓了南昌市东湖区、西湖区、青云谱区三个城区的试点。南昌市落实了100万元配套资金。全省各地对试点工作也十分重视。吉安市政府下发了《关于加强和改进社区服务工作的意见》，对社区60周岁以上的“三无”老人、低保老人、特困家庭中生活不能自理的老人、重点优抚对象和90周岁以上、家庭人均收入低于当地最低工资标准的老人及百岁老人，由政府每人每月发放50元居家养老服务券，老年人凭券享受社区助餐、保洁、理发、保健等方面的服务。吉州区政府投入200万元，建立了社区服务中心“12343”呼叫平台，并把300平方米的售楼部划拨给太平桥社区作为居家养老服务中心。高安市投入10万元用于试点工作启动，并投资50万元整修了筠泉社区居家养老服务中心，总面积达500平方米；九江开发区投入30万元建设了功能齐全的老年活动室，并在老城区向湖社区开辟建设了500平方米的老年健身活动场所。珠山区为社区孤寡老人安装了“一键通”，设立了呼叫电话。有的社区还采取“爱心门铃”“爱心敲门”等方式，为居家老人提供上门服务。全省现有公办养老服务机构1665家，床位17.23万张，民办养老机构111家，床位8600张，有效地缓解了养老供求矛盾。

【农村老年人协会规范化建设】 按照“设施完善、制度健全、班子得力、经费落实、作用明显”五条规范化建设标准，省财政安排扶助资金200万元，在全省抓了133个农村老年人协会规范化建设示范点，共配发电视机170多台，DVD140多台，乒乓球桌80多张，锣鼓、棋牌、桌椅板凳等物品9000多件。宜春市在全市开展了创建100个农村老年人协会规范化建设示范点活动。丰城市采取以奖代拨的办法，安排资金帮助农村老年人协会达标。赣州市章贡区、寻乌县给每个点下达了5000至1万元的配套资金，保证了农村老年人协会规范化建设顺利进行。有的地方还利用闲置土地、校舍、房屋等公共资源，建立老年活动和服务场所。通过农村老年人协会规范化建设，改善了农村老龄基础设施条件。

【老年维权工作】 省老龄办组织全省各地、各有关部门开展对《江西省老龄事业发展“十一五”规划》落实情况检查评估，进一步推动了老年优待政策的落实。法制和宣传部门把《中华人民共和国老年人权益保障法》《江西省实施〈老年人权益保障法〉办法》列入了普法教育计划。涉老部门坚持政治上尊重老干部、思想上关心老干部、生活上照顾老干部，老干部的合法权益得到有效保障。公安部门严厉打击侵害老年人合法权益的违法犯罪活动。司法部门在老年人权益保障方面坚持法律服务，并拓展了服务领域和内容，扩大了老年法律援助覆盖面，基层法院对“涉老”案件坚持优先立案、优先审理，加大了赡养纠纷调解力度。妇联组织重视老年妇女的来信来访，关注老年妇女的身心健康。全省百岁老人长寿补贴由每人每月100元提高到200元。全省有部分市、县出台了高龄老人生活补贴政策。

【敬老活动】 重阳节期间，全省各地结合国庆60周年，广泛开展了不同形式的敬老活动。省委老干部局举办了全省离退休干部庆祝新中国成立60周年大会暨“祖国颂”文艺汇演。省老龄办、省老龄协会、南昌市老龄办、省民生广播在南昌市“八一”广场为老年人开展了老年法律、健康咨询服务活动。所辖景德镇市组织了老年登山活动；抚州市组织了老年游园活动；新余市为金婚、银婚老人举办了以“重温激情燃烧的岁月”为主题的庆典活动；赣州市以市政府名义举办了全市第三届老年人健身体育运动会；九江市举办了第五届老年艺术节；上饶市开展了由市老同志参加的“红歌会”演唱比赛活动；宜春市开展了“帮老助困送安康”活动；吉安市开展了高龄老人、特困老人慰问活动。通过开展系列活动，进一步营造了浓厚的社会敬老氛围。

福建省

2009 年 10 月 25 日，在福建省第 19 个老年节来临之际，省委常委、副省长、省老龄委主任陈桦在福州慰问入住江滨老龄公寓的老年人。

省委常委、副省长、省老龄委主任陈桦（右三）深入到福州基层社区调研居家养老服务工作

综　　述

2009 年，在省委、省政府的坚强领导和全国老龄办的指导下，全省老龄工作坚持以邓小平理论和“三个代表”重要思想为指导，深入贯彻落实科学发展观，全面贯彻党的十七届四中全会和省委八届六次、七次全会精神，认真落实国务院《关于支持福建省加快建设海峡西岸经济区的意见》和福建省的《实施意见》，按照省老龄委第九次全体会议的部署要求，以服务海西大局和满足广大老年人的需求为重点，以推动常规工作出特色、难点工作有突破为抓手，以点上的突破，带动面上的提升，不断拓展老龄工作新作为，开创老龄事业新局面。

一、着力完善社会保障，持续改善老年民生

（一）老有所养在完善制度中进一步落实

城镇职工基本养老保险稳步推进，参保人数达 584.61 万人，比上年增加 40.97 万人。企业退休人员基本养老金稳步提高，月人均养老金达 1141 元。社会化管理服务工作有效推进，企业离退休人员基本养老金按时足额 100%社会化发放。继续深化机关事业单位养老保险改革，机关事业单位养老保险制度进一步完善。着力推动实现省内养老保险关系无障碍转移接续，探索解决跨省流动职工和农民工的参保记录及个人账户资金转移或保存问题。福建省社会保障卡暨医疗就诊一卡通正式开通。农村社会养老保险步伐加快。制定出台了《福建省人民政府关于开展新型农村社会养老保险试点工作的实施意见》和《福建省新型农村社会养老保险试点实施步骤及工作方案》，确定了晋安区、海沧区、福鼎市、荔城区、晋江市、龙海市、上杭县、大田县、武夷山市等 9 个县（市、区）作为第一批新农保试点。被征地农民社会保障工作力度加大，省里出台了工作指导意见及 9 个配套文件，福州、厦门、漳州、泉州、南平、龙岩、宁德等 7 个设区市和 16 个县出台了实施意见。农村独生子女户和二女户家庭的养老问题逐步解决，全省有 27573 人享受农村计划生育家庭奖励扶助。

（二）老有所医在深化改革中继续推进

认真做好城镇职工和居民基本医疗保险扩面工作，全省城镇职工和居民基本医疗保险参保率达到 90%以上，关闭破产国有企业、城镇集体企业退休人员和困难企业职工参加医疗保险问题基本解决。新农合制度得到巩固完善，参合率达 95.26%，较上年提高了3.68个百分点。公共卫生服务体系加快建立，启动了包括老年人保健在内的9类基本公共卫生服务项目，基本药物制度改革正式启动，农村卫生改革加快实施，组织开展农村卫生百千万工程。充分发挥社区卫生服务功能，以社区卫生服务网络为平台，认真组织实施“推动社区医生进家庭”办实事项目。优先建立城市社区和农村老年人健康档案，65岁以上老年人建档41万份，占应建档数的69.5%。针对老年人常见病、多发病，开展预防保健、慢性病管理等服务，初步形成医患双向联系、主动服务和上门服务的社区医疗服务新模式。

（三）社会救助在平稳运行中逐步深化

城乡低保有效运行，制定了城市、农村低保工作“两个规范”。进一步提高低保标准，做到应保尽保、动态管理，继续强化分类施保，对高龄老年人适当增加低保金。对60周岁以上无固定收入的重度残疾人，按城市每人每月50元、农村每人每月30元的标准增发生活补助金。至2009年底，全省城市低保对象18.6万人；农村低保对象80.4万人（含“五保”对象9.7万人），其中老年人有23.2万人，约占农村低保总数的28.9%。城乡医疗救助制度不断完善，出台了《福建省城市医疗救助办法》和《福建省农村医疗救助办法》，城乡低保对象、重点优抚对象、社会福利机构收养的“三无”人员、农村“五保”对象和低收入家庭60周岁以上老年人全部纳入城乡医疗救助范围。

（四）相关举措在协调衔接中增强实效

制定和完善符合当地实际的多层次的老年社会保障配套措施，确保各项保障制度之间的衔接与延续，防止出现政策的空白点。进一步明确子女赡养的责任，巩固、支持家庭养老这个基础。采取“结对子”“助养帮扶”“走访慰问”“一访四查”“发放养老金或固定生活补贴”等措施，引导带动全社会共同做好有特殊困难老年人的帮扶解困工作。泉州市有480个村（居）建立为老年人发放固定补贴制度，年发放金额4037万元，4.4万老年人受益。省公务员局、省人力资源开发办、省财政厅联合发文，调整机关事业单位年满70周岁以上退休人员的高龄补贴，年满80周岁和年满70周岁不满80周岁的退休人员每人每月分别发放200元和100元高龄补贴。莆田市从2009年11月1日起，给90—99岁老年人每人每月发放100元高龄补贴。

二、开展居家养老服务试点，着力构建为老服务体系

（一）居家养老服务工作明显加强

政策措施配套完善。省政府印发了《关于推进居家养老服务工作的实施意见》和《福建省推进居家养老服务工作任务分解方案》，明确了开展居家养老服务的总体目标、主要任务、保障措施和各级各有关部门的职责分工。福州、泉州、莆田、龙岩等市也分别出台了《实施意见》，厦门、三明、宁德等市制定了工作方案。开展居家养老服务试点所在县（市、区）也积极研究制定居家养老服务工作配套制度和措施。

试点工作有序推进。全省确定100个城乡社区开展试点，通过制定工作方案、成立指导组、召开现场会、下拨补助经费、加强督导检查等，推动各地依托社区，整合为老服务资源，建立制度，拓展居家养老服务内容。截至2009年底，除省级下拨300万元试点补助经费外，福州、厦门、漳州、莆田、龙岩、三明等市也分别给每个试点社区适当的配套补助。

居家养老服务水平得到提升。通过政府推动、政策带动和市场拉动，各地和各试点社区积极探索实践，我省居家养老服务模式、服务平台、服务网络、服务队伍、服务设施和制度建设等都得到了相应的加强和提升。全社会关注、参与居家养老服务工作的氛围进一步形成，为全面推进居家养老服务营造了良好环境。

（二）为老服务设施加快建设

百所敬老院和18所县级社会福利中心建设进展顺利。2009年新建85所、改扩建15所农村敬老院，共投入建设资金1.16亿元，其中省级4545万元。全省已动工或立项的社会福利中心建设项目32个，其中设区市项目5个，县级项目27个，计划总投资12.84亿元，省级累计下拨补助资金7150万元。

养老机构加快发展。就发展养老服务机构优惠扶持政策在“爱心护理工程”试点单位的落实情况进行专项调研和督查，促进优惠扶持政策的落实。2009年省级下达民办养老服务机构床位补助27.95万元。福州市着手落实市属民办养老机构优惠扶持政策，龙岩市已将落实扶持措施所需资金列入财政预算，并拟定民办养老机构床位核定办法。继续开展养老服务社会化示范活动和“爱心护理工程”试点，安排福彩公益金50万元支持试点工作，目前试点单位已扩大到29家。至2009年底，全省各类养老服务机构达1018个（其中民办机构117个）、床位5.2万张，与上年相比，分别增加84个、10830张，增长9%和26%。老年人床位拥有率增至10.8‰。

无障碍建设取得新进展。认真开展“创建全国100个无障碍建设城市”活动，省住房和城乡建设厅向省政府上报了《福建省无障碍设施建设和使用管理规定》(送审稿),组织创建城市参加全国无障碍技术培训,开展督导检查并配合做好全国无障碍建设评估调研。加快推进与老年人等特殊群体日常生活密切相关的综合服务设施、公共场所的无障碍建设和设施改造,新建城市道路和养老场所无障碍率保持在100%。

(三)为老服务机制初步形成

整合为老服务资源,探索适合我省经济社会发展和人口老龄化特点的为老服务模式。开展青年志愿者为老服务"金晖行动",探索志愿者为老服务的有效形式。省文明办牵头在福州市启动"迎世博迎特奥讲文明树新风"暨"关爱空巢老人志愿服务行动",进一步推进志愿服务活动的深入开展。引导老年人开展自助服务,逐步建立低龄健康老年志愿者队伍,探索开展"劳务时间储蓄",逐步创立和形成农村养老服务的新模式。加强为老服务队伍建设,实行专业化服务人员与志愿者相结合,不断优化为老服务队伍结构。福州、厦门等地探索开展"急救呼叫""一键通""温馨夕阳服务热线"等信息化网络服务,逐步建立和拓展沟通便捷、应急及时的为老服务平台。

三、围绕落实老年优待,切实做好老年维权

(一)老年优待规定有效落实

认真贯彻落实省政府《关于进一步做好老年人优待工作的意见》,督促各地落实养老服务、医疗保健、生活服务、文化体育、维权服务等优待项目,让老年人在社会生活中得到更多照顾。重点督促各地落实好70周岁老年人凭《福建省老年人优待证》在市区免费乘坐公交车,让广大老年人得到实惠。全省9个设区市全部得到落实。规范老年人优待证的制作和发放,为符合条件老年人领取优待证提供便利。

(二)系列敬老活动扎实开展

在老年节期间,组织开展关爱、助老、送温暖等活动,走访慰问高龄、病残、贫困老年人和百岁老人,帮助解决生活上的具体困难,送去党和政府的温暖。一是认真谋划部署。省老龄委印发了《关于开展2009年老年节活动的通知》,对做好相关工作作出部署、提出要求。福州、泉州、龙岩等地由市政府办公室印发开展老年节活动的通知,加强了敬老系列活动的组织领导。二是大力营造氛围。省老龄委分别在《福建日报》《福建老年报》、福建电视台公共频道刊播《致全省老年朋友的慰问信》。福州市向电信用户发送了1万条老年节祝贺短信,厦门、莆田、三明等市也在本地主流媒体刊发致老年人慰问信,泉州市开展"敬老宣传月"活动。三是开展走访慰问。省政府安排专款慰问百岁老人,省领导陈桦、叶继革在福州走访慰问部分老年人和养老服务机构。省老龄办组织慰问组,分赴三明、宁德、泉州、莆田的部分县(市、区)开展走访慰问并为部分基层老年协会送上慰问金。厦门、漳州、泉州、莆田、龙岩等市分别由市领导带队,分组开展慰问活动。这些活动使老年人得到实惠的同时,进一步带动了社会各界为老年人办实事好事。

(三)老年维权工作统筹推进

加大老龄政策法规宣传力度,推动《中华人民共和国老年人权益保障法》和《福建省老年人保护条例》的宣传进社区、进农村。认真做好《条例》修订的有关工作。充分发挥司法机关在老年人权益保障方面的职能作用,积极开展司法救助、法律援助和法律服务,继续推行和完善对涉老案件"四优先"制度。南平市已成立县(市、区)法律援助中心11个,乡镇(街道)老年人援助站127个,为开展老年法律服务、法律援助提供便利条件。莆田市老龄办与司法局联合开展老年法律法规政策咨询活动,现场为老年人提供法律服务。重视做好涉老纠纷调解处理和老年人来信、来访工作,妥善处理老年人反映的实际问题。

四、扩大老年社会参与,组织老年人服务海西建设

(一)"银龄行动"继续实施

采取积极措施,发挥老年人在构建和谐社会和推动经济社会发展中的作用。省人事厅、省老科协组织"银龄行动"专家服务团赴漳平等农村基层开展栽培技术讲座、义诊等活动,并免费赠送药品、科普书籍、电脑和学生学习用品,深受当地群众的欢迎。

(二)老年社会参与平台不断拓展

继续办好"福建银色人才信息网",为老年人参与社会、发挥作用提供服务。组织离退休专业技术人才、老科技工作者项目成果参加"中国·海峡项目成果交易会"。省公务员局与省老科协联合向全省征集了离退休专业技术人才项目成果70项,有14项成果参展。省关工委发挥老同志优势和作用,积极参与网吧社会监督工作;同时组织老干部、老专家、老教师报告团,开展"宣讲""护苗""关爱"等活动,为加强和改进青少年思想道德建设提供有力支持。

(三)基层老年组织规范发展

加强对基层老年协会的指导和规范化建设,积极引导和正面发挥基层老年群众组织的作用,使其成为推动基层老龄工作、构建和谐社会的一支重要力量。结合村(居)换届选举,同步做好基层老年协会班子建设。福州市印发《关于加强基层老年协会规范化建设工作的通知》,加强对基层老年协会的规范管理。

莆田市召开全市基层老年协会会长代表座谈会，交流经验，进一步促进了基层老龄工作的开展。

五、强化引导带动，大力推进老年文化建设

（一）老年教育成效明显

认真落实省委办公厅、省政府办公厅《关于进一步加强老年教育工作的意见》，联合开展基层老年教育工作调研，促进了基层老年教育工作。省教育厅印发《关于支持配合做好老年教育工作的通知》，进一步整合了老年教育资源。继续开展创建老年大学示范校活动，第二批14所老年大学获得“省级老年大学示范校”称号，示范校的典型示范作用明显增强。不断探索创新，逐步形成了上下互动促进的做法、工作领导的三种模式、开展对台交流和创建海峡名校的经验以及“两个轮子一齐转”的办学特色，创出具有海西特色的老年教育路子。福建老年大学等8所老年学校获得“全国老年教育先进单位”称号，游德馨校长荣获“全国老年教育杰出贡献奖”，有50位同志被授予“全国先进老年教育工作者”，受表彰的数量位居兄弟省（区、市）前列。至2009年底，全省已有各级老年大学（学校）8183所，在校学员57万人，分别比上年增加365所、2.5万人。

（二）老年文体活动形式多样

一是围绕建国六十周年组织活动。成功举办了福建省第六届老干部、老年人书画诗影作品联展。隆重举行了新中国成立六十周年福建省老年人健身展示大会，展示海西老年人奋发向上的精神风貌。泉州市举办庆祝建国六十周年老龄事业发展成果图片展、第二届老年文化艺术节和老年书画摄影展等。漳州、宁德等市组织老年人开展唱红歌活动。莆田市举行60对金婚夫妇评选颁奖活动。二是围绕第四届福建艺术节组织活动。在历时一个月的艺术节活动中，有老年人参与的许多优秀作品和文艺节目参加展示展演，部分优秀节目被选送参加全国老年人大型歌会。福建老干部海峡合唱团在参加第11届中国老年合唱节歌赛中，荣获两项金奖。三是围绕开展体育健身活动，带动老年人广泛参与全民健身运动。组团参加第一届全国老年人体育健身大会，获得19个金奖、21个银奖、12个铜奖的好成绩，并有多个项目获得最佳组织奖、体育道德风尚奖。漳州市、泉州市分别成功举办第八届老年人运动会，福安市成功举办第六届老年人运动会。四是组织闽台老年文化活动，促进闽台交流。在福州举办海峡两岸“夕阳红”文艺联欢晚会，闽台退休老人同台献艺后，还开展了为期一周的文化艺术、旅游观光等系列活动。厦门市成功举行第三届老年文化艺术节，中国台湾本岛、金门老年团体积极组队参加。

（三）老年文体活动的组织阵地建设继续强化

一是建立健全老年文体组织。目前，全省市、县（区）、乡镇（街道）一级和14980个行政村（居）都成立老年人体育协会，机关、企事业单位、高校等基层老体协达2165个；现有注册老年文艺团队60多个、队员4000多人，适合老年人特点和需求的老年文体组织逐步建立健全。二是加强老年活动场所建设。省里继续资助16个基层老年活动场所建设，向89个基层老年活动室赠送32吋液晶彩电。泉州市老龄办争取财政支持，从老龄事业发展专项资金中拨款34万元，补助22个乡镇（街道）和10个村（居）基层老年活动设施建设。三明市财政投入7500万元兴建的高15层、建筑面积1.3万平方米的市老年活动中心顺利封顶；莆田、三明等市还向基层老年活动室赠送彩电；上杭县财政投入150万元支持50个村（居）老年活动室建设，两年累计投入资金600多万元。三是继续为老年人提供精神文化产品。出版部门将老年图书音像制品列入年度出版计划，2009年各相关单位积极筹划出版了《革命生涯六十年》《康乐经（第三集）》等一批适合老年人阅读的文史、生活、养生门类的优秀图书。在服务“三农”、建设“农家书屋”中，重视农村老年群体的精神文化需求，积极推荐、选购适合老年人阅读的图书。

六、夯实工作基础，不断提升老龄工作水平

（一）老龄工作大格局进一步形成

在各级党委、政府的领导下，努力推动形成各级各部门和社会各界相互支持配合、齐抓共管的老龄工作大格局。召开了省老龄委第九次全体会议和省老龄委第17次成员单位联络员会议。老龄委成员单位按照各自老龄工作职责，认真履职，群策群力，形成合力。运用多种形式，调动社会各界进一步关注老龄问题、支持老龄工作、推动老龄事业发展。重视发挥各级老年学学会、基金会、福利协会、老体协、老科协以及基层老年协会的作用。

（二）全国“双先”创建和评选推荐工作稳步开展

按照全国老龄办的要求，引导各地积极开展创建活动。坚持标准、认真细致地做好全国老龄工作先进单位和先进个人评选推荐工作，于2009年5月份组成两个考评组赴各设区市开展指导评估。以开展全国“双先”创建评选为契机，创新工作思路，建立激励机制，树立先进典型，推广先进经验，着力解决老龄工作中存在的问题。泉州市开展创建“老龄工作示范乡镇（街道）”活动，促进了基层老龄工作水平的提升。

（三）老龄宣传力度加大

充分利用媒体的优势，发挥其在老龄宣传工作中的作用。2009年10月1日，在福建电视台公共频道开设《金秋》老年专栏，拓展了老龄宣传的渠道。省老龄办召开两次老龄宣传工作座谈会，加强了与新闻媒体的沟通协调。办好《福建老年报》、“福建老年网”和“福建老龄网”，发挥涉老媒体的作用。继续做好《福建老年》内部刊物的编辑印发工作，扩大老龄工作的影响。漳州市召开老龄宣传工作“双先”表彰会，建立老龄宣传激励机制。《三明日报》开辟“夕阳红”专栏、《泉州晚报》开辟“晚晴”专栏，加强了老龄宣传。

（四）老龄问题研究不断加强

继续加强老龄问题研究，为做好老龄工作提供科学的理论支持。围绕居家养老服务长效机制和农村老年人养老保障方式两个课题深入开展调研。省老年学学会、省老龄事业发展基金会联合开展“空巢老人”问题调研并举办“空巢老人”问题论坛，形成了《福建省城乡“空巢老人”现状调查报告》，得到黄小晶省长、陈桦副省长的肯定。

（五）各级老龄办的作用进一步发挥

把增强老龄工作机构能力建设作为重要任务抓紧抓好，充分发挥各级老龄办的参谋助手、综合协调、沟通联络、督促落实的职能。于2009年11月举办了全省新任老龄办负责人培训班，进一步提高了老龄干部的政治素质和业务能力。做好老龄统计和老龄信息化建设等工作，不断提升老龄工作水平。

陕西省

综　　述

2009年，在省委、省政府的正确领导下，全省各级老龄部门紧紧围绕党的中心工作，按照“党政主导、社会参与、全民关怀”的老龄工作方针，以科学发展观为统领，认真贯彻学习党的十七届三中、四中全会精神，立足本职，理清思路，统一认识，采取有力措施，进一步推动为老服务工作，推进“爱心护理工程”稳步发展，以创建工作为抓手，推动基层老龄组织建设。主要表现在：

一、为老服务工作有新举措

积极推动实施“爱心护理工程”。全年累计对25家“爱心护理工程”试点单位直接资助120万元，发放无息借款160万元。在全省范围内开展了“爱心护理工程”试点工作“评双优”活动，对评出的优秀“爱心护理院”和提名奖的试点单位及优秀照料护理员给予3万元、3000元和400元的奖励。通过扶持指导，全省25个试点单位的规范化建设和整体服务水平有了显著提高。

开展贫困老年人救助工作。协调省慈善协会共筹集款项120余万元，开展“向全省两万名贫困老人送关心联合慈善大行动”活动，近万名贫困老年人得到资助。

开展“银发无忧保险”，推动“万名老人享平安活动”。这项工作使老年社会保障又增加了一个途径，全年先后有20余名投保老年人家庭得到保险补偿，理赔金额达7.6万余元，为发生意外的老人家庭起到了济危助困的作用，受到了广大老年人的好评。

积极制定老年福利服务事业政策措施，推进全省老年福利服务事业有序发展。协调省发改委等10部门，于去年7月出台了我省《关于加快发展养老服务业的意见》（以下简称《意见》），为做好《意见》的贯彻落实，省老龄办及时在陕报等媒体进行评论宣传，刊登了《抢抓机遇乘势而上加快发展我省社会化养老服务事业》的文章，分析了我省社会化养老服务事业的形式，对今后一段时间我省社会化养老服务事业的发展提出了思路和方向。为做好养老服务业的指导，西安、榆林开展了“农村老年人生存养老状况、城市居家养老服务和老龄组织机构建设”及民办养老机构情况的调研工作，基本掌握了城乡老年人在养老、医疗、权益保障、精神文化生活等方面的基本情况和存在的问题，为党委、政府制定政策提供科学依据。

强化指导贴近服务，探索老年社会组织有序发展、规范运作模式，协调社会组织积极参与为老服务。根据老龄办主管的老年社会组织的发展现状，制定下发了《陕西省老龄工作委员会办公室关于进一步规范社会组织审批和管理工作实施方案》，组成由财务人员参与的工作组，深入到主管的13个老年社会组织驻地，实地调研走访，了解分布地域，掌握活动情况。根据陕西省新社会组织深入学习实践科学发展观活动指导小组的要求，成立了以委办领导任组长的学习实践活动指导小组，对省老龄办主管的老年社会组织参加第三批学习实践科学发展观活动进行了安排部署，拟定方案分阶段实施，按进度检查落实，进一步规范了涉老组织的管理工作。

二、加强老年维权工作

一年来，我们认真研究老年人保障工作在老龄事业发展中遇到的新情况、新问题，切实维护老年人的合法权益。认真做好《中华人民共和国老年人权益保障法》和《陕西省实施〈老年法〉办法》的贯彻落实工作。汇总完成全省11个设区市的老年人口状况调查，对全省老年维权主要工作进行了调研，掌握了全省老年维权的基本状况。受理老年人来访543人次，来信66余件，处理涉老案件31例，全部办结。争取省财政资金64余万元，为全省538名百岁老人发放高龄生活补贴。为全省5.1万老年人办理了陕西省敬老优待证。

三、开展敬老宣传活动

去年，我们紧紧围绕新中国成立六十周年庆典活动，认真做好老龄宣传工作，开展丰富多彩的活动。主要有：一是加强基层老年文化组织的建设，调整了陕西老年艺术团的结构，取得明显成效。去年7月29日，米脂婆姨组成的秧歌队亮相上海滩，一举摘得第七届中国上海国际“金玉兰”音乐舞蹈艺术大赛最高奖，陕西老年艺术团荣获组织金奖。二是由省老龄办牵头共七部门联合开展第四届陕西省“十大孝子”评选活动，2009年10月18日晚，在省电视台对刘薇等10位孝子进行了表彰，孝子们感人至深的事迹、朴实无华的言语令人动容。三是省老龄委牵头，由各成员单位参与，依托陕西广播电台开展老龄政策解读，对现行的老龄工作政策进行广泛宣传。四是会同省委老干部局、省广电局共同主办了中老年健康知识大赛工作。五是落实国家十四部委有关文件，开展了首届全国老年人体育健身大会的组团工作。六是完成8期《陕西老龄工作》的出刊工作，注重版面的设计和信息采集，成为全省老龄工作者的良师益友。六是在2009年10月26日举办了陕西省庆祝“老人节”暨首届十大百岁寿星排行榜、十佳孝亲敬老楷模、金婚老人庆典活动，取得了一定的社会效果。姚引良副省长在老人节期间分别看望慰问了西安的三位百岁老人，深受老年人的感动。在老人节期间，各市相继开展庆祝活动，如宝鸡市组织千名老人开展“祖国颂”红歌会。渭南市举办了“感动渭南十大孝子”颁奖晚会。商洛举行庆祝重阳节中老年风采大赛，来自各县区和市直部门的20支中老年参赛队将登台献艺，展示积极向上、健康文明的精神风貌。其他各市也开展了丰富多彩的老人节庆祝活动，营造了良好的尊老敬老氛围。

四、以创建工作为抓手，加强基层老龄工作

开展创建老龄工作先进单位活动，是加强基层老龄工作的有力抓手，为此，省老龄办根据全国老龄委的安排部署，通过逐级申报，检查验收，按照《全省老龄工作先进县（区）验收标准》，评选出西安市未央区等32个县（区）为全省老龄工作先进单位，李改草等47名同志为全省老龄工作先进个人。通过评选活动，为整体推动我省老龄工作起到积极作用。

重要会议和活动

【召开省老龄委全体会议暨全省老龄工作会议】 2009年2月23日至24日，省老龄委全体会议暨全省老龄工作会议在西安召开。各设区市、杨凌区老龄办主任、省老龄委成员单位联络员及省老龄办全体人员参加会议。西安市老龄办等五家单位在会上进行了经验交流，会议传达了全国会议精神，听取了各设区市、杨凌区老龄办的工作情况介绍和工作安排，深入探讨了各地老龄工作当前面临的形势和存在的问题。

【“促进老年人参与农村发展”助老项目在西安举行启动仪式】 2009年4月7日，欧盟援助的“促进老年人参与农村发展”项目在西安举行启动仪式，全国老龄办常务副主任陈传书致辞，省政府办公厅纪检组长刘曙阳受姚引良副省长委托作重要讲话，全国老龄委有关领导、欧盟助老会代表、省老龄委各成员单位代表等参加仪式。项目投入资金约700万元人民币，宝鸡凤翔和渭南华县的12个农村老年人协会参与，千余名农村老年人受益。

【老人节及相关文化活动】 规范基层老年文化组织的建设，调整了陕西老年艺术团的结构，2009年7月29日，由米脂婆姨组成的秧歌队代表省老年艺术团亮相上海滩，摘得第七届中国上海国际“金玉兰”音乐舞蹈艺术大赛最高奖，陕西老年艺术团荣获组织金奖。2009年8月8日，我省组队参加首届全国老年人体育健身大会的组团参赛工作，获得19金、17银的奖项，省老龄办获得优秀组织奖。省老龄办牵头开展第四届陕西省“十大孝子”评选活动，2009年10月18日晚，在省电视台对刘薇等10位孝子进行了表彰。2009年10月26日，省老龄委在西安曲江阅江楼举办了陕西省庆祝“老人节”暨首届十大百岁寿星排行榜、十佳孝亲敬老楷模、金婚老人庆典活动。

【开展送关心活动】　与省老龄事业发展基金会、省慈善协会，组织发起有关单位、个人筹资120余万元，在"老人节"期间对全省2万名贫困老年人进行"送关心联合大慈善活动"，得到全社会的广泛赞誉。

各项业务进展

【"爱心护理工程"】　筹集25万元资金资助5家省级"爱心护理工程"试点单位，截止到2009年底，全省23家"爱心护理工程"试点单位全部完成首次资助计划。

【为老服务工作】　省老龄事业发展基金会、省慈善协会共同组织发起有关单位、个人筹资120余万元，在"老人节"期间，对全省2万名贫困老年进行慰问。省财政拨付168万元，分别为全省538名百岁老人发放每月100元的生活补贴；为70周岁以上老年人免费办理敬老优待证12万个；救助千名贫困老人和办理"银发无忧保险"意外伤害保险活动。

【养老服务】　与省发改委等10部门制定养老服务政策，以省政府办公厅名义转发了《关于加快发展养老服务业的意见》，推进全省老年福利服务事业有序发展。

【国际助老项目工作】　欧盟项目投人资金约700万元人民币，宝鸡凤翔和渭南华县的12个农村老年人协会参与，千余名农村老年人受益。

【老年维权工作】　汇总完成全省11个设区市的老年人口状况调查，对全省老年维权主要工作进行了调研，掌握了全省老年维权的基本状况。受理老年人来访543人次，来信66余件，处理涉老案件31例。

【创建老龄工作先进单位和个人】　根据全国老龄委的安排部署，按照《全省老龄工作先进县（区）验收标准》，评选出西安市未央区等32个县（区）为全省老龄工作先进单位，李改草等47名同志为全省老龄工作先进个人。

甘肃省

甘肃省委常委、省委组织部部长、省老龄委主任侯长安在省老龄委第八次全体会议上的讲话

2009年9月15日—17日，全省农村基层老龄工作经验交流现场会在平凉市灵台县、泾川县召开，张忠健副主任作总结讲话。

综　述

2009年，全省老龄工作在省委、省政府的领导下，紧紧围绕全省工作大局，按照全国和省老龄委全体会议部署，以推进养老保障制度建设、提高为老服务水平、强化基层老龄工作为重点，解放思想，突出重点，完善机制，加大投入，老龄事业呈现出良好发展势头。

一、认真落实全国和省老龄委全体会议精神

一是认真学习回良玉副总理的重要讲话，传达全国会老龄工作会议精神，落实侯部长在省老龄委第八次全体会议上的讲话精神，按照张副省长的要求，召开了全省老龄办主任会议以及近30个企事业单位老龄部门负责同志会议，部署老龄工作任务。二是省委办公厅、省政府办公厅制定出台了《关于加强新时期老年人优待服务工作的意见》（省委办发［2009］99号）（以下简称《意见》），这个《意见》是在总结10多年我省优待工作经验的基础上，从提高优待标准、扩大优待范围、增加优待内容、完善优待措施等方面，制定了适合新时期要求的老年优待服务政策。其中高龄老人优待标准有了较大幅度的提高。《意见》经过省老龄委第八次全体会议讨论后，又征求各地各方面的意见，形成了较为全面的优待服务的政策性文件。2009年3月，省民政厅、财政厅、老龄办等10部门联合下发了《关于推进居家养老服务的意见》，加快推动了全省居家养老服务事业发展步伐。三是实行目标责任考核制度。为了在新的历史起点上推动老龄事业的新发展，在征求各地意见的基础上，第一次把全省老龄工作纳入目标责任考核体系，把老龄工作任务逐项细化，落实到基层，通过量化的形式，检验各地工作开展情况。2009年12月，省老龄办组织3路考核组对各地目标任务完成情况进行了全面考核。从考核评估结果看，各市州把老龄事业发展纳入当地政府工作目标责任考核范围和当地国民经济和社会发展规划，各级老龄办在开展以提高素质，转变作风，加强基础建设为主要内容的队伍和基础建设年活动中，扎实工作，全面提升了老龄工作整体水平。四是遵照侯部长、张副省长指示，建立了老龄工作呈阅件制度。去年下半年以来，以呈阅件形式不定期向省委各常委、省人大、省政府、省政协领导报告老龄工作情况，提出建议和意见，有些已引起省上领导的高度重视，并被列入省委和人大、政协的督查调研内容。

二、集中解决难点问题

一是按照侯部长关于对各级老龄工作机构要配强班子，配齐编制，配足经费的要求精神。及时抓住有利时机，采取措施予以落实，去年3月3日，省老龄委下发了《关于学习贯彻侯长安部长对老龄工作重要讲话的通知》，要求各地和各成员单位认真落实。去年3月13日，省老龄办与省财政厅联合下发了《关于落实市县两级老龄事业经费有关事项的通知》，再次强调市县两级分别按本级老年人口数人均不低于2元和3元的标准列支老龄事业经费并严格落实。4月到8月期间两次组织工作组到14个市州40多个县区开展督查落实工作，先后3次对没有落实工作经费和编制的县区在全省进行通报批评。现已有8个市州和53个县区的老龄委主任由同级组织部长担任。市州普遍按县级或副县级建制配备了老龄办主任或专职副主任，人员达到5人以上。74个县区老龄办人员编制达到4人以上。甘南州将老龄工作纳入州、县市两级政府目标考核内容，全州今年在老龄部门机构建设方面力度很大，各县市老龄部门人员力量都有显著加强，所有乡镇成立了民政事务所，兼职从事老龄工作。平凉、庆阳等地的部分乡镇已有老龄专干，全省老龄专职队伍人数达到630人，比2008年增加76人。市县老龄事业经费在360万元的基础上，增加到1480万元，净增1120万元，为全省老龄事业发展奠定了基础。定西市在老龄经费保障方面力度很大。市委常委、组织部长、市老龄委主任张文学更是要求，各县区老龄事业经费不得低于10万元。目前，定西市、县两级全部按规定将老龄事业经费列入财政预算，其中市级预算64万元，拨付进度良好。二是城乡养老社会保障制度正在建立。去年，省上印发了《甘肃省村干部养老保险试行办法》，村干部养老保险制度普遍建立。现在，国家又决定在农村建立养老保险制度，我省选定了10个县进行试点，几年内普遍推开。由于领导重视，组织得力，这项工作开局良好，平凉华亭县有13101名60岁以上老年人领到了2009年12月份的70元养老金。凉州、肃州、肃南等县区把高龄老人生活补贴进一步提高，放宽年龄标准至80岁，有的甚至已达70岁。甘南州规定，农牧村70岁以上老年人参加新农合，不管家庭经济状况如何，由各级财政为其支付参合费，今年全州各项涉老资金投入接近100万元。庆阳市农村24万老年人全部参加了农村合作医疗，其中政府为2.4万农村“五保”和低保老人及重点优抚对象代缴了新型合作医疗统筹费。对70、80、90周岁以上老人分年龄段实行大病医疗救助，分别提高报销标准10％、20％和30％。庆阳市并通过完善城市居民最低生活保障制度和城镇定期定量救济制度，解决特殊老年人的养老问题，对于近10万贫困老年人，在应保尽保优先纳入低保的基础上，对70周岁以上老年人分类施保，按平均补差的50％增发保障金。全省城市低保标准在上年基础上提高了10％，达到月人均185元，月人均补助水平由去年的98元提高到113元，保障人数达到80.9万人；农村低保标准由上年的年人均685元提高到728元以上，月人均补助50元，保障人数达到260.9万人；农村“五保”供养标准达到1600元以上。全省城乡享受低保的341.8万人中，相当一部分是老年人。三是老年福利项目有了新突破。民政厅安排老年福利设施建设资金7390万元，补助市县和民办养老机构建设。国家安排“基本养老服务体系建设”试点资金5000万元，已在9个市州的18个项目中实施。上述为老福利设施建设总投入达1.239亿元。永昌县投资1800万元，建成占地面积1.1万平方米的老年福利中心，已正式投入使用。陇南和定西两市依托灾后重建，大规模建设农村“五保家园”，有效解决了“五保”老人和部分自费代养老年人的入住需求。仅宕昌县南河乡就建有“五保家园”8处，近100名老人入住，年人均供养标准1600元，以后将提高到2400元。定西市将农村敬老院和“五保家园”建设列入政府为民办实事项目，投资4584万元，兴建了36个养老福利机构。平凉市集中财政资金，把每年建设2所设施齐全、高标准的乡镇敬老院列入全市10件实事来办。投资240万元的静宁县威戎中心敬老院于去年11月15日建成，收住30多名“五保”老人。

三、深入开展调查研究

一是在兰州、白银和定西的一些农村，开展深入细致的调查研究。将农村老龄工作存在的困难和问题向来我省考察老龄工作的全国政协工作组以及全国老龄办作了汇报，希望引起国家层面的重视。二是在10余个破产倒闭困难企业进行了深入调查，对企业特困老年人生活状况以呈阅件形式上报省委、省人大、省政府、省政协领导阅示，力图使这部分特困老年人的生活问题得到有效解决。三是开展了暑期大学生回乡调研活动。我们利用大学生放暑假的机会，组织6所高校的240名大学生开展“甘肃籍在校大学生回乡老龄工作调研”活动，收到调研报告187篇，根据各高校初评推荐，老龄办对大学生优秀调研报告进行了评比奖励，共评出1等奖6篇，2等奖10篇，3等奖14篇，于2009年12月30日进行了表彰，对参与调研的大学生颁发了社会实践证书。我们还将出版调研成果汇编，针对大学生调研中反映的问题，提出的建议，进行整理，制定相应的改进措施。

四、推进试点工作

省老龄办把抓试点、总结经验、推广典型作为老龄工作的一项重要措施抓在手上。先后在甘州区、金川区、陇西县、武山县开展了城乡基层老龄组织建设试点。在七里河区、永靖县、积石山县和临夏市开展了对特困老年人的“定人定点定时”探视救助试点。在兰州市、白银市、金昌市、嘉峪关市开展了居家养老服务试点。兰州市城关区虚拟养老院以高度信息化为特点，覆盖面大，服务老年人多，中央电视台《新闻联播》也作了报道。七里河区夕阳红餐桌也具有很强的示范和指导意义。白银市平川区制定下发了《平川区全面推进居家养老服务工作实施方案》，建立了辖区老人档案，成立了服务组、志愿者服务队，制定了服务内容和承诺，对孤寡、空巢老人从生活照料、情感慰藉等方面进行服务，取得了良好的社会效果。白银区工农路街道火车站社区的“爱心守望行动”，受到了居民好评。在平凉市灵台县、泾川县开展了农村基层老龄工作规范化建设试点。在抓试点、出成果的基础上，先后召开3次现场经验交流会，有力地推动了老龄事业的健康发展。2009年12月，按照全国老龄办安排，在全省选定14个村，开展农村“空巢”老人状况调研分析试点。全省除部分农牧村外，村和社区一级的老年人协会普遍成立。宕昌县委组织部和县老龄办于2006年发出文件，指导成立各乡镇老龄委，乡镇老龄委成立后，又发文要求成立各村老年人协会。徽县老龄委以［2009］3号文件发出《关于进一步充实完善基层老龄工作机构的通知》，随文附有老年人协会管理标准、组织章程以及家庭赡养协议书的示范本。在宕昌县南河乡脚力铺村，老年人协会有规范的组织章程，有协会多年来的会议记录，有敬老公约。南河乡今年试点开展集体林权制度改革，在确定林地权属的过程中矛盾不小，老年人协会的广大老年人发挥了有效的调解作用，改革得以顺利进行。从管理体制上看，基层老年人协会基本上都由基层党支部或村委会统筹开展工作，既有利于基层政权稳定，又方便协会组织开展工作。从活动阵地看，老年人协会组织大都没有单独的活动阵地，与党员活动室、农家书屋、文化站点等场所一室共用。

五、特困老人救助力度不断加强

省民政厅安排福彩公益金140万元，用于省老龄办连续第二年的“大病救治后生活困难老年人救助行动”和村级老年活动阵地建设，已于2009年12月将救助建设款项下拨各地。各地利用多种形式，广泛开展了对特困老年人的救助。临夏州在永靖县、临夏市、积石山县开展了“关爱夕阳”特困老年人走访救助行动。永靖县以县老龄办发［2008］6号文件印发了《永靖县“关爱夕阳”特困老人走访救助行动实施方案》，确定了太极镇上古、中庄两个村共20户困难老年人家庭，整合危房改造、残疾人建房、新农村建设等政策资源，每户投入1～2万元用于修建新房。上古村老人陈姑姑，去年房屋因雨浸成为危房，政府投入1.1万元，村干部和党员义务出工约合5000多元，为她家盖起新房。中庄村残疾老人祁英花，残联支持1万元，建设部门危房改造项目支持4000元，地方财政支持5000元，共计1.9万元盖了新房。白银市从2008年开始，每年下拨补助资金120万元，对全市农村70岁以上残疾老年人给予每人每月25元生活补助，有3054名老人享受这项补贴。2009年又确定增加946名补助对象，市财政又增加补助资金28.38万元。平凉市华亭县东华镇东峡村等集体经济实力雄厚的村社，还多年坚持为老人每人每月发放40～100元的生活补助。临夏市对大西关社区和折桥镇慈王村的59户72名老年人通过危房改造、免费体检、住房补助、供暖补助等方式，进行了有针对性的救助。积石山县充分发挥成员单位和政府部门作用，有效整合扶贫、民政、畜牧、计生、教育、社保等部门资源，在整村推进、扶贫救济、畜牧养殖、危房改造、大病救治、医疗保险等方面为特困老人办好事实事，提高了他们的生活质量和社会和谐水平。

六、强化营造舆论氛围

按照省老龄委第八次全体会议要求，加强了老龄工作宣传，努力营造尊老敬老社会氛围。首先以传统文化为基础在全社会弘扬孝道，倡导尊老敬老爱老风尚，要求各级老龄办协同成员单位在中小学生中进行孝亲敬老教育，并开展送温暖献爱心系列志愿活动；其次与新闻媒体加强联络制度，充分利用电视、电台、报刊、网站等，借助主流媒体优势，策划组织高层次、多形式、广覆盖、影响大的宣传活动，开通了甘肃老龄网站。省广播电台“夕阳情更浓”栏目每日一期30分钟已坚持3年多，2009年已播出老年各类新闻326期，老龄宣传文稿信息与往年相比增幅上升1倍多，社会新闻媒体刊播老龄宣传文稿584篇（期、则）次，其中国家、省市报刊杂志194篇次，省市广电播出342期（次），电视、网络48则。我办编辑印发内部工作刊物《甘肃老龄》11期，每期刊登各类文稿5万字以上共计60多万字，同时编发学习实践科学发展观活动简报、《工作通报》共13期。第三，充分运用重阳节、春节以及重要庆典活动的时机，综合运用多种宣传手段，加大宣传力度，进行全方位宣传，特别是运用现代网络、影视等手段，形成宣传高潮，省老龄办与省委老干局、省民政厅、省慈善总会、省广电总台联合策划“大爱重阳”系列活动，组织的电视文艺晚会反响很好，做到了电视有影、电台有声、网络有图、报刊有文，提高了宣传效果。第四，全省各地通过当地电视、报刊宣传尊老、敬老、助老先进典型，在主要街道悬挂标语横幅，广泛开展老年文体比赛活动，营造了舆论氛围。庆阳市2009年老人节开通了老年网站（www.qylnw.com），并对城镇“三无”老人和农村“五保”老人签订赡养协议书，签订率达到60%以上，赡养保障率达到100%。部分农村新婚青年夫妇还签订了《家庭敬老保证书》。

七、老人节活动丰富多彩

省老龄办与省委老干局、省民政厅、省慈善总会、省广电总台，在全省上下开展了庆祝国庆60周年和老人节宣传月、活动周系列庆祝活动。省委陆书记、省政府徐省长对这次活动非常重视，分别作了重要批示，侯部长和张副省长分别慰问了百岁老人、社区老人、农村困难老人和福利机构的老人，并参加了“大爱重阳·尊老爱老为贫困老人献爱心”大型文艺晚会。省慈善机构收到捐款104万元。老人节期间还组织了34名大学生志愿者和29名医务工作者深入农村为老年人进行义诊义检，为街道、福利院老年人洗头、洗衣服；遵照侯部长、张副省长指示精神在重阳节前夕向福利院送去猪、羊肉2600斤，采取措施改善集中供养“三无”老人的生活条件，兰州市福利院保障供养老人每天有牛奶、鸡蛋，解决了入院老年人的基本营养需求。各地结合本地实际，开展了各种形式的庆祝活动，丰富了老年人的精神文化生活。

八、“银龄行动”成效明显

在地方学兰州张掖酒泉、院校学兰大、企业学金川公司、社团组织学老教协的思路和号召下，加强了“规范化、制度化、科学化”管理，与部分企业和部门建立“银龄行动”联席会议制度，开展“银龄援农”、文教卫生支援农村等项目。省老科协编写新农村建设丛书30本300万字；白银市开展与天津泰达医院远程医疗项目；兰州大学、金川集团公司、酒泉市对口援助民族县、乡，捐助物品近万件，诊治患者2800多人次；省委党校、省老教授协会多次派专家、教授赴城乡社区开展教学、讲座和捐赠图书等活动，受到广大老年人欢迎。省关心下一代工作委员会组织开展了由老干部、老战士、老专家、老教师、老劳模组成的“五老”义务“网管”，协助监管网吧市场，净化未成年人健康成长的社会文化环境。截止到目前，天水市110名、武威市古浪县10名“五老网管”已正式上岗履职。

重要会议和活动

【"银龄行动"座谈会】 2009年1月8日，省老龄办副主任主持召开"银龄行动"座谈会。省老教授协会，省老科技工作者协会，兰州大学、省委党校、金川公司等老龄委负责人做了工作发言并交流了各单位"银龄行动"活动开展情况。

【老龄干部队伍建设年"活动】 2009年2月23日，省老龄办在全省开展"老龄干部队伍建设年"活动并制定意见印发各地。

【甘肃省老龄工作委员会第八次全体会议】 2009年6月1日，甘肃省老龄工作委员会第八次全体会议在兰州宁卧庄宾馆举行。省委常委、省委组织部部长、省老龄委主任侯长安作了重要讲话。副省长、省老龄委常务副主任张晓兰主持会议。省老龄工作委员会副主任唐晓明、万鹏举、田宝忠、沙仲才及28个成员单位委员出席会议，成员单位联络员、各市州老龄办主任列席会议。省老龄委副主任、省老龄办主任、省民政厅副厅长沙仲才向会议作了2008年工作汇报和2009年工作安排，省老龄办副主任张忠健向会议作了《关于起草进一步加强新时期老年人优待服务工作的意见》的说明。会议对《关于加强新时期老年人优待服务工作的意见》进行了讨论并原则通过。张晓兰副省长要求省老龄办根据委员会议讨论意见，作进一步修改，报请省委、省政府印发各地各部门贯彻执行。

【甘肃省市州和部分企事业单位老龄工作会议】 2009年6月1日—3日，甘肃省市州和部分企事业单位老龄工作会议在兰州召开，会议讨论了省委常委、省委组织部部长、省老龄委主任侯长安在省老龄工作委员会第八次全体会议上的讲话，省老龄委副主任、省老龄办主任、省民政厅副厅长沙仲才与市州老龄办签订了目标责任书，并在会议结束时作了总结讲话。省老龄办副主任张忠健主持会议。出席会议的市州老龄办主任，到兰州市七里河区西湖社区观摩学习了居家养老服务的经验，沙仲才主任、张忠健副主任参加了观摩学习。

【全省农村基层老龄工作经验交流现场会】 2009年9月15日—17日，全省农村基层老龄工作经验交流现场会在平凉市灵台县、泾川县召开，与会代表交流了各地农村基层老龄工作的工作经验和做法，参观了灵台县村老龄组织建设情况和泾川县村老年协会规范化、制度化建设，并举行总结大会，张忠健副主任作总结讲话。

【庆祝老人节万名老人登山活动】 2009年9月29日，庆祝老人节万名老人登山活动在兰州市五泉山公园举行，50多个老年文体队表演了文艺节目和体育健身节目，万名老年人参加登山活动。

【"大爱重阳·尊老爱老为贫困老人献爱心"老人节庆祝活动】 2009年10月12日，由甘肃省委老干局、省民政厅、省老龄办、省慈善总会和省广电总台联合举办的"大爱重阳·尊老爱老为贫困老人献爱心"老人节庆祝活动，在兰州东方红广场拉开帷幕。省老年艺术大学、夕阳红艺术团、长风退休职工艺术团等老年艺术团体演出了精彩的文艺节目。省慈善总会会长杜颖观看了文艺演出，省民政厅副厅长季文平，省老龄办副主任张忠健陪同观看。

【老人节慰问】 2009年10月13日，副省长、省老龄委常务副主任张晓兰在兰州市城关区慰问了百岁老人朱洪杰和贫困老人旷秀霞，在张掖路街道参加向低保老人送温暖献爱心活动。省慈善总会会长杜颖参加慰问，省老龄委副主任、省民政厅厅长田宝忠、省老龄办副主任张忠健陪同。2009年10月14日，省委常委、省委组织部部长、省老龄委主任侯长安在兰州市福利院慰问住寓老人，向他们致以节日祝福。在慰问活动中，侯长安要求各级党委、政府和各有关部门一定要站在科学、维护稳定的高度，切实加强对老龄工作的领导，不断提升我省养老水平。要积极支持和大力发展慈善事业，动员社会力量为孤寡老人献爱心、送温暖，真心实意地帮助老年人解决实际困难，在全社会营造关心、支持老龄工作的良好氛围。要心系老年群众、扎扎实实地为老年人办实事、办好事，不断把尊老、爱老，为贫困老人献爱心活动引向深入，形成尊老、爱老的社会风尚。省慈善总会会长杜颖，省老龄委副主任、省委老干局局长万鹏举，省老龄委副主任、省老龄办主任、省民政厅副厅长沙仲才，省老龄办副主任张忠健参加慰问活动。

【庆祝老人节"大爱重阳·尊老爱老为贫困老人献爱心"大型文艺晚会】 2009年10月23日，庆祝老人节"大爱重阳·尊老爱老为贫困老人献爱心"大型文艺晚会在甘肃省广电总台演播大厅举行。会上宣读了省委书记、省人大主任陆浩，省委副书记、省长徐守盛对老龄工作的重要批示。省委常委、省委组织部部长、省老龄委主任侯长安，省人大副主任朱志良，副省长、省老龄委常务副主任张晓兰，省政协副主任栗震亚和省老领导许飞青、卢克俭、申效曾、杜颖出席晚会并捐款。晚会上收到企业捐款104万元。"大爱重阳·尊老爱老为贫困老人献爱心"活动单位领导万鹏举、沙仲才、李天昌、李越、张忠健出席文艺晚会。

【暑期甘肃籍大学生回乡调研老龄工作】 2009年7月—11月，在全省开展暑期甘肃籍大学生回乡调研老龄工作的活动，共收到187篇调研报告，评出优秀调研报告36篇，其中1等奖6名；二等奖12名；三等奖18名。

【兰州市城关区“虚拟养老院”举行启动仪式】 2009年12月3日，兰州市城关区“虚拟养老院”举行启动仪式，省委常委、兰州市市委书记陆武成，副省长、省老龄委常务副主任张晓兰参加启动仪式。省老龄委副主任、省民政厅厅长田宝忠，省老龄办副主任张忠健参加活动。

各项业务进展

【贯彻落实全国和省老龄委全委会议精神】 全国第十一次老龄委全委会和省老龄委第八次全体会议之后，省老龄办认真学习传达全国会议精神，贯彻落实侯部长在省老龄委第八次全体会议上的重要讲话。按照张省长的要求，召开了全省老龄办主任会议以及近30个企事业单位老龄部门负责同志会议，贯彻会议精神，部署工作任务。

【老年优待服务工作】 省委办公厅、省政府办公厅出台了《关于加强新时期老年人优待服务工作的意见》(以下简称《意见》)。《意见》在总结10多年我省优待工作经验的基础上，从提高优待标准、扩大优待范围、增加优待内容、完善优待措施等方面，制定了适合新时期发展要求的老年优待服务政策措施，其中高龄老人优待标准有了较大幅度的提高。省民政厅、财政厅、老龄办等10部门联合下发了《关于全面推进居家养老服务工作的意见》的实施意见。

【落实机构、经费、人员】 一是按照侯部长关于各级老龄工作机构要配强班子，配齐编制，配足经费的要求精神，及时抓住有利时机，采取一系列措施抓好落实。2009年3月3日，省老龄工作委员会下发了《关于学习贯彻侯长安部长对老龄工作重要讲话的通知》，要求各地和各成员单位认真落实。2009年3月13日，省老龄办和省财政厅联合下发了《关于落实市县两级老龄事业经费有关事项的通知》，再次强调市县两级分别按本级老年人口数人均不低于2元和3元的标准列支老龄事业经费。2009年4月到8月期间，两次组织工作组到14个市州40多个县区进行督查，先后3次在全省进行了通报。现在有8个市州和53个县区的老龄委主任由同级组织部部长担任。市州普遍按县级或副县级建制配备了老龄办主任或专职副主任，人员达到5人以上。74个县区老龄办人员达到4人以上。全省老龄专职队伍人数达到530人，增加了76人。市县老龄事业经费在2008年360万元的基础上，增加到1480万元，净增1120万元。

【养老保障工作】 全省城市低保标准在上年基础上提高了10%，达到月人均185元，月人均补助水平由2008年的98元提高到113元，保障人数达到80.9万人；农村低保标准由上年的年人均685元提高到728元，月人均补助50元，保障人数达到260.9万人；农村“五保”供养标准达到1600元以上。全省城乡享受低保的341.8万人中，相当一部分是老年人。省民政厅2009年安排老年福利设施建设资金7390万元，补助市县和民办养老机构建设。争取国家安排“基本养老服务体系建设”试点资金5000万元，已在9个市州的18个项目中实施。为老福利设施建设总投入达1.239亿元。

【调查研究】 省老龄办选择在兰州、白银和定西的一些农村，开展对农村留守老人生活状况调查，将存在的困难和问题向全国政协、全国老龄办及省委、省政府作了汇报，提出建议和意见；对10多个破产倒闭困难企业的特困老年人生活状况进行了深入调查，以呈阅件形式上报省委、省人大、省政府、省政协领导阅示，力图使这部分特困老年人的生活问题得到有效解决；开展了暑期大学生回乡调研活动。我们利用大学生放暑假的机会，组织6所高校的240名大学生开展了甘肃籍在校大学生回乡老龄工作调研活动，共收到调研报告187篇。对活动中做出成绩的高校和大学生进行了表彰奖励。并根据大学生调研报告中提出的问题和建议，制定相应的改进措施。

【抓典型、推试点工作】 省老龄办把抓试点、总结经验、推广典型作为老龄工作的一项重要措施来抓。先后在张掖市甘州区、金昌市金川区、定西市陇西县、武山县开展了城乡基层老龄工作试点。在七里河区、永靖县、积石山县和临夏市开展了对特困老年人“定人、定点、定时”探视救助试点。在兰州市、金昌市、嘉峪关市开展了居家养老服务试点。兰州市城关区虚拟养老院以高度信息化为特点，覆盖面大，服务老年人多，中央电视台《新闻联播》作了报道，在全社会引起强烈反响。七里河区夕阳红餐桌具有很强的示范和指导意义。在平凉市灵台县、泾川县开展了农村基层老龄工作规范化建设试点。在抓试点、出成果的基础上，先后召开3次现场经验交流会，有力地推动了老龄事业的健康发展。按照全国老龄办安排，我们从全省报送的28个试点村中确定了14个村作为全国和省市县共抓试点，开展农村空巢老人状况调研和救助试点。

【老龄宣传工作】　按照省老龄委领导关于加强老龄工作宣传，努力营造尊老敬老社会氛围的要求，省老龄办把老龄宣传作为一项重要工作狠抓落实。首先以孝道文化为基础在全社会弘扬孝道，倡导尊老、敬老、爱老风尚，要求各级老龄办协同成员单位在中小学生中开展孝亲敬老教育和送温暖献爱心系列活动。加强与新闻媒体联络，充分利用电视、电台、报刊、网站等媒体，策划组织高层次、多形式、广覆盖、影响大的宣传活动，其中，省广播电台“夕阳情更浓”栏目每日一期30分钟已坚持3年多，仅去年已播出老年各类新闻326期。另外，与省广电总台联合策划“大爱重阳”系列活动，组织的电视文艺晚会反响很好。各级老龄部门在重阳节、春节以及重要庆典活动的时机，综合运用多种宣传手段，加大力度，特别是运用现代网络、影视等进行全方位宣传，做到了电视有影、电台有声、网络有图、报刊有文，老龄宣传文稿信息与往年相比增幅上升1倍多。社会新闻媒体刊播老龄宣传文稿584篇（期、则）次，其中国家、省市报刊杂志194篇次，省市广电播出342期（次），电视、网络48则。各地老龄办还通过当地电视、报刊宣传尊老、敬老、助老先进典型，在主要街道悬挂标语、横幅造势，广泛开展老年文体比赛活动。通过多种形式的宣传，营造了全社会共同关爱老年人，关注老龄工作的良好社会氛围。

【成员单位协调合作工作】　各级老龄办积极协同成员单位，从制度建设入手，不断加强老龄工作的制度化、规范化、程序化建设，取得了较好的成效。制定了《老龄委成员单位老龄工作职责及要求》，建立联络员联席会议和每年评议工作等制度，各成员单位对老龄工作给予了大力支持和帮助。省民政厅安排福彩公益金140万元，用于特困老人救助和村级老年人活动阵地建设；省财政厅安排省级老龄事业经费296万元，并与省老龄办联合下文，要求各级财政部门按照省委、省政府标准要求，配足市县两级老龄事业经费；土地、发改部门对养老福利服务建设项目给予了高度重视，在立项审批、土地划拨、政策优惠等方面提供了支持；省司法厅不断建立健全高效、便捷、完善的老年人维权工作机制；省人力资源和社会保障厅全面调整提高企业离退休人员基本养老金和取暖费等补贴标准，提高离退休人员医药费报销比例；省卫生厅积极推行家庭病床，为老年人提供家庭出诊、家庭护理服务；省文化厅、省体育局积极组织开展老年文体活动，丰富了老年人精神文化生活；省建设厅组织相关部门开展建设城市无障碍设施检查；省妇联开展了老年妇女生活状况调查研究；其他成员单位也都在各自承担老龄工作职责范围内积极主动开展工作。

【“银龄行动”】　省老龄办提出地方学兰州张掖酒泉、院校学兰大、企业学金川公司、社团组织学老教协的号召，加强规范化、制度化、科学化管理，与部分企业和部门建立“银龄行动”联席会议制度，开展“银龄援农”、文教卫生支援农村等项目。省老科协编写新农村建设丛书30本300万字；白银市开展与天津泰达医院远程医疗项目；兰州大学、金川集团公司、酒泉市对口援助民族县、乡，捐助物品近万件，诊治患者2800多人次；省委党校、省老教授协会多次派专家、教授赴城乡社区开展教学、讲座和捐赠图书等活动，受到广大老年人欢迎。

【机关建设和业务管理工作】　为了在新的历史起点上推动老龄事业的新发展，把全省老龄工作纳入目标责任考核体系，使老龄工作任务逐项细化，切实落实到基层。省老龄办年终对各地目标责任完成情况进行了考核，并对考核成绩优异的甘南、定西、天水、张掖、金昌等5个市州进行表彰奖励。省老龄办在全省老龄系统开展了以提高素质，转变作风，加强基础建设为主要内容的队伍和基础建设年活动，通过建设年这一有效形式，全面提升了老龄工作整体水平。

青海省

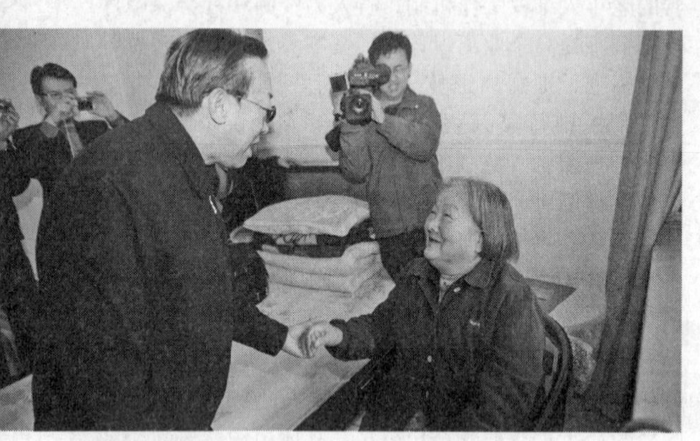

省政协主席白玛亲切看望在福利院居住的老人

省委常委、省委组织部部长、省老龄委主任齐玉在省老龄第八次全体会议上讲话

综　述

新的一年，青海省老龄工作在认真贯彻落实科学发展观，解放思想，创新工作思路方面下大功夫，以发挥好综合协调、参谋助手、督促检查三个方面的作用为主攻方向。以宣传和贯彻落实《中华人民共和国老年人权益保障法》为主线，以“党政主导、社会参与、全民关怀”的老龄工作方针为主导，以农牧区和城镇社区的老龄工作为重点，坚持“以人为本，为老服务”的宗旨，围绕“六个老有”的工作目标，加强协调、督促、检查和调研工作，全面推进青海省老龄事业的发展。做好新时期老龄工作，维护好广大老年人的合法权益，让广大老年人平等地享受新青海建设带来的各种物质文化成果，既是改善民生的具体行动，也是建设富裕文明和谐新青海的重要内容。因此，青海省各级老龄工作部门大力加强队伍建设，牢固树立为青海省54.23万老年人服务意识，积极主动地做好全省老龄工作。认真学习民政部《关于进一步支持和促进青海民政事业发展的意见》精神。2009年2月2日，省老龄委给全国老龄办报送了《申请开展对青海藏区老龄工作援助的报告》，并且认真做好政协委员提案、人大代表提案的答复。

2009年6月25日，青海省老龄工作委员会第八次全体会议在西宁召开。省委常委、省委组织部部长、省老龄委主任齐玉参加会议并做重要讲话。省人民政府副省长、省老龄工作委员会常务副主任张光荣同志主持会议。委员们听取和审议了省老龄委副主任、老龄办主任更阳同志《解放思想抓住机遇努力推进我省老龄工作再上新台阶》的工作报告；省人力资源和社会保障厅、省卫生厅、省体育局3个成员单位就本部门2008年开展老龄工作的情况和2009年工作计划作了会议发言。会议确定了今年的重点工作：一是继续健全完善各项老年社会保障制度。重点是抓好体系完善和制度衔接，重视解决无社会保障老年人和高龄老年人的生活困难问题，力争在解决老年人的“养”和“医”等迫切问题上有所突破；二是加大对老龄事业的投入，着力推动为老服务业的发展。认清形势，把握机遇，力争在老龄事业发展资金投入上和发展老龄产业政策上有所突破；三是加大优待力度，使“改革发展成果全民共享”的目标得以充分体现。落实好省委宣传部、省发改委、省民政厅等部门下发的《关于加强老年人优待工作的实施意见及相关部门职责》文件精神，使老年人的优待范围和标准有所突破；四是加大对民办养老服务机构的扶持力度。鼓励社会力量兴办和发展以老年人为主要服务对象的服务机构和服务工作，落实扶持政策；五是大力推动社区为老服务，力求在为老服务体系建设上有所突破。尽快完善我省城乡社区为老服务体系，提高社区为老服务功能。六是着力推进农村牧区老龄工作，在农村老年群众活动场所和设施建设上有所突破。七是切实加强基层老龄工作，努力在老龄工作机构和组织服务体系建设上有所突破；八是加强调查研究，力争在老龄事业发展思路上有所突破。

重要会议和活动

【召开青海省老龄委第八次全体会议】

2009 年 6 月 25 日在西宁市召开了青海省老龄委第八次全体会议。

【老年人优待政策有新突破】 互助县从解决老年人养老、出行、就医等方面着手，加强了老年人优待工作。从 2009 年起，对全县 85—99 岁的老年人每人每年发给 500 元长寿保健补助费；对 100 岁以上老年人每人每年发给 1500 元长寿保健补助费。该办法的颁布实施切实体现了党和政府对老年人的关怀，将进一步提高高龄老年人的生活质量和健康水平。目前，互助县首次（2009 年度）长寿保健费 19 万元已发放到 380 位高龄老年人手中。青海省老龄办及时总结了 2008 年青海省百岁老人的发放情况和 2009 年百岁老人的审核和登记审查工作。

【因地制宜开展“敬老爱老助老主题教育活动”】 去年省老龄办与省委宣传部、教育厅等六部门联合开展了青海省“第三届全国敬老爱老助老主题教育活动”的评选推荐工作，共推荐 38 名孝亲敬老先进个人候选人，2009 年 1 月 13 日在北京召开的表彰大会上，我省海北州招待所徐雪莲同志被评为“中华孝亲敬老楷模提名奖”黄才朗吉等 37 人被评为“孝亲敬老之星奖”。

【认真开展“银龄行动”】 省老龄办联合西宁市老龄办、西宁市老科协等单位启动了 2009 年青海省“银龄行动”工作。该项支援活动已在全省范围内根据受援地区的情况和要求开展。到目前，已有 60 多名老知识分子深入到湟中县多巴镇尚什家村等地参加医疗、养殖、种植活动，受到当地村民的好评。

【迎接建国六十周年，展现高原老人风采】 为迎接建国六十年，省老龄办于 2008 年 12 月 21 日在青海省展览馆举办了首届青海省老年书画展。有 3 个州地市，9 个县，15 个厅局委和 3 个老年书画团体的老年书画爱好者参加了活动。383 位作者的 483 幅作品入选参展。

【发展老年教育，实现“老有所学”】 2009 年青海省老年大学注册学员近 1900 多名，开设书法、绘画、音乐、舞蹈、健身、工艺美术等 10 个专业，40 个班次。这几年相继成立了省老年大学海西分校、大通分校、电力分校和人民银行分校。为迎接建国六十周年，省老年大学自编自演大型歌舞《夕阳红——多彩的旋律》受到近千名观众的好评。

青海省老龄办平时组织老年人参加各种老年活动。这些活动很好地宣传了老龄工作，使老龄部门的地位有了提升。省老龄办也因此被省体育局评选为“2008 全民健身与奥运同行优秀组织奖”。

各项业务进展

青海省老年摄影家协会积极组织 100 多名会员参与到宣传青海、宣传老龄事业上来，他们用手中的相机记录青海的发展，陶冶情操、锻炼身体。他们的奉献精神受到了群众的好评，并且被评为中国（青海）三江源国际摄影节“突出贡献奖”。

全省老龄系统认真做好新时期老龄工作，维护好广大老年人的合法权益，坚持科学发展、促进社会和谐，体现党和政府对老年人的深切关怀。我们一定要牢固树立为高原老年人服务的意识，切实加强组织领导，全力发挥成员单位职能，进一步创新思维，强化责任，积极主动地做好老龄工作，为我省老龄事业的科学发展作出新的更大贡献。

河南省

综　　述

河南省自 20 世纪 80 年代初出现了人口年龄老龄化的趋势，到 1999 年底，60 岁以上的老年人口已达 977 万，占全省总人口的 10.40%。按照国际社会的有关标准，河南省人口年龄结构已经进入老龄化阶段。目前，河南省老龄化形势发展迅速，截至 2007 年底，我省 60 周岁及以上老年人口 1202 万，占全省总人口的 12.87%，65 岁及以上的老年人口已达 737 万人，占全省常住人口的 7.57%。据此推算预测，到 2050 年以前，我省老年人口将每年以 3.65%的速度递增至 4100 万人，占常住人口的 32.8%，老龄化形势相当严峻。

1984 年 4 月，河南省成立了老龄问题委员会及其办事机构，各省辖市及部分县（市、区）也相继成立了老龄工作机构。各级老龄工作部门在当地党委和政府的领导下，积极宣传老龄化形势，呼吁社会关爱老年人，组织有关部门调查研究老龄问题，颁布了《河南省老年人保护条例》《关于进一步加强老年优待工作的意见》《河南老龄事业发展“十一五”规划》等一系列文件，开展了敬老社会化服务活动，募集老年福利基金，捐助贫困老人，指导群众性老年组织开展健康向上的文体活动。在省委、省政府的正确领导下，在各地、各有关部门的共同努力下，我省老龄事业全面、健康发展，取得了显著成绩。

一是养老保障更为完善。初步构筑了我省社会保障、社会救助、社会福利、慈善事业相衔接的社会保障体系，老年人基本生活保障水平逐步提高。采取积极措施，在普遍调整养老金的基础上，对退休较早、基本养老金相对偏低的人员给予了适当倾斜，退休人员生活水平得到普遍提高。到2009年年底，全省企业退休人员月人均养老金达到920元，人均增加290元，在全国的位次由25位上升至第23位。全省离退休人员养老金按时足额发放率达到100%。全省纳入基本医疗保险参保的退休人员达到195.45万人，对退休人员个人账户计入金额、个人负担医疗费比例给予适当照顾，把一些在门诊治疗的老年慢性病医疗费用纳入统筹基金支付范围，减轻了退休人员的个人医疗费用负担。开展济困医疗服务，缓解特困老年群体看病难的问题，截至目前，全省共有济困医院和设置济困床位的医院68所，设立济困病床4475张，收治济困对象46.48万人次。大力推行新型农村合作医疗制度。全省157个县全部实施新农合，有7249.07万人参加，平均参合率达92.06%，提前3年实现了全面覆盖，享受合作医疗补偿的参合农民达7246.23万人次。在全省开展帮扶贫困计划生育家庭活动，全面启动了对部分计划生育家庭奖励扶助工作，对全省60岁以上的独生子女和二女户，每人每年发放600元的奖励扶助金。加强城乡低保、农村五保供养、医疗救助等社会救助制度建设，较好地保障了贫困老年人的基本生活。2009年6月底，全省共有城市低保对象143.3万人，农村低保对象261万人，“五保”对象15.45万人，救助水平分别达到118元、41.36元、130.53元。社会保障制度的建立与逐步完善，从根本上保障了参保老年人的基本生活。

二是深入开展养老服务社会化示范单位创建活动。养老服务社会化示范创建活动取得明显成效。根据《河南省民政厅关于深入开展养老服务社会化示范单位创建工作的通知》（豫民文【2009】77号）精神，认真制定创建活动方案，严格考察，全省共确定郑州市中原区、洛阳市吉利区、焦作市修武县、濮阳市范县、安阳市北关区等5个养老服务社会化示范区（市）和郑州市惠济区红树林康复疗养院等34个示范单位。5个示范市区（市）都不同程度地拨出部分资金，政府买单为“三无”贫困老年人购买服务。郑州市中原区和焦作市修武县在推行“创新居家养老新模式、探索养老服务新机制”的做法，都初步摸索了一些为“三无”老人、“空巢”老人、高龄老人和困难老人提供居家养老服务的工作经验。缓解了养老床位不足和老年人养老服务需求日益高涨的矛盾。省民政厅从彩票公益金中列支部分资金，以奖代补，对示范区（市）和示范单位给予奖励。老年福利服务设施进一步完善。依托“星光计划”项目，改善全省老年福利服务基础设施。目前，全省兴建社区老年福利服务设施3227处，建敬老院2114所，光荣院92所，福利院65所，社区老年星光之家569所，社会力量兴办养老机构354所。投入180万元社会福利资金，扶持社会办养老服务机构的发展。全省已开办老年病医院163所，老年康复医院93所，老年临终关怀机构57所，老年门诊1369个。全省还新建、改建了一批适合老年人需求、功能比较完善的老年人公寓、老年活动中心、老年学校、文化健身广场等老年福利服务设施。在郑州市金水区，开展了居家养老、政府买单和小区助老服务工作，取得了明显成效。总之，我省的老龄事业基础建设得到进一步加强。

三是老年精神文化生活丰富多彩。我省老年人文化生活丰富多样。省老龄办、省电视台，2009年秋季，为庆祝新中国成立六十周年，丰富我省广大中老年人的精神文化生活，营造健康和谐的社会氛围，河南省老龄工作委员会办公室、河南电视台、河南省老年人支援信息服务中心共同策划“文化进社区——老爸老妈乐起来”活动。本次活动为社区居民特别是中老年人创造一个参与、交流、展示才艺的舞台，在河南省范围内掀起老爸老妈文艺健身的热潮，共同构建和谐邻里、和谐社会，以此来反映建国六十周年以来，河南省中老年人丰富多彩的文化生活方面取得的巨大成就。

重阳节期间，河南省老龄办在重阳文化的发源地上蔡县，隆重召开河南省“十大敬老楷模”表彰大会，河南省民政厅厅长杨云等领导为谢延信、马文芳等十大敬老楷模颁发了奖杯、奖牌、荣誉证书。此次大会的召开，对弘扬尊老、敬老、助老社会风尚起到巨大的促进作用。

四是老年人合法权益受到有效保护。各有关部门积极制定老年人权益保护的相关法律法规。目前，我省老龄法规政策体系初具雏形，省人大常委会颁布了《河南省老年人保护条例》，省委、省政府制定下发了《关于贯彻落实〈中共中央、国务院关于加强老龄工作的决定〉的意见》，省政府制定了《河南省老龄事业发展“十一五”规划纲要》，省老龄委下发了《关于进一步做好农村老龄工作的意见》，2008年，省政府办公厅、省政府办公厅出台了《关于进一步加强老年人优待工作的意见》等一系列政策，涵盖了养老、医疗、生活和照料服务、权益维护、精神文化生活等多方面内容的老龄政策法规体系基本形成，老龄事业的发展有了较好的制度保障，维护老年人合法权益有了法律依据。目前，省老龄办正在积极起草《河南省老龄事业发展“十二五”规划纲要》。

重要会议和活动

2009年4月河南省召开了省老龄委七次全会，会上民政厅副厅长常东河传达了全国老龄委十次全会和全国老龄办主任会议精神，民政厅厅长杨云作了《2008年老龄工作回顾和2009年工作安排的意见》的报告，副省长秦玉海就老龄工作作了重要发言。秦玉海副省长指出：“十一五”期间，我省经济建设和社会事业取得了长足发展，老龄工作日益受到各级党委、政府的高度重视，公共财政投入不断加大，社会养老保障制度逐步建立健全，老年人的合法权益得到有效维护，全省老龄事业取得了前所未有的成绩。今后一个时期，河南省的老龄工作要以邓小平理论和“三个代表”重要思想为指导，坚持以人为本和科学发展观，认真贯彻“党政主导，社会参与，全民关怀”的老龄工作方针，紧紧围绕“六个老有”工作目标，切实保障老年人基本生活，着力构筑养老保障安全网，加快构建统筹城乡老龄工作，为老服务体系，大力发展老年福利事业，积极营造敬老助老氛围，完善老龄法规政策。

【开展了河南省老龄工作先进单位和先进个人评选表彰活动】 根据全国老龄工作委员会办会室的部署，我省开展了老龄工作先进单位和老龄工作先进个人评选活动。

为表彰先进、树立典型，加强基层老龄工作，推动老龄事业的全面发展，河南省老龄工作委员会决定：授予郑州市老龄办等111个单位“河南省老龄工作先进单位”荣誉称号，授予郑州市老龄办王中华等175人“河南省老龄工作先进个人”荣誉称号。随着活动的广泛深入开展，有力地促进了基层老龄工作和老龄事业的健康发展，较好地改善了老年人的生活环境和生活质量，解决了一些制约老龄事业发展的突出问题。

【开展了“尊老助老 和谐中原”新闻联合报道活动】 为宣传党和政府对老年群体的高度重视和亲切关怀，营造全社会尊老、敬老、助老的良好社会氛围，河南省老龄工作委员会办公室、河南省新闻工作者协会于今年重阳节期间开展了题为“尊老助老和谐中原”新闻联合报道活动。此次活动，以“国际老年人年”十周年为契机，结合建国六十周年庆祝活动，省老龄办联合省内各主流媒体和地方各级主要老年媒体，在全省范围内开展大规模的新闻联合报道活动，使全社会更加关注广大老年人的生活生命质量，营造尊老、敬老、助老社会氛围，为全面构建和谐社会、全面建设小康社会创造良好的社会环境。

老龄工作业务

【开展了“河南省十大敬老楷模”表彰活动】 为认真实施《公民道德建设实施纲要》，弘扬尊老、敬老传统美德，省委宣传部、省民政厅、省广电局、河南日报报业集团、省老龄办和省老年福利基金联合会开展了“河南省十大敬老楷模”评选活动。在此次评选活动的基础上，2009年10月，在重阳文化的发源地—上蔡县召开了“河南省十大敬老楷模”表彰活动。河南省民政厅厅长杨云等领导为谢延信、马文芳等十大敬老楷模颁发了奖杯、奖牌、荣誉证书。此次大会的召开，对弘扬尊老敬老助老社会风尚起到巨大的促进作用。

部署开展了老人节庆祝活动。每年的农历9月9日是河南省的老人节。为搞好庆祝活动，省老龄办下发了《关于开展老人节庆祝活动的通知》，对庆祝活动指明了遵照“隆重、热烈、节俭”的原则，确定了围绕“维权、敬老、共享”的主题，提出了“要结合当地实际，灵活多样”的庆祝形式；明确了“再掀老龄宣传新高潮，努力为全省老年人创造一个良好的生活环境”的宗旨。

老龄法规政策

在养老服务机构的登记管理方面，要求非营利性养老服务机构依照《民办非企业单位登记管理暂行条例》登记管理；营利性养老服务机构在工商部门登记管理。事业单位登记管理机关和民政、工商部门要认真做好养老服务机构的登记管理工作，提供优质便捷服务。改革和完善养老服务机构收费制度。福利性养老服务机构开展的对外养老服务和非营利性的养老服务机构的收费标准，应报同级价格部门核定，并建立公示制度。营利性养老服务机构的收费标准，根据其设施条件、服务项目和标准，自行确定。社会办养老服务机构接收农村“五保”人员和城镇“三无”人员，其费用由当地政府通过购买服务的方式解决；对享受低保的老人和其他困难老人入住养老服务机构的，其费用应适当减免，减免部分由当地政府按接收此类对象的实际人数予以补助。加大对养老服务机构的税费政策扶持。落实国家对养老服务机构的税费扶持政策，暂免征收社会福利院、敬老院、光荣院、养老院、老年公寓等福利性或非营利性养老服务机构的企业所得税，服务收入营业税，以及养老服务机构自用房产、土地、车船的房产税、城镇土地使用税和车船使用税；减免其行政事业性收费（国家法律另有规定的除外）；对缴纳水利建设专项资金确有困难的福利性、非营利性养老服务机构，可报经主管部门批准，予以减免照顾。优先安排养老服务机构建设用地。对符合规划要求并具备划拨条件的养老服务机构用地，要优先予以保证；对不具备划拨用地条件的养老服务机构用地，要按照相关规定加快审批，但要加强监督，确保批准用地真正用于养老事业。鼓励企事业单位、个人利用闲置的房屋资产兴办养老服务机构。加大财政对养老服务业的投入。各级政府要将养老服务业纳入当地经济和社会发展规划，统筹安排福利性养老服务设施项目建设，有条件的地方，可按照核定床位数或实际入住老年人数，给予面向老年人服务的福利性养老服务机构和非营利性养老服务机构一次性开办补助。鼓励金融部门充分发挥信贷支持作用。金融机构要支持老年社会福利事业发展，增加对养老服务机构及其建设项目的信贷投入，适当放宽贷款条件，并提供优惠利率。支持养老服务机构开展对外服务。养老服务机构具备对外开展护理、康复及医疗服务条件的，可申请认定医疗服务机构性质，并纳入社区医疗机构管理。经审查合格的，可纳入城镇职工基本医疗保险定点范围。加强养老服务机构的日常管理。养老服务机构要不断提高服务水平，加强对老年人的日常护理和管理，切实防止意外伤亡事故发生。对发生意外事故的，相关部门要积极帮助养老服务机构做好协调工作，保证其日常工作的正常进行。

湖北省

2009年10月18日，省政协主席宋育英（第三排中）等省领导出席“湖北省中老年人‘祖国颂’经典歌曲大赛”颁奖文艺晚会，与演员亲切握手。

2009年5月8日，省老龄委在省政府三楼八号会议室召开第七次全体会议。省委常委、常务副省长、省老龄委主任李宪生（左五）作重要讲话，副省长、省老龄委常务副主任张岱梨（左六）主持会议。

综　述

2009年，全省的老龄工作在省委、省政府、省老龄委的正确领导下，在全国老龄办的指导帮助下，在省老龄委各成员单位的大力支持和各地老龄工作部门的共同努力下，坚持以邓小平理论和“三个代表”

重要思想为指导，以科学发展观为统领，按照省老龄委第七次全体会议部署，努力实现“六个老有”目标，努力保障和改善民生，努力维护老年人合法权益，促进了老龄事业持续健康发展。

一、各级党委、政府更加重视老龄工作

省委书记罗清泉、省长李鸿忠、常务副省长李宪生、副省长张岱梨等领导，先后就老龄工作的相关问题作出重要批示，提出要求。省老龄委召开第七次全体会议，深刻分析老龄工作面临的新形势，安排部署全年的工作任务。省老龄委下发决定，对58个先进单位、58名先进个人进行了表彰。8个市召开市长办公会议，专题研究老龄工作；10个市召开全市老龄工作会议，安排部署老龄工作。省政协主席宋育英亲自出席重阳节文艺晚会。6个市的党政领导亲自出席重阳节纪念活动。12个市、州的党政领导亲自出面走访慰问高龄、贫困老人。4个市、州下发文件，将老龄工作机构延伸到乡、镇、村，出台养老服务社会化实施方案。全省共投入城乡养老保障经费300多亿元，农村“五保”供养经费3亿多元，城乡老年人服务机构建设经费4亿多元，慰问老年人资金8000余万元。各级财政为老年人享受公共交通、景区景点优待减免补贴经费近亿元。

二、养老保障和养老服务体系进一步完善

全省共为251.7万名离退休人员发放基本养老金280.5亿元，比上年增加53.4亿元，企业退休人员养老金标准平均提高110元。在13个县市区启动了新型农村养老保险试点工作。对12.5万符合计划生育政策的农村老年人落实了奖励资金，金额达1.11亿元。进一步提高了农村“五保”供养标准，完善了农村福利院配套设施，农村“五保”供养条件进一步得到改善。老年人医疗保障工作进一步加强，新农合制度全面实施，农村老年人基本医疗问题得到了有效缓解。解决了9.8万政策性关闭破产国有企业退休人员的医保问题，并将57万名困难国有企业退休人员全部纳入基本医疗保险体系。省补助资金1.27亿元，安排75个城市福利机构建设项目，新增床位3158张，改造床位352张，城市“三无”对象集中供养率达到66.5%。积极争取国家项目经费4000万元，地方自筹4175万元，在5个县市安排15个项目开展基本养老服务体系建设试点工作，将新增养老床位1541张。全省建立民办养老服务机构200多家，供养老人近万人。各地、各部门公益、文体活动场所，积极向老年人开放，最大限度地接纳老年人休闲、娱乐，为老年人晚年生活提供了良好服务。

三、老年人合法权益得到较好保障

通过召开协调会议、明察暗访、跟踪督办等措施，较好地解决了中心城市老年人享受“三公”优待等方面存在的问题。全年共办理老年人优待证16万张。对重视老年优待工作32名好领导、39个先进单位、128名先进个人进行了表彰。全省各级老龄工作部门共办理老年人来信来访5000余件，涉及老年人近万人次。各级司法部门为老年人提供法律援助和咨询服务28129件，其中法律援助6259件。采取组织签订《赡养老人协议书》等办法，强化家庭养老法律约束，取得了良好效果。全省各地共组织签订《赡养老人协议书》38.5万份。加大对高龄、困难老人补贴救助力度。全省各地共落实百岁老人高龄补助1018人。4个市、县将高龄老人补贴范围放宽到90岁以上。

四、老龄调研工作取得显著成效

结合实际，重点对农村养老方式、农村高龄老人养老状况、老年人权益保障、养老服务机构建设等课题进行了调研。全省老龄工作部门共完成专题调研报告36篇，对今后制定和完善老龄工作政策法规和党委、政府决策老龄工作都有很好的参考价值。各地老龄工作部门对老龄事业发展“十一五”规划执行情况进行了评估，全面分析了规划实施以来所取得的成绩，找出了差距，明确了努力方向，为做好“十二五”规划编制工作奠定了基础。省老龄办根据人大代表、政协委员提出涉及老龄问题的建议、提案，逐项调查，深入研究，办理建议、提案共3件，满意率100%。

五、老龄宣传教育和文体娱乐活动扎实活跃

各地充分利用新闻媒体、博物馆、烈士陵园、宗教场所等教育阵地，广泛开展敬老教育活动。省老龄办下发通报，在老龄系统组织开展了向荆州勇救落水大学生英雄集体中鲁德忠、杨天林两位老人学习的活动。各地老龄工作部门广泛开展了“孝子”“孝星”和敬老模范单位、个人的评比表彰活动，营造了浓厚的尊老、敬老氛围。全省各地共开办老年大学（学校）2000多所，开设课程400多门，在校学员25万余人，老年教育网络初步形成。全省80%以上的县（市）成立了老年体育、艺术团队。省老龄办与省文化厅联合举办了“全省中老年人‘祖国颂’经典歌曲大赛”，参加活动的老年人达数千人。举办了“庆重阳湖北省中老年人祖国颂经典歌曲大赛颁奖文艺晚会”。组织150名运动员参加全国首届老年人体育健身大会，获得金牌15枚、银牌21枚、铜牌13枚。全省各地老龄工作部门共协调、组织老年人出境、出国旅游近万人次，既产生了广泛的社会影响，又拉动了消费，促进了经济发展。

重要会议和活动

【湖北省老龄委第七次全体会议】 2009年5月8日，省老龄委在省政府三楼八号会议室召开第七次全体会议。省委常委、常务副省长、省老龄委主任李宪生作重要讲话，副省长、省老龄委常务副主任张岱梨主持会议。会议听取了省老龄委副主任、省民政厅厅长谢松保关于2008年老龄工作情况以及2009年工作安排意见的报告。省委组织部、省发展改革委、省劳动和社会保障厅、省卫生厅等部门负责人介绍了经验。省老龄委全体委员出席会议，成员单位联络员列席会议。

【湖北省老龄办主任会议】 2009年5月20日至22日，全省老龄办主任会议在孝感市召开。会议传达学习了全国老龄委第十一次全体会议、全国老龄办主任会议、省老龄委第七次全体会议精神，总结了2008年工作，研究部署了2009年工作，并实地考察了孝感市云梦县居家养老情况。全省17个市、州、直管市、林区的老龄办主任、综合处（科）长以及孝感市各县市区老龄办主任等近80人参加了会议。

【湖北省老龄委成员单位联络员会议】 2009年9月3日至4日，省老龄委成员单位联络员会议在武汉市江夏区召开，24个成员单位的联络员参加了会议。省直机关工委、省教育厅、省公安厅、省新闻出版局和省旅游局等单位的代表作典型发言，交流了老龄工作经验。刘长斗主任出席会议并作讲话，回顾了上半年全省老龄工作的主要情况，对下半年要完成的几项重点工作任务进行了安排部署，呼吁各成员单位要继续加强沟通，互相学习、互相借鉴、互相提高，共同做好老龄工作。

【湖北省老龄工作调研成果交流暨“十一五”规划中期评估座谈会】 2009年12月17日至18日，全省老龄工作调研成果交流暨“十一五”规划中期评估座谈会在咸宁市召开。6个单位在会上发言，30多篇调研成果作为书面交流材料。大会评选出一等奖2篇、二等奖5篇、三等奖10篇、特别奖1篇，组织奖2个。17个市州、直辖市、神农架林区老龄办主任就“十一五”规划完成情况进行了交流座谈，全面分析了“十一五”规划取得的成绩、存在的问题，并对做好“十二五”规划制定工作提出了意见和建议。

【参加全国敬老爱老助老主题教育表彰大会】 2009年1月13日，第三届全国敬老爱老助老主题教育活动表彰大会在北京人民大会堂举行。我省谭之平获“中华十大孝亲敬老楷模”奖，省老龄办获“优秀组织奖”。郭义友主任参加表彰会并代表省、自治区、直辖市老龄工作部门和老龄工作者作了汇报发言。

【老年优待工作专题协调会】 2009年4月18日，召集武汉市老龄办、武汉市公交集团等单位召开专题协调会，通报情况，分析形势，针对老年人乘车优待落实不彻底的问题，特别是外埠老年人优待不落实的问题，认真进行了研究，制定了改进措施。

【兴建“银龄行动”示范基地】 与咸宁市老龄办共同组织，在咸宁市崇阳县沙坪镇兴建了“湖北省银龄行动示范基地”。2009年5月27日，郭义友主任出席揭牌仪式并讲话。

【参加全国社区志愿者服务现场观摩会】 2009年5月29日至31日，全国社区志愿者服务现场观摩会在武汉召开。各省、市、自治区文明办的领导，武汉市所辖区文明办及有关部门的领导共160余人参加了会议。中央文明办专职副主任王世明出席会议并作重要讲话。郭义友主任作为我省志愿者服务主要单位嘉宾列席会议。会议主要学习、观摩、交流武汉市百步亭社区志愿者服务活动的经验。

【省老龄办主要领导调整】 2009年7月29日，省委组织部省直党政干部处副处长朱哲、省民政厅副厅长张晨和人教处处长杨昌斌到省老龄办，宣布省民政厅军队离退休干部安置管理办公室主任刘长斗任省老龄办党组书记、主任、民政厅党组成员；免去郭义友同志省老龄办主任、党组书记职务。

【开展“听民声、访民情、解民难大走访”主题实践活动】 2009年7月至9月，在老龄办党组书记、主任刘长斗的带领下，采取公开定点接访、带案下访、重点约访、走访慰问困难群众、走访联系点等多种方式，深入开展“听民声、访民情、解民难大走访”主题实践活动，发放慰问金6万余元。

【全省老龄干部业务培训】 2009年9月7日至12日，举办了全省老龄干部业务培训班。刘长斗主任作培训动员，邀请了省委讲师团副主任肖国才、武汉大学社会学教授周运清和省直机关工委工会委员会主任汪连天授课，部分老龄工作者进行了经验交流。

【“重阳节”敬老活动】 下发《关于开展“敬老月”活动的通知》，对全省开展敬老活动进行了部署，提出了要求；开展了慰问高龄贫困老年人活动；对各地开展敬老活动有关情况编发简报进行宣传；协调新闻单位，对“敬老月”期间开展的活动进行宣传；以省老龄办的名义向全省老年人发出慰问信，并于重阳节当天在《老人坊》网站全文刊发；2009年10月18日，在湖北电视台800㎡演播厅，联合举办了“庆重阳—湖北省中老年人‘祖国颂’经典歌曲大赛颁奖文艺晚会”。省政协主席宋育英出席晚会，并为荣获大赛金奖的节目颁奖。

【开展向杨天林、鲁德忠两位英雄老人学习活动】 2009年11月12日，省老龄办下发通报，号召全省老龄工作者和全省老年人向荆州勇救落水大学生英雄集体中的杨天林、鲁德忠两位老人学习。2009年11月16日，省老龄办党组书记、主任刘长斗带队慰问杨天林、鲁德忠两位老人，各送去5000元慰问金。

【开展慰问贫困老年人活动】 全年筹集资金18.3万元，在春节和重阳节期间，对全省高龄老人和部分贫困老年人开展了慰问救助活动。重阳节期间全省各级慰问贫困老年人达10万余人，慰问金达5000万元。

【积极开展“双先”评比活动】 经各地层层选拔，《老人坊》网站公示，省老龄委领导审定，省老龄委评出了全省老龄工作先进单位58个、先进个人58名，产生了积极的社会影响，掀起了争先创优的热潮。

各项业务进展

【老年维权工作】 认真组织开展“听民声、访民情、解民难”大走访主题实践活动，采取定点接访、带案下访、重点约访、走访联系点等方式，倾听呼声，化解矛盾。据不完全统计，全省各级老龄工作部门共办理老年人来信来访5000余件，涉及老年人近万人次。各级司法部门为老年人提供法律援助和咨询服务28129件，其中法律援助6259件。采取组织签订《家庭赡养协议书》的办法，强化家庭养老法律约束，取得了良好效果。据不完全统计，各地共组织签订《家庭赡养协议书》38.5万份。

【老年优待工作】 把省会城市武汉作为落实老年优待政策的重点，通过召开协调会、明察暗访、跟踪督办等措施，较好地解决了老年人享受“三公”优待等方面存在的问题；加大了《湖北省老年人优待证》办证服务和工作力度，全年共办理老年人优待证16万张；对全省32名重视老年优待工作好领导、39个老年优待工作先进单位、128名老年优待工作先进个人进行了表彰。进一步加大对高龄、困难老人补贴救助力度，各地共落实百岁老人高龄补助1018人。通过上述措施，全省老年优待各项条款普遍得到较好落实，老年人比较满意。

【养老保障工作】 2009年，全省参加基本养老保险职工680.4万人，比上年净增25万人。共为251.7万名离退休人员发放基本养老金280.5亿元，比上年增加53.4亿元，企业退休人员养老金标准比上年平均提高110元。在13个县市启动了新型农村养老保险试点工作，全省参加农保达255万人。省人口计生委对12.5万符合计划生育政策的农村老年人落实了奖励资金，金额达1.11亿元。各级医疗机构增加了老年医疗服务项目和方便老年人就医措施，加强了社区老年人卫生服务，广泛开展了老年医疗、护理、保健、康复等卫生服务。通过新农合制度的全面实施，农村老年人的基本医疗问题得到了有效缓解。积极争取中央财政补助资金7.5亿元，解决了9.8万政策性关闭破产国有企业退休人员医保问题，并将57万困难国有企业退休人员全部纳入基本医疗保险体系。

【养老服务工作】 省补助资金1.27亿元，安排75个公办城市社会福利机构建设项目，开工率达90.3%。当年完工项目18个，新增床位3158张，改造床位352张。城市“三无”对象集中供养率达到66.5%。积极争取国家基本养老服务体系建设项目经费4000万元，地方自筹4175万元，在5个县市安排15个项目开展基本养老服务体系建设试点工作，将新增养老床位1541张。全省建立民办养老服务机构200多家，供养近万名老年人。进一步提高了农村“五保”供养标准，完善了农村福利院配套设施，农村“五保”供养条件进一步改善。加大了城乡老年人最低生活保障力度，通过分类施保，使困难老人救助面进一步扩大，救助标准普遍高于平均水平。

【老龄宣传工作】 在湖北新闻综合广播电台开设《老人天地》栏目，在楚天广播电台开设《枫林漫步》栏目，大力宣传老龄工作法规、政策。利用《老人坊》网站、《湖北老龄工作》杂志和《老龄工作简报》及时宣传交流老龄工作信息和经验。全年共编发信息宣传稿件近百万字。2009年重阳节前夕，专门下发通知，对全省敬老宣传教育等活动进行了部署，以省老龄办的名义向全省老年人发出了慰问信；利用城市电视和电子广告牌在主城区进行老龄政策法规、尊老敬老宣传，营造了浓厚的尊老敬老氛围。组织开展了全省老龄工作先进单位、先进个人和全省老年人优待工作好领导、先进单位、先进个人评比表彰活动。在老龄系统组织开展了向英雄集体中鲁德忠、杨天林两位老人学习的活动。各地老龄工作部门广泛开展了“孝子”“孝星”和敬老模范单位、个人的评比表彰活动。孝感市敬老模范谭之平被评为“全国道德模范”。

【“银龄行动”】 省财政安排资金24万元，各地配套资金20万元，在14个县市区，组织动员老年志愿者1570人次，以送科技、送医疗卫生、送文艺下乡的形式，开展“银龄行动”。组织科技知识培训讲座91场次，培训9950人次，发放图书资料62500册，咨询指导491人次。为提高“银龄行动”的示范效应，省老龄办在咸宁市崇阳县沙坪镇兴建了“银龄行动示范基地”。组织医疗卫生知识讲座39场次，听课2万人次，诊断医治8085人次，赠送药品价值17.8万元。结合新中国成立60周年、改革开放30周年纪念活动，先后组织老年文艺团队巡回演出12场，观众达1万多人次。“银龄行动”的开展，展示了老年人的风采，服务了“三农”，促进了经济社会发展，受到广泛好评。

湖南省

综　述

2009年，湖南省各级老龄工作部门以科学发展观为统领，继续深入贯彻落实党的十七大和十七届三中、四中全会精神，按照全国老龄委第十一次全体会议的部署，结合实际，求真务实，扎实工作，推动各项老龄工作取得了新成效，老龄事业获得了新发展。

一、老年社会保障制度不断完善

1. 养老保障获得新发展。到2009年底，全省城镇在职人员基本养老保险参保人数约874万人，全年净增参保人数达46万，其中离退休人员达247万人。全年累计征收基本养老保险费253亿元，比2008年底增加15亿元。全年共支付企业离退休人员基本养老保险金230亿元，比2008年底增加30亿元。进一步完善了基本养老金正常调整机制，企业退休人员基本养老金经过5年连续调整，2009年全省养老金水平月人均达到1024元，并积极采取措施，确保企业离退休人员基本养老金按时足额发放。新型农村养老保险试点工作已初步展开，14个市州各选择一个县正在进行试点。一些地区在认真贯彻落实国家和省有关养老保险政策的同时，着力充实老年社会保险内容，如为特殊老年人购买特定商业保险等，使保障更全面。同时继续积极开展家庭成员与老人签订赡养责任书的工作，想方设法解决老年人的后顾之忧。据不完全统计，全省60%以上的农村老年人家庭签订了《家庭赡养责任书》。

2. 医疗保障取得新进步。医疗保险制度的改革实现了城乡所有人群的全覆盖。截至2009年底，全省职工参加基本医疗保险人数达到745万人，其中参保的退休人员达到225万人，全年支付包括老年人在内的基本医疗保险金达66亿元。医疗保险待遇比2008年有了较大的提高，包括老年人在内的医疗保险参保人员住院、特殊门诊医疗费自付比例分别比2008年下降了4和2个百分点。全面启动了全省城镇居民基本医疗保险工作，2009年底参保人数达1040万人，比2008年底增加430万人，包括老年人口在内参保率达到95%，全年支付包括老年人在内的基本医疗保险金达5.5亿元。城镇“三无”老人、低保老人享受减免政策。新型农村合作医疗制度试点全面铺开，许多市县的特困老年人和“五保户”全部被纳入了新型农村合作医疗。制定出台了《湖南省城乡65岁及以上老年人健康体检实施办法》，从2009年起，定期为65岁以上老年人做健康体检并实施规范管理。

3. 老年社会救助取得新成效。2009年，全省有农村“五保”老人约50万人，集中和分散供养标准分别达到2600元/人/年和1200元/人/年，集中供养率达到20%。城市“三无”老人约4.5万人，生活保障得到不断改善。2009年全省城乡有83.2万老年人纳入了低保范围，其中城市低保老年人31.2万，农村52万人。城市人均低保补差月均达到133元，农村为47.9元，与2008年相比，分别增加了2元和4.9元，部分低保老人还享受廉租房补助、减免水电、收视费等政策扶持。全省有70%（近90个）的县市区开展了“资助救助、门诊救助、住院救助、临时救助和慈善救助”五位一体的城乡医疗救助试点，城乡低保、农村“五保”老人全部纳入医疗救助范围。在各级老龄部门的积极督促和协力参与下，2009年包括老年人在内的城乡医疗救助达226.6万人次，救助资金2.59亿元，其中农村“五保”对象和低保老人70余万人，城市低保老人10万多人，还资助了107万城乡困难老人参合参保；全省帮助包括老年受灾倒房户在内重建住房1.82万户，帮助特困老人在内的2.24万户农村特困户进行了危房改造；部分公用事业部门对低保、“三无”和“五保”等贫困老人实施了专项救助；社会各界也以不同形式开展助老活动，受助老年人年均达200多万人次。

二、养老服务体系建设不断推进

1. 继续加强机构养老。农村新建和改扩建敬老院233所、“五保之家”306所，新增集中供养“五保”老人1万余人。截止到年底，全省有敬老院1850所，“五保之家”约900所，集中供养“五保”老人9万多人，全省“五保”老人集中供养率达到20%。在城市，去年全省新建和改建综合性福利院19所，新增床位2000多张，为1000多名老年人提供了福利服务。全省有社会福利院135所，床位16800张，其中收养老人7500人。积极推动了部分敬老院、福利机构开展社会化养老服务的探索，鼓励有条件的敬老院和福利机构适度开展面向社会的养老服务，取得了良好效果。一部分农村敬老院正逐步由过去单纯提供居住场所的模式，向探索提供老年医疗卫生、文体娱乐的为老服务模式转变；一部分福利机构面向社会老人提供了寄托养、生活照料、医疗康复等养老服务。

2. 积极探索社会化养老。各级老龄工作机构与涉老部门积极引导和鼓励社会力量投资兴办养老服务机构，采取私营、公办民营、民办公助等模式，推进了社会化养老服务业的发展。长沙、株洲、常德等地作为试点地区，在推进社会化养老服务方面先行一步，取得明显成效。如常德市吸引社会力量建立了包含老年福利服务在内的福利机构 16 所，为社会老年人提供养老服务；该市武陵区为支持民办养老机构的发展，政策上给予扶持，经费上给予资助，全区登记注册的民办养老机构有 6 家，床位 300 张，入住老年人 180 人。非试点地区也在积极探索和推进社会化养老服务的开展，如衡阳市雁峰区社会福利院推出了老年人寄（托）养和康复护理等服务项目，为推进社会化养老服务积累了经验。特别值得一提的是，郴州市率先出台了内容全面、目标任务明确、政策措施具体的《关于大力发展养老服务业的意见》，并作为经验材料转发到了全省各市州。截止到 2009 年，全省登记注册的民办养老服务机构 44 所，床位 4237 张，入住老年人 2573 人；全省有老年病医院 200 所，床位数 9000 张；老年临终关怀医院 100 所，床位 2120 张，入院人数 3000 余人次。

3. 大力发展居家养老。开展了农村综合性老年福利服务机构示范工程的建设，利用现有的乡镇敬老院和“五保之家”为平台，整合社会资源，完善服务设施，拓展服务内容，扩大服务对象，健全服务队伍。据统计，省市县三级全年共安排了约 1000 万元专项资金投入示范点建设，已建成 14 所省级和 132 所市州级老年福利服务中心示范点，453 个“村老年人文化活动和服务站点”。全省 1850 所敬老院中有 1772 所，近 900 所“五保之家”中有 800 多所已分别挂牌“老年福利服务中心”和“老年文化活动服务站”，平台搭建已初步完成。多数示范点，特别是省级示范点已经实现资源的初步整合，示范点内建立了图书室、建设了室内外健身活动场所，添置了文化体育娱乐设施，设立了卫生医务室，有的将老年大学也整合进来了，并提供了日托、生活照料等初级的为老社会服务。开展农村综合性老年福利服务机构示范工程建设，既为各级老龄工作部门找到了一个工作抓手，又为解决农村居家养老工作起到了示范作用，同时，丰富了敬老院老人的生活，改善了条件，增强了敬老院发展后劲，得到了敬老院老人和广大农村老人、基层乡镇的欢迎和肯定。

在城市，着力推动社区居家养老服务工作的开展，省老龄委和省民政厅联合转发了长沙市《关于推进城乡社区居家养老服务工作的实施意见，》目前全省居家养老服务和服务人员培训工作正有序进行，老年消费市场明显扩大，产业发展平台正逐步形成。据不完全统计，全省已建立城市社区居家养老服务中心 1156 个，建起了居家老人服务档案，采取上门、日托等形式，开展生活照料、精神呵护等 20 多项内容的服务。各级政府共投入 3000 多万元为“三无”老人、特困老人和高龄老人等提供了购买服务，同时针对其他不同类型的老年人提供了优惠服务。目前，全省城市社区居家养老服务网络不断完善，为老服务内容不断丰富。城市社区居家养老服务工作的开展，既帮助城市空巢老人、高龄老人、失能老人等解决了养老服务问题，又能增加就业岗位，缓解就业压力，利国利民。

三、老年优待和权益保障工作跨上新台阶

1. 切实加强老年优待工作。2009 年，在认真调研、反复协调的基础上，省老龄办提请省委办公厅、省政府办公厅联合下发了《关于进一步加强老年人优待工作的意见》（以下简称《意见》）。《意见》与《湖南省实施〈老年人权益保障法〉办法》比，具有以下特点，一是优待内容范围覆盖面扩大，涉及到养老、医疗保健、生活服务、文体休闲、维权服务等老年人生活的方方面面；二是老年人能得到实实在在的利益，费用减免优待的项目大幅增加，且有突破性进展；三是优待费用减免的项目在注重普惠的前提下，更注重向高龄老人倾斜；四是对城乡低保、城市“三无”、农村“五保”、百岁老人等特殊老年群体，设计了特殊的优待办法和优待项目；五是优待项目内容非常具体明确，有很强的可操作性。各地也在加强老年人优待工作方面，根据当地实际出台了许多富有地方特色的优惠政策，如衡阳市将老年人享受各项优待的年龄放宽到了 65 岁；湘潭市为免费乘车的老年人购买乘车保险；还有些地区为特定老年人实行了水电气的优惠使用，如怀化市的企事业单位为离退休老年人每月免费提供 2 吨水、2 度电，部分市直单位和县（市、区）提供 4 吨水、5 度电；娄底市新化县在部分商场为老年人购物开设“绿色购物专柜”，老年人凭《老年优待证》享受 5％的优待等等。

2. 积极推进高龄老人津贴制度建设。在省财政支持下，全年安排近300万专项资金，切实保障了全省百岁老人每月200元长寿保健补助费的按时足额发放。各地也积极想办法，逐步提高津补贴标准或扩大享受高龄津补贴的老年人范围，如湘西州花垣县把百岁老人长寿保健补助标准提高到每人每月300元，并对90—99岁老人每人每月发放100元，80—89岁老人每年发放800元津补贴；张家界市将生活困难的百岁老人全部纳入低保范围；株洲市对60岁以上特困老人家庭每户每年发放800～1000元的困难补助；其他各地也积极开展了对高龄老人发放津贴的工作，全省高龄老人津贴制度建设迈出了新的步伐，广大老年人享受到了越来越多的改革开放的成果。

3. 协力推动老年法律维权工作。在各级老龄办的努力推动和参与下，全省各地律师、公证等法律服务机构及时为老年人提供法律援助，公安机关严厉查处侮辱、虐待和遗弃老年人等违法犯罪行为，法院认真维护保障老年人权益的各项条款规定，搞好涉老案件的审理。2009年，全省共办理涉老法律援助案件5600多起，受援人数达2948人，为老年人挽回或避免经济损失近亿元，为老年人优惠律师代理费1500多万元，接受老年人法律咨询17449人次。据不完全统计，截至2009年底，全省现共有老年法律援助中心709个，维权协调组织5694个，有41个法律援助机构依托老龄办设立了工作站，有3.7万个村（社区）建立了法律援助联络点，建点率达到70%。全省基本建立起以《老年人权益保障法》和《湖南省实施〈老年人权益保障法〉办法》为核心内容的宣传机制，将两部法律和有关政策纳入了宣传活动的重要内容。

四、老年文化教育宣传活动蓬勃开展

1. 老年人精神文化生活丰富多彩。各地各部门广泛开展各类老年文化、体育、教育等活动，努力丰富老年人精神文化生活。在第一届全国老年人体育健身大会上，我省代表队共取得21个金奖、16个银奖，湖南代表团被组委会授予“最佳组织奖”。旅游部门大力开发老年旅游线路，吸引省内、外老年人通过参加旅游活动丰富精神生活。株洲市妇联长春艺术团和长沙市老干部大学枫叶艺术团参加“永远的辉煌”——第十一节中国老年艺术节，获得一金一银的好成绩；在三年一届的湖南艺术节上，全省14各市州入选参加的老年类节目有10多个，分获金奖或银奖。湘西州老龄艺术团的节目被选送参加中国第八届《红叶风采》“与共和国同行”大型文艺演出。据不完全统计，目前全省共有老干部活动中心（室）116个，常年参加活动人数143万余人；老年文艺活动团体994个，各类老年群众组织8100多个，老年体育协会遍布城乡，会员达156万人。全省各级有老年大学（学校）4442个，常年参加学习老年人的超过28万人。

2. 爱老助老的社会风尚日益形成。省老龄办、团省委和省青少年发展基金会，开展了“孝行志愿者”暨“中华孝心榜”大型公益活动。老人节前后，省老龄办、省民政厅组织安排了50万元福彩公益金，对农村老年福利服务机构示范点进行了“金秋惠老”慰问活动；新闻界组织了重阳复古登高活动；省老龄办、省委老干局、马王堆疗养院等开展了第五届关爱老年人健康周活动。各市州如长沙市宁乡县组织了“万名老人参观县城”活动，益阳市老龄办与益阳电视台联合开设了“九九话重阳”的专题栏目、开通市民热线，娄底市娄星区、益阳市对辖区范围内的所有老年人开展了免费照相活动。省人民广播电台新闻、经济、交通、乡村4个频道一共播出有关老年社会群体新闻230多条。电台设置了《养生之道》《938健康行》等；电视媒体设置了《公共大戏台》《超级戏乐会》等栏目。《潇湘晨报》集团创办了《快乐老人报》，湖南电视台公共频道推出了全省首档中老年人综艺类节目“越活越来神”，为全省的老龄事业发展搭建了一个有力的宣传平台。

五、老年社会参与发挥新作用

1. 热心参与经济社会建设。全省各地根据实际情况，组织老年人才发挥余热，开展“银龄行动”，参与社会经济建设，取得了可喜成果。如益阳沅江市老年人才先后引进资金1200多万元，培养20多名农业科技致富户，引进自培良种品种30多种；赫山区组织老年人才举办种植、养殖技术培训班80期，协助乡镇兴办村民学校68所，参加培训班的农民达2万人次，创办园户联系点110个。湘西州老龄委组织202名专家组成11个报告团开展科普活动，深入全州8县市进行科普知识讲座255场，印发科普资料67575份，听课老人达24864人。据统计，全省共举办各类科学文化知识和技能培训班10810场次，395万多名群众参加了培训；有10多万老年知识分子参与“银龄行动”，直接参加经济建设的老年人超过100.5万人。

2. 积极投身社会公益事业。各级涉老部门充分发挥老干部、老专家、老战士、老教师、老模范等在青少年教育中的积极作用，与各界老年志愿者一起积极开展社会公益事业，他们深入到学校、社区、农村等地，弘扬理想信念，倡导文明新风，帮扶困难群众，维护社会治安，发展教育事业等。全省各级组织了11600多个宣讲团和报告团，对青少年进行社会主义荣辱观、理想信念、民族精神等宣传教育20360余场次，受教育青少年达1089万人次。据统计，全省参加各项公益事业的老年人超过46.5万人，为维护我省的社会治安、综合治理、环境保护以及关心下一代工作作出了积极贡献。

重要会议和活动

【全省老龄办主任会议】　2009年3月27日，湖南省老龄办主任会议在长沙召开，来自14各市州分管老龄工作的民政局领导、市州老龄办负责人共30余人参加会议。省民政厅党组成员、省老龄办主任陈毅华主持传达了全国老龄委第十一次全体会议和全国老龄办主任会议精神，总结了2008年全省老龄工作情况并部署安排2009年全省老龄工作。各市州分管老龄工作的民政局领导和老龄办主任就如何推进城乡为老服务体系建设交换了看法，并提出了很好的建议。会议期间，还组织与会代表考察了长沙市天心区两种不同模式的居家养老服务机构—青山祠社区居家养老服务站和大托镇居家养老服务中心，听取了长沙市民政局、长沙市老龄办开展城乡居家养老服务试点工作的经验介绍。

【“金秋惠老”慰问活动】　重阳节期间，在福彩的大力支持下，湖南省老龄办组织安排了50万元慰问金，由各市州老龄办负责在全省农村开展了“金秋惠老”慰问活动，主要是为部分农村综合性老年福利服务机构示范点补充购置冰箱、彩电、热水器、洗衣机以及文体健身器材等物品，完善示范点的服务设施，更好地为当地老年人提供服务。

【养老服务业调研】　2009年11月—12月，湖南省老龄办联合省民政厅的相关领导先后到株洲、常德、邵阳、张家界、郴州、永州、怀化等地，在各地负责老龄工作同志的陪同下，对城乡养老服务业的开展情况进行了实地调研。此次调研的目的在于如何进一步促进全省养老服务业的发展并建成一个规范管理体系，调研内容主要包括养老机构的发展、城市社区居家养老服务的进展，以及农村综合性老年福利服务中心示范点的建设情况等。调研组和当地基层老龄工作人员、老年人代表一起召开了座谈会，听取意见，大家从四个方面展开了交流，一是如何促使政策出台并实施；二是发展养老服务的资金投人问题；三是养老服务的模式探讨；四是养老服务队伍的建设。

【全省老龄委成员单位联络员会议】　2009年12月22日上午，湖南省老龄委成员单位联络员会议在长沙召开，省老龄办领导和各成员单位联络员共30多人参加了会议。各成员单位总结交流了2009年各项老龄工作情况以及老龄事业发展“十一五”规划实施以来的进展情况，并对今后的老龄工作安排提出了新的意见和建议。

各项业务进展

【启动农村综合性老年福利服务中心示范点建设】
为全面推进城乡居家养老服务工作，2009年全省开展了农村综合性老年福利服务机构示范工程的建设。要求所有乡镇敬老院、村级“五保之家”一律加挂“乡镇老年福利服务中心”和“村老年人文化活动和福利服务站”牌子，因地制宜将闲置的中小学校舍和村级办公场所等改造成为老年福利服务机构，或在政府兴办的各类老年福利服务机构和其他相关公共服务设施中建立老年福利服务场所，添置老年人活动和服务设施，拓展服务内容，扩大服务对象，健全服务队伍，努力打造为老服务平台；同时，省市县三级都要选择场所宽敞、有基础条件、交通便利、毗邻或位于集镇，周边社会老人较为集中的点开展示范化建设，并根据情况，将对老年人的生活照料、家政服务、医疗护理和精神慰藉，以及休闲娱乐、文体活动、日间托养等内容整合进人示范中心。目前，全省有1772所敬老院和近800所“五保之家”已经挂牌，省市县三级共投人1000多万元专项资金用于开展示范点建设，全省已建成14所省级和132所市州级老年福利服务中心示范点，453个“村老年人文化活动和福利服务站”，为多样化的农村养老服务提供了行业指导和示范作用，同时也为解决农村广大社会老人的养老服务问题开辟了一条新的途径。

【调整补充省老龄委组成人员】　2009年8月19日，湖南省委办公厅、省政府办公厅联合发出通知，对省老龄委组成人员进行了调整和补充。参照全国老龄委的建制，增加了国土资源厅和地税局为新的成员单位，使省老龄委成员单位达到32个，并对部分单位的组成人员进行了调整。主任由省委常委、常务副省长于来山担任，常务副主任由省民政厅厅长余长明担任。

【出台了《关于进一步加强老年人优待工作的意见》】
2009年11月，省委办公厅、省政府办公厅联合下发了《中共湖南省委办公厅湖南省人民政府办公厅关于进一步加强老年人优待工作的意见》（湘办〔2009〕67号，以下简称《意见》）。优待对象为全省60周岁及以上的老年人，重点为农村“五保”老人、城镇“三无”（无劳动能力、无生活来源、无法定赡养人和扶养人）老人、城乡低保老人等城乡贫困老年人和

70 周岁及以上高龄老人。《意见》具有以下特点，一是优待内容范围覆盖面扩大，涉及到养老、医疗保健、生活服务、文体休闲、维权服务等老年人生活的方方面面；二是老年人能得到实实在在的利益，费用减免优待的项目大幅增加且有突破性进展，如 65 岁以上老年人免费乘坐公交车，收费景区对 60—69 周岁老年人实行半价优惠，对 70 周岁以上老年人全免等多项。三是优待费用减免的项目在注重普惠的前提下，更注重向高龄老人倾斜；四是对城乡低保、城市“三无”“农村五保”、百岁老人等特殊老年群体，设计了特殊的优待办法和优待项目，如提出了城乡贫困老年人要按规定纳入城乡社会救助体系，农村“五保”老人、百岁老人及城镇“三无”老人去世后的丧葬殡仪服务费用全免等。五是优待项目内容非常具体明确，有很强的可操作性。同时要求各级政府要把落实老年人优待政策作为重要内容纳入目标管理，建立督查和奖惩制度，加大突出问题的督办解决力度；积极营造有利于老年人优待工作实施的社会环境，增强社会成员依法维护老年人权益的自觉性，共同推动老年人优待工作的落实。

广东省

省老龄委主任、副省长李容根在会上作重要讲话

由联合国国际老龄研究所、广东省老龄办和省委老干部局共同举办的“应对人口老龄化战略高级研修班”

综　述

2009 年，在省委、省政府的领导下，各级老龄委以邓小平理论和“三个代表”重要思想为指导，以科学发展观统领全局，深入贯彻落实党的十七大、十七届三中、四中全会精神，按照全国老龄委第十一次全体会议和省老龄工作委员会第九次全体会议的部署，从保发展、保民生、保稳定的大局出发，锐意进取，扎实工作，努力营造老龄事业发展的良好社会氛围，各项工作稳步推进，我省老龄事业呈现出良好的发展势头。

（一）以新农保试点和医疗卫生体制改革为契机，不断完善社会保障制度

全省各地继续完善各项社会保障制度，大力推广新型农村合作医疗，提高农村老年人的财政补助标准，扩大报销范围，提高报销比例。全省参加新型农村合作医疗人数达 4865.4 万人（户），农村老年人已成为新型农村合作医疗制度的最大受益者。根据《国务院关于开展城镇居民基本医疗保险试点工作的指导意见》精神，我省积极推进城镇职工和居民医疗保险制度。目前，所有地级以上市均实施了城镇居民基本医疗保险制度。普及城镇职工基本医疗保险制度和新型农村合作医疗制度共同构成了覆盖城乡各类人群的医疗保险体系。针对老年人患长期慢性病、医疗费用重的情况，我省出台政策，将癫痫等 5 种病症纳入基本医疗保险门诊特定病种管理，进一步扩大了医疗保

险报销范围。目前，全省有17个地市已经出台普通门诊医疗费用统筹办法，“保大病、保住院”的单一保障模式正向“门诊、住院保障兼顾”的全面保障模式逐渐转变，减轻了老年人的门诊医疗负担。

全省养老保障措施不断完善，基本建立了城乡居民一体化的养老保险体系。企业退休人员基本养老金得到调整，每人每月加发100元过渡性养老金，月人均达1418元，比去年增加225元，增长18.9%。全省基本养老保险在职参保人数达2422万人，同比增长11.5%，基金累计结余1949亿元，同比增长20.2%。全省农民参加社会养老保险365万人，其中108万人按月领取养老金。按照全省县（市、区）10%的比例，确定了韶关市曲江区等14个县区为新农保试点，全部启动实施新农保制度，并经国务院新农保试点领导小组批准，被列入国家首批新农保试点名单。与此同时，各地完善城乡低保制度，全面落实农村五保供养政策，坚持与经济社会发展相适应，与现行养老、低保、福利制度相衔接的原则，积极探索无社会保障老年人生活补助制度或办法，切实保障包括老年人在内的城乡低收入群体的基本生活。

（二）以实施增加国民收入、拉动内需的经济战略为契机，加快推进养老服务事业发展

以应对金融危机，增加国民收入，扩大内需、拉动经济增长的战略为契机，扎实推进养老服务工作。在养老服务工作模式上，创新了“公建民营”运行模式和福利机构等级评审管理模式，创新了政府购买服务工作模式，初步形成了具有广东特色的养老服务新模式。养老服务事业纳入了《珠江三角洲地区改革发展规划纲要》和部省协议，并正式实施了《广东省民办社会福利机构管理规定》，对民办福利机构在购置土地、房屋建设、用水、用电等方面都给予了一系列优惠政策。目前，全省经民政部门登记在册的各类社会福利机构1695所，床位10余万张，服务对象约8万人。社区老年人福利服务设施和活动场所4683个，总建筑面积31.5万平方米，总投入13.6亿元。各地积极整合福利院、“星光老年之家”、社区服务中心和社区医疗服务中心等街道、社区资源，将社区医疗、护理服务、家政服务、义工服务相结合，通过“平安钟”“平安通”等电子信息呼援服务平台，满足了不同层次老年人的需求。社区居家养老服务示范点已为5万多名居家老年人提供了不同程度的到户服务。

（三）以庆祝建国六十周年为契机，广泛开展有益于老年人身心健康的文化体育活动

按照全国老龄办的部署，在全省广泛组织开展了庆祝建国六十周年爱国主义教育和老年文化体育系列活动以及“迎国庆讲文明树新风”老年志愿活动。在重阳节及第21届老人节期间，省老龄办组织举办了广东省第四届“桂格杯”万名老人登山活动、“庆国庆、迎亚运、展风采”老年文艺演出、广东省党政军老领导书画展及柔力球交流会等老年人喜闻乐见的文体活动，营造了欢乐祥和的社会氛围。省老龄办、省体育局组织老年人代表团参加了全国第一届老年人体育健身大会，取得了15金、15银、21铜的好成绩，并获得最佳组织奖和道德风尚奖。各涉老社会组织充分发挥作用，积极开展各类老年文体活动。省老龄产业协会组织开展了“夕阳红健康之旅”，组织3000多名中老年人赴东北、中国台湾等地开展老年文化交流活动；省直属机关老年协会在广州市天河公园举行了庆祝建国六十周年大型游园活动。各地都按照全国老龄办和省老龄办的通知要求，组织老年人开展了老年文艺汇演、老年文化艺术节、老年人运动会、老年体育比赛、老年书画展、健身登山等一系列有益于老年人身心健康的文体活动。据不完全统计，各地在庆祝建国六十周年和老人节期间，共举办大小老年文化体育活动上万场(次)，大大丰富了老年人的精神文化生活。

（四）以评比表彰老龄工作先进单位和个人为契机，努力营造敬老、爱老、助老的良好氛围

在全省范围内广泛开展了老龄工作先进单位和先进个人的评选活动，以省老龄委名义通报表彰了65个老龄工作先进单位、100名先进个人。各地以评比表彰活动为契机，加大老龄工作宣传力度，努力营造敬老、爱老、助老的良好社会氛围。各地在老龄工作先进单位和先进个人评比推荐过程中，利用各种新闻媒体广泛宣传先进典型关心老年群体，想方设法为老年人排忧解难、全心全意为老年人服务的感人事迹，在全社会营造了尊老、敬老、助老的社会氛围，促进了社会主义和谐社会建设；深入宣传《老年人权益保障法》及《广东省老年人权益保障条例》等老龄法律法规，及时向有关职能部门和司法机关通报侵犯老年人权益的情况，加大协调和调解力度，积极做好老年信访工作，老年人权益保障力度不断加强。针对老年人来信来访中反映的问题，省老龄办坚持每月邀请律师开展一天法律咨询，为老年人指出投诉和解决问题的方式和途径，做好上访群众的思想疏导工作。老年人学法、用法、守法和依法维护自身权益的法律意识增强，维权工作取得明显成效。省老龄办组织人员深入基层对老年人的晚年生活和赡养方式进行调研，在深入调研的基础上，撰写了《广东省生活不能自理老年人的生活状况及需求》《广东省双百村居家老年人的生活状况及心理需求》两篇论文，并在第二届全国

老年心理关爱研讨会上分别获得一等奖、二等奖。省老年基金会联合《秋光》杂志等有关媒体共同发起了“百万慈善救助特困老人大行动”，救助了一批特困老人，在全社会引起了良好的反响。此外，省老龄办组织一批农业、医疗专家分赴新丰县和廉江市开展蔬菜科技进村服务和医疗服务活动，圆满完成了第六期“银龄行动”，受到当地干部群众的热烈欢迎，收到了良好的社会效果。

（五）以深入开展学习科学发展观活动为契机，着力加强各级老龄办自身建设

各级老龄工作系统认真按照省老龄委第九次全会的要求，结合深入开展学习实践科学发展观和作风建设年活动，积极开展以“加强作风建设，保障科学发展”为主题的纪律教育学习活动，着力解决老龄工作干部队伍自身建设方面存在的突出问题，增强了实践科学发展观的自觉性。认真抓好老龄工作干部的自身学习和业务培训，着力营造尊重知识、尊重人才的环境氛围，以能力建设为核心，不断提高老龄工作干部的调查研究能力、综合协调能力、组织指导能力。省老龄委举办了市、县两级老龄工作干部业务培训班，并组织到外地考察，提高了各级老龄工作部门干部的理论水平和业务能力。省老龄委与联合国国际老龄研究所共同举办了“应对人口老龄化战略高级研修班”，对全省老龄系统的领导干部进行了培训。省委、省政府对举办这期研修班高度重视，省委常委、省委组织部长胡泽君，省人大常委会原主任、省老年公共事务研究中心主任张帼英等领导亲自参加了研修班开幕式，并作了重要讲话，对学员提出了明确要求。这期研修班邀请了国内外知名老龄研究专家授课，组织学员学习了推行积极老龄化、成功老龄化的新理念，探讨了老龄化社会背景下养老护理新模式，研究了发展老龄产业的新对策，推动了我省老龄理论的研究和人才培训。

重要会议和活动

【召开省老龄委第九次全体会议】 2009 年 2 月 24 日下午，省老龄委第九次全体会议在省政府迎宾厅举行。会议由省老龄委常务副主任、省政府副秘书长颜学亮主持。省老龄委主任、副省长李容根出席了会议并作重要讲话。省老龄委委员及省老龄委成员单位联络员出席了会议，同时各地级以上市老龄委领导、老龄办负责人列席了会议。会议传达了全国老龄委第十一次全体会议精神，总结了 2008 年我省的老龄工作，并对今年的工作落实提出了意见。会议还表彰了 2008 年度省老龄委先进成员单位和优秀联络员。

【召开全省地级以上市老龄办主任会议】 2009 年 2 月 25 日上午，省老龄办召开了全省地级以上市老龄办主任会议。省老龄委委员、省民政厅党组成员、老龄办主任高党生出席了会议并讲话。

【举办珠三角地区市老龄办主任培训班】 2009 年 5 月下旬，省老龄办举办了珠三角 9 市老龄办主任培训班，组织学习《珠江三角洲地区改革发展规划纲要》，对省老龄办拟订的《贯彻落实〈珠江三角洲地区改革发展规划纲要〉加快老龄工作发展的实施意见》（征求意见稿）进行讨论，省民政厅党组成员、老龄办主任高党生在培训班上作了讲话。

【开展“十一五”规划实施情况中期评估工作】 2009 年 9 月 1 日—26 日，为了解掌握我省老龄事业发展“十一五”规划完成情况和存在的问题，促进规划目标和任务如期完成，省老龄办副主任陈瑞峰、刘树林分别带队赴部分地级以上市开展调研。

【举办全国老年人骨科疾病知识普及教育活动（广州站）】 2009 年 4 月 10 日—12 日，由全国老龄办老年人才信息中心、广东省老龄办联合举办的“追求健康，别停步”——全国老年人骨科疾病知识普及教育活动（广州站）在天河公园南门广场隆重举行。全国老龄办“银龄行动”办公室王庆主任到场致辞，省老龄办副主任陈瑞峰出席了开幕式。来自中山大学附属第一医院、广州中医药大学第一附属医院的 10 多位权威骨科医护专家亲临义诊现场，为到场的近千名老年人免费义诊，并派发骨科疾病预防系列手册、知识光盘。

【举办“应对人口老龄化战略高级研修班”】 2009 年 11 月 1 日—7 日，由联合国国际老龄研究所、广东省老龄办和省委老干部局共同举办的“应对人口老龄化战略高级研修班”在广州大学城华南理工大学国际学术中心举行。本次研修班共有来自我省老龄和老干部两个系统的 50 多名同志正式参加研修学习。研修班就围绕我国人口老龄化的现状、趋势和对策，如何构建现代社会保障体系，老龄政策的科学制定方法及执行管理水准等，邀请联合国国际老龄研究所所长约瑟夫·特鲁伊斯、联合国亚太地区经济与社会委员会专家欧萨麻博士以及北京大学社会学教授陆杰华授课。

【组织“庆国庆、迎亚运、展风采”老年文艺演出】 2009 年 10 月 22 日下午，省老龄办、省福彩中心主办的“庆国庆、迎亚运、展风采”老年文艺演出在广州军区珠江宾馆会议中心隆重举行。来自 8 个单位 9 个老年表演团体欢聚一堂，载歌载舞，热烈庆祝中华人民共和国成立六十周年和国际老年人年十周年以及广东省第 21 届老人节。

【举办了“弘扬奥运精神万名老人登山活动”】 2009 年 10 月 15 日上午，由省老龄办主办的广东省第四届

"桂格杯"万名老人登山活动在白云山隆重举行，近万名老年人在重阳节来临之际同畅游共庆节。省老龄委委员、省民政厅党组成员、省老龄办主任高党生，省老龄办常务副主任陈瑞峰等领导出席了登山活动的开幕仪式。

【启动南粤"百万慈善救助特困老人大行动"】　从2009年7月开始，广东省老年基金会联合《秋光》杂志等有关媒体共同发起"百万慈善救助特困老人大行动"，拟筹集100万元资金，向全省1000名特困老人发放生活资助。首批50名特困老年人已获得每人1000元的资助金。

【举办广东省太极柔力球艺术交流会】　2009年6月9日，由省老龄产业协会、清远市委组织部、清远市老龄办承办的广东省太极柔力球艺术交流会在清远市举行。省民政厅党组成员、省老龄办主任高党生出席了此次活动并发言。交流会上，来自广州、深圳、肇庆等地区的15支代表队进行了精彩的太极柔力球表演，活动现场高潮不断。交流会在热烈的掌声中顺利落下帷幕。

【举办庆祝建国六十周年大型游园活动】　2009年5月22日上午，由广东省直属机关老年协会主办的庆祝建国六十周年大型游园活动在广州市天河公园举行。省民政厅党组成员、副巡视员、省老龄办主任高党生，省老龄办副主任陈瑞峰和部分党政军老领导，及来自省直机关厅局单位、中央驻穗单位、大专院校等离退休老同志参加了游园活动。现场，老同志们兴致勃勃地观看了精彩的文艺演出并参加了猜谜、套圈、飞镖等10多项游戏。

各项业务进展

【老龄政策研究】　为推动全省特别是珠江三角洲地区的老龄工作再上新水平，省老龄办在深入调研、广泛征求各有关单位意见、反复研究论证的基础上，制订了《贯彻落实〈珠江三角洲地区改革发展规划纲要〉工作指引》。草拟了《关于贯彻落实〈珠江三角洲地区改革发展规划纲要〉加快老龄工作发展的实施意见》，提出了在《纲要》实施期间，珠江三角洲地区要率先建立城乡一体的养老保障体系、建立满足老年人需求的医疗保障体系、建立便捷完善的为老服务体系、大力发展老龄产业等七项主要任务。《实施意见》待征求各成员单位意见后印发各地实行。为了解掌握我省老龄事业发展"十一五"规划完成情况和存在的问题，促进规划目标和任务如期完成，省老龄办启动并完成了"十一五"规划实施情况中期评估工作，形成了《广东省老龄事业发展"十一五"规划实施情况中期评估报告》，提出了相应的对策建议，为科学编制"十二五"规划奠定了基础。

【老年维权工作】　各涉老部门高度重视老年维权工作，采取切实措施，保障老年人合法权益。省老龄办召开了全省老年维权工作经验交流会，积极做好老年维权和信访工作，坚持每月请律师开展一次法律咨询活动，为老人指出投诉和解决问题的方式、途径，并及时向有关职能部门和司法机关通报侵犯老年人权益的情况。一年来，共接待涉老上访141批194人次，接听咨询上访电话124次，收到书面上访信件材料40件。省公安厅依法打击、及时预防侵害老年人合法权益的违法犯罪行为，取得明显成绩。省司法厅进一步完善法律援助机构的网点设置，并向基层延伸，构成了纵横交织的法援网络。省总工会积极参与涉老维权工作，切实为离退休职工办实事好事。

【为老服务业发展】　在养老服务工作模式上，创新了"公建民营"运行模式和福利机构等级评审管理模式，创新了政府购买服务工作模式，初步形成了具有广东特色的养老服务新模式。养老服务事业纳入了《珠江三角洲地区改革发展规划纲要》和部省协议，并正式实施了《广东省民办社会福利机构管理规定》，对民办福利机构在购置土地、房屋建设、用水、用电等方面都给予了一系列优惠政策。目前，全省经民政部门登记在册的各类社会福利机构1695所，床位10余万张，服务对象约8万人。社区老年人福利服务设施和活动场所4683个，总建筑面积31.5万平方米，总投入13.6亿元。各地积极整合福利院、"星光老年之家"、社区服务中心和社区医疗服务中心等街道、社区资源，将社区医疗、护理服务、家政服务、义工服务相结合，通过"平安钟""平安通"等电子信息呼援服务平台，满足了不同层次老年人的需求。社区居家养老服务示范点已为5万多名居家老年人提供了不同程度的到户服务。

【老龄新闻宣传】　省老龄办利用《广东老龄工作简报》及时发布老龄工作信息，配合《秋光》《老年观察》《老人报》等报章杂志，做好老龄宣传和新闻专访。省老年基金会与《秋光》杂志发起"百万慈善救助特困老人大行动"，引起了社会各界对老年问题的广泛关注。目前，第一批救助的50名特困老人经公示后，已经领取了救助金。省老龄委在全省范围内广泛开展了老龄工作先进单位和先进个人的评选活动，通报表彰了65个老龄工作先进单位、100名先进个人。各地在老龄工作先进单位和先进个人评比推荐过程中，利用各种新闻媒体广泛宣传先进典型关心老年群体，想方设法为老年人排忧解难、全心全意为老年人服务的感人事迹，在全社会营造了尊老、敬老、助老的社会氛围，促进了社会主义和谐社会建设。

【老年文体活动】 按照全国老龄办的部署，在全省广泛组织开展了庆祝建国六十周年爱国主义教育和老年文化体育系列活动以及“迎国庆讲文明树新风”老年志愿活动。在重阳节及第21届老人节期间，省老龄办组织举办了广东省第四届“桂格杯”万名老人登山活动、“庆国庆、迎亚运、展风采”老年文艺演出、广东省党政军老领导书画展及柔力球交流会等老年人喜闻乐见的文体活动，营造了欢乐祥和的社会氛围。省老龄办、省体育局组织老年人代表团参加了全国第一届老年人体育健身大会，取得了15金、15银、21铜的好成绩，并获得最佳组织奖和道德风尚奖。各涉老社会组织充分发挥作用，积极开展各类老年文体活动。省老龄产业协会组织开展了“夕阳红健康之旅”，组织3000多名中老年人赴东北、中国台湾等地开展老年文化交流活动；省直属机关老年协会在广州市天河公园举行了庆祝建国六十周年大型游园活动。各地都按照全国老龄办和省老龄办的通知要求，组织老年人开展了老年文艺汇演、老年文化艺术节、老年人运动会、老年体育比赛、老年书画展、健身登山等一系列有益于老年人身心健康的文体活动。据不完全统计，各地在庆祝建国六十周年和老人节期间，共举办大小老年文化体育活动上万场（次），大大丰富了老年人的精神文化生活。

【第六期“银龄行动”】 在认真总结前五年“银龄行动”经验的基础上，继续以“就近、方便、可行、实效”为原则，组织老年知识分子对我省经济欠发达地区进行技术援助，开展第六期“银龄行动”。2009年4月至10月，省老龄办组织25名农业、医疗专家分赴新丰县和廉江市，开展蔬菜科技进村服务和医疗服务活动。在新丰县，农业专家们深入村镇，现场为当地农民、科技示范户举办技术专题讲座和技术咨询活动，还专门组织种子公司、蔬菜产业协会向当地农民、科技示范户免费赠送技术资料和蔬菜新品种。在廉江市，医疗专家们深入村镇开展了义诊活动，到市医院深入病房带班，解答疑难杂症，给全市200多名医务人员做了专题讲座。通过开展此类活动，鼓励和引导老年人积极参与社会发展，同时还扩大了老龄工作的影响，提升了老龄工作部门的地位。

云南省

曹建方副省长（右三）、王树芬厅长（右二）在福利院看望慰问高龄老人

2009年1月10日在昆明召开云南省老龄工作暨第二轮创建活动表彰会议

综　　述

随着新中国的同龄人步入老年，我省出现了第一次老年人口增长高峰，人口老龄化、高龄化的趋势更加突出。到2009年底，我省老年人口已达532.52万人，占全省总人口的11.65%，年内60岁以上老年

人口净增 22.8 万人，80 周岁以上老年人口已达 56.59 万人，占全省老年人口总数的 9.41%。2009 年全省老龄工作在省委、省政府的正确领导下，在全国老龄办的指导帮助和有关部门的积极支持下，各级老龄工作部门坚持以邓小平理论和“三个代表”重要思想为指导，全面落实科学发展观，深入贯彻党的十七大和十七届三中、四中全会精神，按照全国老龄委第十一次全会、全国老龄办主任会议的要求和全省老龄工作暨创建表彰会议的部署，以保障和改善民生为重点，采取有力措施，加大工作力度，注重工作落实，各项老龄工作稳步推进，老龄事业呈现出持续健康发展的良好局面。

（一）老年福利基础设施进一步完善，为老服务水平不断提高

省民政厅出台了《云南省加强农村敬老院建设实施意见》，投入 13270 万元，资助 116 所农村敬老院建设项目，年内建成农村敬老院 67 所，新增床位 9018 张，新增集中供养对象 7378 人。世纪金源集团资助的 11 所敬老公寓建设项目顺利完工并投入使用。在认真总结“163”计划试点建设经验的基础上，在全省积极开展居家养老服务示范建设，省本级福彩公益金共投入 600 万元资助了 22 个省级居家养老服务示范点建设项目，启动了 2 个省级“爱心护理”试点建设项目。同时，省本级福彩公益金投入 100 万元资助了 100 个基层老年协会活动场所改造和购置活动器材、图书等，投入资金 465 万元资助建设了 15 个基层老年活动中心。

（二）创建活动成效显著，基层老龄组织进一步加强

各地结合和谐社区建设和新农村建设，深入开展老龄创建活动和百村建设，强化基层老年活动设施建设，有效地促进了基层老龄事业发展。曲靖市采取抓组织、抓阵地、抓活动、抓保障、抓开发、抓管理的办法，扎实开展基层老龄工作创建活动，已累计创建 765 个敬老先进村（社区），近一半的村（社区）通过了检查验收，夯实了基层老龄工作基础。昆明、玉溪、红河、文山、丽江等地采取多种形式，大力表彰创建活动先进典型，及时推广创建活动经验，有力地推动了基层老龄工作的发展。省老龄办结合创建活动实际，积极探索推广文明村寨、文明家庭、敬老先进村（社区）等示范创建活动经验，进一步推动了创建活动的深入开展。在城乡基层老龄协会自身建设工作上，多形式地广泛开展老年文体活动，积极倡导移风易俗，帮助解决邻里纠纷等实际问题，各地老龄协会已成为推动当地经济发展、维护城乡稳定、促进基层和谐的一支重要力量。目前，全省各级共成立老年协会 15111 个，会员达 230 余万人。

（三）宣传教育和文化体育活动丰富多彩，孝亲敬老氛围更加浓厚

各级老龄部门通过举办经常性的老年文艺汇演、书画展、健康知识讲座、老年观光旅游、评选健康老人等活动，引导老年人走出家门融入社会，参加有益身心健康的各类活动。各级老年艺术团体经常深入基层进行慰问演出，极大地丰富了老年人的精神文化生活。各地充分利用各种新闻媒体和手机信息，积极开展“敬老宣传月”、推荐“云岭十大孝星”、评选“敬老好儿女、好媳妇、好家庭”“送老年法下乡”“孝心进社区”、义务助老等活动，深入开展孝亲敬老主题教育活动，广泛宣传老龄法规政策，增强了全社会的敬老意识。省敬老、爱老、助老主题教育组委会在全省范围内采取逐级推荐、专家评审、媒体公示的评选办法，评选出云南省第四届“云岭十大孝星”及提名奖各 10 名。敬老节前，省老龄办成功举办了云南省第 22 届敬老节庆典活动，仇和等 9 位省领导出席活动并为云岭“十大孝星”颁奖，曹建方副省长发表了重要讲话。保山、普洱、临沧等地也积极组织开展了孝星评选表彰、万人游园、慰问长寿老人、老年民间乐器汇演等丰富多彩的敬老节系列活动，营造了“关爱老人、共建和谐、共享和谐”的良好社会氛围。

（四）老龄组织作用明显，助老工程稳步推进

省老龄事业发展基金会在加强自身建设管理的同时，充分发挥职能职责作用，积极开展筹资和助老工作，全年共筹集到账资金 515 万元，在通过逐户调查核实的基础上，安排 100 万元帮助曲靖、红河、文山、临沧、昭通 5 州市 19 个县（市、区）的 53 名特困老年人家庭解决了住房难等问题，安排 60 万元对 2000 名农村困难老年人实施医疗救助，较好地解决了老年人的实际困难；投入 62 万元对长青公寓进行环境改造，深受入住老年人及其亲属的好评。省敬老爱民促进会全年募集资金 1055 万元，投入 511 万元扶助贫困地区修建了 8 所敬老院和 4 所小学，积极开展在校贫困生的助学行动，得到了广大老年人和社会各界的赞扬。红河州注重加强基层老龄组织建设，州、县两级相继成立了老龄事业发展促进会，年内募资 341.5 万元，积极开展助老活动，取得了较好的社会效果。目前全省已有 10 个州（市）59 个县（市、区）成立了老龄事业发展促进会，为各级政府开展贫困老年人的救助工作发挥了拾遗补缺的作用。

重要会议和活动

【云南省老龄工作暨第二轮创建活动表彰会议】 省人民政府于2009年元月10日在昆明隆重召开全省老龄工作暨第二轮创建活动表彰会议，认真总结了全省开展第二轮老龄工作创建活动取得的成绩和经验，安排部署了当前和今后一个时期的工作任务，表彰奖励了全省开展第二轮创建活动中涌现出的40个老龄工作模范（先进）县（市、区）、150个敬老先进村（社区）、30个老龄工作先进单位、50个先进个人。会后，及时指导督促各地狠抓了会议精神的贯彻落实，进一步推动了创建活动深入开展。

【老龄工作目标管理责任制考核】 为更好地贯彻老龄法规政策，推动老龄工作目标任务落实，本着公开、公正、公平的考核工作原则和相互了解、互相学习、共同促进老龄事业发展的目的，省老龄办组成8个联合工作组，由经验丰富、工作认真负责、组织能力较强的州市老龄办领导任组长，省老龄办机关人员参加，于2009年2月11日至18日采取分片、交叉的方式，对16个州市落实2008年度老龄工作目标管理责任制情况认真进行了考核验收。

【全省老龄办主任会议】 2009年2月20日在昆明召开16个州（市）老龄办主任、综合科长、州（市）人民政府所在地县（市、区）老龄办主任和省老龄委成员单位等共100余人参加的全省老龄办主任会议。会议传达学习了全国老龄委第十一次全会、全国老龄办主任会议和云南省老龄工作暨第二轮创建活动表彰会等会议精神；全面总结了全省2008年老龄工作，进一步安排部署了2009年的工作任务；通报了2008年度全省老龄工作目标管理责任制考核情况，并对目标考核中成绩突出的州市老龄办进行了表彰；省老龄办与州市老龄办续签了2009年度老龄工作目标管理责任书。

【全省老龄系统第二期行政执法暨信息统计工作培训】 2009年6月初，省老龄办牵头在昆明组织举办了全省老龄系统第二期行政执法暨信息统计工作培训班，积极协调省政府法制办、省民政厅和省统计局的相关领导及专家，对未取得行政执法证的省老龄办机关、各州市和州市政府驻地县（市、区）三级老龄办的领导及州市老龄办的信息统计工作人员，就老龄行政执法、老龄统计、老龄信息等业务知识集中进行授课培训。通过培训，使参训人员找准了工作中的差距，了解掌握了相关业务知识，学到了工作方法，统一了思想认识，增强了工作责任心和紧迫感，提高了开展老龄工作的能力。

【行政执法检查】 省政府将贯彻落实《云南省老年人权益保障条例》（以下简称《条例》）列入2009年度行政执法检查的重要内容。在各地开展执行《条例》情况自查的基础上，2009年9月，省老龄办牵头协调省老龄委成员单位组织8个检查组深入16个州市，对新修订的《云南省老年人权益保障条例》实施两周年来各地贯彻落实情况进行行政执法检查，全面总结各地贯彻《条例》、落实各项惠老政策过程中的经验和做法，认真查找存在的困难和薄弱环节，研究制订改进措施和办法，为下一步加大贯彻落实力度、确保老年优待政策真正落到实处、推动我省老龄事业的全面发展奠定了基础。

【云南省第22届敬老节系列活动】 为弘扬中华民族敬老、爱老、助老的传统美德，省老龄办及时下发了开展敬老节活动的通知，指导督促各地认真组织开展以“孝心行天下，和谐彩云南”为主题的敬老节系列活动。各地各部门以宣传贯彻“一法一条例”为主线，通过组织开展形式多样的敬老节活动，大力表彰敬老、爱老、助老的先进典型，走访慰问城乡贫困老人和百岁老人，进一步弘扬中华民族孝亲敬老的传统美德。同时，积极协调省政府有关部门，以省民政厅和省老龄办的名义于2009年10月22日在昆明成功举办了云南省第22届敬老节庆典暨文艺节目演出活动，曹建方副省长等9位省级领导与1000多名社会各界人士一起欢度敬老节。同时，为努力营造敬老社会氛围，省老龄办牵头以“孝心行天下，和谐彩云南”为主题，在全省范围内采取逐级推荐、专家评审、媒体公示的评选办法，评选出云南省第四届“云岭十大孝星”及提名奖各10名，并为荣获云南省第四届“福彩杯”云岭十大孝星颁了奖。通过开展敬老节系列活动，努力营造了“关爱老人、共建和谐、共享和谐”的良好社会氛围。

各项业务进展

【老年优待工作】 全省各州市采取有力措施认真贯彻落实老年优待政策，医院、旅游景点、公厕、商业网点等主要服务窗口均设置了老年人优先、优惠和免费等标志，较好地落实了60周岁以上老年人持老年优待证免费乘坐公交车、进公园、公厕和就医减免挂号费等优待政策。截止到2009年底，全省已开通城市市内公交车的66个县（市、区）中有51个落实了60周岁以上老年人持老年优待证免费乘坐公交车；全省171个公园中有107个免费向老年人开放；有122个县（市、区）落实了老年人就医减免普通挂号费等优待政策；根据省政府决定从2009年元月起全面发放80周岁以上老年人的健康补贴和百岁老人的长寿补贴的有关要求，为指导各地规范老年人补贴的发放工作，省老龄办协调省民政厅、省财政厅联合出台了《关于认真做好80周岁以上老年人保健补助和百岁老年人长寿补助发放工作的通知》（云民办〔2009〕12号）。全省16个州（市）全面落实了高龄老人保健补助和长寿补助，共有56.59万名80周岁以上老年人领取了保健补助，800多名百岁老人领取了长寿补助，累计发放高龄补助13085.71万元（其中省级财政补助3000万元，州、县两级配套资金10085.71万元），充分体现了各级党委、政府对老年人的关心关怀，得到了广大老年人和社会各界的一致好评。

【基金会工作】　在组织工作组逐户调查核实的基础上，省老龄事业发展基金会从募集的资金中安排100万元帮助曲靖、红河、文山、临沧、昭通5州市19个县（市、区）的53名特殊困难老年人家庭解决住房难等问题，安排60万元对2000名农村困难老年人开展助医行动，这些助老活动，得到了广大老年人和社会各界的赞扬。投入62万余元，加大长青公寓环境条件改造力度，同时通过强化内部管理，提升了为老服务的效能和质量，深受入住老年人及其亲属的好评。截止到2009年底，全省已有10个州（市）59个县（市、区）成立了老龄事业发展促进会，为各级政府开展贫困老年人的救助工作发挥了失遗补缺的作用。省敬老爱民促进会全年募集资金1055万元，投入511万元扶助贫困地区修建了8所敬老院和4所小学，积极开展在校贫困生的助学行动，得到了广大老年人和社会各界的赞扬。

【老龄调研工作】　为进一步全面准确了解我省老龄工作现状，切实把握老龄事业发展动态，2009年初，认真组织实施了全省老龄事业发展情况统计工作，对全省各阶段的老年人口数量、老龄机构编制和落实、老年福利服务设施、经费投入、贫困老年人生活保障和为老服务情况等进行了全面的统计。6月下旬组成联合调研组，采取听取情况汇报、查阅有关资料、召开座谈会、实地查看场地基础设施建设条件和交换反馈意见等方式方法，就失能老年人生活状况、居家养老服务体系建设等问题认真进行调研，全面细致地了解掌握了各地开展老龄工作的情况，完成了调研报告，为指导督促各地扎实抓好当前和今后的重点工作提供了第一手资料。

【“百村建设”计划】　2009年，省老龄办继续组织实施“百村建设”计划，积极筹措100万元资金，帮助100个基层老年协会解决活动设施、器材和图书等，州、县两级仍按1∶2∶4的比例，落实配套资金，对老年协会进行帮扶，充分发挥老年协会在新农村建设中的积极作用，确保基层老年人各项活动有序，不断推动了基层老龄工作的全面发展。

【居家养老服务工作】　在认真总结居家养老服务163计划试点经验的基础上，在全省积极开展居家养老服务示范建设，省级财政投入600万元选择了环境条件较好、服务需求较多、老年人居住集中、各级工作积极性高的22个城市社区开展了居家养老服务示范建设，取得了较好的效果。

【启动老龄人口信息化建设项目】　经过多方协调，省老龄办上报的云南省老龄人口信息管理系统建设项目可行性研究报告已经省工信委项目专家组审核通过，省发改委、省财政厅已于2009年11月正式立项，并安排了75万元的项目建设资金。此项目的建设，必将为我省老龄人口信息采集、查询，老龄工作宣传与管理和开展老龄问题研究，制订老龄工作政策措施提供有力的支撑。

贵州省

加强农村基层老年协会建设是2009年老龄工作的重要内容。图为省民政厅党组成员、省老龄办专职副主任唐映祥授予惠水县好花红乡崇学村老年协会“贵州省基层老年协会建设基地”称号。

省民政厅党组成员、省老龄办专职副主任唐映祥深入农村了解基层老龄工作开展情况

综　　述

2009年贵州省各级老龄委以邓小平理论和“三个代表”重要思想为指导，以科学发展观为统领，按照省老龄委第九次全体会议的安排部署，求真务实，扎实工作，各成员单位充分履行职能，加强协调配合，有力推动了全省老龄事业的发展。

一、养老保障制度建设取得新进展

按照国务院统一部署，省人力资源和社会保障厅认真贯彻落实省人民政府《关于开展新型农村社会养老保险试点的意见》，会同有关部门在9个市（州、地）11个县（市、区）开展新型农村社会养老保险试点，符合参保缴费条件16至60岁人口约265万人，领取养老金60岁以上的农民44万人，农村老年人“老有所养”开始有了制度性保障。进一步加强城镇企业职工基本养老保险工作，全省城镇职工基本养老保险参保人数达235.4万人，其中退休人员58.5万人，养老保险待遇支出87亿元，退休人员月人均基本养老金达到1149元，比上年增加136元。贵阳市开展了城镇无收入老年居民养老保障试点。民政部门不断完善社会救助制度，城乡居民最低生活保障覆盖面不断扩大，救助标准逐年提高。全省享受城市低保55.5万人，其中老年人8.33万人，月人均补助金158元，比上年增加22元；享受农村低保补助323万人，其中老年人106.8万人，年人均补助金751元，比上年增加189元。国家提高扶贫标准后，省政府对各县农村低保补助测算标准提高到1196元，省财政安排补助资金23.24亿元，初步统计今年全省农村低保人数530万人。在乡老复员军人年人均定补由上年2793元提高到3294元，增加501元。人口计生委继续推进农村计划生育家庭奖励扶助制度，2009年共发放奖励扶助资金2010万元，补助对象2.8万人，年人均补助720元，比上年增加120元；农村计划生育“两户”家庭养老保险制度试点由上年11个县（市、区）扩大到32个县（市、区），月人均养老金不低于300元。省委组织部、省老干局、省人力资源和社会社会保障厅认真贯彻落实有关离退休干部生活待遇的各项政策，制定企、事业单位离休人员比照机关规范后离休人员补贴标准发放生活补贴制度，对特困老干部及老干部遗孀建立档案，并发放困难补助金；对部分农村、城镇老党员发放生活补贴。省总工会向包括老年劳模在内的全国劳模发放“生活困难补助金”“特殊困难补助金”和“春节慰问金”。各成员单位都分别开展了走访慰问离退休干部、退休老专家和少数民族老年人活动。关闭破产企业退休人员养老保险和被征地农民社会保障等工作稳步推进。

二、医疗保障改革取得新突破

卫生部门不断健全完善新农合制度。全省参合农民2912万人，参合率达94.25%，较上年提高2.13个百分点，参合率高于全国和西部平均水平，其中农村低保对象和“五保”供养对象的参合率为100%，参合农民享有的标准由80元/人提高到100元/人。全省有66个县实行新农合门诊统筹，3123万人获门诊补偿，323万人获住院补偿。争取中央财政资金，安排县医院、乡卫生所和社区卫生服务中心（站）等基层卫生基础设施建设项目468项，争取省财政安排2亿元专项资金新建4000所村卫生室，开展“百万贫困白内障患者复明工程”为全省6373名白内障患者免费复明，其中老龄患者占95%以上，继续推动“万名医师支援农村卫生工程”，积极组织二级以上医疗卫生机构对口支援乡镇卫生院工作。加强社区卫生服务工作，为社区老年人建档25万份，并定期为65岁以上老年人进行体检和健康指导服务。人力资源和社会保障厅全面推进城镇职工和城镇居民基本医疗保险制度建设，城镇医疗保险参保人数达到567万人。按照国务院和省政府统一部署，有效解决中央及中央下放地方和依法关闭破产国有企业退休人员参加城镇职工基本医疗保险问题。民政部门全面实施城乡医疗救助制度，25万城市困难群众和213万农村困难群众得到救助，累计支出救助资金2.1亿元。组织部门全面提高离休干部护理费标准，大幅度提高离休干部医疗待遇。

三、养老服务工作稳步发展

省发改委结合我省旅游资源、文化资源和气候资源优势，牵头编制完成了《贵州省老年度假产业发展规划》，安排680万元建设资金资助第三批17个非经济强县修建老干部活动场所。省民政厅安排了4000多万元福利彩票公益金用于城镇养老服务机构和农村乡镇敬老院建设。截至2009年底，全省共有养老服务机构938个，床位22461张，比上年增加2190张，收养老人13263人。贵阳市通过民办公助、公办民营和财政补贴购买服务政策推动了民办养老机构发展，全市民办养老机构由上年28家发展到38家，床位由上年1220张增加到1756张。毕节地区结合农村危房改造项目新建80个乡镇敬老院和“五保户”集中供养点，可集中供养“五保户”3500人。围绕建立以居家养老为基础，社区服务为依托，机构养老为补充的养老服务体系，按照省老龄委安排，2009年全省50%的县（市、区）开展居家养老服务工作，并列入省政府目标考核指标。省人民政府办公厅转发省老龄办等11个部门《关于积极推动居家养老服务工作的意见》，对开展居家养老的目标任务、保障措施提出明确要求，有力推动了居家养老服务工作的顺利开展。截至去年底，我省已有67个县（市、区）、389个城市社区、43个村开展居家养老服务试点工作，占县（市、区）总数的76%。享受居家养老服务的老年人26万人，其中政府购买养老服务1557人。全省各级政府共投入居家养老专项资金825万元。贵阳、六盘水、安顺、黔南、毕节5个市（州、地）所属县（市、区）全面开展居家养老服务工作。贵阳市扩大农村居家养老服务试点范围，积极探索农村空巢老人生活照料路子。去年底，省老龄办召开全省居家养老服务工作推进会，对2009年居家养老服务工作进行总结，及时安排2010年居家养老服务工作。

四、老龄法制建设进一步加强，老年人合法权益得到保障

司法、妇联、民委等部门利用“五五”普法和“三八”妇女维权周等广泛开展涉老法律法规宣传教育活动，热情接待老年人来信来访。司法部门依托各级法律援助中心为老年人提供法律服务和法律援助，2009年为老年人办理各类案件7551件，接受法律咨询6278人次。各级法院对涉老案件中的贫困老年当事人实行缓交、减交、免交诉讼费，对符合司法救助条件的老年当事人给予及时救助。公安部门针对危害老年人的暴力和侵财等犯罪活动进行严厉打击，重点侦破涉老案件，有力保障了老年人的生命、财产安全。省妇联继续办好“老龄妇女维权工作站”，共接待老年妇女来信来访380人次，接访处理率99%。省建设厅会同省民政厅、省残联、省老龄办组织专家对贵阳市、遵义市创建全国无障碍建设城市的情况进行中期检查，督促风景名胜区和城市公园管理部门建设完善老年旅游服务设施，提高服务水平，与物价部门联合下文对实行政府定价，政府指导价格管理的各个游览参观点按照老年人优待试行办法规定，为老年人减、免门票。各地都采取措施，加大工作力度，贯彻落实《贵州省优待老年人试行办法》。省老龄办组织成员单位和老年社团组织开展了《贵州省老龄事业发展“十一五”规划》贯彻实施情况检查评估和养老服务机构建设、居家养老服务、农村高龄老人生活状况调研工作。各地结合开展学习实践科学发展观活动，广泛开展了老年调研和为老服务工作。

五、老年文化体育活动广泛开展

各地各有关部门以庆祝新中国成立六十周年为契机，组织开展丰富多彩的老年文体活动，丰富老年人精神文化生活。国家体育局武术运动管理中心、贵州省体育局、贵阳市政府在清镇市联合举办2009年国际太极拳交流大会，参加表演的海内外运动员12270人，上万名太极拳运动员共同表演，蔚为壮观。省体育局、省老年体协组织114名老年人参加贵州老年体育代表团参加全国首届老年人体育健身大赛，在参赛的10个大项49个小项中共取得金牌11枚、银牌13枚、铜牌25枚的优异成绩，被大赛组委会评为“最佳组织奖”。国庆节和老年节期间，省老龄办与贵州老年书画研究会共同举办庆祝中华人民共和国成立六十周年暨贵州解放六十周年老年书画展，参展作品445幅，有14位省级老领导作品参展。与黔东南州政府在雷山县西江举办天下西江·贵州省首届老年人银球茶杯苗歌侗歌大赛，参赛的有黔东南州16个县市和省内6个自治县共22支代表队，336名60岁以上老年人分别参加苗（侗）歌合唱、对唱和独唱比赛。与黔南州政府在都匀举办贵州省“福彩杯”老年人好花红民歌大赛暨黔南州敬老先进系列表彰会，州直机关和12县市共13个代表队610名老年人参加比赛，表彰了105名敬老爱老助老先进单位和个人。各级老体协积极组织老年人开展各类体育比赛，全省参加经常性体育锻炼的老年人达120万人。

为大力弘扬中华民族敬老爱老助老传统美德，省老龄办与省委宣传部、省教育厅、省广电局、省民政厅、团省委、省妇联等7家单位联合开展全省“十佳敬老院”“十佳敬老好媳妇”“十佳敬老好儿女”和“十佳为老服务志愿者”评选表彰活动。经逐级推荐，省评审委员会认真评选，陈仲丽等30位同志和10家敬老院获敬老爱老助老“四个十佳”荣誉称号，有64名同志和11家敬老院获提名奖。10月26日在省委礼堂召开表彰会，省委副书记王富玉出席会议并作重要讲话。省人大常委会副主任傅传耀、省人民政府副省长辛维光、省政协副主席武鸿麟出席大会并为获奖单位和个人颁奖。团省委、省老龄办、省直机关工委、《当代贵州》杂志社在全省开展春晖映晚晴—首届贵州“十大孝星”评选表彰活动，省老年学学会、《晚晴》杂志社开展贵州长寿之乡评选活动。春节和老年节期间各级党委、政府普遍开展了走访慰问百岁老人、高龄老人、贫困老人和敬老助老活动。

六、基层老龄工作得到加强

省老龄办下发《关于规范村（居）老年人协会建设的意见》，安排60万元福利彩票公益金用于77个村级老年人协会活动设施建设补助。省体育局安排260万元专项资金修建75块基层老年人健身活动场地。各地在实施新农村建设项目、生态家园建设项目、农村危房改造项目、村委会建设项目、农家书屋建设项目和农村文化体育场所建设项目中，都充分考虑老年人的需求，整合资源为老年人修建文体活动场所。各地积极探索建立城乡高龄老人津贴制度，贵阳、六盘水、黔南都出台对90—99岁高龄老人津贴补助办法。省老年学会在制定《贵州长寿之乡评审标准》时，将对90岁以上城乡高龄老人实行高龄补贴作为考核指标。现全省已有35个县市建立对90—99岁高龄老人补助制度。基层老年人协会充分发挥其作用，积极主动调解老年家庭纠纷，做好农村家庭赡养协议书签订工作和对留守老人帮扶工作。

七、老龄工作得到广泛关注，齐抓共管大老龄格局基本形成

各级各部门、社会力量广泛关注老龄事业，积极探索参与老龄工作，有力地促进了老龄事业的发展。各级人大、政协密切关注人口老龄化发展趋势，加强对涉老重点议案、提案的督办工作。省人大常委会副主任、民盟贵州省委主委顾久主持召开有民政厅、人力资源和社会保障厅等有关部门参加的“发展老龄家政服务业，促进农村劳动力转移”座谈会，就应对人口老龄化，建立老龄家政护理职业技术培训学校，大力发展老龄家政服务业进行有益探讨。省编办在机构改革中为省老龄办增加了3名编制。省文明办牵头组织在全省开展“百万空巢老人关爱志愿服务行动”。省人力资源和社会保障厅组织开展离退休老专家下乡科技帮扶活动。省委宣传部、省旅游局加大对老年旅游的宣传力度，印制一万份《多彩贵州老年游》宣传册寄发省内外旅行社。组织1100多名老年人赴台旅游，与发改委共同编制《贵州老年旅游规则》，与省委政策研究室联合开展《贵州休闲旅游产业发展研究》调研课题。各级关工委积极倡导老干部、老专家、老军人、老教师、老模范发挥余热，参与做好关心下一代工作。团省委《青年时代》《少年时代》和网站都加大对敬老爱老的宣传力度。各级新闻媒体围绕“六个老有”目标，大力宣传老龄工作，加强对老龄工作重大活动、老龄事业发展情况的宣传报道。《晚晴》杂志、《贵州老年报》努力提高报刊质量，扩大发行量，为老年人提供精神食粮。各级各部门和新闻媒体对老龄工作的重视和宣传报道，提升了社会各界对老年人的关注度，有力地推动我省老龄事业的发展。

重要会议和活动

【省老龄工作委员会第九次全体会议】　2009 年 3 月 3 日，省老龄工作委员会在省委常委会议室召开第九次全体会议，省委副书记、省老龄委主任王富玉出席会议并作重要讲话，省政府副省长辛维光主持会议，省老龄委 28 个成员单位的负责同志参加了会议。省民政厅厅长、省老龄委副主任、省老龄办主任丁治学受王富玉副书记委托，代表省老龄委向会议报告了 2008 年全省老龄工作情况和 2009 年工作安排意见，省老龄办专职副主任唐映祥传达了全国老龄委第十一次全体会议和全国省级老龄办主任会议精神，会议通报了省老龄委成员单位 2008 年度老龄工作目标考核情况。

【全省老龄办主任会议】　2009 年 3 月 13 日，省老龄办在贵阳召开了全省老龄办主任会议，各市（州、地）老龄办主任和省老龄委成员单位联络员参加会议。会议传达贯彻了全国老龄委第十一次全会、全国老龄办主任会议和省老龄委第九次全体会议精神，对 2008 年全省老龄工作进行总结，对 2009 年工作任务进行了安排部署。部分市（州、地）、县（市、区）老龄办作了经验交流发言，对 2008 年度省老龄委成员单位老龄工作目标考核情况、市州地老龄办业务目标考核情况和省老龄工作委员会成员单位优秀联络员评选结果进行了通报。

【全省“十佳敬老院”“十佳敬老好媳妇”“十佳敬老好儿女”和“十佳为老服务志愿者”评选表彰活动】

为大力弘扬中华民族敬老爱老助老传统美德，省老龄办与省委宣传部、省教育厅、省广电局、省民政厅、团省委、省妇联等 7 家单位联合开展四个“十佳”评选表彰活动。经逐级推荐，省评审委员会认真评选，陈仲丽等 30 位同志和 10 家敬老院获敬老爱老助老“四个十佳”荣誉称号，64 名同志和 11 家敬老院获提名奖。2009 年 10 月 26 日在省委礼堂召开表彰会，省委副书记王富玉出席会议并作重要讲话。省人大常委会副主任傅传耀、省人民政府副省长辛维光、省政协副主席武鸿麟出席大会并为获奖单位和个人颁奖。

四川省

四川省老龄委第六次全体会议

四川省 2009 年敬老迎春联欢会

综　　述

一、基本情况

据统计，截止到 2009 年底，四川省 60 岁以上老年人口已达 1317 万多人，占全省总人口的 14.9%。其中 80 岁以上的高龄老年人口达 167.3 万，占老年人口的 12.7%；全省百岁以上的老寿星有 4157 人，最高寿者达 113 岁。全省人均预期寿命超过 73 岁。纯老年人家庭人口 180 万人；各级建立老年法律援助中心 1334 个，其中涉老案件数 4979 件；维权协调组织 10169 个，老龄系统接待来信来访 47023 人（次）；全省有各类老年活动中心（站、室）21880 个，常年参与活动的老年人超过 342 万人；有 12.8 万多名老年人享受了高龄补贴；全省有老年医院 107 个，床位数2567张，老年临终关怀医院2个，床位数438张；老年人协会20954个，协会会员395万人，其他老年社团组织1342个，参加人数84万人；全省老年大学（学校）1950个，在校学员41万人。2009年，全省老龄工作在省委、省政府的正确领导下，在全国老龄办的指导下，坚持以邓小平理论和“三个代表”重要思想为指导，深入贯彻落实科学发展观，全面贯彻“党政主导、社会参与、全民关怀”的老龄工作方针，进一步推动“六个老有”目标的实现，在促进四川老龄工作加快发展、努力构建老年人共享的和谐社会方面取得了显著成效。

二、全面启动第三轮敬老模范县（市、区）创建工作

2009年9月11日，省人民政府办公厅下发通知，向各市（州）人民政府和省直各部门转发了省老龄工作委员会《关于第三轮创建敬老模范县（市、区）工作实施意见》。正式启动了我省第三轮创建敬老模范县（市、区）工作。

《实施意见》明确了创建敬老模范县（市、区）工作的指导思想和目标。明确了敬老模范县（市、区）应该达到的七个条件：一是组织领导坚强有力；二是宣传教育深入扎实；三是老年维权机制健全；四是养老保障水平提高；五是医疗保健制度落实；六是老年教育网络完善；七是老年文体活动丰富。同时对创建敬老模范县（市、区）工作提出了要求：2010年6月底前，省老龄工作委员会制定下发《四川省第三轮创建敬老模范县（市、区）考核验收标准》，2011年6月底前，各市（州）人民政府按照“优中选优”的原则，完成拟表彰“四川省敬老模范县（市、区）”的推荐工作。为落实省人民政府办公厅的通知，省老龄办于2009年11月举办了全省创建敬老模范县（市、区）工作业务培训班，交流创模经验。全省第三轮创建敬老模范县工作的开展，将进一步推动全省老龄工作和老龄事业迈上新的台阶。

三、养老保障水平进一步提高

（一）基本生活保障

养老保险。2009年底，全省企业职工基本养老保险参保人数达到1056万人，比上年增加46万人。2009年各级财政部门、人力劳动部门积极协商，妥善解决了企业离退休人员基本养老金发放中出现的资金缺口问题，确保277万企业离退休人员按时足额领到了基本养老金。人力资源和社会保障厅、财政厅深入调研，及时出台了调整企业退休人员基本养老金的方案，为全省277万企业退休人员调整了基本养老金，人均增加150元。人力资源和社会保障厅在新农保试点工作领导小组指导下，草拟了《四川省新型农村社会养老保险试点实施办法》，经省政府常务会议原则通过，已下发各地贯彻执行。2009年，全省21个试点县（市、区）均出台了实施文件并正式启动，共有144万农民参加了新农保，86.2万符合条件的农村老年人领取了基本养老金。

城乡低保。2009年，省政府正式颁布了《四川省农村居民最低生活保障办法》。省民政厅、省财政厅加强了城乡低保规范化建设和管理，截止到2009年底，全省城市低保对象达189.49万人，其中老年人约37.9万人，累计月人均补助145元，较上年提高21元。全省农村低保对象达397.37万人，其中老年人约99.3万人，累计月人均补助56元，较上年提高15元。

“五保”供养。省民政厅认真贯彻省政府2009年颁布的《四川省农村“五保”供养工作条例实施办法》，加大“五保”供养工作力度。截至2009年底，全省共有“五保”供养对象49.7万人，其中集中供养19万人，集中供养率达到38.3%，较上年提高8.4%，集中供养生活标准年人均达到2584元，比上年提高582元；分散供养生活标准年人均达到1884元，比上年提高442元。

农村计划生育家庭奖励扶助。人口和计划生育部门加大奖励扶助措施，全省有51万农村计划生育老人享受了政府每年720元的奖励。全面启动计划生育家庭特别扶助制度，共扶助独生子女死亡和伤残的父母4万多人。

（二）医疗保障

2009年底，全省城镇职工基本医疗保险人数达到1038万人，覆盖率达91%。城镇居民医疗保险参保人数达到957万人，覆盖率达86%。175个涉农县（市、区）全部实施新农合制度，覆盖农业人口6608.2万人，参合农民6169万人，参合率达93.4%，筹资水平提高到每人每年100元。截止到2009年底，城市医疗救助累计支出3.06亿元，救助50.4万人次，资助参加城镇居民基本医疗保险47.65万人，按城市低保对象计算年人均医疗救助水平161元，较上年底提高60元。农村医疗救助累计支出6.37亿元，救助103.7万人次，资助参合377.56万人，按农村低保、“五保”人数计算年人均医疗救助水平149元，较上年底提高32元。

（三）老龄服务设施建设

针对养老设施建设不足等问题，省发改委坚持把项目工作和老龄工作密切结合起来，在年初制定工作目标和工作计划时，把老龄工作纳入年度工作目标之内，并根据实际情况，提出了支持老龄工作的具体业务目标。启动实施了基层医疗卫生服务体系建设，以县级医院为龙头、乡镇卫生院和村卫生室为基础的农村医疗卫生服务网络进一步健全，建设了3573个农村基层医疗卫生机构；全年共安排建设乡镇综合文化站1777个，总投资4.86亿元。2009年，省民政厅、省财政厅安排使用省本级福利彩票公益金2800万元资助新建、改扩建国办福利机构28个，安排用于福利设施建设专项经费700万元资助了20个社会福利院、2个老年活动中心改善现有设备、设施。2009年共增加床位2928张。截止到2009年底，全省共有国办养老福利机构近200所，床位23883张。省民政厅加大新建、改扩建敬老院力度，全年新建、改扩建敬老院655所，新增床位64394张。目前全省敬老院已达到3079所，床位数20.95多万张。省民政厅、省发改委对纳入了国家恢复重建规划中的老龄服务设施项目，进行了多次督查，各地正按要求抓紧实施，目前有140个项目开工建设。

按照省委、省政府的要求，圆满完成了“富民安康”工程和“帐篷新生活行动”赋予民政部门的各项工作。截止到2009年底，在全省藏区完成农村减灾安居工程2050户，完成农村敬老院建设项目9所，新增床位795张。完成藏区10万余顶帐篷及篷内生活设施的运输、发放工作。为藏区老年人居家养老创造一个较好的环境。

为了进一步推动全省老年学校教育朝着科学化、制度化、规范化的方向发展，2009年，省老龄办、省委老干部局、省教育厅、省文化厅、省老年大学协会在全省联合开展了四川省老年大学（学校）评估定级工作，共评出A级老年大学27所、B级老年大学46所、C级老年大学42所。

四、切实保障老年人合法权益

按照中国法律援助基金会实施“三省九县（市）老年人法律援助项目”的要求，省司法厅选择泸州市龙马潭区、南江县、安岳县作为我省实施该项目的试点县（区）。据统计，两年来三地共接待咨询老年人8232人次，电话咨询5824人次，办理各类涉及老年人法律援助案件998件，为18800名老年人提供了法律援助。省老龄办配合《中华人民共和国老年人权益保障法》的修订，全面开展“银龄普法”宣传工作。编印了《老年人权益保护知识读本》1.5万册，在双流县、大竹县、遂宁市船山区和乐山市10个县（市、区）组织老年志愿者参加普法宣传，营造敬老、爱老的良好社会氛围。省妇联坚持“一手抓发展、一手抓维权”，加强法制宣传，提高老年妇女的法制意识，切实维护老年妇女的合法权益。各地认真落实《四川省人民政府关于进一步加强老龄工作的意见》，制定落实老年人优待政策，全省普遍落实了百岁以上老人每月不低于100元的长寿补贴金。全省已有76个县（市、区）提高了百岁以上老人的长寿补贴金，最高的每人每月达500元；还有75个县（市、区）建立了80岁至99岁老年人长寿补贴金制度，最高的每人每月达100元。全省已有12.8万多高龄老年人享受长寿补贴。全省在国庆六十周年和重阳节期间，积极开展慰问贫困老年人活动。省老龄办下拨20万元慰问专款，委托各市（州）和县（市、区）老龄办在重阳节前组织慰问了1000名困难老人。各市（州）、县（市、区）也开展了本地的慰问活动。全省受慰问老年人超过6万人，支出慰问金1000余万元。

五、加大老年社会组织建设管理力度

省老龄办运用全国老龄事业基金会援助的138万元经费，资助地震重灾区276个基层老年人协会恢复重建，有力地促进了老年人的精神家园建设。省老龄办还争取全国老龄办和联合国人口基金向地震灾区20个老年人协会各捐赠了一套价值5000元的电器设备。2009年，省老龄办承办了两期“汶川地震灾区老年社会心理支持培训班”，培训了100名老龄工作者和基层老年人协会负责人。在第三轮深入学习实践科学发展观活动中，对主管的8个老年社会组织给予了指导和督促，建立健全了党组织。

六、“银龄行动”

与浙江省结对继续实施“银龄行动”援助乐山市茶叶发展项目。2009年10月中旬，省老龄办和浙江省老龄办共同对这项援助项目进行了调研。深入五通桥区金粟镇刘家山村、一江山村的项目示范茶园区，详细察看了从浙江中茶所引进的“中茶102”“中茶108”“中茶302”3个良种茶苗长势，听取了承担品种试验负责人的介绍，引种的茶苗长势良好，茶农对引种茶苗认可，确认引种成功后，取得阶段性成效。确定了下一步将做好引进优良品种的推广工作，让援助项目产生更好的经济和社会效益，促进了茶叶增效，茶农增收。

同时，将“四川老年大学银龄助教志愿者服务团”纳入全省“银龄行动”统一指导管理，明确规定“银龄助教志愿者服务团”由四川老年大学负责组建和管理，在学校领导下开展工作。“四川省老年大学银龄助教志愿者服务团”由67名任课教师和系、班管理人员组成。

七、老年文体活动丰富多彩

在建国六十周年之际，省老龄委举行了以“喜迎六十华诞，歌唱伟大祖国”为主题的四川省第二届中老年激情广场大家唱活动，有80支中老年合唱队、6000余名中老年参赛。省人大办公厅、省政协办公厅、省委老干部局、省老龄办共同主办了四川省庆祝中华人民共和国成立六十周年书画展，展出作品284件。2009年，省体育局、省老龄办组团参加第一届全国老年人体育健身大会。共获得金奖38个，银奖13个，铜奖11个。有5个代表队获得组织贡献奖，3个代表队获得体育道德风尚奖。全省常年参与体育活动的老年人达520万人。

灾后重建

——汶川地震一周年之际

四川省绵竹市汉旺广场钟楼上的时钟至今还定格在14时28分，时间却没有停留，四川抗震救灾走过了一个年头。

“512”汶川8.0级特大地震，使四川4600多万人受灾，相当于一个中等国家的总人口；每8个四川人中就有一个失去安身之所；大量房屋倒塌，群众的生活需要安置。这其中，全省受灾老年人达320多万人，死亡老年人6273人，失踪老年人939人，地震中产生孤老635人。全省老年人住房倒塌218710户，共1046841间，严重受损339680户，共1876819间，一般受损818828户，共2470801间；损毁老年活动中心（室）907个、老年大学（学校）172所，老年活动中心（老年学校）损毁需要撤除重建面积为18.7万平方米，损坏需要加固维修的面积为17.6万平方米。老年人住房和为老服务设施直接经济损失约为320亿元。

灾区的恢复重建在党中央、国务院的坚强领导下，在四川省委、省政府的统一指挥下，在全国党政军民的倾力支持下，四川穿越灾难、坚强奋进。一年过去了，四川灾区恢复重建有序进行，包括老年人在内的灾区群众恢复了安定的生活。

一、快速应急救灾，全力筹集款物

“512”汶川地震灾害发生后，四川省迅速启动自然灾害应急救助预案，在当天下午不到半小时内即组成5个工作组，分赴灾区第一线指导和组织基层开展救灾工作。各级民政部门把安置灾民保证救灾物资供应作为工作的重中之重。上千万人次灾民得到避险应急安置，积极向社会发出向灾区捐赠款物的倡议，在最短的时间内将大量的救灾物资运往灾区，最大限度地保证受灾群众的需要。积极汇报争取中央、省级救灾应急和恢复重建资金，接收、调运和发放捐赠帐篷126.1万顶、彩条布和篷布3594.9万平方米、食品3.4万吨、棉被228万床、衣物132万件（套）（其中接收61个国家、国际组织和中国港澳台地区的420批次救援物资，包括：帐篷13.28万顶、篷布124.9万余平方米、棉被47.31万余床、衣物9362件、食品451.25吨、饮用水107.24吨、净水设备444台，睡袋、毛毯、药品、医疗器械、装尸袋、切割机、生命探测仪、卫星电话、DNA检测仪、摄影摄像器材、大型工程机械等其他物资847379件（台、辆、套)。全省募集资金142.31亿元，其中省民政厅和省慈善总会共募集40.5亿元（接收境外捐赠美元26.02万元，日元170万元，英镑10012镑，港币20.6万元，澳元500元)。强有力的资金物资保障，为安置受灾群众，有序抗震救灾奠定了基础。

二、分类安置救助，全力保障灾区群众的基本生活

全省先后设立临时安置和救助点5100余个，紧急转移和临时安置受灾群众1200余万人次。在受灾群众集中安置点建立近300个临时社区管委会和临时党组织，加强安置点管理，注重引导社会组织和志愿者参与救灾工作，有力地推动了受灾困难群众尽快恢复家庭生活。认真落实受灾群众临时生活救助政策，全省共发放临时生活救助金63.8亿元、救助粮30.8万吨，救助困难群众700余万人。切实做好“三孤”人员、生活困难的遇难（含失踪）及重伤残者家庭人员、异地安置受灾人员和因灾住房倒塌生活困难的受灾人员的后续生活救助工作，救助受灾困难群众280余万人。有序开展了冬令春荒救助工作，各级财政共下拨救助资金近7亿元，救助受灾群众和困难群众近500万人。切实做好受灾困难群众临时救助与低保制度的衔接，将符合低保条件的8.21万名因灾城市困难群众、55.61万名因灾农村困难群众纳入城乡低保，基本实现了临时救助与低保制度的无缝衔接，确保了受灾困难群众得到全面有效的救助，灾区符合低保条件的老人，全部纳入低保。切实做好赴省外就医地震伤员及家属返乡工作，2万余名伤员和家属安全返乡。

三、千方百计筹集御寒物资，确保受灾群众安全温暖越冬

按照省委、省政府“四保一储”的要求，针对2008年冬天可能发生极端气候情况，全省民政系统提早安排，广泛开展社会捐助活动，向单位、社会募集和采购御寒物资。截至2008年底，全省共接收捐赠和采购棉被399.1万床、棉衣裤490.2万件（套）、捐赠衣服431.9万件、取暖用品45.8万件（个）、烤火炉1.9万台；共发放御寒棉被379.19万床、棉衣裤451.08万件（套）、取暖用品45.8万件（个）、衣物431.9万件、烤火炉1.9万台。同时从省到重点乡镇已储有棉被10.87万床。在严冬来临之前，较好地完成了御寒物资的筹集、调运、发放和储备工作，保障全省受灾和困难群众安全度过了一个身心温暖的冬天。在发放临时生活救助，“五保”老人高于一般灾民，在发放食品、御寒衣物时，优先照顾老年人。在慰问灾民时，优先安排老年人。

四、“三孤”人员全部得到妥善安置

截止到2009年4月底，汶川特大地震灾害造成“三孤”人员（即无生活来源、无劳动能力、无法定扶养人的儿童、老年人、残疾人）1449人，其中孤老635人，孤儿630人，孤残184人。

“512”后，通过社会福利机构集中安置“三孤”人员。地震发生后，各级民政部门迅速将地震灾害形成的新增“三孤”人员就近妥善安置到所属的社会福利机构，当地安置有困难的，通过省民政厅协调安排到了轻灾和无灾市（县）社会福利机构。集中安置在国办社会福利院、儿童福利院和农村敬老院的共计267人。

另外，通过对汶川特大地震孤儿采取亲属监护、家庭收养、家庭寄养、类家庭养育、集中供养、学校寄宿、社会助养等方式养育；对孤老、孤残采取临时安置与长期安置相结合、集中供养与分散扶养相结合的方式妥善安置。目前，已有1182名“三孤”人员被分散安置。

努力保障“三孤”人员的基本生活，认真做好临时生活救助工作。按照国家“512”汶川特大地震临时生活救助的有关政策，对因灾造成的“三孤”人员补助标准为每人每月600元，受灾的原“三孤”人员补足到每人每月600元，补助期限三个月。全面实施后续生活救助工作。按照国家后续生活救助政策的有关规定，从去年9月开始，在我省51个重灾县（市、区）实施后续生活救助政策，对因灾造成的“三孤”人员每人每月补助400元，受灾的原“三孤”人员每人每月补足到400元，补助期限三个月。做到后续救助政策与制度性安排无缝衔接，通过农村“五保”、城镇低保或集中供养确保其基本生活。确保“三孤”人员安全温暖过冬。全省各地调动一切力量，整合各种救助资源，有效组织、筹集、运送、发放各种救灾物资，并优先保障“三孤”人员的御寒需要，确保“三孤”人员安全温暖地过冬。

五、全省灾后农村永久性住房重建竣工95.52万户

“512”后，四川经过个人申请、村组评议、乡镇审核、县级审批，需重建农房130.9万户，加固维修农房285.4万户。截至2009年4月10日，全省已向123.2万户农户发放了农房重建资金，发放恢复重建补助资金163.7亿元；全省农村永久性住房重建竣工95.52万户，占需重建的75.6%。

“我们灾区群众也能住上像别墅一样的安置房，这在以前真是想都不敢想”，2009年5月6日下午，都江堰市向峨乡石碑新村70岁的何天祥老大爷激动地说。该村244户农家房屋95%以上在“512”地震中垮塌，在社会各界爱心帮助和援建下，修起了永久性安置房。目前人均约有46平方米，并且实现了水电气，天然气，光纤三通。“我都70岁了，能从地震中挺过来已经够幸运，没想到还能够住上这么好的房子，感谢党和政府”，何天祥老大爷说得很实在。向峨乡石碑新村的今日也是四川灾区的一个缩影。

六、全省已开工敬老院项目200余个，已竣工19个

“512”之前，四川“五保”供养对象集中供养率约在25%左右，低于全国平均水平。汶川特大地震给我省农村敬老院造成巨大损失。经各受灾县（市、区）上报核定，全省有791所敬老院倒毁或严重损坏，涉及床位2.81万个；769个敬老院损坏需维修加固，涉及床位3.08万个。为妥善安置倒损敬老院中“五保”对象，加快社会福利服务设施重建工作，确保“五保”对象有房居住，四川省及时启动了敬老院恢复重建工作，加快社会福利服务设施重建工作。一是对因灾倒塌和严重损坏住房的6.9万人散居“五保户”，由财政按照每个人补助2.5万元的标准集中新建敬老院，将他们纳入敬老院集中供养。目前，省财政已下拨17.3亿元为倒塌和严重受损坏住房散居“五保户”恢复重建补助资金。二是《四川汶川地震灾后恢复重建总体规划》已经由国务院通过。根据《民政社会福利等服务设施恢复重建规划》，四川将在两年半时间内，重建、新建和修缮敬老院475所。三是对因地震造成的倒塌、严重损坏的791个敬老院进行恢复重建，对一般损坏的769个敬老院进行维修加固。目前，省财政已下拨8.3亿元为敬老院恢复重建和维修加固资金。全省各级民政部门按照规划要求，及时组织力量，快速启动一批重建项目。按照“民生优先”原则，截至2009年4月20日，全省已开工敬老院项目200余个，已竣工19个。

七、社会福利院建设正在抓紧进行

“512”后，根据四川灾后重建规划，新建城市社会福利机构项目总数为56个，其中包括国务院确定39个极重灾县县级社会福利中心，7个市级社会福利院，6个儿童福利院，4个精神病医院，累计投资估算6.9亿元。四川省政府确定的射洪、夹江等12个重灾县的社会救助福利中心，也列入了四川的灾后重建规划。目前，部分社会福利机构和敬老院重建项目已开工建设，其余均在前期规划选址和招投标阶段，在完善有关手续后开工建设。

八、613个老龄服务设施项目纳入了全省灾后重建规划

“512”后，四川省老龄办及时下发了两个紧急通知，以最快的时间了解老年人受灾和老龄服务设施受损情况，并及时会同省民政厅、省发改委将613个老龄服务设施项目纳入了国家的“恢复重建公共服务设施建设专项规划”，总计重建和修复加固建筑面积196270平方米，累计投资估算5.39亿元。目前，灾区各地老龄办正在积极做好立项、规划、选址等工作，力争早日开工建设。

海南省

综　述

人口老龄化形势严峻。我省老龄化进入了快速发展时期，2009年全省60岁及以上户籍老年人口达108.12万人，占总人口12.29%。区域人口老龄化覆盖83%的市、县，其中有7个市、县的老龄化水平超过12%。城市老龄化程度高于农村，45.8%的老年人生活在城镇，城镇老龄化程度达14.3%；54.2%的老年人生活在农村，农村老龄化程度达10.7%。老年人口高龄化已经凸显，全省80岁及以上高龄老年人占老年人口总数的13.43%，农村高龄化程度为14.9%；百岁及以上长寿老年人有1163人。

省老龄工作委员会进一步加强协调议事机制，组织和协调成员单位依法履行职责，推进贯彻执行各项老龄法律、政策，合力做好老年人权益保障和服务工作。“老有所养”的制度性保障明显加强。基层老龄工作有了新的发展。老龄事业发展取得了显著成效，老年人的基本生活状况不断改善。

我省老龄工作基础依然薄弱，应对人口老龄化的法规政策体系建设和制度建设亟须加强。我省老龄工作面临的主要问题是：养老保障面临严峻的挑战，农村80%以上的老年人还在社会养老保障之外；老龄法律法规执行缺乏力度，老年社会保障制度实施缺乏有效配套措施和办法；养老服务体系建设滞后，老年人基本公共服务项目缺乏。基层老龄工作体系不健全，需要加快转变不适应科学发展观的思想观念，着力解决制约发展的突出问题，进一步加强老龄工作。

一、加强领导

省老龄工作委员会组织协调机制进一步加强。2009年10月23日，海南省政府第二次全省老龄工作会议在海口市召开。会议认真总结交流经验，分析我省人口老龄化形势和老龄工作面临的新形势、新问题，要求各级政府及其部门要从保改革保民生保发展的大局出发，深刻认识新形势下加强老龄工作紧迫性和重要性，继续健全老年社会保障体系，积极推进养老服务体系建设，大力发展老龄产业，做好农村老龄服务工作，加大力度推动老龄事业发展。省政府副省长、省老龄工作委员会常务副主任符跃兰作重要讲话。省民政厅厅长、省老龄工作委员会副主任苗建中作工作报告。省人力资源社会保障厅、省民政厅、省卫生厅的负责同志和琼海市、澄迈县老龄工作委员会作大会发言。

省老龄工作委员办公室组织开展2009年老人节活动。老人节活动以“尊老助老·和谐海南”为主题，列入六十周年国庆系列活动，在党委、政府的领导下，进一步宣传贯彻落实老龄法律、法规、政策，把为老年人办实事、做好事、送温暖作为老人节活动重点，积极营造敬老、养老、助老的良好社会氛围。2009年9月24日，省人大副主任王法仁，省政府副省长、省老龄委常务副主任符跃兰，省政协副主席史贻云，省民政厅厅长、省老龄委副主任苗建中等省老龄委负责人和海口市政府领导出席“老年人迎国庆六十周年电视歌唱晚会”。省领导与老年朋友共同“歌唱祖国”。2009年10月22日，省政府副省长符跃兰在省民政厅、省人力资源与社会保障厅、省卫生厅、省财政厅等部门领导陪同下，走访慰问海口市民办养老院护理的老年人，送去党和政府的关爱和温暖。2009年10月26日，省政府副省长、省老龄委常务副主任符跃兰代表省委、省政府、省老龄委发表电视讲话，向全省各族、各界老年朋友致以节日的祝贺和诚挚的问候。

基层老龄工作取得新的发展。2009年9月，海口市开展社区居家养老服务试点工作，推行养老服务政府补贴制度和政府购买服务制度，开展社区老年人生活照顾和康复护理服务，强化社区老年服务功能，逐步解决社会老人的养老服务问题。2009年12月，澄迈县委、县政府下发《关于进一步加强老龄工作意见》，并出台《澄迈县80周岁以上长寿老年人生活补贴发放管理暂行办法》，分别每月60元、200元和300元不同标准，对持有本县户籍年满80周岁至89周岁的、年满90周岁至99周岁的，和100岁及以上的老年人发放生活补贴。

老龄工作环境进一步改善。全省各级财政预算安排老龄经费729.86万元，其中各级老龄办工作经费169.37万元。有16个市县（区）财政安排老龄办工作经费74.6万元。

加强老年人优待政策保障机制。根据2008年省老龄工作委员会全体会议精神，省民政厅和省财政厅联合下发《关于提高长寿补助金发放标准的通知》，将长寿补助标准从原来每人每月150元提高到200元，提高标准的长寿补助金从2009年1月起计发，长寿补助金由省级“福利彩票公益金支出”预算转为省级财政预算。2009年，省级财政预算安排长寿补助金268.8万元，对1163名100周岁及以上老年人发放补助。三亚、澄迈、文昌、东方、保亭、白沙等6个市县政府安排专项资金248.36万元，对10588名80岁及以上高龄老年人发放补助。

二、老龄事业新发展

积极完善老龄法规政策体系。省政府出台《海南省新型农村社会养老保险试点办法》，争取2010年第四季度全面建立新型农村社会养老保险制度。省政府陆续出台了《海南省区域统筹区城镇居民基本医疗保险实施办法》《海南省城镇从业人员基本医疗保险条例实施细则》《海南省农村卫生管理县、乡、村一体化改革的指导意见》等一系列政策措施。

积极完善社会养老保障制度。2009年，全省共有城镇基本养老保险人数166.36万人，比上年增长6.5%；为42.3万名离退休人员发放基本养老金4.55亿元。完成农垦近19万退休人员移交市县管理，并纳入省级统筹范围，极大提高了我省农垦退休职工养老保险基金抗风险能力。养老保障水平不断提高。建立了养老金调整机制，妥善调整和解决原国家机关工作人员调动到企业退休养老金偏低的问题，离退休人员养老金收入水平逐年增长。离退休人员社会化管理工作稳步推进。全省离退休人员社会化管理率达到52.7%，其中纳入社区管理的人员占企业退休人员总数的52.28%。在海口市美兰区、三亚市、文昌市、保亭黎族苗族自治县4个县、市启动新农保试点工作，争取2010年覆盖全省。

制定一系列解决民生突出问题的政策措施。出台解决华侨农场归难侨社会保险政策，明确华侨农场归难侨不同时期基本养老保险、基本医疗保险欠费、中断缴费补缴的标准和办法。制定东环铁路被征地农民社会保障办法，确保铁路沿线被征地农民的老年生活保障。出台《海南省被征地农民基本养老保险暂行办法》，明确被征地农民基本养老保险金的筹集、使用和管理办法。继续落实符合计划生育政策的农村老年人扶助奖励制度。省人口和计划生育委员会、省财政厅下发《关于调整农村部分计划生育家庭建立付租金承担比例的通知》，省自行提高农村部分计划生育家庭奖励扶助标准180元。

全面推进社会救助。省政府加大最低生活保障资金投入，对城乡居民实行最低生活保障。通过分类施保，困难老年人救助面进一步扩大，享受最低生活保障的老年人占低保总数的24.6%。城乡低保标准逐年提高，目前我省城市低保标准人月均245元，农村低保标准人月均163元，两项均高于全国城市211元和农村95.7元的平均水平。“五保”供养水平不断提高，农村“五保”供养条件进一步得到改善。加强廉租房、经济适用房建设力度，逐步把最低收入、低收入城镇住房困难家庭全部纳入保障范围，不断改善人居环境。全省共有1.53万户老年人家庭户获得廉租住房保障，占获得廉租住房保障家庭总数的61%。

老年人医疗保障工作制度进一步健全完善。我省城镇职工基本医疗保险、城镇居民基本医疗保险、新农村合作医疗三个制度基本实现了全覆盖。这三项参保人数达到727万人，占全省总人口的86%。其中城镇居民医保参保率达93%，比国家要求提前一年实现全省覆盖；新型农村合作医疗比国家提前两年实现全省覆盖。在新农合和城镇居民医保方面，我省提前一年实现了地方财政人均补助60元，比中央提出2010年地方财政实行补助60元提早了一年。目前18个市、县和洋浦开发区22个基金统筹单位的住院报销比例，一级医院提高到80%左右；二级医院70%左右；三级医院55%。全省18个市县均开展了门诊统筹工作，参合农民在乡镇卫生院和定点村卫生室看门诊都能报销医疗费，百姓正在得到更多的实惠。推行城乡医疗救助“一站式”服务，方便城乡贫困群众享受医疗救助。至今，全省资助包括老年人在内的城乡困难群众38.45万人参加城镇居民医疗保险和新型农村合作医疗，资助资金1005.17万元；累计实施医疗救助3.11万人次，城乡医疗救助资金累计支出2695.25万元。

进一步加强老年人维权工作。执行《海南省实施〈老年法〉若干规定》，健全完善全省城乡一体老年人优待制度。海口市等13个市、县（区）财政安排办理老年优待证制作经费43.33万元，全省累计发放老年人优待证24万多张。海口市、三亚市等地老龄委办公室加强协调、跟踪督办，较好地解决了城市老年人享受“公交”优待等方面存在的问题。

建立健全老年法律援助机构。省老龄办与省司法厅联手成立老年法律援助中心老年维权工作站6个，为老年人提供法律援助和服务。截止到2009年底，全省法律援助机构共办理老年人法律援助案件900余件，受援老年人达1100余人次，免费解答法律咨询7980余人次。

进一步加大全省老龄宣传工作力度。省老龄办编辑印发《海南老龄工作动态》12期、《舆情通报》5期，向上级报送一批老龄工作信息，分别被海南民政厅网站、省政府门户网站、全国老龄办网站、民政部网站及全国老龄办《老龄信息参考》，省民政厅《海南民政信息》等采用。省内外主流媒体高度关注老龄工作，广泛宣传老龄工作，扩大老龄工作影响力。三亚、文昌、琼海、儋州、临高等市县老年艺术团利用文化广场、激情广场等阵地月月有排练，季季有汇演。还结合改革开放30周年、新中国成立六十周年纪念活动，先后组织老年文艺团队下乡，巡回演出12场，观众达上万多人次。老年体育运动在全国赛事上取得较好成绩。我省组团参加全国首届老年人体育健身大会，获得团体金牌3枚、银牌1枚、铜牌11枚；获个人金牌3枚、银牌22枚、铜牌12枚。各地均组织老年人开展了各种各样的文体娱乐活动。四是开展海南长寿文化节活动。省老龄办与海南省旅游发展委员会、三亚市政府、三亚市南山文化旅游区合作，开展海南长寿文化节“寿比南山—2009年海南健康长寿老人”评选活动。全省评选出22名健康长寿老人，其中两对双百夫妇老人。

加强老龄事业发展政策调查研究。开展海南省城乡老年人生活状况调查。省老龄委办公室联合省统计局、中国老龄科学研究中心，开展海南省城乡老年人生活状况调查。本次调查以2008年情况为基数，摸清了我省老年人的生活状况和老龄事业发展的底数。调查样本按照居住地，城市和农村各选1000名60岁及以上本省户籍老年人，采用问卷方式进行抽样调查。年末调查工作全部完成，省老龄工作委员会报送《海南省城乡老年人生活状况调查报告》。报告内容包括：老年人的基本特征、经济状况、社会保障状况、健康状况、医疗保障状况、照料资源状况、社区服务状况以及老年人参与社会和维权状况。为贯彻落实党中央、国务院、省委、省政府关于改善民生推进社会建设的重要部署，开展人口老龄化中长期发展研究，制定老龄事业发展规划提供科学依据。启动海南省百岁老人生命质量调查。省老龄委办公室联合海南医学院开展长寿老年人健康状态及其相关因素调查。分析其健康状况、生活方式、生活习惯、生活环境和血糖、血脂等基本生物化学指标特征，收集保护我省长寿人群资源，为海南省长寿、健康提供科学论证数据，为政府部门制定老年性疾病的预防性干预措施和老年性疾病（如中风、高血压、冠心病、早老性痴呆等）的防治提供重要的科学依据。年末，结束了海口市秀英区、万宁市、五指山市、澄迈县等地的调查工作。开展基层老龄工作专题研究。省老龄办通过实地调查和市、县调查相接合，围绕解决无社会保障老年人特别是农村高龄老年人的保障，扩大公共财政社区老年服务项目，加强基层老龄工作机构建设和老年群众组织建设等方面的问题开展基层老龄工作调查，并形成专题调研报告报省老龄委。

重要会议和活动

【全省老龄工作会议】 2009年10月23日，海南省政府召开第二次全省老龄工作会议。会议在海口市省政府常务会议室召开。会议主要任务是贯彻落实党的十七届三、四中全会和省第五次党代会及五届五次全会精神，总结工作，研究分析我省老龄工作面临的新形势、新任务和新要求，会议明确要求以老年人关注的民生问题为重点，把提高老年人保障水平和完善为老服务体系作为今后一段时期内海南老龄工作发展的目标。省政府副省长、省老龄委常务副主任符跃兰出席会议并作重要讲话。受省老龄委主任的委托，省老龄委副主任、省民政厅厅长苗建中向大会作报告。报告回顾了2006年以来全省老龄工作情况，提出了今后一个时期全省老龄工作任务目标。琼海市、澄迈县老龄委和省人力资源社会保障厅、省民政厅、省卫生厅等5个单位负责人，分别就如何做好老年人权益保障和服务工作介绍了经验。会议由省老龄委副主任、省民政厅厅长苗建中主持。各市、县、自治县老龄委主任及其办公室主任、省老龄委成员单位负责人出席了会议。

【海南省老人节发表电视讲话】　2009年10月26日，为纪念海南省老人节活动，弘扬中华民族的传统美德，营造敬老、爱老、助老的良好社会氛围。省政府副省长、省老龄委常务副主任符跃兰代表省委、省政府、省老龄委发表电视讲话，向全省各族、各界老年朋友致以节日的祝贺和诚挚的问候。符副省长的电视讲话连续三天在海南电视台、广播电台的黄金时段播出。

【慰问老年人活动】　2009年10月22日，在海南省老人节前夕，省政府副省长符跃兰在省民政厅、省人力资源与社会保障厅、省卫生厅、省财政厅等部门主要领导陪同下，走访慰问海口3家护理型民办养老院的老年人，给老人们送去慰问品和慰问金，送去党和政府对老年人的关爱和温暖。慰问中，符跃兰副省长强调要积极应对人口老龄化，大力推进养老服务社会化，解决老有所养的问题。

【海南省老年人迎国庆六十周年电视歌唱晚会】　2009年9月24日，省人大副主任王法仁、省政府副省长、省老龄委常务副主任符跃兰，省政协副主席史贻云和省民政厅厅长、省老龄委副主任苗建中等省老龄委成员单位负责人和海口市政府领导出席“海南省老年人迎国庆六十周年电视歌唱晚会”，与老年朋友同台歌唱祖国。

【海南长寿文化节活动】　2009年10月26日，海南省众多百岁老人齐聚三亚南山文化旅游区，共庆海南省老人节，庆祝2009三亚南山健康长寿文化节。本届长寿节评选“海南省十佳健康长寿老人”和“南山长寿之星”。全省评选出22名健康长寿老人，其中两对双百夫妇老人。

【我省百岁老人郭方姬名列第二届中国十大寿星排行榜】　2009年10月25日，中国老年学学会在“中国长寿之乡”山东省莱州市举办的“2009年度中国十大寿星暨中国（莱州）最佳风采寿星颁奖仪式”上，我省郭方姬，118岁，女性，海南文昌人，汉族，获得“2009年中国十大寿星”称号排榜第三名。2009年度，海南省有1163名百岁及以上老人享受省级财政安排的长寿补助金。据中国老年学学会此次调查数据显示，海南百岁老人占总人口比例排名全国居第一位，是当前中国百岁老人生活密度最高的省份。

【老龄工作调研】　（1）基层老龄工作调查。2009年4月至6月，省老龄办和部分市县老龄工作部门结合实际，重点对农村养老方式、农村高龄老人养老状况、老年人权益保障、养老服务机构建设等课题进行了基层老龄工作调研，向省老龄委提出建议（2）全省城乡老年人生活状况调查。2009年5月至11月，为准确了解我省老年人口数量，全面掌握我省城乡老年人生活状况，省老龄办联合省统计局、中国老龄科学研究中心开展海南省城乡老年人生活状况调查。调查对象为60岁及以上老年人，采取问卷方式进行抽样调查。以本省户籍老年人为主，城市和农村各1000名。调查的主要内容为老年人生活、婚姻、居住情况、收入与消费、养老保障、医疗保障、生活照料、老年服务和老年维权等方面的情况。调查显示，80%的老年人选择居家养老，19%的老年人愿意入住养老院或敬老院。为省委、省政府制定老龄工作相关方针政策、法律法规和规划提供了有效的科学依据。（3）开展海南省长寿老人的健康状态及其相关因素研究。2009年4月至2010年10月，省老龄办与海南医学院根据我省长寿老人密度高的特点，开展我省长寿人群的健康状态及其相关因素研究。主要收集我省长寿人群健康资源，分析其健康状况、生活方式、生活习惯、生活环境等基本情况和血糖、血脂等基本生物化学指标特征丰富和完善我国不同地区长寿人群的相关数据，为政府部门制定老年性疾病的预防性干预措施和老年性疾病（如中风、高血压、冠心病、早老性痴呆等）的防治提供重要的科学依据。

【老年优待工作】　2009年，根据省老龄工作委员会第三次全体会议精神，海南省民政厅和省财政厅联合下发《关于提高长寿补助金发放标准的通知》，将长寿补助标准从原来每人每月150元提高到200元，提高标准的长寿补助金从2009年1月起计发，长寿补助金由省级“福利彩票公益金支出”预算转为省级财政预算。2009年，全省有1163名百岁及以上老人享受长寿补助；三亚、文昌、白沙、东方、澄迈、保亭等市县政府，在省级长寿补助的基础上，安排专项资金，对包括80岁以上高龄老人发放补贴，使老年人享受社会发展成果的程度进一步提高。有13个市县（区）财政安排办理老年优待证经费43.33万元。

【老年权益保障工作】　海南省老龄办与省司法厅联手成立老年法律援助中心老年维权工作站。各级老龄办设立法律援助工作站6个，为老年人就近方便提供法律援助和服务。据不完全统计，全省法律援助机构共办理老年人法律援助案件900余件，各级司法部门为老年人提供免费解答法律咨询7980余人次，其中受援老年人达1100余人次。

【老龄信息工作】 全年编辑出刊《海南老龄工作动态》12期、《舆情通报》5期，向上级报送一批老龄工作信息，分别被海南民政厅网站、省政府门户网站、全国老龄办网站、民政部网站及全国老龄办《老龄信息参考》，省民政厅《海南民政信息》等采用。省内外主流媒体高度关注老龄工作，广泛宣传老龄工作，扩大老龄工作的影响力，营造敬老、爱老、助老的社会氛围。认真做好老龄事业统计工作。

【调整农村部分计划生育家庭奖励扶助金承担比例工作】 2009年，省人口和计划生育委员会、省财政厅下发《关于调整农村部分计划生育家庭建立奖励扶助金承担比例的通知》，从2009年起，奖励扶助金在国家规定奖励标准720元的基础上，按有关规定的资金承担比例负担，自行提高农村部分计划生育家庭奖励扶助标准180元。

【居家养老服务试点工作】 海口市出台了《开展居家养老服务试点工作实施方案》，2009年7月28日至29日，海口市老龄办举办社区居家养老服务试点工作培训班。2009年9月16日，在美兰区海府路街道办事处举行居家养老服务试点工作启动仪式。省民政厅厅长、省老龄委副主任苗建中和海口市政府副市长袁光平参加启动仪式并讲话。有2个街道办事处、15个社区开展了居家养老服务试点工作，推行养老服务政府补贴制度和政府购买服务制度，逐步解决社会老人的养老服务问题，深受广大群众的欢迎和好评。

宁夏回族自治区

窦玉沛副部长（左三）深入社区调研

老年人欢声笑语庆祝自己的节日“老人节”

综　　述

1. 高度重视，养老保障制度建设有了新突破。按照国务院和自治区政府的统一部署，在贺兰、平罗、盐池三个县开展了新型农村养老保险试点，4.19万名60周岁以上农村老年人按时领取养老金，农村老年人“老有所养”有了制度性保障；认真贯彻自治区政府《关于解决企业职工基本养老保险历史遗留问题的意见》精神，着力解决养老保险历史遗留问题，对已超过退休年龄的参保人员给予政策优惠，逐步实现基本公共服务均等化和人人享有基本生活保障的目标；进一步加强城镇企业退休职工基本养老保险工作，稳步提高企业离退休人员基本养老金水平，并向退休早、养老金水平低的人员倾斜。不断完善城乡最低生活保障、农村“五保”供养制度，城乡低保救助水平月人均分别提高18.5元和15.6元，城乡贫困老年人的基本生活得到较好保障；在全国率先以省为单位建立了名称规范、覆盖城乡、按月发放的高龄老人津贴制度，全区30921名城乡高龄老人按月领取高龄津贴，推动了补缺型老年福利向普惠型发展；完成危窑危房改造5.8万户，农村老年人的居住条件得到改善。继续推进农村计划生育奖励扶助制度，全区累计有22438人次享受奖励扶助政策，累计兑现扶助资金1326万元。

2. 强化措施，医疗保障制度改革取得新进展。认真贯彻落实国家《关于深化医药卫生体制改革的意见》精神，结合我区实际制定了“宁夏基本用药目录”，比“国家目录”增加了20.8%的临床必需、价格低廉的用药品种，并积极推行10类40项公共卫生免费服务，30种常见病、74种药品、“一元钱”看病，缓解了老年人看病难、看病贵的问题；在银川、固原开展了人人享有基本医疗服务试点，实现了“少花钱看病，不花钱防病”的基本医疗卫生目标；继续推进新型农村合作医疗制度，全区共有358.45万人参加新农合，覆盖农业人口389.25万人，参合率达到92.1%。进一步健全完善城乡大病医疗救助制度，修订完善了《宁夏回族自治区农村医疗救助办法》，制定下发了《宁夏回族自治区城镇医疗救助办法》，大病医疗救助范围不断扩大，救助水平不断提高，救助程序不断简化，救助形式便捷多样，缓解了贫困老年人就医难的问题。全面推进城镇居民基本医疗保险制度建设，城镇居民基本医疗保险实现了全覆盖。

3. 抢抓机遇，养老服务工作取得新成效。按照“争取纳入一批、抓紧建设一批、论证储备一批”的思路，抢抓机遇，加强养老服务基础设施建设，开工建设了宁夏老年福利服务中心等33个养老服务建设项目。投资2500万元，用于市、县（区）老年活动中心建设和社区居家养老服务站的开办补助，为加快推进社区居家养老服务工作奠定了基础，创造了条件。积极鼓励社会力量兴办养老服务机构，贺兰、大武口、惠农、中卫等地民办养老服务机构相继建成，设置床位1202张；制定下发了《宁夏回族自治区社会福利机构管理办法》，加强了对各级各类社会福利机构的管理；以健全完善居家养老服务为基础、社区服务为依托、机构养老为补充的社会化养老服务体系为目标，着力推进社区居家养老服务工作，建成社区居家养老服务站101个，有效整合了社区医疗卫生、教育文化、家政服务等社区养老服务资源，提升了社区服务整体水平；积极推进养老服务专业化和标准化建设，统一了老年活动中心、农村敬老院、社区居家养老服务站等福利服务机构的标识。实施了“扶老助残”慈善项目，为3000名生活困难的居家老人购买了服务。稳步推进企业退休人员社会化管理服务工作，全区19.7万名退休人员实行社会化管理，社会化管理和服务率达到100%。开展了无障碍设施建设城市中期检查。部分市、县（区）相继出台了《关于加快推进居家养老服务工作的意见》，明确了服务对象和政府补贴项目、标准，并将所需经费列入财政预算，为推进社区居家养老服务工作提供了政策支撑。

4. 加强指导，老年文化教育体育活动蓬勃开展。各地、各部门以建国60周年为契机，组织开展了一系列文化体育教育活动，极大地丰富了老年人的精神文化生活。举办了离退休干部“唱响辉煌”歌咏大会，组织开展了“红歌飘塞上”大型交响音乐会，组织参加了第一届全国老年人体育健身大会，8个参赛项目共获得奖牌27枚。举办了庆祝建国60周年老年书画展、福彩全区老年文艺汇演，组织开展了“敬老号”和谐夕阳赴京津大型旅游活动，使2870名老年人感受了共和国60年的沧桑巨变，领略了祖国的秀美山河。联合开展了敬老、爱老、助老主题教育活动，表彰奖励了“孝亲敬老楷模”“孝亲敬老之星”，广泛宣传了一批敬老爱老模范的先进事迹。启动了全区第二轮敬老模范村（社区）创建活动，对76个“敬老模范村”“敬老模范社区”进行了表彰，收到了良好的社会效果，全社会敬老、爱老、助老的氛围日益浓厚。

5. 老年人合法权益得到有效维护。各级司法部门将《中华人民共和国老年人权益保障法》、《宁夏回族自治区老年人权益保障条例》和相关法律法规列入“五五”普法内容，列入市、县（区）法制宣传教育目标考核内容，分解到法制宣传教育、律师公证、司法鉴定、人民调解、法律援助等职能工作中，并通过举办法律知识讲座和法律咨询，大力宣传依法维护老年人合法权益的相关法律法规和政策，切实保障了老年人基本权益。各部门协调区内外新闻单位，利用广播、电视、报纸、网络等大众传媒，广泛进行维护老年人合法权益宣传，营造了推进老龄事业全面发展的社会氛围。各市、县（区）及各有关部门认真贯彻《宁夏回族自治区老年人权益保障条例》和《关于加强老年人优待工作的意见》，制定实施意见，确定优待内容，落实优待政策，切实维护了老年人的合法权益。在全区开展了《家庭赡养协议书》签订工作，巩固了家庭养老的基础功能。成立了由司法、劳保、民政、卫生等涉老职能部门组成的老年维权服务中心，共接待老年人来访2010余人次、来信1800件，电话咨询1.5万余人次，调解涉老纠纷4000余起，防止了“涉老”矛盾的激化，维护了社会稳定。

重要会议和活动

【自治区老龄委第五次全体（扩大）会议】 2009年6月9日，自治区人民政府在银川召开老龄委第五次全体（扩大）会议。会议传达了全国老龄工作委员会第十一次全体会议精神，总结了2006年全区第二次老龄工作会议以来全区老龄工作的基本情况，安排部署了2009年老龄工作的主要任务，表彰了50个敬老模范村、26个敬老模范社区，自治区发展和改革委员会、人力资源和社会保障厅、卫生厅通报了工作情况，金凤区、青铜峡市就推进社区居家养老服务工作、加强农村老龄工作作了大会交流发言。自治区党委常委、副主席刘慧出席会议并作重要讲话。自治区政府副秘书长任高民主持会议，自治区老龄委全体委员，各市、县（区）老龄委主任，民政局局长、老龄办主任，部分大型企业代表，受表彰的敬老模范村（社区）代表共180人参加了会议。

【宁夏高龄老人津贴发放启动仪式】 2009年5月9日，宁夏回族自治区高龄老人津贴发放仪式启动，在全国率先以省为单位建立了名称规范、覆盖城乡、按月发放的高龄老人津贴制度，标志着宁夏高龄低收入老年人基本生活由以往低标准、临时性、不确定性的救济方式变成了一种规范的制度性保障。自治区四套班子主要领导、分管领导和民政部窦玉沛副部长出席会议，现场为高龄老人发放了"津贴证"和"领取卡"。民政部副部长窦玉沛在启动仪式上表示，以省区宣布全面建立高龄老人津贴制度，宁夏在全国还是首家。这是对传统意义上的社会福利制度的重大创新，民政部将对宁夏的做法和经验进行总结和推广。截至2009年年底，全区30921名城乡高龄老人按月领取高龄津贴，推动了补缺型老年福利向普惠型发展。

【居家养老服务座谈会】 2009年7月24日，自治区民政厅、老龄办组织召开了全区居家养老服务座谈会，总结上半年全区居家养老服务工作开展情况，分析了存在的问题，交流经验，互相学习，研究探讨下一步推进居家养老服务工作的思路和措施。兴庆区、金凤区、西夏区、大武口区、利群社区、长城花园社区、正茂社区分别介绍了开展居家养老服务工作的经验和做法，银川、石嘴山、吴忠市就进一步做好本地居家养老服务工作做了表态发言，会议为50个经过考核验收合格的50个社区居家养老服务站授牌，兑现了奖励资金。自治区民政厅厅长出席会议并作重要讲话。马厅长在讲话中，充分肯定了上半年开展居家养老服务工作的成绩，客观分析了工作中的得失，要求各级民政、老龄工作部门要进一步深化思想认识，准确任务定位，克服畏难情绪，加强市场化运作，坚持"以人为本，因地制宜""政府主导，社会参与""着眼长远，力求实效"三项原则，把握服务主体多元化、服务对象公众化、服务方式多样化、服务队伍专业化、服务机制市场化"五个特点"，围绕老年人的生理需求、病理需求、心理需求、权利需求"四个需求"，着力在强化组织推动、提升服务水平、整合资源共建、推动机制创新上下功夫，不断推进我区居家养老服务工作快速健康发展。

【全国老龄办主任（北方片区）座谈会】 2009年11月9日，全国老龄工作座谈会在银川召开。全国老龄办常务副主任陈传书出席会议并作重要讲话，自治区民政厅厅长马廷礼应邀出席会议。全国老龄办副主任吴玉韶到会。来自北方17个省、自治区、直辖市和计划单列市老龄办负责人，福建、新疆生产建设兵团老龄办负责人，部分全国老龄办机关干部等，共40余人参加会议。座谈会上，各地老龄办负责人简要回顾了2009年各地老龄工作的基本情况，展望了2010年的工作打算，并结合当前我国人口老龄化的严峻形势和老龄办的工作实际，对今后我国的老龄工作提出了建议和设想。

在认真听取与会代表的发言后，陈传书常务副主任作了大会总结讲话。他充分肯定了各地老龄办在过去一年工作中所取得成绩，高度评价了各地老龄办结合当地实际，发挥主观能动性，开拓创新，在为老服务、组织建设、老龄宣传、发挥成员单位作用等方面所取得先进经验和做法，并向与会者通报了全国老龄委明年的工作重点。最后，他重点围绕我国老龄工作的五个体系，即：应对人口老龄化战略体系、老年人居住环境体系、养老保障体系、为老服务体系和老年工作体系，进行了阐述和说明。

【敬老爱老助老主题教育暨福彩全区老年文艺汇演】 2009年10月26日，宁夏自治区老龄委召开表彰大会，隆重表彰在全区第三届敬老、爱老、助老主题教育活动中涌现出的10名孝亲敬老楷模、66名孝亲敬老之星。表彰大会后举办了福彩全区老年文艺汇演。自治区老龄委委员和来自全区各地老年工作机构负责人与1500余名老年人共同观看了演出。

【"敬老号"和谐夕阳赴京津大型旅游活动】 2009年10月10日至20日，宁夏老龄办与北京市和谐夕阳旅游公司、宁夏中国青年铁道旅行社联合举办了"敬老号"和谐夕阳赴京津大型旅游活动，2870名老人们亲身感受了共和国60年的沧桑巨变，领略了祖国的秀美河山。

【庆祝中华人民共和国成立六十周年老年书画展】 2009年7月6日至11日，宁夏老龄办与宁夏老年人（老干部）书画协会联合举办了庆祝中华人民共和国成立六十周年老年书画展，共收到作品564幅，其中展出作品217幅，吸引了大批老年书画爱好者参观，极大地丰富了老年人的文化生活。

老龄业务工作

【养老保障制度建设】 启动了新型农村社会养老保险试点，农村老年人“老有所养”开始有了制度性保障；高龄老人津贴制度在全国率先建立，成为宁夏老龄工作的创新亮点。在民政部、自治区党委、政府高度重视和支持下，在全国率先以省为单位建立了名称规范、覆盖城乡、按月发放的高龄老人津贴制度，并于2009年5月9日举行了“宁夏高龄老人津贴发放启动仪式”，自治区主要领导、民政部副部长窦玉沛出席了启动仪式，现场为高龄老人发放了“津贴证”和“领取卡”。窦玉沛副部长在讲话中指出：“宁夏建立高龄老人津贴制度，是对传统意义上社会福利制度的重大创新，也是全国第一个建立普惠型高龄老人津贴制度的省区，在我国社会福利发展史上具有里程碑式的意义”。回良玉副总理在《人民日报》内参上作了重要批示，民政部转发了我区建立高龄老人津贴制度通知，新华社、《人民日报》、中央电视台等100多家新闻媒体转载报道了这一消息，在社会上引起极大反响。

【养老服务基础设施建设】 老年活动中心建设进展顺利。通过自治区补助一点、福利彩票公益金安排一点、地方配套一点的办法，新建和续建了12所统一规模、统一功能、统一标识的市、县（区）老年活动中心。大力推进养老福利服务设施建设。按照民政厅年初确定的十大工程建设要求和厅党组“争取纳入一批、抓紧建设一批、论证储备一批”的思路，自治区老龄办积极配合有关部门，抢抓国家拉动内需机遇，全力推进养老福利服务设施建设，新建和改扩建了33个涉老福利服务机构。特别是宁夏老年福利服务中心项目的开工建设，受到民政部、自治区党委、政府的高度重视和大力支持，在全国起了很好的引领示范作用。民办养老机构发展势头强劲。各级政府在加大财政投入的同时，制定优惠政策，鼓励支持社会力量兴建养老服务机构，规模大、功能全的5所养老机构中，已建成并投入运营的2所，今年建成并投入运营的3所。到年底，民办养老服务机构的养老床位数将达到1500张，除农村敬老院外，占全区城镇养老福利服务机构床位数的40%以上。民办养老服务机构的发展，有效地缓解了供需矛盾，促进了养老服务业的发展。

【居家养老服务工作】 自治区人民政府将社区居家养老服务站建设纳入政府为民办实事之一，自治区老龄委第五次全体（扩大）会议、全区民政工作会议都将居家养老服务工作作为2009年重点和亮点工作进行部署。2009年2月初，自治区民政厅、老龄办组成考察组，赴江苏、浙江两省进行了学习考察。2009年3月初，廷礼厅长亲自带队，深入到银川市、石嘴山市辖区，就居家养老服务工作进行专题调研，并召开了有关市、县、区领导，相关部门负责人及社区工作者参加的座谈会，专门研究部署居家养老服务试点工作。2009年7月，再次召开了全区社区居家养老服务会议，进行安排部署，为居家养老服务工作的顺利开展提供了保证。

为深入推进社区居家养老服务工作，银川市等地建立了工作机构，制定了相关政策，加大了地方财政投入力度，加强了督促检查。各街道、社区按照就近、方便、经济的原则，充分利用现有的社区医疗服务站、社区便民服务中心、辖区养老机构、老年活动中心（室）等多种社区资源，建立了一批具有日间托管、医疗保健、文化娱乐、精神慰藉等功能的居家养老服务中心（站）。宁夏慈善总会启动了“扶老助残”慈善项目，为生活困难的3000名老年人每人每月提供50元的服务补助。银川市金凤区等地政府制定了优惠政策，为重点服务对象每月提供50元、80元、100元不等的补贴。2009年，全区共建立规范化居家养老服务站101个，为3万多名城镇老年人提供了多种形式的服务，受到社会各界的广泛赞誉，居家养老服务正由点到面全面推开。

【农村老龄工作】 各级老龄委（办）以服务大局、保障和改善民生为根本，采取有效措施，建立了五级老龄工作体制，并不断完善了各项规章制度，从组织上、制度上保障了全区老龄工作的顺利开展。同时按照“老年人协会规范化建设标准”，结合经济社会发展情况和老龄工作实际，制定完善了工作职责，建立健全了规章制度，修订了老年协会章程。社区（村）按照自我管理、自我服务、自我教育的原则，建立和规范了老年协会的管理制度，使基层老年群众组织真正成为社区、农村、社会稳定及老年合法权益的维护者、政治文化体育活动的组织者和精神文明建设的参与者，提升了基层老龄工作的整体水平和社会地位，促进了基层老龄事业的发展。

【老年人权益保障】 各地、各部门积极开展老年人权益保障工作。银川市利用开展老年人文艺汇演、各类体育比赛及重大节日庆祝活动、法律宣传日、纪念日等，广泛宣传《中华人民共和国老年人权益保障法》《宁夏回族自治区老年人权益保障条例》等法律法规和政策，拓宽了宣传渠道，扩大了宣传面。吴忠市、永宁县老龄办会同有关部门，先后两次对成员单位就贯彻执行《条例》情况进行督导检查，并就存在的问题提出了整改的具体措施，维护了老年人的合法权益。青铜峡市启动了法律进社区、进百家活动，中卫市制定了《沙坡头区老年人残疾人免费享受公共服务待遇实施方案》，为老年人免费享受公共服务待遇提供了保障。各地还广泛开展了老年法律法规知识讲座，为老年人提供义务法律咨询和服务，提高了老年人的维权意识。

【老龄宣传教育和文体活动】 自治区老龄办与《宁夏日报社》、宁夏网、宁夏电视台联合开展了“居家养老服务大家谈”活动，先后总结推广了“小巷总理孙仙梅”“春蕾奶奶姜丽娟”“义务普法宣传员陈志明”等人的先进事迹；举办了“敬老号”和谐夕阳赴京津大型旅游活动，老人们亲身感受了共和国60年的沧桑巨变，领略了祖国的秀美河山；举办了福彩杯全区老年文艺汇演，1500余名老年朋友共同观看了演出；与自治区老年人（老干部）书画协会联合举办了庆祝中华人民共和国成立六十周年老年书画展，极大地丰富了老年人的文化生活。在全区广泛开展了敬老爱老助老主题教育活动，表彰奖励了10名“孝亲敬老楷模”、66名“孝亲敬老之星”。启动了全区第二轮“敬老模范村”（社区）创建活动，评选出50个“敬老模范村”、26个“敬老模范社区”，全社会敬老、爱老、助老的氛围日益浓厚。

新疆维吾尔自治区

2009年12月7日，新疆维吾尔自治区推进居家养老服务工作经验交流会在克拉玛依召开。

2009年9月26日，重阳节来临之际自治区老龄工作委员会副主任、老龄办常务副主任宋海渭带队慰问乌鲁木齐市柴窝堡乡97岁贫困老人马占。

综　述

2009年，各级老龄工作部门以邓小平理论和“三个代表”重要思想为指导，以科学发展观为统领，坚持“党政主导、社会参与、全民关怀”的老龄工作方针，紧紧围绕维护民族团结和社会稳定的大局，围绕保民生保发展的工作重心，按照“六个老有”的目标，统筹规划，突出重点，狠抓落实，推动自治区老龄工作取得了长足的发展。

一、维护民族团结和社会稳定工作扎实有效

“7·5”事件后，各级老龄办坚决贯彻落实党中央和自治区党委决策部署，坚定不移地维护民族团结、维护社会稳定，统一思想，提高认识，及时安排部署，通过培训班、大讨论、谈心活动等多种形式，深入揭批“7·5”事件真相，深刻学习领会胡锦涛总书记在新疆干部大会上的重要讲话精神，加强对老年

群团组织的管理和对老年人的宣传教育，确保老年群体的稳定，教育引导老龄系统干部职工及广大老年群众认清团结稳定是福、分裂动乱是祸，抽调人员参加社区维稳工作，与农村、社区开展共建帮扶，组织开展慰问捐款活动。自治区老龄办通过《老年康乐报》向全区老年人发出倡议书，号召各族老年群众积极参与维护民族团结和社会稳定的各项工作，开展看家护院、治安巡逻、志愿服务、帮扶救助、义务宣传、慰问捐赠等力所能及的活动，用亲身经历宣传党的民族政策，宣传在党的领导下我区各族人民团结奋斗取得的辉煌成就，以实际行动影响和教育子女及亲朋好友积极维护民族团结和社会稳定。各族老年人以对党对祖国对人民无限热爱之情，在维护民族团结和社会稳定的各项工作中作出了积极的贡献。全区老龄系统没有发生参与非法活动的现象，各级老龄办做到了管好自己的人、看好自己的门、办好自己的事，各民族干部职工精诚团结、相互帮助、关系融洽，为促进民族团结和维护社会稳定贡献了力量。

二、党政主导、社会参与力度不断加大

各级党委、政府从保民生、保发展的高度重视和加强老龄工作，将老龄工作纳入议事日程，纳入党政综合目标考核管理，纳入经济社会发展总体规划，积极出台涉老惠民政策措施，重视解决老龄工作机构建设、经费投入、办公条件等方面存在的实际困难，为老龄工作的发展奠定了坚实的基础。在全区开展了老龄事业发展第十一个五年规划检查，各地通过评估查找出了制约老龄事业发展的突出问题，向当地党委、政府提出了加强老龄工作的建议。财政部门不断加大老龄事业经费投入，大部分地州市和县市区按每位老年人每年2元钱核拨老龄事业发展经费并纳入财政预算，财政条件好的地、县把老龄事业发展经费上调到3～15元。发改委和建设部门积极组织各项涉老规划的实施，切实采取措施落实各项优待老年人政策。民政部门提高城乡社会救助和最低生活保障水平，发放城镇无收入困难老年居民生活补助1.2亿元。组织、老干部门完善“三个机制”，认真落实老干部各项待遇。人力资源和社会保障、卫生部门不断扩大养老保险、医疗保险和新农合覆盖面，有120多万老年人享受到了城乡医疗保险和救助。人口计生委认真落实农村计划生育家庭奖励扶助政策，有6万多老年人受益。宣传、广电等部门不断加大老龄宣传力度，营造了敬老养老的良好舆论环境。公安、司法系统加大老年维权工作力度，为老年人提供便捷有效的法律服务，切实维护老年人合法权益。教育、团委、总工会、妇联等部门广泛开展敬老教育和为老志愿服务活动。文化、体育、旅游等部门积极组织适合老年人特点的文体旅游活动，不断提高老年人生活质量。

三、养老保障和为老服务体系建设成效显著

各级各有关部门始终把维护好、实现好、发展好老年人的切身利益作为老龄工作的基本出发点和落脚点，关注失能、特困、留守、空巢、低收入老年群体的特殊需求，推进农村《家庭赡养协议书》签订工作，保障老年人的基本生活。全区已有73万多老年人签订了《家庭赡养协议书》，喀什地区为24.5万老年人签订了《家庭赡养协议书》，签订率提高到了95%，和田地区88.7%的农村老年人签订了《家庭赡养协议书》，履约率达到了94.5%，克拉玛依市投入3000多万元对领取独生子女证的老年人给予5000元的奖励金。自治区民政厅、老龄办等13家单位联合下发关于支持社会力量兴办老年人社会福利机构的意见，推动了自治区养老服务事业的发展，我们在克拉玛依市召开自治区推进居家养老服务工作经验交流会，探讨提出了促进居家养老服务工作的新思路。昌吉州、石河子等地积极开展试点工作，探索社区居家养老社会化服务有效模式，整合社区为老服务资源，加大投入推进社区为老服务网络建设。

四、老龄宣传、优待工作深入开展，敬老社会氛围日益浓厚

各级老龄办不断加大宣传工作力度，采取各种措施广泛开展以贴近老年人、贴近老龄工作实际为重点的老龄宣传。通过多种形式大力宣传老年法律法规，宣传党和政府涉老惠民政策，宣传新中国成立60年和改革开放30年来新疆发生的翻天覆地变化，大力弘扬中华民族敬老传统美德。各级党政主要领导通过广播电视报刊发表讲话，倡导为老年人办好事、办实事，使各族老年人充分感受到了党和政府的关怀。各地认真贯彻落实老年法律法规，不断加大老年维权工作力度，重视研究解决老年人关心的热点难点问题，充分发挥了老年法律援助和信访工作在化解涉老纠纷、保障老年人合法权益及维护社会稳定中的重要作用。认真落实《优待老年人规定》，为10万多老年人办理了优惠服务、待遇证，及时发现和协调解决老年优待工作中出现的新情况、新问题，逐步提高优待标准，拓宽优待领域和优待范围。全区绝大多数地、县为百岁老人每月发放60～300元的高龄生活补贴，部分地、县给80岁、90岁以上老年人每月发放40～200元的高龄生活补贴。

五、老年人积极参与社会发展，晚年生活丰富多彩

2009年，为期两个月的沪疆第七期“银龄行动”

定点援助工作取得了良好的经济效益和社会效益。部分地州市积极推进区域内对口援助实施“银龄行动”工作，乌鲁木齐市第三期“银龄援农”在实施范围、援助领域等方面均有所扩展，伊犁州组织专家实施了“银龄行动”试点工作，阿勒泰地区将离退休专业技术人才资源开发纳入“十一五”人才发展规划，建立了“银色”人才信息库。博州、吐鲁番等地组织老年大学、老年群众团体开展老年文化体育活动，举办老年文化艺术节、运动会、书画展、金婚庆典、游园观光等，经常化、制度化、多样化的老年文体活动，丰富了各族老年人的精神文化生活，展现了广大老年人与时俱进、健康向上的时代风貌。

六、基层老龄工作部门自身建设不断加强

各地州市和绝大部分县市区组织开展了老龄工作先进单位和先进个人评选表彰活动，推动了基层老龄工作的发展。组织对11个地州市及其27个县市区“双先”评选活动进行了抽查验收，督促各级党委、政府和有关部门解决老龄工作体制机制、经费投人、工作条件、设施建设等方面的突出问题，向全国推荐上报了先进单位和先进个人。对全区93名基层老龄工作干部进行了综合业务培训，提高了基层干部的整体素质。各级老龄办充分发挥“综合协调、督促检查、参谋助手”作用，努力实现工作思路、工作方式和工作作风的进一步转变，不断加强规范化建设，整体提升老龄工作水平。

重要会议和活动

【自治区老龄工作委员会第八次全体会议】　2009年2月23日，自治区老龄工作委员会召开了第八次全体会议，自治区老龄委各成员单位领导参加了会议。会议分析研究了我区人口老龄化的形势和任务，安排部署了2008年的老龄工作。会上，自治区老龄委副主任、老龄办常务副主任宋海渭作了《关于2008年自治区老龄工作基本情况和2009年工作安排意见的报告》，自治区民政厅厅长、老龄委副主任吾买尔江·米孜艾合买提传达了全国老龄委第九次全体会议和全国省级老龄办主任会议精神，自治区副主席、自治区党委政法委副书记、自治区老龄委常务副主任贾帕尔·阿比布拉同志出席会议并作了重要讲话。会议要求，各级要清醒认识新形势下老龄问题的重大社会影响，从全局和战略的高度出发，进一步增强做好老龄工作的历史责任感和紧迫感，加大养老社会保障力度，加快为老服务基础设施建设，推进社区居家养老服务，发展农村为老服务，完善社会为老服务体系建设。加强老龄工作部门自身建设，发挥成员单位职能作用，坚持宣传教育和维护权益双管齐下，努力营造敬老养老助老的良好社会氛围，构建“大老龄”的工作格局，推进自治区老龄事业全面协调可持续发展。

【自治区老龄办主任会议】　2009年2月27日至28日，自治区召开了老龄办主任会议。各地州市老龄办主任或副专职主任，各地州市所在城市老龄办主任或专职副主任，区市部分新闻媒体记者共90多人参加了会议。自治区老龄委副主任、老龄办常务副主任宋海渭全面总结了2008年的老龄工作，安排部署了2009年的工作任务。自治区自治区党委常委肖开提·依明、自治区副主席贾帕尔·阿比布拉同志亲临会议，分别代表自治区党委、人民政府看望会议代表并作了重要讲话。会议要求各级要充分认识人口老龄化发展形势，进一步增强做好老龄工作的责任感和紧迫感，立足服务大局，心系老年群众，认真贯彻老龄工作方针，充分调动社会力量齐抓共管发展老龄事业，进一步提高老年人生命生活质量，扎实推进自治区老龄工作的全面发展。乌鲁木齐市老龄办、哈密地区老龄办等八个地州市代表进行了大会经验交流。

【“敬老宣传月”】　2009年9月，全区组织开展以“见证辉煌成就、不忘历史功绩、共创美好未来”为主题的第十三个“自治区敬老宣传月”活动，丰富了老年人的精神文化生活，营造了敬老助老的社会氛围。自治区老龄办通过新闻媒体广泛宣传敬老模范人物的先进事迹，协调自治区新闻办在2009年9月15日自治区老人节向全区800多万用户发送了敬老公益短信，产生了广泛社会影响。2009年“敬老宣传月”是在“75”事件后的特殊时期开展的一项重要宣传活动，各级老龄办高度重视，结合实际积极开展以宣传《老年法》《条例》和教育引导老年人促进民族团结维护社会稳定为主线的系列教育活动，通过板报、传单、图片展、先进事迹报告会、红歌会、电视节目、报纸专栏、公益公告、征文、免费义诊等形式，营造浓厚的尊老敬老氛围。各地党政主要领导还通过电视报刊等媒体向各族老年人祝贺节日，积极开展走访慰问活动，使广大老年人感受到了党和政府的关爱。

【基层老龄工作干部培训班】　2009年6月22日至26日，自治区老龄办组织了为期5天的全区基层老龄工作干部培训班，各地州市及其县市区的93名基层老龄工作干部参加了培训。自治区党委常委肖开提·依明和自治区副主席贾帕尔·阿比布拉同志，分别代表自治区党委、人民政府参加了开班、结业仪式并作了重要讲话。通过综合业务培训、专题辅导讲座、座谈讨论和观摩学习，提高了基层干部的工作能力和综合素质。

【“双先”评选表彰活动】　各级老龄办高度重视“双先”评选表彰活动，抓住有利时机，充分发挥党政主导作用，调动各方面的积极性，解决老龄事业发展和老龄工作中的突出问题，切实改善老年人的生活质量，扩大老龄工作的影响，增强全社会的老龄意识和敬老意识，按照自治区细化量化的“组织领导有力、敬老宣传教育广泛、老年法规政策落实、养老保障逐年提高、为老服务设施健全、老年精神文化生活丰富、创建机制健全有效”7个方面80条共100分的创建标准，逐项对照检查，发现问题及时改进，扎实开展好评选表彰活动。阿克苏地区在沙雅县召开了“创建活动”现场会，各县市分管领导和老龄办专职副主任参加了会议，并在会议之后组织地区创建工作验收组对8县1市进行了检查验收，推动了创建工作的收入开展。克拉玛依市将目标任务层层分解到有关部门，签订《目标责任书》，建立了党政主导、老龄委综合协调、有关部门配合、社会各界参与的创建机制。2009年10月至11月，自治区老龄办全区“双先”评选表彰活动情况进行了检查，并复验了2005年命名的全国和自治区老龄工作先进县市区，通过检查验收，从全区申报的93个先进单位、106名先进个人中，向全国推荐上报了10个全国老龄工作先进单位和13名先进个人，评选表彰了36个自治区老龄工作先进单位和34名先进个人。

【自治区推进居家养老服务工作经验交流会】　2008年12月7日—8日，自治区老龄办在克拉玛依市召开了全区推进居家养老服务工作经验交流会，各地州市及所在城市老龄办负责人和基层老龄工作干部等110多人参加了会议。自治区副主席贾帕尔·阿比布拉同志，出席会议并作了重要讲话。会议总结交流了近年来自治区居家养老服务工作经验，分析探讨了新形势下居家养老服务工作面临的新情况、新问题，安排部署了当前和今后一个时期的居家养老服务工作，克拉玛依市及2个区、1个街道办事处、2个社区和新疆油田公司离退休管理中心在会上分别介绍了居家养老服务工作经验，实地参观考察了6个开展居家养老服务日托站和日托中心。

【老龄事业“十一五”规划检查评估】　2009年初，自治区老龄办下发通知，要求各地州市老龄办按照老龄事业发展第十一个五年规划目标任务，对7个方面16项重点内容组织开展规划执行情况自查。2009年10月31日至11月28日，在各地自查的基础上，自治区老龄办派出两个工作组，对11个地州市及其27个县市区落实规划情况进行了重点抽查和调研，基本了解掌握了各地规划落实情况，形成了书面调研材料，向自治区党委和政府报告了情况，推动了规划目标任务的全面落实。

各项业务进展

【老年维权工作】　2009年，各地认真贯彻落实自治区老年维权工作经验交流会精神，全面加强老年维权工作。认真执行《自治区优待老年人规定》，加强老年优待证发放和管理工作，结合实际逐步提高优待标准，拓宽优待领域和优待范围，及时发现和协调解决老年优待工作中出现的新情况、新问题。建立健全县乡村三级老年维权网络，积极为老年人提供法律援助。部分县市还设立了老年法庭，为老年人提供法律咨询，接受投诉和法律援助初审。针对农村赡养纠纷和虐待遗弃老人事件不断增多的状况，各地加大对农村老年人的法律援助和涉老案件审判力度，对涉老案件实行优先立案、优先审理、优先执行和案件回访制度，维护了广大老年人的合法权益。加大信访工作力度，加强对信访接待人员的培训教育，研究解决老年群众关心的热点难点问题，为老年人排忧解难，充分发挥了老年法律援助和信访工作在化解涉老纠纷、保障老年人合法权益和维护社会稳定中的重要作用。

【老龄信息宣传工作】　2009年，自治区老龄办重视加强老龄宣传和信息工作，从健全信息宣传载体、畅通信息报送渠道、建立表彰激励机制等方面推进信息工作规范化建设，对基层老龄信息宣传工作的指导，定期通报各地信息刊用情况，全年收集、整理各级老龄工作信息1736条，推荐各大媒体刊用552条，评选表彰了22个自治区老龄信息宣传工作先进单位和40名先进个人。《老年康乐报》坚持正确的舆论导向，坚持新闻的“三贴近”和“两为”方针，围绕老龄工作重点，全方位、多角度地开展宣传，充分发挥了老龄宣传主阵地作用。各级老龄办不断加大宣传工作力度，采取各种措施，广泛开展了以贴近老年人、贴近老龄工作实际为重点的老龄宣传工作。乌鲁木齐市通过老年人专题广播定期向社会进行广泛宣传，为各族老年群众服务。博州制定了老龄信息报送奖励措施，按照刊用级别不同，每条信息给予30～60元的奖励。巴州部分县建起了敬老宣传一条街。克拉玛依市加大信息宣传工作力度，制定了《老龄信息宣传工作制度》和《老龄信息宣传工作考核细则》，成立了全区首个老龄工作网站一油城老龄网。昌吉州邀请网络专家为老龄网页重新编排程序，设计网页图案，及时更新内容，网页的点击率不断增加，为老龄宣传提供了平台。通过各类新闻媒体大力宣传，促使人口老龄化进入各级政府的决策意识，受到了社会各界的广泛关注。

【老年文体活动】 2009年，先后组织参加了全国“红叶风采”文艺演出、“全国十大寿星”评选、“尊老助老和谐中国”新闻联合报道、“群星耀天山”庆祝新中国成立六十周年文艺演出、“迎国庆讲文明树新风”老年志愿服务、民族大团结教育短信征集大赛等活动，推荐的6名百岁老人被评为“全国十大寿星”，位居全国榜首。各地充分利用建国六十周年的有利时机，通过开展老年文体各种活动，提高全社会的老龄意识，弘扬中华民族敬老爱老助老的传统美德。乌鲁木齐市组织800多名老年人赴港澳旅游，组织百名共和国同龄母亲游边城活动。哈密地区举办了第七届老年文艺汇演。阿勒泰（伊犁地区）地区组织了5个民族200多位老年人参加的首届“金婚银婚庆典”活动。克拉玛依市组织开展以踏春游、体育游、徒步游、民俗游、观光游等为主要内容以老年人为主题的“我和春天有个约会”系列旅游活动，先后历时2个多月，共有6000多名老年人参加了活动。部分地州市老年人体育协会代表自治区组团参加了全国首届老年人运动会取得了优异成绩。

【“银龄行动”】 2009年5月至7月，28位上海老年志愿者在阿克苏地区、博州、巴州和克拉玛依市实施了两个月的沪疆第七期“银龄行动”定点援助工作。在保持前六期“银龄行动”实施原则、援助范围、援助领域、援助方式等总体思路不变的基础上，将“银龄行动”受援地扩展到了克拉玛依市。“75”事件发生后，我办与上海市老龄办紧急协商，及时下发通知，要求各受援地采取措施保证老年志愿者的绝对安全，确保了“银龄行动”的圆满结束。据不完全统计，实施医疗援助的老年志愿者共救治患者9388人次，培训医务工作者5332人次，填补地县科技空白5项；实施教育援助的老年志愿者培训师生450人次；实施农业援助的老年志愿者指导农户320户、辐射带动5820亩，农业科技培训460人次。

【老年教育】 2009年，全区各级老年大学（学校）坚持“增长知识、陶冶情操、促进健康、丰富生活、服务社会”的办学宗旨，不断扩大办学规模，改进专业设置和教学方法，重视规范化建设，使老年大学成为老年人的学习之家、活动之家、有为之家，成为“老有所学”和对老年人进行思想政治教育的重要阵地，对提高老年人生命生活质量，弘扬传播先进文化，全面促进我区老龄事业发展和“三个文明”建设，维护社会稳定，构建和谐新疆发挥了重要作用。自治区老年大学紧紧围绕招生、教学两个中心环节，不断提高教学质量，全年共开设各类专业学习班164个，招收老年学员4900人次。老年大学协会专门组织召开了全区老年大学校长会议，研究贯彻落实自治区人民政府《关于加强老年教育工作的意见》。为表彰先进，经过层层评选推荐，全区共有5个单位获“全国先进老年大学”荣誉称号，27名个人获“全国老年教育先进工作者”荣誉称号。

【老龄调研统计工作】 在广泛征求意见的基础上，制定施行了《自治区老龄调研工作制度》（试行）。针对老龄事业和老龄工作中的薄弱环节及老年人普遍关心的热点难点问题，自治区老龄办下发了《关于加强老龄调研工作的通知》，确定了10个方面的重点调研内容，要求各地广泛开展调查研究，组织开展老龄优秀调研报告评选活动。各级老龄办结合开展第二批学习实践科学发展观教育活动，在成员单位和各有关部门广泛征求意见，组织人员开展专题调研，认真研究分析制约各地老龄事业科学发展的突出问题，提出了推进老龄事业又好又快发展的对策建议，形成书面调研报告，为各级党委政府应对人口老龄化和决策老龄问题提供依据。通过层层推荐，我们在各地上报的58篇调研报告中评选表彰了19篇老龄工作优秀调研报告。协调自治区统计局将老龄统计工作纳入自治区行业统计管理范围，根据统计管理部门的要求和老龄工作实际，制订了更加规范合理的老龄事业统计指标体系，按照新的指标体系在全区组织开展老龄事业统计工作。

广西壮族自治区

综　　述

2009年，广西老龄工作在自治区党委和政府的领导以及各涉老部门的大力支持下，深入贯彻党的十七大和十七届三、四中全会精神，以科学发展观为统领，认真贯彻落实全国老龄工作委员会第十一次全体会议和2009年全国老龄办主任会议精神，以实施《广西壮族自治区老龄事业发展“十一五”规划》为主线，突出重点，全面推进，老龄工作取得新的突破。

一、认真贯彻全国会议精神，明确老龄工作目标任务

为认真学习贯彻年初召开的全国老龄工作委员会第十一次全体会议和全国老龄办主任会议精神，今年2月，及时召开广西老龄办主任会议，传达学习全国会议精神，结合实际深入分析和研究广西老龄工作形势，部署2009年广西老龄工作任务。为进一步把全国会议精神真正落到实处，自治区老龄办组织力量在广西范围内开展了老龄工作包括体制机制建设情况摸底调查，认真查找影响广西老龄工作发展的瓶颈问题，以书面形式呈报自治区人民政府，提出了进一步加强老龄工作的意见和建议。对此，自治区人民政府极为重视，自治区副主席、自治区老龄工作委员会主任陈章良亲自召集自治区民政、编办、财政、老龄办等部门召开专题会议，听取全国老龄工作委员会第十一次全体会议精神汇报和广西老龄工作情况汇报，研究解决广西老龄工作体制机制建设问题，会议明确了年内出台《广西壮族自治区老年人优待规定》，召开广西老龄工作会议；今后每年召开自治区老龄工作委员会全体会议，每3至5年召开广西老龄工作会议；强调要进一步加强老龄机制建设、加大老龄工作经费投入等，并形成了《会议纪要》以自治区人民政府的名义下发广西各地。

二、调整和充实自治区老龄工作委员会成员，进一步完善老龄工作机制

为适应人口老龄化快速发展的形势，进一步加强老龄工作的领导，更好地发挥老龄工作委员会的议事协调作用，参照全国老龄工作委员会重新调整的情况，针对近年来自治区老龄工作委员会成员因机构改革、领导调整等原因经常发生变动、老龄委议事协调的工作机制不健全的状况，及时与各成员单位协调联系，认真做好自治区老龄委成员调整及增加新成员单位的呈报工作。2009年5月，自治区人民政府下发文件，重新明确了自治区老龄工作委员会领导、委员及成员单位。广西各市（县、区）也及时完成了本级老龄工作委员会调整及成员单位增补工作，完善了老龄工作机制，大老龄工作格局得到加强。

三、开展调查研究，努力争取自治区人民政府出台老年人优待政策

为认真落实全国老龄办等21个部委局下发的《关于加强老年人优待工作的意见》，自治区老龄办在2008年深入调研的基础上草拟了《广西壮族自治区老年人优待规定》（以下简称《优待规定》征求意见稿），2009年4月又会同自治区民政厅法制处组成调研组，深入柳州、贺州等市开展专项调研，通过召开座谈会和实地走访的形式，了解广西人口老龄化发展趋势和老年人优待政策执行情况及存在问题，并广泛征求广西各地、涉老部门、为老服务窗口和基层老年人对老年人优待政策的意见和建议，对《优待规定》进行反复修改和完善，并及时呈报自治区人民政府。2009年12月，自治区人民政府出台了《广西壮族自治区老年人优待规定》，这是广西老龄法规政策的一项重大突破。自治区老龄办、自治区民政厅联合召开实施《广西壮族自治区老年人优待规定》新闻发布会，向社会各界通报《优待规定》的主要内容、制定情况和贯彻实施意见，这标志着广西老龄工作又迈向一个新台阶。

四、召开广西老龄工作会议

根据自治区人民政府《研究民政工作有关问题的会议纪要》精神，自治区老龄办积极协调，认真筹备广西老龄工作会议各项工作。2009年12月29日，自治区人民政府在广西首府南宁市召开广西老龄工作会议。自治区民政厅厅长、自治区老龄委副主任陈利丹传达全国老龄工作委员会第十一次全体会议精神并作工作报告，认真回顾9年来广西老龄工作取得的成绩和经验。自治区副主席、自治区老龄委主任陈章良全面分析了广西老龄事业发展面临的新形势，部署了今后一个时期老龄工作的主要任务，并就如何更好更快地推进广西老龄事业发展作了重要讲话。全国老龄委办公室副主任吴玉韶出席会议并讲话。各市、县（区）人民政府、南宁铁路局分管老龄工作的领导、民政局局长及老龄委办公室主任450多人参加了会议。这是广西老龄事业发展史上的一次重要会议，会议的成功召开，充分体现自治区党委、人民政府对老龄工作的重视和对老年人的关怀。

五、扩大援助领域，“银龄行动”有新突破

2009年，广西的“银龄行动”工作经过深入调研，多方协调，广泛发动，共组织61位医疗、农业、教育等方面的援助专家，分赴河池、南宁、崇左等市及所辖的环江县、罗城县、天峨县、天等县、龙州县和江州区等县（区），开展为期6个月的医疗援助、医疗进社区、科学素质报告讲座、农业技术培训、中小学班主任技能培训等援助活动。初步统计，医疗援助项目：进社区开展3场“健康科普社区行”医疗义诊活动，授诊777人次，发放科普宣传资料409份；组织专家门诊共接诊663人次，医术讲座15场，培训当地医务人员1277人次。农业援助项目：共开展农业技术培训76期，共5715人次，印发宣传资料5836份。教育援助项目：组织广西师范大学、广西师范学院及南宁市优秀中小学教师组成培训团队，赴天峨县开展中小学班主任技能培训活动，编印教材及资料400本进行发放；在科普讲座方面，共开展科普演讲活动83场，听众4万余人次。“银龄行动”活动的开展为落实科学发展观，开拓老年人才市场为社会服务提供了有效的途径，产生了很好的经济和社会效益。

六、找准关键，老龄宣传扶贫慰问工作扎实有效开展

为进一步加强老龄工作的宣传，扩大影响，充分利用电视、广播等大众媒体及《广西老年报》、广西老龄网等宣传阵地，重点宣传国家老龄工作的主要任务和精神、自治区老龄工作的指导性意见及各地老龄工作的经验和动态，指导广西老龄工作。针对老年报社的机构、管理体制、办报质量和发行等问题，召开专门会议，向民政厅党组汇报报社存在的问题。得到民政厅党组的大力支持，报社的相关问题正在一步步着手解决。2009年4月，自治区老龄办组织召开了部分地级市老龄宣传工作座谈会。会议通报当前广西老龄宣传工作的基本情况，听取各市对如何加强老龄宣传工作和办好广西老年报的意见和建议。此外，为迎接建国六十周年及广西第二十三届敬老节，自治区民政厅、广西军区政治部、自治区老龄办联合举办了“祖国在我心中”广西军休干部书画摄影诗歌朗诵比赛。春节、重阳节多次组成慰问组分赴南宁、桂林、梧州、崇左市的社区和乡村等地，看望慰问部分百岁老人、老党员、特困老人和基层老年协会，在慰问中宣传党的老龄工作方针、政策，送去党和政府的关怀。通过组织开展丰富多彩的老年文体活动及慰问活动，广泛宣传老龄工作，使老龄工作的影响力不断扩大。

重要会议和活动

【广西老龄工作会议】 2009年12月29日上午，广西壮族自治区人民政府在南宁召开广西老龄工作会议。自治区民政厅厅长、自治区老龄委副主任陈利丹传达全国老龄工作委员会第十一次全体会议精神并作工作报告，认真回顾9年来广西老龄工作取得的成绩和经验。自治区副主席、自治区老龄委主任陈章良全面分析了广西老龄事业发展面临的新形势，部署了今后一个时期老龄工作的主要任务，并就如何更好更快地推进老龄工作作了重要讲话。全国老龄委办公室副主任吴玉韶出席会议并讲话。各市、县（区）人民政府、南宁铁路局分管老龄工作的领导、民政局局长及老龄委办公室主任450多人参加了会议。

【实施《广西壮族自治区老年人优待规定》新闻发布会】 2009年12月29日下午，自治区老龄办、自治区民政厅联合召开新闻发布会，自治区民政厅厅长、自治区老龄委副主任陈利丹向社会各界通报了《广西壮族自治区老年人优待规定》有关制定情况。17家中央驻邕及广西新闻媒体单位出席了新闻发布会。《广西壮族自治区老年人优待规定》经2009年11月20日自治区十一届人民政府第44次常务会议审议通过，自2009年12月12日起发布实施。包括十七条款，优待范围涵盖文体、法律、医疗、交通和其他为老服务等多个方面，涉及就医、旅游、乘车、高龄补贴等诸多内容。出台老年人优待规定，提高老年人优待水平是自治区党委、自治区人民政府落实科学发展观，坚持以人为本，着力改善民生，促进社会和谐建设的重大举措，是广西老龄法规政策的一个重大突破，对促进广西老年法制政策体系建设、保障老年人合法权益、加快老龄事业发展将产生积极和重大的影响。

【自治区地级市老龄办主任会议】 2009年2月27日，2009年广西老龄办主任会议在南宁召开，来自广西14个地市老龄办主任及南宁铁路局离退休处负责人参加了会议。会上，自治区老龄工作委员会办公室主任梁丽玲传达了全国老龄工作委员会第十一次全体会议精神，总结了2008年广西老龄工作，部署了2009年工作，并自治区民政厅副厅长黄瑞平出席会议并作讲话。会议指出，2008年广西老龄工作在各级党委、政府的领导下，在各级老龄部门的共同努力和各相关涉老部门的共同配合下，取得了一定成绩，但广西老年人多，人口老龄化速度快，经济相对落后，老龄工作仍面临巨大困难，为此，要认真贯彻中共中央政治局委员、国务院副总理回良玉和全国老龄工作委员会主任、民政部部长李学举在全国老龄工作委员会第十一次会议上的讲话精神，进一步完善老龄工作体制机制，加强对基层老龄工作的指导，加快老龄法制建设和宣传，稳步推进广西老龄工作又好又快的发展。

【广西老龄工作专题会议】 2009年7月22日，自治区副主席、自治区老龄工作委员会主任陈章良亲自召集自治区民政、自治区编办、自治区财政、自治区老龄办等部门召开专题会议，听取全国老龄工作委员会第十一次全体会议精神汇报和广西老龄工作情况汇报，研究解决广西老龄工作体制机制建设问题，会议明确了年内出台《广西壮族自治区老年人优待规定》，召开广西老龄工作会议；今后每年召开自治区老龄工作委员会全体会议，每3至5年召开广西老龄工作会议；强调要进一步加强老龄机制建设、加大老龄工作经费投入等，并形成了《会议纪要》以自治区人民政府的名义下发广西各地。

各项业务进展

【老龄工作体制机制建设】 为适应人口老龄化快速发展的形势，进一步加强老龄工作的领导，更好地发挥老龄工作委员会的议事协调作用，参照全国老龄工作委员会重新调整的情况，针对近年来自治区老龄工作委员会成员因机构改革、领导调整等原因经常发生变动、老龄委议事协调的工作机制不健全的状况，自治区老龄办及时与各成员单位协调联系，认真做好自治区老龄委成员调整及增加新成员单位的呈报工作。2009年5月，自治区人民政府下发文件，重新明确了自治区老龄工作委员会领导、委员及成员单位。广西各市（县、区）也及时完成了本级老龄工作委员会调整及成员单位增补工作，完善了老龄工作机制，大老龄工作格局得到加强。

【老年人优待工作】 为认真落实全国老龄办等21个部委局下发的《关于加强老年人优待工作的意见》，自治区老龄办在2008年深入调研的基础上草拟了《广西壮族自治区老年人优待规定》（征求意见稿），2009年4月又会同自治区民政厅法制处组成调研组，深入柳州、贺州等市开展专项调研，通过召开座谈会和实地走访的形式，了解广西人口老龄化发展趋势和老年人优待政策执行情况及存在的问题，并广泛征求广西各地、涉老部门、为老服务窗口和基层老年人对老年人优待政策的意见和建议，对《广西壮族自治区老年人优待规定》进行反复修改和完善，并及时呈报自治区人民政府。2009年12月自治区人民政府出台了《广西壮族自治区老年人优待规定》，这是广西老龄法规政策的一项重大突破。自治区老龄办、自治区民政厅及时召开实施《广西壮族自治区老年人优待规定》新闻发布会，向社会各界通报《优待规定》的主要内容、制定情况和贯彻实施意见，这标志着广西老龄工作又迈向一个新台阶。

【“银龄行动”】 2009年，广西的“银龄行动”工作经过深入调研，多方协调，广泛发动，共组织61位医疗、农业、教育等方面的援助专家，分赴河池、南宁、崇左等市及所辖的环江县、罗城县、天峨县、天等县、龙州县和江州区等县（区），开展为期6个月的医疗援助、医疗进社区、科学素质报告讲座、农业技术培训、中小学班主任技能培训等援助活动。初步统计，医疗援助项目：进社区开展3场“健康科普社区行”医疗义诊活动，授诊777人次，发放科普宣传资料409份；组织专家门诊共接诊663人次，医术讲座15场，培训当地医务人员1277人次。农业援助项目：共开展农业技术培训76期，共5715人次，印发宣传资料5836份。教育援助项目：组织广西师范大学、广西师范学院及南宁市优秀中小学教师组成培训团队，赴天峨县开展中小学班主任技能培训活动，编印教材及资料400本进行发放；在科普讲座方面，共开展科普演讲活动83场，听众4万余人次。“银龄行动”活动的开展为落实科学发展观，开拓老年人才市场为社会服务提供了有效的途径，产生了很好的经济和社会效益。

【老龄宣传和扶贫慰问工作】 充分利用电视、广播等大众媒体及《广西老年报》、广西老龄网等宣传阵地，重点宣传国家老龄工作的主要任务和精神、自治区老龄工作的指导性意见及各地老龄工作的经验和动态，指导广西老龄工作。为进一步加强老龄工作的宣传，扩大影响，针对老年报社的机构、管理体制、办报质量和发行等问题，召开专门会议，向民政厅党组汇报报社存在的问题。得到民政厅党组的大力支持，报社的相关问题正在一步步着手解决。4月自治区老龄办组织召开了部分地级市老龄宣传工作座谈会。会议通报当前广西老龄宣传工作的基本情况，听取各市对如何加强老龄宣传工作和办好《广西老年报》的意见和建议。此外，为迎接建国六十周年及广西第二十三届敬老节，自治区民政厅、广西军区政治部、自治区老龄办联合举办了“祖国在我心中”广西军休干部书画摄影诗歌朗诵比赛。春节、重阳节多次组成慰问组分赴南宁、桂林、梧州、崇左市的社区和乡村等地，看望慰问部分百岁老人、老党员、特困老人和基层老年协会，在慰问中宣传党的老龄工作方针、政策，送去党和政府的关怀。通过组织开展丰富多彩的老年文体活动及慰问活动，广泛宣传老龄工作，使老龄工作的影响力不断扩大。

2009年12月29日，广西壮族自治区人民政府在广西首府南宁市召开广西老龄工作会议。自治区民政厅厅长、自治区老龄委副主任陈利丹作工作报告，自治区副主席、自治区老龄委主任陈章良作重要讲话，全国老龄委办公室副主任吴玉韶出席会议并讲话。各市、县（区）人民政府、南宁铁路局分管老龄工作的领导、民政局局长及老龄委办公室主任450多人出席会议。

会前，自治区副主席、自治区老龄委主任陈章良亲切会见出席广西老龄工作会议代表并合影留念。

全国老龄委办公室副主任吴玉韶出席广西老龄工作会议并讲话。

2009年12月29日，自治区老龄办、自治区民政厅联合召开新闻发布会，自治区民政厅厅长、自治区老龄工作委员会副主任陈利丹向社会各界通报了《广西壮族自治区老年人优待规定》有关制定情况。17家中央驻邕及广西新闻媒体单位出席了新闻发布会。

第四届中国桂林永福养生旅游福寿节于2009年10月24日至26日在广西永福县隆重举行。自治区民政厅副厅长黄瑞平出席开幕仪式并慰问当地部分高龄老人，送去慰问金和慰问品，送上党和政府对老年人的关怀和厚爱。

西藏自治区

西藏自治区老龄委各成员单位的领导出席观看红色歌曲老人唱大型文艺活动现场

西藏自治区民政厅党委书记谭云高（左四）出席观看活动演出现场。自治区民政厅长、老龄办主任单增卓扎（中）在红色歌曲老人唱活动仪式上讲话。

综　述

2009年，在自治区老龄委的正确领导下，在全国老龄办的指导下，在自治区各涉老部门的通办协作下，自治区老龄委办公室坚持以邓小平理论和“三个代表”重要思想为指导，全面贯彻落实科学发展观，认真贯彻落实《西藏自治区实施〈中华人民共和国老年人权益保障法〉办法》和第二次全区老龄工作会议精神。为构建小康西藏、平安西藏、和谐西藏、生态西藏发挥了积极作用。

一、制定出台为老服务政策措施，推动养老服务业加快发展

继续推进统筹城乡养老保障制度工作，出台了《西藏自治区五保供养工作条例》，2009年，全区农牧区特困老人供养求助标准提高到每人每年不低于1600元的应保尽保标准。建立健全了社区离退休党支部，活跃了基层文化、体育生活。进一步加强了为老服务的工作力度。全面贯彻落实《西藏自治区实施〈中华人民共和国老年人权益保障法〉办法》，为80周岁以上寿星老人免费办理寿星证书1230多本，发放健康补贴费1200多万元。为60周岁以上老年人免费办理《老年人优待证》47500多本。拉萨市从2009年4月1日起在全区率先实现60岁以上老年人（包括外地在拉萨生活的所有老年人）凭本人身份证或《老年优待证》免费乘坐公交车。从2009年4月1日起，老年人免费乘坐公交车使用IC卡。免费乘车费用由拉萨市财政局对市公交总公司进行补贴。拉萨市城区有近8000名60岁以上老年人申办了优惠卡。

二、加快为老服务设施建设力度

全区建成各级老年活动中心（站）39个，老年活动中心有效正常运转，为广大老年人健身娱乐，安度晚年生活提供了有利条件。广大老年人积极参与书画、舞蹈、乒乓球、棋牌赛，庆祝西藏民主改革50周年，庆祝新中国成立六十周年，各级老年活动中心（站）的建立和完善，给我区广大老年人提供了愉悦身心的活动场所，为提高老年人的生活和生命质量打下了良好的环境基础，使广大老年人平等共享改革发展取得的伟大成就，收到了良好的社会效益。

三、成立了“五老”网吧志愿监督员队伍

充分发挥老同志的政治优势，认真贯彻落实《中共中央办公厅、国务院办公厅关于进一步净化社会文化环境，促进未成年人健康成长的若干意见》，自治区老龄办会同有关部门就如何发挥好“五老”在网吧管理中的监督作用，及时要求全区各地（市）建立网吧志愿者监督员队伍，要求各地（市）一要认识建立网吧志愿监督员队伍的重要意义；二要明确志愿监督员的条件要求；三要制定志愿监督员的主要职责。各地（市）迅速组建了“五老”网吧监督员队伍，达到每个县有义务监督员3～6名。有效地抵制了不良信息的传播，从根本上帮助未成年人健康地成长。各县“五老”网吧监督员队伍还组织县中小学生观看大型纪录片《西藏今昔》，给广大青少年讲解西藏在中国共产党的领导下，逐步走向辉煌的革命历程，还举办了新旧西藏对比照片展览。使广大青少年深受教育和进一步激发了他们的爱国热情。从小树立远大的革命理想，立志长大后做一个建设祖国、建设家乡的有用之才。

四、不断丰富老年人的精神文化生活

为庆祝中国共产党建党八十八周年，庆祝新中国成立六十周年，展示我区广大老年人热爱中国共产党、热爱社会主义、热爱平安、和谐新西藏的精神风貌。自治区老龄委办公室会同自治区党委老干部局、拉萨市老龄委办公室在拉萨成功举办了“红色歌曲”老人唱大型歌舞活动。各地区驻拉萨离退休服务站和拉萨市各社区居委会、拉萨市直附近3个县的离退休党支部约1200余人参加了大型文艺活动，表演了丰富多彩的文艺节目，从内心深处歌颂共产党好、社会主义好、伟大祖国好、民族大团结好，充分展现了我区广大老年人在党的阳光照耀下过着幸福安康的快乐生活，进一步激发了他们的爱国热情，营造了全社会对老龄工作的重视、关心、支持的良好社会氛围。自治区老龄委各成员单位的领导出席观看了演出活动。自治区和拉萨市新闻单位及时宣传报道了活动情况。

五、大力开展走访慰问活动

重阳节期间，我区各级老龄工作部门看望慰问老年人。在2009年重阳节之际，我区各级老龄工作部门带着党和政府对老年人的关爱之情，广泛开展了看望慰问百岁老人、特困老人、敬老院老人活动，向老人们送去节日的祝福及党和政府的关怀。为大力弘扬中华民族敬老、爱老、助老的传统美德，自治区老龄委办公室、拉萨市老龄委办公室联合走访慰问了百岁老人、80岁老人、特困老人。赴拉萨市的林周县、曲水县开展慰问活动，向他（她）们献上洁白的哈达并送上慰问金。他们来到林周县江热夏乡加荣村118岁老人阿麦次仁家中慰问这位遗址三个世纪的老人。阿麦次仁出生于1891年，是我区最长寿老人，目前身体健康状况良好，她的家人十分感谢党和政府出台的老年人优待政策，感谢各级老龄工作部门的亲切关怀和慰问。

各地区老龄委办公室积极组织动员所属各县纷纷进行慰问百岁老人、特困老人、敬老院老人活动。为他（她）们送去了棉被、慰问金、粮油等物资。为敬老院老人送去了电视机，使老人们感受到了社会主义大家庭的温暖。各县组织中小学生走进孤寡老人家中，帮助打扫卫生，为老人梳头等力所能及的事情。有条件的县还开展了内容丰富、形式多样的“尊老、爱老、助老和谐中国”，宣传、咨询、服务一条街的活动，发放宣传材料，张贴新旧社会对比照片等项活动培养教育青少年从小树立尊老、爱老、助老的良好习惯，营造了温暖和谐的社会氛围。

六、加大老龄工作的宣传力度

全区老龄工作部门，认真贯彻落实《西藏自治区实施〈中华人民共和国老年人权益保障法〉办法》和《中共自治区委员会、西藏自治区人民政府关于加强老龄工作的意见》。利用12月4日法制宣传日，自治区老龄委办公室将《西藏自治区实施〈中华人民共和国老年人权益保障法〉办法》翻译成藏文、汉文宣传单。自治区老龄办和志愿者服务队走上街头，悬挂宣传横幅，发放宣传资料，设立咨询点，为过往群众和广大老人朋友提供优质的免费服务。大部分地（市）、县老龄工作部门也因地制宜地积极组织开展尊老、爱老、助老等各项活动，让全社会进一步了掌握《老年法实施办法》，真正形成了“党政主导、社会参与、全民关怀”的老龄工作新格局。深受老年朋友和社会各界的欢迎。共发放宣传手册5.6万余份，老年人的合法权益得到有效保障。

七、加强了老龄工作机构自身建设

各级老龄工作委员会办公室是各级政府老龄工作议事协调机构的办事机构，在老龄工作部门从事老龄工作干部的素质如何直接关系到各地老龄工作的质量。因此，各级老龄委办公室工作人员不断加强能力建设，加强规范化管理，坚持高标准、严要求，注重工作质量和工作效率。配齐配强专职干部，提高老龄委办公室干部的整体素质，提升适应新时期老龄工作需要的统筹综合能力，调查研究能力，协调服务能力。做好宣传员和联络员；更好地把有关政策和要求传达到各成员单位，加强了与各成员单位之间的联络。要进一步健全地、县两级老龄委及其办公室的工作机构，确保人员编制到位，工作经费到位。着力改善办公室条件，真正做到有职、有位、有费、有为，更好地发挥老龄委及其办公室应有的作用，更好地履行所承担的各项职能。

大连市

大连市常务副市长、市老龄委主任肖胜峰在老年人摄影展上致辞

全市老龄工作会议

综 述

截至2009年末，全市60岁以上老年户籍人口有1，015，948人，占全市人口的17.4%。高于全国老龄人口平均值4.9个百分点。百岁以上老人442人，居全省首位，比上年增加43人，其中男性124人，女性318人。

2009年全市老龄工作以邓小平理论和“三个代表”重要思想为指导，贯彻和实践科学发展观，坚持党政主导、社会参与、全民关怀的方针，牢固树立以人为本、健康老龄化和积极老龄化的理念，开拓创新，扎实工作，各项工作稳步推进。

一、认真贯彻《辽宁省老年人权益保障条例》，积极落实老年人优待政策

1. 起草修订完成了《大连市老年人优待规定》和《大连市关于加快养老服务业的意见》。

2. 为全市65万名老年人及时换发和办理了《辽宁省老年人老年证》和《辽宁省老年人优待证》，使他们享受到《辽宁省老年人权益保障条例》规定的各项优待政策。

3. 成员单位积极落实老年人优惠优待有关规定。市交通局、市公交客运集团按照《条例》规定，从2009年1月1日起对我市未满70周岁的老年人实行乘车半价优惠；70周岁以上老年人乘车免费优待（含外埠老年人）。市城建局专门下发了《关于贯彻执行〈辽宁省老年人权益保障条例〉》的通知：凡持有辽宁省老年证60～69周岁人员，进入公园景点实行大门票半价优惠；70周岁以上人员进入公园免费开放，每年农历九月初九我省敬老日，各公园景点对60周岁以上老年人免费开放一天。市卫生局对全市60岁以上老年人实行医院普通门诊挂号免费，对70周岁以上享受城乡居民最低生活保障待遇的老年人，免收普通门诊挂号费和诊察费；进行大型仪器检查、手术治疗以及住院普通床位费，在规定基准价格基础上，按不超过70%收费。市民政局及时落实了3000多名60年代精简退职职工的生活补贴待遇，对城乡低保（含城镇集中供养“三无”对象和农村“五保”对象）死亡人员，实行遗体运送、存放、火化、纸棺、普通骨灰盒等5项免费。市司法局两级法律援助机构一年来共办理老年人法律援助案件380余件，当事人满意率95%，接待老年人法律咨询4000余人次。

二、社会保障体系更加巩固，民生保障能力进一步增强

1. 社会保险制度日趋完善。全市基本养老参保人数达到162.7万人。99.6%的企业退休人员实现了社会化管理。56万名离退休人员按时足额领取了基本养老金。将退养人员生活补助费提高到当地最低生活保障标准，并建立了正常调整机制。社会保险待遇水平稳步提高，连续第五年提高企业退休人员养老金，人均月养老金达到1288元，保持全省第一。建立了企业离退休人员采暖补贴专项资金制度，为27.5万名企事业离退休人员发放采暖费补贴3.58亿元。

2. 多层次医疗保障制度正在形成。全市医疗保险参保人数395.8万人，其中城镇职工参保248.8万人，农民工67.6万人，城镇居民参保79.4万人（其中老年人11.16万人）。医疗保险待遇大幅提高，慢性病补助范围扩大到30种。全市参加基本医疗保险人员达395.8万人，参加农村新型合作医疗217万人，参合率98%。

3. 健全了社区卫生服务网络。在市内四区32个街道建立39所社区卫生服务中心，32所社区卫生服务站，实现了街道和居民全覆盖。市内四区城区60岁以上老年人健康档案建档率达89.6%。

4. 制定大连市城乡社区养老服务中心建设三年规划。为进一步丰富居家养老服务内容，继续推进城市养老福利事业发展，拟制了《大连市城乡社区养老服务中心建设三年规划（2010—2012年）》。目前，《规划》草案及说明、测算表均已准备齐全，此项工作已被列为2010年市政府办实事项目。

5. 对2007、2008年新增养老床位予以资助，累计资助50家4472张床位，资助总金额为665.3万元。组织专家、学者、律师和养老机构负责人，研究制定了我市第一个养老院合同范本，《大连市养老机构养员入住协议书》已在全市养老福利机构中推荐使用。

6. 不断完善城乡社会救助体系。全市城镇15332名、农村23109名特困老年人被纳入最低生活保障范围，使应该享受低保政策的老年人全部纳入了低保范围，做到了应保尽保。从2009年4月1日开始，百岁老人生活补贴标准由每人每月320元、240元提高到每人每月360元、280元，并建立了城乡低保标准联动的自然增长机制。农村“五保”老人生活保障水平不断提高，从2009年4月1日起，分散供养人员生活费分别增加到2400元、2100元，集中供养人员达到4800元、4200元。向33.2万名失业转退休人员、农村和下岗失业人员独生子女父母兑现扶助奖励费共58.6万元。累计向2.5万人发放奖扶金21.4万元，兑现率达到了100%。开展了“关爱老年人健康”活动，截止到目前共为全市14万名老年人办理了意外伤害保险，占应保老年人总数的28%。

三、组织开展系列爱老敬老助老活动

1. 组织开展了走访慰问“三老”活动，在新年春节和重阳节期间走访慰问百岁老人、贫困老人、养老机构老人，为全市399名百岁老人发放了15.96万元的临时救济金。全年共为399名百岁老人发放生活补贴1，332，370元。

2. 为实现对老龄事业的全民关怀，开展了全民性的敬老、爱老、助老系列宣传教育活动，开展了第二届大连市十大孝子评选”暨“感动大连的新二十四孝评选”活动，得到社会各界的热烈响应。在重阳节期间举办大连市第三届老年人用品大集，老年人摄影作品展、敬老游园大会、老年文艺汇演等丰富多彩的老年活动。

3. 组织了我市参加第一届全国老年人体育健身大会组队参赛、训练、参赛等各阶段工作。大连市共派出近200名运动员、教练员分别参加了所有10个大项目的交流比赛活动。大连市代表团共获得了11金、17银、19铜的好成绩，有4个代表队获得最佳组织奖，有3个代表队获得体育道德风尚奖，大连代表团还获得了大会组委会授予的最佳组织奖。市老龄办被市十一届运动会组委会评为2009年大连市群众体育先进单位。

四、积极开展老龄调研和宣传工作

1. 与市委政研室联合开展了《推进医疗、养老等民生服务的产业化，增加城市就业岗位对策研究》调研，与市老年学学会和东北财经大学联合开展了老龄产业现状和老年人对老年产品及服务需求情况调查，完成了大连市老龄产业调查报告。

2. 加大老龄工作宣传力度。重阳节前夕和《条例》实施一周年之际，先后两次参加了由大连市政府纠风办和大连人民广播电台组织的行风热线直播，两次做客大连市政府在线访谈，讲解老年人优待政策，倾听解答老年人关心的问题。

3. 指导创办了《大连老年人科学生活指南》杂志，内设政策法规、健康大讲堂、养生与保健、家庭医药、夕阳更红、书画园地、生活百科、科学生活等栏目，免费向全市老年人发放。

重要会议和活动

【十大孝子评选】 2009年5月至9月，与大连市妇联、共青团大连市委、半岛晨报在全市开展了“宏光好运来杯第二届大连市十大孝子评选”暨“感动大连的新二十四孝评选”活动，得到社会各界的热烈响应。经市民投票和评委会评审，常津铭、周泊霖等10人被评为“第二届大连市十大孝子”，“割肝救母”等24种孝行被评为“感动大连的新二十四孝”。

【老年人摄影作品展】 为庆祝建国60周年、国际老年人年10周年和世界摄影术发明170周年，与大连市老年学学会、大连市摄影家协会主办了“大连市老年人庆祝祖国六十华诞摄影作品展”。此次展览展出的448幅摄影作品，内容丰富，从多个方面反映了我市老年人摄影艺术创造的最新成果和专业水平。市领导、原省市老领导参加了开幕仪式。市老龄委副主任、市民政局局长杨爱民代表举办单位致辞，肖盛峰副市长作了重要讲话。

【第三届老年人用品大集】 成功举办了大连市第三届老年人用品大集，参展产品和参加大集的老年人人数比往届有了大幅增加。

【重阳节敬老游园大会】 重阳节前夕与市委老干部局、市民政局等单位主办了“大连2009重阳节敬老游园大会”，大会围绕“尊老、敬老、爱老、助老”的主题，开展了12大项50多种丰富多彩的活动。设立了涉老政策、法律、老年病防治、保健、理疗、慈善义工、老年旅游、老年婚姻、理财、保险、养老等11个咨询服务台和老年用品、保健品、生活用品、食品等60多个摊位，并安排了4场文艺演出。据统计，两天游园大会共吸引了近5万老年人参与。

【国内异地养老互动工作研讨会议】 成功举办了国内异地养老互动工作研讨暨组建国内异地养老协作网会议，全国共有18个省级25个市级的老龄办负责同志和相关养老机构、养老企业、旅行社等单位的代表160余人参加了会议。会议得到全国、省老龄办的肯定。

【老龄委成员单位联络员和全市老龄办主任会议】 召开了市老龄委成员单位联络员和全市老龄办主任会议，传达全国和省老龄办主任会议精神，部署2009年工作。

老龄业务工作

1. 为全面贯彻落实《辽宁省老年人权益保障条例》，组织市民政局、市财政局、市交通局、市政府督查室、市公交集团等相关部门赴沈阳学习，形成并上报了专题考察报告。对我市60—69岁老年人持币半价乘车问题和90周岁以上高龄老年人补贴提出了具体解决意见。自2010年1月1日开始，为全市90—99周岁老年人每人每月发放100元高龄生活补贴。

2. 结合落实科学发展观教育活动，深入到有关区市县镇村进行实地调研，了解基层老龄工作开展情况。同时，为了了解大连市老龄产业的发展现状、发现老龄产业存在的问题、为政府相关决策提供现实依据，按照全国老龄委第十一次全体会议关于“积极推进老龄产业发展”的要求，在全市开展了老龄产业现状和老年人对老年产品及服务需求情况调查，完成了大连市老龄产业调查报告。

3. 组织部分县市区基层老龄干部、基层老协会长到外地学习考察基层老龄工作的先进经验和做法，并完成了赴南方学习考察基层老龄工作的报告。举办了由各区市县分管老龄工作领导和老龄专干参加的老龄工作业务培训。

4. 我市东方美中老年模特队和舞蹈队表演的《国色天香》和《长鼓舞》被入选为中国老年艺术团2009年重阳节《红叶风采》文艺晚会参演节目。华美的服饰，优美的舞蹈，东方美中老年模特队16人和舞蹈队14人的精湛表演获得了观众的一致好评。

青岛市

青岛市委副书记、市老龄委主任王文化在首届全国老年文化高峰论坛开幕式上致辞

首届全国老年文化高峰论坛在青岛成功举办

综　述

2009年，青岛市各级老龄委按照全国和省老龄委的工作部署，紧紧围绕“六个老有”的目标任务，立足老龄工作实际，开拓创新，务求实效，老龄事业呈现出持续、健康发展的新局面。

一、各级党委、政府把惠老项目列入为民办实事来抓

市委、市政府主要领导、分管领导在各类重要会议上，都反复强调重视老龄工作、支持老龄事业的发展。老人节期间，市委书记阎启俊、市长夏耕联名在主要媒体刊发贺信，向全市老年人祝福节日。重大节日走访慰问各界老年人，已成为各级领导关爱老年人、重视老龄工作的常规。市政府办公厅出台了《关于加快养老服务业发展的意见》（青政办发〔2009〕24号），市财政拨付资金3009万元用于19.3万80岁以上老人体检补助费和工作经费；拨付资金1470万元，对39个新建、改扩建敬老院给予一次性奖励，新增床位3355个；拨付养老服务业市级补助资金1868万元，用于为市内四区3293名不能自理、半自理困难居家养老服务对象购买养老服务，对市内四区新增的209个日间照料中心发放开办补助资金和运行补助资金，对894个养老互助点给予运行补助等，有效促进了养老服务业的健康发展。

二、完善城乡社会保障制度，大力提升社会保障水平

一是推进城乡养老保障体系建设。实现企业基本养老保险参保缴费人数达到159.4万人，全年征缴养老保险基金91.1亿元，为全市45.7万名企业离退休人员按时足额发放基本养老金76.5亿元，为2008年12月31日前退休的42.8万名企业退休人员调整提高了养老金水平，月人均增加152元，达到1386元。农村养老保险参保人数达到77万人，新增参保农民9万人。研究拟定了《青岛市人民政府关于实施城乡居民社会基本养老保险制度的意见》，将城镇无保老人和农民纳入社会养老保险制度保障。

二是进一步完善医疗保险制度。2009年青岛市医疗保险参保人数净增9.5万人，451.65万人参加新农合，参合率达到99.87%，村居覆盖率达到100%，全年累计为367.76万人次参合农民报销医药费用5.5亿元。实施了门诊统筹制度试点，完善了城镇职工医疗保险制度，提高了城镇居民医保补助标准。崂山区出台了2009年度新型农村合作医疗实施细则，将筹资标准由人均150元提高到180元。全市共有社区卫生服务机构205个，其中社区卫生服务中心63个，社区卫生服务站142个，市内四区社区卫生服务街道覆盖率已达到100%。

三、完善养老服务政策，拓展社会化为老服务

工作

一是居家养老服务城乡一体化进程加快。青岛市享受居家养老服务的老年人共有5245人，市内四区4500人。以城带乡，在城阳区和莱西市进行居家养老工作试点，城阳区建立189个“社区养老服务站”，617人享受居家养老服务；莱西市在日庄镇进行试点，128人享受居家养老服务。

二是社区服务日益增多。全市有社区日间照料中心和互助养老点1103处，社区志愿者达12万人。市南区建立了送奶、送报、送家政、送保险、送午餐、送爱心的“六送”养老服务模式；市北区免费为2300名独居的困难老人安装了“和谐通”应急呼叫器；四方区新增互助养老点105处，建起“好邻居助老大食堂”，为老年人提供就餐、送餐服务；李沧区依托医养结合式的大型养老服务机构为社区老年人提供专业化、个性化的养老服务。

三是养老机构快速增长。目前全市有老年公寓121家，床位12403张，2009年新增城市养老床位1700张。其中公办老年公寓20家，民办老年公寓101家，市级爱心护理院1处，区级爱心护理院5处。全市老年公寓已入住老人8717人，总入住率70.3%。市内四区每千名老人拥有床位数35张。

四、“主动维权”形成合力，多措并举维护老年人合法权益

2009年，全市司法部门义务接待老年人法律咨询4427人次，办理老年法律援助案件299起。市中级人民法院对涉老案件坚持优先立案、优先审理、优先执行，受理涉老案件35件（其中赡养类案件22件），审结率达100%。立案庭设立涉老案件立案专用通道，优先办理涉老案件立案手续，为经济困难的老年当事人，追索赡养费、抚养费、养老金、抚恤金、拖欠工资的开辟绿色通道，提供必要的司法救助。山东岛城律师所的“青岛市老年维权岗”，年内开展“送法进社区”活动13次，共接待老年人来电来访509件。

五、老年人文化体育教育工作进展顺利

全年经常参加体育活动的老年人口达到73.3%。2009年11月10日，市老年人体育活动中心建成使用。全市有辅导站点6602个，老年体育综合活动中心548处，活动室3070处。全市建有老年大学、老年学校2819所。街道、镇办学率达到了100%，社区、行政村办学率达40.4%，全市各级老年大学、老年学校共有在校编班学员166780人，占老年人口的13.2%。

重要会议和活动

【首届全国老年文化高峰论坛】 为积极探讨中国特色的养老模式，总结老年文化在养老中的特殊作用和地位，全面推动老龄事业发展，2009年11月10日至13日，青岛市人民政府和中国老年学学会联合主办，市老龄委承办了“创造与共享——首届全国老年文化高峰论坛”。这是新中国成立以来第一次从精神关爱层面召开的一次全国性老龄问题专题论坛。全国老龄办、中国老年学学会、省老龄办、市委、市人大、市政府、市政协等领导出席会议。王文华副书记向大会致辞，于风华咨询代表青岛市政府作了题为“充分发挥政府在老年文化建设中的主导作用”的主旨报告。来自全国各地300多位老龄工作专家、学者及青岛市100多位老龄工作者围绕着“创造、共享、关爱、和谐”的大会主题，就老年文化的理论与实践、老年文化的传承与创新、老年文化的创造与共享等进行了广泛深入的探讨。王蒙、于丹应邀分别作了题为《老庄思想与老年学》《独与天地精神共往来》的主旨演讲；论坛通过了首届全国老年文化高峰论坛《青岛宣言》。本届论坛首创的政府、NGO、企业、专家学者“四位一体”的办会模式，即政府与NGO联手搭建平台，专家学者唱主角，政府冠名不花钱，企业参与受教育。在中南海回良玉副总理主持召开的全国老龄委全委会议上，“青岛成功举办首届全国老年文化高峰论坛”作为工作创新内容受到了表扬。本届论坛不仅开创了全国老龄论坛高标准的先河，也为中国老年文化发展史留下了浓浓的一笔。

【青岛市老龄工作委员会全体（扩大）会议】 2009年3月18日下午，青岛市老龄工作委员会全体（扩大）会议在黄海饭店举行。会议总结了2008年全市老龄工作，研究部署了2009年老龄工作任务，市委组织部、市委宣传部、市发改委、市民政局、市劳动和社会保障局、市文化局和市卫生局等成员单位分别就各自职责履行情况进行了汇报发言，书面传达了全国老龄委第十一次全体（扩大）会议和全国省级老龄办主任会议精神及全省第十八次老龄委全体（扩大）会议和全省各市及大企业老龄办主任座谈会精神。最后，市委副书记、老龄委主任王文华作重要讲话，对全市老龄工作取得的成绩给予了充分的肯定，对下一步要做好的工作提出了要求。副市长张元福主持会议，对成员单位发言进行了点评并就下一步如何落实会议精神推进老龄工作提出了要求。市老龄办主任李雪华等市老龄办相关领导、市老龄委34个成员单位委员出席会议，12区市老龄委主任及老龄办主任列席会议。

【青岛市庆祝2009年老人节暨老龄工作表彰大会】 2009年10月26日，青岛市庆祝2009年老人节暨老龄工作表彰大会在市级机关会议中心举行，表彰了2008—2009年度青岛市老龄工作先进集体、先进个人、模范老人及“青岛市十大寿星”“青岛市十大孝星”“青岛市十大华龄之星”“青岛市敬老企业明星”。市委副书记、市老龄委主任王文华出席大会并作重要讲话。市人大副主任栾景裘、市政协副主席宋静毅及部分副市级以上老领导等出席大会。市政府党组成员、咨询于风华主持大会。当天中午，在府新大厦举行了青岛市庆祝老人节市级老领导及社会各界老年人代表、敬老企业代表茶话会，市委副书记、市老龄委主任王文华，市人大副主任栾景裘，市政协副主席宋静毅，市政府党组成员、咨询于风华等市领导及有关涉老部门领导与市级老领导和社会各界老年人代表、敬老企业代表欢聚一堂，共同庆祝老人节。当天，省委常委、市委书记阎启俊、市委副书记、市长夏耕联名在全市各大媒体刊发了老人节贺信，祝贺全市127万老年人节日快乐。

各项业务进展

【老年活动场所建设】 市政府将建设市老年活动中心项目写进《政府工作报告》，把市老年活动中心建设列入重要议事日程。市老年人体育中心建成投入使用。各区、市和基层老年活动场所的建设步伐日益加快，截至2009年底，已建成区（市）级老年活动中心5处，总建筑面积12410平方米。其中市南区一处1200平方米、四方区一处1100平方米、李沧区2处6110平方米、胶南市一处4000平方米。正在建设的3处，总建筑面积3.79万平方米。其中市北区1.83万平方米、城阳区1.25万平方米都已完成主体封顶，今年将投入使用；崂山区7100平方米的老年活动中心已奠基。市北区投资1600余万元建成“敬老街”。

【老龄宣传工作】 2009年青岛市老龄宣传工作立足全局着眼高端，让弱势老年群体形成强势声音。继2008年推出“两会”专辑以来，连续第二年配合中国新闻社刊发《中国新闻两会特刊——青岛市应对人口老龄化挑战专辑二》，通过全面展示近几年来青岛市在创新理念、打造品牌、推进老龄事业全面发展方面的经验做法，积极呼吁两会关注老龄问题，在两会期间引起了强烈的反响，特别是参加会议的山东省委副书记、省长姜大明和青岛市委副书记、市长夏耕在会上仔细阅读了专辑，对专辑和青岛的老龄工作给予了充分的肯定。

一是努力营造老龄宣传齐抓共管的合力态势。2009年年初，市老龄办联合市委宣传部下发了《2009年全市老龄宣传工作要点》，对全年的老龄社会宣传工作做出具体部署。举办了第三届“老龄宣传好新闻”评选表彰活动，对46篇作品103位作者进行表彰奖励。高度重视信息编发工作，2009年编发1期《青岛老龄工作》，连续第三年编发老龄信息100期以上。

二是立体化老龄宣传初步形成。重视与各报刊、网络、电视、电台紧密沟通协作，借力使力，推进老龄工作宣传。倾力打造了《七彩华龄》电视栏目，《七彩华龄》栏目自2008年母亲节开播至2009年年底已播出了89期，“七彩华龄，魅力一生”已成为全市老年人的口头禅，栏目已成为全市131.8万老年人最忠实的朋友，春节前，市委副书记、市老龄委主任王文华走访看望了《七彩华龄》和《牵挂》栏目组的同志，对他们为老龄事业和谐社会作出的贡献表示感谢；进一步完善了“七彩华龄”网站，打造了集宣传和服务于一体的广阔平台；春节、老人节期间，协调三大移动通信公司发送敬老短信400多万条。

【关爱老年人工作】 关爱老年人精神生活自2005年底开展以来取得了很好的效果，2009年，青岛市从老年人最细微的需求着手，联合一切可以联合的社会力量，尽可能为老年人谋福利办实事，让老年人衣食无忧安享晚年。

一是积极引导，广泛发动，让社会各界共同关爱老年人精神生活。开展了2009青岛市关爱老年人在行动——银屏惠老彩电捐赠仪式，将市民及单位捐赠的300余台彩电赠送给五市贫困老年人。由专业的摄影企业参与，启动了为“百万老人留彩照活动”。举办大中型联谊会4场，参加的中老年人达4000人次。

二是关注老年人最切身利益，给老年人更多保障。连续第三年开展了“银发无忧”老年人意外伤害保障活动，全市有5.5万余名老年人购买了意外伤害保险，已办理索赔案件108起，赔付86474元。严格落实百岁老人优待政策，拨付百岁老人长寿补贴金和过节费130余万元。

三是搭建老有所为平台，发挥老年人主体作用。继续推进老年人才库建设，新增老年人才260人。成立了青岛市老年人才交流服务中心，举办了2009年青岛市老龄人才专场招聘洽谈会，近千名老年人前来应聘。成立了山东省老年艺术团青岛分团。

四是深入开展表彰活动，营造浓厚的关爱老年人氛围。组织开展了“四个十星”评选及表彰工作，评选出“四个十星”，在全社会营造了浓厚的敬老氛围。

开展了老年文体活动先进集体和先进个人、文艺调演表彰活动，有力的促进了老年文体活动的发展。做好第四周期创建工作准备工作，颁发了第三周期青岛市敬老模范区（市）奖牌。

【“七彩华龄”品牌培育】 “七彩华龄”品牌被评为青岛市机关名牌，成为全国老龄系统第一个机关名牌，李雪华主任在大会上的发言也得到了广泛的认可和赞扬，充分体现了“七彩华龄”品牌的影响力。

一是“七彩华龄”品牌引导老年人参与服务社会。以“七彩华龄”志愿服务团为主体的老年志愿者在全运会、创城期间活跃在城市的大街小巷，积极参与首届老年文化高峰论坛志愿服务工作，作出了突出的贡献。2009年，“七彩华龄”志愿服务团重新调整了队伍，划分了职能，共12支队伍，团员达400余人。据不完全统计，“七彩华龄”志愿服务团2009年组织参加了大型活动22次，4000余人次参加，“七彩华龄”志愿服务团已成为岛城老年人参与社会服务社会的带头人。

二是“七彩华龄”品牌带动老年旅游产业发展。年初，市老龄办与市旅游局联合下发了《关于开展“七彩华龄”旅游工作的通知》，对老年旅游工作进行了部署。授权十家旅游企业免费使用“七彩华龄”品牌，为老年人提供游览娱乐旅游、生态观光旅游以及红色旅游、奥运元素旅游等各类旅游产品达64个。2009年，参与“七彩华龄”旅游的老年人达1000余人，还首开“七彩华龄”台湾游。配合省老龄办“千名银龄老人——中韩文化交流之旅”活动，2380多位老年人分7个批次赴韩国进行文化交流。市老年学学会荣获全国老年旅游促进奖。

【老年文体活动】 举办了2009“七彩华龄”家樑首届“长寿杯”全国老年足球赛，青岛首创的老年足球比赛新规则被中国足协批准首次采用，青岛足球队获冠军。参与主办了“舞动社区——第二届全国社区健身舞蹈汇演”活动，来自全国16个省的600多名选手带来了36个精彩节目，市政府分管领导于风华到场颁奖并致辞。举办了“七彩华龄”全市文艺调演，17支队伍71个节目参演，参演人数和参赛节目是历年来最多的一次。开展了“2009年中老年魅力之星”大赛，全市1.5万城乡老年人踊跃参加比赛。举办了“七彩华龄”书画摄影展，共收到老年书画作品1000余幅、摄影作品1100余幅，其中300余幅书画作品和120余幅摄影作品在市美术馆展出，展出后全部结集出版。为扶持老年人创作，2009年我办共编印老年人创作的各类作品5册，投入资金近20万元。“七彩华龄综艺大舞台”以“劈柴院江宁会馆”和“市北老年乐园”为主阵地，不断辐射七区五市并深入社区、农村，全年共举办、参与各类演出120余场次。举办了庆祝新中国成立60周年为主题的“七彩华龄”歌舞晚会、民族音乐会、交响音乐会和首届老年文化高峰论坛汇报演出等一系列高水平的专场演出，极大的丰富了广大老年人的精神文化生活。

【老年维权工作】 坚持在观念上重视主动维权，在工作中落实主动维权、在行动上体现主动维权，并且把主动维权理念积极向老年人传输，切实维护了老年人的合法权益。开展了老年维权月活动，联合市司法局、市中院在全市开展老年维权大接访活动，市老龄办副局级及以上领导在市老年维权中心进行了公开接访，据统计，市老龄办共办理各类信访案件1120件，取得了良好的效果。其中，市老年维权中心全年受理来访1665人次，654件，来电536人次，376件，来信50件，共计2251人次1080件。积极推进《青岛市优待老年人规定》的落实，组织两次重点针对医疗单位和旅游景点的执法检查。

【老龄工作调研】 2009年青岛市老龄办着重在民办养老机构现状、城乡老年人养老、老年人心理现状及居家养老服务等问题做了调研，提出了若干政策建议，通过各种方式上报政府供市领导决策民生问题时参考。先后对民办养老机构基本情况、入住养老公寓老年人心理需求、老年人精神陪护方面的问题、老龄产业专题等方面进行了调研，形成了《全市民办养老机构基本状况调研报告》《入住养老机构老年人心理需求分析及调适》《青岛市居家养老服务工作调研报告》《青岛市老龄产业发展状况及对策调研报告》。完成了老龄事业统计工作，为全市开展老龄工作、发展老龄事业、老龄科学研究等提供人口数据。

【老龄产业发展和对外交流】 注册成立了青岛市老龄产业发展促进会，目前已发展会员68名。青岛市老龄事业发展基金会年底开始运作，举行了敬老企业捐赠仪式，全年共募集社会资金和物资支持合计达120余万元。为加强养老机构规范化建设，促进养老机构的行业自律，市老龄办建立了养老机构信息库，对全市范围内的119家养老机构进行了信息汇集和发布，并联合相关养老机构推出了“候鸟式养老计划”。广泛开展对外交流，合作推进老龄事业发展，先后与德国IB联盟、韩国江东老人综合福利院、欧洲职业教育和社会教育协会、奥地利福库斯公司、日本山崎房一先生等国际组织和个人就养老服务合作进行了交流洽谈。

宁波市

宁波市老龄工作委员会召开全体会议

宁波市老龄办、老年学学会举办推进社会化养老服务体系建设研讨会

综　　述

2009年，全市各级老龄委及其办公室认真贯彻落实市老龄委全体会议精神，紧紧围绕“六个老有”的工作目标，勤奋务实，锐意进取，顺利完成了年初确定的各项工作目标与任务，各项老龄事业实现了新发展，全市老龄工作迈上了新台阶。

一、统筹城乡，老年社会保障水平稳步提高

按照“制度更加完善、覆盖更加广泛、待遇更加优惠”的要求，继续完善养老保障(险)制度建设，重点抓好各项保障制度落实，着力提高养老保障覆盖面和保障水平，全市社会养老保障体系更加完善，保障水平不断提高。2009年11月，制定出台《宁波市城乡居民社会养老保险实施办法》(甬政发〔2009〕91号)，完成本市原有城乡养老保障制度与国家和省的新制度的无缝对接。自2010年1月1日起，符合条件的年满60周岁城乡居民，均可享受每人每月80元的基础养老金(各县市标准由各地自定)。同时，对原实施的城镇老年居民养老保障和新型农村养老保险制度按照“公平合理、待遇就高”原则与新实施的城乡居民社会养老保险办法并轨。各类基本养老保障制度参保覆盖面稳步扩大。2009年年底全市职工基本养老保险参保人数达到344.28万人，被征地人员养老保障累计参保人数55.69万人，参保率达到85.7%。全市城镇老年居民养老保障参保人数2.42万人，新型农村社会养老保险参保人数14.27万人。各类基本养老保障制度享受人数不断增长，待遇水平稳步提高。年底，全市企业离退休人数达28.89万人，人均月养老金为1505元，被征地人员养老保障待遇享受人数38.9万人，市辖各区月养老金最高470元，最低370元。全市城镇老年居民养老保障待遇享受人数2.31万人，市辖各区待遇为450元/月、400元/月和350元/月；全市新型农村社会养老保险享受人数14.27万人，每月待遇水平在150～450元之间。全市实行社会化管理服务的退休人员28.6万人，占企业退休人员总人数的99.01%，其中实行社区管理的占93.32%。

各类医疗保障制度参保人数持续增加。年底，全市职工基本医疗保险、城镇居民基本医疗保险和新型农村合作医疗的参保人数分别达到251.8万人、67.2万人和331.36万人（其中60岁以上老年农民66.13万人)。市区职工医疗保险制度加大向老年群体倾斜力度。从2009年5月1日起，市政府调整市区职工医疗保险的有关政策，医保政策继续向老年群体倾斜：包括降低门诊累计自负额度标准、住院起付标准及乙类药品的个人自付比例，扩大特殊病种治疗项目范围和个人账户支付范围，调整参保人员在定点零售药店用个人账户直接购买医保非处方药限额，实施医疗费综合减负办法等。市区城镇老年居民基本医疗保险制度受惠水平进一步提高。自2009年1月1日起，开始实施城镇居民基本医疗保险门诊统筹制度，使城镇职工基本医疗保险覆盖范围外的老年居民也享受到门诊统筹待遇。财政对老年居民筹资标准的补助高于其他人员，在老年居民每人每年900元的筹资中有500元由财政出资补助。

困难老年群体的救助保障力度继续加大。符合低保条件的老年人实现应保尽保，应补尽补。市区城镇居民低保标准月人均400元、农村居民低保标准月人均不低于240元。同时，各地按照城乡低保标准130%标准建立城乡低收入帮扶制度，逐步推进城乡低保标准一致，全市各个县（市）区全部取消了乡镇农村低保配套资金。继续实施困难老年群众基本生活价格补贴和重度残疾老年人生活补助制度，提高精减老年职工和麻风病老人生活补助金，调整精减退职职工丧葬费补助标准。同时，加大流浪乞讨老年人员的救助力度，全年共救助流浪乞讨老年人员300余人次。继续扩大医疗救助对象范围，建立二次救助制度、医中救助和重大疾病医疗救助制度，提高医疗救助标准，给患重大疾病生活困难老年群众发放医疗救助卡，免费为1500多例患白内障的低收入老年群众进行复明手术，较好地缓解了困难老年群众就医难的问题。

二、城乡并进，加快推进养老服务事业发展

养老服务设施建设步子加快。年内，全市完成了4个县（市、区）级养老服务中心和40个乡镇（街道）级养老服务中心的建设。分布在全市12个敬老院的1820张床位的改扩建工程已基本完工，并陆续投入使用；完成市社会福利院改扩建设工程有关前期准备工作，2009年年底，全市共有福利机构220家，床位26865张。同时，市财政对乡镇敬老院基础设施建设给予重点补助，今年共对全市23个福利机构改扩建项目补助453万元，为部分福利机构配发各类轮椅、助行器、手摇车等500多件。“三无”“五保”老人集中供养水平不断提高。年底，全市共有“五保”对象5974人，集中供养5751人，集中供养率达到96.27%；“三无”对象1429人，集中供养1424人，集中供养率达到99.65%。同时，1242名一级重度残疾老人得到集中托养、日间照料或居家安养。

城乡居家养老服务继续推进。探索开展了城市社区居家养老服务绩效评估。在各地自评的基础上，委托社会评估机构对6个区的48个社区的1200名老人居家养老服务满意度进行调查。通过绩效评估，促进了社区居家养老服务制度化、规范化和社会化水平的提高。农村居家养老服务实事项目如期完成，全市新增183个行政村实质性开展居家养老服务。财政扶持力度加大，全年下拨居家养老服务补助资金819万元。其中，市财政600万元，市福彩公益金219万元。年底，全市城区92%的社区实质性开展居家养老服务，部分地方实现全覆盖，农村开展居家养老服务的行政村达到376个，占行政村总数的14.7%。全市建立居家养老服务中心（站）506个，有1200多名居家养老专职服务人员和27000多名居家养老志愿服务人员（义工），4500名养老服务特别困难居家老人享受到了由政府购买的养老服务或服务补助，有13000多名养老服务有一定困难的城区居家老人享受到志愿者的结对帮扶服务，5500多名城区居家老人享受到老年人“一键通”安全保障远程服务。

三、完善政策，切实做好老年人的优待和维权工作

老年优待政策覆盖面更加广泛。10个县（市）、区均建有优待老年人的制度措施。老年人可以在看病就医、乘车出行、法律援助、旅游参观等方面享受优待，70周岁以上老年人还可享受旅游参观、乘坐公交等方面的免费服务，百岁老人享受每月300元的长寿保健补助金。市区共办理高龄老人免费乘车卡123777万张，2020名盲、聋、哑三类残疾老人享受到有线电视、网络、电话和手机等费用减免优惠。农村部分计划生育家庭的老年夫妇奖励扶助标准提高到每人每月100元，年内47859位老年人享受奖励扶助政策。

涉老法规、优待政策的宣传与落实更加深入。市老龄委有关成员单位结合本部门职能和工作实际，通过报纸、电台、电视台、网络、户外宣传栏等搭建宣传教育平台，以及举办各类现场专题性宣传咨询活动，积极宣传《老年人权益保障法》及其《实施办法》《老年人优待办法》等，多形式多角度开展宣传教育活动，增强了全社会的敬老孝老意识，营造了“全民关怀”的良好氛围。同时，认真做好涉老法规和优待政策的督查和落实工作。积极开展司法维权服务。建立全市老年人司法维权网络，市法律援助中心适度放宽涉老法律援助的申请受理条件，做到应援尽援；对享受低保的老人、残疾老人和孤寡老人发放法律援助联系卡；在法律援助服务窗口开通老人“绿色通道”；各地律师事务所义务为老人答疑、代写文书，并减免困难老人律师服务费。加大对虐待、辱骂、拒绝赡养等侵害老人合法权益的家庭暴力案件的惩处力度。2009年年内，市法律援助中心共接待老年人来电咨询3360人次，来访1230人次，来信52封，办理涉及老年人权益保障案件156件；全市各公证处免费上门服务50多次，提供公证法律援助20多件，减免公证费近2万元；市本级共对56个案105人次给予86万多元的司法救助。

四、积极推进，老年文体教育事业蓬勃发展

老年组织更加健全，设施更加完善。全市新达标综合文化站35个；部分基层新建了老体协组织，全市乡镇、行政村、街道和社区现建有老体协组织分别达到100%、99.9%、100%和99.6%。同时，全市新创建基层文化宫近300个，基层文化宫覆盖率约占全市行政村（社区）总数的60%；新建门球场34个、气排球场32个、地掷球场12个。市老干部活动中心启动预算740万元的全面装修工程。文体活动丰富，比赛成绩喜人。全市共举办乡镇（街道）以上运动会121次，各级各类单项比赛活动765次，经常参加活动的老年人达59.45万人，占老年人口比例的63.92%。在第一届全国老年人体育健身大会上，宁波市代表团取得了8金、17银、20铜的好成绩。老人节期间，各级老龄委及其成员单位积极开展各类丰富多彩的庆祝活动。举办“中老年健身展示大会”、游艺购物活动、首届老年台球比赛和优秀书画摄影展、老年健康大课堂进社区活动，等等。

老年教育事业蒸蒸日上。全年市财政投入687.3万元用于老年大学教育事业，比上年增加20%；全市建有老年大学校舍面积44607平方米，比上年增加17%。秋季，市老年大学对招生工作进行了改革和完善，限制了多科学员和高龄学员，增加了老年大学教育覆盖面。全市老年大学在校学员22519人，比上年增加10%。宁波老年大学被评为全国先进老年大学。老年电视大学教育事业顺利开展。各地一方面加大资金投入，整合各类资源，积极抓好教学网点的拓展工作；另一方面加强教学管理，健全相关制度，加大培训力度，努力提高教学质量和效果。市本级和部分县市区开展老年电视大学工作先进集体和个人的评选表彰活动；镇海、鄞州等地还实施财政买单免费赠送教材的方式加大了经费补助力度。全年，全市共计100515人次老年人报名参加学习，占上年年底老年人总数的10.81%。此外，各基层社区（村）充分整合教育资源，搭建老年教学平台，定期或不定期地为辖区老年人开展各类喜闻乐见的教学活动。

五、争先创优，基层老龄工作水平不断提升

基层组织工作能力增强。一是因地制宜建立各类为老助老养老的群众性组织。各地在现已有老年人协会、老年人体育协会的基础上，根据本地实际建立老年腰鼓队、老年互访团、老年义工队等群众性组织。二是以培训和表彰力促基层老年活动的开展。2009年年内，全市各地通过多种形式共培训农村老年人协会骨干1460名，近三年累计培训率达到100%。同时广泛评选表彰各类敬老助老养老的先进集体、个人和项目，弘扬良好的社会氛围。三是以考核评估和规范化创建促进老龄工作。各级老龄委（办）积极建立老龄工作考核评估机制，开展城市社区老龄工作（“3587工程”）和基层老年人协会的规范化建设。老年活动设施更加完善。市财政还针对落后地区的实际情况，继续对余姚、奉化、宁海、象山等地的经济薄弱村老年活动室建设给予100万元的资金扶持。各地加大投入，充分整合各类可用资源，把老年活动中心（室）的建设与“3587工程”、星光老年之家、居家养老服务中心（站）的建设结合起来，并在建设项目与资金安排上对老年活动设施建设给予倾斜，基层老年活动设施得到了较大的改善。

2009年3月，北仑、鄞州、江东、江北区被评为第二轮浙江省老龄工作先进县（市）区，全市老龄工作整体水平显著提升。

重要会议和活动

【宁波市老龄工作委员会全体会议】　2009年3月11日，宁波市人民政府召开市老龄委全体会议，传达贯彻全国老龄委第十一次全体会议精神，部署安排2009年的老龄工作。市老龄委副主任左建一传达了全国老龄委第十一次全体会议精神，并作关于2008年全市老龄工作情况和2009年工作安排意见的报告。市老龄委各位委员参加会议并审议了报告。会议由市政府副秘书长叶双猛主持。市委常委、市政府常务副市长、市老龄委主任王勇出席会议并作重要讲话。

【县（市、区）老龄办主任会议】　2009年3月16日—17日，县（市、区）老龄办主任会议在余姚市召开。会议传达全国老龄委第十一次全体会议、全国老龄办主任会议和市老龄委全体会议精神，总结2008年全市老龄工作，安排部署2009年全市老龄工作任务。11个县（市）、区老龄办（委）负责人，大榭开发区、国家高新技术园区、东钱湖旅游度假区分管老龄工作领导参加了会议。市老龄委副主任左建一出席了会议，并对全市2009年老龄工作任务与安排进行了重点强调和具体部署。会议期间，与会人员还参观考察了嘉善县老龄工作。

【城市社区居家养老服务绩效评估】　2009年上半年，宁波市老龄办对六个区城市社区居家养老服务工作进行绩效评估。评估过程分为两大部分。一是对各区居家养老服务工作体系进行评估；二是委托宁波正信社会事务咨询评估有限公司作为第三方调查测评的实施单位，对享受居家养老服务老年人满意度进行测评。组织调查员对6区48个社区的1200名居家老人开展入户调查。绩效评估活动的开展，促进了全市城市社区居家养老服务持续健康发展。

【全市农村居家养老服务工作推进会】 2009年6月19日，宁波市民政局召开全市农村居家养老服务工作推进会，全市相关9个县（市）、区民政局局长和主管部门负责人参加了会议。会上，慈溪市、象山县就农村居家养老服务工作的主要做法和经验作了交流发言。市民政局局长杨雄跃对前段时间全市农村居家养老服务工作进行总结，对如期完成市政府实事项目提出具体要求。市老龄委副主任左建一主持会议。

【迎“七一”老区百名困难老党员福彩关爱行动】 2009年6月24日，宁波市迎“七一”老区百名困难老党员福彩关爱行动仪式在宁波电视台举行。关爱行动的慰问对象为鄞州区、余姚市革命老区共100位70周岁以上生活困难的老党员，重点慰问解放前入党的老党员，每位老党员慰问金500元。在仪式现场，宁波市民政局和老龄委领导给10位老区困难老党员代表发放了慰问金。

【助老济困送温暖活动】 老人节期间，宁波市老龄办筹资20万元，开展助老济困送温暖活动，共救助慰问老年人400名。本次送温暖活动主要救助慰问那些为革命和建设作出过贡献、生活困难的老劳动模范、老村干部（村支书、村长、农会主任、民兵连长、妇女主任等）、老复退伤残军人（包括老区地下交通员和掩护我军政人员的革命群众）以及其他生活困难的孤、寡、残老年人。

【市领导走访慰问老年人】 2009年10月22日，在浙江省第22个老人节来临之际，宁波市委常委、组织部部长朱伟，市人大常委会副主任郑瑞法，副市长陈炳水，市政协副主席郁义康四套班子领导分两路深入社区、养老服务机构走访慰问困难老人、百岁老人以及休养老人，给他们送去慰问金、慰问品，并祝福老人们晚年幸福安康。

厦门市

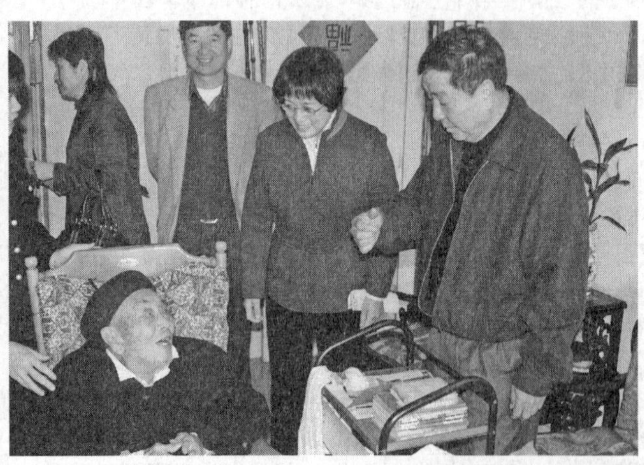

厦门市老龄工作委员会副主任、市老龄委办公室常务副主任于清莉（右二）、厦门市老年基金会常务副会长林赐福（右一）带领有关同志慰问高龄老人

福建省委常委、厦门市委书记于伟国（左三），市委副书记、市长刘赐贵（左二），全国老龄办副主任吴玉韶（左四），市人大原主任李秀记（左一），市委常委、组织部长黄笑影（左五）等领导在厦门市第22个老年节庆祝大会暨第三届老年文化艺术节闭幕式上颁奖。

综　述

2009年，我市户籍老年人口达229493人，占户籍总人口12.9%，其中80岁以上高龄老人达到3.42万人。全市老龄工作在市委、市政府的领导下，坚持“党政主导、社会参与、全民关怀”的工作方针，老龄工作取得了新的进展。

一、成功举办“第三届厦门市老年文化艺术节”

厦门市老年文化艺术节每三年举办一届。2009年是第三届，由厦门市老龄委主办。本届艺术节内容丰富，包括开幕式、海峡两岸老年书画摄影展、集邮展、社区老年文艺汇演、全市老年文艺调演、闭幕式等一系列异彩纷呈的活动。整个活动自3月启动至10月底结束，历时达8个月，是我市老年人文化活动规格最高、设置项目最多、时间跨度最长、参加人数最多、两岸老年人携手参与最广的一次老年文化艺术活动。本届艺术节突出了欢庆建国六十周年和两岸老年文化交流的特色，集中、全面地展示我市老年文化事业发展成果，体现特区老年人积极向上的良好精神风貌。两岸老年朋友共同参与，同享欢乐，营造了一道独具魅力的风景线，将特区老年文化建设提升到一个崭新的高度，在丰富老年人精神文化生活的同时，对于弘扬中华民族尊老敬老的传统美德，倡导共建共享的良好社会氛围，促进海峡两岸文化交流，都起到了积极作用。本届艺术节受到了全国、省老龄部门和市有关领导的充分肯定，并被全国老龄委写进了2009年工作总结。

二、进一步提高老年养老医疗保障水平

在城市，全市基本养老保险参保人数达120.2万。全市现有8.36万名退休人员进入社会化管理，社会化管理率达到98.82%，社区管理率实现了100%。在农村，除探索建立农村社会养老保险制度外，积极发展多种形式的保障制度。继续实施系列计划生育奖励扶助制度，实施农村部分计划生育家庭奖励扶助制度、农村部分计划生育家庭贡献奖励制度和计划生育家庭特别扶助制度。2009年共审批奖励扶助522人，贡献奖2124人，特殊扶助269人。全市共有5.3万名失地农民办理了失地农民养老保险，平均每月领取退养金656.8元。养老服务设施建设有了新进展，全市养老机构27所，床位2874张。其中，新增养老机构7所，新增床位1095张。完善了贫困老年人救助制度。实施最低生活保障金，实现了应保尽保。对70周岁以上老年人的低保家庭还出台了分类施保的政策。同时，积极发挥社会力量在老年贫困救助中的作用，推动市红十字会、市慈善总会、市老年基金会等社会团体、企事业单位和个人开展慈善救助和社会救助，创造结对帮扶、认养助养、志愿服务、走访慰问等多种救助形式，为贫困老年人提供多样化扶助。此外，还在全国范围率先推出了城乡一体化的全民基本医疗保险制度，建立适应农村特点的农村居民医疗保险制度。

三、继续开展“情暖空巢”系列活动

在继续办好具有健康咨询、法律服务、心理慰藉、生活服务等服务功能的“温馨夕阳服务热线”和开展“情暖空巢——平安铃进社区”活动的同时，为进一步方便“空巢老人”应急和排解寂寞，市老龄办于2008年年底开展“情暖空巢——平安灯进社区活动”，选取了具有照明、呼救和收音机等多功能便捷灯，送给空巢、高龄和经济困难老年人。同时在孤寡老人邻里发展志愿者，让老人在呼救时能得到及时帮助，深受老年人欢迎。省老龄委在全省宣传此项工作，省电视台《金秋》栏目作了报道。此外，“情暖空巢——老年餐桌进社区”有了新进展。目前，思明区已有12个服务点开展该项服务，服务老人170多人。集美区也启动“社区老年餐桌”试点工作，要求每个镇（街）要确立一个社区作为试点。

四、认真维护老年人的合法权益

重视老年信访工作。对政协提案、市长专线转办件以及其他信访件，做到件件有落实。对老年人反映的情况，涉及本部门的，能办到的就及时办理，无法办到的也耐心做好解释工作，说明理由。涉及外单位的，则及时向有关部门反映老年人的诉求，得到了老年人的肯定。在省、市政府的高度重视，市老龄办的积极推动下，2009年12月，省内老年人反映较强烈的在厦门市免费乘车问题得到了解决。对群体上访问题，市老龄办更是高度重视，针对少数改制的事业单位部分退休职工多次到市老龄办及有关部门反映退休工资待遇问题，办领导亲自带队，多次到有关部门协调反映，并耐心细致地做好老同志的工作，目前此事市政府也已作了妥善解决。厦门市的老年信访工作得到全国老龄办的肯定，全国《老龄信访简报》第3期刊登了《厦门市重视信访工作》。

五、不断扩大老龄工作的宣传面

市老龄办特别注重策划，加强老龄宣传工作，已形成一个全方位包括报刊、广电、影视以及网络、户外媒体相结合的立体宣传格局。仅2009年一年，围绕全市老龄工作，福建电视台、《福建日报》、厦门电视台、《厦门日报》《海峡导报》《厦门商报》、厦门广播电台和《中国老年报》《福建老年报》《老同志之友》、鹭江银潮以及全国、省和本市老龄简报等媒体（介），就报道过上百次。老年节当天，《厦门日报》和厦门广播电台同时刊发（播）了市委、市政府致全市离退休老同志的一封信；在老年节前后几天，市老龄办联合厦门晚报社推出三个专版，进行宣传。就办理《福建省老年人优待证》事宜，市老龄办还及时联系厦门日报社和厦门电视台，在《厦门日报》头版和厦门电视台一、二套连续5天播出办证相关通知。厦门广电集团在厦门新闻广播频道还开办了一档老年人的专栏节目《银发俱乐部》，返聘原厦门广播电台的资深主持人参与编辑、主持节目，以增强老年听众的亲切感；该节目时长一小时，每周日播出，内容涵盖全国各媒体有关老年人的新闻、信息、咨询、健康保健知识以及回忆类的话题。厦门经济广播电台也在每周日辟出专门时段转播山东广播电台《天下父母》节目。厦门电视台知名访谈类节目《沟通》，制作播出《养老院的老人》《玩电脑的老伯》《爱在夕阳》《阿姨的后现代生活》《高振碧与厦门老照片》《老阿姨的模特生活》等与老年人生活密切相关的专题。厦门卫视集中办好与老年人密切相关的《听戏》节目，备受老年人欢迎。同安电视台播出有关老年人活动新闻就达82次，其开辟的《卫生与健康》电视栏目也定期宣传老年人的健康保健知识。该台在重阳节期间，播出敬老公益广告标语达62次，并以点歌方式不断祝贺老年节。此外，在电视剧编排播放方面，厦门电视台也十分重视老年观众的需求，播放了多部反映老年人生活的影视作品，尤其是30集电视连续剧的《老伴》、生活情景剧《一家老小向前冲》，让老人们印象深刻。厦门的网络媒体和户外媒体，也经常刊播有关老年人的话题和新闻。

重要会议和活动

【召开市老龄委第八次全体（扩大）会议】 市政府在市政府西楼会议室召开市老龄委第八次全体（扩大）会议。会上，市老龄委副主任于清莉传达全国、全省老龄委会议和老龄办主任会议概况与主要精神；市老龄委副主任李建福作关于2008年全市老龄工作的总结和关于2009年工作意见的报告；副市长、市老龄委主任潘世建作重要讲话。市老龄委全体委员、市老龄委成员单位联络员、各区政府分管领导、各区老龄办领导等参加会议。集美大学刘明辉教授还为与会人员作了题为《厦门人口老龄化呼唤尽快建立居家养老服务网络》的讲座。

【召开2009年度基层老年学校示范校表彰会】 2009年12月30日上午，市老龄办在市老年活动中心多功能厅召开“厦门市老龄办2009年度基层老年学校示范校表彰会”，会上传达了2009年省老年大学年会主要精神，表彰了15所2009年度基层老年大学示范校，并为每所示范校授牌、发奖金和赠书。思明区梧村街道老年学校和湖里区湖里街道东荣社区老年学校分别作了经验介绍。市老龄委副主任、市老龄办常务副主任于清莉讲话。

【成立市老年艺术协会】 2009年1月11日，市老年艺术协会举行成立大会及庆祝文艺演出。该协会经市民政局社团办批准成立，由20多个老年文艺团体组成，是公益性的全市业余老年文艺团体，隶属于市老龄委办公室。

【召开市老年学学会第三届第五次会员大会暨学术交流会】 2009年3月20日，市老年学学会在市老年大学召开第三届第五次会员大会暨学术交流会。会议总结2008工作，研究部署2009年全市学会工作；决定增补市老龄委副主任、市老龄办常务副主任于清莉为学会顾问，同意接收同安区老年学学会为本会团体会员。200多名会员参加了会议。

【举行第三届厦门市老年文化艺术节开幕式】 2009年4月26日，市老龄委主办的第三届厦门市老年文化艺术节在白鹭洲水上广场开幕。全市26个老年文艺团体和金门县土风舞运动协会共1800多名演员为开幕式带来了精彩的演出。省老龄办副主任梅长青代表省老龄办致辞，副市长、市老龄委主任潘世建讲话，市委副书记、市纪委书记黄杰成宣布艺术节开幕。省、市老领导以及近3000名厦门、金门老年朋友参加了开幕式，并观看了文艺演出。

【举办厦门金门老年书画摄影展】 2009年5月22日，市老龄委在市老年活动中心隆重举行第三届厦门市老年文化艺术节——厦门金门老年书画摄影展开幕式。市老龄委副主任、市老龄办常务副主任于清莉主持开幕式。市人大常委会副主任曾国玲到会祝贺并讲话，金门县议会主任、金门县美术学会理事长杨诚国致辞。本次展出时间共4天，由厦门市老龄委主办，厦门市老年书画研究会、金门县美术学会、金门县书法学会、金门县摄影学会共同承办。

【纪念第四个中国文化遗产日集邮展开展】 2009年6月13日，市老龄委、市集邮协会世界遗产十二生肖本地邮品研究组主办，市老年活动中心、思明区图书馆协办的“纪念第四个中国文化遗产日集邮展”在市老年活动中心举行。本次活动是第三届厦门市老年文化艺术节系列活动项目之一，展出邮品40框。

【举办纪念中国共产党成立八十八周年暨第三届厦门市老年文化艺术节集邮展】 2009年7月1日，“纪念中国共产党成立八十八周年暨第三届厦门市老年文化艺术节集邮展”在市老年活动中心举行。本次邮展由市老龄委、市委老干部局、市集邮协会、市离退休干部集邮协会联合主办，系第三届厦门市老年文化艺术节系列活动之一。本次邮展共展出41部100框1600张贴片。分为专题类、航空类、极限类和开放类，都是市集邮协会和市离退休干部集邮协会的会员们精心收藏的珍贵邮品。

【举办庆祝中华人民共和国成立六十周年爱国歌曲演唱会——《祖国万岁》】 2009年7月24日，市老龄办、市老年基金会、市老年艺术协会主办，市老年活动中心、市老年艺术协会承办的“庆祝中华人民共和国成立六十周年爱国歌曲演唱会——《祖国万岁》”在市老年活动中心音乐厅举行。此次爱国歌曲演唱活动是为庆祝建国六十周年而举办，演唱会由3个乐章20首歌曲组成，共有12个老年艺术团体，1000余名老年朋友参加了演出。

【举办老年文艺调演】 2009年8月18日下午，市老龄委在市老年活动中心举行为期3天的“庆祝中华人民共和国成立六十周年暨第三届厦门市老年文化艺术节‘星鲨杯’文艺调演”。本次文艺调演是第三届厦门市老年文化艺术节的重要内容，共有43个老年社团报名参加，参演节目127个，参演演员达1300多人次。艺术节组委会深入各区经过10场基层初选，共选出71个有代表性的节目参加市级调演。节目包括了舞蹈、声乐、器乐、戏剧、曲艺、服饰等种类。

【举办庆祝新中国成立六十周年老年书画展】 2009年9月23日，市老龄办、市老年书画研究会、市社科联、市老年活动中心在市老年活动中心联合举办“厦门市庆祝新中国成立六十周年老年书画展”开幕式。本次书画展展出200多幅书画作品，历时5天。

【隆重召开厦门市第22个老年节庆祝大会暨第三届老年文化艺术节闭幕式】 2009年10月26日，厦门市委、市政府在厦门人民会堂举行“厦门市第22个老年节庆祝大会暨第三届老年文化艺术节闭幕式”。省委常委、市委书记于伟国，市委副书记、市长刘赐贵，全国老龄办副主任吴玉韶，市委常委、组织部长黄笑影，市委常委、常务副市长丁国炎，市人大副主任曾国玲，市政协副主席陈耀中，省老龄办常务副主任林守钦，省、市级老领导以及全市2000多名老年人参加了会议。丁国炎主持大会。吴玉韶、林守钦、黄笑影分别讲话。会上表彰了第三届厦门市老年文化艺术节的获奖单位和个人。台湾南投县水沙涟原住民文化艺术团和金门县土风舞协会应邀专程前来祝贺，并带来了具有当地乡土气息的精彩节目。此次会议市委、市政府高度重视，首次市委书记、市长同时出席老龄部门会议。

【春节组织慰问老年人】 2010年1月7日—12日，市老龄委举办迎新春“三下乡”活动。组织老医学专家和老书法家为农村老年人义诊和写春联；慰问了6个区的基层老年学校，并联合市红十字会、市慈善总会等慰问因病致贫、高龄老人，慰问金额达20多万元。

【国庆组织慰问病贫老年人】 2009年9月22日，市老龄委、市红十字会、市红十字基金会筹集10多万元，分四路慰问全市近60名重病致贫的老人，为每位老人送去2000元以上的慰问金和月饼等。

【老年节组织慰问百岁老人和病贫老人】 老年节期间市老龄办受省、市政府的委托，并联合市红十字会、市慈善总会、市红十字基金会等一起慰问了我市3000多名高龄、病、贫老人和基层老年协会，慰问金及彩电等慰问品总价值近百万元。

【举办老龄系统工作人员运动会】 2009年12月17日—19日，2009年厦门市老龄系统工作人员运动会在海沧区实验中学隆重举行。市老龄办、市老年活动中心以及6个区的老龄部门工作人员组成了8支代表队，100多个运动员参加了比赛。本次运动会设有柔力球、乒乓球、扑克、定点投篮、羽毛球、气排球等6个项目的比赛。海沧区老龄办承办了本次运动会。

各项业务进展

【落实老年人免费乘坐公交车工作】 2009年9月下旬，市老龄办收到省老龄委关于推动全省老年人免费乘坐公交车的相关文件，立即向市政府呈送了《关于呈请协调落实全省70周岁以上老年人免费乘坐我市公交车的请示》。市政府很重视，副市长潘世建听取汇报后，当场指示市政府副秘书长，按文件要求抓好协调落实工作。市委副书记、市长刘赐贵亲自过问，并要求抓紧落实。2009年11月2日上午，市政府召开第84次常务会议，市老龄办领导汇报后，会议决定：同意全省70周岁以上老年人凭《福建省老年人优待证》，在厦门市免费乘坐公交车。当天上午，市府会议这项议程一结束，市老龄办马上召开紧急会议决定：一周内把《福建省老年人优待证》采购到位，加班加点，争取11月底前完成大多数70岁以上老年人的换证工作。为使工作落实到位，市老龄办举办了200多名基层干部参加的“办证培训班”，并在电视台和报纸连续5天发布通告。专门成立了6个工作小组，5个督导组分到6个区和各大系统督查指导换证工作，盖章组24小时负责盖章。让全市大多数70周岁以上老年人拿到了“优待证”。2009年12月1日起，全省70周岁以上老年人持《福建省老年人优待证》均可在厦门市免费乘坐公交（含中巴、农客、BRT)。市老龄办还将为本市户籍的60岁以上老年人陆续换发《福建省老年人优待证》。

【开展居家养老服务前期工作】 市老龄办除了继续

开展“情暖空巢”系列活动外，还扎实有效地开展了居家养老服务的前期准备工作。按照全省居家养老服务试点工作的部署和要求，市老龄办及时召开各区老龄办主任会议，协调区领导，确定了思明区莲前街道前埔南社区等9社区为居家养老服务试点社区。组织各区老龄办领导先后赴《中国老年报》推荐的合肥、青岛和济南三市学习考察居家养老服务先进经验，启发思路。同时分三组深入9个试点社区调查摸底居家养老有关情况，为开展居家养老服务工作掌握了第一手资料。还代市政府草拟了《厦门市发展居家养老服务工作意见》和《厦门市居家养老服务试点工作实施方案》。组织有关社区参加全省居家养老服务工作现场会等，较好地完成了开展居家养老的前期有关工作。2009年5月26日，由省政协副主席陈芸率领的调研组在我市开展“发展社区居家养老服务业”重点提案督办调研。市老龄委副主任、市老龄办常务副主任于清莉汇报了全市开展养老服务工作的情况。省政协副主席陈芸对我市的老龄工作和居家养老服务工作给予充分肯定。

【开展丰富多彩的文体活动】　市老龄办以市老年文化艺术节为契机，带动其他老年文体活动的开展。市老龄办围绕建国六十周年举办了“庆祝中华人民共和国成立六十周年爱国歌曲演唱会《祖国万岁》”“庆祝中华人民共和国成立六十周年暨第三届厦门市老年文化艺术节‘星鲨杯’文艺调演”等一系列活动。各区老龄委、各有关部门发动基层老年人积极开展文体活动。据不完全统计，直接参与艺术节各项活动的老年团体达到300多个，参与的演职人员和观众达10万人次，极大地丰富了老年人的精神文化生活。市老龄办选送6个文艺节目、16件书画作品参加厦门市第四届群众文化艺术节，也获得多个奖项。

【重视老年教育工作】　市老龄办组织开展评选表彰基层老年学校示范校活动。2009年12月底，市老龄办召开2009年度基层老年学校示范校总结表彰会，对15所示范校进行了表彰，并向他们赠送了书籍。市老龄办还对全市基层老年学校进行调查模底，编制镇（街）、村（居）老年学校建校情况一览表，建立基层老年学校数据库；推动基层老年学校开展“远程老年教育”。基层老年学校由2008年的216所，发展到260多所。老年学习内容不断增多，老年学员队伍不断壮大，教育手段更加多样化。

【组建老年志愿者服务队伍】　市老龄办积极按照省文明委《关于成立福建省志愿者服务活动协调小组的通知》和上级老龄办的要求，组建老年志愿者服务队。2009年12月21日，市老龄办成立了第一支老年志愿者服务队，至目前，已成立了6支老年志愿者服务队，队员2000多人。现老年志愿者服务队围绕我市的中心工作，积极开展力所能及的活动，为三个文明建设做出了应有的贡献。每月向市老龄办书面汇报一次活动情况。

深圳市

综　　述

一、老年社会保障工作稳步推进

一是确保养老保险待遇的发放到位。截至2009年底，为14.6万离退休人员支付了各种养老待遇46.95亿元，并做到了按时、足额、百分之百社会化发放；二是完成了企业退休人员的待遇调整工作。人均月增加271元，其中3.64万人领取了老龄补贴，6000多人享受了高级职称补贴；三是开展惠民工程。已完成所有街道、社区企业退休人员领取养老金的指纹验证网点的安装工作；四是提高企业退休人员社会化管理服务水平，加强示范点的创建工作，目前全市已受理企业退休人员16000多人。

二、为老服务工作取得新成效

1. 继续推进实施为老服务系列计划。市福彩公益金安排2000万元开展“老有所乐”计划，资助了基层老年文体活动项目1408个。安排300万元开展“老有所学”计划，资助了全市151所老年大学（学校）。老年群众参加活动人数逐年增多，社区老年活动队伍不断扩大并得到规范管理，资助项目收到明显的社会效果，同时重点培育了一批老年体育项目和文艺精品节目，在全国和省的老年文艺比赛中取得突出成绩。

2. 制定“老有所乐”项目资助管理办法。深圳市实施“老有所乐”计划几年来，收到了较好的社会效益。为进一步加强项目资金的监管，保证资助金发挥更大更好的效益，切实解决实施过程中出现的问题，制定出台了《深圳市“老有所乐”公益金使用管理暂行办法》，使“老有所乐”公益金使用管理走上规范化轨道。

3. 老年社会福利事业不断发展。一是加强了福利机构的规范管理，改革公办养老机构的管理模式，规范老人入住标准和探索建立床位轮候制度。通过制定民办福利机构扶持资助办法，鼓励扶持社会力量兴办具有一定规模的养老服务机构；二是继续推进居家养老服务工作。大力发展社区照料服务，整合社区资源，探索建立跨部门的综合性的社区服务站。从2009年起，我市全面实行了发放居家养老服务券，以保证补助金的有效使用，也有利于扶持服务机构的发展；三是社区“星光老年之家”建设和管理取得进展。2009年新建“星光老年之家”90间，全市已建“星光老年之家”达784间，同时每间每年资助后续管理费也由原来3万元增至4万元；四是继续扩大了社工服务中的老年项目，发挥社工专业服务优势，提升老年人的生活质量。

4. 开展社区“以老助老”试点活动。2009年3月到5月，市民政局、市老龄办和市老年协会联合开展“以老助老”居家养老服务试点工作，组织社区60岁以上低龄健康老人对高龄、患病和贫困的空巢老年人积极开展结对、照顾活动，探索社区老年人协会积极参与居家养老服务工作。在盐田召开了试点总结现场会后在全市进行了推广。

5. 资助全市老年人开展各类文体项目。资助市老年协会打造老年公园文化品牌和开展全市性的老年文体活动，市老年体协重点推广、普及柔力球、老年排球和小场地门球项目，参加活动的队伍数不断增多，活动人数迅速增加，培养了一批体育骨干和参赛队伍。市总工会、市退管办积极开展各项退休人员的文体活动，举办各种培训班，组织退休人员文艺精英参加各大文体比赛，极大地丰富了退休人员的文化生活。2009年6月至10月，由市文体旅游局、市老龄办、市老年体协组织老年人代表团参加第一届全国老年人体育健身大赛，在10个项目的比赛中获得集体金奖6项、银奖5项，个人金奖1项、银奖13项和最佳组织奖。

6. 继续做好“高龄独居老人呼援服务系统”。“亲情通”老人服务平台服务到位，有56位老人通过“亲情通”得到了及时的救助。开展“亲情通”老年人紧急呼叫系统终端产品和紧急救助服务情况调查，查找存在的不足和问题，为改进升级老人呼援服务系统积累经验。经过一年时间的筹备，新的“高龄独居老年人呼援服务系统”项目的服务平台政府采购工作已完成，老人手机产品的筛选调试和招标申报工作正在抓紧进行。

三、老年维权工作扎实有力

1. 认真做好老年信访工作。市总工会退管办认真处理企业退休人员集体上访事件，上门走访重点人员，为集会上访事件的顺利化解发挥了应有的作用；市社保局办理企业退休人员信访，做了大量安抚解释工作，市老龄办全年共办理人大建议案3件，政协提案4件，积极协调督促有关部门及时处理优待服务不到位的投诉及侵害老年人权益的诉讼案件，重视老年人集中反映问题的调研，认真妥善解决。做到了件件有结果、有回复，反映很好。

2. 老年普法维权工作扎实有效。市司法局积极开展老年人的普法维权活动，在“公民法律大讲堂”、“公民法律读书”等活动中强调对老年人权益的保护。市、区老龄办做好老年法律法规的宣传教育活动，印发《中华人民共和国老年人权益保障法》《广东省老年人权益保障条例》《敬老优待证办理指南》和《申请居家养老服务指南》宣传资料下发到各街道、社区，联合市司法局举办宣传和法律咨询活动。市法律援助处2009年向有需要法律服务但无力支付律师费用的老年人提供法律援助420多人次，咨询5400多人次，还选择年长、经验丰富的律师专为办理老年人法律援助案件的主办律师，有效地维护老年人的合法权益。

3. 优待服务工作得到落实。2009年9月，市老龄办组织有关成员单位对我市敬老优待政策的落实情况进行了检查。在各区和各优待服务单位自查的基础上，联合市人大内务司、市司法局、市旅游局、市卫生局、市交通局组成检查调研组突击检查了景区景点、公交地铁、医院和法律援助中心等单位，掌握老年人优待服务的情况。通过检查和调研，宣传了老年优待政策，查找不足，进一步促进我市老年人优待工作的发展。对我市符合条件的老年人申请办理敬老优待证的办证周期，由3个月办理一次，缩短至1个月。据统计，2009年全市共办理敬老优待证45479张。与此同时，市老龄办积极开展了敬老优待证升级更换IC卡的调研工作，争取早日实现敬老优待证电子智能化运作与管理。

四、老龄工作机制不断加强

1. 及时调整明确成员单位工作职责。根据机构改革和人员变动情况，对市老龄委成员单位、委员、联络员进行重新调整。同时，为加强成员单位之间的联系沟通，提高工作效率，市老龄办制定并印发了《深圳市老龄工作委员会成员单位联络员工作手册》。

2. 深化考评机制，推动各区老龄工作。2009年

3月，市老龄办组织了对区级老龄工作年度目标责任考核，对老龄工作的四大项36小项工作进行了量化考评，考评结果以市老龄委的名义予以通报。同时，在总结前几年做法经验的基础上，对区级老龄工作目标考核的指标体系作了进一步的量化和细化，使之更具操作性，有力推动了各区的老龄工作深入扎实开展。

3. 各级老年组织有了新的发展。在市老年协会的积极推动下，区级老年协会已陆续成立，各街道和社区老年人协会也达到680多个，老年组织日渐成为老龄工作中一支不可忽视的补充力量。市老龄办和市老年协会进一步加强对社区老年人协会的指导和管理，按照《深圳市社区老年人协会建设规范》的“六有”“四自”“一桥梁”的内容，对各区社区老年人协会规范化建设达标单位进行抽查，给达标协会挂牌。

五、老人节系列活动内容丰富

1. 组织慰问老人活动。“重阳节”敬老月期间，市民政局领导和各区领导带队走访慰问了全市30家养老服务机构、63名百岁老人和部分困难老人，市总工会、市退管办组织慰问企业退休人员（包括建国前参加工作的老同志），市直各单位和企业也积极做好老同志的节日走访慰问工作，各街道、社区在敬老月期间积极开展慰问活动，让老人们充分感受到党和政府的关怀和温暖。据不完全统计，老人节期间，各级、各部门发放慰问金及慰问品达310多万元。

2. 举办“老人节”系列活动。2009年10月26日，市老龄委、市民政局、市总工会、市妇联、市广电集团等单位在深圳民俗文化村百艺广场隆重举行了“全国60对金婚老人与新中国六十华诞同庆大典”活动，其覆盖面、代表性和影响力为建市以来首次，在社会上引起了强烈反响。市老龄办、市老年协会在莲花山风筝广场举行了深圳市“老人节”庆祝大会暨第三届公园老年文化活动节，并组织举办了市第四届公园文化节老年专场文艺演出。

3. 群策群力组织老年活动。市总工会、市体育局、市劳动社保局、市老龄办联合举办了“庆国庆、迎重阳”大型文体展演活动，成为我市唯一一场在中央电视台新闻联播报道的庆国庆六十周年文艺活动。市老龄办联合市老年科技工作者协会，邀请知名专家走进社区举办老年保健养生讲座。福田区开展社区文艺表演135场，各种体育竞赛活动73场，召开座谈会、茶话会231次，组织老人外出旅游参观52批共3218人次；罗湖区组织空巢老人、低保老人、患病老人120多人到指定医院进行免费体检，举办了“老人节”钓鱼比赛；南山区开展各种座谈会、文体演出、健康咨询及体检活动，受益和参与活动老人达1万多人；盐田区举办第八届老人节“千人健步走”活动的同时，组织全区19个社区老年人协会文体队参加社区公园文艺演出60多场；宝安区举办了歌唱祖国老人歌咏比赛；龙岗区组织了登山、茶话会、健康检查、义务服务等系列尊老敬老专题活动；光明新区在光明影剧院举行“情系重阳、爱满光明”重阳节老干部文艺汇演活动。

六、老龄宣传广泛有效

重阳节期间，市老龄委在全市范围内开展了“深圳市十大孝亲敬老之星”评选表彰活动，市民踊跃参与投票，全市各主要媒体对入选对象的敬老事迹进行宣传报道。市老年基金会授予中华慈爱园等6个单位为“深圳市2009年度热心公益敬老助老”荣誉称号。市老龄办定期编发《老龄工作简报》，交流老龄工作动态和活动信息；以《深圳老年》杂志和《深圳老年在线》网站为平台，丰富了老年资讯和精神文化生活。《深圳商报》《市民周报》对近年老龄工作和实施“老有所乐”“老有所为”等计划取得的明显成效进行了专版报道；市老龄办在大型立柱广告发布敬老宣传标语，在市区主要街道、各大公园悬挂敬老爱老宣传横幅，在华强北商业旺区电子屏幕滚动播放宣传口号，印制《敬老宣传扑克牌》赠送给全市养老服务机构，较好地营造了全社会尊重老年人、关爱老年人、善待老年人的温馨、和谐氛围。

七、加强老龄调研和统计工作

1. 开展《深圳市老年人社区服务需求的调查与思考》调研，通过对社区老年人真实需求的了解及分析，为推进社区为老服务工作及服务项目的制定提供了参考。

2. 市老龄办联合高校于2009年底启动了《深圳市人口老龄化发展趋势与统筹对策研究》课题。以进一步摸清我市户籍和非户籍老年人口规模，分析其成因、结构及特征，建立起我市人口老龄化发展态势数据库，对我市人口老龄化发展趋势进行科学判断，提出相应工作建议及对策。

重要会议和活动

【深圳市老龄委第八次全体（扩大）会议】 2009年5月13日上午，深圳市老龄委第八次全体（扩大）会议在市民中心会议室召开。会议传达了全国老龄委第十一次全会和广东省老龄委第九次全会精神，总结了2008年全市老龄工作情况，研究部署了2009年老龄工作任务。市政府副秘书长、市老龄委副主任陈玉明出席会议并讲话。市民政局局长、市老龄委副主任刘润华作《深圳市2009年老龄工作报告》。市委组织部、市委宣传部、市直机关工委、市发展计划局、市民政局、市财政局、市文化局、市劳动和社会保障局、市体育局等25个市老龄委成员单位的委员、各区民政局长和区老龄办负责人约50人参加了会议。会议由市民政局党组成员、局长助理曾威斌主持。

会议认为，深圳市老龄工作在市委、市政府的正确领导下，在各成员单位共同努力和社会各界的大力支持下，各项老龄工作稳步推进，取得了新的进展：老年社会保障制度不断健全，社会保险、社会福利和社会救助制度进一步覆盖老年群体；为老服务工作稳步推进，"居家养老"进一步推进，"老有所乐""老有所学"等计划成效显著，为老服务领域引入了社工专业服务；老年维权工作进一步加强；老年人文体活动日益丰富；老年宣传调研工作有新进展；老龄工作机构得到加强，建立了成员单位联络员工作制度，加强了基层老年群众组织建设；老龄问题和老龄工作得到广泛关注，各区和相关单位老龄工作扎实有效。会议部署安排了2009年老龄工作的主要任务：继续推进养老保障制度建设提高社会保障水平，积极稳妥地推进社会福利向普惠型发展；进一步加强老年医疗保险和卫生保健工作，开展多种形式的老年医疗保健服务；大力推动为老服务体系建设，加强福利机构的规范管理，继续推进为老服务项目的开展；不断做好老年维权工作，为老年人提供便捷高效的法律援助；积极开展老年文体活动，努力打造老年文化品牌项目；加强宣传和调研工作，开展人口老龄化问题与统筹对策研究；加强老龄工作机构建设。

陈玉明副秘书长在讲话中强调，要认清形势，切实增强做好老龄工作的紧迫感和责任感。当前要突出重点，集中力量做好关系老龄事业长远发展的几件大事：一是认真抓好《深圳市老龄事业"十一五"规划》的评估和落实；二是要以贯彻落实《珠三角地区改革发展规划纲要》为契机，加快我市老年社会保障制度建设；三是要启动我市人口老龄化中长期战略研究。为确保各项工作落实，市、区级老龄委要加强组织领导，各成员单位要履职尽责充分发挥作用，充分发挥群众组织的作用，同时要广泛深入地开展老龄宣传工作，强化人口老龄化的市情意识。全面贯彻落实科学发展观，进一步解放思想，开拓创新，扎实工作，推进我市老龄工作又好又快发展。

【调整明确成员单位工作职责】　根据机构改革和人员变动情况，深圳市对市老龄委成员单位、委员、联络员进行重新调整。与此同时，为加强成员单位之间的联系沟通，提高工作效率，市老龄办制定并印发了《深圳市老龄工作委员会成员单位联络员工作手册》。

【深圳市"老人节"庆祝大会暨第三届公园老年文化活动节】　2009年10月26日上午，深圳市"老人节"庆祝大会暨第三届公园老年文化活动节开幕式在莲花山风筝广场举行，来自各区的1000多名老年人代表参加了庆祝大会。大会授予欧礼锦等10位市民"深圳市十大孝亲敬老之星"、授予中华慈爱园等6个单位"深圳市2009年度热心公益敬老助老"的荣誉称号，市老领导厉有为、李海东、刘波、梁达均、李定，市政府副秘书长陈文江，市民政局副局长余智晟，市民政局党组成员、市民间组织管理局局长马宏出席了大会并颁发了牌匾，市老领导厉有为宣布第三届公园老年文化活动节开幕、李定向各区公园老年文化节活动分会场授旗。各区老年人带来了丰富多彩、充满活力的文艺节目，表达了热爱祖国、热爱深圳、热爱生活的美好情感。部分老龄委成员单位和各区民政局、老龄办的领导同志参加了开幕式。

【"60对金婚老人与新中国六十华诞同庆大典"活动】　2009年10月26日下午，在深圳民俗文化村百艺广场隆重举行了由市老龄委、市民政局、总工会、妇联、广电集团等单位联合主办的"60对金婚老人与新中国六十华诞同庆大典"活动。来自全国的60对金婚夫妇身着传统唐装，在园内乘花车巡游欢庆。在庆典活动上，主持人逐一介绍了60对金婚夫妇半个多世纪来，在各行各业作出的突出贡献和他们携手走过金婚岁月的幸福感言，市老领导李定、市政府副秘书长陈文江和主办单位的领导为金婚老人颁发了金婚纪念证书，整个庆典活动喜庆热烈，为祖国六十周年的大庆献上了一份家国同心的和谐之礼。活动吸引了大批深、港各大新闻媒体，深圳电视台进行了现场录播。

【慰问百岁老人和福利中心老人】　"老人节"前夕，市民政局、市老龄办对全市的百岁老人和福利中心的老人进行慰问。2009年10月20日，市民政局副局长余智晟，深圳市民政局党组成员、市民间组织管理局局长马宏和市老龄办主任徐伟浩分别带队前往罗湖区、南山区上门慰问百岁老人和福利院的老人们。在罗湖区福利中心，余智晟副局长把慰问金和果蓝送到5位百岁老人手中，祝老寿星节日快乐、健康长寿！并向中心的工作人员和医护人员表示敬意。该中心居住了250位老人，平均年龄85岁，中心办院20年来，采取养护结合的创新模式，让老人们得到了更好的照顾。慰问中，余智晟副局长强调，尊老敬老是中华民族的传统美德，必须全社会共同参与共同努力才能做好老龄工作，希望全社会都来关心老年人、支持老龄工作，形成尊老敬老的良好氛围。目前，我市有63位百岁老人，享受财政每人每月500元的高龄政府津贴。

【老龄委成员单位联络员会议】 2009年12月4日，市老龄办召开老龄委成员单位联络员会议。市民政局副局长余智晟到会并作了讲话。会上市老龄办主任徐伟浩通报了我市2009年老龄工作情况及2010年老龄工作思路。市人力资源和社保局、民政局、总工会、司法局等成员单位联络员汇报了本单位一年来开展老龄工作的情况，以及2010年老龄工作打算。会议讨论了机构改革后各成员单位的工作职责的调整意见，并就如何加强市老龄办与各成员单位，成员单位相互之间的沟通协调机制等问题提出了许多建设性的意见。余副局长在讲话中充分肯定了各成员单位积极为我市老龄事业努力工作所取得的成绩；同时，对各单位联络员共同做好老龄工作提出了要求：一是市老龄办要加强自身建设，针对老龄工作中出现的问题，要及时做好组织协调，做好服务，抓好落实；二是老龄工作委员会委员和各成员单位联络员，要尽快做好调整和确定，成员单位的职责要尽快修改完善，充分发挥各成员单位联络员的组织协调作用，齐心协力努力做好我市老龄工作。

各项业务进展

【开展2008年度区级老龄工作目标责任考核】 2009年2月18日至20日市老龄工作目标责任检查考核组对2008年度各区老龄工作目标完成情况进行了检查考核。检查考核结果2008年度各区老龄工作全部达标，福田区98.2分，罗湖区97.12分，宝安区96.7分，南山区96.6分，盐田区96.2分，龙岗区95.75分，光明新区未参加考核。

【社区居家养老消费券的首发仪式】 2009年2月20日上午，深圳市在市民中心举行了社区居家养老消费券的首发仪式。市政府副秘书长陈玉明参加仪式，并向各区民政局和市民代表发放了居家养老消费券。我市从2005年起开展社区居家养老服务活动，去年全市用于社区居家养老服务的资金达5000多万元，共有1.7万多人享受居家养老资助，人均年资助额约为3063元，基本囊括了全市最困难的户籍老人，受惠老人的比例和获得资助的金额都处于全国前列。根据新修订的《深圳市社区居家养老服务实施方案》，从2009年开始把全市原有的不同的补助金发放方式统一变为发放社区居家养老消费券的形式，即补助金不以现金形式发放，以“居家养老消费券”的形式发到服务对象手中，作为服务对象享受养老服务而使用和结算的一种凭证。市民政局局长刘润华、副局长葛明，各区民政局、光明新区社会事实办分管领导以及市民代表出席了首发仪式。

【继续推进实施为老服务系列计划】 2009年市福彩公益金安排2000万元开展“老有所乐”计划，资助了基层老年文体活动项目1408个。安排300万元开展“老有所学”计划，资助了全市151所老年大学(学校)。老年群众参加活动人数逐年增多，社区老年活动队伍不断扩大并得到规范管理，资助项目收到明显的社会效果，同时重点培育了一批老年体育项目和文艺精品节目，在全国和省的老年文艺比赛中取得突出成绩。

【开展社区“以老助老”试点活动】 2009年3月到5月，市民政局、市老龄办和市老年协会联合开展“以老助老”居家养老服务试点工作，组织社区60岁以上低龄健康老人对高龄、患病和贫困的空巢老年人积极开展结对照顾活动，探索社区老年人协会积极参与居家养老服务工作。5月13日上午，在盐田召开了试点总结现场会后在全市进行推广。

【开展“深圳市十大孝亲敬老之星”评选表彰活动】 2009年重阳节期间，市老龄委在全市范围内开展了“深圳市十大孝亲敬老之星”评选表彰活动，市民踊跃参与投票，全市各主要媒体对入选对象的敬老事迹进行宣传报道。“深圳市十大孝亲敬老之星”为：欧礼锦、吴宜巧、冯流吟、李梁坤、钟梅兰、郑光明、张凤琴、田秋萍、李传梅、叶彩萍。

【市老龄事业发展基金会调整领导成员】 根据基金会发展需要和有关人员变动情况，经报市民政局、市民管局批准同意，基金会理事会成员进行了调整。2009年8月31日，召开了第三届理事会第二次会议，会议产生了新的理事会成员：名誉会长：黄继友；会长：朱流星；副会长：曾汉扬、房涛、蒋觉成；秘书长：谭家歆；理事会成员：朱流星、曾汉扬、徐伟浩、欧细菊、肖敏智、房涛、蒋觉成、谭家歆；监事：郭日东。

【市老年基金会变更名称】 为了使市老年基金会更好地发挥作用，同时也与国家老龄事业发展基金会名称保持一致，经第三届理事会全体理事一致同意并经报省民管局批准同意，已于2009年8月将“深圳老年基金会”变更为“深圳市老龄事业发展基金会”。

【组织调研全市老年优待服务工作】 2009年9月份，市老龄办组织有关成员单位对我市敬老优待政策的落实情况进行了检查。在各区和各优待服务单位自查的基础上，联合市人大内务司、市司法局、市旅游局、市卫生局、市交通局组成检查调研组突击检查了景区景点、公交地铁、医院和法律援助中心等单位，掌握老年人优待服务的情况。通过检查和调研，宣传了老年优待政策，查找不足，进一步促进我市老年人优待工作的发展。

【表彰“热心公益敬老助老”单位】　在深圳市2009年“老人节”庆祝大会上，授予中华慈爱园、深圳市金好彩饮食管理有限公司、上海健保医疗电子有限公司、广铁青国际旅行社深圳分公司、深圳市亲情之桥信息科技有限公司、深圳市德辰文化公司等单位为“深圳市2009年度热心公益、敬老助老”单位。

【制定“老有所乐”项目资助管理办法】　深圳市实施“老有所乐”计划几年来，收到了较好的社会效益。为进一步加强项目资金的监管，保证资助金发挥更大更好的效益，切实解决实施过程中出现的问题，制定出台了《深圳市“老有所乐”公益金使用管理暂行办法》，使“老有所乐”公益金使用管理走上规范化轨道。

【社区老年人协会规范化建设达标单位挂牌】　在市老年协会的积极推动下，区级老年协会已陆续成立，各街道和社区老年人协会也达到680多个，老年组织日渐成为老龄工作中一支不可忽视的补充力量。市老龄办和市老年协会进一步加强对社区老年人协会的指导和管理，按照《深圳市社区老年人协会建设规范》的“六有”“四自”“一桥梁”的内容，2009年对各区社区老年人协会规范化建设达标单位进行抽查，给达标协会挂牌。

新疆生产建设兵团

综　　述

到2009年底，兵团有离退休人员463061人，60岁以上社会老年人153508人，共计616569人，占兵团总人口的23.85%，其中国家养老占81.6%，家庭养老占18.4%。兵团80岁以上的老年人有48478人，占老年人数8%，其中百岁老人39人。

一、调整领导班子

1998年10月5日，经兵团党委第十四次常委会批准成立兵团老龄工作委员会（兵常字〔1989〕30号文件）以来，不断加强兵团老龄工作的组织机构建设，经兵团领导批准，2009年3月12日，兵团老龄工作委员会领导成员作了调整。兵团党委常委、副司令员哈尼巴提·沙布开接替，兵团党委常委、副政委雪克莱提·扎克尔兼任兵团老龄工作委员会主任，常务副主任仍由兵团民政局党组书记、局长刘钢兼任。副主任由阿布力孜·尼牙孜、周考斌、王速成兼任，委员由曲德林、唐林、李铁军、郭毅锋、黎兴平、席少平、王忠民、钟波、何红（女）、蔡建军、龚继军（女）、王永松、邹全明、金江明、邵利民、徐秀芝（女）等兵团机关16个部门正、副职领导兼任。

二、落实“老有所养”“老有所医”

一是确保46.3万其中包括8.7万异地安置的离退休人员养老金按时足额发放。2009年，离退休人员社会参保率100%。为3.2万名贫困老人发放最低生活保障金，实现了应保尽保。为41.6万名企业退休人员增加养老金91.8528000元，人均月增资184元。为2.1万名老年“五七工”每人每年发1800元生活补助费。二是确保离休干部医药费在制度规定的范围内及时实报实销，并增加医疗周转金。三是积极改善老年人住房条件，到年底，全兵团有22万退休职工住房改造或迁往新居。农四师七十二团投资新建900万老年人解危解困房，同时给每户住房补助2万元，共计1800万元。

三、落实“老有所教”“老有所学”

一是兵团各级老龄委有计划地组织老年人学习党和国家及自治区、兵团重要文件和领导人重要讲话、党的十七大、十七届三中全会精神。二是兵、师、团创办老年大学（学校）71所，在校老年学员3万人。各级学校设置了老年保健、太极拳（剑）、书法、绘画、舞蹈、音乐、英语等专业课，并开展有益于老年人身心健康的文体娱乐活动。三是为16万多离退休干部职工订各类报刊杂志图书等开支1000多万元。

四、落实“老有所乐”

一是结合建党八十八周年、建国六十周年及兵团成立五十五周年开展老年群众性文体娱乐活动，使老年人欢度晚年。2009年，兵、师、团组织老年人开展“庆祝建国六十周年爱国主义教育和老年文化体育”系列活动，包括健身操（舞）、老年趣味运动会等各种体育活动，24万老年人参加了活动。农八师石河子市老龄办和文体局联合举办第八届老年文化艺术节，6万多位中老年人参加各种文体活动。2009年5月至10月，兵团老龄办组织327位老年人参加兵直党工委举办的“热爱祖国、热爱新疆、热爱兵团，加强民族团结”知识竞赛，获优秀奖。二是兵、师、团层层开展各种老年体育健身活动，全兵团有36万老年人每天走出家门参加体育锻炼，参与率达59%。农八师石河子市老年教育文化活动中心于8月8日落成使用，占地8000平方米，可容纳7万名老年人在此参加活动。

五、老年人信访

2009年，兵团各级老龄委坚持来信来电必回，来人来访善待，尽快帮助解决有关问题的原则，认真做好老年人信访工作。全兵团接待信访老年人36435人次，其中信访2338人次，电话访11385人次，据统计，有85%的问题得到协调解决。

重要会议和活动

【全国敬老表彰大会】 2009年1月13日，第三届全国敬老爱老助老教育活动表彰大会在人民大会堂隆重举行。中共中央政治局委员、国务院副总理、全国老龄工作委员会主任回良玉出席大会。兵团民政局局长刘钢获“中华孝亲敬老楷模”提名奖，王国锋、连秋瑾、金波、许之俊、陈学忠等66位同志获“孝亲敬老之星”，兵团老龄协会办公室获“全国敬老爱老助老主题教育活动”优秀组织奖，受到表彰。全国老龄工作委员会副主任兼办公室主任、民政部部长李学举在会上作重要讲话，全国敬老、爱老、助老主题教育活动组委会主任、中国老龄事业发展基金会会长李宝库作总结报告。会议强调，要以敬老主题教育活动为契机，大力宣传尊老敬老先进典型，让他们的模范事迹家喻户晓，深入人心，带动全社会孝亲敬老良好风气的形成。各级民政、老龄工作部门要切实加强对活动的领导，把这项活动持续推向前进。

【全国老龄工作会议召开】 全国老龄工作委员会于2009年2月5日在京召开全体会议。中共中央政治局委员、国务院副总理、全国老龄工作委员会主任回良玉出席会议并讲话。全国老龄工作委员会各成员单位负责人，各省、自治区、直辖市、计划单列市、新疆生产建设兵团老龄办的负责同志参加了会议。兵团老龄工作委员会常务副主任兼办公室主任刘钢出席会议。回良玉在会上强调，截至2008年底，我国60岁以上老年人口已达到1.5989亿人，占总人口的12%。从今年开始，我国将迎来人口老龄化社会以来的第一次老年人口增长高峰，老年人口增速加快，高龄老人和失能老人大幅增加，空巢化趋势日益突出。国际金融危机给我国经济发展带来很大影响，也给老龄工作带来新的压力和挑战；广大群众对老龄工作的期望和要求越来越高，而老龄工作的基础依然薄弱。同时也要看到，中央一系列扩大内需、保持经济平稳较快发展的重大举措和支持老龄事业发展的战略部署，为老龄工作带来新机遇，发展老龄事业，满足老年人需求，是改善民生的重要内容，也是扩大内需的有效着力点。各地区、各有关部门要加大老龄事业投入，促进老龄事业发展。回良玉指出，今年是我们应对国际国内环境重大挑战、推动党和国家事业实现新发展的关键一年，老龄事业要着力抓好事关长远发展的重要工作。一是加快老年社会保障制度建设。健全完善和落实好基本养老保险、新型农村养老保险、基本医疗保险、最低生活保障等各项保障制度，并搞好相互衔接。二是大力发展为老服务和老龄产业。加大财政投入和政策支持力度，加快发展居家养老服务，改善社区为老服务设施条件，鼓励引导社会民间资本进入老龄产业，加快推进“爱心护理工程”建设。三是加强农村老龄工作。四是进一步完善老龄工作体制机制。各地区、各有关部门要加强对老龄工作的领导，强化对基层老龄工作的指导，总结推广基层先进经验。开展应对人口老龄化发展战略研究，加强老龄法制建设和宣传，营造全社会重视和支持老龄事业的良好氛围。2009年2月6日在京召开全国省级老龄办主任会议，全国老龄委副主任、民政部部长李学举作了工作报告，全国老龄办常务副主任陈传书回顾总结了2008年的工作，并部署安排了2009年的工作任务。会上，天津、浙江、吉林、北京、云南、黑龙江、甘肃、山西8个省市分别就农村基层老龄工作、养老保障体系建设、为老服务工作、城乡一体化等方面介绍了经验。

【百岁希望工程】 由中国老龄协会支持的，中国老年学学会发起主办的“全国百岁希望工程·健康快车活动”于2009年1月14日在新疆乌鲁木齐市启动。兵团老龄协会办公室、兵团助老工程办公室、兵团离退休人才社会开发中心积极支持，由兵团老年人协会承办兵团百岁希望工程的具体事务，这次活动以“孝行边疆，为各族老年人献爱心、送健康”为宗旨，(1)聘请46位老医务专家和工作人员为兵团2万名中老年人举办第23期保健知识讲座和免费体检。(2)为兵团3万名中老年人赠送价值4968万元的保健品；为5000名中老年人赠送“蜂胶囊”、“全家福高钙片”等保健品各1万盒，价值276万元。到2009年年底，兵团老年人协会收到感谢电话13258人次，感谢信息

5113条，感谢信531封，锦旗11面。

【百岁寿星】　到2009年底，兵团有百岁老人39名。杨彦秀，女，汉族，生于1907年4月1日，现年103岁，现定居在农二师二十四团振兴社区，由儿女赡养，现老人身板硬朗，听力、视力正常，生活能自理且能干一些力所能及的家务。团民政科工作人员和社区每年为老人过生日，送生日蛋糕和慰问金。钟秀荣、女，汉族，生于1905年9月23日，现年105岁，现定居在农二师二十九团，跟小儿子生活，现老人身体健康，经常从事一些家务活，每天坚持锻炼，儿孙们十分孝敬老人，从衣、食、住、行等各方面照顾老人。团老龄民政工作部门十分关心老人生活，经常给老人送慰问金或慰问品。陈氏，女，汉族，生于1909年8月21日，现年100岁，定居在农二师三〇团双丰社区，由儿子陈道锦赡养，60岁的儿子每天亲自照顾寿星的日常生活，每天晚上为老人洗脚，2009年，寿星之子被评为团场“感恩父母的孝敬之星”，受到奖励。唐新珍，女，汉族，生于1909年10月，现年100岁，原籍四川省潼南县，现年103岁，现定居在农四师七十三团一连社区，同女儿周汝新一家生活，老人生活有规律，一生爱干净，好活动，爱劳动，性格十分开朗，身体健康，耳聪目明，从未住过医院，如今行走便捷。郑秀娥，女，汉族，生于1906年3月，现定居在农五师九十一团，由儿子顾副成赡养。老人勤劳，节俭，爱剪纸，手艺十分灵巧，她还亲自教重孙女顾阳阳学剪纸技术。王家荣，男，汉族，生于1909年5月，现年100岁，原籍甘肃省、孤寡老人，由连队职工照顾，近20年来由五连女职工冯坟兰精心照顾，老人身体健朗，饮食正常，耳聪目明，坚持劳动和体育锻炼，团连干部职工都十分孝敬老人，逢年过节给老人送慰问金和慰问品，陪他看节目，看电视等。

【助老工程】　由中国老龄协会、中国老年基金会发起的旨在救助无依无靠、无家可归、无生活来源的孤寡老人，贫困老人、伤残病重老人、高龄老人等，为他们排忧解难，向老年人献爱心送温暖的敬老助老活动。兵团“助老工程”于1998年初正式启动。从1998年1月起截至2009年12月底，给孤寡、贫困、病、伤、残、高龄老人及部分老红军、老八路、老新四军、老干部等12万人赠送慰问金2416万元，赠送慰问品价值约2317万元。农七师8年来为退休职工补助300余万元，2009年又为876名退休人员发临时补助金58万元。到2009年底，各级老龄办积极为老年人办优待证7万余份，仅农八师石河子市就为4万多老年人办了优待证，老年人持证可优惠或免费乘坐公交汽车、看电影、进图书馆借书、到文化宫活动等。兵团老龄委给兵直3000多名老年人赠送《老年生活备要》《兵团老年书画集》《兵团诗刊集》《新疆生产建设兵团大事记》《金秋颂》《老年人精神卫生知识》《无声的革命》等万余册，价值约20多万元。农五师八十九团为老年人办图书室，收藏各类图书杂志9000多册，报纸10余种，每年阅览人数达5000多人次。农五师八十三团筹资3万元购置椅子、凳子、音箱、VCD机、高灯等设备，为老年人开展文体活动提供良好的条件。农七师一三七团投资5万元建起了老年图书室，买书籍1000多册、报纸10多种，为老年人学习创造良好条件。

【为老服务“金晖行动”】　各级老龄工作部门协同各级共青团委开展为老服务“金晖行动”，全兵团有数万名志愿者长年为需要帮助的老年人理发、洗缝衣服、打扫室内外卫生等。兵团老协办、助老办组织百余名青年志愿者为千余名老年人每月理发、洗澡、洗衣服1次，每周打扫室内外卫生1次，并组织兵团老年艺术团为老人们慰问演出精彩节目30多场次。农四师六十六团青年志愿者为团敬老院老人免费理发、洗衣物、打扫室内外卫生，修自行车、轮椅车等，为孤寡老人做家务等500余件次。农七师一二七团派出所青年民警深入老年人家中进行识别假药、假珠宝、假古董、假币等知识的宣传，讲解防骗常识，一年来，团场老人农无一上当。农七师高泉派出所青年民警热心帮助一二四团一位退休老人，查证识破骗子设置的骗局，挽回损失两万元。

【支援农牧生产】　组织农牧业老专家献智、献策、献技术，使数万名贫困农工脱贫致富。2009年春、秋，农七师一二七团老龄委组织1800名退休职工参加抢险救灾达7200工日，为团场挽回损失36万元。是年秋天，全兵团有3万老年人参加收棉花，人均摘花200公斤，共计600多万公斤，价值3000多万元。农二师二十四团组建1000名退休职工参加的“银发突击队”，帮职工摘辣椒1500吨。农七师一二三团70岁回族退休女职工张玉英20年如一日帮职工拾棉花累计达6万公斤，年均拾棉花3000公斤，且质量好、摘得干净，做到棉壳上无“羊胡子”、“羊尾巴”。农二师三〇团退休工人孟秀玲、何明惠、吴琼芳长年帮助连队职工剥棉桃。2009年该团退休工人剥棉桃20万公斤。农八师石河子总场老龄办12年来每年组织1.3余万名老年人拾棉花200吨以上。农二师三〇团退休工人黄文忠长年支农拾棉花，是年10月12日他在棉花地里过68岁生日，住在库尔勒市的老伴专门做好生日饭菜托人给棉花地黄老送去。有3万多老年人办农场、工厂、学校、医院、门诊所、商店等，不仅自己增加收入，改善了生活，而且为国家增加税收，是年交各种税金3000多万元。

【支援社医疗卫生事业】 从1998年1月至2009年底，兵团老医务工作者为老年人免费体检累计41万人次。农二师组织老专家和医务人员常年开展“送医下乡”活动，为老年人义诊义检11万多人次，并赠药品23万多元。农八师各团场、厂矿企事业单位每年为2万多位老年人义诊义检。农八师一三六团老医务人员为团场463位老年人免费体检，并为贫困老人赠送药品价值1.5万元。

【关心下一代成长】 到2009年底，兵、师、团建立关心下一代工作委员会279个，连、队、乡镇、企事业单位、学校、社区等建立关心下一代工作小组1939个，其中老干部、老军垦、老教师、老党员、老模范参加关心下一代工作小组共有10万人。2009年1月13日，兵团关心下一代工作委员会全委会在乌鲁木齐市召开。兵团党委常委、组织部部长刘向松出席会议并强调要以科学发展观为统领，用心、用情、用力做深做实做好兵团关心下一代工作。2009年各级关工委帮助教育青少年，给他们作优良传统报告和讲革命故事2万多场次，直接听众达1000多万人次，产生了良好的社会效益。从1993年初到2009年底，农四师六十九团年逾古稀的老党员、退休干部马国鑫用16年时间收集整理大量革命领袖和英雄模范的事迹材料共20余万字，2000多幅图片，办起了革命传统教育展览，吸引了大批职工群众和学生观看，尤其是学校多次组织共青团员和少先队员去参观。每年，各级老龄工作部门还坚持组织老科技工作者，老干部给万名中青年传帮带，传授科技知识和技术等。农二师二十九团开展“一帮一，一对红”，百名老干部、老党员、老职工帮助百名青工增收致富活动。72岁退休职工韩朝勤给农工传授植棉技术，获得棉花大丰收。

【参与社会文化建设】 自1989年1月至2009年底，20年来兵团万名老年文化工作者著书立说，编史写志2万余套（册）。87岁兵团原副政委赵予征经过一年多的努力，增加重要内容，将《丝绸之路屯垦研究》再版本于6月出版。农八师退休干部孙建国编写歌颂兵团人、石河子人战天斗地的历史剧本《绿州人》17万字上半部已出版，下半部正续编。兵团退休人员孙来君、彭晓娣、李静和张悦得于2009年5月12日参加四川省成都市举办的迎国庆六十周年、纪念汶川抗震救灾一周年“爱我中华，全国中老年歌唱舞动30年经典节目展演”女声三重唱《思恋》获金奖，女声独唱《牡丹汗》获银奖。67岁的农四师七十二团退休工人潜心研究盆景、奇石和根雕艺术，他的《翠鸟》《老寿星》《乌龟化石》在伊犁地区展览获二等奖二项、三等奖一项，是年又创作2件根雕作品《雪鸡》和《秃鹫》将参加全疆大赛。

【积极参加社会公益活动】 全兵团每年有20万老年人参加此项活动。兵、师、团有1561个“三老”巡逻队，2186个治安保卫组，一年365天维护社会治安和秩序、为社会环境绿化、净化、亮化、美化作贡献。各师、团、连队、社区都有“三老”巡逻队和治安保卫组织，常年护院、护库、防火、防盗、防恐怖、防污染、防诈骗、防破坏捣乱，协助公检法司机关查案、破案、调解民事纠纷，为维护社会稳定，加强民族团结，构建和谐社会作贡献。农七师一三〇团巷道长王学发和5位退休职工调解民事纠纷47起，做到小事不出社区，矛盾不上交。王学发和老伴16年来义务为社区70多位离退休人员发送各类报刊杂志8万余份。农七师一二七团退休职工姚汝明和老朋友为奎屯某预备役团管理菜园子，三年如一日，任劳任怨，确保该团蔬菜天天正常供应。88岁高龄农八师退休职工王探根义务清扫自家附近的交通要道长达200多米，默默无闻埋头干了28年，不知情的人误认他是公家花钱聘用的老清洁工。农四师七十一团二连老年联防队员10年如一日为公路边林带护树、打埂、除草、施肥等义务劳动，美化绿化家园。

【积极做善事做好事】 全兵团有40多万老年人向兵团及疆内外灾区人民捐款捐物，积极做善事，做好事。农六师军户农场退休职工秦胜兴从2008年3月至2009年底连续5次为灾区捐款近千元。农四师六十九团81岁的退休教师屠孝从1954年至2009年底年年捐款。1997年，他捐款1万元，在团部建立了“寒门学子基金”。此后每年捐款1000元，2009年4月14日，耄耋之年屠孝将自己和老伴所有的积蓄5万元捐给兵团慈善总会。人们赞誉他是慈善一生。建工师66岁的温兴灿老人退休13年来积极为贫困老人、困难家庭和社会团体捐款累计4.6万元，被称为建工师的“大好人”“大善人”。农七师一二七团70岁的退休职工回族老大爷马民强，在2009年9月7日早晨7时在街上散步，在团农贸市场捡到一袋现金两万元，他寻找了10家店铺，终于把钱归还失主，他拾金不昧的事在团场传为佳话。农九师一六七团退休职工李国柱于2009年7月下旬的一天骑着摩托车去瓜地给浇水的儿子送饭，快到地边时，他发现一位因犯突发性阑尾炎倒在地上的哈萨克族小伙子（名叫马达提），他一边将小伙子扶着坐起来，一边大声呼叫儿子赶快把病人送往团医院及时救治，马达提终于脱险病愈，他十分感激这位兵团汉族老大爷。农七师一二九团退休副团长鲁锦富于2009年9月中旬去上海看望老战友，饭后到社区荷花塘散步发现一小女孩落水，他毫不犹豫跳入塘中将女孩救上岸，孩子父母当晚找到鲁锦富满含热泪连说："谢谢新疆兵团退休的老叔叔，不然的话孩子就没命了……"

【先进老年人】　2009年2月26日首届"新疆十大杰出母亲"评选活动在乌鲁木齐市举行了隆重的颁奖典礼。76岁的兵团"母亲"金茂芳当选。2009年6月7日，G3杯第二届自治区感动新疆十大人物颁奖典礼在新疆电视台演播大厅举行，兵团建工师德坤公司（原兵团二钢达丰社区）居民吴兰玉荣获了这一荣誉。9年拾荒还债的诚信老人吴兰玉的事迹，在颁奖典礼上赢得了观众的热烈掌声。2009年6月11日，兵团建工师德坤公司党委和兵团二钢达丰社区党委为当选"感动新疆十大人物"的吴兰玉老人颁发了5000元奖金，以示奖励。2009年7月22日举行的第二届"感动兵团十大人物"颁奖典礼上，有6位55岁以上的老人站在了领奖台，成为兵团杰出代表。上海知青姜万富17岁来到昆仑山北麓的农三师叶城二牧场。作为一名乡村医生，在条件简陋的手术室里，他成功实施2000多例外科手术，无一例出现术后感染及手术意外。在当地少数民族职工、群众的心里，姜万富是名副其实的"好医生""大医生"。姜万富于2009年9月下旬获誉全国道德模范。年近七旬的建工师德坤公司社区居民吴兰玉，在老伴和儿子相继去世后，她履行诺言，走上了拾荒还债的路。9年时间里，吴兰玉还清了5万多元的欠款，用行动谱写了一曲感人至深的诚信之曲。2009年9月下旬，吴兰玉又获第二届全国道德模范提名奖。72岁的农十三师科委干部腾祥增是北京农业大学毕业的高材生，1970年来到哈密后，他潜心科研，在艰苦的环境里，选配出了哈春五号（C21）小麦品种。1992年，腾祥增又改良出了集早熟、优质、高产于一体的新C21。现在，古稀之年的腾祥增培育出来的杂交棉13－7系列，经过初试，产量比常规棉增产25%左右。63岁的农一师二团十八连退休职工聂忠根，为了照顾精神分裂、双腿截肢的朋友，用35年的时间抒写了一段堪称传奇的人间至情；55岁的农三师五O团夏河十一连退休工人肉孜汗·达吾提，退休前是一名计生宣传员。在她的努力下，到2008年夏河的计划生育率100%；70岁的农十师一八四团退休职工刘道乾，25年前来到一片白碱荒滩上开荒造田，植树造林。原本方圆数十里高低不平的白碱滩，如今已变成郁郁葱葱的林场。

【居家养老服务】　兵团认真落实全国老龄工作委员会办公室、国家发展改革委员会、民政部、财政部、国家税务总局等10个部门联合下发的《关于全面推进居家养老服务工作的意见》全国老龄办发［2008］4号文件精神，分期分批建立社区居家养老服务站856个。2009年6月3日起，农八师石河子市全面启动居家养老服务工作。开展居家养老服务工作是石河子市人民政府2009年要办的10件惠民利民实事之一。2009年5月14日，石市政府第二次全体会议上又专题研究并讨论通过了《关于开展师市居家养老服务工作的实施意见》。据农八师石河子市老龄办提供的有关数据显示，农八师石河子市60岁及以上老年人口超过11万元，而目前师市的16所养老机构的1160张床位仅为老年人总数的1%，且大多数老人收入偏低。开展居家养老服务既符合该师经济社会发展实际，又满足了老年人的传统观念和固有的生活习惯。2008年，农八师石河子市在红山街道开展了居家养老服务的试点工作，探索建立了街道公共为老服务网、社区专业服务网、居民邻里互助网等三层服务网络；建立政府购买服务、社区资源市场化服务、志愿者服务三支队伍；完善社区便民服务、社区保障救助、社区卫生保健、社区文化教育和社区权益维护等五大服务体系；为居家养老服务对象提供生活照料服务、医疗保健服务、法律维权服务、文化教育服务、体育健身服务、志愿者服务、精神慰藉服务和日托服务。在政府、市场、社区和家庭之间搭建起功能互动的养老平台，形成联动的养老服务机制，推进居家养老服务的市场化运作，使居家老人都能获得就近、便捷、周到的养老服务。通过成功试点，2009年6月3日，农八师石河子市召开居家养老服务工作会议，宣布此项工作全面启动。

【敬老助老送温暖】　兵团老龄协会办公室、兵团助老工程办公室继续同新疆老年病医院、新疆大漠维吾尔医药研究所、新疆崇德堂中医药研究所等单位联合举办中老年保健知识讲座，先后请40多名中医专家分别为兵直和乌鲁木齐市21万名老年人授课，并为8万名中老人免费体检。为患有高血脂、高血压、高血糖、跌打损伤、颈椎病、关节炎等5000位中老年人赠送价值600多万元的药品等。组织兵团助老工程艺术团为一O四团、五一农场、二二二团、兵团设计院、农科院等以及乌市和兵团敬老院、老年公寓、社区等离退休干部职工、孤寡老人慰问演出，直接观众达6万余名。为团场社区赠送图书、画册1000册（本），价值5万多元。元旦春节开展老年人聚餐团拜迎新年活动，并赠送慰问金和慰问品约10万多元。农四师振兴总厂自2007年以来为36位老年人发放医疗救助金8.7万元。

【老年福利服务工作】 从1999年1月起至2009年底，兵团先后兴建养老机构共813个，其中敬（养）老院65个，入住3761人；老年公寓13个，入住296人，离休干部休养所57个，入住1500多人，民间托老组345个，托管1642人，老年星光福利服务之家314所，参加活动12万人次。农八师石河子总场于2009年12月下旬，为退休老人发放冬炭费650万元。该场加大了对保障性住房的建设和投入，计划3年完成5000套，2009年已有百户老年人家庭迁入新楼房。

【文体活动优待】 兵、师、团各类展览馆、图书馆、文化馆（宫）、美术馆、纪念馆、名人故居、公园、园林、名胜旅游景点等对老年人免费开放。公共体育场馆、设施为老年人健身活动提供减免费服务。各单位影剧院为老年人优惠票价，淡季可为老年人优惠或免费提供文艺活动场地。兵团职工文化中心常年为兵团离退休职工提供免费演出、排练场地。兵团71所老年大学（学校）对贫困老人入学减免学费。

【维权服务优待】 兵团各级司法部门开辟老年人维权法律求助“棣色通道”已有3年，为老年人提供了关于赡养、养老金、婚姻、家庭、财产、抚恤金、人身伤害等纠纷案件的援助，并为老年人维权提供免费跟踪服务。从2007年初老年人法律援助经费已列入兵、师财务预算。兵师司法部门及法律援助中心受理老年人案件1800多件，其中1600多件已结案。兵师司法部门和法律援助单位还免费为老年人进行法律咨询服务2万多人次。

【为老年人送健康】 2009年，兵团老龄协会办公室、兵团助老工程办公室为兵团驻乌单位及团场的1000位老年人赠送各类保健品、药品价值20万元。兵、团、师分别组织医务工作者为老年人免费体检20万人次。农八师各团场每年为老劳模免费体检发医疗救助金和购房补助金。常年为贫困孤寡老人免费出诊医疗服务并为行动不便和高龄老人发放“爱心服务卡”。兵团医院为首批老年白内障患者实施手术康复出院，其中年龄最大的是92岁的藏秀琴，年龄最小的61岁。

【为老年人提供义务服务】 2009年兵、师、团分别组织“学雷锋为老服务”小分队为老年人义务理发、洗衣服、做家务、打扫室内外卫生、修理自行车、轮椅等。农二师三十三团中学团总支组织青年学生为团场敬老院打扫卫生，为社区老年人义务理发、洗被褥、床单、枕巾等。农八师石河子总场北泉镇为老年人营造“五分钟健康圈”。从2006年起至2009年12月，北泉镇先后投入350余万元，为10个社区和38个连队服务站添置医疗设备，改善医疗条件，方便老年人治病，5分钟内就医。场镇给老年人发一定的医疗补助费，缓解老年人看病难、看病贵的问题。

【养老优待】 截至2009年底，兵团将4万余名贫困老人纳入低保，连续三年实现了应保尽保。全年增发生活补贴2000多万元。兵、师、团为低保老年人和离退休人员补助燃气费200多万元，补助冬季取暖费4000多万元。各师团根据本单位实际情况，对百岁老年人和高龄老年人发放营养补助金，每人每月补助200元至500元。贫困家庭老年人和孤寡老人逝世，丧葬殡仪服务费用可以减免等。

【医疗保健优待】 截至2009年底，全兵团4万余名“三无”（无生活来源、无赡养人、无劳动能力）老人和贫困老年人都被纳入医疗救助范围。按照兵团居民基本医疗保险筹资标准，60周岁以上的老年人个人缴纳60元，可享受兵团补助140元。兵、师团医院为老年人免费体检40万人次，并为6万多位贫困老年人赠送各类药品和保健品价值4000多万元，师、团医院积极为老年人就医提供方便和优先优惠服务，免费接送老年病号，免挂号费和出诊费，并减免住院费。

【老龄宣传工作】 兵团老龄委历来十分重视老龄宣传工作。(1) 兵、师、团、连、社区及各事业和企业单位都有宣传组或通讯组，共有专兼职宣传员、通讯员7000人，其中退休人员占50%，每天可向各类新闻媒体撰稿100篇，能及时报导本单位的老龄工作情况，刊登率30%。(2) 把宣传党的历届代表大会和历次中委全会精神作为老龄工作头等大事抓紧抓好。2009年，各级老龄委举办党的十七大和十七届历次全会精神的辅导班、读书班、报告会、专题讲座、座谈会、知识竞赛，并利用宣传栏、板报、广播、闭路电视进行宣传。(3) 坚持宣传党和国家关于老龄工作的政策、法规、老龄工作经验等。2009年，兵团老龄委办公室复印《中华人民共和国老年人权益保障法》1万份送给老年人；开展第三次《老年法》知识竞赛，印发老龄工作政策、法规，印发党和国家领导人及兵团领导关于老龄工作的重要指示，召开老龄工作经验交流会，宣传老龄百科知识。(4) 各级老龄委充分利用各种宣传工具和各类新闻媒体大力宣传老龄工作和孝亲敬老先进事迹。(5) 兵团各级老龄委10年来坚持与新疆维吾尔自治区各级老龄委于每年9月份同步开展“敬老宣传月”活动，共同宣传敬老助老先进事迹，在全社会营造孝亲敬老的良好氛围。

【老年社团】 从2000年1月起截至2009年底兵团有老年人协会、科技、教育、新闻、摄影、书画研究、文艺、体育等各类老年社团3124个，会员312438人。

【老年人协会】 老年人协会共有1525个，会员35万人。兵团老年人协会于下设老年学、保健康复、文艺、体育、教育、旅游、疗养、老年人才开发、老年产业、关心青少年等工作部门。2009年办老年保健、服饰表演、舞蹈、健身操、瑜珈功等学习班48期，结业学员1万多人次。组织参加全国、自治区、兵团文体大赛8次，获一、二、三等奖98项。为老年人编印保健资料2万份，赠送图书资料画册杂志5000册，价值18万元。组织46名老医务专家和护理人员为老年人义诊义检，送医送药2万人次。组织老年人自费赴深圳、珠海、海口、三亚、香港、澳门旅游160人次。协助兵团老龄委办公室开展“银龄行动”，组织老同志支援农牧业生产第一线，有20万名会员参加春耕春播，夏收秋获、田间管理、养鸡、喂猪、放牛牧羊、割饲草、种饲料等，全年投1800万个工日，价值9亿元，组织会员指导帮助青年干部和职工提高领导能力、业务能力和技术水平等。组织开展科学、文明、健康的文体娱乐活动，做好老年人的思想政治工作，使老同志保持晚节，引导老年人远离和拒绝参加“法轮功”及其他邪教组织，搞好老年教育，维护老年人合法权益，开展敬老互助活动等。一二二团老年协会每年组织2500名位老年人拾棉花200万公斤。农八师有万名老同志关心教育下一代，万名老年人参加治安巡逻，有万名老年人义务植树造林、打扫环境卫生，有万名老年人参加农场大田劳动。

【老年人体育协会】 兵、师、团建立了三级老年人体育协会组织，有会员10万多人。各协会下设门球、网球、乒乓球、太极拳（剑）、钓鱼等分支机构。兵团老年人体育协会每年办一次老年运动会，2009年4月举办了健身球、柔力球和中老年广场健身舞3个项目培训班，59名老年人体育骨干参加了培训，并到团场社区普及推广。为庆祝建国60周年、兵团成立55周年，农六师五家渠市举办第七届门球比赛，15支代表队100多名会员参加了比赛。农二师举办第二套柔力球比赛，18支代表队、184名会员参加比赛，三O团等8支代表队获优胜奖。石河子大学举办第四届健康大步行活动，400多名会员参加。农一师阿拉尔市举办第四届老年人运动会，设有门球、太极拳、健身气功、乒乓球、中国象棋等8个比赛项目和老年排球展示项目，共有31个代表团169支参赛队821名会员参加。经过紧张角逐，银海社区获团体一等奖。2009年12月29日农四师六十六团十三连举办了“迎新年庆澳门回归”冬季运动会，48名会员参加了短跑、拔河、下象棋等项目的比赛。该连老龄委主任陈万志获老年短跑赛第一名。

【老年书画研究会】 现有兵、师、团三级老年书画研究会36个，会员1000多名。兵团老年书画研究会于2009年举办了庆祝新中国诞辰60周年举办了老年人书画展，参展作品300多幅，其中有原兵团领导毛乃舜、文克孝、王传友的书法作品。农六师五家渠市举办老干部书画展，展出作品156幅，师长马新平、副政委曹连英、纪委书记吕清等参加了书画展，是年底，农七师一三O团举办“喜迎虎年书画比赛”，展出100多幅作品。

【老年文艺团体】 兵、师、团、连有老年艺术团、舞蹈团（队）、秧歌队、腰鼓队、迪斯科队、戏剧团（队）、合唱团（队）2000多个。兵团老年艺术团自1998年9月15日成立以来，年年到团场、农村、兵地武警部队、新疆军区部队、兵、师机关、兵直各单位义务演出精彩节目300多场次，观众达20多万人次。2009年9月上报获银奖节目塔吉族舞蹈《巾帼卫士》入选中央电视台《夕阳红》专栏播放。为庆祝国庆60周年，兵团成立55周年，农八师石河子市老年合唱团、舞蹈队、戏曲队、模特队等11支代表队5000多名会员参加农八师石河子市老龄办、老干局、文体局等单位联合举办的“老少同唱爱国歌”暨第八届老年文化艺术节。红山街道25社区老年合唱团、车城街道40社区合唱团、舞蹈队获奖。

【老军垦文艺协会】 为整合兵团老年文艺市场，传承兵团军垦文化，弘扬兵团精神，提高老年人晚年生活质量，经过半年多的筹备，兵团老军垦文艺协会于2009年10月10日在乌鲁木齐成立。该协会由兵团党委老干部局主管、兵团民政局登记注册。该协会的成立，旨在整合兵团老年文化艺术社会市场，在统一的组织管理下，打响“老军垦”这个兵团老年活动的品牌。兵团老军垦合唱团、兵团老年书画学会、兵团机关离退休妇女干部联谊会、民乐队、京剧社和兵团秦剧团、兵团豫剧团等9个文艺团体成为该协会首批会员单位。

【全国老年旅游专业委员会兵团工作部成立】 2009年5月5日，由中国老年学学会老年旅游专业委员会批准成立的全国老年旅游专业委员会新疆生产建设兵团工作部，在兵团党委老干部局疗养服务中心挂牌。兵团工作部的成立，是为加强兵团老年旅游文化产业的发展，共享全国老年旅游的网络资源，推进兵团老年旅游健康、规范、有序和可持续性发展，以便更好地为兵团离退休老同志服务。

【维护社会稳定】 2009年"7·5"事件发生后，兵团广大离退休干部职工和社会老年人纷纷强烈谴责"三股反动势力"遥控指挥、煽动、策划实施的有组织、有预谋的打砸抢烧暴力行径，纷纷表示坚决维护民族团结，坚决维护新疆稳定发展局面。兵团老年人积极向"7·5"事件无辜受害各族群众捐款。兵、师、团、连各级老龄委组织老同志参加维稳工作。农八师石河子市组成"五老"维稳讲师团参与社区维稳工作，开展面对面宣传教育工作，共作报告70多场次，听众近4000人次。在"7·5"事件中，自治区电影放映公司招待所两名维吾尔族老人55岁的朱来提·牙生和58岁的买买提·克热木全力救助22名汉族同胞，并想方设法求救于"120"急救车及时将其中4位受伤者送往医院治疗。

第六部分

科研成果和调研报告

中央国家机关工委老龄办
关于开展“四就近”工作有关情况的调研报告

夏九焘

根据工委的安排，为了进一步贯彻中组部《关于进一步加强新形势下离退休干部工作的意见》（中组发〔2008〕10号）关于推进老干部“就近学习、就近活动、就近得到关心照顾、就近发挥作用”的要求，我们紧密结合中央国家机关离退休干部工作的实际，以老同志“四就近”工作，特别是“就近活动、就近学习”为主要内容开展了调研工作，现将有关情况汇报如下。

一、调研的基本情况

调研工作于今年5月下旬开始，至6月底结束，采取召开座谈会、个别访谈、发放问卷、参观考察等形式进行。共向中央国家机关91个部门的离退休干部部门和老同志发放单位调查问卷91份、个人调查问卷2000份，收回单位调查问卷83份、个人调查问卷1700多份。走访了公安部、中科院、国土资源部、国防科工局、国家粮食局、北京市、江苏省、南京市等10多个老干部部门；考察了北京市老干部活动中心、江苏省老干部活动中心、南京金陵老年大学、国资委机械和建材老干部活动中心等，与各老干部局、老干部活动中心、老年大学的领导和工作人员进行座谈，实地了解地方老干部“四就近”工作情况，获得了许多宝贵资料和新鲜经验。

此次调研活动，准备充分、组织周密，主题集中、紧贴实际，深入基层、点面结合，通过调研，使我们进一步认识到我国老龄化社会快速发展的形势，深入了解了中央国家机关开展“四就近”工作的基本情况，提高了对开展“四就近”工作的思想认识，开阔了眼界，拓宽了思路，特别是弄清了在推进“四就近”工作中存在的问题，切实增强了新形势下做好老干部工作的政治意识、责任意识，为扎实推进中央国家机关离退休干部“四就近”工作提供了有益参考和真实依据。

二、中央国家机关开展“四就近”工作的基本情况

开展“四就近”工作，是中央针对新时期我国老干部工作的新情况新问题，对老干部工作提出的新要求。中央国家机关各部门对“四就近”工作十分重视，积极采取有效措施，不断加大经费投人，充分挖掘和整合资源，努力为“四就近”工作创造有利条件。总体上看，中央国家机关“四就近”工作开展较好，大多数老同志能够得到就近活动、就近学习，老同志们普遍比较满意。

（一）对开展“四就近”工作的思想认识普遍较高

调查中我们了解到，中央国家机关各离退休干部部门通过认真学习十七大关于“全面做好离退休干部工作”的精神和中组部《关于进一步加强新形势下离退休干部工作的意见》中关于推进老干部“四就近”工作的要求，紧密联系新时期全国老龄工作的形势，紧密结合中央国家机关离退休干部工作的实际，深刻认识“四就近”工作对于促进离退休干部工作健康稳定发展的重要意义。大家普遍认为，做好“四就近”工作是目前和今后一段时期离退休干部部门的一项重要工作，做好“四就近”工作就是为老干部谋福祉，就是为党和政府解难题，就是为社会稳定做贡献。

（二）居住相对集中的老干部普遍实现就近活动、就近学习

“四就近”工作的核心问题，主要是看老干部在居住地能否实现就近活动、就近学习等目标。中央国家机关的老干部大部分居住比较集中，也有相当一部分居住分散。从调查问卷的情况看，96%的离休干部和75%的退休干部居住相对集中，为此，积极做好老干部集中居住地的活动中心和老年大学建设，是目前推进“四就近”工作的主要任务。各部门根据集中居住地老干部人数，专门新建活动中心或改造修缮现有活动场所，购置活动器械，设置管理机构，配备服务人员为老同志服务。中央国家机关大部分离退休干部部门都设有活动中心或活动站室，目前共有89个老干部活动中心，场所面积98983.2平方米，老年大学33所，参加学习人数8761人。中央国家机关共有合唱、舞蹈、健身、书画、京剧、器乐、文学、钓鱼、摄影、棋牌、朗诵等老干部社团组织276个，人

员达17600多人。从调研数据分析和实地走访活动中心情况看，中央国家机关老干部在活动中心参加文体娱乐活动，在老年大学学习琴棋书画等，75%左右愿意参加活动的老同志基本上能够做到就近活动、就近学习。

（三）“四就近”工作深入发展的趋势明显

中央国家机关“四就近”工作进展顺利，发展势头良好，这是党中央让老干部们充分享受改革开放巨大成果的政策好，我国经济社会发展好的具体体现。同时，中央国家机关“四就近”工作开展的比较扎实还有以下三个方面的因素：一是中央国家机关各部门党组（党委）高度重视。各部门党组（党委）把离退休干部工作摆上议事日程，尤其是“一把手”经常亲自过问离退休干部工作，亲自批办离退休干部活动事项和经费，亲自参加离退休干部活动，形成了部门党组（党委）重视离退休干部工作，机关办事部门协力做好离退休干部工作的良好氛围。二是北京市各级政府大力支持。我们在北京市老干部局调研时得知，2006年以来，北京市先后制定印发了《关于进一步发挥社区优势做好离休干部“四就近”服务工作的通知》（京组通〔2006〕34号）等文件，一些街道、社区主动和老干部部门联系，就老干部活动、学习、养老、医疗、家政服务等方面进行协商并达成一致意见，许多离退休干部已经享受到了居住地社区方便快捷经济实惠的一系列服务。三是相关部门积极配合、通力合作。为了进一步发挥中央国家机关老干部活动的资源优势，国管局财务司先后在发改委、科技部、水利部、审计署、粮食局等授牌成立中央国家机关离退休干部活动中心分中心。分中心的成立，打破了以往部门老干部资源条块分割、自我封闭的管理状况，最大限度地发挥老干部活动资源的效率，实现中央国家机关老干部活动资源共享，有力地推动了“四就近”工作。国务院机关老干部活动中心在以往服务国办等6部门老干部的基础上，逐渐扩大服务范围，增加了国务院参事室和少数居住在附近的其它部门的老同志，为老同志就近活动提供方便。同时，积极举办第四届中央国家机关离退休干部“怡寿杯”象棋比赛、中央国家机关老年大学书画教学成果展览、艺术大讲堂、健康大讲堂、法律大讲堂等活动，为“四就近”工作作出了积极贡献。

三、开展“四就近”工作存在的主要问题

中央国家机关“四就近”工作总的来说，进展顺利，形势看好，但由于对“四就近”工作的思想认识、离退休干部工作体制机制、老同志活动和学习软硬件条件、部分离退休干部居住分散等问题，“四就近”工作距离中央的要求和老干部的愿望还有一定的差距，需要我们高度重视。

（一）对“四就近”工作的思想认识与我国老龄化社会快速发展的形势还有差距

调研中，我们发现仍然有一些同志对“四就近”工作认识不到位或有偏差。一是有的老干部部门的同志有为难情绪，不愿意为外单位老同志提供服务的想法比较突出。他们认为，“就近活动、就近学习”对于老同志是好事，但中央国家机关的离退休干部工作特殊，“四就近”工作难以推进。二是有的老同志有为难情绪，对到外单位就近参加活动和学习心理上存在一定的障碍。在“为什么不愿就近参加外单位活动和学习”的问卷调查中，有50%的老同志认为不熟悉，这说明虽然老同志居住地有外单位或社区的活动中心，但却很少参加。在“是否就近参加外单位或社区的活动和学习”的问卷调查中，只有20%的老同志参加过，这说明老同志习惯于本单位的服务和管理，融入社会、融入社区的思想意识比较淡薄。三是对“四就近”工作的意义认识不足。中央提出“四就近”工作，一方面是针对老干部进入“双高期”的实际情况，为更好地服务老干部采取的重要举措，另一方面是鉴于目前我国老龄工作的严峻形势，积极探索新时期为老干部服务和管理模式提出的新要求。而我们有的同志只是站在本单位的角度、本部门的利益上考虑问题，缺乏应有的政治意识、责任意识、忧患意识和大局意识。同时，也确实存在着人员、经费、管理、安全等许多方面的客观因素，制约着“四就近”工作的深入开展。

（二）离退休干部工作的体制机制与推进“四就近”工作的顺利发展不相适应

在对离退休干部部门进行的“制约‘四就近’工作障碍和因素”的调查问卷中，有60%的单位认为制约“四就近”工作的障碍和因素是离退休干部工作的体制机制问题。他们认为，中央国家机关离退休干部多、涉及的单位和部门多，是一个统一的系统性工作，但却没有统一的领导部门。我们在对“本单位活动中心是否可以接受外单位老同志活动”的问卷调查中，有75%的单位表示能够有条件或无条件接受外单位的老同志参加活动。在对“是否愿意资源共享”的问卷调查中，有80%的单位表示愿意，并建议相互开放活动中心，方便老同志“就近活动、就近学习”。中央国家机关老干部活动资源分布不均、条块分割、各自为政的现象比较普遍，共享资源对于推进“四就近”工作十分重要，迫切需要加强组织领导和统一协调。

（三）活动设施和服务质量与实现“四就近”工作的要求还有差距

调研中了解到，中央国家机关老干部活动资源不平衡的情况比较突出，特别是老同志相对比较少的一些部门和资金比较困难的部门，老干部活动场所小、活动器械陈旧、活动经费困难、服务水平较低等问题普遍存在。有的部门至今没有老干部活动场地，有的是在居民楼的地下一楼、二楼腾出一两间房子作为老干部活动场所，场地狭小，光线暗淡，空气流动不好，很少有人参加活动。据问卷调查表了解，有 6 个部门离退休干部活动人数为 0。北京市为做好为老干部服务工作，制定了优惠政策，许多街道、社区也采取多种有效措施为居住在本地区的老干部服务，深得老干部的欢迎。但是，北京市推进的老干部“四就近”工作，在政策规定、经费保障等方面是针对市属老干部的，各区县的服务措施也不尽相同。另外，目前北京市街道，特别是社区为老干部服务的硬件设施还比较简陋，服务水平和质量参差不齐，有待于进一步提高，才能更好地吸引中央国家机关的离退休干部参加。

四、推进中央国家机关“四就近”工作的思考

让老干部“就近活动、就近学习、就近得到关心照顾、就近发挥作用”是中央的要求，是老干部的期望，是新时期做好老干部工作的重要举措。我们要紧密结合离退休干部工作的实际，采取切实有效的措施，抓好“四就近”工作的落实。

（一）自觉运用科学发展观指导“四就近”工作，认识上需要进一步提高

一是离退休干部工作者要认真学习党的最新理论成果，自觉运用科学发展观指导离退休干部工作，努力学习掌握党和国家关于离退休干部的方针政策，不断提高离退休干部工作者的政治素质、政策水平和业务能力，站在讲政治、讲大局的高度，站在“围绕中心、服务大局”的角度，坚持以人为本，稳步推进“四就近”工作。二是加强养老社会化形势的宣传教育，引导离退休干部正确认识养老向社会化发展的趋势，转变传统养老思想观念，组织离退休干部走出去参观街道社区的文化活动设施，考察社会化养老的敬老院、老年公寓等机构，创造条件为离退休干部提供更实用、更贴心的服务，让离退休干部亲身感受社会化服务的好处，理解和支持“四就近”工作。三是要教育广大离退休干部努力保持和发扬党的优良传统，做到退休不退志，离岗不离心，始终保持“政治坚定、思想常新、理想永存”，提高思想觉悟，适应形势发展，不断更新观念，由习惯于认为自己是“单位人”向“社会人”转变，由习惯于“无偿服务”向“有偿服务”转变，由习惯于单一的“居家养老”向“家庭、社区、社会”为一体的多种模式养老的思想转变，积极参与和推动“四就近”工作。

（二）加强对“四就近”工作的指导和协调，资源上需要进一步整合

一方面充分挖掘中央国家机关系统内老龄工作资源。中央国家机关各部门，特别是一些大的部门，老干部活动中心、老年大学的活动场地、设施和器械、学习教室和用具等，经过多年的建设，具有一定的规模、质量和水平，不仅能够满足本部门老同志的需要，而且具备对外开放的条件。而一些离退休干部相对较少、居住分散的部门，老同志的活动和学习资源少，不能满足需要。这就需要加大对中央国家机关各离退休干部部门之间的指导和协调，努力实现中央国家机关系统内老干部资源共享、高效运作的良性机制。加强老干部活动中心、老年大学建设工作的统一协调规划，在离退休干部人数多且比较集中的地区，特别是新建的中央国家机关公务员住宅小区，建设中央国家机关老干部（老年人）活动中心，为老同志就近活动、就近学习提供便利条件。另一方面充分利用北京市街道社区及社会各界为老服务资源。北京是全国政治经济文化中心，大中院校、文化团体、军队系统等各方面资源尤其是文化资源十分丰富，为老干部活动提供了很好的硬件和软件资源。要积极协调中央国家机关各离退休干部部门和相关部门进行协商合作，就共同开发利用部门机关、街道社区和社会机构为老服务资源，进行研讨交流，采取切实可行的措施，不断推进“四就近”工作的开展。

（三）积极探索“四就近”工作的新路子，服务上需要进一步创新

中央国家机关离退休干部部门要根据新时期离退休干部需求变化的新情况新特点，主动进行职能和服务方式的转变，由以管理为主向服务为主转变，以被动服务为主向主动服务转变，以粗放型服务向精细型服务转变，以物质生活服务向精神文化服务转变。通过工作方式、内容和机制的创新，深入开展专业化、个性化、亲情化、人性化的服务。一是在服务模式上，要扩大视野，拓宽渠道，由过去居家养老单一模式向“以居家养老为基础、社区服务为依托、机构养老为补充”的多种养老模式转变。要全面掌握社会化养老服务的情况，加强与驻地社区的联系，用好用足社区为老服务资源。二是在服务理念上，要解放思想，转变观念。离退休干部部门在做好服务管理老同志各项工作的同时，要大胆引入市场理念，依靠和充

分利用家政服务公司、养老院、社区服务机构等社会资源，为老同志提供既符合他们需求，又符合社会化、专业化发展方向的新型服务方式，实现“四就近”的目标。三是在服务层次上，要针对不同需求，努力实现全覆盖。一方面是针对进入“双高期”和空巢独居的离退休干部，他们的服务主要是家庭服务，要采取送服务上门的方式，送去日常生活上的家政需求、医疗护理需求和精神上的慰藉以及心理上的需求等；另一方面针对身体健康的老干部，各部门要安排组织好适合老同志特点的各种文体娱乐活动，要充分发挥中央国家机关离退休干部部门各个社团组织的作用。同时，打破各部门界限，如成立中央国家机关离退休干部合唱团等社团组织，形成品牌项目，进一步丰富和满足老同志日益高涨的对精神文化的需求。

（四）充分发挥工委老龄办服务平台作用，进一步挖掘康铭大厦文体活动功能，力争做到为老干部服务和大厦经营双丰收、双促进

调研中，有的离退休干部部门反映，工委老龄办日常工作由国务院机关老干部活动中心承担后，中心的同志深入到离退休干部部门调研，了解掌握中央国家机关老龄工作的情况，广泛征求意见和建议；及时编发《中央国家机关老年工作者园地》简报，宣传指导离退休干部工作；举办“‘怡寿杯’象棋赛”“纪念改革开放30周年文艺演出”等老同志喜闻乐见的活动，有力地促进了中央国家机关离退休干部工作的发展。他们希望工委老龄办充分发挥指导协调中央国家机关老龄工作的职能，探索建立中央国家机关老龄工作联系协调机制、老干部工作者工作交流和学习机制、研究老干部工作规律组织体系等，进一步增强中央国家机关离退休干部工作的整体合力，提高新形势下做好离退休干部工作的能力和水平，更好地为老同志服务。同时，要努力挖掘康铭大厦文体活动功能，充分发挥“三个基地、一个平台”的作用，即中央国家机关离退休干部文化艺术健康法律等知识讲座基地、老年大学品牌示范性样板基地、老年人娱乐项目活动基地和老干部工作者学习交流的平台。我们建议，一方面适当扩大服务部门的范围，像工程院、银监会、证监会、保监会、南水北调办、扶贫办共有老同志29人，宗教局28人、港澳办24人、光大集团36人，把这些部门的老同志纳入康铭大厦服务范围之内，便解决了他们就近活动的难题。另一方面要积极探索为老同志服务和大厦创收相结合的路子。像老龄办举办的“‘怡寿杯’象棋比赛”和老年大学书画教学成果展，既满足了老同志的精神文化需求，又达到了大厦创收的目的，老同志们高兴，离退休干部部门赞扬，大厦和中心满意。

北京市高龄老年人社会服务政策研究

北京市老龄办　陈谊

当一个国家或地区60岁以上老年人口占总人口的10%，80岁以上人口占全部老年人口的10%时，即意味着这个国家或地区分别进入了人口老龄化社会和老年人口高龄化社会。

伴随着我国计划生育政策的执行、总和生育率降低、家庭规模缩小和人均预期寿命延长，我市已分别于1990年和2006年步入人口老龄化社会和老年人口高龄化社会，老年人口和高龄人口的规模逐渐扩大，给社会为老服务工作带来挑战。高龄老年人参加工作早，自身经济能力是有限的，而且高龄老年人由于生理、心理和社会功能的缺损，使其独立生活的能力发生不同程度的下降，需要从家庭和社会获取他们维持基本生活进程所需要的医疗照顾和护理。本文将对我市高龄老年人口特点进行分析，并根据高龄老年人对社会服务的需求，介绍国内外相关政策，提出思考和政策建议。

一、我市高龄老年人口特点

我市于1990年进入老龄化社会，早于全国近10年。截止到2008年底，全市户籍老年人口218万，占全市总人口的17.7%。当前，我市人口老龄化呈现持续加速增长和老年人口高龄化的趋势。80岁及以上老年人口从1990年的9.4万增加到2008年的31.3万，年均增长率为6.9%，高于同期老年人口的年均增长率（4.9%）。高龄人口中，80—89岁为28万人，90—99岁为3万人，百岁老人396人；城市高龄老人为21万人，农村高龄老人为10万人。

当前，我市高龄老年人口表现出“六多六少”的特点：

(一) 女性高龄老人多，男性高龄老人少

据有关数据显示，我市人均期望寿命已由解放初期的53岁增长到2008年的80.27岁，其中男性78.46岁，女性82.15岁。在高龄阶段，女性老人比男性老人更为长寿，80岁及以上的高龄老人中女性占57%，男性占43%。随着年龄的升高，女性所占比例进一步升高，百岁老人中2/3为女性老人。

(二) 文盲半文盲多，受教育年限少

当前，80岁及以上的高龄老人均出生于1929年前，在其应接受学校教育的适龄期，正处于我国革命战争年代，错失了最好的受教育机会。从调查来看，我市高龄老人平均读书4年，少于全体老年人6.2年的平均受教育年限。从另一个指标看，我市44%的高龄老人属于文盲半文盲，大大高于全体老年人19%的文盲率。

(三) 高龄老人丧偶多，身边子女减少

随着年龄的增长，老年人口死亡率提高，特别是处于高龄期的老年人口，总体丧偶率为56%，高于60岁及以上老年人口22%的丧偶率。其中，高龄女性丧偶率更高达71%，大大高于高龄男性39%的丧偶率。同时，随着住房条件改善，子女外出工作求学，家庭规模的日益小型化，纯老年人家庭户增加。据调查，我市35%的高龄老人属于一代户，意味着这部分老人单独居住或仅与配偶居住。而随着高龄配偶死亡率的上升，更是有13%的高龄老人一人独居，高于60岁及以上老年人口8.3%的独居率。

(四) 日常照料依靠子女多，社会提供帮助少

在当前照料服务社会化程度不高的情况下，高龄老人身体不适或生病时，90%以上的高龄老人由家庭成员来照料，由社会提供照料服务的不到10%。由于男性高龄老人丧偶率大大高于女性老人，所以男性高龄老人在需要被照料时，主要依靠配偶，而女性高龄老人则主要依靠子女。

(五) 闲暇时间多，精神文化生活少

大多数高龄老人年轻时没有培养兴趣爱好，除了69.4%和43.1%的高龄老人有看电视听广播和读书阅报的习惯外，能兼有其他文化娱乐活动的高龄老人比例很少。

(六) 高龄老人带病多，完全自理少

高龄老人一般体弱多病，77%的高龄老人患有慢性病，居前三位的是白内障、高血压和支气管炎，对日常生活妨碍程度最大的是中风等脑血管疾病、癌症及白内障和青光眼。由于受疾病困扰，部分高龄老人的生活自理困难。据调查，生活半自理和生活不能自理的高龄老年人分别各占25%。在洗澡、穿衣、上厕所、吃饭等方面，35%的高龄老人或多或少需要他人的帮助。

二、高龄老年人口的需求分析

高龄老年人的需求大致包括经济、健康、照料、精神慰藉、文化生活、社会交往等诸多方面，带有多元化与多层次化的特征。根据上述高龄老年人口特点和目前所收集和掌握的资料，本文将高龄老人个体需求分为经济补贴需求、生活照料需求和医疗护理需求。

(一) 经济补贴需求

高龄老人的自身经济能力有限，大多数老人生活完全依靠退休金，没有太多积蓄可以抗击风险。一方面是时代变迁，体制转轨的原因，使老年人的经济收入整体较低并处于劣势地位；另一方面是高龄期的特殊需求，在医药费用和寻求照护的费用上的支出可观，使得他们在经济上陷入困境。医疗与照料护理支出大是高龄老年人口的一种消费特征，直接关系到他们的身心健康和生活质量。据调查，高龄老人看病住院年均支出8500元，其中基本医疗保险支付5800元，自己支付1500元，子女或亲属支付1000元，其他来源支付200元。对于长期需要治疗的部分老年人，自己负担的医疗费用相当高。而且在这些费用的支出中，往往不包括长期护理费用。

(二) 生活照料需求

当高龄老人还拥有健康的时候，他们可以调动个人资源，从外界环境中交换或索取自己所需要的东西。但随增龄的进展，这种能力会逐渐降低。特别是高龄独居老人，在面临生活自理困难和权利受到侵犯时，需要外部的介入和社会化服务，从饮食、起居、出行、精神慰藉、法律咨询以及人文关怀等方面为他们提供全方位的生活照料服务。这种管理性的需求能否得到满足对高龄老人的身心健康显得格外重要。据调查，38%的老人日常生活方方面面需要别人照料。具体说来，20%的高龄老人需要上门做家务服务，10%的高龄老人需要陪同聊天、老年饭桌、日常购物和法律援助等服务。

(三) 医疗护理需求

由于生理、心理和社会功能的缺损，使高龄老人独立生活的能力发生不同程度的下降，需要从家庭和社会获取他们维持基本生活进程所需要的医疗照顾和护理。大多数老人可从子女那里获得不同程度的生活服务和心理慰藉，但在医疗护理方面则无能为力。对于长期慢性病患者来说，住院解决不了根本问题。独居高龄老人的生活照料需求更加强烈，养老院只能解决少数人的问题，目前还属于一种高消费，大多数人

还将留在社区内。随着人口和家庭结构的变化，将来的高龄老人更不可能完全依靠子女来满足照护需求，需要新的生活方式和医疗保健模式来满足高龄化社会的需求。据调查，11%的高龄老人愿意入住养老机构，13%的高龄老人需要上门护理和看病，7%的高龄老人需要陪同看病和康复治疗服务。

三、关于加强高龄老人社会服务工作的政策建议

据预测，我市老年人口在2020年达到350万，占总人口的20%，2050年达到650万，占总人口的35%。与此同时，高龄老年人口的数量也将进一步增加，2020年80岁及以上高龄人口45万，2050年达到130万人，占全部老年人口的20%。

在由计划经济体制向社会主义市场经济体制转轨过程中，老年人特别是高龄老人的服务需求将由家庭提供逐渐转向社会化管理服务，他们对分享经济和社会发展成果提出更多的要求，对社会福利水平寄予更高的期待。为高龄老人提供社会化养老服务，将成为补偿老年人在经济体制转轨中利益受损的重要而有益手段。根据高龄老年人的特点和需求，研究制订有针对性的社会化服务政策，促进高龄老年人共享经济社会发展成果，提高他们的生活质量，是贯彻落实“三个代表”重要思想和科学发展观的具体体现，是全面建设小康社会和社会主义和谐社会的重要内容。为此，本文就加强我市高龄老年人社会服务工作方面提出以下政策建议：

（一）完善高龄老年人养老津贴制度

高龄津贴制度，是指政府为倡导健康积极老龄化，奖励扶助长寿老人为国家和社会所做的贡献，提高长寿老人经济收入水平，促进老年人共享社会经济发展成果而实施的一项老年社会福利制度。

宁夏回族自治区从今年5月起对具有该区户口且年龄在80周岁及以上的农村老年人和城市低收入家庭中无固定收入的老年人，均可享受“高龄老人津贴”待遇，成为全国第一个建立高龄老人津贴制度的省区。另据了解，我国香港地区实施公共福利金计划（即高龄津贴制度），65岁或以上的香港居民每月提供现金津贴，2009年每人每月享受高龄津贴1000港元。云南省80岁及以上高龄老人均可领取津贴。

我市也自2008年起建立了高龄津贴制度，但针对的是90周岁及以上的老年人，具体做法是：对90至99周岁的老年人每月发给100元的高龄津贴，对百岁及以上老年人每月发给200元的高龄津贴。从2008年到2009年上半年，全市共有2.1万名老年人享受到总额2400万元的高龄津贴。该制度实施一年多来，效果良好，受到了享受津贴的高龄老人及家庭的普遍赞誉。

根据民政部关于推进社会福利由“补缺型”向“适度普惠型”转变的要求和李学举部长在2009年全国民政工作会议上明确提出“有条件的地区可建立困难老人、高龄老人津贴制度”的指示，以及我市80—89岁老人有享受高龄津贴的诉求和愿望，建议对我市高龄津贴制度进行完善。一是扩大享受津贴的人群，从90周岁下调到80周岁；二是提高津贴水平，80—89岁老人每人每月发放100元，90—99岁每人每月发放200元，100岁以上老人每人每月发放300元。完善高龄津贴制度，将使更多的高龄老人增强抵抗低收入带来的风险。

（二）建立社区养老员和志愿者队伍

由于高龄老人的身体状况日益衰弱，生活自理能力存在不同程度欠缺，因此在日常生活中存在着各种各样的问题。在社区居委会设立养老员队伍，可协助做好基层老龄工作并为高龄老年人提供服务，定期上门了解高龄老人的身体健康状况和生活需求。国外发达国家已经采取了类似做法，比如美国、加拿大等国家就设有专职的社区老年工作者，向老年人及其家庭提供帮助和服务，在许多问题上给予专业指导，比如如何选择合适的家庭医疗服务机构，如何处理服装、营养、出行等生活细节，如何应对家庭伦理关系中的问题，甚至指导老人应该在什么样的社区买房子等。

同时，随着高龄老年人口数目的不断上升，老年人的精神慰藉、生活照料等需求日益迫切。因此，建立社区敬老服务志愿者队伍，通过志愿者对高龄老年人的帮助，一方面加强与老年人的沟通，消除老人的孤独感，可为高龄老人带来生命的活力和热情，对生活不能自理的高龄老人，可通过志愿者的读书、唱歌、聊天等方式，使老年人心情舒畅，减轻病痛带来的心理痛苦；另一方面，志愿者可对高龄老人进行定期的生活照料比如做饭、打扫卫生、小修小补、理发、量血压、代买代购等。国内青岛、厦门等城市已经采取了类似做法。我市东城区也正在试点开展志愿者帮扶服务项目，目前已有618名独居、高龄、行动不便等老年人开始享受志愿者“一对一”服务。

根据我市社区高龄老年人的具体情况，设立社区养老员队伍，协助社区居委会落实好老龄方面的方针政策，做好社区为老服务和帮扶救助工作，定期上门了解高龄老人的身体健康状况和生活需求。同时，动员社会力量，组建社区敬老服务志愿者队伍，加强敬老知识培训，开发以精神慰藉、帮扶救助等为主要内容的敬老志愿服务。高龄老年人只要有志愿服务需求，就可以到所在社区服务站申请享受志愿者帮扶服务。服务项目可包括陪同聊天、做饭、打扫卫生、小修小补、理发、量血压、代买代购等。

（三）建立特殊高龄老人就餐补贴制度

据测算，当前我市约有2.34万80岁以上独居老人，由于这些老人的生活自理能力存在不同程度的欠缺，且身边没有年轻亲属的照料，普遍存在就餐困难的问题。为他们提供就餐补贴，一方面可以缓解高龄独居老人就餐难的问题，减轻家庭负担，提高老年人生活水平；另一方面也可以激励更多的服务实体加入为老服务行业，促进社会化为老服务工作的开展。国内有些城市已经采取了类似做法，其中厦门市2008年在全市选择20个配套成熟的社区，设立“老年餐桌”，指定社区周围的餐饮服务机构，根据老年人的营养需求，科学配餐，解决老人用餐问题，还可以根据需求送餐上门。上海市目前有218个老年用餐点，受益老年人达1.8万余人。

在各区县建立老年人配餐、送餐服务中心，或者由各区县（街道、乡、镇）签约有条件的餐馆、饭店，为高龄独居老人或其他老人提供就餐、配餐或送餐，由政府给予一定金额的补贴。

（四）建立高龄老人福利医疗制度

据调查，我市有77%的高龄老年人受慢性病的困扰，21.6%的老年人在过去一年曾卧床（包括住院）。79%的老年人有医疗费用支出，年平均医疗费用支出为8500元。城市高龄老年人医疗费用中有62.2%由基本医疗保险支付，而农村老年人中有52.7%以上的医疗费用需要自己家庭承担。高龄老人是身体健康较差且医疗费用支出较多的人群，各分别有25%的高龄老年人生活半自理及不能自理。

据了解，美国通过医疗照顾制度和医疗补助制度实现对老年人的医疗补贴，通过为社区居住的老年人定期检查身体，达到预防疾病的目的。日本东京免费为65—69岁需要照顾及70岁以上的老人提供身体检查；老年人凭医疗健康手册就诊，仅需负担10%～30%的医疗费用。新加坡对于在家接受医疗保健的老年人，当其家庭人均收入低于1000元时，根据收入水平可获得25%～75%的补贴。香港政府拟为70岁及以上老人每人每年提供五张面值50元的医疗券，该医疗券可用于西医、中医、专职医疗及牙医服务及预防或治疗性服务。台北市为老年人提供每年一次的免费定期共16项的健康检查。

建立我市高龄老人福利医疗制度，对参加城镇无医疗保障老年人大病医疗保险和新型农村合作医疗的城乡高龄老年人给予参保费用的全额补助。给予城乡医疗保险的高龄老人在原有报销比例上再提高10%，报销起付线在目前的基础上降低50%。减免高龄老人家庭病床建床费、查床费和急呼上门服务费。为高龄老人每年发放100元体检补助卡，在指定医疗机构或体检中心进行健康体检。

（五）试行子女带薪照料高龄父母假制度

在我国独生子女家庭增多、人口预期寿命延长的情况下，高龄老人的照料问题日趋严重。调查显示，高龄老人的两周患病卧床率为19.2%，是所有老人两周卧床率（9.1%）的两倍多；高龄老人日常生活轻度依赖者和中重度依赖者的比例分别为25%；高龄老人因病照料需求率为54.8%；50%的老年人主要由子女提供照料；子女每年约有50天给父母提供照料。这些数据表明，子女对高龄老人的照料负担较重。给予高龄老人子女一定的带薪照料假，可以缓解子女的工作压力和照料负担。建议由相关部门研究论证，出台政策试行子女带薪照料高龄父母假制度。对因长时间照料高龄父母的子女，准予其在一年法定节假日外享有7天的带薪照料假。重阳节给予高龄老人子女假期1天。

（六）研究建立长期护理保险制度

随着我市老年人口高龄化程度的不断加剧，在主要针对治疗疾病的医疗保险制度下，高龄失能老年人的长期照料服务需求将难以得到满足。长期照料服务制度作为包括养老保障制度和医疗保障制度在内的应对老龄社会的三大基本制度安排之一，必须提上议事日程。因此，建议借鉴美国、德国等国家的成熟经验，并结合国情和北京实际，探索建立我市长期照料服务制度体系。该体系的主体是长期照料保险制度，并包括长期照料服务机构和服务内容构成。

一是建立长期照料保险制度。长期照料社会保险制度，其根本政策目标是按照社会保险机制建立一种筹集长期照料服务费用的制度安排，从而筹集长期照料服务费用。建议实行长期照料服务社会保险绑定医疗社会保险的原则，确保覆盖绝大多数人群。长期照料社会保险投保人缴纳保险费的高低由收入的多少决定，而与投保人失能风险（年龄、健康状况等因素）无关，起到收入再分配功能，充分体现了社会保险的互济性原则。目前，我国上海国泰人寿、中国人保健康险公司已推出两款商业长期护理保险的险种。

二是建立长期照料服务的机构。国际上长期照料服务按提供场所来分可分为三类：（1）机构服务。即由长期照料服务专门机构提供服务，如护理院、附设在医院里的护理或康复设施、临终关怀机构。（2）社区服务。即在社区的小型服务机构，主要有日间照料中心和老年人的家庭。（3）居家服务。即在老年人家庭提供服务。目前我市的养老服务机构发展还亟待完善，特别是针对不能自理的老年人的养老服务机构还远远不能满足当前老年人的需求。

三是完善长期照料服务的内容。包括（1）个人日常生活照料；（2）健康照料，即主要侧重非治疗性的健康服务；（3）社会心理服务，即提供咨询、精神慰藉等；（4）居住服务，即提供住房；（5）看护服务，即24小时生活监护服务；（6）临终关怀，即为临终者提供终前照料。也可分为生理照料、情感照料、精神照料、社会照料等。

完善高龄老年人社会服务政策是一项长期的工程和任务，需要制度性的保障和支撑。我市应率先研究建立老年人长期照护体系，根据首都社会经济发展的实际，分步实施。

当前，我市人口老龄化和老年人口高龄化，以及高龄老年人口的增多，都是社会经济发展的必然趋势，是人类文明进步的重要标志。与此同时，它也给我市经济社会发展带来了挑战。对于人口高龄化的挑战，我们经历了从陌生到现在的初步了解，由认识个体高龄化到认识群体高龄化的过程。本文认为，应付人口高龄化带来的高龄人口问题，既要考虑到个体高龄化，又要从整体高龄化的大局出发，既要借鉴其他国家解决高龄老年人口问题的经验，又要从实际国情和市情出发，及早制定新的政策，使他们享有社会发展、融入社会发展、参与社会发展，缓解家庭和社会压力，促进社会和谐与进步。

天津市（城市）老年人精神慰藉状况调查报告

天津市老龄办调研组

随着社会经济的发展和社会保障制度的逐步完善，养老已不再仅限于物质层面，老年人对精神层面的需求不断提高。为进一步了解老年人的心理状况以及家庭和社会对老年人精神慰藉情况，更好地引导社会和家庭、子女重视老年人精神赡养的问题，天津市老龄办于2009年开展了老年人精神慰藉状况抽样调查工作。

本次调查的范围是市内六区范围内60周岁及以上老年人。调查内容包括：被访老人的一些基本情况；被访老人对社会有关老年人的说法和态度的想法以及自身感受和行为；被访老人与家人、朋友沟通联系情况；被访老人与原单位和社区、街道沟通联系的情况。调查采取入户问卷调查的方法，随机抽取1000位老年人作为调查样本。

一、被访老人的精神慰藉状况分析

（一）被访老人的基本情况分析

1. 年龄与性别结构

1000位被访老人中，60—69岁有424位，70—79岁463位，80岁及以上113位，平均年龄71.2岁。

被访老人中，男性有433位，女性564位（其中3份问卷缺项未填）。

2. 文化程度

被访老人中，未上过学的占10.5%，小学文化程度的占22.9%，初中文化程度的占26.2%，高中/中专文化程度的占22.7%，大专及以上文化程度的有17.5%。

3. 婚姻状况

被访老人中，已婚有配偶的占69.91%，丧偶的占28.3%；未婚的0.8%，离婚的占0.9%。

4. 居住方式

被访老人中，独自一人居住的占13.8%，老两口共同居住的占48.7%，与子女同住的占32.0%，与孙子女同住的占4.4%，与亲属同住的占0.6%，其他的占0.3%。

（二）被访老人对一些说法和问题的看法

1. 有关对“老年人”的看法

“老年人”人口学的术语，理论上存在着一个客观标准，即目前我国把60周岁定为老年人的年龄界限。但是客观标准替代不了人们对其的主观评价，而且老年人对“老年人”这个术语更有发言权。

被访老人对问卷中“您认为一个人到多大岁数才能够被称为‘老年人’”？认为“一个人到70—74岁才能够被称为‘老年人’”的老年人最多，占42.0%；其次是认为“一个人到60—64岁才能够被称为‘老年人’”，占27.3%；认为“一个人到65—69岁才能够被称为‘老年人’”，占14.3%；还有11.8%的老年人认为“一个人到80岁才能够被称为

‘老年人’”；有4.3%的老年人认为“一个人到75—79岁才能够被称为‘老年人’”；仅有0.3%的老年人认为“一个人在60岁以下被称为‘老年人’”。加权平均计算可以得出，老年人认为平均到68.1岁才能被称为老年人。

分性别看，男性老人有44.7%认为“一个人到70—74岁才能够被称为‘老年人’”，而女性老人为33.9%；男性老人有25.2%认为“一个人到60—64岁才能够被称为‘老年人’”，而女性老人为29.1%；其余相差不大。这说明，性别差异在判断“老年人”概念上是有一定影响的。

2. 对于“您觉得自己现在老了吗?”，回答“是”的占46.9%，回答“否”的占53.1%，这说明有半数以上的老年人认为自己现在还没有老，其心理年龄要小于实际年龄。

分年龄看，60—69岁的老年人只有30.7%的认为自己现在已经老了，70—79岁的老年人有54.6%的认为自己现在已经老了，80岁及以上老年人76.1%的认为自己现在已经老了。可以看出，随着实际年龄的增长，老年人承认自己现在已经老了的比例越高。

分性别看，46.2%的男性老人认为自己现在已经老了，女性老人认为自己现在已经老了的比例略高于男性，为47.7%。

3. 生活满意度

生活满意度意在考察老年人对他们目前的生活状况总的评价。受访老人对目前生活状况比较满意和非常满意的比例分别为44.1%和24.2%，可见，将近七成的老年人对目前的生活状况是满意的，有较高的主观评价。对目前生活状况表示一般、不太满意、很不满意的分别有12.2%、4.5%和14.9%。

4. 幸福感

幸福感可以从一个侧面反映出生活的满意度。受访老人认为自己比较幸福、一般和较不幸福的分别为78.5%、18.9%和2.6%。可见，有3/4的老年人感觉比较幸福，与对生活满意度的比例相对应。

5. 老年人对各种说法和态度的看法

从表二我们可以看出，受访老人的生活态度普遍是乐观的、积极向上的。分别有85.1%和85.8%的老年人“喜欢和别人聊天”和“喜欢结交朋友”；77.7%的老年人觉得“现在和年轻时一样幸福”，有81.9%的老年人赞同“能够吃饱穿暖，就觉得已经很满足了”的说法，有高达92%的老年人对“过去的老年人没有我们这一代老年人幸福”选择了肯定性的答案；95%的老年人认为“现在社会越来越关心和重视老年人问题了”，65.7%的老年人认为“尊敬老年人的年轻人越来越多”。这些数字可以反映出绝大多数的老年人对现有生活状况是满意的，对社会给予老年人的关心和重视也是满意的，大多数老人对于社会上尊老敬老的风气也还是比较满意的。

但是，也有一些不可忽视的问题，比如：有55.4%的老年人认为“感到自己越来越跟不上社会的发展”，分别有25.7%和23.5%的老年人认为“老年人是社会的负担”和“老年人是家庭的负担”。这从一定程度上反映了老年人随着年龄的增高对自身能力和价值产生怀疑甚至否定，从而引发老年人的悲观情绪。

分年龄看，三个年龄组的老年人在“喜欢和别人聊天吗”“喜欢结交朋友吗”，年龄小的老年人比年龄大的老年人回答“是”的比例要稍高；“能够吃饱穿暖，就觉得已经很满足了”，年龄越大的老年人回答“是”的比例越多，分别为78.7%、83.8%、86.4%；随着年龄的增长，“感到自己越来越跟不上社会的发展”、认为“老年人是社会的负担”和“老年人是家庭的负担”的老年人占的比例越高；“过去的老年人没有我们这一代老年人幸福”、“现在社会越来越关心和重视老年人问题了”，这两个问题的答案，年龄差异不明显；认为“尊敬老年人的年轻人越来越多”的老人，年龄越大的老人回答是的比例要更多些。

6. 老年人的自身感受或行为

我们设置了10个小问题，考察老年人的心理、自身感受。有92.9%的老人多数时候感到幸福，有63.6%的老人觉得自己的生活很充实，78.3%老人感到自己精力充沛，88.6%的老人感到自己多数时候精神好，这说明绝大多数老年人精神状态是积极向上的，生活是充实的、幸福的。但是我们也要看到，有24.2%的老人常常感到心烦，15.4%的老人常常感到孤独，还有7.5%的老人常常感到无依无靠，而且这三种心态在独居老人中的比例更大，分别为29.0%、37.7%、16.7%，远远高于老两口共同生活的老人的比例：19.7%、8.4%、4.5%；与子女共同生活的老人这三种心态所占比例分别为28.8%、16.6%、8.1%。独居老人的孤独感、寂寞感相对于老两口共同生活的老人和与子女共同生活的老人，更突出、更强烈。还有41.6%的老人宁愿呆在家里而不愿出去做自己不太熟悉的事情，20.9%的老人觉得自己现在很没用，这说明有相当一部分老人不愿意接触新的环境和事物。

（三）被访老人与人沟通情况

1. 被访老人与家人沟通情况

有67.9%的老人（占有配偶的老人比例）经常和老伴谈心聊天，24.2%的老人偶尔和老伴谈心聊天，有7.9%的老人和老伴基本没有过谈心聊天。

问及“子女能坐下来，听听您的‘唠叨’，和您说说心里话吗”，回答“经常”的占48.0%，“偶尔”的占42.5%，“基本没有”的占9.5%。可以看出，仅有不到半数的子女能做到经常和父母聊天，听父母诉说烦恼和郁闷。

当老人遇到不愉快的事情或心情烦闷时，老人首先会多与子女和老伴诉说，分别占63.2%和55.9%；其次会与朋友诉说，占45.6%；与邻居诉说的，占35.9%；与老同事诉说的占29.4%；有9.9%的老人会选择到社区聊天站聊天诉说；还有4.8%的老人把不愉快的事情闷在心里，无人诉说。

当问及老人在条件允许的情况下，是否愿意和子女住在一起，有41.6%的回答愿意，37.4%的回答不愿意，21.1%的回答无所谓。与实际居住方式比较看（与子女同住的比例占32.0%），说明有部分老人虽然不与子女同住，但还是希望和子女住在一起。

有65.3%和33.7%的老人觉得子女很孝顺和比较孝顺，只有1.0%的老人觉得子女不太孝顺。

2. 被访老人与朋友沟通情况

被访老人经常联系的朋友平均有6个。见面和电话，是老人与朋友最常见的联络方式，分别占84.2%和84.4%，使用短信、网络和书信的比例很少。有67.8%的老人愿意结交新朋友，21.7%的老人无所谓，还有8.3%的老人不愿意。

（四）被访老人与原单位和社区、街道的联系沟通情况

在过去一年里，有42.3%的被访老人接受过原单位的探望，只有25.6%的被访老人称原单位组织过联谊活动；原单位没有探望过和没有组织过联谊活动的分别占到57.7%和74.4%。而当问及老人希望原单位定期探望您或组织联谊活动吗，有77.8%的老人回答希望，18.6%回答无所谓，仅有3.5%回答不希望。问老人如果原单位有人来探望您或是组织联谊活动，您是不是感到很高兴、很欣慰，有高达93.0%的老人给予了肯定的回答。以上表明，原单位组织的慰问和联谊活动并不普遍和丰富，而绝大多数老人都希望被探望，并且很高兴参加联谊活动。80.2%的被访老人称街道或社区有人来探望过，19.8%的老人未被探望过；如果街道或社区组织开展老年人文化娱乐活动，有84.8%的老人您愿意参加，只有14.8%的不愿意参加；如果街道或社区组织社会公益活动，有83.0%的老人表示愿意参加；有85.4%的老人希望街道、社区有人来探望您或组织文化娱乐活动或社会公益活动，13.0%回答无所谓，只有1.6%的回答不希望。随着近年来社区老龄工作的加强，社区对老年人的生活越来越关心。

二、得出的基本结论

1. 大多数老年人对生活现状表示乐观

调查数据显示，大多数老年人对目前的生活状况有较高的主观评价，感觉到生活幸福，对现实生活表示满意，生活态度是乐观向上的。

老年人认为平均到68.1岁才能被称为老年人，比目前我们通行的划分老年人的年龄标准60岁要高8.1岁；而且有半数以上的老年人不觉得自己现在已经老了，这说明老年人的心理年龄要小于实际年龄，而且他们的自我感觉良好，精神面貌积极向上。

但是，这次调查也暴露出一些不可忽视的倾向和问题。也有相当一部分老年人对自身能力和价值产生怀疑和否定，认为老年人是家庭和社会的负担，跟不上社会的发展，并由此出现了“自我隔离”的现象。这是由于老年人随着年事的增高，身体机能和活力逐渐减弱，迫使他们接受自己“再也不年轻了”的现实，从而使他们对自己的各种能力产生怀疑和否定。针对这种状况，我们要从社会的角度尽可能多地制造老年人的和谐生存环境，使他们保持乐观向上的生活态度，推迟老年人产生悲观情绪的时间，减轻他们悲观的程度。同时还有65.0%的老年人认为“尊敬老年人的年轻人越来越多”的老人，但对此持否定态度和不好说的还分别有16.8%和17.2%，这说明老年人对目前社会上的尊老敬老的风气还不是十分满意。

2. 绝大多数老年人愿意与人交流沟通

有85.1%和85.8%的老年人表示“喜欢和别人聊天”和“喜欢结交朋友”，调查显示平均每位老人有经常联络的朋友6位，大多数时候他们都会感到心情愉快，精神好，精力充沛，生活充实。

但是我们应该看到，随着老年人年龄的增长，由于年老体弱行动不便，可能会限制老年人与人的交流沟通；也还有一部分老年人会经常感到孤独、心烦，特别是独居老人的孤独感、寂寞感相对于老两口共同生活的老人和与子女共同生活的老人，更突出、更强烈。俗话说，老伴老来是伴，老伴之间的相互沟通交流和互相扶持是老年人晚年生活的重要精神支柱，是子女和他人无法取代的。

3. 良好的亲情关系可以减轻老年人的孤独感

当老年人遇到不愉快的事情或心情烦闷的时候，

子女、老伴是老年人首先会选择的倾诉对象。有近七成的老年人会经常和老伴谈心聊天，只有不到一半的子女能坐下来，经常陪父母聊天。正如有的老人形容，有的子女来探望，进门就问“有事吗?”，老人一般不愿麻烦子女，往往回答“没什么事。”子女听后，就说“哦，那我很忙，先走了。”前后不到一分钟。让老人很失望，他们多希望子女能坐下来和他们说说话，聊聊天啊。

4. 社会对老年人的关心和交流还很不够

调查显示，在过去一年里，有42.3%的被访老人接受过原单位的探望，只有25.6%的被访老人称原单位组织过联谊活动。显然，老年人工作、奋斗、奉献了几十年的工作单位，对老年人的关心和交流联系还显得很不够，使老年人感到更多的是“人一走茶就凉”的失落。

有80.2%的被访老人称街道或社区有人来探望过，这是由于近年来老龄工作部门重点抓社区老龄工作，强调老龄工作重在基层、重在社区，使得社区老龄工作发展良好，社区工作人员对辖区老年人普遍比较关心，对老年人情况都比较了解，当老年人遇到困难时，能及时给予帮助。

5. 大多数老年人热衷参与集体活动和社会公益事业

有84.8%的老人愿意参加街道或社区组织开展老年人文化娱乐活动，83.0%的老人表示愿意参加社会公益活动。这说明，老年人是愿意走出家门，参与社会活动的，不管是根据自己的爱好自娱自乐参加文体队伍，还是投身社会公益事业，老年人都热情高涨，而且老年人普遍精神境界很高，乐于助人，愿意为他人提供力所能及的帮助，为社会奉献余热。老年人可以以此来充实生活，改善心情，排解孤独寂寞。

三、对策建议

1. 加强尊老敬老传统美德的宣传教育

要进一步增强全社会的老龄意识、养老意识和敬老爱老意识，形成人人关心爱护帮助老年人的良好社会风尚。教育部门要把敬老、爱老、养老纳入中小学思想道德教育课程，从小培养青少年敬老爱老的品德。要尊重老年人的经历、智慧和创造，“家家有老人，人人都要老，关爱今天的老年人就是关爱明天的自己”，使全社会形成自觉关爱老年人的风尚。

2. 抓好社区老年文体活动

社区要充分利用本社区的老年活动站（室），组织开展形式多样的文化娱乐活动，可根据社区老年人的爱好，组织成立合唱团、秧歌队、骑行队、健身队等文体队伍，举办老年人的书画、烹饪等各种展览和比赛，活跃社区文化生活。要扩大社区文体活动的影响力，吸引更多的老年人走出家门，参与活动，消除他们的孤独感、寂寞感。特别值得注意的是，对于年龄偏大又缺少这方面爱好的老人，尤其是独居老人，他们由于长期生活在较为封闭的环境中，形成的孤独感、寂寞感是显而易见的，他们更需要有人常常与他们沟通，需要有人给以精神慰藉。所以，在给他们提供必要的生活帮助的同时，也不能忽视对他们的精神慰藉。

3. 有条件的单位要定期组织老年人集体活动

有条件的单位要关心退休干部职工的生活和思想状况。当然，如果要求对所有老年人都一对一地进行走访和探望，不太现实，但是定期组织老年人集体活动，总是能够做到的，也应该做到。通过定期请退休干部职工回原单位召开时事政策报告会、座谈会，举办文体活动等，既密切了退休干部职工和单位的关系，让他们感觉到组织上对他们的关心；又对退休干部职工进行了思想教育，提高了他们的思想觉悟，丰富了他们的退休生活。

4. 家庭成员应关注对老年人的精神赡养

《中华人民共和国老年人权益保障法》第十一条规定：赡养人应当履行对老年人经济上供养、生活上照料和精神上慰藉的义务。老年人对物质的需求并不太多，对子女的要求也不是要给多少钱，他们期盼更多的是家庭和睦，能够享受天伦之乐。和睦的家庭生活，家庭成员之间的经常沟通交流、互相关心是缓解老人孤独寂寞的一剂良药。良好的亲情关系可以降低老年人的孤独感，而不和谐的家庭生活会增加老年人的孤独感。老年人与家庭成员之间亲情的互动关系，改善了老年人的精神生活品质，提高了老年人的生活质量。子女要关心自己的父母，帮助老年父母安排好晚年生活，要常回家看看，多陪陪父母，倾听他们的诉说，即使不能回家，也要经常打电话问候，加强彼此之间的交流和沟通。

5. 老年人要调整心态，要“走出家门，融入社会”

老年人也要不断调适自己的心理，以宽容和体谅的态度看待社会，看待家庭，看待人生。要安排好自己的生活，寻找精神寄托；培养自己广泛的兴趣爱好，充实自己的晚年生活；增强人际交往，联系老朋友、结交新朋友；要走出家门，参加单位和社区组织的文体活动和社会公益活动，重新融入社会；要活到老，学到老，不断学习新的知识，不断提高和丰富自己，跟上时代前进的步伐。

赴云南省学习考察农村老龄工作调研报告

重庆市老龄工作委员会办公室

2009年5月7日至13日，市老龄办根据学习科学发展观活动的安排，一行11人前往云南省学习考察当地农村老龄工作开展情况，参观了玉溪市红塔区瓦窑社区老年人服务中心、玉溪市红塔区高仓村老年活动中心及玉溪市老年大学等地，通过开座谈会、专人介绍和实地考察等形式，对云南省农村老龄工作情况有了一个比较全面清晰的了解，并结合我市农村老龄工作的实际，进行对比思考，感到受益匪浅，云南省在开展农村老龄工作方面确有许多宝贵经验和成功做法值得我们学习借鉴，通过考察学习，为我市探索开展具有重庆特色的农村老龄工作打开了思路。现将此次学习考察情况简报如下：

一、云南省农村老龄工作概况

截止2008年底，云南省总人口为4543万人，其中农村人口3097万人，占68%，60周岁以上老年人口509万人，占11.22%。面对人口老龄化日趋严峻的形势，云南省从加强农村老龄工作入手，着力保障和改善民生，健全机构，建立机制，完善体制，统筹兼顾，注重落实，有效地推动了农村老龄工作的稳步开展。

云南省农村老龄工作主要抓了三个方面：第一，健全农村社会保障体系。第二，着力加强农村为老服务设施建设。第三，全面推进农村基层老龄工作。取得以下好的经验：

（一）老龄工作机构健全，老龄工作网络完善

云南省委、省政府十分重视老龄工作，相继出台了《关于进一步加强老龄工作的意见》《关于加强基层老龄工作的意见》《关于切实加强老龄工作有关问题的通知》等规范性文件，及时调整老龄工作机构，充实干部队伍，理顺工作关系，形成了横向到边、纵向到底的老龄工作网络。省老龄委成员单位由22个部门增加至26个；州、县、乡三级均成立了由相关部门参加的老龄委及其办公室；916个乡（镇）成立了老龄委，占全省乡镇总数的70.2%，专（兼）职工作人员达1824人；全省多数村委相继成立了老龄工作领导小组；建立农村老年协会组织1.76万多个，会员达248万多人，为开展老龄工作、发展老龄事业提供了组织保障。

（二）农村老龄工作政策体系完善，制度健全

近几年来，云南省相继出台了涉及养老服务、敬老优待、医疗服务、老年设施、老年救助等方面的规范性文件，由于制度健全，政策保障有力，各项工作才能有效开展。以健全农村保障体系为例，云南省就先后出台了《云南省农村社会养老暂行办法》《云南省农村独生子女夫妇养老保险奖励试点实施办法》《农村社会养老保险有关问题的处理意见》《云南省新型农村合作医疗管理办法》《云南省制定新型农村合作医疗实施方案指导原则（试行）》《关于做好城乡困难群众参加基层医疗保险有关工作的通知》及修订过的《云南省老年人权益保障条例》等规范性文件。政策到位，措施有力，农村老年保障工作成效卓著。

一是完善农村养老保险方面，全省参加农村社会养老保险人数达139.66万人，领取养老保险金人数为6.7万人，年人均保障标准144元；二是老年医疗方面，2003年云南省被列为全国首批新型农村合作医疗试点省，到2007年，全省129个县（市、区）共有3100万农民参加了新型农村合作医疗，参合率86.14%；三是老年救助方面，全省有100个县（市、区）开展了农村医疗救助工作，资助农村低保对象、“五保”对象、贫困边民、特困老年人参加新型农村合作医疗146.1万人，支出资金1476.13万元；四是推进农村低保和“五保”供养制度，从2009年起，省政府将省级财政对“五保”供养对象的生活补助提高到年人均960元，对落实《云南省老年人权益保障条例》规定的“发放80周岁以上老年人长寿补助”财力困难的州市，省级财政将给予相应补助；五是老年优待方面，全省有90个县（市、区）已落实了100周岁以上老年人的长寿补助，年人均补助2400～6000元，有79个县（市、区）落实了80周岁以上老年人的保健补助，年人均补助600～1200元。各地还落实了60周岁以上老年人凭老年优待证免费进公园、公厕、免交就医普通挂号费、免费乘坐市内公交车等优待内容。

此外，在加强农村为老服务设施建设方面，制定了《云南省农村敬老院建设五年规划（2007－2011年）》和《农村五保供养服务机构建设指导意见》，明确了全省农村敬老院建设的发展目标和实施方案，指导和规划全省农村“五保”供养服务机构工作。在抓农村老年协会建设工作中，制定下发了《农村老年协会章程》《农村老年协会会员守则》，对协会的建设与管理都作了明确规定。各地也相应出台了一系列乐老、惠老政策。

（三）积极创立项目，资金扶助有力

云南省农村老龄工作立足边疆、民族、山区、欠发达的基本省情，创新思维，积极创立特色项目，并通过好的项目去争取资金支持，这方面工作开展得有亮点，有特色。

在加强农村为老服务设施建设工作中，一是加强农村敬老院建设，国务院新的《农村五保供养工作条例》颁布实施后，省政府常务会研究决定，从2007年起用5年时间，在全省现有“五保”供养服务机构的基础上，通过整合资源、科学规划，改建、扩建、新建一批具有较强辐射功能的县级中心和乡镇“五保”供养服务机构。到2008年11月底，省级相关部门已累计下达农村敬老院建设项目资金12334万元，新建、改扩建123所农村敬老院。二是深入开展“百村建设”。即每年从省级福利彩票公益金中安排一定资金，按省、州、县1∶2∶4的比例投入即省级每帮扶1个老年协会、州市要帮扶2个老年协会，县区要帮扶4个老年协会，给每个农村基层老年协会补助1万元，几年来，省级先后安排255万元，州、县两级安排资金1530万元，帮扶3850个农村老年协会解决实际困难。

在推进农村基层老龄工作中，云南省通过积极开展“创建活动”，及时下发了《关于在全省开展创建老龄工作先进县（市、区）、敬老先进村（社区）活动的通知》，通过“创建活动”的深入开展，形成了争先创优的良好局面。近年来，全省共投入基层老龄工作和建设经费达5000多万元，加强农村老龄组织建设，规范工作秩序。

二、重庆农村老龄工作的差距

（一）农村老龄工作组织机构不健全

截止到2008年底，我市老年人口已达492万人，占总人口的16%，其中农村老年人有320万人。据调查，目前我市农村人口老龄化水平比城镇高4.25个百分点，预测到2020年将进一步扩大到19个百分点。由此可见，老龄工作的重点在农村，难点也在农村，做好农村老龄工作，农村基层老龄组织建设显得更加重要。我市农村老龄工作组织建设相比之下显得十分薄弱，至今机构不健全，人员不到位，工作人员的素质不能适应新形势下老龄工作的需要，为农村老年人办事服务于“真空状态”。

（二）农村社会保障体系不健全

一是，我市农村社会保障虽已形成了一些法规、条例、规章，但多是单项的、功能单一、缺乏力度，没有形成一整套涉及养老保险、老年医疗、老年救助、老年优待等方面的有机的法规体系。目前，农村开展的社会的保险制度工作，还属于完全个人账户和完全积累型的养老模式，缺乏社会统筹，起不到调节分配的作用。二是，养老保障对象面窄，对大多数社会老年人的保障长期投入不够。农村多数老年人“养医”费用，基本由个人或家庭承担，从制度保障层面上来看，与“老有所养、老有所医”的目标还相距甚远。

（三）对农村老龄工作的资金投入严重不足

由于我国人口老龄化的发展超前于社会经济的发展，渝滇两地都是经济欠发达地区，都是在“未富先老”的情况下开展农村老龄工作，但与云南省相比，我市老龄事业经费更显得不足。以云南玉溪市为例，全市每年投入数百万元经费，通过几个一点的办法，在全市开展老年协会“百村建设”，为农村基层建设了老年活动中心（室）3263个，建立老年文艺团队2000多支。2008年，大理市安排专项资金1595万元，由市老龄办组织实施，帮助127个村委会新、改扩建老年室内活动场所。相比之下，我市40个区县，每年老龄工作经费少则一两万元，多则四五十万元，基本没有开展农村老龄工作的专项资金。

（四）农村为老服务发展相对滞后

我市农村老龄工作基础十分薄弱，养老设施欠账太多，一是为老服务设施缺乏，规模小、功能单一、设施陈旧，目前我市有养老床位8万多张，老年活动中心（室）5192个，且绝大多数集中在城镇，供村乡一级老年人使用的养老活动设施很少。二是为老服务内容单一，大多数只是单纯养老，不具备老年文体娱乐、康复健身、居家养老服务等功能。

（五）创新思维不够，工作缺乏特色

我市农村老龄工作结合本地实际也突出了自己的一些特色，比如忠县的“委托赡养”制，石村县的“农村老年人协会”，但只局限于地方的小打小闹，全市性的惠及大多数农村老年人的项目尚没有，而云南省的“百村建设”计划、“创建活动”及农村老年协会“七个一工程”在当地都是叫得响的项目，得到了政府及社会各界的大力支持。

三、几点建议

1. 建议国家或地方人大对农村社会保障问题予以立法，制定颁布《重庆市农村养老暂行办法》，内容涉及农村养老保险、老年医疗、老年救助、为老服务等各个方面，确保农村社会保障制度有法可依。

2. 建议我市各级老龄工作部门，要按照科学发展观的要求，进一步解放思想，创新思维，注重实效，抓基层打基础，加强对农村老龄工作的组织领导，健全工作机构，增加经费投入，建立激励机制，努力探索开展农村老龄工作新路子，积极创立好的项目，以点带面，在全市创出老龄工作的名牌产品。

3. 建议市政府从市福彩公益金中加大对农村老龄工作的投入，包括人员、经费、场地和设施等的投入，可以逐步投入、逐级分担。市老龄办也可以依托市老年福利基金会，广泛动员社会力量，发动社会各界都来关注和支持农村老龄工作。

4. 建议在新修订《重庆市〈中华人民共和国老年人权益保障法〉实施办法》的内容中加重农村有关老年赡养、为老服务、老年优待的内容，以法律形式切实保障农村老年人合法权益落到实处。

赴江苏省考察学习开展居家养老服务工作情况报告

贵州省老龄办　吴志英

为认真贯彻落实省老龄工作委员会第九次全体会议精神，积极推进我省居家养老服务工作，2009 年 4 月 15 日至 4 月 21 日，省老龄办在贵阳举办了全省居家养老服务工作培训班。根据培训班的安排，我们组织部分人员赴江苏省考察学习居家养老服务工作。考察学习期间，听取了江苏省居家养老服务工作情况介绍和南京市鼓楼区开展城市社区居家养老服务的经验介绍，并参观了鼓楼区心贴心老年人服务中心。现将考察学习情况报告如下：

一、江苏省开展居家养老服务工作的情况

截止到 2008 年底，江苏省 60 岁以上人口为 1218 万，占户籍人口的 16.5%，80 岁以上老年人口为 169.8 万，占老年人口的 14%，是我国人口老龄化程度较高的省份之一。随着老龄化程度的日益加剧，高龄老人比例逐年增大，在日趋家庭小型化和 421 家庭结构增多的背景下，由家庭来承担老年人的生活照料，困难愈来愈凸显。为此，江苏省因地制宜，提出了战略对策：一是加快养老机构建设，承担 10%老年人的养老服务；二是推进居家养老服务体系建设，承担 70%居家老年人的养老服务；三是家庭承担 20%老年人的基本生活照料服务。2003 年，南京市鼓楼区创建全省首家“居家养老服务网”，由政府出资为困难老人购买养老服务，率先在全国开展居家养老服务工作。同时，在总结试点工作的基础上，南京市玄武区在所辖街道和社区全面实施居家养老服务在全市全面铺开。2005 年，苏州市金阊区建立了全市首家居家养老服务中心，探索了以“一个中心、两级管理、三支队伍、四项制度”为核心的居家养老服务新路子。2006 年，无锡市在滨湖区震泽社区开展了居家养老服务试点工作。试点成功后，区政府及时召开现场工作会进行总结推广，相继在 28 各社区（村）建立了居家养老服务中心。近几年来，江苏省各地结合实际，以改善困难老人和作出特殊贡献老人生活为目的，以保障困难老人为重点，以建设和谐社会为立足点，以政府购买服务为手段，通过“投资主体多元化、运作发展市场化、服务对象社会化、服务形式多样化、服务队伍专业化”全面推进居家养老服务工作，基本形成了以居家养老为基础，社区服务为依托，机构养老为补充的养老模式。他们的主要做法：

1. 加强调研和宣传工作，增强居家养老服务工作的影响力。自 1986 年起，江苏省就开始深入社区召开社区养老服务研讨会，开展居家养老服务调研，建立社区养老服务示范点和实验基地，不断探索居家养老服务模式。2008 年，按照省委领导的批示，由省委研究室、省政府研究室、省民政厅等单位组成联合课题组，对本省的“三老问题”（老龄问题、老龄工作和老年人）进行了专题调研，形成《积极应对我省人口老龄化发展趋势　加强老龄工作、服务产业、精神关爱的研究报告》。《报告》对今后进一步加强老龄事业、发展老年服务产业提出了很好的对策和建议。同时，通过各级人大建议和政协提案、主流媒体等对老龄工作的关注和宣传报道，提升了全社会对开展居家养老服务重要性和紧迫性的认识。

2. 培育和树立典型，以典型推动工作。居家养老服务，是随着社区服务工作进展和人口老龄化形势日益严峻而逐步发展的。江苏省早期的居家养老服务工作仅为提供一些简单的家政服务，随着南京市鼓楼区创先采取政府为困难老年人购买养老服务为标志，江苏省居家养老服务提升到一个较高的位置，取得了良好的社会效益。同时，南京市玄武区积极探索建立居家养老服务和管理体系，并在工作中不断加以完善，居家养老服务工作全面规范开展。江苏省审时度势，及时总结和推广南京市的做法和经验，带动全省居家养老服务工作在领导、政策、模式、内容、管理、机制、评估、资源整合等诸多方面的认识和实践不断深化。

3. 制定发展居家养老服务体系目标和任务。江苏省早在省老龄事业发展“九五”“十五”规划中就明确了一系列居家养老服务的任务，如建立社区托老站（所）、老年生活服务网络、老年人维权岗和基层老年学校等。在《江苏省老龄事业发展“十一五”规划》和《省政府办公厅进一步做好老年人优待和服务工作通知》中，江苏省系统构思提出了符合本省省情，与人口老龄化形势相适应的养老服务体系，并作为“十一五”老龄事业发展的一项重要内容。

4. 积极采取推进措施。围绕政策引导、政府扶持、社会兴办、市场推动的思路，落实国家有关政策和积极制定地方政策。制定地方政策除了落实好水、电、气使用优惠外，把重点放在推进政府实行为困难老人购买养老服务，养老床位建设补贴、老人入住床位补贴，免费为养老服务从业人员提供培训和医疗、工伤、养老保险等方面。目前，结合贯彻落实全国老龄委等十部委《关于全面推进居家养老服务工作的意见》，吸收南京、苏州、无锡、南通等地先行的扶持政策，拟出台江苏省推进居家养老服务工作的指导性意见。

5. 规范社区居家养老服务。与江苏省质量技术监督局联合制定的《城乡和谐社区建设评价标准》中要求：社区要具有与人口老龄化需求相适应的居家养老、托老照料、“三无老人”照料、维护老年人权益和老年人卫生保健、文体教育、参与社会为老服务功能。目前，江苏省正与省质量技术监督局联合制定的《江苏地方标准——社区服务 居家养老服务规范》。

6. 发挥中介组织在居家养老服务中的作用。随着“小政府、大社会”的社会管理体制的推进，政府要把专业性较强、工作量大、自身做不了又做不好的工作尽可能地委托行业组织来做。据此，2005 年江苏省成立了省养老服务协会，鼓励和借助协会积极推进养老服务人员岗前、岗中培训和持证上岗，充分发挥中介组织的社会资源和力量，有力促进居家养老服务事业的发展。目前，该省养老服务协会正着手制定养老服务协议规范文本、被服务老年人健康及行为能力评估标准和办法、养老服务机构和组织等级标准。

二、南京市鼓楼区开展居家养老服务的做法

南京市鼓楼区现有总人口 68.32 万，其中，60 岁以上老年人口 9.39 万，占总人口（除 98900 名高校大学生）的 16.07%，早在 20 世纪 80 年代就进入了人口老龄化。近年来，为适应新形势下广大老年人对养老服务的需求，鼓楼区通过创建以政府购买服务，民间组织运作，区、街道、社区三级联动的“居家养老服务网”，逐步建立起“政府主导、社会参与、中介组织运作”的居家养老服务模式，使在家里养老的老年人获得生活上的照料和便利，精神上的关爱和慰藉，满足了他们全方位、多层次、宽领域的服务需求。他们的主要做法：

1. 政府与民间组织互动，促进居家养老服务发展。一是应对人口老龄化，创建“居家养老服务网”。“居家养老服务网”是鼓楼区改善民生，落实“老有所养”社会工作目标的惠民工程，是以政府购买服务，民间组织运作，区、街道、社区三级联动的社会化服务网络。2003 年，针对“银发浪潮”提前到来的新形势，鼓楼区以政府与民间组织互动的创新方式创建“居家养老服务网”，免费为孤寡、独居老人家庭提供买菜做饭、清洗衣被、陪同看病等生活照料服务，积极探索适合中国国情的社会化养老之路。随着老年人养老服务需求的不断增多，“居家养老服务网”还及时推出“1+2”服务，即在生活照料服务的基础上新增两项服务。一是免费为孤寡、独居和子女不在身边的老年人家庭安装“安康通”呼叫服务器；二是施行老年人家庭探访，以问候、探访、心理疏导等方式为孤寡老人、独居老人提供精神慰藉服务。5 年多来，“居家养老服务网”规摸逐年扩大，截止去年底，全区基本实现 70 岁以上孤寡、独居老人免费服务全覆盖。政府购买服务和服务队伍的优质服务拉动了老年人养老消费，许多老人子女纷纷联系“居家养老服务网”，需求有偿的居家养老服务。目前全区“居家养老服务网”服务老人共达 5000 余人（政府购买服务 2000 多人，低偿服务 3000 多人）。2005 年起，鼓楼区还大力推进社区养老服务站建设，目前全区 7 个街道 64 个社区全部建立养老服务站，开展托老、日间照料、送餐、心理疏导、娱乐活动等服务，让更多老年人就近寻求和实现居家养老服务。二是依托民间组织，开展专业化服务。鼓楼区“居家养老服务网”依托民间组织“心贴心”社区服务中心组建服务队伍具体运作。全区现有300余人从事居家养老服务工作，大多数为4050下岗人员，为保证“居家养老服务网”提供专业化服务，市区两级劳动保障部门与“心贴心”社区服务中心合作，举办培训班，对服务人员进行专业家政、护理培训，95%的人员获得专业资格证书，其中30%还拥有中级证书。服务队伍的专业化服务水平的不断提高，确保了“居家养老服务网”为老年人提供服务的质量。同时，还以全国社会工作职业水平考试为契机，鼓励、支持服务队伍中符合条件的服务人员参加考试，从而促进“居家养老服务网”服务队伍专业素质的进一步提高。三是政府主导，提供财力保障。鼓楼区从“未富先老”的国情出发，贴近大多数老年人居家养老的需求，把养老事业发展战略转向居家养老，用有限的财力资源，发挥出最大的效益，积极探索适合国情的居家养老之新路，让大多数居家养老的老年人受益。为此，鼓楼区公共财政全力保障“居家养老服务网”有序运行，从2003年的15万元增加到2008年的200万元，逐年加大购买养老服务资金的投人。同时，还为90岁以上不同年龄段的老年人发放金额不等的高龄补贴，且百岁老人还可享受每年1000元的医药费报销。鼓楼区通过创建“居家养老服务网”，为5000多老年人解决了养老难题，这充分说明政府主导在“老有所养”发展进程中的关键性、决定性作用。

2.“租巢引凤”，大力扶持民营养老机构和居家养老服务机构发展。鼓楼区为南京市主城区之一，土地资源有限，2003年前养老床位不足200张。为此，鼓楼区多次作出规划拟建大型养老机构项目，终因建设用地条件限制未实施。面对压力和挑战，鼓楼区改变思路，决定把“筑巢引凤”变为“租巢引凤”。一是大力开发社会资源，积极寻求可利用资源，二是以优惠政策吸引民营养老机构来发展。为加大扶持民营机构的力度，加快福利机构养老发展，鼓楼区区政府下发《鼓楼区资助社会力量兴办社会福利机构实施办法》，明确了对社会力量兴办社会福利机构的资助办法和补贴标准。2005年由政府出资租赁房屋扩建金康老年护理中心新院区；2008年政府分别以年租金150万元和43万元租赁房屋创办护理性和康复性养老机构。由于政府主导有力，鼓楼区各类养老机构已发展到28个，养老床位已从2003年的200张增至现在的1448张，其中民营养老机构数量以及床位数占90%以上。在推行“租巢引凤”举措的同时，还多方并举，促进民营居家养老服务机构的发展。2008年，100张床位的真美好养老院、50张床位的心贴心老年人服务中心、105张床位的文体老年人服务中心先后建成，掀起养老福利服务事业新一轮的发展高潮。

推动居家养老是应对人口老龄化问题的战略举措

——关于我省老年人居家养老需求情况的调查报告

黑龙江省老龄办课题组

目前我省老年人口491.8万人，占总人口的12.86%。未来一段时间，我省人口老龄化将呈现加速趋势，到2015年，老年人口将达到570.28万人，老龄化水平达18.09%。到2020年，老年人口将达到890.98万人，老龄化水平达21.58%。快速发展的人口老龄化，给我省的经济、政治、文化、社会等方面的发展带来了巨大挑战，特别是养老保障、医疗保障、养老服务和农村养老等方面的压力巨大，已经并将进一步成为影响我省经济社会发展全局的重大战略问题。为了使大多数老年人在晚年能够获得及时的生活照料，特别是有效地解决生活有困难的老年群体对安全保障、医疗服务、精神慰藉等多层次、全方位的需求，减轻机构养老的压力，全省各地开始试行居家养老服务工作。为了推动我省居家养老工作全面开展，我们对全省部分市地组织开展了居家养老需求情况入户问卷调查，现将调查情况分析报告如下。

一、调查的实施情况

1. 调查范围及样本分布情况。本次调查范围为60岁以上老年人。调查问卷分个人问卷和街道（乡镇）问卷，个人问卷分城市和农村问卷。个人问卷样本数4000份，其中城市问卷2000份，有效问卷1995份，农村问卷2000份，有效问卷1993份。街道（乡镇问卷158份，其中街道问卷86份，乡镇问卷72份。样本选取了全省8个市地，占全省市地总数的61.5%，21个县（市、区），占全省县（市、区）总数的16%，108个街道（乡镇），占全省街道（乡镇）总数的7.8%。调查老年人数占调查街道（乡镇）老年人总数的1.2%。样本分布要求参加调查的市地要根据不同经济水平和社会发展情况分别选择1或2个县（区），每个县（区）分别选择2～3个乡镇（街道），每个乡镇（街道）分别选择2～3个村（社区）作为调查点。

2. 调查方式及内容。调查方式为入户问卷方式，调查内容包括老年人的自然状况、居住情况、收入与消费情况、养老医疗保障、居家养老服务需求及街道（乡镇）老龄工作等方面的情况。

3. 调查时间。从2009年5月上旬开始到5月底结束。

二、调查主要情况分析

（一）老年人自然情况

1. 老年人性别和年龄结构。调查老年人口中，城市男性占43.5%，女性占56.5%，女性老年人略多于男性老年人。农村男性占69.2%，女性占30.8%，男性老年人多于女性老年人。

按照年龄结构分组，城市60—69岁占48.9%，70—79岁占43.4%，80岁以上占7.7%。农村60—69岁占57.1%，70—79岁占33.5%，80岁以上占9.4%。

2. 老年人受教育程度。调查老年人从受教育程度上看，城市没上过学的老年人占15.7%，小学占33.8%，初中占27.3%，高中（中专）占14.9%，大专以上7.7%，农村没上过学的老年人占27.2%，小学占50.2%，初中占18.8，高中（中专）占3.4%，大专以上占0.1%。城市老年人受教育程度明显高于农村老年人。

3. 老年人婚姻状况。从调查情况看，城市老年人已婚同居占63.2%，丧偶占34.1%，农村已婚同居占70%，丧偶占28.2%。从一定程度上说明农村老年人寿命长于城市老年人。

4. 老年人子女及分布、生活照料情况。城市多个子女占88.2%，农村多个子女占93.4%。城市子女和老人生活在同一个城市的占92.9%，农村子女和老年人生活在同一城市的占87.2%。城市老年人由子女照料的占34.1%，由配偶照料的占52.3%，农村由子女照料的占45.8%，由配偶照料的占47.9%。从调查情况看，不管城市农村，老年人主要由配偶或子女照料。

5. 老年人健康状况。城市老年人生活完全自理的占77.4%，部分自理的占18.3%，不能自理的占3.8%，无明显疾病的占32.8%。农村老年人生活完全自理的占71.1%，部分自理的占23.3%，不能自理的占5.4%，无明显疾病的占38.4%。从老年人患病种类看主要是心脏病、高血压、糖尿病。老年人随着年龄的增大，疾病的增多，自理能力相对减弱。

6. 老年人居住状况。城市老年人独居的占13.5%，只与配偶同住的占42.4%，与其他家庭成员同住的占44.1%。农村老年人独居的占11.2%，只与配偶同住的占41.3%，与其他家庭成员同住的占47.5%。老年人的空巢率较高，随着经济社会的发展，空巢家庭增多是必然的趋势，但同时对居家养老也带来了严重的冲击，关注空巢老人是老龄工作中面临的一个新课题。

7. 子女对老年人照料情况。城市老年人子女能陪同看病的占83.3%，能陪同购物的占88.7%，对子女照顾满意的占79.3%。农村老年人子女能陪同看病的占88.5%，能陪同购物的占90.5%，对子女照顾满意的占77.8%。从调查情况看，不管城市还是农村，子女基本都能陪同老人购物、看病，老年人对子女满意度比较高。但我们必须看到，由于计划生育政策的实施，未来老年人的子女数将会大幅下降，加上子女大多都不在身边，希望子女对老年人提供照顾的难度将会越来越大。

（二）老年人收入、消费情况

1. 子女给老人生活费情况。城市老年人中子女给生活费的占21.9%，几乎不给的占30.5%，完全不给的占46%。农村老年人中子女给生活费的占46.1%. 几乎不给的占29.6%，完全不给的占20.5%。农村老年人靠子女生活的比城市老年人多。

2. 老年人经济来源。城市老年人中有离退休费的占63.8%，基本养老保险金的占12.7%，靠子女赡养的占6.1%。人均月收入970.7元，人均月支出758元。城市老年人自己感觉很困难的占11.3%，比较困难的占22.2%，一般的占54.5%，比较宽裕的占10.2%，很宽裕的占0.8%。农村老年人靠自己农作收入占49.9%，靠子女赡养占37.9%，最低生活保障金的占9.7%。人均月收入282.3元，人均月支出235.5元。农村老年人自己感觉很困难的18.1%，比较困难的占32.1%，一般的占42.8%，比较宽裕的占5.8%，很宽裕的占0.7%。城市老年人主要靠离退休费养老，说明城市老年人的自养能力比较强，自我感觉相对好些，农村老年人主要靠自己农作收入或子女供养，经济情况相对较差，自我感觉相对也差些。

3. 老年人存款及负担情况。城市老年人有养老存款的占22.8%，人均存款30160元，没存款的占75.4%。子女需要经济帮助的占36.4%，需要帮助的原因主要是子女下岗和家有学生。农村老年人有养老存款的占7.2%，人均存款11684.5元，没有存款的占92.3%。子女需要经济帮助的占8.4%，需要帮助的理由主要是子女残障或家有学生。从调查结果看，不管城市还是农村，大多数老年人都没有存款，部分老人还要负担子女的生活。

4. 老年人医疗费用情况。城市老年人医疗费平均每月支出多数老人都在300元以下，医疗费支付主要是基本医疗保险和自己支付，老年人认为自己能承担医疗费的占17.5%，基本能支付的占27.9%，有一定困难的占35.4%，不能支付的占17.1%。农村老年医疗费平均每月支出多数老年人都在200元以下。农村老年人医疗费主要是合作医疗支付，其次是自己支付和子女支付。老年人自己认为能承担医疗费用的占10.8%，基本能的占25.3%，有一定困难的占37.5%，不能的占21.7%，农村老年人支付能力明显比城市低。

5. 老年人担心的问题。城市老年人中，非常担心没有生活来源的占28.6%，生病时没有钱医治的占36%，需要时没人照料的占19%，子女失业的占45.9%。农村老年人中非常担心没有生活来源的占46.1%. 生病时没有钱医治的占50.2%，需要时没有照料的占32.3%，子女失业占20.8%，由此可见城市和农村老年人担心的问题不同。

（三）养老需求情况

1. 老年人当前迫切需求。城市老年人需要基本生活保障的占30.1%，改善医疗保障的占51.9%，改善住房条件的占17%，改善生活照料的占6.1%，消除孤独的占4.4%。农村老年人中改善基本生活保障条件的占52.9%，改善医疗保障条件的占52.7%，改善住房条件的占9.7%，改善生活照料的占6.5%，消除孤独的占3.9%。由此可见，不管城市还是农村，老年人的养、医、住迫切需要改善。

2. 老年人养老方式选择。城市老年人选择在家养老，与子女住一起的占45.4%，选择在家养老，与子女分开住的占40.4%，选择机构养老的占7%。选择在家养老的原因是习惯了家里的生活环境的占52.5%，喜欢和儿女生活在一起的占16.3%，子女不愿让住养老院的占4.3%，住不起养老院的占11.3%。农村老年人选择在家养老，与子女住一起的占53%，选择在家养老，与子女分开住的占38%，选择机构养老的占5.4%。选择在家养老的原因是习惯了家里的生活环境占66.4%，喜欢和儿女生活在一起的占31.2%，子女不愿意让住养老院的占1.7%，住不起养老院的占6.2%。由此可见，经济收入是影响独居老人入住养老机构的一个重要因素。就总体而言，居家养老由于其经济性、传承性又不脱离老年人熟悉的环境等特点，仍是广大老年人的首选。今后很长一段时间，养老方式上仍要坚持以居家养老为基础，社区服务为依托，机构养老为补充的养老服务体系，

3. 老年人的服务需求。城市有44.98%老年人有各种各样的养老服务需求，其中，需家政服务占21.9%，护理服务占11.4%，聊天解闷占7.9%，法律援助占3.6%。从城市居家养老服务发展的状况来看，虽较之以前有了新发展，但还远不能满足老年人的需求。农村老年人当前的服务需求中，需家政服务占7%，护理服务占19.7%，聊天解闷占36.3%，法律援助占9.1%，由于城市、农村生活环境和方式的不同，服务需求也不尽相同。

4. 家政服务需求。在城市问卷中，对需要生活照料、家政服务调查中，我们提供了10多个选项，供选择1项或多项。调查显示，对涉及到体力及维修方面的服务要求比较迫切，如送货上门、家居清洁、家具家电修理、买菜做饭、开办专供老年人吃饭的食堂等需求排在前列。在对需要医疗护理服务、日间照料服务调查中，提供了10多个选项，其中建立社区卫生服务站、医护人员上门看病、定期上门体检、上门打针护理、白天提供日托，设立社区服务热线等需求排在前列。

5. 农村活动场所及老年人活动情况。在农村问卷中，关于老年活动场所，50.5%的人回答没有活动室，62.5%的人回答没有老年学校，44%的人回答没有老年协会，47%回答没有运动场。老年人经常到活动室参加活动的只占10.8%，

6. 农村老年人维权方式。在农村问卷中，老年人认为需要签订《家庭赡养协议》的占13.2%，签订《协议》的占4.6%。对子女不赡养的解决方式选择自己委屈的占6.7%，亲属调解的占43.5%，村里解决的占40.6%，打官司的占8.9%。当自己的权益受到侵害时，选择通过组织逐级反映的占52.6%，法律途径的占39.4%，说明老年人的法律意识逐步增强。

（四）生活态度、发挥作用等情况

1. 老年人对生活的满意度。在调查中，城市老年人感到大部分时候都心情愉快的占36.5%，很充实，感觉每天都有很多事情要干的占25.4%，选择日子过得一般，还算过得去占32.6%，感到孤独、寂寞的占4.1%，感到时常绝望的占1.4%。农村老年人感到大部分时候都心情愉快占30.4%，很充实，感觉每天都有很多事情要干的占20.8%，感觉日子过得一般，还算过得去占41.1%，感觉孤独寂寞的占5.4%，感到时常绝望的占2.3%，总的来说，老人对目前生活质量大体还是满意的。

2. 发挥余热情况。城市85%的人愿意发挥余热，主要是照顾其他老人，教育青少年、调解邻里纠纷、维护社会治安等，在照顾他人中，83%的人选择不要报酬，但希望将来也有人免费照顾自己。农村55%的人愿意帮助他人聊天解闷，11.8%的人愿意帮助他人调解纠纷。

3. 以房养老及心理疏导认同情况。在城市问卷中，72.8%的人不赞同以房养老。对于接受心理疏导，城市老年人能接受的占41%；农村老年人能接受的占24.7%。

（五）基层老龄工作和为老服务状况

1. 街道办事处老龄工作情况。（1）自然情况。调查的86个街道办事处中，共有471个社区，老年人比重为13.22%，空巢老人家庭数占12.8%，独居老人占4.9%，失能老人占2.4%，4050下岗人员占5.1%。（2）街道设施情况。在这86个办事处中，75.6%有医院，72.1%有综合商场，44.2%有家政服务公司，83.7%有老年活动室，50%有托老所或日间照料机构，66.3%有老年维权小组，39.5%有为老服务热线，16.3%有网络服务平台，14%有紧急救援系统。（3）开展活动情况。80.2%举办过健康知识讲座，84.8%组织开展老年人文化娱乐活动，54.7%开展定期体检，78%组织志愿服务，85%组织慰问活动。(4）对老年人特殊帮助情况。58%的街道为老年人提供法律援助，54.7%有特困老年人生活补贴，40.7%有高龄补贴，42%有特困老年人医疗救助。

2. 乡镇老龄工作情况。（1）自然情况。调查的72个乡镇中有666个村委会，老年人比重10.85%，空巢老人家庭占9.9%，独居老人占9.2%，失能老人占10%。（2）乡镇设施情况。在这72个乡镇中，91.7%有敬老院（福利院），66.7%有老年学校，72.2%有老年人活动室，58.3%有老年人维权小组，4.2%有为老服务热线，11.1%有家政服务公司，6.9%有网络服务平台，6.9%有紧急救助系统。（3）对老年人特殊帮助情况。72个乡镇中，52.8%为老年人提供法律援助，52.8%有高龄补贴，51.4%有特困老年人医疗救助，51.4%有特困老人生活补贴，37.5%有减免收费。

三、存在不足及当前应当引起重视的问题

我省居家养老服务工作正在试点推进阶段，各地在一些社区因地制宜地开展了不同形式的为老服务，同时针对独居、空巢老人的增多、老年人服务需求日益多样化、个性化的特点，有的地方政府在社区为老服务基础上，进行了居家养老服务试点，解决了部分老年人的一些问题，取得了初步的成效。但从总体看我省居家养老服务还处在摸索阶段，还存在着不少实际困难和值得重视的问题。

（一）重视不够，还没有形成居家养老的市场化氛围

一是认识不到位。老有所养和老有所居是保证和谐社会建设的重要内容，有些单位领导对居家养老服务工作的重要性认识还不到位，还没有提到应对人口老龄化问题及解决民生问题的位置，没有摆上日程。二是经费投入不足。居家养老服务是一项具有社会保障和社会福利性质的工作，需要政府的主导和扶持。据我们了解我省各级政府对推进居家养老服务没有专项经费预算和投入机制。三是没有形成合力。按照全国《关于全面推进居家养老服务工作的意见》，应是各级党政部门共同关心、参与居家养老服务工作，但现在只有少数部门参与，影响了居家养老服务工作的深入开展。四是市场化氛围尚未形成。各地推动居家养老服务的主要途径还是政府出资为困难老年人购买服务，老年人自愿、自费购买社会化养老服务的意识还不强，观念尚未转变；而另一方面，提供社会化养老服务的服务实体组织尚不健全，仅靠社区提供的一些养老服务，难以满足老年人多层次、多样化的需求。

（二）政策体系不完善

目前我省除了《关于加快发展养老服务业的意见》外，还未出台系统的推进居家养老服务工作的政策。虽然省老龄办牵头会同10个厅局起草了我省《关于推进居家养老服务的意见》，但是财政保障措施力度不够。从市地级看，只有哈尔滨市政府出台了《关于推进居家养老服务工作的实施意见》，也仅局限于“三无”“低保”、不能自理贫困老人、独居高龄困难老人等。有的市虽然开展了一些居家养老服务工作，还缺少政策支持和社会的配合。

（三）居家养老服务受益面还比较狭窄

从我们了解的情况看，全省只有哈尔滨市全面开展居家养老服务工作，首批政府出资为3000个老年

人购买服务，占居家老年人的0.36%左右。牡丹江市、齐齐哈尔市政府购买公益岗位为贫困孤寡老人服务，其他市地只是在部分社区开展试点工作。目前，各地开展居家养老服务的服务对象主要侧重于需要政府给予救济或帮助的“三无”老人、低保老人、经济困难、生活自理困难、独居的高龄困难老人，而这部分老人仅占了居家老年人总数的0.4%左右。而发达地区如上海、浙江、北京、青岛等地居家养老受益面已达到3%左右。我省居家养老服务工作的现实情况与面向全体居家老年人开展居家养老服务的工作目标之间的差距还很大。

（四）居家养老服务基础设施总体上还不能满足工作的需要

居家养老服务基础设施是顺利推进居家养老服务的前提，从目前情况看，由于养老服务设施原先未列入社区规划，大多数社区因自身办公用房比较紧张，无法拿出足够的场地开展养老服务，特别是老的社区情况更是不容乐观，居家老年人数量相对比较多，其公益用房已十分紧张，根本挤不出足够空间办居家养老服务中心或托老所。其向社会租赁房屋，社区又往往承担不起租赁费用。从我们调查的86个街道情况看，共有471个社区，有老年活动室的占15.3%，有托老所或其他日间照料机构的占9.1%。因此，许多社区虽然有开办托老所、老年食堂、老年课堂等固定服务场所的意愿，但受此限制，部分居家养老服务难以有效地开展，这已普遍成为社区进一步推进居家养老服务工作的拦路虎。

（五）居家养老服务功能和服务水平与老年人的需求还有较大的差距

目前，各地从事居家养老服务的专职人员基本上是“4050”下岗人员和农村进城务工人员，服务人员对老年人的爱心和服务热情比较高，但受到文化素质偏低和缺乏专业技能因素的制约，只能应付一些较简单的生活料理和家政服务，服务的水平处于较低的层面。总体而言，各地居家养老服务较多强调政府的保障和福利功能，对老年服务市场培育的重视和支持不够，功能相对还比较单一，提供的服务还无法满足广大老年人多方位、多层次、个性化的服务需求。另外，受传统偏见和待遇低等因素的影响，许多当地下岗失业人员不太愿意从事这项工作。

（六）老年人的收入偏低，购买居家养老服务有难度

从我们调查的情况看，老年人在以下几方面存在的困难。(1) 收入偏低。相当部分老年人生活窘迫，究其原因是退休金太低，有的老人甚至没有经济收入，完全依靠子女供养。很多老人有子女，不符合低保条件，但因子女下岗，没有赡养能力，导致生活贫困。(2) 看病难。由于退休金低，只能维持最简单的日常生活，小病忍，大病拖，吃不起药，看不起病，农村尤为突出。有的虽然参加了农村合作医疗，但个人承担的那部分医疗费也付不起。虽然农村实行了新型合作医疗，同时又有大病救助，但手续繁杂，而且必须住院才能报销，给农村老年患者带来很多不便。从调查情况看，城市支付医疗费有困难或不能支付的占52.5%，农村支付医疗费有困难或不能支付的占59.2%。(3) 老年人住房困难。目前，部分老人因动迁、子女婚嫁、体病筹钱等失去了自有房产，有近1/4的老年人或住儿女家或租住在外，或进入各类养老服务机构，居家养老在某种意义上讲，正经受着因住房的缺失、居住条件的限制等带来的冲击。(4) 老年人负担重。在被调查的老人中，城市有36.4%需要资助子女，农村8.4%需要帮助子女。需要帮助的原因主要是子女下岗、子女家有学生或子女残障。上述老年人，他们有着强烈的享受居家养老的愿望，但是因为生活贫困，他们既没有能力自己购买居家养老服务，又不具备享受政府购买服务的条件，他们只能望“居家养老服务”而兴叹。

（七）家庭养老功能“弱化”

随着社会的发展，家庭结构日趋小型化，“空巢”家庭或独居家庭逐渐增多，传统的家庭养老功能在弱化。从这次调查情况看，城市空巢人数占55.9%（其中独居13.5%，夫妻同住占42.4%），农村空巢人数占52.5%（其中独居11.2%，夫妻同住41.3%），这给照顾老年人带来不便。儿女在照顾老年人方面，最大问题是没时间，精力不够，心有余而力不足，显而易见，老人家庭养老功能有“弱化”趋势，空巢老人生活照料和精神慰藉问题需要认真对待。

四、推进居家养老服务工作措施和建议

根据我们这次调查，全省城市选择在家养老的老年人占85.8%，选择机构养老的占7%，农村选择在家养老的占91%，选择机构养老的占5.4%。目前我省的每千名老年人拥有的养老机构床位数只有11.9张左右，也就是说最多只有1.19%左右的老年人能够到养老机构享受养老服务，城市老年人中还有5.81%，农村老年人中还有4.21%想入住养老机构，但无床位。另一方面，对于全体老年人而言，养老床位只有1.19%，有98.8%的老年人，不管是情愿还是出于无奈，都必然会在家里养老。所以，以家庭为核心，以社区为依托，以专业化服务为手段的居家养

老服务势在必行。

居家养老在我国养老服务体系处于基础地位，发展居家养老服务，一是符合我国的传统观念；二是有利于发挥家庭的优势；三是适合我国的国情。因此，居家养老是我国必须长期坚持并不断强化的养老模式。随着人口老龄化进程的加快，家庭养老功能日益弱化，养老服务已成为重大的社会问题，必须加快推进居家养老服务工作。

（一）切实加强对居家养老服务工作的领导

一是提高认识。各级领导要从学习和实践科学发展观、构建和谐社会的高度，充分认识新形势下发展居家养老服务工作的重要性，将开展居家养老服务作为解决全社会老人养老需求的“民心工程”和政府实施构建和谐社会的“德政工程”，在思想上高度重视，摆上工作日程，以科学发展观的理念，以求真务实的作风，下大气力抓紧抓好。二是制定规划。认真制定我省城乡社区居家养老服务的规划，并纳入全省经济社会发展的总体规划和社区建设的总体规划，使居家养老服务工作有计划、有步骤地与其他工作稳步协调推进。三是合力推进。各有关部门必须齐抓共管，各负其责，形成合力，共同推动居家养老服务工作广泛深入地开展下去。根据国家十部委办《关于全面推进居家养老服务工作的意见》，各部门应根据各自的职责和文件规定的任务、要求，支持、扶持、具体抓好居家养老工作。四是逐步扩大居家养老服务工作范围。各地要根据当地实际情况，顺应居家老年人的养老需求，积极创造条件，按照循序渐进、试点先行的方针，在条件成熟的社区逐步开展居家养老服务工作。同时，结合社会主义新农村建设，逐步将居家养老服务向农村延伸拓展，适时开展农村居家养老服务工作的试点和推广工作。

（二）建立完善居家养老服务政策扶持机制

一是建立持续增长的公共财政投入机制。各地要把推进居家养老服务快速发展作为系统性的工作来抓，加大经费投入，大力扶持。各级政府要结合本地居家养老服务工作的实际需求，建立完善逐年增加财政投入的保障机制，逐步加大对居家养老服务的投入。政府建立社区居家养老服务专项工作经费，工作经费可按社区规模或社区老人人数按一定比例确定。政府根据财力许可，对特殊困难老人按困难程度的不同，分别给予不同数额的居家养老补贴。要从省本级福彩公益金中安排一定比例的资金，作为居家养老服务项目的引导资金，支持各地老年福利设施建设和开展居家养老服务工作。对社区建立带有托老所功能的居家养老综合服务设施，财政给予一定的资金补助。二是完善相关配套政策。我们要根据国家十部委办《关于全面推进居家养老服务工作的意见》，结合我省实际，尽快下发我省《关于推进居家养老服务工作的意见》，并根据居家养老服务工作推进的情况不断出台新的政策和规定。各级政府要进一步加强调查研究，尽快制定出台相关文件，为发展居家养老服务工作提供更具针对性和可操作性的实施细则，使居家养老服务做到有章可循，有法可依，逐步走上正规化、专业化道路。三是制定扶持和优惠的政策。各地要研究制定“民办公助”的政策措施，鼓励和支持社会力量参与、兴办居家养老服务业。各级政府对民建、民办养老服务机构给予一定资助，对达到一定规模的新建、改建养老服务机构，根据具体情况每张床位给予一次性补贴。给予社会办的养老机构以用地、贷款和税收方面的政策倾斜，提高政策吸引力，以调动社会力量和民间资本参与养老事业的积极性，努力营造一个各类社会福利机构都能发展的良好环境。四是列入公益性岗位。将居家养老服务列入社会公益性岗位管理，列入各地就业岗位总体开发规划，实行各项就业扶持政策。

（三）统筹规划，加强基础设施建设

要按照当地人口数量、老年人数和发展趋势、居家养老服务基础设施现状，对当地居家养老服务基础设施进行科学规划、合理布局，在城市社区和大部分农村乡镇建设综合性居家养老服务中心、居家养老服务站点等基础性服务设施。将基础设施建设纳入当地社区公共设施配套建设规划，新开发小区、新建居民区的居家养老配套用房，争取逐步实现与开发建设项目同步规划、同步建设、同步交付使用；老的小区要通过整合资源、盘活闲置房产、设立服务用房专项资金等方式，以购买、置换、改造、新建等办法逐步予以解决，提倡条件允许的相邻社区、街道，实行基础设施的资源共享，逐步形成便捷、健全的居家养老服务网络。应当适应人口老龄化程度不断提高的需要，适当提高社区公共服务设施用房配套面积标准。

（四）建立健全居家养老服务管理体系

一要构建市、区、街道和社区四级居家养老服务组织网络。各级都要建立居家养老服务工作领导小组，负责本地区居家养老服务工作的组织和协调。区一级建立居家养老服务中心，承担全区居家养老服务协调管理职能。各街道居家养老服务中心，作为居家养老服务的实施主体，负责辖区内居家养老服务的日常管理服务工作。社区建立居家养老服务站，负责本社区老年人需求提供服务和信息联络，并根据老年人的不同需求协调服务实体提供多种服务。二要建立和完善社区居家养老服务网络。努力建成布局合理、功能完善、服务周到、管理规范的社区居家养老服务网络，为广大老年人提供优质便捷的服务。吸引生活自理的老人走出家门到社区为老服务设施接受服务和参加活动。对生活不能自理的老人则采取派专人上门包护，满足老年人生活照料、医疗护理、文化娱乐、心理慰藉等多种需求。三要加强居家养老服务队伍建设。针对目前养老服务（护理）员人员素质普遍不高、队伍很不稳定的实际，结合扶持“4050”人员再就业工作，通过搞好培训工作，提高养老服务人员素质。四要建立健全居家养老服务的监督评估体系。进一步健全和规范居家养老服务工作的各项管理制度，包括享受政府购买服务和服务补贴的老年人资格评估机制、老年服务机构监管机制等。重点加强对服务人员的规范管理，完善服务质量的评估和监督机制，促进居家养老社会化服务质量和水平的提高。五要积极培育和发展居家养老服务市场。各级政府应积极培育居家养老服务市场，规范居家养老服务市场秩序，加强居家养老服务价格监管和质量监督，努力创造老年人放心消费的服务环境，不断促进老年服务市场的成熟和老年服务产业的壮大。

（五）进一步提高养老保障水平

一是建立、完善社会养老保障体系。建立全覆盖的基本养老保险制度，进一步完善城镇职工基本养老保险制度，加快建立全省农村新型养老保险制度，切实解决好农民的养老问题，进一步解决好被征地农民和农转非人口的养老保险问题，探索城乡相衔接的养老保险办法，积极倡导有条件的农村建立养老补贴制度。二是加快完善老年医疗保障体系。进一步建立完善城镇职工基本医疗保险制度，扩大基本医疗保险覆盖面，建立包括全体老年人在内的城市居民基本医疗保险。进一步完善新型农村合作医疗制度，提高农村老年人合作医疗报销标准。同时，要着力加强农村基层卫生服务网络建设，切实解决贫困地区老年人缺医少药问题。三是完善老年人社会救助体系。进一步规范和完善最低生活保障制度，将符合低保条件的老年人全部纳入低保救助。对农村80岁及以上高龄老人、残疾老人等适当增加补助和照顾。继续抓好农村“五保”老人和城镇“三无”老人的集中供养工作。健全对基本生活困难老人救助的社会化管理机制，建立贫困老人专项救助资金，采取多种形式做好对贫困老人的救助工作。采取政府和集体补助的办法减免高龄和贫困老人的参合费用，加强对贫困老人的医疗救助，逐步提高老年人医疗救助水平。

（六）巩固家庭在居家养老中的基础地位

家庭是法定的养老主体，最具亲情和温暖，最能使老年人享受天伦之乐，在解决老年人的生活照料和精神慰藉上具有不可替代的作用。从调查情况看，城市85.8%的老人选择在家养老，农村91%的老人选择在家养老，依靠家庭支撑，强化家庭在情感寄托、生活照料等方面的特殊养老功能，显然是广大老年人的首要选择，这也是其他养老机构难以取代的。因此，从中国的国情出发，家庭养老仍然是广大老年人的主要养老模式。巩固家庭养老功能，当前首要的是进一步制定和完善家庭养老的办法措施，充分发挥家庭养老的主导作用。加强舆论宣传，弘扬中华民族传统美德，广泛开展敬老、养老、助老的道德教育。强化赡养老人是每个公民的责任和义务的意识，使全社会确立家庭敬老、养老的思想，形成家庭养老的良好氛围。

辽宁省社区养老服务现状分析及对策建议

辽宁省老龄办　郝明利

人口老龄化是世纪性难题，也是世界性难题。21世纪的中国将是一个不可逆转的全球最严峻的老龄社会。如何面对迅猛而来的老龄化问题已成为全社会共同关注的焦点。因此，积极探索新形势下实现“老有所养”的新途径、新办法，已势在必行。随着人口老龄化压力的增大和传统家庭养老服务功能的日益弱化，老年人特别是高龄老人对社会福利和社区照料服务的需求不断增加，养老职能将更多地依赖于社会，依赖于社区为老服务的开展。社区养老服务将成为今后我国养老服务的主要模式之一。为推进我省社区建设和社区养老事业的发展，根据辽宁城乡老年人口状况调查结果和辽宁省民政厅、统计厅的相关数据撰写了《辽宁省社区养老服务现状分析及对策建议》一文，供参考。

一、发展社区养老服务的紧迫性及现实意义

目前，全国60岁以上的老年人口已达1.43亿，占总人口的11%，是世界老年人口总量的1/5，为亚洲老年人口的一半。预计到2010年，60岁以上老年人将达到1.7亿，约占总人口的12.5%，到2020年将达到2.43亿，约占总人口的17%。这比澳大利亚的人口还多一千多万。这一发展趋势警示我们，在未来的15年，我国老年人口将净增一个亿，这是我们始料不及的。特别是新中国成立后五六十年代生育高峰期出生的人口，在今后5到15年陆续进入老年期，平均每年净增800多万人，将进一步加速我国人口老龄化的进程。到本世纪中期将形成一个超过4亿的老年人群。约为少儿人口数量的2倍。老龄化水平基本稳定在31%左右，80岁及以上高龄老人占老年总人口的比重将保持在25%～30%，进入一个高度老龄化的平台期。

辽宁作为东北老工业基地。由于在建国后20年中人口的高速增长和近20年全省人口出生率（8‰）的急骤下降；人民生活水平的提高，平均寿命已达73.52岁，城镇人口多于农村人口等诸多原因。导致我省早于全国5年进入老龄化社会。老龄化程度列居全国第四位。由于我省老年人口规模大。老年人已达643万，占人口总数的15%，到2015年，全省60岁以上的老人将达到815万人，占总人口的17.6%。到2050年达到峰值，将占人口总数的30%以上。二是老龄化发展速度快。每年以3.2%以上的速度递增。三是城市老年人口比重大。城镇老年人口占老年人口总数的55.9%；农村老年人口占老年人口总数的44.1%。四是老龄化超前于现代化。发达国家人口老龄化是在人民的普遍富裕的情况下，人均GDP达到一万美元之后才逐步进入老龄化阶段，他们是先富后老。而我省在1996年进入老龄化时，全省人均GDP只有835美元，我们在“超低经济水平”条件下，步入老龄化，是典型的“未富先老”。五是家庭结构发生改变。“四二一”家庭、空巢、留守家庭大量涌现。从而使我省面临人口老龄化和人口总量过多，经济发展与老年人供养需求矛盾加大，养老保障的负担正日益沉重，老年人医疗卫生消费支出不断增大，为老社会服务的需求迅速膨胀等诸多压力。面对如此严峻的人口老龄化形势，尤其是生活自理能力较差的高龄老年人口快速增长的趋势，如何兼顾家庭养老功能弱化和国家的经济承受能力两方面的客观情况，探索适合国情国力的养老模式，妥善解决老年人口养老中的照料问题，完善各个层次的老年照料体系，不仅具有重要的理论意义，而且更具有十分重要的现实意义。

二、大力发展社区养老服务势在必行

社区是老年人的聚居地，是老年人的主要活动场所和生活空间。强化社区养老服务功能，是适应人口老龄化发展的客观要求。随着年龄的增长和身体的衰老，老年人对社区服务的需求逐渐增加，对社区的依附性越来越强。依托社区构筑社会化养老服务体系不仅具有方便易行、针对性强、参与面广等特点，而且还能给老人带来认同感和归宿感。我国传统的大家庭，正在或者已经被核心家庭取代，“空巢”家庭增多，这给老人的生活照顾、医疗保健及精神慰藉方面都带来诸多不便。随着“四二一”家庭的增加，对众多独生子女来说，将来对老人的赡养、照料也是一个沉重的负担。这些都要求强化社区为老服务功能。因此，依托社区构筑社会化养老服务体系是城区解决老年人养老问题、适应老人及其家庭需求的客观要求，是社会发展的必然。

从老年健康状况来看，有关数据表明，我国60岁以上老年人口余寿中有平均1/4左右的时间处于肌体功能受损状态，需要不同程度的照料、护理。照此推算，我国约有3250万老年人需要不同形式的长期护理。我省老年人总体健康状况比较差，在整个老年群体中，城市8.1%，农村12.6%老年人的日常生活需要别人照料，从照料的年龄分布来看，老年人需要照料的比例随着年龄的增加而上升，城市中老年人需要照料的比例60—64岁为2.9%，65—69岁为7.5%，70—74岁为6.5%，75—79岁为16.9%，80—84岁为18.2%，85以上为75%。农村不同年龄组需要照料的比例分别为6.4%、10.4%、8.2%、13.2%、34.8%和44.4%。

从性别看，城市老年人口中需要他人照料的男性占4.6%，女性占到10.2%；农村老人需要照料的男性占到8.2%，而女性则高达18.8%。在80岁以上的高龄人中，需要长期照料的比重更大。

从民族传统上看。据调查显示，现在我省就有0.9%的农村老人和20.9%的城市老人有入住福利机构养老的意向。46.5%的城市老年人、43.6%的农村老年人认为“久病床前无孝子”由此看来，老年人对久病于床前无人照料是非常恐惧和担忧的。如果说现在的老年人还有子女侄亲戚网的最后依托，那么10年以后，全社会的养老矛盾就会十分尖锐。将产生一系列的社会问题，甚至影响到社会的稳定、和谐。所以必须强化社区养老服务功能，这也是落实“以人为本”科学发展观的现实需要。给予老年人更多生活上的帮助和精神上的安慰，让所有老年人都能安享幸福

的晚年，是国家对养老事业提出的新的要求。完善的社区养老服务应该包括衣食住行、医疗保健、学习教育、健身娱乐、心理疏导、法律咨询、生活援助、参与社会等职能。为老年人提供全方位的服务，使社区老人在一种积极、活跃的精神状态中安度晚年，是中华民族的优良传统，是弘扬中华民族尊老敬老的传统美德的需要，也是一个国家文明进步的标志。

强化社区养老服务功能，应是我省应对人口老龄化挑战的必然选择。目前我国提供居家养老的社会化服务刚刚起步，服务市场化和服务社会化比例还很低。全国只有60%的城市街道办事处和不到一半的社区居委会建有老年服务机构和设施，农村乡镇更少，远远不能满足老年人居家养老的需要。加强社区养老服务功能，是对养老保障服务体系不断完善的补充。就老年人生活照料的整体而言，由于计划经济时代没有为今天的老人留下必要的积累，对老龄社会缺乏思想上、物质的准备。加之我国保障体系还不完善，我国公共养老覆盖面只占总人口的15%，低于世界劳工组织确定的20%的国际最低标准。一部分退休人员生活窘迫。就城镇各类就业人员而言，现有的养老保障制度也仅仅覆盖城镇职工的55%。绝大多数农村人口基本上只能依靠土地和家庭养老，仍游离于社会保障体系之外。从老年人的实际情况看，现在的老年人是从低工资年代过来的，改革开放以后又成为弱势群体，中低收入群体比重大，在发达国家全民福利的模式又行不通的情况下，如果不加强社区养老服务功能，那我国将会成为一个“老不起的”社会。

同时，随着国有企业深化改革、转换经营机制和政府机构改革、转变职能，企业剥离的社会职能和政府转移出来的服务职能，大部分也要由城市社区来承接。因此，发展社区养老服务是我国社会养老保障服务体系的必要补充，也是解决我国城市养老问题的重大战略选择。

强化社区养老服务功能，是缓解政府财政负担、维护社会稳定的现实出路。我们国家是在经济欠发达的情况下进入老龄化社会的，如此低的经济发展水平，要承受如此高程度的人口老龄化，决定了我国不能像西方国家那样由政府包办社会养老福利事业。这就需要开辟出一条“以居家养老为基础、以社区服务为依托、以养老中介为纽带、以国有养老机构为示范、以兴办民办养老机构为导向和以农村区域性中心敬老院为延伸的“六位一体、城乡统筹”的养老服务社会化的新路，以缓解政府财政压力。同时也为维护社会稳定、缓解社会矛盾提供了有效的快捷、全面的保障和服务。

三、辽宁省社区养老服务现状及面临的问题

（一）基本情况

如何正确应对人口老龄化问题，已成为关系到实现东北老工业基地振兴，构建和谐辽宁、实现经济可持续发展的一个突出问题。辽宁省委省政府审时度势，未雨绸缪从国家全局和社会发展战略的高度重视老龄工作。自觉把它摆到重要议事日程，老龄工作不断加强，发展态势强劲。全省的老龄工作和老龄事业步入了健康快速发展的轨道，取得了较好的成绩。

几十年来，我省各级涉老组织在各级党委、政府的领导下，忠于职守，奋发图强，踏实苦干使老龄事业有了长足的进步。特别是近几年来，由于省委省政府的高度重视，社会各界的大力支持，全省老龄工作取得了更大的成绩。老龄工作“六落实”基本到位。基本养老保障体系逐步建立。1985年就建立了老龄办事机构。于1988年我省先于国家8年制定了《辽宁省老年人保护条例》。2004年省政府制定了《关于加快养老产业发展的意见》（辽政发［2004］19号），2005年下发了辽民函［2005］48号《关于深入推进居家养老服务工作的通知》。各级政府和有关部门从组织领导、设施建设、资金投入、政策扶持等方面都加大了对城区社区建设和社区养老服务的工作力度，服务设施不断完善，服务项目不断扩大。以2005年《辽宁省被征地农民社会保障暂行办法》的出台为标志的辽宁省统筹城乡的社会保险体系初步形成。养老保险覆盖面不断扩大，农村养老保险工作也在稳妥推进，参保农民达到220.3万人。离退休人员基本养老金全部按时足额发放。基本医疗保险在城镇全面建立。新型农村合作医疗制度日趋完善。以老年人为主要服务对象的“六位一体、城乡统筹”的养老服务社会化体系已经形成。养老服务机构和服务组织大量增加，到2007年底，特别是经济比较发达的地区。我省有94个县（市、区）503个街道2853个社区开展了居家养老，投入资金8705万元，共有5.5万老年人（其中“三无”、低保、特困1.3万人）享受到居家养老服务；区、街道级社区服务中心达893个，社区托老所、日间照料室、小型家庭养老院、星光老年之家发展到4588个，分别比2006年增长了44%和41%，日均服务量达到40万人次。到2007年底，现养老机构已达750个（不包括农村），国办养老机构118个，民办养老机构已达632个。床位总数6.66万张，分别比2006年增长14%和11%。在市场引导下，在各地的积极培育下，全省养老中介组织已达108个，服务老年人约95.4万人次，全省农村五保供养服务机构建设得到加强。截止到2008年6月末，落实区域性中心敬老院新建项目90所，落实乡镇敬老院改造项目63所。全省目前城乡拥有机构养老床位数为12.26万张，而希望能够入住的老人数量为93万人（发达国家养老床位数约为老年人口总数的3%～5%，而我国仅占老龄人口总数的0.84%。许多地方排队入住养老院的现象十分普遍）；老年教育、文化、体育等事业快速发展，敬老、爱老、助老的社会风尚日益浓厚，老龄事业进入了稳定健康发展的轨道。

与此同时我们也要清醒地看到老龄问题是带有世纪性和世界性、全局性和战略性的大问题，发展老龄事业是一项十分重要而紧迫的任务。

由于我省是在未富先老的情况进入老龄社会。老年人口比重大、发展速度快、高龄和中低收入老人多、农村养老问题严重，空巢家庭大量涌现等。在未来较长的一段时间，我省还将保持较低的生育水平，人口老龄化的进程还将继续加快。还存在着许多亟待改善和提高的薄弱环节。老年福利设施在数量和质量上都与现实需要有很大差距，现有社会养老机构照料老人的能力远不能满足要求。侵犯老年人合法权益的现象还时有发生。由此可见，我省日益增长的养老需求同目前所能提供的养老服务能力之间存在着很大的矛盾。诸如机构养老床位数仅占老年人口数的1.98%，较发达国家的养老床位数占老年人口数的5%至7%还有很大的距离。这种态势必然影响我省经济社会的全面协调可持续发展。使之养老保障、医疗保障和养老服务等方面的压力也越来越大。

（二）面临问题

我省社区养老服务从总体上看还处在起步阶段，老年服务设施少，规模小，档次低，功能单一，与老年人群日益增长的物质、文化需求不相适应。老年社会保障制度不够完善，老年精神文化生活不够丰富，适应社会主义市场经济体制的社会养老保障发展机制尚待建立和完善。其主要表现，一是宣传力度不够，没有形成必要的舆论氛围。有些地方领导对社区概念和社区养老的重要性、迫切性认识不够，致使社区养老事业仍处于自发的、无序的发展状态。居民群众参与社区养老的积极性不够，参与率不高。二是养老社会化程度不够，投资主体单一，资金投入不足。社区老年福利设施由国家、集体包办，民政部门直办直管的做法还没有根本改变，有些地方福利机构的服务对象仍以传统的社会救助对象为主。开辟国家、集体、社会组织和个人等筹资渠道，以多种所有制形式发展社区养老服务业还很不够。三是社区养老服务管理和服务水平有待进一步提高。据有关部门统计，我省老年服务设施缺口达50%以上，难以满足日益增长的需要。由于设施少，档次低，不少老人难以入院。而另一方面有些地方由于老年福利设施管理不善，缺乏协调，各自为政，造成本来就比较有限的服务资源又大量闲置、浪费。四是社区养老工作运行机制不够健全和完善。目前虽然建立了条抓块管的管理体系，成立了各部门参与的工作领导机构，但各部门往往从自身的利益出发，很难形成合力。发展社区老龄服务仍是民政部门热，其他部门冷。五是专业人才缺少。社区养老福利机构管理人员整体素质不高，专业能力不强，文化素质偏低的情况比较突出，很难满足老年人日益增长的多元化社会养老需求，影响了服务项目和内容的扩展以及服务质量的提高。

四、发展社区养老服务的指导思想、发展目标和发展思路

指导思想：以胡锦涛总书记关于“以人为本”的科学发展观的重要思想和“努力使全体人民学有所教、劳有所得、病有所医、老有所养、住有所居，推动社会建设和谐”重要指示为指导，以全心全意为人民服务为宗旨，以满足广大老年人口日益增长的物质和精神文化生活需求为目标，以保障低收入和“三无”老年人的基本生活权益为重点，从我省经济社会发展和人口老龄化的实际出发，发挥政府主导作用，运用市场机制，动员全社会力量，开发社区养老服务资源，有计划、有步骤地促进社区养老服务健康、有序、快速发展。实现社区养老服务从补缺型向适度普惠型转变。

发展目标：到“十一五”期末，基本建立健全以政府举办的社区养老服务机构为示范，以其他多种所有制形式兴办的养老服务机构为骨干，以社区老年服务设施为依托，以居家养老为基础的社区养老服务网络。具体要求：一是实现投资主体多元化，投资形式多渠道；二是实现管理体制规范化，形成一套较为完善的政策法规体系；三是运行机制市场化，逐步建立起适应市场经济要求的运行机制；四是服务对象社会化；五是服务方式多样化，发挥社区的多种服务功能，满足老年人日益增长的物质、文化需求；六是管理服务人员专业化，加强培训，提高素质，形成一支专兼职相结合的管理服务队伍。全面建立适应社会主义市场经济体制要求面向所有老年人的养老产业；建立健全养老福利事业发展的政策体系，完善管理体制和运行机制，建设具有较高专业素质和志愿者相结合的养老服务队伍，不断满足日益增长的养老福利服务需求。到2010年，“三无”“五保”老人的生活得到更加全面的保障，达到当地平均生活水平；全省享受养老福利服务的老年人人口占老年人总数的10%以上。其中，社区上门服务式居家养老7万人，城乡福利机构床位供养17.5万张，社区日间照料46万人次，养老中介日服务老人1万人次左右；养老产业进一步发展。

发展思路：鉴于我省人口老龄化的严峻形势，社区养老服务的发展思路应遵循以下原则：

坚持社区养老与经济、社会发展水平相适应。社区养老服务事业必须纳入可持续发展战略，并逐步增加对这一事业的投入，使其与国民经济和老年人口增长水平相适应。

坚持以政府示范性举办与鼓励全社会力量兴办相结合。要发挥政府的主导作用，并运用市场机制，动员社会各方面力量广泛参与，推动社区养老服务走社会化、产业化之路。

坚持社区照顾与家庭养老相结合。继续发挥家庭在经济供养、生活照料、精神慰藉等方面的作用。要把“家庭养老为主、社区养老为辅”作为我省社区养老服务模式的基本原则。

坚持物质养老与精神养老相结合。在保障社区内老年人口物质生活的同时，注重丰富老年人的精神文化生活。还应重视老年人的自我价值的实现，引导老年人参与社区的各项活动。

坚持因地制宜，分类指导，突出重点。在面向社区为全体老年人服务的同时，要重点保障高龄老人、残疾老人、老年妇女、独居老人等特殊群体的基本生活和合法权益。

坚持经济效益与社会效益相结合。发展社区养老服务业要与社会主义市场经济体制相适应。在发挥良好的社会效益的同时，要发挥经济效益的支撑作用。

五、发展社区养老服务的对策建议

（一）政府重视，摆上位置

各级领导和政府要把社区养老服务作为贯彻落实胡锦涛“以人为本”科学发展观重要思想的战略举措来抓，把它作为造福于民的事业列入议事日程和工作目标。坚决执行《辽宁省老年人权益保障条例》，要把社区养老服务列入社区建设与发展的总体规划。在社区养老服务设施网络建设中，各级政府要发挥主导作用，从宏观规划、管理到舆论宣传、政策制定和资金投入上给予大力支持。要随着经济发展水平的提高和老年人口增长速度的加快，不断加大对这一事业的投入，逐步形成制度化的财力投入机制。

（二）营造市场运行机制，推进社区养老服务社会化、产业化进程

构造社会广泛参与机制。按照“社会事业社会办”“谁投资谁受益”的原则要求，大力推进投资主体、投资方式多元化。鼓励和引导国家、集体、民营、个人等多种所有制的后政府只负责掌舵，不再参与划船。将具体事务交给社区组织或民间团体，政府只负责宏观调控。这样做既大大减轻了政府的负担，又发挥了政府在社区建设中的主导作用的投人。今后要加大合资、合作的力度，注重引进外资发展养老事业，兴办不同经济成分和不同服务层次的经济实体。现阶段要以现有民政部门举办的养老服务设施为基础，进一步扩大其功能，提高服务质量，规范管理，以逐步满足广大老年人日益增长的物质和精神需求。

加快建立社区各类养老服务机构市场化运行机制。原有的社区养老服务机构要实行法人实体化管理，建立市场化运行机制，改革内部管理、用工和分配制度，全面对社会开放，发挥示范作用；新办的各类养老服务机构或设施，要按照市场配置资源、价值规律调节、公平竞争、优胜劣汰等市场经济法则运作，使其成为自主经营、自负盈亏、自我发展的经济实体。政府办的养老服务机构也要引入市场竞争机制。要积极探索公办民营等委托运作形式，实行举办与运作、所有权与经营权相分离的现代企业财产法人制度。要明晰产权关系和相应的权利和义务，在保持国有资产保值增值的同时，实现经营者的利益最大化。

大力培育社会中介组织。社区养老服务引入社会中介组织参与服务和管理，政府给予相应的扶持政策。

（三）准确定位社区养老模式，构筑社区照料服务体系

从现阶段生产力发展水平出发，结合我国传统的养老方式，我认为，在今后相当长的时期内，我省社区养老服务模式应以居家养老照料服务为主：在社区建立居家养老服务站，使老人居住在自己家里，享受居家养老服务站提供的生活照料、卫生服务、健康指导、精神援助、心理咨询等服务，确保老年人在自己的社区和家庭安度晚年。社区养老机构（如敬老院、老年护理院、托老所等）照料服务为辅。以此为基础，形成层次不同、内容有别、形式多样、因人而需的照料服务体系。

居家养老服务，是指老年人在家中得到社区养老机构提供的养老相关服务。它一方面满足了老年人既需要照料又不愿离开家庭的要求，另一方面又与现阶段生产力水平相适应，既有效地缓解了老年福利机构不足的矛盾，又弥补了家庭养老的不足。它与福利机

构养老方式相比，具有灵活廉价的优点。它适用于包括高龄老人、非自理老人在内的绝大部分老年人的照料服务，一般由老人自费购买服务，对特困群体由个人申请、居委会评定、政府出资提供购买服务。居家养老服务模式目前在我国大中城市已推广试行，成为各级政府解决老年人照顾问题的首要途径。

把家庭养老和规范化的社区服务相结合。我国的社区建设是从社区服务起步的，社区服务经过十多年的发展完善，在有条件的社区一般都形成了一定的规模和体系。因此，以社区服务为载体，以居家养老服务为切入点，把社区服务引入家庭，以弥补家庭养老的不足。同时促进社区服务、家庭病床和老年护理院的密切结合，全方位地搞好居家照料服务，使有限的资源发挥最大的效益，确保老年人在自己的社区和家庭安度晚年。

针对不同类型的老年人群，提供不同层次的社区生活照料服务。一是高龄老人、非自理老人。这部分老人各种疾病增多，生活不能自理，与子女的沟通也越来越少，常常会产生孤独寂寞感。对他们应以上门照料服务为主（即家务助理服务），为老人提供医疗、康复、护理、洗涤、购物、餐饮、心理咨询等全方位的服务。对其中丧失生活自理能力的老人和缺少家庭照顾的高龄老人，仍需要通过养老机构来解决，使他们在养老机构得到多方面的照料服务和精神慰藉。二是低龄老人、空巢家庭老人。这部分老人多是刚从工作岗位上退下来，一般身体健康，收入也较高，子女又往往不在身边，需要一定项目的上门照料服务，如家务助理、出行旅游服务等。政府和社区组织要鼓励、提倡、支持低龄健康老人在自愿量力的前提下，参与社会发展和公益事业，体现“独立、参与、照料、自我实现和尊严”的老年人基本原则。有条件的社区可建立老年人才中心，为他们开辟第二职业、贡献社会创造条件。也可依托社区服务中心、老年活动室、老年大学，使他们参加各种有益的文化、体育、教育活动。三是生活基本能自理，但又需要一定照料服务的中高龄老人。可采取日间护理中心、托老所、老年康复站等形式服务。一般是早出晚归，白天在社区日间护理中心或托老机构接受护理和康复服务，也可参加社区组织的各种有益身心健康的文化娱乐活动。四是独居老人、残疾老人等特殊群体。这部分人是社区养老服务的重点保障对象，对他们要按照政府救助和社会互助相结合的原则，构筑多层次、多元化、多项目的贫困救助网络。要通过社会救济和低保线保障他们的基本生活，大力倡导多种形式的扶老助困送温暖活动。要保障他们的基本医疗服务需求，为他们设立应急呼救电话。要动员社会各方面力量，组织自愿者队伍开展结对子活动，使他们在养老机构和家中安度晚年。

居家养老照料服务是一项福利性、公益性事业，对其中生活困难的老人政府应给予程度不同的补贴，这就需要政府财政给予一定的支持，把党和政府的关怀与温暖带给那些最需要帮助的困难老人。

（四）加强组织协调，制定优惠政策，部门通力合作

尽快建立统一的指导、协调组织。社区养老服务业是一项新兴的产业，涉及面广、政策性强，需要一个强有力的专门机构来牵头管理，有计划、有步骤地从整体上协调。建议各地由政府领导牵头，由老龄办、发改委、民政、工商、税务、劳动和社会保障、卫生、财政等部门参加，成立社区养老服务工作协调委员会，办事机构设老龄办。协调委员会主要职能是组织、指导、协调、检查、督促社区养老服务业健康、有序、规范地发展。各级政府及有关部门要健全和完善社区养老服务业的政策、法规，尤其在建设资金、土地征用、税收、信贷、水电等方面进一步给予优惠扶持。

各有关部门协调配合，形成合力。社区老年照料服务除充分发挥民政部门的主体作用外，更需要各部门的密切配合。卫生部门和民政部门要相互沟通，把社区卫生服务和社区养老服务有机结合起来，在社区层面搞好民政福利服务资源与卫生健康服务资源的整合；劳动与社会保障部门要和街道、居委会协调配合，做好离退休人员、下岗失业人员从单位转到社区的管理服务工作，为他们养老、就业提供各种方便；文化体育部门要组织离退休人员开展健身活动，丰富他们的文化生活；地方财政部门要在财力和政策上给予扶持。社区内的社会福利服务设施和公共活动场所要对社区老人开放，实行资源共享。

（五）实施“星光计划”，推动社区老年服务设施建设为加速社会福利社会化进程，缓解人口老龄化压力，民政部决定在今后2～3年内在全国实施“社区老年福利服务星光计划”，这是一项关系亿万老年人切身利益的德政工程，对于改善社区老年服务设施建设，将起到巨大的推动作用

各级政府要从大局出发，切实加强对这项工作的组织领导，统一思想，提高认识，在配套资金上给予全力支持。尤其是民政部门要结合本地实际，制定具体的实施规划。在实施“星光计划”的过程中，要以街道和社区居委会为重点，建设一批示范性的老年福利服务设施和活动场所，把实施“星光计划”与推动

社区为老服务事业紧密结合起来。

（六）加强社区老年工作管理与服务人才的培养，建设专业化的工作队伍

建立人才培训基地和管理人员的定期培训制度。各市、区可与属地大专院校、卫生院校联合协作，对现有社区老年管理与服务人员进行有计划的培训。在近期内主要加强应知应会培训。社区老年照料服务人员应掌握基本的保健、护理、康复知识和技能，对考核合格者发给上岗证书。要逐步推行培训上岗、竞争上岗制度，发挥激励机制，做到人尽其才。

利用现有的相关院校社会学专业，培养高素质的社区工作管理和服务人员，为社区的长期发展储备人才资源。

引进专业人才。要广开门路，在提高现有干部素质的同时，大力引进人才，通过公开招考、招聘和定向培养，吸收一批学历较高、年轻优秀的人才充实到社区工作。同时，注重吸收有一定技能和业务素质的下岗职工到社区为老服务岗位上来。

重视整合和充分利用现有社区人力资源，大力发展社区志愿者队伍。努力造就一支由党员、干部、学生等组成的专、兼职人员和志愿者相结合的社区养老服务队伍。聘请一批德高望重的老同志参加社区管理服务工作。利用老年人同老年人容易沟通的优势，自己管理自己，自己服务自己。

（七）加强社区老龄问题的理论和对策研究

社区养老服务业本身就是一个新生事物，没有创新思想和理论指导就没有创新的实践。当前应加强对社区老龄照料服务体系和求助体系、社区老龄服务的产业化、社区老龄人口的医疗保健、社区老龄服务管理体制和运行机制、社区财政投入机制及资源整合等问题的研究探讨。并借鉴国际经验，学习兄弟省市的做法，结合我省实际，提出可操作性的对策建议，把我省社区老龄服务事业推向新的发展阶段。

科研成果：《山东省 2008—2020 年人口老龄化状况及对策研究》

课题组

主要成果：

山东省人口老龄化自 2009 年起进入快速增长期，未来 10 年每年净增 72 万老年人，将比全国提前 5 年结束人口红利期，对经济社会发展提出了重大挑战。

一、老年人口现状：六大特点

一是数量大、比例高。据 2008 年底抽样调查，全省 60 岁及以上老年人口有 1337.28 万人，位居全国第一；老年人口占全省总人口的比例为 14.20%，高出全国 2.2 个百分点。二是农村老龄化程度高。全省农村老年人有 794.07 万，占农村总人口的 16.09%，城镇老年人有 543.21 万，占城镇总人口的 12.12%，农村老龄化程度高于城镇 3.97 个百分点。三是低龄老人为主体。60—69 岁的老年人为 709.42 万人，占老年人总数的 53.05%；70—79 岁的老年人为 478.88 万人，占 35.81%；80 岁以上高龄老人 149.03 万，占老年人总数的 11.14%。四是空巢老人比例高。生活在纯老年人家庭的空巢老人有 956.82 万，占老年人口总数的 71.55%，其中城镇空巢老人比例为 66.73%，农村为 74.72%。五是受教育程度较低。未上过学的占 54.02%，其中城镇没上过学的老年人占 42.36%，农村占 61.72%；有初级以上专业技术职称的老年人，城镇为 12.66%，农村为 1.01%。六是多子女老人居多。老年人平均有子女 3.51 个，有 2～5 个的占 81%。

二、老年人生活状况：满意度较高

一是老年人生活水平不断提高。2007 年全省老年人月均收入 532.11 元，月均支出 410.12 元。老年人饮食支出占总支出的 40.30%，医疗保健支出占总支出的 30.33%。领取离退休（养老）金的城镇老年人为 40.88%，农村为 7.26%。老年人参加有收入经济活动的占 40.72%，其中城镇为 25.98%，农村为 50.46；农村的有 43.14% 是常年参加，其中有 40.00%是自己耕种土地。老年人人均住房面积 30.11 平方米，其中城镇为 31.88 平方米，农村为 28.93 平方米；拥有自己房子的老年人占 77.63%，其中城镇为 80.87%，农村为 75.49%。老年人专用代步工具为“自行车或人力三轮车”的 44.5%，拥有电动三轮车或机动三轮车的老年人占 3.37%，拥

有小汽车的老年人城镇为 1.12%；拥有电风扇的老年人占 87.48%，其中城镇为 91.11%，农村为 85.09%；拥有电冰箱、洗衣机的老年人占 25%以上。

二是老年人医疗保障逐步改善。从老年人的身体情况看，患有各类老年病的老年人占 81.39%。其中，患有心脑血管病的老年人占 33.19%；患运动系统疾病的老年人占 31.19%；同时患有两种及以上疾病的老年人占 43.61%。老年人中尽管患病比例较高，但能够“完全自理”的占 82.63%，“基本自理，部分活动需要帮助”的占 14.91%，“基本生活需要帮助”的占 2.04%，完全不能自理的占 0.43%。随着城乡医疗保险制度覆盖范围的扩大，享有医疗保障的老年人占 95.72%。在农村，参加新型农村合作医疗的老年人占 95.05%。有了医疗保障的支撑，全省 74.30%老年人能够有病就及时就医。2008 年上半年全省老年人人均支出医疗费 902.59 元，其中城镇为 1230.18 元，农村为 686.22 元，城镇老年人支出为农村老年人的 1.8 倍。

三是老年文化生活不断丰富。经常参与文化娱乐活动的老年人占 68.85%，上老年大学的老年人主要在城镇，但比例很低，仅占 2.79%。能够使用互联网的老年人占 0.78%。电视机在老年家庭普及率为 87.44%，其中城市为 93.02%，农村为 83.76%，经常看电视的老年人占 74.00%。“看电视、看报刊、听广播”是老年人最普遍参加的日常活动，其中，最喜欢收看收听“新闻”的老年人占 57.29%。拥有电话或手机、小灵通的老年人为 47.63%。参加锻炼身体的老年人占 53.65%，其中城镇为 67.22%，农村为 44.68%。参与锻炼的老年人每天平均锻炼时间为 1.27 小时。71.39%的老年人周围 2 公里以内没有老年活动场所和健身设施，这一情况在农村比较突出。

四是老年服务需求面广量大。认为居家养老是自己最中意的养老方式的老年人口占 89.15%。有居家养老服务需求的老年人占 34.87%，急需上门护理、陪同看病的老年人占 15.37%，最急需“康复治疗”的老年人口占 9.69%。一定条件下选择进入养老机构的占 30.83%。打算在 5 年内入住养老机构的老年人占 4.23%，入住养老机构可承担的最高费用平均 367.30 元/月。急需老年产品的老年人占 78.91%，其中，急需助听、助看、助行、助浴、助康复的 27.54%，急需老年食品的 27.44%，急需老年文化产品的 9.59%，急需老年服装的 8.72%，急需老年旅游产品的 0.81%。

五是老年人对社会的满意度较高。76.41%的老年人对目前生活感到满意，93.96%的老年人认为比上一代幸福。对各级政府制定的老年优待政策满意、比较满意的占 55.21%，其中城镇为 68.746%，农村为 46.25%。70.38%的老年人对社会安定有信心。虽然 55.06%的老年人认为“自己越来越跟不上社会发展了”，但 80%的老年人认为自己仍可为社会作贡献。有子女的老年人觉得子女孝敬的占 85.08%，经济上帮助、生活上照料、常看望交流是老年人最希望子女做到的三大孝敬方式。55.30%的老年人表示自己当前生活中没有遇到什么困难，其中城镇为 64.76%，农村为 49.05%。有孤独感的老年人占 13.31%，其中城镇为 10.52%，农村为 15.16%。饲养宠物的老年人口占 22.73%。城乡老年人最大的愿望是“有一个健康的身体”，其他依次为“家庭和睦美满”和“增加收入”。

三、人口老龄化发展：四大趋势

一是老年人口将大幅度增加。到 2020 年，全省 60 岁以上老年人口将由 2008 年的 1337.28 万人增加到 2208.64 万人，占全省总人口的比重将由 2008 年的 14.20%上升至 22.33%，年均增加 72.61 万人，年递增率为 4.27%。到 2030 年，老年人口将达到 3022.84 万人，占全省总人口的比重为 30.99%；2050 年，老年人口将达到 3482.18 万人，占全省总人口的比重上升至 39.49%。

二是农村老龄化程度远高于城镇。到 2020 年，城镇老年人口将由 2008 年的 543.21 万人上升到 892.46 万人，占城镇总人口的比重由 12.12%上升到 16.03%，年均增加 29.10 万人。农村老年人口将由 794.07 万人上升到 1316.18 万人，占农村总人口比重由 16.09%上升到 30.45%，是城镇的 1.9 倍，年均增加 43.51 万人。到 2030 年，城镇老年人口比重为 22.96%，农村老年人口比重为 43.30%；到 2050 年，城镇老年人口比重为 36.56%，农村老年人口比重为 46.19%。

三是老年人口高龄化明显。2020 年全省 80 岁以上的高龄老人将达到 362 万人，每年递增 7.68；高龄老人占老年人口比重将由 2008 年的 11.14%上升到 16.40%。这一比重，2030 年下降为 15.56%，2050 年上升为 23.93%。

四是老年扶养比进一步提高。到 2020 年，我省老年扶养比将由 2008 年的 20.86%提高到 69.19%，平均 1.45 个劳动年龄人口扶养 1 个老年人。2030 年老年扶养比将达到 77.04%，2050 年达到 108.72%。从总扶养比分析，2015 年之前我省人口总扶养比低于 40%，是劳动年龄人口负担较轻的时期；2016 年以后，总扶养比超过40%并继续上升；随着老年人口增加，到2027年，总扶养比达到50%。因此，2027年之前是我省有利于经济社会发展的“人口红利期”。

四、对经济社会发展：六大影响

一是劳动力人口减少、人口红利期提前结束。人口老龄化快速发展造成全省人口年龄结构变化，从而导致劳动年龄人口减少。根据预测，到2020年，我省16～59岁的劳动年龄人口将由2008年的6539.1万人下降到6079.5万人，平均每年减少38万人。而45岁以上劳动力的比重，将由2008年的29.85%上升至2020年39.38%。在劳动人口减少和老年扶养比提高的双重作用下，导致我省的人口红利期于2027年比全国提前5年结束。

二是家庭养老功能弱化。根据统计资料，家庭户平均规模成逐年下降趋势，2007年由“五普”的每户3.22人下降为每户2.98人；独生子女的核心家庭户不断增加，2005年三人家庭户中的二代户占总家庭户的比例由“五普”的28.88%上升到33.5%。而随着老年人口增多、老年群体日益高龄化，大部分亲缘家庭将呈现4∶2∶1结构，即一对夫妇在抚养一个孩子的同时要照顾四位老人，家庭养老的经济负担和生活照料负担日益加重，将越来越多地依赖于社会。

三是机构养老需求急剧增大。随着人口老龄化的快速发展和家庭养老功能的弱化，老年人对机构养老需求呈剧增趋势。目前全省有养老床位29万张。按打算5年内入住养老机构的老年人占4.23%、74.11万人的调查数据计算，到2013年需增加养老床位45.11万张。如按发达国家65岁以上老年人入住养老院的比例一般为5%～7%计算，到2020年我省需养老床位81.27～113.78万张，每年需增加4.36～7.07万张。

四是医疗服务压力增大。根据调查和预测，老年人需求最大、困难最大的问题是医疗保障。老年人口比重平均每上涨1个百分点，医院床位需增加2.15万张，医生数量需增加1.18万人。到2020年，我省因老年人口增加所需要的医院床位数为38.05万张，医生数量为22.93万人，平均每年增加1.1万张、6028人。按2008年全省老年人平均医疗费支出1805.18元推算，2020年全省老年人医疗费支出总额将达398.66亿元。

五是老龄产业规模扩大和产业结构变化。庞大的老年群体对养老、医疗、保健、金融、旅游、房地产、教育以及日常生活和长期照料等的服务需求，必将大大带动老龄产业的迅猛发展，促进社会消费结构的变化，进而带动产业、产品结构和市场结构的调整及相关产业的发展。仅以养老床位测算，按发达国家标准，到2020年我省养老床位将缺口52.27～84.78万张，以国家权威部门提出的平均每张床位6万元的建设成本计算，仅养老床位建设投资就需313.62～508.68亿元。按国家相关部门的测算标准测算，到2010年，我省老年人口消费规模将超过1100亿元，到2020年将接近3600亿元，到2030年将达到1.1万亿元；到2010年，老年人口消费占总消费的比重将由2000年的9.67%上升到11.39%，2020年将上升到15.43%，2050年将达到28.29%。

六是社会保障、公共服务和文化设施建设压力加大。随着老年人口的不断增加和养老保障标准的不断提高，我省将面临着巨大的养老保障压力。同时，随着社会经济发展、生活水平提高、家庭养老功能弱化、价值观念改变，老年群体对文化、体育、卫生等公共服务设施和精神文化产品的需求都将不断增大，这都是在建设经济文化强省中必须予以高度关注的问题。

五、快速发展阶段：七项建议

一是党委、政府切实加强组织领导。要进一步加大对老龄事业的投入，不断完善让老年人共享经济社会发展成果的政策措施。加强老龄工作体制机制建设，建立健全党政主导、社会参与、全民关怀的老龄工作合力推进机制。

二是加快建立和完善城乡一体化的养老保障体系。进一步健全完善城乡养老保险、最低生活保障、城镇居民医疗保险、农村新型合作医疗制度以及城乡贫困老年人的医疗救助、生活救助制度，使城乡老年人都能实现老有所养，病有所医。

三是构建城乡兼顾、全方位的养老服务体系。加大政府对城乡养老服务业的投入，加快城乡老年公寓等养老机构及居家养老服务网点等养老服务设施的建设，加强养老服务专业人才队伍建设。重点做好居家养老服务工作，满足老年人的多种服务需求。

四是调整产业结构，大力发展老龄产业。把老龄产业纳入我省经济社会发展总体规划，以养老设施、生活照料、疾病护理、文化教育、体育健身、旅游观光、老年用品、老年服装、老年食品等为重点，积极构建老龄产业体系。

五是加强老年法制建设，不断健全完善优待老年人政策。尽快修订《山东省老年人权益保障条例》，不断完善老年人权益保障措施。在建立完善社会保障制度中，对高龄和贫困老年人实行倾斜政策。根据经济社会发展适时修订优待老年人政策规定，进一步扩大优待范围、增加优待内容、提高优待标准。积极倡导社会服务行业开展惠老公益活动。

六是加强老年文化建设，不断满足老年人精神文化需求。省、市、县、乡、村（居）普遍建立老年活动中心、活动室、健身场等，为老年文化活动提供必要的场所。积极发展适合老年人的影像制作、书刊出版、信息网络等事业，不断丰富老年文化产品。加强各级老年大学（学校）建设，不断满足老年人的学习需求。加强对老年文化体育组织的引导、管理和服务，广泛开展科学、文明、健康的老年文化娱乐和体育健身活动，不断丰富老年人的精神文化生活。

七是加强老龄科研，积极应对人口老龄化新情况、新问题。加强对老龄社会特点、规律和老龄事业发展战略的研究，为制定应对人口老龄化的战略对策提供科学依据。认真总结长寿规律，倡导科学、文明、健康的生活方式，提高全民生活质量和健康水平。加强老龄化形势宣传教育，建立老龄事业发展预警机制，提高全社会的老龄意识，根据变化的形势及时调整老龄工作政策规划，积极应对人口老龄化的新情况、新问题。

（课题组负责人：郭兆信　张传亭　张雪燕　陈志军）

（课题组成员：省政府办公厅、省老龄办、省发展改革委、省民政厅、省人力资源社会保障厅、省卫生厅、省人口计生委、省统计局、省老年学学会、山东师范大学）

（项目组成员：省老龄办、省统计局、省老年学学会、山东师范大学有关人员和专家学者）

江苏省居家养老服务业发展的思路和重点措施研究

江苏省老龄委办公室

一、我省居家养老服务工作现状

居家养老服务早先是体现在家政服务和“五保”分散供养工作中的，作为专项工作概念，我省是从2003年南京鼓楼区在全国率先第一个尝试政府为困难老年人购买上门服务时提出来并在全省推广的。全国老龄委办公室总结我省经验，2007年11月，在我省召开居家养老服务理论研讨会，参观和推广南京鼓楼和玄武区居家养老服务工作。2008年1月，正式以全国老龄委办公室等十部委文件的形式下发了《关于全面推进居家养老服务工作的意见》（全国老龄办发［2008］4号）。其中定义居家养老服务是指政府和社会力量依托社区，为居家的老年人提供生活照料、家政服务、康复护理和精神慰藉等方面服务的一种服务形式。我省“十五”老龄事业发展计划纲要提出：“建设居家供养为基础的老年福利服务网络”，“十一五”规划要求：“加快发展和完善以居家养老为基础、社区服务为依托和机构养老为补充的养老服务体系”。2009年开始又把社区居家老服务中心建设上升为省政府年度50项重点工作任务内容。2009年7月出台的省委省政府《关于加快我省老龄事业发展的意见》（苏发［2009］5号）把全面推进社会化养老服务作为重点，其中又把“大力发展居家养老服务。依托社区，为居家老年人提供生活照料、家政、康复护理和精神慰藉等服务，让老年人既不脱离家庭，又能获得专业化的社会服务”作为一项重要措施。

居家养老服务在国外，发展历史也不长，日本也就近10年来才快速发展。我国居家养老服务实践的发源地是我省，全国在我省召开居家养老服务经验交流和理论研讨会，从理论和实践上显示它具有投入省、资源利用率高、覆盖面广、吻合绝大多数老年人需求和中国传统文化的优势。我省已经建有社区居家养老服务中心1800多家。总体来说，还处于探索阶段向全面起步阶段迈进。在社会认识、基础条件、服务项目、服务组织、服务队伍以及规划、政策、管理、机制等方面都相对滞后于实际需要。正如民革江苏省委反应的“居家养老服务缺乏系统的科学规划，社区居家养老事业亟需政策引导和规范。服务体系尚未形成，养老服务不能满足社会需求”等。但是，经过前期的实践探索，我省居家养老服务运作模式在实践中已经逐步清晰，为全面启动、科学规划、政策引导居家养老服务网络建设，打下了良好基础。

二、居家养老服务调研座谈会反映的情况

我们开了3个小型调研座谈会。7月10日召开基层社区工作同志座谈会，南京玄武区一些街道以及

鼓楼区、白下区民办养老服务组织负责人参加了座谈。与会同志讨论的焦点是：第一，要建立和完善居家养老服务管理、评估、监管机制。政府应加强对居家养老服务工作的管理，明确责任，建立相应的工作机制。对居家养老的评估应由第三方承担，引入企业质量管理理念和方法，对硬件设施、专业服务、制度建设、队伍建设等方面进行系统评估。建立行业监督、老年人监督、社会监督和专业性组织监督的监管机制，确保居家养老服务不断提高服务质量。第二，加快社区信息化建设。应逐步实现老年人口信息管理、老年健康档案管理、退休职工社会化管理、居家养老服务管理等信息平台之间的有效衔接，形成统一的养老信息化管理系统，提高养老服务管理效率。目前，公安部门的老年人口信息、卫生部门的老年健康档案信息、劳动部门的退休职工信息、民政部门的“三无”和低保老人信息都在各自的信息库中，政府应协调相关部门实现信息资源共享和有效利用。第三，居家养老服务的优惠政策要具有操作性。现有的税收、用人、用地、用房，水、电、燃气、通讯、电视等优惠政策很难落实。例如，现行的先征后返的税收优惠政策，在实际的操作中往往出现征而不返或征而难返。

7月23日召开部分市县老龄办同志座谈会。与会同志讨论的焦点是：第一，要在政府购买服务、实施床位建设和运营补贴、奖励性扶持政策措施上突破，才能有效鼓励和支持社会力量参与，培育非企业和企业服务组织，加快推进政府主导的社会化服务进程。第二，要在平台建设上突破，加快建设社区老年服务设施。社区老年服务场所是政府、养老服务组织、老年组织三者依托和对接的载体，是居家养服务工作持续稳定发展的基础平台，必须量化目标任务。街道和乡镇100％要建有综合性的老年服务中心，30％以上的社区（村）要建立老年服务站点。第三，要在居家养老服务工作机制上突破，保证居家养老服务快速健康发展。要有人管、有人做。各级政府应将居家养老服务列入规划、列入为民办实事目标考核。各级老龄办或民政部门负责指导和综合协调，基层要设置公益性岗位，所需经费要保证来源，要充分发挥好各层面和各相关部门的作用，形成合力。

7月24日召开省相关部门工作座谈会，与会同志讨论的焦点是：第一，资源如何有效整合。财政部门提出居家养老服务工作要列入社区综合服务平台建设。社区作为提供居家养老服务的基础平台，发挥着承接公共服务，提供便利服务，组织教育培训，实现终端管理的重要作用。居家养老服务进一步深化和发展，工作重点应该是加强社区或共同居住区域的养老服务资源的优化与整合，提高社区服务功能。第二，要分类指导，统筹城乡和地区发展。一些量化的目标和任务要考虑地区经济差异，与实际相吻合。起步较早的地区要全面推广，对经济薄弱地区要加大扶持力度。第三，采取项目推进措施，以典型示范项目建设为引导，带动和推动整体工作的全面发展。第四，要制定规范标准，规范管理和运作，保证此项工作健康有序地发展。

三、我省居家养老服务成功经验

南京玄武区建立了以政府购买服务为引导、社区居家养老服务中心为载体、社会服务组织为主体、第三者评估为质量控制的居家养老服务运作模式。2005年起南京玄武区学习鼓楼区的做法，财政安排80万元用于购买居家养老社会服务，2009年增加到190万元。目前，全区有近千名独居和空巢老人享受政府购买服务。玄武区在组织上成立了由区政府副区长为组长，区老龄办、民政、卫生等部门领导组成的居家养老社会化服务工作领导小组，负责全区的居家养老工作。街道、社区成立了相应的工作领导和协调小组。制定了《玄武区居家养老社会化服务发展规划》，《玄武区居家养老社会化服务实施细则》《居家养老社会化服务评估实施办法》以及评估工作流程图、评估表、调查表等。区政府在网上公开招标政府资助居家养老服务项目的运作单位。建立健全以第三方为主的考核评估资助机制，对申请政府购买服务对象、居家养老护理员、养老服务组织进行跟踪评估。目前，全区8个街道通过整合区域内资源全部建立了居家养老社会化服务中心，20多个社区建立了居家养老服务点。全区居家养老护理员经过区劳动部门和区居家养老社会化服务评估中心培训合格后，持由劳动部门颁发的上岗证书，统一服装、统一标识、统一规范用语。全区居家养老服务的功能已由起初单一的生活照料、法律援助等拓展到康复训练、精神慰藉、心理疏导、家政服务、养老护理、家庭病床、水电气维修等“菜单式”服务。

苏州金阊区建立了政府主导的三级居家养老服务机构为网络的居家养老服务运作模式。主要做法是：成立了区居家养老服务指导中心、街道居家养老服务中心和社区居家养老服务站，并按《民办非企业单位》规定进行了登记，建立了全覆盖的居家养老服务网络。以保障困难群体老人为重点，以政府购买服务为手段，以建设和谐社会为立足点，通过“六定”全面推进居家养老服务。一是定要求。提出了街道居家养老服务中心“六有”标准：即有固定场所和信息化办公设施、有牌子、有专职管理人员、有 20 名以上专业服务人员、有专项资金、有健全的管理考评制度。社区居家养老服务站达到有牌子、有专人负责、有为老服务志愿者服务队、有特色服务项目的要求。二是定范围。确定了以困难老人和作出特殊贡献老人为重点的享受政府购买补贴服务 13 种对象三大类标准。主要有残疾孤寡老人、低保独居老人、伤残军人、子女不在身边的低收入老人、百岁老人及需要半护理或全护理的离休老干部等。三是定标准。根据服务对象的不同情况，结合实际，分每人每月享受 300 元、200 元、100 元的补贴标准实施居家养老服务。四是定内容。居家养老服务主要内容为生活照料服务、护理康复服务和精神慰藉服务。五是定形式。由街道居家养老服务中心、辖区养老机构和社会中介服务组织专业服务人员，以服务券核发、结算的形式开展居家养老上门服务。六是定程序。明确了从申请、审批到签约、服务、结算的六个主要程序，规范服务公约，营造和谐环境。目前，全区 5 个街道居家养老服务中心有家政服务员 186 名，有 216 位享受政府购买的补贴服务，并为 273 位老人提供微偿、低偿、有偿服务，为 516 位空巢、独居老人开展志愿服务。

苏州沧浪区建立了以信息技术为核心的“虚拟养老院”居家养老服务模式。苏州沧浪区民政局与电信机构合作，建立了一个信息服务平台——虚拟养老院，将老年人的服务需求与几十个服务单位提供的服务对接，由虚拟养老院接受服务、安排服务和跟踪检查评估服务质量，与提供服务者是分离的整合体。建立了 6 大类 53 项服务内容，老年人只要一个电话，就有人上门提供服务和跟踪质量随访，深受老年人的欢迎，被老年人亲切地称为“没有围墙的养老院”。目前，省民政厅和省老龄办正在推广这一服务模式。

无锡市滨湖区建立规范化社区居家养老服务中心为依托的居家养老服务运作模式。滨湖区相继在 28 个社区（村）建立了居家养老服务中心。社区居家养老服务中心统一规范，都建有三室二所，即 100 平方米以上的老年人活动室、50 平方米以上的老年人学习室、50 平方米以上的老年人医疗保健室、200 平方米以上的老年人日间照料服务场所和 100 平方米以上的老年人户外活动场所，各室、各场所配备相应的设施和器材。确保每个居家养老服务中心都能够向社区内老年人提供日间照料、医疗康复、棋牌娱乐、书报阅览、餐饮休息、谈心聊天等服务。目前，已建立的社区居家养老服务中心的建筑面积都在 400 平方米以上，最大的超过 1000 平方米。区投资 480 万元在全区 2858 个服务网点建立了市民求助中心和“一点通”呼救系统，以满足社区居家老人求助、呼救服务的需要。

四、居家养老服务理论分析

居家养老服务工作运行，至少需要具备服务对象、服务需求、服务主体、服务行为、服务资源和动力机制等要素的结合。

1. 服务对象。主要是确定政府服务对象。一方面，随着经济保障的改善，老年人对生活质量的追求会带来养老服务需求的上升，市场应把全体老年人作为服务对象，提供丰富的多层次的服务项目。另一方面，老年人因年龄的增高和身体机能的衰退，带来特殊服务需求上升，服务对象主要是高龄老年人、体弱多病的老年人、失能半失能老年人，其中有三种情况，一种老人家人有能力照顾，政府需要做的是教育和维护老人在家庭被赡养的权益；第二种老人家庭有经济条件购买服务，这是市场服务的对象，政府需要做的是市场监管；第三种老人既没经济条件又没有家人照顾，这部分人是政府的责任，需要提供社会福利承担服务保障。目前，政府已经承担的服务对象有“五保”老人，“三无”老人，重点优扶对象。需要拓宽的是低保对象和低收入对象中的失能、半失能没有家人照顾的老人，如果政府不提供服务保障，他们将难以生存，涉及基本权益保障问题。政府可以通过直接提供服务和购买服务两种方式实现服务保障。需要探讨的是能否建立适度普惠制福利，让有经济条件的老年人也享受一定程度的福利服务。例如，分享政府和公益事业提供的场所资源，分享对养老服务机构优惠政策带来的低价服务实惠。

2. 服务需求。老年人服务需求有：生活服务（包括生存服务和一般生活服务），医疗康复服务，应急呼叫服务，心理关爱服务，法律维权服务，文体生活服务等。

——生活服务：为老年人提供生活照料（包括吃饭、大小便、上下床、穿衣、行走等生存服务）、陪护、配餐送餐、家政等服务。

——医疗康复服务：为老年人提供上门就诊、急诊送院、家庭病床、家庭康复与护理等服务。

——应急救助服务：为高龄、高危、独居的老年人群提供应急呼救服务和定期上门访询服务，做到 15 分钟内能够为老年人提供医疗和安全等紧急呼救需求服务。

——心理关爱服务：以促进快乐和心境平和为取向，为因身体、家庭、社会等原因产生忧郁、焦虑、压抑、情绪失控的老年人，提供聊天、心理咨询（疏导）、交友、心理危机干预，临终关怀等服务。

——法律维权服务：为老年人提供法律咨询和法律服务，为符合援助条件的老年人提供法律援助，为行动不便的老年人提供上门法律服务，为老年人提供心声倾诉、矛盾调解、社会支持等社会工作服务，为防范老年人人身、财产等合法权益受到不法侵害提供有效的安全服务等。

——文体生活服务：为满足老年人学习教育、文化活动、体育健身、上网遨游、参与社会等精神文化生活需求创造条件和提供服务。

需要探讨的是居家养老服务内容是否要将老年人走出家门的服务包括在内，是否要将文体生活的内容包括在内。我们认为，政府在目前的经济条件下最主要的任务是承担经济困难又没有家人提供服务的高龄、体弱多病、失能半失能老年人基本生存和生活服务、医疗康复服务、应急救助服务、心理关爱服务和法律维权服务。老年人走出家门的文化服务是提高生活质量服务与基本生活服务是两个不同层次的服务，作为政策考虑应当区别开来。

3. 服务主体。传统的养老服务是政府承担“五保”、“三无”老人服务，其他老人服务由家庭承担。从更大程度上调动有效资源出发，应当是政府、家庭、社会和老年人共同作为服务的主体。需要探讨的是如何把握四者所占的比例和四者如何更好地整合。据测算，需要提供基本生存和生活服务的老年人占老年人口的5%，目前，我省各级政府投入的福利院、老年公寓、敬老院承担了1%的老年人养老服务，社会各种养老机构和组织承担了1%的老年人养老服务，其他，由家庭和老年人承担。从提高服务质量看，将来更多地需要培育专业化社会服务组织作为服务主体，政府承担的服务对象可以通过购买服务来实现。但目前由于养老服务刚起步，还是微利行业，社会专业服务组织还不成熟，所以，政府作为服务主体的位置还未转变。老年人作为服务主体过去只是体现在家庭中，从未来劳动力下降趋势看（我省2007年劳动力人口已经从高峰开始下降），低龄老年人未来还将是社会服务组织中的重要的服务主体。

4. 服务行为。居家养老服务行为可以是政府行为，或社会行为、市场行为。其他国家的实践过程，养老服务包括居家养老服务有三种行为并举，有两种行为并举，也有一种行为为主。选择是因客观条件和背景不同而决定的。例如，有的国家居家养老政策是鼓励需要照顾的老人由亲属和朋友照顾，政府提供培训和经济补贴。有的国家主要是政府向社会服务组织购买服务，让市场自由发展。有的国家重点扶持非政府非企业服务组织，社会民众资产的积累日益膨胀。我国目前养老服务的市场刚起步，老年人的购买能力和相关服务企业都不成熟；从非营利角度看，社会公益资产的保护、使用法律以及管理体系还不健全，社会投资人的公益和慈善意识也还没有成熟，往往表面说不为赚钱，实际是为赚钱而来的。靠政府行为难以满足日益增长的老年社会服务需求。因此，要加快养老服务业发展，三种行为并举是必然选择，但从长远看要注重培育非营利社会行为。三种行为并举需要探索的是如何相结合，发挥最大的社会效应。可以选择的整合机制有：一是管理者和兴办者的分离，二是责任者与履行责任者分离，三是投资者和经营者的分离，都有利于专业化发展和社会资源的投入。

5. 服务资源。目前，能够用于居家养老服务的资源，财力方面有政府财政投入、企业和个人资本投入、社会慈善投入、外资投入（目前还没有先例），从设施方面有社区、事业和企业单位用房和活动场所，从人力方面有学校培养出来的学生、“4050”下岗人员、农村转移劳动力、子女和低龄老年人等。资源整合，调动更多的资源服务于老年人是发展居家养老服务的重要实践课题。

6. 动力机制。一是权力驱动。要靠行政动力，把居家养老服务列入政府目标考核，摆上政府工作重要位置，形成发展的压力。二是利益驱动。要让为老服务组织和机构有钱可赚，才能吸引投资者，实现自身的产业发展和升级。三是爱心、孝心、感恩的心、责任心、事业心驱动。要鼓励和表彰奉献精神，推进慈善、非营利和志愿行动。肯定为老乐，为老荣的境界。要让全社会明白为老年人的今天造福，就是为年轻人的明天铺路的道理。

五、居家养老服务的发展思路

居家养老服务发展思路重点需要解决几个问题：

一是居家养老服务在养老服务体系中的位置以及相应的目标任务。全国提出“建立以居家养老服务为基础，社区服务为依托，机构养老服务为补充的养老服务体系”的发展思路，确定了居家养老服务在整个养老服务体系中的位置。但是，这一提法还有不足，应该改为“建立居家为基础，社区为依托，机构为骨干，各类涉老服务组织为主体协调发展的养老服务体系”。根据老年人需求，今后一段时期内，居家养老服务目标任务是，为100%的老年人提供15分钟内的应急呼救服务和医疗卫生服务；为1%左右的老年人提供政府购买的居家基本生活服务，为30%左右的老年人提供有偿和低偿的家政服务和基本生活服务。

二是发展的居家养老服务的途径。即福利、社会、市场三条途径的选择和结合。根据我省实践经验和以上理论分析，居家养老服务业发展途径应该是“福利基础、社会主体、市场推动”。具体说，是以政府扶持政策、规范管理为引导，政府设施投人、购买兜底服务为基础，各种社会专业服务组织为主体（包括老年人协会和志愿者参与），福利、非营利和市场机制同时并举，借用市场机制推动快速发展。

三是政府的定位和建立什么样的管理体制机制。政府的养老服务政策定位应该是：保基本，增福利，促市场。引导社会的养老服务体系朝着服务主体多元化、服务对象公众化、服务方式多样化、服务队伍专业化、运行机制市场化方向发展。政府的职能定位主要是科学规划、政策引导、规范管理、资金扶持、兜低保障。针对不同服务对象，开展政府购买的无偿服务、政府扶持的低偿服务、政府和社会投人的公益性服务、志愿者服务以及提供政府管理的市场专业化有偿服务等，满足居家老年人多层次、多元化的服务需求。要建立政府职能部门和上下层面之间相互协调，形成合力的管理体制和机制；建立福利、非营利和企业组织分工清晰，各自积极性得到充分调动的体制和机制；建立促进专业化发展和质量有效控制的体制和机制。

四是居家养老服务运行模式的选择和创新。居家养老服务的运行模式，成功的实践有：一是以社区服务机构为依托的模式，二是以信息平台为依托的模式，三是以各类专业组织为依托的模式，四是将以上三种模式相结合的模式。发展方向是，以社区居家养老服务中心、社区卫生服务所、社区文体活动场所为依托，以各类专业化社会服务组织为主体包括老年人协会参与、志愿者参与，以信息服务平台为技术支撑，以人性化关怀为服务质量核心，管理、运作、评估三者相分离的复合式运行模式。居家养老服务概念严格地讲是社会提供上门的为老服务。我国的居家养老服务模式，主要是以社区服务为依托，与社区为老服务工作是融合在一起的，甚至是同样的服务队伍，只是服务的场所有所区别，一个在家，一个在社区。许多服务工作难以分割开来。因此，我们常常称居家养老服务为社区居家养老服务。但是，从发展看，应该鼓励和扶持多种居家养老服务模式以及复合性的居家养老模式。

六、加快我省居家养老服务业发展的重点措施构想

1. 科学规划包括居家养老服务在内的养老服务体系建设。把发展居家养老服务作为破解中国养老服务保障难题的重要途径，养老服务体系建设的主干。特别要注意把2009年度居家养老服务工作目标任务、2010年“十一五”规划目标任务、2012年本届政府工作目标任务与“十二五”规划相衔接。按照阶段工作目标，稳步扎实地推进居家养老服务业的发展。2012年前，全省城市社区基本建立起多形式、全覆盖的居家养老服务网络；农村社区（村）依托敬老院、村级组织活动场所等现有设施资源，建立综合性老年服务中心（站），苏南、苏中、苏北农村建成比例分别达到40%、35%、30%以上。依托社区，为居家老年人提供生活照料、家政、康复护理和精神慰藉等服务，让老年人既不脱离家庭，又能获得专业化的社会服务。在提供短期托养、日间照料以及助餐、助洁、助浴、助医、助行、助购等生活服务的同时，兼顾老年人多种需求，提供文化娱乐、学习教育、心理关爱等服务。

2. 加快推进社区居家养老服务中心建设。今后3年全省新建6000个以上社区（村）居家养老服务中心（站），省财政安排专项资金给予补助或采取以奖代补的方式予以奖励，各地财政也应给予相应的补助。

3. 各级政府要积极采取购买服务、资金补助等政策措施，引导和鼓励社会中介组织、家政服务企业参与居家养老服务。2012年前所有县（市、区）都要建立政府购买服务政策，加大在这方面的经费投入，并建立增长机制。

4. 拓展居家养老服务内容。要研发、创新、丰富人性化居家养老服务项目，提高服务的效果和含金量，建立多层次、多种类的，有偿、低偿、无偿的服务，满足不同经济水平和文化层次的老年人服务需求。特别是要开展老年精神关爱服务，提高老年人幸福感。

5. 创新和完善居家养老服务工作机制。一是省、市、县三级政府老龄工作委员会办公室或民政部门负责居家养老服务的指导、综合协调和整体推进工作，并根据本地经济、老年服务需求和政府职责，提出政府购买相关管理岗位和购买服务量的资金投入数额；二是街道和乡镇要建立由行政领导、老年服务机构、社会保障和卫生服务机构、老年人协会等参与的居家养老服务领导小组，统筹和协调居家养老服务工作；三是街道（乡镇）老年服务中心和社区（村）服务站具体承担综合性的居家养老服务事务管理，建立老年人信息档案库，发布老年服务需求信息和社会服务供给信息，承担政府委托的其它养老服务事项等职能；四是建立信誉管理体系，大力培育各类品牌服务组织，鼓励连锁经营；五是注重发挥基层老年人协会在反映老年人需求、为老年人服务、维护老年人权益、参与老年人服务管理方面的作用；六是引入养老服务意外保险，化解或减少老年人和服务人员在服务过程中产生的意外风险；七是对服务关系的建立实行规范协议文本管理；八是实行第三者评估制度；九是非企业组织提供养老服务的票据由财政部门监制印制，民政部门与财政部门制定相应管理办法。

6. 建立为老信息服务平台。推广以信息平台为中心的“虚拟养老院”建设。与110、120、“安康通”等信息服务联动，整合公安、卫生、劳动保障、民政、妇联等部门相关信息资源，链接家政、护理、保健、维修、餐饮、法律、文化、心理等服务组织，使老年人服务需求与服务供应对接，使服务质量得到跟踪监控和评估。

7. 制定和完善居家养老服务中心建设标准，居家养老服务规范标准，老年人宜居社区标准。省老龄办已经制定了《社区居家养老服务中心评估标准》(试行)，有待在实践中要不断完善。省老龄办已经与省质监局起草《居家养老服务规范江苏地方标准》。省老龄办与南京玄武区老龄办正在试点研究《老年人宜居社区标准》，其中包括居家养老服务。

8. 加快发展为老服务队伍。制定为老服务专业队伍发展规划，通过大专院校、技术职业学校、岗前培训、岗位培训、职业技能等级培训等，造就专业化的为老服务队伍。动员和组织志愿者，壮大志愿者队伍。要开展结对帮扶活动，动员和组织低龄老人为高龄老人服务，建立服务时间储蓄制。把开展居家养老服务与实施下岗再就业工程相结合，与农村劳动力转移相结合。要逐步实行持证上岗，从队伍建设的进口把关，确保良好的道德素养和基本的专业技能。要逐步实施职业技能等级服务和等级待遇制，促进服务人员整体素质和服务质量的不断提高，加快养老服务职业化发展。

浙江省建立无基本养老保障老年人养老补助金制度调查报告

浙江省老龄办专题调研组

党的十七大要求：“加快建立覆盖城乡居民的社会保障体系”，“探索建立农村养老保险制度”，实现“人人享有基本生活保障”和“老有所养”。中共浙江省委《关于认真贯彻党的十七届三中会精神，加快推进农村改革发展的实施意见》提出：“加快健全农村社会保障体系，加快建立新型农村社会养老保险制度，有条件的地方对超过劳动年龄、未参加养老保险的老年农民给予一定的养老补助。”为进一步促进城乡养老保障制度的建立和完善，省老龄办对我省老年人社会养老保障制度，特别是无基本养老保障老年人养老补助金制度（以下简称“养老补助金制度”）建设情况进行了专题调研。有关情况报告如下：

一、城乡老年人基本养老保障覆盖面偏低

本次调查时点为2008年12月底，个别项目如“养老补助金制度”至2009年6月，采取全省普查（以县、市、区为单位）与典型调查相结合的方式。普查的基本养老保障项目包括：机关事业单位离退休制度、企业职工基本养老保险制度、城乡居民养老保险制度、被征地农民基本生活保障制度、农村“五保”和城镇“三无”对象供养制度。本次调查，还对以下县（市、区）开展了典型调查：杭州市西湖区、桐庐县、宁波市鄞州区、慈溪市、余姚市、嘉善县、海宁市、武义县等，重点了解城乡居民养老保险、新型农村社会养老保险（以下简称“新农保”）、养老补助金制度建设情况和农村老年人养老的基本情况等。

调查显示：我省有60岁及以上老年人734万，占总人口的15.89%；其中：城镇205万，占城镇人口的15.05%；农村529万，占农村人口的16.24%。农村老龄化系数比城镇高出1.19个百分点。全省246万60岁及以上老年人享受不同类型基本养老保障，占老年人总数的33.52%，其中：城镇117万人，占城镇老年人的57.07%；农村129万人，占农村老年人的24.41%。此外，全省有低保对象68.7万人，其中60岁及以上老年人26.6万，占38.7%。

整体上看，我省老年人参保面已超过1/3，城镇已接近60%，农村约1/4，社会养老保障工作取得了较大进展。但老年人整体参保比例较低，城乡差距明显，城镇月人均保障水平为1505元，农村月人均保障水平为281元，城镇是农村的5倍。特别是35个欠发达县（市、区），城乡老年人参保比例只有19.07%，比全省平均参保比例低了近15个百分点；农村老年人参保比例只有10.60%，不及全省平均参保比例的一半。因此，进一步扩大城乡老年人社会养老保障覆盖面，加快推进农村养老保障制度的建设和完善，逐步提高农村老年人参保面和养老金水平，缩小城乡差距，是我省进一步做好养老保障工作的重要课题。

二、养老补助金制度发挥了重要的补充作用

2006年，宁波市鄞州区积极探索，为男60岁、女55岁以上没有参加基本养老保障的老年人发放生活补贴。在当时没有开展城乡居民养老保险和新型农村养老保险的情况下，创造性地解决了“养老保障制度外”老年人的基本生活保障问题。紧随其后，杭州市萧山区、余杭区、嘉兴市的各县（市、区）、绍兴县等也建立了养老补助金制度。养老补助金全部由当地财政承担，列入财政预算。目前，全省已有23个县（市、区）建立了该项制度，有73万城乡老年人（城镇6.5万人、农村66.5万人）纳入其中，每人每月的养老补助金最低的30元，最高的150元。23个县（市、区）中，每月发放50元以下的有8个，50～70元的13个，80元以上的2个。每月发放50～70元养老补助金的县（市、区）占57%。23个县（市、区），年均发放养老补助金约4.6个亿，平均每个县（市、区）近2000万元，约占当地财政收入的1%左右，最高的诸暨市占1.5%，最低的余杭区占0.2%。

目前，我省实施的养老补助金制度有三种类型：一是纳入综合配套制度。养老补助金制度作为综合性养老保障制度的一项内容，予以专条明确。如富阳市出台《富阳市基本养老保障办法》，与职工基本养老保险、被征地人员及城镇老年居民社会保障、机关事业单位养老保险、农村居民养老保险相衔接，对制度外城乡年满70周岁以上老年居民直接发放基本生活补贴。实行类似制度的还有嘉兴市的6个县（市、区）以及绍兴县。二是独立建立制度。把养老补助金制度作为一个专项保障制度，专门出台文件，单独实施。目前，建立这类制度的有11个县（市、区），包括杭州市萧山区、余杭区、桐庐县、宁波市鄞州区、余姚市、海宁市、绍兴市越城区、诸暨市、上虞市、嵊州市、新昌县。三是以奖代保。2005年，舟山市委出台的《关于建立渔农村新型社区的若干意见》提出“开展创建文明家庭竞赛活动，建立‘以奖代保’制度。凡拥护党和政府、爱国爱乡、遵纪守法的家庭，均可评为文明家庭，并发给60周岁以上老年人每人每月30元的奖金”。通过以奖励代保障、以奖励代福利，逐步建立新型渔农村养老保障制度。

建立养老补助金制度，是我省各地在探索建立覆盖城乡居民社会保障制度，特别是农村养老保障制度过程中，依据当地经济社会发展状况，以及广大老年人的迫切需求，而建立的一种符合当地实际和现实需要，满足“广覆盖、保基本、多层次、可持续”要求的养老保障机制，其作用和意义十分重大。从政府层面看：养老补助金支出，全部由政府财政承担，无需老年人缴费，只要是没有享受到基本养老保障，达到一定年龄阶段，都可以享受。这是一种具有福利性、普惠性的养老津贴制度，是政府调节国民收入再分配的一种有效形式，对于推进基本公共服务均等化，完善公共财政体系，增强政府提供基本公共服务能力，促进社会公平正义，具有重要意义。从社会保障层面看：建立养老补助金制度，是统筹城乡社会保障一体化发展，逐步实现养老保障全覆盖的一种重要手段。省委在《加快推进农村改革发展的实施意见》中提出：“到2012年，农村养老保险制度基本建立。”要实现这一目标，首先要把弥补制度缺失作为优先目标，先解决“从无到有”的问题，再循序解决“由低到高”的问题。实施养老补助金制度，对于消除社会养老保障覆盖盲点，提高农村养老保障水平，尽快实现覆盖城乡居民养老保障体系具有很大的促进作用。我省试点开展的新型农村养老保险制度，参保的主要对象是18—59周岁的劳动人群，对老年人特别是70周岁以上的老年人吸引力不大，一是因为70周岁以上老年人余寿较短，多认为缴费划不来；二是因为家庭困难，无力缴纳参保费。据慈溪市调查，70—80岁老年群体中无力投保的占了53%。因此，在推进“新农保”建设的同时，养老补助金制度建设仍具有独特的作用。从和谐社会建设层面看：发放养老补助金，是党和政府对广大老年人的关爱，对于减轻家庭供养负担，提高老年人的独立意识和自身价值，引导社会和家庭尊老敬老养老，弘扬中华民族优良传统美德，促进社会和谐与稳定，具有重要意义。

养老补助金制度存在的主要问题：一是覆盖面较窄，地区差异明显。全省只有1/4的县（市、区）建立了养老补助金制度，覆盖人群只占无基本养老保障老年人的15%，且主要集中在杭州、宁波、嘉兴、绍兴等发达地区。二是制度设计差异较大。存在着四种差异：（1）城乡差异明显。有12个县（市、区）

按城乡不同标准发放养老补助金，城镇标准高于农村。有4个县（市、区）仅在农村居民中实施。(2)标准差异较大。补助金标准有每月30元、40元、50元、60元、70元、80元、100元、150元不等，最低与最高相差100多元。(3)对象范围不同。发放养老补助金的起始年龄，有从55岁开始的，有从60岁开始的，也有从70岁开始的。(4)管理部门不同。有劳动保障部门管理的，有民政部门管理的，也有当地农办管理的。城乡不统一，标准差别大，是制度设计的一大不足，反映出养老补助金制度有待进一步规范。

三、养老补助金制度的可行性

（一）建立非缴费型养老补助金制度已成为国内外完善养老保障体系的发展趋势

普惠制非缴费型养老金制度作为缴费型养老保险制度的一种补充，在一些发展中国家的农村占据着重要地位。据国际助老会统计，目前全世界约有72个国家建立了普惠制非缴费型养老金制度，其中46个为发展中国家。普惠制非缴费型养老金制度对于降低发展中国家尤其是低收入国家贫困率发挥了良好作用。在实施普惠制非缴费型养老金制度后，阿根廷、巴西、哥斯达黎加的赤贫率降低了60%以上。世界银行有关报告指出，普惠制养老金制度有利于保证消除贫困目标，并在政治上获得广泛支持。

基于我国现实国情和农村经济社会发展水平，缴费型养老保险制度与非缴费型养老保障制度，必然“同时并存、并存互补”，即以缴费型养老保险为主，以非缴费型养老保障为辅，实现两者互补，共同发展的养老保障格局。近年来，我国一些省市开始探索建立养老补助金制度。据了解，北京市2007年出台了《城乡无社会保障老年居民养老保障办法》，对未享受社会养老保障待遇的60周岁以上老年人，每人每月发放200元养老补贴。此外，上海、天津、江苏、宁夏等地，也在全省（市、区）范围内实行了养老补助金制度。

（二）我省农村养老现状和老年人基本生活费用分析

据省统计局调查，我省农村的主要养老方式是家庭其他成员供养和老年人自己劳动收入自养，两者的比例分别占全省老年人的44%、43%，两者之和为87%。据武义县调查，当前农村从事粮食生产的主要是老年人。年龄在55岁以下的青壮年，几乎全部外出打工、经商，老年人成了农村粮食生产的主要承担者，成了家庭成员的粮食供应者。但是，从事农业生产的主要是60—69岁的低龄老人，70—79岁的中龄老人劳动能力大大降低，靠自己劳动收入自养的比例也急剧减少。80岁以上的高龄老人，则基本丧失了劳动能力。因此，70岁以上老年人，如果得不到家庭成员的有效供养，其养老问题就十分突出。

2008年，我省农村居民人均纯收入是9258元，人均消费支出是7072元。当年，农村家庭恩格尔系数（家庭食品消费支出占生活消费总支出的比重）为38%，衣着类消费约占生活消费总支出的6.2%。据《2006年浙江省城乡老年人口生活状况调查报告》，农村老年人居住消费约占生活费总支出的5.7%。衣食住消费合计为49.9%，人均月消费支出294元。如果老年人衣食住消费是所有成员平均水平的80%，则老年人月均基本生活消费为235元。另据余姚市委政研室对全市农村居民日常生活消费标准反复测算，当地农村老年人月人均生活费支出约220元。衣、食、住，是除医疗以外老年人养老生活的三件大事，是养老保障重点关注的内容。

（三）建立全省养老补助金制度可行性分析

在全省范围内，建立养老补助金制度，条件已经成熟。

首先，建立全省养老补助金制度已经有了初步基础。我省已有23个县（市、区）建立了养老补助金制度，为建立全省养老补助金制度奠定了初步基础，积累了一定经验。通过总结经验，分析利弊，扬长避短，可以制定出一个符合我省实际、满足广大老年人基本需求的养老补助金制度。

第二，财力可以承受。目前，全省城乡有70周岁以上无基本养老保障的老人251万人（其中，农村205万人），按每人每月发50元计，则年发放总额约为15亿元（其中，农村12亿元），占2008年财政收入的0.8%；按每人每月60元计，则年发放总额约为18亿元（其中，农村15亿元），占财政收入的0.9%；按每人每月70元计，则年发放总额约为21亿元（其中，农村17亿元），占财政收入的1.1%。。

考虑到35个欠发达县（市、区）经济基础比较薄弱，可以采取省级财政转移支付，或全额支付，或按一定比例支付。目前，欠发达地区有70周岁以上无基本养老保障的老年人91万人（其中，农村80万人）。如果省级财政按每人每月60元全额转移支付，则每年转移支付资金约6.6亿元（其中，农村5.8亿元），占2008年省级地方财政收入的3.2%。

第三，70周岁以上老年人迫切需要非缴费型养老保障。根据我省农村养老现状和老年人基本生活费用支出分析，中高龄老年人基本丧失劳动能力，自我养老能力差；加之年龄较大、缴费能力不足等因素造成参加新农保的意愿较低，使得70周岁以上老年人游离于制度化的养老保障体系之外。因此，建立养老补助金制度可以解除他们的后顾之忧。如果按农村老年人每月基本生活费支出235元计，每月发放60元养老补助金，则占其基本生活费支出的25%以上，对保障老年人基本生活是一个很大的支持。

第四，可以实现与新农保制度的衔接。除制定养老补助金政策时要充分考虑与新农保相衔接外，实施养老补助金制度后，又建立新农保制度的，老年人可以自愿选择两种制度的任何一种。从鄞州区的实践看，由于被征地农民基本生活保障和新农保的保障待遇较高，吸引力较大，领取养老补助金的人数逐年减少，2009年比2006年减少了1.96万人。据国务院参事、中国人口与发展研究中心魏津生研究，向未参加社会养老保障的70周岁以上农村老年人发放养老补贴，并将其纳入农村社会养老保障体系，则养老补助金发放年限最长15年，届时可对接新农保。因此，以新农保为主，以养老补助金为辅，把两者结合并最终对接于新农保的做法，可以尽快实现农村养老保障的广覆盖。

综上所述，养老补助金制度在实施过程中虽然还存在一些问题有待进一步规范，但总体而言发挥了良好的作用。我们建议：在建立全省城乡统筹的养老补助金制度或实施新农保制度时，首先要实行城乡一体化发展。无论今后是单独建立养老补助金制度，还是将养老补助金纳入新农保的基础养老金，都应坚持“起步低标准、财政可承受、后续可调整、发展可持续”的原则，统筹考虑城镇和农村老年人的基本养老保障问题，推动我省养老补助金制度健康、有序、一体化发展。其次要明确相关职能部门，把养老补助金制度建设摆上重要的议事日程。根据我省养老补助金制度发展的形势，应尽早明确相关主管部门，对建立全省养老补助金制度作进一步深入研究，并与城乡居民养老保险、新型农村社会养老保险制度的试点和推广相衔接，推动覆盖城乡的养老保障制度加快发展。

我省养老服务事业现状及加快发展的若干建议

江西省委政研室 省民政厅 省老龄办调研组

我省自2005年进入老龄化社会以来，人口老龄化不断加快，养老服务面临前所未有的新形势。为进一步理清新形势下我省养老服务事业发展的思路和举措，最近我们联合开展专题调研，并赴浙江、江苏两省考察学习，就加快发展我省养老服务事业提出若干建议。

一、我省人口老龄化的特征和养老服务面临的挑战

按国际通行惯例，总人口中60岁以上人口比例超过10%或65岁以上人口超过7%，即标志着进入老龄化社会。我省已进入老龄化快速发展阶段，呈现出以下特点：

一是老年人口规模大、增长快。2008年全省60岁及以上老年人口达到549.57万人，占总人口12.49%，即1/8，高出全国0.49个百分点。据预测，今后我省老年人口将以年均2.13%的速度、60万人的规模递增，2014年老年人口比例将达1/6，2048年上升到1/4。

二是高龄老人逐年增多。2000年全省80岁以上高龄老人为33.36万，2008年达到57.2万，占全省总人口1.3%，占老年人口数10.4%。

三是老龄化超前于经济发展水平。发达国家人口老龄化一般出现在经济发展较高水平的阶段，如日本1970年进入老龄化社会时人均GDP已达1689美元，而我省2005年人均GDP刚刚突破1000美元，“未富先老”特征明显。

四是家庭小型化趋势明显，“空巢”老人持续增加。2008年全省平均每个家庭人口为3.38人，比上世纪80年代平均少1.56人，比90年代平均少1.02人，比2000年少0.38人，比上年少0.01人。家庭规模缩小带来代际关系变化，老年人独自生活的“空巢家庭”持续增加，目前全省城市“空巢”老人家庭约占家庭总数43%，农村占40%。

不断加快的老龄化进程和日趋庞大的老年人群，给经济社会发展带来了广泛而深刻的影响，社会和家庭养老负担急剧加重。而家庭小型化又使家庭养老功能日益弱化，传统家庭养老模式面临挑战。随着第一代独生子女的父辈陆续进入老年期，“4－2－1”家庭结构持续增加。一对夫妇要赡养4位老人、抚养1个孩子，无论经济收入还是时间精力都很不现实，养老服务社会化已是大势所趋。

二、当前我省养老服务面临的主要困难和问题

近年来，在各级党委、政府的重视和全社会共同努力下，我省社会养老服务事业取得初步成效。一是老龄工作体制基本确立。省市县三级老龄委及办公室先后成立，老龄工作列入党委、政府议事日程，老龄事业被纳入经济社会发展规划和年度工作计划，老龄工作协调机制初步建立。二是出台了有关政策措施。2001年省政府出台了《关于加快实现我省社会福利社会化的决定》(赣府发［2001］7号)，2006年省政府办公厅下发了《关于加快发展养老服务业的实施意见的通知》(赣府厅发［2006］42号)，一些市县也陆续制定了相关政策。三是养老机构硬件设施得到一定改善。2004年以来，全省以福利彩票公益金为主投入资金近15亿元，新建和改扩建敬老院、福利院、光荣院项目1600余个，新增床位近12万张，公办社会福利机构硬件整体水平上了一个新台阶。截止2008年底，全省建有公办社会福利机构1665家，养老床位16万张，入住老人13.8万人；民办养老机构110所，床位8700张，入住老人4300人。四是培育了一批养老服务社会化示范城区。2005年省民政厅确定了省级养老服务社会化示范试点单位。南昌市东湖区和九江市浔阳区被民政部确定为部级养老社会化服务试点单位，在推进养老服务社会化特别是开展社区居家养老服务方面进行了初步探索，取得不少经验。

虽然我省养老服务事业取得了一定成绩，但总体上还处在探索阶段，与不断增长的社会养老需求不相适应，与实现“老有所养”目标的要求不相适应，与兄弟省市相比有较大差距。主要表现在：

一是社区养老服务能力薄弱。2001－2003年在民政部“社区老年福利服务星光计划”推动下，全省社区老年福利服务网点曾一度覆盖993个社区。但由于计划实施完成后没有后续投入，网点运转困难，目前大多名存实亡，网点用房有的用作社区办公房，有的成了麻将室。基层社区工作人员少、任务重，大多难以开展养老服务。即使作为部级试点的南昌市东湖区、九江市浔阳区，居家养老服务也仅限于“三无”老人、90周岁以上高龄老人等特殊对象，服务覆盖面较低。在农村，社区养老服务几乎为空白。

二是养老服务机构发展不够协调。2008年我省每百名老人拥有养老机构床位数为3.2张，数量上超过了1.5张的全国平均水平，但主要集中在敬老院、光荣院等公办机构。由于公办养老机构“公建民营”等改革滞后，服务对象仍以城镇“三无”人员和农村“五保”对象等社会救助人群为主，面向社会老年人服务的较少。民办养老机构发展缓慢，民办机构床位仅占全省总床位数5%，远远低于江苏、浙江20%～30%的水平。大多规模偏小，每个民办机构平均入住老人仅39.19人，与平均100人的经济规模相距甚远。吉安市中心城区至今还没有一所上规模的养老机构。

三是养老机构服务水平不高。目前我省机构养老服务大多停留在基本的生活照料上，服务水平不高，缺乏特色，难以满足不同文化层次、不同经济状况老人的服务需求，导致一方面多数机构入住率低，床位大量闲置(全省民办机构平均入住率仅为49.6%)，另一方面又有大批老人无从享受较高水平的服务，少数档次较高的养老机构则出现“排队入院，一床难求”的状况。不少民办机构由于入住率低，维持收支平衡困难，若将前期投入计算在内，多数处于亏损状态，难以实现良性发展。

四是养老服务从业人员少，专业人才更为匮乏。2008年全省公办养老机构职工9199人，其中具有养老服务职业资格证书1838人，仅占20%；民办机构服务人员1428人，持有职业资格证书217人，占17.4%。全省从业人员与老年人口总数比例仅为1：549。全省迄今仅举办养老职业技能培训班8期，培训566人。多数民办机构服务人员多为农村妇女和城镇下岗人员，文化水平低、年龄偏大，队伍很不稳定。

五是养老机构面临较大风险。养老机构入住老年人年老体弱，有的疾病缠身，发生摔伤等意外的几率较高，院内死亡现象也时有发生。一旦发生意外，很多家属都将责任归咎于养老机构，采取非正常手段提出过份要求，或上法院索赔，而入住前签订的服务协议又不具备法律效力，一次较大事故就足以拖垮一个养老机构。为规避风险，上海市今年全面推行“养老机构入住老人意外伤害保险”，但我省保险公司还没有此类险种。

当前我省养老服务事业发展滞后，原因是多方面的：

一是思想认识和养老观念滞后。一些地方对已经到来的老龄化形势及其深刻影响估计不足，养老服务工作主要还局限在民政部门，对养老服务的公益性质认识不够清晰，养老服务社会化、市场化、多元化意识较为淡薄，对养老服务模式的理解往往局限于机构养老，对养老机构的理解又局限于政府自建自管、包办一切的传统模式。社会养老观念跟不上形势变化，“花钱买服务”的养老理念没有普遍形成，从事养老服务的就业意愿不高。

二是扶持政策落实难以到位。省政府下发的两个文件就发展社会养老服务提出了一些优惠政策，但规定比较原则，操作性不够强，同时政策涉及的一些相关部门不愿让利，因此两个文件没有产生应有的效果。我们在南昌、萍乡调研时了解到，大多数养老机构没有享受到文件中规定的用水用电、有线电视等价格优惠政策，少数靠朋友熟人疏通关系才得以兑现。现在前来民政部门咨询和要求兴办养老机构、社区养老服务网点的投资者较多，但大多由于老的扶持政策落实难、新的政策又不明了，或者因为用地不能解决、找不到合适场所而不得不放弃。

三是财政投入不足。近年来除在“三院”基础设施建设改造、“三院”工作人员工资补助上有一定财政投入外，各级财政对社会养老服务都没有安排专项经费，民办养老机构更处于“自生自灭”状态。南昌市东湖区作为部级社区居家养老服务试点单位，区政府每年也只有20万元专项拨款。一些养老服务事业发展较快的省市都对民办养老机构实行新增床位、日常运营补贴，有的地方政府还购买一定量公益性就业岗位和社会服务用于社区养老服务。

四是没有形成有效的工作协调推进机制。养老服务涉及部门较多，建立权威有效的工作机制至关重要。但目前省老龄委是协调机构，不是职能部门，原则上每年只召开一次会议，不能及时研究解决具体问题；老龄办作为办事机构，对老龄委各成员单位没有直接管理权限，很难开展综合协调，更难以督促检查，一些工作事项难以落实到位。

三、加快发展我省社会养老服务事业的若干建议

根据我省社会养老服务发展的现状和面临的形势，借鉴兄弟省市的经验，加快发展我省养老服务事业，应把握好养老服务社会化的发展趋势，加快推进养老服务社会化、多元化、市场化，充分发挥政府、社会、社区、机构、家庭各方面的作用，按照“党政主导、公益管理，政策引导、法规支撑，社会参与、市场推动”的原则，加快建立与人口老龄化进程相适应，与经济社会发展相协调、覆盖城乡的社会养老服务体系，推进养老服务从社会救助型向适度普惠型转变。

1. 提高思想认识，转变养老观念，形成良好社会氛围。发展养老服务事业，实现“老有所养”，是贯彻落实科学发展观和十七大关于保障改善民生战略部署的重要内容，促进社会和谐的必然要求。在当前应对国际金融危机的背景下，加快发展养老服务业对增加消费、扩大内需、促进就业更具有重要现实意义。应充分估计我省老龄化形势及其带来的深刻影响，增强应对老龄化问题的责任感和紧迫感，把对养老服务的认识从仅仅看作是“家庭问题”提升到坚持以人为本执政理念、促进科学和谐发展的高度上来，把发展养老服务事业纳入保持经济平稳较快发展的总体部署中，把提高社会养老服务水平纳入到民生工程实事中，与其他民生工作一起部署、一起落实、一起考核。要创新养老服务理念和模式，突破“社会养老服务就是办养老院”、“养老院必须是政府包办包管”等传统思维和模式，推进养老服务社会化、多元化、市场化。把弘扬尊老敬老传统美德与顺应养老服务社会化时代潮流结合起来，倡导新型孝道文化，让更多老年人进入社会化养老服务体系。

2. 完善工作体制机制，增强养老服务工作的合力。进一步加强对老龄工作的组织领导，完善老龄委牵头的联席会议制度，成立由各级政府分管领导任组长，有关涉老部门为成员的联席会议制度，研究制定事业发展规划和政策措施，研究解决养老服务事业发展中遇到的重大问题，明确各部门职责，检查监督工作落实。各相关部门应发挥各自职能作用，加强协调配合，完善工作衔接，形成整体合力。根据我省老龄化发展趋势和经济社会发展水平，以“人人享有基本养老服务”为目标，按照与人口老龄化进程相适应、与经济社会发展相协调的要求，研究制定2010—2020年全省养老服务体系建设中长期规划。同时本着选准突破口、抓好示范点、分阶段实施的原则，制定年度工作计划和目标，做到目标可行、措施有力、考核严格。扩大社会宣传，创造良好的社会氛围。加强社会养老服务问题的调查研究，为党委政府领导社会养老工作发挥参谋咨询作用。

3. 强化政府责任，建立和完善以社区居家养老服务为主的服务体系。应把握社会养老服务的公益性质，坚持政府的主导地位，进一步明确政府责任，在继续面向城乡特困老年群体办好公办养老机构的同时，加快建立“以居家养老为基础、社区养老服务为依托、机构养老为补充，投资主体多元化、服务方式多样化、服务队伍专业化、覆盖城乡”的社会养老服务体系。

大力推行社区居家养老服务。社区居家养老以家庭为核心，以社区为依托，为居住在家的老年人提供以解决日常生活困难为主要内容的社会化、专业化服务，应作为社会养老服务的主要模式大力加以推进。按照“社区布局设点、服务网点依托、民间组织管理、社会各界参与”的要求，把养老服务纳入城乡社区的工作内容，落实人员和经费，强化基层社区的养老服务功能。结合城乡社区建设，整合社区服务中心、卫生服务站、文化活动室、健身场所等社区资源，建设综合性社区老年服务中心，完善居家养老服务配套设施，扩大社区养老服务网点覆盖面。新建住宅小区应按居住人口合理配套建设社区养老服务用房。乡镇、街道敬老院等公办养老机构应加快向区域性养老服务中心转型，在承担集中供养城镇“三无”人员和农村“五保”对象职责的同时，面向社区居家老人提供有偿服务。

提高机构养老服务水平。公办机构应按照“稳定、转型、提升”的要求，改善基础设施，提升服务功能，为社会机构养老提供示范。加大“公办民营”改革力度，在更好履行社会救助对象养老职能的同时，加快向社区养老服务中心转型，面向社会提供符合市场需求的服务。民办机构应按照“鼓励、扶持、规范”的要求，加快发展步伐，不断提高在机构养老服务中的份额比重。以市场为导向，落实扶持政策，引导和吸引民间资本、工商资本、国外境外资本投资兴办养老机构，满足日益增长的、不同层次的机构养老服务需求。机构建设应以医疗护理型为重点，注意区域和层次布局，促进养老资源的合理配置。引导社会各类养老机构坚持以人为本，不断改善服务设施、完善服务功能、提高服务质量，增强吸引力，提高入住率。抓住国家保民生、扩内需的重要机遇，积极争取项目和资金，推动各类养老服务机构快速发展。把老年服务设施纳入城市建设和新农村建设规划，统筹安排建设。

加强养老服务队伍建设。把养老服务队伍建设与促进就业结合起来，将养老服务技能培训纳入城乡就业再就业培训体系，享受相关政策。逐步提高养老服务从业人员工资水平，落实养老保险、医疗保险等社会保障。抓紧组织制定养老服务专业社会工作者职业水平评价及职称评定、养老服务技术人员职业技能资格鉴定等制度。积极倡导、发展养老志愿服务，探索建立义工服务时间储备制等互助服务机制。扶持相关院校开设老年护理和老年服务相关专业，引导和鼓励相关专业毕业生从事老年护理、康复职业，不断提高养老服务队伍的专业化水平。

增加财政资金投入。必要的财政投入是社会养老服务发展的保证，也是体现养老服务公益性质的标志。要确保公办养老服务机构建设与运营经费，保障城镇“三无”人员和农村“五保”对象养老需求，同时对民办养老服务机构和城乡社区居家养老服务网点给予适当补助。建议将乡镇敬老院工作人员工资和运营经费纳入县级财政预算，省级财政给予一定补助。探索养老服务机构“公建民营”的途径和“政府购买服务、发放服务券、市场提供服务”的社会救助对象养老服务模式，提高政府养老资金使用效益。把老龄事业工作经费列入各级财政预算，建议借鉴江苏和湖北做法，省、市、县三级财政分别按辖区老年人口每人每年 1 元、2 元、3 元的标准安排老龄工作经费。建立健全社会养老服务的财政投入机制，按照社会养老服务的客观需要和经济发展的实际水平确定一定经费基数，并按新增财力和彩票收入的一定比例确定增长系数，形成养老服务财政资金稳定增长机制。

4. 完善落实扶持政策，促进民办养老服务业加快发展。积极鼓励和支持社会力量参与兴办养老服务业，是推进养老服务社会化的重要途径，也是加快养老服务事业发展的必由之路。养老服务业是投资较大、收益率低、投资回收期长的特殊行业，离不开政府扶持。建议在（赣府发〔2001〕7 号）和（赣府厅发〔2006〕42 号）文件基础上，借鉴兄弟省市有益经验，就事关我省养老服务事业发展的若干重要问题，尤其是鼓励社会力量兴办养老服务业问题，比如优先保障养老机构建设用地、对养老服务机构运营税费实行减免、对民办养老服务机构实行财政补贴、加大对兴办养老机构的融资帮扶力度等问题，制定一个全面系统、具体明确、操作性强的政策文件，并加强督促检查，确保各项政策措施落到实处。在调研基础上，我们草拟了《关于进一步加快我省养老服务事业发展的若干意见》，供领导和有关部门决策时参考。

5. 加强养老服务业监管服务，强化行业自律。进一步加强和规范养老服务行业管理，把好非营利性养老服务机构组建条件，建立健全社会化养老服务质量标准及评估评审制度，对养老服务机构的服务技能和服务质量、入住公办养老机构和享受政府购买服务对象的资格、财政资金补助对象资格等开展评估评审。完善行业监督信息查询、服务投诉机制，规范服务收费等行为。通过组建行业协会加强全行业规范和业务指导，强化行业自律。充分发挥公办养老服务机构和社区居家养老服务中心的行业示范作用。加强政府协调，探索通过商业保险化解养老机构服务风险的有效途径和办法，促进养老服务机构持续健康发展。

（调研组成员：饶剑明　庄国良　李小荣　李晓南　朱显华　范桂汕　吴新传）

福建省泉州市居家养老服务的调查与思考（摘要）

泉州市老龄办课题组

一、引言

泉州市现有老年人口70万人，占全市户籍总人口的10.3%；其中80岁以上高龄老年人已超过10万人，占老年人口数的14.4%；纯老年人家庭占老年人口总数20.6%。调查围绕居家养老服务相关内容，从老年人基本情况、与子女关系、居住情况、生活保障、老人负担、医疗服务、文化生活、社会服务等八大方面进行。调查采取问卷的形式，调查对象为五个社区60岁以上老年人，共收回有效问卷3783份。

二、泉州市居家养老服务现状

1. 社区老年人基本情况：从性别上看，男性占46.5%，女性比例较高，占53.5%；从年龄构成上看，60—69岁老年人占45.5%，70—79岁老年人占42.7%，80—89岁老年人占10.8%，90岁以上老年人占1%，80岁以上高龄老年人的比例达11.8%；从文化程度方面看，大学以上占11.3%，高中占24.5%，初中占29.3%，小学占25.7%，文盲占9.2%；从婚姻状况上看，已婚占76.9%，未婚占0.5%，丧偶占21.8%，离婚占0.7%，分居占0.1%；从户籍上看，城镇户籍占98.4%，农村户籍占1.3%，外来暂住半年以上占0.3%；从健康状况上看，老年人健康（生活能自理）的占77.8%，有多种慢性病（生活基本能自理）的占19.9%，长期卧床（生活不能自理）的占2.3%；此外，老年人离退休后在家的占94.6%，继续（应聘）工作的占5.4%。

2. 社区老年人与子女的关系：数据显示：部分独生子女父母已开始进入老年期，大部分老人有2个以上的子女，但与子女分开居住的比例较大，接近40%，大部分老人有自己的房产，与子女关系较为融洽。

3. 社区老年人的住房状况：数据显示：老年人住房生活设施较齐备，但仍有近50%的老年人对住房不够满意，存在换房需求。

4. 社区老年人的生活保障状况：数据显示：老年人生活来源以依靠离退休金和子女供养为主，老年人更多地要依赖于身边熟悉的环境和人群，家庭成员仍然是照顾老年人的主要力量，社区助老服务也开始逐渐被老年人接受。

5. 社区老年人负担状况：数据显示：超过20%的老年人仍要负担父母或子女生活费用，近半数老年人要为子女服务。

6. 社区老年人医疗服务状况：数据显示：大部分老年人没有定期体检习惯，超过20%的老年人没有医疗保障，超过60%的老年人对医疗费不能完全承受，近20%的老年人觉得看病不方便。对老年人的医疗保健服务仍有很大拓展空间。

7. 社区老年人文化生活状况：数据显示：老年人在精神文化生活方面较为愉悦及充实，但活动项目主要以散步、看报、聊天等简易项目为主。

8. 社区老年人社会服务状况：数据显示：老年人对入住养老机构有一定程度的认同，但能接受的收费标准较低，以900元/月以下为主。对社区服务的需求以家政、热线电话、夜间急救为主。大部分老年人愿意为其他老年人提供力所能及的帮助。

三、泉州市居家养老服务存在的问题

1. 社会和家庭对居家养老服务工作认识不足，观念有待进一步扭转。

2. 老年人享受居家养老服务受到经济条件、居住条件及就医条件等多种因素制约。

3. 社区居家养老服务满足不了老年人的需求，各方面工作尚待加强。

4. 政府在居家养老服务工作方面管理机制尚未健全，缺少相应的经费投入和资金保障。

四、泉州市居家养老服务的对策和建议

（一）加大宣传，巩固家庭养老基础，提高全社会对居家养老服务的认识

强化“赡养老年人和尊重老年人是每个公民的责任和义务”的意识，使全社会树立家庭敬老、养老、尊老的风尚。建立表彰机制，对孝亲敬老的家庭予以表彰和奖励，把孝道文化纳入干部考察内容，为居家养老创造良好的舆论环境。同时，各基层老龄部门、

老年协会要认真维护老年人权益，积极开展老年人家庭供养“一访四查”，即访问老年人家庭，查老年人的吃、穿、住、医是否不低于其他家庭成员的水平。对那些遗弃甚至摧残老年人的子女，通过传媒予以爆光，对触犯刑律的，要依法予以追究。在巩固居家养老的基础上，大力发展居家养老服务，为照料老人有困难的家庭提供服务。

（二）政府主导，加大投入力度，建立居家养老服务的良性运行机制

一要明确居家养老服务主管部门。二要建立养老服务管理机构。三要采取分类补贴方式，财政直接投入。四要落实上级优惠政策。五要为老年人换房或住房改造提供优待。此外，还应考虑设立老年人换房或住房改造专项基金，为老年人换房提供一定的补贴，最大程度地为老年人与子女同住一个社区提供便利。

（三）多措并举，专、兼职服务人员与志愿者相结合，打造专业化的居家养老服务队伍

当前重点推动各社区组建养老服务管理人员、养老服务护理人员和助老志愿者三支队伍。一是有计划地通过大专院校培养一批居家养老护理人员；二是对现有的养老管理与服务人员进行有计划的培训，实行持证上岗制度；三是要制定相关政策，为养老服务人员提供相应的养老、医疗等社会保障，努力稳定居家养老服务队伍；四是要大力开展志愿服务。五是要充分运用老年人的自我服务功能，聘请离退休老同志参加社区管理服务工作。

（四）依托社区，丰富内容，提供贴心的居家养老服务项目

一是要整合社区资源。二是要大力开展文体健身活动和普及健康教育。三是要针对部分特殊人群开设针对性的服务。四是要建设便捷有效的为老服务信息系统。

（五）部门配合，主动对接，形成推进居家养老服务合力

卫生部门要把卫生医疗资源向社区倾斜，在社区建立卫生服务中心（站），为老年人提供及时便利的健康教育、医疗保健服务。劳动与社会保障部门要为老年人养老社会保障提供便利。民政部门要做好低保、“五保”老人的政策补助和困难群体的医疗救助。文体部门要组织老年人积极开展健身活动和有益身心的文体活动，培养社区老年文体骨干分子。只有各部门主动对接，支持社区开展工作，社区才能顺利开展各项居家养老服务。

（六）市场运行，积极探索，推进居家养老服务社会化、产业化进程

随着老年服务市场的日益成熟，要善于拓宽思路，改变单纯由政府、社区创办老年服务设施和建设服务网络的现状，引入社会中介组织参与服务和管理，推动居家养老服务工作走社会化、产业化的道路。居家养老服务市场化，老年人就可以根据各自的实际能力，自主选择，向市场购买服务和产品，促进市场的良性竞争，推动居家养老服务业发展。在养老机构的发展上，也要进一步解放思想，投资主体多元化，投资形式多渠道，发挥国家、集体、社会组织和个人的积极性，动员社会力量多渠道地投资兴办老年公寓、托老所、社区养老服务站等，从而实现居家养老服务业的长效发展。

（七）重点保障，持续运作，建立切实有效的评估和监测机制

居家养老服务是社区服务的重点。要保证居家养老服务能够持续有效地运行，就要建立切实有效的评估和监测机制：对空巢老年人、特困老年人、失能老年人等居家养老服务的重点保障对象，要按照政府救助和社会互助相结合的原则，建立一定的评估标准。确认符合救助标准后，要为他们争取多方面的困难补助，构筑多元化的救助网络。同时，要做好对居家养老服务的监督和评估工作，建立健全监管措施，推进居家养老服务健康、有序地发展。

城乡“空巢”家庭呼唤社会化养老服务业

陕西省老龄办

当前，我国正面临着人口老龄化、老年人口高龄化和老年家庭“空巢”化的挑战。尤其是超过城乡半数以上的“空巢”家庭呈现出逐年上升的趋势，并带来诸多的社会问题。我们要充分正视“未富先老”的基本国情，积极应对挑战，大力发展社会化养老服务业，让“空巢”老人尽享社会主义大家庭的温暖和关

怀，不断推进老龄和谐社会健康发展。

一、“空巢”家庭的定义、种类和形成的主要原因

1. 所谓“空巢”家庭，是指子女长大成人后从父母家庭中分离出去另立门户，只剩下老人独自生活的家庭。

2. “空巢”家庭以笔者之见分为四种类型：一是老年夫妻户；二是隔代户，即老人与未成年的孙子女或外孙子女同住户；三是老年人与父母同住户，即“以老养老”户；四是为了在文章中叙述方便，我将“鳏寡独居户”归入了“空巢”家庭。

3. 形成“空巢”家庭主要有四方面原因：一是随着城乡群众物质水平的提高和住房条件的改善，老少两代特别是年轻一代追求独立的生活空间和更多的生活自由，传统的三世同堂、四世同堂的大家庭居住方式已无法满足人们的精神需求，家庭结构正趋向小型化发展，一些年轻夫妇主动搬出去，也有一些低龄老人、有配偶老人、身体状况和经济条件较好的老人，为了减轻子女负担或减少婆媳矛盾，自愿与子女分开居住；二是从20世纪70年代末开始，我国实行了独生子女政策，至今已有30年历史，其父母已逐步进入老年；有的子女长大成人后到外地或国外学习、工作，家中只剩下老人独自生活；三是因住房面积小、子女意外丧生，或因子女不孝、婆媳关系紧张等原因形成“空巢”家庭；四是在农村更多的则是因子女去外地务工、经商、办企业形成“空巢”家庭。据我们调查，愈是欠发达县乡的青壮年外出务工人数愈多，相当一部分县、乡镇、村组“空巢”家庭的比例高达90%以上，留守在家中的几乎是老人和小孩。

二、“空巢”家庭面临的困难和问题

1. “空巢”老人普遍身患疾病，加重了他们的经济负担和精神负担。我们在调查中了解到，75%的“空巢”老人患有各种慢性病，如：高血压、冠心病、糖尿病等，不少老人还是多种疾病缠身。尽管在城市推行了医疗保险制度，在农村推行了新合作医疗制度，但只是对住院费用按比例报销，未能解决老年慢性病患者日常看病吃药的问题。加之住院自费药品多，报销比例偏低，相当多的老年人只好采取“拖病”的办法，结果小病拖成大病，轻病拖成重病。据调查，“空巢”老人每年平均支出医药费在4000元左右，加重了他们的经济负担和精神负担。

2. 经济收入低，生活压力大。农村“空巢”老人大都丧失了劳动能力或丧失了部分劳动能力，靠过去少量积蓄和子女资助维持生活；城市“空巢”老人中至少有1/4无经济来源或经济收入较低。在享受低保待遇的老年群体中60%以上是“空巢”老人。据调查，近半数以上的“空巢”老人居住在低矮、潮湿的平房和旧式楼房里，相当多的贫困老人无缘享受暖气、天然气、数字电视等，有些老年人至今看的是黑白电视或无电视。

3. 孤独寂寞，缺少精神慰藉。我们在调查时发现，许多“空巢”老人因身体有病，行动不便，社会交际圈愈来愈小，深感孤独寂寞、抑郁悲观、乏味无聊。特别是一些高龄独居老人、患病老人，因行动不便，看病难，买菜难，做饭难，购物难。特别是在他们突然发病时深感孤立无援，沮丧无助，大有呼天天不应、叫地地不灵之感，以致造成不该发生的悲剧重复出现，甚至个别独居老人逝世后好几天才被发现。另外，一些子女尊老、敬老、养老观念淡薄，对老年父母不探望，不照顾，不赡养，不沟通，一些多子女家庭，把老人看成“包袱”“累赘”，在老人供养问题上推诿扯皮，不尽赡养责任，以致使老人挂了“空挡”。在相当一部分农村长期遗留着“薄养厚葬”的陋习，老人生前缺衣少食，穷困潦倒，逝世后儿女们却大操大办，互相攀比，不惜花费上万元甚至数万元。

4. 农村“空巢”老人承担着繁重的种地任务，劳动强度大大加重。在农村调查时普遍反映，绝大多数青壮年外出务工，家中的责任田全靠老年人耕种。特别是山区和丘陵地区交通不变，收种碾打的劳动强度很大，许多老人苦不堪言，怨声载道。相当多的老人还承担着抚养孙子女或外孙子女的重任，使老年人倍感疲惫，心力憔悴。

5. 社会化养老服务体系功能不全，远远不能满足“空巢”老人的服务需求。据我们调查，在城市中50%的“空巢”老人有各种各样的养老服务需求，但目前城市居家养老服务需求的满足率只有15%，而且缺少实体化、专业化的服务机构，服务设施严重不足，服务内容和项目单一，服务人员的素质参差不齐，服务质量有待于进一步提高，监督评估体系有待于建立。

三、建议与对策

从我国“未富先老”的基本国情出发，我们只有选择以家庭养老为基础、以社区（村委会）服务为依托、以机构养老为补充的养老模式。随着独生子女家庭的大量出现，“空巢”家庭将会愈来愈多，养老方式要逐渐由“养儿防老”向社会化养老服务转变。为此，根据“空巢”老人的愿望和需求，提出如下建议与对策：

1. 坚持政府主导的工作方针，不断加大对养老服务业的资金投入。随着社会经济的发展，在国家积累不断扩大，财力不断增加的情况下，各级政府要把养老服务业纳入当地国民经济发展规划，逐步加大在养老、医疗保障中的资金投入，扩大社保、医保覆盖面。建立一定数量的政府养老机构，将城乡居民中丧失劳动能力、无经济来源、无赡养人和特困老人、残疾老人吸收到养老机构，保障他们的基本生活。继续为无房老人解决经济适用房。为每个社区（村委会）修建老年文化和服务中心，尽可能满足老年人的基本服务需求。

2. 鼓励和扶持社会力量兴办养老服务业，不断加快养老服务社会化体系建设。发展养老服务业要按照“政策引导、政府扶持、社会兴办、市场推动”的原则，由政府制定和出台各种优惠政策，鼓励社会力量兴办适宜于老年人集体居住、生活、学习、娱乐、健身的老年公寓、养老院、养生院、托老所等，鼓励和支持下岗、失业人员创办家庭养老院、托老所，开展老年护理服务。通过政策引导，鼓励社会资本兴办以老年人为服务对象的老年生活照顾、家政服务、心理咨询、康复服务、紧急救援等业务。采取政府扶持政策，鼓励医疗机构开展老年护理、临终关怀等服务。政府老龄工作部门要加强管理和监督，开展达标竞赛活动，促进养老服务机构完善设施，改进服务态度，提高服务质量，合理收费，真心实意地为老年人服好务。

3. 充分发挥社区（村委会）在养老服务中的桥梁纽带作用，促使居家养老服务网络实现全覆盖。一是社区（村委会）要积极创造条件，大力发展为老年人服务的生活照料、卫生护理、精神慰藉服务业。推广宝鸡市的做法和经验，根据社区（村委会）“空巢”老人数量，由政府买单，按照一定的比例配备“养老照护员”，帮助“空巢”家庭的高龄独居老人、行动不便老人和病残老人打扫卫生、拆洗衣被、聊天、读报、陪老人看病、购物、游乐等。二是成立社区（村委会）以老年人为对象的家政服务公司，根据老年人家庭的经济状况，为体弱多病的老年人提供有偿、低偿或无偿家政服务、生活照料、送粮油、送蔬菜、送饭、送生活日用品等上门服务。以区、街道办事处（乡镇）为单位成立青年（老年）志愿者协会，有组织、有领导地开展“结对”帮扶服务；三是积极创造条件创办社区（村委会）托老所、“老饭桌”，解决老年人“买菜难”“吃饭难”问题；设立法律援助站，贯彻落实《老年人权益保障法》，维护老年人的合法权益；设立心理咨询服务站，及时排解老年人的心理压力；成立老年婚姻介绍所，为失偶老人牵线搭桥，以实现夫妻互养；建立老年互助组织，鼓励低龄老人为高龄老人服务，健康老人为患病老人服务；建立老年文化活动中心，设立图书阅览室、电视录像室、休闲娱乐室、健身活动室、书法绘画室等，组织老年合唱团、舞蹈队、秧歌队、锣鼓队、戏剧队、模特队等，并组织开展适当的比赛和竞赛活动，为老年人施展才华、展示风彩提供平台和条件。四是建立老年人信息化服务系统，为“空巢”家庭安装紧急救助呼叫器，解除高龄老人、独居老人、患病老人的后顾之忧。五是充分发挥社区（村委会）医疗卫生服务站的服务功能，为老年人建立健康档案，开展医疗咨询、健康讲座和免费体检；为病愈恢复期的老年人提供辅助治疗、康复和心理疏导，为行动不便的老人设立家庭病床，提供上门治疗。通过这些措施，使服务设施不断完善，服务内容和形式不断丰富，服务队伍不断扩大，组织管理体制和监督机制不断健全和完善。

4. 采取多种形式，开展敬老养老宣传教育活动。各级新闻媒体和老龄工作部门、涉老部门，要充分发挥优势，采取多种形式，教育青壮年和少年儿童牢固树立尊老、敬老、养老的传统美德；宣传《老年人权益保障法》；宣传敬老、养老方面的“好媳妇、好儿女”以及义务照料孤寡老人的模范人物的先进事迹，有选择地通报不尽赡养义务，歧视、侮辱、虐待、遗弃老人的典型事例，以儆效尤。在全社会逐步形成敬老、养老、照料老人、关心老人、帮助老人的良好社会氛围。提倡农村青壮年就近务工，就地创业，减轻农村老人的体力劳动；或将责任田承包给有能力耕种的村民，收取必要的口粮或承包费。

5. 动员有经济条件的“空巢”老人，尽量入住养老机构。在调查时我们了解到，16%的“空巢”老人有入住养老机构的需求和愿望。但在当地长期形成了“只有无儿女的老人才入住养老院”的传统观念，因而有一些“空巢”老人不愿进养老机构；有些子女怕落下“不孝”的骂名，也不愿让老人入住养老机构。要动员和鼓励有经济条件的“空巢”老人解放思想、转变观念，入住养老机构，享受更为优越的生活照料、医疗保健服务和文化娱乐活动。

6. 组织和动员社会力量搞好助老服务工作，广泛开展有利于老年人身心健康的公益活动。要组织和动员社会各界广泛开展为老年人“送温暖、献爱心、做好事”活动，促使养老服务社会化。一是动员社会力量自愿出钱出物，为老年人办实事、做好事；二是组织党政机关、社会团体、企事业单位和各界人士开展“一对一”包户帮扶活动，坚持常年照顾和帮扶高龄孤寡老人、"空巢"老人、特困老人、军烈属、老红军；三是组织志愿者队伍，坚持经常地探望、慰问"空巢"老人，对"空巢"老人给予生活照料、健康服务和精神慰藉；四是文化体育行政主管部门要组织老年人开展丰富多彩的文化体育活动，活跃老年人的文化生活，陶冶情操，愉悦身心，展示风采；五是鼓励和支持医疗单位开展健康知识讲座，为老年人免费体检，开展医疗优惠服务，促进老年人身心健康；六是动员和组织各律师事务所开展老年人法律援助活动，维护老年人合法权益。

甘肃省老龄工作调研报告

甘肃省老龄办

近年来，甘肃老龄工作在省委、省政府的坚强领导下，认真贯彻"党政主导、社会参与、全民关怀"的方针，着力解决老年人养老和医疗保障，认真落实老年人优待规定，积极开展为老服务，全省老龄工作有了新的变化与发展。

一、基本省情和人口老龄化状况

(一) 理顺工作体制，机构建设迈出坚实步伐

2007年，根据省委领导分工，省委常委、组织部部长担任省老龄工作委员会主任，省老龄委成员单位增加到了28个。省编制委员会［2001］7号文件，将原省老龄工作委员会作为老龄工作委员会办公室整建制划归省民政厅。全省14个市、州和86个县（市、区）相继理顺了关系，明确全省各级老龄办为同级政府的职能部门和老龄委的办事机构，同时要求市县两级老龄办分别按7～8人和4～5人核定编制。2008年省委办公厅、省政府办公厅《关于加强基层老龄工作的意见》，对加强县乡村老龄机构建设做出进一步规定。目前，县（市、区）、乡镇（街道）、村（社区）老龄工作机构得到加强，村（社区）老年人协会普遍建立，老年人基本情况统计资料齐全。部分省直单位、大专院校、大型企业也成立了专司老龄工作的机构和部门，初步形成了横向到边、纵向到底的老龄工作网络。现在全省老龄工作部门干部有500多人。

(二) 积极推进养老和医疗保障制度建设

我们高度重视和切实保障老年人的生活安排问题，养老保障制度不断健全，覆盖面进一步扩大，养老水平进一步提高，城乡广大老年人得到较多实惠。通过政府救助、部门帮扶、爱心捐助以及"定人、定点、定时"探视救助等多种形式，实施对特困老年人的救助帮扶，帮助解决他们的困难和问题。积极探索和建立无社会保障老年人生活补贴、老年人长期照料补贴等制度。在搞好医疗救助、新型农村合作医疗、城镇居民基本医疗保险和城镇职工基本医疗保险的落实和制度衔接中，切实保障老年人权益。减免高龄和困难老年人参加新农合个人缴费，使老年人共享改革发展成果。

(三) 为老服务工作稳步推进

我们在兰州、金昌、白银等地开展了居家养老服务试点。兰州市七里河西津西路社区通过建立多种服务体系，进行居家养老服务。一是针对孤寡老人、空巢老人、独居老人、高龄老人四类对象，建立生活照料服务体系。二是针对困难老人、困难党员等九类人群开展相应捐助、结对、扶持等建立社会救助服务体系。三是针对城市低保户、大病救助对象、优抚对象等七类群体开展服务，建立政策优惠服务体系。金昌市对特困和高老龄老人每人每月提供50～200元不等的居家养老送时服务，并为近300名老年人免费送奶。白银区、平川区在7个社区进行居家养老服务试点，组织服务队伍，按照老年人的需求和意愿，采取无偿、低偿、有偿、志愿者等社会力量开展为老服务。兰州石化公司组织了1000多名低龄老人在社区开展志愿者服务活动，受到辖区老年人的普遍赞誉。

(四) 老年优待内容进一步扩展

在省委、省政府的重视下，我省老年优待制度不断完善。一是60岁以上老年人实行普惠优待，服务范围基本覆盖了交通、医疗、旅游、文化、司法援助等领域。兰州市公交公司在办理老年人公交卡过程中，累计优惠1185万多元。二是对高龄老人实行特殊优待。2003年，省政府86号文件规定省市县三级分别对100岁以上、95—99岁、90—94岁的高龄老年人，每人每年给予1000元、500元、300元的生活补贴。兰州、金昌、酒泉、张掖等地经济条件相对较好的地区在省上补贴标准的基础上，都有较大幅度的

提升。三是对贫困老年人实行照顾优待。去年以来，我们对全省城乡困难老年人进行了调查摸底，建立了特困老年人档案，筹集救助金400万元，对特困老人实行定期和临时救助。嘉峪关市对60—69岁和70岁以上特困老人的低保金按10%和20%的标准上浮。金昌、酒泉、张掖等市对担任村干部10年以上的老年人给予生活补贴。

（五）“银龄行动”取得成效

按照“就近、方便、安全、实效”的原则，我们在省内开展“银龄行动”活动，一些高校、国有大中型企业都参加到“银龄行动”中来。金川集团公司老年医务工作者，先后到地震后的民乐、肃南和天祝县，帮助灾区群众治疗疾病，重建家园，诊治患者8000多人次。公司老龄办组织广大离退休职工为灾区捐助人民币3万元。兰州大学组织老教授为永靖县盐锅峡镇提出解决地质灾害方案，到边远贫困县调研，为脱贫致富和新农村建设规划蓝图。酒泉市组织十几位退休教师、医生组成专家组，赴肃北蒙古族自治县、阿克塞哈萨克族自治县的四所学校听课讲评，培训师资近200人次，义诊患者210人次。省老科协专家支持的临夏州双低杂交油菜项目，种植52.7万亩，增产油籽1491万公斤。景泰县建立健全老年人档案，成立了老年人才咨询站，组织270多名老年人积极投入地方志编写、地方病防治、地方文艺研究、农牧业科技推广等工作。为延伸扩展“银龄行动”内容，与天津泰达医院合作，在我省白银市、临夏州的永靖县开展远程医疗会诊。我省省内开展的“银龄行动”为全国提供了参考经验。

甘肃的老龄工作还处于起步和发展阶段，由于经济落后，资金制约，老年社会保障制度还不够健全，老年福利服务设施比较落后，老年人优待服务工作起点比较低，居家养老服务还处在探索阶段，整体工作水平还需要进一步加强。

二、人口老龄化对经济社会发展造成重大影响

人口老龄化对我国经济社会发展造成重大而深刻的影响，从总体上看，挑战大于机遇，不利影响超过有利影响，特别是在甘肃这样的欠发达省份，未富先老的特点更加明显，造成的影响就更为严重。

（一）劳动年龄人口下降，劳动抚养比结构上升

中国传统的形势是劳动力供过于求，就业困难，这种局面将在一个较短时期内根本改变。预计在20～30年时间内，中国人口将出现零增长或负增长，而在此之前，预计在10年左右的时间内，劳动力供应就将出现零增长或负增长。前几年中国经济增长很快，沿海地区已经出现民工荒，去年以来由于受金融危机的影响，就业难的问题再度突显。这种状况不会持续很长时期，从长期看，劳动力供给下降，劳动抚养比结构上升，是中国人口老龄化发展的基本趋势。现在在甘肃，农村很多学校生源已经严重不足，农村教育战线的收缩已是不争的事实。这种状况将是未来劳动力市场的基本写照。随着劳动力市场供求形势的变化，中国将不得不进行产业结构的战略性调整，国家作为全球制造业中心的优势不复存在，发展高技术产业和现代服务业势在必行。

（二）消费需求增长受到抑制，不利经济增长

基本上说，老年人群体是个不爱消费的群体，特别是中国老年人，积蓄的倾向特别严重。在城市，企业退休职工收入不高，子女下岗或没有参加工作，面临着十分普遍的子女啃老现象，老年人不敢消费，在农村，年轻人大多外出打工，老年人无钱消费。投资、消费和出口被认为是推动经济增长的三驾马车，而其中最为重要的是消费。去年以来，国家为应对金融危机出台了许多扩大消费的政策。但是，由人口老龄化所造成的消费需求下降却是一个我们不得不面对却又难以解决的问题。在部分困难企业，很多老年人都是低保群体，老年人及遗属连交纳水、电、暖等费用都有困难，就更不用说其他消费了。

（三）老年人医疗保障和生活照料问题严重

60岁以上老年人有1/3以上处于肌体功能受损状态，65岁以上老年人有一半以上处于肌体功能受损状态，决定了老年人对生活照料服务和医疗保障的需求很大。白银银光公司仅离休人员年医疗费支出就达100多万元，经过几次破产改制的白银公司接近3.5万名离退休职工，医疗费用支出给企业造成沉重的负担，9000多人有工伤，其中硒肺500多人，已发生几次群体性事件。由于城市空巢化现象日益严重，老年人的生活照料问题已经越来越严重，兰州、白银等地都发生过老人去世多日无人知晓的悲剧。我国城市平均的空巢化率是49.8%，但在一些企业社区，由于下岗失业的年轻人全部出去打工，空巢化率在百分之七八十。对企业和社区造成了沉重的照料压力。白银银光公司离退休中心对几天不见外出活动的老年人上门探视，对防止空巢老人发生意外具有重要意义。在农村，虽然实行了新农合，但保障水平较低，定西市安定区李家堡镇的王尚义老人，儿子去新疆打工，11年的时间仅仅回来过一次，老两口一个患有心脏病，一个高血压，还带一孙子，连吃水问题都无法解决。农民们反映，新农合在实施中虽然按一定比例报销医疗费，但看病费用上涨过大，农民个人的负担部分仍然没有减少，农民认为国家给农民的医

疗费补助都让医院拿去了，农民看病贵的问题仍然存在。

（四）城市老年人活动和老有所为开展不够，一定程度上引发不稳定因素

相比农村老年人，城市老年人或多或少有一定退休工资，生活状况较好，在家中的地位也比农村老年人强。他们没有什么家务劳动，闲暇时间多，对健康向上的老年人活动的要求比较强烈。目前就全省来讲，城市老年人活动设施普遍不足，相当部分县尚未开办老年大学。定西市安定区也没有老年大学，该区中华路街道汽车站社区组织老年人义务组织巡逻队、组织协商议事会等方式发挥老年人作用，老年人非常满意，该社区还有几名有文化的退休老人被市执法局聘请为监督员。白银市企业离退休老年人多，各自家庭面临的问题具有共同性，老年人群体很容易成为矛盾的聚焦点，引发不稳定事件。白银公司 53 名“法轮功”人员，大多数为离退休人员，靖远县 60 名“法轮功”人员中，老年人 40 人。今后，随着城市化和老龄化的快速发展，城市老年人口的快速增加在预料之中，如何以社区为单位组织好老年人活动，发挥老年人经验丰富、勤劳俭朴、关心教育下一代、调解纠纷等方面的独特作用，应当成为各级政府考虑的重要问题。

（五）农村老龄化形势异常严峻

甘肃是一个农业省份，农村人口比重在 70% 以上。人口老龄化问题最早从城市开始，现在农村也已进入人口老龄化，问题比想象得要更严重。农村老龄问题，是“三农”问题与老龄问题的结合，两者都是中国最难解决的问题。农村老龄问题的表现，一是老年人贫困程度重，安定区李家堡镇，总人口 2.3 万多人，60 岁以上老年人 2900 多人，该镇全部为山地和旱川地，老年人没有任何收入，政府给的种粮补贴都买了化肥。由于老年人没有收入，老年人在家中地位较低，受歧视和虐待的比例要大大高于城市；二是老年人劳动任务繁重，陇南市礼县城关镇新关村 60 岁以上老年人 110 人，60—75 岁之间几乎全部劳动，75 岁以上 11 人中个别身体好的也在劳动。这种情况在甘肃全省普遍存在，甘肃是劳动力输出大省，几乎每个农村家庭年轻人都外出打工，农活只有留给老人干了。李家堡镇韩湾村某社 40 多户，成年男人只有 2 人在村，且都已过 60 岁。老年人体力衰退，干体力活容易发生各种事故，也对基层政府的农业生产技术推广和产业结构调整造成困难；三是农村老龄化引发其他社会问题，如老年人家庭贫困对子孙的婚姻造成不利影响，农村光棍大量增加，武威市古浪县干城乡大鱼村 1468 人，30 岁以上光棍 28 人，妻子离婚出走的 8 人。留守老人对留守儿童的教育造成不良影响。农村青壮年劳动力的外流导致一些公共事务无人问津，个别地方出现过老人去世后帮忙人手不够，乡镇干部不得不抬棺送丧。

（六）农村老年人活动阵地严重不足

随着经济条件的改善和人民生活水平的提高，农村老年人对业余文化生活的需求日益迫切，以白银市靖远县乌兰镇和定西市陇西县东铺村、兰州市永登县中堡镇五里墩村为例，均地处城乡结合部，农民经济条件较好，老年人闲暇时间多，但业余文化生活非常单调，至今没有老年人活动场所。定西市农村老年人 20 万人，有老年人活动室的行政村不到 10%，兰州市皋兰县 71 个村，有老年活动阵地的村仅有 10 个。老年人普遍存在精神文化生活匮乏，少有思想交流，心情孤独等问题，渴望有活动场所。虽然农村家家有电视，但被孙子和孙女们所占用，老年人看不到自己喜爱的节目。农村老年人活动阵地的缺乏导致一个更为严重的问题，赌博、迷信、邪教等在老年人身上找到了突破口，又有沉渣泛起之势，白银市靖远县在清理“法轮功”邪教组织中发现，该县 60 名“法轮功”人员中，老年人达到 40 多人。城乡结合部农村老年人消息源多，利益诉求问题敏感，很容易形成上访和群体性事件，这些都非常不利于社会和谐稳定。

三、统筹解决人口老龄化问题的政策建议

人口老龄化是人类社会发展的必然趋势，这也是人类文明进步的标志，对此我们没必要惊慌失措，要看到人口老龄化虽然对经济社会发展造成诸多不利影响，但只要我们认真准备、积极应对，办法总比问题多。特别是我们有 30 年改革开放创造的物质资源和技术手段，有国外发达国家已经创造的经验可供借鉴，对解决人口老龄化问题对我国的种种不利影响和挑战，我们是有信心的。

（一）制定应对人口老龄化国家战略

人口老龄化已经是我国经济社会发展的基本国情，而且将来老龄化程度只会更严重。对此问题国家一定要有长远的战略考虑，不要再在分散零碎的政策上做文章，要着眼于问题的统筹解决，着眼于国家经济社会的可持续发展，整合现有老龄政策资源，考虑制定国家应对人口老龄化法；要像当初重视计划生育工作那样，把老龄工作列入党委、政府考核范围，实行目标责任制，以切实引起各级党委、政府领导的重视；要加强老龄工作部门机构建设，进一步加大行政执法功能；改革老龄工作委员会格局，在保留现有体制优势的前提下，进一步加强老龄委的权威性，强化

成员单位责任义务；统筹研究计划生育工作和老龄工作的相互关系，探讨必要时对计生政策进行局部调整的可行性；整合各类涉老政策资源，研究并着手构建适应老龄化要求的社会保障新格局，提高养老保障制度的程序化和规范化水平。

（二）建立和完善覆盖城乡的养老保险制度和老年救助制度

老年人在家中的地位和待遇与其经济收入有着较高的相关度。安定区李家堡镇一退伍老军人反映，自己每年有3000多元的优抚金，在家中的待遇还不错，而其他无收入的老年人状况不如他。现在在农村，退休村干部有养老保险，计划生育独生子女家庭有奖励扶助政策，而占老年人口大多数的其他老年人没有养老保障。最近，国家已经决定建立农村养老保险制度，先安排不低于10%的面进行试点，对解决农村老年人养老保障问题意义重大。在此问题上，关键还是要加大国家投入，从已经试点养老保险的地方的做法看，已经达到或超过60岁的老年人一次性交费数额过高，给老年人家庭造成负担，考虑到大多数农村老年人家庭经济困难的实际，建议适当增加财政投入在农村养老保险基金中的比例。进一步完善城乡低保制度，现有低保政策以家庭为单位施保，对老年人不公平，许多基层干部建议以老年人群体为对象切块保障，既帮助了老年人，又便于操作。同时在养老保险和低保政策实施中，实行老年人卡证实名制，不能把老年人救助和保险金打到子女名下，这样做的结果，虽然方便基层工作人员，却不利于老年人权益保障。

（三）进一步深化医疗体制改革，解决看病贵的问题

现行医疗体制的弊端集中在看病难、看病贵的问题上，这是一个社会问题，但由于老年人群体患病概率明显高出其他人，故此问题与老年人利益相关最大。现在，城市有医疗保险，农村有新农合，基本上覆盖了全部人群，但保障水平仍然较低。随着老年人异地养老现象的逐渐增加，城镇医疗保险异地转移接续问题越来越多，下一步，要进一步深化改革，解决这一问题。同时，随着医保统筹账户的不断做大，报销范围逐步放宽到门诊费用。在农村，进一步放宽指定医疗机构限制，方便老年人享受优质价廉的卫生服务。合理配置城市社区和农村乡镇卫生资源，扩大有效供给，解决看病难问题。进一步放宽民间力量投资办医，放开民办医疗机构进入医保和新农合，在医疗服务市场创造良性竞争环境，有效降低医疗服务价格，服务社会全体成员，降低政府医疗支出负担。

（四）加大养老和为老福利服务设施建设力度

随着老龄化社会的快速发展，对老年公寓的需求量会越来越大，现在在国家层面上已经明确了机构养老是今后发展的骨干方向。特别在城市，机构养老的压力明显大于农村，以兰州市为例，现在入住老年公寓都得提前排队等候，而在广大农村，家庭养老仍是主要的方式。目前，国家民政部和发改委正在进行国家养老体系建设试点，甘肃省是试点省份之一。通过大力建设老年公寓，扭转目前情况下城市老年公寓供不应求的局面，也可利用企业和其他单位闲置房产资源，改建老年公寓或其他养老设施。现在政策层面上急需明确和落实对老年公寓在用地、水、电、暖、税收等方面的优惠政策，参照发达地区经验，对社会办养老机构给予床位补贴。对于家庭养老的老年人，要提供社区服务，减少家庭的负担。这方面的例子以兰州七里河区西湖街道的做法为典型，通过政府提供的公益性岗位，由社区组织“4050”人员为高龄空巢老人送饭。现在，以钟点工方式开展的社区居家养老服务越来越多，政府应通过财政买单或提供公益性岗位等方式给予更多支持。在农村，可利用闲置的校舍、撤并后的乡镇房产等开办敬老院或“五保家园”，为“五保”老人和子女不在身边、经济困难的留守老人提供养老条件。同时结合乡镇政府和村委会职能转变，进一步明确基层政府和组织的为老服务责任，特别是留守老人问题严重的地方，要制定相应的目标责任和考核办法，努力构建和谐老龄社会。

（五）加强中央级媒体老龄宣传，开办老年电视大学

现在，在中央电视台频道设置上，少儿、军事、科技、法制等都有专门频道，老龄问题却仅有一个《夕阳红》栏目，播出时间很有限。建议加大中央级媒体的老龄宣传力度，特别是电视和报纸、网络等媒体上的宣传，与老龄工作者贴几张标语、挂几条横幅相比，有着事半功倍的效果。老年大学的教育也建议实行全国统筹，开办一所老年电视大学，针对老年人设置专业，每天播出。这比全国设置多少所基层老年大学效果好得多，既节省了人力和开支，又提高了老年教育的质量和效益，肯定会受到老年人的欢迎。重视老年人老有所为问题，为知识型老年人在教育、科技、卫生、农业等领域发挥作用提供平台，为其他老年人在治安维护、交通协管、纠纷调解、红白理事等方面发挥作用创造条件。

（四）适应老龄化形势，调整人口统计方法

在老龄化形势下，掌握准确的老年人口数据至关重要，但现有人口统计方法仅有0—14岁、15—64岁、65岁以上等年龄段人口统计指标，体现不出60

岁人口数这一基本的老龄化指标。明年我国将开始新一轮人口普查，建议全国政协人口资源环境委员会协调国务院相关部门解决这一问题，明确将60岁以上人口数作为人口统计的一项指标，方便基层老龄工作的开展。

进入新世纪新阶段，中央提出了科学发展观，作为我国经济社会发展的重大指导方针，提出了和谐社会，作为社会主义的本质属性，科学发展观和和谐社会不能回避老龄问题。认真处理和解决人口老龄化问题，是科学发展观和和谐社会建设的必然要求。我国进入人口老龄化已有10个年头，下一个10年将是人口快速老龄化的10年，之后，我国将进入人口重度老龄化平台期，因此，留给我们的时间已经不多。我们要正视问题的严重性，要站在长远和战略高度，以对国家发展高度负责的态度，在国家层面上进行对策研究和制度设计，统筹研究解决人口老龄化问题。

结合青海省情，因地制宜搞好老龄工作的思考

青海省老龄办　陈庆华

21世纪是人口老龄化的时代。我国自1999年进入老年型社会以来，随着人口老龄化进程的加快，老年人在总人口中的比例逐渐加大，对我国的政治、经济和社会生活带来的一系列问题已开始日益显现。青海是西部经济社会发展相对滞后的省份，根据我省老龄化进程中的特点，探索其规律，提前采取有效措施，是积极应对人口老龄化，做好老龄工作，构建和谐社会的必然要求。

一、我省老龄人口的基本情况和特点

据2009年4月全省老年人口调查统计，我省老年人口已达56.32万人，约占全省总人口的9.97%，老年人口年均增长3.39%。其中70岁以上高龄老人19.03万人，农牧区老人35.79万人，分别占全省老年人口的33.79%和63.55%。根据预测，到2009年底，我省老年人口将超过57万，占全省总人口的比重将达到10%以上，其中65岁以上老年人口将达到总人口的7%，届时青海省将全面进入人口老年型社会。随着人口出生率的下降、医疗条件和保障水平的提高等因素，今后几年我省老年人口数和占总人口的比例还将快速增长。

我省在人口老龄进程中有以下几个特点：一是人口老龄化起步晚，进程快。2000年第五次人口普查时，全省65岁以上老年人口23.64万人，比1990年增长了72.81%，年平均增长速度为5.4%。2006年全省65岁及以上老年人口已达32.6万人，比2000年增长了37.9%，年平均增长速度为5.5%，超过1990年至2000年平均增长速度0.1个百分点，超过1980年至1990年平均增长速度2.13个百分点，而且老年人口增长速度快于总人口增长速度。二是地区分布不平衡。统计数据表明，西宁市和海东地区老年人口为41.03万，占全省老年人口的72.85%。这是由于我省东低西高的地势和高原性气候，西宁和海东是全省境内海拔最低、最适宜人居的地区。全省高海拔地区有条件的老年人都将养老地选在了西宁和海东，从而使两地的实际老龄化程度要高于统计数字，加大了两地为老服务的压力。三是老年人口中低龄老人多，高龄老人少。全省80岁以上老年人口仅为3.19万，只占全省老年人口的5.66%，低于全国的平均水平。这与我省高原缺氧，影响健康长寿不无关系。四是老年人口文化层次低。由于历史的原因，全省老年人口特别是广大牧区的老年人中文盲、半文盲的比重较大。五是人口老龄化程度超前于经济社会的发展。“未富先老”的现象尤为明显，老年人在养老保障、物质生活、医疗卫生、文化教育、日常照料等方面的需求，将对我省经济建设和社会事业的发展带来深刻影响。

二、当前老龄工作的现状和存在的主要问题

在各级党委和政府的高度重视下，按照“党政主导，社会参与，全民关怀”的老龄工作方针，老龄工作各成员单位和社会各界的共同努力，近年来我省老龄工作取得了可喜的成绩，老龄事业有了长足的发展。

（一）建立和完善各类社会保障制度，初步实现“老有所养”和“老有所医”

一是企业职工基本养老保险覆盖面不断扩大，保障水平不断提高。二是青海省农村牧区“五保”供养工作办法和居民最低生活保障制度的实施，使全省1.52万“五保”对象和约7.48万城乡贫困老年人基

本生活得以保障。三是农村牧区社会养老保险工作已在海北州和海西州部分县进行试点。四是建立起了城乡多层次医疗保险体系，城镇职工基本医疗保险、城镇居民基本医疗保险、新型农村合作医疗保险和城乡大病医疗救助等制度基本涵盖了全省城乡各类老年人。目前，我省已初步建成以生活救助为基础、专项救助为辅助和慈善救助相衔接的社会救助体系，是全国救助制度较齐全、范围较广泛的省份之一。

（二）养老服务基础设施较快发展，供需矛盾得以缓解

近几年，全省先后投入建设资金18684.22万元，用于全省老年福利服务设施建设。截止2008年底，全省共有老年福利服务机构40个，城市社区“星光老年之家”等老年福利服务站（点）182个，各类养老服务机构供老年人入住的床位数达1000多张。另外，经过改扩建，目前全省农村牧区收养性老年福利机构（敬老院）有93所可以正常运行。“五保”对象集中供养率由原来的5.5%提高到11%，院舍面貌发生了较大变化。

（三）老年优待的范围和标准不断提高，老年人共享改革开放的成果

随着青海省高龄老人优待办法的实施和加强老年人优待工作以来，省本级和西宁、海西、黄南、海北等地都相继制定了多项老年优待政策，全省高龄老年人享受到免费进入各类公园、旅游景点、风景名胜区和博物馆、展览馆、美术馆、文化馆、纪念馆等，免费乘坐城市公共汽车，免费使用公共厕所，贫困老年人医疗费用实行“一免七减”，领取长寿保健费和生活补贴等多项优待政策，使老年人享受到前所未有的实惠。

（四）深入开展评先创优活动，营造全社会尊老爱老敬老的氛围

近几年，在全省范围内，先后开展了“全国尊老敬老助老主题教育活动”“全国老年维权示范岗”“全国敬老模范村居（社区）”“全国老龄新闻奖”等各种评选活动，我省多家单位和个人榜上有名；2003年至2006年开展的全国和全省“老龄工作先进县”和“老龄工作先进单位”创建活动，引起了各地各单位的普遍重视，带动突破了一些老龄工作的瓶颈问题，推动了各地各单位老龄工作的开展；特别是2007年省老龄办协同省委宣传部等单位共同举办的“青海省首届孝亲敬老楷模评选活动”，在社会上引起较大的反响，深受各界好评，营造了良好的社会氛围。

（五）搭建“老有所乐”的平台，充分发挥老年人的作用

我省是全国老龄系统第一批“银龄行动”试点省份，自2003年以来，已先后组织动员了200多名（次）辽宁省和我省西宁地区的老教授、老专家，到省直各大医院、青海铝厂和西宁市、海东地区、黄南州10多个县区的中小学、农牧区广泛开展了银龄助医、助教、助农等智力援助活动。我省有4名专家先后荣获全国“银龄行动十佳杰出老人”和“银龄行动十佳老人”的称号；各级“关心下一代工作委员会”每年都组织万余名“五老人员”积极投身到加强和改进青少年思想道德教育工作之中，通过报告会、座谈会，使广大青少年受到教育，健康成长。通过以上工作平台和活动，使许多有专长、有技能，热心公益事业的老年人实现了老有所乐、老有所为，发挥了“余热”。

（六）老年文体活动蓬勃发展，促进了老年人的身心健康

在有关部门的努力下，老年文体组织发展迅速，城乡老年文体活动丰富多彩。广场老年文体活动已成为各地清晨和傍晚亮丽的风景线，特别是藏族“锅庄”健身舞更具青海特色而闻名于省内外；全省各地文艺演出和体育赛事常年不断，参演和参赛人数保持在5万人次左右；全省老年大学已发展到8所，已开设书法、绘画、舞蹈、声乐、电子琴等十多个专业，在册学员约5000余人；全省性老年文艺汇演、老年书画展和老年运动会交替举办，展现着高原老年人的风采。据统计，全省常年参加文体活动的老年人达20万人以上，约占老年人总数的1/3，科学健身已融入老年人日常生活。

全省老龄工作在取得以上成绩，老龄事业得以较快发展的同时，还存在以下主要问题：

一是对我省人口老龄化迅速发展的趋势以及将会给经济社会带来的深刻影响认识不够、估计不足。甚至一些领导干部对老龄工作和老龄事业的认识尚有差距，重视不够。

二是老年社会保障体系不够完善，城乡差别依然较大，老年生活状况不容乐观，农村养老就医等问题日益突出。当前随着人们观念的转变、大量农民工外出等原因农村又出现留守老人增加、家庭养老功能弱化、老年人负担加重和老年人孤独感加剧等新的问题。

三是对老龄事业的投入明显不足，老年福利服务机构少，规模小，设施简陋，服务水平低，收养能力差；相当数量的农牧区敬老院管理人员和运转经费不落实；全省能供老年人入住的床位数仅为老年人总数

的0.17%，大大低于全国1.75%的平均水平，远不能满足老年人的需求。

四是社区为老服务机制尚不健全，日常照料、医疗保健、休闲娱乐等方面的能力有限，服务功能不强，难以发挥居家养老的依托作用。

五是老龄工作发展不平衡，城镇和乡村、东部农业区和西部牧区的老龄工作差距较大。不少地方老年人优待项目少、范围小、标准低，甚至还没有出台老年人优待办法；省内不同地区对已有的优待政策执行不一。

六是基层老龄工作机构不健全，力量薄弱，多数县的老龄机构处在名存实亡的“三无”（无编制、无经费和无人员）状态。乡镇（街道）基本没有主管老龄工作的干部。

三、应采取的对策和措施

针对我省老龄工作的现状、特点和存在的问题，我们应按照科学发展观的要求，不断提高认识，理清思路，结合省情，因地制宜地开展工作，探索欠发达地区老龄事业科学发展的路子。其基本思路应该是根据城镇、农村和牧区的不同情况实行分类指导，采取不同的目标要求和工作方法。在城镇特别是省会城市，老龄工作的重点应在满足老年人“养”和“医”的基本生存需求的同时，着力满足老年人“学”和“乐”等精神文化需求，不断提高老年人的生活质量。而广大农村牧区，老龄工作的重点依然是解决好老年人的“养”和“医”等最基本生存的问题，使广大老年人的基本生活得到较好的保障。为此，应采取的对策和措施是：

（一）增强做好新时期老龄工作的责任感和使命感

老龄事业是我们社会主义事业的重要组成部分，老龄工作在全面建设小康社会进程中具有重要地位，是党和政府的一项重要工作。长期以来，我省各级党委和政府十分重视老龄工作，并取得了一定的成绩。当前我国人口老龄化已经进入快速发展阶段，老年人已经成为一个庞大的社会群体。随着新中国的同龄人和上世纪五六十年代大批支援青海省的建设者步入老年，今后几年将是我省老年人口增长的高峰期。老龄化进程的提速和“未富先老”的双重压力，必将对我省经济建设和社会事业发展带来深刻影响。同时国际经济危机的迅速蔓延，2009年可能是进入新世纪以来我国经济发展面临困难最大、应对挑战最严峻的一年。这在影响我省经济社会发展的同时，也必将给我省老龄事业的发展带来新的压力和挑战，老龄工作将会面临更多的困难和矛盾。对此，我们必须要有清醒的认识和充分的准备，积极应对。各级党委、政府，各级老龄委和老龄工作者及社会各界的有识之士都应统一思想，充分认识到做好老龄工作的紧迫性、艰巨性、长期性，自觉站在贯彻落实科学发展观、建设富裕文明和谐新青海的高度，切实增强做好老龄工作的责任感和使命感。

（二）进一步完善养老保险制度

按照我省“小财政，大民生”的思路和做法，不断扩大养老保险覆盖面，抓好制度的完善和衔接。根据我省实际，当前应在继续做好新型农牧区社会养老保险的试点工作的同时，尽快将城镇灵活就业人员、农民工和农村失地农民、非正规部门就业的劳动者都纳入到养老保险范围之中。其次是积极探索建立无社会保障的老年人和高龄老年人的生活补助制度和办法，建立定期困难补贴和疾病救助制度，解决其基本生活问题。三是改变城乡最低生活保障办法，通过加大动态管理的力度，逐步对贫困老年人和“三无”人员实行“应保尽保”，并按照贫困程度和年龄大小确定救助档次和标准。对其他因病或因灾等原因致贫的家庭和人员实行临时救助，帮助他们度过难关，克服依赖思想，提高自我发展能力，通过自己的辛勤劳动来恢复生产，发家致富。最终将城乡最低生活保障制度改为以城乡低收入老年人和“三无”人员为主要救助对象的保障制度。改变目前低保制度在实施过程中存在的个别地方分配指标，轮流入保，平均分保；部分低保对象弄虚作假，隐瞒收入，相互攀比；随着低保的提标扩面边缘人群不断扩张；有关部门核定收入难、确定对象难、实行“动态”难以及所产生的“奖励懒人”的负面效应等实际操作难的状况。

（三）加快发展养老服务业的步伐

要按照“政策引导、政府扶持、社会兴办、市场推动”的原则，开展多形式、多元化的养老服务，尽快建立和完善以居家养老为基础、社区服务为依托、机构养老为补充的服务体系。首先政府要发挥主导作用。从发挥社会管理和公共服务的职能出发，把老龄事业的发展，特别是养老服务业的发展纳入青海扩大内需、促进经济增长的具体措施之中，纳入到全省经济和社会的总体规划之中，不断加大资金的投入。在人口较为集中的城镇兴办一批集老年人住养、娱乐、保健、康复等功能的具有示范作用的老年福利服务院，以满足人们日益增长的对养老服务业的需求，为生活困难的空巢老人提供无偿或低偿的服务。根据《青海省农村牧区五保供养工作管理办法》，各地在加强敬老院建设的同时，县级人民政府要研究解决好农牧区敬老院的机构和人员编制及运转经费等问题，不断提高供养标准和水平，以改变当前存在的重建轻管的状况。还可根据当地实际和社会需要，逐步实行收养生活不能自理的自费代养的老人。其次是要通过制定优惠政策，大力引导和积极鼓励社会力量兴办以老年人为主要服务对象的生活照料、家政服务、社区卫生、康复护理、心理咨询类服务工作和服务机构。充分发挥政府机构、非政府机构和私人营利机构的合力，增加老年福利服务设施数量，拓展服务内容，提高服务质量。切实落实我省有关部门联合下发的《关于加快发展养老服务业的意见》中对民办养老机构在税收减免、优先安排建设用地、服务对象继续享受“低保”和“五保”供养制度、纳入城镇医保和新农合定点范围、财政贴息补助和信贷支持等扶持政策。三是完善我省城乡为老服务体系，提高为老服务功能。尽快建立起省、市、区、街道老年服务中心和社区日间服务站点，指导和推动社区为老服务。有关部门要在试点的基础上，加大投人，整合资源，探索适合我省省情的居家养老社会服务模式，逐步实现老龄服务由帮扶型向普惠型发展。四是要建立社会化与专业化相结合的为老服务队伍，充分利用劳动再就业的相关政策和资源，加大居家养老服务人员的培训力度。

（四）不断加强老年优待工作

进一步贯彻落实好有关部门下发的《关于加强老年人优待工作的实施意见及部门职责》的精神，扩大和提高老年优待的项目、范围和标准。第一，根据我省经济社会发展和各级财政的承受力，参照外省的标准，适时提高我省高龄老年人津贴（长寿补助金）的补助水平，扩大由省级财政发放老年人津贴的范围，或按不同的年龄段分别由省、州、县分级负担。第二，还没有出台老年优待办法的地区，各级老龄部门都应结合本地实际，积极协调有关部门尽快制定出台老年人优待的项目和办法，将其作为老龄工作的突破口。从与当地老年人生活密切相关的游览、交通、医疗、长寿补助、法律服务等优待内容着手，低标准、小范围做起，逐步增加项目，提高标准，扩大范围。主要是为了增强各级政府和社会各界为老服务的责任意识，让老年人体会到党和政府及社会的关怀。第三，各涉老部门所属的各服务行业和窗口单位的营业场所都应设立“老年人窗口”“老年人专柜”或“老年人优先”标志。营造尊老、爱老、敬老、助老的氛围。第四，将各地实行的老年优待办法提请当地人大或政府，将其成为法规性制度，确保优待政策得以落实。

（五）推进农村牧区老龄工作

我省农村牧区老年人占全省老年人总数的63.55%，但由于多种原因，农村牧区老龄工作却相对滞后。所以，我省老龄工作的难点在农村，重点也在农村。首先应继续制定和完善农村养老和医疗保障制度，加强体系建设，建立起广覆盖、多层次、相互配套衔接的养老模式。重点关注高龄老人、无社会保障老人和空巢老人。其次是继续弘扬中华民族的传统美德，提倡居家养老模式，为老年人提供经济上的赡养和精神上的慰藉，让大多数老年人在天伦之乐中安度晚年。在我省东部地区可有选择地签订《家庭赡养协议书》来强化子女的赡养责任，解除老年人的后顾之忧，也便于村委会和乡亲们监督。而我省西部牧区藏族有着赡养自家老人和扶养其他老人的传统美德，政府则应通过加大宣传，营造氛围，提供帮助，不断强化家庭养老功能。三是推进为老服务体系建设，加大农牧区敬老院的规划和建设，提高集中供养率，提升服务管理水平；四是扶持农村牧区老年协会开展工作。有关部门应借鉴“星光计划”的办法，有计划、分批次地资助农牧区社区建立老年活动场所，其作用和意义将不亚于城市社区“星光计划”所产生的效益。

（六）加强基层老龄工作

主要是抓好基层老龄工作机构和老年群众组织建设，共同开展工作。一是继续加大老龄工作的宣传力度。评选表彰孝亲敬老的模范人物，弘扬中华民族的传统美德，大力营造尊老爱老敬老的良好氛围，增强全社会的老龄意识。通过创建及评选老龄工作先进县、先进个人等活动，树立典型，推广经验，进一步推动各地老龄工作的发展，突破老龄工作的“瓶颈”问题，提升老龄工作的水平。二是切实加强县乡老龄工作机构建设，配备专兼职工作人员，保证老龄工作的正常运转。省上有关部门应根据各地老龄化程度和老年人口数量统一核定老龄工作机构的性质、编制和级别，使其更好地发挥议事协调作用。三是建立老龄事业经费保障机制。按各地老年人数，每个老年人每年3至5元的标准，建立省、州（市）、县三级老龄工作经费列入预算、按比例拨付的机制，保证基层老龄机构开展正常工作。四是充分发展老年群众组织的作用。支持老年人建立各种文体组织，在社区、村（牧）委会老龄工作机构的指导下，开展形式多样、自娱自乐的老年文体活动和社会活动，调动老年人在发展老龄事业中自我服务、自我管理、自我发展的积极性。

家家都有老人，人人都会变老，老年人是家庭和社会的重要成员。我们应充分利用当前的有利时机，加大工作力度，让所有的老年人都能充实、健康、有保障、有尊严地安享幸福美好的晚年，这是各级党委、政府和社会义不容辞的责任，也是促进社会代际和谐，维护社会稳定和民族团结进步，实现青海省经济社会跨越发展、科学发展的一个必要条件。

湖北省农村养老方式的研究及对策

湖北省老龄工作委员会办公室
武汉大学人口·资源·环境经济研究中心

湖北省是一个农村人口大省。农村养老不仅成为当前的一个社会热点问题，也是湖北省未来发展面临的巨大挑战。面对越来越猛烈的农村“银发浪潮”，迫切需要根据社会经济的发展，探索和建立适合省情的新型农村养老保障体系和方式。

一、农村养老方式及面临的挑战

湖北省农村与中国其他农村地区一样，历史上的养老主要以家庭养老为主。作为现代社会保障体系核心内容的社会保险，一直未在农村设立。改革开放以来，随着农村社会经济的发展，农村的养老方式正在趋向多样化。自1978年起，中国开始了市场导向的改革，进入社会经济的重要转型时期。伴随着这种社会转型，农村传统的养老方式受到越来越大冲击，越来越难以应对新的风险，正面临着十分严峻的挑战。

（一）人口老龄化、城市化给农村传统养老方式带来严峻挑战

湖北省人口年龄结构在20世纪70年代以前，呈现年轻化发展趋势。但自20世纪70年代初我国推行计划生育政策后，湖北省人口增长模式逐渐实现了由“高出生率、高死亡率、低增长率”的模式向“低出生率、低死亡率、低增长率”的模式转变。根据2007年人口抽样调查数据，2007年湖北省人口中65岁及以上老年人口比重已经达到9.88%，而0—14岁人口则下降到15.7%，已经迈人人口老龄化社会。并且农村人口老龄化水平超过城镇，湖北省农村地区的老年扶养比和少儿抚养比也超过城镇，农村养老面临的压力比城镇更大，形势也更严峻。

（二）家庭小型化趋势给农村传统养老方式带来挑战

据统计，建国初期湖北省家庭户平均规模为5.67人，1982年为4.53人，1990年减少到4.01人，2000年减少到3.53人，至2008年已降至3.09人，三人户成为家庭结构中的主体。预计在2010年左右，大批独生子女进入婚期，他们组成的家庭进入高峰，届时将有更多的家庭由独生女子组成，一批家庭将出现一对夫妇赡养4位或6位老人的情况。可见，随着老年人数量的增加，“4—2—1”家庭数目急增，整个社会的家庭赡养能力将普遍下降。

（三）农村经济发展新趋势给以土地为基础的养老方式带来挑战

湖北省绝大多数农村经济发展水平还不高，集体经济实力不强，绝大多数农村还只能依靠传统的家庭养老和自我养老方式，还没有真正意义上的现代社会保险。而这种传统的农民社会保障，实质上是以土地为核心的保障。土地不仅是农民重要的农业生产资料，还是农民社会保障的重要依托。改革开放后，湖北省农村的产业结构和所有制结构发生了重大变化，许多农民离开土地进城从事非农产业，还有大量农民因为土地被征用而成为失地农民。所有这些变化意味着传统的土地保障在新的发展形势下越来越难以承担农民保障的任务。

（四）农民分化趋势对农村传统养老方式带来挑战

改革开放之前，在人民公社体制下，整个农民阶层是一个具有单一身份性的群体或阶级，同质性很高，农民享有同样的身份地位、经济地位和政治地位。改革开放后，农村社会因各农户所处经济地位的不同，已分化出不同的阶层和群体。传统的养老方式已经很难适应分化的农民，迫切需要探索新的养老体系和养老方式。

（五）传统孝文化及其支持体系衰退对农村传统养老方式带来挑战

在湖北省各地农村，传统敬老孝亲文化的衰退影响是显而易见的。生活方式的变更使许多年轻人不再依赖家庭，传统伦理道德观念逐渐淡化，老年人的社会经济地位下降，社会道德约束力下降，农村集体组

织对农民群众的感召力和吸引力明显下降。这种传统敬老孝亲文化及其支持体系的衰退，使农村老年人处于不利的社会地位，传统养老方式的风险增大。

二、农村养老方式的创新与选择

农村养老问题实质上主要由三个问题构成：一是农村养老的经济基础或者说经济来源问题；二是对老年人日常生活照顾的解决方式问题；三是老年人精神慰藉问题。因此，我们认为湖北省农村养老方式必然是多元化的，任何单一的养老方式均无法承担起农村老年人的养老负担。要在不断探索、总结、完善的基础上，逐步建立与农村经济发展水平相适应、与其他保障措施相配套的全方位多层次的农村社会保障体系和多元化的养老方式。

（一）建立和完善农民社会养老保障体系，农村养老社会保障制度应先解决“从无到有”的问题，再解决“由低到高”的问题

社会养老保险是指以国家作为主体，运用立法手段对公民在年老缺乏劳动力或失去生活来源的情况下，予以一定程度的收入损失补偿，使之能继续享有一定的生活水平。社会养老保险与其他养老方式的最大区别在于其法律强制性和社会统筹性。

我省农村社会保障体系的建设，应当分区域、分群体、分项目、分步骤地进行。在现阶段，农村养老保障水平还不能设计太高，只能为农村老年人提供一个基本的保障。因为过高的社会保障和社会福利水平也可能加重企业和政府的负担，削弱企业的竞争力。对于湖北省这样的欠发达地区而言，应该吸取发达国家的这些教训。在较低收入水平下解决农民养老问题，既要考虑人口老龄化对现行养老保障体系的挑战，又要考虑量力而行，防止对长期增长带来冲击，降低经济增长速度。因此，目前我省农村养老保障制度的建设重点应放在弥补了基本社会保障制度的缺失方面，只有当所有农村居民都覆盖之后，再慢慢提高社会保障和社会福利水平。

（二）继续重视家庭养老、自我养老等传统养老方式的作用，走家庭养老、社区养老与社会养老相结合的道路

家庭养老、自我养老是我国传统的养老模式，也是湖北省农村地区最基本的养老方式。这种养老方式是建立在土地保障基础上的。这两种养老方式由于不能有效地分散养老风险，在为老年人提供稳定的收入方面不如社会化养老方式。不过，这两种传统的养老方式也具有自身不可替代的优势。在新的形式下，家庭养老方式也应实行变革。一是可以通过子女与老人签订《赡养协议书》强化家庭养老；二是提倡女儿养老的家庭养老新方式，出嫁的女儿也承担养老的义务。随着经济和社会的发展，妇女的地位日渐提高，出嫁的女儿也养老者日趋增多。应大力倡导这种养老方式。

（三）完善农村养老社会化服务体系，发展农村养老服务机构，既强调给老年人物质保障，又重视老年人的精神生活，为老年人提供完善的养老服务

养老保障可以分为“资金保障”和“服务保障”两大方面。我们认为在市场经济条件下，资金保障肯定是极为重要的。但是，光有资金而没有相应的服务，还是达不到切实保障社会成员的老年生活的目标。目前，老年精神文化生活匮乏，农村老年人的服务设施无法满足老年人的需求。今后，应把养老服务机构、设施布局纳入城镇建设和新农村建设规划。积极创新养老服务模式，健全养老服务的社会化机制。政府应出台资金资助政策，鼓励社会力量投资养老服务业。在农村养老服务体系建设上，尤其要注重重视社区养老服务体系的建设，大力发展社区上门照料服务，进一步发挥社区服务在养老方面的作用。

（四）完善农村合作医疗制度，实施健康老龄化战略

农村社会养老保险最重要的配套制度，就是强有力的大病医疗保障。因此，解决农民养老问题，就必须真正解决农民的医疗保险尤其是重大疾病保险，将“老有所养”和“病有所医”紧密地结合起来。应当适当加大大病统筹的比例，提高大病的统筹补贴标准和重大疾病的报销比例，让老年农民能看得起病，真正有一个幸福健康的晚年。在完善农村合作医疗制度的同时，也要着眼于整个生命周期，采取健康老龄化战略。要特别重视农村老年群体的医疗保健问题，提高老年期的生活质量。

（五）完善农村社会救济体系，为贫困农村老人建设养老安全网

尽管国家计划在 2020 年实现农村社会养老保险的全覆盖，但在这一目标近 10 年的实现过程中，仍有许多农村老年人口的养老问题需要解决。而且受财政支持能力的制约，新农保是按广覆盖、低标准的原则设计的，仅靠基本农村社会养老保险难以保障农村老年人的生活需要。对于部分没有其他生活来源的农村贫困人口，还需要加强社会救济制度建设，扩大农村社会救济的覆盖面，为农村贫困老人撑起“养老安全网”。首先，应扩大财政对农村“五保”救助体系的支持力度，确保符合“五保”对象条件应保尽保。其次，应扩大农村低保的覆盖面。只有扩大农村低保

覆盖面，并向各种农村贫困老人倾斜，才能真正通过农村最低生活保障制度的建设促进农村的社会公平。

（六）鼓励发展商业养老保险，为农民养老提供多样化的选择空间

随着农民收入来源的多样化，农村居民收入差异逐渐拉大。在所有的农民都能够通过社会养老保险享有基本养老保障的基础上，一些经济条件较好的农民对更高水平的养老保障有需求和支付能力。商业保险可为其提供多样化的选择空间。商业保险作为社会养老保险的补充保险，应当具有多个层次，适应多类农民和地区，这些保险在基本养老账户的基础上，是由农村集体、乡村中的民营企业、城镇中的民营企业等为农民和农民工缴纳的补充保险，这些资金记入农民的统筹账户，将来作为在本地计发养老金的依据。不同收入水平的农民对未来养老的期待不同，多层次的商业保险可为其提供多样化的选择空间。

三、进一步完善湖北省农村养老方式的对策建议

中国共产党第十六届六中全会明确提出，到2020年中国要基本建立“覆盖城乡居民的社会保障体系”，并把它作为构建社会主义和谐社会的重要目标和任务。为进一步完善湖北省农村养老方式，需要采取以下几个方面的具体措施。

（一）正确认识农村人口老龄化问题，各级政府应高度重视农村养老问题

人口老龄化是人口类型转变的必然结果，也是经济发展和社会进步的象征，但老年人口比重的日益增大将会给经济发展、产业结构、文化心态、社会发展等带来一系列的冲击。各级政府要充分认识到农村人口老龄化给社会经济发展带来的冲击，积极做好应对农村人口老龄化的准备。

（二）调整财政支出结构，加大公共财政投入力度，加快建立新型农村养老保障制度

现代社会保障制度强调国家责任，国家以立法强制推行社会保障，其本质特征是政府的财政投入。我们认为，现在湖北省建立覆盖农村居民的社会保障制度的时机已经成熟：一方面，中央已经出台了一系列有关建立农村社会保障制度的政策，并开始了在全国推行新型农村社会养老保险（新农保）的试点工作，我们有必要根据中央的部署，积极推进湖北农村社会保险制度体系的建设。另一方面，湖北省经过改革开放30年的发展，经济发展和财政收入上了一个新的台阶，为农村建立社会养老保险制度奠定了坚实的物质基础。随着新型农村养老保险体制的建立和推广，财政用于农村养老保险补助的支出将大幅度增加，各级财政部门要确实将新农保补助资金作为财政支出的一项重点加以保证，并及时分配，及时到位。

（三）加强农村养老基金的管理，保证基金的保值增值

从过去实施农村养老保险的经验来看，保证农村养老保险基金的保值增值能力是吸引农民参加养老保险的一个重要方面。由于资本市场发展滞后，投资获利渠道狭窄，加上农村养老保险基金数额小、难以分散投资等特点，使得农村养老基金保值增值乏力，这就要求要有相当专业水平的管理及运营机构来操作。加强农村养老基金的管理，保证基金的保值增值，防止养老基金“缩水”。

（四）大力发展农村经济，创新土地养老保障的方式

根据湖北省人口年龄结构发展预测，在目前一段时期内，湖北省存在一个抚养比低、经济发展的黄金时期。这个时期少儿人口在总人口中的比重将呈不断下降趋势，老年人口的比重刚刚上升，总抚养比处于从下降到上升的低谷。这个时期是劳动力相对年轻、劳动力资源充足的时期。能不能利用这样一个时机，增强经济实力，是关系到未来老龄化问题能否顺利解决的关键。目前湖北省的水平还很低，如果不能使经济快速持续地发展，使经济跃上一个新的台阶，那么未来就无法承受人口老龄化的沉重压力，因为没有雄厚的经济实力，就不可能给老年人口提供较好的社会保障和社会福利，只有大力发展经济，整个社会承受人口老龄化的物质力量才能大大增强，由人口老龄化所引起的各种社会问题才能最终顺利解决。

我们认为，在新的市场经济条件下，农村可以尝试土地资本化的思路，创新土地保障的方式，用于建立农民的社会保障基金。可以鼓励农民采取土地入股等形式，参与城镇扩张地带的土地开发；或通过土地证券化，直接进入土地一级市场。在农民入股所得或土地证券化所得中，拿出一个固定的比例，纳入相应社会保障基金，使转出土地的农民，此后享有社会保障待遇。还可以结合相关政策或法律的调整，发展以土地使用权或所有权抵押为特征的土地金融，提高城镇化过程中的融资能力，加快土地开发或增值的进程。此外，地方政府可以根据当年的城镇开发情况，将农民的土地转让所得，拿出一个固定的份额，用于建立农民的社会保障基金。

（五）发挥老龄工作部门的作用，组织农村建设社区互助体系和养老服务体系

居家养老虽然能为老年人提供一定的经济支持和生活照料，但目前农村的家庭规模越来越小，“打工经济”又使青壮年人口大量外流，使居家养老面临服

务资源不足的问题。针对这种情况，各级老龄工作部门应扩大工作范围，不仅关注“百岁”“五保”等特殊身份的老人，还应关注农村广大的普通老年人。其工作内容可包括：一是提倡和组织社区互助组织的发展。老龄工作部门可以在农村以村组、社区为单位组织成立老年人协会等农村老人互助组织，形成社会化帮扶制度，在农村老年组织内部，通过乡村行政负责人牵头，倡导低龄老人为高龄老人服务，帮忙解决其生产、生活中的困难和问题，必要时施以行政手段，等自己将来需要这方面服务时，别人也以同样方式帮助自己，逐步建立和完善社会化帮扶机制，形成一种良性循环。二是鼓励和支持农村社区养老、托老机构的发展。应鼓励和扶持民间资本兴建小型的养老院，创办托老所，大力扶持和发展农村家政服务业，对投资家政服务业的民营企业从资金、税费等政策上给予优惠，鼓励和支持农村劳动力从事家政服务业，并在技能培训，工作开展上给予相应的帮助，使居家养老服务与家庭照顾机构服务相结合，较好地满足老年人的服务需求（课题组组长：刘长斗；课题组成员：沈昭才　成德宁　田莹　侯伟丽）

《广东省老龄事业发展“十一五”规划》实施情况中期评估报告

广东省老龄办

为认真贯彻落实全国老龄委第十一次全会和省老龄委第九次全会精神，全面掌握我省各地的老龄工作基本情况，省老龄办于 2009 年 9 月组织两个组分赴广州、深圳等 17 个地级以上市，对《广东省老龄事业发展十一五规划》实施情况进行中期评估。通过各地级以上市的自我评估及省老龄办的实地调研，了解到《广东省老龄事业发展“十一五”规划》实施三年来，全省各地党委、政府高度重视老龄工作，深入贯彻“党政主导，社会参与，全民关怀”的老龄工作方针，把老龄工作作为民生工程的重要内容，列入全省经济社会发展规划，加大财政投入力度，各项老龄事业取得长足发展。

一、主要任务实施情况

总体上看，“十一五”以来，随着经济实力进一步增强，我省社会保障体系不断完善，政府对老龄事业基础设施投入不断加大，老年人权益得到较好维护，“十一五”规划制订的一些主要预期目标将如期完成，但“十一五”规划原先力图解决的一些问题，进展不够理想。老龄工作中仍存在比较突出的矛盾，特别是与我省经济社会发展水平相适应的老龄事业经费投入和自然增长机制尚未建立，老龄工作体制性障碍依然存在，应对人口老龄化面临着新的挑战。

（一）老年人社会保障

截至 2008 年底，广东省城镇基本养老、基本医疗参保人数分别达到 2444 万人、2371 万人，位居全国首位，其中外来务工人员（农民工）参加基本养老、基本医疗保险人数分别达到 975 万人、1333 万人。参加养老保险人数已完成“十一五”规划目标的 112%，实现基本养老保险全面覆盖城镇各类从业人员。养老金水平持续提高，人均达到 1193 元/月。

在养老方面，农村养老保险取得“三大突破”：一是制度建设实现“零”的突破。省委、省政府下发了《关于解决社会保障若干问题的意见》，省政府办公厅转发了省劳动保障厅《关于做好被征地农民基本养老保障工作的意见》，初步确立了广东被征地农民养老保障制度；二是实施农保的地区向珠三角以外的市县突破；三是“即征即保”取得突破。从“应征应保”到“即征即保”，被征地农民的基本生活得到较好保障。目前，全省 21 个地级以上市全部建立了被征地农民养老保障制度，还有部分市建立了不同形式的农民养老保险办法。全省农村居民参加社会养老保险的人数达到 222.2 万人，其中 65.6 万人按月领取养老待遇，各地被征地农民养老保障待遇平均水平约为每人每月 200 元。

在医疗方面，医疗保障制度日趋完善。全省所有地级以上市均实施了城镇居民基本医疗保险制度，与城镇职工基本医疗保险制度和新型农村合作医疗制度共同构成了覆盖城乡各类人群的医疗保险制度。2008 年底，全省城镇居民基本医疗保险参保人数达到 1049.5 万人，231 万人次享受医疗保险待遇，33.4 万困难居民全额享受政府资助免费参加医疗保险，总体参保率达到 80%；新农合覆盖全省 123 个县（市，区，包括地方自设区）、21059个行政村，覆盖率达100%。参合人数4837万人，全省98%以上的农村人口享受合作医疗保障。适合不同人群特点和满足多层次医疗需求的医疗保险体系基本建立。

全省建有老年医院61所、临终关怀机构24间，并建成一批老年病康复中心，省卫生厅制定下发了《广东省加强综合医院康复医学科管理指导意见》，要求有条件的康复医学科逐步设置老年康复专科。劳动和社会保障部门出台了门诊特定病种医疗费用报销政策，将部分慢性病、老年病的门诊医疗费用列入统筹基金报销范围，将家庭病床的费用列入统筹基金支付范围，有效减轻了老年人的医疗费用负担。

新型社会救助体系不断深化。截至2008年底，全省农村年人均收入低于1200元的困难家庭全部纳入低保救济。省级财政提高了14个经济欠发达地区低保资金的补助比例，城镇补助比例从30%提高到40%，农村补助比例从50%提高到60%。12个地级市、69个县（市、区）提高了低保标准。全省享受低保的有78.49万户、200.3万人，低保标准城镇每人每月130～400元，农村每人每月100～400元。全省农村“五保”对象集中供养标准人年均3900元，分散供养标准人年均1680元，比2007年分别提高了300元和80元。此外，全省有12个地级以上市和53个县出台了医疗救助实施办法，规范了医疗救助制度。

（二）老龄事业基础设施建设

公共服务设施逐步免费对老人开放。全省各地10365个活动场所、1000多个文化广场和3000多个体育辅导站全面向老年人开放。全省公益型公共资源如公园、展览馆、博物馆、文化馆、纪念馆等文化休闲场所逐步免费向老年人开放。

老年福利服务设施建设扎实推进。“十五”期末，我省城镇建立“星光老年之家”3053间。“十一五”中期，全省“星光计划”已从城市推向农村。至2008年底，星光老年之家增加到4683个，提前实现了“十一五”计划提出的“兴建500个‘农村老年活动之家’的目标。与此同时，乡镇敬老院的建设得到加强。第三批“千间敬老福星工程”基本完工，全省改扩建716间敬老院，增加供养床位1.4万张，第四批210间敬老院改扩建工程已经启动，预计到2010年将如期全面完成“千间敬老福星工程”1046间敬老院的改扩建任务。目前，全省包括147家国办社会福利机构和117家民办社会福利机构在内的各类养老机构提供养老床位超过9万张，床位数达到老年人总数的9‰，但离“十一五”规划提出的12‰的目标尚有一定距离。

此外，广州、深圳、珠海、汕头、中山、佛山等市积极参与创建全国无障碍建设城市活动，取得良好成效。各地新建城市道路、公共建筑和养老机构场所严格执行《城市道路和建筑物无障碍设计规范》，进一步改善了老年人生活环境。

（三）养老服务业

养老服务体系建设有新进展。全省大力推动以居家养老服务为重点内容的养老服务社会化工作，为有需求的居家老人提供到户服务。至2008年底，全省社区服务机构已为5万多名居家老年人提供到户服务。在硬件设施方面，各地以“公建民营”的模式，兴建了广州市越秀区老人院等一批“家门口”的机构养老服务设施。4683个“星光老年之家”成为城市社区为老服务平台，省财政安排2亿元补助建设社区办公用房，实现全省所有社区办公用房实用面积达到80平方米以上，为发展社区居家养老服务提供了必要的场所和条件。在软件服务平台方面，各地通过搭建“平安钟”“平安通”等居家养老呼援服务平台，发布社区医疗、护理、家政、义工等居家养老服务信息，为老年人提供24小时的信息支援服务。包括广州、深圳、佛山、江门等地相继开展“平安通”、“关爱之声”呼援服务试点工作。

养老服务队伍建设初显成效。目前全省已有15个地级以上市开展了家政服务员和养老服务员的职业鉴定工作。2006年至今，我省已组织养老护理员鉴定2.4万人、家政服务员鉴定2.23万人。全省首批通过全国社会工作职业水平考试取得社工师资格的384人，取得助理社工师资格的3148人。专职社工已经开始在民政、卫生等部门开展职业化服务。居家养老专业服务人员匮乏的局面有所缓解。

目前，我省的志愿服务立法也在积极推进，有望出台志愿服务条例，进一步推进引导志愿服务队伍建设。

（四）老年人合法权益保障

老年法律服务受到重视。法律援助部门对老年当事人提供减免费服务，对行动不便的老年人提供上门服务。人民法院对涉老案件实行优先受理、优先审理、优先执行，对较复杂和易反复的案件实行回访制度，对经济有困难的老年人实施司法救助。各级司法行政部门制定实施了律师、公证机构为老年人提供法律援助和法律服务的规定。大部分地区成立了老年法律援助中心、老年法律事务所，有的还开设了老年法律服务热线，为老年人的维权活动提供便利。各地老龄工作部门加强老年人来信来访工作，妥善处理信访案件，及时化解矛盾纠纷。

老年优待政策不断完善。老年人社会优待政策在全省普遍推广。21个地级以上市政府都出台了既有共同性又有特色性的老年人社会优待政策，对老年人看病挂号、就诊，进入博物馆、美术馆、科技馆、纪念馆、文化馆等公益性文化场所，进入公园、旅游景点等，给予半价或全免的优待。18个地级以上市对老年人乘坐公用交通工具给予减免费用的优待。全省所有地级以上市均建立了百岁老人津贴制度，对百岁以上老人发放100～300元不等的高龄津贴。珠三角部分地区还将补贴范围扩大到90岁以上的老年人，个别富裕地区已经建立80岁以上高龄老人津贴制度。

（五）老年人精神文化生活

老年人精神文化生活丰富多彩。全省各地区、各部门定期举办老年文艺调演、老年人运动会等，老年广场文化、社区文化活动越来越活跃，老年人已经成为基层群众文化的主力军。广播电视、报刊杂志和网络，面向广大老年人开辟了丰富多彩的栏目。

老年教育事业迅速发展。各老年大学办学规模不断扩大，在校人数不断增长，2008年在校学员超过12万人。涌现出了一批环境优良、设施良好、制度完善、教学水平高、社会效益好的老年大学。

老年体育活动异常活跃。到2008年底，全省建立老年体协1000多个，遍及各市、县（区）和部分乡镇、社区、基层、农村，基本形成全省老年体协组织网络。全省经常参加体育活动的老年人达600多万，占全省老年人口的60%左右。

城乡广大老年人还积极参与社区基层精神文明建设和社会公益活动，在提供科技咨询、关心下一代、开展传统教育、维护社区治安、调解邻里纠纷、开展互助服务等方面发挥了积极作用。老年人生活充实，文化教育权利进一步实现，健康水平进一步提高。

二、存在的主要问题

我省老龄事业发展“十一五”规划实施以来，全省老龄工作取得了显著成绩，但由于老年人口的快速增长，当前老龄工作还存在一些较为突出的矛盾和问题。

一是老年人口迅猛增长和养老保障制度覆盖面小的矛盾。目前我省养老保障制度只覆盖到城乡产业工人（职工）和一部分失地农民，农村养老保障制度还没有完全建立起来。尽管目前各市都普遍开展了农村养老保险试点工作，但全省还有大量的农民没有纳入养老保险的范围。全省为老服务设施建设，特别是农村为老服务事业发展比较滞后。

二是老年人日益增长的照料需求与居家养老服务发育滞后的矛盾。居家养老服务虽然在政府的积极参与和强力推动下有较快发展，但还存在着发展不平衡，服务内容窄化供需脱节、市场运行机制发育滞后、养老服务机构及设施不完善，服务队伍建设不能满足广大老年人的现实需求的问题。如目前我省养老床位只有9万张，仅为老年人口总数的9‰左右，只有不到发展中国家一半的水平，更远低于发达国家5%～7%的水平。此外，鼓励和支持社会力量积极发展养老服务业、实现市场化运作的政策不足。

三是老龄工作任务重与人员少、老龄组织不健全的矛盾。当前我省老龄工作机构存在的主要问题是老龄委的具体办事机构——老龄办级别低，人员编制少，履行综合协调职能时比较困难。这在基层表现得更加突出。有的地级市老龄办只有两个人，县（市、区）只有一个人（有的还是兼职），与山东、甘肃、新疆、辽宁、黑龙江等兄弟省份差距较大，难以承担日益繁重的老龄工作任务。

三、进一步推动规划顺利实施的对策

当前，随着人口老龄化形势的进一步发展，老龄问题将日益严峻、突出，建议正视挑战，抢抓机遇，鼓实劲，出实招，努力推进老龄事业发展“十一五”规划主要目标和任务的全面实现。

（一）在人口老龄化早期加快经济发展

在今后的三四十年的时间里，我省仍处于社会总抚养比较低，是发展经济的黄金时期。要抓住这一机遇，大力发展经济，要优先投资于人的全面发展，提高劳动生产率。要大力发展农村经济，尽快改变农村经济发展滞后于人口老龄化进程的状态，为人口老龄化高峰的到来奠定坚实的物质基础。

（二）建立适应人口老龄化的社会养老保障体系

特别是，下一步要根据广东农村经济发展水平和农民的承受力，坚持“保基本、广覆盖、有弹性、可持续”的基本原则，在试点的基础上，尽快出台全省统一的农村养老保险制度，省级财政要加大转移支付力度，建立困难地区个人缴费比例低、政府补助比例高的农村基本养老社会保障制度。要建立和完善多层次城乡医疗保障体系。在城镇，进一步完善城镇医疗保障制度，将没有参保的老年人、无业人员等列入保障范围，建立健全以社区卫生服务为基础的老年医疗保健服务体系，为老人提供预防、医疗、护理和康复等多种服务。在农村，加强以乡镇卫生院为重点的农村卫生基础设施建设，健全农村卫生服务体系。建立健全城乡医疗救助制度，对低保人员和无支付能力的老年人等特殊困难群体由财政给予全额补助。要加强为老服务体系建设，尽快制定我省居家养老发展规划，建立和完善社区居家养老服务网络，加大政府投入力度，继续加强专业化与志愿者相结合的居家养老服务队伍建设。

（三）大力开发老龄产业

由政府牵头，大力发展老年卫生保健、老年护理、老年娱乐、老年教育、旅游服务等老龄产业。通过走社会化、产业化的道路，积极构筑多层次、全方位的老年服务体系。通过老年需求推动老龄产业，通过发展老龄产业进一步培育和引导老年需求。把发展老龄产业作为广东今后一个时期社会消费的热点和国民经济的一个新增长点来开发和扶持，采取税收、信贷等优惠政策，多渠道筹资，发展老龄产业。各类企业应以优质服务和低赢利作为经营方针，拓展老年市场。

（四）加大老龄事业财政投入

必须建立一套与人口老龄化相适应的以政府投入为主的多元化的老龄事业投入机制，由各地根据行政区域内老年人数量和经济发展水平，逐步增加投入，并以量化的标准和比例纳入财政预算。要参照外省市的做法，按每个老年人每年1～5元的标准提取老年活动经费。其次，在福利彩票、体育彩票收益中明确一定的比例用于老龄事业建设和老年文体活动；再次，要充分发挥各级老年基金会和其他基金组织的作用，积极鼓励和支持民营资本投资兴办老龄事业。

（五）提升各级老龄工作机构规格，加强各级老龄办建设

目前，全国除了广西、海南和我省等少数几个省的老龄办为处级建制外，其他各省、自治区、直辖市老龄办一般都是副厅级单位，山东、甘肃、新疆、辽宁等都是正厅级单位，人员编制大都在25人至40人之间。我省老龄人口基数大，而老龄机构规格低、人员编制少，与兄弟省市相比差距较大。建议提升省、市、县老龄办规格，适当增加人员编制，以适应日益繁重的老龄工作需要。

关于我省六州市空巢失能老年人生活状况的调查报告

云南省老龄办宣传调研处

21世纪是我国人口老龄化快速发展的新世纪，也是积极老龄化和健康老龄化社会的世纪。随着经济社会的发展，老龄化程度的提高，家庭结构小型化，空巢和失能老人家庭逐年增多已成为一种趋势。当前，老年人口基数增大，高龄老人比例高，空巢、失能老人日益增多、家庭养老功能弱化是我省老龄工作面临的严峻现实。根据厅党组确定的调研课题，我们从今年3月至6月，分别对昆明、曲靖、玉溪、红河、文山、大理六个州市空巢和失能老年人的生活状况进行了深入调查研究，并就如何提高空巢、失能老年人的生活生命质量作了积极的探讨。

空巢老人是指身边无子女共同生活的老年人，包括无子女老人与老年人和子女分开居住、不在一起生活等情况；失能老人是指随着年龄的增长，某些身体器官失去功能，导致行动不便的情况。空巢、失能老人从年龄组成上可划分60至79岁的低龄空巢、失能老人和80岁以上的高龄空巢、失能老人。从生活能力上可以划分为生活能够完全自立的；穿衣、吃饭、上厕所、洗浴等基本生活能够自理的；基本生活不能自理，需要护理人员专门照顾的三大类。从经济供养上可分为经济供养自给自足，有固定退休金或其他收入的，经济供养半自给自足、有城市最低劳动工资至城乡低保标准之间生活保障金的和经济供养困难、无经济收入来源。

一、基本情况

在全国老年人口快速增长，老龄化趋势加快的情况下，云南人口老龄化水平处于全国的中间状况，但发展速度却高于全国平均水平。2008年，全省有老年人口509.72万，占总人口的11.03%，平均每年以3.4%的速度增长，是一个典型的“未富先老”省份。随着人口老龄化的快速发展和家庭结构的逐步小型化，空巢和失能老人的数量也相应呈现快速增长的趋势。

根据我们对昆明、曲靖、玉溪、红河、文山、大理六个州市的调查统计，共有空巢老年人848250人、失能老人1030755人（见下表）。

单位	老年人总数	空巢老年人数	百分比	失能老年人	百分比
昆明	772611人	200263人	25.9%	168747人	21.5%
曲靖	680563人	237520人	34.9%	323324人	47.5%
玉溪	293764人	94252人	32%	62583人	21.3%
红河	518543人	167808人	32.3%	250105人	48.2%
文山	368976人	66332人	18.1%	123251人	33.4%
大理	415032人	82075人	19.8%	102745人	24.8%
合计	3049489人	848250人	28%	1030755人	34%

调查显示，六个州市空巢和失能老人所占比例相对较高。这些老年人在日常生活中存在着诸多困难，作为一个特殊群体，全社会应给予他们更多的关爱和照顾。

二、空巢、失能老年人的分布和基本生活状况

（一）分布状况

由于我省地域辽阔，人口分布不均，各州市老年人口总量的差异较大，空巢、失能老人的数量在各地也相应地有很大的差异。曲靖、红河老年人口数量较多，又加上近年来当地政府组织劳动力输出的工作力度不断加大，青壮年外出务工人员增多，空巢、失能老人的数量也相应的增长很快。曲靖市的空巢、失能老年人分别占了本地老年人总数的34.9%和47.5%，位居全省首位。经济条件相对较好的昆明、玉溪市失能老人的比例相对较低，分别占老年人总数的21.3%。文山、大理州青壮年外出务工人数相对较少，空巢老人所占比例也相应较低，分别占老年人总数的18.1%和19.8%

（二）空巢、失能老人的经济状况

近年来，省委、省政府高度重视民生问题，不断加大各项事业的支持和投入，相继出台了多项关爱老年人的优惠政策。老年人的社会保障机制逐步建立，生活水平不断提高。目前，全省有293万企业职工参加基本养老保险，342.9万人参加城镇职工基本医疗保险制度，139.66万农民参加农村养老保险；全省有19万城镇贫困老年人和60余万名农村贫困老年人分别纳入了城乡最低生活保障范围，实现了“应保尽保”和“按标施保”；22.1万“五保”对象全部纳入了财政供养范围，3222.06万人参加新型农村合作医疗，参合率达89.77%；全省支出城镇医疗救助金8331.37万元，救助患病的城镇困难群众6万人次；支出农村医疗救助金16816.37万元，救助患病的农村困难群众455万人次。为进一步改善老年人的基本生活，省政府决定出台三项政策：从今年起，对80周岁以上的长寿老人发放生活补贴；进一步提高企业退休人员养老金发放标准；将五保供养对象的年补助标准由720元提高到960元。这些惠老政策的实施，极大地改善了部分空巢、失能老人的生活，大部分空巢、失能老人的基本生活能够得到保障。

尽管如此，仍有一部分空巢、失能老人特别是城镇中的社会老人和经济欠发达地区的农村老年人，大多数没有固定的经济来源，只能依靠家庭养老，子女赡养能力有限的老年人，只能维持基本生活，生活质量还比较低。从调查了解的情况看，农村老年人的生活来源比较单一，除25%还有劳动能力的老人可以通过自我供养外，75%的老人是靠子女的经济收入作为生活来源。调查显示，空巢、失能老人的年人均纯收入大多数在1000元以下，有的子女一年仅给自己的父母一些口粮，逢年过节送一点吃的和穿的，生活十分困苦。如开远市羊街乡鱼塘寨村的张希文老人，今年73岁，因儿子违法犯罪被判刑后，妻子与其离婚，留下两个孩子由爷爷抚养。这对于年收入才500余元的张希文老人而言，生活的艰难可想而知。尤其是随着社会经济形势的变化，城乡居民的日常消费品价格持续走高，老年人的生活支出不断增加，应对生病住院、家庭变故等意外情况的能力相应的下降，部分老年人还要帮助下岗失业或外出打工的子女抚养孙辈，生活质量普遍较低。

（三）空巢、失能老人的医疗保障

近年来，我省全面推开城镇居民基本医疗保险，建立健全覆盖全省城镇居民的基本医疗保险制度，农村新型合作医疗也实现了全覆盖，近80%的农民享受了新型农村合作医疗，一些地方还根据经济状况，适当提高了老年人的补贴和报销标准，缓解了老年人医疗费用高昂的压力，在一定程度上解决了老年人有病不敢医治的难题，绝大多数的空巢、失能老人也都有了基本医疗保障。但从调查了解的情况看，我省农村空巢、失能老人常年患病的比率比较高，许多是多种疾病缠身。老年人患重病大病，沉重的医疗费用，使一些家庭陷入贫困境地，出现“因病致贫”，“因病返贫”现象。因此，更多老年人怕给子女增添负担，只能是小病忍，大病拖，每次病痛发作，自己先抓些中草药，实在顶不住了才到镇卫生服务站就医。如：69岁的开远市乐道办事处乐白道村二社218号村民李保昌老人，因脑中风导致偏瘫，生活完全不能自理，其妻子也是残疾人，因病导致其家庭生活十分困难。

(四)、空巢、失能老人的身体状况和生活照料

由于长期独自生活，无人陪伴，空巢老人和部分失能老人不仅生活无人照料，一些人还会因孤独寂寞导致精神更为自闭、不愿说话、行为古怪，严重的还会影响到身体健康。以文山州为例，全州有经济来源的离休干部有902人，长期生病住院半年以上的有121人，生活不能自理的有74人，部分长期躺在医院成了植物人，有的长期卧床不起，出现了基本“不出家门”，基本“不出医院”的现象。缺乏日常生活照料不仅仅会给生活带来不便，严重的是已经威胁到空巢、失能老人的生命安全，独居的老人一旦突发疾病而无人知晓时，就有可能面临生命危险。近年来，空巢、失能老人因各种原因在家中过世多日或数月再被发现的惨剧时常见诸报端，空巢、失能老人的生活照料问题也引起了社会的广泛关注。

随着年龄的增长和身体健康下降，空巢、失能老人对生活照料的需求也会越来越突出。调查中我们了解到，六个州市的空巢、失能老人除少数曾经入住过各类养老机构外，多数空巢、失能老人的生活照料都需要依靠邻里、亲戚、社区及志愿者的帮助。这部分老人的数量虽然不大，但他们生活的特殊性和我省相对滞后的社会服务业决定了这部分老年人生活照料的问题非常突出，需要得到政府和社会更多的关爱和帮助。

三、空巢、失能老人生活中存在的主要问题

(一) 空巢、失能老人精神和经济上压力较大

由于空巢、失能老人是患病高发人群，绝大多数人时常都有疾病缠身，患慢性病及多种老年性疾病的比例也非常高。由于缺乏照料人员，空巢、失能老年人患病期间会面临更多的困难，他们也最惧怕生病，时常承受着巨大的精神和经济压力。多数空巢、失能老人的子女要忙于自己的工作和家庭，也很难做到日夜陪伴父母，照料老年人的日常生活。独居的空巢、失能老人一旦生病，就会面临更为困难的照料问题。虽然大部分老年人参加了城镇职工、城镇居民医疗保险和新型农村合作医疗保险，有了基本医疗保障，但目前医疗保险广覆盖、低保障的局面尚未改变，医疗费报销比例低，个人承担的医疗费高，这对于收入低、患病率高、病程长、医疗费用花销大的空巢、失能老人来说，无疑是很大的精神和经济压力。

(二) 社区为老服务滞后，不能满足空巢、失能老人的需求

我国是以家庭养老为主的国家，特别是我省的少数民族，有着更为浓厚的尊老敬老的传统。随着人口老龄化的发展，老年人口增多，国家倡导和推行以居家养老为基础，社区养老为依托，机构养老为补充的养老模式。我省空巢、失能老人除少部分入住各类养老机构外，大多数选择在家中养老。与其他类型的老年人相比，空巢、失能老人对社区的依赖性更大，对社区提供的为老服务设施、为老服务项目的需求更为迫切。调查显示，六个州市空巢、失能老人对社区服务的需求明显高于身边有子女陪伴的老年人，对上门服务的需求特别突出，渴求社区提供上门看病、做家务、聊天解闷等方面的服务，以改善他们的生活。

社区为老服务事业是新兴的社会事业，近年来得到较快的发展，而经济社会发展位于前列的昆明、玉溪、曲靖在这方面的成绩更为突出。但从整体情况看，我省的社区为老服务尚未全面发展，还没有形成对老年人生活、医疗、保健、文体、权益保护、精神慰藉等方面的系例化服务体系，属社区性质的养老、娱乐、教育、医疗设施太少，大多数设备简单，功能单一，活动项目、方式不多，服务质量档次较低。社区为老服务的覆盖面过窄，老年人受益比例不大，社区为老服务设施、服务内容和质量水平等距离老年人的基本需求存在很大差异，在为老服务中发挥的作用不大。

(三) 空巢、失能老人精神慰藉问题突出

除生活照料问题外，空巢、失能现象带来的另一个问题就是老年人的情感缺失，这已经成为影响社会和家庭和谐的一个重要因素。空巢、失能老人社会交往的范围相对较小，与子女及亲朋好友交流的机会也不多，易产生郁闷、沮丧、孤寂、食欲减低、睡眠失调等家庭空巢、失能综合症。大部分空巢、失能老人没有条件雇佣他人陪伴自己，长期处于情感缺失状态，严重的还会引起心里和精神疾病。根据《中国城乡老年人口状况追踪调查》显示，城市中常感孤独的老年人，比例为18%，农村为30.9%，这一现象在空巢、失能老人中更为突出。我们的调查结果也普遍反映出空巢、失能老人缺乏精神慰藉的问题。如玉溪市有62%的空巢、失能老人经常或者有时感到孤独，

38%的因不能与子女经常沟通而常感到孤独与寂寞。现实生活中，子女因各种原因无法及时给予父母足够的精神慰藉，而社区为老服务工作又不到位，使空巢、失能老人对精神慰藉的需求更加迫切。缺少精神慰藉对老年人的伤害不亚于身体病痛的伤害，正如一名空巢老人说的“我可以忍受病痛折磨，可以只吃粗茶淡饭，但不能忍受孤独与寂寞”。

四、对策和建议

空巢、失能老人作为老年人中的一个特殊群体，其数量和比例正以前所未有的速度快速增长，如何使越来越多的空巢、失能老年人安享晚年，已成为一个亟待解决的社会问题，关系到全面建设小康社会，构建和谐社会宏伟目标的实现。做好空巢、失能老人的各项服务工作，不仅是贯彻落实科学发展观在老龄工作中的具体体现，也是新的历史时期做好老龄工作的要求。针对老年人普遍关心的养老、医疗、生活照料等问题，结合我省实际，提出以下四点建议：

（一）多方并举保障空巢失能老人养老问题

进一步完善社会保障制度，健全老年人养老保险、社会福利、社会救助机制。适当提高“五保户”供养标准，按照经济发展和人均收入建立适时增长机制，保证分散供养孤寡老人基本生活水平不下降。不断扩大高龄补贴的发放范围，统一发放标准，并逐年提高。对部分空巢、失能老人实行特殊救助，在基本实现应保尽保的基础上，适当增加低保对象中的困难高龄空巢、失能老人补助金，实行特殊救助办法，有条件的州、市还可建立高龄特困老年人专项救助基金，解决空巢、失能老人生活、疾病等特殊困难。完善对退休金、基本养老金偏低的高龄空巢、失能老人的帮扶措施。在今后上调退休人员养老金标准时，给予这部分人员适当的政策倾斜，以减轻物价上涨，日常费用支出较大对生活带来的影响。

《中华人民共和国老年人权益保障法》规定“老年人有受家庭赡养与抚养的权利，家庭成员应当关心和照料老年人”。各地要切实贯彻落实好《老年法》《云南省老年人权益保障条例》及相关法律法规，继续做好签订“家庭赡养协议书”工作，督促子女和其他家庭成员履行赡养扶助义务，扩大签订协议书的覆盖面。要经常对履行协议的情况进行跟踪调研，推进家庭赡养工作的进一步落实。要坚决维护空巢、失能老人的合法权益，对个别拒绝、逃避履行赡养义务的子女依法进行追究。

（二）构建多形式、多层次的老年人医疗保障体系

“人人享受有基本医疗卫生服务”，是党的十七大确定的全面建设小康社会奋斗目标新要求之一，“病有所医”是党的十七大报告关于推进以改善民生为重点的社会建设中的一个重要方面。有关部门要制定出台解决空巢、失能老人就医困难的具体措施，尽快推行异地居住老年人医疗费报销制度，为参保老年人发放“社会保障卡”，实现医药费即时结算，以减少空巢、失能老人看病和报销程序复杂的难题。应适当提高空巢、失能老人的医药费报销比例，减少经济负担。推广部分地区对参合老年人，提高补贴标准，在定点医疗机构看病住院提高报销比例的做法。鼓励有条件的医院及社区卫生服务机构建立家庭病床，在医院及社区卫生服务机构设立老年人优先窗口。有条件的地区建立老年医疗救助基金，通过基金会对无力支付医疗费和支付困难的空巢、失能老人给予帮助。

（三）做好空巢、失能老人生活照料工作

要广泛深入开展尊老、爱老、助老主题教育活动，突出对高龄、空巢、失能老人给予特殊关爱的宣传，提高全社会的老龄意识、养老意识和责任意识。要建立完善互相帮扶制度，采取邻里互助，单位一帮一，志愿者包户活动，吸收下岗职工成立专门为老服务队伍等多科形式，照顾好空巢、失能老人的生活。要加大资金投入，加快“爱心护理”工程的建设步伐，为高龄空巢老年人和不能自理的失能老年人集中提供生活照料、医疗护理、康复娱乐、精神慰藉、临终关怀等温情服务。要大力发展居家养老服务志愿者队伍，为空巢、失能老人提供各种公益性服务，结合各地实际，建立居家养老服务志愿者的激励机制，进一步调动社会志愿者参与居家养老服务的积极性。要根据各地空巢、失能老人的实际情况，不断开拓创新敬老互老助老活动，逐步探索形成关爱空巢、失能老人的帮扶长效机制。

（四）加快社区养老为老助老服务体系建设

只有完善的社区为老服务，才能有力地支持居家养老，也才是应对空巢、失能老人增多的必经之路。面对不断扩大的空巢、失能老人群体，要加快托老所、文化活动室、健身场、老年食堂等社区养老服务设施的配套建设，优化社区养老环境，支持居家养老。要支持鼓励社会各界开展个性化服务项目，如老年人小饭桌、免费送餐、上门理发、送货、陪聊、陪同购物等空巢、失能老人所需的各种服务内容。要建立健全专兼职为老服务队伍，不断扩大范围，提高参与率，形成制度化，坚持经常化。要建立为老服务低价有偿服务队伍，实现与志愿者队伍优势互补，不断扩大为老服务覆盖面。

建设新农村 关注老年人

——四川省三市（县）三村调研情况

四川省老龄办

一、调研方法与内容

1. 调研方法

此次调研的对象，选择市（区）、县领导，行政村“两委”和村老年人代表进行座谈。同时，以村居住地年龄在60岁以上的老年人，选择7种不同类型老年家庭户，进行座谈与入户调查。同时，召开座谈会并收集有关资料。座谈会采取与当地市、县领导，以及被调查地区的财政、劳动、卫生、民政与老龄工作人员等进行交谈。

2. 调研内容

本次调研，重点了解本村老年人的数量、比重、特征（年龄、性别、文化、婚姻）、生活状况（经济状况、劳作情况、健康与医疗、生活自理与照料、心理状况、闲暇活动、社会参与和作用）等情况。最后我们入村入户对7类老人即（1）独居老年人户；（2）老年夫妇户、（3）仅与未成年孙辈同住的老年人；（4）两代老年人同住的，两代老人户；（5）老人同其他人同住户；（6）计生户（独生子女户）；（7）非计生户。进行了实地问卷调查。

3. 调研地点

调研地点，选择川西所辖一区二县三村，入户调查个案20例。县（市、区）详见下表。

表1 四川省调研地区分布县（市、区）镇村

成都市温江区	万春镇	观音村小组访谈
夹江县（乐山市）	黄土镇	凤桥村小组访谈
彭山县（眉山市）	观音镇	红旗村小组访谈

二、调查点行政村基本社会经济状况与养老经验

1. 夹江县黄土镇凤桥村

凤桥村位于黄土镇镇政府东侧，省道103线纵贯村境，交通便利。该村作为四川省社会主义新农村的典型代表之一，辖16个农业合作社，劳动力人口属于“半工半农”“离土不离乡”，农民在当地进厂务工。

现有农户781户，人口2403人，劳动力1808人，其中进厂务工的有1260人，占全村劳动力69.7%。该村耕地2336亩，林地1600亩。2008年农民人均纯收入5600元。全村有规模以上工业企业8家，总产值4亿元。工业经济发展后，农户自觉加大了对村的社会基本建设的投入。2002年至今，该村先后投入资金130多万元，进行全村路网硬化改造，总长125公里。目前，该村基本都通水泥路，有的已达到户户通。2005年冬到2006年春，全村投资20多万元新修了路渠配套建设工程、南坝堰引水工程，并对刘堰等沟渠进行了维修改造。该村借社会主义新农村建设的契机，加快产业结构的调整，已经形成了东部经济林种植区，中部农作物、中药材种植区，西部工业经济开发区的产业布局规划。2006年底，该村已建成为县级社会主义新农村的示范村。该村已处于“以工扶农，以工为主”城镇化进程中，农民的主要收入来源是进厂务工工资。

2009年，该村现有老年人口419人，其中男165人，女254人。（注：由于本地把55岁作为老年人的标准，因此应当扣除55～60岁以下的81人）。该村2007年底，成立了老年人活动小组，由过去村退职的村干部担任老年活动小组组长。老年人活动小组现有96位老年人。

目前，该村共有5位“五保”老人，其中1人集中供养在乡镇敬老院。从与村干部座谈中，我们了解到，该村目前还没有老年人活动场地。村两委办公场所为新建。该村村书记表示，从2010年起，将在村发展计划中建设一个老年人活动中心。

从与村老年人座谈中，我们了解到，老年人对“失地养老保险”非常满意。有老人说：“有了养老金比儿子还好。”他们认为，每月400多元的养老金足够生活开支了，不需要子女经济支持了。实际上，农村老年人只要身体能够动的，不会闲着无事可做。家务事和农活都不会耽误。但是，我们也注意到，部分老年人对新农合的医疗保障作用有些误解。他们不理解为啥只有住院才可以报销。实际上，在农村老年人生小病都愿意在家里治疗，一是子女照料方便。二是减少医病的开支。尽管在乡镇医院住院报销比例较高，但是一旦老年人患重病，他们都倾向去县医院。原因是，他们认为乡镇医疗条件或医生水平不高，“不如大（县）医院好得快”。

2. 彭山县观音镇观音村

观音村处于观音镇附近，该村劳动力人口属于劳务外向型。该村有13个生产小队，其中4个生产小队为失地农民，9个生产小队为种地农民。目前有18家民营企业。2008年，总GDP为6982万元。现有农村居民5003人，其中老年人口832人，男383人，女449人，村老年人口占16．6%。劳动力人口2180人，占全村劳动力人口43．6%。该村外出劳动力占50%，在本村务工人员占30%。

该村村民中，享受低保的有50户，共73人。“五保”老人14人，其中12人在镇一所敬老院集中供养，其余为分散供养。集中供养标准为2500元/年，散居供养标准为1800元/年。全村参加新型农村合作医疗保险的比例为100%，而参加农村社会养老保险的只有323人，仅占全村人口的6．4%；失地农民参加农村社会保险的占80%。该村人均耕地不足0．7亩，2008年农民人均纯收入5600元，集体经济年收入为5100元。

与村两委干部座谈了解的情况是：一是失地农民中，男60岁，女55岁均购买了养老保险。每月能领取400～600元不等的养老金；二是农村“一事一议”中，老年人也出“人头费”，老人没有享受到国家老年人优待政策；三是只要男60岁，女55岁可自愿参加老年人协会，并缴纳会费。会费主要用于老年人集体娱乐活动开支。

与村老年人座谈了解的情况是：一是村没有专门的老年人活动场地；二是大多数老年人仍然从事农务，部分老年人还要照看孙子女；三是部分老年人认为乡镇医院的药品价格高于市场（药店）30%左右。

3. 成都市温江区万春镇红旗村

(1) 红旗村基本情况

红旗村全村幅员面积2平方公里，耕地面积1374亩，辖8个村民小组，总人口1355人。2008年红旗村，总GDP为964万元。村民人均收入达7114元。主要经济来源是花木种植收入、土地流转收入和务工工资收入等。

该村有60岁以上老人211人，占总人口的15.5%。其中，老人参加新农合的有211人，参保率100%，参加新农保的老人179人，占全村老人的84%。享受低保的有6户，共17人。“五保”老人4人，其中集中供养的3人。集中供养的标准为420元/月，散居供养标准为260元/月。村开办了老年学校，成立了老年协会，设立了维老服务站，组建了老年文体队、腰鼓队和老年志愿者队伍。该村有1个敬老院，2个老年人活动站（室）。红旗村曾先后被评为区级“先进基层党组织”、省级“生态文明村”和先进老龄工作基层单位。

(2) 在新农村建设中所开展的主要工作

第一，加强科学规划，完善功能配套，健全公共性服务。红旗村活动中心按“统一规划、功能配套、节约适用”和“通透式办公，一站式服务”的原则，“九室三有三配套”的方案建设。对活动中心周边水、电、路、气、讯等基础设施综合改建，在确保活动中心内部齐备、功能配套的同时，统一安装4组全民健身器材，满足了本村群众健身需要，特别是老年人强身健体的需求。

在便民服务大厅，设置土地流转、劳动就业、计划生育、流动党员服务、民政事务等服务窗口，实现了群众办事从“程序不清自己跑”到“全程代办干部跑”的转变。同时，充分利用阅览室、活动室、远程教育室等阵地，开办党员干部培训班、村民创业就业技能培训班、老年人生活小常识和预防老年病知识等班次；利用文体休闲广场，组织腰鼓队、乒乓球队、象棋队和文艺表演队，开展体育竞赛和文艺表演，提高了群众素质，丰富群众精神文化生活。目前，每天到活动中心咨询政策、阅览学习的群众都在30人以上，活动中心真正成了群众办事解难、学习锻炼和休闲娱乐的场所。

第二，深化基层民主，强化队伍建设，提升整体服务水平。红旗村率先在全区实行党员代表常任制。涉及村内的重大事务，党员代表都要参与镇上、村上的决策讨论。另外，村上还实行了镇党员代表联系村党员代表、镇村党员代表联系普通党员和群众制度、党员代表培训制度、党员定岗设职制度，通过这些制度实施，搭建党员群众与村党支部、镇党委的沟通联系和反馈的平台。近年来，党代表为村民群众解决代办事项100余件，使村内沟渠道路建设、留守儿童扶助、老年人维权服务等问题及时得到了解决。

第三，做大产业规模，提升经济发展能力。针对村上花木种植面积大、花木种植大户多和周边东方幸运城、国色天乡、绿园、万春园、西部花木交易中心、大型花木企业等旅游和农业产业化项目相对密集的实际，村党支部积极利用村上教育设备设施相对完善的优势，邀请专家、教师和专业大户开展花木种植加工、营销、病虫防治、保安保洁、旅游服务等培训，增加村内“乡土人才”密度，提高农民就业和增收能力。

2008年，红旗村在区级联系单位党校的支持下，先后开展各类技能技术培训8期980余人次，普遍提升了村民的劳动就业和致富增收能力；引进花木产业50亩以上规模的种植大户18户，新增年销售额50万元以上的销售大户14户，增强了农民就地就近就业本领，带动了农民增收。目前，红旗村全村劳动力878人，在区内务工821人，在市内务工53人，市外务工4人。

(3) 村两委积极想办法，提高本村的老年人养老水平

第一，开辟多种养老途径，确保农村社会老人"老有所养"广泛大力宣传农村新农合医疗和农村农民养老保险等相关政策，积极引导老年人参加保险，做到老有保障。

①在老年协会中建立老年经济基地，采取村委会拨一点、争取社会赞助一点、个人出一点的办法成立村老年基金会，让老年人的生活多一条保障渠道。同时，红旗村确定了一名护工，为空巢老人进行定期服务。

②因地制宜，鼓励"自我养老"。为使农村老年人"老有所养"，动员农村低龄健康老人因地制宜种植蔬菜、养鸡、实现"自我养老"。

③实施救助，大力开展"献爱心送温暖"活动，实施亲帮亲、邻帮邻，帮助特困老人度过生活难关。同时，积极与卫生院和医院联系，每年两次对60岁以上的老年人进行免费体检，对白内障老人进行定期检查和医治。

第二，"法治与德治"相结合，认真维护农村老年人的被赡养权。

①建立维权组织，使农村老年人得不到赡养有人帮。成立了老龄工作机构和组织，承担起老年维权工作的责任。村志愿者协会也成为老年维权工作的新兴力量。

②加大司法保护力度，使农村不赡养老人的现象得到遏制。利用一村一名律师的有利资源，积极做好农村老年人赡养案件和纠纷的调解工作，有效地维护了农村老年人的被赡养权。

③搞好宣传教育，使农村敬老助老养老形成风气。为使广大村民懂得子女不赡养老人不仅是道德问题，而且更是违法行为。近年来，红旗村举办老年法律法规知识培训班，开展"敬老模范村、敬老好儿女、敬老好儿媳"评比活动，弘扬敬老传统美德。

第三，丰富老年文化生活，满足闲暇时间的生活。

①充分利用远程教育、阅览室和网络室等有利资源，下载与老年人生活息息相关的知识，组织老年人免费观看和学习。让更多老年人更加健康生活，科学生活。

②充分结合老年文体队和腰鼓队，在辖区内开展丰富多彩的文化文体生活，积极组织老年人参与村两委组织的各种活动，为全村群众献上精彩的演出。同时，利用老年协会，老年学校等机构，组织身体健康的老年人参加"夕阳红"旅游团，让红旗村的老年人走出村落，增长了知识，开阔了眼界。

第四，科学规划新农村经济发展，注重农村生活设施建设。

①以"科学发展、产销联接"的思路引领花木立体种植基地建设；以"科学养殖、可持续发展"理念率先示范，开展生态鸡养殖基地建设活动。基地建设采用"基地＋学校"模式，以培训带动就业，以村域内充分就业促进基地壮大，以基地壮大推进产业发展。以"产销衔接"发展思路寻求销售渠道，以优化村级网站建设、完善农信通等信息化资源发布平台为抓手，以信息资源的公布拓宽群众的销售渠道，以此提高群众的收入水平。

②加大村内基础设施建设，对村组道路、河道、沟渠、排污、天然气、自来水加强建设和完善，以科学的规划，将散居村民集中居住，将闲置土地集中起来，统一管理，有效提升土地价值，加大土地流转，带动农民增收，扩大集体经济。

③座谈会上了解的新农村建设中老人得到的实惠与遇到的困难与村两委干部座谈中，我们了解到村在设计农村公共服务体系中，已经把为老服务纳入其中。比如，为老年人定期代缴水电费，统一发放养老金和各种补贴补助金等。不定期组织老年人集体活动，如2008年底和2009年初，组织村老年人外出旅游。专门建立了老年人健康档案，组织老年人体检等。此外，每月2次为村少数空巢老人购物、看病和处理家政。据村书记介绍，该村的为老服务建设基本上按照城市社区服务模式。2009年，在村两委办公场所开通了社区服务呼叫网络，此网络与医院急救系统相连，也与空巢老年人家的"一键通"连通。这样可以解决老年人发生突发疾病时的及时救护问题。

与老年人座谈，我们了解到村老年人现在普遍感觉生活水平比10年前好了很多。村上的所有老年人都享受了失地农民养老金。每月400～620元不等，维持日常生活开支是没有问题的。但是，他们认为由于村老年人赋闲在家居多，而且居住分散，想聚到一

起娱乐很难。他们建议，村两委要进一步增加老年人活动站（室）。此外，有少数老年人认为，尽管现在村经济发展了（经济开发区入住了不少企业），但是环境污染了，没有自来水，没有燃气管道，垃圾随意堆积等现象普遍，希望村领导不辜负“生态村”的牌子，尽快把环境治理重视起来。

三、对四川省新农村建设情况的分析与建议

1. 新农村建设的经验或模式

自中央提出建设社会主义新农村的重大战略任务以来，四川省委、省政府按照新农村建设的总体要求，把生产发展作为首要任务，把农民增收作为核心目标，把基础设施建设作为切入点，着力推进传统农业向现代农业跨越，全省新农村建设扎实、有序、健康推进。近年来，四川省在总结新农村建设试点示范成功经验的基础上，各地启动建设100多个示范片，积极探索以点带片、点片结合、以片带面的建设路子，初步形成了6种不同类型的新农村建设发展模式。

（1）城郊结合型。按照统筹城乡发展的基本要求，依托城镇、面向市场、服务城市、致富农村，实现新农村建设率先在城乡结合部取得突破。如郫县友爱镇农科村形成以花卉种植业和旅游业为一体的良性互动的发展模式，人均年花卉苗木收入4万多元。

（2）特色产业型。通过培育特色产业，带动农民收入迅速提高，推进基础设施逐步完善，农房建设以及必需的公共服务设施实现较大进步。如长宁县走出一条以竹产业带动新农村建设，以新农村建设促进竹产业发展的路子。目前，该县已有竹产业百万元村14个。

（3）生态小康型。以自然生态资源、生态环境为载体，以开发生态农业、发展生态经济为重点，实行“山、水、田、林、路”综合开发，配套改善农村基础设施，建设山水田园式新社区。如苍溪县以20个生态小康示范村建设为重点，促进人居环境美化。

（4）企业带动型。通过企业公益捐助、村企结对等多种形式，带动农村综合发展。如自贡市金穗实业公司通过担当帮扶村经济顾问，实现村企合一，制订出工业强村和“猪—沼—茶”生态农业发展战略，带动1．2万农民共同致富。

（5）乡村旅游型。依托当地特有资源，开发农业的多种功能，推动农村三次产业良性互动。如成都“五朵金花”等一大批乡村旅游特色品牌初步形成，成为旅游业的新兴产业和新农村的重要产业支撑。

（6）灾后重建型。灾区特别是极重灾区，在充分尊重农民意愿的前提下，通过统规统建、统规自建、原址联建和开发重建等多种方式，解决受灾农户住房重建。同时高起点规划发展现代农业和农村二、三产业，实现产业的重建和振兴，并配套推进农村基础设施和公共服务设施。如彭州市探索实践“土地银行”“田间管理公司”等运作模式。该市灾后恢复重建的磁峰镇鹿坪村、新兴镇阳平村等不仅建成规划有序、风格独具的民居新舍，还大力发展莲藕种植、水产养殖、金银花、魔芋和乡村旅游等特色产业。

从四川省三市（县）三个农村的调研情况看，夹江县黄土镇凤桥村的新农村建设属于特色产业型。彭山县观音镇观音村的新农村建设属于企业带动型。而成都市温江区万春镇红旗村的新农村建设属于企业带动型。从城镇化水平和社会经济发展水平看，观音村属于起步阶段，处于“以农为主，以工为辅”；凤桥村属于快速发展阶段，处于“半工半农，以工为主”；红旗村处于“发展现代农业，就地城镇化，城乡一体化”阶段。尽管以上三村各有特色，但是有一个共同的特征是，农村土地在城镇化过程中被集中利用，发挥了土地规模效益，而且运用“土地换社会保障”的方法解决失地农民养老问题。

新农村建设起步较快的村，一般至少需要三个条件：一是地理位置要临近经济相对发达的县城或城镇；二是土地转化利用有政策保证；三是因地制宜的发展特色模式。凤桥村地处黄土镇，又与夹江县县城很近，因此借助夹江县“瓷都”发展陶瓷工业得天独厚。观音村地处观音镇，交通与地域发展服务业很有优势。红旗村与成都市区相距18公里，既不同于城乡结合部，也不属于远郊。交通发达，环境优美，是都市人首选的乡村度假地点。红旗村充分利用土地发展花卉农业，结合乡村旅游，在城乡一体化建设中受益。

2. 新农村建设中农村老龄工作的发展趋势首先，农村老龄工作基本纳入了农村社区建设体系

四川省通过参与民政部推行的全国农村社区实验县（市区）项目，在农村社区建立村级公共服务中心（站），逐步整合政府各类行政资源，引导教育、卫生、劳动就业、人口和计划生育、文化、体育、科技、法律、社会治安、社会保障等公共服务进入农村，健全有效覆盖、有序参与的农村基层公共服务网络，为政府公共服务延伸到农村社区和农民群众开展自我服务提供有效载体，逐步缩小城乡公共服务差距，实现城乡公共服务均衡化。尽管老龄工作在农村社区没有独立出来，但是涉及老年人的公共服务已纳入了社区社会事务管理范畴。我们调研的三个村中，

均成立了老年人协会，老年人活动站（室）建设和老年人的帮扶工作开始得到了重视。

其次，在统筹城乡一体化建设中，农村老龄工作开始借鉴城市老龄工作的经验。比如在组织社区志愿服务方面，发挥村民代表、党员、团员、致富能人、驻社区单位代表、老干部、老农民、老模范、老教师、老复员军人和热心公益事业的积极分子的作用，根据农村社区居民的需要，成立社会互助救助、环境卫生监督、民间纠纷调解、文体娱乐活动、公益事业服务、计划生育服务、生产发展服务、科技致富服务等农村社区志愿者组织，积极开展社区志愿服务。建立农村社区志愿者注册制度，完善社区志愿者激励机制。为农村社区志愿者组织开展服务活动提供必要的场地，给予适当经费补助，促进农村志愿服务活动快速健康发展。在红旗村，这样的志愿服务已经取得了显著的成效。实际上，我们已经注意到农村老龄工作开始借鉴城市老龄工作的经验。与城市社区老龄工作的重点不同的是，农村社区老龄工作还局限在对“五保老人”“特困老人”以及“残疾或高龄老人”等老年人群的帮扶层面，对于一般老年人的娱乐需求满足，整体上还没有涉及到。因此，如何在新农村建设中逐步增加有关老年人公共服务和设施建设应当是当前推动农村老龄工作发展的迫切要求。

第三，农村老龄工作从务虚转向务实，应当积极参与新农村建设。四川省近年来的老龄工作是比较重视发展农村老龄工作的。一是建立健全县、乡镇老龄工作组织。二是从 2002 年开始敬老模范县（市区）创建活动，至今已经进行了三次。2003 年开展敬老爱老主题教育活动的评选表彰工作，至今也已经是第三次了。此外，老年法普法宣传工作也一直在加强。这些宣传工作，对改善农村农民的精神文明风貌，营造社会爱老敬老助老的良好社会氛围功不可没。但是，我们在调研中了解到，目前农村老龄工作尚存在务虚的多，务实的少。农村老龄工作并没有纳入新农村建设规划中。就村级社区组织而言，还没有设置专门负责老龄工作的工作人员。这与当前农村面临的严重的人口老龄化状况不相适应。因此，及早在村级社区建立健全老龄工作组织和人员，积极参与新农村建设，已是刻不容缓的形势要求。

3. 在新农村建设中让农村老年人共享社会经济发展成果

首先，新农村建设大大改善了农民的收入水平，间接地提高了子女的经济赡养能力。特别是农民住房条件的改善，使老年农民的住房基本上得到解决。

其次，新农村建设以来，农村医疗、教育、敬老院福利设施等农村基本公共服务和设施得到明显改善。农村社区生活环境的改善，客观地增加了农村老年人居家养老的舒适性和便利性。

第三，在“土地置换社会保障”的土地流转中，失地老年农民的社会养老保险制度逐步确立。

第四，农村社区建设推进社区公共服务体系形成。从而使农村留守老人、空巢老人和高龄老人，以及残疾、“五保”老人等获得农村社区内的养老项目服务。

宁夏回族自治区开展居家养老服务的现状与对策

自治区老龄办 岳秀霞 李广庆

家庭养老是我国传统的养老方式。但工业化、城镇化的快速发展，不可避免地带来了家庭规模日益缩小、核心化，“4—2—1”家庭结构和空巢老人家庭开始趋多，家庭供养能力下降，加之经济社会转型期价值观念发生剧烈变化，这些都对家庭养老模式产生了巨大冲击，使得家庭对老年人的照料功能日益弱化，传统的、单一的以家庭成员为主的养老、生活照料模式正面临前所未有的挑战。应对新的形势，探索一条既坚持居家养老又保证老年人生活质量的服务机制，迫在眉睫。

一、开展居家养老服务的社会背景

（一）人口老龄化快速发展

据统计，截止到 2008 年年底，我区 60 岁以上的老年人口已达 60.5 万，占总人口的 9.8%，80 岁以上的高龄老人已达到 4.45 万，占老年人总数的 7.36%。据预测，到 2010 年，我区 60 岁以上老年人口将达到 67.87 万，占当时总人口的 10.66%，80 岁以上老年人口达到 5.73 万，占老年人总数的 8.44%；2015 年 60 岁以上老年人口将达到 83 万，占当时总人口的 12.48%，80 岁以上老年人口将达到

7.82万，占当时老年人总数的9.42%；2020年60岁以上老年人口将达到106万，占当时总人口的15.3%，80岁以上老年人口将达到10.24万，占当时老年人总数的9.66%。调查显示，目前我区城市空巢老年人比例已经达到46.5%，农村达到21%。随着经济社会发展，人们生活观念，住房条件的改善，以及独生子女的父母开始进入老年期，空巢现象将更加普遍，空巢期也将明显延长。据我们对银川市3128名老年人的抽样调查，生活部分能够自理和完全不能自理而离不开他人照料的老年人1405人，占被调查人数的44.92%，生活能够基本自理的老年人2006人，占被调查老年人总数的64.13%，靠家人照料和邻里帮助的老年人906人，占被调查老年人的28.96%。

（二）机构养老满足不了老年人的需求

近几年，在自治区党委、政府的高度重视下，各级政府加大投入力度，兴建和改扩建养老服务机构，我区养老服务基础设施建设有了较快的发展，目前全区有敬老院60所，床位6220张，各种城镇社会福利机构12个，床位1965张。为调动社会力量发展养老服务事业，制定优惠政策，鼓励社会各界兴办养老服务机构。目前，全区民办养老机构已建成、在建和计划在今年建设的10家，设置床位1876张。按照国际社会的一般情况，每百名老人拥有的机构养老床位数为6～8张，按目前我区60.5万老年人计算，就需要床位36300～48400张，而目前我区各类养老机构拥有的养老床位只有10061张，缺口很大，满足不了到机构养老的需求。根据业内人士测算：新建一个100个床位规模的养老院，仅初期投入就需要资金1000多万元，建成后，每年还需要50万元左右的常规性经费投入。要达到每百名老人6张床位的要求，需增加床位26614张，投入资金近30亿元。如果开展居家养老服务，只需要投入1/10的资金，就可基本满足全区老年人的养老服务需求。我国是在社会生产力尚不发达的情况下进入老龄社会的，是典型的“未富先老”，宁夏更是处在社会主义初级阶段的较低层次。尽管这些年我区经济长期稳定、持续发展，实力有了很大提高，但完全寄希望于通过大量兴建福利院、老年公寓等来解决养老问题很不现实。

（三）传统的家庭养老模式受到冲击

家庭养老是我国传统的养老方式。但工业化、城镇化的快速发展，不可避免地带来了家庭规模日益缩小、核心化，“4—2—1”家庭结构和空巢老人家庭开始趋多，家庭供养能力下降，加之经济社会转型期价值观念发生剧烈变化，这些都对家庭养老模式产生了巨大冲击，使得家庭对老年人的照料功能日益弱化，传统的、单一的以家庭成员为主的养老、生活照料模式正面临前所未有的挑战。

由于受传统观念的影响，老年人特别注重家庭给他带来的安全感、亲情感和归属感。只要不是完全不能自理，只要社区能够提供必需的服务，大多数老人还是愿意在家里养老。据我们对银川市3128名老年人调查，有2895人选择居家养老，占被调查老年人总数的93.55%，而选择入住机构养老的只有233人，占被调查老年人总数的7.45%。

（四）社区建设为居家养老服务提供了平台

近几年，我区以社区基础设施建设为突破口，以星级社区创建为载体，以提高服务水平为目标，加强领导，加大投入，社区建设呈现出全面推进、快速发展的良好态势。目前，我区社区老年福利服务场所已达到367个，兴办323个星光老年之家，银川市社区“一站式”便民服务达80%以上。积极开展了各具特色的星级社区创建活动，建立了社区服务站，将与群众密切相关的业务集中起来，实行“一厅式”“一站式”服务，服务水平和质量不断提高。认真贯彻落实自治区《关于全面开展农村社区建设试点工作的通知》精神，积极推进农村社区建设试点工作，农村社区试点村已达到400多个。随着社区服务设施建设步伐的加快，服务队伍不断壮大，服务对象和内容得到拓展，社会企事业单位、驻区单位、社区民间组织、社区居民共同参与社区服务的局面正在形成。方便快捷的生活服务圈开始出现，为居家养老服务提供了平台。

为了满足老年人多样化、个性化的服务需求，全国各地开展了居家养老服务试点工作。居家养老是以家庭为基础，以社区为依托，以老年人日常照料、生活护理和精神慰藉为主要内容，以上门服务为主要形式，并引入专业化服务的一种养老模式。在这种模式中，家庭成为一个开放的养老载体，老年人在不离开自己熟悉的居住环境的前提下，不仅能享受到养老院式的照料服务，而且能得到来自子女的情感慰藉。这一方面满足了老年人既需要照料又不愿离开家庭的要求，另一方面又与现阶段生产力水平相适应，既有效地缓解了老年福利机构不足的矛盾，又弥补了家庭养老的不足。它与福利机构养老方式相比，具有服务主体多元化、服务对象公众化、服务方式多样化、服务队伍专业化等特点。是对传统家庭养老模式的补充与更新，是发展社区服务，建立养老服务体系的一项重要内容。

全面推进居家养老服务，是应对人口老龄化挑战，破解我区日趋尖锐的养老服务难题的根本出路；是合理配置养老资源，充分发挥资源效益的有效途径；是加快发展服务业，扩大就业渠道和促进经济增长的重要举措，是坚持以人为本，构建和谐社会的具体体现。目前在我国大中城市已推广试行，成为各级政府解决老年人照料问题的首要途径。

二、我区开展居家养老服务的现状和存在的问题

从2006年开始，我区在银川市金凤区先行进行试点，为老年人提供生活照料、日间托老、精神慰藉、康复护理等服务，受到老年人和老年人家庭的欢迎。今年在全区城市社区全面推开，取得了明显成效。主要有以下特点：

一是初步建立了以政府为主导、以家庭为基础、以社区为依托、社会参与的工作格局。各市县按照自治区的要求，建立了工作机构，制定了相关政策，加大了财政投入，初步形成了三级联动、分工明确的工作网络。银川市、金凤区成立了居家养老服务工作领导小组，确定专人负责落实居家养老服务的各项工作。石嘴山市、吴忠市、兴庆区、西夏区分管领导多次组织召开有关部门负责人会议，进行研究部署。各街道、社区按照就近、方便、经济的原则，充分利用现有的社区医疗服务站、社区便民服务中心、辖区养老机构、老年活动中心（室）等多种资源，搭建了一批具有日间托管、医疗保健、文化娱乐等功能的居家养老服务中心（站），作为开展居家养老工作的服务平台，为老年人提供日托、就餐、洗衣、保健、休闲、娱乐、学习等多种服务；同时，为行动不便和有特殊需求的居家老年人开展上门送餐、家政、照护等服务，较好地解决了部分最困难的老年人的居家照料问题。有的地方还探索通过中介服务组织为经济条件相对较好的老年人提供有偿或低偿服务的路子，拓宽了居家养老服务的覆盖面。各级政府制定相应政策措施，加大了财政扶持和资金投入。据不完全统计，全区共投放资金200多万元（包括设施建设），自治区民政厅下拨本级福利金50万元，并购置计算机50台，支持居家养老服务站建设，金凤区政府下发了《金凤区开展居家养老服务工作实施意见（暂行）》，为重点服务对象每月提供50元、80元、100元不等的补贴，银川市民政局制定了《开展居家养老服务试点工作的指导意见》，这些政策措施的制定，为居家养老服务工作的顺利开展提供了制度保证。

二是摸清了老年人的基本情况，确定了重点服务对象。各个社区居家养老服务站对本社区60岁以上的老年人按照经济收入、身体状况、家庭成员状况、养老需求进行了调查摸底。通过调查，基本摸清了老年人的生活状况、养老服务需求，确定了以城市散居的“三无”老人、低收入的独居老人、生活不能自理的困难老人等为重点服务对象，同时兼顾其他有服务需求的老年人，制定了服务标准、服务规范、管理制度等。兴庆区、金凤区、西夏区通过入户调查，将老年人的基本情况录入计算机进行管理，为下一步建立信息网络平台做了前期准备。西夏区利用社区信息服务平台，开展了老年人服务需求调查，为老年人提供方便快捷的服务。大武口区将服务对象区分为A、B、C三类，根据老年人的不同需求，提供优惠服务，受到老年人的好评。

三是建立了一支由专业服务人员、低保人员和志愿者组成的“三位一体”的服务队伍。一是通过竞争招标，选择符合条件的养老服务机构和辖区服务网点加盟，建立了专业的服务队伍。二是组织低保家庭中具有劳动能力的人员，适当给予补贴，经过培训提供居家养老服务，实现居家养老服务与再就业工程相对接。三是鼓励和支持社区单位、居民、大中专院校学生以及社会各界人士组成志愿者服务队，开展多种形式的为老服务活动。有的社区本着自愿量力的原则，探索采取时间储蓄的方式，组织低龄健康老人为高龄、病残老人服务，并形成制度，多渠道、多形式壮大为老服务队伍。

四是形成了一批具有我区特点的居家养老服务模式。各地在实践中，创造了一批符合当地实际、各具特色的服务模式。如兴庆区文艺社区推行“家庭养老院”模式：社区与周边各商业网点达成上门服务协议，建立便民服务联系卡，通过入户为居家的老人提供优质价廉的服务。西夏区金波社区开展“邻里互助服务”：发动辖区内的单位和高校学生建立了四支志愿者队伍，为老人提供服务，组织社区内下岗失业人员与需要居家看护的老人结成对子，提供服务。宁朔南路社区建立“党员楼栋负责制”：将加入为老服务队伍的党员名单及联系方式在楼栋的醒目位置公示，老年人有什么需求，可直接拨打电话。长城花园社区、利群社区、正茂社区、中强社区、锦绣苑社区等建立了日间照料室，开设了老年餐桌，为需要照料的老年人提供日间照料、送餐、配餐服务。金凤区采取市场化运作的方式，引导家政服务公司、老年护理组织进入社区，为老年人提供不同的服务。大部分社区都开通了服务热线，推出“邻居守望卡”“睦邻卡”，成立“老年互助组”，引导低龄老人为高龄老人服务、健康老人为体弱老人服务；对少数缺乏生活自理能力的高龄、空巢、病残、贫困等重点困难老人，由服务人员走进老人家中开展服务；对大部分身体尚好的居家老人，通过在社区开展康复医疗、文化娱乐等活动，引导其走出家门，到社区的各类公共服务场所接受服务，拓展居家老人的活动空间，丰富老年人的精神文化生活。

从总体上看，我区的居家养老服务工作取得了初步成效，但是由于刚刚起步，还存在许多不足。

一是对居家养老认识不到位，没有形成必要的舆论氛围。居家养老是以家庭为核心，以街道社区服务中心为依托，以义务（志愿）服务和便民网点为服务资源，以上门服务和日托护理为主要形式，为居住在家的老年人提供以解决日常生活困难为主要内容的社会化养老服务。而一些地方对社区居家养老服务的重要性、迫切性认识不足，缺乏对居家养老的方式进行创造性探索。不知道居家养老服务要做哪些工作、如何开展，致使社区居家养老服务处于自发的状态。

二是服务设施缺乏，资金投入不足。由于受资金条件的限制，目前各地居家养老服务设施建设没有列入社区建设规划，缺乏开展社区居家养老服务的场所。与此同时，相关资源存在条块分割、多头分散的现象，不适应服务工作的需要。

三是服务人员少，素质有待提升。目前居家养老服务工作还处在起步阶段，专业化服务人员较少。从三市开展居家养老服务的实践看，居家养老服务人员主要是社区工作者、享受低保人员，部分社区有公益岗位人员。由于服务人员主要以志愿者为主，又没有经过专门的培训，只能为老人做一些力所能及的简单、基本的关照性服务，而且多数都是临时性服务，随意性较大。具备专业素质的居家养老服务人员比较少，在很大程度上制约了居家养老服务的社会化、专业化发展。

四是服务内容单一，缺乏规范。目前全区各地服务对象主要是80岁以上的高龄老人、独居老人、空巢老人，其他有经济支付能力且有服务需求的老年人没有惠及。居家养老服务内容单一，不能满足老年人多样化的需求。提供给老年人的服务大多以家政服务为主，还不能充分满足广大老年人多元化服务的需求。同时在服务内容和形式上还缺乏相应的规范，服务供求双方存在较大的安全风险隐患。

五是相关政策措施不够健全明晰。由于受政府财力的限制和缺乏政策支持，政府对居家养老服务业的规划、培育扶持还缺乏政策支持，社会参与不足，真正享受政府购买服务和社会提供低偿服务的老年人占特殊困难老年人群体的比例偏低。

六是市场运作机制尚未形成。由于各地开展居家养老服务的主要形式是政府为特殊困难对象购买服务或提供公益性服务，行政色彩比较浓，市场运作机制尚未形成。这一方面是为老服务市场还不成熟，缺乏有资质、有诚信、有品牌的为老服务企业和中介组织；另一方面老年人的消费观念和子女的养老观念还有待转变，自费购买服务的意识还需确立。

三、全面推进居家养老服务的对策建议

（一）加强组织领导，形成工作合力

各级政府要将居家养老服务工作作为构建社会主义和谐社会的重要内容，科学制定居家养老服务发展规划，并纳入当地经济社会发展和社区建设总体规划，列为政府办实事项目，明确责任，统筹安排，整合资源，积极推进。各级发展改革、教育、民政、财政、人力资源与社会保障、建设、文化、卫生、人口计生、税务等部门要明确责任，从自身职能出发，抓紧制定细化方案和具体措施。各级老龄办要充分发挥参谋助手、综合协调作用，及时与有关部门沟通交流，通报情况，督促检查，推动工作，确保各项任务落到实处。要建立和完善支持居家养老服务发展的优惠政策，通过政策扶持、优化环境，充分吸引社会资金，建立多渠道、多形式的投入机制，推进居家养老服务的发展。各有关部门要密切配合，加强政策配套和衔接，要认真落实已经出台的有关社区建设、社会保障、公共服务等政策。要通过工作实践，不断完善有关政策措施，并根据需要制定新的政策措施，建立长效的政策扶持机制，推动社区居家养老服务持续发展。

（二）制定并落实扶持居家养老服务发展的优惠政策

①加大对居家养老服务的资金投入力度。设立居家养老服务专项资金，自治区按照每年每位老年人10元，各市、县（区）按照每年每位老年人5元的标准，列入财政预算，列入财政预算并随着养老服务业水平的发展逐年增加，主要用于经自治区确认建立的为老服务设施建设及特殊老年对象的服务补贴以及居家养老服务站的奖励。

②鼓励和支持民办养老服务机构发展。对民办养老机构和社区居家养老服务站给予一次性开办补助，每张床位补助3500元，其中自治区福利彩票收益金补助1500元，自治区财政补助2000元；对已收老年人的民办养老服务机构，按入住满一个月的老年人实际占用床位数计算全年平均数，每年给予每个床位不

低于360元的运营补贴，其中由自治区福利彩票公益金安排补助150元，其余补助资金由当地安排；对居家养老服务站实施一次性开办补助，经确认建立的社区居家养老服务站，由自治区每年每个补助1万元，市、县（区）补助5000元。对居家养老服务站兴办的社区托老所，按照相对固定的服务对象数量，每年每人给予300元的运营补贴。

③贯彻落实国家有关养老服务机构的税收优惠政策。对社区居家养老服务站（中心）等养老服务机构提供的养老服务，免征营业税；对各类非营利性养老服务机构免征自用房产、土地的房产税、城镇土地使用税等。对从事居家养老服务机构的用电、用水、用气执行居民收费标准。

④结合当地实际，将社区居家养老服务列入自治区慈善募捐项目。宁夏慈善总会将每年募集善款的20%用于为贫困高龄老年人购买服务。

⑤建立特殊困难老人援助服务制度。对居家的低收入独居老人、城市散居的“三无”老人、子女残疾的80岁以上高龄老人等特殊困难群体，由政府买单，以发放服务券的形式提供援助服务。

（三）整合资源，建立和完善社区居家养老服务网络

充分利用现有的闲置房屋和设施，由政府出面，在城市，把一些闲置的校舍和政府机关搬迁后闲置的设施完全改建成为老年人服务的设施。在农村，将被撤销的乡镇办公用房、辅助设施以及单位的空闲房屋等现有资源加以整合，做到因地制宜，宜大则大，宜小则小，宜分散则分散，宜集中则集中。在新建小区的规划方面考虑到老龄化速度加快的趋势，特别是在人口密度较大的居住区域，做到合理布局，预留和安排好老年人和群众活动场所。

按照“谁投资、谁管理、谁受益”的原则，鼓励和支持不同所有制性质的单位和个人投资兴办老年服务实体。

（四）加强专业化与志愿者相结合的居家养老服务队伍建设

把开展居家养老服务与实施下岗再就业工程有机结合起来，集中培训符合条件的下岗职工，持证上岗。对失业人员、享受最低生活保障待遇人员和农村劳动力转移就业登记劳动力、残疾人中符合职业培训补贴政策条件的人员，按照当地有关规定提供免费或优惠培训。重视整合和充分利用现有社区人力资源，大力发展社区志愿者服务组织。积极动员、组织、引导企事业单位、社会团体、民间组织和广大市民，为有需求的居家老年人提供各种公益性服务，充分发挥社会志愿者的作用。倡导低龄健康老人参与为老志愿服务。加强对志愿者队伍的组织和管理，在充分尊重志愿者意愿的基础上，对志愿者资源进行合理配置。

（五）积极培育和发展居家养老服务组织

积极培育、规范管理各类居家养老服务机构，鼓励居家养老服务机构发展连片辐射、连锁经营、统一管理的服务模式。变政府包办包管为政府主导、社会参与、中介组织运作或服务实体承办的方式。各地政府对居家养老的投入，除了补贴老人、购买服务外，还积极采取“民办公助”的办法，出资支持社会力量兴建为老服务场所和设施。同时，积极培育和发展非营利性的社区服务机构或中介组织。

（六）建立社区居家养老服务管理体制

各级政府要加强对居家养老服务工作的管理和监督。市、县、区和街道建立居家养老服务中心，负责本辖区内居家养老服务的实施和管理。其主要职责是：建立老年人信息库，发布老年人和社会服务供给信息，对享受政府补贴的居家老年人进行资格评估，对居家养老服务人员和协议加盟的单位资格进行审查，检查监督服务质量，承担政府委托的其他服务项目。社区（村）建立居家养老服务站，按程序到有关部门办理审批注册手续。民政、老龄工作部门对各类居家养老服务站实行认定制度，会同有关部门实行行业管理和监督，定期进行检查。对达不到要求的停止享受各种扶持政策。

制定养老服务评估制度，对社区需要居家服务的困难老人按照身体状况和自理能力，分为不同的照料等级，分别给予每月不同数额的服务补贴。

（七）广泛开展宣传教育

运用多种形式，积极宣传推进居家养老服务的重要意义和必要性、紧迫性，促使全社会深刻认识人口老龄化对社会养老保障制度建设和家庭养老带来的重大影响，引导广大老年人转变养老观念，更新消费观念，逐步接受居家养老服务的市场化运作方式。要加强对空巢老人子女的宣传教育，督促他们履行赡养义务，多给父辈些亲情关爱，支持父辈购买服务，妥善安排好父辈的晚年生活，为居家养老创造温馨、舒适的条件与环境。要组织开展发展养老服务业和居家养老服务的专题宣传活动，让全社会了解有关政策和信息，引导养老服务消费。要发挥新闻媒体的监督作用，形成舆论监督机制，督促有关政策更好地贯彻落实。通过宣传教育，强化全社会尊老敬老、养老助老的意识，形成有利于居家养老服务发展的社会环境。

完善社会保障体系　改善老年人生活　促进老龄事业不断发展

新疆维吾尔自治区维权调研处　李永萍　宋德全

社会保障即国家和社会依法对社会成员基本生活给予保障的社会安全制度。它是指社会成员因年老、疾病、失业、伤残、生育、死亡、灾害等原因而失去劳动能力或生活遇到障碍时，依法从国家和社会获得基本生活需求的保障。社会保障体系包括社会保险、社会救济、社会福利和优抚安置四方面的内容，其中的社会保险由养老保险、医疗保险、失业保险、工伤保险和生育保险五个险种组成；社会救济由城、乡居民最低生活保障、“五保”供养、贫困救济三部分内容组成。与各族老年人生活密切相关的保障制度主要有养老保险、医疗保险、城乡居民最低生活保障、“五保”供养、贫困救济等。

社会保障制度是社会主义市场经济运行过程中的安全网和稳定器，老年人是社会中的弱势群体，社会保障制度能为他们提供物质帮助和经济补偿，保障老年人基本生活，保障每个公民在老年阶段能够老有所养、病有所医。社会保障产生的这种显著效应能够增强社会成员的生活安全感、心理安全感，增强对国家和社会的信任，可以有效地起到维护社会稳定的作用，为构建和谐社会发挥积极的作用。

新中国成立以后，我国很快建立了与当时国情相适应的各项社会保障制度。改革开放以来，特别是近些年，国家和自治区加大力度，建立健全与老年人生活息息相关的城乡养老、医疗、社会救济等各项社会保障制度。党的十七大报告明确提出“加强推进以改善民生为重点的社会建设”“努力使全体人民学有所教、劳有所得、病有所医、老有所养、住有所居、推动建设和谐社会”。近年来，自治区党委、自治区人民政府在努力促进经济持续、健康、快速发展的同时，努力改善民生，结合区情，不断完善各项社会保障制度，出台了一系列与老年人生活密切相关的养老、医疗、社会救助等社会保障的政策、措施，使包括200多万老年人在内的全区各族人民的生活水平不断提高，看病难、看病贵等问题逐步得以解决，老年人在社会生活各方面的保障程度不断提高。

本文结合近两年自治区民政、劳动、老龄等部门的统计调查数据，对与老年人生活相关的城乡各项社会保障制度的完善过程和老年人的受益情况进行概述和分析，以展示建国六十年来、特别是改革开放以后我区社会保障方面取得的辉煌成就：

一、城市社会保障制度

（一）城镇职工养老保险

城镇职工基本养老保险起源于按照1951年政务院颁布的《中华人民共和国劳动保险条例》的规定而建立的企业职工退休养老制度。《条例》对保险费的征集、管理、支配及保险项目和标准、保险实施范围、执行和监督都进行了明确规定。随后，国家又对《条例》进行了修改和完善，扩大了实施范围，提高了若干待遇，逐步形成了包括养老、工伤、疾病、生育、遗属保险在内，分别适用于机关团体、事业单位工作人员和企业职工的，项目比较齐全的社会保障制度，其基本格局一直保持到60年代。“文化大革命”期间，我国的社会保障制度受到严重干扰和破坏，社会保险工作处于无人管理的状态。十一届三中全会以后，社会保障制度开始恢复和重建，建立了正常的干部和工人退休制度。到20世纪80年代中期，国务院发布改革劳动制度四项规定后，逐步形成了以各种所有制企业为主体的社会保障制度，对保障离退休人员的基本生活，促进生产发展和安定团结，都起到了积极作用。

为建立覆盖城乡居民的社会保障体系，努力实现全体人民“老有所养”的目标，20世纪90年代以后，国家对养老保险制度多次改革。1997年，我区开始推行城镇职工养老保险制度，制定了统一城镇企业职工基本养老保险的办法，并不断完善。1998年，制定了城镇私营企业和个体工商户从业人员基本养老保险的办法，将城镇私营企业和个体工商户纳入自治区统筹范围，以加快城镇个体私营经济的发展，促进劳动者在各类所有制企业之间的合理流动。同年，又将原来由行业统筹的企业纳入自治区统筹的范围，并实行了企业职工基本养老保险的自治区级统筹，有效地保证了企业离退休人员养老金的按时足额发放，均衡和减轻了企业负担，维护了社会稳定。1999年起，我区采取措施，确保企业离退休人员基本养老金按时足额发放，并补发了全部历史拖欠的养老金2.6亿元，实现了养老金发放无历史拖欠。2003年，自治区将城镇灵活就业人员及农民工纳入自治区养老保险统筹范围。2005年，统一了自治区城镇私营企业、个体工商户以及灵活就业人员参保缴费政策，启动了做实个人账户工作，改革了基本养老金计发办法，建立了参保缴费的激励约束机制。同时，我区还积极发展企业年金，推进机关事业单位养老保险制度改革，建立被征地农民及农民工养老保险制度。至此，我区基本养老保险覆盖范围已从城镇各类所有制企业职工扩展到城镇个体工商户、灵活就业人员以及进城务工人员等各类从业人员，参保人数不断增加。

截止到2008年底，全区基本养老保险参保人数222万人，其中在职参保人数170.3万人，离退休人员51.7万人。2002—2008年，全区基本养老保险在职参保人数年均增长5.7%，在这期间，自治区又较大幅度地提高了企业退休人员基本养老金，人均养老金水平由2002年的每月765元提高到2008年的每月1300元，年均增长6.2%。

2000年，自治区制定政策，把企业发放养老金的方式改变为社会保险经办机构委托国有商业银行、邮局发放养老金。2002年以来，全区企业离退休人员基本养老金社会化发放率一直保持在100%。2003年，我区开始推行企业离退休人员社会化管理服务，企业离退休人员管理逐步向社区劳动保障事务所、工作站转移，实现由社区直接管理。目前，实现社会化管理的企业离退休人员比例达到95%以上。

（二）城镇职工、居民基本医疗保险

建立城镇职工、居民基本医疗保险制度，完善医疗保障体系，是根据构建社会主义和谐社会的总体要求，着眼于促进社会公平正义，让全体公民享受社会经济发展成果的重大举措。城镇职工、居民基本医疗保险制度的重点，是解决城镇职工、居民住院和门诊大病医疗费用支出问题，缓解群众看病难、看病贵的问题，切实保障城镇职工、居民的基本医疗需求。

新中国成立后至20世纪90年代末期，城镇的医疗保障体系主要由公费医疗和劳保医疗构成。公费医疗用于国家机关和事业单位的离退休人员，劳保医疗用于企业，所需费用分别由财政和企业福利费税前列支。公费和劳保医疗是计划经济的产物，实质是一种福利政策，是由单位和国家对以公有制为主体的单位职工和离退休人员的医疗实行大包大揽，医疗保险的责任完全由国家和单位承担。

1999年，自治区制定了城镇职工基本医疗保险制度改革办法，全面启动了城镇职工基本医疗保险制度改革，建立起一个以基本医疗保险制度为主体，以职工大额医疗费用补助制度、公务员医疗补助制度、企业职工补充医疗保险制度为补充的多层次医疗保障体系。城镇职工基本医疗保险制度覆盖了城镇所有机关、事业单位、各类企业、社会团体和民办非企业单位的职工和退休人员。2006年，又制定了城镇灵活就业人员参加基本医疗保险和进城务工人员住院医疗保险的办法，将基本医疗保险的覆盖范围扩大到城镇灵活就业人员和进城务工人员。截至2008年底，全区城镇职工基本医疗保险参保263.65万，其中退休人员64.67万，占24.53%。

2007年，自治区开始探索建立以大病统筹为主的城镇居民基本医疗保险制度。2007年在乌鲁木齐、伊犁和阿克苏三个地区试点，2008年将试点范围扩大到昌吉、喀什、和田、哈密、吐鲁番、塔城、阿勒泰和克拉玛依8个地州市，2009年在巴州、博州和克州开展试点，2010年在全区正式推开。城镇居民基本医疗保险以参保居民家庭缴费为主，政府给予适当补助。对年满60周岁的老年居民，政府除给予普惠制补贴之外，还给予特殊参保补贴，老年人每年只需缴纳60元，中央和自治区两级财政给予不低于140元的参保资金补助。根据相关部门统计，2008年底，我区10个试点地州市参保人数达到178.78万人，参保对象主要为老年人和学生。

城镇医疗保险制度的完善和实施，使包括全区城镇离退休职工和无收入的老年人在内的所有城镇居民都能享受到医疗保险制度，参保老年人的住院和门诊大病医疗有了保障，减轻了老年人的医疗负担，使城镇老年人能看得上病、看得起病、看得好病，让老年人得到真正的实惠，有效促进了老年人健康水平的提高。

（三）城市最低生活保障

新疆城市最低生活保障（以下简称“城市低保”）工作从1998年开始起步，经过十多年的探索和实践，城市低保制度逐步健全，管理逐步规范。

1999年以来，自治区先后制定了开展城市居民最低生活保障工作、建立健全城乡社会救助体系的一系列政策文件，加强对城市低保工作的宏观指导。自2003年起，全区各级民政部门均实施了低保对象公示制度、低保金发放每月公布制度、低保对象核查制度、低保金发放逐月审核等项制度，建立了城市低保对象有进有出、补助水平有升有降的动态管理机制。各地还开展了分类施保，对因特殊原因在领取低保金后仍难以维持基本生活的低保对象，采取增发低保金、临时救助等措施，保障困难群体的基本生活。

随着社会经济的发展，自治区不断提高低保标准和低保补助水平，以保障城市低保对象的实际生活水平。从2005年开始，根据物价上涨情况，自治区连续6次提高低保对象的补贴水平，包括水贴、粮贴、副食品补贴、燃气补贴、提高生活水平补贴等，各种补贴达到每人每月71元。2007年，为化解个别副食品价格上涨对低收入家庭带来的影响，全区两次提高城市低保对象的生活补贴金额，每次提高月补助标准15元；2008年5月，自治区人民政府又专门制定政策，提高老年低保对象的补贴标准，每人每月增加生活补贴金50元。

根据自治区民政厅、老龄办的统计调查，截至2008年底，自治区共有63.82万人享受城市低保，共支付低保资金10.05亿元，其中老年低保对象10.3万，占低保对象的16.1%。从数量上看，享受城市低保的老年人数较多的地区有喀什、伊犁、和田、阿勒泰和阿克苏等地州市（见表一），均超过了1万人；从老年人数占城市低保对象的比例看，巴州、石河子、乌鲁木齐和阿勒泰等地较高，均超过了20%。各地州市最低生活保障线标准也有一定的差异，经济条件较好的克拉玛依市为280元，其次是石河子市175元、乌鲁木齐市156元，多数地区的标准为117元。在按时领取低保金的同时，城市低保老年人还可以享受到医疗、教育、住房、冬季取暖等配套的优惠政策。

表一　各地州市城市低保人数及保障标准

单位：人，%，元

地州市	城市居民最低生活保障人数			城市居民最低生活保障标准
	总人数	老年人数	老年人比例	
总　计	638195	103005	16.1	124
乌鲁木齐市	15576	3190	20.48	156
克拉玛依市	3039	197	6.48	280
石河子市	3464	834	24.08	175
吐鲁番地区	13305	1213	9.12	130
哈密地区	18840	2915	15.47	130
昌吉州	15802	2243	14.19	140
伊犁州	99198	16078	16.21	117
塔城地区	43819	6954	15.87	117
阿勒泰地区	51585	10560	20.47	117
博　州	23403	4613	19.71	117
巴　州	35563	13016	36.60	117
阿克苏地区	74589	10111	13.56	117
克　州	25839	1811	7.01	117
喀什地区	149518	17178	11.49	117
和田地区	64655	12092	18.70	117

城市低保制度的建立和完善，使城市无收入困难老年人的基本生活有了保障。作为党和政府关注民生、改善民生的一项重要工作，低保制度在解决我区城市低收入老年群体的基本生活困难、促进社会稳定方面发挥了积极的作用。

（四）城市医疗救助

新疆的城市医疗救助于2004年开始试点，三年的试点工作中，不断创新医疗救助机制、强化医疗救助措施。2007年，医疗救助在全区推开，至2008年，基本规范了“城市医疗救助和医疗保险制度相衔接，大病为主、常见病为辅，直接救助、大病医疗救助、临时医疗救助、慈善救助相联动，病前救助和病后救助相结合”的模式，较好地保障了城市困难群众的基本健康权益，促进了社会和谐稳定和经济持续发展。

建立城市医疗救助制度初期，救助对象主要为城市低保对象和城市“三无人员”，救助水平较低，仅限于缓解救助对象的家庭生活困难，难以应对高额的医疗费用。随着社会经济的发展，自治区逐年扩大救助对象的范围，把困难优抚对象、家庭人均收入高于当地低保标准，但低于低保标准1倍范围内的生活困难人员、丧失劳动能力的一二级重度残疾人员纳入救助范围，基本实现了“应救尽救”。在扩大救助范围的同时，还不断完善救助内容，加大资金投入，突破了过去只是缓解困难群众“因病返贫”的旧模式，将救助内容延伸到保障困难群众的基本医疗健康权益上。救助方式也呈现出多样化，从“大病救助”的单一模式，逐步延伸到“门诊、住院、临时、慈善”相结合的多重救助模式上，解决了救助方式单一化与救助需求多样化的矛盾。

根据自治区民政部门统计，截至2008年底，全区城市医疗救助累计救助29.19万人次，累计支出资金12106.85万元，其中，救助老年人5.21万人，救助金额3929万元，分别占救助总人数和总金额的17.85%和32.45%。救助老年人较多的地州市有：巴州19819人、吐鲁番7421人、阿克苏5032人、伊犁5011人；老年人占救助总人数比例高于50%的地州市有：吐鲁番64.94%、克拉玛依60.67%、巴州60.02%、哈密55.06%；救助老年人年支出金额最多的地区是阿克苏，总金额达951.79万元，对老年人人均救助金额超过千元的地州市有：乌鲁木齐3000元、哈密2962.73元、和田2911.96元、昌吉2370.61元、阿克苏1891.47元、石河子1614.73元、克拉玛依1447.73元、喀什1369.8元、伊犁1330.87元。

在自治区推行城市居民医疗保险制度的过程中，自治区还利用财政专项资金，全面资助城市低保对象、城市“三无人员”等城市特困群众参加城镇居民基本医疗保险，做到了城市医疗救助与基本医疗保险的有机结合、同步推进。2008年全区共资助10.57万城市困难群众参加城镇居民基本医疗保险，支出资金532.19万元。建立城市医疗救助制度，最大程度减轻了困难群众的看病负担，缓解了包括老年人在内的各类救助对象的经济压力，使他们有病能得到及时的医治。

（五）城镇无收入困难老年居民生活补贴

为妥善解决城镇无收入老年居民以及原国有企业老年“五·七工”等特殊群体的养老保障问题，建立全区城镇无收入困难老年居民生活补贴制度，使这部分老人实现“老所有养”，自治区人民政府2008年出台了《自治区城镇无收入困难老年居民生活补贴实施办法》，从2008年5月起，对年满60周岁以上的城镇低保对象每人每月增发50元，把年满60周岁以上的原国有企业“五·七工”纳入社会救助范围，每人每月发放150元生活补贴。根据相关部门的统计，截止到2009年4月底，在此项政策实施的一年期间，全区共有15.48万城镇无收入困难老年居民领取了增发的生活补贴，其中低保对象9.49万人，原国有企业“五·七工”5.98万人。

对城镇无收入困难老年居民生活补贴制度及增长长效机制的建立，从根本上解决了城镇困难老年居民和原国有企业“五·七工”老有所养的问题，扩大了社会救助的范围，改善了困难老年人的生活条件，对在全社会营造敬老爱老助老氛围具有重要的意义。

二、农村社会保障制度

（一）农村新型合作医疗

农村合作医疗是解决农牧区、特别是边远贫困地区农牧民看病就医问题的一条符合实际、并经实践检验的行之有效的办法，为促进农村卫生事业的发展起到了积极的作用。

我区农村合作医疗建立于20世纪50年代，是在政府领导、集体扶持、广大农民自愿互助共济的基础上建立起来的。合作医疗保障了农村人口的基本医疗需求，20世纪六七十年代在我区得到推广和普及。1978年全疆实行合作医疗的行政村占到97%，达到了历史最高水平。20世纪80年代初，农村实行家庭联产承包责任制后，合作医疗遇到了集体经济时期未曾出现的新情况、新问题，大多数地区的合作医疗纷纷解体，到1986年，全疆坚持实行合作医疗的村仅剩下5%。1987年和1996年，自治区先后两次下发文件，要求在农村推行合作医疗，对各地合作医疗的恢复和发展起到了一定的推动作用，20世纪90年代末，我区合作医疗的覆盖率逐步恢复到了近40%。

为了推进农牧区卫生事业发展，建立适应社会主义市场经济要求和农牧区社会经济发展水平的新型农牧区卫生服务体系和医疗保障制度。2003年，国家开始实施农村新型合作医疗制度，自治区党委、人民政府坚持把建立新型农牧区合作医疗制度作为解决民生问题的头等大事来抓，制定出台了一系列政策措施，推动新农合深入开展。新型农牧区合作医疗制度以大病统筹为主，基本覆盖农村居民，实行的是个人缴费、集体扶持和政府资助相结合的筹资机制。新型合作医疗要求建立合作医疗基金，由个人、地方和中央财政共同缴纳建立，主要用于补助参加合作医疗的农民的大额医疗费用或住院医疗费用。

为保障新农合有效实施，自治区不断加大投入，逐年提高财政补贴的标准。从2006年起，自治区在原有补助每个农牧民合作医疗10元的基础上增加一倍，对参合农牧民每年人均补助20元。2008年各级财政又将补助标准提高到不低于40元，参合农牧民人均筹资标准不低于100元。一些县市结合实际，还制定了不同的筹资标准，给予参合农民更多的补贴和实惠，如乌鲁木齐县，筹集标准达到每人每年172元。

各级政府实施的补助措施，保障了农村新型合作医疗的广覆盖。截止到2008年底，全区在应该开展新型农牧区合作医疗的89个县（市、区）实现了全面普及，参合人数950.27万人，参合率达94.47%，其中老年人77.72万人，占参合总人数的7.58%。新农合政策还针对农牧区老年人的实际，对农牧区65岁及以上老年人及领取计划生育“两证”的家庭实行倾斜政策，参合老年人住院时，能够享受到高于正常比例5个百分点的医疗费用补偿。

目前，自治区新型农牧区合作医疗的政策措施逐步完善，运行管理机制基本形成，参合农牧民受益面进一步扩大，参合农牧民住院平均补偿比达到了41.54%。实施这一制度，有效地减轻了经常患病住院的老年人的经济压力，缓解了农牧区老年人“因病致贫、因病返贫”的状况，受到包括老年人在内的广大农牧民的欢迎和拥护。

在推行新农合制度的同时，自治区还全面加强了基层医疗服务机构的基础设施建设。截止到2008年，累计投入资金7.14亿元，对108个县级医院、62个县级妇幼保健机构以及697个乡镇卫生院实施了基础设施建设项目，投资1.3亿元对全区838所乡镇卫生院进行了设备改造，并争取中央投资项目及民间慈善项目，加强县级医院、乡镇卫生院、村卫生室的基础设施建设。各投资项目的实施，使全区基层的医疗卫生基础设施和基本医疗设备状况得到明显改善。

（二）农村医疗救助

2003年起，新疆在乌鲁木齐县、富蕴、玛纳斯、于田、麦盖提五个县开展农村医疗救助试点工作，2005年将试点扩大到53个县市，2006年农村医疗救助工作在全区所有县市启动实施，建立了对患重病、大病的农村困难群体实行医疗救助的制度。

农村医疗救助主要针对患大病的农村“五保户”、重点优抚对象和贫困农村家庭，帮助他们交纳参加农村合作医疗的基本费用和部分应由个人支付的药费。农村医疗救助按年度实施，对当年因患重大疾病住院治疗，经新农合补助后，个人自负费用超过一定限额并严重影响家庭基本生活的人员，按标准给予医疗救助。各地在实施中，还不断增加内容，减轻救助对象的经济压力。如乌鲁木齐市2008年规定，农村医疗救助对象在定点济困医疗机构就医时，可以免交住院的起付线200元。

截止2008年底，全区农村医疗救助累计救助140.63万人次，累计支出资金12240.65万元。全年累计救助人次最多的为喀什地区，达到58.63万人次，支出救助资金2361.86万元。农村医疗救助制度工作的开展，切实有效地解决了全区农村贫困农牧民就医难的问题，对贫困群体中的老年人更具现实意义。

（三）计划生育家庭奖励扶助

实施农村部分计划生育家庭奖励扶助政策，是国家为符合条件的计划生育夫妻建立的一项养老政策。2005年，自治区的农村部分计划生育家庭奖励扶助制度试点工作开始启动，对农村年满60周岁以上、没有违反计划生育政策、现有一个子女或两个女孩以及子女死亡现无子女的人员，按每人每月50元的标准发放奖励扶助金，直到亡故为止。2006年，在试点工作的基础上在全区推开。2009年起，国家对奖励扶助金标准进行了调整，在每人每年600元的基础上提高20%，达到年人均不低于720元。

根据自治区人口计生委的统计，2008年底，全区共有53408个符合条件的农村老年人领取了奖励扶助金，这部分人员主要分布在南疆的几个地州。由于五六十年代南疆各地的医疗条件比较差、技术水平比较低，当时育龄妇女的生育、保健等条件和设施落后，不仅婴儿死亡率很高，一些妇女在生育了少量的孩子以后，还会因患各类妇科疾病而导致绝育，一些孩子意外夭折等现象相对较多。实行计划生育家庭奖励扶助时，这部分已进入老年期的家庭也因为孩子的数量少或无子女而符合奖励扶助的条件，全部被纳入奖励扶助范围。所以，从数量上看，喀什、和田、阿克苏、克州四个地区享受奖励扶助的人数位于全区各地州市的一、二、三、五位，分别有26948、10124、7914、1595人，共有46581人，占到全区应发放人数的87.22%。

2009年开始，自治区结合“少生快富”的计划生育政策，在南疆三地州试行“少生快富”与计划生育家庭奖励扶助政策相结合的奖励措施，对计划生育家庭的领证家庭实行“即领即奖”政策，即只要领取了计划生育光荣证的、符合计划生育家庭奖励扶助政策的家庭，从领证之日起，就可以领取计划生育家庭奖励扶助金，不再受年龄的限制。这项政策的实施，不仅能促进当地的人口出生率的下降，还能有效提高这些享受奖励扶助人员到达老年阶段的养老保障水平，巩固其在家庭中的地位，促进家庭和睦幸福，深受全区各族老年人的欢迎。

（四）农村最低生活保障

农村最低生活保障制度是农村社会救助体系的重要组成部分，是解决农村群众生活困难的一项长效机制，对推进社会主义新农村建设、统筹城乡协调发展，实现反贫困战略目标具有重大意义。

我区农村低保工作于1999年在经济条件较好的鄯善县开始试点，2003年又在克拉玛依市开展试点。在规范和完善农村特困户定期定量救济的基础上，2005年将试点县扩大到石河子市、昌吉市、和布克赛尔、富蕴、福海、奇台、博湖和新源8个县市。

2007年7月，农村低保在全疆推行，根据区情，确定了全区农村不低于700元的最低生活保障标准线，对年人均收入不足700元的实行差额补助。农村低保重点保障因病、因残、年老体弱、缺乏劳动力、劳动能力低下以及因生存条件恶劣导致贫困的“五类人员”。在确定了低保对象家庭人均纯收入后，以每人每年700元为标准，差多少补多少。自治区根据分级负担和重点向边境地区、经济相对欠发达地区倾斜的原则，还确定了各级财政对不同地区农村低保资金的分类补助办法，2008年各级财政共支付农村低保资金5.99亿元，农村低保月人均补差水平达到45.8元，对低保对象中的老年人、重病人、残疾人、儿童、单亲家庭等人员，在原保障水平的基础上又提高了20%到40%。2008年，为防范物价波动影响困难群众生活水平，自治区又两次提高农村低保对象的生活补贴共20元。

目前，全区纳入保障范围的农村贫困群体共计129.8万人，其中老年人38万，占总人数的29.28%。低保老年人数量较多的地区有喀什、和田、阿克苏、伊犁、塔城，分别有13.02万、9.93万、3.78万、2.91万、1.51万人，其他地区低保老年人的比例大多在25%～35%之间。

在农村推行最低生活保障制度，是完善农村社会保障体系的一个重大举措，体现了党和政府对农村困难群体的关怀。农村低保制度及其增长机制的建立健全，保障了贫困老年人的基本生活，使长期游离于社会保障制度之外的农村特殊老年群体享受到了社会保障制度这张安全网的有效保护。

（五）农村“五保”供养

“五保”供养是对农村中的鳏寡孤独、残疾人等社会最困难、最弱势群体实行的一种社会性、救助型福利，是农村社会保障体系的重要内容。从20世纪50年代开始，我国的“五保”供养工作就形成了以集体经济和农民群众帮助为主、以国家和社会给予必要的救济和帮助为辅的救助模式，是一种主要依靠集体公益金运行，由生产队或生产大队组织实施的集体供养模式。1994年1月，国务院颁布《农村五保供养工作条例》，标志着农村“五保”供养工作开始走上规范化、法制化的管理轨道，使确定“五保”对象的条件有了法律依据，并增加了“五保”供养的内容、提高了供养标准，明确了供养经费的筹资方式，“五保”供养从制度和模式上都发生了重大变革。2002年以后，各地逐步形成了以国家财政供养为主，集体保障、土地保障和社会帮扶为辅的现代社会保障模式。2006年3月，新修订的《农村五保供养工作条例》（以下简称《条例》）正式施行，新《条例》使农村“五保”供养具备了更完善的法律依据。

2008年9月我区出台了《新疆维吾尔自治区实施〈农村五保供养工作条例〉办法》（以下简称《办法》），《办法》完善了管理与监督的措施，强化了法律责任，把农村“五保”供养对象纳入了公共财政的保障范围，实现了由农民互助共济向财政保障为主的转变，也标志着全区“五保”供养工作朝着制度化、规范化又迈进了一步。各地依据新《条例》和《办法》，建立农村“五保”供养的各种保障机制，加大财政投入，不断改善集中供养条件，加强对分散供养的管理，建立了“五保”供养水平与经济发展和人民群众生活水平同步增长的机制，使“五保”对象的供养标准不断提高。

2008年底，全区共有“五保”对象10.88万人，其中老年人6.7万，占61.51%，其中集中供养1.15万人，集中供养率10.57%，分散供养9.74万人。因各地经济发展水平差异较大，供养标准也有较大的差别。自治区民政部门2008年的统计显示，集中供养标准较高有：乌鲁木齐5201元、伊吾县4800元、沙湾县4320元、乌苏市、库车县4200元，供养标准较低的县市仅有1200元/年，大多数县市都在2000～3000元/年。分散供养的标准也有很大的差异，高的县市区达到4000元以上，低的仅有几百元，大多县市都在1200～2000元/年。大部分地州集中供养的人员中，老年人的比例超过七成，集中供养老年人数量最多的是巴州，有1613人。

（六）农村养老保险

农村社会养老保险是发展社会福利的一个重要补充。长期以来，我国城乡二元结构导致了农村缺乏社会养老保险制度，农村老年人在丧失劳动能力后，主要以家庭自我养老为主，绝大多数老年人没有享受制度化的、稳定的社会养老保险制度。

根据国家的统一安排和布置，新疆于1993年5月开展农村社会养老保险制度试点工作，采用以个人缴费为主、集体补助为辅、国家给予政策扶持，养老基金以储备积累制筹集，建立个人账户积累本金和利息，投资收益全部用于保障投保人在老年期间基本生活的模式。1996年在试点的经验和基础上，在全区推开了农村社会养老保险工作，并得到了快速发展。至1997年上半年，12个地州市的44个县（市）开展了农村社会养老保险工作，参保人员8万人，累计缴纳保险金3418万元。1998年，根据国家有关文件精神，新疆农村社会养老保险工作开始停办，农村养老保险被迫终止，当时虽然已经有一小部分参保人员开始领取养老金，但金额很少，只是具有象征意义，不能解决实际问题。

在这期间，个别地方如呼图壁县，农村养老保险工作继续发展，并取得了显著的成效。在短暂的中断以后，呼图壁县独辟蹊径，以质押贷款为突破口，寻找到了切实可行的养老基金保值增值的办法，不仅打开了当时农村养老工作的局面，还探索出了农村养老保险的有效途径。呼图壁县农村养老保险是全国几种较为成功的农保模式之一，他们的做法引起了国内外各界的广泛关注，被称之为“呼图壁模式”。

“十一五”期间，自治区积极探索建立符合我区区情的农村新型社会养老保险制度。2009年，玛纳斯县、吉木萨尔县先行启动农村新型社会养老保险制度试点工作，坚持以“低水平、广覆盖、有弹性、能转移、可持续”为原则，建立个人账户完全积累式养老保险制度。目前，玛纳斯县有786人参加农村新型养老保险，已有15个老年人享受养老保险待遇，累计发放养老保险金近4万元。根据试点县的成功经验，自治区随后将在全区推行此项制度，届时，将有更多的老年人得到养老保险制度的保障，以定期领取养老保险金的方式，安度晚年生活。

大连市老龄产业调查报告

大连市老龄办

大连是一个已经步入老龄化的城市。老年产业的发展状况直接关系到老年人的生活水平和质量，对于老年人的幸福感至关重要。为了了解大连老龄产业的发展现状、老龄产业存在的问题，为市委和市政府相关决策提供相应的数据支持，东北财经大学统计学院受大连市民政局、老龄工作委员会、老年学学会和慈善总会委托，组织并进行了大连市老龄产业的调查。

第一章 调查概况和发现

一、调查概况

本次调查的数据采集时间为2009年8月—9月，主要内容包括老年人的基本状况，老年人在生活各方面的产品需求和满足情况。对老年人在服装、旅游、教育与理财及护理与保健等方面的需求和满足情况做了深入调查，并就城市老年人对老龄产业的认识及发展老龄产业的建议等方面进行了调查研究。

本次调查采用分层抽样与多阶段抽样相结合的抽样方式，按照随机性原则抽取了22个抽样点，抽样点覆盖了大连市内四区，共发放问卷1100份，回收有效问卷995份，问卷有效率为90.45%。

二、基本发现

（一）大连市内四区老年人总体经济状况较好，但是收入差别较大

根据调查结果，大连市内四区老年人的收入主要集中在500～3000元之间，平均收入为1600元左右，这说明大连市内老年产品具有一定潜在消费能力。

但是，老年人的收入分布不均匀，不同单位退休的老年人收入水平存在较大的差异。从军队退休的老年人收入最高，平均月收入达3604元；政府机关退休的老年人收入较高，达3035元；事业单位退休的月平均收入达2368元；从企业退休的老年人收入普遍较低，其中国有、集体退休的老年人月平均收入为1480元，私企退休的也在相同水准，约为1426元，三资企业略低，为1389元，个体营业退休的老年人收入较低，仅为859元。

其生活费来源主要是国家或企事业单位领取的养老金、养老保险或退休金（86.7%），一小部分从子女那里取得赡养费，基本上没有人靠自身原有储蓄生活。因而，政府在老年产业消费方面的主导和调控作用很强。

（二）投资理财选择以操作容易和安全为主

从目前老年人个人及家庭财务状况看，大连市内大多数老年人（55.0%）能够维持收支平衡，有部分老年人（26.6%）财务状况比较好，收支相抵后有盈余，但也有一部分老年人（2.4%）入不敷出。

老年人大多属于风险厌恶者，投资理财方式比较单一，一般选择操作容易，流动性较强，安全系数比较高的品种，比如银行存款，或者持有现金。

（三）服装产业需求比较大

大连市内老年人的服装购买意愿比较大，服装以自己购买为主。老年人在购买服装时最先考虑的重要因素是服装价格，其次考虑的是服装的舒适度，再次考虑的是服装质量。而服装的款式、品牌以及购物环境等方面对于老年人的服装消费需求影响小一些。

平均而言，老年人的服装消费费用在年均600元左右，单次在服装上的消费约为118元。相对于收入而言，老年人在服装方面的实际消费支出并不高。

从老年消费人群的视角审视，现行服装市场存在最主要的问题是价格太高，款式老、旧，颜色少，并且质量也存在一定问题。老年人对于服装品牌的热衷度和忠诚度都比较低。价廉物美的低端服装产品有很大的市场需求。

（四）短途旅游市场前景看好

近些年老年人的旅游意识和需求有所增强，有半数老年人愿意出门旅游，尤其喜欢内容丰富的短途旅游。老年人旅游通常选择自助游形式，出游地主要集中在大连周边，出游时间一般比较短（通常在一周以内）。

（五）异地养老旅游有一定的市场

有大约9.5%的老年人愿意到异地进行旅游养老，这是一个相当大规模的市场。如果要到异地养老，相当多的老年人认为“候鸟式养老”（冬去避寒、夏回避暑的养老方式）是一种较好的方式。

进行异地养老时间长短呈两端分化趋势，选择短期（三个月以内）的约占67.1%，而选择长期在异地养老的老年人数也比较多，占17.7%。

（六）老年人教育市场发展潜力大

大部分老年人认为有必要接受继续教育（71.2%），市场拓展潜力很大。根据调查结果显示，老年人最想学的是医疗保健方面的知识，其次是时事、政治方面的知识。书法绘画、花鸟养殖等怡情养性方面的教育也很有市场。有部分老年人喜欢接受烹调技术方面的教育，也有想接受体育舞蹈等锻炼身体方面的教育。对于学习文学诗词和曲艺表演方面的兴趣虽然不高，但相对于计算机应用和摄影等带有先进科学技术色彩的教育兴趣来讲还是稍强些。根据老年人的兴趣爱好，细分老年人继续教育市场，为老年人提供不同教育服务产品，将会是老年人教育市场发展的必然选择。

参加老年大学学习主要是为了丰富生活。大部分老年人主张老年大学实行一年学制、一周上一次到两次课，希望老年大学每门课程的收费标准在100元以下。因此，简单、容易、低价的教学项目会成为老年大学拓展的方向。

（七）社区服务还需继续加强

我们现在的社区为老年人提供的服务重在医疗、保健咨询和集体文娱活动服务，而紧急呼救服务、继续学习机会、日间托老所以及上门送货服务的提供则相对较少。

（八）保健品很有市场

尽管67.7%的老年人都认为保健品的疗效并不让人满意，但是从目前看来保健品市场依然是最为成熟的老龄产业之一。老年人购买保健品的主要目的是自用，从购买途径来看，老年人更信赖药房出售的保健品。在购买保健品时更多的是考虑药效，其次是价格，而对产品成分和口碑考虑的相对较少。

（九）大连的老龄产业服务有一定发展

根据被调查样本老人中在大连接受各种老龄产业服务种类情况来看，近年来老年用品专卖店有一定的发展。老年媒体产业，养老院、托老所也提供过一定的服务给老年人。而其他服务（如老年疗养度假景区，家政服务，老年金融、保险服务，老年大学服务，老年特色医院服务，老年专用辅助器材产业服务和中老年餐厅服务）发展缓慢，目前提供的服务比较少。

从老年消费者的角度看，应该优先发展养老院、托老所，其次是发展老年疗养度假景区，再次是发展老年用品专卖店和老年特色医院，这四个产业的需求比较旺盛，是老年人认为最应该优先发展的。对于发展老年大学、中老年餐厅、老年专用辅助器材产品、家政服务、老年金融保险业的和老年媒体产业虽有需要，但需求不是那么强烈。

（十）展会的影响需要进一步推进

绝大多数老人（85.4%）没有参观过市里举办的“中国国际老年人用品博览会”和“老年人用品大集”，造成这一现象除了老年人行动不方便等身体方面的原因外，还与举办展会的次数有限以及对展会的宣传力度不够有关。而从这些老年用品展会本身来讲，所提供的商品也不能完全满足老年人的用品需求。

第二章 样本分布

一、年龄分布

本次调查的有效样本年龄分布情况同老年人总体年龄分布情况比较相近，从高到低，呈阶梯形递减形态，其中，60—69岁的老年人最多，比例达到46.9%，70—79岁的老人也比较多，占40.7%，80—89岁占12.1%，90岁以上的高龄老人仅占0.3%。调查样本的平均年龄为70岁，其中年龄最大的为95岁，

二、性别分布

本次调查样本中的男女比例相当，其中女性所占比例稍高，占总样本的60.1%，男性占比略低，占39.9%。造成样本中女性较多的原因是，在调查中城镇老年女性参与调查的积极性要高于老年男性，并且在各社区里女性老年人更容易找到，这在一定程度上造成了男性样本的缺失。事实上，这也比较符合老年人性别构成特征——不同年龄的女性老年人存活率要略高于男性老年人。

三、户籍分布

本次调查样本选取主要集中在城镇，在调查样本中，本地城镇户口的老年人占绝大多数，比例达到88.7%，本地农村户口的老年人占3.5%，持有外地户口的老年人占比很少，占7.8%。这也反映了老年人流动率比较低，选择定居在本地养老的成为老年人的首选。

四、婚姻状况

根据本次调查结果，老年人的婚姻情况比较稳定，初婚的比例最高，百分比为74.7%。丧偶的老人比例占到20.6%，而未婚、离异、再婚的比例均较低，其百分比分别为0.8%，1.3%和2.6%。

五、受教育程度

城镇老年人受教育程度分布相对均匀，但研究生以上教育层次非常少。样本显示，拥有初中及以下文化程度的老年人占绝大多数，比例达63.4%，其中小学及以下学历的占29.8%，初中文化水平的占33.6%，高中或中专学历的占21.1%，大专或大学学历占15.5%，但研究生以上学历的比例非常低，仅占0.1%，这与我国研究生招生和培养工作在“文革”期间停止有很大关系，因为从平均年龄看，作为调查对象的老年人在1966—1977年间正是应该能够接受研究生教育的适龄人口。

六、单位分布情况

由于在职时所属单位不同对于老年人的养老和生活会造成很大影响，所以我们对于老年人以前在职时的所属单位情况进行了调查。原在国有/集体企业工作的老年人占比最多，达62.8%，原在政府机关和事业单位工作的占19.5%，在军队工作的占2.4%，而原来在私营企业、三资企业工作和个体经营企业的老年人占比相对低得多，分别为2.7%，0.9%和1.7%。这是因为本次调查的老年人大多是建国前出生人口，其在职期间我国正好经历了从计划经济向商品经济，从商品经济到市场经济转变的不同经济发展阶段。在计划经济和商品经济时期，经济所有制形式主要以国有企业和集体企业为主，私营企业和三资企业及个体经营主要是改革开放以后发展起来的。

七、收入情况

本次调查显示，大连市内四区老年人平均月收入约为1600元左右，基本呈正态分布，大部分老年人的月收入集中在1000～1999元范围内，其所占比例为56.6%，月收入高于2000元的老年人只占20.8%，其中月收入约为2000～2999元的占12.1%，3000～3999元的占5.8%，4000～4999元的占2.0%，而高于5000元收入的老年人特别少，只占0.9%；月收入低于1000元的老年人占22.6%，其中500～999元的占12.3%，不足500元的占3.0%，并且还存在没有任何月收入的老年人，所占比例达7.3%。这一部分老人将是政府救济、救助的对象。

从经济来源看，老年人大部分主要靠从国家或企事业单位领取一定的养老金、养老保险或退休金生活，其中86.7%老年人能领到养老金、养老保险或退休金，11.1%老年人从子女那里取得赡养费，我国老年人储蓄率比较低，自身原有储蓄能够成为生活经济来源的只占4.5%，靠政府补贴救济等资助的老年人只占2.2%，还有2.8%的老年人依旧靠自己的劳动取得收入养活自己。

第三章 老年人服装产业

“衣、食、住、行”是人们生活中最主要的四个方面，大连又是一个非常注重服装消费的城市，所以我们首先对老年人的服装产业情况进行调研，主要从服装的供给和需求两方面入手展开调查的。

一、需求方面

（一）个人服装提供情况

从老年人的服装提供来源情况看，大连市内老年人的服装以自己购买为主，占总样本的68.2%；其次是由子女提供，占25.1%；还有一小部分老年人的服装是其他亲友赠送的，以及由自己或裁缝制作的，这两部分占比分别为3.1%和3.3%；非常少一

部分人的衣服是由慈善机构捐赠和原单位发放的，这部分老年人只占 0.2%和 0.1%。这说明从目前的情况分析来看，大连市内老年人的服装购买市场比较大，老年人服装市场发展还是有很大空间的。

（二）购买服装的考虑因素

购买服装时，48.8%的老年人认为最重要的因素是服装的价格，24.2%的老年人首先考虑舒适度，此外还有 13.2%的老年人认为质量最重要，12.3%的老年人认为款式最重要。而购物环境和品牌并不被老年人所重视。

（三）服装购买力

我们通过调查老年人"上次购买服装的支出"和"2008 年服装总支出"两个问题来研究老年人对服装的购买力。

从最近一次购买服装情况来看，大连市内老年人的服装购买支出平均在 118 元左右，呈一定的偏态，偏度为 4.35，标准差比较大，为 116.7，其波动幅度从 0 元到 1800 元，说明老年人的服装购买支出在不同人群之间有比较大的差别，而全年的置装费支出更能反映这一情况。

从老年人 2008 年全年的服装费用支出发现其平均置装费大约为 601.8 元，考虑到极值对平均数的影响，我们又计算了中位数为 300 元，众数为 100 元，说明老年人在 2008 年的置装费平均比较少。而其标准差为 1201.0 元，全距达 20000 元，全距和标准差说明了老年人在服装支出方面的差异性大，其分布图形呈右偏态，经计算偏度为 8.314。

二、市场供给方面

（一）市场供给及购买情况分析

关于老年服装购买的难易程度调查表明：53.5%的老年人认为在市场上容易购买到所需服装，其中 34.0%的老年人认为比较容易在市场上买到自己的服装，19.5%的老年人认为很容易，还有 26.8%的老年人对此持中间态度。大约有 19.7%的老年人认为自己在市场上买到想要的服装不容易或是很难。

（二）服装产品的缺陷

从老年消费人群的视角审视，现行服装市场存在着以下几方面的缺陷：(1) 现行服装市场上的价格太高，有 34.2%的老年人持有这种观点；(2) 现行市场上的服装款式设计老、旧，有 29.0%的老年人赞同这种观点；(3) 有 19.6%的老年人认为现行市场上的服装质量不好；(4) 19.7%的老年人认为市场上的服装不适合老年人穿着；(5) 17.7%的老年人认为现行市场中同款服装可供选择的颜色太少；(6) 对于服装的品牌这方面的不满意占比较小，只有 6.2%，说明老年人对于服装品牌的热衷度和忠诚度都比较低。

第四章　老年人旅游产业

由于老年人休闲娱乐时间比较充裕，旅游成为老年人休闲的一个重要选择。所以本次调查，我们设计了老年旅游产业方面的问题，以对老年旅游市场的发展有所帮助。

一、旅游休闲

（一）旅游意愿

根据对"您是否愿意去旅游"这一问题的调查分析，可见愿意去旅游的占 50.9%，不愿意的占 49.1%。

老年人不愿去旅游的原因主要是身体不好和旅游花费太高。因为身体不好不愿意旅游的老年人数最多，比例达到 27.6%，因花费太高而不愿意旅游的比例达到 22.0%，因为没时间不愿意旅游的老年人数比例为 5.4%，因为没人陪不愿意旅游的老年人数比例为 2.4%，因为旅游服务不好、不方便而不愿意去旅游的老年人数比例为 3.4%，因为其他原因不愿意去旅游的老年人数比例有 3.1%。

（二）出游频率

老年人的出游频率主要集中在"每年一次及以下"。具体来看，被调查老年人出游频率在"每年一次及以下"的比例为 75.4%，出游频率为"每年两次"的比例为 15.4%，出游频率为"每年三次"的比例为 4.5%，出游频率为"每年四次及以上"的比例为 4.7%。

（三）旅游住宿

老年人在旅游住宿方式的选择上分布比较均匀。选择住在酒店或招待所的老年人数比例达到 36.9%，住在农家院或家庭客栈的老年人数比例达到 13.1%，住在亲友家的老年人数比例达到 20.3%，而无需住宿的老年人数比例则达到 29.7%。

（四）旅游方式

调查显示，选择自助游形式的老年人数相对比较多。选择自助游的老年人占 45.2%，选择旅行社形式的老年人数占 16.7%，选择单位组织形式的老年人的比例为 24.7%。

（五）出游地分布

大连市老年人的旅游目的地主要集中在大连附近，长途旅游的老年人较少。调查显示，在大连附近旅游的老年人占半数以上，比例达到 53.7%；在辽宁省内旅游的老年人占 15.8%，在国内旅游的老年人占 20.8%；选择国外旅游的老年人很少（1.3%）。

此外，还有8.4%的老年人旅游目的地不确定。

（六）出游时间

老年人出游时间一般比较短，超过一个月的很少。出游时间“一般在一两天”的老年人占43.4%，出游时间“不足一周”的老年人占26.3%，出游时间“不足一月”的老年人占17.2%，出游时间“一个月及一个月以上”的老年人仅占3.3%，出游时间“不确定”的老年人数百分比则为9.9%。

二、异地养老式旅游

老年人旅游，有一种特殊的方式选择，即为养老而进行的旅游迁徙。所以，我们认为应该在研究老年人旅游市场的同时，对于将养老与旅游相结合的选择给予一定的关注。

（一）异地养老的意愿

根据调查，愿意到外地进行异地养老的老年人数只占9.5%，而不愿意到外地异地养老的老年人数占90.5%，这说明大部分老年人是喜欢在本地养老。虽然愿意异地养老的老年人比例很低，但是考虑到老年人庞大的群体，异地养老市场将是一个庞大的市场。

（二）异地养老方式选择

调查结果显示，相当多的老年人认为“候鸟式养老”（冬去避寒夏回避暑的养老方式）为理想异地养老方式，选择这种养老方式作为理想异地养老方式的老年人数占36.5%，以“四处游历养老”为理想异地养老方式的老年人占9.4%，“去外地的养老院”为理想异地养老方式的老年人占5.3%，“在外地购房养老”为理想异地养老方式的老年人占4.7%。

（三）异地养老的时间选择

进行异地养老时间长短呈两端分化趋势，选择在异地养老一般在一个月以内的老年人数百分比为41.8%，异地养老时间在三个月以内的老年人约占25.3%，选择长期在异地养老的老年人数也比较多，其百分比为17.7%，选择异地养老时间在三个月以上，半年以内的老年人数和选择异地养老时间在一年以内的老年人数比较少，两种选择的百分比均为7.6%。

（四）养老旅游的服务

老年人认为现在的旅游养老机构服务的总体状况一般的老年人数比较多，占总体的61.3%，认为总体状况比较好的老年人数占23.3%，而认为现在的旅游养老机构服务的总体状况非常好和很差的老年人数相对来说较少，认为非常好的老年人数占4.9%，认为总体状况较差的老年人数占7.4%，认为总体状况很差的老年人数为3.1%。

第五章　老年人的教育与理财

“活到老，学到老”这种终身教育理念在老年人的生活中有很强的体现，在老年产业发展中，老年人的教育对于其生活质量的提高有着直接的影响。老年教育能保障的是老年人的精神世界丰富，而成功的投资理财能给老年人提供丰富的物质保障。

一、老年教育

（一）老年教育的需求

在我们的调查结果中，认为老年人很有必要接受继续教育的老年人数的比例为30.8%，认为有一定必要的老年人比例为40.4%，认为可有可无的老年人占16.0%，认为根本没有必要的老年人则为12.8%。

（二）老年教育的内容

老年人最想学是医疗保健的知识，选择最想学医疗保健的老年人数比例为41.9%，其次是时事政治的，比例为22.8%，最想学诗词、文学的老年人数比例为9.5%，最想学书法、绘画的老年人数比例为19.1%，最想学体育的老年人数比例为11.6%，最想学舞蹈的老年人数比例为10.5%，最想学曲艺的老年人数比例为9.2%，最想学花鸟养殖的老年人数比例为19.0%，最想学烹调技术的老年人数比例为15.5%，最想学计算机应用的老年人数比例为7.2%，最想学摄影的老年人数比例为4.1%，最想学其他内容的老年人数比例为9.9%。

（三）老年大学的相关分析

1. 老年大学的参加目的

调查显示，参加老年大学为了丰富生活的老年人数占大多数，其比例为58.3%，为了学习知识的老年人数比例占第二位，占31.3%，为了交友的老年人数比例为23.2%，为了打发时间的老年人数比例为11.5%，为了教育孙子女的老年人数比例为14.5%，其他原因参加老年大学的老年人数比例则为3.7%。

2. 老年大学学制和学时

主张老年大学学制应为一年的老年人数最多，占总体的64.2%，认为学制应为二年的老年人数百分比为26.5%，认为老年大学的学制应为三年的老年人较少，仅占5.1%，认为学制应为三年以上的老年人数最少，占总体的4.2%。由此可见，老年人普遍认为老年大学的学制设计应该稍短一些。

从学时上来看，大部分老年人希望一周上一次到两次课。希望一周上一次课的老年人占42.7%，一周上两次课的老年人占43.6%，一周上三次课的老年人占 11.5%，一周上四次及四次以上课的老年人仅有 2.2%。

3. 老年大学的收费

对于老年大学的课程收费标准问题，大多数老年人认为每门课程收费在 100 元以下较为合理。持这种观点的老年人占总体的绝大多数，比例为 76.7%，认为应在 100～199 元之间的占 18.8%，认为应在 200～299 元之间的比例为 3.6%，认为应在 300～499 元之间的老年人占 0.8%，认为应在 500 元以上的仅有 0.1%。

二、老年人的理财与投资

（一）当前的财务状况

从目前老年人个人及家庭财务状况情况看，维持收支平衡的人数占大多数，其比例为 55.0%，入不敷出的老年人占 16.1%，属于略有盈余的老年人占 26.6%，支出在收入比重中不大，且有一定的投资的老年人较少，仅占总体的 2.4%。

（二）投资理财方式选择

从调查结果可以看出，老年人的投资理财一般选择流动性较强，安全系数比较高的品种。银行存款的安全性和流动性最高，因而也是大部分老年人理财的选择，在总体中有近六成（58.2%）的老年人将结余的钱存入银行，采用股票投资理财的老年人数比例为 4.9%，采用基金投资理财的老年人数比例为 7.4%，采用债券投资理财的老年人数比例为 2.1%，采用保险产品投资理财的老年人数比例为 4.0%，采用房地产投资理财的老年人数比例为 1.1%，采用黄金投资理财的老年人数比例为 0.3%，采用其他方式投资理财的老年人数比例为 2.4%。而平时不进行投资理财的老年人数比例则为 30.5%。

事实上，老年人在选择投资理财方式时最主要考虑的是安全性因素，其占比为 58.1%，考虑投资变现方便因素的老年人数比例为 8.4%，考虑资产保值增值因素的老年人数比例为 13.1%，考虑高收益因素的老年人数比例为 5.8%，考虑其他因素的老年人数比例则为 19.6%。

（三）其他保险

养老、医疗保险是绝大部分老年人参加的保险，除了这两个险种以外，老年人很少参加其他商业性保险。调查显示，仅有 3.9%的老年人参加过其他商业保险，这些老人主要参加的险种有意外伤害险、重大疾病险、大病医疗险等。

第六章　老年人的护理与保健

老年人的卫生医疗护理与保健是保证老年人的健康长寿的必备条件，这个问题为全社会热切关注，因此，在本次调查中，我们设计了老年人的护理与保健部分内容做调研。

一、护理服务方面

（一）老年人的身体状况

老年人的身体状况普遍不好，在本次调查中，身体需要照料的老人占 27.4%，其中离不开照料的老人占 5.4%。身体状况较好的老年人占总体的 72.6%。

（二）老年人了解的社区服务

从老年人对社区服务的了解来看，老年人能感受到的社区服务主要有医疗、保健咨询、集体文娱活动、活动设施、家政服务和法律服务。其中，医疗服务和保健咨询服务已经普遍存在于社区，大部分老年人对此均表示知道，分别占总体的 62.9%和 44.8%。

（三）老年人接受过的社区服务

在本次调查的样本中，老年人在社区接受过的服务有：医疗服务、集体文娱活动、保健咨询、活动设施是老年人接受频率最高的四类服务。此外，家政服务、法律服务等也是老年人经常接受的服务。

（四）老年人还需提供的社区服务

除了现有的社区服务外，老年人还需社区提供各种服务。可看出老年人在医疗、保健咨询、紧急呼叫、活动设施以及集体文娱活动方面的服务需求仍相对较大，社区仍需加大这些服务的提供，而对法律、日间托老所、送货上门的服务需求相对较小。

（五）紧急呼救服务的需求

对于社区服务装备是否需要加装紧急呼救系统的问题，认为自己不需要紧急呼叫系统的老年人数的百分比为 61.9%，而需要紧急呼叫系统的百分比为 38.1%。

二、保健品方面

（一）对保健品的作用认识

调查结果表明，认为保健品作用很大的老年人仅有 5.7%，认为有效的老年人比例为 26.6%，认为不怎么有效的老年人占 53.6%，认为完全无效的老年人多达 14.1%。由此可见，老年人普遍认为保健品的作用有限。值得注意的是，尽管老年人认为保健品作用有限，但是目前保健品市场仍然是最为活跃的老龄产业之一。

（二）购买保健品的地点

通常选择在药房购买保健品的老年人比例为 40.9%，选择在超市购买的占 7.3%，选择在医院购买的占 17.3%，而在专卖店购买保健品的老年人数比例为 23.6%，可见老年人很大程度上还是更加信赖药房出售的保健品，而对超市的保健品信赖度相对较低。

（三）购买保健品首要考虑的因素

老年人在购买保健品时首要考虑价格因素的占18.8%，首要考虑效果因素的最多，占69.5%，首要考虑产品成分因素的为7.5%，首要考虑口碑因素的老年人则为4.2%。可见老年人在购买保健品时更多的是考虑药效因素，其次是价格因素，而对产品成分和口碑考虑的相对较少。

（四）购买保健品的目的

调查显示，95.5%的老年人购买保健品是为自用，购买保健品送人的老年人只有4.5%。可见绝大部分老年人购买保健品主要是为了改善自身的身体状况。

（五）保健仪器的使用情况

调查结果表明，使用保健仪器的老年人占47.1%，而有52.9%的老年人不使用保健仪器。

使用血压检测类型保健仪器的老年人数比例为27.5%，使用血糖检测类型保健仪器的老年人数比例为11.3%，使用风湿关节治疗类型保健仪器的老年人数比例为6.9%，使用按摩保健仪器的老年人数比例为21.9%，使用心脑血管康复保健仪器的老年人数比例为3.4%，使用腰椎颈椎康复保健仪器的老年人数比例则为7.4%，使用其他保健仪器类型的老年人数比例为5.8%。从以上数据能够看出老年人使用保健仪器主要是为了血压检测和按摩，其次是进行血糖检测，最后是为了风湿关节治疗、心脑血管的康复、腰椎颈椎的康复和其他。

（六）老年人了解保健品的信息来源

老年人对于保健仪器的了解信息来自各方面，其中，通过亲人、朋友介绍了解到该仪器的老年人数比例为24.4%，通过医院推荐了解的老年人数比例为9.5%，通过电视保健节目、广告了解的老年人数比例为11.9%，通过保健医疗报纸、杂志了解的老年人数比例为5.6%，通过厂家推销了解的老年人数比例为5.6%，而不了解该仪器的老年人数比例则为4.3%。从以上可知老年人了解该仪器主要是通过亲人、朋友介绍的，其次是通过电视保健节目、广告和医院推荐了解的，通过保健医疗报纸、杂志、厂家推销了解以及根本不了解的该仪器的人相对较少。

（七）保健仪器存在的问题

调查数据显示，保健仪器在购买及使用中存在不少问题，保健仪器市场还有些地方需要改进。在保健仪器的购买与使用中，认为存在价格高问题的老年人比例为22.8%，认为存在质量差问题的老年人占8.4%，认为存在功能太少问题的老年人占4.4%，认为存在功能太多、麻烦的老年人的占4.7%，认为存在效果不理想的老年人数百分比则为15.4%。从以上数据我们可以看到，在保健仪器的购买及使用中，认为存在价格高问题的老年人较多，其次是认为效果不理想的老年人，再次是质量差的问题，认为功能太少或功能太多、麻烦的老年人则相对较少。

第七章 对老龄产业的认识及大连市发展老龄产业的建议

随着人口老龄化的加剧，对市场的供求产生影响，必将要求大幅度增加满足老年人需要的商品。而我国老年用品、老年劳务市场的现状还远远不能满足老年人的需求，开发老年市场，不仅是开发市场的一个环节，也是人口老龄化趋势的必然要求。

一、老年人对于老龄产业的认识和期望

（一）老年人接受过的服务

被调查样本老人在大连接受过的老龄产业服务的情况。其中接受过老年用品专卖店服务的占22.9%，占比最高，而接受过老年媒体产业提供的占13.5%，养老院、托老所提供过服务的老人占10.7%，而接受过其他服务品种的老年人占比偏低，不足10%。具体来说，接受过老年疗养度假景区服务的占9.0%，接受过家政服务的占8.3%，接受过老年金融、保险业的占7.7%，接受过老年大学服务的占6.4%，接受过老年特色医院服务的占6.2%，接受过老年专用辅助器材产业服务的占5.2%，而接受过中老年餐厅服务的仅占3.1%。

（二）老年人认为应该优先发展的老龄产业

从老年人的角度看，大连市应该优先发展的老年产业是：养老院、托老所的老人比较多，占32.5%，其次是认为应该优先发展老年疗养度假景区的占30.8%，认为应该优先发展老年用品专卖店的占29.8%，认为应该优先发展老年特色医院的占26.5%，这四个产业是老年人认为最应该优先发展的，说明这四个产业的需求比较旺盛。认为应该优先发展老年大学的老人占18.1%，认为优先发展中老年餐厅的占13.2%，认为优先发展老年专用辅助器材的占10.5%，认为优先发展家政服务的占10.4%，认为优先发展老年金融保险业的和老年媒体产业的都为8.6%，认为优先发展其他未列入的服务占8.2%。

（三）中国国际老年人用品博览会和老年人用品

大集的参与情况

调查结果显示，老年人对中国国际老年人用品博览会和老年用品大集的了解并不多，只有14.6%的老年人参观过中国国际老年人用品博览会，有85.4%的老年人没有参观过。参加大连市举办的老年人用品大集的也比较少，只占13.6%，没去过的占86.4%。

这些说明绝大多数老人没有参观过“中国国际老年人用品博览会”和“老年人用品大集”。造成这一现象的原因除了老年人行动不方便等身体方面的原因外，还与举办这种博览会和老年用品大集的次数有限有关。从这些老年用品展会本身来讲，也并不能完全满足老年人的用品需求。

对于这些老年人用品展会，老年人能找到所需要的产品的占33.5%，而49.8%的老人只能在展会上找到部分自己需要的产品，还有16.7%的老人认为在展会上大部分自己需要的商品都没有。

二、发展大连老龄产业的建议

开拓老年市场，发展老年产业关系到养老保障事业的可持续发展，关系到改革、开放、发展与稳定的大局。它可以实现老年保障的社会化，减轻国家负担，使养老保障进入良性循环，摆脱养老靠国家的旧观念。发展老龄产业可提高整体老年市场的经济效益，使得老年保障事业具有坚实的经济基础，有利于促进养老保障事业的发展，有利于全面满足老年人需要，确保老年人安度晚年及创造就业岗位，增加就业机会，对保持社会稳定具有重要意义。

根据调查数据分析结果，对于发展大连老龄产业，我们提出以下建议：

（一）应发展价廉物美的低端老年服装产品市场

大连市内老年人的服装购买意愿比较大，服装以自己购买为主。但是老年人在服装方面的实际消费支出并不高，老年人在购买服装时最先考虑的重要因素是服装价格，其次考虑的是服装的舒适度，再次考虑的是服装质量。而服装的款式、品牌以及购物环境等方面对于老年人的服装消费需求影响小一些。价廉物美的低端服装产品有很大的市场需求。

（二）应发展前景看好的短途旅游市场

老年人的旅游意识和需求有所增加，老年旅游市场趋势看好。老年人喜欢内容丰富的短途旅游，通常选择自助游形式，出游地主要集中在大连周边，出游时间一般比较短，大部分控制在一周以内，超过一个月的很少，因此应发展前景看好的短途旅游。

（三）异地养老旅游有一定的市场，养老服务水平有待提高

有9.5%的老年人愿意异地养老，异地养老旅游市场巨大。相当多的老年人认为“候鸟式养老”（冬去避寒夏回避暑的养老方式）是理想的异地养老方式。近六成老年人希望异地养老的时间长度在三个月以内，希望长期（一年以上）在异地养老的老年人也有相当比例（17.7%）。目前，养老旅游的服务水平总体状况一般，还有待提高。

（四）应积极发展老年人教育产业

大部分老年人认为有必要接受继续教育（71.2%），市场拓展潜力很大。老年人最想学是医疗保健方面的知识，其次是时事、政治方面的知识。书法绘画、花鸟养殖等怡情养性方面的教育也很有市场，有部分老年人喜欢接受烹调技术方面的教育，也有想接受体育舞蹈等锻炼身体方面的教育。

根据老年人的兴趣爱好，细分老年人继续教育市场，为老年人提供不同教育服务产品，将会是老年人教育市场发展的必然选择。

在老年大学的学制设置上，老年人普遍愿意接受短期的教育，大部分老年人希望每周上一次到两次课，多数老年人认为每门课的学费最好应控制在100元以下。因此，简单、容易和低价的教学项目会成为老年大学拓展的方向。

（五）应加强保健仪器市场管理

有半数老人不使用保健仪器，主要是因为保健仪器在购买及使用中存在价格高，效果不理想，质量差等问题。应加强保健仪器市场管理，增加老年人对于市场上的保健仪器的信任度。

（六）社区服务应系统化

我们现在的社区为老年人提供的服务重在医疗、保健咨询和集体文娱活动服务，而紧急呼救服务、继续学习机会、日间托老所以及上门送货服务的提供则相对较少。

（七）应进一步发展老龄服务产业

根据被调查的老人接受各种老龄产业服务种类情况来看，应该优先发展养老院、托老所，其次是发展老年疗养度假景区，再次是发展老年用品专卖店和发展老年特色医院，这四个产业的需求比较旺盛，是老年人认为最应该进一步发展的。

（八）要加强老龄产业展会的宣传，进一步扩大影响

绝大多数老人没有参观过“中国国际老年人用品博览会”和“老年人用品大集”。我们认为应该丰富老年人用品展会的内容，加强宣传力度，进一步扩大老年用品博览会和老年用品大集的影响，以更好地满足老年人的用品需求。

青岛市民办养老服务机构基本状况与对策调研报告

青岛市老龄办调研处　战京堂　卢成梁　廉桂志

民办养老服务机构是一项高投入、高风险、低回报的老龄产业，是人类循环照顾、以人为本的道德工程，是前途光明、道路曲折造福人类的积德事业。为了全面了解青岛市民办养老服务机构发展的基本状况，有针对性地解决存在的问题，加快其发展来不断满足老年人日益增长的需要。2008 年按照全国老龄办的统一部署，对青岛市民办养老服务机构进行了问卷调查，并选取了市内四区和崂山区的 71 家民办养老服务机构为样本，进行了数据汇总与分析研究。

一、青岛市民办养老机构的基本情况

青岛市第一个社会养老服务机构（指有偿养老服务）是 1990 年四方区阜新路街道办事处兴办的只有 10 张床位的托老所。到 2008 年底，全市社会养老服务机构发展到 117 家、床位 1.1 万张。其中，民办养老服务机构 108 家、床位 9700 万张，分别占总数的 92.3%和 88.2%，显而易见社会力量是社会养老服务机构发展的主要力量。从市内四区及崂山区 71 家民办养老机构问卷调查来看，民办养老服务机构的大致情况如下：

（一）民办养老服务机构的起步、性质与投资主体基本情况

1. 民办养老服务机构较之政府办起步晚发展快。根据调查显示，青岛市第一个民办养老服务机构建立于 1998 年，比政府办第一个养老服务机构晚了八年，并且当时青岛市社会养老服务机构已建 11 个、400 张床位。在被调查的 71 个民办养老服务机构中，1998—1999 年开办的 5 个、2000—2004 年开办的 30 个、2005—2008 年开办的 36 个，呈现逐年快速发展的趋势。我市民办养老服务机构起步晚、发展快是显而易见的。

2. 民办养老服务机构绝大多数是民办非企业。从 71 家民办养老机构的性质来看，70 家是民办非企业单位，占总数的 98.6%以上，只有 1 家是企事业单位。

3. 民办养老服务机构个人投资开办占七成以上。从 71 家民办养老机构投资主体来看，个人独资开办的 50 家、占总数的 70.4%以上，合伙开办的 13 家、占总数的 18.3%，股份制开办的 8 家、占 11.3%，个人投资是民办养老服务机构发展的主体。

另外，从 71 家民办养老机构地域分布来看，有 68 家在城区、占总数的 95.8%，仅有 3 家在近郊。

（二）民办养老服务机构基础设施与建设基本情况

1. 租赁房屋开办民办养老服务机构的高达 87.5%以上，租赁期限多数在 6～10 年。从 71 家民办养老服务机构的用房来看，租赁房屋的 62 家，占总数的 87.3%；自建和改建房屋的分别为 7 家和 2 家，分别占 9.9%和 2.8%。租用房屋开办民办养老服务机构的占首位。

从 62 家租赁房屋的租期来看，租期为 6～10 年的 31 家、占 50%，租期为 5 年以下的 20 家、占 32.3%，租期为 11 年以上的 11 家，占 17.7%。

2. 民办养老服务机构用地面积与建筑面积情况。

（1）民办养老服务机构用地情况。71 家民办养老服务机构共计用地面积为 105713 平方米，平均用地面积为 1489 平方米；用地最多的 2 万平方米、最少的只有 120 平方米，二者相差近 167 倍。其中，用地在 500 平方米及以下的 23 家、1000 平方米及以下的 47 家，用地 1001 平方米以上的虽然有 24 家，占总数的 1/3，但用地 5000 平方米以上的仅有两家。

（2）民办养老服务机构建筑面积情况。71 家民办养老服务机构共计建筑面积为 94594 平方米、平均建筑面积为 1332 平方米，建筑面积最大的为 6132 平方米、最小的仅有 240 平方米，二者相差 25 倍以上。其中，建筑面积在 500 平方米以下的 23 家，占 32.4%；501～1000 平方米的 23 家，占 32.4%；1001 平方米以上的 25 家，占 35.2%；超过 4000 平方米仅 4 家；5000 平方米的只有两家，65%左右的建筑面积不足 1000 平方米。

（3）民办养老服务机构总投资与投资结构情况。71 家养老服务机构共计投资 12297.4 万元，平均投资 173.2 万元。其中，投资最多的为 1320 万元、最

少的仅有7.5万元，二者相差176倍，并且投资在50万元以下的占到43.4%、100万元以下的占60.6%，这说明民办养老服务机构的投资是非常不平衡的。再从投资结构来看，建筑总投资为6015.5万元、占50.6%以上，设备总投资为3127.4万元、占26.3%以上，土地租赁费162万元，其他投资3739万元（见图表4）。对于自建和改建房屋开办养老服务机构来说，建筑和设备投资是养老服务机构投资的沉重负担；对于租房开办养老服务机构来说，房租和设备投资是投资的沉重负担。

表4 民办养老服务机构用地、建筑面积和投资情况

用地面积（M2）	总建筑面积(M2)	总投资额（万元）	土地租赁费(万元)	建筑投资（万元）	设备投资（万元）	其他投资（万元）
105713	94594.68	12297.4	162	6015.5	3127.4	2739.5

3. 民办养老服务机构投资预期回收周期情况。71家民办养老服务机构平均需用3年时间就可以收回投资。其中，1年收回预期投资的6家；2年收回预期投资的38家；3年收回预期投资的16家；4年和5年收回预期投资的分别是6家和5家。60家用1～3年收回投资的都是租赁房屋开办且规模较小的养老服务机构，11家用4～5年才能收回投资的是自建、改建和较大规模的养老服务机构。

4. 民办养老服务机构内部设施情况。在被调查71养老服务机构的“值班室、医疗康复室、健身房、活动室、餐厅、图书阅览室、公共浴室、花园、会客室、公共卫生间”10项内部设施中，拥有10项、9项、8项、7项、6项、5项、4项、3项、2项设施的分别为8家、5家、17家、14家、12家、9家、3家、2家和1家，具有7～10项设施的44家，占62%；2～5项设施的15家，仅占21.1%；缺少设施从多到少依次是：健身房50家、阅览室43家、医疗康复室34家、花园27家、会客室22家、餐厅13家、活动室10家，设施齐全的仅有8家。

5. 民办养老服务机构的床位与居住房间情况。

(1) 床位情况。71家养老服务机构共有床位6123张，平均为86.2张；床位最多的300张，最少的仅有12张，二者相差25倍。其中，50张及以下的27家，占38%以上；51～99张的22家，占31%；100～150张的12家，占16.9%；151～199张的4家，占5.6%；200～300张的仅有6家，仅占8.5%。低于平均床位的48家，占总数的67.6%以上，民办养老服务机构规模小是目前的显著特点。

(2) 居住房间情况。71家养老服务机构共有老人居住房间2138间，平均为30.1间；居住房间最多的128间、最少的仅有4间，二者相差32倍。其中，居住房间10间及以下的5家；11～20间的27家；21～30间的14家；31～40间的11家；41～50间的4家；51间以上的10家，分别占总数的7%、38%、19.7%、15.5%、5.6%和14.1%；在2138间老人居住房中，单人313间、双人936间。其中，有独立卫生间的734间，占34.3%，有简易厨房的21间，占0.98%，有卫生间和厨房的30间，占1.4%，基本符合入住养老服务机构老年人的收入类型。

6. 民办养老服务机构老人住房内生活设施情况。在被调查71家养老服务机构老人住房内的生活设施从高到低依次是：有衣柜的70家，占98.6%；有电视的68家，占95.8%；有电扇的67家，占94.4%；有轮椅的66家，占93%；有电话的53家，占74.6%；有紧急呼叫器的51家，占71.8%；有饮水机的43家，占60.6%；有空调的37家，占52.1%；有网络的7家，占9.9%，基本能够满足老年人的生活娱乐需求。

7. 民办养老服务机构医疗设备拥有情况。从被调查71家养老服务机构医疗设备情况来看，有急救药箱的63家，占88.7%；有吸氧机的49家，占69%；有心电图仪的30家，占42.3%；有吸痰器的26家，占36.6%；有急救车和B超的有18家，占25.4%。配备医疗设施的民办养老机构明显不多，是一个不可忽视的缺陷。

8. 民办养老服务机构与医疗急救单位建立“绿色通道”与享受费用优惠情况。从被调查71家养老服务机构和医疗急救单位建立“绿色通道”与享有费用优惠情况来看，有21家与医疗急救单位建立“绿色通道”，并享有费用优惠，占29.6%；有3家没有“绿色通道”，但享有费用优惠，占4.2%；有21家有“绿色通道”，但不享受费用优惠，占29.6%；有26家既没有“绿色通道”，也不享受费用优惠，占36.6%。

(三) 民办养老服务机构入住老人及生活服务情况

1. 民办养老服务机构调查时点已入住老人数量情况。2008年10月，被调查的71家民办养老服务机构共入住4042名老人，入住率为67%。

2. 民办养老服务机构入住老人年龄（周岁）结

构情况。从71家养老服务机构入住的4042名老人来看，60岁及以下的199人，占4.9%；61—69岁的608人，占15%；70—79岁的1459人，占36.1%；80—89岁的1434人，占35.5%；90岁及以上的342人，占8.5%。明显看出70—89岁的是入住机构养老的主要群体。

3. 民办养老服务机构入住老年人的性别结构情况。从71家养老服务机构入住的4042名老年人的性别结构来看，男性为1566人，占38.7%；女性为2476人，占61.3%；这符合老年人，特别是高龄老年人性别比的实际情况，女性老年人是机构养老服务的主要对象。

4. 民办养老服务机构入住老年人的文化程度情况。从71家养老服务机构入住的4042名老年人的文化程度来看，文盲有1569人，占38.8%；小学有1582人，占39.1%；中学/中专有727人，占18%；大专及以上的有163人，只占4%；文盲和小学文化的占绝大多数。

5. 民办养老服务机构入住老年人的日常生活能力情况。从71家养老服务机构入住的4042名老年人的日常生活能力来看，完全能自理的有1286人，占31.5%；半自理的1174人，占29.1%；完全不能自理的1582人，占39.1%；其中389人为临终看护对象，不难看出目前失去生活自理能力是老年人入住机构养老的主要选择。再从居住两年及以上1910名老年人生活能力情况来看，完全自理的655人、半自理的629人、完全不能自理的626人，不能自理、半自理的老人占到65.7%，也证实了失去生活能力是老年人入住机构养老的主要选择。

6. 民办养老服务机构提供养老服务的主要类型。从71家养老服务机构提供服务的主要类型来看，55家提供日常生活照料服务为主，占77.5%居首位，提供护理康复服务和临终照护服务为主的分别有9家和7家，分别占12.7%和9.9%。说明目前的民办养老服务机构主要是为老年人提供生活照料服务。

7. 老年人选择民办养老服务机构的主要原因和选择养老机构养老的首要原因。

（1）老年人选择入住民办养老服务机构的主要原因。从4042名老人选择入住71家民办养老服务机构的主要原因构成来看，认为服务好的42家，占59.2%；认为价格便宜的16家，占22.5%；认为离家近和居住条件好的分别是7家和6家，分别仅占9.9%和8.5%，服务质量好是老人入住民办养老机构的主要原因。

（2）老年人选择养老服务机构养老的首要原因。从4042名老人选择养老服务机构首要原因构成来看，子女无力照料的占71.8%、在养老院比在家好的16.9%、不愿意给子女添麻烦的占11.3%。子女无力照料是老年人选择养老机构养老的首要原因。

8. 老人入住民办养老服务机构的经济来源。从入住71家养老服务机构4042名老人费用来源来看，主要依靠养老金的2884人，占70.4%以上；依靠子女、亲属支持的992人，占24%；以个人收入（除养老金、子女和亲属支持以外）为主的155人，占4%；依靠政府救助的11人，仅占0.3%。养老金是老人入住养老服务机构的主要经济来源。

9. 民办养老服务机构收费标准与选择机构养老的首要原因。

（1）完全自理老年人的收费标准。在71家民办养老服务机构中，月均收费标准为832元，其中最高标准为1600元/月、最低标准为500元，二者相差3.2倍。

（2）半自理老年人的收费标准。在71家民办养老服务机构中，月均收费标准为1045元，最高标准为1900元/月、最低标准为700元，二者相差2.7倍以上。其中，6家民办养老服务机构收取的服务费月均标准为252元，最高的600元/月，最低的50元/月，二者相差12倍。

（3）完全不能自理老年人的收费标准。在71家民办养老服务机构中，月均收费标准为1272元，最高标准为2400元/月、最低标准为900元，二者相差约2.7倍。其中，收取的服务费月均标准为496元，最高的1000元/月，最低的200元/月，二者相差5倍。

另外，其中68家养老机构年均收取暖费134元，最高的423元、最低的10元；其中22家养老机构年均收降温费65元，最高的150元、最低的只有5元，二者相差30倍。还有49家不收降温费。

（三）民办养老服务的经营管理状况

1. 民办养老服务机构运营资金的主要来源。从71家养老服务机构运营资金的主要来源构成来看，以收取老人入住费用的有67家，占94.4%，以其他经营收入营运的只有4家，占5.6%，以社会捐赠来运营的为零。

2. 民办养老服务机构成立至今的经营与资金周转情况。

（1）民办养老服务机构成立至今的经营情况。从71家养老服务机构盈利情况来看，有盈余的只有4家、占5.6%；基本持平的33家，占46.5%；亏损的34家，占47.9%。其中4家盈余的，有3家利润率在5%以下；有1家在11%～15%之间。

（2）民办养老服务机构目前的资金周转情况。从71家养老服务机构目前的资金周转情况来看，周转情况好的只有2家，占2.9%；周转一般情况的29家，占41.4%；周转困难的31家，占42.9%；周转很困难的9家，也占到12.9%，总体上看资金周转是比较困难的。

4. 民办养老服务机构过去一年的费用支出情况。从被调查的养老服务机构过去一年的费用支出来看，平均总支出为60.4万元，支出最高的为300多万元、最低的仅有4.3万元，二者相差约70倍。

其中，被调查的养老机构人工费用（工资、奖金、补贴及社会福利等）平均总支出为19.3万元，最高的145万元、最低的仅有0.9万元；67家养老机构平均伙食费总支出为15.8万元，最高的为86万元、最低的仅有0.4万元。

被调查的养老机构物业及其他费用平均总支出为23万元，最高的为100万元、最低的仅有2.1万元。其中：

被调查的养老机构平均房租费为13.4万元，最高的50万元、最低的仅为1.4万元；平均水费为1.08万元，最高的6万元、最低的仅有500元；平均电费为3.34万元，最高的10万元、最低的只有1000元；平均燃气费为1.034万元，最高的7.3万元、最低的仅有580元；平均医疗垃圾处理费为0.399万元，最高的为3.2万元、最低的仅有200元；平均有线电视收视费为5159元，最高的10.03万元、最低的仅为120元；平均维修费平均为1.93万元，最高的为20万元、最低的仅有240元；平均电话费为4603元，最高的2.6万元、最低的为600元；其他费用平均为6.65万元，最高的108.9万元、最低的仅有1000元。

其中，有19家养老机构平均缴纳税费为8.14万元，最高的69万元、最低的只有1000元。有1家养老机构缴纳企业所得税0.8万元、房产税0.6万元、土地使用税0.1万元，有5家养老机构缴纳车船使用税2.47万元，有3家养老机构缴纳行政事业费2.2万元，有13家养老机构缴纳汽车养路费12.804万元，有4家养老机构缴纳其他税费5.3万元。另外，有7家养老机构支出信贷利息61.265万元，有8家养老机构其他支出69.1万元。

5. 民办养老服务机构水电气费用征收的标准。从71家养老服务机构水电气费用征收标准来看，按照民用标准收费的有39家，占54.2%，按照工业标准收费的有32家，占45.8%，说明在这方面的优惠政策落实的很不到位。

6. 民办养老服务机构面临的主要问题。从71家养老服务机构面临的主要问题（限选五项，依照其严重程度从强到弱排列）调查来看，主要存在以下五大问题：一是缺乏优惠政策支持的69家，占95.8%；二是资金困难的64家，占88.9%；三是服务人员不稳定的61家，占84.7%；四是公办养老服务机构不公平竞争的53家，占73.6%；五是缺乏良好社会环境的34家，占47.2%。另外，“设施条件差、场所不固定，与老年人及其家属之间的纠纷和服务内容不全”的问题分别占27.8%、20.8%、20.8%和9.7%。

7. 民办养老服务机构采取的宣传方式。从71家养老服务机采取的宣传方式（从高到低排列）来看，有50家以宣传册（传单）的方式宣传，占70.4%；有32家以报刊杂志的方式宣传，占45.1%；有28家以举办活动的方式宣传，占39.4%；有19家以网络的方式宣传，占26.8%；有10家以电视广告的方式宣传，占14.1%；仅有1家采用广播的方式宣传。另外，还有7家没有做任何方式的宣传。

（四）民办养老服务机构的管理与服务人员情况

1. 民办养老服务机构的工作人员情况。在71家养老服务机构中，共有工作人员1211人，每家养老机构平均为16.8人、最多的有87人、最少的仅有3人。其中，管理人员185人，取得执业资格证书的107人，占57.8%；医生94人，取得执业资格证书的有93人，占98.9%；护士144人，取得执业资格证书的132人，占91.7%；护工642人，取得养老护理员资格证书的221人，占34.4%；还有148名为其他人员。

2. 民办养老服务机构工作人员的学历情况。

（1）管理人员的学历与专业情况。在185名管理人员中，小学及以下学历的3人，占1.6%；中学/中专学历的96人，占51.9%；大专及以上学历87人，占47%。其中，管理专业的43人，占23.2%。

（2）医生的学历与专业情况。在94名医生中，中学/中专学历的9人，占9.6%；大专及以上学历的85人，占90.4%。其中，医学专业的93人，占98.9%的大多数。

（3）护士的学历与年龄结构等情况。在144名护士中，男性2人，仅占1.4%；女性142人，占98.6%；本地116人，占80.6%；外地28人，占19.4%；30岁及以下的78人，占54.2%，31—40岁的有39人，占27.1%；41—50岁的18人，占12.5%；51岁及以上的9人，占6.3%；中学/中专学历的82人，占56.9%；大专及以上的62人，占43.1%。其中，护理专业的113人，占78.5%。

(4) 护工的学历与年龄结构等情况。在642名护工中，男性73人，占11.4%；女性579人，占88.6%；本地护工430人，占67%；外地护工212人，占33%；30岁及以下的护工40人，占6.2%，31—40岁的护工178人，占27.7%；41—50岁的护工347人，占54.1%；51岁及以上的护工77人，占12%；小学及以下学历的护工74人，占11.5%；中学/中专学历的有538人，占83.8%；大专及以上学历的30人，占4.8%。其中，护理专业的护工仅有48人，占7.5%。

3. 民办养老服务机构过去一年中医护人员的变动情况。

(1) 医护人员离开情况。过去一年中，有215名医护人员离开，占其总数的24.4%。其中，医生离开23人，占其总数的24.5%；护士离开的32人，占其总数的22.2%；护工离开的185人，占其总数的28.7%。

(2) 医护人员新聘情况。过去一年中，新聘医护人员245人，占其总数的27.8%。其中，新聘医生25人，占其总数的26.6%；新聘护士36人，占其总数的25%；新聘护工184人，占其总数的28.7%。新聘与离开的数量基本相当。

4. 民办养老服务机构医护人员的收入情况。

(1) 医生的工资收入情况。从被调查的养老服务机构医生的工资收入来看，平均工资为1565元/月。其中，最高的3000元/月，最低的800元/月。

(2) 护士的工资收入情况。从被调查的养老服务机构护士的工资收入来看，平均工资为1160元/月，比医生低了410元/月。其中，最高的2000元/月，最低的800元/月。

(3) 护工的工资收入情况。从71个民办养老服务机构护工的工资收入来看，平均工资为1048元/月，分别比医生、护士低了517元/月和112元/月。其中，最高的1500元/月，最低的750元/月。

5. 民办养老服务机构医护人员的各类保险情况。

(1) 为护士实行各类保险情况。从71家民办养老服务机构为护士实行的各类保险中，有27家实行了养老保险，占37.5%；有26家实行了工伤保险，占36.1%；有27家实行了医疗保险，占37.5%；仅有1家实行了商业保险，占1.4%；有45家养老机构没有为护士实行任何保险，占62.5%。

(2) 为护工实行各类保险情况。从71家民办养老服务机构为护工实行的各类保险中，有28家实行了养老保险，占38.9%；有24家实行了工伤保险，占3331%；有26家实行了医疗保险，占36.1%；仅有1家实行了商业保险，占1.4%；有44家养老机构没有为护工办理任何保险，占61.1%。

6. 民办养老服务机构护工接受专业机构培训情况。从71家民办养老服务机构护工接受专业机构培训情况来看，因为培训费太高没有培训的有6家，占8.5%；因为没有硬性要求没有培训的有7家，占9.9%；接受过专业机构培训，但不经常的有58家，占81.7%。

7. 民办养老服务机构护工人员不稳定的主要原因。过去一年当中医护人员共计离开215人，其中护工离开了185人，占总数的86%以上。造成护工队伍不稳定的主要原因依次是：认为工资低的有65家，占90.3%；劳动强度大的有62家，占86.1%；社会地位低的49家，占68.1%；非本地人员就业不稳定的有29家，占40.3%；工作环境差的有17家，占23.6%。另外，60%以上的养老机构没有为护工人员提供社会保障也是一个重要原因。

(五) 民办养老服务机构其他相关情况

1. 民办养老服务机构成立以来的媒体报道情况。在71家民办养老服务机构中，自成立以来国家及媒体报道过的只有8家，省级媒体报道过的有11家，地/市级媒体报道过的有42家，县级媒体报道过的有8家，从来没有媒体报道过的有25家。

2. 民办养老服务机构加入行业性团体与希望成立行业性团体情况。在71家民办养老服务机构中，有46家加入了行业性团体，占63.9%；有25家从未加入过行业性团体，占36.1%。在是否希望成立行业性团体的调查中，有56家希望成立并参加养老服务行业性团体，占77.8%；不希望成立的只有2家，仅占2.8%；无所谓成不成立的有13家，占19.4%。

3. 与民办养老服务机构不公平竞争的养老服务机构的主要类型。在71家民办养老服务机构中，认为存在不公平竞争是公办养老服务机构的有51家，占70.8%；其他民办养老服务机构的只有5家，占6.9%；认为没有竞争的有15家，占22.2%。公办养老服务机构是民办养老服务机构竞争的主要对手。究其主要原因是，在51家民办养老服务机构的调查中，有46家认为主要是政策对公办养老服务机构有倾斜，占90.2%；只有5家认为“民办养老服务机构起步晚、基础差”是造成不公平竞争的主要原因。

4. 民办养老服务机构与入住老人及其家属发生法律纠纷及解决情况。在71家民办养老服务机构中，有15家与入住老人及其家属发生过法律纠纷，占

20.8%；有56家没有发生过法律纠纷，占79.2%。在发生法律纠纷的15家养老机构中，有5家通过法律手段来解决，有10家通过协商的办法来处理。

5. 民办养老服务机构享受政府优惠政策情况。在71家养老机构机构中，基本上都或多或少享受过税费优惠。有46家享受政策资金补助，占59.7%；39家享受水电费优惠，占54.2%；43家拿到过政府的一次性床位补贴（1000元/床），占59.7%，其余的未享受到政府的床位补贴。这说明已有的政府优惠政策还不能全部落实到位。

6. 未来五年公众对老人在民办养老服务机构养老的接受程度与盈亏情况。

（1）公众未来五年对老人在民办养老服务机构养老的接受程度。71家养老机构机构在未来五年公众对老人入住民办养老服务机构养老，非常认可的有11家，占15.3%；比较认可的45家，占62.5%；一般情况的有12家，占16.7%；不太认可的有3家，占5.6%；不认可的没有。

（2）预测未来五年民办养老服务机构养老的盈亏状况。在71家养老机构机构对未来五年营运状况预测中，有16家认为略有盈余，占22.2%；有40家认为基本持平，占55.6%；有8家认为略有亏损，占12.5%；有7家认为亏损，占9.7%。

二、目前民办养老机构发展面临的主要问题

从青岛市民办养老服务机构发展总体情况来看，整体实力不强，小规模分散经营居多，行业规划滞后，服务水平、设施参差不齐，管理水平不高，大部分处于亏损或保本微利状态。主要问题有：

（一）民办养老机构多数规模小、设施简陋、服务项目单一、经济实力不强，难以形成营运经济效益

71家养老服务机构平均床位86.2张，低于平均床位的占总数的67.6%，50张及以下床位的也占38%，最少的仅有12张。而百张床位及以上的只占总数的31%，200～300张的仅有6家，仅占8.5%。多数形不成规模难以盈利，与调查得到的亏损和持平的情况相符。养老机构调查中自我感觉设施条件差、简陋的占总数的27.8%，因为87%的民办养老机构为租赁房屋经营，且租赁期大都在5～10年，造成场所不固定的问题。77.5%养老机构主要提供日常生活照料服务为主，只有22.5的养老机构能够提供精神慰藉与临终关怀、医疗与护理、康复与健身等综合性服务，服务项目单一形不成效益。由于70.4%民办养老机构以个人独资兴办，多数经济实力不强，难以形成竞争力。以上各种现实情况，决定了难以形成营运经济效益。另外，养老机构与入住老人及亲属之间的纠纷，缺乏良好的社会环境也是发展、管理养老机构不可忽视的重要因素。

（二）民办养老机构营运资金来源单一、亏损严重、资金周转艰难

调查显示：有94.4%的民办养老机构营运资金主要来自入住老人缴纳费用，只有5.6%的养老机构营运资金来源于其他营业收入。因此，养老机构营运情况取决于入住老年人退休金的高低，而目前我市大多数老年人的养老金在1000元左右，养老机构若收取费用高了，老人住不起，收费低了又维持不了正常运转，很难提高服务水平和设施档次。再加上兴办养老机构前期投入大，运行中困难重重，亏损面比较大，有48%的亏损、46%的基本持平，而盈利的不足6%（4家）中，有3家利润率在5%以下，只有1家在11%～15%之间。调查显示：民办养老服务机构资金周转情况也不容乐观，资金周转困难和很困难的占55.8%，资金周转一般情况的占41.4%，周转情况好的只占2.9%，总体上看资金周转是比较困难的。

（三）社会养老服务机构间的不公平竞争、行业指导和行业管理缺位

目前，社会养老机构处于无序竞争状态，政府既当“裁判员”，又是“运动员”，还是管理与监督者，又直接投资兴办养老服务事业参与竞争。这种不公平竞争给刚刚起步处于弱势的民办养老服务机构带来沉重的打压。调查发现有73.6%的民办养老服务机构认为公办养老服务机构不公平的竞争是营运中存在的主要问题之一。另外，慈善或福利彩票募集的的资金、设备对养老服务机构的资助、分配往往仅限于政府办或福彩中心办的养老服务机构，一般很少惠及到民办养老服务机构。民政部门虽然负责养老机构的登记、年审等工作，但对养老机构的行业规范、指导和监管力度不够，缺乏具体有效的管理手段，这也是造成民办养老机构发展诸多问题的重要原因。如，目前入住养老机构服务的标准、内容、价格不规范，合同没有统一规范的文本，一旦发生纠纷很难得到顺利解决。

（四）政府优惠政策对民办养老服务机构扶持力度不够，已有的优惠政策落实不到位

民办养老机构是社会养老机构发展的主要力量，是居家养老的重要补充，是公益性、微利性的朝阳行业，它的发展壮大需要政府优惠政策的大力支持。但实际情况恰恰相反，如土地出让、专项基金的设立、管理服务人员免费培训、银行信贷、通讯影视费减免、福彩与慈善资助等方面的政策几乎都是空白，也

正是民办养老机构发展中存在的最突出的问题。政府已有的优惠政策很多方面落实不到位，尤其是民办养老机构落实的尤其不理想。调查显示：只有59.7%民办养老机构享受政策资金补助、54.2%的享受水电费优惠、59.7%拿到过政府的一次性床位补贴（1000元/床）、98.6%的享受税费优惠。以上说明相当一部分民办养老机构尚未得到政府优惠政策的好处。另外，政府部门常常对公办的养老服务机构走访慰问、关怀备至，而对民办特别是个人办的关心甚少，甚至新闻宣传部门对民办养老机构宣传报道关注较少，导致社会对民办养老机构了解不多，对营运也带来一定的影响。

（五）民办养老服务机构管理和服务人员专业文化素质低、社会地位与工资待遇低、社会保障制度缺失，造成管理、服务人员队伍不稳定

1. 管理、护工人员专业文化素质较低。在185名管理人员中，学历在中学/中专学历以下的占51.9%，大专及以上学历的占47%。在642名护工中，小学及以下学历的占11.5%，中学/中专学历的占83.8%，大专及以上学历的仅占4.8%。在185名管理人员中，取得执业资格证书的占57.8%、管理专业的只占23.2%。在642名护工中，取得护理资格证书的仅占34.4%，管理、护理人员的文化专业素质明显低下。

2. 医护人员队伍大进大出不稳定。在过去一年中，有24.4%的医护人员离开。其中，离开的医生占24.5%，离开的护士占22.2%，离开的护工占28.7%；过去一年中，新聘医护人员占27.8%。其中，新聘医生占26.6%，新聘护士占25%，新聘护工占28.7%。新聘与离开的数量基本相当，医护队伍是明显不稳定的，严重影响到养老服务的工作质量。

3. 医护人员的收入不高。从50家民办养老服务机构医生的工资收入来看，平均工资为1565元/月。其中，最高的3000元/月，最低的800元/元；从48家民办养老服务机构护士的工资收入来看，平均工资为1160元/月，比医生低了410元/月。其中，最高的2000元/月，最低的800元/月；从被调查的民办养老服务机构护工的工资收入来看，平均工资为1048元/月，分别比医生、护士低了517元/月和112元/月。其中，最高的1500元/月，最低的750元/月。医护人员工资所得与付出不相称也是导致队伍不稳的重要原因

4. 护工人员的社会保障制度严重缺失。在被调查的民办养老服务机构为护士实行的各类保险中，有37.5%的实行了养老保险，有36.1%实行了工伤保险，有37.5%的实行了医疗保险，有62.5%养老机构没有为护士实行任何保险。从这些养老服务机构为护工实行的各类保险中，有38.9%的实行了养老保险，有31%的实行了工伤保险，有36.1%的实行了医疗保险，有61.1%养老机构没有为护工办理任何保险。社会保障制度的缺失也是留不住人的关键原因所在。护工人员不稳定还有以下原因依次是：工资低占90.3%，劳动强度大的占86.1%，社会地位低的占68.1%，非本地人员就业不稳定的占40.3%，工作环境差的占23.6%。

三、加快青岛市城镇民办养老服务机构建设的对策建议

在市场经济大潮汹涌中发展起来的民办养老服务机构，是新世纪新阶段我国社会经济快速发展过程中的产物，是人口老龄化发展的必然结果，它顺应了社会主义市场经济的规律，具有较强的生命力与广阔的发展前景。养老机构为入住老年人提供了生活照料、康复护理、精神慰藉等，缓解了家庭照料不足的突出矛盾，是对改革开放和经济发展的有力支持，也是构建和谐社会的重要组成部分。盘大做强、发展扩大民办养老服务机构规模与质量，是居家养老服务的延伸与补充，是应对人口老龄化问题挑战的重要举措和解决社会化养老的必由之路。

（一）强化政府在民办养老服务机构发展、壮大过程中的主导地位

在民办养老服务机构的发展中，坚持以政府为主导，以灵活的市场机制为驱动力，以多元化社会投入为发展支撑点，大力推进养老服务社会化。政府主要兴建面向农村“五保”、城市“三无”等特殊老年群体的养老服务机构，解决其养老服务需求。对于广大老年群体的机构养老服务问题，应该以市场为主，鼓励社会力量兴办民办养老机构，或者是以“公建民营、民办公助、租赁转让、委托经营”等模式，加快民办养老机构的发展，让社会力量成为发展机构养老的主导力量。政府在民办养老服务机构发展中的主导地位，应主要体现在“倡导推进、编制规划、优惠政策扶持、规范管理、人才培训”等方面。

（二）编制规划并纳入青岛市社会事业发展规划和文明城市创建计划

要将发展民办养老服务机构纳入青岛市社会事业发展规划和文明城市创建计划，从安老养老、构建和谐社会的高度，根据青岛市人口老龄化发展实际与老年人需求情况，按照“与人口老龄化进程相适应、与经济社会发展相协调、与老年人养老服务需求向符合”的要求，研究编制相应的青岛市民办养老服务机

构发展规划，以保障其健康有序、布局合理的发展。各级政府要着力整合养老资源，在办好示范性公办养老服务机构的基础上，把主要精力放在发展民办养老服务机构上，特别是鼓励有条件的社会医疗机构创办医疗护理相结合的养老服务机构，以满足入住老年人对半护理和全护理床位日益增长的需求。

（三）加大政府优惠政策扶持力度与落实力度。在继续落实对民办养老服务机构已出台的水费、电费、气费、税收等优惠政策以外，要不断扩大优惠政策的范围、提高优惠标准

一是采取土地划拨、贴息贷款、床位建设补贴、以奖代补、购买服务等方式，吸引和鼓励社会资本兴办福利性、非营利性的民办养老服务机构，并在土地使用上优先安排。二是扩大民办养老服务机构免减税费范围，在对民办养老服务机构免征营业税的基础上，对符合条件的减免所得税、城镇土地使用税、房产税、车船使用税，免收城市人防建设资金、残疾人就业保障金、城市基础建设配套费、新型墙体基金、教育附加费、人防工程易地建设费、绿化补偿或占有绿地费，暂不征收污水排污费。三是对民办养老服务机构使用的固定电话按照住宅话费标准缴费，有线电视免收或半价收取初装费，收视维护费按居民标准收取等。

（四）拓宽民办养老机构建设资金渠道。调查中显示，缺少建设资金是大多数民办养老服务机构存在的普遍问题

各级政府要采取措施，拓宽发展民办养老机构的资金渠道。一是民政部门通过销售福利彩票、财政拨款等所筹措的资金，建立民办养老服务机构建设专项基金，通过委托银行向有条件、有可能发展成为养老服务骨干的机构发放流动资金贷款，由银行帮助控制资金风险。二是在民政部门主导的慈善机构中设立养老基金，通过向社会募集筹措资金，由慈善机构委托投资方，采取参股、控股的方式对民办养老服务机构提供资金支持，加快民办养老服务机构的发展步伐。

（五）加强民办养老服务机构管理、服务队伍建设。管理、服务人员大进大出、不稳定，是影响民办养老服务机构养老服务优劣的大问题

加强对管理、服务队伍教育培训，已成为民办养老服务机构健康发展的重要环节。一是成立市级养老管理、护理培训中心，负责青岛市养老服务机构管理人员统一、规范的培训教育，提高素质，强化理念，增强经营管理能力。二是加强护理人员护理知识与技能的培训，提高养老护理人员的业务水平，规范养老护理服务，做到护理人员持证上岗，以岗定责、定薪，实现人性化关怀和专业护理。三是提高管理、护理人员待遇，提高社会地位。通过政策支持、行业表彰、舆论宣传等做法，提高管理、护理人员的社会地位。同时，为管理、护理人员设立公益性岗位、发放岗位补贴，实行养老、医疗保险制度等办法，切实提高管理、护理人员的福利待遇，创造事业留人、感情留人和福利留人的环境，增强管理、护理人员对养老服务机构的认同感和归属感，是入住机构养老的老年人获得令人满意的生活质量。

（六）建立民办养老服务机构与医保单位的“绿色通道”。要大力发展民办养老机构，就必须排除老人入住民办养老机构体制上的障碍

一是把民办养老服务机构的医疗服务纳入城镇职工基本医疗保险定点报销范围，统一配备必要的医疗设施和医护人员。对已取得执业许可证的确定为城镇职工基本医疗保险定点医疗机构，为入住养老服务机构享受基本医疗保险待遇的老人的医疗费用，按基本医疗保险的规定支付报销，以促进养老机构医养结合功能的完善。二是养老机构与医疗急救单位建立“绿色通道”，根据地域分布情况，将养老机构与较高水准的医疗单位签订医疗急救合作协议，在入住老人突患大病需要住院治疗时，能够及时、便利地得到及时救治，最大限度地消除入住老人及家属入住养老机构的后顾之忧。

城市社区居家养老服务工作绩效评估实践与思考

宁波市老龄办 左建一 周志华

一、我市开展城市社区居家养老服务工作绩效评估的背景

宁波市是一个人口老龄化程度较高的城市，也是全国较早推行居家养老服务工作的地区之一。经过五年的探索实践，全市的居家养老服务达到了一定的规模，取得了较好的成效，社会反响良好。但随着规模

的扩大和工作的深入，诸多的困难与问题也随之而来，主要有：部分地方政府的政策和资金支持力度有待提高；居家养老服务实际受惠面比较窄；大部分居家养老服务组织和服务队伍的管理松散而粗放，还不能较好地满足广大老年人多样化需求；与居家养老服务工作相关的监督评估、考核激励、安全防范、风险规避等机制还是空白；社会力量参与居家养老服务工作氛围不浓，服务工作的政府行政主导色彩偏浓。这些问题影响和制约了居家养老服务工作的进一步发展。可以说，当前我市居家养老服务工作正面临着一个由粗放式管理向精细化管理过渡、由着重数量上规模发展向质量上规范发展和数量上规模发展并重的转折时期，有必要在整体上建立一项长效的监督规范引导机制，使我市居家养老服务工作持续健康稳定发展。秉着“先易后难、循序渐进”的思路，2008 年下半年，我市出台了《宁波市城市社区居家养老服务工作绩效评估办法》，并首先选择服务工作发展规模较大的 6 个区的城市社区层面开始具体实施，以期通过绩效评估，进一步提高全市居家养老服务工作的整体水平，提高居家养老服务工作的群众满意度和社会公信力，不断推进居家养老服务工作的持续健康发展。

二、我市绩效评估结果及分析

（一）我市城市社区居家养老服务工作体系评估结果及分析

从工作体系评估结果看，我市 6 区城市社区居家养老服务工作总体良好，政府政策和资金的支持力度明显加大，基础服务设施不断改善，相关管理制度正逐步健全，兜底救助服务工作成效明显。

在 6 个区总计 78 个二级指标项目评定中，43 项被评定为 A 等级，21 项被评定为 B 等级，14 项被评定为 C 等级。可见，A 等级的平均获评率为 55.13%，超过半数；B 等级以上的平均获评率为 82.05%。6 区平均有超过八成的指标项目达到合格以上水平，其中出台政策文件、专职服务人员管理制度、表彰激励机制等三项指标 6 区均被评定为 A 等级。可以看出，五年来，6 区在推进城市社区居家养老服务工作中力度不小，成绩不少。同时，通过评估也发现了 6 区在服务工作体系建设中存在程度不一的不足之处和薄弱环节。

1. 政府主导方面：各区政府对居家养老服务工作的重视和支持的力度在不断提高，但差异性较大。

各区均出台了关于推进居家养老服务工作的政策文件，并围绕规划、规范、指导、扶持服务工作等方面出台了相关配套文件，有些地方的政策文件还作为党委、政府民生类重点工作政策的组成部分。这为各区积极推进居家养老服务工作发展提供了良好的政策环境。同时，公共财政不断加大居家养老服务工作的支持力度。各区居家养老服务工作均列入财政预算项目，2008 年度 6 区平均老年人均财政投入约 27 元。各区还通过福利彩票公益金对居家养老服务工作进行补助。但评估中也发现，各区在年度投入资金的构成和数量上差异性较大。

2. 基础设施方面：服务场所和设施有较大改善，但整体上还不能满足老年人的实际需求。

近几年，市级和各区的财政与福彩公益金加大了居家养老服务中心建设的补助力度，各地服务场所和设施有较大改善，服务平台覆盖率有较大提高。但调查中发现，还是有 27.9% 的老年人就“为老服务设施不足”的问题提出意见。可见，服务场所和设施资源与日益增长的老年人实际需求还有一定差距，老三区和鄞州区的短缺情况相对突出。

3. 服务队伍方面：专职服务员和志愿者服务队伍得到了加强，但相关管理制度需要完善。

2008 年度 6 区城区有专职居家养老服务员 588 人，有长期结对帮扶居家养老服务的志愿者 3000 多名。这些专职和志愿服务人员作为服务的具体实施者，为 4500 多名居家老人提供了不同程度的养老服务，是社区居家养老服务工作顺利开展的基础。但评估发现，服务从业人员持证上岗率偏低，有些地方甚至为零。专职和志愿服务人员的培训等日常管理制度也不够健全。

4. 管理制度方面：服务工作的表彰激励措施较多，但服务组织及服务活动的运作有待规范。

为激励个人和社会组织参与居家养老服务事业，各区积极开展形式多样的评优创先活动，部分地方还纳入了每年的常规工作内容，如镇海的居家养老先进个人和集体评选；江东的“红蚂蚁助老志愿之星”和“红蚂蚁孝亲助老少年之星”评选。6 区 87 个居家养老服务组织中，27 个以民办非企业单位形式法人注册，3 个以社团分支机构、20 个以民办非企业单位形式备案登记（暂不具备法人资格），其余 37 个服务组织没有法人登记。此外，各区居家养老服务场所的安全防范机制也不够健全，场所设施安全、食品卫生安全、服务员与被服务人员安全等防范措施或制度并未完全到位。

5. 服务成效方面：有力保障了最需要帮扶的居家老人的养老服务，但整体受益面仍偏窄。

2008 年度 6 区城区有 1499 名居家老人享受了政府购买养老服务或服务补助，有 3086 名居家老人享受了志愿者结对帮扶养老服务。应该说，在养老服务困难的居家老人帮扶救助方面，各地做了大量卓有成效的工作，成绩斐然，也得到了老人和社会的赞誉。但从整体看，目前服务工作受益面还偏窄。按理论上生活不能自理老人比例为8%推算，6区城区17.8万老人中应有约1.5万名老人需要照顾，除去子女自己有能力和时间照顾以及在养老或医疗机构养护外，仍有相当部分老人需要社会提供养老服务。此外，还有众多健康居家老人多样化、个性化的养老服务需求需要满足。

（二）我市城市社区居家养老服务工作群众满意度测评结果及分析

根据评估工作要求，本次从享受政府购买服务或服务补助居家老人、享受志愿者（义工）结对上门服务居家老人、其他一般老年人中分别随机抽取了17.68%（265人）、12.15%（375人）、0.32%（560人）的居家老人进行入户访谈，测评群众满意度；同时，就服务工作情况进行调查。此次调查对象采用典型与随机相结合、分层等距随机抽样的方法抽选了48个社区，每个社区抽取25个调查样本，共计1200名居家老人。

1. 享受政府购买服务或补助服务的老年人调查测评分为98.44。

调查中，95.85%的老人认为服务人员能按约定时间上门服务；95.85%的老人认为服务态度很好；95.47%的老人对服务质量表示满意；93.21%的老人表示“服务对本人生活有较大改善”。在调查这些老人时，很多场景使调查员深受感动。很多老人或眼残、或瘫痪，步履蹒跚，行动缓慢，但面对调查员时却滔滔不绝，千言万语道不尽服务员的好；还有些老人泪流满面，哽咽难语，只知道反复念叨着“政府真好”“共产党真好”。

2. 享受志愿者（义工）结对上门服务的老年人调查测评分为95.43。

调查中，80.53%的老人认为服务人员的服务来得很勤；93.87%的老人认为能在有需要时比较及时得到服务；90.1%的老人对服务水平表示满意；82.93%的老人表示“结对对本人生活有较大改善”。

3. 其他一般老年人调查测评分为92.65。

在没有接受过上述两项服务的其他一般老年人中，84.82%的老人表示了解社区在开展居家养老服务；71.96%的老人经常参加社区各类为老服务；71.43%的老人周围有比较多的老人接受过服务；93.16%的老人对社区为老服务工作表示满意。

另据对1200名居家老人民意调查显示，81.4%的老年人对目前社区整体居家养老服务工作表示满意，14.81%的老年人表示比较满意，合计96.21%。老年人对社区居家养老服务7项常见服务项目的平均知晓率和参与率分别为78.62%和50.61%。其中，知晓率和参与率最高的是“精神慰藉服务”，分别为94.08%和80.58%；知晓率和参与率最低是用餐服务，分别为43.67%和9.58%；生活照料、日常家政、卫生保健和文化娱乐四项服务的知晓率均在80%以上，而参与率除了卫生保健为71.58%外，其他三项却均在60%以下。九成以上的老年人均对自己参加或享受过的社区为老服务表示满意，其中满意率最高的是“用餐服务”，为94.98%。这说明很多服务受到了居家老人较多的关注，服务评价也很高，但目前服务的实际受益面并不广，与工作体系评估结果一致。调查还显示，老年人参与志愿助老服务的比例达到51.5%，其中32.58%是经常参加，18.92%是偶尔参加；另有34.58%的老人认为自己不参加志愿助老服务的原因是“没有能力参加”。

由上可见，我市城市社区居家养老服务工作受到老人们的热烈欢迎和较高关注，并得到了绝大多数社区居家老人们的高度评价，给居家老人们带来了实惠，尤其是为最困难居家老人们的生活服务给予了一定的保障。群众满意度测评分均在90分以上，达到A等级。其中，政府购买服务或补助服务的老人评价高于志愿者结对服务的老人评价，志愿者结对服务的老人评价高于没有享受过上述两项服务的老人评价，属意料之中。但调查也显示，志愿者结对服务与政府购买服务或补助服务的效果差距明显；其他一般老年人对社区居家养老服务工作的认同度和参与度明显低于前两类老年人。因此，志愿者结对服务的效果和其他一般老年人参与支持服务工作的比例有待提高，同时，服务的实际效果和受益面也需提高。

三、评估工作后的思考

开展居家养老服务工作绩效评估是一项全新的探索性工作，也是我市深化推进和规范提高居家养老服务工作的重要举措。

（一）对本次评估工作实践收获的思考

1. 此次开展的绩效评估工作是必要而及时的，也是有效和成功的。

绩效评估是服务工作发展到一定阶段后内在的必然要求和现实的客观需要，也是进一步发展和提升服务工作的有效手段和重要内容。我市选择在居家养老服务工作发展到一定阶段时，先在城市社区层面试行开展绩效评估是必要而及时的，同时也是有效和成功的。此次绩效评估工作对全市居家养老服务工作全面持续健康发展起到了积极的促进作用。主要表现在：一是增强了政府和相关部门工作的责任意识和效率意识，形成倒逼机制，有力推动了服务工作的发展。二是为服务工作未来的发展树立了方向与目标，促进了服务工作的规范运作以及服务工作效率和社会效益的提高。通过绩效评估，发现了目前我市城市社区居家养老服务工作在服务设施、服务组织管理、服务队伍管理、服务实际效果和受益面等方面还存在不同程度的不足和问题。针对这些不足和问题，需要进一步深化和改进。三是为服务者与被服务者之间搭建了双向反馈的桥梁，提升了服务工作的透明度和公信力，加强了政府公共部门与社会公众之间的沟通和互动。调查中，居家老人们对开展绩效评估尤其是群众满意度测评工作给予了高度的评价。

2. 评估实践证明，此次我市城区居家养老服务绩效评估指标体系和项目的整体架构设置是基本合理的，但有些指标项目的设置和标准需要改进和完善。

鉴于我市居家养老服务工作处在起步阶段，仍属政府推动型，故此次评估确立了“群众测评为先，工作评估为主，效果评价为辅”的总体思路。评估结果采用社区居家养老服务工作体系评估结果和群众满意度测评结果综合而成。从评估实践来看，这个评估指标体系和群众满意度测评内容的设计基本符合目前我市城区居家养老服务工作的现状和水平。但评估实践中也发现有些指标项目的设置和标准不够准确和完善，需要改进。主要有：

一是三类老人群众满意度测评结果独立算分计人总评估结果有失偏颇，可作为一个整体按相应人数比例加权算综合得分计入总评估结果更客观和平衡。

二是评估指标中缺少对社会力量举办服务设施和参与服务情况评估的项目，不利于服务工作社会化和市场化发展。

三是“年度人均财政投入”和“人均服务用房面积”两项指标项目的标准采用评比式量化的方法，不符合评估特性，可根据全市平均水平用具体数据来表述。

四是有些指标项目和标准的措辞不太准确，如“城镇户籍老年人口”与城市社区实际服务的老年人口有较大差异，改为“城市社区中的户籍老年人”更妥；“管理制度”改为“服务运作”更加准确和突出；“志愿者（义工）”和“服务机构的法人注册制度”分别改为“志愿者（义工）管理制度”和“服务机构法人注册率”更能准确反映指标要求；访问对象“政府购买服务或服务补助的老年人”改为“政府购买服务或补助服务的老年人”更准确。

（二）对今后开展绩效评估工作的思考

总得来说，开展居家养老服务工作是一项探索性的新工作，目前还是处于起步阶段。开展居家养老服务工作绩效评估更是一项全新的探索。要真正建立长效化和制度化的居家养老服务工作绩效评估机制，还需要在今后的实践中持续性探索并改进。今后，我市在绩效评估实践中争取能有以下几方面的改进和完善：

一是争取在评估理念上有新提升。开展绩效评估作为推动工作的重要手段，起着极为重要的“风向标”作用。开展居家养老服务工作绩效评估不是仅仅为了评估而评估，其最终的目的是为了逐步建立和完善居家养老服务工作绩效评估长效机制，不断探索创新各种服务模式与载体，丰富服务内容，提高服务质量，真正实现实质性居家养老服务在城市社区的全覆盖。要使评估成果真正转化为实际效果，需要加大评估结果的运用力度，使评估真正成为抓好工作的“指挥棒”。

二是争取在指标体系的设置上有新改进。实践中也发现有些指标项目的设置和标准不够准确，需要改进，使之更加科学合理和可操作，最大限度地保证评估体系的公平和公正。可以考虑实行开放式设计，如增设“自荐（或称自选）评估指标”，一方面可以对整个评估体系起查漏补缺的作用，另一方面又可以使那些在评估内容中未有涉及而工作又相对出色的单位，可以通过自荐评估指标来得分，从而避免因评估体系设计的疏忽而对整个评估的平衡性产生影响，最大限度地保证评估体系的公正和公平。还可以设计“加减分评估指标”，实行加分不封顶，工作做得越好，得分越高，常规工作做成精品，同样可以得高分；对没有完成规定指标的不得分或倒扣分，以保证必须指标的完成。

三是争取在评估主体、评估程序和评估方法上能更完善。实践中发现，评估主体、评估程序和评估方法对评估结果和效果有较大影响。评估主体可以更加多元，除了评估对象参与自评环节和外部评估公司参与测评调查环节外，还可以适当吸收相关专家、专业部门和居家老人代表等参与相应环节，并建立评估工作机构。评估程序要逐步制度化，明确评估各个环节的具体安排和要求，特别是在群众满意度测评调查环节中，调查员可以根据具体情况采用明访和暗访相结合、直接调查和间接调查相结合的方式，增加对居家老人邻居或亲友的调查，尽量避免具体实施服务的社区层面过多介入测评调查过程。评估方法上要逐步探索建立相关常态化机制。等等。总之，要不断创新思路，改进方式方法，使绩效评估工作在促进居家养老服务工作健康发展中真正发挥重要作用。

第七部分

出访(含港、澳、台)报告

陈传书常务副主任率团访问日本、韩国考察报告

应日本厚生劳动省和韩国社会福利部的邀请，全国老龄委办公室常务副主任、中国老龄协会会长陈传书率代表团于2009年10月7日至10月16日访问了日本、韩国，对两国的护理保险制度进行了专题考察。经过各方努力，取得了积极成果，达成了出访目的。

一、基本情况

代表团抵日当天，即访问了日本厚生劳动省，就护理保险制度有关问题进行了工作交流。访问期间，就护理保险在长期照料服务中的作用，与日本社会事业大学社会福祉学部村川浩一教授进行了深入探讨，并实地考察了东京地区养老护理院，参观了解了“浴风会”“长寿会”、老年用品展示厅、札幌中央区老年社会福利中心等养老护理服务机构的实务。代表团还特地访问了设在东京的德国日本研究所，就有关的日本老龄问题进行了专题交流。在韩期间，代表团与韩国卫生福利部卫生与社会事务研究院就老龄工作体制问题进行了会谈，访问了韩国助老会及其举办的托老所、老年人活动中心，就进一步加强交流合作进行了深入座谈，还参观了永登蒲老人综合福利中心和韩国老年人联合会老年公寓。

在日期间，陈传书常务副主任还出席了在日本秋田举行的“居家养老及老年友好型城市”国际研讨会，并发表了题为《中国推进居家养老的政策及措施》的主旨演讲，系统阐述了中国在老龄工作和居家养老方面所做的努力，赢得了良好积极的反响。会议期间，陈传书常务副主任还会见了国际老龄联合会主席艾琳·霍斯金斯女士、世界卫生组织老龄和生命历程司司长约翰·比尔德先生、国际社会保障协会前主席多默·D·霍斯金斯先生、香港社会服务联会行政总裁方敏生教授、香港大学楼玮群博士等，并就居家养老、老年友好城市、老龄国际合作等问题，进行了广泛而富有成效的会晤和交流，就进一步加强交往达成了一致意向。

10月10日，作为中方代表，陈传书常务副主任当选为国际老龄联合会新任理事。

二、关于日本护理保险制度

日本是以社会保险方式建立老人护理制度的第二个国家。1995年提出了《关于创设护理保险制度》议案，经过了近3年的讨论，终于在1997年5月和12月分别在众议院和参议院获得通过，于2000年4月1日起开始实施，当年10月1日起日本国民开始缴纳第一个月的护理保险费。

（一）起因概况

日本是世界第一长寿国家。2006年，日本65岁以上的人口达到2431万人，占总人口的19%以上。据预测，2010年将达到25%，2025年将达到28%，届时，高龄老人总数将占全体日本老年人数的55%。庞大的老年人群对日本的经济增长、政治格局、社会生活、文化发展等诸领域都产生了深刻影响，老龄问题已经成为日本国内最关注的重要问题。其中，老年人的护理问题尤为突出。据日本厚生劳动省统计，到2000年止，在65岁以上的老年人口中，有20万人患有老年痴呆症，120万人长期卧床不起，加上其他原因需要他人护理的共有280万人，并且此后人数将以年增3.5%的比例持续上升。

日本在二战以后一直沿用“安置福利制度”，由国家全部承担国民的社会保障责任。但是随着经济社会发展和生活方式、家庭结构和扶养意识的变化，需要照料的老年人、长期患病卧床不起患者、痴呆患者等无人照顾的问题，逐渐成为一个突出的社会问题。家庭成员忙于生计，家庭内部缺乏护理人员，大量患者特别是老年患者涌入福利医疗体制，“社会性入院”造成医院拥挤不堪，医疗费用剧增，引起政府及各界的广泛关注。

日本政府自1982年《老年人保健法》开始，纠正过去以疾病医疗为主的老年人医疗保障模式，重视个人、家庭的健康和疾病的预防，同时废除了70岁以上老年人医疗费用全额报销制度，对部分机构的医疗费用支付方式进行了重新调整。1986年，又修改了老年人保健设施，加强以居家养老为主的老年人医疗、保健服务和疾病早期预防工作。同时，提高了外来就诊患者和住院患者的收费标准。1989年推出“老年人保健福祉推进十年战略”（即所谓的“黄金计划”），准备用10年时间，增加家庭服务员的数量，集中建设一批与居家养老相配套的社会性护理服务设

施。后经三年对全日本需要护理的老年人数量进行摸底统计，发现实际需要护理的人数大大超过预设数量，又于1994年重新制定了“新老年人健康福祉十年战略”（即“新黄金计划”），意图成倍扩大老年护理人员和设施。但国家财政负担沉重，且仍不能从根本上满足人口迅速老化的现实需求。在这样的情况下，为了适应老龄化浪潮的冲击，保障每个老年人在其需要时随时随地都能得到及时的帮助，解决老龄化后护理的难题，同时扼制日益增长的社会保障支出对国家财政的压力，日本开始借鉴德国经验，1997年12月通过了《老年护理保险法》，2000年4月开始实施。

（二）基本内容

1. 保险对象　厚生劳动省资料显示，参加护理保险的主体分为两类。第一类称为第1号被保险者，是指65岁及其以上的所有老年人，只要有护理需求，保险权自然产生；第二类称为第2号被保险者，是指加入医疗保险的40岁至64岁的人，并被确诊患有：肌肉萎缩性侧索硬化症，后纵韧带骨化症，伴随骨折的骨质疏松症，夏特勒卡症候群，因初期老化的痴呆，髓小脑变性症，脊柱管狭窄症，早老症，糖尿病性神经障碍、糖尿病性肾炎以及糖尿病性网膜炎，脑血管疾病，脑神经障碍所引起的瘫痪，闭塞性动脉硬化，慢性关节炎，慢性闭塞性肺疾病，伴随两侧膝关节或骨关节显著变性的变形关节炎等15种疾病，需要生活护理或需要支援者。

2. 实施主体　日本实施护理保险的主体是市町村和特别区。

3. 保险费用确定　第1号被保险者缴纳与自己收入水平相对应的固定金额的保险费，低收入者的保险费负担则较轻。每月养老金在18万日元以上的人从其中自动扣除，其他人需要缴纳一定的费用。大约80%的第1号被保险者的护理保险费是从年金中自动扣除的，只有20%的第1号被保险者由本人或家属缴纳一定的费用。低收入者可以根据具体收入水平减免保险费费额。

第2号被保险者的保险费与本人的医疗保险费并收，通过所就职单位统一上缴给各医疗保险机构，实行全国统筹，形成独立的社会保险诊疗支付基金。各医疗保险机构根据国家规定，提供64岁以下第2号被保险者一定比例的医疗护理费用（占总费用的33%）。第2号被保险者的护理保险费根据收入的不同水平缴纳不同数额。2000年制度实施时，每人每月缴纳保险费暂定为2400日元。护理保险制度所需费用的50%由被保险者缴纳的保险金负担，如果保险金不足50%，不足部分由国家从国民健康保险及其他保险费（社会保险诊疗支付基金）中进行调节；另外50%由国家、都道府县、市町村分担。国家负担其中的25%，都道府县和市町村分别负担12.5%。被保险者个人和国家、地方政府共同出资，由地方政府具体负责实施，这是日本护理保险制度的特点之一。另外，根据老年人口比重不同，不同区域的被保险者缴纳保险费为基准额乘以0.5至1.5的系数，保险费额高低相差大约有3倍左右。以适应不同区域老人护理的负担差异。

在访问“浴风会”（社会福祉法人）时，常务理事露口长说明，上述两者费用的负担，在享受生活护理保险服务时，原则上负担所需费用的10%。而在入住服务设施的时候，除以上费用以外，还需要负担伙食费等费用。如果被护理一方觉得难以承担10%的费用时，可设定所能负担的上限。为了减轻特别低收入者的负担，还设定低上限和低伙食费。享受生活护理保险，可以在自己所住惯的寓所里，过着独立的生活，且可享受所需要的综合性福利服务以及医疗服务。

4. 保险服务内容　在访问中，我们看到，日本的护理服务由政府及各种民间事业体提供。服务类型基本上分为两种：一种是需要支援状态，即居家服务（相当于我们所说的家庭服务或上门服务），包括：保姆的访问（访问生活护理）；护士等的访问（访问看护）；康复专职人员的访问（访问康复）；入浴组的访问（入浴生活护理访问）；医生、牙科医生、药剂师、营养师、牙科卫生师的指导（寓所疗养管理指导）；当日往返（每日服务中心）服务；往返老年保健服务设施服务；短期入院设施服务；福利用具的租借、采购及住宅的改建服务；护理服务计划的制定；其他内容的服务，如：针对痴呆症的共同生活护理的老年痴呆症患者疗养所服务；特定设施入院者生活护理的收费老年公寓的护理，等等。

第二种是需要护理状态服务，主要包括范围是：卧床不起、痴呆等原因导致的平常需要生活护理者。此状况者可享受居家或者设施服务。居家服务同上所述，设施服务包括：护理老年人福利设施；老年人护理健康设施；备有细心周到的护理人员的医院，如养老型病床群，老年痴呆症患者疗养病房，强化生活护理的医院等。

5. 保险申请步骤　一是被保险者先向市町村政府管理部门提出护理申请。二是市町村派出认定调查员对申请人进行访谈调查，作出首次认定。三是市町村委托主治医生对被申请人进行体检，由其提出审查意见。四是市町村护理认定审查委员会根据上述两次调查作出二次认定。认定结果分为四类：重新调查；有自理能力，不能接受护理服务；要支援，但只能接受居家护理服务，不能利用老人护理设施；要护理，并根据轻重程度分为护理一档、护理二档、护理三档、护理四档和护理五档。五是原则上每隔半年必须重新接受一次专家认定。

6. 护理人员的资质与培训　日本从事老年护理保险服务的人员大致分为两类。第一类称为福利护理员，需要两年的正规学习，并通过国家统一考试及格后，才能取得上岗资格，他们一般在护理设施内就职，从事技术性较强的护理服务。第二类为访问护理员，需要本人亲自报名，然后参加政府出资举办的培训班，接受50～230个小时的专门培训，考试合格后获得执业资格证书，到居住所在地的相关部门登记注册，等待上岗。访问护理员一般分为三级：高级为护理兼管理，负责安排管理辖区内护理员的工作，参与对老龄者的护理；中级的能做所有的护理工作；初级的只能从事简单的家政服务和一般性护理工作。

（三）存在的主要问题

一是覆盖面还相对较窄。家庭养老在日本有着深厚的社会文化基础。受传统观念的束缚，不乐意接受家庭成员以外的人员提供护理服务的观念还普遍存在。据厚生省资料显示，2000年4月至2001年4月期间，第一号被保险者有2200万人，占总人口的17.2%；第二号被保险者的人数在4300万人左右，约占总人口的34%，总覆盖率约为51.2%，仅为日本国民总数的一半。二是护理设施给付相对滞后。日本的护理设施给付有着严格的登记审查制度，但不断扩大的需要护理人群使得护理设施建设严重落后。比如，在“浴风会”新建的老年社区公寓生活相谈室的记录中，需求登记是供给登记的5倍，顺次入住等候时间一般在15年左右。同时，在机构护理服务过程中，也存在护理资源分配不公、服务质量不高、接受护理服务的人不能享受应有权利等问题。三是护理保险的公众负担正在增长。由于护理保险体系是预算前置约束型，投保人对长期需求量的变化，护理标准及收费的波动可能会引起保费的大幅上涨，同时也不能因保费给付差而降低服务标准，这就造成护理保险的收支存在较大缺口。当支大于收时，唯一的解决方法就是提高保费或从财政收入中获得额外的资金援助，而这两者都将增加公众的经济负担。比如，日本的护理岗位工资是由护理保险支付的，因岗位工资标准较低，劳动强度较大，各养老护理机构的护理人员短缺情况普遍存在。

因此，为了进一步完善护理保险制度，2005年6月，日本政府对《老年护理保险法》进行了部分修改，主要集中在四个方面：一是高度重视预防体系建设，提高个体健康水平和自我防护能力；二是调整给付水平，设定个人负担上限，增设给付补助，使低收入者也有能力利用护理设施；三是创建社区综合支援中心，确立新的与社区紧密相连的服务体系；四是提高护理服务质量，加强对从业机构的考核，强化护理人员的培训与进修，惩戒护理保险中的不正当行为。

三、关于韩国护理保险制度

韩国是继德国、日本之后第三个实行护理保险制度的国家，2007年4月，韩国国会通过了《老人长期看护保险法》，于2008年7月1日正式实施。韩国启动讨论护理保险制度，与日本2000年建立护理保险制度时有着类似的社会背景。

（一）起因概况

根据韩国国家统计部门统计预测，2000年韩国65岁以上的老年人口比重为7.2%，到2050年将达到的37.3%；80岁以上的高龄老人在2000年占老年人口的1.0%，到2050年则达到13.8%。而迅速增长的老年人口，造成老年人的健康护理费用高攀不下。韩国1995年的一项国家健康调查数据显示，5.6%的老人卧床不起。有各种程度的慢性病的老人占86.8%，其中51.9%的人都有不同程度的功能受损。1998年韩国在全国进行的问卷调查结果显示，43.8%的老年人希望能够利用家庭护理服务、日间护理设施、短期护理设施。韩国的老年护理已经成为一个比较严重的社会问题，引起了韩国政府和社会的广泛关注。

二战后，韩国实行了福利医疗制度。随着患有各种慢性疾病（如老年痴呆、脑中风等）的老人不断增多，医疗保险财政支出不断加大。1995年老年人医疗费用占医疗保险财政12.2%，2003年为21.3%，预测到2010年将提高为30%。在老年人医疗费不断攀升的情形下，现行的福利预算难以扩大福利服务，致使在医疗上韩国老人面临着入院（疗养院）难及本人医疗费负担过重的双重问题。同样，韩国老人福利设施严重不足，尽管存在公共老人医疗福利设施，但能够入住这类设施的主要是那些患有严重老年疾病的基本生活保障者以及低收入者，且人数相当有限。在2000年之前，共有7864人享受公共医疗设施的看护服务，仅占需要看护老人的6.7%。其他93.3%的老人只能通过家庭或家庭服务员获得看护。

为了应对人口老龄化、高龄化给经济社会带来的深刻影响，特别是老年人护理问题对公共生活的影响，2002年，韩国在国务会议报告中写入了“2007年以后构筑老人公共看护保障体系”的计划。2003年，韩国老人公共看护保障制度的研讨工作正式启动。2004年，制成了最终报告书，并设置了老人公共看护保障制度实行委员会。2005年，该委员会形成了“老人公共看护保障制度实行模型”，并在全国6个市郡区试点，具体检验老人看护制度的评价判定基准和程序、报酬、费用审查、支付体系等整个运营体系中的技术性工作。2006年“老人长期看护保险法案”被提交到国会，同时试点工作扩大保险给付的对象和地区，进一步对事业运营体系进行验证。2007年4月，该保险法案被国会通过。2007年5月至2008年6月，扩大老人看护保险给付的对象、地区及服务范围，并在韩国统一实行老人看护保险制度。

（二）基本内容

1. 保险对象　韩国《老人长期看护保险法》规定保险给付的对象为65岁以上的病患高龄者及未满65岁但患有认知症、脑血管疾患等老年性疾病者。参加保险的老年人必须是有收入的人。通过对日常生活能力、认知损伤程度、日常生活利用器具能力、活动障碍、需要护理治疗、需要康复等44项的测评，判断护理需求者属于五个护理级别中的哪个等级。只有一级、二级和三级的患者才有资格申请护理服务。

2. 实施主体　韩国老年人长期看护保险的实施主体是由专门的社会医疗保险机构“韩国国民健康保险公团”经营。该公团的总部设在首都首尔，在全国各地设立了178个分部。该公团还拥有直营的医疗设施。在老人看护保险制度方面，该组织作为保险人担当着管理被保险人、收取保险费、提供服务和信息等职责。

3. 保险费用确定　保险人为全体参加国民健康保险者，保险费与国民健康保险费一同征收，即韩国将老年人看护保险的保险费列入国民健康保险的框架内，在原健康保险费的基础上加收一定比例的看护保险费，目前加收的比例是4.05%（看护保险费＝国民健康保险费×4.05%）。《老人长期看护保险法》第10条规定，符合《残疾人福利法》第32条规定的1级和2级残疾人和保健福利家庭部告示的稀有疑难疾病患者，可以申请减免30%的保险费。

老年人长期看护保险给付资金的来源由保险费、国库负担金以及利用者自己负担金三部分组成。《老人长期看护保险法》明确规定：国家每年在预算范围内向国民健康保险公团支援该年度老人看护保险费预计收入的20%；政府支持部分主要针对穷人和管理费用；使用者中低收入阶层降低付费比例为10%，穷人免费。根据国民健康保险公团的估算，保险事业的总费用到2010年需要1兆6911亿韩元，2015年需要2兆亿韩元。总费用中，保险费为62%，国家和地方政府负担25%，保险利用者自己负担13%。从保险费交付额估计，到2010年，工薪人员将月交保险费5953韩元，个体经营者月交保险费2550韩元。

4. 保险服务内容　护理服务有下列几种：（1）“在宅看护给付”，即家庭服务，主要包括家务、洗浴、医护、全天看护和临时托付看护（将在宅患病的老人临时托付给老人福利机构看护）等，还包括福利用具的租借及买卖的费用支援。（2）“入住看护设施给付”，即居家护理服务，主要包括入住长期看护机构（护理设施）接受看护服务所需费用的给付，长期看护机构一般指老人疗养设施、老人专门疗养设施及集团之家，不包括老人专门医院。在家护理、特殊护理和团体家庭组合护理。（3）“特别现金给付”，即特殊服务，原则上，护理服务不允许现金支付，只提供护理服务，但特殊情况例外：居住在岛屿或偏僻之地的高龄者因看护设施严重不足而需要由家族看护时，由保险人给付的“家族看护费”，特别现金给付还包括于指定之外设施进行疗养的费用及在老人专门医院住院的看护费。

费用规定有以下分类：（1）家庭服务，依据护理程度和提供的服务，每个护理级别费用固定（相当于机构护理费用的80%～90%）。（2）居家护理服务，依据护理程度上调，每天25000～40000韩元。（3）家庭护理津贴，每月按级别大约开支在110000～150000韩元。（4）护理服务使用者自己支付20%的费用。

5. 保险申请步骤　首先要参加健康保险，其次应当携带医师的意见书到健康保险公团申请“需看护认定”，保险公团将进行访问式调查进行第一次判定，再由专门的等级判定委员会进行第二次判定，同时确定看护度。看护度按照病情分为三级。三是健康保险公团制作长期看护计划书，并将该看护计划书与看护认定书一起送交被看护者。四是需求者可以选择护理服务的级别、类型以及护理服务机构；第五，提供护理服务。

保险申请并不是由被看护者直接请求保险金给付，而是由看护服务机关向健康保险公团提出保险给付请求。健康保险公团根据老年人看护委员会的审议及老人看护报酬计算标准向看护机构支付看护费用。当然，保险金给付并非全额给付，被看护者应当按照法律规定直接负担自己应当负担的部分。获得在宅看护给付时，被保险人自己负担看护费用的15%，获得入院（入住老人看护设施）给付时，被保险人自己负担看护费用的20%。低收入者可以减少50%的自我负担比例，而享受国民基本生活保障者自己不承担看护费用。

6. 护理人员的资质与培训　韩国护理保险制度与日本护理保险制度的最大不同是："公团"为保险人，"公团"的工作人员承担。护理人员是为需要护理的老年人提供洗浴、入厕、家务及日常生活援助、专业护理等服务的护理专业人才。韩国护理保险制度，充分利用《老人福祉法》中的疗养保护师制度，建立了新的国家资格制度，即"疗养保护师制度"。疗养保护师是指在市道知事指定的教育训练机构完成规定的教育课程的人。资格证分为1级和2级两种。疗养保护师1级负责向作为长期护理对象的全体老年人提供支援身体活动以及支援日常生活等服务。疗养保护师2级负责向长期护理对象提供除支援身体活动以外的全部服务。由于韩国的老人护理保险正处于起步阶段，护理人员的培训仍在探索过程中。比如，必须提供足够的社会福利士、老人看护士、疗养保护师等，仅2008年，韩国就需要这方面的人才4.8万人。为此，韩国正在通过制度化培训保障今后能够培养和提供相关人才。

（三）存在的主要问题

一是覆盖面问题。韩国将护理保险的对象确定为急需护理（1～3级）的3%老年人，2008年能够接受保险给付的人只占全部高龄者的1.7%（8.5万人），预计2010年为3.1%（16.6万人）。而实际上，需要护理服务（1～5级）的65岁以上老年人大约占65岁以上老年人总数的12%。这虽然可以在护理保险实施初期减轻国家财政负担，但因为接受给付的几率变小而使得该保险制度的社会保险性质减弱，有可能引发矛盾。

二是护理服务及费用负担问题。依据《老人长期看护保险法》的规定，韩国老年人可以在确定的护理资格下自由选择服务方式，这就造成了保险给付额度与服务供给水平的选择矛盾，从而降低了保险制度的绩效评价。同时，护理保险对服务给付的设计要求，入住老人看护设施的，自己负担看护费用的20%，造成个人负担的比例过高，进而反作用于护理服务评价，提出服务供给多样化问题。

三是筹资方式与管理问题。由于韩国老人护理保险制度从论证到组织实施之间的衔接，还在实践探索中，筹资方式的选择与护理保险设计理念的对接还需要一个过程，其中要求进一步明确中央和地方在基金管理权和服务供给上的归属权。

四、几点启示

人口老龄化是一个世界性课题，日本、韩国的护理保险制度是积极应对人口老龄化的重要制度性举措，通过国家立法，以法律的形式保障社会成员的基本权益。虽然两国的护理保险都处在探索阶段，有待进一步的实践检验和完善，但其积极的启示意义，确实值得认真思考和借鉴。

启示之一：社会保障的发展必须与国民经济社会发展水平和国民物质文化生活需求相适应。日、韩两国护理保险制度的产生和发展，充分说明了一国的社会保障制度应根据时代发展与国情变化，以清晰的政治目标及其对社会保障的定位，决定如何建设和如何适时调整覆盖城乡居民的健全的社会保障体系。我国人口多，经济发展不平衡，地区差异较大，长期城乡二元经济结构所形成的城乡社会保障制度存在较大差别，这就要求我国社会保障制度体系的建设，一是要建立适合的社会保障制度。在尊重本国国情的基础上，积极借鉴国外的先进经验，符合经济发展水平，适合社会发展要求，既要体现出社会保障的普遍性、统一性，又要体现出可持续性和公平正义，避免制度碎片化、主体多元化。二是要尽快推进社会保障的法制化、社会化。从日本政府调整社会保障政策的轨迹来看，由国家全面承担责任向国家、地方政府、民间组织和个人共同承担方式的转变，由单纯依靠福利机构满足国民需求向以多种福利机构为主体的市场服务方式转变，逐步废除行政处置，在确保政府主导责任的同时，建立健全配套政策措施，推动多元主体参与社会保障。既要体现出政府在公共产品提供过程中的主导性，投入更多的研究和财力，加快制度体系的稳步推进，又要转变政府职能，落实社会保障制度其他责任主体之间的责任分担机制，体现出互助共济性，充分调动各方面积极性。三是实行积极的社会保障。一国的社会保障政策应坚持以人为本的宗旨，尽可能地顺应人的全面发展的需要，适时调整和改革制度本身，更好地维护和增进人民的福祉，即不能过于超前或过于保守，又不能过于理论或超于现实。在目前我国社会保障资源稀缺和财力有限的情况下，应当更加突出社会保障优先保障社会弱势群体的制度精神。

启示之二：积极推动建立长期护理保险制度。日本、韩国与中国同属中华文化圈，同样面临人口老龄化问题。中国人口老龄化的特殊性是发生在"四二一"家庭结构的基础上，老年人口总量大，老龄化速度快，地区间发展不平衡。随着工业化、城镇化、现代化、家庭小型化和生育率下降，传统的家庭养老保障作用持续弱化，希望以传统儒家思想维系家庭代际关系从而解决老年人问题（核心是老年人护理问题）显然不现实。由于我国经济社会发展尚不发达，老年护理服务相关网络尚未普遍建立，照护服务等社会资源比较短缺，老年人的日常家庭护理形式单一、供给不足、保障不足，而长期住院护理或享受专业护理机构护理所需的费用又非普通家庭所能承受，因而导致我国较高的人均预期寿命和较低的人均健康预期寿命并存，老年人生活质量堪忧。因此，建立有效率的护理保险制度、发展多层次的护理服务体系，已成为亟待研究的重要课题。

鉴于中国的国情，建立统一的护理保险制度，一是加快长期护理保险制度的研究。在吸收发达国家特别是日本、韩国发展护理保险的经验和教训，在制度设计、运行机制、组织建设等各方面，创造符合中国国情的护理保险服务体系。二是充分发挥政府主导作用。护理保险制度作为社会保障制度的重要内容，是用经济手段解决社会问题进而实现政治目标的重大制度安排，在加快经济发展、维护社会公平、促进人民福祉等方面有着深远意义。政府应成为推进护理保险制度建立实施的责任主体，发挥主导作用，体现执政责任，特别是在法制环节。从日本、韩国护理保险的实施中可看出，完善的立法和规章制度为护理保险的顺利实施提供了法律保障。因此，我国在考虑建立实施护理保险前，要必须研究、出台与护理服务有关的法律条文，颁布实施对被保险人的资料审查制度、护理津贴制度、护理人员培训考核进修制度、护理服务质量检查制度等等，对于提高护理质量有着制度的约束和间接推动作用。三是率先试点商业性老年护理保险。由于老年护理需求的复杂性决定了护理保险的内容应具有多样性，可以考虑借鉴韩国护理保险试点经验，本着先易后难的原则，率先在老龄化程度较高、护理需求大的地区，展开商业性老年护理保险试点。由于这部分地区经济发展水平一般较高，市民保险意识也强，部分家庭已具备购买老年护理保险的能力，商业性护理保险能更灵活、更好地满足老年人护理要求，并有利于扩大长期护理保险的研究和实践的深度广度，为推动建立社会性护理保险积累经验。

启示之三：鼓励开放老龄产业市场。老龄产业是为老年人提供特殊商品、设施、服务以及精神文化方面需求的具有同类属性的行业经济活动，可以带动现代农业、金融、建筑、培训、服务、餐饮、旅游等相关产业发展。据估算，2000 年日本的“银色市场”占到了总体消费市场的 24%，同期我国老龄人口消费占总体消费需求的 7.39%，预计到 2020 年其所占比例将不会超过当时总体消费需求的 15.13%，与发达国家相比，仍有极大的成长空间。与日、韩两国相比，我国老龄市场目前发育还很不完善，资金少、产品少、机构少、服务水平低等问题已经显现。据统计，目前我国市场上每年为老年人提供的产品价值不足 1000 亿元。制约现阶段老龄产业发展的因素，从需求的角度看，老年人可支配收入相对少，消费习惯节俭，消费方式单一；从供给的角度看，老年产品、服务的某些领域有很多盲目或无序的现象，缺乏充分市场化；从发展的角度看，客观上我国市场经济体制发展还不尽完善，主观上政府的职能缺位是重要原因，很多情况下是政府的认识限制了老龄产业的发展，政策障碍十分明显。日本、韩国老龄产业的发展也经历了市场化过程，逐步废除行政处置、调整相关费用负担，在确保政府主导责任的同时，建立健全配套政策措施，开发开放老龄产业市场，推动多元主体参与竞争。

因此，我国老龄产业发展应首先转变思路，树立开放的思想，坚持市场化改革取向，鼓励和引导老龄产业按照社会主义市场经济的要求，以最广大的老年人需求为导向，充分竞争，政府主要是从有利于老龄产业的发展角度出发，制定老龄产业发展规划，确定优先发展领域，制定不同扶持政策，重点监管保障性的养老机构、医疗护理、特需用品等供给，加大在财政、税收、金融、土地使用方面政策支持的力度，制定统一标准、强化服务意识、正确引导消费、加强监督检查。国办老年福利机构可以主要采取公建民营的模式，从管不了、管不好、不该管的领域退出，允许各种合法的国内外资本进入到老龄产业。

启示之四：促进为老服务资源整合。日本、韩国的发展都受到了自然资源禀赋的限制，在护理保险推进过程中，两国同样十分重视为老资源的相对高效利用，从设施、用品、道路的设计利用到组织、人员、就业的建立合作，充分体现了资源整合的效益，特别是政府主体责任的发挥和社团法人社会整合作用的发挥，但仍未满足人口快速老龄化的发展要求。应该说，我国对老龄事业的总投入不断加大，仅以星光计划而言，2001 年至 2004 年仅三年总投入了 134.86 亿元，全国分三批超计划完成了 32000 多个“星光老年之家”的建设，但在利用中也暴露出为老资源配置中的问题：一是资源浪费，以计划排斥选择，以统管取代竞争，真正需要老年之家的老年人得不到满足，项目被转为他用或重复建设现象普遍存在。二是秩序混乱，由于市场狭窄或者投资盲目，造成局部供给集中，同质产品恶性竞争，使得稀缺的为老资源不能产生最佳的配置效益，老年人不能得到应有的服务保障。

如何更有效地发挥为老资源的集合优势？应充分借鉴日、韩两国的有益经验，在综合考虑我国老龄工作体制的前提下，对包括机构设置、发展规划、资金使用、项目建设、人员配备等方面的为老资源运行机制，给予认真考量，把有关联的资源相对优化集中，发挥更大更好的效益。各级政府应成为为老资源整合的主体，在各项政策落实过程中，特别是在县（区）、乡（镇）、村（街），要紧密结合当地经济社会发展水平和老年群众最关心、最直接、最现实的利益需要，发挥计划和市场、政府与社会的优势，把有限的为老服务资源配置给最需要的老年人。

出访韩国情况汇报

王 珣

2009 年 4 月 20 日—24 日，由中国人民外交学会组团，全国政协副主席张梅颖任团长，宋庆龄基金会副主席唐闻生任副团长，外交学会副会长蔡金标（原我国驻斐济大使）任秘书长，全国妇联书记处书记范继英、全国老龄办政研部主任王珣、哈尔滨市副书记王颖，以及四位民营女企业家，一行共 18 人，组成代表团赴韩国，出席了中韩妇女知名人士论坛。

在韩期间，代表团访问了首尔、大邱和庆州。中国驻韩国大使程永华参加了代表团的主要活动。韩国前总统全斗焕在家中会见了代表团成员，韩国国会议长金炯旿、前副议长李相得、韩国保健福祉家庭部长官以及庆尚北道副知事、大邱市副市长分别会见或者宴请了代表团。韩方还安排代表团参观了梨花女子大学和浦项制铁公司。

中韩论坛是中国人民外交学会与韩国 21 世纪韩中交流协会共同举办的。韩中交流协会是韩国的一个民间友好交流团体，先后举办过中韩知名人士论坛、中韩妇女知名人士论坛和中韩青年政治家交流等民间友好交流活动。这次中韩妇女知名人士论坛是其中的一个定期交流项目，从 2004 年开始举办，每年一次，轮流在中国和韩国进行。主要是通过中韩妇女界的交流，增进中韩关系的友好和发展。此次论坛是第六届。

论坛会期一天，一共有三个主题：第一个议题是：绿色革命时代中韩女性领导人的作用。主要内容是，女性领导人如何在环境保护中发挥独特作用的问题。这个议题我方做主旨发言的是哈尔滨市副书记王颖，她主要介绍了哈尔滨市在环保方面所做的努力。在中国有许多韩资企业，当时与会的韩方代表中也有驻中国韩资企业的负责人，她们比较关注中国在工业和建筑垃圾处理上的问题，以及家庭轿车增长过快，汽车尾气排放，环境污染等问题。第二个议题是老龄方面的，内容是“关于中韩提高老年人福利的相关政策及实质措施”。我是中方的主旨发言人。韩方是韩国女性政策研究院的院长。我主要介绍了中国在提高老年人福利方面的相关政策和措施。包括我国人口老龄化和老龄事业发展的基本情况，老年社会福利方面的政策法规建设情况，以及在养老保障，医疗保健，照料服务、文化生活等方面政府所做的主要工作。第三个议题是中韩两国妇女如何加强合作，共同抗击国际金融危机。我方就这个问题是一个民营企业的代表作主旨发言。

关于韩国老年人福利的有关情况。韩国总人口 4900 万人，1995 年人均 GDP 超过 1 万美元。2007 年曾经超过 2 万美元，可是受金融危机的影响，2009 年估计会降低近一半。韩国的支柱产业主要有半导体、造船、汽车、家电和石油化工。

老年人口在韩国是按 65 岁以上计算的，2000 年超过总人口的 7%，预计到 2018 年将会翻一番，达到 14%。目前韩国 65 岁以上老年人口大约是 500 万人，占总人口的 10.3%。预期寿命比中国长，是 79 岁，男性是 76 岁，女性是 82 岁。老年人的居住模式，三代同居以及与未婚子女同住的家庭占 39%，老年夫妇居住和独居老人占 55%。空巢家庭的比例也很高。下面从五个方面介绍韩国在老年人生活保障方面的主要政策措施。

第一，在制定和老年人有关的专项法律方面，韩国主要有 1981 年的《老人福利法》《敬老宪章》，韩国把 10 月 2 日定为老人日（国际老人节是 10 月 1 日）。还有《低生育率和老龄化社会基本法》，《基础老龄年金法》以及《老人长期疗养保险法》。这个相当于长期护理保险法，韩国是 2008 年出台的。

第二，韩国老年人的社会养老保障。国家对老年人的收入保障主要是两个方面。一是国民年金制度，实际上就是社会养老保险。这是 1988 年开始建立的，60 岁退休后，每月领取相当于工资收入 50%左右的生活费。韩国的农民养老保险是 1995 年开始实行的（从城市企业养老保险扩大到农民和渔民）。二是敬老年金制度。主要是对低收入老年人发放一定数额的养老金。按照 80 岁以下和 80 岁以上分不同标准发放 3～5 万韩元（1 万韩元太约是 50 元人民币，就相当于每月 150～250 元人民币）。这个大体相当于收入测试型的非缴费型养老金制度。

除此以外，政府对老年人及赡养老年人的家庭，还有一些专门的优待和照顾性政策规定。比如《继承税和赠与税法》规定，60 岁以上老年人可以从继承税总额中扣除 3000 万韩元；还有《所得税法》规定，扶养老人的家庭每年可以从所得总额扣除 100 万韩元（每一位老年人）；与 65 岁以上老年人一起生活的人每年可以从所得总额中扣除 100 万韩元，就是减少缴税负担。对于老年人和子女各自拥有住房，后来合并同住，各自原有住房的转让就可以免除所得税。这些都是鼓励家庭养老的措施。还有，《租税特例限制法》规定，对于 65 岁以上老年人的 2000 万元韩元以下的生活性储蓄的利息所得和分配所得给予免税优惠。另外，对于所有 65 岁以上的老年人优惠使用铁路、地铁、飞机、国立、公立博物馆等设施。还有发放老年人交通补贴等措施。第三，老年人的医疗保障。作为基础性的保障主要是医疗保险。参保老年人占参保总人口的 7.9%，诊疗费是参保人口的 3 倍，所以老年人的诊疗费是很高的。此外还有医疗补贴。相当于我们的医疗救助，为低保对象提供。无劳动能力的低保对象的医疗费用全部由国家承担，包括低保老年人的健康检查和复明手术。还有就是 2008 年出台了《老人长期疗养保险法》。

第四，老年人的居住保障。包括为老年人建设老年人住宅，这些老人住宅与与福利服务和医疗设施相连接，为老年人生活提供方便服务；还有提供按照无障碍设计的公共住宅；韩国政府对社会力量兴建老年人住宅，提供金融和税收优惠；韩国还推行反向抵押贷款，就是让老年人向金融机构抵押房产，以年金形式领取生活费（在韩国 2/3 的老年人拥有自己的住房）。

第五，机构养老和居家服务。韩国的机构养老主要是福利性的，半免费的养老和疗养设施，有扶贫的色彩。所以数量不多。作为韩国的传统，还是以老年人在家养老为主的。韩国也是很重视发展居家养老服务，有福利设施为老年人提供上门服务和日间托护，还有短期托护，开设敬老食堂，为老年人提供送餐服务，等等。

最后是三点建议：

一是需要关注和研究亚洲国家，特别是儒家文化圈内国家的老龄政策及其进展情况。一个国家的老龄政策不仅受经济发展水平的影响，同时也很大程度上受文化和传统的影响。对老年人的态度或者说是老年观，进一步是养老观，都会打上一个国家文化和传统的烙印，（当然还有政治因素）。在这方面，日本、韩国、新加坡等国家的做法，应当说对我们很有参考价值。

二是韩国在鼓励和支持家庭养老方面出台了一些比较有实质性意义的措施。人家注意到了家庭养老需要支持，需要鼓励，当然他们的做法也可能不一定适合我们，但是我们可以借鉴参考。

三是可以考虑适当举办一些有影响力的国际论坛。一来是为了更多地了解国外的情况，二来也有利于扩大老龄政策研究的影响，从而容易引起社会和高层的关注。

出席 2009 年国际第三年龄大学协会（AIUTA）理事会情况总结

国际第三年龄大学协会理事会于 2009 年 9 月 3 日至 4 日在英国爱丁堡召开，作为该组织的成员单位，我办派巡视员袁新立（中国老年大学协会常务副会长），国际部尹文辉（翻译）应邀出席此次会议。现将会议的主要议程及我办代表团的相关情况总结如下：

1. 会议审查了过去一年国际第三年龄大学协会的财务收支情况。过去一年财务情况取得了好转，已从过去的赤字转变成了盈余，但目前经费仍然十分紧张。

2. 会议否决了加拿大籍教授以个人名义加入理事会的要求，通过了法国地方老年大学协会加入AIUTA的申请，并启动了波兰、俄罗斯老年大学加入该组织申请的审批手续，提出了以主要理事成员单位为地域中心，扩大会员的策略，中国负责发展日本、韩国、朝鲜三国的大学会员。

3. 会议通报了国际第三年龄大学协会申请欧盟及国际教科文组织项目的情况，由于各种原因此次申请未获成功。

4. 会议初定了新版国际第三年龄大学协会宣传册的制作和发行方案。

5. 会议决定2010年9月15日—16日，国际第三年龄大学协会国际研讨会在哥斯达黎加举办，会议主题强调老年人与可持续性发展的关系。在主题的确定上会议展开了热烈讨论，袁新立巡视员代表中方发言，建议将老年人视为人力资源，把题目确定为“开发老年人力资源，促进经济社会可持续性发展”引起了大会的高度重视，并获得了主席（Stanley Miller）支持。但由于大会主办国哥斯达黎加代表表示，其政府希望会议主题围绕在老年人经验的作用上，此次大会的主题初定为“老年人的经验和可持续性发展”。

会议同时初步决定，哥斯达黎加会议一共邀请六名主旨发言者，包括哥斯达黎加国家领导人，联合国代表，AIUTA代表和中国代表。哥斯达黎加代表玛丽安女士表达了哥斯达黎加政府对中国老龄工作的重视，热情邀请中国派出代表团出席此次大会。而且此次大会的举办地哥斯达黎加大学专门成立了孔子学院，该学院的师生期待与中国代表团进行文化交流。袁新立巡视员答应积极支持并派团参加此次大会。

6. 会议最后，AIUTA主席专门介绍了我代表团袁新立提交的《发展中的中国老龄教育事业》的报告（英文版），对该报告的相关数据和思想表示了高度的肯定，将该报告作为理论成果上传到AIUTA的门户网上，并将其翻译成法文分发给各位理事讨论和提问。袁新立逐一回答了各位领事的提问，各理事成员高度重视中方的发言，对中国在老年人教育事业上所取得的成果表示赞赏。在会议的最后阶段专门给出5分钟，由袁新立介绍中国老龄教育、老年人文化交流的情况。

另外，针对个别国外代表经常提出的涉我问题，包括要求中国以老年大学学员基数缴纳更多的会费，袁新立主任利用会上发言，会后单独交流等方法，解释了中国是以大学协会名义加入AIUTA以及中国老年大学协会财务等情况，获得了国外代表的充分理解。

交流学术　借鉴经验　共谋发展

——赴香港参加秀圃老年研究中心十周年研讨会

中国老龄科研中心　张恺悌

2009年12月10日至12日，香港大学秀圃老年研究中心十周年研讨会在香港大学召开。此次会议的议题是“华人社会的成功老龄化——亚洲的经验”。应香港大学秀圃老年研究中心的邀请，受中国老龄科学研究中心的委派，我参加了此次研讨会。

秀圃老年研究中心成立十年来，一直与我们中国老龄科研中心保持密切的学术联系。秀圃老年研究中心以通过老年医学研究、教育和政策倡导来提高老年人生活质量为使命，并同美国、英国、加拿大、澳大利亚等多个国家和地区及中国大陆的科研院所、老年学学会、老年医学学会建立了广泛的学术联系，为推动老年相关问题研究作出了积极的贡献。亚洲国家和地区同受儒家文化的熏陶，在家庭结构、代际支持、养老观念和习惯等方面存在很多相似之处，在应对人口老龄化方面也有很多需要共同面对的问题。秀圃老年研究中心以成立十周年为契机，举办此次研讨会，目的在于促进华人社会成功老龄化相关研究成果的交流，推动亚洲国家和地区在应对人口老龄化方面实现新的发展。香港大学社会科学学院院长何立仁教授和香港大学秀圃老年研究中心总监徐永德博士到会并分别致欢迎辞，表达了希望致力于老年研究的学者携手努力，加强沟通与合作，共谋应对人口老龄化的政策措施的美好愿望。

研讨会上，美国南加州大学社会工作学院及老年研究学院齐铱教授、我和国立台湾大学社会工作学系系主任古允文教授及加拿大卡尔加里大学社会工作学院副院长黎永亮教授依次发表了主题演讲。齐铱教授演讲的题目是《成功老龄化与其对中国社区的意义》。她首先指出“成功老龄化”是一个不断发展的概念，并以麦克阿瑟基金会成功老龄化研究、上海成功老龄化研究项目等为例，介绍了这些研究的主要研究成果。在此基础上，她指出了成功老龄化范式的不足，尤其是该范式缘于西方主流文化，文化的差异使其针对华人研究对象时的适用性大打折扣。最后，齐铱教授提出了关于成功老龄化的三个新观点：第一，她认为成功老龄化与否不是两分的状态，而是一个连续的变量；第二，对展现出非凡能力的弱势群体来说，抗逆力作为衡量成功老龄化与否的标准更为适用；第三，成功老龄化的涵义存在文化差异。

我在会上作了题为《城市老年人照料服务状况》的演讲，这是利用中国老龄科研中心开展的“2006年中国城乡老年人口状况追踪调查”的调查数据，围绕城市老年人获得照料服务的状况进行的一次研究，这次演讲内容主要是对该项研究成果的呈现。我从“什么样的老人需要照料”入题，引出对衡量生活自理能力指标ADL和IADL的介绍，并通过图表的形式直观地显示出中国城市老年人分年龄ADL缺损状况及分性别、婚姻状况、受教育程度、经济状况IADL缺损状况，在此基础上，进一步用图表的形式呈现出分年龄组老年人获得照料资源的来源分布、对社区照料的需求及分地区老年人社区照料服务的供给、需求和使用状况。最后，我针对城市老年人获得照料服务的状况，分析了目前照料服务存在的供需矛盾，并对大陆未来家庭照料、机构照料和社区照料的发展方向进行了探讨。

古允文教授演讲的题目是《台湾的高龄化趋势：一个活跃老化图像的建构》。古教授的研究围绕对老年问题的认知展开。他首先介绍了台湾的老龄化现状及趋势，并纠正了人们对于高龄化社会及老年人本身的传统观点，基于这些背景性知识，他提出了“活跃老化”的概念，并对概念的涵义进行了阐述。其实“活跃老化”并不是一个新的概念，它就是世界卫生组织提出的“积极老龄化”，只是台湾的翻译有别于大陆。古教授开展的一项探究老年人对于自我的看法与感受的质性研究，通过对13位65—89岁的老年人进行深度访谈，发现老年人感受到社会对他们的正面看法和负面看法兼而有之，但老年人对于自我的看法保持着较为正面的态度，并且老年人对未来的生活有具体的计划，对社会也有一定的期待。结合这些研究发现，古教授绘制出活跃老化从老年人生理、心理、社会参与等方面逐层向外发散的图像，对活跃老化的涵义再一次进行了诠释。最后，古教授指出“老化”不是问题，只是一个议题，号召人们积极面对高龄化社会的新生活形态。

任教于加拿大卡尔加里大学的黎永亮教授以《成功老龄化：移居加拿大华人长者的经验》为题，作了主题发言。据黎教授介绍，加拿大的华人数量为120万，其中65岁以上老年人所占比例为10.7%，也就是说不仅加拿大已步入老龄化国家的行列，加拿大的华人社会也呈现出老龄化形态。他利用“加拿大华人长者的健康和福利”的一项国家研究的调查数据，从健康和社会参与两方面对“成功老龄化”概念进行操作化，定义出成功老龄化变量，并对性别、居住地、受教育程度、收入等社会人口学变量及社会支持、价值观和信念、健康、饮酒频率、服务障碍这几个变量组与因变量成功老龄化之间的关系进行了统计检验。在此基础上，他通过建立logistic回归模型，预测出成功老龄化相对于居住地、年龄、性别、宗教信仰等自变量的发生概率，并从社会资本和社会排斥的角度对这些自变量进行概念化，从而得出“成功老龄化不仅仅是关于健康的问题，它也可以被放进社会资本和社会排斥的理论体系中进行研究，因此促进成功老龄化的策略应该集中于帮助老年人增加社会资本和消除社会排斥”的结论，最后就增加社会资本和消除社会排斥给出了具体的政策建议。

演讲结束后，我和其他三位发言者对与会学者的提问一一进行了回答，研讨会在良好的互动气氛中落下帷幕。此次研讨会时间虽短，但议程十分紧凑，内容也非常丰富。发言者介绍的几项研究都紧扣“成功老龄化”主题，但又各具特色，从研究性质来看，既有宏观的理论研究，也有微观的经验研究；从研究方法来看，既有质性研究，也有量化研究；从研究对象来看，既有对“成功老龄化”概念本身的研究，也有对成功老龄化实现策略的研究；从研究地域看，既有中国本土研究，也有在国外进行的研究。通过研讨会这个平台，我对香港、台湾地区及加拿大华人社会在成功老龄化方面的情况及经验有了更多的了解，与此同时，我也深切地感受到，与会者对了解中国大陆在老龄化以及成功老龄化方面的状况有着浓厚的兴趣，我的发言就像是一个窗口，使与会者对大陆的情况有了更全面和深入的认识。随着经济社会的发展，亚洲地区的老龄化状况将日益严峻，而成功老龄化作为应对老龄化挑战的一个重要理念，也将进入更多研究者的视野。我相信，此番学术交流活动对于亚洲地区以及海外华人学者借鉴彼此在成功老龄化方面的经验，促进其在成功老龄化研究和实践层面实现新的发展，具有现实而深远的意义。

赴英国瑞士出访报告

2009年5月18日全国老龄办副主任阎青春率团一行六人赴英国伦敦参加中英两国人口老龄化带来的社会和经济挑战研讨会，会后拜会了国际助老会和英国的关爱老年人组织，了解英国社会保障及居家养老政策。2009年5月25日上午，拜会了世界卫生组织老龄与生命历程司司长John Beard先生，宣传官员Carla Salas-Rojas，就老年友好型城市建设问题进行会谈，下午参观了日内瓦市的老年友好型城市示范点，2009年5月26日回国，历时9天。现将有关情况报告如下。

一、关于中英两国人口老龄化带来的社会和经济挑战研讨会的情况

本次研讨会是2008年10月中国社会科学院一英国经济和社会科学研究理事会在北京举办老龄化联合研讨会项目的继续合作。中方中国社会科学院、全国老龄办、全国妇联、北京大学等单位的15名代表参加了会议。英方社区和地方政府部有关官员、谢菲尔德大学以及有关非政府组织的专家学者和实际工作者参加了会议。会议的主题是：中英两国人口老龄化带来的社会和经济挑战。会议的主要任务是：就人口老龄化带来的负面影响和政策带来的后果交换意见；确定政策战略方面的共同点和不同点；对比两国老龄政策研究的研究方法；探究跨国研究合作和政策交流的可能性；就重点研究领域达成一致。中国全国老龄办阎青春副主任就中国的老龄化策略作了大会主旨发言，引起了英方高层官员的极大关注和兴趣，现场提出了许多重要问题，并一一进行解答。中国老龄科研中心主任张恺梯介绍了中国老年人生活状况调查情况；北京大学陆杰华教授就中国的家庭结构和行为变化，中国社会科学院的代表就老龄化和中国的发展、工作和劳动力市场、人口迁移和城乡不公平现象，全国妇联、卫生部的代表就生命历程中的不公平现象、社会融合、卫生保健和社会关怀等分别进行了发言。每个中方代表发言完毕，主持人都要指定英方同行进行评论，然后由英方与会代表提问，中方给予回答。会议气氛非常热烈，讨论非常充分，为英国政府官员和专家学者搭建了一个了解中国人口老龄化研究成果的平台。去年在北京的研讨会是英方介绍英国应对人口老龄化的政策和做法，中方提问，深入了解英国的情况。经过两次会议，两次交流沟通，双方都对对方有了一个基本的了解，为深入合作奠定了坚实基础。

二、英国的社会保障制度

英国的社会保障体系建立于1946至1948年，其主要依据是经济学家贝弗里奇的社会保障思想。通过多年的发展，基本形成了一套“从摇篮到坟墓的社会保障制度”。英国是福利型社会保障制度的代表国家，其社会保障体系主要包括四个部分：(1)国民保险即由国民保险计划提供各种保障待遇，包括养老保险、失业保险、疾病保险、工伤保险、生育保险以及家庭收入补助等。国民保险计划由政府有关部门及分布在各地的500多个办事机构管理和实施，其对象是16岁以上公民，前提条件是事先缴纳一定数量的保险费。英国的养老保险制度由三个支柱组成。第一个支柱是实行现收现付的国家基本养老保险，由两部分组成：一部分是符合领取养老金条件的退休人员都可以得到相等数额的基础年金，这是一种强制性缴费制度，由国家财政、雇主和职工共同负担的；另一部分是于1978年正式实施的政府收入关联养老金计划，它根据个人的实际缴费年限和基数区别确定。第二个支柱由职业年金计划和强制性的个人年金账户构成，它是英国养老保险体系中最重要的组成部分。目前，第二支柱养老金实行缴费确定型（DC）和待遇确定型（DB）两种制度，但越来越多的职业年金计划正在从待遇确定型（DB）转向了缴费确定型（DC）。第三个支柱为个人自愿性的商业养老保险。通过个人购买商业保险，为个人将来退休后仍能维持较高的生活水平提供保障。(2)国民医疗保健服务。英国是世界上最早实行全民医疗保健的国家，在1948在就建立了国民医疗保健制度，其费用来自个人雇主和政府，其服务对象是英国公民以及在英国居住一年以上的外籍人。(3)社会救济。1948年英国颁布了国民救济法，建立了社会救济制度，1976年建立了补充津贴法，完善了社会救济体系。(4)社会福利。包括两个层次：一是政府有关部门和社会志愿者有关组织对有特殊困难者提供的各种福利设施和有关服务；二是指向全体公民提供的各种公共设施和津贴补助。英国社会保障体系具有以下特点：①实现了全民全方位保障，保障范围几乎无所不包。②各种保障待遇都以法律形式固定下来，强调了社会保障的平等性与普遍性。③政府统一管理，全国最高领导机构是卫生和社会保障部。④社会保障资金主要来源于国家一般性税收。

三、英国的老年照料体系

根据英国政府的统计英国 60 岁以上老年人口占总人口的 21%。其中 36%的老年人的年龄超过 75 岁，60 岁以上的人口中 9%超过 85 岁，85 岁以上老年人口已达 120 万。随着人口老龄化的加速，英国社会普遍担忧人口的过度老龄化会引发退休年金和老年照料危机。为此，英国政府加快了退休年金系统和国家卫生服务系统的改革，对老年照料系统进行了重构和整合。从 20 世纪 80 年代末 90 年代初，英国政府开始了依托于社区的照料体系建设。1989 年开始推行社区老年照料政策。社区照料白皮书特别强调老年人要尽可能在家中得到照料。2001 年的国家老年服务框架（NSF）已经成为英国老年卫生和社会照料服务的主要法律文件，包括提高老年人独立生活能力和整体照料服务，在向老年人提供公共服务和资源的同时，也鼓励加强血缘关系之间的照料和社区照料。英国老年照料系统十分复杂和庞大，是由国家级的退休年金制度、国家卫生服务体系和地方政府对照料资源的配置以及整合后社区医疗、护理、照料机构构成。各照料机构和人员要按需向老年人提供医疗——护理——照料——康复——家政服务，以老年人实际照料需求为出发点，在科学评估基础上，按老年人经济承受能力，提出合理照料方案，由老年人自主选择。对困难国民，政府提供补贴乃至免费，体现了公平与效率以及人性化服务。职能分工也比较明确。（1）联邦政府职能。国家劳动与年金部和卫生部负责老年人的退休年金和卫生服务体系、社会照料的政策制定和经济技术保障，前者主要解决老年照料的经济问题，对于没有收入的老人，给以养老补助；卫生服务系统（NHS）承担缺额费用。（2）地方政府职能。主要承担服务评估、老年服务信息发布、政府养老资源配置，合约见证，服务购买等。并以公正、合理地配置国家养老资源为主。建立需求评价体系，根据评估结果，决定老年人是应该享受卫生服务还是社会照料或者两者兼而有之。（3）社区服务职能。英国除了有庞大的国家退休年金系统、卫生服务体系，除向老年人提供经济、政策、法规、技术支持外，在各社区建有不同的老年照料组织，提供住家照料、日间照料、住院生活照料和护理照料，送餐、修脚、喂饲、户内和户外活动等。老年人在社区得到的服务有免费、优惠价、市场价服务。对于经济特别困难的老年人由政府购买服务。英格兰的家庭和社区照护服务主要由三部分组成：一是英国国民医疗服务部门提供的一些长期护理项目，具有权威性，值得信赖；二是英国国家社会安全局为残疾人提供的几种津贴形式的保障服务，残疾保障津贴大多由职业和养老保障部门负责管理；三是地方委员会在卫生部监督下提供的社区卫生保健服务，包括家政服务、个人照护、成人日托、临时看护以及社区养老院等。家庭护理服务管理与实施主要由地方政府部门负责。地方政府可独立提供照护服务，也可联合私立的或志愿者机构共同提供，费用一般都由政府支出。

家庭护理是老年照料系统的重点。在所有的老年照料服务中，带有护理性质的家庭照料需求最强劲，因此家庭护理机构在英国的社区中发展很快。在需要接受高强度家庭护理服务的人数，从 2003 年的 68000 人增长到 2005 年的 80000 人；需要接受中等强度家庭护理服务的人数，从 2003 年 72000 人增长到 2005 年的 90000 人；低等强度的数量大致持平，致使出现家庭护理服务供不应求状况。

老年照料系统有完善的评估和监督机制。为了确保服务质量和资源的合理分配，英国在老年照料服务系统的设计过程中，明确老年人申请护理照料服务前必须经过需求评估：（1）是否真的需要照护或援助；（2）是否涵盖了所有私人的或社会的需求；（3）向何处寻求合适的援助；（4）分析不同照护类型的利弊；（5）被照护者是否能够满意；（6）服务的价格是否合理、是否能够承受；（7）如何筹集资金；（8）申请者是否有权享受国家资助等。如果老年人需要评估，只需要打一个电话或上网预约就行。

四、老年友好城市建设情况

2009 年 5 月 17 日，代表团一行到世界卫生组织总部了解老年友好城市建设的有关情况。世界卫生组织老龄与生命历程司司长 John Beard 先生、宣传官员 Carla Salas-Rojas 在总部大楼接见我团一行，并详细介绍了老年友好城市建设的有关情况。世界卫生组织认为，老年友好型城市项目是世界卫生组织在全球人口老龄化和城市化两大背景下提出的新概念和新平台，目前世界卫生组织在全球 22 个国家 33 个城市的政府间开展老年友好城市科研项目。为配合世界科技博览会的召开，中国的上海市政府也与世界卫生组织开展老年友好型城市项目合作事宜。每个老年友好型城市在项目开展之前都要进行不同规模的有针对性的调查，以了解该项目实施要解决的重点和对要达到的结果进行评估。基于全球33个城市调查的基础之上，世界卫生组织印制了《全球老年友好型城市建设指南》，提出了老年友好型城市建设的八个主题、老年友好型城市的特征和评估标准。这个标准是一个城市进行自我评估和规划发展蓝图的一个工具，这个标准为那些有志于老年友好型城市的个人和组织所使用。为了发挥这个标准的效用，老年人必须参与全部过程。另外，在评估一个老年友好型城市的优势与不足时，老年人应根据这个特征标准和他们自身的体验的对比去描述这个城市的积极因素和阻碍性因素。他们应该在提出改进性建议、执行、监督和改进过程中发挥作用。这八个方面是：

1. 室外空间和建筑物

·公共场合是清洁干净、和谐愉快的。

·绿地和室外座位数在数量上应该是充足的、维护很好和安全的。

·人行道有很好的维护，行人道和障碍物有合理布局和隔离。

·人行道不能太滑，宽度要足够适合轮椅通过和与公路有明显的标志。

·要有足够数量的人行道，对不同层次的人和各种类型的残疾人要安全，人行横道应防滑，有明显的视听信号和足够的交叉时间。

·驾驶员应该在十字路口和人行横道上给行人让路。

·自行车道应与人行道和其他步行道路分开。

·户外安全要有好的街道照明、警察巡逻和社区教育加以促进和保障。

·应该为老年人提供特殊的消费服务安排，诸如分开排队或分开服务柜台。

·建筑物的室内外应有合理的布局设计，要有足够的座位数和马桶，方便易行的电梯、坡道、栏杆和楼梯以及防滑地面。

·要有足够的室内室外的公共厕所，要干净清洁，维护良好和方便舒适。

2. 交通

·公共交通费用是合理的、能清晰显示和负担得起。

·公共交通包括在晚上、周末和节假日时方便可靠和快速且不拥挤。

·城市交通四通八达、各种服务方便可及、线路标记清楚和交通工具便利。

·交通工具清洁干净，有良好的维护、可使用和不过度拥挤、有尊老专座。

·有利于残疾人的特殊交通工具。

·驾驶员应该将车停在指定地点和便于乘客上下车的路边以及等到乘客坐稳后，才启动车辆。

·交通停靠点和停靠站，位置要适宜、可使用、安全、清洁、采光好的标示清晰，有充足的座位和防护设施。

·能为用户提供有关线路、时刻表和其他特殊需要设备的完整和实用的信息。

·在公共交通受限的地方，有其他交通服务可以提供。

·出租车是可用和能负担的，司机是彬彬有礼和乐于助人。

·道路有良好的维护，有健全的排水设施且采光良好。

·道路布局要合理，要避免障碍物阻碍驾驶员的视野。

·交通标示和十字路口（标示）要清晰可见且布局合理。

·所有驾驶员要进行驾驶培训和再教育培训。

·停车和减速区是安全的，数量上要足够且位置适宜。

·对有特殊需求的人，要有可用的和体现爱心的专用停车和减速区。

3. 住房

·在一些地区有可用的、充足的和负担提起的住房，这些住房是安全和位于各种服务性机构附近和社区休息处。

·有充足和廉价的家庭服务。

·住房结构要合理并能提供针对气候变化的安全和舒适的设施。

·房内空间和水平面要适宜在各个房间和通道自由活动。

·房屋装璜要廉价，要考虑到老年人的需求。

·公共和商业租住用房是清洁卫生、良好维护和安全的。

·对于体制虚弱和伤残的老人要有充足和负担得起的住房以及能提供各种适宜的服务。

4. 社会参与

·活动地点的位置要适宜、可及、采光良好和乘交通工具易于到达。

·举办各种活动要照顾老年人的时间安排。

·工作和活动能独自参加或结伴参加。

·活动和各种开支能负担提起，没有任何隐藏或额外的消费。

·对于老年人的活动，提供的信息应详细，如交通工具的选择。

·提供丰富多彩的活动来吸引不同年龄层次和类型的老年人参与。

·在当地，有为老年人提供的各种各样的活动地，如娱乐中心、学校、图书馆、社区活动中心和公园。

·有让人人（包括被社会边缘化的人群）参与社会活动的良好氛围。

5. 尊老和社会包容

·政府、志愿者和商业服务机构应该经常讨论老年人问题，以保证对他们的服务更好。

·对于所提供的公共性和商业性服务及产品要适合老年人的需求和爱好。

·服务人员（保健员）要彬彬有礼、乐于助人。

·老年人在媒体上是可见的，新闻媒体要多多描述老人们积极向上而非墨守成规的公众形象。

·社区活动要吸引不同年龄阶层人参加。

·老年人尤其需要家庭性的社区活动。

·学校应提供有关衰老和老年知识的学习机会和学校教育活动中涉及老年相关性知识教育。

·老人们应该被社区认知他们过去和现在的贡献。

·贫穷的老年人有机会享有公共的、志愿的和私人化服务。

6. 社区参与和就业

·对老年志愿者在培训、认知、指导和个人开支补偿方面有灵活的选择。

·老年员工的才能能够被很好的发挥。

·有针对老年人工作的一系列灵活和适宜的支付方式。

·在职员的雇用、留用、晋级和培训的问题上应禁止以年龄为唯一借口的歧视行为出现。

·工作场所应适合残疾人的需求。

·老年人自谋职业应该被支持和促进。

·为老年工人提供退休后再就业培训。

·公共、私人和志愿机构的决策体系应鼓励和便于老年会员参与。

7. 交流与信息

·一个健全、有效的交流体系应能涉及到社区所有年龄层次的居民。

·保证信息资源规范、合理配置和提供一个资源整合、集中化的信息途径。

·为老年人提供适宜的信息和感兴趣的广播信息。

·促进适宜于老年人的口头交流。

·被社会边缘化的人能够与值得信任的人进行面对面地信息交流。

·要求提供的公共和商业性服务是友好的和面对面的服务。

·印刷型知识信息，包括官方文体、电视字幕和文本的光学显示是大的印字以及主要观点性文字要用醒目的标题和黑体字型。

·书面和口头交流尽量使用简单明了、熟悉的词和陈述（直叙）句。

·电话应答服务提供的指导性说明应是语速缓慢，吐字清晰，告知明确。

·电子设备如移动电视、收音机、电视和银行自动取款机、自动检票机上有大的按键和大的字体标示。

·在公共场所，诸如政府办公楼、社区中心和图书馆有许多免费或价廉的供公众上网的电脑。

8. 社区和卫生服务

·提供足量的卫生和社区支持性服务，来促进、维护和恢复康复。

·提供的家庭保健服务包括卫生和个人保健（生活自理）以及家务管理。

·卫生和社会服务机构位置要适宜，各种交通工具都能达到。

·住宅的防护性设施和分配的老年人住房要位于各种服务性机构附近和社区休息处。

·卫生和社区服务性设施要安全可用。

·对于老年人的卫生和社会服务有清晰明了的信息提供。

·服务的提供应协同合作和实施简单。

·所有工作人员应是礼貌谦和、乐于助人和训练有素地为老年人提供各种服务。

·将经济因素对卫生和社区支持服务的阻碍作用降到最小化。

·支持和鼓励所有年龄层次的人开展志愿性服务。

·有充足和可及的基地。

·社区应急方案应考虑老年人的脆弱性和能力。

五、几点启示

1. 从国家、社会和市场的角度看，英国的社会保障制度突出了国家作用，把公平放在首位，但由于其制度中社会力量的弱小和市场机制的严重不足，因而缺乏效率。对于“未富先老”正在建立现代社会保障法律制度的中国来说，应当避免英国过度依赖政府、忽视市场和社会功能的制度缺陷，妥当处置国家、社会和市场的关系。其一，加快养老、医疗、失业、工伤和生育等方面的社会保险制度的建设步伐，完善非社会保险保障制度，突出社会机制的主导地位，保证公平优先。其二，努力推进社会保险基金的市场投资，培育补充社会保险市场，提升市场机制在非社会保险保障中的作用，维护效率。同时中国在设计社会保障法律制度时，应当重视权利和义务的对应性，突出社会机制在制度中的作用，特别是要尽可能地扩大社会保险的覆盖面，确保保险资金中单位和个人缴费的主导地位。

2. 从英国的实践看，应对人口老龄化挑战，解决老年照料服务问题，采取东西方结合的老年整体照料模式可以成为我们新的选择。该模式要以老年人为中心，以国家退休年金和卫生服务体系为基础，以家庭和社区为载体，整合卫生服务、社会照料资源，在对照料对象的生活、生理、心理需求进行科学评估的基础上，从系统优化的高度提出一套涉及家政服务、个人护理、功能康复到治疗的整体照料的实施方案。这一系统能向老年人提供方便、舒适、高效、经济、高质量的照料服务。

3. 建设老年友好型城市，是一项具有国际视野的战略工程，对于解决和应对人口老龄化挑战具有重要意义，尽管国际上目前都在论证和试验阶段，但是其长远的社会文化效益是显而易见的。在老年友好城市建设和项目实施的过程中，一要和世界卫生组织建立畅通的信息交流渠道，以及时得到世界各地的信息，了解他们的理念，掌握其他城市的精髓为我所用。二是友好城市建设是一个城市的整体行动，是一个名片，一个系统工程。必须以政府为主导，以老年人为出发点和落脚点，充分调动老年人的积极性，动员社会力量、家庭和各行各业来积极参与。三是要做好调查研究，发现目前最突出的问题，研究最有效的解决方案，制定具体项目规划和评估安排，做长远安排，从细节着手，不能急功近利，草率行动。四是要因地制宜，把世界卫生组织的指南标准与自己的实际情况相结合，切不可照搬他人的经验和做法。

代表团团长：阎青春

成员：曾琦、吴秋风、王平君、张恺梯、王珑旋

二〇〇九年六月二日

关于参加在英国举办的“人权与发展”会议的情况报告

由英国国际发展部（the UK Department for International Development，DFID）、英国外事联邦办公室（the UK Foreign and Commonwealth Office，PCO）以及IAG[①]共同举办的关于人权与发展的会议，于2009年3月18日—19日在伦敦召开，应国际助老会主席Richard Blewitt先生的邀请，我被中国老龄协会选派参加了此次会议，现将主要情况报告如下：

一、会议基本情况

此次会议的主题是“人权、发展与问责”[②]（Rights，Development and Accountability），来自英国国际发展部、拯救儿童组织（Save the Children）在蒙古、印度尼西亚、卢旺达等国的代表、国际助老会总部和亚太区的代表，以及其他大学、研究机构和非政府组织代表约50人参加了此次会议，其中大部分人是研究人权问题以及国际公约和法律方面的学者、专家和实际工作者。我作为中国老龄协会代表全程参加了此次会议讨论，主要任务是了解情况、收集信息、学习经验，没有在会上进行发言。

大会分两天进行。在第一天全体会议上，来自英国国际发展部政策研究部门的负责人Andrew Steer先生代表主办方致辞，他对会议的召开表示祝贺，欢迎来自各国的代表共同就人权和发展问题进行探讨。他向大家简要介绍了英国对人权问题的重视和采取的

①IAG是Inter-Agency Group of NGOs的缩写，主要关注发展和人权问题，包括Save The Children UK，Amnesty International UK，HelpAge International and Sightsavers International等组织。

②关于问责（Accountability），会议认为，政府治理、平等、社会排斥和贫困是与可持续发展和人权问题密切相关的三个方面，而较差的政府治理、不平等、社会排斥和贫困，是一系列政治决策的结果，对此必须有一套问责机制。对国际社会而言，问责机制主要建立在建设性对话基础上，各国政府自愿签署的各类公约（或其他文件）规定的国际义务对国家行为具有约束作用。

行动，阐释了经济危机、气候变化等因素对贫困问题和人权问题的影响，并就人权与发展的关系谈了自己的观点。他认为，发展和人权是相互关联的，人们已经越来越认识到人权对发展有着重大的影响，发展对于促进人权也有着根本意义，必须把两者统一地而不是孤立地来看待。同时他强调，此次会议与其他会议的不同之处在于，把“问责”（accountablity）这一主题更加突出地提了出来，使得我们在讨论人权和发展问题时更加目标明确、机制有效，确保推动人权和促进经济社会共享地、公平地、可持续地发展更好的结合起来。在随后的主旨发言中，来自联合国研究人权和极度贫困问题的独立专家及英国外交和福利办公室负责非洲、亚洲和联合国事务的主任也进行了简短的发言。

第一天大会分三个主题进行，分别是：(1) 问责制和良好的政府治理。来自南非的代表介绍了非盟“非洲国家互查机制”对改善政府治理水平的情况，来自印度的代表以案例研究的方式介绍了信息自由对促进人权的重要性。(2) 平等和排斥。来自英国和日内瓦的代表分别从儿童生命权利和妇女性别平等的角度谈了自己的观点，强调保护妇女和儿童各项权利的重要性，以及如何在发展过程中更好地维护他们的权利。(3) 贫困主题。来自英国海外发展机构、联合国和南非的代表分别就社会保护（Social Protection）、健康权利和南非社会保障等问题进行了发言。

大会第二天是分组讨论，主要是侧重于更加具有地方特点和更加具有操作性的内容，包括高等法院的立法情况，国家人权机构和议会运行情况，把人权纳入国家行动计划的过程等。中国社科院法学所的代表柳华文博士在分组讨论中向大家介绍了中国人权工作的成绩以及在制定《国家人权行动计划》方面的进展，反映良好。

二、体会和建议

参加此次会议，主要预期是了解国外对人权，特别是老年人人权方面的主要观点、研究进展、先进经验等，为我国更好地维护老年人权益和推进《老年人权益保障法》修订工作提供参考，不过因会议参加者主要是研究妇女儿童权利和贫困问题的人居多，讨论内容较少涉及老年人权利。虽如此，在听取各国代表发言和与他们的讨论，对我也很有启示，对我们的工作或许有所参考，主要是：

(一) 在人权问题上既要谨慎又要积极

人权问题不是洪水猛兽，不必避而不谈。由于长期以来一些国家以人权问题为武器对中国横加干涉，导致人权问题成为一个比较敏感的话题，人权研究也主要以了解国外情况配合人权领域的外交斗争为主。然而事实上，人权问题既不神秘，也不可怕，中国政府历来尊重人权，并致力于改善和促进人权，只要我们加强与国际社会的交流，完全可以在人权问题上与国际社会逐步达成更多的共识。

(二) 发展是最大的、最根本的人权

此次会议把人权和发展作为主题，反映了国际社会对人权与发展相互依存的关系认识的深入。这个问题上，大家都开始认识到：“发展既是人权的基础保证和前提，又是人权的重要方面”，同时，“人权的改善对于促进经济社会公平、可持续发展也具有重要意义”，人权与发展问题不能割裂开来。这一共识的达成，为我国在人权领域提供了强有力的理论武器，对于国际社会重新科学认识发展中国家人权状况具有指导作用。

(三) 反歧视是人权领域的主要理念

我注意到，国际社会在谈论妇女、残疾人、儿童权利时，除了他们的特殊需求和特殊权利，主要关注点集中在反歧视上，即体现机会平等、代际平等、性别平等的原则。换言之，赋予妇女、残疾人、儿童的权利并不是为了使他们优于其他群体，而是因为他们在特殊情况下处于弱势状况，本应拥有的权利受到损害，不能得到平等的对待和机会，故而必须保护他们的权利，从而使他们得到平等的待遇。在这个过程中，其他社会群体的利益并不会受到损害。这一理念，对于我们在修订《老年法》和推进老年优待工作中，或许有所启示。

(四)《国际老年人权利公约》可能是下一个重点

目前，联合国在妇女、残疾人、儿童权利方面都有公约，并且我国也参加了这些公约，但没有老年人权利公约。目前在老年人权利方面，主要是《政治宣言》和《国际行动计划》，其法律效力明显不如国际公约。我与与会代表交流这个问题时，他们认为由于各国对老年人的年龄界定、待遇等方面难以达成共识，国际老年人权利公约不可能很快制定。但不可否认，联合国肯定会在适当的时候把这个问题提出来。在这方面，中国老龄协会作为负责国际老龄事务交流方面的国家机构，应把这个问题加以重视，早作准备，以便在其中发挥积极作用，也利于我国在老年人权利领域占据较为有利的位置。

(五) 非政府组织在人权领域大有作为

据我观察，参加此次会议的代表约有 80％来自于非政府组织，可以看出非政府组织在这一领域的重要性。相比较而言，我感到我国在这方面还比较薄弱，凡事政府组织出面的比较多，非政府组织的声音比较少，这一定程度上带来两个问题：一是交流对象不对等，二是交流效率不高。政府在培育非政府组织方面，应该可以开展一些有益的探索，是一个值得重视的问题。

关于出席第五届世界老龄化与代际关系大会的情况报告

肖才伟

经批准，我应邀出席了于2009年9月3日至5日在瑞士圣加伦大学举行的第五次世界老龄化与代际关系大会。现将会议情况汇报如下：

一、大会主办组织情况

2002年，瑞士一些实业家和老龄问题学者及专家发起成立了名为“世界人口与老龄问题论坛”的非赢利性非政府组织，旨在沟通和联系世界的老龄问题专家和学者，并为老龄问题研究者搭建一个全球性、多学科和长期的交流平台。该组织自2005年开始每年召开一次国际性的老龄问题大会，今年的大会为第五次。

二、会议的基本情况

会议于2009年9月3日至5日在瑞士圣加伦市的圣加伦大学召开，来自世界20多个国家的约300名代表出席会议，但在与会者中发达国家，特别是欧洲国家学者占绝大多数。

此次会议确定的主题是：人口结构变化对政治、社会及商业带来的挑战和机遇。

会议的形式和主要内容是：大会及主旨报告、专题研讨会、“银发英雄图片展”（即高龄健康老人图片展和被选健康老人座谈会，主要是瑞士当地的健康老人）以及“老龄事业贡献奖”颁奖仪式。

本次会议的全体会议及主旨报告主要是围绕以下几个内容：一是健康老龄化问题，二是人口老龄化世纪的老年人人权问题，即目前是否应该制定新的联合国老年人权公约，三是全球经济危机背景下老年人的保障问题。

专题讨论会则分设了老年人的工作与福利问题、老年健康问题、老年市场的发展及老年人用品的开发和服务、人口老龄化与发展、老年人的生活方式与社会。

三、参会情况

我此次是组委会的特邀代表，没有发表论文，也未安排会议发言。除参加所有大会和相关的专题会议外，我特别与组委会领导进行了接触，介绍了我国人口老龄化及老龄工作情况，并达成了双方合作在中国举办相关老龄研讨会的意向。

关于出席联合国社会发展委员会第四十七届会议的报告

肖才伟

联合国社会发展委员会第四十七届会议于2009年2月4日至13日在纽约联合国总部举行。我国派出了以我常驻联合国代表团副代表刘振民大使为团长，由外交部、常驻联合国代表团、发改委、团中央、中残联和我协会人员组成的代表团与会。我作为代表团成员出席了会议。关于会议的整体情况，代表团已向国内专电报告。我主要将此次会议的涉老问题及相关情况汇报如下：

（一）老龄议题的重要文件及会议通过的老龄问题决议

根据上届社发会议的决议要求，联合国秘书长向此次会议提交了题为“进一步执行《马德里老龄问题国际行动计划》：战略执行框架”的报告。联合国秘书长提出该战略执行框架的目的在于协助成员国在执行《马德里老龄问题国际行动计划》的第二个5年期（至2012年）更好地和更有效地落实《马德里老龄问题国际行动计划》。该报告在对《马德里老龄问题国际行动计划》的第一个5年期（2002—2007年）执行情况进行评估的基础上明确未来的政策优先领域，强调国际合作，以支持各国执行《马德里老龄问题国际行动计划》。

会议经过多轮磋商和协商通过了关于"2002年《马德里老龄问题国际行动计划》第一次审查和评估"的决议。该决议强调继续有系统地审查成员国执行《马德里老龄问题国际行动计划》的情况，呼吁各成员国继续努力执行《马德里老龄问题国际行动计划》，包括制定国家战略和政策、审查本国制定有关老年人和人口老龄化政策的能力并采取适当措施增强本国制定老龄政策的能力等。决议还要求联合国秘书长就为执行《马德里老龄问题国际行动计划》设立各种机制问题征求成员国意见并向第四十八届社发会提出报告。同时要求秘书长向下一届社发会提交执行本决议的情况报告。

（二）国际社会呼吁制定"国际老年人权公约"和推动联合国设立"老年人权特别报告员"是此次会议在涉老领域出现的值得注意的新动向和情况

1. 有关国家积极推动制定"国际老年人权公约"及要求联合国设立"老龄问题特别报告员"。会议期间，阿根廷代表团在77国集团加中国的内部磋商中提出在老龄问题决议中加入"国际老年人权公约"和考虑设立"老年人权特别报告员"的内容。我代表团针对此提议，提出建议将"设立老年人权特别报告员"的条款改为"设立《马德里老龄问题国际行动计划》执行情况特别报告员"并得到77国集团认可。最后，此条款在与欧盟、美国及其他国家代表团磋商时修改为"请秘书长就可能为执行《马德里行动计划》、包括根据秘书长将向社会发展委员会第48届会议提交的报告设立各种机制的问题征求会员国的意见"。

此外，联合国拉美地区经社理事会已作出了推动制定"国际老年人权公约"的决议。

2. 非政府组织积极推动"国际老年人权公约"。在此次社发会期间，国际老龄联合会、国际助老会和国际老年学与老年医学会三个最具国际影响的非政府组织（我是该三个国际组织的成员）举行了一次题为："加强老年人权"的边会。会议组织者明确提出"大力地、系统地倡导（建立）新的维护所有老年人权益的人权机制的时机到了"。此次会议得到了巴西政府的支持。巴西常驻联合国代表团派代表与会并发言，明确表示巴西政府支持建立新的国际老年人权机制。

此外，美国退休人员协会（拥有4千万会员，是目前在美国和世界最具影响力的老年人团体）与联合国经社理事会合作召开了二场边会，其中有一场的主题是"老龄化的赋权—健康与人权"。此次边会虽然没有明确提出"国际老年人权公约"的内容，但强调老年人权问题是一个特别重要的问题。

（三）建议

1. 继续认真履行国际义务，进一步推动《马德里老龄问题国际行动计划》在我国的实施。

我国出席第二届世界老龄大会代表团与其他国家代表团于2002年在马德里共同讨论并同意通过了《马德里老龄问题国际行动计划》。2008年10月，在北京举行的第七届亚欧首脑会议发表了《可持续发展北京宣言》。《可持续发展北京宣言》强调："我们认识到人口老龄化已成为发达和发展中国家所共同面临的一个严峻挑战，强调亚欧会议成员应致力于实现《马德里国际老龄行动计划》所确定的目标和承诺以及相关地区战略。"

《马德里行动计划》及此次联合国秘书长的"进一步执行《马德里老龄问题国际行动计划》：战略执行框架"的报告是世界各国老龄问题专家在大量调查研究的基础上编写而成的，对各国制定老龄政策和开展老龄工作有一定的指导意义。

建议组织有关专家和人员对秘书长的报告及此次社发会的决议进行认真研究，在此基础上编写出我国执行《马德里行动计划》的指导性意见，并以全国老龄委的名义发成员单位和各省、自治区、直辖市参照执行。

2. 根据此次社发会决议，联合国下一步将就为执行《马德里行动计划》设立各种机制的问题征求会员国的意见。建议组织有关人员对决议进行进一步的研究并提出我国对设立各种机制问题的意见和建议，以便赢得主动地位。

3. 密切关注国际老龄领域在推动"国际老年人权公约"方面的新动向，利用我在一些主要国际老龄组织成员的优势，积极参与有关的会议与活动，及时了解和掌握有关情况。此外，组织有关力量对"国际老年人权公约"问题进行必要的研究与论证，以争取在此问题上有主动权和话语权。

目前已通过的特殊人群权利公约有《国际妇女儿童人权公约》《国际残疾人权公约》。建议与外交部、妇联、残联等部门加强联系和沟通，了解以上《公约》制定的情况，应该对我们会有帮助和参考意义。

关于赴西班牙和希腊进行工作考察的报告

应西班牙英格玛基金会和希腊50岁以上组织等邀请，2009年12月10日—19日，全国老龄办副主任吴玉韶带领考察团赴西班牙和希腊考察两国老龄工作。期间先后前往西班牙圣塞巴斯蒂安市拜访并参观了英格玛基金会及所属的老年医疗康复中心、希腊50岁以上组织、雅典市阿姬亚社区老年日间照料中心、雅典老年痴呆协会和AKTIOS私立老年康复医院等非政府组织和老年养老医疗机构，重点就机构养老和社区老年照料等问题，进行了学习考察。

此行考察时间紧凑，公务丰富，组织严密，考察认真，收获较大。通过考察，了解了西班牙、希腊两国老龄工作情况，学习了两国老龄工作一些好的经验和做法，增进了相互间的联络和友谊，也使全体团员开阔了眼界，受到了启发。

一、两国老龄工作主要特点

考察两国老龄工作有三个突出特点：一是两国总人口不太多，老龄化程度较高。西班牙和希腊均为欧洲的中小国家。西班牙属于中等发达工业国家，国内生产总值位居欧盟第五位。总人口约4600万，65岁以上老年人口约占16.6%，预计到2020年，这一比例将超过20%。希腊属于欧盟欠发达国家，总人口约1100多万，60岁以上老年人约占25%，人口老龄化程度比较高。二是政府不设专门机构，工作职能明确。从考察了解到的情况看，以上两国政府均没有设立专门的老龄工作机构，有关老龄工作都是分散在不同政府部门，如西班牙劳动社会事务部、希腊健康与社会团结部等，政府部门在老龄工作的职能作用主要体现在政府制定政策和规划、投资建设社区为老服务设施、监管养老服务市场。政府不兴办养老机构，不具体开展养老服务业。三是民间组织作用大，提供服务范围广。据考察了解，两国政府前些年也开办了一些养老服务机构，后来陆续转给社会，由教会等慈善组织和社会组织以及个人举办。大量具体工作由非政府组织和社会（民间）组织来承担。例如西班牙的英格玛基金会和希腊50岁以上组织、雅典老年痴呆协会等，这些组织有的源于教会组织，有的是个人发起，向政府和欧盟组织申报一些项目和经费，也向本国政府和当地政府提供一些研究报告和建议，争取政府的支持。还与国际和外国老龄组织建立联系，进行交流合作，发挥着各自的作用。

我国与西班牙和希腊老龄工作比较，有四点不同：(1) 政府的作用不同。两国政府的作用主要体现在完善社会保障制度建设上，具体养老服务主要依靠市场和中介组织来运作。而我国则是在社会保障水平较低，制度不尽完善的情况下开始老龄工作的，政府既要筹措资金，又要组织实施，还要进行运营监管。(2) 机制体制不同。两国政府均未设立专门的老龄工作机构，老龄工作及为老服务等工作都是依靠非政府组织和社会力量来完成，而我国从上到下，建立了老龄工作机构，综合协调推动老龄工作。(3) 资金来源不同。两国社区养老服务的资金来源主要是社会保险、医疗保险、医疗救助、个人自费以及欧盟和慈善机构捐助，还有志愿者提供的免费服务。我国主要靠政府财政和福利彩票公积金，社会资金投入较少。(4) 社会环境不同。两国社会组织，特别是慈善公益类组织较为发达，筹集渠道较多，社会力量参与老龄工作的政策环境较为宽松，而我国则相反。

二、依靠社会力量 兴办养老事业

在两国政府均未设立专门的老龄工作机构的情况下，社会（民间）组织从不同的角度做了大量老龄工作和养老服务事业。这些组织机构首要的是组织有关专家开展社会调查和理论研究，为欧盟和政府提供老龄方面研究报告和理论数据，敦促政府关注重视老龄问题。其次是组织开展培训，对有关社会人员、大专院校学生和养老医疗服务人员进行专业理论和技术培训。通过这些受训人员向社会宣传老龄化，干预、影响政府有关决策、提高全社会的老龄意识。同时，为居家和入住养老机构的痴呆、高龄老年人提供养老和医疗服务。例如2001年成立的西班牙英格玛基金会，由私人创办，属非盈利组织。根据需要先后在各地建起4个老年学研究院和1个老年康复中心（医院）。组织全球著名大学的30多位专家学者，承担并进行了联合国、欧盟及本国的健康老龄化、照料服务创新、提高服务可能性等21个研究项目和针对失能老年人的护理康复器械研发，目前正在进行“全国老年人状况调查”。还成立了咨询委员会，开展咨询顾问服务，将研究理论成果进行转化应用：一是对政府的有关计划项目，进行论证咨询服务；二是对老年人养老申请给予评估，帮助制定养老计划，以方便老年人正确选择居家或进入养老机构养老。同时，采取网上和面授等形式开展培训，培训内容包括医疗康复知识、价值观等，健康老龄化理念贯穿始终。此外，该基金会还建了近万平方米的老年康复中心，设有治疗室、康复室、教学室、活动室、休闲区等。入住的全部为失能和痴呆老年人，根据自己的经济能力和评估情况入住单人间或双人间。据观察，居住、活动空间布局合理，环境适宜，入住的老年人都比较满意。在此基础上，该会正在筹建一处花园式老年医院，以满足社会需求。从情况看，依靠社会力量，兴办养老事业，不仅整合了社会各种资源，减轻了政府的压力负担，还为家庭子女解决了实际困难。

从两国考察情况看，两国政府重视老龄工作，特别是建立了完善的养老保障制度，很好地解决老有所养、老有所医的问题，实现了人人享有养老金，而且根据消费物价指数进行调整，以保障老年人的生活，老年人看病实行全免费。但两国政府在养老事业中有所为，有所不为，在养老机构建设上，过去曾经投资建设过，后来逐渐转制或出让给社会组织，现在两国没有国家办的养老机构，对老年人老有所学、老有所教、老有所为、老有所乐的一般性生活需求，政府也不再亲力亲为，而转向鼓励和支持民间社会组织和企业来提供。这一点值得我们认真借鉴。我们认为，我国政府特别是许多地方政府在发展养老事业中职责不清，既有不到位行为，也有错位、越位行为。总体上讲，在养老保障制度建设、养老公共服务措施投入、养老服务市场监管上普遍存在着不到位的问题，而在养老机构建设特别面向普通老年人高档养老机构建设上，以及老年人教、学、为、乐等方面又普遍存在着错位和越位问题。

三、依靠社区平台　提供养老服务

两国在居家养老服务方面，本着就近、方便、及时、快捷的原则，依靠社区平台提供养老服务，收到较好效果。如雅典市阿姬亚社区老年日间照料中心是政府有关部门支持建设的，建筑面积300平方米，内设娱乐室、书画室、医疗室、健身室、厨房、手工制作间。该中心采取会员制，象征性地半年每人收3欧元会费。除医护、教师外，还配备了10名管理和服务人员，有3500位老年人经常来此和另外一中心活动。日间照料中心主要开展三项服务：一是生活服务。为本社区老年人提供家庭保洁、代购生活用品等；二是医疗保健服务。上门为老年人提供一定的保健或简单的治疗服务；三是文体娱乐服务。为老年人提供社会交流条件，集中组织宜于老年人身心健康的各种文体娱乐活动。受到社区居民和老年人的欢迎。也满足了多数老年人居家养老的需求意愿。

把老年人尽可能留在社区里养老是世界各国通用的做法，两国也不例外，在这方面共同的理念是：(1)尽可能让老年人在自己的或地方社区类似家庭的环境里养老，是最佳的养老方式；(2)提供适当的照护和支持，协助老年人得到高度的独立自主性；给老年人对自己的生活方式及所需服务以较大决定权；(3)政府扶持和鼓励各种力量大力发展社区养老服务业，在资金、场地、费税等方面给予优惠。

我国也把居家养老作为基本的养老方式，着力推进居家养老服务业的发展。这几年来，我国居家养老服务业发展较快，但制约因素依然较多，某些方面影响了居家养老服务业的健康发展，为解决这些问题。由此建议：(1)在应对国际金融危机、扩大内需的新形势下，应当把发展养老服务业作为应对人口老龄化、增加经济增长点、扩大就业的战略举措列入国家经济社会发展规划和国家“十二五”规划；(2)加大对养老服务业特别是基本养老服务设施，如社区居家养老服务中心、老年活动中心等的投入力度；(3)出台对社会力量兴办养老服务业的扶持政策，在贷款、用地、税收、用水、用电等方面给予优惠；(4)建立养老服务业评估、准入、监管、自律制度，促进养老服务业健康、有序发展。

四、利用各种资源　发展机构养老

两国在社区居家养老服务的基础上，还采取有效措施，致力于机构养老建设，并取得成功经验。主要做法：一是利用各种社会养老资源。包括非政府组织、社会组织、慈善机构、教会和企业及个人，积极参与养老服务机构建设，并注重打造示范品牌。考察发现，两国的许多养老服务机构都是利用基金会、教会、慈善组织资源举办的，如西班牙英格玛基金会创办的4个老年学研究院和1个老年康复中心，并利用这些机构，开展老年学研究和养老服务工作；二是利用社会（民间）资本，投资养老服务机构建设。两国养老服务机构建设发展资金来源渠道少量来自政府和欧盟组织支持及收取有偿服务费用，很大一部分是靠企业、慈善组织和个人投资入股及捐赠，考察参观的几个养老服务机构都属于这种情况；三是吸收国内外知名专家学者，参与养老医疗康复研究和专业技术指导、培训。如雅典老年痴呆协会，就是2002年由痴呆专科医生、专家、学者发起成立的非政府、非盈利性老年机构；四是整合建设资源。利用学校、医院、教堂等一些闲置建筑，改扩建成为养老服务机构。例如AKTIOS私立老年康复医院，就是2007年由牧师投资建设的孤儿院改建的，面积为 2600 多平方米，现收住 96 人，75％为痴呆老人。该院优雅温馨的居住环境、科学规范的管理模式、人性化的服务理念以及先进的专业护理康复措施等都成为示范样板，并有许多成功经验和先进技术可供学习借鉴。

联系我国机构养老现状和机构养老需求情况，不容乐观。据有关主管部门调查统计，目前，全国各类养老机构床位只有 234.5 多万张，床位拥有率只有 1.4％。其中登记注册的民办养老服务机构只有 4100 多家，床位仅 41 万多张，所以，满足养老需求的床位缺口较大，任务艰巨而紧迫。为此，一要认真学习借鉴外国经验，转变观念，改变重“公”轻“民”的思想，采取有效措施，大力鼓励发展民办养老服务机构，以解决日益剧增的机构养老需求；二要研究创新民办养老服务机构管理机制。严格准入，规范管理，加强监管，使其健康发展；三要积极寻求技术合作交流，引进外国养老的科学理念和先进技术，组织开展跨国培训，以培养急需的养老服务专业人才，提高养老服务质量和水平。

全国老龄办赴西班牙、希腊考察团：
团长：吴玉韶（全国老龄办副主任）
团员：高弘倩（国家机关党工委老龄办副主任）
魏　强（全国老龄办事业发展部副主任）
肖宏燕（全国老龄办国际部项目处副处长）
2009 年 12 月

关于在印度召开的“国际高龄老年人研讨会”介绍

王海涛

2009 年 2 月 9 日—11 日在印度喀拉拉邦首府特里凡得琅举行了“国际高龄老年人研讨会”。此次研讨会主要是围绕高龄老年人虐待问题。此次会议有特里凡得琅老年研究中心组织，来自超过 10 个国家将近 100 位代表参加了此次高龄老年人研讨会。会议收到了关于高龄老年人经济状况、社会保障、健康照料、虐待、以及女性高龄老年人等 60 多篇论文，中国老龄科学研究中心研究人员应邀参加了此次会议。

此次会议召开，是特里凡得琅老年研究中心基于 2004 年 11 月组织的全国老年人虐待论坛的研究成果而组织的又一次国际高龄老年人虐待研讨会。2004 年的研讨会发现，老年人虐待在不断增加，特别是高龄老年人受到虐待的程度和频度都比其他年龄段老年人更严重、更普遍。这里所指的虐待，主要包括以下几种形式：忽视、生理和心理痛苦、孤独、惨遭遗弃等。由于高龄老年人的弱势地位，无力进行反抗和合理的诉求，以致使得老年虐待被家庭的四面墙壁所包围，与外界隔绝，相关报道较少，不为人所知。因此，也就没有为预防和减轻老年人虐待而采取过什么重要措施。即使高龄老年人相对不受虐待，他们也要承受各种困苦，然而这种状况并没有引起有关权威部门的足够重视。老龄政策制定者更倾向于把高龄老年人和其他老年人看作一个整体，为他们制定一揽子计划，这无助于高龄老年人虐待问题的解决。因此，此次论坛就是为了强调高龄老年虐待的重要性，以引起有关部门重视，并警示他们采取紧急措施，使高龄老年人获得最起码的生活必须。

本次会议为期 3 天，2009 年 2 月 9 日的议题主要是高龄老年人的健康状况和健康管理，包括高龄老年人营养状况、阿育吠陀（Ayurvedic）视角的高龄老年人对待方法，高龄老年人的认知障碍、高龄老年人的疾病模式和寻求健康行为等，以及关于中国、印度尼西亚、不丹、柬埔寨、马来西亚、埃及、博茨瓦纳、阿尔巴尼亚、印度等国别高龄老年人的报告。其中，来自孟买的 Narendra Bhatt 博士的阿育吠陀视角的高龄老年人演讲引人入胜，认为人类应该与自然和谐共存，健康就等于和谐融洽，造成人们生病的原因是由于体内三大生命能量（称为“doshas”）失去平衡造成的。人体中的三大能量分别是瓦塔（Vata）、皮塔（Pitta）和卡法（Kapha）。从阿育吠陀视角来看，自然界和人体由以乙醚、空气、火、水、土五种元素构成。人体内的三大能量也是由这五种元素构成：以乙醚和空气结合形成瓦塔（Vata），火和水结合形成皮塔（Pitta），水和土结合形成卡法（Kapha）；一旦这三大生命能量太多或是不足够都会使得人们生病。阿育吠陀认为，身体的不平衡是由于不适当的饮食习惯和不正确的生活方式，以及外伤、病毒等因素引起的。在这些因素中，有些因素是自己无法控制的，但是，生活方式和饮食却是自己可以控制的。阿育吠陀强调改变生活模式和饮食习惯，以及使用草药或按摩的方式来实现三大生命能量的平衡以获得健康。阿育吠陀视角在根本思想上与中医的强调“五行阴阳调和”的思想具有很大的相似，都非常重视“和谐”的理念。

2009年2月10日的议题主要是人口老龄化的社会动态学，包括高龄老年人老龄化的社会人口学视角研究，高龄老年人的家庭供养状况。主要的发言者包括，印度喀拉拉邦助老会主任 Aliamma Thampy 教授，发表了人性角度的80岁及以上高龄老年人护理研究。他指出，全球老年人以每个月100万的速度迅速增长。到2010年，印度将有800万80岁及以上的老年人，百岁老年人将超过20万。配偶、儿子、女儿、儿媳、孙子以及其他亲属承担着主要的照料义务，使用付费服务的老年人很少。高龄老年人应该享受具有尊严的生活，具有获得爱和照料的权利。他认为，代际和谐有助于加强和改善印度老年人的生活质量。中国老龄科学研究中心代表，根据2006年“中国城乡老年人口状况追踪调查”和2000年“中国城乡老年人口状况一次性抽样调查”两次跟踪调查数据，对中国高龄女性老年人口的经济、健康和照料、家庭、精神文化生活以及权益保障等方面进行全面分析，阐述了中国高龄女性老年人口的生活现状，以及高龄女性老年人口面临的问题，并对形成这些问题的原因进行了相关探讨。此外，博茨瓦纳的 K. O. MOGOTSI 教授对博茨瓦纳老年人的需求和照料状况进行了介绍；印度尼西亚社会事务部官员介绍了印度尼西亚老年人社会服务状况；柬埔寨国家人口与发展委员会官员 Noev Sopheaktra 介绍了柬埔寨的人口老龄化状况。2月11日的会议只有半天，主要是对前两天会议所取得成果的总结。

此次研讨会，尽管会议日程安排紧凑，发言的代表众多，但参会代表尽可能地利用一切可以利用的时间广泛交流各个国家和地区在高龄老年人虐待方面所面临的问题，并达成广泛共识，在此次研讨会后，彼此将进一步加强沟通和交流，对感兴趣的议题深入开展国际协作，以引起政策制定者的足够重视，改善高龄老年人的生存现状，为使其获得有尊严的老年生活而继续努力。

关于大陆老年教育工作者代表团赴台交流情况的报告

2009年6月27日，大陆老年教育工作者代表团赴台开展交流活动。代表团由北京、上海、广东、福建、浙江等地20所老年大学35人（1人因病未同行），并老龄办2人，共37人组成。期间参加了“2009两岸老人教育理念与实务论谈会”，访问了台北县汐止市北峰国小的乐龄学习资源中心、宜兰县南阳义学总部、高雄市长青学苑等老年教育教学点等。7月6日返回大陆。在台期间，全体团员准备充分，积极交流，遵守纪律，团结互助，圆满完成交流任务。

一、论坛概况

“2009两岸老人教育理念与实务论谈会”是由中国台湾南阳义学主办、邀请两岸学者及老年教育工作者参加的研讨交流会。论谈会由中国台湾南阳义学创始人林献忠校长主持。台湾方面“教育部社会教育司”和宜兰县政府教育官员、有关高校教授及中国台湾各地老年教育工作者80多人参会交流。在宜兰大学教授楼讲学厅两天的论谈会中，中国台湾学者5人作了专题演讲，大陆代表团6人作了大会发言，其中中国台湾“教育部专委”杨修安博士所作的《台湾推动高龄教育的策略，挑战与展望》和大陆代表团王友农副教授所作的《办学理念与“无压力教学”争鸣》、广东老干部大学副校长钟铨《健康快乐一老年教育的核心理念》引起与会者的关注。两岸发言大部分都使用了多媒体投影，特别是台湾学者的投影课件图文并茂，更具直观性。由于两岸参会者同民族、同文化、同语言、同工作，因此大会交流效果非常好。会议还安排了两岸学者对话及提问交流，而对话交谈更是亲切融洽，笑语不断。会议期间，主办方安排了会前、会间多次小而精的老年人文艺表演，安排了文献资料展读和手工编织示范、乐器演奏等活动，既展示了南阳义学等老年大学的教学成果，又活跃了会场气氛。

这次两岸老人教育理念与实务论谈会大大增进了

两岸老年教育领域的相互了解。大家一致认为两岸老年教育通过交流相互借鉴非常必要。

论坛中，代表团希望下一届论坛在大陆某个地方举办。

二、论坛交流要点与启示

通过此次交流，我们感到两岸老年教育的观察点主要有以下几个方面：

第一，老年教育的起源。大陆老年大学的兴起，主要是源于一些离休老领导退出工作岗位后，为满足他们学知识、学技艺的愿望，丰富他们的晚年生活，并受国际第三年龄教育思潮影响而提出办学又得到各级党委和政府支持；中国台湾老年教育的兴起则是受佛教文化影响、民间自发创办义学而逐渐推广，其后官方予以政策支持，逐渐形成气候。

第二，老年教育的理念。论谈会上大陆学者介绍了大陆目前公认或流行的人本教育、自主教育、全纳教育、完善教育、休闲教育、积极老年教育、无压力教育、生命教育、20字办学宗旨、健康快乐教育目标等理念，虽然这些理念的阐发和理解各有不同，但它们有一共同点就是侧重理性思辨，抽象性强；台湾学者介绍他们的办学理念主要有："教育部专委"提出的"终身学习、健康快乐、自主尊严、社会参与"、南洋义学提出的"学喘气、学作伴"、长青学苑提出的"陶冶身心、充实生活"、北峰乐龄学习资源中心提出的"以爱会友"、基隆市中山区乐龄学习资源中心提出的"环保心、银发情、乐活欢喜迎"等，与我们宁波老年大学的"走进校园就年轻"异曲同工。从字面释义和交流中可知，台湾老年教育理念与大陆意同表异，台湾的表述比较具体，通俗易记。

第三，老年教育办学体制。大陆目前办学体制有多样性，但有一个鲜明的特色，就是以官办为主。而台湾老年教育办学呈多元化，但民间办学是主流，植根于佛教文化和慈善信念的义工、志工成为办学主体。南阳义学在台影响最大，其创始人林献忠原为国民小学教师，7年前有感于老年人福祉需要教育来衬托，毅然提前退休而办学，逐步得到官方支持和社会赞助，越办越红火。

第四，老年教育的内涵。走访台湾几间老年大学看他们的教学课程设置，可发现其课程与大陆老年大学兴起的前十多年相似，娱乐类、健身类占主流而辅以少量外语类课程。"教育部专委"杨修安博士对此坦承，台湾老人教育"内涵创新不足，规划上仍脱离不了传统的观念'老人学习＝娱乐'，而习以卡拉OK、跳舞等为主。老人学习内涵如何创新？成为各单位推动老人教育的挑战"。而在大陆学者同行们看来不可思议的"命理学"（八卦算命、看风水）课程，在台湾两所最大的老年大学里颇受校方和大量学员喜欢而成为热门专业。相比较下，大陆老年大学课程设置普遍趋于追求规范化和现代化，日益向益智型与健康型融合发展，钢琴、电脑、网络、摄影、影像处理，甚至动漫设计等科技含量较高的课程大量出现。

第五，老年教育的理论研究。大陆学者介绍了中国老年大学协会老年教育学术委员会近年来的几个研究课题、几次研讨会和大陆目前主要的几个老年教育学术刊物，这让台湾的同行们很感兴趣。台湾老年大学管理人员和教师一般都不作理论研究，没有学术刊物，而不少高等院校却设有老年服务系或开有老年教育专业，一批留洋回台的年轻博士、助理教授都以各老年大学实践为案例作学术研究，这种学院式探讨有较深刻的理论意义，也有不少观点创新。

第六，老年教育扩大覆盖面。大陆教育部"十一五"规划明确提出"办好老年大学，扩大覆盖面"，老年教育正在迅速地向广大农村和城市社区延伸，远程教育也日益兴起，老年教育面临空前的发展机遇。台湾2002年公布《终身学习法》，2006年颁布《迈向高龄社会老人教育政策白皮书》。"教育部"为强化社区老人教育，逐年大幅提高经费预算，2009年4月统计，全台湾老人年平均每人享有教育经费41.3元台币。"教育部"还提出"连结与整合在地化资源"，今年内完成设置234所乡镇市区乐龄学习资源中心，培植在地种子人才、扶植小区志工组织，深耕各小区老人教育工作；责成各县市政府成立老人教育督导小组，公开招标补助大学执行"老人短期寄宿学习计划"。可见，台湾老年教育正在纳入整个国民教育体系。各级教育部门推动老年教育的全面发展主要措施有：(1) 利用高等学校办老人短期培训；(2) 利用招生萎缩的国民小学、社区社团等现有资源整合办"乐龄学习资源中心"；(3) 鼓励民间多元办学，培训办学主力志工队伍等。非常值得我们关注的是，台湾官方推动老年教育扩展的重要方法之一，就是投入教育经费采取向社会招标的方法来确定流向和对象，事实上形成政府购买公共教育服务再分给老年人享用的格局。

两岸与会者一致认为：两岸老人教育的进一步交流应持续下去，以此增进双方的了解，增进双方的友谊，推动两岸老年教育事业共同发展，造福于两岸老人。大陆代表团王友农副教授还与台湾南阳义学林献忠校长商定，两人将合作研究《两岸老年教育异同与借鉴》课题。

三、其他交流活动

大陆代表团应邀访问了台北县汐止市北峰国小的乐龄学习资源中心、宜兰县南阳义学总部、高雄市长青学苑等老年教育教学点，分别与各校的管理者、教师及志工座谈交流，交换了资料。

大陆老年教育工作者代表团还进行了环岛参访，处处感受到台湾各地群众的礼貌好客，感受到会议主办者的热情安排。大陆代表团中，北京清华、福建福州、厦门、莆田、泉州市等老年大学与台湾南阳义学原来已有交往，这次老朋友再见格外亲切，他们分别互赠纪念品，相约组织学员互访。

此次交流活动得益于海协会的精心安排和大力支持，是拓展两岸文化交流重要步骤，也将为日后加强两岸老年教育的交流互动产生积极作用。

大陆老年教育工作者代表团

2009 年 7 月 22 日

第八部分

大事记

2009 年全国老龄工作大事记

一月

▲ 5 日，常务副主任陈传书出席“2009 中国老龄国情与服务产业发展论坛”开幕式并讲话。

▲ 6 日，副主任阎青春出席“2009 中国老龄国情与服务产业发展论坛”闭幕式并讲话。

▲ 10 日，副主任吴玉韶赴云南省出席“云南省老龄工作暨第二轮创建活动表彰会议”并讲话。

▲ 15 日，全国老龄办召开了 2008 年度总结表彰大会。全国老龄办党委书记、常务副主任陈传书在会上作了重要讲话。副主任曹炳良、阎青春、吴玉韶参加了会议，巡视员袁新立主持会议。

▲ 20 日，常务副主任陈传书，副主任曹炳良、阎青春、吴玉韶，巡视员袁新立出席了全国老龄办“迎新春”团拜会。

▲ 20 日至 22 日，常务副主任陈传书，副主任曹炳良、阎青春、吴玉韶，巡视员袁新立分别带队走访慰问了原老龄办的老领导王照华、张文范、李宝库、李本公、郭锡权、王传斌、魏恒仓、周士贤、曲琪玉、张亚群、邢雁、于国厚、唐武全、张志鑫、赵宝华、白桦，以及已故老领导的遗孀等。

二月

▲ 1 日，全国老龄办印发《关于召开 2009 年全国老龄办主任会议的通知》。

▲ 5 日，全国老龄工作委员会第十一次全体会议在北京召开，中共中央政治局委员、国务院副总理、全国老龄工作委员会主任回良玉主持会议并讲话。民政部部长、全国老龄办主任李学举在会上作了工作报告。常务副主任陈传书，副主任曹炳良、阎青春、吴玉韶，巡视员袁新立参加了会议。

▲ 6 日，全国老龄办主任会议在北京召开。会议传达了全国老龄工作委员会主任、国务院副总理回良玉在第十一次全体会议上的重要讲话和全国老龄工作委员会副主任、民政部部长李学举的工作报告。全国老龄工作委员会办公室陈传书常务副主任就 2008 年的工作进行了全面的回顾总结，部署安排了 2009 年的工作。天津、浙江、吉林、北京、云南、黑龙江、甘肃、山西 8 个省市分别就农村基层老龄工作、养老保障体系建设、为老服务工作、城乡一体化等方面介绍了经验。副主任曹炳良作了总结讲话。副主任阎青春、吴玉韶和巡视员袁新立出席了会议。

▲ 10 日，副主任阎青春参加民政部扩大内需领导小组会议，研究基本养老服务建设问题。同日，全国老龄委印发《关于印发〈回良玉副总理在全国老龄工作委员会第十一次全体会议上的讲话〉和李学举同志工作报告的通知》。同日，全国老龄办印发《关于印发〈陈传书同志在 2009 年全国老龄办主任会议上的讲话〉的通知》。

▲ 11 日，副主任曹炳良参加民政部学习“胡锦涛中纪委十七届三次会议讲话精神”辅导报告大会。同日，副主任吴玉韶出席全国老龄办 2009 年工会共青团妇工委工作会议并讲话。同日，全国老龄办印发《关于印发〈全国老龄工作委员会办公室 2009 年工作要点〉的通知》。

▲ 12 日，副主任阎青春参观天目虹枫养老院，并就中国老龄宣传网的设计制作进行座谈。

▲ 13 日，副主任阎青春参加民政部养老投资项目研究会议。

▲ 23 日，副主任阎青春同大连慈善总会商谈有关老年公寓建设问题。

▲ 25 日，副主任曹炳良、巡视员袁新立会见了澳大利亚 & 新西兰老年大学理事会理事 Clifford Picton 和首席执行官 Denis Simond，并签署了华龄国际培训交流中心与澳大利亚 & 新西兰老年大学的合作协议。

同日，副主任阎青春同全国老年福数字电视频道商谈老龄宣传事宜。

▲ 26 日，常务副主任陈传书、副主任曹炳良、吴玉韶、阎青春和巡视员袁新立参加民政部“深入学习实践科学发展观”总结大会。

三月

▲ 3 日，副主任阎青春听取南京市宣武区老龄工作汇报，并商谈老年宜居社区建设问题。

同日，副主任阎青春参加中国残联等 14 部委举办的“爱耳日”活动。

▲ 5 日，副主任阎青春与中国老龄宣传网协商

有关宣传工作事宜。

▲6日至7日，副主任阎青春参加天津鹤童老年福利协会发展规划国际研讨会。

▲10日，副主任曹炳良听取中国老龄科研中心领导班子工作情况汇报，并在全体职工大会上就科研中心建设问题讲话。

同日，副主任阎青春听取甘肃省民政厅汇报老龄工作。

▲11日，副主任阎青春同中央电视台“夕阳红”栏目商谈举办“歌唱祖国”老年歌会事宜。

同日，副主任阎青春参加建国60周年老龄工作成就展布置工作招标会，共有6家广告公司投标。

▲12日，全国老龄办印发《关于全国老龄工作委员会办公室机构设置及职责的通知》。

▲17日，全国老龄办印发《关于召开全国老龄统计和信息工作座谈会的通知》。

▲18日，常务副主任陈传书出席天津市纪念和平区社区志愿服务活动二十周年大会并讲话。会后，参观了天津市津南区颐养院。

同日，副主任阎青春同两家广告公司研究建国60周年老龄工作成就展布置工作。

同日，副主任阎青春参加民政部扩大内需建设基本养老服务体系试点方案研讨会。

▲19日，副主任吴玉韶会见了联合国人口基金驻华代表薄纳德博士。

同日，全国老龄办印发《关于征集2009年重阳节“红叶风采”文艺晚会节目的通知》。

▲21日，副主任阎青春同中国老龄事业发展基金会、上海清河源养老公寓商谈召开养老机构高层论坛事宜。

▲23日，全国老龄办印发《关于印发编辑印制全国老龄工作委员会系统通讯录（2009新版）的通知》。

▲25日，副主任阎青春出席天津、内蒙古、新疆、甘肃四地“银龄行动”座谈会。

▲27日，常务副主任陈传书赴海南省海口市出席2009年中国老年人体育工作会议并致辞。

同日，常务副主任陈传书出席海南慈善总会成立晚会。

▲28日，常务副主任陈传书对海口市基层老龄工作情况和民办养老服务机构的现状及发展进行调研考察。

同日，副主任阎青春参观北京市昌平区香堂养老院。

▲30日，副主任阎青春听取江苏省海门市汇报养老基地建设事宜。

同日，副主任吴玉韶赴重庆出席全国老龄统计和信息工作座谈会并讲话。

▲31日，副主任阎青春同中宣部文明办洽谈“老年志愿活动”开展事宜。

四月

▲3日，常务副主任陈传书、副主任吴玉韶赴西安出席由欧盟资助的“促进老年人参与中国农村发展”项目启动仪式。

同日，常务副主任陈传书接受了英国《经济学家》周刊记者芭芭拉·贝克女士的采访。

同日，副主任曹炳良主持召开“应对人口老龄化战略研究”专家座谈会。

同日，副主任吴玉韶出席欧盟资助的“促进老年人参与中国农村发展”项目第一次顾问委员会会议。

▲7日至9日，副主任阎青春赴云南省昆明市参加全国老年学前沿理论与实践高层论坛。会后考察了红河自治州老龄工作。

▲8日至9日，常务副主任陈传书、副主任吴玉韶赴陕西省宝鸡市调研老龄工作。

▲10日，副主任曹炳良参加民政部关于副部级后备干部调整中严明纪律传达会。

▲10日至11日，副主任吴玉韶考察陕西省延安市老龄工作。

▲11日至12日，副主任阎青春赴吉林省长春市参加吉林省第二届中老年用品博览会。

▲13日，副主任曹炳良赴上海出席第三届海峡两岸福祉研讨会，并调研上海市老龄工作。

▲16日，副主任阎青春参加中宣部、中央文明办等7部门举行的“迎国庆、讲文明、树新风”志愿活动视频会议，并代表全国老龄办讲话。

同日，全国老龄办印发《关于报送〈中国老龄工作年鉴（2008）〉内容的通知》。

▲17日，副主任阎青春同国家体育总局商讨举办首届老年人健身大会事宜。

同日，副主任吴玉韶走访国家税务总局，重点就老龄产业发展问题进行了座谈。

▲18日至19日，副主任阎青春参加中国老龄事业发展基金会、中国老龄科研中心和河南省民政厅举办的“创新养老方式”研讨会暨全国互动养老方式启动大会并讲话。

▲22日，副主任吴玉韶出席了美国国际战略研究中心及保德信保险公司在京举办的《中国养老金制度改革的长征》一书发行仪式及午餐会。

▲ 22 日至 23 日，副主任阎青春赴山东省烟台市参加财政部举办的老龄工作研讨班并授课。

▲ 23 日，副主任曹炳良出席北京市老龄协会举办的以“喜迎建国六十周年——我和我的祖国”为主题的北京市第四届老年合唱节大赛颁奖音乐会。

同日，副主任吴玉韶走访人力资源和社会保障部并座谈，共同商讨做好老龄工作。

同日，副主任吴玉韶会见了来访的联合国提高妇女地位司司长卡罗琳·汉南（Carolyn Hannan）及联合国消除对妇女歧视委员会委员费尔多斯·阿拉·贝古姆（Ferdous Ara Begum）。

▲ 24 日，副主任吴玉韶走访中央国家机关工委并座谈老龄工作。

同日，全国老龄办印发《关于印发〈全国老龄办机关部门印章管理规定〉的通知》。

▲ 27 日至 28 日，常务副主任陈传书，副主任曹炳良、阎青春、吴玉韶，巡视员袁新立出席民政部机关第七次党代会。

▲ 29 日，副主任阎青春参加人力资源和社会保障部举办的老龄工作培训班并授课。

同日，全国老龄办印发《关于广泛开展庆祝建国六十周年爱国主义教育和老年文化体育系列活动的通知》。

同日，全国老龄办印发《关于深入开展全国老龄工作先进单位和先进个人评选表彰活动的补充通知》。

▲ 30 日，常务副主任陈传书，副主任曹炳良、阎青春、吴玉韶，巡视员袁新立出席了全国老龄办团员大会。常务副主任陈传书作了重要讲话。

五月

▲ 5 日，副主任曹炳良主持召开由相关业务部门负责人参加的“中国老龄事业发展‘十二五’规划”起草工作布置会。

同日，全国老龄办印发《关于成立全国老龄工作委员会办公室信访工作领导小组的通知》

▲ 6 日，常务副主任陈传书与国家应对人口老龄化战略课题组研究有关方面问题。

同日，副主任曹炳良参加民政部传达“国务院关于防治甲型 H1N1 流感会议精神”的会议。

▲ 6 日至 10 日，副主任阎青春赴上海就落实全国省级老龄办主任会议精神和推动居家养老服务、老年宜居社区工作进行调研。

▲ 7 日，常务副主任陈传书，副主任曹炳良、阎青春、吴玉韶，巡视员袁新立参加民政部规划财务司召开的养老服务体系建设规划思路试点示范设施建设座谈会。

同日，副主任吴玉韶走访国家统计局，重点就老龄统计工作制度化建设问题进行了座谈。

同日，巡视员袁新立参加全国老龄办机关离休干部座谈会。

▲ 8 日，副主任吴玉韶走访中直机关工委，重点就加强与工委在老龄工作方面的协调联络事宜进行了座谈。

▲ 10 至 14 日，副主任阎青春赴江苏就居家养老服务工作、创建老年人宜居社区和老年友好型城市的建设试点工作进行专题调研。

▲ 11 日，副主任曹炳良同全国政协人口资源环境委员会办公室程宝荣主任座谈有关老龄问题。

同日，全国老龄办印发《关于组织开展“迎国庆　讲文明　树新风”老年志愿活动的通知》。

▲ 13 日，副主任吴玉韶出席“关爱老干部健康饮食大型公益活动启动仪式”并讲话。

▲ 14 日，副主任吴玉韶走访住房和城乡建设部，重点就老年宜居社区建设、老年服务设施规范建设等问题进行了座谈。

▲ 15 日，副主任吴玉韶走访公安部，重点就老年维权、全国老龄办如何更好地为成员单位服务等问题进行了座谈。

▲ 18 日，副主任吴玉韶就我国人口老龄化现状和发展趋势、老年人口比重的提高对我国经济社会发展带来的现实压力，以及我国养老问题的根本出路等问题，接受了新华社记者的专访。

▲ 18 日至 27 日，副主任阎青春率团出访英国、瑞士，出席了以“应对老龄化对经济社会发展带来的压力”为主题的中英老龄化论坛。在英国期间，拜访了英国卫生部和国际助老会，会见了谢菲尔德大学的 Alan Walker 教授；在瑞士期间，会见了世界卫生组织老龄化和生命历程司司长 John Bread，参观了当地养老护理机构以及社区。

▲ 27 日，常务副主任陈传书会见国务院参事刘坚一行。

六月

▲ 1 日，常务副主任陈传书、副主任吴玉韶出席全国老龄办“小金库”清理工作动员会并讲话。

▲ 3 日，副主任阎青春赴北京市大兴区考察养老护理机构建设情况。

▲ 8 日，副主任阎青春出席在北京市友谊宾馆举行的中国老年学学会助老公益事业研究工作委员会成立仪式。

▲ 8日至9日，常务副主任陈传书赴河北省沧州市调研农村养老保障工作。

▲ 9日至11日，副主任阎青春赴黑龙江省齐齐哈尔市出席孝亲敬老城启动仪式，并考察该市民营养老院发展情况。

▲ 11日至14日，常务副主任陈传书赴甘肃省参加兰州投资洽谈会，并调研武威市老龄工作。

▲ 12日，副主任吴玉韶就我国人口老龄化现状和发展趋势、老年人口如何积极地选择适合自身的养老方式等问题，接受了北京电视台记者的专访。

▲ 13日，副主任阎青春赴河北省石家庄市出席由中国老龄事业发展基金会举办的孝亲敬老活动，并考察该市桥西区和正定县民办养老机构情况。

▲ 18日，常务副主任陈传书赴安徽省黄山市参加第十三届中华不老城开幕式。会后听取了安徽省部分地区农村养老保障工作情况。

同日，副主任阎青春出席民政部基本养老服务体系建设标准启动会并讲话。

▲ 19日至25日，副主任吴玉韶赴黑龙江垦区宝泉岭分局、红兴隆分局调研老龄工作。调研后赴哈尔滨市出席黑龙江省老龄干部培训班并授课。

▲ 21日至25日，副主任阎青春赴吉林省延边朝鲜族自治州珲春市出席吉林省农村居家养老服务大院工作现场会并讲话。会后赴吉林市专题调研养老服务协会行业管理的做法与经验。

▲ 22日，巡视员袁新立会见了美国驻华使馆商务领事卓如诗（中文名）女士一行三人，就中美两国如何在老龄产业领域方面加强合作进行了协商。

▲ 23日，巡视员袁新立出席广西电视台与《人民日报社》《健康时报》联合主办的“共和国之恋”——2009《金色舞台》（北京）竞唱会并致辞。

▲ 26日，副主任阎青春赴上海市出席“中美心脏病合作工程暨老年冠心病合作项目”启动仪式。

▲ 30日，常务副主任陈传书、副主任阎青春出席全国老龄办《全国老年人宜居社区创建指南》座谈会并讲话。

七月

▲ 1日，常务副主任陈传书，副主任曹炳良、阎青春、吴玉韶，巡视员袁新立出席民政部召开的纪念中国共产党成立八十八周年大会。

▲ 3日，全国老龄办印发《关于开展〈中国老龄事业发展“十一五”规划〉检查的通知》。

▲ 4日至5日，常务副主任陈传书出席民政部年中分析会和全国民政科学技术、技能人才大会。

同日，副主任阎青春就我国城市和农村空巢老人生活状况、老年人空巢现象出现的成因、国家在帮助空巢老人生活采取了哪些重要举措等问题，接受了《中国劳动保障报》记者的专访。

同日，副主任阎青春出席2009年“尊老助老和谐中国”联合报道新闻发布会。

▲ 9日，副主任阎青春出席第一届全国老年人体育健身大会新闻发布会。

▲ 10日到11日，全国老龄办在京郊密云召开2009年年中工作分析会。全国老龄办常务副主任陈传书主持会议，副主任曹炳良、阎青春、吴玉韶，巡视员袁新立参加会议并分别讲话。参加会议的还有全国老龄办机关各部室、直属事业单位的负责同志。机关各部门和直属单位的负责同志分别汇报了本单位上半年工作情况，对工作中存在的问题进行了分析，同时提出下半年工作思路和工作布署。陈传书同志针对整体工作情况进行了分析和总结，并组织大家重新学习“全国老龄工作委员会主要职责”，从而统一思想，进一步明确自身职责和自身定位，增强做好老龄工作的责任感和紧迫感。

▲ 11日至12日，副主任吴玉韶出席全国公安机关离退休干部工作会议。

▲ 14日，常务副主任陈传书赴国务院办公厅向张勇副秘书长汇报《国家应归人口老龄化战略研究》课题筹备情况。

▲ 17日，常务副主任陈传书研究《国家应归人口老龄化战略研究》课题修改工作。

▲ 20日，全国老龄办印发《关于召开“银龄行动”工作座谈会的通知》。

▲ 28日，副主任曹炳良、吴玉韶，巡视员袁新立出席全国老龄办出国（境）团组汇报交流会。

▲ 29日，副主任阎青春出席2009年全国“银龄行动”工作会议。

▲ 30日，全国老龄办印发《关于召开2009年全国老龄工作业务研讨会的通知》。

八月

▲ 1日至2日，副主任阎青春赴山东省济南市出席山东老龄工作干部培训班并授课。

▲ 6日，副主任阎青春赴内蒙古呼和浩特市出席全国老年心理关爱研讨会。

▲ 8日，常务副主任陈传书出席在北京国家奥林匹克中心举办首届“全民健身科学大会”。同日，常务副主任陈传书赴河南省郑州市出席第一届全国老年人体育健身大会开幕式。

▲9日，常务副主任陈传书、副主任阎青春赴河南省焦作市修武县，就新农合及老龄工作进行调研。

▲10日，常务副主任陈传书、副主任阎青春在河南省郑州市召开了由部分省辖市老龄办主任、郑州市民政局老龄工作干部、部分养老服务机构负责人参加的老龄工作座谈会。同日，副主任曹炳良赴吉林省吉林市出席全国“农村空巢老年人帮扶服务试点项目”实施座谈会。

▲14日，副主任阎青春出席第五届中国老年学学科建设研讨会并发言。

▲14日至15日，副主任吴玉韶赴贵州省贵阳市出席联合国援华第七周期老龄课题研讨会。

▲25日至27日，副主任阎青春、巡视员袁新立赴云南省昆明市出席全国老龄工作业务研讨会。

▲26日，全国老龄办印发《关于举办全国老龄工作委员会成员单位老龄工作研讨班的通知》。

▲27日，常务副主任陈传书、副主任曹炳良会见了国际助老会执行主席理查德、国际助老会亚太地区中心主任爱德华多和地区项目经理彼得一行，并与外宾进行了亲切而友好的会谈。双方介绍了各自组织的工作重点，并对未来的重点合作战略和方向交换了意见。

▲26日至28日，副主任吴玉韶赴吉林省长春市出席“吉林省庆祝第十一个老人节暨‘夕阳欢歌颂祖国’大型歌会”和全国18城市老年大学工作研讨会。

九月

▲1日至7日，巡视员袁新立率团赴英国出席国际第三年龄大学协会理事会，并在会上介绍了中国老龄教育、老年人文化交流的情况。

▲2日，副主任阎青春就我国人口老龄化现状和发展趋势、国家在满足老年人的精神文化需求采取了哪些重要举措、互联网对老年人生活的影响以及如何倡导老年人上网等问题，接受了央视网记者的专访。

▲6日，常务副主任陈传书出席第四届“全国十大社会公益之星”表彰颁奖活动。

▲7日，常务副主任陈传书参加人口和计划生育工作座谈会。

▲9日，常务副主任陈传书陪同回良玉副总理参观中国国际福祉博览会。

▲10日至11日，全国老龄工作委员会成员单位工作研讨班在北京举行。全国老龄委成员单位的联络员、信息员，中央有关部门相关负责人以及全国老龄办各部门主任等50余人参加了研讨班。全国老龄办常务副主任陈传书、副主任曹炳良、阎青春、吴玉韶，巡视员袁新立出席了研讨班。

▲11日，常务副主任陈传书出席学习宣传贯彻《全民健身条例》座谈会并发言。

▲14日，常务副主任陈传书出席全国民政系统庆祝新中国成立六十周年书法绘画摄影展开幕式。

▲15日，副主任阎青春赴辽宁省营口市出席全国“老年宜居社区”和“老年友好城市”试点工作会议并讲话。

▲17日至18日，巡视员袁新立带领有关人员，到机关6名离休老干部家里进行走访慰问，送去慰问金和礼品。

▲18日至21日，副主任吴玉韶赴江苏省扬州市出席华东六省京津沪渝四市老龄工作暨老年学学会第十五次联席会议。会后，还就老龄工作进行了专题调研。

▲20日，常务副主任陈传书参加第三批学习实践科学发展观活动座谈会。

▲22日，常务副主任陈传书，副主任曹炳良、阎青春、吴玉韶，巡视员袁新立参加民政部直属机关庆祝中华人民共和国成立六十周年文艺汇演。同日，副主任阎青春出席基本养老服务体系建设标准启动会并讲话。

▲24日，常务副主任陈传书参观民政部庆祝新中国成立六十周年民政事业发展成就展。

▲26日，巡视员袁新立赴山西省晋城市出席山西省农村老龄工作现场会并讲话。

十月

▲11日，副主任阎青春出席“弘扬中华孝道·歌颂和谐盛世——庆祝中华人民共和国成立六十周年剪纸艺术展”开幕式。

▲12日，副主任阎青春出席民办养老服务机构院长座谈会并讲话。

▲15日，副主任吴玉韶接待了来访的荷兰卫生、福利与体育部国际合作司司长Herbert Barnard先生以及荷兰驻华大使馆卫生、福利与体育参赞Marcel Floor先生。吴玉韶副主任和Herbert Barnard先生就两国的老龄化状况作了简要的介绍，并就两国的老龄工作交换了意见。

▲16日，常务副主任陈传书、副主任吴玉韶接见了联合国人口基金执行主任欧拜德女士一行，陈传书代表全国老龄办对联合国人口基金对我国老龄工作的支持表示感谢，向外方介绍了我国老龄工作的国家机制、当前工作重点和第七周期的合作意向，并就外

方关心的其他问题逐一进行了详尽、丰富的回答和解释。中外双方都非常期待第七周期中联合国人口基金与全国老龄办的再次合作并预祝第七周期援华项目取得圆满成功。

同日，副主任阎青春会见了到访的世界卫生组织老龄与生命历程司司长 John Beard 先生。阎青春副主任向 John Beard 先生介绍了我国老龄化状况和老龄工作情况，以及在老年友好型城市建设方面所做的工作。John Beard 先生对我国在老年友好型城市建设方面所取得的成绩表示高度赞赏，并向阎青春副主任介绍了世卫组织在该领域的工作情况。双方就进一步推动老年友好型城市建设交换了意见。

▲ 19 日，常务副主任陈传书、副主任阎青春出席全国“爱心护理工程”第四次工作会议暨 2009 年老年基金会工作座谈会并讲话。

同日，常务副主任陈传书参加中澳两国老龄政策研讨会并讲话。

▲ 20 日，常务副主任陈传书，副主任曹炳良、阎青春、吴玉韶，巡视员袁新立出席 2009 年“红叶风采”晚会。

▲ 21 日，常务副主任陈传书出席第五届中国老年学家前沿论坛并做主旨演讲。

同日，副主任阎青春出席北京师范大学“老年学研究中心”挂牌仪式并致辞。

▲ 25 日，副主任吴玉韶赴山东省莱州市出席由中国老年学学会和莱州市人民政府联合主办的大家乐杯 2009 年度中国十大寿星暨中国（莱州）最佳风采寿星颁奖仪式。

▲ 26 日，常务副主任陈传书出席全国妇联老龄工作研讨会并致辞。

同日，副主任阎青春赴浙江省出席省第九届老年文化艺术周活动。

同日，巡视员袁新立出席全国老龄办机关党支部书记、支部委员理论培训班并讲话。

▲ 26 日至 27 日，副主任吴玉韶赴福建省厦门市出席厦门市第 22 个敬老节庆祝大会暨第三届老年文化艺术节闭幕式并讲话。会后，在厦门市集美区进行了老龄工作调研。

▲ 27 日，常务副主任陈传书出席中国老年教育 25 周年表彰大会并致辞。

▲ 27 日至 28 日，副主任阎青春赴浙江省福州市参加“第一届全国老年人健身大会闭幕式”，会后对该市老龄工作及创建全国“老年友好城市”试点工作情况进行考察。

▲ 30 日，常务副主任陈传书出席中国科学院建院六十周年纪念大会。

十一月

▲ 3 日，常务副主任陈传书、副主任阎青春出席“中国进入人口老龄化 10 年恳谈会”并讲话。

▲ 4 日至 6 日，副主任吴玉韶赴山东省烟台市出席交通运输部离退休干部工作会议并讲话。会后考察了烟台市老龄工作情况。

▲ 9 日和 12 日，全国老龄工作座谈会分别在宁夏银川、安徽合肥两地圆满召开。全国老龄办常务副主任陈传书出席会议并作重要讲话。安徽省副省长唐承沛、宁夏民政厅厅长马廷礼等地方党政领导应邀出席会议。全国老龄办副主任吴玉韶到会。各省、自治区、直辖市和计划单列市老龄办负责人，新疆生产建设兵团老龄办负责人，部分全国老龄办机关干部，有关新闻单位的记者等，共 80 余人参加会议。

▲ 11 日，常务副主任陈传书赴山东省青岛市出席“创造与共享——首届全国老年文化高峰论坛”并致辞。

▲ 19 日，常务副主任陈传书会见了澳门社会工作局局长叶炳权一行。

▲ 29 日，副主任阎青春出席“福安康杯”敬老志愿者主题辩论赛。

十二月

▲ 3 日，常务副主任陈传书出席“新家园·新希望——广东省援建汶川县‘十大民生工程’交付使用仪式”。参加仪式后，考察了广东省援建汶川县福利中心。

▲ 9 日至 18 日，副主任曹炳良率团赴荷兰、法国访问，考察了两国的长期照料保险和空巢老人的社会服务。代表团访问了荷兰卫生、福利与体育部、Florence 养老院、Humanitas 养老院、法国社会保险局、高丽泽养老集团、La Viea Domicile 等政府部门和为老服务机构，了解了两国在长期照料保险和空巢老人社会服务方面所做的工作。

▲ 13 日至 20 日，副主任吴玉韶带领考察团一行 4 人赴西班牙和希腊两国进行老龄工作学习考察。期间先后前往西班牙圣塞巴斯蒂安市拜访并参观了英格玛基金会及所属的老年医疗康复中心、希腊 50 岁以上组织、雅典市阿姬亚社区老年日间照料中心、雅典老年痴呆协会和 AKTIOS 私立老年康复医院等非政府组织和老年养老医疗机构，就机构养老和社会照料等问题，进行了考察和交流。

▲ 14 日，常务副主任陈传书、副主任阎青春出

席以“中国力量，成就梦想——养老服务市场的展望与挑战”为主题的“第二届中国老龄国情与养老服务业发展论坛”并讲话。

▲18日，常务副主任陈传书出席由国家商务部主办的中国和联合国人口基金在人口与发展领域30周年合作暨国际人口与发展大会15周年纪念活动。

▲23日，副主任阎青春接受央视记者采访，介绍了有关我国养老服务发展的状况。

▲25日，常务副主任参加民政部年终业务报告会。

▲28日，副主任阎青春出席“2009年‘尊老助老　和谐中国’新闻联合报道评选表彰大会”并讲话。

▲28日至29日，常务副主任陈传书、副主任曹炳良出席《国家应对人口老龄化战略研究》专家组会议。

▲30日，常务副主任陈传书、副主任曹炳良出席《国家应对人口老龄化战略研究》第二次领导小组会议。

华龄出版社简介

华龄出版社是中国老龄协会直属的、全国惟一一家以老年人和老龄工作者为主要读者群的综合性专业出版社。自1989年成立以来，华龄出版社本着推动中国老龄文化建设事业发展的办社宗旨，出版了大批与老龄事业及老年生活有关的图书，深受广大老年读者和老龄工作者的喜爱和赞扬。

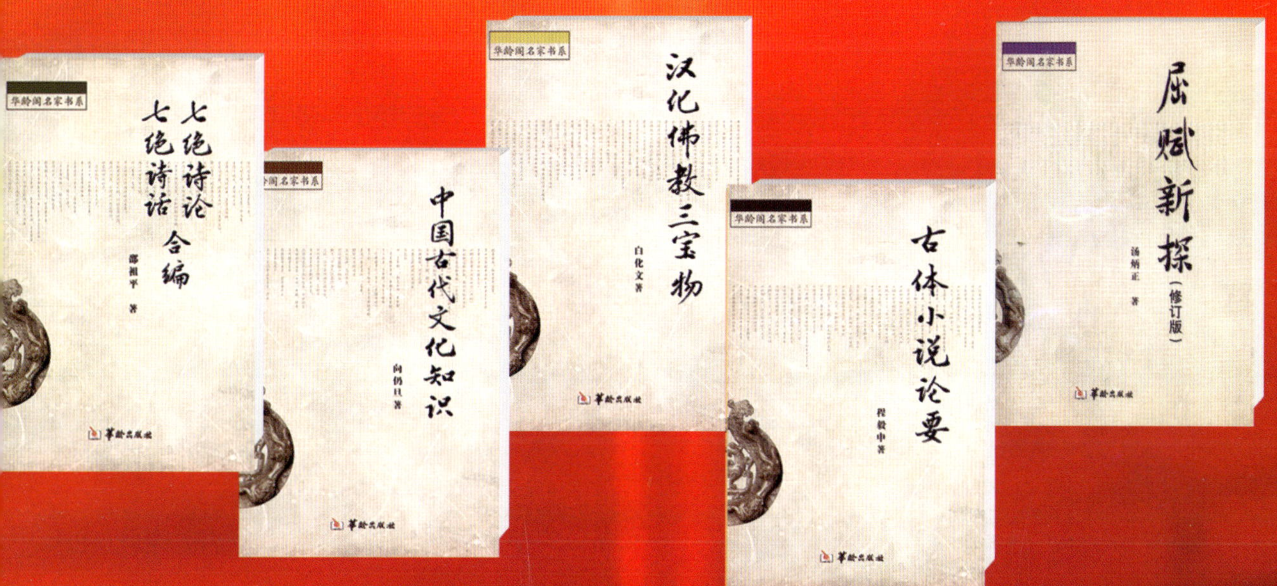

地址：北京西城区鼓楼西大街41号
邮编：100009　　电话：010-84044445

北京市老龄工作

2009年10月10日，副市长、市老龄委主任丁向阳主持召开《北京市市民居家养老（助残）服务（“九养”）办法》协调会。

一、居家养老服务工作不断推进，惠老政策取得重大突破

确定了我市“9064”养老服务中期目标（即到2020年，90%的老年人在社会化服务协助下通过家庭照顾养老，6%的老年人通过政府购买社区照顾服务养老，4%的老年人入住养老服务机构集中养老）。为解决老年人、残疾人在社会化服务协助下居家养老的实际问题，我市出台了《北京市市民居家养老（助残）服务（“九养”）办法》。

二、“一法一条例”执法检查圆满完成

市人大常委会对我市贯彻实施《中华人民共和国老年人权益保障法》《北京市老年人权益保障条例》情况进行了执法检查。市老龄委积极迎

2009年3月10日，市老龄委成员单位向市人大执法检查组汇报老年法律法规执法情况。

2009年1月1日，《北京市老年人优待办法》正式实施。老年人持卡免费游览150家公园、风景名胜等旅游景区。

2009年11月24日，市老龄委召开落实《北京市市民居家养老（助残）服务（“九养”）办法工作会议。

全市各街道配备一辆养老（助残）无障碍服务车，方便老年人参加社会活动。

检，并提交了处理方案。

三、老年人优待工作较好落实

正式实施《北京市老年人优待办法》，11项政策执行良好，受到了老年人的普遍好评。全市约134万名65周岁以上老年人办理了《北京市老年人优待卡》，在乘坐公交、游览公园、文体休闲、医疗、法律服务等方面享受免费或优惠服务。

四、为老服务基础条件初步改善

认真落实政策、资金、土地等方面扶持措施，全力推进养老服务设施建设。全市养老服务机构建设项目102个，新增床位15815张，完成了我市老龄事业“十一五”规划确定的每百名老年人拥有2.3张养老床位的指标。

市财政局绩效考评中心召开专家考评会，对2008年“山区星光计划”工作实施考评，级别评定为“优秀”。

百岁老人补助医疗制度使刘文秋老人尽享医疗补助

北京市“两会”期间，市老龄办主任、市民政局局长吴世民向记者展示养老（助残）券。

老年餐桌便捷的服务受到老年人的普遍欢迎

老年人的幸福生活来自家庭和社会的共同关怀，青年志愿者与老年人聊天。

随着优待政策、“九养”政策的实施，高龄老年人受到更多来自社会的关爱。

海南省老龄工作

10月22日，在海南省政府常务办公会议室召开全省老龄工作会议，副省长、省老龄委常务副主任符跃兰主持会议并讲话，各市县老龄委主任及其老龄办主任、省老龄委各成员单位负责人出席会议。

海南省老龄工作在省委、省政府和省老龄委领导下，认真贯彻党的十七大和省第五次党代会精神，全面落实科学发展观，认真施行《海南省实施<中华人民共和国老年人权益保障法>若干规定》，着眼于保障和改善民生，进一步完善社会养老保障制度，老年人优待政策保障机制得到加强，基层老龄工作有了新的发展，老龄事业呈现良好的发展势头。

社会养老保障制度进一步完善。2009年，全省共有城镇基本养老保险参保人数166.36万人，比上年增长6.5%；为42.3万名离退休人员发放基本养老金4.55亿元。完成农垦近19万退休人员移交市县管理，并纳入省级统筹范围。企业离退休人员养老金调整机制不断健全。离退休人员社会化管理工作稳步推进。在海口市美兰区、三亚市、文昌市、保亭黎族苗族自治县4个县市启动新农保试点工作，争取2010年覆盖全省，社会养老保障体系进一步健全。城乡医疗保障制度全面推进。覆盖全省的城镇职工基本医疗保险、城镇居民基本医疗保险、新农村合作医疗三个制度基本实现，参保人数达到727万人，占全省总人口的86%。建立异地就医结算制度。目前，海南已与广东、广西、贵州、山西、黑龙江五省区签署异地就医结算合作协议，方便医疗保险参保人员异地就医结算，并逐步实现联网实时结算。社会救助不断完善，困难老年人救助面进一步扩大，享受最低生活保障的老年人占低保总数的24.6%。城乡低保标准逐年提高，目前我省城市低保标准人月均245元，农村低保标准人月均163元，两项均高于全国城市211元和农村95.7元的平均水平。五保供养水平不断提高，农村五保供养条件进一步得到改善。全省资助包括老年人在内的城乡困难群众38.45万人参加城镇居民医疗保险和新型农村合作医疗，资助资金1005.17万元；累计实施医疗救助3.11万人次，城乡医疗救助资金累计支出2695.25万元。老人居住环境得到改善，全省包括老年人家庭户在内的1.53万户获得廉租住房保障，占获得廉租住房保障家庭总数的61%。

解决老年民生突出问题的政策措施不断完善。出台解决华侨农场归、难侨社会保险政策，明确华侨农场归难侨不同时期基本养老保险、基本医疗保险欠费、中断缴费补缴的标准和办法。制定东环铁路被征地农民社会保障办法，确保铁路沿线被征地农民的老年生活保障。出台《海南省被征地农民基本养老保险暂行办法》，明确被征地农民基本养老保险金的筹集、使用和管理办法。继续落实符合计划生育政策的农村老年人扶助奖励制度，按有关政策规定，海南省自行提高农村部分计划生育家庭奖励扶助标准180元。

老年人优待政策保障机制得到加强。根据2008年省老龄工作委员会全体会议精神，将长寿补助标准从原来每人每月150元提高到200元，提高标准的长寿补助金从2009年1月起计发，长寿补助金由省级“福利彩票公益金支出”预算转为省级财政预算。2009年，省级财政预算安排长寿补助金268.8万元，对1163名一百周岁及以上老年人发放补助。三亚、澄迈、文昌、东方、保亭、白沙等6个市县政府安排专项资金248.36万元，对10588名80岁及以上高龄老年人发放补助。

在海南省老人节前夕，副省长、省老龄委常务副主任符跃兰，在省民政厅、省财政厅、省人力资源社会保障厅、省卫生厅和海口市政府等主要负责人陪同下，到海口市民办养老服务机构看望慰问护理型老人。

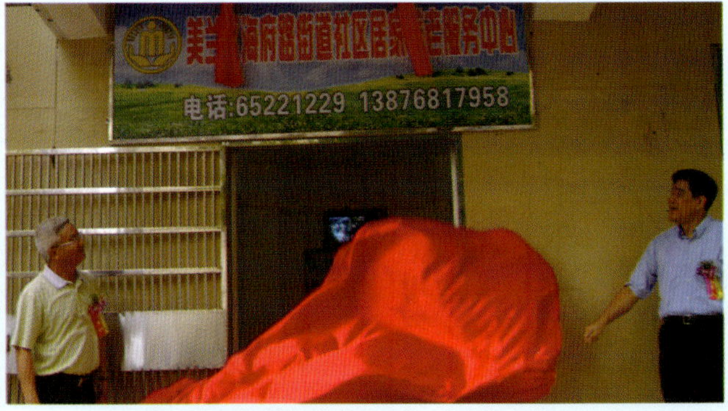

2009年9月16日，海南省民政厅厅长、省老龄委副主任、省老龄办主任苗建中和海口市政府副市长袁光平在海口市开展“居家养老服务试点工作”启动仪式上揭牌。

加强老龄事业发展政策调查研究。开展海南省城乡老年人生活状况调查。完成了《海南省城乡老年人生活状况调查报告》，为研究制定老龄政策提供有效科学依据。开展基层老龄工作调查。完成了《海南省基层老龄工作现状和存在问题及对策》的调查报告，为研究解决无社会保障老年人特别是农村高龄老年人的保障，扩大公共财政社区老年服务项目，加强基层老龄工作机构建设和老年群众组织建设等方面的问题提供依据。启动了海南省百岁老人生命质量调查。研究我省生态环境与健康以及社会、心理因素与健康的关系，并建立百岁及以上长寿老人健康档案，以便持续、适时了解百岁及以上长寿老人的身体健康状况，更好地为老年人提供卫生保健服务。

海南省人大常委会副主任王法仁、副省长、省老龄委常务副主任符跃兰、省政协副主席史贻云、省民政厅厅长、省老龄委副主任、省老龄办主任苗建中和海口市政府副市长韩美等领导出席海南省老年人迎国庆六十周年电视歌唱晚会，并在晚会结束与老年朋友同台演唱“歌唱祖国”。

基层老龄工作取得新的发展。海口市开展社区居家养老服务试点工作，强化社区老年服务功能，推行养老服务政府补贴制度和政府购买服务制度，逐步解决社会养老服务问题。澄迈县委、县政府下发《关于进一步加强老龄工作意见》，并出台《澄迈县80周岁以上长寿老年人生活补贴发放管理暂行办法》，对持有本县户籍年满80周岁至89周岁的、年满90周岁至99周岁的和一百岁及以上的老年人发放生活补贴。分别为每月60元、200元和300元不同标准。老龄工作环境进一步改善。全省各级财政预算安排老龄经费729.86万元，其中各级老龄办工作经费169.37万元。有16个市县（区）财政安排老龄办工作经费74.6万元。

海南省老龄办副主任许永建在海南省长寿文化节“寿比南山——2009年海南健康长寿老人”评选活动上发表主旨讲话。

老年人维权工作取得成效。健全完善全省城乡一体老年人优待制度。海口市等13个市、县（区）财政安排办理老年优待证制作经费43.33万元，全省累计发放老年人优待证24万多张。海口市、三亚市等地老龄委办公室加强协调、跟踪督办，较好地解决了城市老年人享受“公交”优待等方面存在的问题。建立健全老年法律援助机构。省老龄办与省司法厅联手成立老年法律援助中心老年维权工作站6个，为老年人提供法律援助和服务。截至2009年底，全省法律援助机构共办理老年人法律援助案件900余件，受援老年人达1100余人次，免费解答法律咨询7980余人次。

加大了老龄宣传工作力度。海南省政府召开第二次全省老龄工作会议，进一步加强海南省老龄工作委员会组织协调机制建设。积极开展老人节慰问活动，在老人节前夕，省政府副省长、省老龄委常务副主任符跃兰代表省委、省政府、省老龄委发表电视讲话。开展海南长寿文化节“寿比南山—2009年海南健康长寿老人”评选活动。全省评选出22名健康长寿老人，其中两对双百夫妇老人。全年编印《海南老龄工作动态》12期、《舆情通报》5期。省内外主流媒体高度关注老龄工作，广泛宣传老龄工作，扩大老龄工作影响力。

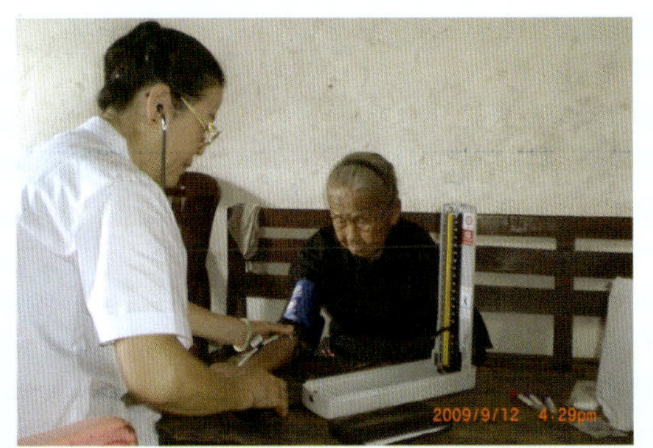

海南省老龄办和海南医学院联合组织实施海南长寿人群生命质量调查研究。图为医务人员为百岁老人体检。

老年文化体育活动深入开展。举办“海南省老年人迎国庆六十周年电视歌唱晚会”，省领导与老年朋友共同“歌唱祖国”。 各市县老年艺术团利用文化广场、激情广场等阵地月月有排练，季季有汇演。还结合新中国成立六十周年纪念活动，先后组织老年文艺团队下乡，巡回演出。老年体育运动在全国赛事上取得较好成绩。各地均组织老年人开展了各种各样的文体娱乐活动。

河北省老龄工作委员会办公室

河北省是一个老年人口大省，截止到2009年底，全省60岁以上老年人口达989万，占全省总人口的14%，且以老年人口总数年均3%左右的速度持续增长。2009年，各级老龄办勤奋工作，真抓实干，用真功，使实劲，全省老龄工作取得了新成绩，老龄事业实现了新发展。

1.在完善老龄政策法规上下功夫。一是起草了《关于加快推进养老服务体系建设的意见》，提出了发展我省养老服务体系建设的优惠政策和方法措施。二是起草了新的《河北省老年人优待办法》，修改后的优待办法由现在的12条增加到26条，重点是把“养”和“医”的内容纳入其中。三是起草了《河北省社会养老服务机构暂行管理办法》，规范全省社会养老服务机构的管理，维护社会养老服务机构及其服务对象的合法权益，促进养老服务事业的发展。

2.在维护老年人合法权益和为老服务工作上下功夫。一是积极督导落实70岁以上老年人免费乘车优惠待遇，目前这一优待条款在11个设区市和部分县（市、区）得到了有效落实。二是做好《老年人优待证》的免费发放工作。三是积极开展慰问贫困老年人活动。省、市、县三级共筹集经费200余万元，对全省1700名贫困老年人、近1000名百岁老人以及数千名80岁以上高龄老人进行了慰问。四是积极推进“助老健康御险”活动。截至2009年底，全省投保老年人达33.2万人，投保保费450.7万元。五是针对老龄委成员单位的职能特点，协调，督促各成员单位制订2009年为老年人办实事、办好事计划，进一步明确成员单位的职责和工作任务，形成做好老龄工作的合力。七是针对河北的地理特点和建国六十周年大庆以及举行国庆阅兵等情况，积极做好老年人的来信来访工作，有力地保证了老年群体的稳定。

3.在加强农村老龄工作上下功夫。一是部署在全省10县（市）的10个村开展“农村空巢老年人帮扶服务试点工作”，积极探索帮扶农村空巢老年人的有效服务措施。二是积极探索多种形式的农村养老新模式。总结推广平山县“建立城乡高龄老人一体化养老补贴制度”、青县“农村合作养老保险”、肥乡县建立“农村幸福院”等不同形式的农村养老模式。三是建立健全农村老年人协会，使农村老龄工作有人抓，老年人的事情有人管，老年人的权益能够得到保护。

4.在开展老龄宣传和老年文化活动上下功夫。一是办好“一栏”：《金色夕阳》，共播出52期；“一网”：河北老年网，去年点击率达1.1亿次；一刊”：《河北老年》杂志，共出版38期；“两报”：《老年日报·河北老龄版》，共出版222期，《河北老龄工作简报》，共编发6期，充分发挥了舆论宣传对老龄工作的指导和促进作用。二是与省老年文化促进会、老年事业促进会联合举办了“涉老部门与涉老社团联手应对社会老龄化问题研讨会”，探讨应对人口老龄化、做好为老服务工作的方法和对策。三是组织开展调查研究，掌握了做好老龄工作的丰富资料。组织举办了“河北省老龄工作干部第七期培训班”，进一步提高全省广大老龄工作干部的综合素质和履行职责能力。四是组织举办了“革命人永远是年轻——河北省庆国庆、迎重阳老年文艺节目汇演”。

5.在完成专项任务上下功夫。一是组织对“全国及全省老龄工作先进单位和先进个人”推荐对象进行考评，进一步掌握全省老龄工作整体发展水平，总结先进经验，发现树立典型，带动全省老龄工作健康发展。二是深入开展“银龄行动”，与省老科协、老教协等老年社团联合，先后组织老专家30多人次，对经济欠发达的元氏张掖四村、丰宁县官梁村进行智力援助，在帮助调整产业结构，推广实用技术，引进优良品种，增加农民收入的同时，也为实现“老有所为”搭建了广阔平台。三是大力开展“爱心护理工程”，做好试点工作，争取中央、省财政资金120余万元，对全省15家以收养失能、基本失能老年人为主要对象的社会养老服务机构给予补助，提高专业护理水平和服务质量。四是做好老龄统计工作，切实掌握全省人口老龄化和老龄事业发展的基本态势。

省民政厅党组成员、省老龄办专职副主任姜文汇到敬老院慰问看望老年人

河北省老龄办主任会议

革命人永远是年轻—河北省庆国庆迎重阳老年文艺节目汇演

“孝行河北、和谐河北”文艺巡演

暨河北省老年事业促进会(第二届)老年文化促进会(第三届)

会员代表大会

涉老部门与涉老社团联手应对社会老龄问题

河南省老龄事业健康发展

杨云厅长重阳节慰问老年人

河南老龄工作在省委、省政府高度重视下，认真贯彻“党政主导、社会参与、全民关怀”的老龄工作方针，积极应对人口老龄化问题。一是不断完善老龄法规政策，制定颁发了《河南省老年人保护条例》《省委办公厅、省政府办公厅关于进一步加强老年人优待工作的意见》和《省政府办公厅转发省老龄委等部门关于加快发展养老服务业意见的通知》等一系列法规政策；二是养老服务体系不断加强，积极开展养老服务社会化示范创建活动，对孤寡、空巢老年人帮助服务，解决老年人的生活困难问题；三是寓教于乐，努力提高老年人的生活质量，开展老年人才艺大赛、老年人运动会，开办老年大学、老年学校等，引导广大老年人参与有益身心健康的活动；四是积极营造尊老、敬老社会氛围，开展河南省十大敬老楷模、敬老模范村（居）评选活动，在农村普通签订“家庭赡养协议”书，传统美德进一步光大弘扬；五是不断加大对养老福利服务设施投入，推动养老产业的健康发展。

为充分发挥老年人的专长，河南省老龄办在叶县开展了“银龄行动”。

河南省十大敬老楷模颁奖现场

为宣传老龄工作，河南省开展了第二届“十大敬老楷模”评选活动，在层层推荐的基础上，推选出了孙成乐等十位敬老楷模。

在重阳节期间，为活跃老年人精神文化生活，河南省老龄办举行了第二届老年人“嘉年华”活动。

为老年人集体祝寿，营造尊老、敬老的氛围。

第一届全国老年人体育健身大会，2009年8月8日在郑州开幕。

辽宁省老龄工作

2009年，全省老龄系统深入贯彻落实科学发展观，全面贯彻党的十七大及四中全会精神，围绕老龄工作“六个老有”工作目标，按照全国老龄委第十一次全体会议和省老龄工作会议的部署，以贯彻落实《条例》为主线，完善政策措施，加强基层工作，突出重点，狠抓落实，圆满完成了老龄工作各项任务。

2009年1月，辽宁省委常委、常务副省长、省老龄委主任许卫国慰问115岁的何文章老人。省政府副秘书长郭富春、省老龄办主任孙艳华陪同。

2009年底，辽宁省老龄办主任孙艳华慰问盘锦市贫困老年人。

2009年7月，辽宁省首届老年人、老龄工作者乒乓球赛在盘锦市举行。

2009年9月，辽宁省老年人庆祝建国六十周年、《老年人保障条例》实施周年、欢度重阳节文艺汇演在沈阳市举行。

2009年10月，辽宁省应对老龄化发展战略论坛在沈阳市召开。

大连市老龄工作

大连市“关爱老年人健康行动”工作会议

大连市常务副市长、市老龄委主任肖胜峰在老年人摄影展上致辞

大连市老龄办专职副主任孟军在老年人用品大集上的讲话

大连市民政局局长、老龄办主任杨爱民在老年人摄影展上讲话

大连市民政局巡视员董兴华主持重阳节敬老游园大会

大连市民政局巡视员董兴华走访慰问养老院老人

国内异地养老会议现场

全市老龄工作会议

大连市2009年重阳节敬老游园大会开幕式

山东省老龄工作

2009年，全省紧紧围绕省委、省政府建设经济文化强省和省老龄委第十八次、十九次全体（扩大）会议的部署要求，按照全力打造“银龄幸福和谐工程”一个品牌，积极完善党政主导、社会参与两个机制，突出抓好发展养老服务业、农村老龄工作和老龄宣传三项重点工作，大力推动养老保障体系、惠老政策制度、敬老文化、基层老龄组织四项建设，努力实现养老服务业发展、优待老年人政策、老龄宣传、基层老年活动场所建设、老龄工作队伍建设五个新突破的思路，狠抓落实，大办实事，进一步推动了山东老龄工作的创新发展。

2009年1月25日，山东省委书记姜异康来到济南第一老年公寓向各位老人拜年，祝大家新春愉快、健康长寿！

2009年老人节，郭兆信副省长到济南阿里山老年公寓看望慰问老年人。

山东省老龄办主任张雪燕在调研中与老年人交谈

山东省老龄委第十八全体（扩大）会议

银屏惠老工程惠及千万齐鲁老人

2009年3月29日，“银龄之旅”启动仪式在济南举行。

青岛市老龄工作在创新中快速发展

市委副书记、市长夏耕亲自召集召开了加快老龄事业发展座谈会，确定老龄工作实行“一把手”负责制。图为山东省委常委、青岛市委书记阎启俊（右一）和青岛市委副书记、市长夏耕（左一）看望老同志。

市人大加大督查力度，市人大常委会专题审议“全市加快老龄事业发展”。图为市人大主任张若飞在市、区有关领导的陪同下视察基层老龄工作。

首届全国老年文化高峰论坛在青岛成功举办，论坛首创的政府、NGO、企业、专家学者“四位一体”的办会模式受到广泛好评。

中共中央委员、全国政协常委、原文化部部长、著名作家王蒙应邀出席首届全国老年文化高峰论坛，以《老庄思想与老年学》为题作主旨演讲。

青岛市委副书记、市老龄委主任王文华（右二），市政府党组成员、咨询于风华（左一），市老龄办主任李雪华（右一）与北京师范大学艺术与传媒学院副院长、博士生导师、教授于丹（左二）探讨老年文化问题。

在青岛市老龄委全体（扩大）会议暨全国老年友好城市试点工作动员会上，市委副书记、市老龄委主任王文华提出要以老年友好型城市试点工作为契机，打造出青岛城市形象的新名片。

青岛市老龄事业发展基金会成立。原市人大主任徐长聚（左二）、原市委副书记蔡伦斌（左一）和市委副书记王文华（右一）共同为基金会揭牌。

青岛市老龄产业发展促进会成立。市政府党组成员、咨询于风华（左一）和原市政协主席胡延森（右一）为促进会揭牌。

搭建老年人才交流平台，在做好老年人才库建设的基础上，成立了青岛市老年人才交流中心，并且每年举办一届老年人才交流洽谈会。

江苏省老龄工作

2009年，江苏省委省政府千方百计保障和改善民生，主动适应人口老龄化加快发展的趋势，从政策制定、资金投入、设施建设等方面加大工作力度，提升老年人社会保障和社会福利水平。省委省政府出台了《关于加快我省老龄事业发展的意见》（苏发[2009]5号）；全省涉农的90个县（市、区）均出台新型农村社会养老保障制度或办法，成为目前在全国唯一实现新农保制度全覆盖的省份。新农保和被征地农民社会保障参保人数和基金积累均居全国首位。基本养老服务体系规划试点有序进行；各类养老服务设施建设稳步推进；老龄研究和宣传工作成效显著。

2009年7月26日，省政府召开《关于加快我省老龄事业发展的意见》新闻发布会。

副省长、省老龄委主任李小敏在省老龄委第六次全体扩大会议上讲话

省民政厅厅长吴洪彪在新闻发布会现场

省老龄办主任张建平视察省老年公寓建设现场

2009年10月26日，省老龄委召开第六次全体扩大会议。

省老龄办副主任王虹森在徐州云龙区居家养老服务中心现场。2009年，全省新建2000个居家养老服务中心(站)。

我国抗衰理论研究奠基人、南京大学教授郑集喜度109周岁生日。郑集教授是我国生物化学和营养学研究的先导者之一，在多年的科研和教学生涯中，取得了丰硕的学术成果，为国家培养了大批人才。目前他是南京市最长寿的男性老人。

水绿阜宁出新政 和谐老龄谱新篇

2009年，江苏省阜宁县积极应对人口老龄化发展趋势，认真学习贯彻落实党的十七大、十七届四中全会和全国、省、市老龄工作会议精神，用科学发展观统领老龄工作，各涉老组织和成员单位把握全局，争先创优，奋力打造“水绿阜宁，和谐老龄”的新局面。

县委书记、县人大主任王锦胜在国庆节暨敬老月庆祝大会上祝贺老年朋友节日快乐

县委副书记、县长顾云岭向全县老年人致意问候

【县政府出台惠老新政策】为进一步学习宣传、贯彻落实《中共中央国务院关于加强老龄工作的决定》《中华人民共和国老年人合法权益保障法》和中央、省、市、县有关惠老政策。1月5日，县政府办公室《转发县老龄工作委员会办公室关于在春节期间开展敬老、爱老、助老活动的意见的通知》。1月9日，县政府出台《关于进一步做好老年人优待和服务工作的通知》的文件规定：设立政府“尊老金”，百岁老人长寿补贴金每月为100元；90岁周岁以上老人每年享受200元慰问金；每年重阳节所在月为“敬老月”。9月25日，县人民政府办公室《转发县老龄办关于在国际老人节和省敬老日期间开展敬老、爱老、助老活动的意见的通知》，全县形成弘扬中华民族尊老、敬老的传统美德的浓烈氛围，主题教育活动搞得既轰轰烈烈又扎扎实实。

【老龄工作新进展】5月5日，县委县政府召开老龄工作会议，县委常委、常务副县长王强参加会议并作了讲话，会议对2008年度10个老龄工作先进单位和19名先进个人进行了表彰奖励。阜宁县根据上级要求，制订了《阜宁县“十二五”期间基本养老服务体系建设规划》。7月，阜城镇兴阜社区建成800m^{2}用房，固定资产350万元，拥有15名服务人员，达到2A级的居家养老服务中心。全年集中开展两次敬老、爱老、助老活动。12月底，全县首批2500份《老年人优待证》的发放工作全部结束。

【老年文体活动呈现新亮点】5月，北京混元太极拳武术文化中心、苏州市武术协会在苏州市举办第二届国际混元太极拳交流大会暨“瑞星杯”比赛，阜宁代表队荣获团体三等奖。9月19日上午，县政府在铁军广场举办红歌热舞千人广场大表演。县委书记、县人大常委会主任王锦胜等县领导和上千群众一起观看演出。9月14日，中央电视台《新闻社区》栏目以“江苏阜宁腰鼓大赛迎国庆”为题，报道阜宁县国庆千人腰鼓大赛盛况。县政府举办“庆国庆·美在‘白天鹅’艺术灯会应征楹联”，国土杯“我和我的祖国”散文诗歌、“人口计生杯·和谐家园”散文大赛、阜宁县“绘百米长卷、贺祖国常春”书画展作品等征书画、诗文活动中，有26位老人获奖。10月18日，县政府开展道德模范评选活动，评出15名“孝老爱亲”道德模范，并组织他们去南京参观国庆六十周年成就展。继顾丽、戴元龙之后，2008年柳兴刚被评为全国“孝亲敬老之星”。

【老龄作品取得多项新成果】中国老龄问题研究中心第4期《中国老龄问题研究》杂志载《江苏省阜宁县百岁老人现状、存在问题及对策》（汤安华等撰稿）一文。5月，汤安华等撰写的报告文学《牛年阜宁出新政和谐老龄谱新篇》《水利人孙超传奇》《常孝书传奇》分别获第九届中国世纪大采风征文组委会金、银奖，应邀出席人民大会堂颁奖会，并与有关国家领导人合影留念。10月16日，我县4幅百岁老人的照片入编江苏省老年协会、省老年摄影学会《江苏百岁寿星风采》画册，《江苏省阜宁县老龄工作》入编《中国老龄工作年鉴》（2008、2009）。

县委副书记仇学善在益林慰问建国前老党员

县委常委、常务副县长王强为益林镇王岳氏110岁生日登门祝贺

在人民大会堂召开的第十五届“中华大地之歌”颁奖大会上，国务院稽查巡视员刘吉部长会见阜宁获奖代表

安徽省老龄工作

安徽省老龄工作先进个人上台领奖

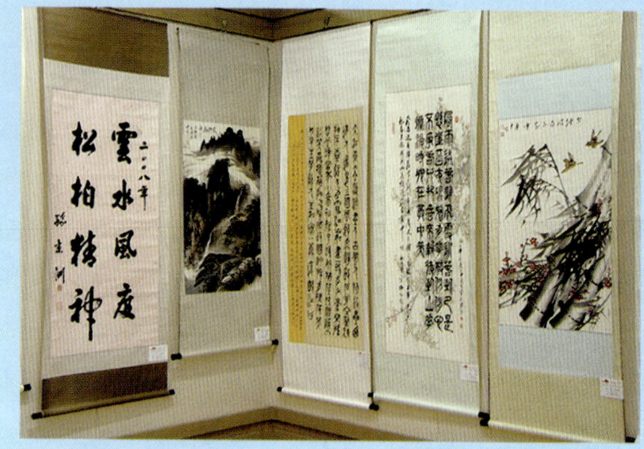

安徽省第二届老年人书画艺术展部分参展的优秀作品

支持老龄工作
发展老龄事业
王金山 己丑仲秋

安徽省省委书记王金山为安徽省第二届老年人书画艺术展题词“支持老龄工作，发展老龄事业”。

2009年11月20日至22日，安徽省第二届老年人书画艺术展在省博物馆隆重举办。本次展览共收到作品1746幅，评选出金奖10幅，银奖20幅，铜奖35幅。图为参观者欣赏展出作品。

2009年12月25日上午，安徽省老龄工作先进单位、先进个人和第二届“十大福星”、第四届“十大孝星”表彰大会在合肥举行。图为老龄工作先进单位代表上台领奖。

厦门市老龄工作

福建省委常委、厦门市委书记于伟国在厦门市第22个老年节庆祝大会暨第三届老年文化艺术节闭幕式上颁奖

厦门市委副书记、市长刘赐贵在厦门市第22个老年节庆祝大会暨第三届老年文化艺术节闭幕式上颁奖

厦门市委副书记、市纪委书记黄杰成宣布第三届厦门市老年文化艺术节开幕

（左图） 全国老龄办副主任吴玉韶（前排右四）与参加厦门市第三届老年文化艺术节两岸有关领导合影。厦门市老龄委副主任、老龄办常务副主任于清莉（前排右三），金门县政府课长、金门老人教育推广负责人、金门县合唱团总监许能丽女士（前排左四），金门县舞蹈协会理事长唐丽辉（前排左二），台北艺术家合唱团、文教推广基金会办公室主任郭忆慵。

（中图）厦门市委常委、副市长詹沧洲（左二）在市老龄委领导的陪同下到农村慰问困难老人 （右图）厦门市副市长、市老龄委主任潘世建在第三届厦门市老年文化艺术节开幕式上讲话

（左图） 厦门市老龄委副主任李建福在厦门市第22个老年节庆祝大会暨第三届老年文化艺术节闭幕式上宣读表彰决定 （中图）在厦门市第三届老年文化艺术节集邮展上，集邮协会世界遗产十二生肖本地邮品研究组组长郑本锡（左一）向厦门市老龄委副主任、老龄办常务副主任于清莉（右三）、厦门市委宣传部副部长林起（右一）、厦门市邮政局党委书记张志军（右二）等领导介绍邮品 （右图）厦门市文联名誉主席、市老年书画研究会名誉会长、著名书画家谢澄光在厦门金门两岸老年书画摄影展开幕式上为金门同行挥毫题词

厦门老年人载歌载舞庆祝第三届老年文化艺术节开幕

厦门老年人积极参与庆祝中华人民共和国成立六十周年暨第三届老年文化艺术节“星鲨杯”文艺调演

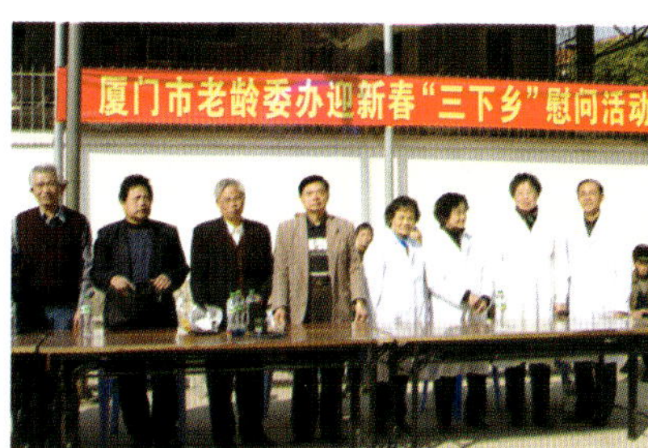

近几年来，厦门市老龄办每年组织老书法家、老医学专家等到农村为老人们“送医、送书、送春联”，为贫困老人送去慰问金和年货。

厦门市老龄委副主任、老龄办常务副主任、第三届老年文化艺术节总策划、总指挥于清莉（第三排左十二）、金门县政府课长、金门老年教育推广负责人、金门县合唱团总监许能丽女士（第三排左九）、厦门市老龄办教育活动处处长、艺术节策划黄志强（第三排左十四）、厦门市老年活动中心文体部部长、艺术节开幕式总导演史艳玲（第三排左十三）等领导与第三届老年文化艺术节演职人员合影留念

外国友人为第三届厦门市老年文化艺术节开幕式的精彩表演鼓掌

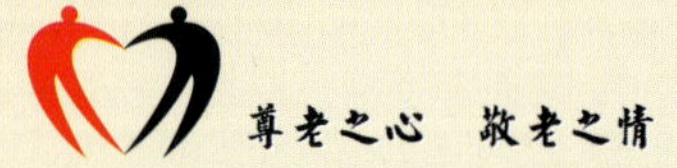

山东省老年经济发展研究中心

山东省老年经济发展研究中心是在省委、省政府有关老领导关心支持下、在社会各界关心老年事业、老年福利和老年产业人士的协助下，由山东致力于老年产业经济研究与实践的学者和工作者组成的全省性学术化的老年经济发展综合研究机构，依法登记注册，受老龄委监督管理。

中心吸引国内外在老年经济、老年产业、老年公寓、社会和管理领域具有卓越洞见和丰富实践经验的专家和学者，为政府、企业和公民社会在上述领域的决策提供基于科学和实践的建议与创新方案。

我们的宗旨

弘扬中华民族敬老、爱老、助老的传统美德，为从事老年经济研究的专家、学者和从事老龄工作的企事业单位及个人构建互动交流平台，积极协助政府推进中国老年社会福利、医疗卫生、文化体育、老年教育等各项事业的发展，为实现党的十七大报告提出的“老有所养”“住有所居”的奋斗目标增强民间力量，促进社会和谐。

我们的目标

将山东省老年经济发展研究中心建成中国最具有影响力的老年经济民间智囊库和最具有特色的老年公寓和老年产业科研实践基地。

研究领域

1. 组织老年经济学学术研究、咨询服务，开展省内外老年学学术交流活动；开展老龄问题的社会调查。推动老年产业经济研究成果向实践转化等。

济南市委常委宣传部长谭延伟

老年经济发展中心主任钱贤探

2. 根据社会发展和老年群体的需求，引导企业创办和资助老年社会福利、文化、体育、教育、卫生事业等项目。动员社会资金投资设立或合作兴办老年公寓、养老院、托老所、老年病医院、老年大学、老年人才交流中心、老年艺术团等单位。

3. 组织和资助开展推动老龄事业发展、有益于提高老年人生活、生命质量的各项活动。

4. 资助城乡特困老年人。

5. 为企事业单位老年管理部门提供业务指导、技术培训。

6. 为主管部门提供有关研究成果及调查资料。

中心特别关注：与政策部门和立法机构直接互动，及时掌握政策和法律的需求，吸纳、鼓励和整合协调国内外学术机构的相关研究，对中国老年产业政策的制定提出依据和解决方案。

经验推广和示范：在实践中尝试和检验新的思路和方法、提取具有提升和扩大潜力的做法和模式。

尊老爱老文化倡导：影响公众意识，倡导爱老行为。中心将为公众和教育系统提供老年经济教育信息和服务。

2009年2月25日，中心钱贤探主任与张若成副主任拜访山东省委原书记苏毅然（中）。钱贤探主任向苏书记汇报了山东省老年经济发展研究中心的发展情况。邀请苏毅然书记担任中心名誉主任职务。苏书记欣然应邀，并对山东省老年经济发展研究中心的发展方向给予了充分肯定，对中心面对中国老龄化社会的产业化的运作思路予以了高度评价，就当前中国社会老龄化的趋势谈了自己的看法，并说很乐意为老年人做点事情，为老年事业做点事情，表示会全力支持中心的发展。

2009年3月3日，中心钱贤探主任、张若成副主任和荆云海秘书长拜访省老领导山东省政协原主席陆懋曾（图左二）。钱贤探主任向陆主席汇报了山东省老年经济发展研究中心的发展情况。邀请陆懋曾主席担任中心名誉主任职务。陆主席对于中心的发展给予较高的评价，陆主席认为，中心上下解放思想、抢抓机遇、加快发展，按照高起点规划、高效能管理的原则，在较短的时间内，取得了很好的效果。老年事业的发展和建设提高了城市的品位和特色，成为“靓点”。他表示相信今后将有更多的人支持和投身于老年事业。

2009年4月16日，中心钱贤探主任与张若成副主任拜访省政府原副省长郭长才同志（中）。钱贤探主任向郭省长汇报了山东省老年经济发展研究中心的发展状况。特邀请郭长才同志担任中心高级顾问职务。郭省长对中心的工作给予肯定，非常乐意为老年事业贡献。

2009年2月26日，中心钱贤探主任拜访山东省人大原副主任董凤基（图左一）。钱贤探主任向董凤基主任汇报了山东省老年经济发展研究中心的发展情况，并着重介绍了山东省老年经济发展研究中心的网站“老年产业网”的建设情况。邀请董凤基主任担任中心顾问。董凤基主任非常高兴并对中心的工作给予肯定，还专门提出了几点希望和要求，希望中心越办越好，并表示将全力支持中心的发展。

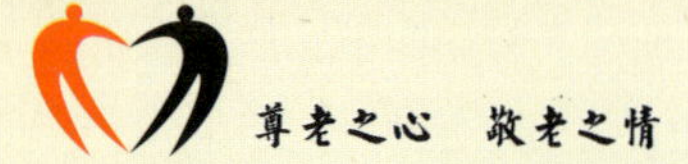

中国福利彩票—中国人的慈善事业

—广东福利彩票勇做建设和谐社会的实践者

“扶老、助残、救孤、济困”，自诞生之日起，中国福利彩票就肩负着沉甸甸的历史使命和社会重任。经过22年的发展，中国福利彩票已成为广大人民群众奉献爱心、回报社会的重要载体，成为中国公益慈善事业的重要组成部分，成为和谐社会建设的实践者。

最大的公益慈善事业

“发行销售福利彩票是最大的公益事业和慈善事业。”国家民政部部长李学举在2009年1月召开的全国福利彩票工作会议上对福利彩票宗旨进行了强调。1987年12月18日福利彩票正式在广东省发行，22年来，全省福利彩票发行系统高举社会福利的旗帜，坚持“扶老、助残、救孤、济困”的发行宗旨和“公平、公正、公开”的发行原则，在民政部、中国福利彩票发行管理中心的指导下，在省委、省政府的重视关怀下，在省民政厅的领导下，在社会各界的关心支持和广大人民群众的积极参与下，广东省福利彩票发行销售工作在不断探索中规范管理，在安全运行中健康发展，走出了一条具有广东特色的福利彩票发展之路，为社会福利和社会公益事业的发展作出了重大贡献。

小彩票办了大事情

截至2009年，广东省共筹集福利彩票公益金160亿元，其中上缴中央73亿元；省以下留成87亿元，由各级政府专项用于“扶老、助残、救孤、济困”等社会福利和社会公益事业，全省累计资助兴办各类福利事业项目2万多个。近年来，全省福利彩票公益金重点用于

广东省福利彩票发行中心资助建设的双丰福彩小学

广东省福利彩票公益金资助的星光老年之家

开展了“社区老年福利服务星光计划”“残疾孤儿手术康复明天计划”“千间敬老福星工程”等项目，改建、扩建了大批敬老院、福利院。福利彩票公益金还安排一定的比例用于残疾人事业、城乡基本医疗救助等。

2009年6月30日是首个“广东扶贫济困日”。为了贯彻落实广东省委、省政府关于“广东扶贫济困日”的工作部署，广东省福利彩票发行中心共捐款2000万元用于全省扶贫济困工作。其中通过在全省范围内开展“扶贫济困专项募集”福利彩票销售活动，筹集扶贫济困资金1500万元。广东省福利彩票发行中心将今年的六月（“广东扶贫济困日”当月）定为福利彩票扶贫济困资金募集活动月，在此期间全省销售“刮刮乐”即开型福利彩票所筹集的公益金除上缴中央外，留存在广东省民政部门的部分，专项用于广东省开展扶贫济困活动。同时，为切实帮助贫困孤儿解决生活困难，弘扬福利彩票“扶老、助残、救孤、济困”的发行宗旨，结合首个“广东扶贫济困日”活动，广东省福利彩票发行中心捐款500万元，开展“关爱贫困孤儿”大型公益行动，专项用于粤东、粤西、粤北贫困地区的孤儿救助，对5000名贫困孤儿每人给予1000元生活费。

在大灾大难面前，广东省福利彩票系统积极发扬福利彩票公益慈善宗旨，为民解愁，与国分忧。1998年长江流域遭遇特大洪涝灾害期间，国家增发了50亿专项福利彩票用于赈灾，其中广东省共销售赈灾福利彩票11.74亿元，筹集赈灾专项募集资金3.5亿元，全部用于灾

区建设。在2003年抗击“非典”疫情斗争中，全省福利彩票公益金共资助抗“非典”斗争820万元。2005年至2006年，广东省遭受特大洪涝灾害，全省福彩系统积极捐款，帮助受灾群众恢复生产重建家园，仅省福利彩票发行中心两年就捐款800万元。四川汶川“5.12”大地震后，全省福利彩票系统踊跃捐款355万多元。按照民政部、财政部要求，从2008年7月1日起至2010年12月31日开展筹集“福彩赈灾公益金”的专项彩票销售活动。2010年4月14日青海玉树地震发生后，广东省福利彩票发行中心从工作经费中安排100万元，用于帮助玉树地震灾区群众抗震救灾。

另外，多年来，全省福利彩票发行系统艰苦创业，厉行节约，安排专项资金支持公益慈善事业，资助社会弱势群体。2004年至2008年广东省福利彩发行中心开展了“福彩爱心助学子——帮扶生活困难大学生”行动，5年来共投入2400万元资助了广东省4800名生活困难大学生上大学。近几年，广东省福利彩票发行中心还安排130多万元帮助贫困山区兴建了三所福彩小学，大大改善了当地的教学环境。2009年5月，广东省福利彩票发行中心安排200万元资助全省低保、贫困家庭18岁以下先天性心脏病患者进行手术治疗。2009年全省有9个地市民政局、福彩中心开展了“福彩爱心助学”活动，共安排福彩公益金1361万元，资助了4572名家庭困难学生。

四川汶川“5.12”大地震后，广东省积极开展“福彩赈灾公益金”的专项福利彩票销售活动。

为表彰广东省福利彩票为社会公益慈善事业作出的重大贡献，2003年，广东省福利彩票发行中心荣获民政部颁发的“爱心捐助奖”。2007年1月被广东省人事厅、广东省民政厅授予“全省民政工作先进集体”称号。2007年12月18日在广东省慈善大会上荣获“南粤慈善奖”称号。2009年8月被广东省人民政府残疾人工作委员会授予“广东省扶残助残先进集体”称号。2010年4月荣获民政部颁发的2009年度“中华慈善奖”特别奖，是“中华慈善奖”特别奖的唯一获奖单位，也是全国获“中华慈善奖”的唯一一家彩票机构。

广东省福利彩票发行中心联合省团委、省学联开展福彩爱心助学子活动，资助生活困难大学新生入学。

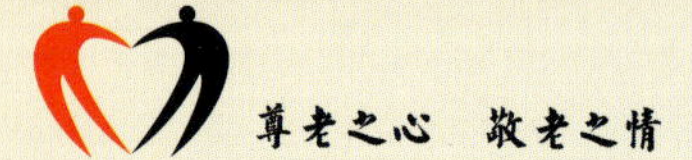

福利彩票　点滴关爱　和谐民生

——前进中的广西福利彩票

发行福利彩票，筹集福利彩票公益金，发展社会福利事业，是民政部门履行“以民为本、为民解困、为民服务”职责的重要任务，也是福彩机构从业人员的崇高职责。1988年，福利彩票在广西发行以来，广西福利彩票发行中心始终秉承“扶老、助残、救孤、济困、赈灾”的发行宗旨，坚持“安全运行、健康发展”的工作方针，遵循“公开、公平、公正、公信”的阳光操作原则，坚持对国家负责、对社会负责、对彩民负责的职业准则，走出了一条具有广西自身特色的福利彩票发展之路。

截至2009年上半年，20多年来广西累计发行福利彩票139亿多元，筹集公益金46亿多元，其中上缴中央和地方自留各23亿多元。利用筹集的公益金，广西累计投入20多亿元，新

敬老院里的老人过着幸福生活

复明救助工程给白内障患者带来福音

“星光老年之家”受到了社区老年人的欢迎

“明天计划”的实施让残疾孤儿实现回归家庭、回归社会的愿望

五保村里充满了欢声笑语

建和资助兴建了一大批社会福利院、精神病人福利院、儿童福利院、敬老院、光荣院、老年人活动中心、荣军医院、五保村、星光老年之家、殡仪馆及社区办公场地等社会福利基础设施建设项目，实施了“明天计划”“复明救助工程”“大学生圆梦救助行动”“社区图书援建”“残疾儿童康复救助行动”等一批社会救助项目，共计10000多个，直接或间接受益群体700多万人，为构建和谐广西作出了积极贡献。

爱心超市“福彩”新春援助行动关爱社区困难群众

当前，广西福利彩票工作以党的十七大精神为指导，深入学习实践科学发展观，以自治区民政组织实施“五个民政建设年”和开展“工作落实年”为契机，认真贯彻《彩票管理条例》，坚持“安全运行，健康发展”的工作方针，以“讲大局、保安全、重管理、强保障、促增长、求发展”为基本思路，全面加强制度建设和执行力，稳步推进形象宣传、行风建设，强化人才队伍、技术保障、基础设施建设，进一步深化改革、夯实基础，努力实现广西福利彩票新的飞跃。

广西五保村建设荣获第三届“中国地方政府创新奖”

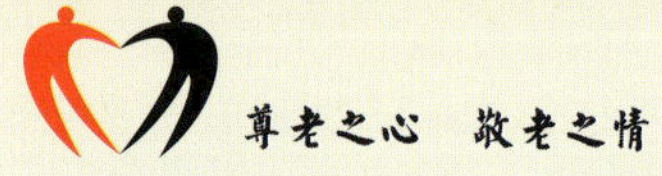

新疆维吾尔自治区福利彩票发行中心

2006年8月29日，在特困大学生福彩助学“爱心关注资金”发放仪式上，民政部副部长李立国、自治区党委常委肖开提·依明、自治区副主席贾帕尔·阿比布拉、自治区民政厅党组书记莫涓等领导同志与受助学生代表合影。

新疆维吾尔自治区福利彩票发行中心成立于1991年2月，隶属于自治区民政厅，同时，受中国福利彩票发行管理中心的业务领导，是全疆福利彩票销售业务的主办机构。工作职责是：在全疆发行和销售福利彩票，为国家筹集公益资金，促进社会福利事业发展。目前，中心下设办公室、市场部、运行技术部、维护技术部、宣传部、财务部、内审部、网点即开型

自治区副主席贾帕尔·阿比布拉（左三）在新疆福利彩票发行中心调研

自治区领导视察新疆福利彩票发行中心机房

彩票部、培训督察部、信息保卫部、在线销售部11个部室，共有职工76人。

在各级党委、政府的大力支持下，新疆维吾尔自治区福利彩票发行中心协同各地（州、市）福利彩票发行机构解放思想，以创新为先导，大胆引入激励机制，与时俱进，全疆福利彩票发行工作得到了稳步发展。19年来，已

累计销售福利彩票97.32亿元，为国家筹集公益金32.73亿元，代扣代缴中奖所得税2.39亿元，为新疆社会福利、社会救助和社会公益事业的发展作出了应有的贡献。目前，市场定型的福利彩票玩法有：35选7、25选7、18选7、趣味偶数10选7、时时彩以及全国性玩法——3D、双色球、七乐彩、网点即开型福利彩票。

根据福利彩票“扶老、助残、救孤、济困、赈灾”的发行宗旨，19年来，中央、自治区及各地（州、市）、县民政部门共投入福利彩票公益金14.49亿元，重点资助兴建、改造了1000多个社会福利及优抚事业项目，改善了民政福利对象的生活、医疗、康复条件，极大地促进了新疆社会福利事业和公益事业的发展。

2006年8月29日，特困大学生福彩助学“爱心关注资金”发放仪式上，民政部副部长李立国向受助学生发放助学金。

国家民政部副部长李立国在自治区常委肖开提·依明、自治区副主席贾帕尔·阿比布拉、自治区民政厅党组书记莫涓等领导同志的陪同下视察新疆福利彩票发行中心机房

2008年12月18日，在新疆维吾尔自治区人民政府副主席贾帕尔·阿比布拉的主持下，“新疆福利彩票送温暖、献爱心慰问活动仪式”正式开始。

2005年8月23日，在特困大学生福彩爱心捐助活动捐赠仪式上，自治区人民政府副主席贾帕尔·阿比布拉为受助学生发放助学金。

自治区党委常委肖开提·依明在和田师专参加“福利彩票送温暖、献爱心，三年资助和田师专贫困生活动”座谈会暨“和田师专慈善爱心超市”揭牌仪式。

龙江公益　风采十年

——纪念“龙江风采”电脑福利彩票发行十周年

2003年，我省率先在全国彩票系统首家通过ISO9001：2000国际质量管理体系认证，获得中福彩中心颁发的创新奖。

2010年“龙江风采”电脑福利彩票迎来了她十周年华诞，10年间，在以民政厅党组为代表的各级民政部门的正确领导和大力支持下，“龙江风采”强势拉起了全线飘红的优美弧线，绽放出绚丽的光彩，年销售额从2000年的1.5亿元跨入了稳定在20亿元以上的大台阶；10年间，“龙江风采”电脑福利彩票共销售161.2亿元，筹集公益资金55.9亿元，资助各项福利事业2429项；布设投注站点7000个，为社会提供就业岗位1.3万多个。民政部李立国副部长亲自为龙江题词——“龙江福彩，公益为民”。

开拓创新机制赋予了龙江福彩阔步向前的豪情。在全国率先研发并成功上市第一套全热线销售系统，引领“龙江风采”电脑福利彩票不断释放生机活力；在全国彩票系统率先通过了ISO9001：2000国际质量管理认证体系，树立了“龙江风采”电脑福利彩票国际化管理品牌形象，实现了从经验化操作向科学化管理的根本转变；在全国彩票系统率先导入了CIS形象工程，赋予了福彩事业全新的宣传理念，让“龙江风采”福利彩票更加深入人心，为事业做大做强夯实了坚实基础；在全国率先搭建“黑龙江福彩•龙江传媒”视频网络系统，每天滚动播出10小时的视频节目，及时向投注站的经营者和彩民传递最新的福彩资讯；2010年，龙江福彩在全国又率先搭建网络视频培训工作的新平台，开展万人远程在线培训，使黑龙江省培训活动在更大范围内科学运行、合理开展、发挥效应。

国际标准认证证书

兹证明
黑龙江省福利彩票发行中心
中国·黑龙江·哈尔滨市南岗区东大直街183号
邮政编码：150001
质量管理体系经审核符合
ISO 9001：2000标准
此证书适用于体系覆盖的下列产品范围
福利彩票发行与管理
证书有效期
自2004年11月8日至2006年7月14日
在正常接受年度审核情况下，
与年度监督保持通知一并使用有效。
注册号：
华夏认证中心有限公司
（由原华夏认证中心和原北京九千标准质量体系认证中心合并）

2003年7月，黑龙江省福利彩票发行中心在全国彩票系统首家通过了ISO9001：2000国际质量体系认证。

坐落在森林氧吧中的伊春老人服务中心

2007年，省福彩中心在绥化市启动了“留守儿童福彩情诉驿站”挂牌仪式。

“公益为天”的理念让福彩爱心洒遍龙江大地。福利彩票其实质就是取之于民、用之于民；其最大的特征就是公益性。“龙江风采”电脑福利彩票从诞生那天起，全省福彩人就始终高扬“龙江福彩，公益为天”的旗帜，践行“扶老、助残、救孤、济困、赈灾”的发行宗旨，把募集到的每一元资金都用到为弱势群体排忧解难上。

56亿公益金，为“龙江风采”在龙江大地建立起一座座丰碑，这些丰碑就是利用公益金建起的一座座社会福利院、儿童福利院、农村敬老院等社会福利设施。10年间，省级福彩公益金共资助老年人福利事业、儿童福利事业、残疾人（精神病人）福利事业、流浪乞讨人员救助事业等项目共2429个。配备衣食无着的流浪乞讨人员救助的车辆113台，以及整合农村敬老院，新建、改建、扩建精神病人福利院，极大地推动了我省福利事业的发展。“星光计划”工程、“明天计划”工程再为龙江福彩公益品牌添写亮丽的色彩，遍布城市大街小巷的“星光老年之家”，成为老年人颐养天年的乐园。

10年来，省福彩中心陆续开展的丰富多彩的资助活动，不断为龙江福彩的公益品牌增光添彩。“福孤大学生救助”行动，让每一个渴望用知识改变命运的孩子都如愿以偿；“留守儿童福彩倾诉驿站”，让父母外出打工的孩子们随时得到心灵的抚慰；“福彩情系公安英烈”，昭示着“龙江风采”的公众良心。众多公益资助活动的开展，像阳光洒满龙江大地，像甘泉滋润着人们的心灵，有力地促进了社会的文明与进步。

从2000年电脑福利彩票零的起步，龙江福彩人走过了一条艰辛而充满挑战的创业之路，走过了一条福彩事业由小到大、由弱变强的跨越之路，走过了一条携起更多的手、扶起更多的人的公益之路，走过了一条洒播汗水、收获成功的奉献之路！龙江福彩之路一定会越走越宽广，越走越辉煌，龙江福彩的明天会更加美好！

2010年六一前夕，省福彩中心与省妇联联合开展了“情系留守儿童·福彩春蕾行动”。

齐齐哈尔讷河市儿童福利院

利用福彩公益金资助兴建的大庆市第二福利院大楼全景

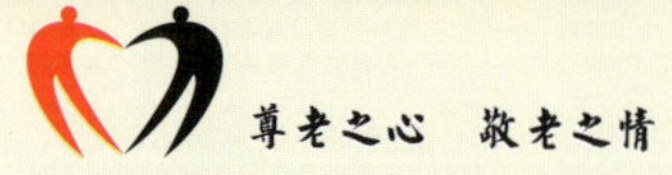

中国长寿工程基金会

中国长寿工程基金会是公益性质的法人组织机构，主要任务是：面向全球华人推广中国“长寿工程”项目，通过项目的推广宣传，为华人及中国大陆健康与老龄化事业做融资和投资服务。同时，做好公益性的健康咨询、健康教育；向全球华人推广健康科学理念和健康营养食品；指导科学健康的生活方式；提供“长寿工程”公益品牌，指导和规范参与单位按着公益要求开展健康服务活动。2008年度被亚太投融资经济年会评为“国际最具投资项目100强”“国际保健品品牌100强”；2009年被北京市总工会授予“热心赞助公益活动单位”，被中国东盟国际投资项目对接会评为“世界华人企业500强”。基金会主席赵春山先生被授予“世界经济华人杰出慈善人物”奖，“中国改革开放三十年杰出华人企业家”，2005年在全面建设小康社会会议上荣获“全面建设小康社会十大改革人物”和“十大诚信人物”称号。

“长寿工程”的宗旨和最高服务理念就是“普惠健康，和谐长寿”；目的是全面提高中老年人健康素质，助力华人健康事业，打造和培养百岁健康老人；“长寿工程”的主题是健康与老龄化；“长寿工程”的基本内容就是健康规划和生命关怀；“长寿工程”的服务准则是“四项保真”服务。

赵春山与中国老年医学会会长、全国“长寿工程”组委会副主任张立平先生合影

中国“长寿工程”自2001年启动，最初由全国人大内司委结合《老年权益保障法》普查而发起，2003年由中国老龄协会承接；2005年由中国老龄事业发展基金会主办，中国长寿工程基金会承办；2008年，结合健康快车项目开展，由中国老年学学会作为主办单位，具体实施由中国长寿工程基金会对接。从而实现了“长寿工程”面向全球，走向世界的跨越性发展。

“长寿工程”是一个健康科普宣传和健康服务性的普惠公益平台，自开展活动以来，中老年受益人群已逾千万人。10年来，“长寿工程”项目深得华人和中国百姓的欢迎和爱戴，深受各地政府的关注和支持。中国国家领导人

赵春山与九届全国政协副主席、全国“长寿工程”组委会顾问杨汝岱在出席“长寿工程”建设大会时合影。

中国老龄事业发展基金会会长、原“长寿工程”组委会主任李宝库与赵春山在人民大会堂出席“长寿工程”建设大会合影。

赵春山主席与周超凡、张树政、翁维健等“长寿工程”专家合影

赵春山先生与香港特首曾荫权

顾秀莲、彭珮云、吴阶平、杨汝岱、万国权等担任“长寿工程”高级顾问并给予了亲切指导，多次参加“长寿工程”的建设会议，支持“长寿工程”公益事业产业化发展。

“长寿工程”有国家级领导人及部长级的高层次人士组成的顾问团和洪昭光、蔡同一、赵霖、武留信、翁维建、郑超强等三十几位国家级知名医学、营养学专家组成的专家组。这是“长寿工程”公益事业产业化发展的坚强后盾。

2008年6月9日，中国长寿工程基金会联合和依托中国老年学学会在中国内地启动了“全国百岁希望工程健康快车”项目，该项目受到全国老龄委的关注和重视，时任老龄办常务副主任的李本公同志为该活动作指示，定调子，亲任健康快车组委会名誉主任；接任领导陈传书副主任多次过问健康快车活动，并听取汇报，要求一定要将好事办好，强调规范运作，突出公益性质，为老年人的健康事业多作贡献。中国老年学学会十分重视“百岁希望工程健康快车项目”的工作进展，多次深入实际调查研究，听取汇报，指导活动的开展。

目前，全国“百岁希望工程健康快车活动”已在全国30个省（市）展开，得到省（市）老龄部门、涉老机构的高度重视和支持，下发文件；号召全民参与，社区支持；并召开启动会议邀请当地政府一级的领导出席会议，发表讲话；得到当地媒体的广泛关注和支持，纷纷给予正面报道，推动活动向深入、规范、持久方向发展。

组委会领导赵春山看望“长寿工程”首席专家洪昭光

顾秀莲与“长寿工程”组委会成员合影

广州寿星大厦

广州寿星大厦创建于1998年9月，是集养护、托管、娱乐、康复和医疗等服务于一体的全国目前最大的老年社会福利机构，地处广州市沙太路大源南100号，占地面积75924平方米，建筑面积68320平方米。交通方便，环境优美，青山绿水，空气清新，前后花园，绿树成荫，鸟语花香，小桥流水，独具特色的田园风光，是老人颐养天年的理想家园。

寿星大厦由生活中心（公寓院、养老院、爱星院）、娱乐中心（寿星康乐城）、医疗中心（广州友好医院）三大中心组成。生活中心——各院设有单人房、双人房、多人房及豪华套房，共有床位2300张，房间宽敞、光线充足，配有彩电、电话、床前服务对讲器、独立卫生间和厨房，高级家具一应俱全。寿星餐厅、益寿餐厅可同时容纳八百多人就餐，并根据客人口味和喜好满足客人需求。娱乐中心——寿星康乐城，内设寿星大学、寿星网吧、寿星怀旧馆、图书阅览室、大型歌舞厅、康复训练室、桌球室、麻将室、音乐茶室、美容美发室、自选商场和寿星公园等，每天都为老人安排丰富多彩的文化娱乐活动，是老人的欢乐新天地。医疗中心——广州友好医院是广州市城镇职工医疗保险定点医院，设备先进、科室齐全、技术力量雄厚，该院的老年病科、

全国老龄协会原副会长赵宝华带领全国老龄工作调研组前来广州寿星大厦指导工作

广州寿星大厦理事长徐水祥

全国政协原副主席万国权在广州政协原主席陈开枝陪同下看望老寿星

院内风景十分优美

消化科、康复科和骨科在省内外享有较高声誉。

广州寿星大厦以用科学的知识和技能维护老年人的基本权益，帮助老年人适应社会，促进老年人自身发展为宗旨，坚决贯彻“以人为本、尊老扶弱、诚信敬业、奉献爱心”的行风精神，全心全意为老年人服务。广州寿星大厦被评为“广州敬老模范园”“全国优秀老年住宅”“广州市文明单位”“广东省一级社会福利事业单位”和“全国模范养老机构”“全国尊老、敬老、助老示范单位”“广州市文明窗口单位”“行风评议先进单位”“广东省文化建设先进单位”“广州地区花园式单位”等荣誉称号，是北京大学、暨南大学、中山大学、广州大学、南方医科大学、民政部长沙民政技术学院和广州市115中学等30所大中小院校学生的社会教育实践基地。

市老龄委领导在广州寿星大厦指导工作

寿星大厦

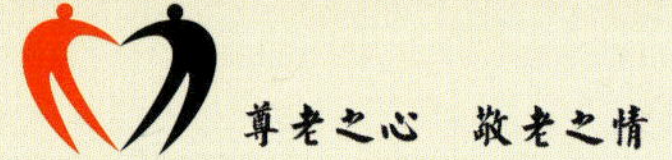

中爱爱心老年公寓投资有限公司

企业概况与发展战略

养老事业发展基金管理委员会执行主任、中爱爱心老年公寓投资有限公司总经理：赵丛新

中爱爱心老年公寓投资有限公司成立于2009年5月8号，注册资金5008万人民币，法定代表人为赵丛新(全国老龄事业发展基金会养老事业发展基金管理委员会执行主任)。中爱爱心老年公寓投资有限公司是以养老产业为运作核心，致力于从高起点、高层次整合中国养老产业资源，打造以“全国老年连锁公寓”开发建设、养老产业运营管理、养老资产证券化三为一体的综合性养老投资企业。

在此基础上“中爱爱心老年公寓投资有限公司”根据全国养老事业的发展情况，通过与各地具有较强优势与发展空间的老年公寓合作，建立面向全国老年人的“中爱爱心全国老年连锁公寓”这一平台。“中爱爱心老年公寓投资有限公司”将负责具体实施“中爱爱心全国老年连锁公寓”的建设和日常管理与服务。

品牌定位：五点统一、全面（综合）发展

■ 1. 建立统一的名称。

■ 2. 建立统一的标识：名称与标志的统一即可以为“中爱爱心全国老年连锁公寓”的品牌进行有利的推广，也为日后我们打造全国养老产业第一品牌的战略目标打下坚实的基础。

■ 3. 建立统一经营理念：我们将遵循“福利性事业、商业化运作”的经营理念。同时根据各老年公寓的具体特点建立多元化特色经营体系。从而使“中爱爱心全国老年连锁公寓”在整体发展壮大的同时各地连锁公寓也更具竞争优势，让每位老年朋友享受更加丰富多彩的晚年生活。

■ 4. 统一的设施：根据具体情况为各所老年公寓建立统一的基础设施，从而更加有效地和“中爱爱心全国老年连锁公寓”这一平台建立一体化的链接。

■ 5. 统一服务规范：借鉴现在世界上一些先进地区老年公寓管理经验，编订了 “中爱爱心全国老年连锁公寓运营管理手册”。该手册内容全面系统、实用性强。各老年公寓须按手册的要求规范各项服务工作。从而建立起统一的服务规范体系，更好地服务于广大的老年朋友。

中国老龄事业发展基金会理事长、养老事业发展基金管理委员会主任 ： 李宝库

中爱爱心老年公寓投资有限公司是中国老龄事业发展基金会养老事业发展基金管理委员会的合作单位。在合作建设“全国老年连锁公寓”项目中，中国老龄事业发展基金会养老事业发展基金管理委员会主要进行方针、政策的指导，协调与地方政府方面的关系及国家优惠政策的落实。中爱爱心老年公寓投资有限公司负责合作项目的立项、规划、设计、用地手续及项目的建设、经营和管理工作。

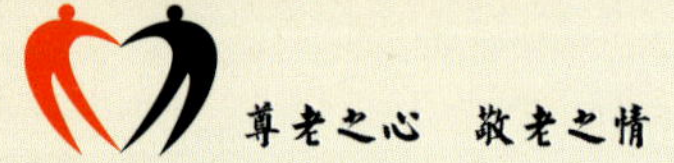

四大服务职能中心

■ 1. 远程医疗诊断中心

中爱爱心全国老年连锁公寓总部设立远程医疗诊断服务中心，各地老年连锁公寓统一安装远程医疗诊断接收系统，通过系统对接运行，为入住老人进行定期健康检查、全员数据库管理和专家远程诊断等项医疗服务。

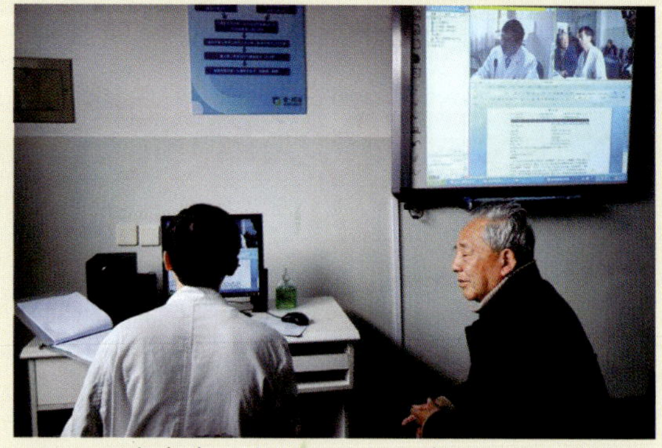

一位患者在医生的指导下正在与北京一专家进行远程医疗会诊

■ 2. “一卡通”调度中心

《中爱爱心全国老年公寓连锁入住卡》是我们为老年朋友提供的“旅游养老”特色服务项目，即“一卡通”。持卡老人可按意愿选择城市旅游，通过总部“一卡通”调度服务中心调剂，异地连锁公寓热情接收后，老人仍享受原公寓待遇。

■ 3. 有机食品配送管理中心

通过建立中爱爱心全国老年食品生产基地，打造出全国知名的老年有机食品品牌。并向全国各连锁老年公寓提供所需食品。由“有机食品配送管理中心”安全配送到各连锁公寓。从生产到配送实行统一化管理，保证各连锁公寓的老年朋友吃到安全、放心的有机食品。

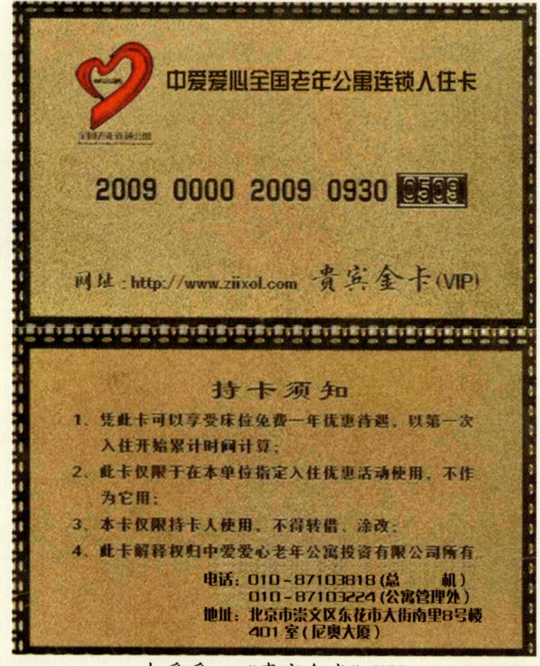

中爱爱心“贵宾金卡”VIP

■ 4. 护理人员专业培训服务中心

“中爱爱心老年公寓投资”成立了“人才培训管理中心”，采取与全国相关专业技能培训机构合作的方式，实行定向招生、集中培训和组织代培等多种培训形式，为各连锁公寓培养和输送符合自身发展实际情况和特点的各类管理和专业护理人员。

“中爱爱心全国老年连锁公寓”的宗旨就是在上述“五个统一”和“四大服务职能中心”的基础上结合各老年连锁公寓所在地具体的人文及生态环境，突出特色、创造高品质、个性化品牌价值。建立环境优良、功能齐全、设备精良、医疗先进、服务细致的全方位服务生活养老社区。使得我们的品牌代表一种持久的价值体系，提高我们这一品牌的社会认可度。打造符合当地经济发展情况和居民生活水平的高品质养老社区，从而“全心全意地为老年人服务”。

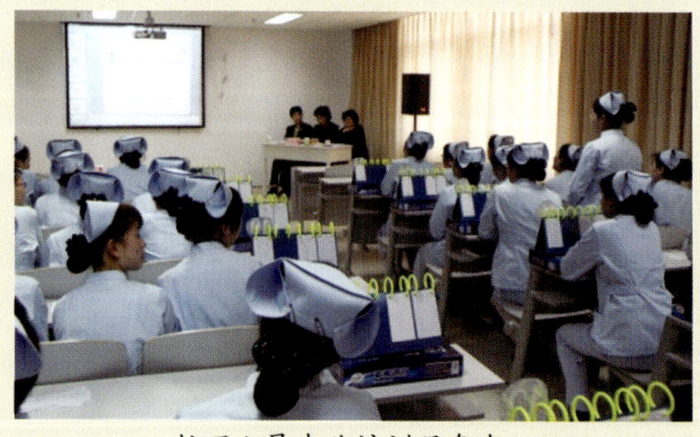

护理人员专业培训服务中心

湖北省福利彩票发行中心

武汉市新洲徐谷镇福利院老人们幸福生活

湖北省现有60岁以上人口734.97万，占全省总人口的11.89%，是中国率先步入老龄社会的省份之一。

为构建养老服务长效机制，湖北省民政厅建立了一系列养老工程来解决这一社会问题。不管是打造10分站养老服务圈，还是推进建设农村福利院，都需要巨额资金投入。在财政投入难以完全满足养老需求的情况下，福利彩票所筹公益金为湖北养老事业作出了巨大贡献。

截止到2009年底，湖北累计发行福利彩票190亿元，筹集公益金65亿元，除上缴中央财政外，省、市、县留存33.67亿元，资金共资助社会福利项目16000多个，惠及600多万人。

湖北省民政厅厅长谢松保指出："我们始终把取之于民、用之于民作为福利彩票生存和发展的基础。"为支持养老事业的发展，民政厅通过福彩事业，组织了系列公益项目和民心工程，包括"星光计划""福星工程"等等。

"星光计划"就是让城市老人老有所养，从2000年开始，湖北省民政厅就全面实施了"星光计划"，投入福利彩票公益金2亿多元，在全省各社区兴建了1660个集老年娱乐室、阅览室、健身室于一体的"星光老年之家"，受益老人达100万。自2003年起，湖北省民政厅历时3年通过实施"福星工程"，投入福彩公益金6.3亿元，改扩建2436所农村福利院，集中供养了14.3万多名农村五保老人，基本实现全省五保老人自愿条件下的全部集中供养。

湖北省民政厅厅长谢松保与福利院老人亲切拉家常

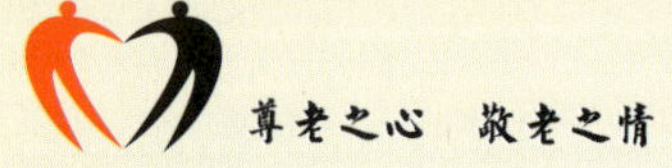

江苏省福利彩票发行中心

福彩公益金资助建造的福利院

江苏省福利彩票自1987年发行以来，始终秉承“扶老、助残、救孤、济困、赈灾”的宗旨，坚持“公开、公平、公正”的原则，凝聚社会之力奉献国家福利事业和公益事业，大力弘扬中华民族扶弱济困的优良传统，谱写了从无到有，从弱到强的壮丽篇章，用爱心铸就了23年辉煌历程，成为爱心奉献促和谐之典范。

江苏福彩建立了省、市、县三级彩票发行机构，构建了电脑彩票、视频彩票、网点即开票等技术先进、接轨国际的三大彩票品种，形成了遍布全省城乡9000多个福彩电脑票销售站点、41个“中福在线”销售厅、225个网点即开票中心站的销售规模。

省福彩中心主任李进（右）将80万元的公益金转交给灌南县

江苏省福彩中心李进主任发放助学卡

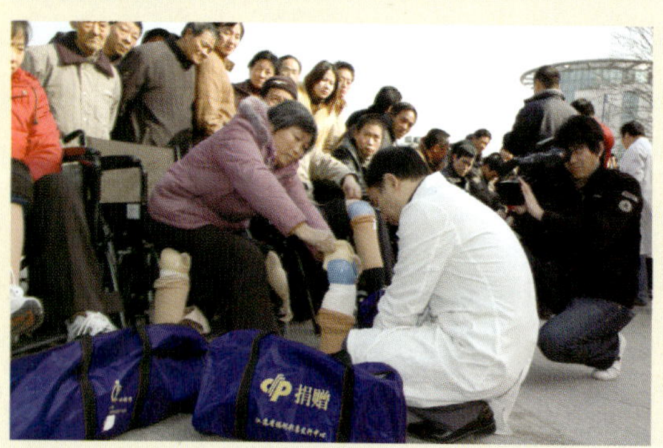

安装假肢

目前全国联销品牌电脑票玩法的双色球、3D、七乐彩以及华东六省市联销15选5、东方6+1深受彩民欢迎。截至2010年8月，全省累计销售福利彩票260亿元，筹集社会公益金84亿元，资助各类社会福利及公益事业项目1万多个，常年打造爱心助学“11511工程”、助困“爱心献万家”、助残“福康行”、扶老“爱心敬老”等公益活动，为完善社会保障体系、扶助社会弱势群体、构建和谐社会作出了巨大贡献！

辽宁省彩票发行中心

福彩助学—传递爱的力量
—辽宁省“福彩助学子”系列活动纪实

辽阳福彩付贵新主任向寒门学子发放助学金

丹东助学

辽宁福彩发行23年来，始终遵循“公正、公平、公开”和“诚实守信”的发行理念，始终高举公益大旗，发行福利彩票所筹集的资金除了用于社会福利和社会保障事业，新建、翻建、扩建了一大批福利设施外，对社区建设“爱心工程”等社会公益事业也给予了资助。

辽宁福彩在2004、2005连续两年开展“福彩助学子•大学圆梦行动”的基础上，2006年又将这一活动扩大为“福彩助学子”快乐校园、大学圆梦、就学希望系列活动。在2006年“快乐校园行动”中出资160多万元为5914名春节不能返乡的贫困学子发放了返乡路费或在校生活补贴；在“大学圆梦”活动中，省、市福彩共出资近470万元，资助了近2405名当年考取大学的城市低保和农村特困户家庭的子女。在“就学希望行动”中，由辽宁福彩先后出资175万元改扩建的建昌县贺杖子福彩初级中学正式竣工。建设了岫岩县石庙子镇东青台峪福彩小学，为西丰县钓鱼乡中小学添置了教学设备，为贫困地区的孩子创造了良好的学习环境。

葫芦岛助学

阜新助学

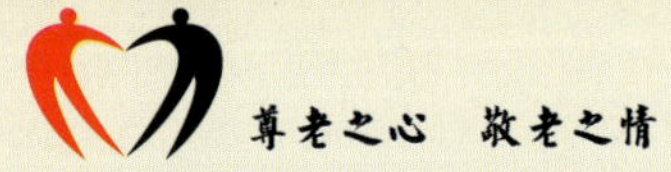

青海省福利彩票发行中心

民政部副部长窦玉沛视察西宁市儿童福利院

省民政厅厅长更阳慰问治多县敬老院老人

青海省福利彩票发行中心隶属于青海省民政厅，业务受中国福利彩票发行管理中心领导，是自收自支的事业单位。作为青海省福利彩票的唯一销售管理机构，主要职能是通过发行彩票的形式募集公益金，补充政府财政对现在社会福利事业方面投入的不足，推动我省社会福利、社会公益和社会救助事业发展。2006年5月，省中心还按照国际质量体系标准的要求，完成了对省中心ISO9001：2000国际质量体系的认证工作，使青海福彩由一般制度管理实现向国际标准化制度管理的跨越。

20多年来，青海省福利彩票发行中心始终高举社会福利的旗帜，坚持“扶老、助残、救孤、济困、赈灾”的宗旨，在中国福利彩票发行管理中心的支持和指导下，在省委、省政府的重视和关怀下，在省民政厅的直接领导下，取得了可喜的成绩，销售总量连年增长。2010年上半年销量达2.06亿元。

省福彩中心举行省福彩系统向玉树灾区献爱心募捐仪式

团结奋进的青海省福利彩票发行中心领导班子

筹集的公益金资助了大批社会福利项目，推动了福利事业的发展。随着一座座敬老院、儿童福利院、社会福利院的落成，随着一大批社区服务设施和活动场所的建成，随着面向孤残儿童的“明天计划”工程的实施，在贫困学生失学救助、贫困地区困难群众救助等公益事业方面发挥了重要作用，为我省社会福利事业的发展作出了积极的贡献。同时，福利彩票的发行也为我省创造了大量的就业机会，仅在电脑福利彩票网点建设中就创造了1000多个就业机会。

福利彩票所做工作得到了民政部和中彩中心的肯定和赞扬，多次获得人均销量、市场份额一、二等奖项。福利彩票好像一双巨大的手，为社会上的老、弱、病、残撑起一片慈善的蓝天。

广西重阳老年公寓

老幼同乐

广西重阳老年公寓是由自治区民政厅筹集社会福利彩票资金建设、广西中医学院护理学院承办的社会养老机构。公寓占地面积20000平方米，建筑面积22800平方米，庭院绿化面积13540平方米。总投资6000万元人民币。设床位500张。整个建筑按照中华人民共和国“老年人建筑设计规范”要求建设，是专门为老年人兴建的、现代化的、综合性的、全区规模最大的、设施最完善的老年公寓。广西重阳老年公寓位于南宁市大沙田经济开发区金象大道72号，距市区中心仅10公里。交通十分便利，乘坐21、23、25、29、31、68、607路公交车及“火车站至大沙田”专线车可直达。公寓内环境幽雅、景色迷人、宁谧舒适。集我国古典园林艺术与现代生活功能于一体的休闲广场别具特色。“月亮池”“爱心同在”“日月生辉”等景观引人入胜。

专业的团队

由广西中医学院护理学院组建的一支专业性强、爱岗敬业、训练有素、充满爱心的养老护理队伍，为老人提供日常生活起居的照顾和具有中医特色的医疗保健护理服务，以及护理学院庞大的青年志愿者队伍和公寓内幼儿园小朋友为老人提供欢乐，更是打破传统老年公寓中的沉沉暮气，使重阳老年公寓里充满朝气，让老人忘却孤独和烦恼。今天的老人不缺吃和穿，缺的是由于儿女工作繁忙不能带给他们更多的欢笑。孤独和寂寞会给他们亚健康的身体雪上加霜。让老人过一个惬意而欢乐的晚年，是儿女们最大的孝顺。那么，请到重阳老年公寓来吧！老人的乐，儿女的孝，重阳城里尽欢笑！

重阳公寓全景

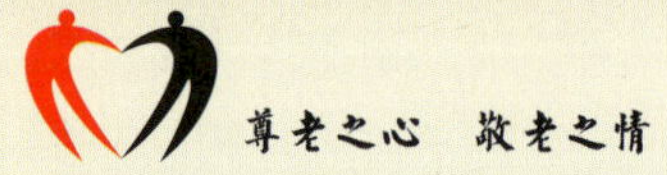

潍坊市华都颐年园老年服务中心

山东省潍坊市华都颐年园老年服务中心是经潍坊市委、市政府批准设立的大型养老服务机构，中心位于潍坊市潍城区福源街518号，与潍坊国际风筝放飞场、白浪河国家级湿地公园相邻，共占地200亩，总建筑面积22万平方米，可同时容纳3000～5000位老人生活居住。

中心于2008年10月正式运营。园区分老年居住区、配套服务区和员工服务区布局，其中老年居住区建有高、中、低三个档次的老年公寓，拥有床位3000余张。配套服务区建有老年综合服务大楼、老年病护理院、养老服务职业培训学校和休闲种植园等，满足老年人多种服务需求。其中综合服务大楼高19层，集老年大学、老年活动中心、老年健身中心、老年产品中心、购物中心及现代商业等于一体，汇聚各种现代老年产业。老年病护理院集老年人疾病预防、治疗等于一体，是医保定医疗机构。养老服务职业培训学校被列为山东省首家养老服务职业培训基地，主要开展养老服务从业人员的学业和执业教育，为养老服务业发展储备和培养人才。

颐年园自运营以来，秉承“帮天下儿女尽孝，给世上老人解难，为党和政府分忧”的宗旨，推行“管理规范化、工作流程化、服务亲情化、饮食多样化、活动经常化、队伍专业化、设施人性化和环境园林化”的“八化”管理；倡导“科学养生、益寿延年”的新理念，不仅接纳了山东省1000多位老人入住，还吸引了北京、武汉、南京、深圳等全国20多个城市、500多位老人休闲度假，为促进我国养老服务业的发展起到了积极的示范作用。中心的发展得到了社会各界的广泛赞誉和一致好评，先后被评为“山东省示范老年服务中心”“山东省先进社会组织”和“山东省敬老模范单位”，2010年被国家民政部批准为全国首批“爱心护理工程示范基地”。

上海市
浦东新区汇亲园养老院

娱乐康复

专业的社工为老年人提供各类小组活动，丰富的游戏节目让老年人的晚年不再孤单寂寞，和蔼可亲的社工又是老年人的朋友，有什么烦心事，不妨与社工聊聊，让每个老年人在这度过温馨、安康的晚年是我们的最终目标。

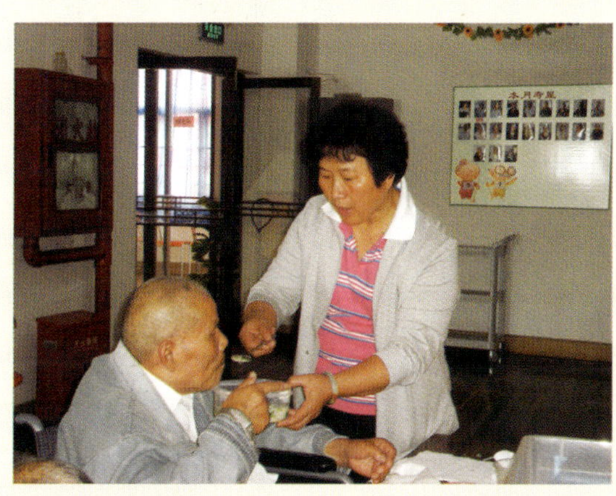

专业护理

爱心、耐心、细心是我院的服务理念。每个床位设有呼叫系统与医务室直接联系，专业的医师队伍为老人提供日常医疗保健、护理、请医送药等服务。

温馨家居

我院寝室宽敞明亮，有双人房、三人房、多人房可供老人选择。房间内床上用品一应俱全，每个房内配有空调、电视机，并设有独立的卫生间，方便老人日常洗漱，配有老人专用衣柜。入住我院，就如到家一样，让您的生活倍感温馨舒适。

幽雅环境

我院设有能容纳上百人地餐厅，宽敞的用餐环境能让老人愉快的享用每一餐，多功能厅是老人平时开展各类文艺活动的休闲场所，如果您有兴致，还能亲自上前弹奏一曲呢……

兖矿集团有限公司
离退休职工管理活动中心

兖矿集团董事局副主席、总经理、党委副书记王信同志在2010年老干部迎春茶话会上讲话

兖矿老年人踊跃参加“矿区和谐，家庭和睦，友善互助，平安幸福”万人签名活动

兖矿集团有限公司是以煤炭、煤化工、机械加工和煤电铝为主导产业的国有特大型企业。位于素以“孔孟之乡，礼仪之邦”闻名于世的山东济宁市境内，北临五岳之尊泰山，西揽微山湖和京杭大运河，水陆交通四通八达，300公里煤炭专用铁路兖石线直连中国第二大煤炭港口日照港，京沪、京九铁路干线及在建的京沪高速铁路穿越矿区，京沪、京福、日东高速公路纵横兖矿总部所在地—邹城市。

山东省委老干部局、省老年大学、省国资委的领导莅临兖矿离退中心检查指导工作

兖矿集团离退休职工管理活动中心是集团公司的二级职能部门，一是具有对兖矿集团公司机关和直管单位离退休老人的管理服务职能。二是具有对兖矿集团公司所属各矿、处、厂离退休职工管理服务部门的政策咨询、业务指导和考核工作的职能。离退休职工管理活动中心坚持亲情服务理念（即：深怀尊老之心、增强敬老之情、恪守爱老之责、善谋为老之策、多办利老之事），使矿区基本实现了老有所养、老有所医、老有所乐、老有所为、老有所学、老有所教的目标，做到了让上级组织放心，使离退休老人满意，离退休老人幸福指数不断提升，为推动集团公司科学发展、安全发展、和谐发展、有效发展、跨越发展作出了积极的贡献。先后被中组部、人事部、山东省委、省政府、省委老干部局、省国资委分别授予“全国老干部工作先进集体”“全省老干部工作先进集体”“山东省先进离退休干部党支部”“省管企业老干部工作先进单位”“全省老年体育先进单位”“山东省敬老模范单位”等多项荣誉称号。

马鞍山市都市山庄老年公寓

马鞍山市都市山庄老年公寓组建于2001年，法人代表人为雷志英，主管单位为马鞍市民政局，性质是福利机构，为民办公助单位，现有床位36张。该单位于2006年6月经市政府批准，购置土地12亩，拟建老年公寓8栋，设置床位360张，内设医疗机构、图书室、棋牌室、康复健身房、食堂、多功能餐厅、浴室等；老人居住有二人房、三人房、四人房，每间房备有独立空调、电视、卫生间，每床安装呼叫器，与义务值班室相联，设备实施齐全。养老院与社区医院挂钩，方便老人医疗、急救、问医送药。并配有外科、内科医师、康复师、医务助理、专职的营养师、心理咨询师、社工。经过培训的合格护理员为半自理、全护理和专护老人提供24小时人性化服务。是集住养、护理、康复、娱乐为一体的综合型非盈利性的养老机构，为需要护理、不宜居家养老的老人提供生活护理，医疗保健、身心康复等服务。现建房具备的手续及资料已按程序全部办完，等待时机起动,建成后将安排116人就业。

让老人过一个惬意而欢乐的晚年，是儿女们最大的孝顺。请您到都市山庄老年公寓来吧！老人的乐，儿女的孝，山庄城里尽欢笑！

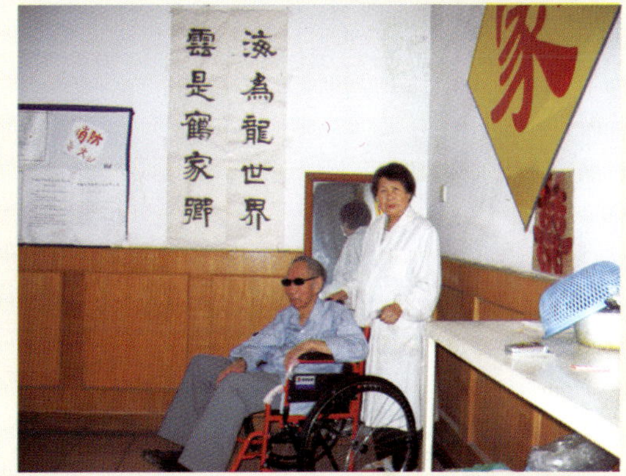

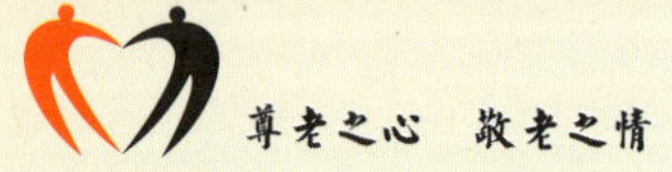

泰康之家投资有限公司

泰康之家投资有限公司是中国第四大寿险公司——泰康人寿是经中国保监会批准设立的专业从事养老社区投资与经营的子公司。

保险资金投资养老社区，可以将寿险产业链拉长20到30年，这是世界性的商业模式创新。秉承泰康人寿“从摇篮到天堂，泰康呵护您一生”的企业理想，泰康之家将按照国际标准，建设完全颠覆传统养老院模式的大规模、全功能、高品质现代养老社区，呼唤中国人回归自我，尊重生命。以北京为起点，未来泰康之家将着力打造中国养老社区第一品牌。

泰康人寿的不动产投资与资产管理团队目前有员工70多人，并且建立了涵盖投资研发、规划设计、项目管理、物业管理、医疗护理、文化娱乐、保险产品开发的全产业链养老社区投资与运营团队。未来的泰康人寿不动产业务将以养老社区投资经营为战略核心，以商业不动产和不动产金融业务为两翼，致力于发展成为中国养老产业的领跑者。

陈东升董事长与美国养老社区百岁老人亲切交谈

陈东升董事长与泰康之家全体员工在一起

泰康养老社区（北京）规划

广东金龙湖旅游度假养老基地

董事长：谢雄星先生

广东金龙湖养老度假基地位于广东省肇庆高要市白土镇金龙湖地区，由广州新肇农业科技开发有限公司投资开发，基地规划总面积20平方公里，计划总投资49.95亿元人民币。基地全部建成后，可为8万多老人提供优质的养老服务，将成为全国乃至全世界规模最大的养老基地。

养老基地所处的金龙湖地区，有广州新肇农业科技开发有限公司与中科院华南植物园进行技术合作开发的万亩檀香繁殖栽培和产业化示范基地（已纳入国家级“星火计划”），这里依山傍水，气候宜人，空气清新，远离城市的喧嚣和工业的污染，非常适合老年人居住。

基地建设坚持“以人为本，服务大众”的宗旨，努力打造集休闲旅游、度假观光、养生养老、健康益寿为一体的全国示范性养老基地，实现老年人“老有所养、老有所医、老有所为、老有所乐”的夙愿。

整个养老基地规划建设养老公寓、养老别墅、老年大学、护理学校、老年活动中心、水上乐园、酒店和其他商业配套设施。

国家老龄委和当地政府及有关部门非常关心养老基地的建设，多次去基地视察和指导。我们坚信，在国家老龄委和当地政府及有关部门的大力支持下，金龙湖养老度假基地一定会早日建成并成为一个“让政府放心，让社会放心，让家庭放心”的新型养老基地。

养老别墅

公司地址：广州市广州大道中918号天龙大酒店9层

养老基地地址：广东省肇庆高要市白土镇幕村管理区　　邮编:510620

网　址:http://www.jinlonghu.com.cn　　E-mail: xinzhao2003@163.com

客服电话:020-22239828 22239848

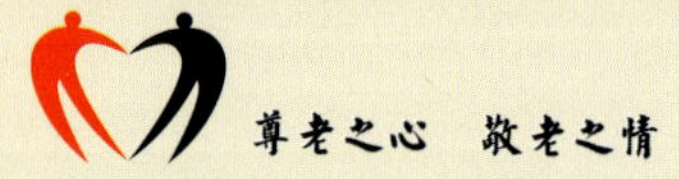

援通社区智能化为老服务管理系统

据统计全国有1.6亿老人，“120”呼叫率为2%/年，其中大约有250万的病人由于“120”线路堵塞、造成报警不及时、营救过程障碍等原因，延误了抢救的黄金时间，每年大约几十万个生命就这么白白地走了……

援通居家养老服务系统为此而生！针对老年人行动特征和居家通信环境，浙江杭佳科技发展有限公司自主研发基于三网融合的居家养老服务平台及各种嵌入式智能呼叫终端设备。开发了专为“居家养老”服务的新型数字信道控制系统（DCS），彻底解决传统呼叫中心信道堵塞，多人呼叫时信号无法“一拨即通”的瓶颈，实现“一键式”需求、供给、管理多方快速呼叫和联动联网。

西泠印社副社长、中国美院教授刘江为援通题词“援通好”

该平台填补国内外居家养老服务领域多项技术空白，居世界领先水平。平台具有体征数据同步跟踪、快速定位、应急现场图像传输的智能信息处理模块、分散人员考核模块、服务费管理模块；构建了老年人基本档案与健康状况数据库、老年人应急援助处理知识库、老年人与家庭成员的通信交互关联表。全方位实现居家养老日常服务、应急服务、健康服务的快速响应和处理。

援通社区智能化为老服务管理系统发明人祝耀升

系统安全运行5年，已有秦皇岛光彩社区服务有限公司等225家单位在全国100多个地区推广、2000多个单位在使用，拥有12.5个万用户，救助病人2300多人次，为35万人次排忧解难，CCTV、《人民日报》等媒体先后报道1000余次。

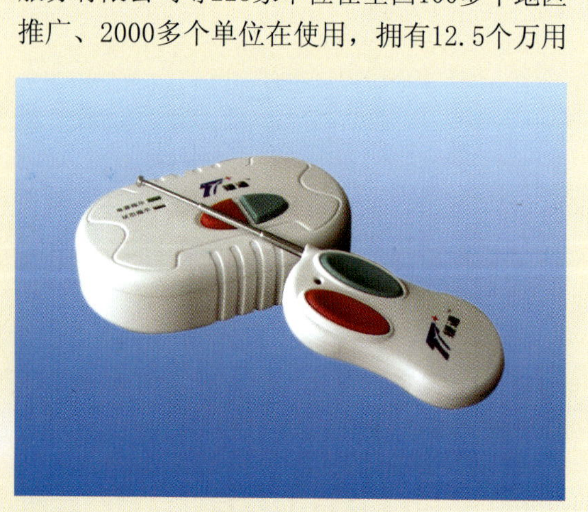
援通遥控型呼叫器

该公司是专业从事老年服务平台开发的软件企业、高新企业，拥有专利、软著等自主知识产权10余项。公司一直坚持自主创新，经过多年发展已拥有一支素质高、结构合理、配合默契、分工明确、互补性强，富创新精神、经营管理能力强的管理团队。

该公司向全国热爱为老服务的机构、社区和社会服务商免费提供技术支持和系统建设。

四川省宜宾市夕阳红老年公寓

流杯池公园桃花村(夕阳红老年公寓总部)

“老年公寓何处寻，丞相祠内桃花村。公园之中好风景，名胜古迹数不清，闹中取静有学问。养医乐学气象新，你等有缘来入住。满目青山夕照明。”宜宾市夕阳红老年公寓位于中国万里长江第一城——四川省宜宾市流杯池公园桃花村。分部位于宜宾市白塔山——万里长江第一寺（东山寺）旁。人称“白塔山中秋望楼，四面青山拥抱中，老年公寓夕阳红，疗养休闲似仙宫。”在公寓可眺望黑塔，俯瞰金沙江、岷江、长江三江合流，观看市中区万家灯火，心旷神怡。董事长、法人代表罗世林曾荣获四川省“孝亲敬老楷模”，全国“孝亲敬老之星”。2009年公寓被评为“全国养老服务放心机构十佳单位”。2010年评为“全国社区养老服务先进单位”并与宜宾蜀南医院董事长邓真林合作在万里长江第一镇——古镇李庄共建9999夕阳红老年公寓。有“十年奋斗老年宫，踏遍南北与东西，喜见李庄共济业，9999夕阳红”之说。

董事长罗世林与蜀南医院法人代表邓真林签约携手共建李庄9999夕阳红老年公寓

公寓坚持老有所乐，老有所学。每周二集体读报，周四集体文娱活动，不定期举行联欢和慰问活动，其余自由安排。公寓女性占81%。妇女节开展巾帼英姿赛须眉歌咏比赛，女老人、女员工纷纷参赛，展现巾帼风采。唐盛玲等17名优胜者获得“快乐女人”奖。公寓组织“菜饭喷喷香”“迎宾”“铺床”“推轮椅”“江德尤微生物环保剂杀灭蚊蝇”等项目比赛，经评委打分，程孝敏等41个护理人员，达到“很满意”标准。

评委为公寓护理员技能比赛打分

公寓经过10多年努力，企业文化不断升腾，自创“老年公寓之歌——最美夕阳红”“护理员之歌”“美在我心头”“盼儿切切情”“和谐宜宾万事兴”“桃花村春常在”“老年公寓好”“大拜寿”歌曲及诗词“祭奠”“天下老人一家亲”“说说心里话”等，由罗世林作词 、罗晋阳、史世辉、一土等人作曲。他们用实践谱写了时代乐章、唱出了老人的心声。

光荣老人和敬老好儿女联谊会

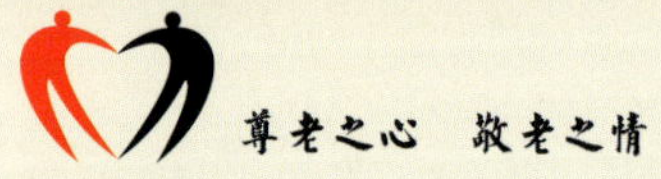

玉泉山庄老年公寓

湖南福星老年服务有限责任公司所属玉泉山庄老年公寓是属民政部门主管的社会福利事务企业。公寓坐落在湘乡市东山新城宝塔山下张江村，距城区1.2公里，占地面积66000平方米，规划建筑面积50000平方米，总投资8200万元。建有三大建筑群体：一是普通标准公寓楼，二是中档家庭式养老复式公寓楼，三是高档独栋公寓，内设1500张床位。玉泉山庄老年公寓是目前湖南省标准较高、规模较大的集老年人生活居住、疗养、医疗保健、娱乐、度假为一体的新型社会福利服务养老机构，被全国高健委健康促进委员会定为养生休闲基地。

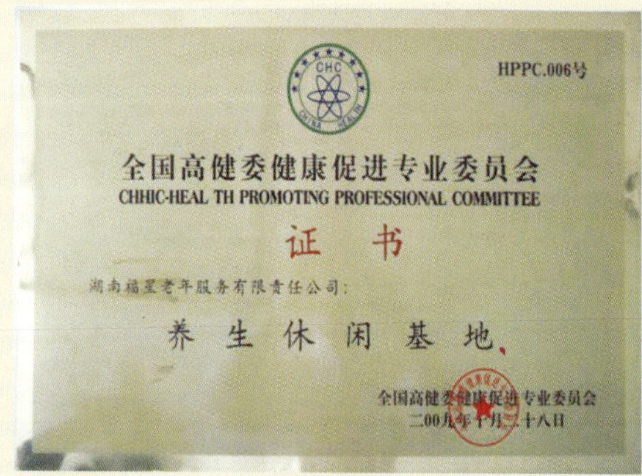
HPPC.006号

全国高健委健康促进专业委员会

CHHIC-HEAL TH PROMOTING PROFESSIONAL COMMITTEE

证 书

湖南福星老年服务有限责任公司：

养 生 休 闲 基 地

全国高健委健康促进专业委员会

二00九年十月二十八日

养生休闲基地

老年公寓实景

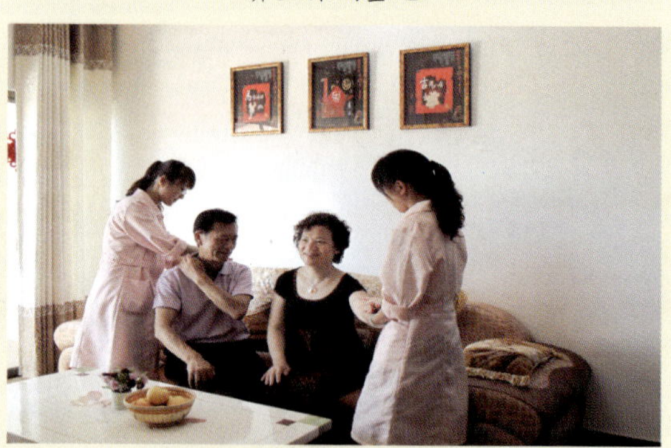

专业护理团队

玉泉山庄老年公寓实景

亲乐园公寓

全国老龄委“养老服务放心机构十佳单位”！

悠然山水 怡情逸致

亲乐园公寓（南市养老中心）位于浙江省东阳市南郊南峰山麓，距东阳市区约2.5公里，临宁画公路，近东永公路，就近即可到达著名小商品城义乌、著名影视镇横店，交通十分便利。

亲乐园公寓坐落于1200亩自然山林中，依山傍水，环境幽雅，阳光充足。依托优美的自然环境，亲乐园公寓适应现代高质量养老的市场需求，凭借规模优势集中各类优质养老资源与人才，立足东阳，面向浙中，吸引长三角地区适龄老人，集床位型机构养老、公寓式居家养老、度假疗养、托老护理等于一体，着力打造一座综合型现代生态养老城。

项目总设计建筑面积21万平方米，规划床位4000余个，总投资5亿多人民币。首期工程约5万平方米，包括单人间、标间、套间、中心会所与养生餐厅，投资额超过1亿人民币，于2009年11月起交付使用，可接纳老人1000名左右。

咨询电话：0579-86299555 86299558 亲乐园公寓地址：浙江省东阳市南午岭

老龄服务管理智能平台
老年人报警定位手机

北京北方计算机中心研制开发的老龄服务管理智能系统管理平台具有“紧急呼叫”“报警定位”“自动通知”“信息咨询”“老龄短信互动”等多种实用功能，终端设备为老年人多功能专用电话机、老年人手机、老年人报警定位手机三种设备。用户可根据需求选用任意一种。该系统推广至今受到了老年人的普遍欢迎。目前在军队和地方已有300多家单位安装使用。老年人报警定位手机是北京北方计算中心专门为老年人定制研发的一款全球定位报警手机，可在10米的精度内随时查询自身位置。老年人发生紧急情况时，只要轻按求助按钮，就可将所在位置信息通知到援助人员和亲友。

干休所紧急呼叫平台

☆ 紧急情况电话报警
☆ 系统自动响应声控报警
☆ 同步显示用户相关资料
（姓名、职业、电话、住址、主要病史、家庭情况）
☆ 值班人员固定电话接听处理报警
☆ 值班人员移动电话接听处理报警

老干部自动通知平台

☆ 电话自动通知、通知内容灵活设置
☆ 自动拨打用户电话、手机号码无须人干预
☆ 可方便设定拨打用户
☆ 可按用户分类、按职位分类、按住宅分类、按通知内容分类

老干部短信互动平台

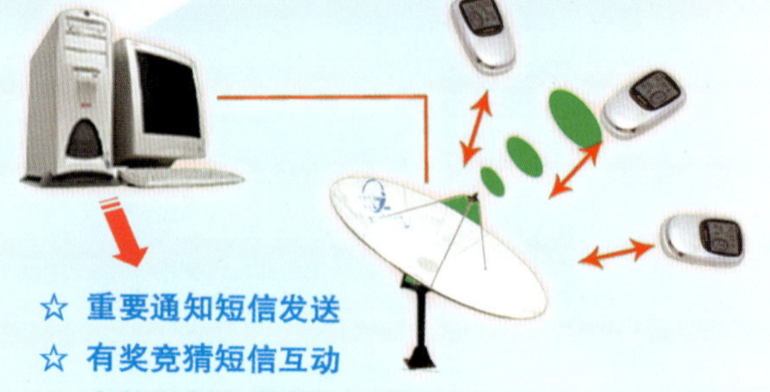

☆ 重要通知短信发送
☆ 有奖竞猜短信互动
☆ 老龄政策法规短信互动
☆ 节日慰问短信发送
☆ 生日祝福短信发送

老干部咨询平台

☆ 1键——每月活动安排咨询
☆ 2键——文体娱乐活动咨询
☆ 3键——健康保健知识咨询
☆ 4键——政策法规咨询
☆ 5键——热点问题解答
☆ 6键——天气状况咨询
☆ 7键——交通状况咨询
☆ 8键——通知内容查询
☆ 9键——转人工值班热线

老年人报警定位手机

功能特性：

☆ 一键报警：自动通知监控援助中心和亲属
☆ 全面服务：可在服务中心随时查看历史行走路线，定制定时服务。
☆ 全球定位：随时查看自身位置，精确度10米以内，及时准确定位到报警位置。
☆ 一键操作：一键收音机，一键手电，一键助听，一键MP3，一键拨号（1–9键）。
☆ 助 听 器：戴上耳机即可将手机当扩音器使用，方便耳背老人使用。
☆ 语音播报：标准女声普通话播放来电号码和短信，不用看屏就可知道信息。
☆ 音乐晨练：特为老年人设计的一键收音机和一键MP3播放。晨练时用很方便。

联系电话：010–62880479　010–66326673　传真：010–66326677　地址：北京市海淀区哨子营100号

遥控语音求救系统

老人电话机

老年人的"贴心助手"

危急时刻，

按下遥控器，

求救电话自动循环拨出……

拥有它，命运掌握在自己手中！

自动循环拨号，力保接通

119

*遥控器一键求救，简单方便，(最多可配带9个遥控器)；

*30米遥控距离，12个亲情(求救)号码自动循环拨出，安全可靠；

*最长30秒录音/放音功能；

*9个照片记忆键及3个紧急电话记忆键速拨功能；

*高亮背光数字键，超亮振铃指示灯；

*超大铃声及超强通话扩音功能，音量及音调均可调节。

解除老人眼花、手抖、耳背、记忆差的困扰

北京市残疾人辅助器具资源中心监制

Supervisor:The Assistive Technology Resource Center of Beijing

全国售后服务热线：4007355816

制造商：深圳市讯威实业有限公司

地址：深圳市宝安区75区锦花路上侧小工业区

电话：0755-29793505　传真：0755-27942335

网址：www.szxunwei.com

廿五史解读（精编本）

古国系列

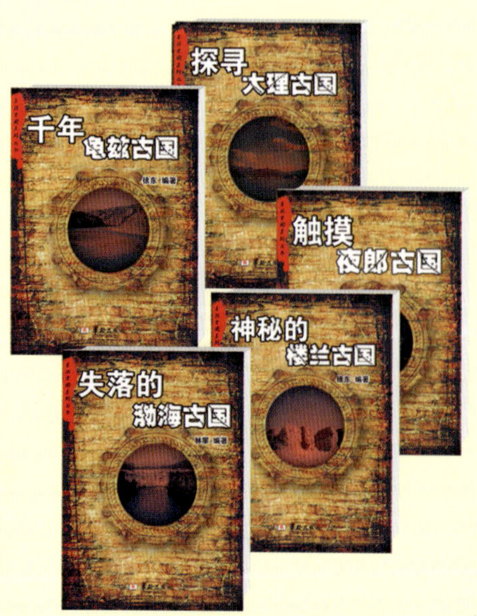

民俗书系

实用医学类

养生保健类

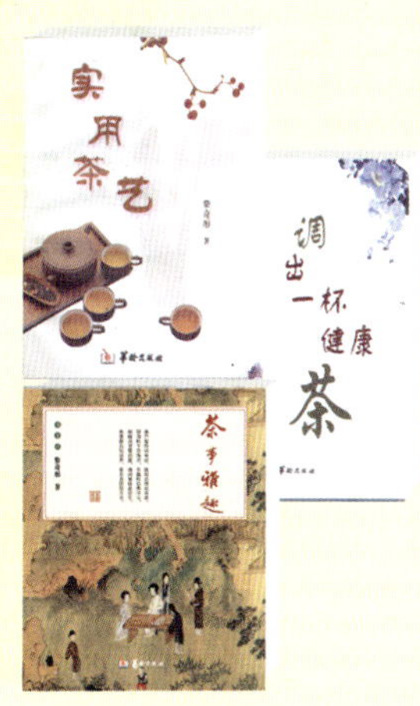

社科生活类

老年大学教材

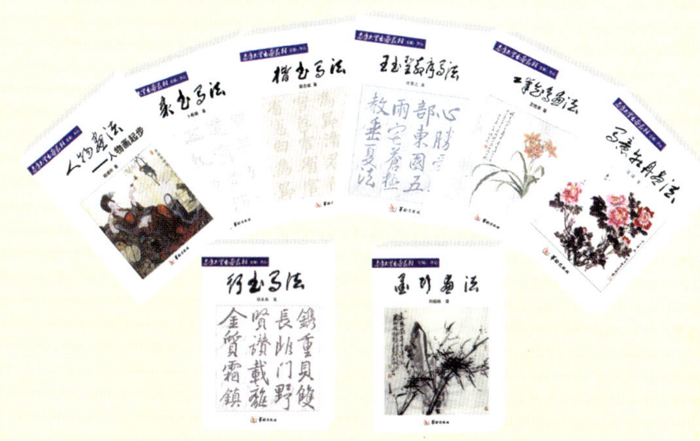

中国老龄工作年鉴

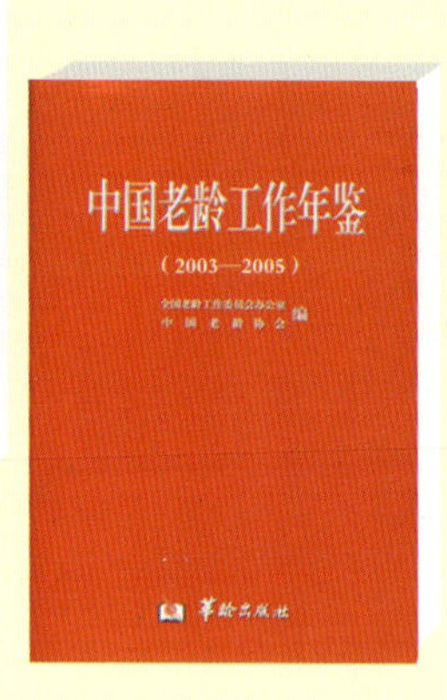

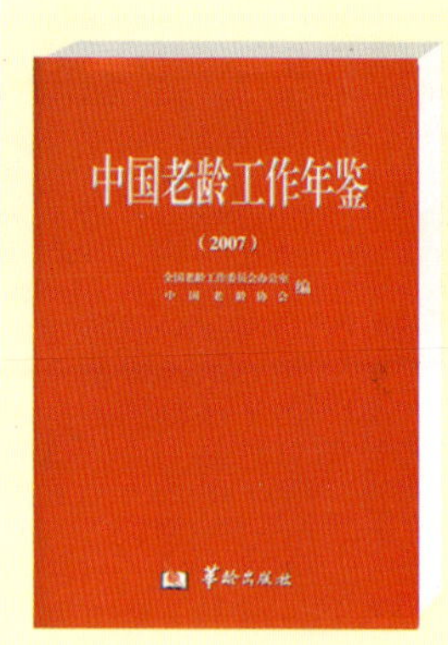

老龄工作图书系列

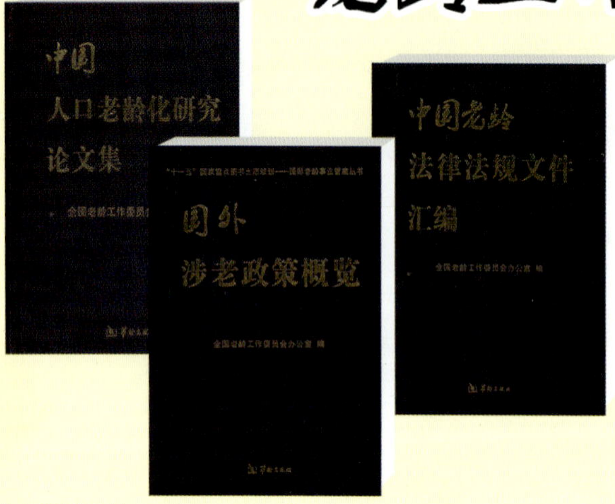